COLLECTION
FOLIO HISTOIRE

Jean Nicolas

La rébellion française

Mouvements populaires et conscience sociale 1661-1789

Gallimard

Une première édition de cet ouvrage a paru
aux Éditions du Seuil en 2002.

Professeur émérite à l'université de Paris-VII, Jean Nicolas est l'auteur d'une thèse sur la Savoie et collaborateur de plusieurs revues savantes dont les *Annales*. Spécialiste d'histoire sociale, il prépare depuis une vingtaine d'années la somme que voici.

Introduction

Toutes choses sont engendrées par la discorde.

HÉRACLITE, *Fragments*[1] *.

Faut-il justifier un projet de longue haleine, conduit à son terme en gardant ses objectifs premiers, mais infléchi, enrichi j'espère, par le temps qui passe et le regard rétrospectif de l'auteur-citoyen, double inséparable de l'historien ? Sous le signe d'Héraclite, négateur de l'immobile, chaque instant révèle sa fragilité mouvante, et l'ordre du monde apparaît pour ce qu'il est, un équilibre provisoire de tensions à l'œuvre. Le *conflit* réside dans l'être, il est inscrit au cœur même de la vie, vérité d'ordre métaphysique, mais aussi d'ordre logique. S'il fait partie du processus d'engendrement, il ouvre un champ de compréhension capable d'éclairer les conduites personnelles comme les rapports sociaux entre les individus, entre les groupes. Loin d'en faire un perturbateur occasionnel, revendiquons-le comme un acteur principal dans le déroulement de l'Histoire. Parce que le refus, le *non*, est par excellence le moment de rencontre

* Les notes sont réunies en fin de volume, p. 909.

entre les volontés individuelles, avec leur dose de liberté et d'incertitude, et la pression des forces collectives, qu'il s'agisse du milieu d'appartenance ou de l'appareil institutionnel coercitif.

Le thème premier, central, unique de cet ouvrage, c'est donc la rébellion en France sous l'Ancien Régime[2], dans toutes ses formes, ses degrés, sa durée et ses lieux, avec ses messages clairs et ses non-dits. Cette longue séquence, de l'après-Fronde à la Révolution, à partir de l'année 1661 qui marque un tournant indiscuté dans le fonctionnement de la monarchie administrative, il peut paraître paradoxal de la lire sous l'angle des dysfonctionnements et des rejets, alors même que la tradition historienne en a fait le temps de l'absolutisme renforcé, c'est-à-dire de l'ordre triomphant. Ordre imposé, ordre accepté ? Il est vrai que les très grandes crises ont alors cessé, de celles qui mettaient en cause les principes du pouvoir et les hiérarchies dites « naturelles ». Mais face à la consolidation du pacte royal, l'instinct de résistance a continué à inspirer les conduites et à injecter de l'*autre* dans l'uniformité ambiante. C'est justement cette permanence du refus qu'il nous a paru capital d'interroger, parce qu'elle fait masse, et qu'elle introduit dans le champ politique l'interlocuteur dépourvu de parole officielle.

Ne risque-t-on pas de gauchir l'image du réel en isolant dans la continuité des jours et l'écoulement répétitif de la vie quotidienne les accès et les phases de la contestation ? N'est-ce pas privilégier le versant noir, le négatif, et fausser du même coup la perspective de l'ensemble ? Certes, les humbles ne vivaient pas continûment dans l'antagonisme. Une radiographie de l'opinion populaire doit aussi inclure l'autre face, celle du scepticisme, du conformisme et de l'acceptation plus ou moins résignée, du compromis vécu au jour le jour avec le système dominant et tout son appareil juridictionnel ou policier dont on attendait qu'il garantît dans le présent la sécurité et la tranquillité, en assurant à chacun des chances de survie. Reste que le dynamisme d'une société est bien davantage à découvrir du côté de la mise en cause, parce que les heurts, même sur fond revendicatif ambigu et parfois passéiste, risquent de provoquer des amorces de changement.

Il serait en effet illusoire de croire à des moments privilégiés où le mouvement se soit arrêté et où le corps social ait perdu son énergie créatrice. 1661-1789 : trois règnes seulement, dont deux interminables, aucune révolution ! Mais tout a constamment fait problème car chacun, chaque groupe se définit par l'entrecroisement très complexe des pièces de son identité économique, sociale et morale, tous éléments qui le rendent solidaire des uns et antagoniste des autres. À partir des seules oppositions élémentaires — riches/pauvres, propriétaires/non-propriétaires, privilégiés/non-privilégiés, jeunes/vieux, intégration/exclusion, modernité/tradition — on ne saisit pas toujours l'entière vérité des affrontements ni la couleur d'une époque, car ces différents plans ont empiété les uns sur les autres. Néanmoins, les tensions verticales l'emportent dans la masse des conflits. C'est le bas de la société qui se jette dans la rue, réclame du pain, attaque les postes de police, malmène les huissiers de justice, brutalise les collecteurs d'impôts et les agents du seigneur ou défend au corps à corps la statue du saint protecteur brutalement déclassée par un curé moderniste... Aucun de ces désordres n'était insignifiant aux yeux des contemporains. Si l'État lui-même leur accordait la plus extrême attention, c'est bien qu'il ne les interprétait pas seulement comme des phénomènes accidentels et éphémères ni comme le prurit d'une tourbe populacière. Tout était enregistré, tout remontait au sommet. Le Conseil du roi, les ministres, les intendants et leurs subdélégués, les commandants de province, les tribunaux à tous les niveaux imposaient sans trêve des ordres, des sanctions ou des arbitrages dont les archives ont conservé les traces surabondantes qui forment aujourd'hui le terreau de l'intelligence sociale du passé.

Dira-t-on qu'en choisissant d'éclairer le bas, en observant la fermentation continue qui animait l'ensemble, l'historien s'inscrit dans une perspective plus morale que rationnelle ? La démarche poursuivrait la longue tradition qui a fait du populaire à la fois l'objet de la recherche et le pivot d'une histoire en devenir. Vision qui souffre, d'après ses détracteurs, de deux vices originels : l'un, de nature métaphysique, inscrit le cheminement des humbles dans un parcours nécessaire, de l'impuissance au pouvoir, de l'oppression à la liberté, du néant à l'être avec la révolte comme passage obligé ; l'autre, de nature éthique, affirme l'excellence et l'universalité des valeurs inscrites dans la revendication des petits, des misérables, des anonymes. Depuis Michelet, des générations d'écrivains et d'historiens romantiques et socialistes, de sensibilité utopique ou marxienne, ont construit leur œuvre sur cette conviction : le peuple est vérité, il constitue « le social dans son essence » et il exprime jusque dans ses soubresauts le « modèle idéal de la vertu en acte »[3]. Idée ancienne, ranimée dans les années 1960 : les dominés, les dépendants, les pauvres, les marginaux, les femmes, les fous et autres indésirables recèleraient « une sorte de vérité sociale » qui en dirait plus sur le passé que les élites ou les porte-parole du pouvoir[4]. Notre parcours serait alors le dernier avatar d'une lecture qui tendrait à travestir l'histoire « en une espèce de grand carnaval flamboyant »[5]. Nous voudrions à toute force injecter dans l'accablement des misérables, à travers leurs réveils sporadiques, un « élément de conscience » qui n'existerait pas ou peu à ce degré-là. Procès d'intention qu'il est d'ailleurs raisonnable de se faire à soi-même. Reconnaissons donc qu'il y a eu sûrement au départ dans ce travail un choix à la fois existentiel et intellectuel que tout historien a le droit d'assumer, le désir sans doute de se joindre au cortège en suivant ces charrettes de grandes misères et d'espoirs modestes qui forment la trame de l'universel.

Je ne prétendrai pas m'aventurer sur un terrain vierge en inventant l'étude du phénomène rébellion. Depuis un demi-siècle, on s'est intéressé de près aux épisodes contestataires, aussi bien du côté de l'histoire que de la sociologie et des disciplines qui travaillent sur le même champ. Le thème était pour ainsi dire dans l'air du temps, en écho aux grandes espérances, aux angoisses, aux interrogations soulevées par les cataclysmes contemporains.

Cinq bonnes décennies ont élargi les domaines et les méthodes de l'histoire sociale. L'étude de l'Ancien Régime, si longtemps marquée par l'institutionnel et le politique, s'est alors ouverte aux antagonismes et aux complémentarités de groupes en plongeant jusqu'aux niveaux inférieurs, explorés dans leurs zones obscures. On se souvient du frisson de nouveauté qui avait ému la communauté historienne lors de la traduction, en 1963, du livre de Boris Porchnev sur *Les Soulèvements populaires en France de 1623 à 1648*, et du débat qui s'était ensuivi. Était-on fondé à voir la lutte des classes à l'œuvre dans les révoltes antifiscales du premier XVIIe siècle ? Ne pouvait-on pas appliquer plutôt une autre grille d'interprétation et inscrire ces mouvements dans une perspective de solidarités verticales, mobilisées contre les agressions de l'État prédateur, au nom des anciens équilibres et des anciens privilèges menacés — coalition des ordres réunis, souvent actionnée d'en haut par des personnages considérables sur fond de mécontentement populaire ? Ce point de vue, développé par Roland Mousnier et ses disciples, s'appuyait sur des sources aussi originales que celles qu'avait utilisées Porchnev, d'ailleurs en tout point analogues et complémentaires. Le dialogue fut vif, mais la controverse avait relancé les questionnements. Des ouvrages majeurs comme ceux d'Yves-Marie Bercé sur l'Aquitaine, René Pillorget sur la Provence ou Madeleine Foisil sur la Normandie ont non seulement exhumé des épisodes mal connus ou ignorés, mais apporté des analyses neuves et ouvert des pistes[6]. Désormais, devenue objet autonome, la violence dans ses aspects de manifestation collective a inspiré nombre de travaux érudits, thèses, mémoires d'étudiants, sensibles à l'authenticité de ce pan de réel et à la charge passionnelle qui continue de l'habiter.

Dans la sphère européenne, les mêmes curiosités ont aimanté les recherches vers les phénomènes de refus collectif. Les historiens anglais interrogeaient dans le même temps leur passé national et ses tumultes. Chez eux aussi la description était au service de la quête du sens puisqu'ils faisaient coïncider les pulsions rébellionnaires et la logique de la vie politique des périodes étudiées. S'agissant des deux grandes Révolutions, 1640 et 1688, Christopher Hill traitait du conflit en termes d'alliance d'intérêts économiques et projets politiques entre des groupes constitués en classes. Il tirait entièrement l'analyse du côté du volontaire, du conscient, de l'explicite. Pour le XVIIIe siècle, George Rudé s'appuyait sur une même hypothèse de parfaite intelligibilité de l'événement émeutier, de son caractère nécessaire et prédéterminé. E.P. Thompson allait plus loin encore. Au cœur des fureurs « spasmodiques » du peuple affamé, réponses aux à-coups de l'économie de marché, il décelait comme un discours politique latent, fortement marqué d'idéologie, ouvert sur l'avenir et l'invention d'un autre ordre social[7]. Eric J. Hobsbawm, dans un arc chronologique et spatial plus ouvert, abordait les mouvements paysans de biais, en étudiant le banditisme considéré comme une figure primitive de la révolte[8]. Dans son souci d'explication rationnelle, l'école anglaise retrouvait la voie frayée dès les années 1930 par Georges Lefebvre, avec ses deux études sur la Grande Peur et les foules révolutionnaires[9].

Plus récemment et plus largement, Peter Blickle et son équipe ont traité des résistances communautaires dans l'ancienne Europe[10]. Ils en ont fait l'un des axes majeurs autour desquels s'ordonne partout la modernisation du pouvoir d'État. Abondante moisson, menée conjointement dans les espaces germanique, néerlandais, scandinave, britannique, ibérique, italien et français. Pour avoir contribué au chantier, j'ai pu toucher du doigt les difficultés du comparatisme. Les analogies formelles, me semble-t-il, s'inscrivent dans la logique de développements autonomes, largement soumis au poids du passé local et aux sommations des ensembles étatiques en devenir. Aussi notre enquête a-t-elle choisi de rester dans les limites « franco-françaises » tout en ouvrant des voies parallèles, dans une grande proximité de concepts et de méthode.

L'étude de la rébellion, parce qu'elle porte d'abord sur l'entité groupe, demande des outils dont l'histoire ne saurait disposer sans aide extérieure. Avec l'analyse des mouvements sociaux, nous nous plaçons au carrefour des sciences humaines. D'entrée, l'apport de la sociologie est apparu indispensable parce qu'elle seule est productrice des concepts, schémas et modèles sans lesquels le travail n'aurait pu se faire. La notion même de groupe social, sa définition selon des critères quantitatifs et statistiques, sa décomposition en sous-groupes, sa stabilité ou sa mobilité, son pouvoir de communication, tout cela permet à l'historien de poser et d'organiser son objet. Au-delà même de la catégorisation des acteurs, l'analyse sociologique offre des clés et un vocabulaire adaptés pour rendre compte des motivations des mouvements et cela de façon non réductrice, car, à côté de l'économique — cherté, pression fiscale, salaires —, elle fait largement place à l'aiguillon moral — revendication de justice, désir de reconnaissance, affirmation de dignité collective. Ce qui fait intervenir heureusement la réalité concrète des individus dans leur épaisseur psychologique. La lecture, enfin, de l'émeute comme événement, avec ses phases, ses répertoires de conduites, ses codes de gestes et de langages, renvoie à un territoire commun aux deux disciplines, mais plus théorisé du côté des sociologues, avant tout constructeurs de modèles. On pourra m'objecter que je postule une sociologie unifiée, une sorte de grand magasin dont les trouvailles simultanées ou successives seraient disponibles sans concurrence sur les rayons, où il n'y aurait plus qu'à puiser selon les besoins du moment. Or, pour les sociologues, les théories ne s'ajoutent pas, elles s'opposent et prétendent même se détruire. Aussi n'est-ce pas sur les conclusions de leurs micro- ou macro-examens qu'il y aura nécessairement convergence, mais sur leurs démarches de base, leur découpage du réel singulier en unités généralisables et signifiantes.

L'anthropologie, de son côté, permet une meilleure

compréhension du phénomène *conflit*, en intégrant la violence au système de l'échange dans ses dimensions rituelles et festives aussi bien que politiques. Tout le travail fait dans les années 1970 sur la norme sociale et les exclus, sur la marginalité, sur la loi et la transgression, autour et à la suite de Michel Foucault, a éclairé et mis en perspective les rébellions isolées et éclatées en fragments temporels, dès lors réintroduits dans la longue durée. Dans la mesure où ces études portent sur les sociétés précapitalistes, hors de l'Europe et en Europe, l'historien de l'Ancien Régime y respire un air de familiarité. Le recours collectif à la violence s'inscrit toujours dans le système de représentations par lequel la communauté désigne sa place dans l'ordre du monde. Ces images mentales, qui se traduisent en actes, renvoient donc à du sens, et le conflit est à lire non comme pur désordre, mais comme révélateur d'une cohérence autre.

Il fallait toutes ces incitations pour aller au-delà d'une collecte aléatoire et se lancer dans le recensement systématique des faits rébellionnaires — entreprise ambitieuse, jusque-là non tentée pour la totalité de l'espace français dans les limites chronologiques que nous nous sommes assignées. Il aurait certes été plus rapide et plus simple d'établir un échantillonnage des comportements de résistance dans toute leur diversité. Quelques événements érigés en modèles, choisis pour leur complétude, leur pittoresque, leur polysémie, n'auraient-ils pas permis de faire « oraison courte » ? Ainsi la sédition des habitants de Saint-Flour en septembre 1709, époque de cherté, n'offre-t-elle pas un « condensé » de l'émeute de subsistances, tout comme l'émeute de Dijon en mai 1770 ? Voici les habitants de Sainte-Croix-Volvestre, dans le Languedoc ariégeois, qui s'opposent par tous les moyens, en septembre 1784, à la rénovation des terriers féodaux : bel exemple de résistance antiseigneuriale ! La « populace » de Vezins, près de Cholet, seigneur en tête, fonce sur les commis des Fermes en mars 1749 pour libérer un contrebandier : autre témoignage parlant de résistance populaire, dirigée cette fois contre la fiscalité indirecte. De même, la grève des ouvriers tondeurs de drap à Sedan en 1712 préfigure dans ses formes les luttes ouvrières à venir, tandis que la grève des ouvriers agricoles à Senlis en août 1771 éclaire la genèse et le déroulement des *baccanals* de moissons. À Paris, le déchaînement de la rue, en mai 1750, quand se répand la fausse rumeur des enlèvements d'enfants, traduit l'extrême sensibilité et la fragilité des populations urbaines prêtes à s'insurger contre une inconcevable agression morale. Quant à l'entrée en politique des foules parisiennes, elle se dessine à travers l'agitation tumultueuse du petit peuple de la place Dauphine et du Pont-Neuf qui, en août 1788, déborde les forces de police, démolit le corps de garde et jette au feu des mannequins représentant les ministres du roi…

Le rassemblement de cas dits exemplaires, soigneusement démontés, les fameuses *case studies* des années 1970, pourrait sembler suffisant pour décrire de façon plausible la réalité d'une période sur fond d'alliances ou d'antagonismes intergroupes, comme certains l'ont fait à l'échelle d'une ou de plusieurs provinces, assez diverses pour être jugées à leur tour représentatives de la réalité hexagonale. Charles Tilly l'a tenté dans *La France conteste de 1600 à nos jours.* Ce n'est pas une boulimie d'érudition qui nous a conduits à aller au-delà, mais bien la conviction que, pour éprouver la validité des modèles, il faut travailler sur un tissu sans déchirure, aussi large que possible, en inscrivant les événements dans une série prolongée pour déjouer les pièges infinis qui s'abritent derrière les occurrences et la variété des situations locales. Il est vrai que le nombre, passagèrement, n'est plus à la mode. Les chiffres, alignés en chapelets, relèveraient d'une démarche légèrement triviale. On ne parlait récemment que de modèles ou de paradigmes, prismes de vérité dont les facettes seraient plus révélatrices que les séries qui n'auraient que trop longtemps formé la matière de l'histoire sociale « dominante ». C'est oublier que le cas unique choisi dans les marges, si riche soit-il, existe d'abord par sa place dans une séquence : son analyse ne devient significative et généralisable qu'à cette condition, et je fais mienne l'idée d'Ernest Labrousse pour qui « tout ce qui est important est répété ». De surcroît, le ratissage systématique des archives soulève une multitude d'incidents jusque-là enfouis, dont un élément accrochera le regard, la chance aidant, pour une interprétation neuve. Seul le « bain de foule », l'immersion dans la masse des affaires, peut livrer cette connaissance intime, cette sorte d'empathie inséparable de la lecture du passé. On pourra s'étonner de ce qu'un travail présenté sous le signe de la statistique revendique l'affectivité comme mode d'investigation, mais je n'ai voulu sacrifier ni le nombre ni les valeurs sensibles qu'il recouvre.

L'enquête a pris du temps. Le projet était de couvrir tout le territoire, et de retrouver dans chaque province, anciennement ou récemment « francisée », les traces des comportements contestataires, en utilisant aussi, bien sûr, les études déjà faites. D'où une bibliographie imposante et disparate, faite de monuments à côté de micro-travaux à pêcher dans les recueils des sociétés savantes. Mais il fallait surtout remonter à la source et attaquer, sans craindre de se laisser engloutir, les gisements d'archives familiers à tous les spécialistes de l'Ancien Régime, et en tout premier lieu les grandes séries administratives, policières, judiciaires ou militaires conservées à Paris et dans les départements. Ce qui n'excluait pas, au hasard de rencontres heureuses, des incursions passionnantes dans les fonds privés d'acteurs considérables mêlés aux affaires du temps. Ramassage qui excluait évidemment les forces d'un chercheur unique. Le sujet a paru assez excitant aux tenants d'une bonne histoire sociale pour qu'un travail d'équipe se mette en place : il y avait à élaborer la philosophie de l'enquête, inventer ses outils et ses méthodes et, bien entendu, « aller au charbon ». Le grand problème était d'obtenir, sans trop perdre de la richesse de l'événement singulier, un ensemble de données qu'on serait en mesure de traiter par l'outil informatique sans lequel pareille masse — plus de 8 500 affaires — n'aurait pu être exploitée.

Vaste programme de saisie globale ! Il s'en faut que la réalisation y réponde parfaitement. Je plaiderai non coupable pour les inévitables injures du temps qui ont ouvert des béances dans la masse documentaire : incendies ravageurs des lieux de conservation, déménagements non moins assassins des fonds d'archives, destructions inconsidérées de paperasses jugées encombrantes... Et l'on sait bien aussi que l'information est inégalement dense selon les époques. Par ailleurs, les inventaires existants ne donnent pas toujours le détail des documents conservés, ils livrent pêle-mêle, trop souvent, de grandes tranches chronologiques décourageantes. Il faut alors s'engager sans autre guide dans le dépouillement des correspondances administratives et des actes policiers et judiciaires accumulés. Les dossiers sont tantôt pléthoriques, tantôt déficitaires ou elliptiques, troués de lacunes qui laissent l'historien à ses regrets. Dans la belle étude qu'il a consacrée aux soulèvements populaires du XVIIe siècle, Y.-M. Bercé s'est interrogé sur le « conditionnement opéré par les sources » et sur leur « inadéquation » aux procédés comptables ou à l'analyse sociologique[11]. La prudence s'impose donc au chercheur dès le niveau premier, faute de quoi le travail d'interprétation se substitue à l'indispensable travail d'établissement du texte. Quant à la fiabilité des contenus documentaires, elle soulève d'autres questions, touchant à la tendance des administrateurs et gens de police à majorer ou minorer les affaires selon les circonstances. Elle appelle à son tour la distance critique. Ces réserves faites, il n'en est pas moins sûr que les recoupements et croisements de données ont permis d'atteindre une masse de faits incontestables. Nous disposons donc, en fin de compte, d'un corpus très important d'événements datés avec une précision acceptable, localisés exactement, non sans mal parfois, et suffisamment explicites dans leurs motivations et leur déroulement.

Et si l'on m'objecte qu'une collecte aussi acharnée sent un positivisme jugé révolu, je répondrai que nous avons simplement été fidèles à la définition et à la démarche première de notre discipline. Le mot *histoire*, comme on sait, signifiait d'abord pour Hérodote information, exploration, questionnement, bref enquête. Il m'a toujours semblé qu'on n'avait pas dit mieux depuis ! Recenser, connaître, rendre des traces disparues à la mémoire vivante, le résultat valait déjà les peines qu'il a coûtées à la cinquantaine d'amis, chercheurs et étudiants qui se sont directement ou indirectement associés à l'entreprise. À partir de là, le phénomène rébellionnaire peut être interrogé dans toutes ses dimensions relationnelles, psychosociales, infra-politiques peut-être. Jusqu'à atteindre le noyau dur : quelles forces, inconscientes ou conscientes, poussaient les acteurs de ce théâtre toujours dramatique à se dépasser eux-mêmes, à s'identifier à une image commune au groupe, c'est-à-dire accéder à des formes rudimentaires de conscience sociale ? Enfin, cette immense dépense d'énergies négatives venues d'en bas a-t-elle influé à terme sur la vision et les structures étatiques, et par quels relais ? Ouvrir le débat, c'est déjà reconnaître le rôle premier du social dans l'histoire de l'Ancien Régime. Tel quel, l'enjeu est considérable, mais ne fallait-il pas le placer très haut pour se donner du courage ?

REMERCIEMENTS

Que soient d'abord remerciés Yves-Marie Bercé, Pierre Goubert, Maurice Gresset, Guy Lemarchand, Emmanuel Le Roy Ladurie, Michelle Perrot, Daniel Roche et Pierre Vilar pour m'avoir encouragé dès le départ malgré la démesure de l'entreprise, et parié avec moi sur la fécondité d'une lecture sociale du passé, en un temps où la tendance privilégiait d'autres lignes d'interprétation. Leur réflexion et leur expérience de terrain m'ont été hautement secourables. Je souhaite dire aussi ce que je dois aux nombreux collègues qui m'ont permis de consulter les travaux de leurs étudiants de maîtrise, ainsi qu'aux directeurs d'archives qui m'ont si souvent tiré d'embarras dans le repérage des sources, la localisation ou le détail des faits observés, en m'épargnant bien des erreurs. J'exprime en particulier ma gratitude, craignant d'être oublieux, aux professeurs Jean Bart, Françoise Bayard, Roger Bourderon, Michel Cassan, Jean Chagniot, Robert Chagny, Georges Clause, Jean-Marie Constant, Andrée Corvol, Monique Cubells, Jean-Claude Debeir, Roger Dupuy, Nicole Dyonet, Charles Engrand, René Favier, Georges Fournier, François Lebrun, Nicole Lemaître, Francis Loirette, Jacques et Brigitte Maillard, Alice Marcet-Juncosa, Daniel Martin, Henri Michel, Jean-Marc Moriceau, Abel Poitrineau, Jean Tanguy et Michel Vovelle. Tous m'ont aidé de multiples façons à arpenter le royaume.

L'ouvrage n'aurait pu se réaliser sans le concours actif d'une équipe de chercheurs bénévoles, étudiants et érudits, qui ont bien voulu consacrer leur temps aux investigations documentaires à travers la France. S'ils ont accepté de collaborer au projet, c'est qu'ils ont reconnu dans la démarche leurs propres questionnements sur un devenir social en continuelle fermentation. Parmi eux, Nicole Collard et Élie Pélaquier ont été plus que des équipiers fidèles et des lanceurs d'idées. Les uns et les autres m'ont fourni une bonne partie des matériaux, après que nous eûmes défini ensemble à la fois les principes et les méthodes de l'enquête. Échange de correspondance, rencontres, tables rondes et colloques ont permis de mieux baliser le territoire commun, et leur aide ne se résume donc pas à un simple apport de fiches. Mais tous savaient que la mise en œuvre et l'analyse globale leur échapperaient pour être intégrées à l'ensemble présenté aujourd'hui, et je leur sais gré de ce sacrifice.

Enfin, comment ne pas associer à l'aventure mon épouse Renée, dont la patience et l'impatience m'ont été d'un grand secours, sans parler de son aide efficace dans la relecture complète du manuscrit ? De son côté, mon fils Frédéric a répondu sans se lasser à mes appels pour le stockage et le traitement informatique des données qui forment le socle du travail.

Collaborateurs [entre parenthèses : région(s) étudiée(s), cf. tableau I.1 p. 44] :

Mmes et MM.

AUBERT, Christophe (23)

BALLUET, Antoine (24)

BARLET-AKAR, Noëlle (24)

BARRUOL, Agnès (13)

BOUTIER, Jean (21)

BRESSAN, Thierry (18, 24)

BROSSELIN, Arlette (24)

CASSAN, Michel (21)

CHEVALLIER, Danielle (7)

Clause, Georges (19)
Clopeau, Jean-François (7)
Collard, Nicole (1, 2, 3, 4, 5, 6, 19, 20)
Corvol, Andrée (24)
Couillard, Virginie (20)
Coulange, Isabelle (5)
Cubells, Monique (13)
Daull, Pascal (16)
Dontenwill, Serge (23, 24, 25)
Druelle, Christine (3)
Duport, Anne-Marie (11)
Dyonet, Nicole (20)
Engrand, Charles (2)
Favier, René (14)
Florenty, Martine (25)
Frayssenge, Jacques (10)
Giret, Véronique (20)
Goger, Jean-Marcel (4)
Grissolange, Bérénice (4, 6)
Guignet, Philippe (3)
Hoët, Christine (3)
Joffrain, Catherine (24)
Kleiber, Sylvie (5)
Lapied, Martine (13)
Larguier, Gilbert (11)
Lemaître, Nicole (10)
Lemarchand, Guy (4)
Loirette, Francis (8, 9)
Maillard, Brigitte (20)
Maillard, Jacques (6)
Marcet-Juncosa, Alice (12)
Maréchal, Michel (25)
Martin, Daniel (22)
Maurin, Corinne (23)
Metrich, Jacques (21)
Molinier, Alain (11)
Morel, Martine (1, 2, 19, 20, 22, 25)
Pélaquier, Élie (10, 11)
Petitfrère, Claude (20)
Pierre, Roger (14)
Planchon, Jacques (4)
Poitrineau, Abel (22)
Postel-Pellegrin, Nicole (7)
Prisca-Jouhaud, Liliane (1)
Rovere, Ange (26)
Sottocasa, Valérie (13)
Ulbrich, Claudia (18)
Vallée, Nathalie (20)
Zink, Anne (8, 9)

CHAPITRE PREMIER

Les archives du désordre

MURMURE, s.m., bruit sourd, plainte sourde : on dit le murmure des peuples, le murmure des eaux.

RUMEUR, s.f., bruit général et sourd, excité par quelque mécontentement dans une ville, dans une maison… Il se dit aussi d'une sédition…

DIDEROT, *Encyclopédie, ou Dictionnaire raisonné des sciences, des arts et des métiers.*

Le mot-titre *rébellion* touche d'abord l'affectivité du lecteur et déclenche, avant toute réflexion, une suite d'images immédiates liées au bruit, à la fureur, au déchaînement de pulsions instinctives et sauvages. Il donne à voir et à sentir l'énergie vitale qui explose en élans de refus : les poings se tendent, les bouches se tordent, les bâtons fouettent l'air, les pierres volent bas, le sang coule, les feux rougeoient…

1. CE QUE DISENT LES MOTS

Le lexique émotif

L'imaginaire social, aujourd'hui encore comme autrefois, travaille sur un cortège de fantasmes là où l'appareil d'État codifie le licite et l'illicite en enfermant la transgression dans une acception juridique. En bonne règle, juges et administrateurs se devaient de recourir à des formulations strictes et de veiller à l'emploi des mots, alors même que le public, les témoins ou les informateurs subalternes parlaient à la légère de rébellion, d'émeute ou même de révolte à propos de simples bousculades d'escalier ou d'accrochages à la fontaine. Les termes rencontrés dans les documents et témoignages du temps ne suffisent donc pas à eux seuls à définir la gravité et l'ampleur des événements, mais ils constituent un premier indice à relever avec soin, avec toutes ses nuances et sa hiérarchie[1].

Au niveau initial, celui de l'infra-rébellionnaire pourrait-on dire, apparaissent les mots de *rumeur, bruit, murmure.* Diderot définit la rumeur comme un « bruit général et sourd, excité par quelque mécontentement dans une ville, dans une maison ». Le même ouvrage qualifie le murmure de « bruit sourd, plainte sourde : on dit le murmure des peuples, le murmure des eaux »... Le « bruit » n'est pas forcément d'ordre auditif, mais aussi bien visuel : à preuve ces badauds qui, selon un témoin en 1739, « s'amusent à regarder du bruit qu'il y avait dans la rue Montmartre »[2]. « Bruit » peut donc désigner tout type d'incident public, dispute, altercation, accrochage de carrosses ou bagarre d'origine quelconque

entraînant un rassemblement susceptibl
rer : « L'on sait assez qu'au moindre br
s'amasse très aisément », déclarait un témoin en mars 1771, dans une autre affaire comme il en survenait tant à Paris au fil des jours[3]. Toutefois, Furetière acceptait en 1690 une signification plus large : « Bruit signifie quelquefois sédition, querelle, confusion »[4]. À propos d'un trouble survenu à Caen en 1725, le parlement de Rouen reprend à son compte la hiérarchie d'intensité rébellionnaire telle qu'elle était perçue et qualifiée par les contemporains : «… les plaintes et les gémissements se font entendre ; les murmures et les menaces leur succèdent ; le peuple le plus fidèle paraît séditieux »[5].

Quand l'inquiétude devient palpable dans une situation donnée, apparaissent les mots de *sensation, alarme, confusion, fermentation, effervescence, agitation, mouvement, esmouvance,* tous termes flous, hors catégories juridiques, mais qui renvoient néanmoins à des réactions collectives de mécontentement, de griefs formulés, de signes et conduites préalables à un acte collectif. Ainsi, en Angoumois, la « disette des grains » provoque en avril 1770 « des alarmes et même de la sensation parmi le peuple »[6]. Au-delà, toujours dans l'approche des mouvements d'opinion qui ne constituent pas encore délit, on employait les termes de *trouble, tumulte, désordre,* voire *tapage, bacchanale* (ou *baccanal), carillon* ou *mutinerie.* Ce vocabulaire rend compte de comportements inhabituels : les individus se regroupent, leurs attitudes et leurs gestes s'inscrivent en rupture du quotidien, les mots se transforment en cris et la violence affleure. À propos d'une affaire de blé, une lettre de Rennes, datée de septembre 1765, décline les nuances du lexique émotif : « Le terme d'émeute est trop fort ; il y a eu ici quelque murmure et quelque tumulte, mais qui n'a pas été considérable »[7]. Choix tout aussi précis des mots, en mai 1775, dans une missive des autorités municipales d'Angers : « Des gens du peuple excitaient des murmures et leurs clameurs tendaient à une émotion et faisaient craindre une sédition »[8].

Langage de justice

Voilà ce qui, pour les contemporains, faisait sens et relevait, pourrions-nous dire, d'une expérience et d'une subjectivité communes. La terminologie juridique, quant à elle, repose sur des critères qui se veulent plus objectifs, sinon indiscutables. Elle a besoin de marquer les frontières. Il s'agit de qualifier les délits qui vont entraîner poursuites. L'un des termes le plus souvent relevés dans les sources officielles — police, justice, rapports administratifs — est celui de *rébellion.* Dans le sens le plus strict, la « rébellion à justice » constitue un délit spécifique, l'opposition individuelle ou collective à l'exécution d'un ordre, qu'il s'agisse d'une saisie judiciaire, d'une perquisition, d'une arrestation, etc. Quand le refus s'accompagne de violences et de voies de fait avec port d'armes, on parle de force *ouverte*, d'*excès* et d'*outrages.* La rébellion tombe alors dans la catégorie des « cas royaux », c'est-à-dire qu'elle relève des tribunaux de bailliages, de sénéchaussées ou de présidiaux à l'exclusion de toute autre juridiction, seigneuriale ou locale[9]. Voilà donc la rébellion définie *stricto sensu.* « Rien ne sert plus la révolte que ces sortes de rébellions », écrit en 1709 le directeur des Fermes de Châlons-sur-Marne en rapportant la libération par la foule d'un fraudeur des gabelles[10] Pour le légiste Buterne, rébellion est d'ailleurs synonyme de révolte, et elle doit être regardée « comme un crime de lèse-majesté au second chef »[11]. Mais en dehors du cas précis de « rébellion à justice », le mot est dépourvu de contenu juridique ; il a valeur générique et englobe toute la gamme des désordres, délictueux et non délictueux, depuis le bref incident local jusqu'au mouvement de plus grande amplitude.

Les textes répressifs renvoient à deux autres types d'actions contestataires, l'*attroupement* et l'*assemblée illicite.* Toute concentration de foule ne répond pas à la caractérisation pénale de l'« attroupement » ou de l'« assemblée ». Les lois criminelles ne visent évidemment pas les rassemblements liés à la vie relationnelle ordinaire, foires ou marchés, ni les assemblées de communautés villageoises ou urbaines (par ailleurs réglementées), ni non plus les célébrations de l'Église catholique, ou encore les rencontres festives consacrées par la tradition. Les criminalistes se sont efforcés de définir les caractères de l'interdit. L'attroupement délictueux est le fait de gens « sans aveu », souvent de basse condition, réunis de façon accidentelle. L'« assemblée illicite », qui concerne un public de condition plus diverse, est préméditée, animée par un « mauvais dessein » qui met en cause « l'autorité royale »[12]. Selon Furetière, « on dit que le peuple s'assemble lorsqu'il s'émeut, et est prêt à faire une sédition »[13]. Cas limite, exemple type du rassemblement concerté et suspect : les assemblées de religionnaires si fréquentes dans les régions huguenotes, rigoureusement interdites et sévèrement réprimées dès avant la Révocation de 1685. Dans les villes, les attroupements ainsi définis sont du ressort des simples juges de police, mais si des violences éclatent, l'affaire devient « cas royal » et sa connaissance appartient donc aux baillis ou sénéchaux. En cas de port d'armes, c'est la justice prévôtale qui intervient et qui juge en dernier ressort. Dans les campagnes, l'attroupement, même non violent, est directement considéré comme « cas royal », et par là même soustrait aux juridictions seigneuriales ; avec port d'armes, il concerne, comme en ville, la juridiction prévôtale[14].

À partir de quel effectif un groupe prendra-t-il figure, aux yeux de la loi, d'attroupement ou d'assemblée illicite ? L'ordonnance criminelle de 1670 ne stipule rien à cet égard, mais nombre de textes ultérieurs fixent un seuil extrêmement bas, trois, quatre ou cinq individus[15]. Les artisans, catégorie remuante et indisciplinée, sont particulièrement surveillés. Un peu partout, il leur est défendu de se réunir à plus de trois ou quatre dans les rues ou les cabarets en dehors de leur travail. En 1719, à Paris, une sentence de police interdit aux compagnons cordonniers « de s'assembler en plus grand nombre de trois à peine du fouet et d'être bannis de la ville »[16]. De même, interdiction de se réunir à plus de trois compagnons à Angers en 1743, à Mâcon en 1779 et dans de très nombreuses autres villes[17]. Pour les mendiants, le chiffre de quatre — non compris les enfants — suffit à établir le délit d'attroupement en 1724, à la ville comme aux champs[18]. En matière de contrebande, la présence du troisième fraudeur, si le groupe est armé, et du cinquième s'il est sans armes, constitue à elle seule le délit, et les prévenus sont alors envoyés devant les juridictions spéciales qui jugent sans appel. Pour les « assemblées illicites », l'effectif entraînant infraction est plus flottant. Les lois, écrit Muyart de Vouglans, « ne portent rien de précis sur ce point, c'est par conséquent à la prudence des juges qu'elles ont cru devoir s'en rapporter à ce sujet »[19]. Aussi bien, lit-on dans l'*Encyclopédie méthodique*, « ce n'est pas tant le nombre des personnes qui composent une assemblée qui la rend illicite, que le but que se proposent ceux qui s'assemblent »[20].

La « rébellion à justice », l'« attroupement » ou l'« assemblée illicite » constituent donc en eux-mêmes des délits criminels. On est très près de l'*émotion populaire*, de l'*émeute* ou de la *sédition* caractérisées, qui entrent non moins dans la catégorie des « cas royaux » soumis aux seuls baillis et sénéchaux quand l'événement a eu lieu en ville ; hors des villes, émeutes et séditions ressortissent à la justice prévôtale dont les sentences sont sans appel[21]. Pas d'entrée « Émotion » dans le dictionnaire de Furetière qui s'est contenté d'évoquer le phénomène à l'article « Bourrasque » : « Bourrasque se dit aussi d'une émotion populaire qui fait beaucoup de bruit, et qui dure peu. Il ne faut qu'avoir de la patience, et se mettre à couvert, pour n'avoir rien à craindre de telles bourrasques »[22]. Le caractère imprévisible et capricieux de l'« émotion » est souligné par tous les auteurs. Selon Panckoucke, c'est « l'effet subit d'une rumeur, d'une prévention, d'un événement inattendu » ; elle se développe parfois « sans savoir ni pourquoi, ni comment » et sans concertation préalable entre ses initiateurs. L'« émotion » sera tout aussi bien une amorce de « sédition », mais les juristes s'efforcent d'établir un distinguo entre les deux phénomènes : dans les deux cas, le mouvement peut s'accompagner de formes diverses de violence et/ou de pillage, mais l'« émotion » vise un objectif particulier et immédiat, de même que l'« émeute », qui n'est qu'une « émotion » aggravée ; l'esprit de désobéissance est plus marqué dans la « sédition » qui met en cause l'autorité du roi et l'ordre public[23]. Dans une lettre adressée à Colbert en juin 1675 à propos d'incidents survenus au Mans un jour de distribution d'aumône, M. de Sourches introduit clairement ces nuances : « Le dernier désordre qui est arrivé ici ne peut être regardé comme une sédition puisqu'il ne s'agissait d'aucun ordre ni d'aucun intérêt du Roi. Ce n'a été qu'une simple émotion populaire »[24]. Rapprochement des deux mots et même mise à distance sémantique, en juillet 1709, dans une lettre du procureur général du parlement de Rouen : « L'émotion populaire dont j'eus l'honneur de vous rendre compte le quatre de ce mois est entièrement calmée, monsieur, elle ne peut pas être appelée sédition parce que le peuple avait beaucoup de respect, de déférence pour les officiers du parlement et M^r^ l'archevêque qui leur faisaient connaître la soumission qu'ils devaient au Roi »[25]. En 1714, le procureur du présidial de Lyon oppose lui aussi les deux termes : « Il y a une différence essentielle selon tous les docteurs entre la sédition publique, qui intéresse le Souverain et l'État, et une émotion d'un certain nombre de personnes pour un sujet particulier. La simple émotion est une action violente, qui se borne à une personne ou à un certain nombre, et quoiqu'elle soit très criminelle par les suites qu'elle cause presque toujours, la peine ne doit pas être la même que celle du crime de lèse-majesté »[26]. Reste que l'écart peut être bien mince et que l'on glisse aisément de l'une à l'autre. Évoquant une « émotion » arrivée à Rouen en 1676, Colbert écrit qu'il s'agit là d'un de ces « commencements de sédition » qu'il faut punir sévèrement « pour en empêcher les suites »[27]. En mars 1720, le commandant d'Ally, à Toulon, parle d'une « *émutte* populaire qui approchait assez de la sédition »[28]. « Si ce commencement d'émotion n'eût pas été calmé avec promptitude, écrit depuis Versailles le commissaire Narbonne en juillet 1725, il y avait lieu de craindre une sédition »[29]. D'ailleurs, les contemporains, magistrats ou non, associent souvent les deux termes : le lieutenant de police de Lyon parle d'une « émotion populaire et séditieuse » en 1714[30]. L'amalgame peut être encore plus net, comme dans cette sentence du Conseil provincial d'Artois condamnant des prévenus « pour fait de sédition lors de l'émotion populaire du 25 février 1786 »[31]. À la même époque, pourtant, Louis-Sébastien Mercier maintient la différence : « Une émeute qui dégénérerait en sédition est devenue moralement impossible », lit-on dans le *Tableau de Paris*[32].

Tel était le cadre juridique et lexical où s'inscrivaient les diverses figures de la rébellion. Ceux qui connaissaient le sens des mots et les conséquences de leur emploi les utilisaient avec prudence. Dans un souci d'apaisement, les responsables de l'ordre public recouraient parfois à des formulations atténuées, du type « sorte de rébellion », « espèce de sédition », « discours tendant à sédition », mouvements ayant « l'air d'une sédition ». En juin 1697, à propos du pillage d'un convoi de blé, l'intendant de Soissons parle d'un « mouvement assez vif » et même « trop vif » et « dangereux », mais « que l'on ne peut qualifier de sédition n'y ayant rien eu de pillé ni de coups de main donnés »[33]. Cependant, tous ne manient pas ces termes avec la rigueur et l'objectivité requises. Les amplifications abusives sont courantes : les termes de « rebelles », « mutins » ou « séditieux » peuplent à tort et à travers les correspondances officielles et les papiers de police. L'on avait tôt fait de parler d'« émeute » et de « révolte » à propos d'incidents futiles ou tout à fait mineurs[34]. « Rébellion, excès, ou violences, cela est trop général, si on y met la peine de la vie, écrivait vers 1750 le procureur général Joly de Fleury [...]. Les différents degrés de rébellion et les différentes peines ne peuvent pas être fixés, et doivent être laissés à la prudence des juges »[35]. Égale prudence en 1785 du marquis de Marcieu, commandant pour le roi en Dauphiné, à propos d'une affaire survenue à La Côte-Saint-André : « Il ne faut pas toujours voir des émeutes et des rébellions où il n'y a que des contrariétés d'opinion sur un établissement d'octroi »[36]. Seuls les détails révélés par ailleurs permettent alors de prendre l'exacte mesure des événements.

Les autres termes rencontrés, comme *insurrection, révolte, soulèvement,* ne renvoient à aucun délit caractérisé. Quand on les retrouve dans les documents, ils servent à qualifier une situation grave, advenue ou à venir, connotant le discours d'un sentiment d'urgence et d'intensité dramatique. Il ne faut pourtant pas manquer de les intercepter au passage, car ils aident à mesurer le choc produit dans les esprits. Ils révèlent la conscience d'un péril extrême, de failles vertigineuses entrevues dans la brisure de l'ordre établi. Quant au mot de *révolution,* il n'était évidemment pas catalogué dans la langue juridique. Non que la chose fût impensable dans son sens historico-social, et les ouvrages ne manquent pas qui désignaient ainsi les renversements survenus dans nombre d'États européens, à l'image de l'Angleterre depuis 1640[37]. Utilisé pour la France au XVIIIe siècle, le terme ne traduisait pas un bouleversement structurel d'ordre politique ou dynastique ; il s'employait à propos d'un changement brutal de stratégie, de système d'alliances, de personnel. Les contemporains pouvaient parler de « malheureuse révolution » ou d'« heureuse révolution » en évoquant tour à tour l'arrivée aux affaires de Maupeou en 1771 et son remplacement par Turgot en 1774.

Ce serait merveille de reconnaître d'emblée la nature des événements qui font l'objet de l'enquête. Or le même épisode, présenté dans telle ou telle correspondance officielle sous les couleurs de la révolte ou de la sédition, sera évoqué dans d'autres rapports en termes de murmures ou de simples désordres. Admettons donc, par principe, une marge d'incertitude touchant au vocabulaire administratif et judiciaire. Et disons que cet élément ne suffit pas à donner la mesure objective des faits. Aussi convient-il d'abord de critiquer la qualification de chaque mouvement en le replaçant dans son contexte[38]. À partir de là seulement, on peut établir séquences et rythmes émeutiers. Mais il est temps d'en venir à l'enquête proprement dite et d'en présenter les outils.

2. L'ENQUÊTE

Répétons ici que le conflit échappe à l'accidentel, qu'il fait partie intégrante du fonctionnement d'une société, des relations intergroupes, de l'exercice actif et passif du pouvoir. Tous les terrains de la vie quotidienne et de la vie publique d'Ancien Régime sont traversés de tensions permanentes qui, bien souvent, sont résolues par les voies de l'*accommodement*, pratique qui relève de la régulation sociale spontanée et renvoie à l'infrajudiciaire[39]. En cas d'échec, les antagonistes peuvent recourir aux arbitrages institutionnels, ce qui recouvre une infinité de cas de figure. En l'occurrence, interviennent les autorités chargées du maintien de l'ordre — administratives, policières, militaires — et tout l'appareil des justices d'alors. Le procès représente le canal le plus habituel de l'affrontement : les tribunaux servent alors d'exutoire à la revendication et au ressentiment.

Ces deux modes de résolution — l'accommodement et le recours judiciaire — qui faisaient partie du cours ordinaire des choses, aussi banals que le pain quotidien, n'entrent pas directement dans le cadre de notre travail qui porte sur les aspects de la violence collective non canalisée, débordant du cadre de la négociation. Cette violence, spontanée ou préméditée, éclate lorsqu'un groupe partage tout à coup le sentiment d'une agression, d'une injustice, d'une menace effective ou imaginaire, mais elle peut aussi bien surgir d'un conflit invétéré, ponctué de recours, de démarches, de vaines tentatives de conciliation, de procès intentés et perdus.

Typologie rébellionnaire

La typologie adoptée renvoie à 72 types de conflits, regroupés en 13 grands ensembles distincts (voir annexe 2 p. 843-847). Nous avons fait en sorte — du moins nous l'espérons — que ce clavier couvre toute la gamme des attitudes par lesquelles un groupe social, en un temps et un lieu donnés, exprime son exigence de survie et/ou d'affirmation collective : arracher d'autres conditions d'existence, et aussi, par la violence, « recharger la communauté de signification, de sens »[40].

Notre répertoire émeutier détaille les modèles les plus courants : l'action antifiscale, la révolte contre la cherté, le tumulte contre l'appareil policier, judiciaire et militaire de l'État. Autre facteur important de désordre, la seigneurie et ses contraintes de toutes sortes, perception des *servis,* rénovation des fiefs, droit de chasse, contrôle des biens communaux, police des bois et des champs. L'action populaire interpelle encore l'Église pour la dîme, l'institution municipale pour les octrois. Mais elle vise parfois des personnes privées, des notables dont la réussite ou l'insolence offusquent la collectivité. Les affrontements entre maîtres et compagnons et tous les conflits salariaux, à la ville comme à la campagne, constituent une rubrique particulière[41]. Dans la sphère des mentalités et croyances, les phénomènes de résistance spirituelle ont entraîné leur cortège de violences, et l'on a réservé une place à part aux actes dirigés contre des groupes qui, pour des motifs ethniques, religieux ou culturels, pouvaient cristalliser l'hostilité collective. L'expression des particularismes régionaux s'inscrit encore dans la gamme émeutière. Faut-il justifier enfin l'ouverture d'un dernier ensemble de motivations séditieuses, d'apparence plus disparate ? Faute de mieux, il a fallu ouvrir une rubrique « divers » (type 13), qui renvoie à des formes violentes de défoulements collectifs, aux rivalités de quartier ou de paroisse, aux tumultes d'écoliers, aux dérapages festifs intervenus dans le climat de parade propre aux réjouissances publiques. Le codage, on le voit, s'est voulu totalisant et concerne la machine sociale dans toute sa complexité.

Niveaux d'intensité

Les conflits entrent dans le champ d'étude dès l'instant où l'action s'est accompagnée de quelque forme de violence sur les personnes ou sur les biens (invectives et coups, blessures, destructions, pillage). Le nombre des participants constitue l'autre critère clé de la sélection. Yves-Marie Bercé avait choisi de ne prendre en compte que les révoltes prolongées et véritablement nombreuses, qui ont mis en branle les habitants de plusieurs communautés[42]. Nous avons préféré descendre jusqu'au niveau d'écoute de l'à peine perceptible, celui des prises de conscience élémentaires. Il nous a semblé qu'il ne fallait rien négliger de ce qui laissait trace, y compris les affaires rapides, d'apparence modeste, dès l'instant où quatre individus au moins n'appartenant pas à la même famille se trouvaient impliqués dans l'action. Le nombre des participants n'est pas à lui seul facteur ni indice de gravité : une « masse infinie d'individus de divers sexes », comme disaient les rapports, pouvait provoquer des perturbations moins graves parfois qu'une poignée d'individus décidés. L'effraction d'un chartrier seigneurial pour en extraire des liasses de titres jetés au feu, la mise à sac d'un corps de garde, le coup de main contre un poste des gabelles, autant d'incidents souvent imputables à des groupes réduits. La législation d'Ancien Régime, on l'a vu, interdisait le plus petit rassemblement quand l'ordre public semblait en péril.

De même pour la durée de l'émeute : Y.-M. Bercé avait fixé le seuil critique à vingt-quatre heures, excluant les émotions brèves. Nous avons ratissé plus large, car tout frémissement peut être suivi d'effet, dans l'immédiat s'il entraîne une répression ou une solution négociée, dans le plus long terme s'il prélude à des troubles sérieux ou s'il laisse des traces dans la mémoire collective.

Dans le *continuum* de la rébellion, nous sommes partis de l'hypothèse que la récolte/révolte n'avait pas à être criblée, mais au contraire recueillie jusqu'au moindre grain, peut-être porteur de sens. Mais, pour éviter de mettre sur le même plan l'échauffourée ponctuelle — quelques hommes ou femmes, quelques heures ou moins — et la sédition caractérisée à laquelle participe tout un village, tout un quartier, et parfois une ville ou une région entières, nous avons affecté chaque cas d'un coefficient d'intensité relative en distinguant trois échelons : affaires de faible, de moyenne et de considérable importance, de 4 à 10 participants, de 11 à 50 et plus de 50. On sait que les sources restent souvent imprécises ou peu fiables pour les données chiffrées — comme aujourd'hui d'ailleurs. Nous avons donc tenu compte de toutes les estimations qualitatives fournies par les autorités ou par des témoins.

Grilles de dépouillement

Au fil des recherches, les informations relatives à chaque trouble ou rébellion ont été disposées dans les cases d'une *grille* ou fiche type de dépouillement (cf. annexe 1 p. 835-842), avec le souci d'en intégrer les éléments à un tout raccordable. On l'a voulue aussi détaillée que possible pour éviter le schématisme et rendre compte de l'originalité des faits. Il a fallu parfois distinguer le type fondamental — ou motivation première — et le type secondaire ou dérivé dont relève telle ou telle affaire : ainsi lorsqu'une émeute de subsistances tourne à la contestation antifiscale, ou quand une action festive tumultueuse se double d'une intention antiseigneuriale perceptible. Seul l'outil informatique permettait de traiter cet énorme corpus et d'organiser les données de même ordre — date, lieu, type, durée, intensité, participation, formes de l'action, répression, etc. — susceptibles d'être associées et confrontées. Les éléments qualitatifs et singuliers non intégrables ont été pris en compte dans le rapide commentaire qui complète chacune des grilles. À partir de quoi l'analyse devient non seulement possible, mais fondée.

Toujours dans un souci de lecture synthétique, j'ai pris soin d'affiner le paramètre local en distinguant les villages (moins de 500 habitants), les bourgs (de 500 à

2 000) et les villes (plus de 2 000 habitants). Pour éclairer les particularismes régionaux, il n'était pas moins nécessaire de situer très exactement les affaires, y compris dans les provinces annexées au royaume au cours de la période, les Flandres, la Franche-Comté, la Lorraine et la Corse. L'enquête, rappelons-le, inclut également la conjoncture émeutière des territoires et villes rattachés après 1789, Avignon et le Comtat Venaissin, Montbéliard, Mulhouse, Nice et la Savoie, ceci en raison de la proximité culturelle de ces entités et de leur intégration actuelle au champ de l'historiographie française.

La définition du cadre régional n'allait pas de soi. Aucun des découpages administratifs en usage sous l'Ancien Régime n'a semblé convenir. Il ne pouvait être question de s'en tenir aux trente-quatre généralités ou intendances, ni non plus à la quarantaine de provinces militaires ou à la trentaine de départements de maréchaussée et autres partages qui « cisaillaient capricieusement la carte du royaume »[43]. Ces formations arbitraires ne se recouvraient pas, elles se chevauchaient, et plusieurs ont été remaniées au cours du XVIIIe siècle. L'indécision des chercheurs est parfois grande lorsqu'il s'agit de rendre une paroisse à telle ou telle province ou généralité, notamment dans le Sud-Ouest, où les intendances de Montauban, Bordeaux, Auch et Pau ont connu des variations de limites sensibles[44]. Des incertitudes encore au contact du Poitou et de la Bretagne, de la Marche et du Bourbonnais, du Bourbonnais et du Berry, de la Lorraine et de la Champagne… J'ai adopté, pour l'exploitation de l'enquête, une carte qui, en gros, répond à la fois à la configuration provinciale de la France d'Ancien Régime et à l'actuel découpage administratif en grandes régions de programme. Le lecteur y trouvera son confort puisque les données des sources lui sont livrées dans une perspective contemporaine, sans qu'il soit besoin de transposer. 26 zones ont ainsi été dessinées, regroupant plusieurs départements, le Roussillon seul renvoyant à un département unique.

Les résultats du tableau I.1 (p. 44) font apparaître au premier regard l'intensité régionale des comportements rébellionnaires, mais le calcul indiciaire (carte 1.c, p. 49), effectué en relation avec le peuplement, livre une image plus fidèle[45]. En tête, Paris et son hinterland, suivi par le Maine-Anjou, l'Artois-Picardie, le Bas-Languedoc, le Roussillon et la Corse. Sur cette base, la Bretagne, la Savoie et les provinces du Centre-Est (sauf la Lorraine et l'Alsace) apparaissent relativement moins agitées, malgré des chiffres bruts considérables. De même, la Normandie, l'Orléanais et le grand Sud-Ouest. Restons-en d'abord à ces impressions d'ensemble : le profil véridique de chacun des espaces apparaîtra plus clairement lors de l'étude distinctive des thèmes émeutiers.

3. VUES CAVALIÈRES

Depuis la fin de la Fronde jusqu'aux premiers éclats révolutionnaires, entre 1660 et mai 1789, la société française a vécu sur le mode de l'intranquillité, selon des rythmes inégaux, mais dans un frémissement quasi ininterrompu. Nous avons relevé plus de 8 500 émotions, de toute nature et de tout calibre, sans que nous en tirions pour l'instant d'autre conclusion que de les considérer comme élément clé du dialogue sociopolitique.

Tableau I.1. Répartition régionale de l'ensemble des rébellions

Régions	Nombre de rébellions	Départements actuels
1. Paris, Île-de-France	818	75, 77, 78, 91, 92, 93, 94, 95
2. Artois, Picardie	551	02, 60, 80
3. Flandres, Hainaut	250	59, 62
4. Normandie, Perche	427	14, 27, 50, 61, 76
5. Bretagne	736	22, 29, 35, 44, 56
6. Maine, Anjou	693	49, 53, 72
7. Poitou, Aunis, Saintonge, Angoumois	337	16, 17, 79, 85, 86
8. Guyenne, Gascogne, Périgord, Haut-Quercy	387	24, 32, 33, 40, 46, 47
9. Béarn, Navarre, Labourd	103	64, 65
10. Haut-Languedoc, Rouergue Bas-Quercy	274	09, 12, 31, 81, 82
11. Bas-Languedoc, Gévaudan, Velay, Vivarais	839	07, 11, 30, 34, 43, 48
12. Roussillon	57	66
13. Provence, Comtat Venaissin, Nice	308	04, 06, 13, 83, 84
14. Dauphiné	177	05, 26, 38
15. Savoie	178	73, 74
16. Franche-Comté	235	25, 39, 70
17. Alsace	30	67, 68
18. Lorraine	84	54, 55, 57, 88
19. Champagne	301	8, 10, 51, 52

20. Orléanais, Blésois, Touraine, Berry	375	18, 28, 36, 37, 41, 45
21. Limousin, Marche	186	19, 23, 87
22. Auvergne	223	15, 63
23. Lyonnais, Forez, Beaujolais	239	42, 69
24. Bourgogne	391	01, 21, 71, 89
25. Bourbonnais, Nivernais	228	03, 58
26. Corse	101	2A, 2B
Ensemble	*8 528*	

Contentons-nous pour l'heure d'aperçus rapides. Le marquage en degrés d'intensité des 8 528 cas du corpus de l'enquête révèle qu'il s'agit une fois sur trois (31,1 %) de tumultes d'importance réduite, près d'une fois sur deux (44,8 %) de rébellions plus graves, mobilisant de 11 à 50 personnes, et une fois sur quatre (24,1 %) de révoltes et séditions avérées auxquelles ont participé plus de 50 individus. À partir de là s'ouvrira la quête de sens, car les pistes d'interprétation sont multiples, elles épousent tous les aspects de la structuration historique.

Inflexions séculaires

La courbe traduit dans la longue durée la multiplication des affaires dont le regroupement quinquennal traduit l'alternance syncopée (p. 50-51). S'agissant de la tendance générale et de la succession de périodes de calme et de crise, les résultats ultimes reflètent fidèlement ceux auxquels nous étions parvenus dès la première mi-temps de l'enquête sur la base des 4 000 premiers cas enregistrés : on voit que les deux tracés superposés sur l'histogramme traduisent les mêmes inflexions, les mêmes mouvements de hausse et de repli. Ce parallélisme valide la méthode adoptée, et l'on est en droit de penser que de nouveaux apports érudits, toujours envisageables et souhaités, ne feraient que confirmer la tendance.

En suivant la ligne émeutière depuis 1661, on retrouve les rythmes attendus de la grande histoire, traduits ici en termes de réactions collectives au plus près du quotidien. La période de l'après-Fronde reste agitée et encore tourbillonnante, notamment dans le Sud-Ouest et en Boulonnais, démentant le fameux « tout était calme en tous lieux... »[46]. Dans les « belles années » Colbert, il s'agit surtout d'affaires antifiscales et anti-étatiques dirigées contre l'appareil d'une monarchie qui travaille à se consolider dans l'esprit centralisateur du « second absolutisme ». C'est ensuite le calme relatif de la maturité royale, interrompu en 1668 par une flambée rébellionnaire de famine, puis à nouveau et plus gravement en 1670 et 1675 avec les révoltes successives du Vivarais (révolte de Roure) et de Bretagne-Guyenne (Papier timbré). On constate un peu plus tard les effets d'une autre conjoncture de pénurie, de cherté et d'intolérance religieuse qui se traduit par les mouvements des décennies 1690 et 1700, années de glace du Roi-Soleil vieillissant[47]. La pointe acérée de 1693 ne surprend pas, non plus que l'escalade de 1701-1708 ou le pic de 1709 (298 émeutes, dont 135 d'importance majeure). Suit une brève séquence de calme relatif, avant que n'éclate sous la Régence une crise multiforme, vers 1719-1720 (79 occurrences en 1719), suivie comme en écho d'un autre accès en 1724.

L'époque Fleury apparaît plutôt tranquille jusqu'en

1739, mais l'année 1740, avec 72 rébellions, inaugure un nouveau cycle de turbulences. Points culminants en 1750 et 1754 (93 et 96 cas), alors que Machault d'Arnouville, arrivé aux affaires, s'efforce de moderniser l'État et la fiscalité. Après une décennie de décrue, l'agitation reprend à partir de 1764 pour s'intensifier continûment jusqu'à la fin du siècle, avec de brefs replis. On dénombre 101 émeutes de tout calibre en 1766, 145 en 1768, 141 en 1770 et 138 encore en 1771. La situation reste tendue, dépassant toujours la centaine d'affaires annuelles, pour monter à 226 cas en 1775, année de la guerre des Farines. La tension retombe ensuite, mais les troubles s'intensifient à nouveau en 1781, 1784 et 1788, atteignant pour finir le chiffre record de 310 entre janvier et avril 1789. Observons que le profil émeutier de l'après-1766 rappelle, en plus accentué, le dessin chaotique de la fin du règne de Louis XIV.

Ville-campagne

Nous reviendrons en temps voulu sur ces inflexions. Pour en rester à une vision globale des résultats de l'enquête, notre second regard portera sur le partage des mouvements entre ville et campagne. L'agitation — faut-il s'en étonner ? — concerne d'abord les agglomérations, et deux fois plus souvent les villes que les bourgs. Avec 40,4 % des cas enregistrés, les villes — qui ne regroupent que 15 % de la population française — constituent la matrice rébelliogène par excellence. Les campagnes et villages[48], démographiquement très majoritaires, livrent un nombre total d'émeutes presque identique à celui des villes (40,2 % de l'ensemble),

Figure 1. La France émeutière, 1661-1789

a) Régions d'enquête

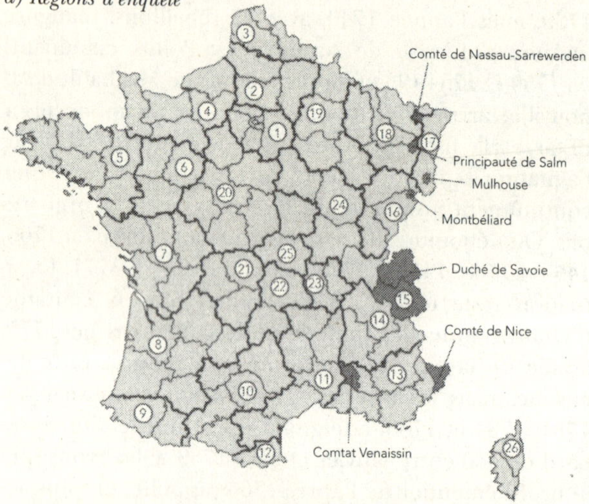

b) Données brutes

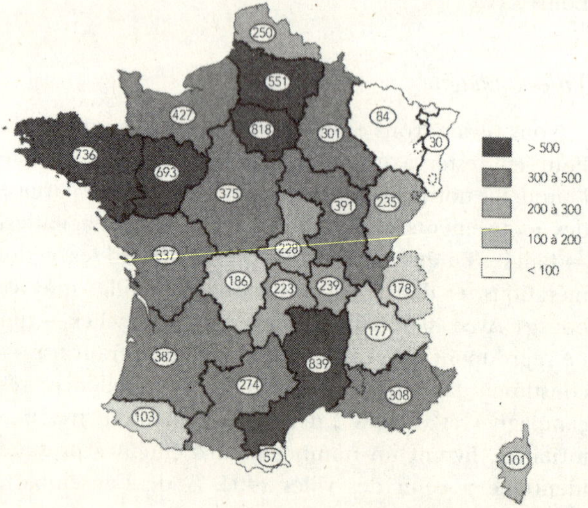

c) Indices rébellionnaires (pour 100 000 habitants)

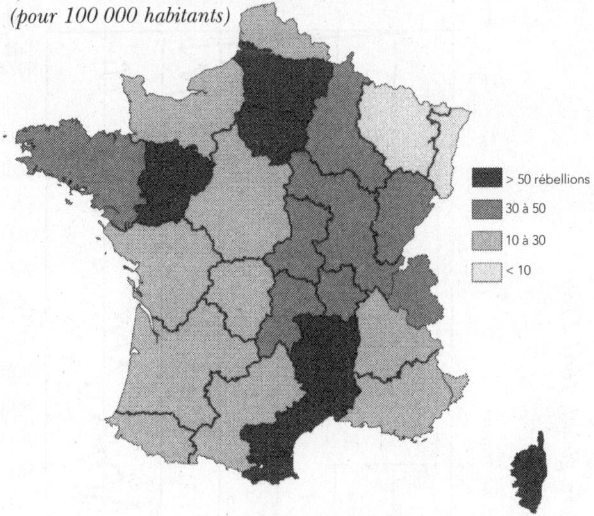

mais les mouvements y sont moins amples puisqu'ils rassemblent à peine une fois sur cinq des foules de plus de 50 individus, contre une fois sur quatre dans les villes. Quant aux bourgs, ils semblent plus paisibles avec le cinquième des cas relevés. Une fois mis en branle, leur pugnacité (intensité des affaires) s'inscrit très exactement dans la moyenne globale :

Figure 2. Mouvement séculaire global, 1661-1789

a) Rythme annuel

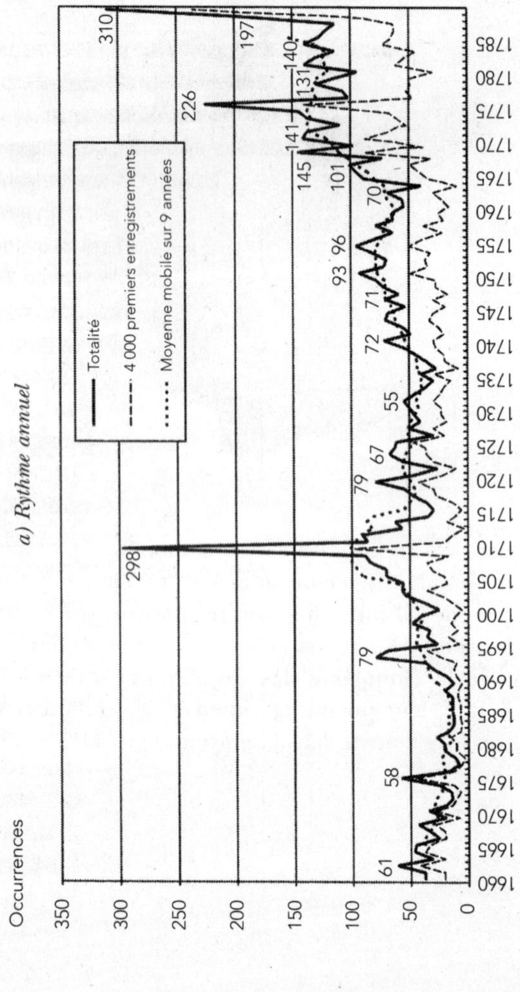

b) Rythme quinquennal

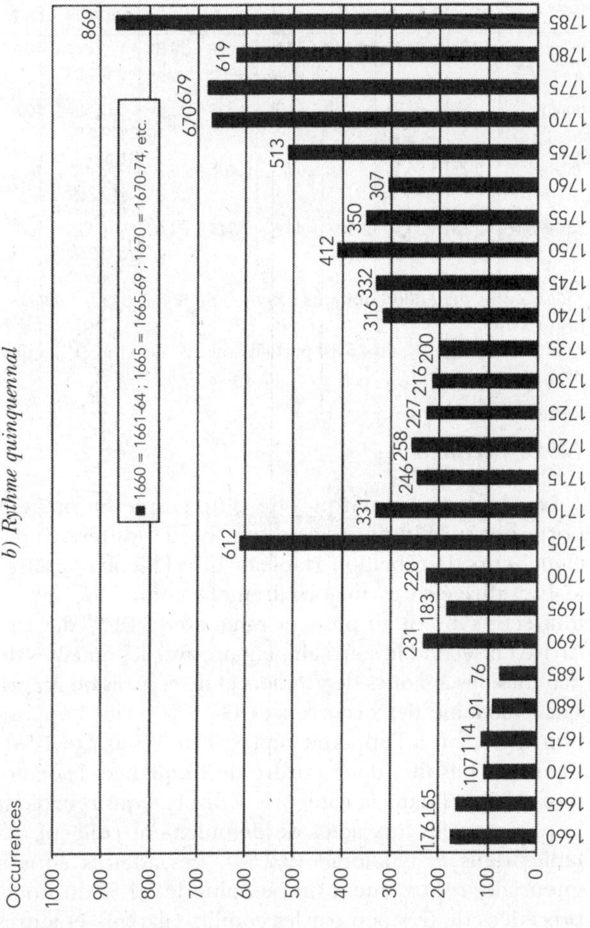

Tableau I.2. Répartition des cas observés entre villes, bourgs et villages

Lieu*	Int. 1**	En %	Int. 2	En %	Int. 3	En %	Ensemble	En %
Villes	916	26,6	1 502	43,6	1 026	29,8	*3 444 (40,4 %)*	*100*
Bourgs	528	31,9	732	44,3	394	23,8	*1 654 (19,4 %)*	*100*
Villages	1 237	36,1	1 568	45,7	625	18,2	*3 430 (40,2 %)*	*100*
Ensemble	*2 681*	*31,4*	*3 802*	*44,6*	*2 045*	*24,0*	*8 528 (100,0 %)*	*100*

* *Villes :* plus de 2 000 habitants ; *bourgs :* de 500 à 2 000 ; *villages :* jusqu'à 500.

**Int. = intensité. 1 : de 4 à 10 participants ; 2 : de 11 à 50 ; 3 : plus de 50.

Cibles émeutières

Les dernières remarques de cette entrée en matière porteront sur l'importance respective des différents déclencheurs de rébellion (tableau 1.3). La colère contre le fisc, dirigée très majoritairement contre les impôts indirects, s'inscrit au premier rang, avec 39,1 % des cas. Arrive en second le souci alimentaire avec les émeutes de marchés, les attaques de greniers et de convois de grains, soit le sixième des occurrences (17,6 %). Suit l'opposition collective à l'appareil répressif de l'État (14,1 %). Viennent ensuite, dans l'ordre de fréquence, les émotions classées dans la catégorie « divers » qui renvoient le plus souvent aux actes de défoulement collectif détaillés dans la typologie (9,2 %). Les affaires antiseigneuriales représentent un peu plus de 5,1 % du stock, précédées de très peu par les conflits salariaux et autres affrontements au sein du monde du travail (5,2 %).

Les rébellions liées aux croyances et au fait religieux (3,1 % des cas) sont évidemment dominées par l'irrédentisme protestant, mais la rubrique renvoie aussi au jansénisme ou encore à la fidélité aux cultes locaux. Quelques thèmes plus rares mais intéressants, comme la mise en cause des autorités municipales (moins de 2 % de l'ensemble) ou la rébellion à couleur régionaliste (1,1 %) dans les pays récemment annexés, Roussillon, Franche-Comté, Corse surtout. À relever encore diverses formes d'agressivité populaire à l'encontre de particuliers, notables, gens d'Église ou membres de la noblesse (mais on notera l'extrême rareté, hors du contexte seigneurial, de cette dernière occurrence). Quant aux initiatives réformatrices de l'État en matière administrative, fiscale ou monétaire, elles entraînent de grands mouvements d'opinion, mais peu de tumultes caractérisés (contre les réformes de Law vers 1720, de Maupeou en 1771, de Brienne en 1788...).

Tableau I.3. Répartition thématique de l'ensemble des rébellions

Motivations	Nombre de rébellions	En %
1. Rejet des initiatives réformatrices de l'État	53	0,6
2. Contre la fiscalité et parafiscalité étatiques	3 336	39,1
3. Contre l'appareil judiciaire, militaire ou policier de l'État	1 212	14,1
4. Contre la seigneurie	439	5,1
5. Contre la noblesse et le privilège nobiliaire	12	0,1
6. Contre le clergé	103	1,2

7. Mise en cause de notables	160	1,9
8. Mise en cause de l'autorité municipale	148	1,7
9. Subsistances	1 497	17,6
10. Religion, croyances	264	3,1
11. Conflits du travail	441	5,2
12. Affirmation du particularisme régional	94	1,1
13. Divers	769	9,2
Ensemble	*8 528*	*100,0*

Les actions sont classées sur la base de leur « type fondamental ». Dans les études thématiques qui suivent, les chiffres peuvent légèrement différer, par suite de la prise en compte du « type secondaire » propre à telle ou telle affaire.

*

Tels sont les résultats bruts de nos investigations, sommairement traduits ici en tableaux, courbes et pourcentages. Dans leur massivité, ils donnent à entendre les voix multiples de l'être collectif qu'une longue tradition historienne avait refoulé hors de la scène politique. Quand il y faisait irruption lors d'épisodes paroxystiques, ses fureurs faisaient choc et masquaient l'évidence de la répétition et de la continuité au point de paraître illisibles, incohérentes. Entre les deux écueils du pointillisme réducteur qui débouche sur l'absence ou la gratuité de l'interprétation, et la collecte « lourde » à pleins filets, si difficile à maîtriser, nous avons postulé que seule la série fait sens et que chaque cas relevé vaut doublement, par ses écarts comme par ses analogies avec un modèle typologique. Et si l'on m'objectait qu'il est naïf de prétendre mettre la réalité en système et que toute classification comporte sa part de subjectivité, je répondrais que le meilleur garant de la qualité du travail réside dans la compétence d'un groupe, dans sa familiarité collective avec le monde d'Ancien Régime, ses codes, ses gestes, ses raisons comme ses folies.

CHAPITRE II

Un monde de passeurs

> … A dit que cela ne s'appelle point faire le faux-saunage, que cela s'appelle un homme malheureux qui, comptant gagner quelque chose sur une marchandise qu'il achète par hasard, est pris presque dans le moment avec cette marchandise et quoique innocent condamné à payer plus de cent écus.
>
> Réponse de Claude-François Pouchet, dit François la Misère, au juge du grenier à sel de Vichy (Vichy, le 22 octobre 1736)[1].

La rébellion s'en était toujours pris à l'impôt comme cible privilégiée d'un mauvais vouloir spécifique. Une historiographie plus qu'abondante nous a depuis longtemps éclairés sur les accès fameux de la colère paysanne au XVIe siècle et encore dans la première moitié du XVIIe siècle, soulevée par le poids croissant de la taille et la multiplication des taxes sur les produits de base. Rassemblés par milliers dans les campagnes, Pitauds, Gauthiers, Croquants et Va-Nu-Pieds donnaient la chasse aux hommes du fisc et autres « gabeleurs » ou « chevaucheurs du sel ». Ils assiégeaient les villes où les commis avaient trouvé refuge, ils étripaient les agents et menaçaient les bourgeois, pour se disperser sous le choc des troupes royales après des mois de résistance et de raids meurtriers[2]. Par la suite, la résistance prend d'autres formes, elle ne donne plus guère naissance à des événements aussi considérables en extension ou en durée, mais elle éclate en crises incessantes et surtout elle se focalise sur les impôts indirects. Avec 3 143 occurrences entre 1661 et 1789, ce type d'émotions représente en effet plus du tiers du corpus. Succession continue d'épisodes de refus violents dont il s'agit d'analyser les différents aspects : émergence, formes, contagion et échos[3].

1. LES MAILLES DU FILET

Que la fiscalité se soit alourdie du XVIIe au XVIIIe siècle, le fait est confirmé. La hausse des prélèvements, vertigineuse au temps de Richelieu, s'était ensuite ralentie, pour reprendre vers la fin du règne de Louis XIV, s'élançant de 150 millions de livres dans les années 1700 à 630 millions en 1788[4]. À coup sûr, les contribuables ont subi une pression renforcée, même si l'on fait la part de l'inflation (60 % au XVIIIe siècle), de l'enrichissement relatif du pays et de la poussée démographique qui élargissait évidemment la base de l'imposition. À elle seule, la gabelle, qui saute de 28 millions de livres à 58,5 millions entre 1751 et 1788, finit par représenter le dixième ou presque des recettes de l'État, et l'ensemble de l'impôt indirect est passé du quart à la moitié des rentrées fiscales en l'espace d'un siècle[5].

Une mosaïque de droits

À l'échelle du royaume, parviendra-t-on jamais à clarifier le dispositif exact des régimes d'imposition ? Le découpage et la réglementation des aires fiscales variaient au fil des années. Rien d'uniforme du côté des impôts directs. Les taxes indirectes formaient un réseau encore plus disparate. Selon Marcel Marion, grand spécialiste des finances d'Ancien Régime, « une vie d'homme [alors] aurait à peine suffi pour acquérir une connaissance exacte de tous les droits ayant cours dans un coin quelconque de la France »[6]. Au risque de retarder l'analyse des rébellions proprement dites, il faut prendre le temps d'évoquer ce dispositif tortueux et mal raccordé qui ne répondait à aucune rationalité d'ensemble. La grande masse des impôts indirects était prélevée par des compagnies financières, réorganisées sous Colbert en 1668 et regroupées en un puissant consortium, les Fermes générales. Elles avaient la haute main sur la quasi-totalité des droits qui frappaient soit l'entrée des marchandises dans le royaume, soit la circulation commerciale intérieure et les transactions de marché, soit la vente et la consommation de produits spécifiques tels le sel et le tabac, soit enfin l'enregistrement et le contrôle de certains actes publics ou privés.

En réalité, la règle comportait une foule d'exceptions fondées sur les droits acquis. Au long des siècles en effet, absorbant morceau par morceau de nouveaux territoires, la monarchie avait promis de respecter les coutumes, franchises et libertés des provinces annexées. Ainsi avait-elle procédé en des temps anciens dans le sud du royaume. Louis XIV à son tour, de conquête en conquête, garantit dans les clauses de capitulation ou de rattachement le *statu quo ante* en matière de taxes et d'impositions ordinaires[7]. Les provinces « réputées étrangères » et celles de « l'étranger effectif » jouissaient d'un régime d'échanges privilégié avec l'extérieur, de même que les « ports francs » de Dunkerque, Bayonne et Marseille. Sur les bordures continentales, le maintien d'enclaves et de terres franches entraînait un enchevêtrement de souverainetés presque inextricable, surtout dans les Flandres et le Hainaut français[8]. Vers l'extérieur l'État avait réussi à clarifier tant bien que mal le tracé des frontières, mais il n'était pas parvenu à aplanir les barrières intérieures qui empêchaient l'unification de cette marqueterie d'espaces singuliers.

Une emprise universelle

De là d'énormes écarts entre régions très proches. Dans les pays de Grandes Gabelles (les provinces du Bassin parisien élargi), le sel se vendait deux fois plus cher qu'en Lorraine, quatre fois plus cher qu'en Franche-Comté, sept à dix fois plus cher que dans les Pays-Bas français (Artois, Flandres, Hainaut) ou que dans les provinces du Centre-Sud-Ouest, dites *rédimées*, et même de vingt à trente fois plus cher qu'en Bretagne, province franche où le sel ne coûtait presque rien. Pas non plus de tarif unifié dans la France méridionale entre « pays rédimés » (le Sud-Ouest) et « pays de Petites Gabelles » (le Centre-Sud-Est), avec des variations de un à trois ou à quatre selon les lieux. Sans parler des privilèges de franchise propres à telle ou telle ville, des aires fiscales pyrénéennes ou des enclaves comme le Comtat Venaissin. Une diversité, un patchwork tarifaires dont le légiste Buterne dressait le constat critique à la mi-siècle : « La vente exclusive du sel au profit des finances de

S.M. est dans le royaume un impôt plus ou moins fort selon la situation des différentes provinces, leurs privilèges, les conditions auxquelles elles ont été réunies à la couronne, les lois municipales qui les ont toujours dominées et une infinité de considérations politiques par rapport aux mœurs, aux usages des habitants, la culture de leurs terres et engrais de leurs bestiaux, qui sont entrés dans la balance pour rendre l'impôt plus léger ou plus pesant »[9].

Mêmes inégalités pour le tabac, fiscalisé déjà sous Louis XIII. Après 1674, la fabrication comme la vente passent sous contrôle royal, mais les territoires récemment rattachés échappaient au monopole : ainsi les Flandres et l'Artois, l'Alsace, la Franche-Comté, la Soule et le Labourd pyrénéens, plus tard le pays de Gex aux portes de Genève. Les tabacs étrangers y pénétraient librement, et sur place cette culture lucrative s'y développait à peu près sans entraves. De même, les plantations prospéraient dans le pays d'Avignon, devenu l'un des pôles de la contrebande pour la France du Sud-Est. Partout ailleurs, le pouvoir, par compagnies fermières interposées, s'efforçait d'organiser le marché et de limiter sévèrement la culture qui nourrissait la fraude. Mais là encore, que de particularités et de privilèges locaux ! Ainsi, dans le Nord, la ville du Cateau, sous la houlette de l'archevêque de Cambrai, invoquait une franchise qui en faisait l'entrepôt de tous les fraudeurs[10]. En Normandie, plusieurs villages des environs de Pont-de-l'Arche jouissaient de l'autorisation de planter, source immanquable de trafic illicite. Dans l'Agenais, les cantons de Tonneins et de Clairac formaient d'autres espaces de liberté, tout comme la vicomté de Turenne sur les confins du Limousin et du Quercy[11]. Enfin, les ports francs — Bayonne, Dunkerque — recevaient librement le tabac du Brésil, de Virginie ou de Hollande, d'où il partait par toutes sortes de voies clandestines dans l'intérieur du pays. Couvents, nobles, maîtres verriers, maîtres de forges ou encore riverains des palais royaux de Versailles ou Fontainebleau, tous ceux-là prétendaient à un régime de faveur.

S'agissant du sel et du tabac, la Ferme générale ajustait sans trêve son dispositif réglementaire, appliqué avec la plus grande rigueur dans le vaste espace des Grandes Gabelles[12]. Sur l'ensemble du royaume, les autres secteurs du commerce étaient soumis à deux puissantes administrations englobées elles aussi dans le consortium des Fermes : les « aides » pour le vin, le cidre, la bière et les alcools, les « traites » pour les autres marchandises, des plus ordinaires aux plus raffinées. Dans un tout autre domaine, celui des transactions de droit public ou privé, les impôts dits « de formalité » relevaient eux aussi de l'appareil des Fermes, avant d'être tardivement rattachés à l'administration des Domaines en 1780[13]. Mais là encore rien n'était simple et clair. Au lieu d'une règle unique applicable en tous lieux, il y avait une législation bourgeonnante et compliquée, avec des barèmes obscurs qui favorisaient les abus, et partout des exceptions et même des exceptions dans l'exception[14] !

Autre source de chinoiseries, les prélèvements municipaux, confiés tantôt à des fermiers désignés par les corps de ville, tantôt à des agents missionnés par la Ferme générale. Partout, l'approche des bourgs et des cités était ponctuée de barrières et de bureaux d'octroi où les commis guettaient les transporteurs de grains et de farine, de vin, de bière, de cidre ou d'huile. D'autres collecteurs percevaient leur dû aux moulins, aux halles, sur les marchés et dans les boutiques. La taxation était tout aussi minutieuse sur la viande et le bétail (droit de « pied fourché »), sur les fers, les textiles, les suifs, les drogueries, le sucre, le café, les armes, la poudre à tirer et les produits de toute sorte, tels les métaux précieux, bijoux, montres, livres, papier. Il en résultait d'inévitables tensions à l'échelle de la ville ou du bourg. Le nombre relevé en est toutefois réduit : 70 occurrences pour les émeutes de ce type[15]. Faut-il voir là un effet de la docilité du menu peuple, maintenu dans la dépendance clientéliste des notables locaux bénéficiaires du système, ou bien ce faible effectif est-il imputable aux lacunes de notre information ? Il est vrai aussi que nombre de mouvements de ce type ont pu être regroupés dans l'enquête avec les révoltes contre les Fermes. Tel quel, le contingent dont nous disposons suffit à justifier l'examen spécifique de cette catégorie rébellionnaire.

2. PANOPLIE RÉPRESSIVE

L'échelle des peines

Il était essentiel pour le pouvoir de préserver le dispositif qui alimentait le Trésor royal comme les finances locales. La lutte contre la fraude constituait un objectif prioritaire. Bien entendu, l'effort portait d'abord sur le sel, avec des peines d'une sévérité surprenante. L'ordonnance des gabelles de mai 1680 prévoyait neuf années de galères et 500 livres d'amende pour les faux-sauniers attroupés avec armes, et la mort en cas de récidive ; une amende de 300 livres — la valeur d'une année de travail — pour les faux-sauniers non armés qui transportaient le sel sur des chevaux, des charrettes ou des bateaux, et neuf années de galères pour la récidive ; 200 livres d'amende pour les *porte-cols* qui marchaient à pied s'ils n'avaient pas d'armes, et pour la récidive six années de galères, outre 300 livres d'amende. Les hommes inaptes au service des galères seraient tous d'abord fustigés et flétris au fer chaud, avant d'être condamnés au bannissement temporaire pour les peines de six ans, au bannissement à perpétuité pour les peines de neuf ans. Les femmes et filles contrebandières encouraient des sanctions beaucoup plus faibles : amende de 100 livres et, en cas de récidive, 300 livres avec le fouet. Pour les condamnés hors d'état de payer, des châtiments de substitution étaient prévus : pour les hommes, le fouet au lieu de l'amende de 200 livres, et trois années de galères au lieu de 300 livres. Pour les femmes insolvables, bannissement de cinq ans hors du ressort du grenier à sel en cas de récidive, et bannissement à perpétuité pour un troisième délit. Les pères et mères étaient civilement responsables de leurs enfants, tout comme les maris de leurs femmes et les maîtres pour leurs domestiques. L'ordonnance de 1680 reste pourtant imprécise sur un point essentiel : elle ne dit pas à partir de combien d'individus on doit parler d'*attroupement* ; une déclaration ultérieure, celle du 10 mai 1681, fixe à dix le seuil critique[16].

En 1704, de nouvelles dispositions viennent aggraver l'échelle des sanctions. Les faux-sauniers en troupe *armée* sont désormais passibles de mort dès le premier délit, et il suffit de cinq hommes pour qu'il y ait délit d'attroupement. Entraient dans la catégorie des *armes* non seulement les armes blanches et à feu, mais aussi les « bâtons ferrés ou autres armes offensives ». Pour ceux qui étaient arrêtés « en moindre nombre » de cinq — donc non attroupés aux termes de la loi —, trois années de galères avec 300 livres d'amende, et la mort pour les récidivistes ainsi que pour tout ancien galérien repris. La flétrissure traditionnelle est désormais inscrite précisément dans le code répressif : une lettre G imprimée au fer rouge sur l'épaule — plus tard, les trois lettres GAL pour les condamnés aux galères perpétuelles ou à temps[17]. La « déclaration » du 2 août 1729 renforce les sanctions applicables à tous les fraudeurs attroupés, y compris en petits groupes et sans armes : non plus trois années de galères, mais cinq années, et 1 000 livres d'amende solidairement ; la mort pour ceux qui forceraient les corps de garde, quand bien même ils seraient moins de cinq et ne transporteraient aucune marchandise. Les simples porteurs ou revendeurs seront condamnés pour la première fois à trois années de galères et 500 livres d'amende, et en cas de récidive aux galères perpétuelles et 1 000 livres d'amende. Alourdissement des peines pour les femmes aussi : à la première infraction, le fouet, la flétrissure (fleur de lys ou lettre G) et un bannissement de trois ans ; en cas de récidive, 1 000 livres d'amende et le bannissement perpétuel, ou bien l'enfermement « pour toute leur vie dans la maison de force ou l'hôpital le plus prochain » du lieu de la condamnation[18]. Peines aussi lourdes pour les fraudeurs du tabac, un texte de 1721 assimilant leur délit au faux-saunage. Les textes de 1729 et 1733 rendent passibles de mort les porteurs de tabac attroupés en armes au nombre de trois et au-dessus. La mort aussi pour leurs escorteurs armés circulant au nombre de cinq au moins[19].

Cet appareil législatif devait être confirmé tout au long du XVIIIe siècle. En 1776, le roi renouvelle les dispositions antérieures alors même que l'opinion est travaillée par l'idéologie libre-échangiste. Un long justificatif, nouveauté de l'époque, tente d'expliquer les nécessités répressives. « Nous n'avons pu voir sans surprise que des gens malintentionnés ont cherché à troubler la perception de nos droits, en abusant nos peuples de l'espérance de la suppression de ces droits, et particulièrement de nos fermes des gabelles, aides et du tabac, en se permettant, même contre nos fermiers, des déclarations injurieuses. Cette licence a produit dans nos provinces des effets qui méritent toute notre attention. Des troupes nombreuses de contrebandiers armés ont fait des incursions dans plusieurs parties de notre royaume ; la fraude s'est répandue dans celles de nos provinces qui sont de l'étendue de nos fermes des gabelles, aides et du tabac ; les employés et préposés de nos fermiers, exposés à des rébellions, spoliations et violences de la part des fraudeurs, quelquefois même de la part des habitants des villes et paroisses, ont souvent succombé aux excès commis envers eux, ou ont été contraints, pour s'y soustraire, d'abandonner leur service. Des désordres si préjudiciables à la perception de nos revenus ne sont pas moins contraires aux ordonnances rendues par les rois nos prédécesseurs […] ; la police généralement de notre royaume pourrait être troublée si nous ne nous empressions de réprimer ces excès »[20]. La déclaration décrit-elle l'état véritable du royaume, le pousse-t-elle au noir pour les besoins de la cause ? Le catalogue des événements recensés amènerait à conclure à la véracité du tableau.

Tribunaux d'exception

Lois d'exception et tribunaux d'exception : sitôt instituée, la Ferme avait marqué sa défiance à l'égard des juridictions ordinaires. Colbert avait recommandé aux intendants de prendre personnellement connaissance des infractions touchant au commerce des tabacs « s'ils voyaient les juges ordinaires mal intentionnés pour les droits de cette Ferme »[21]. Les officiers et magistrats des juridictions subalternes, municipales ou seigneuriales, lui paraissaient incertains et peu fiables, car prévenus contre la gabelle. Le ministre n'accordait pas plus de crédit aux juges des traites, des greniers à sel ou des élections. Ces tribunaux, trop lents dans leur action, ni vigilants ni efficaces, ne disposaient pas des moyens légaux qui leur auraient permis de prolonger les recherches au-delà des limites étroites de leurs ressorts. Il souhaitait donc instaurer une juridiction spécifique, mais les cours des aides, instances suprêmes d'appel en la matière, étaient très opposées à son projet, comme on s'en doute, et les choses traînaient.

Finalement, le roi décide en 1706 de faire juger « prévôtalement » — c'est-à-dire par des juges militaires qui rendent des sentences sans appel — tous les délits de faux-saunage « ou autres désordres à main armée » commis dans les provinces d'Île-de-France, Brie et Champagne[22]. Première étape. Par la suite, le roi, qui ne veut rien brusquer, évoque à plusieurs reprises en son Conseil telle ou telle affaire pour en confier l'instruction et le jugement en dernier recours aux intendants des généralités. Ainsi en 1709 dans la province de Guyenne, malgré les protestations de la cour des aides de Montauban qui se voyait dépossédée d'une partie de ses causes[23]. Ou encore en février 1725 à Paris, quand le Conseil charge le lieutenant général de police, Ravot d'Ombreval, de prendre en main et juger en dernier ressort les délits d'introduction dans la capitale des marchandises prohibées. En septembre 1728, son successeur Hérault est à son tour commis dans les mêmes termes pour la capitale et ses environs immédiats, et peu après un nouvel arrêt du Conseil donne compétence aux intendants de Paris, Amiens, Soissons et Châlons pour juger les contrebandiers attroupés et arrêtés en armes dans leurs généralités[24].

En vue d'accélérer le processus répressif, le pouvoir institue les fameuses Commissions du Conseil, toutes-puissantes dans les régions les plus exposées à la fraude, le Centre-Sud-Est (Commission de Valence, 1733), le Nord et Nord-Est (Commission de Reims, 1740) et l'Ouest (Commission de Saumur, 1742)[25]. Leurs ressorts, très étendus, regroupaient plusieurs généralités, ce qui devait favoriser les enquêtes ; les magistrats de ces cours spéciales subdéléguaient leurs pouvoirs à l'échelle régionale pour rassembler au plus vite preuves et témoignages à l'encontre d'une population délinquante, extrêmement mobile par définition. Les juges ordinaires des traites et des gabelles ne conservaient que les cas les plus bénins. Ces nouveautés fâchent très fort les cours des aides. En 1764 intervient une sorte de moyen terme : les Commissions resteront l'émanation du Conseil et jugeront toujours sans appel, mais plusieurs de leurs membres seront désormais tirés de la cour des aides de Paris, qui obtient aussi un droit de contrôle sur leur fonctionnement. Actives jusqu'à la Révolution, les fameuses Commissions n'en demeurent pas moins autonomes. Là où leurs pouvoirs ne s'appliquent pas, les affaires les plus graves sont déférées aux intendants des généralités jusqu'à la fin du siècle.

D'un côté donc une énorme machinerie coercitive, de l'autre la substance vive d'une économie soumise au libre appel des marchés et portée par les exigences vitales des populations. Ici tout un monde de transporteurs, de revendeurs et de consommateurs tentés par l'illicite, en quête de profits et de bas prix, là des bataillons de gardes et d'employés des Fermes, de commis municipaux, d'agents percepteurs et autres collecteurs chargés de ponctionner les flux commerciaux.

3. FIGURES DE LA RÉBELLION

Ce bref survol avait pour but de guider les non-initiés dans le labyrinthe des lois et usages des XVIIe-XVIIIe siècles. Revenons à l'enquête et au combat permanent mené contre les réglementations, en nous limitant à l'aspect « violence collective ouverte ». Seuls nous intéressent l'ampleur, l'intensité, les formes et les messages de la rébellion populaire. Le caractère massif et récurrent des troubles permettra peut-être de découvrir sous les comportements ancrés dans les mentalités un élément constitutif de la conscience de groupe.

Les milliers de tumultes liés à la fraude ne répondent pas à un modèle unique. Tantôt ce sont les bandes qui affrontent directement les commis des Fermes, tantôt ce sont les habitants qui portent secours de manière spectaculaire et violente aux fraudeurs poursuivis ou arrêtés[26]. Dans les deux cas, il y a délit de rébellion collective. Les 3 143 affaires relevées peuvent se ramener à quatre grands types différents :

Tableau II.1. Motivations des rébellions contre les Fermes

1. Réaction violente de contrebandiers ou fraudeurs surpris dans leur action : résistance armée, tentative immédiate de récupération *(spoliation)* des marchandises ou des montures et armes saisies ; effort immédiat de libération de camarades arrêtés. *1 166 cas, soit 37,1 %.*

---

2. Attaque d'un poste de garde ou d'un bureau des gabelles, agression à l'encontre du personnel fiscal, libération de fraudeurs détenus, évasion violente de fraudeurs emprisonnés. *220 cas, soit 7 %.*

---

3. Action collective violente des habitants, sur la voie publique, pour favoriser le transport ou la vente d'articles de contrebande ; pour empêcher une arrestation ou libérer un fraudeur *(rescousse)* ; pour reprendre la marchandise ou les montures saisies *(spoliation)* ; violences à l'égard du personnel fiscal ; attaque par les habitants d'un bâtiment fiscal ; action dirigée contre le pouvoir municipal à propos des droits d'octroi. *1 339 cas, soit 42,6 %.*

---

4. Violences collectives de *rescousse*, exercées par les habitants et/ou des fraudeurs contre les gardes lors d'une perquisition ou d'une verbalisation à l'intérieur d'une maison particulière, dans un cabaret ou un débit clandestin ; agression contre les employés dans le cadre d'un cabaret ou d'une auberge. *418 cas, soit 13,3 %.*

4. FRAUDEURS EN UNIFORMES

Les armées d'autrefois, c'est un fait bien connu, entretenaient avec la légalité et la discipline un rapport d'à-peu-près. Les efforts menés par Choiseul et quelques-uns de ses successeurs, dans la seconde moitié du XVIIIe siècle, pour changer les structures et l'esprit de l'institution, n'avaient pas réellement transformé les mœurs. Soldes insuffisantes et irrégulièrement payées, faiblesse de l'encadrement, garnisons établies au contact de zones à fiscalité inégale, autant d'incitations permanentes à la désobéissance. Très souvent, les soldats revendaient clandestinement une partie du tabac de consommation que le roi leur fournissait au-dessous du prix fixé, mais ils ne se contentaient pas de ces menus gains. L'effet d'entraînement résultait de la présence de nombre de faux-sauniers qui, après condamnation, s'étaient faits soldats pour gagner une remise de peine : à peine arrivés au régiment, ces experts reprenaient le trafic et débauchaient leurs camarades, moins par appât du gain que par nécessité vitale pour eux tous. Franchissant de vive force une barrière de la Ferme à Ailly-sur-Somme, en février 1757, une troupe de dragons crie aux employés « qu'ils mouraient de faim et qu'ils aimaient mieux mourir ici qu'en Bohême »[27]. À Guise, en décembre 1767, les soldats menacent les employés qui fouillent les chambrées et les écuries du casernement : « Vous en verrez bien d'autres, il en arrivera tout ce qu'il pourra, nous ne pouvons pas mourir de faim »[28]. Dans la plupart des cas, le commandement fermait les yeux, car on admettait que ces profits faisaient en quelque sorte partie des avantages du service.

La fraude aux frontières

En temps de paix comme en temps de guerre, un intense trafic sévissait tout le long des frontières du Nord et de l'Est. Abandonnant leurs quartiers pour quelques heures, les hommes allaient *à la charge* (aux provisions), guidés par des passeurs du cru. C'était de véritables expéditions avec des éclaireurs pour indiquer le chemin, des guetteurs pour signaler les gardes — quand ceux-ci n'avaient pas été achetés —, des cavaliers et des piétons pour porter la marchandise.

Le désordre était grand en Picardie où le trafic portait non seulement sur le sel et le tabac, mais aussi sur les vins et eaux-de-vie, le bétail et tout ce qu'on appelait les « marchandises fines », indiennes, damas, mousselines et autres étoffes exotiques. Du côté de Ham, les cavaliers fraudeurs menaçaient de tuer les gardes : il n'y avait pas sur place d'officiers « assez absolus » pour les en empêcher[29]. À Saint-Quentin, ils rompaient les barrières et battaient les employés qu'ils obligeaient à porter leur sel[30]. En mai 1708, ce sont des soldats, une quarantaine, porteurs de faux-sel, qui provoquent un sanglant accrochage à Ponthieu, en Picardie, sur la frontière d'Artois ; avec eux des paysans et des femmes. Dans leur fuite, ils trouvent refuge au village de Naours, repaire connu de faux-sauniers, difficile d'accès, « plein de ravins, de chemins creux, fossés et jardins fermés de grosses haies qui sont autant de retranchements » ; au petit matin, les gardes des gabelles attaquent, il y aura des blessés et une femme tuée[31]. La même année, à Péronne, deux compagnies de mousquetaires du roi reviennent des Flandres avec un gros chargement, tabac, sel, étoffes ; ils passent en force sur le ventre des gardes débordés et se répandent dans les rues, soutenus par les habitants qui prennent hautement leur parti : « On n'a entendu par toute la ville, et même dans le bureau jusqu'à l'heure présente, que des injures et des menaces d'assommer tous les employés »[32]. En 1709, des bandes de quatre-vingts, cent, cent cinquante et jusqu'à deux cents, « tant soldats et dragons que paysans », allaient s'approvisionner de l'autre côté de la Somme[33]. La garnison d'Abbeville était l'une des plus faux-saunières de France, avec un partage des tâches entre la cavalerie qui achetait en Artois et l'infanterie qui portait la marchandise en Normandie[34]. Le directeur des

Fermes d'Amiens déplorait le trafic dans sa province : « Aussitôt qu'il y arrive une garnison, tout se réveille pour bien instruire le soldat... Nous avons quatre corps de différents régiments, il n'en faut pas davantage pour infecter de faux-saunage le plat pays de Paris et la Normandie, et toute la garnison dans Abbeville sera toujours meurtrière à la Ferme plus qu'en tout autre lieu »[35]. Les gens des gabelles de Calais n'avaient pas non plus la vie facile. Les soldats y vendaient aux bourgeois un excellent tabac de Saint-Vincent sans plomb ni marque, et les uns et les autres tenaient la dragée haute aux employés[36]. La grave affaire de Savignies, dans le canton de Beauvais, le 20 mars 1710 (trois morts dans les rangs de la Ferme et plusieurs blessés de part et d'autre), atteste elle aussi la connivence des civils avec les soldats fraudeurs[37].

Infractions innombrables dans les provinces de l'Est, aux confins Champagne-Hainaut, Champagne-Lorraine et sur toute la frontière. Dans les Trois-Évêchés, tout comme dans les Flandres, les soldats des régiments suisses fraudaient à qui mieux mieux car ils jouissaient d'une exonération spéciale sur le tabac, la bière, les vins, les eaux-de-vie, le bétail, et ils en abusaient évidemment[38]. À Sarrelouis, en mars 1711, les citadins versent de l'eau chaude depuis les fenêtres et vident des pots de chambre sur la tête des gens des gabelles venus perquisitionner dans les casernes, à la recherche du faux-sel[39]. Fraude en uniforme encore dans le Sud-Est, en Lyonnais, en Bresse et en Dauphiné : les dragons, mêlés aux faux-sauniers et aux paysans, s'en allaient « à la charge » en Savoie et du côté de Genève sans qu'on pût les en empêcher[40].

Le temps des quartiers d'hiver

Florissante aux frontières, la fraude militaire régnait non moins à l'intérieur. En fin de campagne, c'est-à-dire en novembre et décembre, les régiments qui se repliaient pour les quartiers d'hiver emportaient avec eux des marchandises achetées à bon compte aux limites du royaume ou dans les provinces réputées « étrangères », et ils les revendaient en chemin. À peine installés, ils se lançaient dans des opérations d'envergure, surtout quand les unités séjournaient près des pays « francs » ou « rédimés ». Ainsi, pendant l'hiver, les zones de contact entre la Bretagne et ses provinces limitrophes — Anjou, Maine, Normandie — vivaient sur le mode du trafic et des affrontements. À partir de Laval, Ernée, Mayenne, Château-Gontier ou Angers, les cavaliers, avec armes et chevaux, s'en allaient rafler le sel qui était quasiment en vente libre sur les marchés de Bretagne : « Ils ont toujours un maréchal des logis à leur tête, ce qui les rend bien plus forts », lit-on dans une correspondance datée d'Ernée en décembre 1693 ; « les dragons disent hautement que leurs officiers ne les payent pas et ne leur donnent rien, qu'il faut qu'ils volent ou [qu'ils] fassent le faux-saunage. Les officiers sont des fripons qui participent à tout cela et qui donnent les mains. Les bourgeois d'ici envoient leurs valets avec eux au sel, jamais désordre n'a été plus grand »[41]. Dans les années 1695-1697, les « gentilshommes » commandant les unités du « ban » et de l'« arrière-ban » de Paris, du pays chartrain, du Blésois, de la Bourgogne et de la Champagne favorisent le faux-saunage de leurs hommes dans l'Ouest[42]. C'était « une guerre déclarée », les soldats cherchant « jour et nuit » les employés des Fermes pour « leur couper la gorge »[43].

Ailleurs, l'arrestation de soldats peut mobiliser toute une ville, comme à Vitry-le-François le 26 mars 1714. À la suite d'une méchante rencontre où un commis des Fermes avait trouvé la mort, sept dragons fraudeurs avaient été arrêtés. À quoi répondent aussitôt une mutinerie militaire et un soulèvement de rue. Au milieu d'une foule surexcitée, cent cinquante soldats exigent la libération des détenus et poursuivent les employés à coups de pierres ; ceux-ci tentent de se réfugier au cabaret du Grand-Louis où l'hôte ne veut point les recevoir, puis à l'église où ils sont rejoints et « cruellement maltraités » ; d'autres se sauvent chez l'avocat Cadet qui les chasse « avec cruauté ». Selon le procès-verbal, les notables bourgeois sont ici « assez sujets à ces sortes d'émotion », et ils se joignent volontiers aux militaires et à la populace. Dans une lettre jointe au dossier, l'inspecteur des brigades de la Ferme dénonce « la fureur aveugle de ces rebelles » : « Jamais, écrit-il, on n'a poussé plus loin la rébellion contre les commis du roi qu'elle vient de l'être tant par les troupes que par les habitants de Vitry. » Là-dessus, l'un des sept dragons est condamné en conseil de guerre « à avoir la teste cassée », mais les officiers et « toute la ville » implorent le commandant de la place qui finit par accorder la grâce en présence de la garnison sous les armes. De son côté, le subdélégué fait publier un « ban » portant défense d'insulter les commis du roi[44].

Du côté de Laval, les dragons partaient au sel en ordre de bataille. Ils pénétraient en Bretagne, pillaient les sacs entreposés dans les halles ou bien achetaient à vil prix. Les gens de la Ferme avouaient leur impuissance : « Ils battent nos gardes, ils leur ôtent leurs captures, ils forcent les prisons, ils enlèvent les prisonniers... »[45]. En 1710, les hommes en quartier d'hiver à

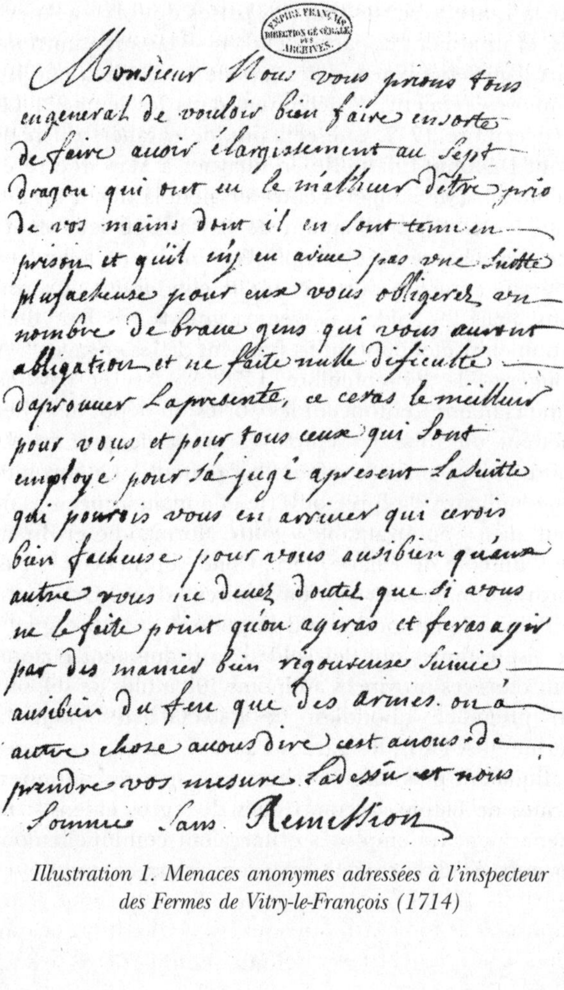

Monsieur Nous vous prions tous
engeneral de vouloir bien faire ensorte
de faire avoir élargissement au sept
dragon qui ont eu le malheur dêtre pris
de vos mains dont il en sont tenu en
prison et quil ny en aime pas une suitte
plusfacheuse pour eux vous obligerez un
nombre de brave gens qui vous auront
obligation et ne faite nulle dificulté
daprouver la presente, ce seras le meilleur
pour vous et pour tous ceux qui sont
employé pour sa jugé apresent la suitte
qui pourois vous en arriver qui serois
bien facheuse pour vous aussibien quaux
autre vous ne devez doutez que si vous
ne le faite point quon agiras et feras agir
par des manier bien rigoureuse suivie
aussibien du feu que des armes on a
autre chose a vous dire cest a nous de
prendre vos mesure la dessu et nous
sommes sans Remettion

Illustration 1. Menaces anonymes adressées à l'inspecteur des Fermes de Vitry-le-François (1714)

Angers s'en allaient « charger » tous les jours, à trente ou quarante, les uns par des chemins de terre, les autres sur la Loire avec des gabares prises de force à Ancenis, et ils avaient la partie belle en se faisant « un rempart dans leurs bateaux des sacs de sel, au lieu que les employés [étaient] à découvert dans les leurs »[46]. Le 30 décembre 1747, une centaine de cavaliers du régiment Dauphin-Infanterie en quartier à Mayenne revenaient ainsi de Fougères et traversaient la ville d'Ernée, dans le Maine, avec autant de paysans et deux cents chevaux chargés. Les employés réussissent à arrêter une vingtaine de porteurs qu'ils conduisent aux prisons, mais les soldats exigent à grands cris leur libération en prétendant qu'ils venaient de les engager[47]. À Fougères, le 24 septembre 1756, soldats et paysans (une centaine) enfoncent les portes du dépôt de sel et mettent en fuite les employés avant de prendre la route de Mayenne avec leur chargement[48]. Le faux-saunage militaire « à force ouverte et à main armée » était tout aussi « épouvantable » entre Normandie et Bretagne, du côté de Falaise, Vire, Condé et Alençon[49]. Désordres non moins « extraordinaires » dans l'Orléanais, le Poitou, le Limousin, le Bourbonnais et l'Auvergne[50]. Le fisc estimait que les soldats introduisaient chaque jour dans ces provinces au moins 100 muids de sel, soit un préjudice quotidien de 240 000 livres pour la Ferme[51] ! À Paris, les gardes-françaises et gardes suisses trafiquaient plus discrètement, mais sans discontinuer. Armés de bâtons, accompagnés de « gros chiens », ils menaçaient les employés et forçaient continuellement les entrées de la capitale avec leurs chargements[52].

« Feu sur ces gens-là… »

D'ailleurs, lorsqu'ils ne se sentaient pas en force, les employés évitaient les rencontres et se bornaient à signaler les bandes qui leur défilaient sous le nez. Leurs procès-verbaux indiquaient alors de façon imprécise le nombre des hommes et des chevaux entr'aperçus, la couleur des uniformes. Les accrochages n'en étaient pas moins fréquents, avec échange de coups de feu, de sabre ou de bâton. On entendait les fraudeurs lancer leurs consignes de guerre : « À nous hussards, bataillon carré, feu sur ces gens-là ! »[53]. Voyez comment les choses dégénèrent à Mayenne, le 1er juillet 1743, quand des miliciens du bataillon de Saumur s'installent au milieu de la place pour vendre publiquement sel, tabac, mouchoirs de perse ou d'indienne et autres marchandises prohibées. Comme les employés veulent intervenir, plusieurs miliciens pénètrent dans le corps de garde placé sur le pont, ils flanquent les tables à la rivière et annoncent qu'on peut faire entrer dans la ville tout ce qu'on voudra. D'autres libèrent un paysan qui venait d'être arrêté avec du faux-tabac. Ils poursuivent un employé jusque chez le chirurgien de la Ferme où il était allé se faire panser et ils le malmènent à nouveau en déclarant aux deux prêtres venus l'assister : « Messieurs, hâtez-vous de graisser les bottes à cet homme, nous allons l'envoyer un peu en Paradis » — puis ils le frappent encore en le laissant « pour mort ». L'enseigne du chirurgien est arrachée, les gardes sont insultés par la foule, poursuivis de rue en rue et obligés de se réfugier au grenier à sel[54]. À Bourbonne-les-Bains, en août 1759, sur les confins Bourgogne-Franche-Comté, quand les gabelous veulent arrêter un soldat pris à vendre du tabac sur le champ de foire, ils sont pris à partie par des dizaines de militaires « de différents uniformes » qui séjournaient aux thermes pour soigner leurs blessures, et toute la ville est en rumeur[55]. À Vignacourt, en Picardie, une troupe d'employés attaque un cabaret où se sont repliés militaires et autres fraudeurs ; l'affaire est violente, les soldats refusent de se rendre, criant qu'ils veulent « vaincre ou mourir », et deux d'entre eux restent sur le carreau[56].

Les mauvaises habitudes perdurent jusqu'à la fin du siècle. En janvier 1777, c'est le bourg d'Aigueperse, en Auvergne, qui soutient les soldats aux prises avec la brigade des Fermes : « Ne lâchez point, dragons, tuez ces bougres de *gapians !* »[57]. Le 1er mai 1779, à Calais, une empoignade de faubourg entre des soldats de la garnison et quelques commis des tabacs tourne à l'émeute. Des hommes de troupe surgissent des cabarets, armés de pelles et de bâtons, la foule s'amasse et hue les employés qui rejoignent à grand-peine l'entrepôt des tabacs, plus morts que vifs[58]. Non moins chaude l'affaire de Saint-Berthevin dans le Maine, le 18 juin 1780 : après une rencontre dramatique (deux morts chez les gardes, quatre blessés et un mort du côté des soldats), les gabelous qui avaient capturé six fraudeurs du régiment d'Angoumois sont pris en chasse par d'autres militaires soutenus cette fois encore par une « grande quantité de populace de l'un et l'autre sexe », et ils doivent finalement libérer leurs détenus. Le lendemain, les soldats massacrent les deux commis d'un poste voisin et l'agitation gagne la ville de Laval où le directeur des Fermes est assiégé dans sa maison[59]. En septembre 1783, deux cents « volontaires » de plusieurs régiments pénètrent en Anjou avec des chargements de sel qu'ils rapportent de Bretagne : les employés qui tentent de les arrêter à Champtocé-sur-Loire sont attaqués à coups de sabre, de bâton et de pierres et c'est eux qui doivent s'enfuir avec leurs blessés après un « tumulte effroyable »[60]. En 1788, à Charné, près d'Ernée, deux cents personnes au moins encouragent les soldats venus à la rescousse de quelques fraudeurs surpris avec du sel[61]...

Le piquetage de cas se propose de rendre sensible l'omniprésence du phénomène, sa permanence dans la longue durée, sa liaison indissoluble avec les modes de vie populaires. Le faisceau d'exemples tirés du centre comme des quatre coins renvoie au fonctionnement des armées d'Ancien Régime, constamment à cheval entre licite et illicite. Les tentatives nombreuses des réformateurs en matière de discipline n'ont pu venir à bout de comportements qui, aux yeux de la loi, s'apparentent au brigandage, mais étaient vécus par les acteurs comme une sorte de droit naturel.

Un regard sur les chiffres atteste l'intensité de cette fraude en uniforme. Les soldats sont présents dans 453 affaires sur les 3 143 qui opposent fraudeurs en bandes au personnel des Fermes. Le tiers de ces 453 bagarres renvoie aux années 1701-1730, contre 11 % pour la période antérieure et respectivement 30 et 27 % pour les années 1731-1760 et 1761-1789. La fin du règne de Louis XIV marque l'apogée de ces rencontres. Par la suite, les périodes d'après les guerres (Succession d'Autriche, guerre de Sept Ans) ramènent les heurts violents avec la démobilisation des hommes répandus sur les chemins, sans solde, sans perspectives ni contraintes.

Il ne s'agit pas d'un phénomène marginal, car l'armée était partie constituante du champ social. Ces hommes du mouvement, le plus souvent venus d'ailleurs, ne se sentaient nulle part socialement dépaysés. Ils retrouvaient un milieu familier à chacune de leurs étapes, non seulement l'ambiance des camarades, mais les milieux populaires où ils tendaient à se fondre[62]. Sortis pour la plupart du monde des campagnes et des faubourgs dans l'espoir d'une petite promotion, vivant souvent en ménage sur le lieu de garnison ou même cumulant le service et un petit métier parallèle, ils compagnonnaient naturellement avec les gens d'en bas. Les rencontres de cabaret, en un espace favorable au mixage social à humble niveau, facilitaient les prises de langue, le montage des coups irréguliers. Pour ceux qui quittaient le régiment et revenaient chez eux en « semestre » ou à titre définitif, munis de leur « congé », il était commode de trouver des complicités, et plus commode encore pour les miliciens qui n'abandonnaient jamais vraiment leur pays d'origine. Ils savaient où trouver sur place des guides, des porteurs ou des associés. Et l'on verra à propos des rescousses que les habitants, au village comme à la ville, ne leur marchandaient pas leur appui.

5. CONTREBANDIERS ORDINAIRES

Formations éphémères

Notre évocation des activités occultes des armées d'Ancien Régime risque de fausser la réalité. Rappelons que le gros des fraudeurs appartenait d'abord au monde des civils pour qui l'urgence vitale passait avant le respect de la loi. Les pratiques contrebandières s'accordaient à l'immémoriale pratique pédestre qui, sans trêve, lançait les humbles sur les sentiers, toujours charriant quelque ballot, ployant sous quelque faix. Dès son plus jeune âge, l'individu des campagnes chemine et porte, en quête du modeste profit, du petit *plus* qui compense la précarité du quotidien. Dans l'espace rural, le déplacement est un enjeu capital de survie. Cet universel mouvement de fourmis, incessant et quasi imperceptible, fondu dans le tissu quotidien, ne parvient jusqu'à nous qu'à travers les manquements à la règle, l'irrégularité des comportements individuels et les éclats collectifs. Excluons là encore les innombrables infractions singulières repérables dans les archives pour ne retenir que les incidents violents, ceux qui relèvent d'une motivation de groupe et d'une démarche commune.

Comment fonctionnaient donc les bandes de *camelotiers* ? La plupart présentent un caractère occasionnel, mouvant et flou. Vite rassemblées, elles se défont aussi rapidement pour se reconstituer un peu plus tard selon une autre configuration. D'ordinaire, il s'agit de groupements de cinq à vingt individus, journaliers, petits paysans, artisans, colporteurs ou mendiants. Des militaires les rejoignent parfois le temps d'un convoi, mais la dominante est paysanne. Les opérations se déroulent dans un espace relativement proche : trois fois sur quatre, les fraudeurs se font prendre à moins de vingt kilomètres de chez eux[63]. Ceux qui possèdent une monture transportent des charges d'une centaine de livres ; les autres, les *porte-cols*, marchent à pied, avec sur la tête ou la nuque un *faix coupé* ou *poche coltée* (sorte de bissac resserré par un lien en son centre) qui pèse une cinquantaine de livres, deux fois moins pour les enfants. Ils sont armés de bâtons en érable, châtaignier ou cœur de chêne, longs de quatre à sept pieds, ferrés à l'un des deux bouts, parfois aux deux bouts, qu'on appelle *bourlettes* en Picardie, *masserotes* ou *frettes* en Anjou et Bretagne, *riboulles* en Poitou, *gouyards* ou *longs bois* en Bourbonnais… Les militaires qui les accompagnent parfois, soldats en congé ou déserteurs, portent un sabre, un fusil ou un pistolet, mais les civils évitent de circuler avec des armes à feu dont le port les expose à la peine de mort. Retenons au passage la description laissée par l'intendant d'Herbigny, en 1699, des bandes faux-saunières aux abords de Lyon. Elles arrivent du Bas-Dauphiné, les femmes en tête « avec de la poussière dans leurs tabliers qu'elles jettent aux yeux des gardes, s'il s'en présente ». Les ânes et les chevaux chargés viennent ensuite, conduits par des paysans ; « quatre ou cinq des plus vigoureux ferment le convoi, portant des *marguerites* qui sont des gourdins dont il ne faut qu'un coup pour assommer un homme »[64].

Bandes structurées

Des regroupements plus durables prennent forme au début du XVIIIe siècle. Il s'agit de troupes constituées, connues sous le nom de leurs chefs. Ainsi, dans les années 1700, on parle beaucoup en Dauphiné des frères Cardinal, à qui succéderont d'autres leaders, tels Barret vers 1730, surnommé la Violette, Jean Drogue dit la Noblesse, Belissard, Berthier dit le Grand Joseph. Plus tard, dans les années 1750, s'impose l'inoubliable Mandrin, mais après lui il y en aura d'autres, Le Vasseur dit le Normand, Louis Cochet dit encore Manot, ou le Tailleur, ou Liberté, plus tard Carementran dit Carnaval. En Bourbonnais, Cavalier et sa bande tourmentent la Gabelle jusqu'à leur arrestation en juillet 1710. En Picardie et dans la Thiérache, les agents de la Ferme pourchassent les hommes de Landouzy, dit la Jeunesse ou le Dragon, aux alentours de 1720. D'autres formations tirent leur nom de leur terrain de manœuvre. À la lisière Picardie-Hainaut, les bandes opèrent en nombre vers les années 1730 : celle du Cateau, longtemps insaisissable, celle de Chirienne et Rhuy. Les hommes de Montmigny s'activent jusqu'à Paris à partir du pays de Liège, sous les ordres du nommé André Dion, dit le Curé-d'Après-Midi. Aux limites Anjou-Bretagne, la bande de Vritz s'autorecrute sur plusieurs générations dans le même espace et fait parler d'elle durablement. La bande d'Orange s'active dans le sud-est du royaume, entre Languedoc et Provence. Prenant la région en écharpe depuis la Franche-Comté jusqu'à la Combrailles, une autre troupe, dite la bande d'Auvergne, traverse à grandes guides la Bresse, le Bugey et le Lyonnais. En Roussillon, où la fraude du sel et du tabac s'enfle à plaisir vers la fin du siècle, quelques meneurs se taillent une célébrité qui dépasse de loin leur champ d'aventures, tels El Blanquillo à Saint-Laurent-de-Cerdans ou Pater Noster, un *brassier* (ouvrier agricole) de Puigcerda[65].

Les grosses unités osent se lancer dans les raids à long rayon, car le taux de profit s'accroît à mesure qu'on s'éloigne des limites fiscales des provinces. Les voyages, qui pouvaient durer plusieurs semaines, voire plusieurs mois, mobilisent couramment une vingtaine de cavaliers, armés cette fois de fusils et pistolets. Certaines grandes bandes comptent jusqu'à cent ou cent cinquante individus. Selon Fontanieu, intendant du Dauphiné, c'est « par le nombre des chevaux qu'ils entretiennent qu'on peut juger de leur force »[66]. Au cœur de chaque dispositif, deux ou trois « maîtres ». Disposant de capitaux pour se lancer, ils ont pu acheter des montures et un stock de marchandises qu'ils écoulent pour leur propre compte. D'autres, qui travaillent pour des marchands, ne font qu'« assurer » le convoi (sel, tabac, indiennes...), et ils prélèvent leur pourcentage. De Genève ou de Savoie jusqu'à Lyon, le profit monte jusqu'à 20 % *ad valorem* de la marchandise transportée[67]. Ces chiffres valent *grosso modo* pour les autres caravanes de grande fraude, notamment vers Paris depuis les Flandres ou la Lorraine. Les chefs sont entourés d'un état-major, le premier cercle des fidèles, souvent qualifiés de valets ou domestiques. Fontanieu note que le chef décide de tout « avec une autorité aussi absolue que celle d'un officier sur ses troupes ». Précédé d'espions qui, sans rien porter, battent le pays et font « la découverte », il connaît seul le secret de la route et, « pour le mieux cacher », ordonne feintes et contremarches[68]. À la veille d'une campagne, il embauche sur place une main-d'œuvre occasionnelle de paysans porteurs, payés à la course ou à la journée. Toutes les régions contrebandières offrent ainsi un vivier de gens toujours prêts. Aux portes des villes, il se trouve sans peine des guides bien au courant des passages faciles et des habitudes de la garde. Vers 1720, la bande de Jean-Baptiste Landouzy dit le Dragon, déjà nommé, qui transporte du tabac à Paris depuis la Thiérache, dissimule le trafic dans les carrières d'Issy et de Vaugirard, et ce sont des ouvriers de l'endroit qui introduisent de nuit la marchandise, cachée dans des sacs de charbon. Le gain valait le risque, 8 à 10 livres par charge[69]. Ces bonnes volontés populaires sont partout présentes.

Dans les régions de grande fraude, les hommes se dispersent une fois leur expédition achevée. Ils errent dans le pays, s'installent « en voltige » dans les paroisses proches, fréquentant les cabarets ou effectuant des traversées à petit rayon, par groupes de cinq ou dix, pour gagner quelque chose en attendant une nouvelle occasion. En Dauphiné, vers 1730, les chefs disposent en chaque village de « gens affidés toujours prêts à marcher au premier ordre de leur part. Ils les rassemblent quand ils en ont besoin »[70]. Vingt ans plus tard, l'officier Passerat de La Chapelle, en poste à Châtillon-en-Michaille, estime qu'il y a en Savoie « plus de quatre à cinq cents de ces scélérats », toujours prêts à s'engager sur les frontières de Suisse et de Genève[71]. Frauder est aussi un style de vie, sinon un métier, sur les frontières du Roussillon traversées de bandes toujours plus nombreuses dans les années 1770, fortes de cinquante, cent et jusqu'à sept cents individus du côté de Banyuls, « parmi les deux mille disponibles »[72]. Elles passent et repassent, décourageant la Ferme et terrorisant la maréchaussée...

Les militaires qui se joignent aux groupes marchent en tête et en queue pour encadrer et protéger les porteurs. Quand ils se font prendre, ils ont un système de défense invariable : les faux-sauniers les ont contraints sous la menace à les accompagner... En janvier 1708, on voit ainsi passer sur la frontière Dauphiné-Savoie la bande des frères Cardinal qui conduisent, « à la faveur d'une escorte de cavaliers, dragons et soldats », quatre-vingts bêtes chargées de sel, poivre, tabac, cannelle, et on retrouve ce type d'escorte tout le long du siècle[73]. Les soldats fraudeurs se font repérer au milieu des autres par la couleur rouge ou bleue de leur habit, leur coiffure en catogan et la cocarde au chapeau.

6. TEMPS ET LIEUX

Un regard, à présent, sur les temps et les lieux de la rébellion.

Entre 1661 et 1789, le partage de notre période en quatre séquences chronologiques révèle la recrudescence des tensions liées à la fiscalité indirecte :

Tableau II.2. Chronologie des rébellions contre les Fermes

Fraude sur	1661-1700	1701-1730	1731-1760	1761-1789	1661-1789
La gabelle	174	503	553	955	*2 185*
Les aides	110	188	138	158	*594*
Les traites	36	97	66	97	*296*
Divers	26	11	8	23	*68*
Ensemble	*346*	*799*	*765*	*1 233*	*3 143*

Mouvement séculaire

La courbe d'ensemble et l'histogramme quinquennal signalent les accès critiques. Nous avons relevé 193 rébellions dans les années 1660-1679, contemporaines de l'effort colbertien de réorganisation fiscale : les nouveaux droits, le remaniement de la carte des greniers à sel, l'installation de bureaux de contrôle aux limites des provinces franches ou rédimées provoquent des réactions de rejet un peu partout. Cette première séquence renvoie à des mouvements de grande envergure, qui touchent des régions entières. La révolte d'Audijos en Chalosse est bien connue, entre 1663 et 1666, de même que la longue résistance catalane des Angelets dans les vallées pyrénéennes du Vallespir et du Conflent entre 1663 et 1672, à la suite de l'arrivée de la gabelle du sel dans les Comtés. L'historiographie a abondamment traité de la guerre de Roure, en Vivarais, d'avril à juillet 1670, et cinq ans plus tard des révoltes du Papier timbré en Bretagne et en Guyenne. Sur le graphique

Figure 3. Rébellions contre les Fermes : mouvement séculaire

a) Rythme annuel

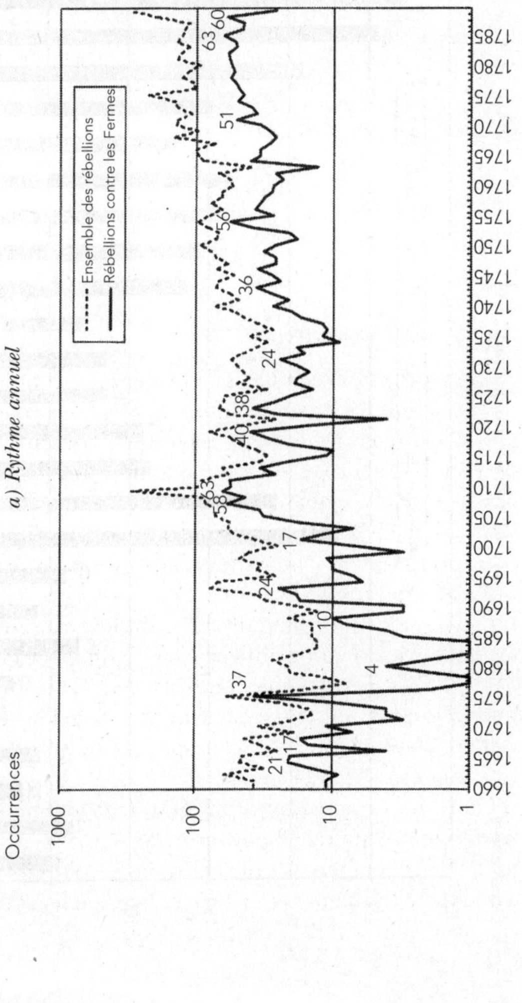

b) Rythme quinquennal

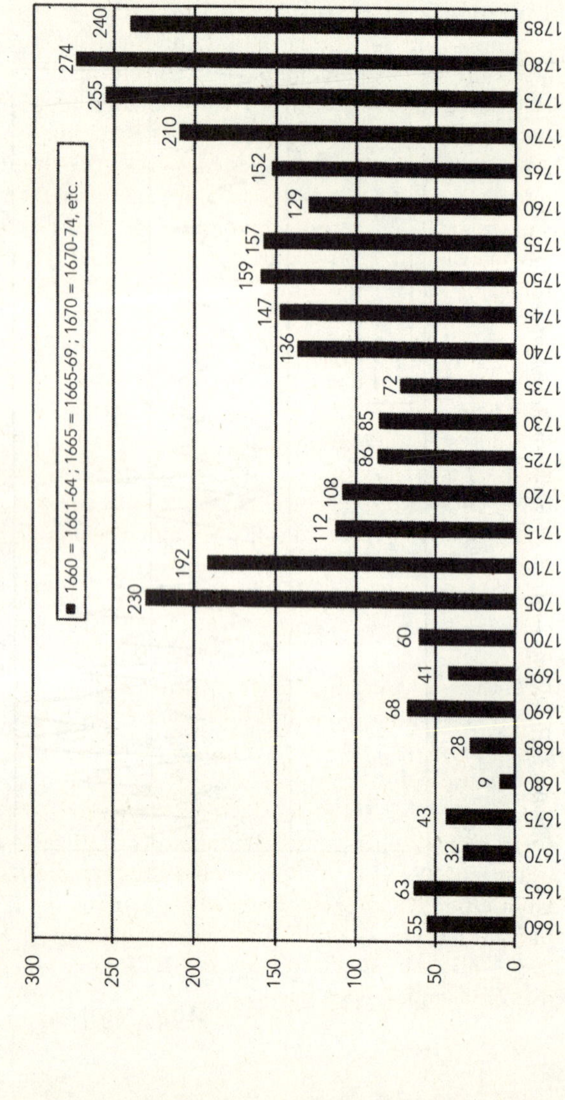

des rébellions contre les Fermes, la flèche de l'ann… 1675 marque un apogée, avec 37 occurrences.

Notons au cours de la période une convergence de griefs divers, non seulement contre les droits sur le sel et le tabac, mais aussi sur les actes notariés, les papiers de justice, le commerce routier, l'estampillage des étains… Dans le déclenchement des crises, le refus d'acquitter les taxes prélude aux actions violentes contre les « partisans » et autres agents du fisc. Interviennent aussi la rumeur et les « faux bruits ». En avril 1670, à la veille de l'affaire de Roure, on racontait en Vivarais qu'il faudrait payer des droits sur les chapeaux, sur les souliers, sur les chemises, sur les journées des travailleurs ou même sur la naissance des enfants, 10 livres pour un mâle, 5 livres pour une fille[74]… En 1675, la Bretagne vivait dans la hantise d'une gabelle curieusement anthropomorphe, imaginée comme un personnage errant à travers les campagnes[75]. Dans pareil climat d'angoisse, le premier incident venu déclenchait le *happening* de l'émeute qui reste immuable pour ses traits majeurs : cris, cortèges, pierres qui volent bas, prise en chasse des commis, embuscades et meurtres, attaque des bureaux ou des demeures des officiers du roi avec toute l'infinité des variantes locales. D'un pic émeutier à l'autre, un fourmillement de moindre envergure, difficilement perceptible ou repérable, formait la trame des mouvements.

Entre 1680 et 1689, les révoltes deviennent moins fréquentes et plus brèves. La retombée de l'agitation, lisible sur la courbe, atteste les effets du dispositif fiscal laborieusement mis en place. Mais, à partir de 1691, une autre vague vient secouer le royaume. Temps difficiles, on le sait, années de guerres et de misère, désordres climatiques, épidémies, pression fiscale renforcée[76].

La décennie 1700-1709 est encore plus bouillonnante avec 290 émeutes, dirigées pour la plupart contre le personnel des gabelles, la révolte des Tard-Avisés du Quercy en 1707 constituant l'épisode le plus marquant de la séquence. La misère aboie dans le royaume, il faut vivre à tout prix, les interdits sautent. La pointe de 1709 (63 révoltes contrebandières) s'inscrit dans ce contexte de tourments.

On enregistre encore 304 affaires dans les années 1710-1719, dominées par le pic de 1719 où les agents des Fermes essuient 40 refus violents dans les zones sensibles et jusqu'aux abords de Paris. Tout se passe alors comme si la confusion provoquée par la politique financière de Law avait relancé les désordres et comportements libertaires. Voyez, à Saint-Germain-en-Laye, la bataille rangée qui oppose en mai 1718 une bande de près de cent faux-sauniers à autant d'employés soutenus par deux compagnies de Gardes suisses : six morts de chaque côté, quinze à seize rebelles capturés et conduits aux prisons de For-l'Évêque sur trois charrettes, en plein midi. Six d'entre eux seront exécutés et leurs corps suspendus en différents endroits dans la forêt de Saint-Germain, pour l'exemple[77]. Nouvel accès de fièvre en 1723, avec 38 émotions. Suivent deux décennies relativement apaisées, avec 194 rébellions en 1720-1729 et seulement 157 en 1730-1739, dans les années plus tranquilles du ministère Fleury.

Après 1740, chaque décennie fait franchir une étape dans l'escalade des désordres fiscaux. C'est le temps des grandes équipées camelotières. Tous les espaces sensibles sont concernés. Voici, entre autres, le témoignage inquiet d'un percepteur, fermier général de l'*équivalent* en Languedoc : « Les commis sont insultés dans toutes les villes et lieux de la province, à tel point que la plupart ne peuvent point faire leur fonction à cause des émotions populaires qui se forment à la première venue des employés… »[78]. Dans tout le Sud-Est, le cycle Mandrin est particulièrement agité, avec 56 rencontres violentes ou rébellions pour la seule année 1754.

Les troubles culminent à l'extrême fin du siècle : pour les décennies 1770 et 1780, nous avons recensé respectivement 465 et 514 actions de type émeutier. La Savoie se distingue, les *camelotiers* y font « à tête levée leurs brigandages et une guerre ouverte aux gardes », selon l'intendant du Chablais ; le pire, c'est qu'ils reçoivent partout l'appui des habitants[79]. Les provinces du Sud-Ouest s'énervent à fleur de peau, hantées à leur tour par l'image du monstre Gabelle. En 1784, l'antifiscalisme traditionnel en Pays basque soulève les paroisses du Labourd contre un arrêt du Conseil qui limite les franchises douanières au seul territoire de Bayonne : cinq ou six mille personnes se rassemblent à Hasparren le 3 octobre 1784 pour protester contre cette atteinte aux anciens privilèges[80]. Le mouvement s'amplifie aussi dans les villes, jusqu'à Paris. En décembre 1786, au faubourg du Temple, un millier de personnes surgissent des cabarets pour empêcher l'arrestation de porteurs d'eau-de-vie[81]. « Plus de deux mille » l'année suivante, rue Saint-Lazare, pour exiger (et obtenir) la libération d'un autre fraudeur d'alcool, le limonadier-distillateur Fleury, très populaire dans le quartier[82].

La fraude ne semble pas connaître de morte-saison. Le phénomène est constant, avec un léger maximum en avril, quand la circulation redevient plus facile, et un creux en septembre, qu'on pourrait imputer aux vendanges, suivi d'une nouvelle poussée en octobre au moment de l'inventaire des caves et de la commercialisation de la dernière récolte. Quant au calendrier journalier, il montre le « succès » du dimanche, jour de liberté et de retrouvailles de groupe, donc favorable aux projets et complicités :

Tableau II.3. Calendrier mensuel et journalier des rébellions contre les Fermes[83]

Janvier	262		
Février	250		
Mars	270	Lundi	441
Avril	277	Mardi	408
Mai	270	Mercredi	391
Juin	267	Jeudi	428
Juillet	283	Vendredi	391
Août	263	Samedi	406
Septembre	224	Dimanche	490
Octobre	265		
Novembre	226		
Décembre	263		

Géographie de la rébellion

L'examen complet des cas étudiés permet de dessiner la cartographie du mauvais vouloir fiscal, intéressante en soi comme sous l'angle comparatif — et l'on ne peut s'empêcher de faire mentalement la navette entre autrefois et aujourd'hui. La répartition régionale figure sur le tableau II.4 et sur les cartes qui l'accompagnent, la première établie sur la base de chiffres bruts et la seconde à partir d'une estimation démographique régionale à la veille de la Révolution[84].

Largement en tête, sans surprise, le Maine-Anjou avec un indice de 44,5, quatre fois supérieur à la moyenne du royaume (indice 11,7), suivi par le Roussillon (40,1) et la Picardie (33,4). Viennent ensuite, toujours sous l'angle indiciaire, le Nivernais, la Champagne, la Bretagne, l'Île-de-France (fraude intense aux « entrées » de Paris), puis les Flandres et le Limousin. Effervescence moindre ailleurs, en dépit de chiffres bruts élevés : dans un ordre décroissant viennent la Guyenne, le Poitou, la Normandie, l'Orléanais, le Bas-Languedoc, la Bourgogne. L'apparente sagesse des autres territoires est à mettre au compte des privilèges dont ils jouissent ou peut-être d'un appareil répressif plus modéré. Sagesse d'ailleurs relative, trouée d'opérations spectaculaires lancées par intervalle contre les grosses bandes de fraudeurs, mais le quotidien y est plus tranquille. Ainsi, dans le Sud-Est, de même qu'en Franche-Comté, province d'annexion récente, pays de salines, donc de sel bon marché ; tous, depuis le parlement jusqu'au populaire, s'entendent pour maintenir leurs avantages. Calme relatif aussi en Lorraine et tranquillité presque absolue en Alsace, deux autres territoires de salines, qui de surcroît jouissent du statut fiscal de « l'étranger effectif ». Il est intéressant de regarder ce qui se passe à la même époque dans la province de Savoie, alors partie intégrante du royaume de Piémont-Sardaigne : on y voit assez peu de rébellions contrebandières (36 seulement), mais par contre gros trafic frontalier. Le duché sert de plaque tournante à la contrebande, d'où les plaintes incessantes de la Ferme générale et de la Commission judiciaire de Valence. Les magistrats savoyards ferment généralement les yeux et ne se réveillent qu'aux coups de semonce les plus forts, quand le roi de France, excédé, pose en termes menaçants ces problèmes de perméabilité frontalière. En 1739, Charles-Emmanuel III juge bon d'envoyer en Savoie un régiment de dragons et un bataillon d'infanterie pour sévir contre la fraude — qui n'en continue pas moins[85]. Rappelons que Mandrin est capturé en terre de Savoie par les troupes françaises, au mépris des règles du droit international, le 11 mai 1755[86]. Turin proteste alors avec vigueur, mais le signal est reçu, et le sénat de Chambéry fait montre désormais d'un peu plus de zèle dans son action répressive.

Tableau II.4. Répartition régionale des rébellions contre les Fermes

Région*	Rébellions	Population	Indice**	Région*	Rébellions	Population	Indice**
1	159	1 100 000	14,5	15	36	400 000	9,0
2	367	1 100 000	33,4	16	32	750 000	4,3
3	125	1 100 000	11,4	17	2	690 000	0,3
4	125	2 000 000	6,3	18	33	1 200 000	2,8
5	405	2 200 000	18,4	19	186	1 000 000	18,6
6	489	1 100 000	44,5	20	110	1 400 000	7,9
7	136	1 500 000	9,1	21	87	800 000	10,9
8	218	2 200 000	9,9	22	64	700 000	9,1
9	49	500 000	9,8	23	28	600 000	4,7
10	42	1 400 000	3,0	24	97	1 300 000	7,5
11	102	1 400 000	7,3	25	88	460 000	19,1

12	45	110 000	40,1	26	—	150 000	—
13	66	1 100 000	6,0	*Ensemble*	*3 143*	*26 960 000*	*11,7*
14	52	700 000	7,4				

* Voir carte de la p. 48.
** Nombre de rébellions pour 100 000 habitants.

Figure 4. Contre les Fermes : la France rébellionnaire

a) Données brutes

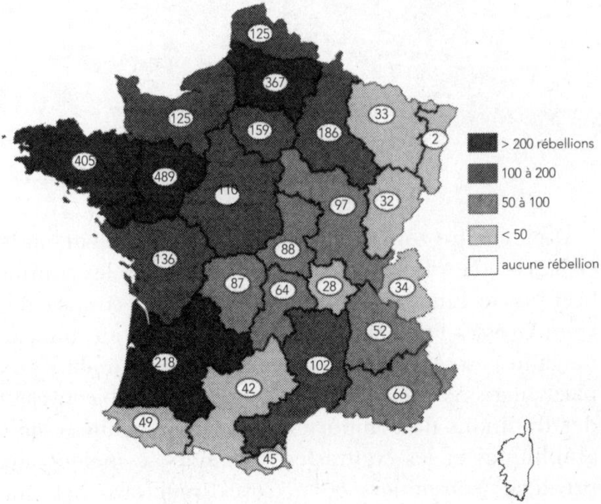

b) Indices rébellionnaires
(pour 100 000 habitants)

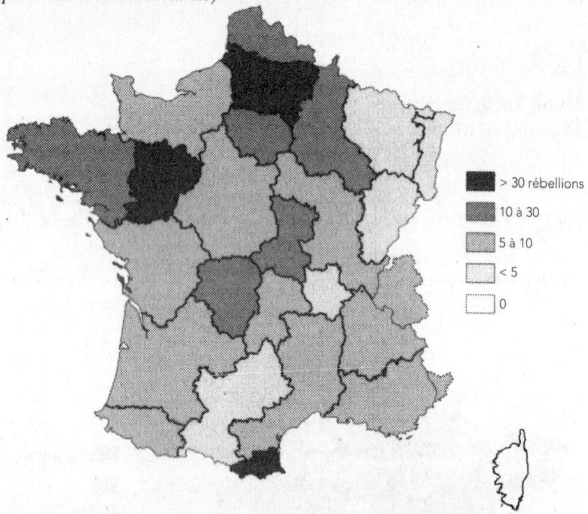

Donc quatre zones de fraude intense en valeurs indiciaires : le Nord et l'Est-moyen, l'Ouest vers les confins bretons, le Limousin-Marche-Nivernais au contact des Cinq Grosses Fermes et enfin le Roussillon au sud. Les inégalités au sein de cet ensemble sont imputables aux particularismes nés à la fois des situations objectives et des traditions de comportements : les « facilités » géographiques et les contrastes douaniers se mêlent aux privilèges coutumiers ou octroyés pour favoriser une économie parallèle tenue par les habitants pour un véritable droit acquis.

7. « LES CHAMPS DE BATAILLE... »

Décamper ou se battre

À partir de quels indicateurs, outre le nombre des intervenants, mesurer la violence des rencontres ? Toutes, par bonheur, ne dégénéraient pas en tueries. Quand elles le pouvaient, les bandes préféraient éviter l'affrontement direct, de même que les employés qui, dans l'ensemble, avaient peu vocation à l'héroïsme. Les rebelles se contentaient le plus souvent de terroriser l'adversaire, et mieux encore de lui faire perdre la face. Il était facile à une troupe bien montée, bien armée, de fondre sur quelques malchanceux commis surpris en embuscade ou tirés impromptu de leur guérite. On les désarmait, on les rossait, on les dépouillait de leurs insignes, bandoulières fleurdelisées, chapeaux. Les armes à feu allaient grossir l'arsenal des attaquants ou étaient rendues aussitôt inutilisables, les fusils brisés ou plongés dans la rivière avant d'être remis, les canons tordus, les pierres de fusil enlevées, les poires à poudre vidées ou enterrées. Jusqu'à la fin du XVIIIe siècle, la pratique se perpétue de faire une « conduite » honteuse aux gabelous attrapés. Ce que Y.-M. Bercé avait décrit pour les époques antérieures[87] est reproduit dans les mêmes formes : les mains liées, parfois même attachés à la queue des chevaux, ils doivent suivre la troupe sur plusieurs lieues. Et, pour finir, on les flanque à l'eau.

Il y avait bien pire. Les archives de la répression livrent le nombre des blessés et des morts, mais ces données sont incomplètes et les rapports manquent de précision, surtout aux époques anciennes. Et quand bien même l'information y figurerait, on ne pourrait pas s'y fier absolument. Les bandes, en se repliant, enlevaient leurs blessés et parfois leurs morts, ignorés dès lors dans les procès-verbaux. Par ailleurs, on peut penser que la Ferme avait tendance à ne rien dissimuler de ses propres pertes et à minorer le nombre des victimes de l'autre camp pour ne pas noircir son image qui est allée se détériorant au long du XVIIIe siècle. Donc valeur relative de ces relevés, néanmoins utiles[88] :

Tableau II.5. Morts et blessés dans les rébellions de contrebande

	1661-1700	1701-1750	1751-avril 1789	1661-avril 1789
Fraudeurs et rebelles				
Blessés	102	210	237	549
Tués	76	223	102	401
Employés des Fermes				
Blessés	347	459	897	1 703
Tués	54	153	106	313

Pour toute la période couverte par l'enquête, le nombre total de blessés et de morts apparaît modeste : 549 blessés et 401 tués chez les rebelles, 313 morts seulement parmi le personnel des Fermes, mais 1 703 blessés, soit trois fois plus que chez l'adversaire. L'intérêt est de voir la violence changer de visage à l'articulation 1750. De plus en plus de blessés, mais le nombre des morts, qui avait triplé au cours des deux séquences

1661-1700 et 1701-1750, tombe dès lors de moitié du côté des fraudeurs, d'un tiers du côté de la Ferme. Tout se passe comme si la multiplication déjà signalée des incidents s'accompagnait non pas d'une moindre violence, mais de plus de retenue dans l'usage des armes à feu. Tels quels, pris globalement, les chiffres attestent le degré d'acharnement des rencontres qui tournaient parfois au massacre, si bien que les contemporains les évoquaient en termes militaires : « Le champ de bataille, écrivait le fiscaliste Moreau de Beaumont, se couvrait de morts et de blessés »[89]...

« En demandant la vie... »

Ainsi résumée, la violence prend un tour abstrait. Seuls les détails de narration restituent le climat passionnel et l'intensité des haines qui accompagnaient ce jeu permanent du chat et de la souris, vécu sur le mode d'un acharnement féroce au cœur des villes comme au fond des campagnes. En 1667, le cadavre du garde Ridel, à Fresselines, au fin fond de la Marche, est retrouvé le ventre ouvert, bourré très symboliquement de ce sel dont il surveillait le trafic[90]. En mars 1675, les émeutiers de Bordeaux assomment un marchand qui avait refusé de crier « Vive le Roy sans gabelle » ; ils tirent son cadavre sur le pavé jusque sous les fenêtres du premier président du parlement. Ils s'en prennent ensuite à un malheureux, reconnu comme ancien domestique du subdélégué de l'intendant, ils l'achèvent, lui arrachent les membres, traînent son corps mutilé par les rues avant de le hisser dans un carrosse qu'ils incendieront dans la cour de son ancien maître. Un peu plus tard, la populace massacre encore un conseiller au parlement à la porte de son hôtel, sous les yeux de sa femme, « avec la dernière cruauté »[91].

À quoi bon effeuiller les éphémérides d'un combat sans merci ? Deux ou trois exemples suffisent à dévoiler les éléments de la mise en scène tragique, le sang, les mutilations, les corps déchirés. Ce n'est pas seulement parce que l'accumulation fait sens que j'ouvrirai ici le répertoire. La répétition de ces épisodes triés pour leur violence spectaculaire leur ôte leur côté fait-divers singulier pour les inscrire dans une série événementielle constituée de variables et de constantes. Mars 1726, Retheuil, en Picardie : quatre employés des Fermes sont massacrés, le sous-brigadier Richard est victime d'une terrible vengeance, les contrebandiers restés maîtres du terrain s'acharnent sur son cadavre, ils lui arrachent les yeux, la langue et le cœur[92]. Juin 1732, Saint-Laurent-du-Pont en Dauphiné : une bande martyrise deux gardes rencontrés dans un cabaret, ils les attachent à la queue de leurs chevaux, les traînant avec eux de village en village avant de les massacrer dans un bois à la suite de « tous les tourments imaginables »[93]. Septembre 1739 en Argonne : les hommes de la bande à Saumont, dit le Grand Saint-Jean, font irruption dans une ferme où les gabelous ont passé la nuit en compagnie du fraudeur qu'ils avaient arrêté ; ils libèrent l'homme et trucident les employés ; l'un d'eux reçoit un coup de sabre qui lui fend la tête et le renverse ; il tombe encore à deux reprises « en demandant la vie », il se relève une quatrième fois et reçoit enfin un coup de fusil mortel[94]. Le 5 octobre 1756, au sud de Candé, en Anjou, on ramasse après le combat le corps presque méconnaissable de l'employé Houdebine, de la brigade de La Cornuaille, la tête défoncée à coups de trique, la cervelle à vif déchirée par des fragments d'os « passant au travers »[95]. Actions isolées, escarmouches, guet-apens ou batailles rangées, les documents exhibent la violence dans ses aspects suppliciants. Voyez aussi la sanglante rencontre entre les hommes de Mandrin et les soldats du roi, à Brion en Bourgogne : un combat sans merci, neuf tués et quatre blessés chez les fraudeurs, sept tués et cinquante-sept blessés du côté de la troupe[96]. À Botz-en-Mauges, dans la soirée du 6 décembre 1760, une bande de fraudeurs force les portes du cabaret où vient d'entrer un lieutenant des Fermes nommé Le Roy, ils lui arrachent ses armes, lui rompent leurs bâtons sur le corps et font piétiner son cadavre par les chevaux[97]. Ou encore, à Varades sur la Loire, en juin 1771, un scénario très voisin qui vise l'humiliation et la souffrance. On découvre trois hommes du fisc embusqués dans l'île aux Bergers, sur le fleuve. Cris et menaces contre les « f... gabelous » à qui il faut « couper le col » ; une ronde à cheval tournoie autour d'un garde abattu sur le sol, « fessé », c'est-à-dire fustigé tour à tour par les cavaliers à coups de *masserotes* ou longs bâtons ; un autre employé est plongé dans l'eau à plusieurs reprises : « Ah le b..., il faut le finir, il branle encore »[98]. La fin du siècle ne marque ni apaisement ni recul dans la sauvagerie. Un dimanche d'août 1776, à Meudon, un contrôle de cabaret s'achève en massacre : un commis est grièvement blessé et trois vignerons restent sur le carreau, percés de coups de couteau[99]. À Yzernay, près de Cholet, trois employés sont massacrés à coups de pierres et de masserotes le 9 août 1785, et leurs corps abandonnés dans un terrible état, visages défigurés, joues tailladées, mâchoires arrachées, crânes en pièces avec « la cervelle et le cerveau séparés de la tête »[100]... Les faux-sauniers ne sont pas mieux traités. Le 8 janvier 1783, après une rencontre sévère, Pierre Moriceau, natif de Vritz en Bretagne, « laboureur à bras » âgé de vingt ans, se traîne chez un meunier ; il a le ventre percé d'un coup de baïonnette et découvre, en déboutonnant son gilet, « que ses tripes lui sortaient du corps ». Il demande « par grâce » au prêtre accouru de prendre les 5 écus qu'il avait sur lui pour les remettre à sa famille[101].

La violence des situations où chacun dans la bagarre essaie de sauver sa peau pourrait laisser croire à de la spontanéité instinctive, mais les autres types d'agressions contrebandières (cf. tableau II.1, p. 69) montrent que les individus se référaient à un véritable code de réponses calculées et tactiques. Les faits et gestes repris à l'identique postulaient une tradition de résistance de groupe. Dans les tentatives de récupération de la marchandise et des montures saisies, dans la punition des supposés délateurs et la vengeance sur leurs proches, il y a des stéréotypes de comportements. Le 1er mars 1771, à La Romagne, en Anjou, ils sont quatorze en bande, bien décidés à reprendre leur sel. Pour se donner du courage, ils vident deux bouteilles d'eau-de-vie et en versent aussi dans l'oreille des chevaux, « pour les animer ». Les rênes entre les dents, une *masserote* dans chaque main, ils tombent sur les employés encombrés par leur prise, en criant « qu'il allait y avoir une tuerie ». Les quatre hommes sont « laissés pour morts » et tous les sacs repris[102]. La récupération, dite *spoliation*, est parfois différée de quelques heures, le temps de se regrouper et se concerter. À Voultegon, en Poitou, le 28 décembre 1778, la bande rejoint au cabaret trois gardes qui conduisent deux détenus ; les deux camarades sont libérés, les chevaux et le sel repris, les trois gardes s'enfuient « de champ en champ et par-dessus les haies » ; l'un d'eux est tué, les deux autres demandent grâce et sont laissés à demi morts, bras et jambes cassés[103]. Faut-il préciser que, dans le monde de la contrebande, les mouchards sont terriblement punis ? À Istres-et-Bury, en Champagne, un cabaretier-laboureur, soupçonné, est tué à coups de couteau et on lui écrase ensuite la tête à coups de marteau ; sa servante est elle aussi poignardée, la tête et les bras détachés du corps, et les deux cadavres sont jetés dans l'incendie de la maison[104]. En 1749, un marchand quincaillier, lui aussi trop bavard, est enlevé par une bande sur le champ de foire de Fondurle, dans la paroisse dauphinoise de Saint-Julien-en-Quint : ses ravisseurs le suspendent par le cou à une branche d'arbre, l'élèvent et le laissent retomber plusieurs fois pour obtenir des aveux et finissent par le fusiller[105]. Ces actes de vengeance, dont on parlait, entretenaient l'agressivité collective. En Picardie, encore, dans la paroisse de Domléger, des quidams s'en prennent à l'oncle d'un brigadier des Fermes « en haine » d'une saisie de sel et tabac effectuée la veille par son neveu. Ils le capturent chez lui en annonçant qu'on pouvait « lui faire dire un service parce qu'on ne le verrait plus », ils l'attachent sur un cheval et le conduisent dans un bois où ils le déshabillent et le suspendent à un chêne ; frappé à coups de cordes jusqu'à en perdre connaissance, l'homme est laissé là au froid « presque mourant », en décembre 1756[106].

Les horreurs qui accompagnent les antagonismes et règlements de comptes semblent battre en brèche l'hypothèse souvent avancée d'un adoucissement des mœurs. Des historiens ont cru déceler dans la seconde moitié du XVIIIe siècle une tendance au repli de la violence physique, un « déclin massif » des comportements agressifs définis comme archaïques et résiduels[107]. Bornons-nous à dire que cette vision ne se vérifie nullement dans le champ contrebandier que nous venons d'explorer. La multiplication des atteintes corporelles — moins de morts, avons-nous dit, mais davantage de blessés et un acharnement soutenu — accompagne au contraire le *trend* ascendant de la fraude émeutière. Il est toutefois trop tôt pour conclure sur ce point, car il convient d'interroger le jeu diversifié de l'attitude rébellionnaire dans les autres domaines de la vie sociale.

CHAPITRE III

Acteurs et complices

... Et sur le même moment nous aurions aperçu venir et rassembler de tout côté tant étrangers passagers qu'ouvriers charbonniers, tant d'un sexe que de l'autre à nous inconnus, environ soixante et dix personnes [...], qui seraient venus fondre sur nous armés d'un fusil, hallebardes, fourches à fer, bâtons ferrés, longs bois et autres instruments de cette cruauté criant à haute voix « Branlez la chaîne, tue, tue, lâchez ces gens et chevaux, vous n'emmènerez rien, il n'y a rien de bon pour vous ici B. de gabelous », vomissant plusieurs autres injures excitant à sédition et émotion.

Procès-verbal des employés des Fermes de la brigade de Montmarault, 14 novembre 1750[1].

Fraudeurs et contrebandiers étaient immergés dans le milieu ambiant dont ils recevaient constamment sympathie et soutien actif. La crainte de la répression ne réussissait pas à les couper de leur base ni à réduire une solidarité ressentie comme naturelle. La réaction spontanée, immédiate, s'impose comme une exigence morale indiscutée, le « devoir de rescousse » dont a parlé Yves-Marie Bercé[2]. Sur les 3 143 affaires violentes liées à la fiscalité indirecte, 1 635, soit plus de la moitié, font intervenir la population du côté des fraudeurs. Il s'agit tantôt d'actions mineures, tantôt d'incidents d'intensité 2, engageant de 11 à 50 individus, tantôt de mouvements de plus grande ampleur, d'intensité 3, avec plus de 50 participants :

Tableau III.1. Actions en rescousse face au personnel des Fermes

Lieu	Intensité 1	En %	Intensité 2	En %	Intensité 3	En %	Ensemble	
Villes	147	22,5	304	46,6	201	30,9	*652*	*100 %*
Bourgs	69	24,1	133	46,5	84	29,4	*286*	*100 %*
Villages et campagne	167	23,9	379	54,3	151	21,8	*697*	*100 %*
Ensemble	*383*	*23,4*	*816*	*49,9*	*436*	*26,7*	*1 635*	*100 %*

1. TROUBLES URBAINS

Villes en fièvre

Les mouvements concernent davantage l'ensemble villes et bourgs que les villages. L'archétype de l'affrontement urbain fait intervenir les ingrédients ordinaires : une foule qui gronde et s'enfle, des commis pris en chasse, l'attaque du bureau fiscal, du poste de garde ou de la prison, les détenus libérés, parfois la reprise des marchandises saisies. À Bourges, le droit d'aide sur les vins soulève la ville au printemps 1664. Il y a des morts et des blessés, le commis de la Ferme s'enfuit, la foule libère les meneurs emprisonnés et le calme ne revient qu'au bout de trois semaines, à l'arrivée de l'intendant Pomereu qui ordonne de nouvelles arrestations suivies de châtiments expéditifs[3]. À Lyon, en avril 1669, hommes et femmes manifestent aussi contre les droits sur le vin ; ils sont cinq ou six cents du côté de la Croix-Rousse, la femme qui marche en tête brandit une feuille de papier attachée au bout d'un bâton en guise de drapeau — elle finira sur la potence[4]. À Arras, les voici plus de huit cents le 23 juin 1688, et le lendemain 24, jour de la Saint-Jean, ils se ramassent devant le bureau du droit de *tonlieu* qui relève à la fois du roi et de l'abbaye de Saint-Vaast. Le sous-fermier Cottet est violemment pris à partie — « Hà, le voilà, le voilà ! Coupez-lui le sifflet, coupez-lui la gorge à ce voleur ! » —, on bouscule sa femme et ses commis, jets de pierres, les vitres volent en éclats, on applique une échelle sur la façade pour décrocher le « tableau » aux armes du roi qui est ensuite brisé à coups de marteau et porté en triomphe dans toutes les rues de la ville depuis 10 heures du matin jusqu'à 10 heures du soir, « criant tous ensemble "Le tonlieu est mort, *libera nos Domine*, victoire, victoire !" »[5]. Et les temps difficiles survoltent les passions. En mai-juin 1705, année de froidure et de pilonnage fiscal, la rumeur d'une taxe sur le voiturage des denrées et du sel fait grand bruit dans les provinces du Centre-Ouest où le commerce du sel a toujours été libre et où l'on redoute l'introduction de la gabelle. À Limoges, « la lie du peuple » prend en chasse les commis à l'annonce d'une hausse des octrois. Plusieurs centaines de paysans et vignerons du voisinage arrivent en renfort au son du tocsin, hurlant « qu'il fallait brûler les maisons des gabeleurs », et ils s'en vont mettre le feu au logis d'un commis de l'octroi. Peu après, les gens de Guéret attaquent de la même façon commis et huissiers aux cris de « Vive le roi sans maltôte ». Quatre ou cinq cents personnes *amutinées*, venues des faubourgs, armées de pierres et de *longs bois*, se rassemblent dans les rues ; certains ont des fusils et des pistolets, ils poursuivent les gens de la Ferme et lapident l'entrepôt des tabacs en menaçant de « brûler comme on a fait à Limoges »[6]. À Nantes, les émotions s'enchaînent en série dans les années 1710 contre la hausse des *devoirs* et des *entrées* sur les boissons : les sources rapportent les menaces lancées contre les « traitants », leurs familles et leurs domestiques, les placards vengeurs accrochés à leurs portes ; après quoi on met le feu aux barrières d'octroi installées dans les faubourgs, la patache de surveillance sur la Loire est attaquée et les commis des Fermes mis à mal[7]. Le calme revient par intervalle entre deux fureurs. En février 1715, une cabaretière va être arrêtée, et cinq cents personnes sitôt venues de partout occupent la rue, non seulement la « populace » mais les élèves du collège de l'Oratoire et même leurs professeurs[8].

Même grosse foule à Vitré, en juillet 1719, trois à quatre cents individus, hommes et femmes, qui enfoncent la porte du bureau des droits du Domaine royal ; les employés ont trouvé refuge dans une auberge assiégée à son tour, et ils se sauvent par les toits[9]. Paris n'est pas épargné, malgré la présence nombreuse des troupes et de la police. Grosse affaire en plein centre au mois de mai 1724 : la scène se passe à l'auberge du Chariot d'Or, rue Greneta, où les gardes ont découvert un énorme stock de tabac, toiles d'indienne, mousselines, taffetas, damas et autres marchandises prohibées. Tandis qu'ils en dressent l'inventaire, surgissent de cinquante à quatre-vingts individus selon les diverses sources, gens du quartier, soldats et autres, à pied, à cheval, armés de pistolets et d'épées, de haches ou de pavés. Ils brisent les portes, désarment les gabelous et déchirent leur procès-verbal. Des fiacres sont là où les mutins entassent la marchandise conduite en hâte au faubourg Saint-Germain ; tout y est dissimulé dans les cours, les écuries et les caves de quelques hôtels aristocratiques avec la connivence des suisses et laquais. On n'avait pas vu « depuis plusieurs années », indique un rapport, « de rébellion aussi caractérisée [...] dans la ville capitale du royaume »[10]. Notons à ce propos le rôle ambigu des gens de maison, en contact avec le monde marginal, souvent par solidarité de province.

« *Il y a plus grave...* »

La seconde mi-siècle, on l'a dit, ne calme pas le jeu, ni en matière de rescousse ni en matière de fraude. À Amiens, ils sont au moins trois cents, en février 1749, hommes, femmes et enfants, derrière les commis qui conduisent au bureau du contrôle un collégien trouvé porteur de faux-tabac. Arrive une bande d'« écoliers », ses camarades, qui fracassent les vitres et tentent d'enfoncer la porte. Rendus « plus furieux » en apprenant que l'on vient d'exiger du jeune fraudeur 100 écus pour sa libération, ils recommencent à lancer des pierres, puis ils tirent des coups de feu et exigent la restitution de l'argent. Seule la maréchaussée en vient à bout sur le soir, après une journée de tumulte[11]. La même année à La Fère, toujours en Picardie, une rébellion secoue la ville pendant plusieurs heures. Cette fois encore, les habitants — beaucoup d'enfants, mais aussi des « bourgeois » et des soldats — poursuivent les employés qui viennent d'arrêter un fraudeur ; armés de pierres et de bûches, ils s'attaquent au bureau des tabacs, aux prisons, à la demeure du contrôleur général des Fermes, au corps de garde, et ils finissent par obtenir des autorités la mise au cachot des employés eux-mêmes sous prétexte de brutalité[12] ! Le 12 février 1764, à Saint-Quentin, les gardes conduisent un homme aux prisons malgré la « populace » — quatre cents, cinq cents, huit cents personnes ? — qui les insulte en leur jetant des pierres, tandis que les enfants « ne cessent de crier sur eux aux loups »[13]. En 1770, dans le Vivarais, les habitants de Villeneuve-de-Berg invoquent leurs privilèges pour refuser l'introduction de l'*équivalent*, jusque-là non perçu. Le fermier et les commis sont menacés à deux reprises, ils doivent quitter leur auberge sous les pierres et « les injures les plus atroces » lancées par une foule qui parle de leur « manger le foie » et de « les jeter dans le puits ». Toute la nuit, des gens « contrefont des chats et des cris de rats » autour de leur auberge. L'année suivante, au même endroit, les huissiers porteurs de décrets de la cour des aides sont pris à leur tour sous les cailloux et obligés de s'enfuir « à toutes jambes »[14]. À Albert — de nouveau la Picardie —, plus de trois cents « rebelles », en novembre 1782, volent au secours de militaires fraudeurs. La colère éclate à Cahors, en septembre 1783, quand une vingtaine de commis des tabacs s'en prennent aux ouvriers qui réparent le pont Valentré. L'affaire est chaude, un maçon est jeté à terre, « traîné sur cinquante pas et la tête ouverte d'un coup de sabre » ; le tocsin retentit, les gens du quartier et les paysans des abords de la ville accourent avec des haches et fusils, près de deux cents personnes qui prennent les commis en chasse et les obligent à se réfugier dans une propriété et finalement à se laisser désarmer[15]. À Guéret, dans la Marche, ils sont trois ou quatre cents en novembre 1785 qui libèrent une femme ; trois cents et peut-être six cents à Chaumont en Champagne, pour s'opposer à la « visite » d'une charrette en décembre 1787 ; deux cents à Reims en avril 1788, qui aident des voituriers à repousser les gardes[16]. La fraude se déchaîne à Paris en cette année 1788 si troublée pour tant d'autres raisons. En octobre, près de trois cents individus, rue d'Anjou, tentent d'empêcher une arrestation et essaient ensuite de forcer le poste voisin de la Ville-l'Évêque. « C'est une rébellion caractérisée », écrit l'adjudicataire des Fermes, et qui réclame « vengeance ». « Les rébellions, ajoute-t-il, deviennent de plus en plus fréquentes que jamais [*sic*], la garde même n'est plus respectée lorsqu'elle vient au secours des commis. Il y a plus grave : ce n'est pas seulement au-dehors [...] que les commis sont attaqués. L'esprit de sédition et de révolte les font rechercher jusque dans leur bureau, de manière [... qu'ils] n'auront plus d'asile nulle part... »[17]. Et aux barrières, à divers moments, la populace s'amuse à provoquer les gens des gabelles. Ces quelques exemples, recueillis d'une ville à l'autre en suivant la chronologie, suffisent à évoquer le climat et l'ampleur relative des affrontements.

Dans tout le royaume, au retour de leurs expéditions, les gabelous appréhendaient l'arrivée en ville dans des rues pleines de monde, avec les cabarets peuplés de buveurs. Les dimanches ne leur portaient pas chance, surtout à l'heure des offices. Leur passage était plus risqué encore les jours de marché, de foire ou de fête patronale s'ils menaient des prisonniers ou s'ils tentaient d'arrêter un suspect ou un homme « décrété », qu'ils avaient reconnu soudain au milieu de la foule.

Le vin aidant, la fureur monte vite, surtout les étés chauds, et l'on s'indigne à la vue des malheureux qui marchent les mains liées entre deux employés. Cris, coups de sifflet, il ne faut pas longtemps pour mettre le quartier en l'air, conspuer les hommes du fisc et leur tirer des mains les prisonniers. Petite guerre passée dans les mœurs, ces actions font partie du code de l'honneur populaire à une époque où l'ordre d'État est encore mal intériorisé et où le respect dû à la fonction publique ne s'étend pas jusqu'aux agents subalternes. Les gardes savent bien qu'il vaut mieux ces jours-là attendre avec leur prise hors la ville, laisser passer la nuit, ou même un jour ou deux. Ainsi, en août 1784, les employés de la brigade de Moulins, qui viennent d'arrêter un fraudeur avec deux sacs de sel, décident prudemment de faire halte à l'auberge de Toulon-sur-Allier, « ne voulant pas, écrivent-ils dans leur procès-verbal, entrer dans Moulins de jour, par la crainte où ils étaient d'une rébellion de la part des habitants qui se soulèvent presque toujours contre les conducteurs des faux-sauniers »[18].

Lignes d'octroi

Autour des villes, les guérites de l'octroi sont en temps de cherté un des lieux sensibles de la violence sociale. Le refus des taxes d'entrée s'accompagne souvent d'une mise en cause des autorités municipales. C'est le petit peuple des artisans et des journaliers qui s'agite pendant que les conseils délibèrent, c'est lui qui manifeste le jour de la mise aux enchères de la ferme des impôts, c'est lui qui malmène les consuls, pourchasse les employés, pille leurs bureaux. En janvier 1665, à Noyers, en Bourgogne, après avoir entendu au prône l'annonce de l'octroi, la foule attaque dans leurs maisons les notables qui l'ont décidé[19]. Dans les cas de grave discorde, la manifestation, commencée avec fifres et tambours, tourne à l'émeute, on malmène les consuls, on pourchasse les employés, on pille les bureaux d'octroi. Les municipaux sont insultés et frappés à Entrevaux, près de Castellane, en mai 1705[20]. En décembre 1718, les habitants de Saint-Rémy-de-Provence menacent de mettre la ville « à feu et à sang » si le conseil persiste à vouloir établir un *piquet* sur la farine[21]. Désordres « considérables » le 21 mai 1728 à Saint-Étienne en Forez, à la publication d'un arrêt rétablissant les taxes sur les farines, grains et légumes ; la foule, des ouvriers pour la plupart, s'en prend à la veuve Chauvou, qui tient ici l'entrepôt des tabacs, une proche parente du collecteur des droits ; elle aurait, dit-on, giflé une femme du peuple en disant « que les maux de la populace ne [venaient] que de sa propension à faire des enfants ». Attaquée chez elle, elle doit s'enfuir par les toits pendant que les émeutiers dévastent la maison[22]. À Clermont-Lodève, on se rassemble au printemps 1731 au son du tambour, on met le feu au nouveau bureau d'octroi et l'on démolit en plusieurs endroits les murailles qui venaient d'être réparées pour empêcher la fraude[23]. Le petit peuple de Manosque, pour donner à sa contestation une allure de légalité populaire, convoque en mars 1760 une assemblée générale extraordinaire pour « délibérer » contre le *piquet* décidé par le conseil, avec menace d'infliger 30 livres d'amende à ceux qui s'abstiendraient de venir[24]. Toujours en Provence, à Mézel, au sud de Digne, le « bas peuple » s'insurge en juillet 1785 contre le *piquet* perpétuel sur les blés et farines voté par la municipalité. Le jour où le nouveau droit est adjugé, deux cents personnes envahissent la maison de ville et insultent le conseil (le médecin Marin, maire et premier consul, le négociant Hermitte, second consul, le bourgeois Amandric...). Ici, les notables sont d'ailleurs divisés, et le juge royal Chauvet — futur député à la Législative — prend véhémentement la défense des émeutiers contre les municipaux. Dix ans plus tôt, les paysans de Mézel s'en étaient déjà pris à « ces *gens foutres* de bourgeois » qui leur faisaient payer les impôts : « Ils noùs ont maltraités, criaient-ils dans les rues, ils veulent être les maîtres, mais les paysans le seront et les assommeront »[25]. Dans les années 1780, la fiscalité municipale est plus vivement contestée que jamais dans tout le royaume. Ne revenons pas sur les violentes échauffourées provençales autour des guérites d'octroi en 1788 et 1789. Même fureur antipéagère et antifiscale de l'autre côté du Rhône, à Sète et à Agde, où des bandes de tonneliers, charpentiers, journaliers, matelots et calfats dévastent les bureaux de la *subvention* et de l'*équivalent* en avril 1789[26].

Il va sans dire que cette gerbe de cas n'épuise pas la série des émeutes dirigées contre la fiscalité municipale, conflits qui, chaque fois, partagent la communauté villageoise ou urbaine en deux camps inégaux, d'un côté les petites gens hostiles aux impôts de consommation, et de l'autre les « plus apparents » qui y trouvent leur avantage. Nos exemples, on le voit, renvoient plutôt aux provinces du Sud-Est, comme si le menu peuple méridional s'estimait plus qu'ailleurs en droit d'intervenir dans les affaires de la cité. Une recherche prolongée découvrirait des réactions comparables en ces temps de cherté dans le reste du royaume. Partout, la crise de subsistances a révélé plus qu'elle-même : loin de se réduire à ses composantes, elle a découvert d'autres fractures, d'autres clivages et dysfonctionnements. Tout naturellement, l'exigence égalitaire surgit du contentieux fiscal. Faut-il rappeler qu'à Paris la Révolution a commencé le 7 juillet 1789 le long des lignes d'octroi avec l'attaque des bureaux et l'incendie des barrières[27] ? L'inquiétude alimentaire et l'alourdissement des taxes indirectes ont servi de déclencheur à l'émeute générale que l'on sait.

2. RÉACTIONS VILLAGEOISES

Paysans en colère

Les actes de rescousse villageoise offrent le même allant. L'affaire peut se dérouler en pleine campagne pendant les travaux agricoles, selon un scénario quasiment stéréotypé. Paysans et paysannes aperçoivent sur le chemin deux ou trois gardes qui conduisent des hommes ligotés sur des chevaux ou marchant au bout d'une corde, encore chargés de leurs sacs de sel ou de tabac. Les rustiques abandonnent le travail et arrivent en courant avec leurs bâtons et leurs outils, fourches, *volants* (faucilles), faux, fléaux, pioches, coutres à charrue, aiguillons, fouets aux lanières lestées de plomb... Quand ils n'ont rien sous la main, ils arrachent des pieux aux palissades, ramassent des pierres ou frappent à poings nus. Des émissaires courent au village pour avertir. Les gens se pressent, rangés en haie de part et d'autre de la rue. Les femmes ont du sable ou des cendres dans leur tablier et parfois de la chaux vive qu'elles jettent aux yeux des *gapians.* On crie, les poings se tendent, les pierres tombent « comme grêle », expression courante dans les procès-verbaux. On s'en sert aussi comme de matraques en les nouant dans de grands mouchoirs qu'on fait tournoyer, arme redoutable. Les chiens sont encouragés à mordre, plus nombreux depuis la mi-siècle d'après nos procès-verbaux, dans des campagnes devenues moins pauvres. Si le détenu est à pied, on lui crie de se coucher. En se jetant à terre, il provoque une mêlée, un « flux et reflux » qui lui permet de se dégager des cordes à l'aide d'une lame complice sortie d'une poche ou d'un tablier. Quand les employés résistent et entraînent malgré tout leur homme au poste de garde ou aux prisons, la foule les accompagne tumultueusement, elle se presse aux portes et s'en prend aux vitres et volets, avec un succès inégal selon les cas.

Tantôt, l'affaire a pour cadre l'auberge où les gabelous, imprudemment, ont jugé bon de s'arrêter avec leur(s) prisonnier(s) et leur butin pour passer la nuit ou seulement se rafraîchir. On assiste alors à de vrais westerns, avec bagarre générale entre les gardes d'un côté et, de l'autre, les assaillants et les clients attablés qui prennent parti pour ces derniers. Tout le mobilier entre dans la danse, bouteilles, pots de terre, cruches, tisonniers, soufflets, pelles à feu ou broches à rôtir. D'autres fois, les gabelous ont réussi à se retrancher dans le cabaret, ils tirent par les fenêtres et résistent tant qu'ils peuvent en attendant d'hypothétiques renforts, comme à Vinon-sur-Verdon, un village de Provence où les employés sont assiégés pendant trois jours en septembre 1710 dans l'auberge où ils avaient trouvé refuge[28]. Le champ de foire présente également des périls, et les commis craignent toujours que leur intervention ne s'y transforme en émeute générale. Ils savent aussi qu'aux jours de fête, quand la jeunesse danse au son de la musette, il est hautement risqué de prétendre contrôler le tabac qui s'échange et le vin qui se boit.

Troussechemise

L'avancée dans le siècle n'entraîne guère de modifications dans les figures de la violence ni dans le détail concret des épisodes. La solidarité reste partout de règle. La Génétouze, en Vendée, le 23 août 1744 : pour délivrer un journalier arrêté avec six onces de faux-tabac, cent cinquante individus hommes et femmes se rassemblent, armés de bâtons, fourches et fusils. Les employés tirent dans la mêlée et blessent trois petites filles et un gamin. Le fraudeur libéré, Jean Idais dit Troussechemise, arrêté à nouveau par la suite, déclarera à ses juges « que cette populace était si fort ameutée qu'elle aurait jeté une quantité de pierres prodigieuse qui auraient accablé lesdits employés et les aurait obligés de se retirer pour éviter plus grand malheur »[29]. À la mi-siècle, toujours en Vendée poitevine, La Gaubretière : une brigade intercepte dix hommes chargés de sel et arrête l'un d'eux, mais personne au village ne veut fournir aux gardes les chevaux qu'ils demandent pour transporter leur prise ; finalement, cent cinquante personnes des deux sexes, jeunes et vieux, leur partent après et enlèvent le prisonnier — « nous traitant, diront les employés, de gueux, de fripons », avec menace « de nous mettre en morceaux si nous ne relâchions ledit Pierre Rousseau »[30]. Même époque, Couterne en Normandie : trois employés ont arrêté une femme qui portait un petit sac rempli de faux-sel. Plutôt bons bougres, ils font halte à l'auberge et boivent avec elle une pinte de poiré. C'est un dimanche matin, l'hôtesse, bien avisée, leur propose d'aller entendre la messe. Le conseil est rusé car il y a beaucoup de monde autour de l'église, dans le cimetière. Une rumeur s'élève, voici les gardes entourés et bousculés par plus de deux cents personnes, les hommes encouragent les femmes à frapper, criant qu'on « ne saurait trop leur en donner », tant et si bien que les agressés se dégagent péniblement, à reculons, en menaçant la foule de leurs armes, mais en abandonnant leur prisonnière[31].

« Criant tous au loup... »

De province à province, le schéma des rescousses se reproduit avec d'infimes variantes. Pour qui connaît le vide des campagnes françaises d'aujourd'hui, il y a quelque chose de surprenant dans la rapidité de ces mobilisations massives d'individus comme surgis du sol, chaque fois par centaines. Vignacourt, en Picardie, le 5 mars 1753 : « environ cent hommes et plus de trois cents femmes » sont dans la rue, serrés en une double « haie hérissée de *louchets* et de bâtons » pour aider une faux-saunière conduite par trois employés à travers le bourg ; les gabelous tirent, la foule cogne, deux gardes sont blessés, la femme est libérée[32]. À Talmas, en juillet 1760, les commis ont saisi deux fraudeurs, un homme et une femme. Face à eux, tout d'un coup, quatre à cinq cents personnes selon les uns, six ou sept cents selon les autres, c'est-à-dire le village entier, criant tous « Au loup » et jetant des pierres ; les coups tombent « comme la grêle », une fois de plus, les deux prisonniers se sauvent. La Ferme, d'ailleurs, redoute « l'indocilité » de ces habitants de Talmas qui, « jusqu'à présent, n'ont pu souffrir qu'il y ait dans leur paroisse ni *regratier* [pour la vente du sel de gabelle] ni débitant de tabac »[33]. À Bohain, dans le Vermandois, le 4 mars 1761, « la populace *émeutée* au nombre d'environ trois cents », avec pierres et bâtons, encourage les dragons logés au bourg à tirer des mains des gardes ambulants le fraudeur arrêté : « Tuez-les, massacrez-les, vous n'avez point de cœur si vous laissez emmener cet homme » ; les « ambulants » se retirent comme ils peuvent à leur poste du Grand-Frenoy, avec une partie du sel saisi et un blessé[34].

« Pays de confins, pays d'assassins… » Le dicton vaut pour la Savoie où les fraudeurs sont partout chez eux. Un dimanche du mois de mars 1771, à la sortie de la messe, les femmes de Saint-Colomban-des-Villards arrachent des mains des gabelous le nommé Martin-Latour qu'ils venaient d'arrêter. Deux gardes se réfugient dans la sacristie, un troisième est massacré dans un fossé, derrière l'église. Dans ces montagnes, écrit le juge-mage de Maurienne, « ils sont tous participants des vols et de la contrebande »[35]. Voyez aussi comment les choses se passent à Hortes, en Champagne, au mois de mai 1777 : l'arrestation de quelques *faux-tabatiers* provoque plusieurs jours d'émeute dans ce gros village forestier. On s'en prend au *regratier* et débitant de tabac Jean Didier, soupçonné de connivence avec les gens de la Ferme, chez qui les employés ont conduit leurs prisonniers. Les femmes sont les plus ardentes, comme souvent. Rassemblées à trois ou quatre cents, elles insultent Didier (« Voleur, vendeur de chair humaine »), elles lancent des pierres contre sa maison, essaient de forcer la porte et parlent de tout brûler. C'est un « carillon affreux », les enfants eux-mêmes menacent les employés d'une « bonne salade ». Au troisième jour, on va chercher une échelle pour grimper sur le toit et renverser la cheminée, tandis qu'une fille armée d'une perche décroche de la façade le « tableau » ou « pancarte » du bureau des tabacs[36].

3. GROUPES À RISQUES

Forestiers

Dans les régions boisées et proches des limites fiscales, les faux-sauniers et hors-la-loi de tout poil trouvaient facilement refuge. Ils vivaient là en état de symbiose avec les bûcherons, scieurs, fendeurs et charbonniers installés pour la saison ou à longueur d'année. Ils y fuyaient les commis partis sur leurs traces, ils y dissimulaient chevaux et marchandises, et trouvaient un abri dans les « loges » des ouvriers ou dans les cabarets du voisinage. Les forestiers figurent dans une soixantaine d'affaires de rébellions en tant que fraudeurs ou complices de fraudeurs.

Ces immenses espaces naturels — environ un quart du territoire du royaume — échappaient largement au contrôle et constituaient des foyers d'illégalité, sinon de brigandage[37]. Les bois du Nivernais étaient peuplés de vagabonds hirsutes et sauvages qui s'embauchaient dans les forges et fourneaux les mois d'hiver pour ne pas souffrir du froid, et reprenaient la route au retour du printemps[38]. Les alcades de Bourgogne savaient bien que ces gens-là avaient « toujours auprès d'eux des armes à feu »[39]. En septembre 1708, soixante individus armés de gourdins, cognées, fusils et pistolets, attaquent les employés dans une auberge de Bourbon-Lancy et libèrent l'homme qu'on venait d'arrêter[40]. Rien de nouveau apparemment, mais, dans ces lieux privilégiés de « l'économie invisible des pauvres », les habitants supportaient encore plus mal l'intrusion de l'État prédateur, comme si l'espace naturel générait un droit naturel inviolable. « Tuons ces bougres-là, ils empêchent que les faux-sauniers viennent dans notre bois », crient les bûcherons de la forêt de Bort, en Bourbonnais, en se ruant sur une dizaine de gardes embusqués dans les parages (avril 1758)[41]. Parmi les plus mal famés dans la France du Centre, les bois des Colettes et de Boismal du côté de Gannat, fréquentés par des individus redoutables que les curés, disait-on, encourageaient « dans leurs mutineries »[42]. Selon Maupeou d'Ableiges, intendant de Moulins, les faux-sauniers pouvaient y compter sur l'appui de six à sept cents fendeurs *cabanés* dans les clairières où ils formaient « une espèce de République », ne payant « aucun sel, taille, ni subside, sans que nul osât y aller faire aucune recherche ni demande, car ils se prêtaient main-forte les uns aux autres », tous armés[43]. L'officier du grenier à sel de Gannat estimait, quant à lui, que « cinq cents gardes » ne suffiraient pas à empêcher le trafic[44]. En vertu d'un arrêt du Conseil daté d'octobre 1705, étaient considérés comme faux-sauniers tous ceux qui s'établissaient là sans une permission écrite de l'intendant : il fallait les arrêter et les conduire aux galères sans autre formalité ! Et même autorisés ils étaient encore passibles de la « chaîne » s'ils détenaient sur place des armes et des chevaux[45]. Le successeur d'Ableiges, l'intendant Turgot — grand-père du futur ministre —, se montre sceptique : « Ces fendeurs de bois, écrit-il, sont un peuple assez sauvage, toujours armé de cognées, serpes et haches, qui se secourent mutuellement, et sont assez enclins à faire le faux-saunage ou à y donner retraite. Mais il y en a eu de tout temps, et il est assez difficile d'y mettre la règle » [46].

Les autres régions forestières ne sont pas plus sûres. En Combrailles, les futaies de Drouille, au nord de Montel-de-Gelat, grouillaient de hors-la-loi. Des bandes de deux cents hommes venaient y charger le sel, trafic si intense, selon l'intendant d'Auvergne Le Blanc, qu'on ne pourrait le détruire sans y « envoyer quelque régiment de dragons »[47]. D'ailleurs, tous les bois situés à proximité des frontières fiscales (jusqu'à vingt ou trente kilomètres) servaient de refuge ou d'entrepôt, notamment dans l'Ouest, sur les limites de la Bretagne, du Maine et de l'Anjou. Les employés craignaient particulièrement les forêts de La Guerche et d'Ombrée où les bûcherons, pleins d'arrogance, paradaient comme en uniforme avec leurs « bonnets rouges, gilets bleu et rouge et culottes de même »[48]. Au printemps 1757, les *boistiers* de Maulévrier libèrent un fraudeur condamné aux galères, le nommé Grosse-Jambe, conduit à Angers pour y être attaché à la chaîne[49]. « Alerte ! Alerte ! Les voilà ! [Ils n'ont] point à faire dans [nos] bois ! », lancent, plus tard, ceux de La Roë, en Anjou, à l'arrivée des gabelous[50]. En mars 1762, les *bûcheurs* de La Guerche, entre Maine et Bretagne, donnent l'assaut au bureau des traites de Brains pour reprendre des eaux-de-vie saisies par les gardes[51]. En novembre 1773, la brigade de Mazé n'évite la « fureur » d'une soixantaine de bûcherons de Beaufort « qu'en se jetant dans [la rivière] Authion »[52]. La forêt de Princé, au sud-ouest de Nantes, abrite elle aussi des fraudeurs ; ils s'y trouvent rassemblés par centaines en mai 1775, mêlés à des sabotiers, charpentiers, domestiques, journaliers et autres gens de cette espèce que les autorités tentent de débusquer[53]. Sans parler des grands bois à proximité de Paris. Les bandes qui cheminaient sous les couverts depuis les Flandres ou la Champagne en direction de la capitale faisaient couramment étape du côté de Compiègne ou de Villers-Cotterêts.

Forgerons, verriers et carriers

Un glissement sémantique a fait des *salvatici*, ou habitants des forêts, des sauvages. Ce caractère de brutalité et de rudesse était attaché à tous ceux qui travaillaient les éléments terrestres, le bois, la pierre, le métal, le verre. Ateliers à l'écart, formidables par leur vacarme, leurs lueurs rougeoyantes, la force physique et les outils des hommes au labeur. Les gardes hésitent à s'aventurer, même en force. Les charbonniers et les travailleurs des forges du Vallespir, en Roussillon, ont été au premier rang de la révolte des Angelets contre la gabelle dans les années 1660[54]. En mars 1698, les employés de la brigade de Mésigny, embusqués dans les bois de Mareuil en Poitou, doivent s'enfuir devant plus de quatre-vingts « forgerons, fendeurs et charbonniers attroupés » qui leur tirent dessus. « Rien n'y fait », déplore le sieur Vantelon, contrôleur général des Fermes, ni menaces, ni logement de troupes, rien, car ils sont armés, « très résolus » et de surcroît assurés de la complicité des habitants du bourg voisin de Chauvigny qui participent eux-mêmes à « ce vilain commerce »[55]. Les bûcherons et forgerons du Berry forestier prêtent main-forte aux fraudeurs lors de rencontres qui « ressemblent plutôt à des combats réglés qu'à des captures ordinaires »[56]. La maréchaussée d'Argenton renonce d'ailleurs à contrôler les gens des forges et des bois du Bouchet, au nord-est de Le Blanc, une tourbe insaisissable de près de « quatre mille ouvriers » qui s'en vont en troupes armées chercher le sel en pays « rédimé », aux *salorges* du Poitou, vers Montmorillon[57]. Dans la forêt de Saint-Gobain, au nord-est de Paris sur la route des Flandres, la Manufacture royale des glaces est, au su et au vu de tous, une retraite de fraudeurs. Les gardes des gabelles s'approchent avec crainte de la fameuse enclave industrielle où vivent avec femmes et enfants plus de deux cents ouvriers. Le 16 juillet 1702, les verriers *expolient* deux faux-sauniers d'entre leurs mains ; le directeur arguë qu'il « ne peut répondre » de son personnel et refuse d'intervenir, si bien que la fraude continue de plus belle[58]. Grand transport de justice en ce même lieu au mois de janvier 1711 : quand les officiers du grenier à sel de Coucy, conduits par leur président et accompagnés de trois brigades de gardes, pénètrent dans l'enceinte du « château » manufacturier, ils voient les gens courir de tous côtés, charriant des sacs et des ballots. L'arrestation d'une femme avec un grand pot de sel blanc dissimulé dans une hotte déclenche un énorme charivari : on sonne le tocsin, la foule afflue, la femme est libérée, le sel repris par les mutins. Frappés, conspués — « nous traitant de voleurs et qu'ils se foutaient de Monsieur Terrestre [le receveur du grenier de Coucy] et de tous ses officiers, [...] disant qu'il nous fallait tous assommer » —, magistrats et gardes abandonnent le terrain « avec grand peine », non sans s'être laissé dire par l'épouse du directeur, Mme Defourneaux, « que c'était fort impertinent à [eux] d'entrer dans une Manufacture royale sans lettre de cachet »[59]. À Nantes, les commis craignent tout autant de s'aventurer aux verreries où les ouvriers les prennent en chasse en maniant leurs longues pinces rougies au feu[60].

Les incidents se multiplient dans la seconde moitié du XVIIIe siècle. En Bourbonnais, les employés évitent d'aller voir à Châtillon et Montmarault où les ouvriers mineurs et forgerons ont transformé leurs baraques en dépôts de faux-saunage[61]. Avril 1767 : à La Caillaudière, en Berry, les ouvriers de la forge crient aux fraudeurs : « Sauvez-vous, voilà les employés qui arrivent »[62]. Ce même mois d'avril, dans la forêt de Châteauroux, près des grosses forges d'Ardentes, une cabaretière s'oppose à cinq employés des Fermes venus arrêter dans sa buvette deux faux-sauniers. Elle hurle « À la force », court à la forge voisine, alerte les ouvriers qui arrivent en nombre, armés de grosses barres et autres *ferrements*, en « vomissant mille injures ». Survient un contremaître, « jeune homme habillé de bleu » qui, sur un ton « fort impertinent », déclare aux gabelous qu'ils devaient bien savoir que le personnel vivait « en franchise en ce lieu » et qu'il leur fallait donc « décamper sur-le-champ ». Le dialogue est court, les ouvriers s'approchent en grondant, ils délivrent les deux faux-sauniers, reprennent bien sûr les chevaux avec le sel et les employés s'enfuient[63]. Le 6 mars 1769, vers 3 heures de l'après-midi, à Beaumont-la-Ferrière, au cœur des forges du Nivernais, arrivent quatre gabelous de la brigade de La Charité conduisant trois chevaux chargés de tabac qu'ils viennent de capturer. Une quarantaine d'individus surgissent alors des maisons et des forges et leur enlèvent deux des chevaux avec leurs ballots. Les employés répliquent à coups de fusil, ils agrippent l'un des fraudeurs et tentent de se replier avec lui dans l'un des cabarets du village, mais on leur ferme partout la porte au nez. Le *regratier*, qui tient aussi le débit de tabac, accepte finalement de les recevoir et ils se croient chez lui « bien en sûreté » lorsque éclate une nouvelle émeute vers 7 heures du soir, encore plus considérable. Les forgerons du hameau de Sauvage viennent en renfort, armés de bâtons et criant « comme des forcenés ». Le logis du *regratier* est pris d'assaut, les gabelous mis à mal se réfugient au grenier, qui les dents cassées, qui les bras disloqués. Leur rapport s'achève sur une longue plainte : « Après l'émeute passée, malgré nos extrêmes besoins en tous genres, accablés de fatigue et d'inanition, pleins d'inquiétude, chargés de coups, couverts de sang et remplis de blessures et meurtrissures, nous prîmes le parti de nous éloigner d'un endroit si dangereux pour nos vies en marchant au hasard et à la faveur de la nuit pour nous rendre à La Charité » — où ils n'arrivent que le lendemain à 5 heures du matin[64].

Deux exemples encore, qui n'épuisent pas la série, mais montrent la détermination, l'espèce de bonne conscience des insoumis. Dans le Maine, en mai 1772, plus de cinquante ouvriers des forges du Port-Brillet s'opposent à l'arrestation d'une femme qui dissimulait dans un tas de bois quelques carottes de tabac. Ils surgissent avec des fusils, menacent les employés de les jeter « dans les fourneaux » ou de les noyer dans l'étang, et ils libèrent la femme en invoquant leurs « privilèges » de forgerons[65]. Et voici encore, en mars 1775, les ouvriers verriers de Bournoiseau, près d'Argenton-sur-Creuse. Terribles avec leurs outils et leurs bâtons, ils déclarent aux employés en visite « qu'ils devaient savoir qu'ils ne pouvaient verbaliser [...] dans ladite verrerie [...] attendu que ce sont des lieux de liberté et de franchise »[66].

Même rudesse chez les carriers, dans un milieu connu pour sa forte solidarité professionnelle, hommes grands et forts, aguerris par la vie en plein air. Les ardoisières de Trélazé font parler d'elles en août 1767. Au départ, six employés, poursuivant des fraudeurs, découvrent dans un jardin, près des carrières, des pots et des sacs remplis de sel. Une trentaine de jeunes gens et d'enfants les aperçoivent depuis les carrières et leur jettent des cailloux aux cris de « *A matte matte*, signal de révolte de la part des ouvriers des *perrières* ». Surviennent « environ trois cents ouvriers » qui attaquent à leur tour, cognent sur les *gapians* à coups redoublés, les jettent à terre et brisent leurs fusils. Le bilan de la rencontre est lourd : un ouvrier tué par balles, le corps transpercé de coups de baïonnette, et cinq employés grièvement atteints, dont l'un mourra un peu plus tard, le crâne défoncé par des coups de bâton. Six jours après, un dimanche matin pendant la messe, une douzaine de carriers accompagnés d'une femme s'introduisent dans l'hôtel-Dieu de Saumur, « l'air insolent », chapeau en tête. Traversant les salles des malades, ils entrent en l'absence de la sœur de garde dans la chambre dite « des trépanés » où sont couchés les employés blessés et leur lieutenant, lui aussi bien malade. Ils les injurient copieusement, sans les frapper toutefois, et leur promettent le pire avant de se retirer en regrettant « de ne pas les avoir tous tués »[67]. Affaire grave, enquête difficile, sentence ignorée de nous, mais pareils épisodes s'inscrivaient durablement dans la mémoire collective.

Vignerons

En pays de vignoble, les actions en rescousse étaient traditionnelles contre les commis des aides, très présents sur le terrain. En 1680, déjà, le Mâconnais avait réagi très fort quand l'administration avait voulu verrouiller les passages vers la Bresse et la Franche-Comté, provinces exemptes de droits. Les émeutes de l'automne offrent l'exemple d'une résistance des terroirs poussée au paroxysme. Le 12 septembre à Solutré, à Fuissé, à Pouilly et dans les paroisses voisines, les habitants se rassemblent au son du tocsin après l'arrestation d'un des leurs. Ils prennent les fourches et descendent en cortège à Mâcon où ils pillent le bureau fiscal. D'autres émotions éclatent les jours suivants dans les villages voisins et sur les rives de Saône, aux points d'embarquement des futailles. Le 9 octobre, le tocsin sonne à nouveau à Solutré où la maréchaussée est venue arrêter quelques-uns des émeutiers reconnus : « Plus de soixante à quatre-vingts villageois armés de fusils, fourches de fer, *longs bois* et de pierres seraient venus fondre sur nous de toutes parts, lit-on dans le procès-verbal, [...] criant de tous côtés *a Jou a Jou*, tue tue, lequel mot *a Jou* nous aurions appris être un signal parmi eux qu'ils se donnent pour s'assembler en pareilles occasions... » Dans les villages, selon un témoin, « tous les paysans étaient résolus de venir à la ville au nombre de plus de quatre mille et de tuer tous les bourgeois et n'épargner personne », prêts à rompre « les portes des châteaux et des meilleures maisons ». L'ordre ne se rétablit qu'après l'arrivée du régiment d'infanterie de Turenne et d'une centaine de cavaliers du régiment de Villeroy, logés chez l'habitant. Et, pour finir, trois arrêts de mort prononcés par le bailliage de Chalon réuni sous la présidence de l'intendant Bouchu, sentences exécutées en janvier 1681 sur les lieux mêmes des troubles[68]. Les actions viticoles au siècle suivant prennent des formes plus sourdes et moins dramatiques, murmures et fraude continue, au jour le jour. De brusques accès encore, comme à Romans en septembre 1780 en période de vendanges : au retour des vignes, les charrettes forcent le passage à la tombée de la nuit et passent sans payer devant le bureau de l'octroi où les commis s'étaient réfugiés pour échapper au lynchage[69]. Dans le comté de Foix, les mineurs de Vicdessos s'opposent avec véhémence, en 1784, aux nouveaux droits sur les vins vendus au détail. Le 3 avril, ils prennent d'assaut la cure où se sont réfugiés les commis, puis ils obligent ces derniers à les accompagner dans toutes les caves et chez les cabaretiers de la vallée pour briser les cachets mis sur les barriques déjà contrôlées[70].

Bouchers

Une autre catégorie mérite de figurer à part dans le panorama, les maîtres et garçons bouchers, toujours prêts eux aussi à encourager la fraude et les fraudeurs. Tout naturellement, surtout en temps de crise, ils s'efforçaient d'échapper aux taxes sur la viande et au droit de « pied fourché » perçu à l'entrée des villes sur chaque tête de bétail. La profession renvoyait une image ambiguë : moralement décriée de longue date en raison des tabous liés au sang et à la charogne, elle était « incontournable » sur le plan économique, lucrative, et par ailleurs fortement organisée. On craignait surtout les garçons, très nombreux en ville — de quatre à six dans la capitale pour chaque maître —, gens réputés violents, brutaux et « indisciplinables » selon l'*Encyclopédie* qui, à l'article « Boucher », traduit l'opinion commune : « Si l'on en ramassait onze à douze cents en trois ou quatre endroits, il serait très difficile de les contenir, et de les empêcher de s'entr'assommer »[71]. En cas de troubles, ils apparaissaient redoutables, avec leurs gros chiens de boutique et leurs instruments mortifères, crocs, hachoirs, coutelas, nerfs de bœuf, peaux d'anguilles farcies de plomb…

Nombre d'incidents les opposent aux commis ou aux inspecteurs des boucheries, comme au Puy en 1665 ou à Poitiers en 1676[72]. À Clermont, les employés des aides abandonnent leur poste un jour de 1692 : ils ont peur des bouchers de la ville venus en troupe « avec des coupe-jarrets, canaille et petites gens de néant pour faire des violences, battre et excéder les préposés et commis des fermiers »[73]. En 1704, toute la Basse-Bretagne citadine soutient les bouchers qui ont fermé boutique pour s'opposer aux droits. À Brest, Landerneau, Quimper, Morlaix, Lannion, Vannes ou Quimperlé, « ils ne veulent plus continuer à faire leur métier et à tuer de la viande à leur ordinaire »[74]. En août 1705, les commis de Fécamp se réfugient dans un couvent pour échapper à « une canaille d'hommes et femmes » conduits par des bouchers « *hivres* d'eau-de-vie ». Les jours précédents, ces mêmes bouchers, fort « échauffés », avaient livré bataille rangée, notamment à Vattetot où l'un d'eux avait été tué et sa maison brûlée[75]. Ces sortes de gens « ne sont capables que de sédition », écrivait, en 1708, l'intendant de Moulins en rapportant une « mutinerie » dans sa ville[76]. Ceux d'Alençon, en 1710, ne se contentent pas de harceler les préposés et de faire entrer le bétail en fraude, ils organisent la grève de l'étal et suscitent une révolte générale avec incendie des bureaux de l'octroi ; l'un des bouchers a été tué et les employés doivent s'enfuir de la ville[77]. Le mouvement des bouchers de Lyon, en juin 1714, contre le droit de « pied fourché » mérite d'être évoqué pour son ampleur : deux jours d'émeutes, vingt mille personnes dans les rues, le bureau fiscal place des Terreaux pillé de fond en comble ainsi que l'entrepôt des tabacs installé au même endroit. Au total, deux morts et des blessés. Le calme une fois rétabli par le maréchal de Villeroy et ses troupes, la répression apparaît assez légère, quelques bannissements, quelques années de galères, sans que les raisons de cette relative indulgence aient été dites — sans doute le souci de la paix publique[78]. « Bouchers, écrira un jour Flaubert dans son *Dictionnaire des idées reçues.* Sont terribles en cas de révolution » !

Rien d'aussi grave par la suite, mais des tumultes répétés où on les retrouve toujours ardents. À leur instigation, les commis de l'*équivalent* de Beaucaire sont pris à partie en 1737 autour de l'*écorchoir,* si bien qu'ils doivent quitter la ville sous les insultes et les pierres pour échapper à « l'orage de cette populace mutinée »[79]. Ailleurs, on relève des incidents ici et là, aux barrières d'octroi ou vers les abattoirs. À Bordeaux, en octobre 1747, des maîtres et garçons bouchers lâchent leurs chiens sur les gardes en train de faire leur tournée, et l'affaire dégénère[80]. En janvier 1750, à Paris, un incident parmi d'autres : un garçon boucher a été arrêté parce qu'il aurait introduit de la viande de fraude. Poussé dans un fiacre pour être conduit à la prison Saint-Éloi, au quartier des boucheries, il ne cesse d'appeler à l'aide par la portière, criant « À moi mes amis » et « À moi *la fagoust* », ce qui, déclare un employé, « est un terme de boucher » pour « nous faire tomber sur le corps tous les garçons bouchers jusqu'à la porte de la prison »[81]. Rappelons la résistance au droit de l'*équivalent* dans les petites villes languedociennes, animées bien sûr par les bouchers, et ailleurs dans les provinces une incessante petite guerre aux octrois. Ainsi à Angers, en mai 1787[82]. Et un peu partout au printemps de 1789, quand s'effondreront tous les contrôles, les bouchers seront les premiers à pousser dans les rues, au nez des commis, des troupeaux entiers de bœufs et de moutons, comme les cabaretiers à rouler dans leurs caves poinçons et futailles en franchise de droits…

Cabaretiers

Le cabaret joue un rôle central dans bon nombre de nos affaires. Inutile de hasarder à ce sujet une grille d'interprétation de type psychanalysante, le cabaret lieu de défoulement physique, l'analogie des deux liquides, le vin et le sang, l'un servant en quelque sorte de métaphore de l'autre. Contentons-nous d'une simple lecture des positions et intérêts immédiats. Le cabaretier représente un personnage clé dans l'économie des campagnes. Détenteur d'un peu d'argent, il l'investit et le place, même à très petite échelle, dans tout type de commerce, y compris l'illégal. Par ailleurs, le mouvement des hommes et des marchandises lui profite de diverses façons. Sa maison sert de relais universel pour les fraudeurs comme pour les employés du fisc et autres gens de la route qui s'observent et s'épient les uns les autres. C'est là encore que l'information circule entre deux chopines et que le trafic s'organise à l'heure du vin rouge. Lui-même cherche d'abord à économiser sur les droits en achetant hors taxes, au plus bas prix. Dans les procès-verbaux, il est souvent suspecté de connivence avec les bandes qui entreposent leurs charges sous son toit ou aux environs, mais il pourra toujours prétendre qu'il ignorait à qui il avait affaire, qu'il n'avait rien remarqué, ni leur allure, ni leurs armes, ni leurs balles, ni leurs chevaux. En réalité, il les reçoit d'autant plus volontiers que ces gens-là dépensent largement, payent comptant, qu'il touche pour la marchandise entreposée ou qu'il a pris des parts financières dans l'expédition. Et puis, il serait dangereux de ne pas les entendre, une auberge a si vite brûlé…

Beaucoup d'entre eux — mais est-ce dénombrable ? — évitent de se compromettre. Ils accordent aussi asile et protection aux commis menacés, calment leurs agresseurs, les aident à se sauver. Ce qui n'empêche pas qu'ils figurent souvent dans les rapports de police où nous les découvrons parmi les participants actifs des violences et rébellions. Tantôt ils sont accusés de faire partie de la bande et d'avoir participé à l'action (38 occurrences), tantôt simplement d'être complices (111 occurrences). Ici le gargotier interdit aux gardes de pénétrer chez lui, là il les met dehors et les livre à la foule, ailleurs il affronte les commis venus contrôler, ou bien il alerte le voisinage en appelant à l'aide, prélude aux bagarres. « Tous les hôteliers et cabaretiers » du Neubourg, bourgade normande, soulèvent les habitants pour protester contre les droits sur les boissons en 1662[83]. À Montluçon, en juillet 1688, une cabaretière arrache à un commis des aides son registre de contrôle dont elle déchire les pages et ameute une cinquantaine de personnes[84]. C'est le tavernier Jalland qui, en 1723, met en mouvement les habitants de Saint-Nazaire-sur-Charente contre une saisie de marchandises en provenance de l'île de Ré : tabac, indiennes, étoffes d'Angleterre[85]. Résistance épique de Pétronelle Sauzet, cabaretière à Lempdes en Auvergne, connue pour stocker le faux-tabac : à l'arrivée des commis en juin 1729, elle transforme sa maison en vrai Fort-Chabrol[86]. À Brigueil-le-Chantre, village du Poitou, les fils d'une opulente marchande de vin sont à la tête d'une foule menaçante, « disant qu'ils avaient bien foutu le tour à d'autres employés »[87]. Après l'affaire de Saint-Genou, en

Berry, l'auberge du sieur Pourvin sera murée pendant six mois et lui-même banni pour trois années pour avoir sciemment hébergé des passeurs de faux-sel avec leurs chevaux et équipages[88]. À La Jumellière, près d'Ingrandes en Anjou, Pierre Babin sera condamné en 1784 à neuf années de galères et 500 livres d'amende, outre le fouet et l'exposition au carcan un jour de marché, avec cet écriteau au col : « Cabaretier retraiteur de faux-sauniers, séditieux, moteur d'une émeute avec attroupement dans laquelle les employés ont été excédés de coups »[89]. Citons encore deux taverniers de Saint-Pourçain-sur-Sioule arrêtés en 1786 après une émeute pour le sel : Landoux, dit Tête d'Agneau, et Bertet, charron-marchand de vin[90]. Sans parler de la chaîne de troquets installés sur les frontières ou aux alentours des grandes villes. Aux portes mêmes de Paris, les débits de vin situés sur le *taillable*, c'est-à-dire en dehors des limites fiscales de la capitale, servaient de refuge à tous les fraudeurs. C'est là qu'ils cachaient le tabac, qu'ils entreposaient leurs futailles et transvasaient l'eau-de-vie dans les vessies que porteurs et porteuses introduisaient nuitamment en ville. Durant tout le siècle, la marchandise irrégulière s'écoulait vers l'*entrée* par un dédale de caves, de salles basses, de cours, de jardins et de marais, et même de tuyaux enterrés. Contrôle quasiment impossible, trafic continu, les faubourgs et banlieues du nord-est se distinguent du côté de la Courtille, la Petite Pologne, la Nouvelle France (les anciennes paroisses de Belleville et Montmartre, où prospèrent les guinguettes de vin « franc »). Dans la ville même, c'est à peine mieux. En 1776, le marchand de vin Jacques Lepec, qui tient enseigne au *Gaillard Bon*, rue Saint-Germain-l'Auxerrois, s'est entendu avec le concierge des souterrains du Palais de justice pour stocker son eau-de-vie de fraude, venue par la rivière, sous les voûtes mêmes du tribunal[91] ! Le nouveau mur des fermiers généraux, élevé dans les années 1783-1787 pour renforcer le contrôle, ne provoquera qu'ironie et sarcasmes : « Le mur murant Paris rend Paris murmurant… »

D'autres encore…

Il faudrait évoquer bien d'autres catégories, naturellement portées à la fraude et à la rescousse par leur mobilité ou leurs activités ordinaires. Les mariniers, gabariers, bargiers, tireurs de bois sur les cours d'eau sont gens suspects par vocation, d'autant plus difficiles à contrôler que les commis n'ont pas le goût de s'aventurer dans l'univers fluide des rivières et des marais. L'intendant de Bordeaux parle, en 1675, de « l'insolence naturelle des bateliers » sur la Garonne[92]. Toujours à risquer leur peau et leurs os, leur fierté est proverbiale : « Si vilains sur terre, seigneurs sur eau nous sommes »[93]. Sur terre ferme, les voituriers et charretiers se montrent redoutables avec leurs fouets et leurs grands équipages. Les tonneliers qui conduisent dare-dare leurs charrettes vers « l'entrée » des villes brûlent la politesse aux commis qui exigent les lettres de voitures, les acquits de droits et la visite des marchandises. Et comment saisir tous ces ouvriers saisonniers qui rentrent chez eux en bandes après les moissons, chacun avec une balle de sel reçue, prétendent-ils, en guise de salaire. Dans les faubourgs, en particulier autour de Paris, les jardiniers et portefaix connaissent tous les passages pour éviter l'octroi par le dédale d'enclos, guinguettes, cahutes, terrains vagues et « marais » cultivés qui ceinturent les villes.

Quant aux femmes et aux jeunes, ils ont des moments et des modes d'intervention spécifiques dans le trafic comme dans la rescousse. Sur les procès-verbaux des Fermes, des petits enfants figurent en nombre parmi les délinquants. En Anjou, ce sont des garçons et même des filles de sept à treize ans qui marchent en grosses troupes, chacun portant sur la tête un sac de sel de vingt ou trente livres[94]. Pris sur le fait, ils abandonnent leur charge, et les gardes, « vu leur bas âge », les laissent repartir après confiscation. C'est le seul exemple d'implication enfantine massive que nous ayons relevé. Par contre, dans la rue, les jeunes font merveille dès qu'il s'agit de contrer une arrestation ou une saisie. Apprentis, manœuvres des chantiers, écoliers et autres garnements ont l'art d'ameuter un quartier, de jouer des poings et de se poser en victimes à la moindre menace. Les femmes, qui participent davantage au petit trafic de proximité, sont très présentes, on l'a vu, dans les actions de rescousse où elles tiennent souvent les premiers rôles. Les bandes utilisent d'autant plus volontiers leurs services que femmes et enfants sont moins exigeants, et surtout moins exposés à la sévérité des lois, dirigées essentiellement contre les hommes.

CHAPITRE IV

Unis contre les Fermes

À quoi ledit curé répondit aux employés d'un ton menaçant : « Et moi je prends ce monde à témoin comme vous faites une rébellion dans un lieu saint, et vous n'emmènerez point cette femme, qui est-ce qui nourrira ses enfants ? »

Émeute contre les employés des Fermes à la sortie de la messe de Couterne, le 21 juin 1750[1].

1. UN ENTRELACS DE SOLIDARITÉS

Si, dans les couches populaires, l'ordre fiscal était mal intériorisé, les élites n'en faisaient pas non plus un point de morale. Dans les sphères sociales dominantes, le délit de contrebande avec les peines afférentes n'entraînait pas vraiment de note d'infamie, ni la rescousse ou le silence complice. À tous niveaux, le fraudeur bénéficiait de protections et de laxisme. « Les officiers locaux et [les] paysans les soutiennent et ne veulent les accuser », lit-on dans un mémoire daté de 1718 sur le trafic du côté de Genève ; « ils disent aussi bien que les paysans qu'il n'y a point d'ignominie pour eux quoiqu'ils passent par la main du bourreau, d'autant que ce n'est pas pour avoir fait tort à qui que ce soit »[2]. On trouve confirmation de cette attitude générale dans un rapport tardif, de 1770, sur le trafic entre Dauphiné et Savoie : « C'est un titre [d'honneur] parmi les habitants que d'avoir été dans les galères ou péri sur les échafauds. Ce qui n'est ni contrebandier ni voleur est méprisable parmi eux [...]. Les officiers locaux, pour être alliés ou peut-être associés, en éteignent tous les bruits, et d'autres, forcés par la crainte, gardent le silence »[3].

Les comportements collectifs de résistance ouverte ou couverte n'auraient pas été concevables hors d'un esprit de communauté auquel adhéraient peu ou prou les importants des trois ordres. Jouissant eux-mêmes d'une immunité relative en matière de gabelles, ils jugeaient sans sévérité la délinquance populaire, et parfois lui prêtaient la main. L'ordonnance de 1680 stipulait en effet, à l'article 3, que les gardes de la Ferme « ne pouvaient faire aucune visite dans les maisons des ecclésiastiques, nobles et bourgeois notables qu'avec une permission de l'un des officiers des greniers à sel, excepté dans le flagrant délit de faux-saunage ». Par la suite, plusieurs arrêts précisent les conditions spéciales dans lesquelles ces visites pouvaient avoir lieu malgré tout, en présence de deux témoins[4].

Sur l'ensemble des 3 143 affaires étudiées dans le champ de la fraude, la présence des importants du lieu est maintes fois signalée, sans que les catégories du tableau ci-dessous s'excluent les unes les autres :

Tableau IV.1. Présence de nobles et notables aux côtés des rébellionnaires

Catégorie	Impliqués	Catégorie	Impliqués
Autorités municipales	71 fois	Hommes de loi, avocats	39 fois
Ecclésiastiques	78 fois	Autres notables, roturiers fortunés	164 fois
Seigneurs et nobles	100 fois		
Magistrats	41 fois	*Ensemble*	*493 fois*

Curés et moines

Les gens d'Église dans leur ensemble auraient dû, semble-t-il, se ranger du côté de l'ordre fiscal et prêcher l'obéissance aux lois. Il leur revenait de lire à haute voix les annonces officielles au sortir de la grand-messe, en particulier les textes relatifs à la fraude. Or ils ont rarement fait preuve de zèle légaliste, quatre fois seulement dans la masse des incidents relevés au fil de l'enquête. Encore faut-il lire ces cas avec prudence. Rien n'autorise à interpréter dans un sens répressif le désir d'éviter de graves dérapages, dommageables aux personnes et contraires à la charité chrétienne. Ainsi, quand le curé d'Aubusson, en 1704, soustrait à la foule furieuse les contrôleurs des gabelles qu'il met à l'abri dans un couvent[5] ; ou encore à La Neuve-Lyre, en Normandie, quand le curé, les vicaires « et autres prêtres de la paroisse » s'opposent aux habitants qui veulent enfoncer les portes du cabaret où se sont réfugiés les commis avec l'huissier et les *recors* requis par le fermier des aides[6]. Prise de parti plus ouverte dans deux autres affaires. À La Pouèze, en Anjou, une quarantaine de contrebandiers ont attaqué les commis. Le curé fait sonner la cloche pour rameuter les habitants contre « cette troupe de scélérats, gens de sac et de corde avec lesquels, écrit-il, nous ne sommes pas trop en sûreté tous les jours », et il prend la tête de cette rescousse à l'envers[7]. Son confrère d'Argentière, près de Chamonix, a moins de succès dans sa croisade morale. Il a déclaré au prône qu'il ne pouvait absoudre les contrebandiers de profession : il y gagne d'être assailli de nuit dans son presbytère, à coups de pierres et de pistolet[8].

Mais, dans leur majorité, les clercs adoptaient les conduites de la société ambiante. Il leur arrivait plus souvent qu'à leur tour de consommer du faux-sel ou du faux-tabac. Certains cultivaient même l'herbe à Nicot dans leur propre jardin, en dépit des interdits. Aux employés qui découvrent quarante-cinq belles plantes dans l'enclos du presbytère, le curé de Coulandon, en Normandie, déclare qu'il ignorait que ce fût du tabac : on lui avait dit qu'il s'agissait de « plantes de pommes de terre »[9]... Les moines agissaient encore plus commodément, jusqu'à transformer leurs couvents en entrepôts. Une déclaration royale de décembre 1707 interdit toute plantation de tabac dans l'enceinte des communautés religieuses et autres lieux prétendument privilégiés, et les contraint d'accepter les perquisitions. On continue pourtant à cultiver dans les jardins des couvents, à trafiquer dans les cloîtres. Le fait était commun en Languedoc et dans tout le Midi. Les Pères récollets de Bourg-Saint-Andéol provoquent une « émotion populaire » quand la Ferme vient perquisitionner chez eux. Un arrêt de la Cour des comptes du Languedoc menace toutes les maisons religieuses d'ennuis sérieux en citant nommément les carmes de Nîmes,

Béziers, Montpellier et Avignon, les capucins d'Alès, Agde, Avignon et Pont-Saint-Esprit, les dominicains et cordeliers de Perpignan, ces derniers disposant même d'« instruments servant à la manufacture du tabac »[10]. En mai 1708, l'abbesse d'une des maisons de Fontevrault, à La Flèche, s'oppose véhémentement aux visites, tout comme les Pères Picpus qui chassent « avec la dernière indignité » les commis venus les inspecter en 1709 dans leur couvent de Château-Thierry[11]. En Bourgogne, c'est le marguillier de Montagny-lès-Seurre qui transforme la sacristie en entrepôt d'indiennes[12]. Plus tard, en 1753, les bénédictins de Corbie encouragent leurs domestiques à frapper les employés qui poursuivent des fraudeurs dans leur jardin[13]. Les hôpitaux, autres espaces privilégiés, n'étaient pas moins suspects. À Condom, on cultive du tabac dans le jardin de la Charité, mais il est destiné à la pharmacie, disent les religieux[14]. Quand les commis des *devoirs* arrivent au Sanitat de Nantes en décembre 1673, la supérieure leur déclare que « les Messieurs de la Ville » ont donné l'ordre de « faire main basse » sur tous les *maltôtiers* qui se présenteraient, et ce sont les pauvres de l'hospice qui chassent les gabelous à coups de triques et de pierres[15]. À Gray, l'église et les chapelles de l'hôpital servent de dépôt aux sacs de poivre, et les commis venus perquisitionner en février 1706 sont mis en déroute par des « cavaliers » et des marchands armés de sabres et pistolets[16]. Jusque dans Paris même : les administrateurs de l'hôpital de La Trinité s'opposent à la visite des employés ; la foule s'amasse et crie — des boutiquières, des artisans, un prêtre —, on les prend à coups de pierres et de bâtons et ils se sauvent piteusement[17].

Frère Jean...

À propos des gens d'Église, les procédures témoignent qu'ils pouvaient être directement mêlés au trafic. Dans les pays de frontières fiscales, des curés n'hésitaient pas à fournir la contrebande en chevaux, contre bonne rétribution s'entend. Le curé de Seyssel, aux portes de la Savoie, en avait cinq ou six qu'il louait aux fraudeurs malgré les réprimandes de l'évêque de Grenoble[18]. Le curé de Châteauneuf-sur-Isère, lui aussi suspect, proteste en juin 1726 contre l'irruption dans son presbytère, à la pointe du jour, de dix-sept gardes des gabelles qui enfoncent les portes de ses garde-robes et lui pointent leurs baïonnettes sur l'estomac, avec « les paroles les plus atroces »[19]. Des prêtres figurent parfois dans les affaires émeutières en qualité de médiateurs, mais plus souvent, dans 78 cas, ils ont accordé un appui, pour le moins moral, aux rébellionnaires. Le curé de Toulx-Sainte-Croix, dans la Marche, vient au secours de ses villageois, bien plus dignes de foi, selon lui, que des employés incapables de reconnaître « la nuit et dans un démêlé où ils sont aveuglés par les coups qu'ils reçoivent un homme parmi une trentaine d'autres »[20]. De même, le curé de Joyeuse, en Vivarais, prend la défense des paysans venus avec fusils, haches et marteaux attaquer la demeure d'un commis de la Ferme aux cris de « Il faut l'avoir, ce contrôleur ». Il est vrai que l'homme était haï dans la région pour son acharnement à exiger les arrérages des droits d'enregistrement sur les actes notariés et les exploits d'huissiers, au point de ruiner parfois des paroisses entières. Les portes de sa maison sont rompues, les meubles brisés, les papiers jetés dans la rue et lui-même doit s'enfuir en chemise[21].

D'autres prêtres se lançaient directement dans la mêlée, fidèles au prototype rabelaisien de Frère Jean des Entommeures assommant avec allégresse l'envahisseur. Dans l'affaire grave survenue en février 1714 à Salornay, où plusieurs gardes sont frappés « à mort », un curé du voisinage encourage les habitants de ce village du Mâconnais à repousser les gabelous venus saisir du sel blanc en provenance de Franche-Comté : « Allons, mes enfants, faites votre devoir ! » Et à une dame qui tentait de protéger les commis : « Il ne faut point écouter ces canailles, et les abandonner entièrement au peuple »[22]. En 1723, le recteur poitevin de Béruges « soulève » ses paroissiens contre les employés qu'il fait jeter dans un cul-de-basse-fosse[23]. En avril 1741, à Maresquel-Ecquemicourt, près de Calais, l'abbé Lamourette entre dans l'auberge où les agents se sont enfermés pour échapper à la foule avec le fraudeur qu'ils viennent d'arrêter : il refuse de leur prêter main-forte et ordonne lui-même à une femme de couper les cordes du détenu ; aux gabelous qui invoquent leurs ordres et le service du roi, il répond « que les affaires du roi ne les regardaient point », ce qui lui vaut d'être convoqué en justice « pour être ouï »[24]. Un dimanche matin du même mois, au sortir de la messe, le curé d'Hesdigneul-lès-Boulogne interdit aux gardes d'emmener un vendeur de faux-tabac capturé sur le cimetière ; il ordonne aux femmes de le libérer en disant « que c'était leur affaire »[25]. Dans le Maine, en mars 1747, les employés découvrent du faux-sel chez le curé de Saint-Aubain-des-Coudrais ; celui-ci crie à l'alerte, « À moi, mes paroissiens ! », et, « dans l'instant », selon le procès-verbal, les fidèles surgissent avec tant de fureur que les gardes s'enfuient[26]. À Couterne, en Normandie, incident signalé plus haut, le curé quitte sa messe pour venir « en aube et étole » au secours de la pauvre femme surprise avec un peu de faux-sel : il accuse à pleine voix les employés de faire « une rébellion dans un lieu saint » et de s'en prendre à une mère qui a des enfants à nourrir[27]. Le 26 mars 1787, jour de fête au village de Saint-Désiré, en Bourbonnais, le prêtre Labaye intervient contre les dizaines de gabelous mis à mal par la foule ; il se lance dans la bagarre à coups de gourdin et accuse les employés de venir « assassiner les paroissiens ». C'était, dira-t-il dans sa défense, pour éviter de plus grands malheurs, mais, puisqu'on le lui reproche, il se gardera bien d'intervenir désormais : quand bien même « tous les *gabeleux* seraient assassinés ainsi que d'autres, je ne sortirai jamais de chez moi... ». En attendant, il est prêt à offrir une vingtaine de pistoles pour un accommodement, si on libère son propre frère arrêté à la suite du tumulte[28]. Poussière d'incidents, dira-t-on, les uns pittoresques, les autres tranchant à peine sur la couleur des jours. Autant de cas individuels, rien qui ressemble à l'engagement collectif du clergé catalan dans la révolte des Angelets, vers 1660[29]. Reste que, d'ordinaire, les gens d'Église au XVIIIe n'ont pas vraiment fait pression pour adoucir le refus fiscal permanent, constitutif de la mentalité populaire.

Seigneurs, « gens de qualité »

Les nobles, seigneurs de village et autres « gens de qualité » figurent aussi une centaine de fois dans les contestations de gabelle. Leur rang et leurs relations leur conféraient une immunité relative, ils n'aimaient pas voir chez eux les agents du fisc, et protégeaient leurs serviteurs et leurs fermiers[30]. L'exemple des fraudes venait de haut. Au mépris des ordonnances royales, on cultivait du tabac dans tous les jardins aux environs de Chantilly, sur les terres du prince de Condé où les commis n'osaient s'aventurer de peur d'être « hachés en pièces »[31]. Avec la connivence des maîtres qui y trouvaient leur avantage, les suisses, les palefreniers, les laquais et autres serviteurs de grandes maisons transformaient hôtels et châteaux en dépôts illicites (tabac, toiles peintes, marchandises fines). Tout naturellement, à Versailles ou Fontainebleau, les résidences princières servaient à l'occasion d'entrepôts de recel[32]. Sur les routes du grand trafic tout autour de la capitale, les bandes camouflaient leurs ballots dans les châteaux d'Île-de-France : à Ivry chez M. de Belinguen, à Berny chez le comte de Clermont, à Boissy-Saint-Léger chez le maréchal de Saxe... Dans Paris même, le Petit-Luxembourg, l'hôtel de l'ambassadeur d'Angleterre, l'hôtel de Soissons sont maintes fois désignés sur les procédures[33]. En 1753, le suisse de l'hôtel de la marquise d'Ambre, rue Saint-Honoré, vend en fraude du tabac râpé dans sa loge transformée en entrepôt avec balances, poids de cuivre jaune, pots de terre et cornets tout prêts pour les clients, mais la valetaille couvre d'insultes les commis venus perquisitionner et les chasse en criant qu'ils n'ont rien à faire là[34]. Les laquais du beau monde forment d'ailleurs un milieu frondeur et émotif, souvent en délicatesse avec la justice. On les trouve aux barrières d'octroi où ils se plaisent à injurier ou rosser les hommes de la Ferme. À propos de l'affaire survenue en 1710 au port Saint-Paul, le marquis d'Argenson, lieutenant général de police, estime qu'il faut à tout prix empêcher les domestiques des grandes maisons, la livrée, de « se soustraire par adresse ou par violence au paiement des droits » pour éviter les « mouvements populaires » et la perte, ajoute-t-il, du « peu de tranquillité qui nous reste »[35].

La noblesse était plus laxiste encore dans les régions lointaines à fort particularisme, dotées d'organes de pouvoir propres et d'institutions protectrices. On sait le rôle leader joué en Chalosse et dans les Landes par Bernard d'Audijos et les autres « gentilshommes d'aventure » qui, avec lui, écrit Bercé, « appelaient liberté, non seulement leur franchise personnelle, mais encore leur fraude organisée vers les provinces où le sel était moins cher » (années 1663-1666)[36]. L'intendant Pellot accusait « les gentilshommes et principaux du pays » de soutenir les « factieux », encouragés aussi par le parlement de Pau et les états de Béarn au nom du *for* et de la *coustume.* Du côté d'Hagetmau, les importants avaient l'appui du maréchal de Grammont, puissant seigneur du lieu et partisan lui aussi des privilèges régionaux. « Ils sont les auteurs et les principales causes de tout le désordre, écrivait Pellot à Colbert [...]. [Ils] n'ont rendu aucun service, n'ont donné aucun avis, n'ont point fait dire ce qu'ils savaient quoique je les en aie fort pressés, ce qui est une continuation de complicité, il me semble »[37]. En Bretagne, les nouveaux droits d'*entrée* sur les boissons, adoptés de mauvais gré en janvier 1710 par les états provinciaux, suscitent immédiatement des réactions hostiles. Les élites n'y étaient pas étrangères. Les maîtres, à Nantes, pour animer leurs domestiques, annoncent qu'ils seront obligés de leur « retrancher l'usage du vin » par la faute des fermiers des *entrées.* Le personnel de la Chambre des comptes ainsi que les échevins et le sénéchal s'opposent « ouvertement » aux barrières. L'évêque les soutient et, dans sa correspondance, évoque « ce monstre de l'*Entrée* ». « Les gens mêmes qui paraissent les plus réglés travaillent sourdement à souffler la rébellion au peuple », écrivait le fermier Nicolas Ballet, préposé aux recouvrements. L'agitation est longue à retomber. Venu avec de la troupe en juin 1710, le comte de Lannion, lieutenant général, constate que des personnes considérables et « la plupart des mauvais esprits de Nantes » se réunissent dans la boutique du libraire-imprimeur Mareschal, l'homme « le plus insolent et le plus séditieux » de toute la ville, encouragé en sourdine par l'évêque[38]. Les gentilshommes d'ici ont un comportement douteux, écrira-t-il encore l'année suivante : « C'est une noblesse insolente qu'on ne peut ramener par la considération de son devoir ni par l'intérêt du roi à se soumettre au droit des *entrées*, et qui souffle aux gens du tiers état [...] des sentiments qui les excitent à se soulever contre les commis des fermiers des droits »[39]. Ici et là, mêmes désordres sous la houlette de très grands seigneurs dans quelques enclaves quasi régaliennes, la principauté de Turenne au sud de Brive, du côté de la Champagne la principauté de Sedan. En Saintonge, le bailli et les procureurs de la principauté de Soubise, sur l'estuaire de la Charente, refusent d'accompagner les commis venus en tournée d'inspection en janvier 1723 : il se faisait là un trafic notoire de tabac, indiennes et étoffes d'Angleterre[40].

Dans les campagnes, certains seigneurs ne se privaient pas d'accorder le gîte aux fraudeurs. Lors d'une affaire contre les commis du tabac à Plouescat en juillet 1712, l'intendant demande que le capitaine de la paroisse, le sieur de Kernec de Kersauzon, soit cassé de sa charge : « Ceux qui font la fraude dans ce canton sont presque tous ses parents ou amis, on ne dit pas qu'il y participe, mais il suffit de la tolérer »[41]. Selon le marquis d'Argenson, partout les contrebandiers « en usent galamment avec la noblesse qui les soutient »[42]. En Savoie, on disait depuis toujours qu'il n'y avait point de gentilhomme qui ne gagnât « considérablement avec eux au moyen des chevaux qu'ils leur louent fort cher ou de l'asile qu'ils leur donnent »[43]. Les « très bonnes maisons » chantaient la gloire de Mandrin, dont les actes, disait-on, relevaient « du plus grand héroïsme »[44]. En Rouergue, le comte de Malauze, personnage considérable, avait armé dix cavaliers et se répandait en d'horribles menaces contre les gens des gabelles : « qu'il leur ferait donner dessus et qu'il avait accoutumé de couper les oreilles à [ces] canailles [...] comme à des chiens »[45].

Ils pouvaient aller jusqu'à secourir leurs villageois pris sur le fait. En Touraine, le marquis de Pleumartin aperçoit à La Haye-Descartes un de ses métayers entre les mains des gardes : il intervient aussitôt et le fait relâcher ainsi qu'un autre détenu[46]. Quand trois employés de la brigade de Saint-Amand-sur-Sèvre enchaînent un suspect au village de Vezins, près de Cholet, la « populace » afflue nombreuse, hommes et femmes, plus de deux cents personnes ; à leur tête, le gendre de la baronne de Vezins qui les qualifie de « f... gueux » et les oblige à libérer le prisonnier[47]. À Plessier-Rozainvillers, le garde-chasse de M. de La Neufville invoque contre les gardes l'autorité du seigneur ; il les traite de « bougres de parpaillots qui travaillaient le dimanche », ajoutant que son maître à lui « était plus fort que le leur, que la justice de la paroisse lui avait ordonné de les chasser, que c'était sans réplique »[48].

Le nombre des cas de présence seigneuriale décroît peu à peu dans nos relevés — 81 jusqu'en 1750 et 19 seulement par la suite —, sans que l'attitude pa-

Illustration 2. Mandrin (1755)

ternaliste disparaisse pour autant. Ainsi, au mois d'octobre 1774, sur leurs terres de Douriez, deux des frères Lameth (futures vedettes de la noblesse libérale aux premiers jours de la Révolution) appellent à l'aide leurs domestiques, leurs ouvriers et leurs « vassaux » pour enlever aux gabelous un homme arrêté avec du faux-tabac, et ils s'en vont ensuite tous ensemble démolir le poste du pont de l'Authie pour en jeter les débris dans la rivière qui fait limite entre Artois et Picardie[49]. À Paizay-le-Chapt, en Poitou, un M. de Ferière, suivi de ses paysans armés, déclare aux employés qu'ils étaient « bien hardis et imprudents d'arrêter sur sa terre ses gens »[50]. À Loge-Fougereuse, toujours en Poitou, des gardes sont pris à partie par la foule, et « dans cette révolte », selon le procès-verbal, le chevalier des Roches, de la maison de Chassay, intervient l'épée nue à la main, excitant « les peuples » aux cris de « Il faut tuer ces bougres-là »[51]. Vers Chaudron-en-Mauges, en mai 1778, une petite troupe de paysans ou domestiques insultent et frappent les gardes qui traversent une terre barricadée, leur disant « que ce passage n'en était point un pour des gens de [leur] espèce, que Monsieur de L'Avereau leur maître leur avait particulièrement défendu d'y laisser passer des employés »[52]. Après une affaire survenue à Saint-Paul-du-Bois, en Anjou, on a arrêté un prévenu, le maçon Bodet, dit Champagne, qu'on laisse croupir en prison. Le marquis de La Rochejacquelein (le père du héros vendéen) intervient en personne, et dans une belle lettre il demande la liberté pour ce « malheureux », un père de quatre enfants qui, dit-il, a renoncé au faux-saunage auquel il s'adonnait naguère. Grâce à quoi l'accusé s'en tire avec un châtiment assez léger, deux heures de carcan sur la place de la Billauge à Saumur, et une bonne amende de

500 livres[53]. En juin 1786, encore, à Verneiges, dans la Creuse actuelle, le sieur Deschamps de Villaine, suivi d'une vingtaine d'hommes et de femmes armés de fourches et de serpes, oblige les gardes à relâcher les deux faux-sauniers qu'ils avaient arrêtés. Coups de bâton et coups de feu, l'affaire est chaude, des blessés des deux côtés. M. de Villaine est convoqué en justice, mais tout se termine sans procès, par accommodement[54].

Il ne faut pas s'étonner de voir des hobereaux sympathiser avec les marginaux de tout poil, comédiens ambulants, tsiganes ou contrebandiers. Il y avait là comme une lointaine tradition de chevalerie, une façon ostentatoire de trancher avec panache sur le commun en frondant les règles en usage. Par ailleurs, la partie du groupe la plus désargentée n'était pas trop regardante sur les moyens de faire un peu de profit. Quelques-uns participaient aux bandes en Bretagne, où végétait une gentilhommerie misérable et fort pourvue d'enfants[55]. À propos de l'émeute de Plouescat, l'intendant de Rennes observe que « les habitants honnêtes et aisés d'une paroisse » trempent rarement dans ces rébellions où ne figurent ordinairement « que des cadets de noblesse malaisés et d'une conduite peu réglée, qui vont avec les gueux et les scélérats »[56]. Quelques exemples étonnent par le rang de ceux qu'on y rencontre. Ainsi, en Normandie, du côté d'Exmes, en 1707, sévissait une grosse troupe de faux-sauniers avec, parmi eux, « plusieurs gentilshommes et bourgeois notables », dont le sieur de Launay Gassard, capturé à Verneusses en septembre de cette année-là, un écuyer d'excellente famille, allié à d'anciennes maisons[57]. Le goût de l'aventure autant que l'appât du gain pouvaient jeter ces nobliaux aux mains percées dans les aléas du faux-saunage, comme cet Antoine de Besson, âgé de vingt-huit ans et « fait à peindre », un gentilhomme originaire de Bourbon-Lancy que l'intendant d'Auvergne découvre avec surprise, en janvier 1705, parmi les victimes de la rencontre du Montel-de-Gelat[58].

Notables solidaires

Si nous ajoutons la présence délictueuse de roturiers bien établis, nous aurons reconstitué le tableau d'une société complète, subissant peu ou prou l'attraction de l'illégal. Il ne s'agit pas de faire passer cet autre groupe élitaire dans le camp de la contestation dure. Reste que des notables, même en position d'influence, pouvaient se trouver compromis. Ainsi, nous avons relevé les noms de 41 magistrats et 39 hommes de loi ou avocats à propos d'affaires de rescousse. Avec eux, 164 personnages mentionnés sur les procédures en qualité de marchands, intendants de domaines, gestionnaires d'entreprises industrielles, bons fermiers, gardes-chasse et membres du personnel attaché aux maisons seigneuriales, et encore quelques individus moins bien définis mais que divers indices de notoriété, notamment l'avant-nom (« sieur » ou « maître ») ou bien la signature paraphante, suffisent à distinguer du commun.

Ce ne sont pas gens de haute volée, mais des notables reconnus à l'échelon local. Ils se situent un peu partout dans les réseaux du trafic, trop clairement impliqués pour pouvoir se mettre à l'abri malgré les présomptions favorables dont ils jouissent de par leur surface. L'osmose entre eux et les irréguliers joue à plein dans la bourgeoisie d'Auvergne. « Tous les principaux habitants des petites villes sont pour ces sortes de gens », écrit en 1705 l'intendant Le Blanc[59]. À Falaise, en 1709, des notables fournissent aux cavaliers du régiment Royal-Cravates les armes, les chevaux et l'argent pour aller chercher le sel en Bretagne[60]. De gros fermiers picards sont connus pour receler des marchandises illicites, comme à Lannoy en 1711[61]. À Pont-de-Beauvoisin, côté France et côté Savoie, la famille Cretet, enrichie dans le voiturage et l'hôtellerie, apparaît par intervalles dans les enquêtes : ils passent pour être les « conseils » des contrebandiers et même pour les soutenir financièrement[62]. En août 1747, à La Chapelle-Laud, paroisse angevine, voici en quels termes le *closier* Piquet encourage ses voisins à poursuivre avec lui les gardes qui fouillent sa demeure : « Tuons tous ces bougres de *gabeleux* [...], il ne nous en coûtera rien, je suis fermier de Monsieur de La Salle et ami de monsieur le curé de Huillé et de Monsieur de La Richardière procureur du roi au grenier à sel de La Flèche, qui m'a plusieurs fois promis que s'il m'arrivait quelque affaire avec ces bougres-là qu'il *[sic]* me mettrait toujours à couvert, il m'a dit de ne point les épargner et que ce serait un grand bien si toute cette race était détruite »[63]. À La Génétouze, en Vendée, c'est la « gouvernante » du seigneur qui fait irruption au cabaret où les commis ont enfermé et ficelé un fraudeur de tabac : « Laisserez-vous emmener ce malheureux ? Si j'étais homme, je ne le laisserais pas emmener ! », lance-t-elle à ceux qui sont là, avant de rameuter les paroissiens réunis à l'église pour les vêpres[64]. Dans la Marche, à Chambon-sur-Voueize, plusieurs notables se joignent au curé et à la foule pour libérer un fraudeur en 1783 : il y a là M. Lacouture, bourgeois, M. Besse, officier de milice, et encore M. Fargni, huissier de justice ; ce dernier crie aux gardes « qu'ils pourraient s'en repentir, qu'au Chambon on en avait vu bien d'autres et qu'ils seraient ruinés d'importance »[65]...

S'agissant du trafic des vins et boissons, la fraude engageait un éventail de solidarités d'autant plus large qu'elle associait cette fois les producteurs aux cabaretiers et aux consommateurs. En 1680, les vignerons de Solutré auraient été sûrement moins agressifs si les bourgeois de Mâcon, avec « une partie de la noblesse et les principaux des lieux », tous propriétaires de vignobles, ne les avaient implicitement encouragés à agir contre les déclarations de récolte exigées par le personnel des aides. Ces mêmes notables vont gonfler l'affaire en agitant le spectre d'une révolte générale des vignerons, résolus à descendre en ville « au nombre de plus de quatre mille », selon une déclaration du comte de La Bastie, et à « tuer tous les bourgeois et n'épargner personne... »[66].

Les magistrats contre la Ferme

Le pouvoir ne pouvait pas même compter sur le soutien sans réserve des gens de robe dans l'application de sa politique fiscale. Quelles raisons, ouvertes ou sourdes, pouvaient motiver les désobéissances ou les mauvaises volontés de la magistrature ? Deux principes qui leur tenaient à cœur justifiaient une prise de distance très mal jugée au sommet de l'État : l'attachement aux statuts particuliers, aux franchises et exemptions anciennes, en un mot à l'identité locale ou régionale ; d'autre part, ils n'aimaient pas les nouveautés niveleuses et ils tenaient à préserver leur pré carré que menaçaient les juridictions rivales. Les Fermes allaient sûrement empiéter sur leur propre sphère d'activité.

Dès qu'ils étaient soupçonnés d'opposition, les foudres royales s'abattaient sur eux. Au début du règne de Louis XIV, Colbert avait agi avec la plus grande rigueur, en Chalosse et dans l'extrême Sud-Ouest, contre les officiers locaux qui s'étaient opposés à l'introduction de la gabelle, n'hésitant pas à faire pendre haut et court le juge royal et prévôt de Saint-Sever en mai 1665[67]. Quant aux Messieurs des parlements de Rennes et de Bordeaux, leur passivité au temps des troubles de Bretagne et de Guyenne en 1675 leur avait valu de longs exils, à Vannes pour les Bretons, à Condom, Marmande et La Réole pour les Bordelais — disgrâce humiliante, prolongée jusqu'en 1690...

En cas de troubles, les intendants et les gens de la Ferme tendaient aussitôt à accuser les officiers locaux. Le fermier du *tonlieu* d'Arras pourrait leur servir à tous de porte-parole lorsqu'il se dit convaincu que le grabuge dont il a failli être la victime à la Saint-Jean de 1688 s'est déroulé « au vu et su des magistrats qui ont autorisé la sédition »[68]. Au XVIIIe, la contestation des cours souveraines se déploie en permanence sur le terrain fiscal, drapée dans les grands mots de justice et de liberté. Les cours de Dijon, Grenoble, Toulouse se répandent en plaintes contre la gabelle et la Commission de Valence, déjà évoquée[69]. Le parlement de Rennes interdit à la Commission de Saumur toute intrusion en Bretagne. La chambre des comptes de Nancy condamne les poursuites engagées par la Ferme après la rébellion de Merrey, aux limites Champagne-Lorraine. Et, pour donner de la publicité à son désaccord, elle fait placarder partout une affiche imprimée interdisant à quiconque — greffiers, huissiers, cavaliers de la maréchaussée et autres — d'intervenir en quoi que ce soit dans cette affaire, sinon en vertu de ses propres arrêts[70].

Les jalousies et conflits d'autorité sont encore plus marqués au niveau des juridictions inférieures, confrontées à des situations immédiates. Ainsi, à Villefranche-de-Rouergue, au lendemain des graves désordres survenus en 1711. Le directeur des gabelles accuse nommément les officiers du présidial et les consuls : ils « ont vu d'un œil tranquille, écrit le sieur Gestart, quatre ou cinq cents personnes attroupées depuis 6 heures du matin jusqu'à la nuit, allant attaquer les gardes dans leurs postes et venir ensuite chez moi en même nombre pour me tuer, sans que pas un [*sic*] de ces officiers ait voulu faire la moindre démarche pour empêcher ce soulèvement, quoique les principaux d'entre eux fussent tout le jour au milieu de ce peuple et se promenant par les rues et autres endroits publics »[71].

Les greniers à sel avaient leurs propres juridictions, relayées en appel par les cours des aides. Les uns et les autres se démènent pour conserver leurs pouvoirs en ne transmettant pas les dossiers aux intendants ou aux Commissions de la Ferme, et la moindre affaire de fraude rébellionnaire soulève des problèmes de compétence qui paralysent la répression. Mettant en cause les juges du grenier de Gannat, un officier des gabelles se plaignait en ces termes[72] : « Je n'entends parler que de sommations, de défenses de procéder. Ces conflits arrêtent nos affaires qui auraient besoin d'une prompte expédition » (1704). Discours repris par l'intendant qui accuse les juges des greniers d'entretenir le désordre et d'encourager les « scélérats »[73]. Sur le terrain, les choses se compliquent et parfois dégénèrent. Une affaire comme celle du Montel-de-Gelat en janvier 1705 (un officier des gabelles et trois faux-sauniers tués, des blessés de part et d'autre, six prisonniers, une centaine de balles de sel saisies) déclenche une course-poursuite judiciaire entre le grenier à sel qui entame l'enquête et l'intendant d'Auvergne qui obtient du Conseil un arrêt d'attribution au grand dépit des magistrats aux aides. Que faut-il faire, écrivait en substance le procureur général de la cour des aides de Clermont, pour que notre compagnie se maintienne « en possession où elle a toujours été de connaître de semblables cas »[74] ? En août 1766, dans le Bourbonnais, après une méchante rencontre entre fraudeurs et employés — un homme a trouvé la mort —, les officiers du grenier de Montluçon se précipitent sur les lieux, assistés d'un greffier, et ils forcent les gabelous à leur abandonner le cadavre[75]. À la suite d'affrontements violents près de Saumur entre les employés et la population en août 1785 — avec mort d'homme là aussi —, les magistrats délégués par la Commission des Fermes arrivent après qu'on a déposé au cabaret le corps de la victime. Ils font ouvrir le cercueil déjà fermé et constatent alors que la justice seigneuriale leur a brûlé la politesse en apposant un sceau sur le front du cadavre, « imprimé avec de la cire ardente rouge »[76]... Cette rivalité de juridictions ouvre la porte aux incohérences ou à la démagogie. Après la révolte de Saint-Plaisir, en janvier 1787, la justice de Bourbon-l'Archambault décrète d'arrestation pour violence injustifiée quatre employés des Fermes[77]... Février 1789 : la Chambre d'administration du Mâconnais décide de ne pas donner suite à un procès-verbal des Gabelles après la rébellion de Montmelard où une femme a été blessée. Elle invite même la Ferme à dédommager la victime au nom des principes d'« humanité », de « modération » et de « douceur »[78]...

De l'hostilité institutionnelle au soutien physique, il y avait un grand pas que quelques-uns, officiers ou magistrats, n'ont pas hésité à franchir (au nombre de 41). Je renvoie à ce qui a déjà été dit pour les nobles et les notables : il ne s'agissait pas de personnages très importants, mais de micro-puissances dont l'exemple sur place avait quelque retentissement. À Semur-en-Auxois, le vice-bailli se mêle en 1711 à la foule qui réussit à arracher un détenu des mains des commis[79]. Des procureurs fiscaux sont dénoncés pour avoir pris le parti des fraudeurs dans des affaires de rescousse, à Pauillac sur la Gironde en juillet 1700, à Guîtres près de Libourne en février 1718, à Legé au sud de Nantes en 1782[80]. Le subdélégué de Gien refuse son aide aux commis en mars 1708, disant « qu'il n'était pas le maître d'une populace émue, et qu'il leur conseillait de se retirer »[81]. Le subdélégué de Vaucouleurs, en mai 1719, se joint à la « populace attroupée » qui donne la chasse aux employés ; il les traite de « voleurs » et leur défend d'intervenir dans la ville sans sa permission[82]. À Condom, en août 1731, le procureur du roi auprès du tribunal de l'élection soutient la rescousse : « Retire-toi, je te réponds de tout », lance-t-il à l'homme libéré ; et aux commis : « Et vous, messieurs, je vous conseille de laisser les gens en repos »[83]. En 1767, le notaire royal Louis Coüé, procureur du grenier à sel d'Ingrandes et de la juridiction de Chantocé, est conduit devant les juges de la Ferme à Saumur. Son affaire est plus grave car on lui reproche non seulement d'avoir participé lui-même à une émeute de rescousse, mais aussi de fournir des chevaux aux fraudeurs et de recéler le faux-sel. Ce qu'il nie, bien entendu, en répliquant que les gabelous « lui en veulent parce qu'il est officier dans la juridiction et qu'il est le seul qui plaide contre la Ferme »[84]. À La Guerche, en Bretagne, le sénéchal et le juge de police sont présents au milieu de la foule qui attaque les commis des traites en mars 1772[85]. Et que dire du président du grenier à sel de Saint-Valery-sur-Somme ?

Posté à sa fenêtre, fusil en main, il menace les employés venus perquisitionner au bourg un jour d'été de 1778[86]...

2. RESPONSABILITÉ COLLECTIVE

Maires, consuls...

Entre l'arbre et l'écorce, tous ceux qui étaient revêtus d'une parcelle d'autorité en qualité de maires, échevins ou consuls vivaient dans l'inconfort. Sur place, aux termes de la loi, ils étaient tenus de prêter main-forte aux gens des gabelles, de sonner le tocsin et de rassembler les hommes pour poursuivre les irréguliers. Tâche peu enthousiasmante ! Afin d'encourager les communautés, une ordonnance de 1706 leur accorde la propriété des charrettes et des chevaux enlevés aux fraudeurs, ainsi que 10 livres par minot de sel repris[87]. La même année, l'intendant Basville exempte des levées militaires les paroisses du Languedoc qui livreraient les faux-sauniers[88].

Rien n'y fait. Les correspondances et procédures révèlent l'ampleur de la résistance passive. Il y avait risque des deux côtés, menaces du pouvoir, mais aussi crainte des représailles de la part des bandes si l'on prenait ouvertement le parti de la Ferme. La réaction solidaire joue donc plutôt en faveur des fraudeurs. 71 occurrences mettent en cause les « municipaux », à des degrés divers, inégalement réparties dans le temps couvert par l'enquête. Il convient de distinguer villes et campagnes en descendant la chronologie pour chacun des deux espaces, les attitudes ne s'y présentant pas sous le même jour dans la durée longue. Les débuts du règne de Louis XIV correspondent, on le sait, à une difficile période de mise au pas administrative. L'esprit de Fronde n'est pas éteint, les élites citadines renâclent, le royaume entier continue à frémir. Dans les années 1660, les consuls de Saint-Geniès, Espalion et Rodez se trouvent directement mêlés aux nouveaux tumultes du Rouergue. Invoquant les libertés et privilèges de leur ville, les Messieurs de Rodez n'avaient pas voulu désavouer les rébellionnaires qui, en janvier 1661, avaient assiégé l'auberge où les magistrats chargés de l'enquête s'étaient réfugiés. Émeute « non seulement tolérée par les consuls », selon les termes de l'arrêt du Conseil, « mais tacitement suscitée pour empêcher comme elle a fait l'exécution de la volonté du Roi ». Le Conseil recommande la plus grande rigueur pour empêcher « une révolte générale dans toute l'étendue de ladite Ferme [...] et le dépérissement entier des droits de Sa Majesté ». L'intendant voit ses pouvoirs affermis ; c'est toute la ville qui est condamnée et la troupe requise pour abattre les portes[89]. Même défiance royale envers les autorités municipales en Béarn et Chalosse, provinces insurgées en 1665, et même reprise en main. À Saint-Sever, on l'a vu, l'intendant Pellot se débarrasse des plus compromis, les portes de la ville sont jetées à bas et les cloches rompues[90]. À Bayonne, les conseillers suspects sont démis de leur charge[91].

Il y avait tous les degrés dans le refus, et pour commencer les responsables jouent les hommes invisibles. Personne n'est là pour tirer la cloche ni organiser la moindre défense au passage des fraudeurs. En Roussillon, les *battles* du Vallespir et du Confient ne se soucient pas d'apaiser la guérilla antifiscale au temps des Angelets : ils oublient de faire marcher le *sometent*, c'est-à-dire la formation villageoise des hommes en armes. Traduits devant les juges royaux de Perpignan, ils invoqueront leur ignorance des faits ou bien leur crainte d'être assassinés ou brûlés[92]. Le maire de Poitiers, en 1676, est poursuivi pour avoir soutenu la rébellion des bouchers contre les commis des aides[93]. Pas de sanctions royales contre les édiles défaillants à Limoges après la sédition de mai 1705, mais l'intendant Rouillé, qui examine l'affaire, est sans illusions : dans cette ville, on ne trouve « presque personne sur qui on puisse compter pour la moindre action de vigueur ». Deux des trois consuls s'étaient fait porter malades, et avec eux la plupart des officiers des milices bourgeoises[94]. Même inertie des autorités urbaines à Guéret, pendant les graves désordres du 1er juin de la même année[95].

Après l'absence physique ou les yeux fermés, les discours incitatifs et la participation directe. En 1707, c'est le maire de Montmorillon qui est déclaré responsable de l'émeute contre les nouveaux droits sur les vins ; il aurait déclaré, en pleine assemblée populaire, « qu'il fallait mettre le feu chez monsieur le lieutenant général », traité par lui de protecteur des *maltôtiers* ; et encore, que « monsieur l'intendant n'était pas maître de donner une extension aux droits du roi »[96]. En Champagne, le maire de Saint-Dizier survient au milieu d'un désordre contre les gardes du tabac ; au lieu de prendre leur défense, il les fait arrêter pour violences contre les habitants[97]. Le maire de Nantes s'oppose en personne à la levée du droit de *pied fourché* sur le bétail : un jour de foire, en avril 1706, il se présente avec des sergents au bureau du contrôle, injurie les commis et autorise le passage des animaux[98]. Quatre ans plus tard, il récidive en contestant le nouveau droit d'*entrée* sur les boissons, et l'intendant Ferrand déclare à cette occasion que l'homme est « extrêmement dangereux et hardi »[99]. Le maire d'Ernée déplaît à son tour après l'affaire de juin 1707. « Bien loin de calmer la sédition », il l'aurait au contraire « excitée » en empêchant la publication de l'ordonnance relative à la culture du tabac et en menaçant de prison les commis. Il faudrait, suggère l'intendant Turgot de Sousmons, lui infliger « une interdiction de quelque temps » et faire ainsi un exemple dans ce pays rebelle où le peuple « a [pris] pour le tabac presque autant d'attache que pour le pain »[100]. Un seul et unique exemple de l'attitude contraire, à Aubusson en avril 1704 : la foule, aux prises avec les gens des gabelles, couvre le maire de boue et s'attroupe devant sa maison en parlant d'y mettre le feu pour le punir de protéger les *maltôtiers*[101].

En plein XVIIIe, les cas urbains pourraient laisser croire à une permanence, une impossibilité pour le pouvoir d'imposer son ordre fiscal. Ce serait fausser la perspective. En réalité, le nombre des affaires où sont impliqués les Messieurs de Ville va décroissant, ainsi que leur gravité si l'on compare avec l'ère louis-quatorzième. Chacune, pourtant, dans son détail, relève d'une attitude frondeuse qui se traduit par une mauvaise volonté criante à appliquer les consignes. À Beaucaire, en avril 1737, les employés de l'*équivalent* reprochent au maire, le sieur Étienne de Roques, de n'avoir rien fait pour apaiser les habitants qui voulaient les jeter au Rhône[102]. À l'autre bout du royaume, en Thiérache, même réticence : une vingtaine d'employés en quête de faux-tabac avaient mis la bourgade de Novion-Porcien en état de siège en janvier 1744. Les choses ont mal tourné, gardes blessés, un fraudeur tué d'un coup de baïonnette dans la poitrine, le nommé Jean Mor dit

Lafleur, cavalier au régiment d'Egmont, d'ailleurs enfant du pays. On avertit le juge : il ne vient pas. On cherche le syndic, il n'est pas chez lui, mais « en campagne ». On interroge le procureur fiscal et le greffier, ils disent qu'ils ne peuvent rien faire « que le juge ne fût venu ». Et voici que les gens sortent de chez eux au son de la cloche qui retentit « comme quand on convoque la communauté ». Pourchassés de partout, les employés se réfugient dans un cabaret où ils restent assiégés jusqu'à la nuit tombante[103]... De leur côté, dénoncés en 1762 par la Ferme et par l'intendant pour passivité déclarée, les consuls de la ville d'Aurillac justifient benoîtement leur attitude avec un zeste d'insolence : « Nous avions cru jusqu'ici que l'arrivée des contrebandiers ou Mandrins dans cette ville ne nous intéressait point, et nous regardions du même œil indifférent leur venue et leur départ, d'autant qu'ils se sont toujours comportés très sagement... »[104].

Le pouvoir veut des sanctions, de préférence légales, par voie de justice, et les villes se défendent de leur mieux. Notaires, avocats et magistrats y connaissent la musique. Leurs députés, élus ou nommés, rejettent toujours les incidents sur les hommes du fisc, et ils mettent au point des systèmes de défense parfois inattendus. Ainsi à Lapalisse, dans le Bourbonnais, après l'affaire du 11 octobre 1736. La ville est poursuivie pour n'avoir apporté aucun secours aux gabelous, pris en chasse de rue en rue et contraints de se sauver par les toits. L'enquête piétine de longs mois avant d'être confiée à l'intendant Bertier de Sauvigny par un arrêt du Conseil en juin 1739. Là-dessus, nouvelles lenteurs. Un an plus tard, en mai 1740, la communauté est assignée à comparaître « en personne » par-devant le subdélégué de Moulins. Elle désigne alors en assemblée générale un député, le notaire Perreuil, qui présente ses mémoires défensifs : certes, on n'a pas sonné le tocsin, mais tous ces prétendus contrebandiers, on les avait pris pour des soldats ou des recrues de quelque régiment avec leurs habits rouge, bleu, blanc, gris, leurs cheveux en queue et leurs chapeaux bordés. On les avait même vus boire avec les employés « qui riaient et folâtraient [avec eux] comme gens d'une parfaite intelligence ». De surcroît, leurs chevaux étaient sans selle et sans bât pour la plupart. Et puis, à Lapalisse, on n'en finirait plus de sonner le tocsin s'il fallait le faire chaque fois qu'arrivent « des bandes de soixante ou quatre-vingts hommes », scieurs de long, chaudronniers, maçons, mariniers ou recrues à pied et à cheval qui passent régulièrement et « tombent dans les différents cabarets ». Les documents sont muets sur l'issue de l'affaire, dont on peut penser qu'elle est restée sans suite[105]. Un autre procès remarquable opposera la Ferme à la cité picarde de Doullens, après des incidents d'auberge et de rue survenus en avril 1776 à propos de faux-tabac. Turgot est alors ministre. Tous espèrent la suppression des Fermes. La rumeur a déjà annoncé « qu'on va tous les casser et qu'on pourra prendre le sel et le tabac où l'on voudra » ! Alors que la juridiction de la ville poursuit les employés pour abus de pouvoir, la Commission de Reims ordonne l'incarcération de plusieurs habitants que les commis et la maréchaussée viennent arrêter chez eux en pleine nuit, après avoir enfoncé leurs portes. La ville organise sa réplique ; le maire et le greffier, nommés « commissaires-députés » en assemblée extraordinaire, se rendent à Amiens auprès du subdélégué de la Commission de Reims, et ensuite à Paris. Ils dénoncent la tyrannie de la Ferme et la brutalité de ses interventions contre des citoyens honorables : la procédure est « un tissu de fausseté, d'iniquités et de scélératesses, ayant opprimé et jeté dans les fers nombre de bourgeois »..., « l'on n'agit pas comme cela [même] en Turquie ! »[106].

Voilà pour l'évocation du climat urbain. De leur côté, campagnes et villages continuent à vivre à leur mode ancienne, plutôt hostiles aux nouveautés imposées du dehors, fermés sur leurs secrets. Les syndics ou consuls locaux, soit crainte, soit solidarité naturelle, ne tiennent pas à trop se démarquer des leurs. Le pouvoir monarchique est loin, le pouvoir de nuisance des réseaux contrebandiers immédiat. Les notables de Villepinte, près de Paris, déclarent en mai 1731, pour couvrir leur mollesse, qu'ils ne tenaient pas à « se faire brûler par ces gens-là »[107]. En 1740, le maire-syndic de Montigny-en-Arrouaise, en Picardie, refuse prudemment de signer le procès-verbal dressé par les commis[108]. Celui de Gouzeaucourt, en Artois, Jérôme Billoire, fermier de son état et lieutenant-mayeur, s'est opposé à la main-forte et ne veut pas donner l'identité des hommes arrêtés en prétendant qu'il « avait oublié le nom de bien des particuliers du village »[109] ! En Bas-Languedoc, le consul de Bez et Esparon, près du Vigan, refuse lui aussi de donner des noms aux commis du fameux droit d'*équivalent* : « Il n'est pas obligé de connaître tout le monde, ni de s'exposer pour les commis »[110]. Même refus de coopérer dans le Haut-Languedoc, où les consuls ont pour habitude « de s'absenter ou de se cacher lorsque les brigades paraissent chez eux pour y faire l'exercice de leurs commissions »[111]. À Puilly-Charbeaux, en Lorraine, une perquisition a mal tourné, un homme est mort : le maire fait désarmer et attacher « très rudement » l'un à l'autre deux commis qui sont ensuite mis à mal par une foule vociférante, armée de fourches et fléaux[112] Le maire de Moncourt, toujours en Lorraine, est blâmé pour avoir monté les habitants contre les employés « par ses discours injurieux et séditieux »[113]. Un autre, à Gergny, en Picardie, a encouragé les habitants à forcer la porte de la maison qui abritait quatre employés avec le fraudeur qu'ils venaient de capturer[114]. Le syndic de Vignacourt a été vu à la tête des hommes qui poursuivaient les commis, couteaux ouverts, et leur avaient enlevé leur détenu[115]. Malheur aux principaux des paroisses qui semblent trahir le pacte d'union ! Le syndic de Saint-Jeures, en Velay, soupçonné d'être trop bien avec la gabelle, en payera le prix : quatre hommes viennent l'enlever chez lui pour le conduire au cabaret où ils lui enjoignent de verser 2 000 livres de dommages ; sur son refus, ils l'attachent à la queue d'un cheval et le traînent « pendant l'espace de plus de six cents pas, le visage contre la terre ». Fort heureusement, d'autres habitants arrivent, qui mettent un terme au supplice[116]...

Cloches coupables

Poursuites, arrestations, amendes collectives... Pour donner plus de force à la sanction, le pouvoir s'attaque aux symboles de la fierté communale. Voici les cloches accusées d'être restées silencieuses ou bien d'avoir parlé mal à propos. D'où le recours à la brimade ancienne, infligée aux paroisses fautives : clochers écimés, voix sonnantes réduites au silence. La troupe brise les cloches au pays de Chalosse vers 1665 comme en Vivarais en 1670, les cloches sont descendues pour un mois à Céron, un village du Bourbonnais où l'on avait sonné le tocsin contre les gardes en 1713[117]. La déclaration royale d'août 1729 prétend remettre les esprits dans le droit chemin. Elle enjoint aux communautés de sonner le tocsin à l'arrivée des contrebandiers afin de mobiliser les habitants contre eux. Mais les choses ne se passent pas toujours comme elles devraient. Tantôt les commis recherchent vainement le curé ou le sacristain, tantôt c'est le maire qui est absent. Ici on ne retrouve pas la clé du clocher, ailleurs les chefs prétendent qu'il n'y a pas lieu de sonner l'*effroy* car les soi-disant faux-sauniers ne sont que des passants ordinaires, sans la moindre camelote sur eux. Ou encore que les habitants ne possèdent pas d'armes et ne seraient donc d'aucun secours. À Saint-Lambert-du-Lattay, en Anjou, on cumule les prétextes ! Le syndic est introuvable, sa femme refuse d'aller chercher le sacristain qui finit par arriver, mais il lui faut l'accord du curé. Convoqué, ce dernier refuse tout net de faire battre la cloche en soutenant que ces étrangers — qui pourtant caracolent dans les rues avec de longs bâtons et menacent les gabelous — ne transportent aucune charge de contrebande[118]. À l'époque de Mandrin, en avril 1755, le capitaine chargé de la répression en Dauphiné souligne, dans une lettre au ministre de la Guerre, « le peu d'inclination qu'ont les officiers municipaux et les peuples » à apporter leur concours. De dix-sept bourgs ou villages que la bande a traversés, pas un n'a sonné le tocsin, si bien qu'il a fait arrêter le consul de Bourdeaux et le maire de Taulignan[119]. Dans l'affaire d'Aurillac de 1762 — évoquée plus haut —, les consuls assurent que tirer la cloche aurait été « de la dernière imprudence », et que la ville risquait d'être mise « à feu et à sang ». Toujours la peur des représailles.

Quand le signal est donné conformément à l'ordre royal, il fonctionne parfois à rebours, les habitants le reçoivent comme un appel à la rescousse contre la

Ferme. Combien de fois les employés ont-ils entendu de la bouche même des responsables qu'on allait sonner « sur eux » s'ils ne prenaient pas le large ! C'est le tocsin qui, en 1663, donne le signal de la révolte contre les gabeleurs dans le Vallespir pyrénéen[120]. « Allez-vous-en, ou sinon nous sonnerons la cloche [...] et on verra beau jeu ! », lance-t-on en août 1731 aux commis des droits sur la bière dans le pays de L'Allœu, aux portes de Lille[121]. Sommé par les gabelous de donner l'alarme, le sacristain de Massais, en Poitou, répond qu'il sonnerait « contre eux » s'ils ne se retiraient promptement[122]. C'est encore « sur eux » qu'on menace de sonner en mai 1708 à Montoillot en Bourgogne, à Lisse en Champagne aux vendanges de 1719, à Legé, au sud de Nantes, en octobre 1753, à Saint-Flour en novembre 1754, à Signy-le-Petit, autre village de Champagne, en 1763, à Punchy en Picardie en janvier 1765, à Pugnac en Guyenne en mai 1772, à Vernoux-en-Gâtine en février 1778, à Loge-Fougereuse dans le Poitou en mars 1785, à Saint-Chartier en Berry au mois d'août 1781 et en bien d'autres lieux à travers la France entière[123].

De fait, les gabelous peuvent à bon droit s'inquiéter quand la cloche retentit (90 occurrences dans nos procès-verbaux). Ou bien les gens se barricadent dans leurs maisons, ou bien la foule afflue en criant « Au voleur », « Au feu, à l'incendie ». Dans son étude sur les cloches, Alain Corbin a parlé de la polysémie du tocsin qui unifie en faisceau « l'annonce, l'alarme et l'injonction »[124]. Alertés par le *bafroy* en septembre 1701, les habitants d'Ussel se regroupent et chassent les commis du tabac[125]. En avril 1704, toute la ville d'Aubusson s'enfièvre au bruit de la cloche qui retentit durant cinq heures[126]. En 1714, à Loucelles, village normand, le curé fait sonner l'*effroit* pour empêcher une brigade du sel de fouiller les maisons, et la foule accourt aussitôt avec bâtons, fourches et fléaux[127]. En novembre 1739, les employés de la Direction de Langres, attaqués par « la populace » au village d'Enfonvelle, prétendent que le curé et le seigneur, « pour exciter encore davantage la rébellion, auraient fait sonner le tocsin »[128]. À Pensol, dans le Limousin, c'est une paysanne qui court au clocher pour sonner le *beffroy* à l'arrivée des commis aux aides et des cavaliers de la maréchaussée ; tout le village se mobilise contre eux[129]. Après l'affaire de Beaumont-la-Ferrière — déjà citée —, le curé, accusé de n'avoir pas fait tirer la cloche, répond qu'il s'est abstenu « à cause du danger qui aurait pu en résulter, craignant [...] que la populace une fois assemblée ne prît plutôt le parti des rébellionnaires que des employés »[130]. Son confrère de Seuilly en Touraine fait sonner lui-même sur les commis, ce qui attire « un grand nombre » de gens[131].

Les procédures judiciaires travaillaient à démonter le pacte villageois. Mais les juges avaient bien de la peine à obtenir des témoignages. Ils allaient sur place à reculons, craignant pour leur propre sûreté, et sans illusions sur leurs chances de succès. Le gouverneur de Savoie reconnaît en 1754 que « les particuliers qui doivent déposer ne l'osent pas »[132]. On interrogeait quand même, et aux pressions ordinaires s'ajoutait le chantage spirituel. Dans les affaires les plus graves, quand il y avait eu mort d'homme, la Ferme pouvait solliciter de l'Église un *monitoire*, c'est-à-dire une obligation signifiée aux fidèles de révéler ce qu'ils savaient des faits, sous peine d'excommunication[133]. Procédé traumatisant, qui pesait lourd sur le quotidien et contribuait à dramatiser les situations.

3. SEDAN : LE COUP DE SEMONCE

Par contre, la résistance antifiscale présente un front unique à Sedan en Champagne, dans la seconde moitié du XVIIIe siècle. La principauté était située aux portes des possessions d'Empire, tout près du pays de Bouillon, « terre étrangère » aux yeux des Gabelles, donc centre actif de contrebande de sel et de tabac. Elle jouissait d'un statut particulier depuis son rattachement à la couronne, au temps de Louis XIII. Ses privilèges avaient été confirmés par Louis XIV et à nouveau en 1729. Le sel s'y vendait à très bas prix sous le contrôle de la Ville, et le commerce du tabac y était quasiment libre[134]. La Ferme aurait voulu empêcher au moins le trafic du faux-tabac qui s'enflait démesurément à partir du territoire, mais les frontières irrégulières et les enclaves rendaient impossible un contrôle strict. La fraude déferlait ainsi vers le Rethelois, la Champagne et les Trois-Évêchés, toutes régions où les gabelles imposaient de hauts prix. Les remaniements frontaliers de 1769, avec échange de terres entre France et Empire, aggravent la confusion, car les « nouveaux Français » souhaitent conserver les avantages de leur ancien statut et les profits du trafic illicite. Bref, une situation très favorable aux solidarités et rescousses…

Un dimanche d'août

La tension monte dans les années 1770. Le dimanche 11 août 1771, les employés arrêtent au retour de Bouillon — ville réellement étrangère — un soldat invalide, surpris avec deux « vessies » de tabac dissimulées dans ses guêtres. Quand ils arrivent à Sedan avec leur homme enchaîné, vers 6 heures du soir, le schéma classique se met en place. Une foule de gens du peuple et de militaires amis, plus d'un millier d'individus selon le procès-verbal, leur jettent des pierres et les insultent, tous criant « Aux voleurs, aux loups », « Il faut tuer ces bougres-là ! ». Dans la bousculade, l'homme est libéré et les employés s'enfuient, poursuivis par des soldats qui les frappent, les désarment. La fraude continue de plus belle dans la région[135]. En mai 1776, des incidents éclatent à Neufmanil, l'une des paroisses devenues françaises depuis l'échange frontalier de 1769[136]. À la suite, par concession royale, des lettres patentes confirment en décembre 1776 les anciens privilèges de Sedan en matière de gabelle du sel, sans rien spécifier toutefois pour le tabac[137]. Forts de ce texte, qu'ils interprètent comme une reconnaissance de leurs « immunités et exemptions », les habitants se lancent dans des actions de grande envergure[138]. Le 22 juin 1777, ceux de Douzy, Raucourt, Wadelincourt et quinze autres villages se rendent par milliers à Bouillon, d'où ils reviennent en grands cortèges, paysans, artisans, ouvriers du textile et du fer, tous défilant au son du tambour. Que peut faire la trentaine d'employés des Fermes postés le long du chemin ? Ils observent, ils voient passer les syndics et les maires, les femmes qui agitent « de longs bâtons au bout desquels sont attachés des rubans en façon de *drappot* », les hommes avec des sacs ou des rouleaux de tabac portés à l'épaule ou en bandoulière, « par bravade », et même au chapeau « en façon de *coquard* »[139]. Tous insultent les gabelous et crient « Vive le roi », en clamant qu'ils sont « sur leurs terres ». Les trois huissiers royaux de la ville de Sedan, qui marchent avec eux, se font leurs porte-parole en opposant aux gabelous un refus catégorique de tout contrôle fiscal, au nom du privilège royal[140].

Étendards et timbales

Le 26 juin 1777, c'est au tour des habitants de Sedan d'aller « à la charge ». Ils sont quatre ou cinq mille, selon les rapports, la plupart à pied, d'autres à cheval. Ils reviennent, dans la soirée, et leur entrée prend des allures provocatrices derrière des porteurs d'« étendards », avec deux cavaliers qui frappent sur des tambours « en forme de timbales ». Les employés, spectateurs inquiets, reconnaissent au passage tel marchand de la ville, tel greffier, tel maquignon de chevaux, celui-ci « *drousseur* de laine », cet autre écrivain public, celle-ci revendeuse, ceux-là gagne-deniers, tout un petit peuple citadin mélangé à quelques notables. Calonne, alors intendant de Metz dont relève la principauté, espère rétablir le calme en dénonçant par ordonnance « cette espèce de résistance » née d'une « fausse interprétation » des lettres patentes de décembre 1776. Les habitants, écrit-il, se sont cru bien à tort « affranchis de toute espèce d'imposition », il y a un « malentendu ». Il se rendra lui-même à Sedan pour éclairer les esprits, et en attendant il invite la communauté à formuler ses doléances dans un mémoire adressé au Conseil du roi.

Le trafic n'en continue pas moins, encouragé en sous-main par toutes sortes de complicités. À Givonne, le 6 juillet 1777, des cavaliers du régiment de Royal-Roussillon prennent, sabre en main, le parti des fraudeurs. Le même jour, sept employés sont désarmés par le syndic d'Hannogne-Saint-Martin et conduits aux prisons ducales de Donchery, sous « escorte bourgeoise ».

Le 7 juillet, les commis voient sortir de Sedan une quantité d'hommes et femmes avec des bâtons et des faux. Ils reviennent dans la soirée en plus grand nombre, plus de trois mille, marchant « comme à la victoire » à pied et à cheval, chargés de sacs, tabac en poudre, en fuseaux, en carottes. En tête, le nommé Hausse, dit Fifis, tisseur en drap et ancien militaire, qui encourage la « populace » à démolir puis à incendier la guérite du fisc en traitant les gardes « de voleurs et de cochons ». Nouveaux accrochages le 12 juillet à Sedan, et le 13 près de Givonne où deux à trois cents personnes — toujours manouvriers, artisans en laine, cabaretiers ou marchands — attaquent la maison où les employés voulaient passer la nuit avec le mutin qu'ils venaient d'arrêter. À Wadelincourt, le 14 juillet 1777, revenant de Bouillon, les rébellionnaires redoublent leurs « excès » ; parmi eux des notables, le lieutenant-maire du village de Raucourt, marchand-laboureur de son état, le capitaine de la bourgeoisie, l'huissier royal de la maîtrise des Eaux et Forêts... Bâtons et pierres contre fusils chargés à balle, il y aura une demi-douzaine de blessés du côté des habitants, deux chez les employés, des baïonnettes et des fusils cassés. Une lettre royale datée du 13 juillet, imprimée et largement publiée, interdit tout nouvel attroupement sous peine d'emprisonnement immédiat tout en laissant espérer un réexamen du problème, mais l'agitation persiste. Colère encore dans les rues de Sedan le 1er octobre 1777, quand six employés et trois cavaliers de la maréchaussée conduisent un homme en prison. Cinq ou six cents personnes leur lancent de la boue et les prennent à coups de pierres et de bâton aux cris habituels de « Au loup » et « Au voleur ». Devant cette populace « effrénée », les gardes se réfugient dans des maisons

(« à droite et à gauche, comme nous avons pu »), d'où les émeutiers les expulsent en les traînant par les cheveux. Le fraudeur est libéré, mais la bagarre reprend dans la soirée. Le receveur général du bureau du tabac évoque longuement, dans sa correspondance, la « révolution » qui « dure ici depuis cinq mois » et « l'entêtement imbécile de la populace ». « Le feu, écrit-il, est prêt de s'allumer aux quatre coins de la ville. Jamais les dangers [...] n'ont été aussi grands, il n'est pas possible d'y tenir. » Et encore : la ville est « prête à se révolter, et pire que la première fois », les bourgeois sont décidés « à faire des trous dans leurs portes pour faire passer leurs fusils et tirer sur le premier venu », les ouvriers s'agitent dans leurs ateliers, « échauffés » par « tous ces propos ». Situation d'autant plus grave qu'en vertu d'anciens privilèges la bourgeoisie est ici « regardée pour ainsi dire comme militaire » : « Il y a quatre fois par an des prix que l'on tire, c'est dans un temps la jeunesse, dans un autre les bourgeois mariés. Tous ont leurs armes, tous les gardent chez eux. Vainement on a essayé de les faire enlever à chaque particulier, de les déposer dans un arsenal où on les reprendrait dans le besoin, on n'a pu en venir à bout. » Bref, les gens de ce pays « sont forcenés » et il conviendrait que la Commission du Conseil se déplaçât de Reims à Sedan, en très grand appareil, et vînt instrumenter sur place pour faire « rentrer tous ces misérables dans leurs tanières »...

Air de Noël

Une fois de plus, les administrateurs redoutent la contagion. Lors d'une affaire survenue non loin, à Liart en Champagne, en juillet 1778, un magistrat de la Commission de Reims affirme que « l'impunité des habitants de Sedan est ce qui donne de la sécurité aux autres fraudeurs »[141]. On chantait deux complaintes contre la Ferme, vendues par des colporteurs sur la place d'armes de Sedan, l'une intitulée *Chanson sur les privilèges de Sedan, sur l'air Vive Henry, vive Henry,* et l'autre *Catéchisme des Gabloux, air de Noël*[142]. Sont visés la gabelle, les fermiers généraux et surtout leurs préposés, bande de gueux qui roulent dans le pays « comme des bêtes farouches / faisant les diables dans les maisons / se cachant dans les buissons, / comme des coupeurs de bourses... ». « Nous étions dans la France », dit encore la chanson, « comme en pontificat, / j'avions la jouissance, / du sel et bon tabac, / mais depuis ce fracas, / tout ceci est en déroute... » Un autre couplet se fait plus belliqueux : « Hélas de cette bande, / qu'on aurait de bonheur, / si on les éloignait de France, / tous ces perturbateurs, / on les éloigne bien d'ailleurs, / sans en faire d'étalage, / que n'avons-nous encore Mandrin, / pour faire la guerre à ces aigrefins, / et les rendre au pillage. » Paroles naïves, expression tout à la fois plaintive et menaçante d'une rancune populaire qui traverse les temps.

*

La faiblesse des ripostes étatiques en cette fin de siècle a de quoi surprendre. Le pouvoir n'a certes pas renoncé aux facilités de l'impôt indirect, et la Ferme, son bras fiscal, s'acharne jusqu'au bout à perfectionner son dispositif de contrôle, améliorant son encadrement, élevant des murs, dressant de nouvelles barrières[143]. Mais cette machinerie toujours plus lourde ne parvient pas à endiguer le flot de l'illicite. Aux racines du refus, l'antique exigence de survie, théorisée désormais en contre-droit du « peuple opprimé »[144]. Les théoriciens du libéralisme économique retiennent la leçon et mesurent les risques du système : il est dangereux que le peuple s'habitue à vivre dans la transgression ou, pire encore, songe à radicaliser ses résistances. Constat politique, tiré du simple spectacle de la réalité quotidienne du royaume.

CHAPITRE V

Il nous faut payer la taille…

> Il est vrai, Monsieur, que les collecteurs de 1704 et ceux de 1705 font chacun de son côté ce qu'ils peuvent pour se faire payer des redevables, et je les ai comparés à deux loups qui ayant rencontré une brebis la tiennent chacun de son côté et disputent à qui l'emportera. […] Ils vont dans la grange où un pauvre paysan a mis toutes les gerbes et font battre en sa présence tout son grain. Les collecteurs de 1704 en prennent un quart et ceux de 1705 les trois quarts, de manière qu'ils n'en laissent pas un grain à ce pauvre qui se trouve réduit à n'avoir rien pour semer ni pour vivre.
>
> Lettre du subdélégué de Tulle à l'intendant de Limoges, 27 août 1705[1].

Faire intervenir la fiscalité directe dans le cadre de cette enquête entraîne autant de questions que de réponses. Rien de plus essentiel que la taille, impôt royal par excellence, socle du pacte implicite unissant au roi la masse des sujets, toujours payée mais toujours mise en cause dans ses principes de répartition comme dans les modalités de sa collecte. Nous entrons là au cœur d'un débat politique permanent, relancé au plus haut niveau à la fin du règne de Louis XIV, refourni d'arguments sous la Régence et repris sans trêve jusqu'à la Révolution.

Les projets de réforme qui se succèdent depuis Colbert et Vauban jusqu'à Machault, Bertin, Calonne, Brienne ou Necker mettent en cause l'impôt tel qu'il était établi et perçu, pour lui substituer progressivement un jeu de contributions mieux réparties sur tous les habitants du royaume, sans distinction[2]. Mais toucher à la taille revenait à ébranler l'édifice sociopolitique de la monarchie, fondé sur le privilège et l'exemption très large des deux ordres dominants, noblesse et clergé. Le tiers état, qui pour l'essentiel en supportait la charge, n'y était pas non plus uniformément soumis. Les forains l'esquivaient par « délocalisation » en allant résider ailleurs tout en restant propriétaires dans la paroisse, les acquéreurs de petits offices parvenaient à s'exonérer et les bourgeoisies urbaines avaient su très tôt obtenir des franchises, totales ou partielles. De même, les plus « gros » des bourgades avaient pu acheter à certaines époques des exemptions vendues par la couronne, toujours en quête d'argent frais[3]. Tant et si bien que la taille reposait d'abord sur la masse paysanne qui représentait environ 85 % de la population. La mythologie de 1789 a popularisé l'image du paysan-baudet chevauché par un noble et un abbé sur fond de castel et de clocher. Le message si peu implicite dénonçait l'injustice de la taille, impôt rustique et terrien par excellence, qui épargnait les ordres privilégiés et écrasait la roture des campagnes.

Tout cela laisserait attendre une déferlante protestataire contre cette charge mal répartie et durement levée. Or, paradoxalement, le long XVIIIe siècle forme sur ce plan-là un espace de relative sérénité : les 237 affaires rébellionnaires dirigées contre la taille entre 1661 et 1789 ne représentent en effet que 3 % des 8 528 émeutes enregistrées dans l'enquête, proportion infime au regard de l'ensemble. Le phénomène n'a d'ailleurs pas cessé de se réduire au fil des temps, puisque, dans les quatre tranches d'années successives 1661-1700, 1701-1730, 1731-1760 et 1761-1789, l'effectif relevé passe successivement de 120 à 72, 29 et 16. Calme apparent ? Peut-être faudra-t-il interroger le silence...

Ce résultat plutôt modeste reflète d'abord la réalité de la situation. Ajoutons-y les inévitables lacunes de notre ensemble documentaire et les difficultés dans le traitement systématique de certaines sources, comme les dossiers des cours des aides, inégalement conservés, inventoriés et exploités. Ceci explique que la répartition régionale des rébellions apparaisse très inégale. Certaines provinces alignent des scores non négligeables, d'autres ne semblent pas avoir été touchées. 92 affaires de tout calibre recensées dans les deux Languedoc, 18 en Guyenne, 16 en Poitou comme en Corse, 9 en Franche-Comté comme en Auvergne et en Flandres-Artois, 8 en Bretagne comme en Normandie, 7 en Limousin, ailleurs moins encore... Interpréter ces écarts s'apparente peut-être à un exercice de haute voltige. Faut-il mettre en cause le mutisme des archives ou la maladresse à les faire parler ? Quelle part accorder à d'autres éléments objectifs, déjà évoqués à propos des gabelles, le déséquilibre de la pression fiscale à travers le royaume, ou encore la diversité des tempéraments provinciaux, penchant les uns vers la violence, les autres vers la soumission ? Osons affirmer néanmoins que, pour ce type de troubles comme pour les autres, la mémoire a filtré l'important. Les affaires de première grandeur, d'intensité 3, avaient déjà été repérées et exploitées par la tradition régionale érudite. Le déficit éventuel porte sur les troubles d'importance secondaire ou minime, aux degrés d'intensité 1 (de 4 à 10 participants) ou 2 (de 11 à 50). Dommage pour notre entreprise, car nous avons dit déjà les vertus du nombre, indicateur légitime et fiable à qui veut esquisser une approche publimétrique. Pourra-t-on un jour faire mieux ? Provisoirement, contentons-nous des données recueillies, assez abondantes et diverses malgré tout pour ouvrir des pistes, faire apparaître des rythmes et donner à voir la couleur des émeutes contre la taille.

1. CROQUANTS TARDIFS

Au début du règne personnel de Louis XIV, la fiscalité directe provoque des flambées de résistance qui font suite aux grands soulèvements du premier XVIIe siècle, ceux des Va-Nu-Pieds et autres Croquants. Ces accès se sont toutefois raréfiés et ont perdu de leur ampleur. Les grandes révoltes antifiscales du temps de Colbert, postérieures à l'année 1661, figurent bien entendu dans notre enquête et sont exploitées sous l'angle statistique, mais je ne les rappellerai que pour mémoire, sans entrer dans les détails de l'information et de l'analyse, car chacun de ces événements majeurs dans la vie des provinces a fait l'objet de grandes et solides études qui en démontent la genèse, le déroulement et les singularités. Elles nous intéressent ici comme éléments pris dans une suite, comme blocs de référence dans une série de paramètres touchant l'ampleur, la durée, l'intensité. Il s'agit d'une demi-douzaine de mouvements qui constituent chacun un pan d'histoire autonome, avec sa chronologie propre, ses intrications sociales et son inventivité de comportements. Le tout tranche avec les éclats sporadiques, nés au matin et retombés à la nuit, dans les limites du village. Sans occulter l'événement d'exception déjà reconnu et analysé par les historiens, l'esprit de l'enquête, en matière de tailles comme pour le reste, vise à recenser l'émotivité ordinaire, en comblant le vide entre le grand soulèvement et le calme plat.

Au Sud, au Nord

Les années 1660 gardent le souvenir des rébellions massives de l'ancien temps. Elles en reproduisent le modèle, sur un ton mineur il est vrai. À partir de refus de tailles, deux vastes zones périphériques vivent de longues périodes de quasi-insurrection. Le soulèvement advenu en juin 1661 au pied des Pyrénées, dans le pays de Soule, s'est prolongé durant plusieurs mois[4]. Une révolte plus brève mais non moins violente, elle aussi liée à la fiscalité directe, a bouleversé la même année le petit comté de Bénauge, non loin de Bordeaux, déjà lourdement chargé de rentes seigneuriales[5]. En Rouergue et Quercy, les paysans par centaines prennent en chasse les soldats du roi — lointaines séquelles de la révolte de 1637, minutieusement étudiée par Y.-M. Bercé[6]. Autres flambées en 1662 et 1663, au cœur des Pyrénées centrales, dans le pays de Couserans, le long de l'Arac, affluent du Salat[7]. Un peu plus tard, les habitants du comté de Foix, toutes classes confondues, barrent l'accès de leurs vallées aux troupes envoyées en garnison chez les débiteurs du fisc[8]. Dans un espace proche, en Armagnac, une affaire de village — le refus de la taille par un privilégié — a pris des proportions inattendues : toute la ville d'Auch, sur pied de guerre, résiste aux militaires chargés de l'ordre et organise contre eux une sorte de vengeance municipale assez féroce. Cette rébellion était « de la dernière conséquence » selon l'intendant Pellot, qui jugeait l'affaire « fort noire et étrange ». Les habitants en payeront le prix : arrestations, condamnations, poursuites prolongées contre les fuyards[9]...

Sans être aussi perturbées, d'autres régions s'agitent à la même époque ou un peu plus tard. Affaires sérieuses ici et là dans l'Aunis, pays rebelle et mal encadré[10]. Au nord du royaume, les paysans du Boulonnais prennent les armes au printemps 1662 pour défendre le régime d'exemption dont la province avait toujours bénéficié grâce à sa position frontière. Le mouvement de refus de l'impôt (baptisé ici « subvention et quartier d'hiver »), encouragé au départ par la noblesse et les élites bourgeoises, s'amplifie jusqu'à se transformer en révolte ouverte. Les foules se rassemblent aux cris de *Caroi, Caroi* — « qui est, lit-on dans un rapport, le mot excitant sédition dans cette province comme *gabeleur* et *maltôtier* dans les autres ». La répression, menée à grands moyens militaires, devait expédier aux galères des centaines de condamnés[11]. Cette révolte, blasonnée dans le registre du dérisoire sous le nom de « guerre de Lustucru », est le dernier des grands mouvements collectifs liés à la fiscalité directe. Ce qui ne veut pas dire qu'il n'y en ait pas eu plus tard, et même en nombre signifiant, mais de moindre importance. La ville de Moulins paye si mal que l'intendant doit faire loger cinq compagnies d'infanterie dans les faubourgs pour punir les habitants qui refusent la levée d'une taxe exceptionnelle, dite « don gratuit »[12]. À Carcassonne, en août 1664, la troupe met fin à de grosses émeutes qui soulèvent des centaines de personnes opposées également à un « don gratuit »[13]. À Narbonne, en juin 1665, plus de quatre-vingts individus ameutés délivrent les collecteurs et chassent les huissiers[14]. L'ordre est constamment menacé dans des provinces encore mal encadrées comme l'Aunis déjà cité, la Guyenne, le Vivarais, le Bas-Languedoc, la Franche-Comté... Les témoignages donnent à voir des foules furieuses tout à coup soulevées, des violences rapides allant jusqu'à mort d'homme, des compagnies de cavaliers qui passent et repassent, tout un frémissement sans graves conséquences politiques mais constant jusqu'aux années 1730. Moins marqué par la suite, le courant antifiscal n'a pourtant pas déserté ces régions, ni dans les conduites ni dans la mémoire. Pourtant, d'autres provinces semblent avoir ignoré les tumultes. Si l'on en croit Esmonin, l'envoi de troupes au temps de Colbert fut exceptionnel en Normandie, naguère dressée contre la taille et désormais parfaitement calme, mis à part l'élection de Valognes en 1664[15].

Gens de L'Allœu

Attardons-nous sur un épisode original et peu connu, qui rappelle sur le mode mineur les actions concertées et plus larges de l'après-Fronde : le mouvement antifiscal du pays de L'Allœu, prolongé sur trois décennies, de 1706 à 1730. Il s'agit d'un canton situé à l'ouest de Lille, qui regroupait quatre bourgs très prospères (brasserie, textile, élevage), dépendant à la fois du gouvernement des Flandres, des états d'Artois et de l'abbaye de Saint-Vaast. À l'égard du royaume, cette bizarre enclave jouissait d'un statut de type alleutier, d'où son nom. Elle était exonérée des charges fiscales et taxes ordinaires, mais les habitants devaient en retour fournir un « don gratuit » quasiment symbolique, ainsi que le service armé le long de la Lys, entre Flandres et Artois[16]. Ce régime particulier favorisait nécessairement un commerce de fraude très lucratif. Les choses se gâtent en 1706 quand les « gens de L'Allœu » se voient obligés d'acquitter leur part de l'impôt exceptionnel levé pour construire les bastions qui devaient flanquer l'énorme citadelle de Lille, alors en chantier. Immédiatement, la population se ligue pour défendre ses franchises, avec en tête baillis, échevins, hommes de loi et autres notables. En août 1706, plusieurs centaines d'habitants se rassemblent en armes et arrêtent en pleine nuit les huissiers et « archers » venus pour les impôts[17]. Exemple contagieux, le mouvement s'étend vers l'ouest, du côté de Lederzeele, où les villageois sonnent le tocsin et font feu sur la maréchaussée[18]. Les gens d'Armentières entrent à leur tour « en rébellion ouverte » et parlent de tuer « les premiers huissiers qui viendraient leur demander de l'argent »[19]. Au cours de l'automne, les délégués de L'Allœu multiplient les démarches, ils vont à Lille chez l'intendant et à Arras auprès des états d'Artois pour soutenir leurs droits.

Plus étonnant encore : à la fin de l'année 1706, une grosse troupe d'au moins trois cents personnes se met en route pour Versailles, afin de déposer entre les mains du roi une délibération adoptée par l'assemblée des quatre communautés du pays. Cortège inédit, forme neuve de résistance pacifique qui s'inscrit bien dans le paysage socioculturel d'une région pétrie d'esprit corporatiste et de tradition représentative. Mais le dialogue politique ainsi entamé n'entrait pas dans les vues de l'absolutisme louis-quatorzien. Sur ordre du roi, cent vingt-deux de ces « députés » sont arrêtés en route, à Senlis, vers le 20 décembre. Les « principaux », au nombre de douze, sont jetés en prison, et leur chef, un certain Caudron, conduit à la Bastille où il restera plusieurs années. La maréchaussée encadre les cent dix autres pour les reconduire chez eux. La répression s'abat alors sur les villages rebelles, occupés par quinze cents hommes de troupe qui accompagnent le bourreau et les archers de la prévôté. Jusqu'à parfaite soumission, l'habitant devra servir aux soldats le pain bis-blanc, la viande et la bière. Les ordres de Versailles sont clairs : interdire toute assemblée, fouiller les maisons, capturer ceux que l'on trouverait armés et faire justice « sur-le-champ ». On procède à de nouvelles arrestations, dont le sieur Dubois, bailli du roi, Grison, procureur du pays, on recherche activement les leaders qui ont pris la fuite, en particulier le riche brasseur Jacques Romon chez qui une compagnie s'installe « à discrétion ». Que faire ? Le pays se résigne à payer, d'abord les plus riches, suivis des autres. Le 21 janvier 1707, M. de Labaseck, leur « gouverneur », à la tête des importants, vient annoncer au commandant qu'ils se rendront à Lille pour faire acte de soumission. L'affaire est évoquée dans les correspondances officielles sous les termes de « cabale », « mutinerie », « émotion », « manière de révolte » ou même « soulèvement ». Rien de comparable, en fait de violence, à la guerre de Lustucru ou à la révolte vivaroise de Roure, mais à Versailles la surprise est totale : « Ce genre de révolte qui s'est répandu parmi le peuple du pays de Lalleu est si nouveau, écrit le ministre Chamillart, que l'on ne saurait y rien comprendre »[20]. Constat qui traduit la clôture de l'univers mental des gens de Cour, leur incapacité à sortir des cadres de la pensée absolutiste pour qui l'initiative ne peut venir d'en bas.

Le particularisme de L'Allœu s'exprimera encore dix ans plus tard, au lendemain du rattachement du canton aux états d'Artois. Les habitants, toutes catégories confondues, font à nouveau l'impossible pour sauvegarder leurs franchises. Délibérations, démarches, envoi de députés à Versailles. En octobre 1717, Saint-Simon, membre du Conseil de régence, voit arriver « ces paysans » qui, pour mieux le convaincre, lui offrent deux panières d'osier remplies, écrit-il, « du plus beau linge de table que j'aie jamais vu [...], et en la plus grande quantité. [...] Je ne pus les empêcher de déployer quelques nappes et quelques serviettes ; mais quand ils virent qu'il leur fallait les remporter, ils se mirent à pleurer et à dire que je les méprisais, quoique je leur eusse parlé avec toute l'honnêteté possible. Je fus si touché de leur douleur de si bonne foi, que [...] je pris donc une nappe et une douzaine de serviettes, cela les consola un peu »[21]. Dans cette conjoncture de mise au pas, on ne peut séparer fiscalité directe et indirecte. Les franchises supprimées concernaient l'une et l'autre. Rentrés chez eux, nos gens se voient soumis aux impôts sur le commerce de la bière, du vin et de l'alcool, si néfastes à leurs activités marchandes. Lorsque les commis de la Ferme arrivent à Sailly en février 1718 pour taxer les boissons, « la populace mutinée », armée de baïonnettes et de bâtons, veut les jeter dans la Lys : « Si vous y revenez, vous ou vos pareils, nous vous abîmerons tous, fussiez-vous cinq cents ! Quant aux états d'Artois, nous nous moquons d'eux et de leurs ordonnances. » Pas une seule maison à louer pour loger les bureaux, l'administration comprend le message, et le canton continue à servir de passerelle pour la fraude entre Flandres et Artois. Un nouvel incident éclate en août 1731 dans le bourg de Laventie où la Ferme des boissons tente derechef d'installer ses commis : « Allez-vous-en, sinon on sonnera la cloche, Sailly va venir, et on verra beau jeu. Nous serons bientôt huit mille ; et on écharpera le fermier, les commis, les archers, fussent-ils dix mille ! » Les femmes se montrent les plus combatives, quelques-unes avec des haches sous leurs tabliers. L'envoi de troupes et l'arrestation de quelques notables finissent par décourager les habitants, qui renoncent au combat ouvert[22].

2. L'IMPOSSIBLE RÉFORME

On était conscient à Versailles des dysfonctionnements du système et du désordre qu'il engendrait de façon continue. Les projets de réforme affluaient et gonflaient les cartons ministériels. Vauban, le plus aigu des observateurs sociaux du temps, avait sonné l'alarme : « La taille, écrivait-il en 1707, est tombée dans une telle corruption que les anges du ciel ne pourraient en venir à bout de la corriger, ni d'empêcher que les pauvres y soient toujours opprimés »[23]. Il s'y essaie pourtant, et bien d'autres après lui.

L'enjeu fiscal

Le vif débat où s'affrontaient les bonnes intentions — plus de justice pour les taillables —, les visées technocratiques — faire mieux rentrer l'impôt —, et les blocs de conservatismes à tous niveaux, a occupé continûment le devant de la scène, reléguant la masse des assujettis dans une obscure passivité, une sorte de non-être historique.

Sans prétendre refaire ou résumer l'histoire de la fiscalité au XVIIIe, disons que la monarchie, qui n'a pas su résoudre l'aporie du privilège, a tenté de la contourner en établissant en 1695 la *capitation* qui taxait la fortune ou plus exactement le rang social, puis en 1710 l'impôt du *dixième*, prélevé sur les revenus de toute nature et payable par tous les sujets, quelle que fût leur qualité. La pression des ordres privilégiés, on le sait, parvint à vider ces innovations de leur contenu égalitaire par le biais d'allègements ou d'abonnements en faveur de la noblesse, du clergé, de telle ou telle ville ou même d'une province entière. Ensuite, sous la Régence, on tenta de substituer à la taille payée en argent une redevance en nature, proportionnelle aux récoltes, la *dîme royale*, mais l'expérience, menée dans l'élection de Niort et la généralité de La Rochelle, n'obtint pas le succès attendu et on y renonça. Dans le même temps, le pouvoir avait en projet — très partiellement réalisé dans quelques généralités des pays d'élections — une plus juste saisie de la réalité foncière afin de passer de la taille personnelle, réputée « arbitraire », à une taille dite *proportionnelle* ou *tarifée*, grâce à l'arpentage des terroirs et au classement qualitatif des parcelles, sur le modèle des cadastres entrepris avec succès par les Habsbourg en Milanais et les rois de Sardaigne dans leurs territoires des deux côtés des Alpes, Piémont et Savoie. Après l'échec en 1725-1726 d'un nouvel impôt universel, le *cinquantième*, exigible en nature, on en revint en 1733 puis en 1741 au *dixième*, auquel fut substitué en 1749 le *vingtième* du contrôleur général Machault, imposable sur tous les revenus, privilégiés ou roturiers, et qui perdura jusqu'à la Révolution. *Vingtième* doublé et même triplé en certaines années, et encore alourdi par l'adjonction des « sols par livre ». Ces bouleversements impliquaient l'intervention à différents niveaux de géomètres, de commissaires, de contrôleurs et de directeurs placés sous l'autorité directe des intendants, c'est-à-dire de tout un corps de fonctionnaires au sens moderne du terme.

L'ensemble du dispositif inquiétait et dérangeait largement. Le populaire craignait d'en supporter le coût, les gestionnaires locaux des communautés d'habitants[24] et les asséeurs-collecteurs ou péréquateurs redoutaient d'être bientôt encadrés strictement dans leur travail de répartition. Mais, surtout, les magistrats des tribunaux d'élection comprenaient qu'ils y perdraient une bonne partie de leur rôle. D'où, comme on l'imagine, une levée de boucliers générale de la part des grands corps du royaume : les cours des aides, les parlements, les états provinciaux, l'Assemblée du clergé enfin. Sur le principe même, tous ceux-là n'approuvaient ni l'extension de la taille, ni les nouveaux impôts, ni l'entrée massive des administrateurs et autres « commissaires » dans un champ professionnel jusque-là réservé, ni la perte du monopole de juridiction fiscale.

Contre-offensive des privilégiés

Les privilégiés s'installent dans la grogne. Dès 1710, l'invention du *dixième* les scandalise. Saint-Simon n'a pas de mots assez durs pour évoquer cette déplorable initiative politique : « Chacun savait la bombe en l'air et en frémissait [...]. On s'en parlait à l'oreille, [...] personne n'en osait parler tout haut. » C'était là à ses yeux une « invention affreuse », conçue dans un « bureau d'anthropophages » pour accabler les gens de bien qui seraient forcés de révéler l'état de leur patrimoine, leurs propriétés, leurs dettes actives et passives, les engagements pris, « le secret de leurs familles »[25]. Pas de réaction concertée pour autant, le groupe ne se lance pas dans une guerre ouverte, il n'en a pas les moyens : pour l'heure, les nobles de Cour sont trop bien contrôlés, la magistrature encore trop soumise et la gentilhommerie provinciale trop massivement engagée dans les guerres du temps. Les uns et les autres agissent par la bande pour obtenir des décharges, des modérations diverses, des systèmes de perception distincts à partir de rôles séparés, toutes dispositions préférentielles qui allaient avoir pour résultat de réduire à peu de chose le produit du *dixième* prélevé sur la noblesse.

Avec la Régence et plus tard, la contestation prend de l'ampleur, le ton monte. Les remontrances adoptées par les Cours souveraines à l'encontre des édits royaux évoquent la « douleur » des sujets, les « usurpations » de l'autorité « arbitraire », la misère d'un peuple livré à la « tyrannie des commissaires » et à « l'avidité de financiers ». Les défenseurs du privilège se réfugient derrière l'intérêt collectif en usant d'une phraséologie généreuse et larmoyante. À propos de l'impôt du *vingtième*, les états de Bretagne parlent en 1750 de « ruine totale », de massacre, d'une vraie « Saint-Barthélemy des Bretons comme des autres »[26] ! En 1756, la cour des comptes, aides et finances d'Aix voit dans le *second vingtième* un « coup mortel » porté aux « engagements sacrés » sous lesquels la Provence avait été naguère « librement et volontairement unie à la monarchie »[27]. « Nous ne réclamons nos droits que parce qu'ils sont les droits de votre peuple », disent au roi, la même année, les magistrats de la cour des aides de Paris[28]. En

1757, ce sont les parlementaires de Bordeaux qui s'en prennent avec véhémence aux contrôleurs des *vingtièmes*, des « gens sans aveu », tout juste bons à dresser les paysans contre les privilégiés[29]. Quand le ministre Bertin relance les *vingtièmes* et annonce une cadastration générale en 1763, c'est un déchaînement de griefs et d'invectives contre les contrôleurs qui vont « répandre partout la terreur de leur despotisme, la crainte de leurs vengeances, le mépris des règles et la désobéissance du joug légitime des loi s »[30] !

Au fil des années, le discours du refus gagne du terrain. De Paris à Toulouse, de Rennes à Rouen, Aix, Besançon ou Pau, la parole des grands corps intermédiaires agite les mêmes fantasmes de « nation » opprimée par le « dcspotisme », exposée aux « vexations inouïes » d'un « tas d'avides préposés » et autres gens de bas étage. Les magistrats grenoblois parlent de peuples épuisés, vidés du « reste de sang qui coule dans leurs veines », l'État est en danger, disent-ils, « il périt, les portes de l'abîme sont ouvertes ! »[31]. Ceux de Dijon présagent eux aussi le pire en lançant au souverain un avertissement solennel : « Au nom du ciel, au nom de vous-même, sauvez l'État, sauvez votre peuple, sauvez votre gloire »[32]. Et que dire de Malesherbes acharné contre le contrôleur L'Averdy et son projet de taille tarifée, un « ouvrage de ténèbres » qui répandra la « terreur » et transformera « l'abus en loi » à l'encontre d'une « nation entière » ? En 1768, il signe ces remontrances en sa qualité de premier président de la cour des aides de Paris[33]. La magistrature dans son ensemble ne se lasse pas de rejeter les initiatives réformatrices : « Tout ce qui se passe en ce moment est illégal et contraire aux lois », déclare en avril 1771 l'avocat général de la cour des aides[34]. Harcèlement continu, refus opiniâtres d'enregistrer, grèves de justice, démissions collectives, la résistance gagne d'une capitale judiciaire à l'autre en vertu de la thèse de « l'union des classes » qui prétend faire des différents parlements les membres d'un seul et même corps chargé de la sauvegarde des « lois constitutionnelles » du royaume, ces « lois primordiales » qui ne sauraient être changées…

Devant cette fronde récurrente, le pouvoir ne reste pas inerte. Il impose l'enregistrement des édits en lit de justice, parfois en présence de la force armée. Le cas échéant, les représentants des Cours sont mandés à Versailles pour être admonestés, les opposants les plus en vue sanctionnés par lettres de cachet, arrêtés, assignés à résidence, relégués pour un temps à l'autre bout du royaume. Et, s'il le faut, le roi n'hésite pas à ordonner l'exil d'un parlement entier, expédié dans une ville secondaire. En 1771, le « coup d'État » de Maupeou anéantit provisoirement ces bastions du conservatisme, mais, à peine rétablis, en 1774-1775, ils reprennent leur petite guerre contre tout projet de réforme. L'innovation politique et fiscale se trouve paralysée, les ministres réformateurs et leurs agents dans les provinces sont désignés à l'exécration du public, et d'abord les intendants, accusés d'exercer un pouvoir « bien plus funeste que le despotisme, et digne de la barbarie orientale »[35].

Cette contestation permanente, soutenue jusque dans l'appareil d'État et l'entourage immédiat du souverain, réussit à tout bloquer. Les impôts sur la fortune et le revenu se trouvent dénaturés par le jeu combiné des exemptions, dégrèvements, « rachats » ou « abonnements ». L'entreprise cadastrale marque aussi le pas dans les pays d'élections, en dépit des résultats honorables obtenus en Île-de-France par l'intendant Bertier de Sauvigny. Finalement, les ministres réformateurs s'usent à la tâche les uns après les autres, jusqu'à l'abandon ou au renvoi.

Éducation révolutionnaire ?

Ainsi les puissants milieux de haute magistrature s'opposaient à la technocratie étatique, celle-ci poussant à innover, ceux-là acharnés à défendre le *statu quo* sous le masque de l'intérêt collectif. Se poser en garants du « pacte social » relevait d'une stratégie retorse, destructrice à plus long terme, grosse des dangers liés à la démagogie. En préconisant le refus de l'impôt, ne risquaient-ils pas de discréditer le pouvoir et de jouer les boutefeux ? Leurs provocations mettaient en branle de larges clientèles urbaines, depuis les avocats et clercs de palais jusqu'aux artisans et boutiquiers, jusqu'au petit peuple, domestiques, obligés et assistés qui proliféraient dans les capitales administratives et judiciaires. Bref, de quoi former une opinion publique. Des placards vengeurs fleurissaient sur les murs contre les hommes du roi ou les commandants des provinces. La foule acclamait les magistrats rentrés d'exil et leur faisait un triomphe avec ovations, cortèges et musique, banquets, salves de mousqueterie, illuminations, « transparents » et feux de joie[36] ! D'autres canaux alimentaient l'esprit contestataire de la société moyenne : brochures, libelles et chansons, caricatures, théâtre d'ombres et *silhouettes* qui prenaient pour cibles les intendants et les ministres en personne. Inconsciemment, par le biais des outrances des Cours souveraines, les grandes élites faisaient ainsi « l'éducation révolutionnaire » de leurs concitoyens. De proche en proche, le peuple des campagnes, qui avait ses raisons propres d'agir, ne pouvait manquer d'être atteint par les retombées de ce vaste débat.

3. LA TAILLE : UNE AFFAIRE DE PAROISSE

Un monde infranchissable semble séparer les visions réformatrices des hautes sphères et les réalités de terrain, telles qu'elles étaient vécues par l'immense majorité des ruraux soumis aux urgences d'un quotidien répétitif. Pour comprendre les réactions villageoises, il faut avoir en tête l'idée du processus d'ensemble et des pratiques ordinaires, tout en sachant que la bigarrure était de règle d'une province à l'autre, des pays d'états aux pays d'élections, et même pour deux paroisses voisines dans un même espace fiscal[37].

À l'ombre des clochers

Le montant global de la taille dû par chaque paroisse était fixé d'en haut par l'intendant et les bureaux, mais la répartition entre les contribuables restait affaire locale, de même que la levée. Chaque année, syndics, consuls ou jurats convoquaient en assemblée les chefs de foyers qui se réunissaient « au lieu accoutumé », en général devant l'église. Ils désignaient les collecteurs parmi les taillables. Seconde étape : sitôt reçu le *mande*, ou montant exigible, les collecteurs mettaient à jour le rôle de l'année précédente, avec l'aide éventuelle d'un greffier ou d'un maître d'école. Le nouveau rôle prenait en compte les mutations de propriétés, connues par l'information orale le plus souvent, ou grâce aux cadastres, *parcellaires* ou *compoix* quand ils existaient, avec leurs livres de mutations ou *courciers*. Il était ensuite examiné par les vérificateurs, également nommés par les habitants, puis transmis aux « élus », magistrats chargés de la juridiction fiscale, enfin aux receveurs des tailles qui ordonnaient la mise en perception. On pouvait alors entamer la levée qui commençait aux environs du 1er octobre, moment des battages et début de l'année fiscale. Les collecteurs allaient de maison en maison, parcourant une première fois la paroisse, puisque la taille se réglait en quatre fois, par quartiers trimestriels. La tournée achevée, ils devaient se rendre en personne chez les receveurs afin de leur remettre l'argent ramassé. Pour prix de leur peine, ils recevaient souvent — pas toujours — une indemnité de l'ordre de 2 % *ad valorem*, profit minime pour une responsabilité aussi lourde. La tâche était si pleine d'embûches que beaucoup s'efforçaient d'y échapper, si bien que l'on finit par l'imposer successivement à tous les contribuables, année après année, par roulement.

La répartition relançait constamment le jeu des évaluations réciproques. Les rôles de taille n'étaient pas scandaleusement injustes, ni les plus faibles anormalement chargés, car on savait bien que les poursuites contre eux étaient « condamnées d'avance à rester inefficaces » et qu'il faudrait finalement répartir leurs cotes sur tous les autres. L'État en effet considérait la communauté comme un seul contribuable collectif, qui devait acquitter la taille coûte que coûte. L'impôt, réparti au vu de tous, conservait donc un certain principe de réalité, mais rien ne pouvait faire qu'un noble ou un notable, voire un curé, ne cherchât à orienter la désignation des collecteurs pour sauvegarder ses propres intérêts et en même temps protéger ses obligés. Le contrôleur général Orry ne se faisait là-dessus aucune illusion : « Les plus riches se ménagent des voies pour tenir les collecteurs dans une dépendance servile, ils prêtent de l'argent à ceux qu'ils prévoient devoir passer à la collecte, et lorsqu'ils sont nommés collecteurs ils les menacent de les poursuivre s'ils ne diminuent pas leur cote »[38]. En Dauphiné, selon l'intendant, les cadastres étaient manipulés par les officiers des paroisses : « Le crédit et l'avarice du puissant ont soustrait aux besoins de l'État les meilleurs fonds. Le fardeau retombe nécessairement sur le pauvre » ; c'est bien pourquoi, ajoute-t-il, « l'habitant indigent et opprimé abandonne la culture des terres cadastrées pour aller défricher des bois qui, ne l'étant pas, lui fournissent sa subsistance à l'abri de toute poursuite »[39]. En 1778, l'assemblée provinciale du Berry évoquait ces manœuvres et « tous les motifs de passion et d'intérêt » qui combattaient l'équité de la répartition[40]. Pour épargner leurs biens et leur bétail, les taillables les plus menacés faisaient parfois des donations fictives en faveur d'individus exemptés de charges, souvent aux curés[41]. Les désaccords s'inscrivaient dans un contexte de jalousies et de haines recuites. Les arriérés s'accumulaient, aggravés par la concurrence entre les collecteurs de l'année et ceux des années antérieures qui chassaient sur les mêmes terres quand ils n'avaient pas réussi à faire rentrer tous leurs termes. Rivalité évoquée de façon pittoresque par le subdélégué de Tulle dans une lettre adressée à l'intendant de Limoges : « Il est vrai, Monsieur, que les collecteurs de 1704 et ceux de 1705 font chacun de son côté ce qu'ils peuvent pour se faire payer des redevables, et je les ai comparés à deux loups qui ayant rencontré une brebis la tiennent chacun de son côté et disputent à qui l'emportera... »[42]. La situation risquait de devenir plus confuse encore lorsque les collecteurs désignés s'en remettaient à d'autres qui acceptaient de les remplacer moyennant quelques dizaines de livres. Aussi se trouvaient-ils chaque année en position de boucs émissaires et guettés par l'emprisonnement, danger d'autant plus grand que, même en situation de payer, les individus et les collectivités estimaient qu'il valait toujours mieux rester en arrière de l'impôt et « faire les pauvres » pour éviter une surimposition ultérieure !

« *Faire agir les habitants par eux-mêmes...* »

L'impôt royal, écrit Pierre de Saint-Jacob, est « au cœur de l'inquiétude paysanne »[43]. L'étonnant est que pareille pression n'ait pas entraîné plus de conflits. Il ne s'agit pas seulement de passivité ou de résignation à la misère. Le prélèvement mettait en action tout un jeu de contrôles au sein même de la communauté villageoise. L'administration avait en effet réussi, depuis le XVe siècle, à responsabiliser les sujets en les associant de façon collective au dispositif de répartition et de perception. Dès avant Colbert, les intendants s'étaient efforcés de faire agir les habitants par eux-mêmes, « en sorte qu'ils puissent penser qu'on ne les contraint à rien, que c'est leur propre ouvrage »[44]. La philosophie des dispositions relatives aux tailles, selon l'intendant du Bourbonnais en 1713, était de laisser aux collecteurs « la liberté entière d'imposer les contribuables selon leurs facultés [...] pour faire bien asseoir les deniers royaux »[45]. La taille étant un impôt de répartition, le village devait absolument s'acquitter car il ne pouvait y avoir de non-valeurs pour le roi. Les impayés individuels étaient reportés sur les autres contribuables, si bien que nul, dans une paroisse endettée, n'était à l'abri d'une retombée punitive en vertu du principe de « solidité ». Même à jour de leurs cotes, les principaux habitants, sinon le village entier, étaient considérés comme solidaires des collecteurs qu'ils avaient contribué à nommer, et ils pouvaient donc, à ce titre, être exposés à des saisies ou emprisonnés[46]. Ainsi la tendance spontanée au refus était-elle contenue par la peur du châtiment, mais tout autant par la pression morale du groupe. Tant et si bien que le happening fiscal vécu chaque année dans les 40 000 paroisses du royaume n'a provoqué qu'un nombre réduit d'incidents assez spectaculaires pour avoir laissé des traces dans les archives. Contrairement à la gabelle, jamais intégrée, toujours détestée, la taille s'inscrit en position axiale dans le quotidien vécu, tout comme l'idée du Roi, au nom duquel elle se paye pour le salut de tous, tout comme Dieu qui commande de la distribuer avec équité mais aussi de la payer sans se plaindre, pour ne pas encourir Sa disgrâce.

4. LA « MAÎTRISE DES RÔLES »

Le rôle fiscal ne traduit certes pas correctement la hiérarchie des biens, tant s'en faut, et l'on s'en plaint très souvent, mais il est comme la projection familière d'une réalité de positions et d'influences à laquelle on est habitué et majoritairement résigné. Les accès de violence surviennent lorsque cède le dispositif local d'équilibre et de contrôle des affects. L'examen du petit stock émeutier fait apparaître les deux lignes de fracture autour desquelles s'organise la vie des campagnes : riches/pauvres, nous/les autres. L'antagonisme permanent entre aisés et démunis, en soi facteur de dissociations internes, se révèle moins périlleux pour la paix du village que les atteintes répressives venues de l'extérieur, de type judiciaire ou policier.

Le choix des collecteurs

Les exemples de conflits internes à propos des tailles sont spectaculaires, mais au total peu nombreux. Ils se produisent en cas de rivalité ouverte qui cristallise autour de leaders locaux. À l'extrême, nous trouvons dans la même paroisse des assemblées concurrentes qui chacune désignent leurs collecteurs, lesquels dressent des rôles différents. Situation de blocage, clans face à face ! Ainsi, à Beaune, en 1664, le petit peuple des vignerons et des artisans — tonneliers, maréchaux et savetiers — choisit ses propres candidats à la collecte contre la volonté du maire, des échevins et autres bons bourgeois[47]. Les passions se déchaînent en 1667 à Gravières, dans le Bas-Vivarais, lors de la nomination des collecteurs : les consuls sont frappés, « meurtris sur le visage et autres endroits » par une autre bonne dizaine de contribuables[48]. À Arrigas, dans le diocèse de Nîmes en 1670, ils sont plus de vingt à crier qu'on serait « toujours à temps de payer les tailles et deniers au roi » ; le consul est traité de coquin, jeté à terre et « rendu tout sanglant »[49].

Les habitants ne souhaitent pourtant pas que l'établissement des rôles soit confié à un personnage choisi par l'autorité supérieure. À Meslay-du-Maine, en juin 1701, l'avocat Leclerc, chargé de l'opération, est violemment pris à partie par les notables du lieu qui l'accusent de vouloir augmenter la quote-part de chacun en privant l'assemblée de son droit « immémorial » ; on le traite de « foutu chien et foutu gueux », on parle de l'assassiner et les femmes menacent d'aller incendier la maison du procureur syndic qui lui a confié les rôles de la paroisse[50]. C'est toujours pour « se rendre maîtres des rôles » que les divisions éclatent à Villeneuve en 1715, dans l'élection de Sézanne, en Champagne : deux assemblées se réunissent le même jour, l'une le matin et l'autre l'après-midi, pour nommer chacune ses collecteurs[51]. Affrontement public en 1719 dans la paroisse auvergnate de Saint-Germain-Lembron : un clan, animé par un apothicaire et un consul, menace de couper les vignes et les vergers de ceux qui ont établi un rôle injuste, en accablant les uns pour décharger les autres[52]. Au Crozet, dans le Forez, au jour de Noël de 1722, un attroupement « confus » d'hommes et de femmes tente d'arracher au consul le rôle qu'il avait sur lui et l'argent — 220 livres — qu'il portait à la recette de Roanne[53]. En janvier 1734, à Fontannes, village d'Auvergne, la moitié de la paroisse parle d'assassiner les syndics et d'incendier leurs maisons, si bien qu'ils n'osent plus se montrer ; ensuite de quoi les « mutins » se rendent en nombre à Brioude chez le subdélégué, pour exiger une diminution de tailles ; il faut envoyer sur place des gendarmes pour calmer la « sédition »[54].

Des tournées périlleuses

La perception, à son tour, pouvait basculer dans l'affrontement ouvert. Le collecteur parcourt la paroisse ou le secteur qui lui est attribué, réclamant son dû, sou après sou, mais il essuie nombre de refus pour montant excessif de la cote ou pour incapacité à payer à cause des « malheurs des temps », la mauvaise récolte, la grêle, la maladie, le décès du chef de famille, la misère… Résigné, il passe son chemin mais ne lâche pas son imposable, et il reparaît quelques semaines plus tard, toujours le *cotet* sous le bras. On en vient aux insultes et aux cris, le quartier s'ameute, les voisins accourent « tumultuairement » avec des fourches et des bâtons, les pierres volent et l'affaire cesse d'être privée pour prendre tournure de rébellion. Voyez le collecteur de Saint-Agrève, en Vivarais, agressé à plusieurs reprises en 1680 : on veut lui arracher le livre des tailles, on l'attaque dans sa maison, on frappe son épouse, on lui vole son bétail[55]. Incidents non moins sérieux en janvier 1717 à Chamboulive, un village du Limousin où trois compagnies peinent à calmer les habitants qui ont mis le feu à la maison du collecteur et empêché l'arrestation de l'incendiaire présumé[56].

Autre type de conflits internes : des potentats de village, des seigneurs et autres « personnes d'autorité » invoquent une noblesse parfois douteuse pour refuser d'acquitter leur part ou celle de leurs fermiers. Ils mettent en mouvement leurs domestiques, leurs partisans, toute leur clientèle. En 1662, le sieur de Saint-Jullien, dans le village de Trèbes, en Languedoc, très en arrière de ses contributions, se rend chez le collecteur avec une bande de nobliaux du pays et quelques valets, en criant : « C'est ainsi que nous payons la taille. » Nouveaux incidents huit jours après : le rôle est déchiré en deux, le collecteur est enlevé, enfermé dans une maison voisine, on veut l'obliger à signer quittance, on le traîne dans un château, on lui fait subir mille autres indignités avant de le ligoter sur un âne et l'abandonner plus mort que vif[57]. Dans le Perche, près de Mortagne, un dodu de village veut empêcher son inscription sur le rôle. Venu à l'assemblée avec tous ses gens armés de fusils et d'épées, il s'en prend aux habitants ; le curé est bousculé et frappé comme tous les autres, traîné dans la rue, ses habits déchirés[58]. À Saint-Léon-en-Lauragais, en 1673, le co-seigneur, soutenu par le second consul, ne veut pas payer les 50 livres qu'il doit ; il chasse le collecteur qui, dans la bagarre, perd son *cotet* et tout l'argent déjà ramassé[59]. En Poitou, l'intendant Pellot fait arrêter pour « rébellions d'importance » des nobliaux qui avaient « battu, outragé et cruellement blessé » les collecteurs ; il insiste auprès de Colbert pour juger lui-même les coupables afin d'éviter les lenteurs du tribunal d'élection et les recours en appel[60]. En 1709, les « pauvres habitants » de l'île d'Oléron envoient à Versailles une lettre anonyme contre un sieur de Bellefontaine que l'assemblée n'ose pas inscrire sur le rôle, car il est riche et puissant — et « vous savez, Monseigneur, que les grands mangent les petits »[61].

Dans les pays de taille personnelle, les habitants s'en prennent aux biens des titulaires de charges et autres officiers qui revendiquent des exemptions. À Montreuil et à Vincennes, on envoie des enfants dans les vignes de ces derniers pour y faire des dégâts, et d'après le parlement l'agitation prend le tour d'une « sorte d'émotion populaire »[62]. De même, tout achat de terres par un privilégié provoque l'inquiétude. En 1734, à Plauzat, en Auvergne, les habitants, les consuls et les principaux du village en veulent à M. de Pommerol, conseiller à la cour des aides de Clermont-Ferrand, qui prétend se faire retirer du rôle des tailles pour des biens récemment acquis. La cloche sonne au village dès la pointe du jour le samedi 13 novembre. L'assemblée se réunit en « cohue » à trois reprises dans la journée et refuse à grands cris une radiation qui alourdirait la part des autres. Le vicomte de Beaune, qui est sur place, tente d'imposer le calme. Nouvelle assemblée le lendemain dimanche, en présence du sieur de Pommerol, venu assister à la messe. Les paysans l'invectivent, chapeau en tête, signe violent d'irrespect. Un témoin rapporte des propos terribles : « Pourquoi tant de façons, faisons pis, faisons lui casser la tête par un homme étranger. » Dans sa plainte, Pommerol assure que ces gens « l'auraient écrasé si son frère ecclésiastique avec un officier qui se trouvait là d'hasard *[sic]* ne l'en avaient retiré ». On continue l'après-midi à « rouler » devant sa maison, et encore le jour d'après. La porte du verger est brisée, on entaille à la hache le tronc de ses noyers, on arrache ses vignes et on parle d'abattre son toit avec menace du feu[63].

5. HUISSIERS, SERGENTS, SÉQUESTRES, GARNISAIRES

Les troubles les plus nombreux et les plus graves étaient liés aux interventions de l'autorité publique. En cas de retard, les receveurs des tailles ou les juges de l'élection délivraient des *contraintes*, confiées pour exécution aux sergents ou aux huissiers des tailles. Elles visaient soit le collecteur ou ses nominateurs et cautions, soit les syndics, soit les plus riches, considérés comme solidaires de tous les autres, soit enfin les débiteurs eux-mêmes. Aux termes de la loi, les saisies ne pouvaient porter que sur les revenus annuels, les récoltes engrangées ou à venir, le menu bétail (pourceaux, chèvres, moutons…) et enfin les meubles et ustensiles, à l'exception toutefois des lits, sans aucun droit d'agir sur les outils ni les bêtes de trait non plus que sur les immeubles, mais les huissiers ne respectaient pas toujours ces interdits. « Il est même assez ordinaire, écrit Vauban dans la *Dixme royale*, de pousser les exécutions jusqu'à dépendre les portes des maisons, après avoir vendu ce qui était dedans ; et on en a vu démolir, pour en tirer les poutres, les solives et les planches qui ont été vendues cinq ou six fois moins qu'elles ne valaient en déduction de la taille... »[64].

La chasse à l'huissier

Le personnage de l'huissier des tailles, suivi de ses recors et d'un sergent ou deux, s'inscrit dans le paysage familier des campagnes d'Ancien Régime[65]. La profession se recrutait, disait-on, dans « la lie du peuple ». Mandatés par les Élus ou par les receveurs, ils procédaient aux saisies et aux arrestations. En attendant d'être vendus, les objets, denrées ou bétail confisqués étaient confiés sur place à un habitant désigné comme *séquestre*, les frais de séquestre et ceux de l'huissier incombant aux débiteurs ou aux communautés. En 1681, dans la généralité de Bordeaux, chaque huissier porteur de *contraintes* recevait 25 sols par jour, ce qui alourdissait terriblement la dette du contribuable, et 25 sols encore pour sa nourriture et celle de son cheval, soit 50 sols en tout (deux ou trois bonnes journées de travail), et il fallait payer en plus, pour chacun des sergents, archers ou recors accompagnateurs, 5 sols par jour et 7 sols pour la nourriture. Tarifs très proches en 1679 dans la province du Dauphiné : 45 sols pour les huissiers, 12 sols pour les sergents et recors[66].

On imagine l'émoi des habitants à l'apparition de la cohorte détestée. Au-delà du débiteur et de sa famille, la saisie mettait en péril des intérêts complexes et parfois tout l'équilibre d'un milieu. Comme le contribuable démuni avait souvent d'autres dettes, ses créanciers, sur place, perdaient leurs espérances. De même, les filles et gendres qui attendaient le règlement des dots anciennement promises, et avec eux tous les ayants droit véritables ou prétendus dans le monde paysan où les enchevêtrements de biens et d'espérances étaient chose ordinaire. Ajoutons, pour compliquer encore, les collecteurs des années précédentes qui avaient engagé des poursuites et obtenu des mises sous séquestre pour des tailles antérieurement dues et non acquittées par ces mêmes débiteurs à nouveau poursuivis !

En toutes circonstances, le scénario se répétait à l'identique, seuls le nombre des intervenants et la durée de l'affaire introduisent un peu de variété. Cela va de quelques dizaines d'individus à une ou deux centaines lors des incidents graves survenus dans les bourgs. D'ordinaire, séquences rapides, moins d'une heure, le temps de mettre les intrus en fuite. Les procès-verbaux montrent l'arrivée de l'huissier et de ses gens. Reçu le plus souvent par les femmes de la maison, il donne lecture des lettres de *contrainte* et tente aussitôt de procéder à la saisie de tout ce qui peut s'enlever dans la demeure, dans les étables et greniers, sur les champs où attend la récolte et même sur l'aire au moment du battage. Surgissent alors les hommes de la famille, le père, les fils, les valets. Les voisins arrivent en renfort, armés d'outils et bâtons, parfois d'armes à feu. Entre autres insultes (« voleurs », « larrons ») et blasphèmes ordinaires (« par le saint nom de Dieu »), on crie à l'huissier que son papier ne vaut rien, qu'on se moque des arrêts et de la justice, on lui promet la mort, on l'agrippe aux cheveux, on lui arrache ses documents pour les déchirer. Les sergents qui l'accompagnent ont bien des fusils, mais leurs armes n'effraient guère, on sait qu'ils s'en servent rarement. Sauf exception, elles manquent leur cible ou font long feu. De même celles de leurs adversaires, car dans ce jeu d'intimidation violente tout se passe comme si, de part et d'autre, on évitait l'irréparable. Pour finir, l'huissier et son monde abandonnent le village ou le hameau, copieusement rossés et mis à mal.

Cette esquisse repose sur un éventail de cas isolés qui peignent tous une atmosphère conflictuelle aiguë sur fond de résignation atone. Incidents marqués dans la France littorale de l'Ouest qui, on l'a vu, se plie mal aux injonctions du fisc et où survit une tradition de luttes « verticales » contre les agents de l'État. Ainsi, une « rébellion un peu extraordinaire » éclate en mai 1661 à Surgères : les habitants enlèvent aux huissiers quatre prisonniers poursuivis pour arriérés de taille. À leur tête, le marquis de Surgères, « un jeune garçon de village, qui croit que pour se mettre en réputation il faut battre les sergents », écrit l'intendant Colbert de Terron[67]. Plusieurs des exemples qui suivent concernent la France du Centre et du Midi, isolée et lointaine, repliée sur ses structures collectives[68]. Dans le Haut-Vivarais et aux limites du Velay, où les populations vivent dans une désobéissance permanente, les porteurs de *contraintes* sont pris en chasse et massacrés. Le prince de Conti ordonne, en 1661, l'envoi de plusieurs compagnies prévôtales à Chaudeyrolles, sur les pentes du Mézenc[69]. Tout près de là, les habitants de Saint-Martial ont refusé l'accès aux huissiers, archers, commissaires des tailles ou prévôts venus s'emparer de leur bétail en 1662, 1664, 1666 et encore en 1668[70]. Voyez l'affaire de Homps, dans les Corbières languedociennes, en novembre 1679. L'huissier, venu saisir chez les « nominateurs » du collecteur, commence à instrumenter chez le nommé Brunet, lorsque arrive un voisin qui déclare que les meubles lui appartiennent de même que la maison. Le formulaire de *contrainte* est foulé aux pieds, l'huissier et les recors sont frappés, une dizaine de voisins accourent, les hommes avec des bâtons et des broches, les femmes avec de la terre ou des pierres dans leurs tabliers, tous criant « à grand rage » qu'il fallait « assommer ces coquins ». Échec à la saisie[71].

Affaire aussi vive à Gabian dans le diocèse de Béziers, en novembre 1687. L'huissier, le sergent et ses recors entrent chez le nommé Quilie, chapelier de son état, troisième consul du lieu. Il n'a qu'un tort : avoir servi de caution au collecteur des tailles qui, lui, restait redevable au fisc de 284 livres. Entouré de ses ouvriers, Quilie les accueille fort mal et menace de les faire « passer par la fenêtre » tandis que sa femme crie « Au feu » ; aussitôt, les habitants se rassemblent à plus de deux cents avec des bâtons, l'huissier et ses hommes sont traînés à terre, leurs habits déchirés, ils finissent par se sauver, poursuivis sur un quart de lieue[72]. Non loin de là, à Paulhan, le même mois de novembre, les huissiers venus arrêter ici encore « le » caution du collecteur, trouvent devant eux une vingtaine d'individus, dont un prêtre et deux jeunes seigneurs[73]. À Saint-Just, en Auvergne, paroisse frappée en 1694 d'une sentence de « solidité » — pour n'avoir pas encore fait dresser les rôles de 1693 ! —, le sieur Roussez, un coq de paroisse, soulève les habitants qui, au nombre de cinquante, chargent les huissiers à coups de fusil — affaire si grave que l'intendant suggère d'envoyer quatre ou cinq bataillons : dans les pays de montagne, écrit-il, « ces sortes de choses sont dangereuses à souffrir par le mauvais exemple que les autres paroisses pourraient prendre »[74]. En 1696, le bourg de Vareilles, dans la Marche, est frappé d'un même jugement de « solidité » pour avoir refusé d'établir les rôles de l'année, mais là encore les huissiers sont honteusement obligés de s'enfuir « par force et à main armée »[75]. Issue dramatique à Charraix, près de Langeac en Auvergne : les deux huissiers venus exécuter la *contrainte* solidaire sont tués l'un d'un coup de pistolet « dans l'estomac », l'autre d'un coup de sabre[76]. Ailleurs, des mouvements plus rares mais significatifs, l'émeute d'Origny dans l'élection de Laon en 1709, ou encore celle de Montflours dans le Maine en 1710, d'une grande violence selon le rapport de l'huissier : ces gens-là se sont jetés sur nous, écrit-il, comme « des loups enragés », disant que, si nous ne leur obéissions pas, « ils nous allaient fendre la tête, ce qu'ils ont fait *[sic]* », et encore « que si nous étions assez hardis d'y revenir, nous y perdrions la vie »[77].

Séquestres lapidés

Faut-il imputer aux pressions extérieures les incidents autour des *séquestres* ? Le mot désigne à la fois l'action juridique et celui qui est chargé de l'appliquer. Ce sont toujours des gens du lieu, mais désignés par l'autorité supérieure, receveurs ou Élus ; ils sont préposés à la garde provisoire des biens saisis, parfois même à leur enlèvement s'agissant de moissons ou de bétail. Position des plus inconfortables. Ils subissent le sort des huissiers quand ils se présentent dans les champs pour confisquer la récolte, ou bien sur l'aire au moment des battages, dans les vignes au milieu des vendangeurs, dans les caves ou les greniers pour emporter le foin, les tonneaux, les jarres d'huile. On défonce les portes de leurs étables pour y reprendre les chèvres, les pourceaux et autres bêtes qu'ils ont enlevées. À Limoux, en août 1662, les séquestres tentent de saisir les blés d'un certain Cléry pendant le dépiquage, mais l'homme prétend que sa récolte ne lui appartient plus, il la doit déjà à un autre séquestre pour arriéré des tailles de l'année précédente. Il y a là du monde, des fléaux, des fourches, des râteaux, et la saisie tourne court[78]. En 1665, à Saint-Martin-sur-Aude, près de Ginestas, douze à quatorze hommes armés empêchent les séquestres, « par force et violence », d'emporter cent *semals* d'olives appartenant au paysan Angel, caution du collecteur[79]. L'année suivante, à Saint-Jean-la-Blaquière dans le Lodévois, un séquestre est lapidé en pleine moisson, menacé de coups de couteau et mis en fuite tandis que les femmes reprennent le blé saisi[80].

La voie militaire

Dernière figure répressive, la plus odieuse, les *garnisaires* logés chez le contribuable pour l'obliger à s'acquitter, pratique courante et qui passait pour efficace. Les intendants s'y montraient favorables : le « logement » était moins onéreux que les huissiers, car chaque brigadier (ou fusilier) revenait seulement à 20 sols par jour, et les simples soldats ou « piétons » à 8 sols, tous frais compris, la solde, l'hébergement, la nourriture[81]. En Dauphiné, l'intendant Le Bret faisait valoir que la formule épargnait au débiteur les frais de saisie, de séquestre, de vente des meubles et des récoltes, sans parler du geôlage et autres taxes annexes[82]. Selon l'intendant Dubois de Baillet, l'envoi de soldats était le seul moyen de faire rentrer la taille dans l'élection de Montauban[83]. Par contre, les magistrats, qui se voyaient ainsi privés de belles et bonnes procédures, n'avaient pas de mots assez durs pour dénoncer la « voie militaire », le recours à ces « gens fainéants, sans bien ni honneur », tout juste propres à ruiner les paroisses et épuiser le pays[84]. Là-dessus, les intérêts divergeaient, et l'autorité ne parlait pas d'une seule voix.

On conçoit aisément que la présence au village de pensionnaires si peu bienvenus, toujours exigeants, souvent grossiers, provoquait des frictions journalières. À partir de là, tout pouvait se gâter, et de paroles en gestes l'on était entraîné dans la spirale de l'émeute. Les cas relevés appartiennent ici encore aux provinces du Centre et du Midi ou à la France des bordures. La violence qui s'y révèle par accès, tant du côté des rebelles que du pouvoir, s'est peu à peu émoussée, mais le long XVIIe siècle, jusqu'aux années 1720, reste hérissé d'épisodes sanglants qui aident à mesurer l'impopularité de la méthode.

Octobre 1661, Saint-Jean-de-Liversay, près de La Rochelle : les villageois « font déloger » les soldats placés chez les particuliers en les traitant avec des « jurements odieux » de voleurs et de « pilleurs de peuples »[85]. De même à Saint-Just-sur-Viaur, en Rouergue en 1663, où les habitants réussissent à chasser les cavaliers venus pour la taille, après les avoir « dépouillés et extraordinairement maltraités et déchirés ». Pour les punir, on leur envoie une compagnie d'infanterie et deux de cavalerie. Pillage à cœur joie, arrestations et procès : « Ces habitants méritent bien ce châtiment, écrit l'intendant Pellot, car ce sont tous gens ramassés et accoutumés à pareilles rébellions et à maltraiter les troupes et à n'obéir point aux ordres, étant connus pour cela »[86]. 1663 encore, à Tremouille-Marchal, village d'Auvergne, bagarre entre les habitants et les douze garnisaires : deux d'entre eux sont tués. « Rébellion considérable », écrit l'intendant Pomereu, qui ordonne en retour l'envoi de troupes, l'arrestation des meneurs et la saisie d'une « grande quantité de bestiaux »[87]. En Franche-Comté, terre nouvellement française et mise au pas sans délai, des émeutes éclatent en 1674 à Fresse et en 1676 à Breuches, lieux où la population se soulève contre les soldats logés pour l'impôt. La répression s'abat dans sa rigueur, arrestations, bétail saisi, maisons brûlées, condamnations[88]. Attroupement « très criminel » à Riotord en Velay, en novembre 1705, ce pays « où les peuples sont farouches, mutins et indociles » selon l'adjudant général Julien, alors chargé de faire rentrer par tous les moyens la taille et la capitation dans le diocèse du Puy. Quatre soldats sont chassés par les habitants, poursuivis à coups de pierres, et en réplique cinquante garnisaires occupent le village, la maison du meneur est brûlée, celle d'un autre pillée ; mais les coupables sont en fuite[89]. Pas plus de ménagements à l'autre bout du royaume pour les « insolents » du canton flamand de Wormhout où des huissiers ont été maltraités en août 1706, et la maréchaussée mise en fuite, au son des cornets et du tocsin : trois cents hommes de troupe font main basse sur le pays et défoncent les portes, il y a des morts, des femmes et des enfants sont blessés[90]. En juillet 1709, deux cents femmes encerclent le domicile d'un receveur des tailles dans le bourg de Soudan, en Poitou. Elles exigent le retrait des garnisons envoyées chez les collecteurs, elles parlent de brûler le bureau et d'égorger les soldats, « disant qu'elles aimeraient mieux être pendues que de souffrir cette sorte d'imposition ». On en arrête quelques-unes. Arrivée sur place, une compagnie de dragons fait taire tout le monde[91].

Le XVIIIe s'ouvre donc sur des épisodes qui montrent la collaboration permanente entre l'appareil fiscal et administratif, la police, la justice et l'armée. Ce genre d'incidents se raréfie par la suite. Les autorités ne renoncent pas à l'envoi de garnisaires dans les régions qui payent mal, mais la troupe est sans doute mieux contrôlée et les heurts violents diminuent. Exemple tardif à Paulinet dans le diocèse d'Albi, en juillet 1755 : cinq dragons envoyés en contrainte par le receveur des tailles pour l'exercice de 1754 sont pris à coups de bâton et de pierres par une vingtaine de paysans, dont les frères du consul — attentat qui vaut au village une compagnie de grenadiers à loger dans les maisons, avec installation d'un corps de garde chez le collecteur-cabaretier Roustil, lui-même en fuite[92].

6. « TOUTE NOUVEAUTÉ L'ÉPOUVANTE... »

Si, d'une façon générale, les éclats s'atténuent à mesure que le siècle s'avance, l'annonce de changements en matière de répartition et de collecte provoque toujours un regain d'anxiété. Le peuple est routinier, écrit Vauban, « toute nouveauté l'épouvante »[93]. Je serais tenté d'ajouter : même quand elle avait pour but de l'avantager. Le problème est ici de savoir, en étudiant de près les comportements collectifs, comment chaque fois l'opinion villageoise ou citadine a réagi à la nouvelle donne fiscale proposée par le pouvoir qui s'est peu à peu engagé, avec d'infinis repentirs, dans une politique de prélèvements moins arbitraire.

La capitation

La *capitation* de 1695, imposée à un pays épuisé par la disette et les guerres, n'entraîne pas de véritable levée de boucliers contre une taxe que Louis XIV avait juré, « en foi et parole de roi », de supprimer une fois la paix revenue, mais qui, sauf une brève interruption de 1698 à 1701, reste en vigueur jusqu'en 1789[94]. On paye mal, en maugréant, surtout du côté des gens d'importance. Vers Périgueux, en 1711, nobliaux et notables rechignent, et certains osent évoquer la tradition de résistance si vigoureuse au temps des Croquants et des « guerres civiles »… L'intervention très ferme de l'intendant, assortie de menaces, suffit à rasseoir les esprits. En Languedoc, Picardie, Poitou, Aunis, Saintonge, Limousin, Auvergne ou Bourbonnais, la gentilhommerie renâcle aussi, sans aller davantage à la résistance effective — qui leur aurait valu la sympathie et le soutien populaires[95].

Dans les campagnes, la nouvelle taxe devient très vite une simple annexe de la taille, au moins en pays de taille personnelle, et comme les deux impôts étaient souvent levés par le même collecteur, les actes de résistance à la capitation ne se distinguent pas clairement dans notre corpus. Quelques rares éclats signalés en tant que tels, à Sanvensa près de Villefranche-de-Rouergue en 1705, à Naintré en Poitou en 1706, à Selles-Saint-Denis dans l'Orléanais en 1708, à Versilhac, près d'Yssingeaux, en 1709[96]. À Bourges, le peuple exprime très fort sa déception en apprenant que la paix n'effacera pas les arriérés : en décembre 1714, six cents femmes et enfants descendent dans la rue, émotion « bien grande, qui méritait l'envoi à discrétion d'un régiment dans le quartier mutiné », selon l'intendant Foullé[97]. Ailleurs, la fraude, les retards, les règlements fractionnés, les refus individuels et parfois le déguerpissement l'emportent sur l'opposition ouverte — ce qui ne signifie pas l'absence d'émotions sur les autres lignes de fracture telles que subsistances, contrebande, etc.

Le seul mouvement concerté et durable se rencontre en Bretagne où le parlement et les états provinciaux se mettent à discuter durement les exigences fiscales du souverain, au nom des « libertés » et « privilèges » du pays. En 1718, les commissaires envoyés dans les paroisses rurales pour la répartition se heurtent à des refus catégoriques, probablement encouragés en sous-main par les gentilshommes qui eux-mêmes ne payent guère. L'année suivante, à l'époque de la conspiration de Pontcallec, les villageois de Laniscat et quelques autres paroisses se « révoltent » contre la capitation, et il faut envoyer sur place un détachement de cent vingt hommes pour les faire soumettre[98]. En 1730, les états de Bretagne obtiennent un « abonnement » qui leur donne la maîtrise de la répartition et de la collecte. Dès lors, le montant de la capitation, comme celui des autres charges royales associées au « don gratuit », devient l'objet d'un marchandage rituel entre les représentants du roi et les députés des états dans leur session biennale.

Dixième, cinquantième, vingtième...

L'impôt du *dixième* instauré en 1710 constituait une atteinte encore plus directe au principe du privilège, puisque chaque imposable était tenu de produire la déclaration détaillée de ses biens, sous le contrôle de fonctionnaires publics nommés à cet effet. Projet audacieux qui cristallise les ires des tenants de la tradition.

En réalité, l'État n'avait ni les moyens administratifs, ni même la claire volonté d'exécuter ce programme qui scandalisait les couches privilégiées[99]. Les concessions accordées aux uns et aux autres — clergé, noblesse, villes, pays d'états —, les lenteurs dans la mise en place, la faiblesse des instruments de contrôle, tout cela vide la réforme de son efficace et atténue les chocs de la mise en vigueur. Une seule réaction d'importance émerge du corpus : c'est en Béarn, pays traditionnellement hostile au fisc. Le 29 mai 1711, les habitants de Sauveterre s'en prennent à l'huissier venu annoncer le nouvel impôt, une cinquantaine de femmes originaires du lieu ou des hameaux tout proches de Munein et d'Oreyte. Aux cris de *Voleur ! Gabeleur !*, elles lui arrachent ses documents et le frappent à coups de pierres et de bâtons ferrés. Désarçonné, couvert de boue, décoiffé, le justaucorps mis en pièces, l'homme est conduit « en chemise » et « presque nud » jusqu'au bourg où d'autres femmes l'accueillent avec des pierres et des fourches. L'affaire est évoquée en termes d'« émeute » et de « sédition » dans les lettres et rapports officiels, mais le mouvement, très vite réprimé, ne franchit pas les limites du terroir[100].

Ailleurs, la perception s'effectue dans le calme et parfois avec l'approbation du public qui en apprécie le caractère proportionnel et la base égalitaire. Vers 1713, les habitants de plusieurs paroisses des élections de Vire, Mortain et Caen imaginent qu'il faudrait recalculer la taille selon le même modèle, ce qui aurait eu pour effet d'en rejeter les trois quarts sur les ecclésiastiques, gentilshommes et privilégiés qui jusque-là, bien sûr, étaient exemptés. Idée dévastatrice ! Selon un arrêt du Conseil, la « mutinerie » progresse de paroisse en paroisse et risque de dégénérer en « une espèce de guerre civile » entre nobles et taillables. Les pauvres collecteurs qui veulent procéder de la manière ordinaire sont « excédés de coups », on menace d'incendier leurs maisons ainsi que celles des seigneurs, on insulte les autorités. L'intendant Guynet, venu constater sur place, fait arrêter les plus séditieux, notamment un magistrat de l'élection de Vire, le sieur de Blin, qui serait à l'origine des cabales et émotions, « un insensé », un homme à l'esprit « faible et dérangé », qu'il propose d'enfermer au mont Saint-Michel[101].

Si le dixième est généralement toléré et même approuvé dans les campagnes, au moins dans son principe, on accueille très mal l'introduction du *cinquantième* en 1725, en pleine paix[102]. Le nouvel impôt, qui portait principalement sur la production agricole, devait être perçu en nature par les adjudicataires avant enlèvement des récoltes. Il venait se rajouter à la taille ainsi qu'à la dîme ecclésiastique dont la levée restait prioritaire. Des violences éclatent ici et là, notamment en Gascogne et au Pays basque. À Saint-Étienne, aux portes de Bayonne, six ou sept cents femmes s'insurgent en septembre 1725 contre le curé, suspect de connivence avec les agents du nouvel impôt. Armées de couteaux, broches et bâtons, elles font sonner le tocsin et envahissent l'église. Des hommes les soutiennent ouvertement, l'un d'eux brandit « un grand coutelas tout nu » qu'il pose sur la table de communion en criant au prêtre « qu'il n'avait qu'à publier cette gabelle » ! Non loin de là, à Ondres, le jurat qui s'apprêtait à annoncer l'impôt est lui aussi « fort maltraité » par les femmes. Même passion à Saint-Martin-de-Hinx, à Saint-Martin et Saint-André-de-Seignanx ou à Saint-Jean-de-Marsacq où l'adjudicataire présumé est menacé d'incendie et d'égorgement s'il s'avise de publier aucun ordre. À

Soustons, dans l'élection des Lannes (Dax), l'ordonnance fixée au portail de l'église est arrachée ; une foule considérable (« près de mille personnes ») s'en prend aux jurats qui se réfugient dans la salle du « parquet », ou auditoire de justice. Molestés, poursuivis, ils se sauvent au presbytère aussitôt assiégé et lapidé. On a entendu la « populace mutinée » crier à pleine voix « que, quand tous les dragons, ayant à leur tête l'intendant et son subdélégué, viendraient dans la paroisse établir cette gabelle, elle les tuerait tous ». L'intendant d'Auch est commis par le Conseil du roi pour juger en dernier ressort les coupables de ces faits « tumultuaires et séditieux » qui rappellent, en version adoucie, les anciens troubles du pays de Chalosse dans les années 1660[103]. Des incidents sont signalés aux environs de Bordeaux, à Capian où deux adjudicataires du cinquantième sont pris à coups de fusil[104]. À Chitry, en Bourgogne, près de Chablis, les vignerons dissimulent la vendange dans les caves et promettent aux préposés et huissiers « de leur casser bras et jambes » s'ils approchent[105]. Les esprits sont très montés en Bretagne. Selon un correspondant du ministre Saint-Florentin, « la noblesse engage, autant qu'elle le peut, le paysan en lui faisant entendre qu'il ne faut pas souffrir le cinquantième »[106]. Les habitants d'Inguiniel, dans l'évêché de Vannes, prennent à partie le subdélégué de Plouay lors de l'adjudication du nouvel impôt dans la paroisse[107]. La réforme était décidément inapplicable, et les Cours souveraines ne manquaient pas de la dénoncer dans le style habituel de leurs remontrances. L'échec du cinquantième contribue à la « crise ministérielle » de juin 1726 qui fait arriver au pouvoir le cardinal Fleury, lui-même peu porté à une révision déchirante des anciens principes fiscaux de la monarchie.

Lorsque apparaît le *vingtième*, substitué au *dixième* en 1749, toutes les forces conservatrices se déchaînent contre son inventeur, le contrôleur général Machault, mais le public ne bouge guère[108]. Faut-il admettre que la partie éclairée de l'opinion roturière était d'accord avec la philosophie du nouvel impôt ? Elle reconnaissait le principe égalitaire qui plaisait dans l'ancien dixième, le premier impôt qui, si imparfait qu'il fût, visait la richesse à sa source et dans ses vrais gisements. C'était une « révolution » qui pouvait changer profondément la société à condition de tout mettre à plat, de renoncer à l'ancien système des exemptions, des accommodements, des abonnements. Mais la grande remise en cause n'a pas eu lieu. Le vingtième poursuivra sa carrière jusqu'à la Révolution en prenant place dans la panoplie désordonnée, contradictoire, des taxes anciennes mélangées aux nouvelles.

Taille tarifée, dîme royale

En même temps que se dessinait l'ébauche d'un véritable impôt sur le revenu, une réflexion parallèle proposait de moderniser le vieil impôt terrien et roturier. La taille, en effet, était ancrée dans une tradition qui lui conférait une légitimité supérieure à toute autre redevance. Bien que son montant fût fixé au sommet, elle s'inscrivait, on vient de le voir, dans une pratique populaire touchant la répartition et la collecte, et n'avait pas le caractère technocratique des autres formules. Ses partisans l'estimaient donc réformable. Une première tentative s'était engagée avec le duc de Noailles, président du Conseil des finances, promoteur en 1717 d'un système de *taille proportionnelle* ou *tarifée* qui devait s'appliquer à tout l'éventail des revenus fonciers et mobiliers. Projet complexe, qui sombra dans le marais administratif des essais avortés, en dépit de quelques résultats encourageants à Évreux et dans l'élection de Lisieux[109].

Changement d'orientation l'année suivante, en 1718, quand le marquis d'Argenson, chef de l'administration des Finances, se rallie au principe d'une taille perçue d'une part en nature pour le grain, le vin et les autres produits du sol, dans l'esprit de la *Dixme royale* de Vauban, d'autre part en argent pour les revenus du bétail, de l'industrie et du commerce. L'expérience, lancée dans quelques régions tests, obtint un succès relatif dans l'élection de Niort, mais l'application fut plus difficile en Saintonge, dans l'Aunis et l'élection de Cognac[110]. Réaction vive, ici, d'une fraction des privilégiés attachés aux exemptions traditionnelles. Le clergé de La Rochelle condamne tout à la fois l'inspiration et les modalités de l'imposition nouvelle ; des lettres (anonymes) parvenues à Versailles expriment « la honte d'être mis à la taille » et déplorent cette « affreuse politique » qui tend à « détruire » la noblesse[111]. Répliques diverses et contrastées dans les Charentes, du côté de Cognac. D'un côté les habitants des campagnes attendent avec impatience la mise en vigueur de la réforme et ils s'en prennent même à ceux qu'ils soupçonnent de n'y être pas favorables, tel le curé de Pérignac qui est assiégé par ses paroissiens « sous prétexte qu'il cache l'ordonnance si désirée » ; le mouvement se propage de façon inquiétante dans les villages voisins, animé par un certain notaire Rulier, que l'intendant veut faire arrêter pour tempérer son ardeur[112]. Au contraire, les habitants de la ville même de Cognac sont hostiles au nouvel impôt et aux adjudicataires ou collecteurs qui ont été désignés par l'intendant. Les officiers de justice et les notables urbains font tout pour « soulever » les habitants contre l'innovation. Les sergents chargés de la collecte sont tellement « intimidés » qu'ils n'osent plus rien réclamer aux redevables. L'on aurait même été jusqu'à mettre le feu en pleine nuit au château de Richemont parce que son propriétaire s'était rendu adjudicataire du nouvel impôt[113]. En février 1719, un dimanche après la messe, l'adjudicataire de la paroisse de Le Thou, dans l'Aunis, venu se concerter avec les notables pour travailler avec eux sur le *rôle de l'industrie* et la *taxe des bestiaux*, s'entend dire par les hommes, avec beaucoup de « chaleur », qu'on ne payerait rien et qu'il faisait là « un métier à se faire assommer » ; repartant chez lui, il rencontre au bout du village nombre de gens armés de bâtons qui le frappent et le laissent « pour mort ». Un mois plus tard, ce sont les habitants de Luxé, dans l'élection de Cognac, qui mettent en fuite à coups de pierres l'huissier venu placarder à la porte de l'église une affiche relative au paiement de la nouvelle taille[114]. Trop de difficultés dans la mise en œuvre, et des oppositions trop vives : l'expérience fut abandonnée dès 1721.

Cadastres

Quant au projet de cadastre général, l'idée faisait son chemin. À défaut de cet outil fiable, comment asseoir une taxation foncière objective ? Ce que des monarchies éclairées avaient réalisé dans le Milanais ou en Piémont-Savoie était possible en France en y mettant le temps, l'argent, et en formant des techniciens capables[115]. Les pays de taille réelle, en France du Sud, possédaient déjà leurs recensements descriptifs, appelés ici *compoix*, ailleurs *parcellaires*, dressés par des gens de loi et des géomètres, mais il fallait aller bien au-delà et tracer la cartographie complète du pays, définir la qualité et les revenus des terres, appliquer des barèmes en s'inspirant des méthodes modernes utilisées ailleurs[116].

Vaste programme, qui n'est pas vraiment mis en route. Le chantier est attaqué par petits morceaux, sans vues d'ensemble, à la bonne volonté des administrateurs dirait-on. Dans telle ou telle région, les intendants prennent l'initiative de nouveaux dénombrements, ils ordonnent même des représentations graphiques, tels les plans de finage dressés en Alsace dans les années 1760[117]. Dans la généralité de Paris, les intendants Bertier, père et fils, conduisent avec constance la réforme de la taille tarifée, à grand renfort d'arpentages par masse de culture, champs, vignes, pâturages[118], etc. En 1779, l'assemblée provinciale de Haute-Guyenne décide d'un programme de réfection cadastrale[119]. Mais à l'échelle du royaume les moyens font défaut et tout autant la volonté générale dans la haute sphère des responsables. Sur le terrain, aucune aide à attendre, les rôles de la taille sont mal tenus à jour. Compoix et parcellaires, quand ils existent, ne reflètent plus l'état actuel de la propriété. En tournée d'inspection dans le Dauphiné, le receveur général des finances Harvoin observe que les cadastres de la province ont sombré dans un « chaos inexprimable »[120]. En 1763, un projet d'ensemble, lancé par le contrôleur général Bertin, tombe avec son titulaire emporté par l'offensive des parlements et des cours des aides qui voyaient derrière l'opération la suppression rampante du privilège.

Voilà pour les élites. Qu'en était-il dans le populaire qui nous intéresse ici ? Les réactions immédiates sont défavorables, l'entreprise heurte le quant-à-soi et le vieux fond de prudence méfiante. Voir son bien affiché sur la place publique déplaisait à tous les rangs de la société française, jusqu'au bas. Chiffrer le mystère des familles, déclarer la vérité des patrimoines, dénombrer les biens et les étaler sous forme de tabelles et de plans, n'était-ce pas violer un tabou, commettre un acte « impie », un « péché » qui déclencherait la colère de Dieu ? L'offensive des mots, dans les discours du temps, traduit une mauvaise humeur générale. Les nantis des villes s'inquiétaient pour leurs biens ruraux, les campagnes ne montraient pas plus d'enthousiasme. Toute nouveauté est par définition suspecte dans le monde rural, et ce cadastre coûterait bien cher. Les importants des villages, qui avaient toujours eu la haute main sur les rôles, craignaient de perdre une part de leur influence locale. Les plus pauvres n'étaient pas moins inquiets. Ils mettaient à profit jusque-là le flou des droits d'usage : bois, pacages, marais ne risquaient-ils pas de retrouver des limites strictes et des propriétaires ? Allait-on garder le libre usage des communaux ? Enfin, dans les régions où le fief restait vigoureux, on pensait que les seigneurs pourraient s'appuyer sur les cadastres pour moderniser leurs chartriers, remis à jour grâce au document fiscal. On imaginait qu'ils ne laisseraient plus échapper à l'avenir la moindre mutation de biens, ce qui leur permettrait d'exiger leurs droits de *lods et ventes* avec une plus grande rigueur.

Ces inquiétudes se lisaient déjà en termes clairs dans la province de Savoie, cadastrée entre 1728 et 1738 sous les règnes de Victor-Amédée II et Charles-Emmanuel III. L'ouvrage avait été mené bon train par des équipes bien encadrées, mais les intendants et le personnel de contrôle se plaignaient sans cesse de l'« indolence », de la « rénitence », de l'« opiniâtreté » des habitants qui boudaient, n'apportant aucun appui aux géomètres, affectant de se désintéresser des travaux[121]. Pas de rébellions proprement dites, mais des incidents en cascade dont la brève évocation aidera à peindre un climat : dans la paroisse de Montgilbert, en Maurienne, un « tumulte » éclate en 1728 lors de la mensuration des biens. À Minzier, près de Saint-Julien-en-Genevois, dans la région dite des « bailliages », grande fureur des paysans quand ils apprennent que des biens inscrits comme taillables au nouveau cadastre allaient malgré tout jouir de l'exemption obtenue par leurs nobles propriétaires : le secrétaire de la paroisse est insulté et battu, on lui arrache ses papiers. En 1753, dans le village de Savigny, tout proche, les femmes attroupées attaquent le notaire-secrétaire, accusé de favoriser les nobles au détriment de la paroisse ; au nombre de quatre-vingts, elles lui jettent les pierres, le sable, les cendres dont elles avaient rempli leurs tabliers ; réfugié au presbytère, il entend les injures — « Voleur, fripon » — et les menaces — « qu'il fallait mettre le feu à la cure pour me brûler dedans », et encore qu'il fallait « brûler le château » et « tout fricasser ». Des affaires du même type, toujours à large participation féminine, éclatent dans le voisinage en juin 1756 : les habitants s'opposent au rejet sur la masse roturière des cotes nobles qui auraient obtenu la qualification « féodale », entraînant exemption. Agitation, cris et violences, « esprit républicain », diront encore quelques années plus tard les nobles qui n'ont rien oublié[122].

Nous n'avons pas relevé dans l'ancienne France de troubles aussi caractérisés, mais divers témoignages donnent à voir une opinion populaire également inquiète, une atmosphère de méfiance autour des projets de cadastration ou de ce qu'on en pouvait savoir, et cela jusqu'à la fin de la monarchie[123]. Au temps de

Necker, les visites d'inspection préalable tournaient à l'échec : contacts difficiles, notables soupçonneux, populaire prêt à s'émouvoir. Un M. de Richeprey, venu en Rouergue en 1780 à la demande de l'assemblée provinciale, pour examiner les anciens cadastres, en fait la déplaisante expérience : « Des esprits prévenus semèrent des alarmes. [...] Il a fallu répondre aux objections les plus futiles... » Plus grave, dans la paroisse de Trémouilles, il se trouve en danger et craint qu'il n'y ait « du sang répandu »[124]...

*

En ce qui concerne la taille, la violence ouverte a certes reculé depuis le début du siècle, les rébellions à l'occasion de saisies pour arriérés fiscaux sont de plus en plus rares, mais l'impôt direct cristallise toujours les rancœurs et entretient dans les basses classes un sentiment d'injustice et d'exaspération. Entendez le curé Lambert qui, dans ses *Instructions courtes et familières*, en fait reproche aux paroissiens des campagnes[125] : « Il y en a peu qui soient assez heureux pour se faire un mérite de la nécessité de payer la taille. Il y en a au contraire un grand nombre qui se rendent coupables, et qui commettent beaucoup de péchés. [...] On ne se borne pas aux plaintes, on y ajoute les murmures, les emportements, les injures, les malédictions. [...] Vous êtes comme un furieux, vous ne vous possédez plus, vous n'êtes maître ni de vos pensées, ni de vos paroles, ni de vos actions. Vos discours font pitié. [...] Vous vous proposez de vous venger, on vous entend dire que vous aurez votre tour... »

CHAPITRE VI

La seigneurie contestée

Il vit paraître tous les hommes et femmes dudit village armés de frondes, de pierres et de serpes qui couraient à lui avec furie et faisant grand bruit, [...] qui en haine des documents que prenait ledit seigneur [...] après lui avoir dit toutes les injures qu'ils purent imaginer, jusqu'à l'appeler bougre de seigneur, bougre de voleur, et l'avoir même menacé du feu, poussèrent l'insolence à le charger à coups de pierres, à tour de bras et avec des frondes [...], ce qui aurait obligé ledit seigneur de Rogles de monter à cheval et s'avancer à eux pour tâcher de les apaiser par la douceur, leur disant : « Tout beau, messieurs, nous ne sommes pas ici pour vous faire aucun tort, mais seulement pour éclaircir mon fief, de grâce, retirez-vous. » À tout quoi cette foule furieuse ne voulant déférer se mutina d'autant plus et redoubla son premier excès, [...] ce qui fit que ledit seigneur de Rogles avec ses gens tâcha de se retirer, crainte d'être assommé...

Plainte adressée au sénat de Savoie par Noble de Montfalcon de Rogles, seigneur d'Hauteville, 1696[1].

La seigneurie ouvre sur l'espace le plus miroitant, mais aussi le plus incertain de la société d'Ancien Régime. Le plus miroitant si l'on songe au monde des tourelles et des châteaux, à la surenchère des titres, au prestige et à la valeur symbolique du fief. Le plus incertain si l'on tente de mesurer réellement son emprise, de déterminer son poids économique et son influence politique. Quel degré de prégnance sociale accorder à cet appareil institutionnel ? Encadrement efficace des populations rurales ou dispositif archaïque et somnolent ? Structure dynamique ou institution moribonde ? Facteur d'équilibre et de sécurité ou carcan obsolète imposé à la paysannerie ? Lieu de coexistence contrôlée ou foyer de contestation, tantôt ouverte et tantôt sourde ? Autant de questions qui ont le plus souvent reçu des réponses partielles et souvent contradictoires. Je l'aborde ici sous l'angle relationnel pour tenter d'éclairer le quotidien de la vie des campagnes, en restant fidèle à la méthode jusque-là suivie, faire parler les archives dans leur détail, mais d'abord dans leur vérité quantitative.

1. PRÉSENCE DU FIEF

Lointaine héritière du fief médiéval, la seigneurie a perduré et représente encore au XVIIIe siècle un ensemble complexe de biens et de droits qui consacrent la suprématie d'une élite. Il s'agit tout à la fois, rappelons-le, d'un système de dépendance juridique, d'un instrument de police rurale et d'une source de revenus : monopoles économiques, redevances exigibles sur les parcelles détenues par les habitants, droits sur les habitants eux-mêmes et sur leurs biens. Ces éléments tangibles de richesse et de puissance s'inscrivent de façon symbolique à l'horizon villageois. La primauté seigneuriale s'y affirme par la forte présence du château dominant les masures. Le seigneur du fief est aussi le seigneur du clocher et il jouit à l'église d'honneurs particuliers : accueil par le prêtre, place en vue dans le chœur, tombes familiales au pied des autels, sonneries solennelles en certaines occasions. Autant de marques de prestige qui débordent largement le domaine strictement temporel.

Pouvoir multiple, mais très inégal en énergie et en efficacité selon les lieux. Une distance énorme sépare les grandes possessions féodales et les modestes seigneuries qui ne valent à leurs détenteurs qu'une poignée de redevances, un peu de panache, un brin d'autorité. L'institution ne pèse pas du même poids dans toutes les provinces, mais les sources documentaires ne permettent pas de dessiner la carte d'isobares qui mettrait en valeur les zones où le fief est à la fois actif et productif et celles où il ne survit plus qu'à l'état de vestige. Si les monographies locales ou régionales abondent, les synthèses manquent. Et comment mesurer l'impact des juridictions seigneuriales du nord au sud, d'est en ouest ? Les résultats, difficiles à traquer, dépasseraient de beaucoup le cadre économique et institutionnel : nous aurions là le meilleur indicateur de l'état de l'opinion publique face à cet héritage obstiné.

Point essentiel sur lequel les historiens tombent d'accord : le cadre de la seigneurie demeurait partout une réalité manifeste, marque d'une prééminence ostensible, sinon incontestée. La structure emboîtée du monde rural — communauté, paroisse, fief — accordait une place de choix au seigneur qui, même à un niveau modeste, faisait figure de premier habitant et parfois de leader. Accepté ou dénoncé, le fief conservait sa position axiale. Les archives des judicatures, les registres de comptabilité, les lettres échangées entre le maître et ses gens d'affaires, toutes ces informations, quand elles sont accessibles, montrent un fonctionnement de routine où, tant bien que mal, les « emphytéotes » s'acquittent de leurs redevances, observent les impératifs des bans champêtres et s'inclinent devant les décisions de la justice seigneuriale. À première vue, tout se passe comme si perdurait la reconnaissance implicite d'une tradition qui assurait, dans l'ensemble, un ordre garant de la paix des champs. La seigneurie, sur laquelle chacun pouvait mettre un nom et un visage dans son espace de proximité, incarnait le lien hiérarchique vertical, complément indispensable des relations horizontales entre membres de la communauté et de la paroisse.

Quadrillage à la fois contraignant et rassurant, mais qui postulait un monde immobile. Or les droits anciennement définis se trouvaient contrariés par des flux de toute nature, la poussée du marché, l'appel du profit, la croissance démographique, le mouvement des hommes, le développement des villes. Si bien que la capacité d'adaptation du système faisait sérieusement problème. Le jugement des historiens diverge sur la vitalité de l'institution et ses avenirs possibles, et tous ont bien sûr tendance à généraliser à partir des provinces qu'ils ont eux-mêmes étudiées. Nombre de chercheurs ont pu constater la vigueur du fief dans ses efforts de reconquête au lendemain de la Fronde et à la charnière des deux siècles. De la Bourgogne à la Provence, de la Picardie à l'Armagnac, du Maine à l'Alsace ou la Savoie, la seigneurie se serait partout montrée vigilante et combative, sinon toujours conquérante[2]. D'autres se fondent sur quelques exemples de novateurs éclairés, tels le marquis de Turbilly en Anjou, La Rochefoucauld à Liancourt ou encore les fermiers-gentilshommes du Pays-de-France, pour imaginer au fief un destin anglais, le modèle physiocratique aidant[3]. Dans cette optique, les relations de dépendance, les services personnels et la rente foncière étaient destinés à se convertir peu à peu en travail, salaires et profits dans l'esprit du paternalisme moderniste. Ainsi, une fois débarrassée de ses archaïsmes, une exploitation agraire « capitalisée » devait surgir d'un élan inéluctable hors du moule de la seigneurie. D'autres, enfin, ont parlé d'une seigneurie somnolente ou « moribonde », et de l'extinction « naturelle » de droits et usages peu à peu tombés en désuétude, avec un repli sur le symbolique resté vivace.

L'étude attentive des fonds administratifs et judiciaires permet une approche nuancée, ancrée dans le social et le politique tels qu'ils se vivaient au jour le jour. Assurément, le temps n'était plus aux excès des tyranneaux de paroisse, du genre de ceux que les magistrats des Grands Jours débusquaient en Auvergne dans les années 1660, mais les requêtes et mémoires, les correspondances publiques et privées témoignent d'une réalité faite de demi-teintes, loin de l'épouvantail, loin aussi de la coexistence harmonieuse et sereine. Un quotidien de harcèlements et de grippages répond à la rigidité organique de l'institution.

Notre enquête, rappelons-le encore, n'a retenu que les cas de violence collective caractérisée, ici 512. Une mise en coupe réglée des archives judiciaires d'Ancien Régime saisies dans leur massivité — pour l'heure objectif hors d'atteinte — confirmerait l'importance de l'enjeu « féodal » dans la réalité conflictuelle du siècle. Yves Castan met les conflits seigneurs-communautés au second rang dans la masse des affaires criminelles traitées par le parlement de Toulouse, avec un net accroissement entre la première et la seconde moitié du siècle[4]. Il n'est pas une seule communauté du royaume qui n'ait soutenu un ou plusieurs procès relatifs au fief, comportement très comparable à la mise en cause des dîmes dans d'innombrables paroisses[5]. Au long du siècle, les recours se multiplient pour le paiement des droits, l'usage des communaux, la *rénovation* des terriers[6], etc. Procédures prolongées indéfiniment, transmises de génération en génération. Le terrain est propice aux éclats pour peu que les conditions s'y prêtent.

Le tableau qui suit propose, dans un ordre de fréquence décroissant, la ventilation thématique des 512 rébellions antiseigneuriales que nous avons observées[7] :

Tableau VI.1 Motivations des rébellions antiseigneuriales

Type	Intensité 1	Intensité 2	Intensité 3	Ensemble	En %
Défense des droits collectifs et des biens communaux	42	74	42	*158*	*30,9*
Contre le paiement des redevances	34	24	30	*88*	*17,2*
Affaires de chasse et pêche	33	23	5	*61*	*11,9*
Contre le personnel seigneurial	23	19	11	*53*	*10,4*
Contre les *rénovations*	4	18	19	*41*	*8,0*

Contre la police seigneuriale	7	11	1	*19*	*3,6*
Contre la symbolique du fief	6	9	3	*18*	*3,5*
Défense municipale	1	4	2	*7*	*1,4*
Divers	16	29	22	*67*	*13,1*
Ensemble	*166*	*211*	*135*	*512*	
Pourcentage	*32,4*	*41,2*	*26,4*	*100,0*	*100,0*

Nous reviendrons sur la notion d'intensité à propos de quelques types d'affaires. Contentons-nous, pour l'instant, d'observer que le partage global correspond, à quelques points près, à la ventilation observée pour l'ensemble des émotions : une fois sur trois, le mouvement concerne un très petit groupe ; une fois sur quatre, il entraîne plus de 50 personnes et, dans la majorité des cas (41,2 %), de 11 à 50 individus participent à l'action.

2. LA DÉFENSE DES COMMUNAUX

Bois et guérets

L'intérêt majeur du tableau réside dans les motivations des conflits opposant paysans et seigneurs. Au premier rang, la défense des droits collectifs, avec 158 occurrences. Il s'agit surtout de l'usage des forêts, des landes et des garrigues, mais aussi des zones marécageuses et lagunaires, des tourbières ou encore des gravières formées par les cours d'eau. Tous ces terroirs offrent à la communauté mille ressources, de la cueillette des fruits ou des châtaignes à la coupe du bois, au fagotage, au *champoyage* pour le bétail, etc. Mais leur appropriation indécise en fait par excellence un sujet de frottements quant aux limites, au statut, à l'origine qui se perd dans la nuit des temps. Les seigneurs ou les abbayes feudataires ne manquent pas de brandir des actes antiques pour justifier une « directe » universelle, mais les communiers défendent avec fanatisme le droit de *coupe* ou de *dépaissance* si nécessaire à l'équilibre des petites exploitations familiales. Aussi bien les affrontements enregistrés échappent-ils à l'anecdotique : nés de l'occasion, ils se greffent souvent sur d'anciens contentieux farcis de plaintes et de requêtes, grossis d'accrochages mineurs accumulés.

La politique royale de sauvegarde forestière, inscrite dans la grande ordonnance des Eaux et Forêts de 1669, conforte les seigneurs dans leur propre souci de protéger les bois[8]. Ils font donc appliquer les interdits, mais les communautés ne veulent pas renoncer aux habitudes. Elles réagissent au quart de tour quand un des leurs est surpris en infraction. Il leur arrive même de provoquer, de chercher l'occasion pour réaffirmer leurs droits. Les traits consignés dans des procédures répétitives dessinent comme un schéma de la rencontre : injonctions des gens du fief, menaces et injures réciproques, coups échangés, appels à l'aide, parfois sonneries de tocsin, arrivée des renforts accourus des villages ou hameaux voisins armés à la va-vite.

Tout peut s'ensuivre, jusqu'à la jacquerie prolongée dans un contexte conflictuel par ailleurs. Pour en rester au domaine purement sylvestre, notons que les abbayes y jouent souvent le rôle de plaignantes. Situation tendue dans la Thiérache du côté de Coingt, où les habitants prétendent « être propriétaires des bois qui sont situés dans leur territoire », lesquels bois appartiennent en titre à l'abbaye de Notre-Dame-de-Bonnefontaine. En 1707, le maire et les « principaux » incitent les communiers à refuser d'acquitter les droits et à installer des gardes dans la forêt pour en empêcher l'exploitation seigneuriale. Entre-temps, ils ont pillé deux coupes de bois d'une valeur de 1 000 écus et s'apprêtent à recommencer. Le conflit traîne jusqu'à ce jour d'avril où les gens de justice viennent arrêter deux des meneurs. Ils trouvent à leur arrivée le pays dressé, plus de deux cents personnes, femmes et filles, hommes et garçons, le maire en tête. La foule brandit l'arsenal ordinaire, « bâtons, fourches, fourchettes, haches, serpes, hoyaux, perches, fléaux », et aussi des « armes à feu, pistolets et baïonnettes ». Ils crient qu'ils ne veulent « ni justice, ni moines, ni diables » et « que le premier moine qu'ils rencontreraient ils lui couperaient les couilles et qu'ils les attacheraient à la porte de l'abbaye ». Désarçonnés, jetés à terre, les agents du monastère se sauvent comme ils peuvent, l'un l'épaule démise, un autre la tête fendue « jusqu'à l'os » d'un coup de hache. Inquiétude des Pères, qui se souviennent d'une « pareille émotion » survenue deux ans plus tôt. Le plus grave est que les communautés voisines se disent prêtes à « suivre leur exemple »[9]. L'abbaye de Notre-Dame-des-Chambons, en Vivarais, mène la guerre aux montagnards du pays de Joyeuse, particulièrement pugnaces. Pour avoir fait *pignorer* (saisir) des bestiaux trouvés dans ses bois en février 1753, le prieur est attaqué dans le château (ou grange monastique ?) de Chabroulière qui domine le vallon des Embrussiers. Plus de cent cinquante « bandits » lui tombent dessus, le frappent et lui rompent la crosse d'un fusil sur le cou en le menaçant, entre autres horreurs, « de lui couper les parties et de le mettre lui en pièces ». La demeure est pillée, la concierge et sa fille brutalisées, celle-ci violée par les agresseurs. Le prieur trouve refuge chez le curé de Lablachère, mais la troupe rebelle l'y rejoint et l'oblige, sous peine d'être jeté « dans une citerne », à signer un ordre de restitution du bétail. Sur les instances de son hôte qui craint d'être assassiné (comme l'ont été, dit-il, ses prédécesseurs), il quitte la cure et se fait porter « assez mal en état » chez les Récollets de Largentière. Les autorités s'émeuvent, la prévôté bat le pays pour arrêter les coupables mais les recherches tournent court, la plupart ont disparu, partis dans la montagne, réfugiés au Comtat, engagés dans les troupes[10]...

Pas de différence là-dessus entre ecclésiastiques et seigneurs laïques, exposés aux mêmes déboires quand ils veulent se réserver l'usage des biens forestiers. Les preuves abondent, on n'a que l'embarras de choisir. En 1722, tumulte à Lucinges, en Savoie : les paysans ont appris, un dimanche d'octobre, que les gens du sénateur Duclos d'Esery partent avec des chariots pour confisquer le bois mis en coupe par les communiers dans la montagne seigneuriale. Surgissent de partout les hommes avec des haches et des faux, les femmes avec des pierres, le curé, solidaire, fait sonner le tocsin — « Aux cloches, nous sommes volés ! » —, d'autres accourent des paroisses voisines de Sales et de Cranves, si bien que les voituriers doivent rebrousser chemin[11]. Un peu partout les habitants savent profiter des rivalités intra-seigneuriales pour obtenir, contre la loi, le maintien de la coutume. Ainsi, à Proisy, dans la Thiérache encore, la seigneuresse du lieu prend le parti de la communauté contre un M. de Fay d'Athies, sieur de Puisieux, qui prétend se réserver une fraction des coupes en sa qualité de seigneur du fief imbriqué de Romy. La cloche sonne au village le 11 octobre 1728 quand M. de Fay arrive avec ses bûcherons. Il doit affronter une cinquantaine d'individus armés qui le mettent en fuite avec son monde. Et quand son fils revient l'après-midi, le pistolet à la main, accompagné d'un huissier et de recors pour les constats, il trouve sur place des gamins qui ramassent les branches éparses après l'abattage du matin. Le village est averti, on crie que les gens du château viennent « écraser des petits enfants », et derechef tout le monde se rend « aux arbres ». Nouveaux cris, nouvelles insultes, les habitants allant jusqu'à mettre en joue le jeune de Fay et son huissier[12].

Les seigneurs qui en appellent à l'autorité royale se réfugient derrière des arguments politiques, ils font valoir la gravité de l'insubordination collective, les grands risques de contagion. À Saint-Germain-des-Bois, dans le Nivernais, pays forestier propice aux délits, les gens, lit-on dans la requête seigneuriale, « n'ont d'autre métier que de brigander » dans les futaies : ils « regardent les bois comme des fruits naturels appartenant au premier qui s'en empare », et ils justifient leurs déplorables « habitudes » par des principes « pernicieux ». Jusqu'à ce jour de juin 1769 où ils sont allés couper cinq baliveaux sur les terres du seigneur pour réparer une chapelle en ruine. Vive réaction de ce dernier, qui obtient un jugement de saisie. Les huissiers et les gardes pénètrent dans la chapelle pour reprendre le bois, mais tout le village est là qui les chasse avec des outrages et violences « dont les caractères sont tels » que les gardes n'osent pas même les transcrire sur le procès-verbal. Le « brigandage » se répandra partout si le délit reste impuni : « L'intérêt si cher de la propriété, le bon ordre, l'honneur de la justice, la nécessité même d'un exemple, tout se réunit donc ici contre les adversaires »[13]. De même, dans la Bourgogne mâconnaise, le comte de Berzé, seigneur de Pierrelau, ne décolère pas contre les « malintentionnés » de sa terre, des vignerons et manœuvres « qu'il est nécessaire de contenir dans les bornes du respect et de la soumission » : à Milly (aujourd'hui Milly-Lamartine), on coupe les branches « à force ouverte » dans les taillis où pâturent constamment une grande multitude de chèvres. Un jour que le seigneur a tué lui-même quatre biques errantes, « pour l'exemple », une dizaine d'individus l'ont pris à partie en agitant leurs fourches et leurs faux ; ils l'ont traité de « voleur » et de « putacier », lui promettant que « tôt ou tard, de jour ou de nuit, il leur passerait entre les mains »[14].

Dans les régions où le bois est rare et d'autant plus précieux, les communautés se défendent avec une hargne accrue. Près de Montpellier, le marquis de Portalès en veut aux habitants et aux consuls de sa terre de Cournonterral, qui enfreignent les arrêts du parlement de Toulouse. Ils font d'énormes dégâts, les plus « scélérats » entraînant les autres. Il s'agit ici, dans les années 1780, d'une véritable petite guerre, on escalade ses murs, on a mis en pièces une de ses charrettes dont les morceaux se retrouvent dans un puits, on scie ses vergers, on arrache ses vignes. Le 15 août 1786, un incendie « affreux » dévore une des forêts, une grange brûle sans que les consuls aient fait le moindre effort pour organiser les secours. Ils paraissent même « y applaudir par leur tranquillité et leur sourire », tout comme d'autres qui se réjouissent à la vue des flammes en disant « que si les bois ne brûlaient pas assez, il fallait y porter des sarments pour animer le feu ». L'autorité envoie une trentaine de soldats, mais le détachement est accueilli par des huées, des inconnus jettent des pierres aux patrouilles nocturnes et tirent une cinquantaine de coups de fusil contre les fenêtres du château où les hommes sont logés. Les jours suivants, des pillards masqués se rendent dans les taillis, à plus de deux cents, pour couper les arbres qu'ils font voiturer et vendre à Sète et à Montpellier. Nouvelle enquête, mais personne ne veut parler : des placards au coin des rues menacent les bavards « d'être brûlés vifs ». Finalement, le vicomte de Cambis, commandant de la province, fait marcher une centaine de militaires avec cinquante dragons logés chez l'habitant. Et voici que la troupe tend à sympathiser avec les rebelles ! On voit « plusieurs soldats quitter leurs habits d'ordonnance, se déguiser en paysans et gagner leur journée en allant couper le bois pour le compte des révoltés »... Affolé, M. de Portalès exige que l'on reconnaisse le caractère insurrectionnel de ces attroupements, mais la prévôté refuse d'intervenir ès qualités, prétendant qu'il ne s'agit là que de délits particuliers, sans mise en cause de l'ordre public, si bien qu'à la veille de 89 la situation est devenue quasi intenable pour le marquis et ses gens[15].

L'opposition aux triages

Pour protéger leurs biens forestiers et leurs terres « vannes », les seigneurs réactivent le droit de *triage* qui leur accordait la jouissance exclusive du tiers des terrains appartenant aux communautés[16]. D'où, bien sûr, une avalanche de contestations, de recours en justice, et de nouveaux désordres, car partout les villageois tendent à faire « l'amalgame entre usage et propriété »[17]. Voyez, en 1727, l'affaire survenue sur les terres de

Louis de Lorraine, prince de Pons et de Mortagne, en Saintonge. Il avait passé contrat avec quelques paroisses relevant de sa seigneurie en leur abandonnant les deux tiers de la forêt de la Lande, lui-même conservant le dernier tiers en toute propriété, sans aucune servitude ; il renonçait de surcroît, en faveur des habitants, au droit de *padiance*, 2 sols par feu, ainsi qu'au droit de *moutonnage*, soit un mouton pour chaque bergerie de treize bêtes. Marché avantageux, semble-t-il, pour les gens de sa terre, mais d'autres paroisses limitrophes, qui ne figuraient pas sur l'acte pour n'avoir en principe « aucune part ni droit d'usage dans lesdites landes », s'opposèrent à une partition qui les excluait définitivement de la forêt. Les géomètres venus pour les bornages virent fondre sur eux soixante ou quatre-vingts individus avec des fourches et des bâtons ; frappés, privés de leur matériel d'arpentage, leurs documents déchirés ou volés, ils se sauvèrent « avec bien de la peine à cause des meurtrissures », pris en chasse par d'autres furieux venus de toute part (« Ho, ho, alerte, alerte ! »). La nuit suivante, la lande se mit à flamber en divers endroits… Affaire grave, confiée par le Conseil du roi à l'intendant de La Rochelle qui ordonna l'intervention du prévôt et l'ouverture d'une enquête[18].

Troubles non moins spectaculaires en 1734 à Taulignan, dans la Drôme actuelle, à propos du droit de triage en faveur de la maison des Viriville-Senozan. Au cœur du débat, les vastes futaies et les taillis de chênes blancs et chênes verts dont les seigneurs prétendent désormais se réserver le tiers, avec l'accord des commissaires de la réformation des bois en Dauphiné. En fait, le conflit couvait depuis longtemps. « L'orage est prêt à éclater contre vous, écrivait aux consuls la comtesse de Viriville en janvier 1727, rentrez donc dans votre devoir, reconnaissez vos véritables intérêts. » Depuis Grenoble, l'intendant Fontanieu menaçait les consuls et l'ensemble de la communauté : au « moindre mouvement », il ferait arrêter et punir les plus coupables qu'il disait bien connaître, et au besoin une compagnie de cavalerie viendrait mettre chacun « à la raison ». La bourgade ne se tient pas pour battue et multiplie les démarches. Elle s'adresse à des hommes de loi de Montélimar et de Valence, elle intente un recours auprès du Conseil du roi et délègue même un avocat à Paris. L'agitation redouble en octobre 1734 à l'arrivée du maître des Eaux et Forêts chargé de planter les limites, accompagné du châtelain de M. de Senozan et de son homme d'affaires. Le tocsin sonne, la foule se rassemble, avec des bâtons, des pierres, des fourches et des fusils. Bousculés, les officiels parviennent à se dégager à « coups de cravache » et se réfugient au château. Les autorités provinciales décident alors d'en finir avec une commune qui donnait un exemple si pernicieux dans un pays où l'on n'avait déjà « que trop de peine à se soumettre à la police des bois ». Cinq des principaux habitants sont conduits aux prisons de Grenoble et d'autres enfermés à la tour de Crest, dont deux femmes. Deux compagnies d'infanterie arrivent dans le bourg, logées à discrétion, on élève une potence et le corps municipal doit faire amende honorable dans les termes les plus humiliants, implorant la miséricorde de M. de Senozan pour une « si grande faute » et le suppliant d'oublier le passé. La commune rebelle se voit contrainte de coopérer à la délimitation forestière en fournissant des indicateurs de parcelles, des porteurs de chaînes d'arpentage et des charrettes pour transporter les pierres de bornage gravées aux armes du seigneur. De surcroît, la municipalité doit accepter un nouveau règlement rédigé par le commissaire des Eaux et Forêts en personne : les assemblées générales sont interdites, le conseil ne comptera pas plus de vingt-cinq membres choisis à vie « dans les meilleures et plus notables familles du lieu » ; enfin, les indésirables établis depuis peu à l'insu du seigneur et des consuls devront déguerpir dans les trois jours... La mise au pas est donc sévère. Dans la seconde moitié du siècle, d'autres contestations relatives au four, au moulin, à l'usage des eaux, aux droits de péage et à la police viendront ajouter au contentieux forestier de tout un ensemble de griefs annexes, resurgis intacts aux approches de 1789[19].

Remarquable aussi par sa longue résonance, le combat des paroisses de Courrières et Hénin-Liétard contre le triage de leurs marais communaux, ouverts au pacage des bêtes. Les communautés de l'endroit et le seigneur s'affrontent à ce sujet depuis le début du siècle devant les états d'Artois, d'abord réticents, puis favorables au projet d'appropriation seigneuriale. La tension monte dans les années 1780. Le 22 octobre 1784 au matin, les villages se mobilisent au son du tocsin pour chasser les ouvriers venus labourer une partie de l'espace jusque-là commun, le tiers que le seigneur voulait mettre en culture. Les cavaliers de la maréchaussée ne parviennent pas à contenir la foule. Le fossé qui coupait le passage est comblé, on dételle les chevaux des charrues, les femmes crient qu'elles veulent « jouir de leurs marais comme elles en avaient toujours joui » et qu'elles n'obéiraient qu'à un ordre du roi, « bien signé de lui ». Nouvelles tentatives de labourage l'après-midi et le lendemain, sous protection renforcée, mais femmes et filles sont là, encore plus nombreuses, décidées à ne pas laisser faire, « mortes ou vives ». L'intervention féminine peut répondre au souci de protéger les hommes, ou encore servir d'écran à d'autres acteurs peu désireux de se compromettre au grand jour. Une action de ce type était sans aucun doute appuyée, sinon provoquée, par les « gros » du pays, pourvus d'abondants troupeaux et qui étaient les premiers bénéficiaires des communaux. À preuve, la correspondance révélatrice adressée par « les gens de loi et principaux habitants » de Hénin-Liétard à leur « représentant » à Paris. Favorables en sous-main aux agissements populaires dont ils feignent de déplorer les excès en invoquant, comme souvent, l'irresponsabilité féminine (« Ce ne sont plus des femmes, on croirait que ce sont des diablesses »), ils disculpent les notables absents des désordres. Les femmes protestataires, écrivent-ils, n'ont voulu « admettre parmi elles aucun chapeau », et ils rejettent la responsabilité sur l'attitude provocatrice du receveur de la seigneurie[20].

Barrières renversées, fossés comblés, cultures dévastées…

Certains seigneurs, sûrs de leur bon droit, cherchaient à prendre les devants en isolant par des murs ou des clôtures les terrains dont ils voulaient écarter les usagers abusifs et notamment les troupeaux et leurs gardiens. D'autres ou les mêmes faisaient planter sur des terrains réputés communs et aussi le long des chemins, au nom du droit de *plantis*[21] ; ils coupaient aussi par des fossés ou des haies les chemins coutumiers qui traversaient leurs terres, ils interdisaient les sentiers qui conduisaient à la fontaine ou à l'abreuvoir du château ou de l'abbaye pour être enfin tranquilles chez eux. Une quarantaine de rébellions caractérisées s'inscrivent dans ce registre. Les habitants protestaient au nom de l'usage « immémorial », ils invoquaient le droit de *vaine pâture* qui, on le sait, banalisait les terres laissées en jachère, mais aussi les parcelles cultivées une fois la récolte faite ; ou encore le droit de *parcours* qui autorisait le libre passage des bêtes et des gens ; ou le droit de *seconde herbe* qui permettait à tous de profiter des regains… C'était, à partir de là, un déferlement d'infractions, de procès et d'affrontements déclinés en variations multiples.

En Béarn, l'abbé de Sauvelade qui, dans les années 1660, faisait creuser des fossés et monter des clôtures autour des biens dépendant de son abbaye, du côté de Nay, fut sauvagement assassiné avec son aumônier par une trentaine de paysans et de forgerons, crime collectif qui valut des sanctions exemplaires aux paroisses coupables, plusieurs condamnations capitales (mais un seul conjuré fut pris et rompu), un désarmement général et la construction d'une chapelle expiatoire[22]. Partout, les terroirs d'altitude, plus difficiles à contrôler, dotés de larges espaces au statut indécis, se montraient les plus rebelles. En 1723, les habitants de Haute-Rivoire et des villages voisins, dans les monts du Lyonnais, envoyaient les bêtes paître dans les bois et les prés de M. de Fenouil, leur seigneur. Ils n'entendaient pas y renoncer, abattant les clôtures, insolents et « fort *mutineux* ». Ils sonnaient le tocsin quand les gardes ou la maréchaussée faisaient mine de venir saisir les chèvres et ils poursuivaient les cavaliers. « Dès que l'on les veut contrarier en la moindre chose, ils menacent de tuer et brûler », écrit une seigneuresse du voisinage[23] ! Même insécurité en Savoie où la montagne de l'Épine était au cœur d'un ancien litige entre la paroisse de La Motte et le marquis de Chaumont. La transaction, laborieusement négociée et conclue en 1731, ne fut pas respectée. Les habitants s'en prirent aux nouvelles limites et démolirent de fond en comble, avec « les violences les plus outrées », deux granges que le seigneur avait fait construire sur son versant. On menaçait ses fermiers qui ne pouvaient plus se rendre à Chambéry « sans être rançonnés, battus et exposés d'être assommés ». Trois ou quatre suspects furent jetés en prison, mais le marquis ne souhaitait pas que l'affaire allât trop loin car les coupables, disait-il, étaient si nombreux qu'un procès en règle risquait de mettre toute la paroisse « sens dessus dessous »[24]. Dans l'élection de Mauriac, en Auvergne, autre pays de montagnes, l'abbé de La Vallette était en conflit permanent avec la paroisse de Menet où il y avait une maison de son abbaye seigneuriale. Mésentente grave et multiforme : à propos des tailles dont il se prétendait exempt, des droits du fief qu'il ne réussissait pas à percevoir, des menaces contre son personnel, des charbons éteints, très suspects, laissés dans des sabots autour de ses granges et étables, message sans équivoque. Et voici maintenant qu'on défonce ses clôtures pour faucher les prés et y pousser les troupeaux. Un matin d'octobre 1737, la colère le prend, il donne ordre de chasser au fusil les chèvres contrevenantes, mais les paysans qui labouraient les communaux voisins s'attroupent « en grand nombre » au premier coup de feu. Ils l'invectivent horriblement, les pierres sifflent, on parle de le tuer, de renverser ses murs, d'incendier ses granges et d'égorger ses bestiaux. Dans ce pays, dit-il, les « coqs de paroisse » font agir la « canaille » et « les seigneurs même n'osent rien dire ». C'est d'ailleurs un peuple d'assassins, des gens sans foi ni loi qui « portent leur droit dans leurs bâtons et dans les couteaux qu'ils nomment *gougeons*, qui sont en forme de petits poignards, et leurs bâtons sont préparés avec beaucoup de soin. Ils sont même curieux d'en avoir d'un certain bois qui ne se fend ni ne se rompt point avec quelque force qu'ils puissent frapper »[25]...

Les escarmouches se multipliaient, plus fréquentes dans la seconde mi-siècle. Dans les Flandres et le Cambrésis, les abus du droit de *plantis* provoquaient de spectaculaires ripostes, comme à Beuvry-la-Forêt où plus de 1 500 arbres furent renversés nuitamment en avril 1740 et replantés racines en haut : insulte d'une rare insolence et dénoncée comme telle par les moines de Marchiennes, seigneurs du lieu[26]. En Savoie, le marquis d'Yenne vivait fort mal avec les habitants de sa terre qui faisaient pâturer en temps prohibé sur les parcelles appropriées et jusque dans ses propres herbages, en dépit des décisions de justice. Après une cascade d'incidents, un tumulte finit par éclater au matin du 3 mai 1755. Les habitants de Bas-Saumont ont décidé de célébrer à leur façon la fête de la Sainte-Croix, « jour ordinaire auquel tous les bergers s'assemblent chaque année et font des réjouissances ». Ils ont envoyé du bétail en nombre dans un certain pré marécageux où le marquis faisait justement creuser des fossés. Les hommes du château arrivent avec des fusils et s'emparent de quelques bêtes pour les mener « à la geôle ». Dans l'instant, aux côtés des bergers surgit une foule considérable, au moins cent cinquante individus, les uns venus du hameau voisin, les autres sortis de la procession qui passait non loin. Ils marchent sur les gens du seigneur, pierres en main, fourches et bâtons levés, « tous en furie, écumant de rage », ils les menacent de les coucher dans le grand fossé qui leur « servirait de cimetière ». Ils crient encore que les arrêts du sénat sont « supposés » et qu'on veut « leur faire perdre leurs possessions ». Ce jour-là, les habitants restent maîtres du terrain et c'est grande joie, on danse, on vide chopine, on mange des omelettes... Mais, peu après, six hommes du village et une femme, tous illettrés, se retrouvent en prison, ainsi que le sieur Dupâquier-Lacombe, un homme à son aise, accusé par des notables rivaux d'avoir organisé toute l'affaire[27]. En terre bressane, dans la seigneurie de Beaupont, laboureurs et journaliers, hommes et femmes, s'en vont de nuit combler les fossés et couper les haies qui interdisent le *parcours*. Les gardes sont mis en fuite et les paysans introduisent au son de la musette un gros troupeau qui dévore les regains[28]. On reste surpris à l'aspect provocateur et joyeux de ces résistances villageoises qui semblent narguer la répression, comme si l'audace se libérait dans le contexte permissif des jours de fête. Musique encore en Normandie en l'année 1784 quand les paroissiens de Percy s'en vont au jour de la Fête-Dieu récupérer au son du fifre et du tambour un terrain communal enclos par le seigneur du Breuil[29]. D'autres affaires renvoient à des affrontements avec la maréchaussée venue appuyer la saisie de bestiaux pris à pâturer la deuxième herbe[30]. Petite émotion au mois de mai 1776 à Beaumont-en-Véron, village tourangeau. Les gens du marquis de Razilly chassent des femmes surprises à cueillir de l'herbe et confisquent les tabliers remplis. Le dimanche suivant, veille des Rogations, on se réunit devant l'église, le marquis et sa suite sont insultés et on leur fait une conduite humiliante jusqu'au château[31]. Branle-bas dans la paroisse dauphinoise d'Entre-deux-Guiers quand les moines de la Grande Chartreuse, seigneurs du lieu, prétendent couper le raccourci qui mène du village à l'église : comment accepter que les puissants confisquent des itinéraires immémoriaux, suivis par les cortèges et les enterrements ? À plusieurs reprises, la clôture et le portail avaient été arrachés. Les violences se succèdent trois dimanches à la suite, on brise de nouveau les fermetures. Enquête, les suspects sont convoqués en justice par familles entières, les Blanc, les Bar, les Rebord, dont Jean Rebord dit Tire-Culotte[32].

Semblables turbulences, vite qualifiées d'émotions ou de séditions dans les correspondances officielles, entretenaient l'inquiétude des campagnes sans toujours atteindre la révolte caractérisée. L'affaire de Couëron, survenue en 1785 aux portes de Nantes, apparaît d'une autre envergure par sa durée et son retentissement. Les paysans refusent ici de se plier aux injonctions des seigneurs qui interdisent à quiconque d'envoyer les troupeaux pâturer après la fauche sur d'anciens biens communaux au bord de la Loire, des terrains « vagues et déclos », *afféagés* depuis une quarantaine d'années, c'est-à-dire réunis à leurs possessions. À la fin du mois de juin 1785, les habitants de Couëron et des alentours s'attroupent en foule (huit cents ou mille) avec des fusils, des faux et des bâtons, pour couper les foins et conduire leurs bestiaux dans les pâturages contestés. Ils disent agir « de la part du Roi et de Dieu », ils invoquent la sécheresse, les sauterelles, le déficit en fourrages, et surtout les seigneurs qui veulent « les réduire à la misère » en les privant de leurs « communes ». Qu'on leur montre les titres de concession et alors, disent-ils, « nous montrerons les nôtres ». Aux cavaliers qui les menacent de leur brûler la cervelle s'ils vont plus loin, ils répondent qu'ils veulent simplement « discuter leurs droits ». Les esprits s'échauffent, et comme d'autres paroisses semblent disposées à les rejoindre, le parlement de Bretagne publie un arrêt contre tous ceux qui lèveraient de la même façon « l'étendard de la révolte ». On en parle à Nantes, le bruit court que les séditieux se sont emparés de plusieurs canons à bord d'un navire hollandais qui passait sur la Loire ! Des lettres reçues à Paris, citées par le libraire Hardy, font état d'une « émeute considérable » ; jusqu'à la *Gazette de Leyde* qui parle de paysans révoltés et en « guerre ouverte » avec leurs seigneurs. Comme la maréchaussée, venue sur place, a été « maltraitée », on leur envoie deux cents soldats, avec toutes les brigades des environs. Le calme se rétablit à la vue des baïonnettes vers la mi-juillet, après quelques arrestations dont celle du leader reconnu, un certain Rondeau, qui proclame devant le sénéchal les droits des habitants, mais nie les faits graves dont il est accusé. Tout recommence un an plus tard dans la même paroisse, quand un huissier, suivi d'une vingtaine de gendarmes, vient confisquer les bêtes à cornes qui *champoyaient* une fois de plus sur les prés litigieux. Ils se heurtent à plus de cent personnes menaçantes, criant à pleine voix que les bestiaux ne passeraient « qu'après leur avoir ôté la vie »[33]. En Bourgogne, les villageois de Passy s'opposent avec un égal entêtement à la perte de leurs *teppes* (landes). L'abbé de Cluny les a concédées en emphytéose perpétuelle à un marchand de Donzy-le-Royal, un nommé Billebaud. Celui-ci veut ouvrir un fossé pour protéger son bien. Il en est empêché « à force ouverte », on sonne la cloche *à l'effroy*, on brise les charrues, on mutile le bétail. Les femmes sont au premier rang, une soixantaine, épouses de manœuvres pour la plupart ; elles lancent de la cendre dans les yeux de Billebaud, tandis que les hommes restent « en embuscade »[34]. La passion cristallise ici sur un bourgeois accapareur qui relance à son profit les prétentions du fief, cas de figure devenu très courant au XVIIIe.

La mise en valeur des étangs, la culture des marais asséchés ou des rives fluviales étaient partout source de conflits, tantôt judiciaires, tantôt tumultueux, car les habitants avaient pris l'habitude de considérer comme des biens communs ces zones incertaines. Vive tension du côté de Jumièges en Normandie, où le marquis de Gonneville revendique les marais et alluvions le long du lit de la Seine, terrains dont le roi avait accordé la possession à l'un de ses oncles en 1681. Les grandes abbayes voisines et quelques autres seigneurs jaloux soufflent sur le feu. La colère éclate de façon spectaculaire à l'automne 1723, lors de la fixation définitive des limites. Attroupés au son du tocsin, les habitants de quatre paroisses invectivent le seigneur venu sur place en compagnie du subdélégué, ils disent qu'on veut les réduire « à la mendicité » et parlent d'incendier les « traîtres à la patrie ». Le subdélégué ne veut s'entretenir qu'avec les principaux propriétaires : ils lui répliquent « tous en même temps et tumultueusement qu'ils y étaient tous intéressés »[35].

Les dérapages violents se multiplient dans la seconde mi-siècle. Nous voici à Saulzet, dans le Bourbonnais, où les villageois, de longue date, s'opposent à leur seigneur, M. de Longueil, qui s'est approprié une partie des marais communaux. La guérilla juridique est d'autant plus riche en rebondissements que les bourgeois de Gannat, ville voisine, soutiennent les habitants dans tous les détours de la chicane. La déclaration royale de juin 1764 réchauffe la colère en exemptant de taille et de dîme pour vingt années les propriétaires qui dessèchent les marais[36]. M. de Longueil en profite donc pour ne plus payer la dîme et se lance dans de nouveaux travaux, cette fois sur la totalité de l'ancien communal. Les habitants sont encouragés par le curé qui songe à sa dîme, et comme le syndic hésite ils improvisent une assemblée : « Nous n'avons qu'à être tous syndics nous-mêmes », déclarent les meneurs. Les plaintes et les mots d'ordre s'entremêlent dans un grand déploiement de griefs divers : ils veulent « avoir leur cloche à eux » pour écarter la grêle, on les écrase pour la taille alors que ceux qui jouissent des marais n'en payent point, il faut reprendre les marais qui sont un bien commun, combler les fossés et « faire manger les blés » plantés là en y envoyant leurs bêtes. La passion culmine dans l'après-midi du 16 décembre 1764, quand une centaine d'hommes et de femmes entreprennent le comblement. Arrive M. de Longueil accompagné de sa dame, suivi de deux notaires et de tous ses gens. Il s'adresse aux rebelles et leur demande de quel droit ils sont là : « C'est nous-mêmes ! », répliquent-ils. Insultes de part et d'autre, menaces de mort contre ceux du château et leurs partisans, les bâtons se dressent, les notaires s'enfuient avec le seigneur. Trois jours de trouble encore, des attroupements de paysans armés. Le juge décrète plusieurs prises de corps, le calme se rétablit à l'arrivée de quatre brigades de gendarmes et d'une cinquantaine de soldats, mais on ne trouve aucun suspect au village. L'amende collective sera lourde, quelque 2 000 livres avec les frais de justice, soit le montant d'une taille annuelle[37]. C'est une « psychose de la dépossession » qui, en divers lieux, s'empare des campagnes en même temps que s'amplifie la délinquance forestière.

Tireur d'épis...

Autre ressource pour les moins fortunés : les épis ramassés au sol après la moisson, le chaume arraché à la main ou au râteau pour la nourriture des bêtes, la litière des étables, le *regottoyage* des toits ou même pour le feu. Quelques poignées de grains, un peu de pain pour l'hiver, un peu de chaleur... Là encore les bans champêtres, ou codes de police rurale, fixent ces libertés par des dispositions qui tendent à se durcir au cours du XVIIIe. Défense de glaner dans les champs tant que les gerbes sont à terre, tant que la dîme ou les droits du seigneur ne sont pas levés, et défense de *chaumer* avant la fin septembre. Il s'agit d'empêcher les larcins, épis que le glaneur dérobe aux gerbiers, paille que les propriétaires voudraient se réserver. Mais les pauvres s'y raccrochent comme à un don gratuit de la terre et du ciel.

En vérité, les incidents relatifs au glanage se comptent sur les doigts de la main : pas plus de quatre dans nos relevés, au demeurant de faible portée et survenus à des dates tardives dans le siècle. Voici le village de Louvigné dans le Maine. Un sieur des Loges s'adresse au vicaire de la paroisse et lui interdit d'aller à la glane comme il le faisait depuis quelque temps. La masse des habitants prend fait et cause pour ce dernier, sans doute par crainte de voir les droits collectifs peu à peu amoindris. Un dimanche matin, en octobre 1769, une assemblée paroissiale réunie à son de cloche tourne à l'émeute. Le seigneur, de retour de la messe, est injurié et maltraité. On lui jette des pierres, on le traite de *crasseux* et de *teignard*, on lui crie que sa perruque est « en poil de pourceau ». Le vicaire en personne aurait excité la foule à crier haro sur lui, disant même « que s'il avait resté deux minutes de plus ils allaient le jeter par-dessus le mur du cimetière dans la rue, et jeter les bonnets de ces demoiselles [sa femme et sa fille] également que sa perruque »[38]. Les gens de la paroisse d'Oraison, en Haute-Provence, s'y prennent différemment en juin 1770 pour défendre leurs acquis. Le marquis du lieu prétend bouleverser les usages en défendant de glaner avant que toutes les gerbes aient été enlevées, et il appuie son droit sur les « statuts » de la province. Les villageois inventent une réponse originale : ils interdisent à leur tour, au nom du « corps des paysans », d'aller moissonner les champs du seigneur, proclamation solennelle faite sur la place par le valet municipal. En somme, ils décrètent la grève, et ils l'imposent à chacun sous peine d'amende. Comme il n'y a pas ici de main-d'œuvre foraine, le marquis est bien obligé de traiter avec les rebelles. On trouve un compromis : le glanage sera autorisé, non comme autrefois sitôt la moisson faite, mais un peu plus tard, quand les gerbes auront été alignées[39]. Autre trace de mini-mouvement collectif, toujours sans violences physiques, à Hatonville, près de Dourdan, en septembre 1774. Les arracheurs de chaume n'ont pas attendu la date licite et ils injurient les gardes venus rappeler la défense[40]. La quatrième affaire met en scène les glaneuses d'Étrépagny, en Normandie. Elles prennent à coups de pierres, en août 1775, les cavaliers venus arrêter quatre d'entre elles surprises dans une pièce de terre où les *dizeaux* (gerbiers) étaient en place et les dîmes pas encore levées[41].

Faible nombre donc, et faible intensité de ce type d'incidents. Si les choses ne vont pas plus loin, c'est qu'il s'agit en général de « séditieux » faciles à effaroucher, femmes et enfants dispersés à la première menace. Et surtout le tiers état rural est là-dessus très divisé. Pas plus que les seigneurs, les notables de campagne et autres « bons » paysans n'approuvent les pillardises qui touchent à leur récolte, au plus vif de leurs intérêts. Le manque de solidarité est manifeste, et la fracture s'aggrave dans le siècle au sein même de la roture entre possédants et non-possédants, au moment même où les privilégiés jouent leur va-tout et tentent de renforcer le maillage de la seigneurie. D'où l'intérêt quand même de cette petite rubrique, car elle soulève le grave problème de l'exclusion des plus pauvres.

3. LE PAIEMENT DES REDEVANCES

Face à l'ensemble des actions menées pour la sauvegarde des usages et surtout des biens communaux, le paiement des charges seigneuriales apparaît moins tumultueux (88 émotions au lieu de 158), engendrant plutôt la mauvaise humeur et la chicane que la révolte ouverte. Pour ce calme relatif, avançons une explication : alors que l'usage des droits collectifs répond à une règle commune, valable pour tous, au contraire le règlement des redevances et charges du fief met en contact l'homme du seigneur et chaque chef de famille pris séparément. Le cas des seigneuries du Bordelais où « toute rente est réputée solidaire » et où, par conséquent, un bon payeur peut se trouver exposé à supporter la dette de cotenanciers insolvables, ce cas reste exceptionnel[42]. En règle générale, pas de « solidité » entre redevables. Par ailleurs, le poids des *servis*, très anciennement établis, ne répond que de façon approximative au produit de la terre. De parcelle à parcelle, les écarts sont considérables dans les prélèvements exigés. Sur un même terroir, les uns doivent beaucoup et d'autres presque rien pour des surfaces identiques. En outre, les non-propriétaires, qui bien sûr ne sont pas concernés, ne se sentent pas solidaires des petits possesseurs et de leurs éventuels refus de paiement. Cette diversité peut expliquer l'atonie apparente du peuple débiteur.

Le système continue donc de fonctionner, ici avec une réelle efficacité, ailleurs vaille que vaille. Pour les *servis* et autres redevances « quérables », le fermier ou l'agent arrivent dans le champ dès la moisson faite pour ramasser les gerbes qui reviennent au seigneur, ils vont au pressoir ou dans les caves pour la part de vendange ou de récolte d'huile. Si les droits sont exigibles en espèces, ils se rendent de maison en maison, mais à des dates variables. C'est donc un règlement individualisé et qui s'effectue au coup par coup. Quant aux *servis* « portables » que le tenancier doit fournir lui-même, la livraison ne répond pas à des échéances fixes en dépit des règles qui figurent parfois dans les registres de « reconnaissances ». Le débiteur se présente quand il le peut avec ses sacs de grains, ses légumes, ses poulets, ses chapons, ses chariots de bois. Il ne se produit pas de rassemblements capables de semer le trouble aux portes des châteaux ou des abbayes seigneuriales. D'ordinaire, tout se passe sans éclats, tant bien que mal, au rythme des saisons. Deux blocs de refus émergent pourtant de la chronologie, différents par leurs formes et leur extension, mais remarquables par la vigueur, le premier en Bretagne, le second en Lorraine dans un territoire alors d'Empire.

Torrében breton et « Code paysan »

Sur la révolte des Bonnets rouges ou du Papier timbré, dite encore *torrében* (« casse-tête »), qui a secoué la Bretagne en 1675, tout a déjà été dit. Notons la concordance de ces mouvements avec les désordres antifiscaux déjà évoqués, qui touchent les villes de Rennes, Nantes, Châteaulin, Guingamp, Pontivy[43]... Dans les campagnes, les signes avant-coureurs n'avaient pas manqué, d'une tonalité antiseigneuriale sans équivoque. Déjà, en 1668, la région de Carhaix avait fait parler d'elle lorsque les habitants de Penfrat-Saint-Hernin avaient repoussé « avec une violence sans exemple » les hommes envoyés par le marquis de Trevigny, seigneur de Kergoët, pour exiger le paiement des *servis*. Les esprits étaient si montés qu'aucun sergent n'osait plus s'approcher[44]. Sept ans plus tard, en juillet 1675, les mêmes populations se soulèvent à nouveau. Une troupe d'hommes venus d'une vingtaine de villages donnent l'assaut au château de Kergoët, « l'un des plus forts de la Basse-Bretagne », et ils obligent le seigneur à signer une renonciation à toutes les redevances domaniales qui ne semblaient pas « dues anciennement de droit et de coutume ». Affaire très grave, ils ont multiplié les menaces, incendié des bâtiments, tué l'intendant du seigneur[45].

La violence se déchaîne dans toute la Basse-Bretagne, au nord dans le pays de Léon et le Trégorrois, au centre dans les Montagnes noires, au sud-ouest en Haute-Cornouaille. L'antiseigneurial et l'antifiscal sont étroitement associés. Dans l'évêché de Quimper, selon le duc de Chaulnes, gouverneur de la province, les ruraux armés de fourches et de fusils se vengent des

Illustration 3. « Le Noble est l'airaignée et le Paisan la mouche »

seigneurs qui, dans les derniers temps, les avaient traités si « rudement » que la plupart d'entre eux avaient augmenté leurs revenus de plus du tiers, à grand renfort d'« impositions extraordinaires » et de corvées, « n'ayant eu pour eux non plus de considération que pour leurs chevaux ». Aussi bien, écrit encore le gouverneur, les paysans se jettent sur eux avec de « grandes barbaries, les ayant blessés, pillé leurs maisons et même brûlé quelques-unes ». Un Père jésuite, envoyé en mission dans le Quimpérois pour calmer les esprits, évoque les « mille inhumanités » commises contre les seigneurs, « y en ayant eu un entre autres qui après avoir reçu mille coups fut traîné hors de l'église par les cheveux par ceux mêmes qu'il nourrissait tous les jours, et fut jeté comme mort dans un fossé ». Plusieurs paroisses imposent aux gentilshommes ainsi qu'aux curés la signature d'écrits « pour se libérer de leurs vexations », avec l'engagement de ne plus exiger désormais « ni rentes ni dîmes sur eux »[46]. Les religieux de l'abbaye de Langonnet doivent réviser à la baisse leurs exigences en matière de dîmes, *censes*, *lods* et corvées à bras[47]. Les nobliaux perdent courage et vont se réfugier en ville de peur d'être brûlés, emmenant avec eux leurs archives et leurs terriers. Un écrit circule dans les campagnes, fort « insolent » pour les seigneurs : sous l'appellation de *Code paysan*, il revendique « la liberté de la province armorique » et énumère un certain nombre de griefs relatifs au papier timbré mais aussi à la chasse, aux colombiers, aux moulins banaux ; il réclame la suppression des *champarts*, dîmes et corvées en même temps qu'il dénonce en termes extravagants une « gabelle » personnifiée qu'il faut pourchasser ainsi que « ses enfants », avec ordre de « tirer sur elle comme sur un chien enragé »[48]. On peut y voir une naïveté véritable qui véhiculait les fantasmes du populaire, ou bien une crédulité jouée : ils se faisaient plus bêtes qu'ils n'étaient pour se ménager un système de défense. La justice ne se soucia guère de la nuance. La répression fut terrifiante, beaucoup plus dure dans les campagnes que dans les villes. Une suite de misères, la traque des paysans pourchassés par les troupes royales, les côtes gardées pour empêcher les fuyards de gagner les îles,

les prisonniers en convois, les sentences rendues « à l'extraordinaire », les grappes de pendus…

La révolte des paysans bretons se distingue entre toutes, pour la période que nous étudions, par sa durée (plusieurs semaines au cours de l'été 1675) et son contenu social. Mouvement complexe, déclenché par des motifs et dans des milieux hétérogènes, fédérés par un fort particularisme provincial. En effet, une bonne partie des élites judiciaires et ecclésiastiques rejetaient les nouvelles exigences administratives et fiscales de la monarchie. Au cours de la rébellion, elles adoptent à l'égard des séditieux une attitude incertaine, « une faiblesse au-delà de l'imagination » selon les propres termes du duc de Chaulnes[49]. L'autorité semblait vacillante, et dans ce climat le peuple des paroisses a réussi à faire entendre sa voix. Il ne prétendait pas abattre le régime seigneurial, mais il en dénonçait les excès les plus criants en termes inédits. La vigueur de cette exigence populaire eut d'ailleurs pour effet de ramener très vite dans le giron du monarque les grands corps aristocratiques de la province.

Séditieux sarrewerdois

Jusqu'à l'été 1789, le fief ne devait plus subir d'assauts d'une telle envergure dans les strictes limites de l'ancien royaume. Seule une petite région du plateau lorrain, le comté de Nassau-Sarrewerden, alors terre étrangère, a connu en mineur un mouvement qui, par ses enjeux et sa durée, mérite d'être comparé au mouvement breton.

Au début des années 1720, des troubles prolongés agitaient cette enclave d'Empire qui relevait de deux co-seigneuries rivales, celle des Nassau-Saarbrücken et celle des Nassau-Weilburg[50]. Le territoire, aux limites de l'Alsace et de la Lorraine actuelles, était soumis à un dur régime seigneurial qui incluait des taxes diverses, des corvées et même un droit de mainmorte exceptionnellement étendu. Vers la fin de l'année 1721, les villageois, après des concertations secrètes, refusent d'acquitter le quartier fiscal de Noël. Les receveurs qui font la tournée rentrent bredouilles après avoir entendu des propos séditieux. Le 1er février 1722, cinq à six cents individus se rassemblent au son du tocsin pour aller investir le château de Lorentzen où était installée la garnison chargée de faire respecter les droits. Il semble que la foule se soit retirée sans commettre de violences, après des pourparlers confus, mais le problème reste entier et les habitants intentent un recours auprès des autorités nassauviennes. Le 11 avril, un tumulte éclate dans le village d'Eywiller contre la brigade des recouvrements. Nouveaux incidents du 3 au 7 juillet, quand la troupe vient saisir des bestiaux dans le village de Burbach, pour charges impayées : « Sur ce, écrit l'adjudant dans son rapport, les paysans sonnèrent aussitôt les cloches, une foule se précipita sur moi avec des fourches, des bâtons et toutes sortes d'armes rustiques, et me reprit de force le bétail. De ce fait, je me vis obligé de quitter les lieux... » Le climat s'alourdit encore au cours de l'été, quand les rebelles se donnent une sorte d'organisation militaire en recrutant tous les hommes et garçons de plus de quinze ans. Il faudra un régiment de quatre cents fantassins et vingt cavaliers, ainsi que l'arrivée d'un délégué de l'Empire, pour que le calme revienne lentement après quelques mois d'incertitude. Le régime seigneurial des Nassau est alors rétabli dans toutes ses exigences en matière de taxes, corvées et charges serviles.

L'échec final ne doit pas masquer l'originalité du soulèvement qui tient à l'alternance de vigoureuses actions de rejet et d'une série de démarches effectuées par les séditieux auprès des pouvoirs locaux et de la Chambre de Wetzlar. Faisant preuve d'une incontestable capacité d'organisation (assemblées, nomination de délégués, enrôlements), les Sarrewerdois de 1722 ont voulu profiter sur place de la faiblesse des autorités en même temps qu'ils s'adressaient à la justice impériale dont ils attendaient un arbitrage favorable. Cette forme de résistance du « peuple du commun », riche d'une tradition associative propre aux territoires frontaliers, rappelle le combat mené dans les années 1700 par les « gens de L'Allœu » pour conserver leurs immunités fiscales[51]. On rejoint ici la dialectique sociale du haut et du bas définie par Peter Blickle dans ses recherches sur les modalités d'action des communautés paysannes dans l'Europe alpine et germanique[52].

Flux contestataire

Ces deux épisodes singuliers mis à part, le XVIIIe est occupé par un fourmillement de crises ponctuelles. Les relevés nous livrent plus de 80 refus de paiement couvrant l'échantillonnage complet des redevances, *censes* ou *servis* ordinaires, *tasques, champarts, tierces* et charges assimilées, *lods et ventes* sur les mutations foncières, péages, droits de marché — toutes charges qui pour chacun, dans l'esprit du temps, relevaient de la seigneurie comprise dans son sens large. Les chiffres sont là, en indiscutables indicateurs de tendance. Mais chacun des cas livre sa part de vie, de franc-juger, de franc-parler, à travers les gestes et attitudes, les paroles, les cris, l'enchaînement des séquences. À partir du regroupement en séries, en se fondant sur les analogies et les écarts, on voit se dessiner comme un être mental, une conscience de soi du groupe traversé par les clivages de génération et de statut social, mais réuni par un rejet commun enraciné dans les litiges anciens.

Les formes renvoient au répertoire sans surprise de l'affrontement collectif, avec ses préliminaires — sonneries de cloches, assemblées sur le cimetière —, son arsenal hétéroclite d'outils et d'armes champêtres, son catalogue de menaces injurieuses entraînant souvent bagarre. Plus nouvelle, la revendication faite aux collecteurs d'avoir à justifier leurs droits, de présenter les pièces, suivie de la négation ou de la destruction de celles-ci.

Nombre d'indices attestent un glissement dans les mentalités dès les années 1670, mouvement qui s'accentue à la charnière des deux siècles. L'éventail des exemples choisis renvoie à une succession d'images rapides, qui ne prétendent rien d'autre que donner la couleur. Un exemple savoyard, pour ouvrir la série. Février 1672, Montsapey, paroisse de Maurienne disposée en balcon sur la vallée de l'Arc. Le collecteur, venu avec ses aides, se fait insulter par une paysanne qui tente de déchirer ses livres terriers, puis par « une troupe d'habitants » qui le prend à coups de pierres au sortir du village : « *Coyon*, bougre, jean-foutre que tu es, retourne [reviens] seulement cueillir tes servis, nous t'y attendons ! »[53]. Août 1680, Rivel en Languedoc à la veille des moissons. Les paysans décident de « faire une assemblée » pour empêcher un sieur Vabre de Bouton de lever les *tasques* et les *champarts*. Quand le maître s'avance avec ses gens, vingt-cinq ou trente hommes et femmes bien armés leur fondent dessus en blasphémant « le saint nom de Dieu », et les obligent à déguerpir[54].

Octobre 1705, aux Mazures, près de Rocroi, en Champagne. Un vrai combat oppose les villageois à leur seigneur, M. de Bragelongue, et à ses gardes et huissiers. Ceux-ci sont venus en force pour lever les redevances qu'on ne leur paye plus depuis longtemps : « Aux armes, voilà les archers qui viennent ! » Aussitôt, hommes, femmes et enfants se retranchent dans le cimetière et organisent la riposte. Ils battent tambour, ils ont des bâtons, ils lancent des pierres, ils obligent les gardes « à mettre leurs fusils ou mousquetons bas », tout en hurlant des « injures atroces » et des menaces de mort contre le seigneur[55].

Les jeunes, surtout, refusent de respecter les contraintes anciennes. 1676 : un paysan plutôt cossu de Grésy-sur-Isère répond aux fermiers seigneuriaux de la baronnie de Miolans qu'il n'a souci ni d'eux ni de leur maître, « et que si son père et son grand-père avaient payé les servis [...] il n'en ferait rien lui, qu'il se moquait de tout, et que s'il faisait quelque faute il avait de quoi la payer, outre beaucoup d'autres injures »[56]. Même type de propos vingt ans plus tard aux Avanchers, en Tarentaise. Les agents de M. d'Aléry montent au pays pour ramasser les *censes* et le droit de *focage* (un *cartan* d'avoine par feu). Refus catégorique dans la première maison, au hameau de Lancheverne : l'ancêtre, Étienne Muraz, serait disposé à payer, mais ses deux petits-fils déclarent sans ménagement que leur aïeul « avait beau faire et dire, qu'il était vieux, qu'il s'en allait en l'autre monde, que s'il avait fait une folie, eux ne la voulaient pas faire ». Le lendemain matin, les collecteurs veulent sonner la cloche, « comme autrefois », pour convoquer les débiteurs, mais ils trouvent « la plupart » des habitants massés devant la porte de la chapelle, « fort effarouchés et grande colère ». Après un vif dialogue et de nouvelles menaces de mort — on parle de leur faire leur « toile » ou de les jeter tout vifs « sous le pont » —, ils doivent s'en retourner à Moûtiers, en grande frayeur[57]. La Caunette, en Languedoc, août 1719 : le baron du lieu est venu en personne réclamer ses droits, mais le débiteur prétend qu'il est trop vieux, qu'il a passé la main ; c'est maintenant son fils qui « gouverne » et il ne veut plus payer les *tasques.* « C'est mal à propos que tu rejettes la faute sur ton fils, réplique le seigneur, les fils n'ont jamais accoutumé de gouverner et tu ne dois pas te servir de pareille raison, je te ferai punir de ton refus. » En vain. L'exemple est contagieux, la jeune classe d'âge, ici et là, rue dans les brancards et les refus de *tasque* se multiplient dans la région, pour les moissons comme pour les vendanges[58].

L'esprit antiseigneurial se nourrit des procès entamés à l'initiative de l'une ou l'autre partie. On en parle aux veillées, au cabaret, sur les champs de foire, on s'informe du comportement des autres communautés, on entretient le souvenir de conflits anciens remémorés et transmis dans le moindre détail, on ose espérer un dénouement heureux. Le Dauphiné, en particulier, offre l'image d'un embrouillamini d'affaires judiciaires relatives à la seigneurie, autour des années 1700. Le pouvoir royal déplore la situation, enchevêtrée comme à plaisir par une suite d'arrêts et jugements contradictoires. L'intendant est commis pour démêler l'affaire de La Rochebaudin, dans le Diois, où habitants et consuls, non contents de renâcler pour les *censes* et rentes ordinaires, s'en prennent maintenant au *vingtain* des blés, au droit de *chevalage,* aux corvées et autres redevances dites « bâtardes » réclamées par le marquis de Montoison. Après assemblées et débats, ils réclament au seigneur les titres primitifs et demandent à voir, pour comparer, les vieilles *reconnaissances.* Le 24 août 1708, quinze ou vingt femmes et filles, armées de haches, pierres et bâtons, mettent en déroute les gens du marquis venus dans les granges pour le *vingtain* ; elles les poursuivent à travers le village, soutenues à grands cris par les hommes surgis des haies : « Au voleur ! Il faut les assommer, M. de Montoison n'aura pourtant point de notre blé ! » Dans sa plainte, le seigneur rapporte que les rebelles l'ont invité ce jour-là à « prendre exemple » au sort de son voisin le marquis de Montaneguier dont la maison a été incendiée par les habitants de Saint-Nazaire-le-Désert. Lui aussi réclamait le *vingtain* des blés, mais il avait été contraint de « deshabiter le lieu »[59]. Les nouvelles circulent vite et nourrissent une opinion publique attentive et étonnamment informée.

Effet de contagion

Le siècle s'avance. Mêmes refus hérissés à travers tout le royaume, inscrits dans la longue durée, avec inévitables effets de contagion. En Basse-Bretagne, au sud de Guingamp, les paysans de Saint-Nicolas-du-Pelem mènent un combat opiniâtre — depuis les années 1680 — contre l'abbaye cistercienne de Coëtmalouen à propos des droits, de la dîme et du statut des terres redevables. En 1733, une cinquantaine d'entre eux envahissent la procure du couvent en criant « qu'ils voulaient à leur tour être les maîtres » ; selon un mémoire rédigé par les moines, « lesdits vassaux menacent même d'incendier ladite abbaye, ce qu'ils ont déjà fait en 1714 »[60]. L'affaire de Lanobre, en Auvergne, concerne les redevables du hameau de Chassagnes, qui depuis 1733 ont « pris fantaisie » de ne plus rien payer tant qu'on ne leur aura pas fourni la preuve de ce qu'ils doivent vraiment. Il s'agit d'un peu d'argent, de seigle et d'avoine à livrer le jour de la Saint-Julien au prieuré de Bort, dépendance de l'abbaye de Cluny. Le 5 février 1735, la violence éclate : le fermier seigneurial Begon et ses aides, plus les deux huissiers et un recors, sont accueillis par « plus de cent hommes » armés de *bigots*, bêches, *fessoirs* (houes), *pourdieu* (barres de fer) et même fusils. Begon, pistolet au poing, pousse son cheval contre une femme qui lui réclamait « les anciens titres », il lui passe sur le corps. Les pierres volent, il est blessé à la tête et doit rebrousser chemin, poursuivi par les « furieux » sur « une demie quart de lieue ». Ici le jeune seigneur-prieur n'est encore qu'un enfant, et c'est son père, M. de Virieu-Faverges, qui défend ses intérêts : « Une rébellion si concertée, écrit-il au président de la cour des aides de Clermont, paraît trop hasardée pour la laisser impunie. » Le juge de Bort ordonne des arrestations, mais les habitants répliquent en s'adressant au tribunal de Riom, manœuvre que M. de Virieu rejette sur un certain « petit avocat de village qui est la cause de toute cette sédition ». Nouvelle émeute le 21 mars suivant, quand les cavaliers de la maréchaussée viennent saisir les inculpés. « Il est sorti de derrière les murailles et maisons [...], dit le procès-verbal, le nombre de plus de deux cents hommes ou femmes dudit village ou endroits circonvoisins, tous armés de fourches de fer, *bigots, fessoirs*, faux *manchées* par le bout, bâtons et pierres en main [...] lesquels [...] comme des lions enragés ont fait pleuvoir une grêle de pierres sur nous. » La brigade s'enfuit et les habitants triomphent, tous « criant et hurlant comme des loups pour élever *[sic]* les autres villages ». L'affaire embarrasse l'intendant de Clermont qui souhaiterait un accommodement sur la base de nouvelles *reconnaissances*. Le fermier a eu grand tort, écrit-il, d'agir avec autant de brutalité, « mais les paysans sont encore infiniment plus à blâmer de s'être ameutés au point qu'ils le firent »[61].

On imagine les échos de ces hauts faits paysans dans la région et au-delà. Dans la même généralité de Clermont, les habitants de Céreix-Saint-Jean-de-Nay mènent la vie dure à leur seigneuresse, une dame de Villacerf de Crussol, qui vient d'ordonner la rénovation de ses terriers et leur fait procès sur procès. Mais les choses traînent en longueur, la tension monte. Ici aussi les habitants s'en prennent aux huissiers et aux sergents qui ne peuvent plus signifier la moindre procédure « sans courir le risque de la vie », et on en profite pour ne plus rien payer. L'huissier Berthet en fait la triste expérience le 8 avril 1737, quand il monte au pays, accompagné de plusieurs gardes. Cris sur la place, « en langage patois » : « Voici les sergents du château, allons, venez tous, il faut les tuer ! » C'est une fois de plus l'*intifada* au village, Berthet et sa troupe s'enferment au cabaret dont la foule essaie de forcer portes et fenêtres. Ils tentent de sortir, mais on se rue sur eux et on les pourchasse à travers jardins et chènevières. Meurtris sur tout le corps, ils traversent un ruisseau, toujours poursuivis par une « populace des deux sexes ». L'esprit public, selon les seigneurs, est devenu détestable dans ce pays sauvage, peuplé de « mutins » et de « rebelles »[62].

De fait, non loin de là, à Saint-Privat-du-Velay, les villageois prétendent que les *censives* sont définitivement éteintes puisque le dernier terrier a plus de trente ans d'âge : Saint-Privat, argumentent-ils, se trouve en pays coutumier, et par conséquent les droits y sont abolis en vertu de la prescription trentenaire qui joue dans tous les pays de coutume. Le seigneur soutient au contraire que le pays est de droit écrit et que les censives, une fois reconnues, sont imprescriptibles et toujours exigibles ; d'ailleurs, ajoute-t-il, « il n'y a qu'environ vingt ans que la plupart m'ont payé ». S'ensuit un grand remue-ménage de titres, consultations et procédures. Le hameau de Pratclaux, dans la même paroisse, se soulève en juillet 1741 contre l'huissier et les trois sergents venus « exécuter » (saisir) chez les débiteurs en vertu d'un arrêt du parlement de Paris. Accrochage sérieux, deux des intervenants sont grièvement blessés. Pour le seigneur, il y a bien « révolte, émotion populaire et attroupement au son de la cloche ». D'où son inquiétude : « Ces habitants de Pratclaux, qui est *[sic]* le plus riche et le plus méchant peuple du canton, font tant de bruit que cela influe sur les autres débiteurs que j'ai dans les paroisses voisines qui, étant moins commodes, se dispenseraient de payer »[63].

L'opposition va parfois jusqu'à la grève des faucilles. Ceux d'Angles, en Haute-Provence, ont tout essayé pour échapper au droit de *demi-lods* sur les héritages roturiers — des refus de payer successifs, des procès, le banc seigneurial fracassé… En juin 1731, ils interdisent à quiconque, sous peine d'amende, d'aller moissonner les blés sur les terres du château. Le ton monte contre un certain abbé d'Aillaud, agent du seigneur, qui tente de recruter des ouvriers. L'un des meneurs s'adresse à lui avec la dernière insolence. Le chapeau enfoncé « jusqu'aux yeux », il harangue la foule : « Pourquoi est-ce que tout le peuple ne se soulève pas pour assommer ce coquin d'abbé ? » Le prêtre se sauve au presbytère, aussitôt investi par les villageois : « Sors, sors, c'est ici que nous te voulons pour te massacrer et te mettre en pièces en attendant d'en faire autant de toute la maison ! » Le seigneur, dans sa requête, évoque les injures « atroces » lancées contre lui, avec toutes « les menaces que la révolte, la sédition et la félonie peuvent inspirer à des vassaux [en] fureur »[64]. En Vivarais, le comte de Brison se désespère : quand verra-t-il la fin d'un procès qui dure depuis quatre-vingts ans contre plusieurs communautés de la région de Valgorge, pays effroyable où les seigneurs perdent tous leurs droits ? « Les habitants, écrit-il, menacent mes gens d'affaires, tuent les huissiers que j'y envoie et tiennent les propos les plus séditieux. Ils ne se montrent qu'attroupés et armés jusqu'aux dents »[65].

Les refus sans actes de violence ont parfois laissé des traces aussi, et elles donnent la couleur du temps. Les agents du seigneur de L'Isle-sous-Montréal, aujourd'hui L'Isle-sur-Serein, s'avancent dans les champs pour cueillir les gerbes de la *tierce*, en août 1763, mais les moissonneurs sont là, qui leur barrent le chemin. Un tel déclare « que la terre de L'Isle était franche, et qu'il en avait de bons contrats » ; celui-là assure que sa maîtresse « lui avait défendu expressément de donner un seul épi de blé pour ledit droit » ; un autre, « qu'il n'avait jamais payé la *tierce* et qu'il ne voulait pas commencer cette année » ; un autre encore, « qu'il aimerait mieux mourir que d'en donner une gerbe ». Le laboureur Claude Marey répond *« qu'ils etoient francs caleu* [sic] *et qu'ils en avœient deja donné, mais qu'ils iroient les reprendre dans la grange du chateau ».* Le maçon Trinquet (il ira plus tard en délégation à Paris, au nom de tous) dit qu'il ne sera « pas plus pendu que les autres ». Le meunier Gueneaux ne payera que si on lui montre les titres justificatifs, « qu'autrement il était incrédule comme saint Thomas ». Le laboureur Nolot affirme que l'arrêt rendu contre eux par le parlement de Paris ne vaut rien, car il a été « jugé par faveur ». « Voleurs », « fripons », les gros mots volent. La veuve Legrand et son fils frappent le *tierceur* à coups de bâton « en le traitant de vieux B... »[66]. Titres, *directe*, alleux, franchise, les refus sont argumentés, langage retors de paysans informés et bien conseillés. Nous retrouverons tous ces gens un peu plus loin.

Le jeu des alliances

Les alliances contre un adversaire commun ne sont pas rares. Dans les 88 rébellions pour redevances, il se trouve, à 29 reprises, parmi les émeutiers, des notables et petits notables, pour la plupart hommes de loi (7), maires et consuls (7), gens d'Église (7)... À Vorey, grosse bourgade proche du Puy-en-Velay, le seigneur continue à réclamer, en 1709, l'antique droit de guet et de garde au château. Les habitants renâclent. Quand l'huissier et ses assistants veulent opérer une saisie et prise de corps contre le praticien Hostin dit la Pique, un notaire et un vicaire rejoignent la foule — plus de quatre cents personnes — qui proteste violemment au milieu des cris et des sonneries de tocsin. Jusqu'à la prieure du monastère de bénédictines qui met le nez à sa fenêtre pour encourager les mutins[67]. Quant aux motivations, voyons plus en détail le cas de Gergueil en 1767. Dans cette paroisse bourguignonne, feudataire de l'abbaye de Cîteaux, les moines exigent un « droit de propriétaire à raison de la neuvième gerbe ». Le curé pousse les villageois à la résistance. Il les encourage si bien qu'ils décident de frapper un grand coup. Le 6 août, « tous les habitants » (plus de cinquante), hommes, femmes et filles, mettent en fuite les gens de l'abbaye venus pour la collecte. Ils lancent des pierres, brandissent leurs outils, hurlent des menaces : « Les voilà, les chiens, tuons-les et éventrons-les avec nos faucilles ! » Nouveaux incidents l'année suivante et encore en 1769, en dépit d'un jugement qui confirmait les religieux dans leurs droits[68]. Sans mettre en doute la sympathie du curé pour ses paroissiens, suggérons qu'il y avait aussi des raisons d'intérêt : il craignait pour sa dîme, et souhaitait être servi le premier.

À Suze-la-Rousse, en Dauphiné, depuis 1735 au moins, le droit dit de *huitain* faisait problème. Ce prélèvement s'appliquait jusque-là aux céréales et au vin, mais le comte de Suze veut l'étendre à d'autres cultures plus récemment introduites, le safran, le mûrier, le maïs. Les consuls ne lâchent pas le morceau. De protestations en refus de paiement, de procès en arbitrages avortés, on en arrive, dans les années 1760, à la crise ouverte. En 1769, le seigneur somme la communauté de lui passer une reconnaissance générale de l'ensemble de ses droits, ce qui provoque un nouveau procès. En novembre 1781, la colère éclate à la publication d'un arrêt du parlement de Grenoble qui confirme l'exigibilité du *huitain.* Le comte ne trouve personne pour le lever, chacun garde en mémoire le bruit qui s'est répandu « que malheur arriverait à celui qui s'en chargerait ». Finalement, deux anciens militaires acceptent, mais les choses tournent mal. À leur entrée dans le bourg, ils voient fondre sur eux « une multitude considérable », les femmes en avant, les hommes derrière comme souvent, avec des haches et des serpes, des pierres, des bâtons. Le tocsin sonne, on crie, on veut aller brûler le château, les deux hommes sont frappés et on les aurait assommés s'ils ne s'étaient enfuis. « Témérité », « esprit de révolte » qui valent aux habitants la menace d'un envoi de troupes. Le parlement décrète plusieurs arrestations et les consuls sont mis en cause. Là-dessus s'engagent de laborieuses discussions autour du rachat du *huitain.* Pour se libérer, la communauté accepterait de céder au comte une partie de ses biens communaux, un grand bois de chênes verts, et elle verserait de surcroît 40 000 livres par paiements différés, somme considérable, étant entendu que le droit restait exigible jusqu'à l'entier règlement. Mais le comte n'est pas satisfait. Soutenu par le procureur général de Grenoble, il réclame une plus large part des bois communs. Le dialogue s'enlise, les arrérages s'alourdissent. L'affaire du *huitain* figurera longuement, en termes plaintifs, dans la réponse de la communauté de Suze au questionnaire de la Commission intermédiaire des états du Dauphiné, en mars 1789[69].

Les « titres primordiaux »

Peu après le conflit de Suze-la-Rousse, une rébellion plus étendue touche la région bocagère située entre Bourgoin, La Tour-du-Pin et La Côte-Saint-André, toujours en Dauphiné. Elle met en mouvement les paroisses de Doissin, Sainte-Blandine, Montrevel, Montagnieu, Torchefelon... Rien non plus d'inattendu ou d'accidentel dans cette région où les relations seigneurs-paysans sont depuis longtemps orageuses. Déjà, au début du siècle, deux communautés dénonçaient, dans une requête adressée au souverain, les « violences excessives » des fermiers seigneuriaux du marquisat d'Ornacieux qui violentaient les débiteurs, maltraitaient « les femmes enceintes », usaient de poids et mesures peu fiables et exigeaient les droits à leur « fantaisie ». Les consuls en appelaient déjà à la justice du roi en réclamant « les titres primordiaux » afin de ne plus payer que ce qu'ils devaient réellement, ou même d'envisager un rachat[70]. Les passions montent dans la seconde mi-siècle à propos des redevances et des droits d'usage dans les forêts, avec un enchaînement de procès dispendieux pour toutes les parties. En janvier 1750, plusieurs habitants de Sardieu et Marcilloles sont exilés sur ordre royal à la suite des dégradations commises dans les bois du marquis d'Ornacieux[71]. Dans le voisinage, le comte de Virieu ne vit pas mieux avec ses « vassaux » qui se mettent eux aussi à réclamer les « titres ». Il obtient du parlement de Grenoble, en mars 1783, un arrêt comminatoire intimant aux habitants de Montrevel et Doissin d'avoir à passer dans les trois mois, « en corps de communauté », une *reconnaissance* générale de ses droits « universels et personnels ». Un autre conflit oppose les habitants à la marquise de Murinais, elle aussi possessionnée dans les mêmes paroisses. Les tribunaux prononcent de nouveaux arrêts contre les débiteurs, mais aucun homme de loi n'ose les leur signifier de crainte d'être « maltraité ». Le mardi 5 octobre 1784, un huissier plus audacieux que les autres arrive dans la commune de Doissin et commence à instrumenter, soutenu par trois brigades de la maréchaussée. C'est alors la scène classique si souvent évoquée dans ce livre : le tocsin, la foule armée de fourches, de haches, de frondes, plus de six cents personnes, hommes et femmes. Les cris — « Au voleur, coquin, au secours » —, les jets de pierres, la troupe tire, il y a des blessés de part et d'autre. Nouvelle émotion trois jours plus tard quand on annonce l'arrivée d'unités militaires qui seront logées aux frais des villages coupables. Un millier de personnes se rassemblent, pareillement armées, certains même avec des fusils, pour « repousser tous ceux que l'on enverra contre eux ».

Les autorités réagissent avec vigueur, deux détachements, d'une centaine de fusiliers chacun, se dirigent vers les paroisses rebelles qui seront désarmées. Tout en soutenant les seigneurs, le procureur général du parlement de Grenoble, M. de Reynaud, leur conseille de modérer leurs exigences et d'accorder aux moins fortunés des remises d'arrérages. De même les parlementaires, dont l'appui est nuancé. Comme l'a dit Jean Egret, ils n'y ont pas mis « l'âpreté — ni même toujours la conviction — qu'on aurait pu attendre de la part de magistrats, eux-mêmes seigneurs justiciers et féodaux ». Ils semblent impressionnés par « la résistance de plus en plus opiniâtre de la plèbe rurale ». Malgré tout, la répression reste sévère, onze condamnations au bagne et cinq peines de bannissement prononcées[72]. Les sentences imprimées sont placardées aux portes des églises dans les villages coupables, les paroisses voisines et jusqu'à Grenoble, pour que nul n'en ignore.

Sur les marchés, au four, au moulin...

Une douzaine de rébellions d'ampleur plus modeste concernent les péages, les droits de marché ou le monopole seigneurial du four et du moulin. Score réduit, qui ne doit pas surprendre. Tout d'abord parce que ces droits ne s'étaient pas maintenus partout. Le monopole du four banal, par exemple, avait pratiquement disparu dans certaines provinces. Pour le restant, qui n'est pas négligeable, commis et fermiers continuent à percevoir leur dû, à force de vigilance. Ces taxes répondent à une gamme variée de services, comme la sécurité des passages, la police des marchés, les poids et mesures, le bon fonctionnement de l'outillage collectif du monde rural. Le paysage villageois et l'architecture urbaine portent témoignage de la présence technique du fief, avec la halle et son équipement, les pierres blasonnées des mesures à grains, le four au coin de la rue ou au bout du chemin, les artifices du moulin, la scierie sur la rivière... La perception est généralement confiée à des gens du pays qui jouissent d'un petit capital d'influence. Les *pancartes*, affichées sur place, indiquent le taux des prélèvements, valable pour tous et resté stable en principe dans la longue durée.

Non qu'il n'existât un contentieux fourni : plaintes des usagers persuadés que les agents les tondent en pratiquant des surtaux, en utilisant des mesures falsifiées pour les denrées, tandis qu'en face les seigneurs accusent le public de fraude et de dissimulation constante. Et bien sûr des recours, des mises en demeure, des procès. Les quelques dérapages violents que nous avons constatés — en petit nombre, répétons-le — se produisent surtout les jours de foire ou à l'occasion des rencontres festives, dans une ambiance favorable au défoulement. Un jour de pèlerinage de 1675, à Duault en Bretagne, le procureur fiscal qui veille à la collecte du « droit de coutume » dû par chaque étal est pris à partie par une « cohorte d'ivrognes, mutins et séditieux à lui inconnus » ; il est injurié, maltraité, puis attaqué en pleine nuit dans la maison où il s'était « sauvé de leur furie ». Au marché de Villefort, en Languedoc, les collecteurs du droit de *cartalage* sur les blés sont assaillis en mars 1745 par une quarantaine de paysans descendus de la montagne avec leurs sacs de grains, tous armés de bons bâtons, courts et carrés, fort coupants, quelques-uns avec des baïonnettes. Ni la petite garnison locale, ni les consuls qui se montrent coiffés de leur chaperon ne parviennent à rétablir le calme.

Les séditieux répliquent « qu'ils se feraient plutôt hacher en petits morceaux » et ils menacent ceux qui ont déjà payé. Les incidents se répètent vingt ans plus tard, malgré la présence d'une troupe de quarante dragons, alors logés chez l'habitant. Cette fois, les gens du bourg et même les notables semblent solidaires des montagnards qu'ils encouragent en sous-main. Le comte de Morangié, seigneur du lieu et personnage considérable, vitupère « cette insolente république » ; il réclame un exemple « éclatant » contre « de tels révoltés », et dans l'immédiat le désarmement du bourg. Entre autres « méchants républicains », il cite les deux consuls et le greffier consulaire, le sieur Bastié, un homme « de la méchanceté la plus noire et capable de tout » ; plus redoutable encore, le notaire Leyrette, qui exerce les fonctions de maire, digne surgeon d'un grand-père et d'un père qui ont toujours été « de vrais conjurés et séditieux »[73]. En janvier 1769, à la foire de Jaujac, gros bourg proche, les colporteurs et les marchands mettent en déroute les deux gardes du comte d'Antraigues venus réclamer le droit de *banc* ou d'étal. Cris des enfants et des femmes sous la halle, les deux hommes manquent d'être lapidés, les marchands les frappent avec leurs mesures de bois, on les traîne par les pieds vers « un précipice » et ils s'en tirent à grand-peine[74].

Dans les villes, les redevances de ce type contrarient les municipalités qui, au XVIIIe, souhaiteraient s'en libérer, ou plutôt les confisquer à leur compte. Ainsi, Grenoble a tenté continûment de secouer le carcan des péages, pontenages et autres taxes sur les denrées qui relevaient de différents seigneurs. Le conflit, déjà très vif dans les années 1720 et 1730, se rallume brutalement en juin 1775 quand un édit royal ordonne la suspension des droits d'entrée sur les grains, les farines et le pain dans toutes les villes du royaume, sauf Paris. La mesure — adoptée au temps de Turgot, au lendemain de la guerre des Farines — ne visait en réalité que les droits perçus par les municipalités, mais l'édit était rédigé en termes si généraux qu'on pouvait l'interpréter comme une mise en cause de toutes les taxes sur les denrées. Au cours de l'été, les marchands refusent en masse de payer la *leyde* des blés due au comte de Pons. Des incidents sérieux éclatent encore à l'automne, malgré la présence de la maréchaussée et d'une forte unité militaire postée à La Grenette. Les affrontements devaient se renouveler par la suite, à grand déploiement argumentaire, avec toute une rhétorique forte qui agitait les « usurpations » féodales, les « abus », les « rapines » d'un « temps d'anarchie »[75], etc.

Quant aux droits dits *banalités*, tous s'accordaient à les dire désuets, mais ils n'ont entraîné que peu de refus violents. L'affaire de Mosset, près de Prades en Roussillon, se greffe sur un contentieux personnel gros d'autres litiges. En 1737, le marquis d'Aguilar s'apprête à faire démolir, en vertu d'une ordonnance judiciaire, les fours que plusieurs *pagesos* ou gros laboureurs ont récemment construits chez eux. Dans la vallée, on se prépare à l'épreuve de force : « Si l'on vient pour démolir les fours, il faut que nous [tous] tant hommes que femmes criions *a carn, a carn, a carn,* et ce d'un ton de voix haut et furieux. » Le 16 décembre au matin arrivent les gens du seigneur avec un huissier, quatre cavaliers de la maréchaussée et un maçon muni d'une massette. Au village, on les attendait. Hommes et femmes rassemblés, *tricots* (grosses barres) et pierres en main, parlent d'assommer les intrus, disent qu'on n'obéira « qu'aux ordres du roi » et menacent l'exempt (« Que s'il était exempt aujourd'hui, il ne le serait pas dans un mois ! »). Le *battle*, qui représente ici le seigneur, se déclare quant à lui « aux ordres de la justice », tandis que les consuls et syndics soutiennent les protestataires. Ils tiennent une réunion impromptue du « conseil politique ». Il y a comme partout un petit clan seigneurial, mais l'opinion majoritaire va contre le fief. L'affaire des fours rejoint d'autres anciens griefs visant les prétentions forestières du marquis, les « abus » de ses maîtres de forges, l'usage des eaux vives pour l'irrigation, les droits de boucherie… Une « guerre de cent ans » qui a mis la seigneurie en position d'accusée. Dans l'affaire des fours, la procédure ouverte au siège royal de Conflans et Capcir détaille les responsabilités de chacun, celle des *pagès*, bons propriétaires qui ont conduit l'action, celle des brassiers, celle du vicaire, solidaire des rebelles, mais l'issue du conflit nous échappe[76].

4. L'ÉPREUVE DES « RÉNOVATIONS »

Rajeunir le fief

La défaveur grandissante de l'opinion ne suffirait pas à expliquer les dysfonctionnements du système seigneurial. Jouaient aussi contre lui toutes les mutations liées au temps qui passe. Le renouvellement des générations entraînait successions et partages qui invalidaient les anciennes *reconnaissances*, en morcelant la propriété par exemple. Par ailleurs, les cultures récemment introduites ne correspondaient plus aux produits désignés sur les barèmes de prélèvement. Enfin, les terroirs eux-mêmes et leur qualité pouvaient s'être modifiés à la suite des guerres, des intempéries, de l'érosion, des variations naturelles du terrain, etc. Des parcelles naguère taxées n'existaient plus, englouties par les crues ou prises sous les éboulements, d'autres avaient perdu leurs limites anciennes, la toponymie des lieux-dits devenait elle-même incertaine. Il en résultait « les difficultés les plus épineuses » et, faute d'un suivi, d'une mise à jour permanente, les *terriers* se transformaient en un « chaos inexplicable »[77].

Ces registres seigneuriaux, les *terriers*, évoqués tout au long du chapitre, comportaient la définition du fief dont ils constituaient le socle légal. Ils donnaient pour chaque censitaire la description des parcelles et le montant des droits y afférents. Beaucoup d'entre eux étaient devenus obsolètes et les propriétaires souhaitaient leur rendre fiabilité et vigueur. En principe, toute *rénovation* constitue un acte public soumis à l'autorisation d'une cour de justice royale, seule habilitée à décerner des « lettres de terrier » ou « lettres à confection de terrier ». Dans la pratique, si le seigneur se passait souvent de la formalité requise, il lui fallait quand même s'adresser à des spécialistes compétents et homologués, les commissaires à terriers, dits encore feudistes, féodistes ou commissaires d'extentes. Le coût de l'entreprise était soit imputé aux censitaires, soit supporté par le seigneur selon diverses modalités : un salaire fixe versé au commissaire engagé au mois ou à l'année, ou bien une indemnité forfaitaire, versée par tranches au fur et à mesure de l'avancement des travaux, ou encore un règlement à tant par *reconnaissance*. Très souvent, il était prévu que le commissaire conserverait une partie des droits échus ou à échoir jusqu'à la fin de l'ouvrage, par exemple le quart, le tiers et même la moitié quand le travail s'annonçait difficile, lorsque les papiers de la seigneurie se trouvaient en désordre ou « invétérés ».

Les contrats de rénovation stipulaient que le seigneur prendrait à son compte les frais de poursuites judiciaires intentés contre les débiteurs qui refuseraient de « reconnaître » ; il fournirait aussi le papier timbré, les registres et les plumes, et il s'engageait dans certains cas à subvenir aux frais de table pendant toute la durée du travail sur son fief.

Voici dans le concret comment les choses se passent dans les paroisses. Un dimanche après la messe, une annonce solennelle donne le signal de la remise en ordre, avec l'indication du jour où les censitaires devront se trouver là pour « reconnaître ». Le commissaire est logé sur place, généralement hébergé par le seigneur, quelquefois à la cure. Il se rend sur le terrain et vérifie l'exactitude des documents anciens en interrogeant toutes les parties concernées qui sont tenues de lui donner réponse, aussi bien les seigneurs des fiefs limitrophes pour préciser les confins, que l'ensemble des censitaires. Pour vérifier que les parcelles coïncident bien avec celles qui figurent sur les anciens terriers et pour connaître l'identité des possesseurs actuels, il se fait accompagner par des *indicateurs*, habitants de l'endroit choisis « parmi les plus âgés et les plus sagaces », théoriquement désignés par les syndics de la paroisse. Travail de longue haleine, prolongé sur plusieurs mois, parfois plusieurs années. À la fin de la campagne, le commissaire remet au seigneur trois types de documents : les anciens papiers et registres à la base de l'enquête, les extraits ou *lièves* destinés à la perception, que les agents du fief présenteront lors de la collecte des droits, et enfin l'ensemble des terriers rénovés. Ces gros volumes reliés en cuir ou en basane sont rangés dans le chartrier du château, pièce voûtée et puissamment barreaudée, à l'abri des voleurs et du feu.

Il aurait fallu une réfection tous les vingt ou trente ans pour maintenir intacte l'efficacité du fief, mais l'entreprise entraînait tant de débours et dans l'immédiat un tel manque à gagner que les titulaires hésitaient à se lancer dans l'entreprise. « Il y a peu, ou pour mieux dire, il n'y a aucune seigneurie où on trouve des terriers si souvent renouvelés ; on est fort heureux quand on en trouve un dans chaque siècle », lit-on dans le *Traité* de Renauldon. Sans prétendre retracer une chronologie précise, on constate qu'en Dauphiné et Savoie le rythme s'est accéléré dans les années 1680-1720, à la charnière des deux siècles. Par contre, dans le Bordelais comme en Bourgogne, en Franche-Comté, dans les Flandres ou le Cambrésis, les rénovations se sont multipliées plus tard, vers les années 1750 réputées « âge d'or » des feudistes, « pour devenir légion au cours des deux dernières décennies de l'Ancien Régime »[78]. Le phénomène répond d'abord à l'arrivée massive de néo-seigneurs. Les élites bourgeoises en quête d'un statut honorifique acquièrent tous les fiefs disponibles sur le marché, mis en vente par les anciennes familles ou démembrés du Domaine royal. Par ailleurs, l'esprit des Lumières a mis à la mode la cartographie, les plans, les relevés cadastraux. Il y a émulation parmi les propriétaires pour moderniser leurs archives avec l'espoir que la Raison qui préside à ces travaux les préservera de l'usure du temps.

Quel a été l'impact sur la population ? Passons sur les procédures engagées à cette occasion, accompagnées d'un déferlement d'écritures à caractère hautement pédagogique, dirons-nous. Les petits lettrés de paroisse scrutent les anciens grimoires ; à la suite, les paysans se familiarisent avec le temps long en comparant des documents datés, ils s'habituent à entrer dans la logique de l'adversaire en maniant son langage, en opposant droits contre droits. « Autant de favetiers, autant de procès », constatait avec amertume un noble savoyard en 1721. « Un seul de mes favetiers, coq de paroisse, écrivait un autre, m'a fait plaider six ans pour vingt-six deniers de servis, et a essuyé six jugements interlocutoires et définitifs avec dépens. » Le feudiste devient la figure la plus impopulaire du monde villageois, avant même l'huissier ou le dragon envoyé pour les tailles. Ceux dont la réputation est intacte, écrivait en 1705 un curé de village, « sont aussi rares en ce pays qu'un frère à grande oreille âgé de vingt ans qui n'ait reçu aucun coup de bâton »[79]. Les incidents abondent, on les insulte dans les rues, on les moque au cabaret, on les menace à travers champs au cours de leur travail de repérage, parfois on les agresse. Leurs collaborateurs courent de grands risques eux aussi. À Valergues, dans l'Hérault d'aujourd'hui, l'indicateur des Visitandines de Montpellier est attaqué dans sa maison et manque d'être brûlé vif (1730)[80]. En Velay, émeute générale à Loudes dans la nuit du 17 septembre 1759. Les habitants veulent enfoncer la porte du logis où sont descendus trois feudistes, venus pour des rentes seigneuriales demeurées longtemps en souffrance et revendiquées sur place par l'abbaye de La Chaise-Dieu, le vicomte de Polignac et le chapitre du Puy. Le lendemain, le tocsin rameute le village, les pierres volent, les trois hommes prennent la fuite avec le syndic de la cathédrale qui les avait accompagnés[81]. Entendez, vingt-cinq ans plus tard, les craintes du marquis de Lafare pour sa terre de Saint-Alexandre, près de Pont-Saint-Esprit. La région, écrit-il, est farcie de gens sans foi ni loi, qui « se portent même jusqu'à l'excès de tuer les personnes que j'emploie pour servir d'indicateurs à mes *féodistes* qui dans ce moment renouvellent mon terrier »[82].

La haine du commissaire

À la rubrique *rénovations*, nous relevons 41 mouvements rébellionnaires dans toute la chronologie. C'est peu, dira-t-on, si l'on songe aux milliers de réfections de terriers dont les archives ont gardé la trace. Aussi, l'intérêt réside moins dans le nombre que dans la saisie éventuelle de constantes ou d'écarts. Plus de 50 individus participent à l'action dans près de la moitié des cas. Le quotidien villageois y apparaît avec son système de clivages, sa charge de passions, ses stratégies de survie. Les actions de terrain possèdent un premier caractère commun : elles ont toujours été précédées d'une résistance administrative et judiciaire, elles ne relèvent pas du refus impulsif, même quand la violence va au-delà de l'intention première. Autres permanences : l'alliance entre petites gens et notables de village, le front solidaire de la roture contre le privilège. Dimension sociale, dimension politique de chacun de ces micro-incidents, comme si l'acte même de la *rénovation* servait de révélateur. Vouloir reconduire, au XVIIIe, un état de dépendance dans le cadre du fief entraînait en réplique l'affirmation d'un droit à l'autonomie du sujet, avant même que les « philosophes » n'en eussent fait un cheval de bataille.

Les communes de montagne ont pris l'initiative et manifesté leur esprit d'indépendance. À la fin du XVIIe siècle, des incidents éclatent dans le duché de Savoie, les rénovateurs s'y sentent en danger, le fief est menacé. C'est l'époque où le comte Anselme de Montjoye, possessionné en Faucigny, est convaincu qu'on lui a tué deux des quatre commissaires qui s'étaient associés pour rénover la terre qu'il venait d'acquérir du Domaine[83]. Aux environs de Rumilly, le comte d'Hauteville est en conflit ouvert avec ses *favetiers* de Marcellaz et Sales. Souhaitant rafraîchir les *servis* qui ne rentraient plus, le 3 septembre 1696, il entame une tournée de *rénovation* avec son fils, un fermier et deux valets en compagnie de deux feudistes et de deux indicateurs. Chemin faisant, à pied pour les uns, à cheval pour les autres, le petit groupe malmène un paysan qui refuse de donner le nom de la parcelle qu'il est en train de labourer. Quelques heures plus tard, une centaine de paysans et de bergers sortent du hameau voisin, hommes, femmes, enfants, tous armés de pierres et de serpes. Ils assaillent le seigneur et son monde en lançant des pierres « à tour de bras ». Le comte tente d'apaiser les mutins : « Tout beau, messieurs, nous ne sommes pas ici pour vous faire aucun tort, mais seulement pour éclaircir mon fief, de grâce retirez-vous ! » La fureur redouble : « Ah ! le loup ! Ah ! le voleur ! Il faut aller brûler son château ! » Le seigneur et ses gens décampent sans traîner, mais l'un des indicateurs, moins rapide, est rattrapé, insulté et battu, dépouillé de ses vêtements, et il doit revenir tout nu au château d'Hauteville où il reste quelque temps, « n'osant retourner dans son village ». Le juge-mage de Savoie convoque à Chambéry le comte et son fermier tandis qu'une demi-douzaine de paysans sont mis sous les verrous[84].

Le climat n'est pas meilleur sur les terres proches d'Annecy. Le commissaire engagé par le comte de Menthon ne parvient plus à trouver d'indicateurs pour travailler au grand jour dans ses fiefs, du côté de Montrottier, si bien qu'il doit faire ses relevés avec son équipe « à la faveur de la lune ». Plus grave pour la seigneurie, l'attaque, en 1703, d'un bâtiment d'archives au prieuré de Poisy, où étaient conservés les terriers : les rebelles s'emparent de plusieurs livres de reconnaissances et ils en font un feu de joie. L'affaire est sanctionnée de façon exemplaire : une pendaison (en effigie) pour les deux plus coupables, et pour deux autres le fouet en public et une condamnation effective à dix années de galère. Les campagnards n'auraient jamais montré tant de hardiesse, M. de Menthon en était convaincu, s'ils n'avaient été encouragés en sous-main par quelques bourgeois d'Annecy et par les curés des deux paroisses les plus remuantes. Un autre curé savoyard est banni à perpétuité pour avoir « donné le mouvement » au Pontet, petit pays situé au pied de la chaîne des Hurtières : deux cent cinquante villageois y avaient mis en fuite une brigade de rénovateurs en 1719, et tué un feudiste[85].

Les incidents se multiplient dans le duché et les magistrats craignent le pire : « Si le roi par sa bonté n'y apporte quelques remèdes, écrit M. de Lescheraine, président au sénat de Savoie, tous les fiefs de ce pays [...] sont perdus. » Et encore : « L'arrogance des paysans est montée à un tel point que personne n'est en sûreté contre leurs insultes. » De même l'avocat général : « Tous les jours on voit de pareilles émotions [...], par suite il pourrait arriver des attroupements de la part de ceux qui font rénover les fiefs aussi bien que de la part des *favetiers*, ce qui pourrait causer une espèce de guerre civile [...], nous avons intérêt pour le bien public de n'épargner personne »[86]. Face à la crise, Turin réagit de deux manières : d'abord en ordonnant des sanctions sévères contre les émeutiers, ensuite en projetant une grande réforme cadastrale qui permettrait de fixer avec précision la nature et le montant des charges seigneuriales. Cette entreprise de longue haleine, mise en chantier par Victor-Amédée II dans les années 1730 et poursuivie sur plusieurs décennies, débouchera sur une réforme radicale : la fin des droits seigneuriaux, ou plutôt leur rachat obligatoire par les communautés à partir de 1771[87].

Rien de tel en France, où les procédures alternent avec les flambées émeutières sans que le pouvoir tente de redéfinir le lien féodal ou de le remplacer par un contrat d'un autre type. Quant aux terriers et *reconnaissances*, raccommodés à l'infini, ils continueront jusqu'au bout à provoquer des tensions. Le contingent d'affaires violentes que nous avons relevées concerne surtout les provinces du Sud et du Sud-Est, pays de droit romain où le fief était structurellement plus fragile et où l'institution communale gardait une plus grande vigueur — mais nous y reviendrons.

Scariers, fayettes et autres

Voici, pris sur le vif, quelques cas parlants de *rénovations* difficiles au long du siècle. Ils montrent tous, à des degrés divers, la solidité du lien collectif qui transcende les statuts sociaux, et aussi l'enracinement dans la longue mémoire. À Benagues en Languedoc par exemple, l'émeute éclate après un procès perdu. Le parlement de Toulouse a tranché, et l'arrêt, signifié aux habitants le 19 septembre 1730, leur ordonne de passer une « reconnaissance générale » en faveur des seigneurs, la famille de Ville. Le lendemain, au son du tocsin, les femmes attroupées malmènent l'huissier qui porte les ordres de l'intendant. Nouveaux rassemblements tumultueux à l'automne, et encore au printemps suivant quand le subdélégué en personne, venu avec le prévôt et sa brigade, trouve sur la place publique « une troupe de femmes soulevées [...] et pas un seul homme ». L'affaire traîne sur des années, dans une atmosphère de ressentiment mutuel entretenu, au dire des seigneurs, par les petits « importants » locaux[88]. Mai 1732 en Vivarais : le procureur du roi au bailliage d'Annonay requiert contre les habitants de Vernosc qui se trouvent accusés tout à la fois d'« attroupements, émotion populaire, force publique, assemblée illicite, sédition, assassinat et vols » ! À la base de l'affaire, une remise à jour du fief ordonnée par le seigneur-prieur et qui indispose, comme à l'accoutumée, les habitants, soutenus par leur curé. Un groupe furieux attaque la maison où s'est réfugié le sieur Champetier, commissaire, qui tente vainement de se cacher dans un coffre. On commence par le désarmer, on lui prend ses documents et aussi sa bourse. Tout ensanglanté, l'homme s'en tire grâce au curé qui intervient en disant aux émeutiers « qu'ils étaient des canailles, qu'il ne leur avait pas commandé cela », mais l'une des femmes, entendue comme témoin, déclare « qu'elles n'étaient pas là sans ordre, et que le sieur curé de ladite paroisse leur avait dit de faire quelque bruit »[89]. Encore 1732, Niévroz en Bresse. Selon la rumeur, un commissaire du nom de Scarier aurait été jeté dans un puits par les habitants, trente ans plus tôt — et depuis lors, le nom de Scarier désigne dans la région tout individu occupé aux affaires de fief. Les seigneurs de l'endroit ont relancé la *rénovation*, mais le travail n'avance pas. Leur feudiste, le sieur Leblanc, est obligé d'instrumenter « en cachette ». Ses piquets d'arpentage sont arrachés sitôt plantés. On l'insulte, on crie « haro sur lui » quand on le rencontre, tous ceux qui lui parlent sont « pris pour des indicateurs » et menacés d'être rôtis dans leurs maisons. La rumeur lui promet d'ailleurs, comme à ses commis, « le même sort qu'à Scarier ». Dès qu'un inconnu arrive au village, les gens s'appellent les uns les autres, ils s'arment « de fourches, bâtons et autres instruments [...] croyant que c'étaient les Scariers ». Les habitants auraient même poussé la malice jusqu'à changer absolument « l'état des lieux » : ils labourent d'anciens chemins, en tracent de nouveaux afin de brouiller le repérage des parcelles désignées sur les anciennes *reconnaissances.* Accrochage sérieux en février 1732 : Leblanc et l'un des seigneurs, le sieur de Digoine, sont dépouillés de leurs papiers et menacés d'être jetés au Rhône. Nouveaux incidents un an plus tard, en janvier 1733, malgré la présence de la maréchaussée. Le syndic du village, requis d'accompagner les commissaires de maison en maison, obéit de mauvais gré. Ce même jour, une troupe nombreuse d'hommes et de femmes — celles-ci avec leurs quenouilles, ceux-là avec des pierres et des bâtons — attaque les rénovateurs qui sont poursuivis sur une demi-lieue et manquent d'être « assassinés ». Là-dessus plaintes, enquêtes, témoignages, la communauté solidaire est condamnée à une amende de 300 livres outre les dépens, et deux des accusés à 20 livres chacun pour les dommages et intérêts. Bien entendu, les habitants font recours et l'on produit de part et d'autre de gros mémoires d'avocats[90].

Dans l'île de Ré encore, trois jours d'émeute en 1735. Les habitants du village d'Ars s'en prennent au curé qui a demandé en chaire d'aider à la *rénovation* des fiefs de l'abbaye : insultes, menaces de mettre le feu à la cure, le prêtre épouvanté se sauve. Deux cents femmes avec des fourches, hallebardes et grands bâtons cassent les vitres de la sacristie où les officiers du seigneur se sont mis à l'abri, puis elles lancent des torches de paille enflammée contre la porte du logis abbatial. L'agent de l'abbaye, avant de s'enfuir à La Rochelle, doit accepter un acte de renonciation, que l'on fait contresigner au sénéchal et enregistrer au bureau du contrôle[91]. Sautons en Bigorre à la mi-siècle : les paysans du village d'Oroix refusent en 1754 de reconnaître les droits prétendus ici par le maire de Tarbes, M. de Fornets, seigneur du lieu, avec qui ils ont déjà eu procès. Les gendarmes s'emparent du chef de la « cabale », un certain Pedarribes. Une première fois, l'homme est libéré par les gens du pays qui brandissent des armes en tout genre. Les gendarmes reviennent, soutenus par plusieurs brigades d'employés des Fermes, mais ils sont reçus à coups de fusil et l'un d'eux reste sur le terrain. L'intendant obtient alors une soixantaine de soldats qui assiègent la bourgade et arrêtent trois des meneurs, mais le chef réussit à s'échapper. S'ensuivent un procès, des condamnations et une requête en cassation présentée par les habitants. Le curé apporte à ses paroissiens un appui qui irrite l'intendant d'Auch : « Il est assez ordinaire en Bigorre que les curés se mêlent de tout et principalement des affaires les plus injustes. » Le consul, ami de Pedarribes, fait le voyage jusqu'à Paris pour obtenir la protection royale, avec succès puisque le Conseil du roi, « par une sorte de compassion », tempère les verdicts. De guerre lasse, le seigneur renonce à la plupart de ses droits et le conflit finit par s'éteindre[92].

Pour revenir à la Savoie, l'affaire de La Clusaz, toujours à la mi-siècle, présente la même unanimité. Les villageois refusent avec éclat — sonneries de cloches, roulements de tambour, menaces de mort — de communiquer leur cadastre aux rénovateurs qui travaillent pour les moines de Talloires. Le commissaire de l'abbaye reste bloqué dans son auberge d'où il s'enfuit honteusement après deux jours d'un siège tumultueux. L'accord des opposants est complet dans la paroisse, au dire du curé Pierre-François Revilliod : « Qui en attaquerait un les attaquerait tous », et les prétentions des moines sont vues comme une « guerre injuste », dirigée « contre le droit naturel ». « Aujourd'hui, ajoute-t-il en une formule remarquable, tous et un chacun sont Anglais pour la liberté »[93]. En d'autres lieux, le refus collectif s'exprime de manière quasi officielle, au nom de tous, comme à Cruzy, en Languedoc, où la décision de s'opposer au feudiste envoyé par le marquis de Puysserguier est adoptée en « maison de ville »[94].

Les communautés font flèche de tout bois : des principes politiques nouveaux, apparemment intériorisés jusqu'en haut des montagnes, tout comme du fonds légendaire local, détourné à usage combatif. Ainsi en Beaujolais, à Saint-Just-d'Avray, où l'on mobilise les *fées* pour la bonne cause ! En juin 1774, une trentaine d'individus plus ou moins déguisés en femmes, le visage noirci et le front dissimulé sous des chapeaux de paille, attaquent un néo-seigneur, le bien nommé Riche, venu vérifier le fief dit de Prosny en compagnie de deux agents. On menace les feudistes, on leur rappelle le sort réservé quarante ans plus tôt à un autre commissaire à Lamure-sur-Azergues, à deux lieues, on s'en prend au malheureux porteur de piquets (« Tu fais là des choses dont on n'est pas content, mais tout à l'heure tu vas voir des choses qui ne sera *[sic]* pas joli... »). Poursuivis à coups de pierres et de bâton, les gens du fief se sauvent dans une maison voisine. Ils repartiront mal en point, après avoir perdu tout leur matériel, papiers, règles, compas et autres instruments. L'inquiétude persiste. Le soir du 24 juin, des feux s'allument sur une hauteur voisine, mais ce n'est pas pour la Saint-Jean, qui ne se fête pas en Beaujolais paraît-il : il s'agit seulement de donner un signal pour empêcher les arpentages nocturnes. S'ouvre une enquête difficile qui traîne au moins deux ans. Ceux qu'on interroge répètent ce qu'on dit au pays, à savoir que les auteurs de l'action seraient les *fayettes*, c'est-à-dire des bergères ou des fées, d'autres disent des diables, des fantômes, des esprits follets. Les *fayettes* habitent les rochers, autrefois elles battaient les gens et faisaient « du mal à bien du monde », elles seraient donc revenues « pour chasser les commissaires »... Une dizaine de paroissiens sont inculpés, la maréchaussée investit le village et ne saisit qu'un vieil homme (qui mourra dans les prisons de Roanne), les autres sont en fuite. En mai 1776, deux ans après les désordres, une dernière tentative pour attraper des suspects tombe dans le vide. C'est la loi du silence en dépit du « monitoire » et de l'« aggravatoire » fulminés à l'église[95].

Les masques, le déguisement féminin, bonne parade, et de vieille date. Les comportements à Sainte-Croix-Volvestre, en pays ariégeois, puisent eux aussi dans ce répertoire inusable. À l'automne 1784, le village s'oppose au renouvellement du fief entrepris par la dame de Gachon, prieure du monastère. La suzeraine se montre très pointilleuse sur la police des bois. Des notables animent la résistance, gros propriétaires de bétail ou exploitants forestiers. Parmi eux un avocat, Charles de Lespinasse, un notaire, un « gradué » et quelques autres « boussoles ». Le 22 septembre, une centaine de villageois réunis en assemblée séditieuse nomment Lespinasse syndic pour agir en leur nom, et ils votent un impôt collectif pour couvrir les frais éventuels, décision annoncée le lendemain, en grand tumulte. La prieure réagit, soutenue par son petit clan de fidèles, le juge, le procureur de la seigneurie et le notaire Sarrans, premier consul, adversaire depuis toujours de la famille Lespinasse. Elle dénonce en vrac les méfaits des rebelles, braconniers et pillards de bois, et elle obtient du commandant de la province l'ordre de désarmer les plus suspects. Mais, dans cette région montueuse, coupée de précipices, l'intervention des gendarmes tourne mal. Les femmes leur jettent des cendres dans les yeux, un homme, à peine arrêté, est libéré par ses camarades, et pour finir « une quantité prodigieuse de ces coquins, tous armés », surgit des forêts et oblige les cavaliers à se replier sur Sainte-Croix, avec un seul prisonnier. Dans la soirée du même jour, cent cinquante paysans en armes, descendus des hameaux ou venus des paroisses voisines, parcourent les rues en réclamant à grands cris la libération du détenu. Ils menacent les consuls, parlent de mettre le feu au prieuré et au bourg, tantôt hurlant « comme des loups », tantôt chantant le *Kyrie eleisson*, nombre d'entre eux masqués, le visage barbouillé de suie, habillés en femmes ou avec la chemise par-dessus les habits. Ces figures traditionnelles de la rébellion montagnarde, on les retrouvera encore dans les combats forestiers des paysans ariégeois, lors de la fameuse guerre des Demoiselles sous la Restauration. L'homme, finalement libéré, est conduit en triomphe à travers le bourg dans un grand concert de sifflets et de coups de fusil. La maréchaussée n'ose plus se risquer dans ce pays « sauvage » où les habitants « ne veulent point connaître aucune espèce d'autorité ». Quant aux « décrétés », ils s'évanouissent, et tout laisse penser que le fief de la prieure continue à dépérir[96].

5. CHASSER, PÊCHER : « PARCE QUE C'EST NOTRE DROIT... »

Désobéissance universelle

Parler du droit de chasse permet de saisir la double emprise de la seigneurie sur la réalité concrète comme sur l'univers des symboles. En tant que droit, il servait d'abord à marquer une frontière sociale. D'essence monarchique puisqu'il émanait de la souveraineté royale, il était accordé sans restriction aux seigneurs hauts justiciers et aux seigneurs possesseurs de fiefs. La noblesse en tant que corps était seule admise à pratiquer un art qui était à la fois loisir de choix, transposition ludique de l'exercice guerrier, rite d'intégration. Le fait d'être roturier n'en interdisait pas absolument l'accès, car le bon vouloir du souverain autorisait des exceptions assez mal définies et offrait des permissions individuelles, catégorielles ou locales — aux officiers des justices royales, aux notables vivant noblement, aux habitants de certaines communautés, villes ou provinces[97]... Ces dérogations de fait desserraient le verrouillage du privilège sans entamer pour autant la rigidité des principes. Deux bourgeois de Faverges, poursuivis en 1717 pour avoir enfreint l'interdit, s'entendent dire en justice que la chasse « n'est due qu'à un homme de condition, le chien, le faucon et l'épervier étant le symbole de la noblesse comme la roue d'une charrue est celui de la roture »[98]. Par-delà l'emblématique, l'enjeu était d'ordre public. La sûreté des campagnes se serait mal accommodée de croquants par milliers allant et venant le fusil sur l'épaule ou la dague à la ceinture. La possession d'une arme ne constituait certes pas un délit, on pouvait avoir un fusil chez soi pour se défendre, mais depuis la déclaration royale de 1660 le port d'armes était interdit aux civils roturiers, sauf dérogations *ad hominem*, bons marchands en voyage pour leurs affaires ou autres personnages de quelque surface. Et tout rustique ordinaire circulant à travers champs avec une arme à feu se trouvait en infraction et suspect de braconnage.

Le droit de pêche dans les eaux vives et dormantes, lui aussi réglementé, ne portait pas la même charge symbolique. Poser ses nasses de nuit, plonger la main dans le gouffre ou sous les pierres du ruisseau se fait en silence, souvent de façon solitaire, sans armes ni référence aucune à la guerre. Pas de quoi déchaîner vraiment les passions seigneuriales ni paysannes, mais assez pour irriter des épidermes chatouilleux. Et à partir de là tout peut s'amplifier jusqu'à la sédition, comme le montrent les incidents relevés.

Pouvait-on tout interdire ? Rien n'était plus difficile que de priver le monde paysan de ce prolongement naturel du côté de la vie sauvage. Plus que d'une promiscuité, il s'agissait d'une symbiose nourricière. La tentation était grande pour le laboureur d'aller dénicher les œufs des couvées, de courser le lièvre à travers les vignes ou de piéger le renard autour du poulailler. Chasse au collet, chasse au fléau ou au bâton quand le gibier passe à portée, mais surtout chasse au fusil, car l'interdit de port d'armes était constamment transgressé et la paysannerie universellement armée. Plusieurs régions frontalières ou littorales jouissaient d'ailleurs là-dessus d'une entière liberté comme le Cambrésis jusqu'en 1760, les vallées pyrénéennes, le Roussillon ou les régions côtières du Bas-Languedoc, sans parler des enclaves comme le Comtat Venaissin où, de fait, la liberté de port d'armes et de chasse était absolue[99]. Ou encore l'Alsace, où la garde des fortifications du Rhin avait été confiée aux paysans durant la guerre de Succession d'Autriche : le roi aurait fait distribuer 30 000 fusils dans les villages « pour s'opposer aux courses des hussards »[100]. Les armes à feu circulaient dans le royaume, les petits marchands venus de Saint-Étienne et du Forez les étalaient sur les marchés[101]. Dans les régions de forêts, les ouvriers des forges fabriquaient et vendaient aux braconniers de la grenaille de fer qui tenait lieu de plomb à tirer[102]. Un peu partout les anciens soldats, les déserteurs, les miliciens de semestre revenaient au pays avec des fusils volés ou des canardières rafistolées par les armuriers du lieu[103]. À la fin du XVIIIe, les *Affiches provinciales*, feuilles de presse assez largement répandues, proposent dans leurs petites annonces des armes de chasse, fusils, pistolets neufs ou de revente[104].

Si les correspondances administratives et privées attestent une désobéissance universelle, les fonds judiciaires ne livrent en la matière qu'une assez maigre récolte, sans rapport avec la masse fourmillante des délits. Les manants transgressent, les seigneurs protestent, les édits menacent, la justice et les représentants de l'État réagissent mollement. Le braconnage, en réalité, ne porte qu'une assez faible atteinte à des intérêts privés, le dommage est surtout d'ordre symbolique. « Plutôt qu'une plaie béante au flanc du corps social », il agit comme « une irritation continuelle pour laquelle une thérapie spécifique reste à inventer »[105]. Rien de comparable avec la contrebande qui lésait gravement les finances royales et qui soulevait en réponse, on l'a vu, une véritable politique et des armées répressives. Sur les motifs du laisser-aller des tribunaux, nous reprenons l'excellente analyse proposée il y a peu par Philippe Salvadori. Tout se passe comme si, depuis la mi-siècle, la loi semblait « disproportionnée aux réalités sociales » au point que l'appliquer suscitait dans l'esprit des administrateurs et des juges des réticences qui tenaient « au scrupule moral comme au souci de ne pas provoquer de remous ». La plupart des infractions n'arrivaient sans doute pas jusqu'à la procédure : les gardes qui vivaient sur le terrain et craignaient des représailles tantôt n'ont rien vu, tantôt se contentaient de menaces, ou encore proposaient des accommodements. S'ils dressaient procès-verbal, les informations ou enquêtes ne suivaient qu'avec lenteur, les poursuites s'interrompaient en chemin, si bien que « de filtrage en filtrage chaque moment du processus judiciaire érode un peu l'effet de la loi »[106].

Impatience grandissante

Transgression permanente, interdit bravé tous les jours. Les milliers de procès-verbaux qui encombrent les tribunaux révèlent des infractions légères qui entraînent amendes, confiscations d'armes ou quelques jours de prison. Les réactions collectives de type rébellionnaire apparaissent clairsemées : les archives n'ont livré à ce jour qu'un faible contingent, 61 au total — 58 autour de la chasse, 3 seulement autour de la pêche —, mais la chronologie est intéressante car elle en indique 13 avant 1750, et 48 au-delà. La disparité donne-t-elle à croire que les gardes sont devenus plus efficaces ? J'avancerais une autre hypothèse, en notant la concordance de cet indicateur avec les rythmes des autres types émeutiers : il y a impatience grandissante du public à l'égard de contraintes ressenties comme archaïques et injustes. Les actions regroupent peu de monde, de 5 à 10 individus impliqués dans près des deux tiers des affaires (39 cas), de 11 à 50 une fois sur trois ; les grosses émeutes à plus de 50 ne figurent qu'à trois reprises, dans la seconde mi-siècle. Pour entrer dans la réalité des faits, nous tirerons de nos filets quelques événements évocateurs de la vie champêtre. Hors le lien thématique bien sûr, ils ont en commun de renvoyer pour les protagonistes à l'image de soi autant qu'aux biens matériels. Une succession chronologique d'affaires disparates, les unes archi-menues, les autres promptes à s'enfler, avec tous les degrés dans la résistance et la répression.

Le lac d'Annecy était alors fort poissonneux et les riverains très attachés à cette ressource dont prétendait les priver le marquis de Cruseilles. En 1697, les habitants de Lathuile, après quelques accrochages avec les gardes, organisent une action préméditée. Suivant le rituel contestataire, on se réunit après vêpres sur le cimetière autour de l'église, et c'est le vicaire qui les exhorte à y aller tous de nuit « pour se maintenir en la possession en laquelle ils étaient de ladite pêche ». Le soir même, les voilà avec leurs barques et leur attirail de filets, mais aussi hallebardes, fusils, bâtons ferrés, etc. Contents d'eux, au retour ils allument sur la berge un beau feu de paille et tirent quelques coups de mousqueton. Scandale, les importants s'émeuvent et interviennent dans des sens opposés, d'un côté les agents de l'abbaye de Talloires favorables au marquis, de l'autre l'évêque d'Annecy qui soutient son curé. Le sénat de Savoie ne se presse pas d'instruire, beaucoup de monde interrogé, beaucoup de papier, la suite s'est perdue[107].

Pour la chasse, l'exemple de Saint-Bris-le-Vineux, aux portes d'Auxerre en Bourgogne, apparaît dans sa modestie comme typique d'un état d'esprit commun aux différentes couches du tiers. À l'automne 1737, des vignerons du village s'en vont fêter la Saint-Hubert dans les bois du marquisat avec leurs fusils et leurs chiens, en compagnie d'artisans et de boutiquiers de la ville, en tout dix-sept contrevenants. Interpellés par un garde, ils réagissent sec et lui arrachent son fusil qu'ils cassent en deux, avec des menaces de mort et des coups jusqu'à effusion de sang. L'affaire ira au tribunal et se soldera par deux mois de prison pour les plus coupables et des amendes pour tous[108]. Un degré de plus est franchi quand le seigneur, présent sur les lieux, est lui-même pris à partie (5 cas). Ce qui arrive en août 1749 au baron de Beaulieu qui chevauchait sur ses terres, près de Castries en Languedoc, avec son fils l'abbé. Apercevant près du château une demi-douzaine de chasseurs au visage masqué ou noirci de poudre (l'un d'eux avec un nez postiche), il se dirige vers eux pour les prier de déguerpir, mais les braconniers refusent avec insolence et, sous la menace des fusils, obligent les deux messieurs à s'en retourner à pied, tenant leurs chevaux par la bride. Le lendemain, on met en branle la troupe et la maréchaussée pour fouiller aux environs un mas très suspect où l'on pensait trouver du plomb et de la poudre, mais l'opération échoue car il y a là « du monde » avec une troupe de femmes vociférantes, et les esprits sont si montés que tous ces gens-là s'en vont faire la nique au baron dans son château[109]. L'affrontement s'enrichit parfois (5 cas) d'une action en rescousse : des paysans, des bûcherons, des villageois surgissent et volent au secours des braconniers. Toujours en 1749, un garde qui poursuivait des particuliers surpris avec des fusils dans le bois de Clamart est pris en chasse par une soixantaine d'hommes aussitôt rameutés qui, hurlant et jurant, le forcent à s'enfuir[110].

La proximité de la capitale — qui entraînait des concentrations de grands domaines et de grandes chasses — multipliait les occasions de heurts. Le braconnage est moins en question ici que le désir des paysans de protéger leurs cultures, dévastées par le gibier proliférant. Passée la mi-siècle, on les voit se mobiliser pour organiser des battues furieuses. D'où des heurts. Il y en a eu de retentissants ou de considérables qui ont fait parler au village, mais aussi à la Cour, dans les salons, dans les gazettes, dans les rues de Paris. Voyez, en février 1754, la rébellion des habitants du côté de Mantes et Meulan où le duc de Bouillon venait d'acquérir des seigneuries et entendait faire observer exactement ses droits exclusifs. Les gens de ses terres, « excités ou encouragés par deux curés du canton », rapporte le duc de Luynes, s'attroupent « au nombre de huit cents ». Armés de bâtons et marchant en ligne, ils ont tué « tout ce qu'ils pouvaient attraper de lièvres et de perdrix ». Devant l'impuissance des gardes, on fait intervenir la maréchaussée qui en arrête un bon peu, mais ils sont assez vite libérés car, en haut lieu, on reconnaît le bien-fondé de leurs plaintes, et les officiers de la capitainerie de Saint-Germain reçoivent l'ordre d'organiser la destruction des lièvres[111].

L'affaire survenue en novembre 1777 du côté de Nogent-sur-Seine, aux portes de la Champagne, émeut jusqu'à l'opinion parisienne en raison de sa violence et de la réputation de la victime. Elle oppose les habitants à M. de Terray de Rosières, procureur général à la cour des aides et frère de l'abbé Terray, l'ancien ministre. Le 6 novembre, chassant sur ses terres avec deux militaires de ses amis, M. de Terray rencontre une troupe de sept hommes qui ont « l'insolence » de tirer le gibier sous ses yeux. Paroles, insultes, coups de feu, le magistrat est blessé à la joue, l'un de ses compagnons manque d'avoir l'épaule transpercée. Tous trois regagnent précipitamment le château, « vigoureusement poursuivis ». Une brigade de la maréchaussée, arrivée sur ces entrefaites, est elle aussi mise en fuite. On fait appel à un détachement de dragons venu de Provins, nouvelle fusillade, un dragon est tué ainsi que quatre braconniers. La nouvelle, signalée par la *Correspondance* de Métra et la *Gazette de Leyde*, fait sensation, et le libraire Hardy, en boutique rue Saint-Jacques, ne manque pas de la consigner dans son Journal[112].

À Versailles même, les braconniers s'introduisent dans la réserve particulière du roi ; l'un d'eux est tué en septembre 1781 lors d'un accrochage qui a mis à mal un inspecteur des chasses. Vers Doué-la-Fontaine, en Anjou, rencontre meurtrière entre des chasseurs masqués et les gardes soutenus par la maréchaussée, en avril 1786 : deux morts du côté de la loi, des blessés dans les deux camps ; il y aura des arrestations, un jugement prévôtal et des condamnations à la potence : « Le roi a refusé la grâce », lit-on dans la *Gazette de La Haye* qui relate les faits[113].

Grande offensive braconnière autour de Paris à la veille de 1789. Les affaires qui nous sont parvenues se distinguent par leur ampleur exceptionnelle. L'actualité est autrement menaçante et les esprits sont encore plus montés. Les vivres manquent par suite du terrible orage de grêle du 13 juillet 1788, la récolte est désastreuse, les paroisses proches de Paris au nord et au nord-ouest de la ville organisent de grandes expéditions au gibier. En janvier 1789, des centaines de paysans de L'Isle-Adam et des environs neutralisent les gardes-chasse.

Armés de fusils, ils ont « mis bas et couché sur terre au moins sept à huit mille pièces de gibier ». Ils diront pour leur défense qu'ils voulaient « seulement empêcher le ravage des cultures ». Après une accalmie en février, c'est au mois de mars un véritable « soulèvement » : « Hommes et femmes, garçons et filles, tous se sont réunis et on les a vus battre les plaines, tendre des collets, prendre les lièvres et les emporter aussi librement que s'ils usaient de leurs droits. » Le régiment envoyé sur place et diverses mesures d'intimidation n'y font rien. Aux environs de Conflans, Pierrelaye ou Herblay, les rustiques battent les fourrés avec des bâtons et des hoyaux, ils renversent les terriers et disposent des filets pour y rabattre les animaux. C'est, dit-on, « l'insurrection du peuple contre les lapins », notamment dans les chasses du duc d'Orléans, du prince de Conti ou du comte de Mercy-Argenteau, ambassadeur d'Autriche[114]. Du côté de Cergy, les séditieux portent des queues de lièvre à leur chapeau en guise de cocarde[115]. Le 22 mars 1789, trois cents habitants de Gennevilliers, hommes et femmes, syndic en tête, libèrent à grands cris les onze paysans arrêtés pour avoir détruit le gibier. Sentiment de revanche. L'inspecteur des chasses du duc d'Orléans, qui demande aux mutins pourquoi ils chassaient, s'entend répondre « que c'était parce qu'ils le voulaient »[116].

Parole venue à son heure, et dont les accents libertaires aident à percevoir un climat. Nous passons ici du côté des échos d'opinion, aussi éclairants que la masse des incidents poursuivis en justice. Il suffit de confronter telle ou telle réplique piquée dans les procédures avec les revendications des cahiers de doléances pour retrouver la même référence implicite à un droit naturel plus fort que les interdits sociaux. Entendons ce paysan berrichon, tiré de l'anonymat par l'arrêt du parlement de Paris qui l'envoie pour neuf années aux galères en 1787 : au sieur Blondet, devenu seigneur de Lourdoueix-Saint-Pierre, le braconnier Antoine Turpin dit Chaput a répondu : « J'ai chassé avant que vous fussiez seigneur, et je chasserai bien après... »[117]. Les habitants de Jonquières-Saint-Vincent, près de Nîmes, disent-ils autre chose dans leurs Cahiers de 1789 ? « Le gibier et les poissons étant un présent des cieux en faveur de tous les hommes », il faut « que la chasse et la pêche soient permises sans distinction »[118]. « Je » est devenu « tous les hommes » et « sans distinction ». Le message renvoie à la communauté primordiale et se donne une visée universelle.

6. « LES TROPHÉES DE L'ORGUEIL DU MONDE... »

La présence seigneuriale s'affirmait dans la panoplie des signes distinctifs qui marquaient les campagnes et les bourgs. Le blason familial, répété en leitmotiv à l'extérieur et à l'intérieur du château ou de la maison forte, figurait aussi sur les enseignes des échoppes ou des auberges, sur les mesures à grains de la halle ou du marché, sur les bornes de pierre plantées aux limites du fief, sur les madriers et girouettes du pilori. L'église, au-dehors comme au-dedans, disait la même dépendance : encore des armoiries peintes ou sculptées sur le portail, sur les piliers, sur les tombeaux érigés bien en vue dans une chapelle ou bien couchés au pied de l'autel ou sous le banc familial. Sur les parois extérieures ou intérieures, la *litre* rappelait les décès récents survenus dans la famille seigneuriale. C'était une bordure noire et blasonnée, peinte à même la pierre, en principe temporaire, mais les deuils se succédant, les villageois n'en voyaient pas la fin. Y avaient droit les seigneurs hauts justiciers, les fondateurs d'églises, leurs descendants et tous ceux qui en avaient joui depuis un temps « immémorial ». Le seigneur de la terre était donc celui du clocher ; à la messe, il occupait avec les siens un banc réservé du côté de l'Évangile, le côté opposé, celui de l'Épître, accueillant la gentilhommerie et les notables de moindre volée. Le prêtre lui offrait avant tous les autres l'eau bénite et l'encens, et il le nommait dans le prône pour le recommander spécialement aux prières de l'assistance — « étant bien juste, selon un magistrat porte-parole de la légitimité, que la maison de Dieu, qui est la retraite des fidèles, soit aussi l'assurance des droits de rang et d'honneur »[119]. Les cloches tirées en carillon annonçaient les grands moments de sa vie familiale, baptêmes, mariages, retour après une longue absence et, pour les funérailles, des glas solennels et interminables. Il va sans dire que, dans toutes les assemblées, le seigneur avait la préséance, parlait le premier et signait avant les autres.

Bancs armoriés

Tout laisse penser que ces messages durables, inscrits dans les paroles, les images et les sons, avaient fini par imprégner le paysage moral des campagnes. Si les frottements apparaissent incessants, les mises en cause violentes et collectives sont plutôt rares. Nous n'avons relevé qu'une vingtaine de rejets rébellionnaires sur toute la période de l'enquête. C'est le banc seigneurial décoré du blason qui provoque le plus souvent l'irritation. « Les bancs placés dans les églises, écrit le feudiste

Boutaric, donnent lieu tous les jours à une infinité de contestations »[120]. À l'orée du siècle, en Bugey, un petit curé du nom de Restagnat entre en conflit avec le marquis de Rougemont dans sa paroisse de Vieu-en-Valromey. Il accepte bien que celui-ci s'installe seul à son banc, dans le chœur, mais non pas que la famille seigneuriale tout entière y vienne parader avec femme et enfants qu'il prétend refouler dans la nef. « Ainsi plus de droit, s'écrie le marquis, plus de distinction du seigneur haut justicier [et] de ses jurisdiciables », mais un attentat à « l'ordre hiérarchique que Dieu a établi dans les cieux et sur la terre », un coupable « dessein de confondre avec la lie du peuple [...] ceux que l'ordre de la providence a placés dans un état plus distingué... »[121]. L'évêque réussit à désamorcer le conflit, mais ailleurs les choses vont plus loin. Scénario classique au niveau de l'infrarébellionnaire : des habitants entrent secrètement dans l'église et arrachent le banc, qu'ils portent sur le cimetière ou au milieu de la place pour le brûler. Faut-il y voir une mise à mort symbolique ? Ainsi à Saugues, bourg auvergnat déjà en bisbille avec son seigneur à propos des tailles, des volailles, des colombiers, etc., le brûlement du banc, traîné hors de l'église, se fait à la Pentecôte devant un « très grand nombre » de villageois[122]. Le lundi de Pentecôte encore, en 1730, quelques habitants de Pompierre-sur-Doubs, en Franche-Comté, s'attaquent au banc avant de défoncer la tombe où le seigneur avait été enseveli peu auparavant : ils soulèvent la dalle et arrachent le drap de deuil avec ses écussons[123]. À Alzen en Languedoc, dans le diocèse de Rieux, le banc est brûlé en pleine nuit, le seigneur en fait placer un autre. Mais, le jour de la fête locale, en septembre 1768, les femmes le sortent de l'église et le mettent en pièces avec force injures, en présence d'une « infinité d'étrangers »[124].

La complicité du curé ne fait pas de doute à Lugny en Mâconnais. Ici le seigneur, qui disposait déjà d'un siège dans sa chapelle particulière, exige pour lui et ses officiers les deux premiers bancs face au chœur, et il veut les munir d'un portillon cadenassé. Le curé s'y oppose, car la place est réservée aux marguilliers et aux infirmes de la paroisse. Le 2 mai 1771, il arrache lui-même le portillon que le menuisier s'apprêtait à poser. L'artisan, revenu le surlendemain au soir, trouve le curé revêtu du surplis et de l'étole, qui de nouveau affirme son refus et fait cette fois sonner le tocsin. Grand tumulte, procès-verbal, procédure étirée sur quatre ans. Imaginons l'ambiance au village ! L'évêque, personnage considérable et président-né des états du Mâconnais, ne soutient pas son curé. Celui-ci sera condamné pour « avoir fait injure à son seigneur, revêtu indûment ses habits sacerdotaux, élevé une sédition dans la paroisse, avoir sonné et fait sonner le tocsin pour exciter une émotion populaire » — mais la peine pour tous ces forfaits ne paraît pas trop lourde, 6 livres d'amende, plus les dépens[125]. Dans le cas de Trébas en Albigeois, c'est le seigneur qui est finalement condamné pour voies de fait en 1775. Il a défendu son banc de façon jugée un peu trop brutale en frappant un villageois installé à sa place. Les fidèles alors l'assaillent, il se sauve, se réfugie un temps à la cure où il est assiégé, puis il réussit à rentrer chez lui, protégé par une bonne escorte, mais on lui garde rancune. De nouveaux troubles éclatent le jour de Noël : l'assistance s'oppose à ce que les marguilliers lui présentent en premier le pain bénit. S'ensuivent deux procès, l'un perdu par les habitants, intenté par le seigneur, et l'autre gagné contre lui par ses adversaires. Il lui faudra payer 300 livres en dommages et intérêts, plus les dépens[126]. Ce double verdict, rendu par des instances différentes, montre que la justice, à la fin du XVIIIe siècle, était devenue peu favorable aux prétentions seigneuriales de ce type, trop marquées d'archaïsme et d'une morgue d'autant plus provocante qu'elles émanaient souvent de personnages fraîchement seigneurisés.

À Douzillac, en Périgord, vers la Noël 1787, des inconnus jettent nuitamment hors de l'église puis brûlent le banc d'un avocat qui joue les importants, un dénommé Chevalier, soi-disant Chevalier de La Grave. Là-dessus, les huissiers venus procéder à des arrestations sont une première fois mis en fuite. Ils reviennent quinze jours plus tard de très grand matin, escortés par la maréchaussée, mais tout le village est debout. Les habitants crient « comme des furieux » (« Frappe, tue tous ces gueux-là ») en brandissant des fourches, des fusils et même des torches de paille allumée. L'homme de loi et les cavaliers doivent se réfugier au presbytère, d'où le curé, craignant l'incendie, les prie de déguerpir. Ils se retirent avec les prévenus qu'ils ont réussi à appréhender. De quoi grossir une procédure déjà nourrie, dont on ne verra pas la fin[127].

Litres funèbres

Ce que les gens semblent accepter des anciennes familles, ils le contestent radicalement aux parvenus. Témoin la bagarre entre les habitants de Notre-Dame-de-Bellecombe et le comte Capré, fils d'un président à la Chambre des comptes de Savoie, qui avait acheté au début du XVIIIe siècle la terre de Megève et les seigneuries afférentes. Il s'agit cette fois de la *litre* que le comte veut faire peindre sur les murs de l'église pour marquer le décès de son père, en 1706. Fureur des paroissiens, soutenus par leur curé, François Nycollet. Ils brisent le matériel des ouvriers, qui leur auraient entendu dire que l'église était leur bien et que le seigneur « n'avait rien à y reconnaître ». Notons au passage que les églises et chapelles de montagne en Savoie avaient été rafraîchies et somptueusement décorées à l'époque baroque, tout cela aux frais des paroissiens qui se privaient pour embellir la maison commune. Aussi sont-ils scandalisés par cette *litre* noire parsemée d'armoiries, et quelles armoiries ! Les Capré portent « pal d'azur à une tête et col de chèvre coupé d'argent et d'or ». Tous au village feignent d'y voir une tête de bouc avec de grandes cornes et une longue barbe, qui, selon le curé, épouvantait ceux qui la regardaient, « croyant que ce fut la tête du diable, de manière que la jeunesse n'osait pas s'en approcher ». Par-delà la dérision, une telle nouveauté semble au prêtre une « indécence » au regard des « promesses du baptême qui nous obligent à renoncer aux vanités »... Encore un curé augustinien, hostile aux « trophées de l'orgueil du monde » et autres « ridiculités »... On retrouve ici l'écho des reproches adressés par Mgr Soanen, le fameux évêque janséniste, à un seigneur provençal qui, à la mort de sa mère, avait fait apposer une *litre* sur l'église de Soleilhas : l'Église de Jésus-Christ, épouse de Dieu, écrivait-il en 1705, « ne peut porter qu'avec confusion les armoiries des hommes sur le front »[128]. De même, l'évêque d'Annecy, Mgr Rossillon de Bernex, se déclarait opposé à toute ostentation funèbre. Mais le sénat de Savoie, largement infiltré par le clan jésuite et enclin à la raideur politique, déboute les montagnards de leur plainte et condamne les casseurs[129].

Non loin d'Arbois dans la Petite Montagne jurassienne, les habitants de Pupillin se livrent à des excès comparables en août 1750, lorsqu'ils mettent en fuite les ouvriers venus peindre le bandeau noir armorié pour la mort du fils de la seigneuresse. Femmes en avant ou garçons déguisés en filles, les protestataires brisent les outils et se répandent dans le village. Les notables, soupçonnés de connivence avec la dame, sont menacés, on injurie le notaire et le « petit clerc » de la paroisse, on brise la porte et les fenêtres du maire. Les hommes assistent de loin depuis les hauteurs, ils encouragent les femmes aux cris de « Tue, tue, au feu, au loup ». L'enquête s'accompagne de monitoires fulminés trois dimanches successifs à la grand-messe, annonces accueillies chaque fois par un grand vacarme. La communauté s'en tire sans trop de mal, 10 livres d'amende plus une aumône de 150 livres en faveur de l'église[130].

Piloris et blasons

Marque forte de la puissance seigneuriale, le pilori — on disait encore les « fourches patibulaires » — suscitait des sentiments mêlés, une terreur respectueuse qui bridait les gestes attentatoires. Les rares cas d'agression collective sont en rapport avec l'arrivée d'un néo-seigneur, dont on conteste les prétentions. Quelques mentions en Savoie fin XVIIe-début XVIIIe, avec bris du carcan ou des girouettes, piliers sciés[131]. Pour le XVIIIe, un épisode tardif, en Beaujolais : décembre 1778, le pilori de Saint-Georges-de-Reneins est abattu une première fois. Le seigneur ordonne de le redresser à deux reprises, mais les femmes présentes comblent les fondations à mesure que les maçons creusent, elles brisent les armoiries, arrachant pierres et mortier. À peine achevé, le pilori a disparu, volé tout entier, charpente et ferraille[132].

En dehors de ces éclats, les appels des seigneurs comme les plaintes des villageois attestent un climat d'insupportabilité croissante, dans le Midi surtout. À Villefloure, en Languedoc, le récent marquis de Cavanac, en procès avec la communauté, se sent menacé de toutes les façons dans les années 1770. Il reçoit des lettres anonymes avec menaces de mort, il est attaqué dans ses biens comme dans ses « marques et titres seigneuriaux ». L'une de ses *pailleries* a été incendiée et on a tiré des pierres sur ceux qui tentaient d'éteindre le feu, le carcan de fer fixé à la porte du château a été arraché et enfin on est allé jusqu'à tuer dans son parc la plus belle de ses paonnes[133]. Sans aucun doute, le respect hiérarchique se fissure dans le siècle. À Saint-Marcel-d'Ardèche, le marquis Philippe de Bernis, frère du fameux cardinal, est en perpétuelles bisbilles avec le « conseil politique » de la communauté qui conteste toutes ses exigences. On chasse dans ses bois, on pêche dans ses rivières, on plaide contre ses autres droits, on tient des assemblées générales répétées, on tire dans ses fenêtres, on a tenté même, une belle nuit, d'arracher le blason placé au-dessus du portail du château en passant une corde au cou du lion qui surmonte les armoiries — « lequel lion se trouve penché, par l'effort qu'on a fait en tirant ladite corde... »[134]. Finalement, deux compagnies de grenadiers mettent le village à la raison.

D'évidence, sur ce chapitre, les positions se durcissent de part et d'autre. Le populaire, souvent conforté par les notables et les curés, passe de la grogne spontanée au refus de principe, dressant le droit égalitaire contre la théorie pyramidale. Écoutons encore les griefs que le marquis de Bruyères formulait en 1768 à l'encontre de ses « vassaux » du village de Chalabre, du côté de Mirepoix : les consuls du pays ne veulent plus lui faire la conduite solennelle depuis son château à l'aller jusqu'à son château au retour — car telle était la coutume les jours de prières publiques ou de réjouissances en l'honneur du roi. Ils refusent encore d'assister aux processions si lui-même s'y présente suivi de sa livrée. Et ils remettent en question l'avantage dont il jouit à la messe d'aller seul à l'offrande au pied de l'autel, privilège à lui seul réservé jusqu'ici : « Cette espèce de gens, écrit le marquis outré, se croient tout permis quand ils commencent à être hors de leur devoir. » De leur côté, les consuls invoquent la dignité de leur charge et disent leur désaccord avec des exigences qui déshonorent la paroisse et « blessent » les droits de la communauté[135].

7. NÉO-SEIGNEURS, SEIGNEURS ENGAGISTES

Engagistes

Au fil des incidents, l'opinion, on l'a vu, visait en particulier les seigneurs récemment investis. Certains avaient succédé à d'anciennes familles dont ils avaient repris les droits. D'autres étaient dits *engagistes* ou *afféagistes* pour avoir reçu ou acquis une fraction du Domaine royal, qu'il s'agisse de terres et biens immobiliers, de redevances, de droits spécifiques tels que péages, *pontenages, passages, leudes, travers,* etc. On distinguait les *engagements* faits à titre d'inféodation et les *engagements* simples, qui conféraient des droits moins étendus. La concession pouvait être accordée à des roturiers aussi bien qu'à des nobles, mais en toute occurrence le roi pouvait perpétuellement faire valoir son droit de réachat, en vertu d'un principe de révocabilité qui contribuait à affaiblir l'autorité des promus. De surcroît, la jurisprudence était confuse et les pouvoirs réels de l'engagiste mal définis. Ainsi, selon certains juristes, il ne pouvait faire peindre ni *litre* ni ceinture funèbre dans les églises de sa seigneurie et il n'avait « pas même la faculté de se qualifier seigneur du domaine » tenu en engagement[136]. D'autres observaient au contraire que le souverain avait souventes fois accordé aux engagistes le droit de patronage et « généralement tous les droits honorifiques »[137]. Sources de litige infinies autour du flou juridictionnel.

Les engagistes étaient accueillis sur place avec grande suspicion, quel que fût leur rang. Les communautés concernées auraient voulu retrouver leur statut antérieur, c'est-à-dire la dépendance directe de la couronne qui leur assurait une marge d'autonomie et de liberté. Mieux encore, elles auraient souhaité se dégager entièrement en se portant elles-mêmes candidates à l'achat. C'est ainsi qu'en mars 1661 les habitants de Nevers, encouragés par quelques-uns des « principaux », laissèrent éclater leur joie à l'annonce de la mort du puissant duc de Nevers, le cardinal Mazarin, qui venait de trépasser en pleine gloire dans son palais des bords de Seine. La ville désirait ardemment « le retrait du duché », son retour dans le giron du Domaine royal, et le rétablissement des anciennes libertés, notamment en matière de chasse et de pêche. Ce ne fut pas une émeute à proprement parler, mais une suite de comportements jugés scandaleux par les autorités, tels que feux de joie, *requiem* burlesque et libations à la santé de « ce bougre de cardinal »[138].

À la même époque, plusieurs paroisses des environs d'Albi entamèrent un long combat contre une famille baronnale adjudicataire de la terre de Jouqueviel, mise en vente par déclaration royale. D'un côté les protestataires, organisés en « syndicat », avec toute une kyrielle de prêtres, notables et hommes de loi auxquels l'archevêque d'Albi apportait son appui ; de l'autre le sieur de Jouqueviel et son parti, soutenus par le parlement de Toulouse. Les désaccords immédiats portaient sur la taille, que les acquéreurs refusaient d'acquitter, sur les droits seigneuriaux, niés par les redevables, sur les règles municipales et la nomination des consuls. Plus de vingt années de procédures ponctuées de coups de main, attroupements au son du tocsin, coups de feu sur les archers, mise en fuite des officiers de justice, pillages au château, arrachage des vignes baronnales, « scélératesses » et « excès » en tout genre, suivis de lourdes amendes, de sentences d'exil contre les mutins et de condamnations aux galères. En 1681, l'intendant de Languedoc, Henri d'Aguesseau, impose son arbitrage et l'on en arrive à une transaction, mais les habitants, loin « d'entrer dans quelque repentir, restent toujours dans leur endurcissement... » : « Il n'y a pas de gentilhomme dans le royaume, écrit M. de Jouqueviel en 1684, qui n'ait souffert une persécution si grande, si violente ni si longue que celle que ses vassaux en corps ont exercée contre lui, par la protection qu'ils avaient de Monseigneur l'archevêque d'Albi »[139].

Ailleurs, le phénomène de rejet emprunte les formes les plus variées. Voyez, au milieu du XVIIIe siècle, les villageois de Maraussan, dans le diocèse de Béziers, qui s'acharnent à « traverser » le marquis de Sérignan, nouvel engagiste : attroupés toutes les nuits, ils lui font « un carillon enragé »[140]. En 1769, les habitants de Villefranche-de-Lauragais brocardent leur nouveau coseigneur, l'avocat Barutel : le dimanche 4 juin, au retour de la procession du Saint-Sacrement, une cavalcade le ridiculise sous les apparences d'un mannequin promené à travers la ville au son des hautbois et des tambourins ; l'effigie à tête de bois est ensuite soumise à une confession publique, puis accrochée au carcan sur l'air de *L'Enterrement de Carnaval*, et finalement « tous les fusils lui tirèrent dessus »[141]...

Retour au Domaine ou rachat par la communauté : l'opinion locale reste partagée, unanime en revanche contre l'arrivée de nouveaux titulaires. À l'extrême fin du XVIIe, de nombreux bourgs ou villages du haut comté de Nice multiplient les recours pour s'approprier les seigneuries alors mises aux enchères par le duc de Savoie, certaines avec titre comtal. Échec pour quatorze d'entre eux, mais vingt-deux parviennent à se racheter, tels Barcelonnette et la plupart des paroisses de l'Ubaye et de la Vésubie. Au prix de longues et coûteuses démarches à Turin, ils obtiennent la juridiction avec l'honorifique, se retrouvant ainsi en position seigneuriale[142]. Inféodées à la même époque à de nouveaux seigneurs, les grosses communautés savoyardes de Samoëns, Taninges, Megève et quelques autres réservent aux intrus le plus mauvais accueil et entament sans tarder une procédure d'affranchissement riche en épisodes parfois pittoresques. Elles parviendront enfin à leur but dans les années 1750 et 1760, le pouvoir renonçant en leur faveur à son droit de réachat[143].

En France, la même pièce se joue vers la mi-siècle selon des mises en scène variées. Vers les mêmes buts, d'autres stratégies de reconquête. Au pied des Petites

Pyrénées, les gens de Montesquieu-Volvestre poursuivent une instance auprès du parlement de Toulouse pour faire revenir au Domaine une seigneurie qu'ils disent « extorquée à la Couronne » par la famille Bertrand. Le tenant du titre, qui signe Bertrand de Montesquieu, souffre de leur part d'avanies sans fin dont il donne le détail. Les prêtres encouragent les « séditieux », il cite leurs noms, les consuls ne lui veulent pas de bien non plus. On tire des coups de feu dans ses fenêtres, on a versé de l'huile sur son banc seigneurial juste avant la messe de Noël, une infâme chanson le ridiculise et les violons le suivent aux processions en raclant la ritournelle, tout le pays en rit jusqu'à quatre ou cinq lieues à la ronde. « Esprit de révolte et de sédition » qui lui fait craindre « quelque catastrophe ». Les consuls feignent de calmer le jeu en interdisant la rengaine et en requérant un monitoire pour l'affaire du banc, mais ils font tout pour obtenir la dépossession du « prétendu seigneur »[144].

Toujours dans le même temps et en Languedoc, quelques villages proches de Lagrasse travaillent à racheter l'ancienne baronnie de la Val-de-Dagne, *engagée* à un noble du lieu, M. de Serviès. Ils s'organisent en « syndicat » et envoient à Paris deux députés plaider leur cause et faire « rouvrir les enchères ». Le seigneur, pour sa défense, accumule les griefs : ses « vassaux » chassent effrontément, ils refusent de payer ce qu'ils doivent, ils animent « la plus injuste et la plus cruelle de toutes les révoltes » jusqu'à mettre le feu en pleine nuit à l'une de ses granges. Le subdélégué de Carcassonne est troublé, l'évêque s'étonne de voir des gens aussi « misérables » consacrer tant d'argent à la chicane, et il souhaite qu'on réprime de semblables « excès qui pourraient avoir des imitateurs ». De fait, le pouvoir réagit : le 2 décembre 1759, sur ordre du commandant en Languedoc, la maréchaussée et un détachement militaire de quinze hommes surgissent au milieu de la messe dans l'église de Serviès, baïonnette au fusil. Ils arrêtent les plus suspects, notamment le premier consul, le collecteur des tailles et l'un des deux hommes députés à Paris, tous conduits enchaînés à la citadelle de Carcassonne où ils endurent trois mois de pénible incarcération. On les a jetés dans des cachots si obscurs qu'ils ont les pieds « enflés et pourris par l'humidité » : « L'humanité, écrit un de leurs défenseurs, se sent révoltée par de pareils procédés. » Les suites administratives et judiciaires sont incertaines, mais on peut penser que le village allait vivre pour longtemps dans un climat de rancune[145]. Les incidents de Castelsarrasin, en janvier 1772, confirment qu'on ne veut plus voir renaître au pays des structures qu'on croyait périmées. Beaucoup de curieux et de « polissons » à l'hôtel de ville le jour où la demoiselle d'Allegrain, engagiste de la seigneurie, vient faire reconnaître ses droits. Les prêtres se sauvent en riant à son arrivée, le maire et les consuls, qui ont fait voter contre elle une motion de défiance, s'abstiennent d'assister à la cérémonie et le greffier communal refuse de prendre acte de sa déclaration, au milieu des risées et des moqueries[146].

Dans bien d'autres provinces, en Bretagne comme en Roussillon, l'aliénation de biens ou droits détachés du Domaine s'accompagne d'incidents en nombre[147]. À Saint-Cricq-en-Gabardan, dans les Landes, le curé vient au secours des chasseurs et anime la révolte contre un seigneur indésirable : « Mr de Lacaze n'a rien à voir non seulement dans ma paroisse, mais encore dans tout le Gabardan. En conséquence, je vous ordonne de ne pas reconnaître Mr de Lacaze en rien... Chassez partout... »[148]. Au cours de l'été 1771, la concession de terres domaniales provoque une vive inquiétude dans les campagnes dauphinoises proches de La Côte-Saint-André, et le commandant militaire envoie sur place un demi-bataillon pour calmer les esprits. Les habitants d'Upaix, dans le haut pays, mènent de leur côté une lutte sourde contre le nouvel engagiste, le marquis d'Agoult : les gerbiers du seigneur s'enflamment, on parle d'attroupements, des personnes masquées parcourent le village pendant la nuit[149]...

Au pays de Saou

Le cas du pays de Saou, dans les Préalpes drômoises, nous introduit au cœur d'un désordre multiforme et prolongé. Dans les années 1770, les habitants de la vallée font bloc contre un sieur de Bonnafau de Presque qui vient d'obtenir du Domaine la concession d'un territoire forestier sur lequel ils prétendent eux-mêmes avoir des droits imprescriptibles. Bonnafau se heurte à un bloc d'agressivité. Ses gens sont menacés, empêchés de saisir les bestiaux divagants, on s'oppose à la plantation des nouvelles bornes, on terrorise les indicateurs de limites, qualifiés de « traîtres » et de « coquins ». Le drame éclate en novembre 1773 quand les gardes tombent sur un paysan et son fils occupés à défricher un terrain usurpé sur la forêt de l'engagiste : sommations, coups de pioche, coups de feu en réponse, le jeune homme est mortellement blessé. La nouvelle s'en répand, le tocsin sonne, les habitants désarment les gardes, les jettent en prison et assiègent toute la nuit la demeure de M. de Bonnafau, obligé de s'enfuir avec les siens, protégé par une bonne escorte[150].

L'affaire fait grand bruit à Grenoble et jusqu'à Paris où le seigneur s'en va réclamer la libération de ses gardes et le châtiment des « vassaux ». La maréchaussée arrive en force et rafle les armes découvertes dans les maisons. Amende collective de 400 livres, mais la tranquillité ne revient pas pour autant. S'ensuivent des assemblées houleuses, de nouveaux procès pour défrichements illicites, des voies de fait et incendies. Le seigneur se décourage et abandonne la partie. Entre 1781 et 1789, son successeur, un homme de loi dauphinois en quête de distinction sociale, François Falquet-Travail, éprouve à son tour l'inusable résistance paysanne. La population poursuit son combat durant la République et sous l'Empire encore, car l'engagiste, converti aux nouveaux régimes, maintiendra ses prétentions territoriales. Ce sera de part et d'autre un débordement d'écritures judiciaires et de recours jusqu'au sommet de l'État, un embrouillamini d'instances parallèles et contradictoires avec débats croisés, appels, contre-appels, cassations, etc. En vendémiaire an VI, on découvrira dans un creux de rocher, au pas de la Mule, le corps torturé de l'un des gardes, le visage « noir et livide », la langue sortie de la bouche fendue en deux dans toute sa longueur, l'œil arraché et pendant sur la joue[151]... Terrible signature de la gent forestière, arc-boutée sur ses droits ancestraux.

Seigneurs tard venus

L'attrait des distinctions reste si grand, en dépit des risques et du peu de profit matériel, qu'une bonne frange de la roture ne cesse d'en rêver. « La seigneurie est désormais dans le commerce à un point jamais atteint », écrit Abel Poitrineau à propos de l'Auvergne, jugement généralisable sans risque d'erreur[152]. Les familles d'ancienne noblesse, souvent pressées d'argent, se défont des bouts les moins rentables de leur patrimoine, les plus difficiles à faire valoir, les plus éloignés de la demeure principale. Les *Affiches* provinciales divulguent les offres dans leur rubrique de petites annonces, ici une terre avec château, dépendances, domaines, étangs et droits multiples de justice, chasse avec tous les honneurs, ailleurs un simple terrier portant *lods* au quart ou au sixième denier[153]... Les acquéreurs bourgeois, surtout non originaires du lieu, ne plaisent à personne. Les nobliaux riverains les snobent, le populaire s'en méfie par principe et les notables sur place ne sont pas prêts à reconnaître la supériorité d'un égal.

D'où l'inconfort de la position. Dans les années 1690 déjà, un M. de Maulnory, seigneur récent, s'épuise en procès pour soutenir les droits de la terre acquise à Aubigny-le-Chétif en Bourbonnais. Il doit affronter tout un parti animé par le curé Jacques Dieu et l'écuyer François de Druy, un gentilhomme de paroisse « assez accrédité ». Une requête adressée à Versailles par l'un des meneurs, le tisserand Jean Billoy, le décrit sous les traits d'un tyranneau qui cherche à se soustraire aux tailles et à la capitation en surchargeant la paroisse : *« Enfin, Monseigneur, quoy que fils d'un avocat, il est devenu le croesus du pays, latilla* [sic] *de la paroisse et la sansüe de la vefve et de l'orphelin, tant il est vrai, Monseigneur, que le trop daise, et les richesses l'adveuglent et le rendent tout osé et tout entreprenant. »* Il y a du grabuge, l'intendant de Moulins se rend sur place à deux reprises et interroge chacun pour y voir clair. Il reconnaît les défauts du personnage, mais les torts, à son avis, sont partagés : « Il faut avouer qu'il est très sensible à un seigneur de voir un paysan, son censitaire et vassal, faire sonner le tocsin sur lui »[154].

Dans tous les cas, l'arrivée d'un nouveau maître ébranle la société locale, créant des regroupements, des divisions ou des cassures. C'est ainsi qu'à Saint-Victor-de-la-Coste, non loin de Roquemaure en pays gardois, les relations entre le seigneur et la communauté, depuis longtemps dégradées, se gâtent tout à fait à l'arrivée, en 1711, d'un certain Louis Domergue. Ce fils de meunier, devenu riche et puissant dans la fourniture des étapes militaires, s'est hissé jusqu'aux premières places, il a le bras long, et le voilà capitoul à Toulouse ! Il rachète la seigneurie de Saint-Victor, et dès lors tout va mal au village. Le four banal, le puits commun, la date des vendanges, l'usage des biens et des bois communaux, le protocole municipal, le banc d'église, la chasse, les fêtes, les danses, autant de motifs de procès qui divisent la communauté[155]. Non loin, le négociant Ode, acquéreur récent de la terre de Chusclan cédée par le marquis de Caderousse, éprouve lui aussi des déboires dans sa bourgade où, selon le subdélégué de Bagnols-sur-Cèze, une clique s'acharne contre lui : « L'envie et l'animosité ont formé contre le seigneur un parti violent, à la tête duquel est le sieur Méric, curé, oncle du sieur Méric, premier consul, avec lesquels les autres bourgeois, imbus des mêmes principes, et qui ne peuvent rien contre la probité du sieur Ode, voudraient du moins faire tomber leur ressentiment sur ceux qui ont le malheur à leurs yeux de lui être attachés »[156]. Dans les années 1780, le vicomte de Montal d'Albignac n'arrive pas à prendre pied dans sa nouvelle terre de Pampelonne à cause des intrigues d'une bande de notables conduits par le premier consul et par un procureur du roi. Cabale si agressive qu'il doit quitter les lieux[157].

M. de L'Argentière et ses vassaux du Haut-Dauphiné

En Dauphiné, ce sont les sieurs Brunet père et fils, enrichis dans la perception des tailles du Briançonnais, qui vivent très mal avec les habitants de L'Argentière, leurs tout nouveaux « vassaux ». Un contentieux sans surprise cette fois encore : les armoiries et le banc d'église, la police rurale, le droit de parcours, les regains, la chasse, les *lods*, la *rénovation* des terriers... La communauté résiste, elle délibère en assemblée générale aussi souvent qu'il le faut, elle écrit, elle nomme des députés qui s'en vont à Grenoble soutenir sa cause. On remue les actes et les titres, on engage des avocats et les procès se succèdent depuis les années 1750 jusqu'au jugement du 2 août 1785 qui confirme la *directe* universelle revendiquée par le seigneur. La tension monte dans le village sitôt l'arrêt connu. Le 15 août 1785 au matin, avant la messe, le curé découvre sur le banc seigneurial les débris du blason, arraché et mis en pièces. Lors du grand repas annuel de la confrérie — plus de deux cents convives — qui se tient le même jour auprès de l'église, on ne parle que du procès perdu et du seigneur indésirable. À la tombée de la nuit, des hommes « déguisés en blanc » — le gilet retourné ou bien la chemise passée par-dessus les habits — se dirigent vers le château avec des tisons enflammés. Ils incendient deux bâtiments agricoles avec les récoltes qui s'y trouvaient engrangées, ils forcent des portes, ils volent du linge et de l'argenterie armoriée. Cette nuit-là, le banc d'église est mis en morceaux. Le lendemain arrive un détachement de grenadiers du régiment de Bretagne suivi de quelques employés des gabelles.

Nouveaux attroupements, tocsin, mots d'ordre du type « C'est ce soir qu'il faut vaincre ou mourir » ! Certains parlent d'aller démolir le château sans en laisser « pierre sur pierre », d'autres voudraient couper le pont sur la Durance pour empêcher l'arrivée de renforts. L'affaire fait sensation dans la province où l'on dit — pour excuser ou accabler les séditieux — qu'ils visaient avant tout le chartrier et ses titres. Aux monitoires publiés sous surveillance armée succèdent les poursuites et le procès, cent vingt-cinq témoins entendus. Treize prévenus sont enfermés à Embrun, mais l'opinion leur est si favorable que des complices leur ouvrent par deux fois les portes de la prison en janvier 1786 : on les voit alors dans les rues de la ville et sur les places, mais ils rejoignent leurs cachots dans la soirée, comme sûrs de leur bon droit ! Le bailliage d'Embrun n'en prononce pas moins contre eux, en juillet, deux condamnations à mort, se réservant de statuer à l'égard des autres. Les condamnés introduisent aussitôt un recours en cassation signé de Farconet, l'un des plus fameux avocats de Grenoble. Celui-ci, dans un long mémoire défensif, stigmatise les « manœuvres odieuses » du sieur Brunet, ses calomnies, son acharnement à vouloir la perte des « infortunés qu'il opprime ». Il cite Beccaria et « l'immortel Montesquieu », il évoque l'Inquisition et le spectre de l'erreur judiciaire, le martyre de Calas et de « tant d'autres innocents péris sur les échafauds » : « Le droit naturel, écrit-il, la raison, le sentiment, les lois divines et celles de tous les peuples policés », tous les « principes sacrés » enfin d'un « siècle de philosophie et lumière » parlent en faveur des condamnés et de toute la communauté[158]. Convergence des deux éléments clés dans la genèse de l'opinion publique : des pratiques et conduites qui émanent du populaire, un outillage conceptuel et rhétorique inventé dans le laboratoire des Lumières.

Bertier de Sauvigny face aux gens de L'Isle-sous-Montréal, en Bourgogne

Le conflit de L'Isle-sous-Montréal, aujourd'hui L'Isle-sur-Serein, près d'Avallon, éclaire les difficultés relationnelles croissantes à l'intérieur du système miné par ses archaïsmes. Plus d'un siècle de tensions opposait les habitants des onze paroisses de la vallée du Serein à leurs seigneurs titulaires. Occupons-nous des deux derniers, la princesse douairière de Nassau, née Charlotte de Mailly de Nesles, et après elle Louis-Bénigne Bertier de Sauvigny, intendant de la généralité de Paris, personnage de toute première grandeur, qui se porte acquéreur de la baronnie en 1771.

Le contentieux sans cesse ravivé sur plusieurs décennies concerne quatre chefs principaux : la *directe générale universelle* revendiquée par le seigneur, entraînant droits sur les successions *(lods)* et sur les ventes ; le droit de *mainmorte* — remarquable anachronisme — qui s'appliquait à toute la seigneurie, sauf le bourg de L'Isle-sur-Serein affranchi en 1279 ; la *tierce*, exigée ici à la douzième gerbe, mais dont les habitants, on l'a vu, contestaient le caractère ancien ; enfin, la vaste forêt d'Hervaux, deux mille arpents disputés entre le seigneur et les communautés. La discorde couvait déjà sous Louis XIV, mais elle s'amplifie dans les années 1730. Notables en tête, les habitants renâclent à payer la *tierce*[159], ils discutent âprement la *directe* et la *mainmorte* en se référant à la coutume de Troyes dont relevait, selon eux, la baronnie de L'Isle, laquelle coutume prescrivait l'allodialité, c'est-à-dire la franchise des terres en l'absence de titres féodaux dûment attestés. Des délégués vont à Paris pour tenter des conciliations aussitôt remises en cause par l'une ou l'autre des parties. Un arrêt du parlement, prononcé en juillet 1763 (plus de cent pages en caractères minuscules !), confirme la *directe* et rend exigible la *tierce* tout en consolidant les prétendues *mainmortes*. La contre-offensive est immédiate. Assemblées générales, nouveaux refus de paiement, pourvois en cassation, députations à Paris derechef, appel au Conseil du roi. L'arrêt de juillet 1763, écrivent les porte-parole des habitants, les réduit, eux et leur postérité, « à la position des esclaves » et ne leur laisse « qu'une assurance certaine de leur ruine totale ». Sur place, c'est une succession d'incidents, un harcèlement contestataire dont témoignent les écritures empilées dans les dossiers des Archives nationales[160].

En 1771, sitôt maître des lieux, l'intendant Bertier s'empare du problème avec toute l'autorité de sa position. Il fait immédiatement exiger la *tierce* et les *lods* avec la plus grande rigueur, sans oublier les *échutes* de *mainmorte*. Une escouade de commissaires se lance dans la *rénovation* du fief. En 1773, le Conseil du roi confirme les termes de l'arrêt parlementaire de 1763, les communes conservant pourtant leur droit d'usage dans la forêt d'Hervaux. Trois factions divisent les communautés. D'un côté, les partisans du seigneur, ses agents, ses hommes d'affaires et tous ses obligés, serviteurs ou tenanciers. De l'autre, le groupe polymorphe de ses adversaires qui rassemble gens de loi, « bourgeois », boutiquiers et surtout artisans de village et paysans. Entre les deux, une masse indécise et fluctuante, tantôt indignée, tantôt encline à la conciliation. D'autres intérêts jouent à la marge : les officiers des Eaux et Forêts d'Auxerre, qui ont eux aussi des prétentions sur la forêt de L'Isle, ne veulent reconnaître à Bertier que le droit du premier usageant ; et il y a encore les nobles et seigneurs de l'endroit, jaloux de leur éclatant rival parisien et assez intéressés à la forêt pour soutenir la fronde des habitants. En particulier, l'ancienne famille des Quesse de Valcourt, que Bertier n'hésite pas à assigner en 1778 devant le parlement pour exiger, en vertu de son droit d'*échute*, plusieurs successions foncières ouvertes au sein de ce lignage[161].

Les rapports entre l'intendant de Paris et les villages ne cessent de se dégrader. Les « cabalistes » refusent toujours la *tierce* et s'opposent aux saisies d'huissiers. On ne respecte plus ni le monopole de chasse et pêche dans la seigneurie, ni le droit de *banvin*, ni la banalité du moulin que des inconnus tentent de détruire. Le seigneur se plaint à l'un de ses agents : « Nos affaires ne vont pas bien du tout dans ce pays-ci, mon cher ami. Les habitants de L'Isle sont plus éloignés de moi que jamais. Je ne sais qui les souffle en dessous, mais ils sont plus entêtés que jamais. Tous ceux qui paraissaient de mon parti se sont retournés ouvertement [...]. Il n'y a point d'autre parti à prendre que d'aller en avant, car d'arrangement certainement il n'en faut point espérer »[162]. Même inquiétude cinq ans plus tard : « Ne voit-on pas dans leur conduite la passion qui les guide, et une révolte ouverte contre les décrets des Cours ? »[163]. En 1779, son représentant sur place, un nommé Wion, pousse activement les travaux d'arpentage afin, écrit-il à Bertier, « d'être en état de charger nos ennemis et tirer sur eux à boulets rouges. Quelques-uns m'ont demandé quartier pour les *lods et ventes*, mais je leur ai dit [... que] je les traiterais en rebelles »[164]. De leur côté, les habitants ne cèdent pas : ils réclament les actes établissant cette prétendue *directe* ainsi que la *mainmorte* qu'ils ne veulent pas reconnaître. Les terriers sont des titres communs, le seigneur se doit de les communiquer, qu'il ouvre donc ses archives ! Des assemblées générales « irrégulières » ou « clandestines » se tiennent hors des limites de la seigneurie, tandis que d'autres assemblées, « régulières » celles-là, travaillées par les agents du seigneur, sont convoquées au bourg de L'Isle, mais elles s'achèvent le plus souvent dans la confusion, si bien que les accommodements échouent, quoique soigneusement préparés au plus haut niveau à Versailles et à Paris, avec le concours d'avocats en renom et cher payés. En 1780, une douzaine de députés élus par les « mutins » se rendent encore à Paris pour pousser leur affaire. Parmi eux, le procureur François Labbé, leur chef de file, deux laboureurs, un maçon, un cabaretier et un tailleur, ces trois derniers syndics de leurs villages. La police est bien faite : des inspecteurs viennent les interroger dans les garnis où ils se sont logés, tout près de la place Maubert. Les trois syndics reçoivent l'ordre de retourner immédiatement dans leurs paroisses. Les autres se cachent et prennent en douceur le chemin du retour. Labbé reste seul à Paris et poursuit ses démarches[165].

Crispé sur la défense du privilège, Bertier veut ignorer les appels ministériels qui conseillaient la souplesse au temps de Turgot et surtout avec Necker, inspirateur de l'édit fameux d'août 1779 sur l'abolition gratuite de la mainmorte dans les domaines du roi et sur les terres « engagées »[166]. Comment expliquer l'acharnement « féodal » d'un grand seigneur qui était en même temps l'un des grands commis monarchiques ? Bertier de Sauvigny incarnait dans ses fonctions tout ce que la technocratie administrative pouvait présenter de plus éclairé, de plus performant, de plus inventif en bien des domaines[167]. On reste surpris de voir un personnage aussi talentueux compromettre sa réputation de gestionnaire dans un débat déjà rétrograde en son temps. Luttant pied à pied, il refuse d'ouvrir ses archives, il n'envisage nullement d'effacer la *mainmorte* servile, pourtant discréditée aux yeux de l'opinion, il couvre ses gens d'affaires qui, dans leur correspondance, qualifient les députés des paroisses de « séditieux », de « brutes ignares », « opiniâtres », « entêtées », « bornées », et qu'il convient de « châtier ». Il y avait pourtant là une grande occasion de faire valoir des vues « patriotiques » !

Rien ne sera réglé avant 1789. Comme on pouvait s'y attendre, les doléances des paroisses lisloises, rédigées à la veille de la Révolution, respirent un antiseigneurialisme véhément. On y retrouve tous les griefs accumulés depuis un siècle. La mort tragique à Paris de notre Louis-Bénigne Bertier de Sauvigny, lynché par la foule le 22 juillet 1789, entraîne immédiatement la débandade de ses fiefs. Plus personne ne veut payer la *tierce* en dépit des derniers efforts des huissiers. Les opposants s'emparent des postes municipaux et le procureur François Labbé entre au directoire du district d'Avallon. En juillet 1790, le comité féodal de la Constituante décide de regarder comme nul et non avenu le fameux arrêt parlementaire de 1763 autour duquel on s'était tant disputé. Au village, la nouvelle si longtemps attendue plonge les citoyens « dans l'ivresse de la joie »[168].

8. ESQUISSE DE BILAN

Finir le parcours sur une affaire de cette envergure, qui met le point d'orgue à une suite d'incidents minimes ou majeurs, risque peut-être de fausser la perspective d'ensemble. Comme en toute chose, les écarts ne valent que par rapport à la norme, et notre travail consiste à s'approcher d'une réalité moyenne, à restituer un quotidien seigneurial plausible pour l'ensemble du territoire. Indépendamment de faits divers parfois grandioses, il apparaît qu'en dépit de ses ratés le système se maintient à peu près partout, alors même que les revenus proprement seigneuriaux restent minoritaires dans l'équilibre des patrimoines nobles. L'extraordinaire résistance du dispositif tient aussi au fait qu'il y avait là une autorité, mais aussi une richesse partagées. Outre le bénéficiaire premier, une large catégorie intermédiaire tire ses profits du prélèvement. Les professionnels — géomètres, commissaires, hommes de loi, juges, agents, fermiers — se sont rendus nécessaires et font marcher le système qu'ils parviennent à maintenir en l'actualisant.

Le programme ambitieux lancé en tête de chapitre a-t-il été rempli ? La saisie quantitative permet de donner des réponses nuancées — parfois partielles — à nos interrogations premières. Oui, une seigneurie jusqu'au bout très présente, mais avec de grands écarts d'une province à l'autre dans l'espace hexagonal. Oui, une seigneurie contestée, mais avec de grandes inégalités d'un bout à l'autre de notre chronologie. Oui, ce type de contestation s'est accompagné de bouffées de violence, alors même que la voie judiciaire l'emporte très largement sur les voies de fait.

Deux espaces contestataires

La répartition régionale des 512 cas relevés souligne de forts contrastes régionaux, dont témoigne la carte dessinée sur la base d'un coefficient qui prend en compte la population de chacune des provinces[169] :

Tableau VI.2. Répartition régionale des rébellions antiseigneuriales

Région	Rébellions	Population	Indice*	Région	Rébellions	Population	Indice*
1	25	1 100 000	2,3	15	49	400 000	12,3
2	16	1 100 000	1,5	16	21	750 000	2,8
3	15	1 100 000	1,4	17	5	690 000	0,7
4	15	2 000 000	0,8	18	8	1 200 000	0,7
5	37	2 200 000	1,7	19	4	1 000 000	0,5
6	8	1 100 000	0,7	20	17	1 400 000	1,2
7	6	1 500 000	0,4	21	6	800 000	0,8
8	12	2 200 000	0,5	22	12	700 000	1,7
9	3	500 000	0,6	23	18	600 000	3,0
10	30	1 400 000	2,1	24	50	1 300 000	3,8
11	87	1 400 000	6,2	25	11	460 000	2,4
12	2	110 000	1,8	26	8	150 000	5,3
13	30	1 100 000	2,7	*Ensemble*	*512*	*26 960 000*	*1,9*
14	17	700 000	2,4				

* Nombre de rébellions pour 100 000 habitants.

Le tableau VI-2 et les cartes qui l'accompagnent font apparaître des écarts notables. De façon schématique, ce sont deux vastes aires qui s'opposent. D'un côté le Sud-Est et le Centre-Est, régions où le dialogue seigneurs-redevables est le plus tensif. Avec 87 rébellions, le Bas-Languedoc se place en tête en chiffres absolus ;

Figure 5. Actions collectives contre la seigneurie

a) Données brutes

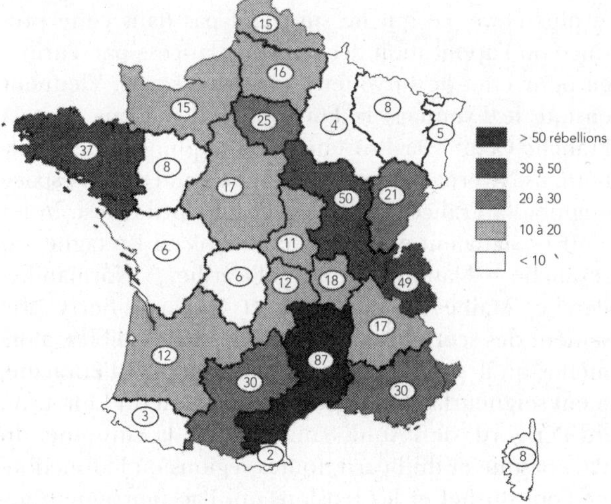

b) Indices rébellionnaires (pour 100 000 habitants)

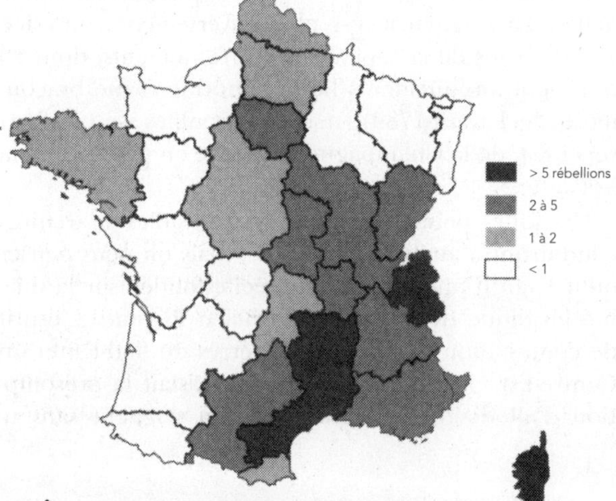

Bourgogne et Savoie arrivent en seconde et troisième position, avec respectivement 50 et 49 incidents collectifs, mais c'est en Savoie que l'indice rébellionnaire est le plus élevé, ce qui ne surprend pas dans cette province où l'application des réformes lancées par Turin a eu pour effet de survolter le dialogue social. Viennent ensuite le Lyonnais, le Forez et le Beaujolais, puis la Franche-Comté, la Provence, le Dauphiné et le Bourbonnais-Nivernais. Plus calme, un second grand espace englobe la France de l'Ouest et du Nord-Ouest. Si les chiffres signalent encore 37 émotions en Bretagne, en revanche Flandres-Artois, Picardie, Normandie, Perche, Maine-Anjou, Poitou et Orléanais-Berry présentent des scores modestes et des indices faibles, alors même qu'il s'agit des terres classiques de l'enracinement seigneurial. On peut en dire autant du Limousin, du Périgord, de l'Aunis-Saintonge, de la Guyenne, du Pays basque et du Béarn, toutes régions où le fonctionnement du fief et les tensions qui l'accompagnent génèrent davantage de recours judiciaires que d'affrontements physiques suivis de procédures criminelles. La seigneurie est plus ouvertement contestée aux environs de la capitale (25 affrontements, dont 20 renvoient aux incidents liés à l'énorme vague braconnière de l'avant-1789), mais les troubles se raréfient vers l'Est, de la Champagne à l'Alsace en passant par la Lorraine.

Un jour, peut-être, d'autres trouvailles d'archives conduiront à atténuer ces écarts, mais on peut penser qu'il s'agit d'une dichotomie réelle fondée sur la dualité juridique de la France d'Ancien Régime. L'esprit de contestation imprégnait les terres du Sud-Est et du Centre-Est, pays de droit écrit où existait la présomption d'allodialité. Le principe « Nul seigneur sans titres » déterminait ici les conduites. Les tenanciers demandaient aux seigneurs de fournir leurs preuves, avec l'espoir qu'ils n'y parviendraient pas ou que les titres seraient douteux. En l'absence de documents incontestables, les populations se considéraient comme franches et prenaient le risque en refusant de payer. Au contraire, le franc-alleu était rarissime dans le second espace, celui de la France du Nord, du Nord-Ouest et de l'Ouest où l'on tenait pour maxime « Nulle terre sans seigneur », et où le seigneur justicier n'avait « absolument besoin d'aucun titre » pour être reconnu[170]. Je ne prétends pas affirmer une loi universelle. La situation n'entraîne pas d'automatisme, des terroirs relevant du même statut juridique pouvaient se comporter de façon différente. Tout se passe comme si d'autres déterminations avaient joué, les unes mesurables comme le poids réel de la charge seigneuriale, les autres de l'ordre de l'impondérable comme l'influence des personnes, ou encore les héritages culturels et les traces de la mémoire contestataire.

Le seuil des années 1760

Sous l'angle chronologique, un regard sur la fréquence des mouvements regroupés par décennies livre une évidence flagrante : les années 1760 marquent un tournant, le dernier tiers du siècle totalisant près de la moitié des émotions « féodales » entrées dans l'enquête :

Tableau VI.3. Chronologie des 512 rébellions antiseigneuriales, 1661-avril 1789

1661-1669	23		
1670-1679	26	1661-1699	85
1680-1689	18		
1690-1699	18		
1700-1709	29		
1710-1719	27	1700-1729	94
1720-1729	38		
1730-1739	31		
1740-1749	23	1730-1759	87
1750-1759	33		
1760-1769	54		
1770-1779	70	1760-1789	246
1780-1789	122		

Les oscillations de la courbe, d'abord de faible relief, sont marquées de quelques pointes qui correspondent successivement aux fièvres bretonnes de l'année 1675, aux difficultés du règne de Louis XIV (1696, 1703, années 1705-1706), ou encore aux séditions sarrewerdoises de 1722.

Seconde mi-siècle, le rythme s'intensifie. On dépasse le seuil des 50 cas par décennie : 54 cas de 1760 à 1769 (dont 11 en 1768), 70 de 1770 à 1779. À partir des années 1780, la contestation s'amplifie encore : 122 cas de 1780 à la fin avril 1789, avec 15 émeutes pour la seule année 1783 par exemple et 36 pour les quatre premiers mois de l'année 1789. La seigneurie est attaquée un peu partout, et dans le même temps les procé-

Figure 6. Rébellions antiseigneuriales : mouvement séculaire

a) Rythme annuel

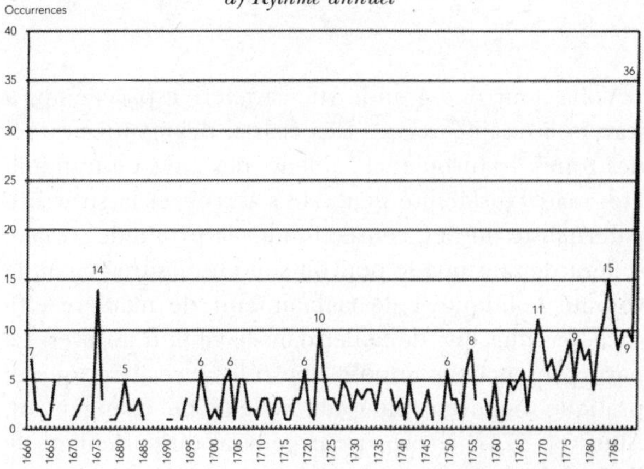

b) Rythme décennal

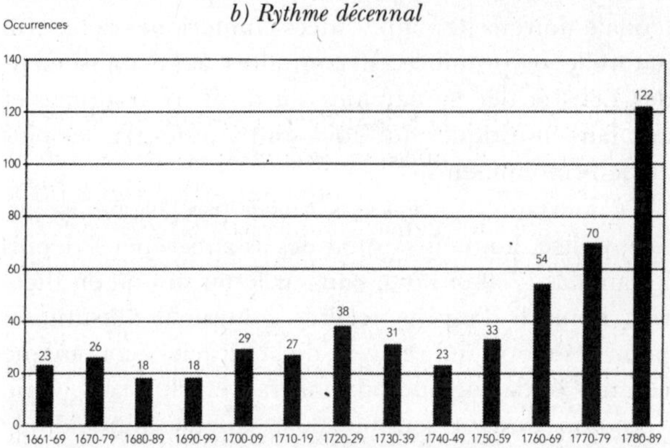

dures « féodales » connaissent partout une recrudescence marquée.

*

Voilà pour une grande vue cavalière espace-temps à travers la réalité vécue. Des écarts, des contrastes, ici des zones de turbulence, ailleurs des aires de tranquillité, mais l'instabilité générale s'accroît et la structure paternaliste du fief, censée fonder la pyramide sociale, se lézarde sans que le pouvoir soit en mesure (ou ait la volonté politique ?) de la maintenir de manière efficace, pas plus que de tailler dans le vif et d'innover. Le parti conservateur oppose une résistance théorique et pratique vigoureuse à toute velléité de changement. Ainsi, en 1747, le procureur général du parlement de Paris, Joly de Fleury, oppose le principe de la « directe féodale universelle » aux « idées chimériques de liberté naturelle et primitive, si contraires à l'établissement des États et des monarchies, au droit de conquête et aux faits historiques qui nous sont attestés par les plus anciens monuments »[171].

Et pourtant, le *complexum feudale* (prélèvements, justice, police, honneurs) subit des assauts répétés depuis les années 1750 et 1760, tant sur le terrain qu'en théorie : nombre d'esprits éclairés contestent l'institution pour des motifs qui relèvent de l'efficacité économique comme de la logique administrative. Plus largement, l'opinion devient sensible aux signaux d'inquiétude apparus dans le champ de la coexistence sociale. L'information circule entre le haut et le bas de la société, les échanges oraux sont constants sur les lieux de rencontre, les tribunaux rayonnent d'informations et la presse commence à jouer son rôle. Tout se sait sans trop de retard : multiplication des recours en justice, acharnement des procédures, délégations d'élus de paroisses auprès des intendants et jusqu'à la Cour, rébellions répétées enfin. Le théâtre s'anime, le chœur des figurants rustiques se rapproche, leur discours devient audible et parvient à l'oreille des hommes de pouvoir, des philosophes, des lanceurs de systèmes.

La simple mise en concordance des dates fait apparaître une proximité entre les idées d'une fraction de l'élite et la pression des groupes. Comment ne pas établir de relation entre les vues réformistes, tardives il est vrai, qui tendent à l'effacement des archaïsmes structurels, et la revendication insistante du monde paysan-villageois ? Osons affirmer que la présence virtuelle de cet interlocuteur massif a imprégné la pensée politique qui ne se déploie nullement dans l'univers abstrait du capital, du produit net, du salaire, du prélèvement fiscal ou des procédures administratives. Tout le travail de l'enquête et les résultats engrangés nous amènent ici à inverser le schéma tocquevillien. La société réelle pèse de tout son poids sur la théorie et c'est le haut qui renvoie les lumières d'en bas.

Les projets novateurs de Turgot, et ce n'est pas un hasard, sont contemporains d'une série d'incidents dont le public mesure la gravité. Ces mêmes projets ont pu à leur tour déclencher des réactions sur le terrain à la faveur du jeu inévitable introduit dans les consciences par toute espérance de réforme. Le fameux libelle d'un collaborateur du ministre, l'abbé Boncerf, qui fait scandale en 1776, intitulé *Les Inconvénients des droits féodaux,* paraît sur fond d'antagonismes locaux répercutés par la presse du temps. La *Correspondance* de Métra, sous les dates du 13 mars et du 6 avril

1776, relate en effet deux rébellions survenues l'une sur les fiefs bretons du duc de Mortemart (affaire de chasse, coups de feu contre un parent du duc), l'autre sur les terres du marquis de Vibraye dans le Maine (refus des droits exigés par le seigneur, libération d'un paysan arrêté pour dettes, pillage du château, mise en fuite du marquis)[172]. La brochure de Boncerf aurait circulé parmi les insolents « vassaux » du marquis, et de son côté le duc de Mortemart imputait ses malheurs « au système de M. Turgot et aux ouvrages qu'il a fait éclore ». « Partout où on lira cet écrit, commente Métra, on peut s'attendre que le peuple sera de l'avis de l'écrivain. » Tout faire, conseillait l'abbé Boncerf, disciple des physiocrates, pour « simplifier les possessions » par un affranchissement général qui restituera à la terre sa « liberté primitive », qui lui accordera enfin, pleinement, son nécessaire statut de marchandise. Fureur du parlement qui condamne le libelle à être lacéré et brûlé sur les marches du Palais de la main du bourreau. Les considérants de l'arrêt rappellent qu'en attaquant le fief on démolit les « premières barrières de la dépendance », on défait « les liens de la subordination », on dresse les paysans contre leurs seigneurs comme jadis aux temps affreux « des Pastoureaux et de la Jacquerie »[173]. Combat d'arrière-garde ! Plus l'opinion devenait majoritairement antiseigneuriale et plus le point de vue des privilégiés devenait extrême.

CHAPITRE VII

Jours sans pain

> C'est un droit royal de pourvoir aux besoins du peuple. Qui l'entreprend au préjudice du prince entreprend sur la royauté. C'est pour cela qu'elle est établie, et l'obligation d'avoir soin du peuple est le fondement de tous les droits que les souverains ont sur leurs sujets. C'est pourquoi dans les grands besoins, le peuple a droit d'avoir recours à son prince. Dans une extrême famine toute l'Égypte vint crier autour du roi, lui demandant du pain. Les peuples affamés demandaient du pain à leur roi comme à leur pasteur ou plutôt à leur père.
>
> BOSSUET, *Politique tirée des propres paroles de l'Écriture sainte* (1709)

Le pain, affaire des pauvres, affaire de tous, affaire d'État ! Le comestible est le souci dominant pour gouvernés et gouvernants qui partagent les mêmes craintes, si bien que les problèmes d'approvisionnement font naître une étrange complicité entre les uns et les autres. Rien d'aussi primordial pour les autorités que la fourniture des marchés. Les rapports affluent sur les tables ministérielles, flanqués de liasses de mercuriales, d'ordonnances de police et d'un surabondant courrier. Dans le même temps, les théoriciens de la production et de l'échange multiplient réflexions et projets. Sujet immense que celui des subsistances, maintes fois étudié d'hier à aujourd'hui à travers les prix, les crises et les doctrines économiques. L'approche psychosociale, celle qui nous intéresse ici, apparaît plus neuve, telle que l'a pratiquée Steven L. Kaplan dans les ouvrages roboratifs — *Le Pain, le peuple et le roi, Le Meilleur Pain du monde* et *Les Ventres de Paris* — où il présente l'analyse de la politique frumentaire sous le règne de Louis XV. S'agissant des émeutes, nous restons sur le même terrain, élargi aux limites chronologiques et territoriales de la présente enquête, dans le but de construire pour ce type de rébellion des modèles à confronter aux autres figures du refus.

Les révoltes du pain nous intéressent à plusieurs titres : du point de vue statistique en ce qui concerne la fréquence et la répartition spatiale des faits observés (1 526 occurrences, dont 1 497 en type fondamental) ; du point de vue sociologique, selon la composition des groupes émeutiers et, plus éclairant, selon le jeu relationnel intergroupes, riches/pauvres, agents du pouvoir/assujettis ; du point de vue politique enfin, pour dire si la répétition des crises a influé, et de quelle manière, sur la genèse ou les mutations d'une conscience sociale populaire.

1. FIGURES DE L'ÉMEUTE

L'émeute de subsistances peut s'écrire en quelques énoncés sans surprise. Premier cas de figure : venues de la ville ou des faubourgs mais aussi des campagnes proches, des foules furieuses s'en prennent à tous ceux qu'elles considèrent comme fauteurs de cherté, marchands de grains et boulangers ou encore autorités locales. Aussitôt, les étals et boutiques sont mis au pillage, on vole le pain, on vole la farine. Le mouvement prend une couleur un peu plus politique quand les gens se pressent devant les bâtiments publics ou la maison des principaux pour réclamer des mesures officielles comme la taxation des prix, les visites domiciliaires chez les stockeurs présumés, l'achat de grains à l'extérieur.

Second type, très courant dans les régions rurales : l'attaque menée contre les grosses fermes écartées, les châteaux, les cures, les abbayes où l'on garde le grain de la dîme et autres lieux susceptibles d'abriter des stocks importants, du « blé caché ». Les pauvres en troupe parcourent le pays, terrorisant les bons propriétaires. Souvent déguisés, le visage noirci pour n'être pas reconnus, ils se font donner du blé ; en cas de refus, ils enfoncent les greniers. Ce genre de tumulte se produit aussi en ville contre toute demeure privée ou conventuelle, tout édifice, « magasin » ou entrepôt connu pour receler des réserves. L'action prend une tonalité anti-urbaine lorsqu'il y a irruption d'émeutiers en provenance des campagnes proches. Alors, le risque est grand de voir le menu peuple faire alliance avec les rustiques aux dépens des bourgeois nantis.

Troisième type : l'opposition aux « enlèvements ». La rébellion se tourne cette fois contre les marchands venus de l'extérieur, contre les munitionnaires aux armées, contre les commissaires envoyés par les municipalités, les parlements ou les états provinciaux pour assurer l'approvisionnement des grosses villes du royaume, enfin contre tout intermédiaire chargé des réquisitions et du transport des denrées. On les accuse, bien sûr, d'affamer la région en la vidant de sa substance. En ville et dans les bourgs, la foule exige l'arrêt des expéditions, la confiscation des chargements et leur dépôt en lieu sûr — le grenier public, l'hôpital, un bâtiment gardé — pour être distribués gratuitement ou vendus au prix coûtant. En cas de refus, les mutins coupent les traits des chevaux et bloquent les charrettes pour s'emparer du grain, ils poursuivent les voituriers dans les rues et les assiègent dans leurs auberges. Dans les campagnes, on sonne le tocsin au passage des convois ou à leur départ, les paysans accourent avec les armes ordinaires, pierres, bâtons, outils agricoles, haches, plus rarement fusils ; ils barrent les routes, frappent les transporteurs, les sacs sont jetés à terre, crevés à coups de couteau et pillés. En pays de circulation fluviale, la foule se masse sur les berges ou les ponts pour empêcher l'embarquement ou s'emparer au passage des bateaux chargés. Si les mariniers refusent de s'arrêter, des barques légères, les *charoyères,* vont à l'abordage, la cargaison est enlevée, transportée sur la rive et partagée sur place, non sans désordre, à moins que les chefs d'émeute n'en contrôlent eux-mêmes la distribution ou la vente.

Voilà pour les modèles, mais la vérité oblige à reconnaître qu'ils ne se présentaient pas toujours avec cette netteté, qu'il y avait toutes sortes d'interférences et de variantes selon les lieux et les temps. Nous voyons souvent la foule saccager les boutiques des boulangers (type un) et attaquer ensuite un dépôt public ou privé (type deux). Dans d'autres cas, après avoir exigé la taxation (type un), les émeutiers vont piller un grenier (type deux) et bloquent le départ d'un charroi (type trois). Une émeute de marché urbain (type un) se prolonge parfois en pillage des fermes environnantes (type deux). Par ailleurs, le profil exact des affaires reste parfois indécis. Le partage inscrit dans le tableau qui suit n'a donc qu'une valeur indicative. Il n'en souligne pas moins la fréquence des actions dirigées contre les détenteurs de stocks et surtout contre les marchands et transporteurs. Par-delà les plaintes et les pillages immédiats, le public s'en prenait donc une fois sur deux aux fauteurs supposés de la pénurie.

Tableau VII.1. Types d'émeutes de subsistances

Contre la cherté	564
Contre l'accaparement	119
Contre le départ des grains	707
Autres	136
Ensemble	*1 526*

Un simple regard sur l'histogramme met en lumière une permanence d'inquiétudes hérissée de pointes extrêmes, avec le pic de 1709 et le plus fameux, celui de 1789. Hors de ces années « terribles », pointent les flèches de 1694, 1699, 1740 et 1748. Les crises se rapprochent dans la seconde mi-siècle, en 1766, 1768, 1770 et 1775. Bien entendu, la coïncidence est chaque fois remarquable entre les révoltes et l'envolée des mercuriales.

Que retenir de l'énorme masse documentaire relative aux subsistances, près d'un cinquième de tous les troubles recensés ? Et selon quels critères faire surgir ou sacrifier la fiche porteuse d'un éclat jamais insignifiant, exhumé et retranscrit par des chercheurs qui lui ont donné sens ? Après bien des hésitations et repentirs, il m'a semblé que le moins mutilant, le plus respectueux aussi du travail d'enquête, restait cette fois encore le regroupement chronologique. Dans la moyenne durée où nous sommes installés, il y a tant de facteurs, propres à chaque période, venus infléchir le cours des événements, que toute vue globalisante sur plusieurs décennies gauchit les matériaux de base. Il faut se résigner à marcher à petites étapes pour s'arrêter sur les temps forts, en faisant ressortir du tissu journalier le contraste entre l'uni et le relief. Toutefois, quelques considérations sur l'aspect spatio-temporel de l'ensemble aideront à dépasser la conjoncture et éclairer les permanences.

Figure 7. Émeutes de subsistances : mouvement séculaire

a) Rythme annuel

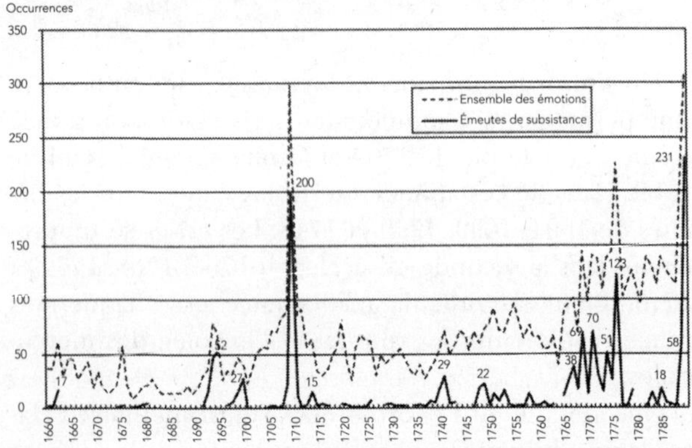

b) Rythme décennal

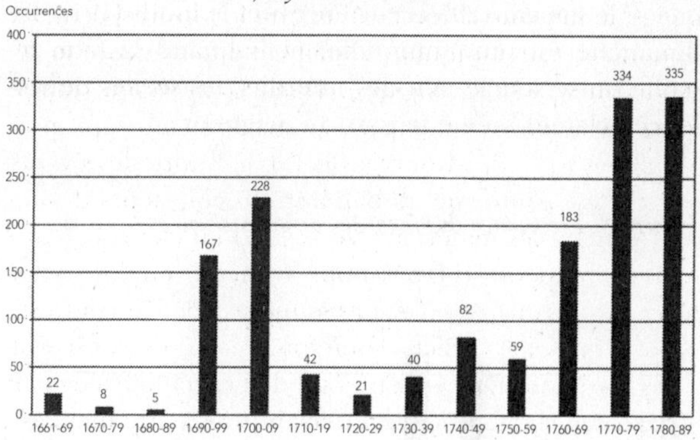

2. LE TEMPS ET L'ESPACE

Saisons

Un simple regard sur l'histogramme de fréquence, toutes années bloquées, confirme le caractère saisonnier des angoisses alimentaires. Résultat sans surprise, l'inquiétude monte en février pour s'amplifier en mars et culminer en mai (321 occurrences) à l'approche de la soudure. L'été est plus calme avec les travaux des champs qui absorbent toutes les énergies. Après une reprise en septembre dans l'effervescence des vendanges (112), l'agitation retombe à l'automne au moment des battages, mais il n'est pas d'hiver absolument tranquille si la disette se prolonge d'un an sur l'autre. Quant à la répartition quotidienne des affaires, elle s'inscrit nécessairement dans le calendrier des marchés qui d'un lieu à l'autre tombe sur n'importe quel jour

« ouvrier ». Le graphique signale deux pointes plus marquées, le samedi (205 occurrences) et le lundi (191). Le dimanche est plus tranquille, mais quand la faim tenaille on se soucie peu des interdits, les scènes de violence éclatent même le jour du Seigneur[1].

Figure 8. Fréquence des émeutes de subsistances

a) Fréquence mensuelle

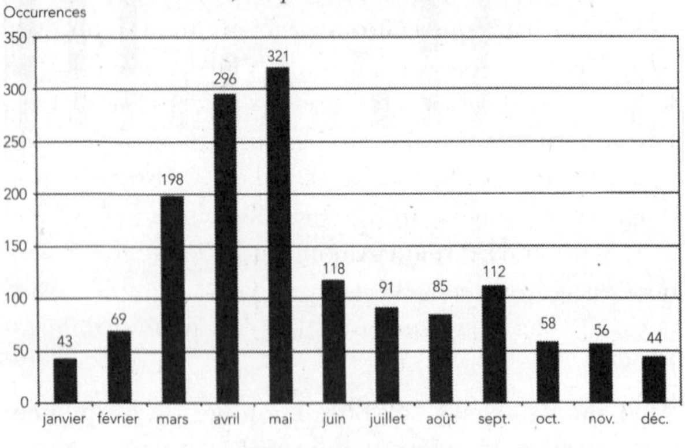

b) Fréquence journalière

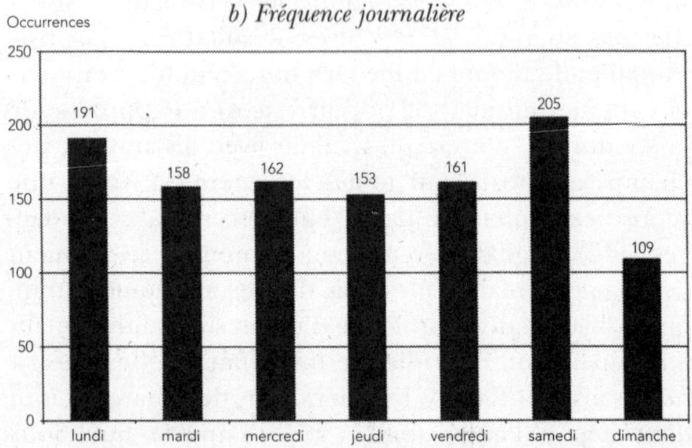

Nord-Sud

Dans la longue durée, un rapide coup d'œil sur le tableau VII.2 et les cartes de répartition régionale des émeutes (figure 9) laisse apparaître une émotivité majeure dans la France du Nord et Nord-Ouest (sauf Flandres-Hainaut). Sur la carte *a*, où figurent les résultats bruts de l'enquête, une ligne sinueuse depuis Sedan jusqu'à l'estuaire de la Gironde met en lumière un vaste espace de turbulences récurrentes dans le grand bassin de Paris : 1 024 révoltes recensées contre 502 seulement dans le reste du pays. La carte *b*, qui renvoie à des indices basés sur les chiffres de population[2], propose une image sensiblement différente : Île-de-France, Orléanais, Normandie, Maine-Anjou, Picardie viennent toujours en tête, mais la Bretagne et la Bourgogne y sont moins affectées que sur la carte *a ;* au contraire, le Limousin, le Nivernais ou le Lyonnais passent du côté des déciles des espaces tumultueux.

Tableau VII.2. Répartition régionale des émeutes de subsistances

Région	Rébellions	Population	Indice	Région	Rébellions	Population	Indice
1	169	1 100 000	15,4	15	12	400 000	3,0
2	84	1 100 000	7,6	16	31	750 000	4,1
3	43	1 100 000	3,9	17	2	690 000	0,3
4	183	2 000 000	9,2	18	15	1 200 000	1,3
5	98	2 200 000	4,5	19	53	1 000 000	5,3
6	100	1 100 000	9,1	20	153	1 400 000	10,9
7	87	1 500 000	5,8	21	43	800 000	5,4

8	47	2 200 000	2,1	22	31	700 000	4,4
9	9	500 000	1,8	23	34	600 000	5,7
10	62	1 400 000	4,4	24	54	1 300 000	4,2
11	69	1 400 000	4,9	25	31	460 000	6,7
12	3	110 000	2,7	26	1	150 000	0,7
13	84	1 100 000	7,6	*Ensemble*	*1526*	*26 960 000*	5,7
14	28	700 000	4,0				

Figure 9. Pour le pain : la France rébellionnaire

a) Données brutes

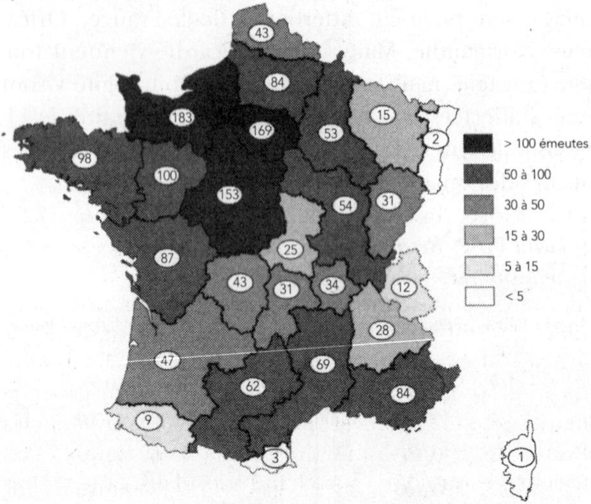

b) Indices rébellionnaires (pour 100 000 habitants)

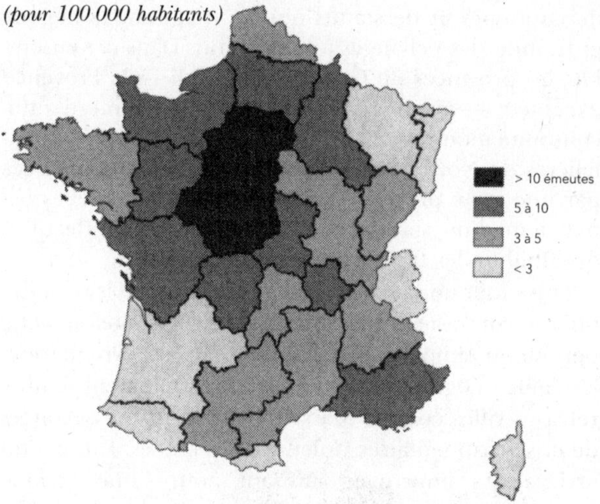

Quel que soit le référent, la fréquence des troubles survenus dans les bassins de la Seine et de la Loire s'affirme avec netteté. À cela plusieurs raisons évidentes. Quant aux subsistances, la France agitée recouvre les provinces les plus ouvertes, les plus enclines à tenter l'aventure capitaliste. Ici l'économie « naturelle » chère aux physiocrates bénéficie de nombreux atouts : la fertilité des sols très souvent, la demande massive des grosses agglomérations, la qualité des axes de communication — routes, fleuves, canaux, voies du cabotage maritime —, enfin la proximité de grands ports, Rouen, Le Havre, Nantes, orientés vers les marchés extérieurs. D'où un jeu marchand spéculatif, et la recherche du profit maximum qui, surtout en période de cherté, joue contre le petit consommateur. Moins riche, moins urbanisé, souvent plus enclavé, le reste du royaume offre une situation inégale : c'est une marqueterie complexe de terroirs, un cloisonnement, un carcan de coutumes et de statuts qui contraignent le négoce et freinent les échanges à long rayon. Dans cet ensemble, les provinces du Centre et du Midi — la Provence exceptée[3] — vivent pour l'essentiel en régime d'autoconsommation régionale. De leur côté, les régions frontalières du Nord et de l'Est sont sévèrement encadrées par une forte présence militaire. Par ailleurs, elles bénéficient d'un statut douanier (« l'étranger effectif ») qui fluidifie les transactions avec l'extérieur.

Ainsi, tout un faisceau d'éléments structurels peut justifier le contraste entre les deux France. Toutefois, cette opposition, simplificatrice à l'excès, ne recouvre ni toute la réalité géographique, ni tout le déroulement temporel. Des villes comme Marseille ou Lyon sont secouées de crises frumentaires violentes et répétées. Faute d'un arrière-pays nourricier suffisant pour l'une comme pour l'autre, elles dépendent des livraisons extérieures, et celles-ci, venant à manquer, entraînent des effets explosifs. Ajoutons-y d'autres interférences conjoncturelles, comme l'impact des guerres de Louis XIV avec, pour les armées, des achats massifs de grains qui ont perturbé quelquefois des zones quasiment autarciques ; ou encore des désastres climatiques localisés.

3. 1661-1709, LES DÉCENNIES CALAMITEUSES

La tempête de l'Avènement

La crise de l'Avènement, liée à un terrible hiver, est marquée en 1662 par dix-sept grandes rébellions locales qui touchent notamment les villes de Nantes, Châtellerault, Blois, Amboise, Bourges, Orléans, Rennes... La France du Centre et du Centre-Ouest se trouve directement frappée tandis que les pays au sud de la Loire sont relativement à l'abri, capables même de remédier partiellement au déficit des provinces affamées[4].

Rien d'aussi brutal dans les années qui suivent. Un très fragile équilibre de survie s'instaure de 1663 à 1691, les bonnes années compensant les mauvaises et les cantons pourvus assurant vaille que vaille l'approvisionnement des secteurs sinistrés. On s'inquiète par intervalle, on murmure parfois autour des halles, on se bouscule jusqu'à l'étouffement aux distributions d'aumônes, mais l'angoisse alimentaire n'explose que rarement en révoltes dignes d'être répertoriées. Tout se passe comme si la France mangeait presque à sa faim, alors même que se développent ici et là les vastes actions antifiscales ou antiseigneuriales qui bouleversent une partie du royaume. La taille, les droits féodaux, la kyrielle des taxes sur le sel, sur le commerce ou les actes civils déclenchent les fureurs, mais on se bat plus rarement pour le pain. Les marchés demeurent paisibles, sauf rares exceptions, et la séquence 1685-1690 s'inscrit même dans la mémoire populaire comme « le temps des gros épis ».

1692-1694, ou l'Apocalypse

La seconde séquence tumultueuse, entre 1692 et 1710, se signale au contraire par une forte émotivité, suite aux horreurs climatiques et aux achats massifs pour les guerres qui font partout flamber les prix, avec des écarts marqués pour les céréales pauvres plus sensibles aux pressions conjoncturelles. Faute de blé on mange du seigle, du coup il renchérit davantage encore. La courbe dessine à trois reprises une montée des alarmes, la dernière autour de 1709, vertigineuse.

La misère de 1692-1694, apocalyptique, de type « quasi médiéval », est restée fameuse dans le siècle[5]. Deux années de suite, en 1692 comme en 1693, un terrible hiver glace le pays entier et le gel détruit les semences enfouies ; des pluies incessantes complètent le désastre, réduisant à peu de chose les moissons, les vendanges et même les fourrages. Les rivières débordent, les convois circulent mal sur les chemins ravinés ou impraticables, les marchés sont vides. Trafiquants et munitionnaires accroissent la cherté en achetant à toute force pour les armées le peu de grain disponible. La famine est donc là, les cimetières se remplissent, partout règne l'inquiétude. Des troupes « prodigieuses » de mendiants errent sur les chemins ou dans les rues, les pauvres assiègent les portes et courent aux « charités ». Ici on les chasse, ailleurs on les enferme ou l'on tente de les regrouper en « ateliers publics » sur des chantiers d'intérêt général, construction de routes, fortifications, ports, etc.

Les émeutes n'ont pourtant pas surgi partout. Elles ont d'abord secoué l'espace du grand grenier français, c'est-à-dire l'Île-de-France, la Beauce, l'Orléanais, la Normandie, la Bourgogne, le Bourbonnais. Par contre, les provinces atlantiques semblent un peu mieux loties avec un climat plus océanique et quelques convois céréaliers venus au bon moment de la Baltique ou de Bordeaux. De même, le Sud-Est et l'Est échappent à la panique. La misère y est vécue dans un climat de résignation — mais quelques séditions isolées éclatent néanmoins dans les villes importantes. Calme relatif aussi sur les frontières du Nord et du Nord-Est où la forte présence de l'armée, en ces temps de guerre, fait régner l'ordre et entraîne un approvisionnement en grains auquel tout le royaume est appelé à contribuer.

Les troubles se signalent par leur vigueur, et le nombre des participants. Pour cette séquence, comme pour les autres, je n'évoquerai que les affaires qui ont mobilisé sur place le plus de monde. Tri nécessaire pour des raisons d'exposé, sans jamais perdre de vue que c'est l'ensemble des cas relevés, le fourmillement des petits incidents comme la singularité éclatante des plus violents qui ont donné sa coloration à cette période calamiteuse.

Parmi les affaires qui font masse, voyez les émeutes de Rouen en avril 1693, où la « populace », hommes et femmes, se répand par centaines dans les rues, pille les boulangers et attaque des charrettes de pain avant de députer au parlement avec « une manière insolente de parler »[6]. Dans le village beauceron de Brou, le 15 mai 1693, plus de cent personnes, « pour la plupart gueux et vagabonds », arrêtent un charroi de grains en partance pour Rouen, ils maltraitent le voiturier, coupent les « poches » et emportent le blé[7]. Le lendemain, c'est à Nogent-le-Roi, sur l'Eure, que cinq à six cents habitants s'opposent à un embarquement pour Rouen[8]. Un autre bateau, lui aussi destiné à Rouen, est pillé au son du tocsin à Villemeux-sur-Eure, les 28 et 29 mai, par plus de huit cents personnes « de tout sexe », avec pierres, bâtons, hallebardes et fusils[9]. La fureur éclate à Lyon en ce mois de mai, dirigée contre les membres du consulat et contre l'intendant lui-même, rendus responsables de la cherté. Le menu peuple parcourt les rues trois jours durant. À grands cris, des centaines de manifestants (jusqu'à deux mille, selon une relation) se rendent successivement devant la maison des échevins, le palais de l'archevêque et l'hôtel de l'intendance à

Bellecour. Le prévôt des marchands, qui tente de ramener le calme, est violemment pris à partie : on se jette sur lui, on le prend à la gorge, on menace de piller et brûler sa maison[10]. L'agitation retombe entre Saône et Rhône, mais elle reprend un peu partout au mois d'août. Ils sont quatre ou cinq cents à Cosne-sur-Loire, plus de huit cents à Maintenon, trois cents à Mâcon[11]. Les tumultes se succèdent, ils décroissent en novembre et décembre et repartent de plus belle dès février 1694. À Gilly-sur-Loire, près de Bourbon-Lancy, un convoi de bateaux remontant le fleuve est attaqué par sept ou huit cents hommes et femmes armés de fusils, hallebardes et « longs bois », marchant au tambour[12]. Le tocsin retentit en Gâtinais où des hommes aux visages noircis pillent les greniers le long du canal de Briare[13]. Nouveaux grabuges à Mâcon où l'on arrête les flottilles conduisant à Lyon les blés de Bourgogne. À Blois, on pille les convois qui remontent la Loire[14]. Les tumultes culminent au mois d'avril 1694, avec vingt-deux affaires recensées. À Rouen, les troubles reproduisent ceux de l'année précédente : une légère augmentation du prix du pain — 1 sol par livre — jette dans les rues des milliers de manifestants qui dévalisent les boutiques et se dirigent vers le parlement *« avecq menaces eslevées »*[15]. Trois jours d'émeute à Toulouse au début du mois de mai, contre la *« cheretté du bled »*. Des bandes entrent chez les boulangers et s'emparent des pains brûlants sortis du fournil. On s'en prend au maire en pleine rue, son carrosse est lapidé et la garde doit faire usage des armes pour le dégager, tuant un laquais qui se trouvait au milieu des manifestants[16]. Toujours en mai, les paysans et bûcherons du Craonnais s'opposent au départ des grains destinés à Angers, et il faut une escouade d'archers avec une compagnie bourgeoise

Illustration 4. Distribution du pain du roi au Louvre pendant la famine de 1693

pour faire ouvrir les greniers et charger les bateaux — il y aura trois morts du côté des émeutiers[17]. Les prix restent élevés en juin. À Albi, deux ou trois cents femmes injurient et menacent les responsables supposés de la cherté[18]. À Rouen encore, quatre mille personnes font barrage aux gros *blatiers* de la ville et des environs qui se préparent à acheter les cargaisons arrivées par bateau pour les revendre sans retard, tant que les cours sont au plus haut. La foule, qui espère la fin de la pénurie, entend bloquer la spéculation et garder le grain sur place[19]. C'est d'ailleurs l'une des dernières grosses affaires de la série, car les moissons de l'été 1694 sont très prometteuses dans tout le royaume. En trois semaines, les prix de soudure s'effondrent de la moitié ou des deux tiers, selon les lieux. Le normal revient sur la plupart des marchés.

Nouveau désastre

Après quelques années relativement tranquilles, les craintes alimentaires se réveillent en 1698 avec un nouvel hiver de glaces suivi de coups de gel tardifs et de pluies incessantes — une misère comme on n'en a pas vu « de mémoire d'homme », écrivent les intendants, un désastre « sans exemple dans les siècles passés »[20]. Les mercuriales repartent vers le haut dès le printemps. Ce sont aussitôt les désordres, les rassemblements devant les bâtiments publics ou les maisons des marchands, le pillage des étals, les routes barrées, les convois saisis. 42 rébellions en 1698-1699, dans les provinces du grand Ouest cette fois, Normandie, Bretagne, Maine-Anjou, Touraine et Poitou. Ainsi l'affaire survenue en juillet 1698 à Cherbourg, où la « populace », tambour battant, empêche l'embarquement des blés et tente d'incendier

DE PAR LE ROY.

FELIX LE PELLETIER, CHEVALIER SEIGNEUR DE LA HOUSSAYE ; Conseiller du Roy en ses Conseils, Maistre des Requestes ordinaire de son Hôtel, Intendant de Justice, Police & Finances en la Généralité de Soissons.

SUR les avis que Nous avons reçûs de la Ville de Noyon, que nostre Ordonnance du trois du present mois, portant défenses de faire aucuns Magazins de Bled, préjudiciables au service du Roy, jusqu'au quinze Juillet prochain, ayant été publiée, plusieurs Habitans de ladite Ville, notamment du Fauxbourg Damejourne, & d'autres des Villages circonvoisins, auroient eu la témérité de vouloir interpréter ladite Ordonnance, & contre sa teneur, auroient sous ce prétexte troublé la liberté du Commerce, sur le Marché, & aux Portes des Maisons, s'attroupans pour empêcher les Voituriers de charger le Bled par eux acheté même obligeans quelques-uns à ôter de dessus leurs charétes, celui dont elles étoient chargées ; ce qui se seroit fait de la part desd Particuliers, tant hommes que femmes avec une violence tres-punissable, contraire aux intentions de sa Majesté, à la Police de l'Etat, & à la sûreté du Commerce, Nous Nous serions transporté dans ladite Ville de Noyon, pour reprimer cette confusion & ce désordre, dont Nous aurions appris par Nous même les circonstances, à quoy étant necessaire de pourvoir.

NOUS ORDONNONS qu'à la Requeste du Procureur du Roy du Bailliage & siége Présidial de Soissons que Nous avons commis à cét effet, il sera par Nous informé des excez, violences, attroupemens & voyes de fait, commis par les Habitans, tant du Fauxbourg Damejourne qu'autres de lad. Ville de Noyon & Villages circonvoisins, circonstances & dépendances ; pour lesd. Informations faites en estre par Nous rendu compte au Roy, & cependant faisons Deffenses, à tous Particuliers de quelque qualité & condition qu'ils soient, tant de ladite Ville que des Villages des environs, de troubler sous quelque prétexte que ce soit la liberté du Commerce, soit sur les Marchez, soit dans les achats qui pourroient estre faits, dans les maisons particulieres, à peine de punition capitale, sauf à estre par Nous pourvû sur les abus qui pourroient se glisser dans lesdits achats & amas de Bleds en Magazins, sur le compte qui Nous en sera rendu par le sieur Wiart nôtre subdelegué, & par les Maire & echevins de ladite Ville que Nous avons commis pour y surveiller, & sera la Presente Ordonnance, luë, publiée & affichée par tout où il appartiendra. Donné à Noyon le neuviéme Juin mil six cens quatre-vingt-dix-sept.

Illustration 5. Ordonnance royale contre les émeutiers du blé (Noyon, 1697)

un navire transporteur[21]. « Les peuples se mutinent partout », écrit l'intendant de Tours en novembre 1698[22]. Le 30 décembre, quatre cents habitants de Savonnières et des environs s'emparent des grains transportés sur le Cher[23]. À Nantes, au mois de mai 1699, « près de trois cents personnes », non armées semble-t-il, enfoncent la porte de la mairie pour obtenir la baisse du prix du pain[24]. Autre grosse émeute à Saint-Romain-sur-Vienne en Poitou : une bande excitée attaque un convoi de mulets en partance pour Châtellerault ; coups de fusil, le valet du marchand est atteint au bras, arrestation de l'un des meneurs[25]. Au Pays basque, les femmes de la région côtière se soulèvent au son du tocsin en juin 1699 ; elles veulent brûler dans sa maison le sieur Bouty, un gros négociant qu'elles traitent de gabeleur. « La violence a été si grande, écrit le maire d'Urrugne, qu'une femme qui avait voulu faire cesser le *baffroy* a été fouettée par les autres »[26]. À Lyon, le menu peuple réclame à grand bruit la baisse du prix du pain en juillet 1699. Des ouvriers en soie sans travail — car il y a chômage dans les ateliers —, des mendiants et des femmes en grand nombre descendent dans les rues, crient leur misère et criblent de pierres la façade de l'hôtel de ville, puis la garde qui tente de les disperser[27].

Le pays reprend son souffle au lendemain des moissons de 1699. Récolte plus belle encore en 1700, vraiment inespérée. Les prix tombent, les consommateurs se réjouissent, l'inquiétude passe cette fois du côté des producteurs et des marchands qui cherchent à vider leurs greniers.

4. 1709, LES HORREURS DU GRAND HIVER

Dans un contexte de guerres européennes et de pression fiscale accrue, il faut attendre 1708 pour retrouver dans les rapports des intendants les signes d'un nouveau désordre des saisons[28]. Les pluies de printemps ont obligé à faucher les blés en herbe comme s'il s'agissait de fourrage. Les mercuriales, reparties à la hausse dès le mois de mai 1708, amorcent une crise sans pareille, aggravée par les féroces coups de froid de janvier et février 1709. Le pays est paralysé, les rivières prises par les glaces jusqu'à leur embouchure, les semences anéanties et les populations au désespoir. En juillet, les prix sont six fois plus élevés qu'en 1707 à même époque.

Nous retrouvons donc le cycle pénurie-cherté-émeutes. 10 mouvements en février 1709, 28 en mars, 57 en avril, 49 en mai. La décrue s'amorce en juin avec 11 tumultes seulement, car la récolte s'annonce meilleure que prévu et l'on dit que des cargaisons arrivent, venues du Nord, du Levant, de Barbarie. Mais les mois d'été restent agités avec 19 troubles en juillet, 11 encore en août et 8 en septembre. « Il ne s'est pas passé de semaine, écrit en août le contrôleur général Desmarets, sans qu'il y ait eu quelque sédition »[29].

La géographie laisse apparaître une émotivité maximale cette fois encore en Île-de-France et en Normandie. Le Poitou est à présent concerné, et à un moindre degré la Bretagne, le Maine et l'Orléanais-Berry. Picardie, Artois, Flandres et Champagne, strictement maintenues jusque-là, s'affolent à leur tour, effet direct des désastres militaires et des allées et venues des troupes qui épuisent le pays. Tumultes plus rares mais sérieux en Bourgogne, Nivernais-Bourbonnais et Lyonnais. Dans le grand Sud-Est, le Bas-Languedoc et la Provence encaissent rudement le coup. Par comparaison, le Sud-Ouest semble relativement épargné, en tout cas moins agité. La misère, quoique réelle, y est vécue à petit bruit. De même les provinces montagneuses du Centre et de l'Est, la Marche, le Dauphiné et la Franche-Comté, ainsi que le duché de Savoie. La Lorraine conserve son calme, à une émotion près. Pas d'affaire relevée en Alsace, où les dégâts ont été moindres[30].

« Des murmures très violents… »

Après ces généralités, quelques flashes donnent leur physionomie locale à des événements très analogues — la faim a partout le même visage —, mais mis en gestes et en paroles sur des scènes différentes par des troupes d'acteurs singuliers. Nous voici à Niort, le 28 février 1709 : deux cents femmes de la ville et des faubourgs mettent le marché sens dessus dessous, pillent les charrettes et les boutiques avant de se répandre aux environs, en quête de nourriture. Panique ici des marchands et des propriétaires qui avaient traité avec l'intendant de Rochefort pour l'approvisionnement des vaisseaux du roi. Le gros négociant Pertarbelisle, fournisseur de la marine, appelle au secours : « Nous sommes sur le point d'être égorgés dans nos maisons »[31]. À Marans, petit port de l'élection de La Rochelle, la « populace » se soulève le 8 mars ; à trois ou quatre cents, ils s'emparent de stocks de céréales destinés à la flotte[32]. Grosse émeute à Angers le 18 mars, au départ des bateaux qui remontent la rivière en direction de Laval ; le lendemain 19, on s'attaque aux boulangers et aux greniers, on bloque les entrées, on surveille les chemins : « La populace animée gardait tellement les portes de la ville, écrit un témoin, qu'il était impossible d'en sortir aucun grain »[33]. « Murmures très violents » dans les villes sur la Loire, au passage des charrois vers Paris ou à destination des armées des Alpes — jusqu'à menacer de brûler les maisons des convoyeurs[34]. À Lyon, un incident déclenche la sédition le 23 mars 1709 : tout un quartier populaire s'énerve sur le soir à cause d'un coup de fusil tiré par un boulanger sur un jeune mendiant qui demandait du pain ; l'agitation s'amplifie les jours suivants, plus de quinze cents personnes attaquent et pillent une boutique rue Grenette, un autre rassemblement, « bien plus nombreux », défonce à coups de hache la porte d'un boulanger de la place au Plâtre[35]. Attroupements en Dauphiné en cette même fin de mois, attaque des magasins de grains, « sédition terrible » à Grenoble le 30 mars, « jusques à découvrir les toits pour entrer plus facilement dans les greniers »[36]. À Amboise, le 31 mars, « quantité de canailles et de menu peuple » se massent sur les quais de Loire et sur le pont pour bloquer le passage de quatre bateaux de blé chargés à Saumur et destinés à Paris. Toute la ville affamée est là, au moins trois mille individus au dire des magistrats. Les uns crient et réclament du blé à quelque prix que ce soit, les autres commencent à dépaver le pont pour lapider les embarcations[37]. En Poitou, les habitants bloquent les chemins, toujours pour empêcher la fuite du grain. Ils se rassemblent par centaines pour forcer les greniers, comme à Coulonges-le-Royal dans la nuit du 19 au 20 avril 1709 ; l'intendant s'inquiète : « Les milices que l'on a mises sur pied ces dernières années pour la défense des côtes ont armé toute la province, et on peut assurer qu'entre tous ceux qui sont armés il y en a la moitié de religionnaires... » La situation lui paraît assez grave pour justifier des sanctions sévères, une pendaison et plusieurs envois aux galères[38].

Printemps rouge à travers le royaume

Dans les régions troublées, campagnes, bourgades, grandes villes réagissent sur le même mode. Marseille, le dimanche 7 avril, connaît à son tour une « sédition terrible ». Les femmes suivies de leurs enfants pillent les magasins de vivres et défoncent les boutiques, « demandant du pain avec des cris effroyables ». Les échevins s'attendent au pire, assiégés toute la nuit dans l'hôtel de ville par une foule d'au moins deux mille individus. Selon le gouverneur, M. de Forville, la cité a échappé de peu à l'incendie : dans cette affaire, écrit-il, « il y avait des jeunes gens qui marchaient avec des fagots et une poignée de paille à la main ». Parmi les émeutiers, nombre de paysans du terroir et beaucoup de femmes de soldats ou de bas-officiers des galères qui n'avaient pas touché leur solde depuis plus de trois mois. À la mi-avril, l'arrivée bienfaisante des « blés de mer » détend un peu l'atmosphère, mais les autorités restent vigilantes, au point de supprimer un peu plus tard la procession de la Fête-Dieu, « de crainte d'une insurrection du peuple »[39].

Les rébellions qui suivent se décomposent en phases où interviennent les protagonistes attendus, dans une spirale inévitable. Bourges le 15 avril 1709 : tôt le matin, une soixantaine d'individus enlèvent deux charges de blé qu'un procureur envoyait à son gendre, mais le subdélégué intervient et le grain est restitué. Plus tard, dans l'après-midi, deux ou trois cents personnes arrêtent un meunier conduisant du blé à son moulin, car on croit qu'il fait sortir le grain « *en quachette* » pour le livrer à un munitionnaire aux armées ; pris en chasse, le meunier se réfugie à l'hôtel d'intendance. Nouvelle scène violente, la foule se rend cette fois devant la maison du munitionnaire en poussant des cris de mort, elle brise les vitres et fouille le logis, mais l'homme a pu passer dans la maison voisine. Une lettre écrite le lendemain par un important, M. Sainte-Marthe, dépeint naïvement la terreur des nantis : « *Il y a plus de les trois cars des fames tous demandant lomonne dans les rues qui font se desordre peut domme il ny avet quelque garson menuisié et cordonné pas hun bourgois de la ville il y a un nonbre de pauvre dans sette ville que lon ne saure nonbré et menasse de piller seus quy on du blé dans leurs maison* »[40]. À Reims, le 18 avril, des bandes d'affamés s'en prennent aux couvents, escaladent les murs des dominicains et des cordeliers et enlèvent tout le grain que la Ville y avait fait entreposer. Dans la bousculade, une fille est étouffée et deux autres personnes blessées à mort[41]. À Toulouse, le 22 avril, sept à huit cents femmes manifestent en cortège vers le parlement pour demander du pain[42]. À Tours, le 5 mai, tout commence dans un faubourg par le pillage d'une boutique de boulanger ; lui réussit à se sauver mais sa femme est grièvement blessée. En moins d'une heure, l'attroupement a rassemblé de douze à quinze cents personnes qui parcourent la ville en tous sens ; nouveaux brigandages, menaces de « mettre le feu partout ». Réaction immédiate des autorités, des potences sont dressées aux carrefours et, dès le lendemain, une ouvrière en soie est pendue sur la place du Grand-Marché. C'était le seul moyen de ramener le calme, au dire des magistrats : le supplice « a donné tant de terreur, et a en même temps inspiré tant de soumission que le pauvre peuple n'a plus de recours qu'aux larmes et aux gémissements pour nous demander quelques soulagements dans leurs misères »[43]. Autour d'Abbeville, on pille les convois de blé, et le 4 mai un placard terrifique est découvert sur les murs mêmes de l'hôtel de ville ; les échevins affolés en envoient copie à Versailles : « *Messieurs de la police vous este advertis de la part de tous les menus peuples quy sont au nombre de six mil cinq cent soixante quatre personnes qui travaillent nuit et jours, nous mourons de faim, nous sommes obliges de vous commander absolument de taxer le bled et le pain a un prix raisonnable que noue puissions vivre et obliger les marchands de bled den fournir le marchés suffisament pour ce quil en faudra, ou a faute de quoy nous allons sortir de nos maisons come des Lions enragés les armes d'une main et le feu de lautre que nous vous réduiront tous en poussière, de telle sorte que de vivant d'hommes l'on n'aura jamais parlé d'une telle carnage* »[44].

Dans les campagnes, les émotions sont plus lentes à retomber. Les actions dégénèrent parfois en brigandages ou affrontements entre bandes rivales. En Rouergue, le tocsin retentit sur les plateaux dominant la Truyère quand arrivent les commissaires aux réquisitions envoyés par le parlement de Toulouse. Du côté d'Espalion, une troupe résolue tournoie de village en village ; on les dit plus de mille, « avec cent faux-sauniers à leur tête ». À la mi-mai 1709, les voilà qui menacent le château du Biac, ancienne grange fortifiée dépendant de l'abbaye de Bonneval. Pour faire ouvrir les portes, ils menacent d'égorger leurs otages, le frère et les deux nièces d'un des ecclésiastiques assiégés ; les malheureux sont là, « liés et garrottés sur une charrette », mais les habitants du voisinage arrivent à la rescousse, faisant cinq morts et plusieurs blessés du côté des assaillants qui lèvent le siège et vont continuer plus loin leurs pilleries[45].

Été d'angoisses

Les premières moissons et le repli des mercuriales ne suffisent pas à désamorcer la violence. La faim a beau s'être éloignée, la peur qu'elle revienne demeure vive, et de toute façon il n'y a plus un sou chez les pauvres gens. À Rouen, où les manufactures sont arrêtées et les *purains*[46] dans la plus grande misère, des milliers de personnes descendent dans les rues le 3 juillet 1709. L'hôtel de l'intendance est lapidé, la demeure du subdélégué mise au pillage et celle d'un commissaire démolie. Ils sont près de dix mille le lendemain, et les autorités craignent qu'ils ne soient rejoints par les ouvriers de Darnétal et d'Elbeuf. Le bruit de l'émeute se répand dans toute la Normandie et atteint la ville de Caen où, huit jours plus tard, deux mille individus attaquent la maison d'un officier suspect d'avoir fait des « amas » ; ses vitres volent en éclats, les bourgeois redoutent un pillage général[47]. Accès de fièvre encore durant l'été, notamment en Auvergne. Les munitionnaires de l'armée d'Italie viennent y acheter à tour de bras, sur ordre donné en haut lieu. L'intendant de Clermont, Turgot de Saint-Clair, qui prévoit les conséquences fâcheuses de ces « enlèvements », se rend lui-même à Saint-Flour pour surveiller le départ d'un énorme stock, quatre mille sacs de grains entreposés dans la ville. Les gens des faubourgs donnent l'alarme. Rassemblés à plusieurs centaines le soir du 15 septembre, avec des fusils, des haches, des coutelas, ils montent au son du tambour vers la cité dont ils défoncent les portes. Des coups de feu éclatent, l'ex-maire Bérauld est tué. Toujours tambour battant, les émeutiers parcourent les rues, ils lapident au passage quelques demeures d'officiers du roi et se regroupent « en ordre » devant l'hôtel de l'évêque où l'intendant s'est réfugié. Pendant que des pourparlers s'engagent par l'intermédiaire d'un moine jacobin, la foule attaque la prison et libère les cinq femmes arrêtées au premier bruit de l'émeute. « Nous voici dans un embarras affreux, un homme mort, toute une ville armée sans que nous ayons aucun secours », écrit l'intendant Turgot qui, sitôt le passage libre, regagne précipitamment Clermont. Le 3 novembre, il est de retour dans la ville rebelle, accompagné de quatre compagnies du régiment de Villegaignon. Il fait saisir les armes conservées par les habitants — « il ne s'en trouva presque pas » — et ordonne une enquête, mais personne n'a rien vu, personne ne veut parler : « Presque tous les hommes de la ville ont quitté leurs maisons. La révolte a été générale parmi les artisans, ou peu s'en faut [...]. Les autres mêmes ne paraissent pas fort disposés à découvrir les coupables. Je ne vois qu'une réserve qui me désole. [...] Ils ne disent plus rien. » Parmi les plus suspects, deux menuisiers, un maréchal-ferrant et un perruquier, mais ils sont en fuite. L'instruction est confiée aux magistrats d'Aurillac qui font arrêter du monde sur des indices fragiles. La sentence tombe aux premiers jours de décembre : plusieurs bannissements et quatre condamnations capitales. Soumis à la question préalable, aucun des suppliciés n'a parlé, « ni à la vie, ni à la mort ». Jugement très sévère, l'un des plus rigoureux dans les conflits de ce type. Les autorités avaient besoin d'un exemple si elles voulaient continuer à expédier du blé aux armées sans mettre le pays en l'air. Ces Auvergnats ont poussé l'insolence, écrira Turgot, « jusqu'à dire qu'ils iraient plutôt chercher les Fanatiques » — tout, même l'appel aux protestants haïs, plutôt que de laisser partir leur blé[48] !

Paris protégé ?

Grâce aux efforts conjoints du contrôleur général des finances, du parlement, du lieutenant général de police et du prévôt des marchands, Paris a échappé au pire. Dans le vaste ressort juridictionnel du parlement, l'expédition des grains et farines en direction de la capitale jouissait d'une priorité absolue. La halle et les marchés n'ont jamais été totalement dépourvus. Le pain bis, le moins cher, maintenu autoritairement à 2 sols et demi la livre, n'arrivait pas tous les jours à suffisance, mais le blanc et le bis-blanc ne manquaient pas, à haut prix il est vrai. Tôt le matin, la foule était déjà si dense sur les marchés que la garde devait frayer le passage aux charrettes des boulangers du plat pays, venus de Gonesse, Goussainville ou Stains. On s'arrachait le pain bis, les étals se vidaient à toute allure au milieu des bousculades et des cris : barrières renversées, boutiques assaillies, contre-attaques du guet. Les femmes se prenaient de bec avec les laquais des grandes maisons qui jouaient des coudes pour acheter les premiers. Ici un boulanger est attaqué par des soldats qui lui jettent du son dans les yeux pour lui prendre sa hottée de pain, ailleurs les archers conduisent avec mille peines des voleuses aux prisons du Châtelet. « Il n'y a point de jour de marché, écrivait Boileau à son ami Brossette sous la date du 15 mars 1709, où la cherté du pain n'y excite quelque sédition »[49].

Pourtant, la masse des consommateurs, réellement misérable, toujours plaintive et souvent grondante, était plus encadrée à Paris qu'ailleurs — à la fois sous surveillance et protection. De grandes précautions étaient prises, charitables mais aussi répressives, avec la présence sur place, en cette année 1709, de quatorze régiments de gardes-françaises et six de suisses, soit près de trois mille hommes prêts à marcher, outre les effectifs ordinaires de la police (environ huit cents hommes), sans parler des mousquetaires noirs casernés au faubourg Saint-Antoine.

Si bien qu'on relève moins d'une douzaine de rébellions sérieuses dans la capitale entre les mois de février et d'août 1709 — peu de chose pour une ville si peuplée. Quelques rudes journées pourtant. Ainsi, à la fin du mois d'avril, quand le quartier Saint-Roch prend la défense d'un mendiant maltraité par les archers : « Ceux-ci n'étant pas les plus forts, relate Dangeau, se réfugièrent chez le commissaire qui loge à la porte de l'église ; la populace s'y transporta, jeta des pierres aux fenêtres et mit le feu à la porte de sa maison. Le commissaire se sauva par les derrières, l'archer de même qui avait excédé de coups de bâtons le mendiant qu'on avait mené chez le chirurgien. » L'arrivée sur les lieux du marquis d'Argenson, lieutenant général de police, avec cinquante suisses baïonnette au fusil, suffit à rétablir le calme — mais le tout finit « par une infinité de femmes qui crièrent *au pain* à M. d'Argenson »[50]. On frôle à nouveau la grande émeute au début mai, quand une centaine de bateliers, tireurs de bois ou crocheteurs du quai de la Grenouillère[51] se présentent au petit marché de l'abbaye Saint-Germain, brandissant des cognées, des faux, des crocs de rivière, suivis de beaucoup de femmes en fureur. Ils commencent à piller les boulangers, mais la garde arrive et arrête trois factieux. Là-dessus, rumeur de révolte : le bruit courait, lit-on dans les *Mémoires* du marquis de Sourches, que tous les bateliers des ports de Paris « s'assemblaient pour mettre le feu à la prison et enlever [libérer] leurs camarades ; mais [au vrai] il n'y en eut pas un qui branlât »[52]. Le quartier Saint-Martin-des-Champs, « plus fécond en pauvres séditieux qu'aucun autre », entre en effervescence à son tour. Le 26 mai, on vient d'apprendre le suicide d'un savetier, qui s'est tranché la gorge avec un rasoir, poussé par la misère. Grande émotion sur place. « Nous ne savons plus ce que c'est que la tranquillité », déplore le lieutenant de police d'Argenson, lui-même harcelé, suivi et « assiégé » par des troupes de femmes jusqu'à son hôtel. Il agit avec habileté, sans jamais rompre le contact avec la masse des consommateurs, et se plaît à justifier sa démarche : « Mon usage est de descendre d'abord de mon carrosse, de me mêler [à eux], d'écouter leurs plaintes, de compatir à leurs malheurs, de leur promettre quelques secours et de leur en donner en effet quand leur misère le mérite : ma porte leur est ouverte tous les jours et je tâche d'apaiser de mon mieux le feu qui s'allume et d'empêcher s'il se peut le progrès de l'incendie, quelque difficulté qu'il y ait. »

Le calme semblait revenu avec la baisse estivale des prix, quand éclate une dernière et très violente émeute vers la fin du mois d'août[53]. Affaire imputable à la misère, mais plus encore à la mauvaise organisation des ateliers publics[54]. Pour résorber la masse des mendiants, chômeurs et autres « fainéants et vagabonds », les autorités avaient à la hâte ordonné des travaux de terrassement entre les portes Saint-Denis et Saint-Martin (sur les actuels Grands Boulevards). L'affluence de la main-d'œuvre dépasse largement les prévisions, les outils manquent, il est impossible de tenir les promesses (une livre et demie de pain par tête et 2 sols par jour). Le 20 août 1709, au petit matin, les volontaires des ateliers pillent l'entrepôt du pain avant de se répandre en « troupe presque innombrable » (plusieurs milliers) du côté des rues aux Ours et Saint-Denis. Rejoints par les ouvriers et les femmes du quartier, ils saccagent les boutiques des boulangers et marchent en direction du faubourg Saint-Antoine. Le guet se replie d'abord sous les jets de pierres : « Les femmes, écrit le marquis de Sourches, étaient plus échauffées que les hommes et allaient continuellement chercher dans leurs hottes des pierres que les hommes faisaient voler de tous côtés. » Cris contre la cherté, mots d'ordre belliqueux lancés par la « canaille » : les uns veulent « piller le magasin des armes de la Bastille », les autres parlent d'attaquer l'hôtel de la Monnaie et les demeures des « riches financiers ». « J'ai entendu moi-même quelques-uns de ces discours », écrit d'Argenson, qui en minimise la portée : « Ce sont discours de femmes en colère. » Colère sitôt retombée, à l'en croire. La police fait usage de ses armes, tuant plusieurs mutins à bout portant. Le calme se rétablit dans l'après-midi après que le pouvoir a mis sur pied de guerre toutes les forces dont il disposait dans la capitale. Restée circonscrite aux quartiers du centre, réduite en un jour, l'affaire a pourtant pris une dimension dramatique : nombreuses victimes, une dizaine de morts, des blessés en quantité. Les ateliers publics sont immédiatement fermés et toutes dispositions prises pour assurer dans l'immédiat le bon approvisionnement de la ville.

Cette révolte de miséreux, qui à notre connaissance ne sera suivie d'aucune sanction, provoque des sentiments mêlés dans le public, jusqu'aux privilégiés partagés entre la peur et la compassion. À preuve, dans son orthographe ingénue, le témoignage d'une dame de Paris, la comtesse de Sebeville, s'adressant le soir même du 20 août au contrôleur général : « *Je n'ay pas la force de vous ecrire monsieur je suis a moitie morte je me suis trouves dens les rue den le temp de la revolte [...] je vous jeure monsieur que je croy que lon ne peus jamais rien voir de plus afreu pour dieu monsieur prenes si garde ce net pas une chause a negliger on ne vous dira peutaitre pas la verites cet a dire pourquoy cete sedision est arrives cet que lon naveit promis docuper toules pauvre quan les travaus ceret ouver et que l'on leur doneret du pain et quan y ce presente pour travaler on les refuse et lon nan veux ocuper que deux san ce qui a mis toute cete populase au desespoir [...] ces malereu criet den les rue que lon leur prometet et que lon leur manquet de parolle je ne say qui ce melle de ces travaus mais y son for mal conduit [...] enfin si vous avies veus ce que jay veus et entandu vous ne vous porteres pas mieux que moy...* »[55].

5. ENTRE DEUX PAROXYSMES : LES ANNÉES 1711-1763

Disettes tournantes

La séquence qui s'ouvre en 1711 répond au lent rétablissement d'un pays épuisé. La paix va revenir, on frôle un équilibre alimentaire d'à peu près, mais la moindre intempérie remet tout en question, l'agriculture demeurant routinière et incapable de fournir au-delà de la demande immédiate. Froidures en 1713, 1740, 1748 et 1758 encore, sécheresse prolongée en 1719, 1754, 1762, pluies interminables ou brouillards qui ruinent les moissons et les vendanges comme en 1725,

1737, 1739, 1747, 1749, 1751, 1756, 1758. Autant de catastrophes, les mercuriales réagissent, le pain renchérit, les affamés des campagnes déferlent sur les villes qui murmurent.

Au total, pour cette longue séquence intermédiaire, 223 émotions relevées. La géographie n'en a guère varié, et peu d'imprévu dans les formes. C'est une kyrielle d'insultes, de menaces, de femmes déchaînées, de boutiques forcées, de convois interrompus... Cri primal, serions-nous tentés de dire, s'il ne s'accompagnait souvent de griefs formulés, d'ordre sociopolitique. Les autorités municipales sont mises en cause à Agen en mai 1713 par cinq à six cents femmes déchaînées. À Toulouse, un mois plus tard, on impute la cherté aux capitouls ; deux d'entre eux sont poursuivis jusqu'au parlement par la foule furieuse, le guet tire pour les dégager, une femme est tuée. Les manifestants donnent alors l'assaut au palais du parlement, fracassent les vitres, forcent les portes. « Il est certain, écrit le président Riquet, qu'on n'a jamais rien vu de si insolent que la mutinerie de ce peuple »[56]. À Caen, les émeutiers s'en prennent aux trafiquants « affameurs ». On en veut surtout aux fabricants d'amidon et de poudre à poudrer les perruques, que l'on accuse de détourner céréales et farines pour les besoins du luxe, en pleine période de cherté et en dépit des interdits. Un jugement de police prononcé contre un amidonnier, le sieur Guillot, donne lieu à une conduite inédite aux accents carnavalesques : le 24 juillet 1713, des groupes brûlent en place publique les cuves saisies dans ses ateliers et jettent dans le brasier « une perruque, un habit, une culotte et un tablier [...] servant audit Guillot lorsqu'il travaillait à faire de l'amidon »[57]. À Fécamp et à Cherbourg, la colère vise les munitionnaires qui font embarquer le grain. En

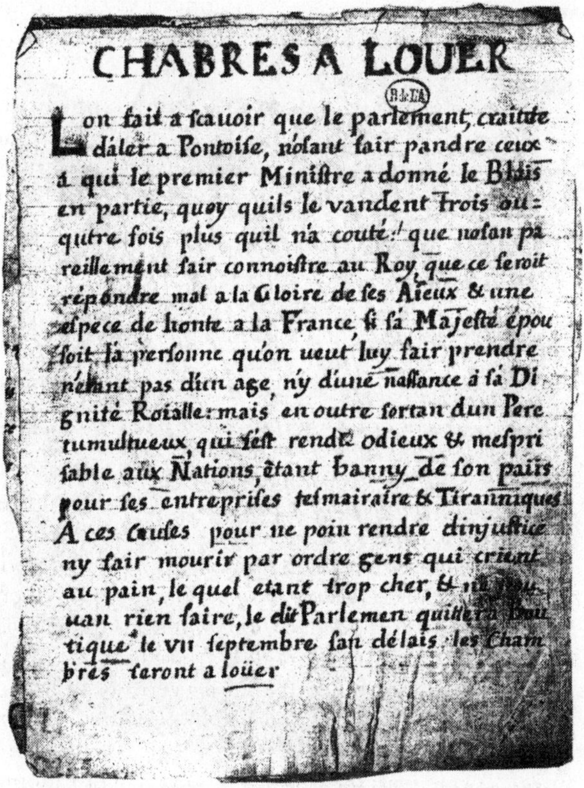
CHABRES A LOUER

Lon fait a scauoir que le parlement craitte
dáler a Pontoise, nósant fair pandre ceux
a qui le premier Ministre a donné le Blais
en partie, quoy quils le vandent trois ou
quitre fois plus quil n'a couté; que nosan pa
reillement fair connoistre au Roy que ce seroit
répondre mal a la Gloire de ses Aieux & une
espece de honte a la France, si sa Majesté épou
soit sa personne quon ueut luy fair prendre
nétant pas dun age, ny dune nassance a sa Di
gnité Roialle: mais en outre sortan dun Pere
tumultueux, qui sest rendu odieux & mespri
sable aux Nations, étant banny de son paiis
pour ses entreprises temairaire & Tiranniques
A ces Causes pour ne poin rendre dinjustice
ny fair mourir par ordre gens qui crient
au pain, le quel etant trop cher, & ne pou
uan rien faire, le dit Parlemen quittera Bou
tique le VII septembre san délais, les Cham
bres seront a loüer

Illustration 6. Placard contre la spéculation sur les blés (Paris, 1725)

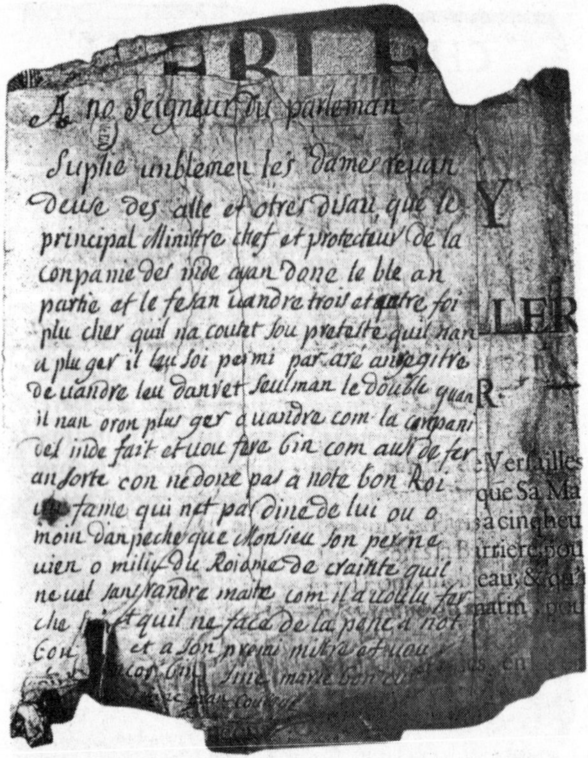

A no Seigneur du parleman

Suplie umblemen les dames revan
deuse des alle et otres disan que le
principal Ministre chef et protecteur de la
conpanie des inde quan done le ble an
partie et le fesan uandre trois et quatre foi
plu cher quil na coutat sou pretestte quil nan
a plu ger il lau soi permi par aré ansegitre
de uandre leu danret seulman le double quan
il nan oron plus ger a uandre com la conpani
des inde fait et uou fere bin com aui de fer
an sorte con ne done pas a note bon Roi
une fame qui net pas dine de lui ou o
moin danpeche que Monsieu son per ne
uien o miliu du Roiome de crainte quil
ne ual san randre maitre com il a uoulu far
che [illegible] quil ne faca de la pene a not
bon [illegible] et a son promi mitre et uou
[illegible]

Illustration 7. Placard des dames revenderesses des halles contre la cherté (Paris, 1725)

SENTENCE DE MORT.

Extrait des Registres du Greffe Criminel du Châtelet de Paris.

PAr Sentence de Monsieur le Lieutenant Criminel rendue par deliberation de Conseil & Jugement dernier, oüi sur ce le Procureur du Roi, il est dit que Philippe Auger & Antoine Aubrot sont declarez dûement atteints & convaincus d'avoir eu part à la sedition & à l'émotion populaire arrivée au Fauxbourg S. Antoine, & d'avoir pillé le pain dans les boutiques de quelques Boulangers mentionnez au Procès; pour reparation condamnez d'être pendus & etranglez jusqu'à ce que mort s'ensuive, chacun à une potence qui pour cet effet sera plantée dans la grande rue du Fauxbourg S. Antoine leurs corps morts y demeurer vingt quatre heures, puis portez au Gibet de Paris, tous leur biens acquis & confisquez au Roi, ou à qui il appartiendra, sur chacun d'iceux préalablement pris la somme de deux cens livres d'amende envers le Roi, en cas que confiscation n'ait pas de lieu au profit de Sa Majesté.

Collationné. *Signé*, BRUSSEL.

Jugé le 16. Juillet 1725. executé le 17.

Illustration 8. Sentence de mort contre deux émeutiers des blés (Paris, 1725)

juillet 1720, les petites gens de Dieppe (plus de deux mille d'après les échevins) s'opposent à un chargement pour la Bretagne et pillent un stock de farine destiné aux Isles. Violences à Barfleur en février 1724, au départ d'un navire en partance pour les arsenaux de Brest et Rochefort : la maréchaussée et la troupe venues protéger la cargaison sont attaquées par une centaine de citadins, hommes et femmes, soutenus par des paysans qui font tourner leurs fléaux « comme des enragés » ; les soldats tirent, il y a un mort et des blessés[58]. Deux jours d'émeute à Laval en octobre 1725, saccage des boulangeries et force menaces contre les « tireurs de grains ». Affaire suivie d'un châtiment bien rude, quatre pendaisons (deux hommes et deux femmes) et plusieurs bannissements[59]. Les mœurs du siècle — dans son premier quart tout au moins — ne semblent pas marquées ici par l'adoucissement que certains ont bien voulu dire.

Et la chronique continue. Caen bouge à nouveau : le 25 juin 1725, la troupe intervient dans la halle en ébullition, un passant est blessé à mort. L'intendant Richer d'Albe, venu sur place pour apaiser les désordres, est insulté et frappé car on le soupçonne de pactiser avec les spéculateurs ; il doit se réfugier sous protection militaire au château du gouverneur. Le lendemain, de grand matin, la foule des faubourgs met à sac la demeure d'un négociant de la place Royale ; puis elle fait irruption dans l'hôtel du lieutenant de police, M. de Noyers, et s'en donne à cœur joie : barriques percées, miroirs et sièges brisés à coups de hache ; la vaisselle, l'argenterie, les étains, les nippes et les tableaux sont volés ou jetés à la rivière, ainsi que deux carrosses sortis des remises à bout de bras et basculés au bout du quai. Image forte de meurtre symbolique : le bonnet de nuit, la robe de palais, le portrait même du maître des lieux sont exhibés « en cérémonie », mis en pièces et les lambeaux s'en vont au fil de l'eau… Le même jour une bande essaie de forcer les portes de l'abbaye Saint-Étienne. Un témoin rapporte que toutes les boutiques ont été fermées comme en présence de « l'ennemi » et que les pauvres de la ville, maîtres de la rue, demandent l'aumône « avec la dernière hardiesse ». En juin toujours, d'importants désordres éclatent à Rouen : le maréchal de Luxembourg, gouverneur de la ville, est insulté par des femmes et son carrosse lapidé place Saint-Ouen. Les troubles retombent avec l'été quand arrivent sur les marchés de grosses cargaisons de blé en provenance d'Angleterre et de Hollande[60].

L'émeute du Faubourg

Paris n'est pas épargné par la crise de 1725. Barbier, dans son *Journal*, raconte en détail la formidable émeute du pain qui met sens dessus dessous le quartier Saint-Antoine, le lundi 9 juillet. Son récit mérite d'être cité intégralement pour la précision du coup d'œil et la façon dont il démonte l'enchaînement des épisodes : « Un boulanger voulut vendre, à ce que l'on dit, un pain 34 sols, qu'il avait donné le matin à 30. La femme à qui cette aventure arriva, fit du bruit, appela voisins et voisines ; le peuple s'assembla en fureur contre les boulangers en général ; et étant au nombre de dix-huit cents, ils pillèrent toutes les maisons de boulangers, depuis le bas jusqu'en haut, jetèrent pâte et farine dans le ruisseau. Quelques-uns prirent de là occasion de voler argent et argenterie. La garde, qui est de jour dans les barrières, vint, mais elle fut repoussée à coups de pierres ; elle eut la présence d'esprit de fermer les trois portes Saint-Antoine. On fit venir du guet à cheval, qui entra et fonça sur la populace l'épée à la main : on tira trois coups de feu qui les dispersèrent. On dit que leur dessein était de venir piller la maison des Pâris qui est dans la rue Saint-Antoine [les frères Pâris-Duverney, fameux financiers, soupçonnés de spéculations sur les blés], mais il arriva un grand malheur : un mousquetaire noir avec deux officiers était en chemin pour venir à la Ville, le mousquetaire eut un coup de feu à la tête qui le tua sur-le-champ. C'était un jeune homme de condition, de 14 000 à 15 000 livres de rente. On le porta à l'hôtel [la caserne proche]. Les officiers furent obligés de contenir le feu des mousquetaires, qui voulaient sortir et tomber sur le guet ; mais cela ne pouvait pas être regardé comme coup fait exprès. On a pris huit personnes des séditieux, et aujourd'hui mardi, 17, on en pend deux dans la grand'rue du faubourg Saint-Antoine. On a commandé pour cet effet le régiment des gardes, qui, dès midi, s'est emparé de toutes les rues de traverse dans la rue Saint-Antoine, pour empêcher la populace d'assister en foule à cette exécution. Il est certain que cela contiendra le peuple du faubourg, mais il est à craindre que quelque nuit ils ne se vengent ; cependant, on ne saurait trop marquer de sévérité et de fermeté pour empêcher de pareilles séditions »[61].

Turbulences à la mi-siècle

Après les débuts relativement tranquilles du ministère Fleury, les années 1740 et 1748 se signalent par de nouveaux pics émeutiers. L'hiver très rigoureux de 1739-1740 provoque la poussée des mercuriales et un train de mouvements « agoréens » qui touchent une fois de plus l'Île-de-France, la Normandie et l'Orléanais. Le marquis d'Argenson, toujours enclin à prévoir le pire, se trouve renforcé dans son pessimisme : « On craint à chaque instant des révoltes générales. Dans plusieurs villes, les habitants ont dit que tant qu'il leur resterait des bâtons et des fourches, ils empêcheraient bien qu'on enlevât leur grain »[62]. 29 rébellions signalées cette année-là, presque toutes sises dans le quart nord-ouest du royaume. À Versailles même, les habitants interdisent par la force aux boulangers venus de Paris de s'approvisionner en farine sur leurs marchés. Dans l'après-midi du 22 août 1740, une énorme affaire éclate non loin du château, à la halle du Poids-le-Roi, suite au refus des marchands de vendre par boisseau, c'est-à-dire à petites mesures et aux petites gens. Ils préfèrent bien sûr vendre par sacs entiers aux gros clients parisiens. Quelques harengères s'égosillent et rassemblent « en un clin d'œil » une populace considérable — quatre mille personnes selon le commissaire Narbonne — qui décharge les charrettes et prend à coups de pierres meuniers et fariniers. Poursuivis par le peuple jusqu'à Viroflay les boulangers regagnent la capitale sous la protection des gardes suisses[63]. Dans Paris même, le pain est devenu si cher en septembre que les désordres se multiplient. Louis XV en personne peut mesurer l'angoisse de ses sujets : le menu peuple ne crie pas « Vive le roi » à son passage, le dimanche 18 septembre, quand il traverse le faubourg Saint-Victor, mais bien : « Misère ! Du pain, du pain ! » Le ministre Fleury entend les mêmes plaintes le jour où il rend visite au collège de Navarre (23 septembre). Place Maubert, deux cents femmes l'interpellent, saisissent la bride des chevaux et vont jusqu'à ouvrir la portière du carrosse en criant : « Du pain ! Du pain ! Nous mourons de faim. » Le cardinal, lui, « mourait de peur, raconte encore d'Argenson, il a jeté quelques écus, ce qui a amusé ces pauvres, et il s'est échappé »[64]. Plus spectaculaire et dramatique, la révolte de la prison de Bicêtre où la ration a été brutalement réduite à une demi-livre pour la journée, et d'une qualité exécrable — mais nous y reviendrons[65].

Un été pourri après un rude hiver, en voilà assez pour que revienne la hantise de la disette. Ajoutons les achats de grains pour les armées, et tous les facteurs de trouble sont réunis. Mauvaise récolte, mauvaise conjoncture, les prix flambent dans le Midi. 32 affaires, sur les 41 relevées pour la période 1747-1748, concernent le croissant languedocien. En pleine guerre de Succession d'Autriche, les troupes du maréchal de Belle-Isle qui se battent en Provence contre les Impériaux ne trouvent plus sur place ni blé ni fourrage. Les fournisseurs aux armées se ravitaillent donc en Languedoc où ils ont reçu monopole d'achat. Ainsi du dénommé Ribes, un négociant de Toulouse, particulièrement impopulaire, car ses commis se répandent partout, recensent les grains, achètent, stockent et entravent les échanges ordinaires.

La vague de mécontentement touche les campagnes aussi bien que les villes, depuis Toulouse et l'Albigeois jusqu'au Vivarais-Velay, jusqu'au Forez-Lyonnais où les charrois sont attaqués à coups de fusil[66]. Malgré une dominante rurale marquée, ce sont les affaires urbaines qui retiennent l'attention car elles ont mobilisé plus de monde et joué sur une gamme d'exigences plus complexe face à l'interlocuteur officiel présent sur place. À Albi, les 24 et 25 avril 1747, ils sont près de trois mille à parcourir la ville, hommes, femmes et enfants, courant d'un faubourg à l'autre pour arrêter les charrettes, crevant les sacs et forçant au passage les portes de stockeurs présumés. Pas moins de neuf attroupements au cours de ces deux journées, cris, violences, pierres lancées dans les fenêtres. Le conseil de ville se résigne à mettre en vente les blés saisis, il ordonne des visites chez les boulangers avec interdiction absolue de toute nouvelle sortie de grains. Nombreuses arrestations, logement de militaires chez l'habitant. Les poursuites judiciaires débouchent sur des sentences non appliquées, dans un climat redevenu apaisé et consensuel[67]. Ce ne sera pas le cas à Toulouse où l'émeute du mois de novembre entraînera deux pendaisons effectives. Face à l'ampleur des manifestations de rue (trois à quatre mille personnes), les autorités ont voulu frapper fort et éviter tout nouvel incident dans la ville où les convois permanents de blé pour l'armée sur le canal du Midi risquaient de soulever l'opinion en un temps de pain cher[68].

Suit une période de calme relatif jusqu'aux années 1760, sur fond d'inquiétude routinière à peine marquée çà et là de coups de main contre greniers et convois. Deux éclats urbains isolés signalent la permanence de fantasmes meurtriers. L'affaire d'Arles en janvier 1752, celle de Rouen et ses environs en avril, ont mis en branle beaucoup de monde. À Arles, quatre à sept cents individus réclament tout à la fois la taxation du blé et la suppression du *piquet*, impôt municipal sur la farine ; ils sont sept ou huit mille à Rouen. Les violences n'ont entraîné mort d'homme qu'à Rouen où une dizaine de personnes ont été tuées, mais dans les deux cas les parlements ont rendu une justice implacable avec une pendaison à Arles et cinq à Rouen, dont deux femmes, et plusieurs envois aux galères[69]. Les troubles normands amènent les contemporains à broder sur le réel. On aurait vu des inconnus répandre de l'argent et tenir des discours subversifs, des brigands, des braconniers pillards, des « assommeurs » parcourant les campagnes et les bourgs pour « rançonner » les marchands et les fermiers... Le marquis d'Argenson, qui évoque ces rumeurs, n'hésite pas à incriminer les manœuvres souterraines des adversaires du royaume. Il veut tenir pour vrai « que ce sont des étrangers, des Anglais, des Autrichiens, des Piémontais, de nos Réformés, qui excitent partout la révolte pour embarrasser la France et l'empêcher d'agir contre les desseins des ennemis, et aujourd'hui surtout contre l'élection du roi des Romains »... En tout cas, ajoute-t-il, voilà notre armée « occupée à garder nos propres provinces »[70].

6. LE GRAND MASSIF : 1764-1775

Les risques de la liberté

L'essor de l'économie de marché contribue à aggraver les situations à l'échelle locale. En effet, le commerce des céréales se trouve dérégulé par une amorce de conversion du haut personnel politique aux thèses des économistes physiocrates. Ce sont les fameux édits Bertin et L'Averdy de 1763 et 1764, qui autorisent l'un le libre transport des grains à l'intérieur du royaume et le second, avec certaines limites, la libre exportation vers l'étranger[71]. Mais les échanges intérieurs suivent mal et tardent à acquérir la fluidité nécessaire. Fait d'autant plus dommageable que la demande locale partout s'accroît du fait de la poussée démographique. Les transports restent coûteux et lents, on ne s'est pas vraiment dégagé des entraves (péages, octrois, droits de hallage et de *minage*) qui pèsent sur le trafic. L'effet psychologique de la « libéralisation » n'en est pas moins considérable. Les convois plus nombreux affolent l'opinion dont l'inquiétude rejaillit sur les prix. Et les responsables sur place retombent alors dans les anciens comportements. L'État lui-même, à plus haut niveau, ne suit pas une ligne constante, il oscille entre le *laisser-faire* et le *tout-contrôler*[72]. C'est donc le retour, par intervalle, au vieil arsenal protectionniste avec blocage des « sorties » de grains, interdiction d'exporter, visites domiciliaires, prix maximum[73]. De quoi réenclencher les cycles de cherté : producteurs et négociants attendent des jours meilleurs, les marchés se vident, les prix grimpent et les pauvres, une fois de plus, sont les premières victimes du mécanisme.

Le mouvement libéral est pourtant irrépressible. Dès les années 1760, les pratiques commerciales s'assouplissent, les commis et « facteurs » de grains peuvent élargir sans embarras leur zone d'opérations, parcourir les campagnes, négocier de province à province. Beaucoup passent contrat pour l'achat anticipé de récoltes sur pied, et ils ne lâchent ensuite leurs stocks qu'au moment où les cours sont devenus intéressants. Le rôle des intermédiaires devient primordial, y compris sur les marchés locaux où blatiers, marchands-meuniers et marchands-boulangers s'interposent désormais entre les consommateurs et les producteurs venus apporter leurs grains. On ne respecte plus comme naguère les règles selon lesquelles les particuliers puis les boulangers du lieu effectuaient leurs achats avant les négociants, dans le cadre d'un horaire strict et au vu de tous. Désormais, les transactions sont libres de toute règle, les plus importantes se font sur « échantillon » et sans publicité à l'auberge, au cabaret ou dans le secret des granges, et les prix restent confidentiels.

D'un pic à l'autre

On constate qu'il y a une coïncidence indéniable entre le déverrouillage du commerce et l'accentuation des violences. Le populaire vit mal l'évolution des mœurs marchandes, qui semble soumettre les échanges à la loi du plus malin ou du plus fort. À elle seule, la séquence 1764-1774 totalise 367 émotions frumentaires, soit le quart du corpus. Précédant la flèche de 1775, quatre pointes aiguës se succèdent à bref intervalle en 1766, 1768, 1770 et 1773. En 1766, le gros des émeutes se situe aux limites extérieures du grand Bassin de Paris : Maine-Anjou, Bretagne, Picardie, Orléanais-Berry et Champagne sont les plus touchés. En 1768, le Maine-Anjou et les pays de Loire restent agités, alors que la Bretagne et la Champagne conservent leur calme ; par ailleurs, l'effervescence qui a gagné les routes et les marchés normands se rapproche de Paris. Les mouvements de l'année 1770, plus disséminés, atteignent jusqu'à la Bourgogne, le Lyonnais et la Franche-Comté. On notera, enfin, l'originalité de la pointe de 1773, marquée de nombreuses rébellions survenues cette fois dans le Midi, en Haut-Languedoc (mars-avril), en Guyenne (mai et juin), dans l'Albigeois (juin-juillet), le Carcassonnais (août) et le Castrais (septembre) — une étonnante vague émeutière qui forme comme un prélude méridional à la guerre des Farines. Phénomène inattendu dans cette région qui n'avait pas vécu de grands émois frumentaires depuis 1748.

La répartition des troubles entre villes, bourgs et villages est en gros analogue, pour cette séquence, aux quantums de l'entière période, une moitié survenant en ville, un tiers dans les bourgs et le reste, soit moins de 20 %, dans les campagnes ou les villages. Le classement par niveau d'intensité reste stable sur la longue durée. Notons toutefois une légère décrue des actions les plus importantes et une intensification des petits coups de main, la moyenne des cas concernant des mouvements de 10 à 50 individus. En milieu rural, il s'agit comme plus haut d'intercepter les grains au départ des fermes ou au passage des convois ; et ce sont les charrettes qu'on ramène ou qu'on pille, les bateaux arraisonnés sur les rivières. Les troubles de marché continuent à fleurir dans les villes et grosses bourgades, avec la taxation pour mot d'ordre. Les effectifs des mouvements urbains, tels qu'ils sont consignés dans les sources, apparaissent toujours impressionnants. En septembre 1766, les rapports signalent plus de deux mille émeutiers à Sens et plus de quatre mille à Amiens[74]. Ils et elles sont cinq mille à Troyes en juin 1767, un millier à Rouen en mars 1768, plus de douze cents à Poitiers en juillet de la même année et deux ou trois mille à Châlons-sur-Marne[75]. À Tours, le 22 mai 1770, il est question de deux mille individus dans les rues ; le même nombre à Dijon, deux jours plus tard[76]. Le tumulte de Lyon, en août 1770, est qualifié de « prodigieux » : les lettres parlent de dix mille participants[77] ! Énorme affaire à Nancy en mai 1771 : durant trois jours, des centaines d'hommes et de femmes occupent la rue, venus de tous les quartiers, ils lapident au passage l'hôtel de l'intendance, enfoncent les portes du dépôt de mendicité et s'acharnent contre un commissaire-livreur dénoncé comme accapareur[78]. Le 19 avril 1773, un gros millier d'individus manifestent à Toulouse au marché de la Pierre, et davantage encore le lendemain soir devant l'hôtel de ville pour exiger la libération d'une femme arrêtée[79]. En mai, ils sont deux mille à Bordeaux, qui protestent contre la cherté et la « sortie » des grains, cinq ou six cents à Villeneuve-sur-Lot, plusieurs milliers à Bergerac, quelques centaines à Montauban où l'émeute fait six morts et cinq blessés. En août deux cents, huit cents ou même « plus de deux mille » — données indécises — à Carcassonne[80]. L'année suivante, en février, Tours connaît à nouveau des troubles prolongés sur trois jours : plus de trois mille hommes et femmes (cinq mille, selon d'autres sources) venus des faubourgs et paroisses voisines pillent les convois de blé qui descendent le Cher ou la Loire en direction de Nantes[81]. Quelle créance accorder à ces chiffres, fondés sur les témoignages d'administrateurs inquiets ou désireux de justifier en haut lieu leur prudence, sinon leurs reculades ? Tels quels, ils donnent à voir des saccages, des bourgeois claquemurés et des responsables en alarme, d'autant plus que le plat pays s'agite et que les ruraux, au lieu d'apporter leurs produits sur les marchés urbains, y viennent avec des sacs vides pour se servir sur place. Séditions brèves, quelques heures, une journée, plus rarement deux ou trois jours, avec tous les risques de dérapage d'une fureur croissante.

La guerre des Farines

La séquence s'achève sur un gros bloc rébellionnaire — 123 émeutes distinctes — connu sous le nom de guerre des Farines. Épisode fameux, bien étudié à ce jour, et qui jouit d'un statut privilégié dans l'historiographie[82]. Il est interprété tantôt comme l'un des derniers mouvements « archaïques » de l'Ancien Régime français, tantôt comme l'anticipation des révoltes rurales de 1789, c'est-à-dire l'amorce d'une remise en question des anciens rapports sociaux. Les archives abondent, les faits sont établis et leur signification globale apparaît sans mystère depuis que George Rudé a réduit à néant la thèse d'un complot politique tramé contre Turgot par divers clans de la Cour[83]. La genèse des troubles renvoie aussi bien aux intempéries, cause de cherté, qu'à l'édit Turgot sur la liberté intérieure du commerce des grains (13 septembre 1774). On se croirait ramené dix ans plus tôt, au temps des mesures libérales Bertin/L'Averdy, de leurs effets directs comme de leurs effets pervers, si les soulèvements dans la grande couronne parisienne n'avaient pris cette fois une autre envergure.

Après une mauvaise récolte, les prix marquaient la hausse à la fin de l'hiver 1774-1775. Déjà, certaines villes commençaient à frémir, Reims, Meaux, Montlhéry. Une émeute d'importance éclate à Dijon le 18 avril 1775. La foule prend en chasse un meunier affairiste de mauvaise réputation ; elle attaque la maison où il s'est réfugié, détruit de fond en comble ses moulins installés sur l'Ouche et se tourne ensuite contre la demeure d'un conseiller au parlement, M. Filsjean de Sainte-Colombe, soupçonné de prendre sa part dans le trafic des grains. Il faudra faire venir la troupe pour rétablir le calme[84].

Rien ne permet d'affirmer que l'insurrection dijonnaise a donné le branle aux troubles « franciliens » du printemps 1775. Ils ont sans doute leur propre genèse et ont été portés par leur propre dynamique à travers les plaines de grande culture de l'hinterland parisien, ce berceau du capitalisme rural à la française. Il vaut la peine de s'attarder sur la chronologie des faits en distinguant les principaux espaces concernés, et d'abord les bourgs riverains de l'Oise et de la Seine, à l'ouest de Paris. Les premières émeutes éclatent les 27 et 28 avril à Beaumont-sur-Oise, important relais céréalier qui achemine vers la capitale une bonne part des récoltes du Valois, du Pays-de-France et de la Picardie. Des « enlèvements » sont signalés en amont, à Pont-Sainte-Maxence, autre gros dépôt de blé, et plus à l'ouest sur les marchés picards de Méru et Noailles[85]. Le 28, le château de La Roche-Guyon est forcé par une bande de cinq cents mutins, qui préfèrent renoncer au pillage pour attaquer un bateau de grains aperçu sur la Seine[86]. Le 29, ceux de Beauvais s'y mettent, dépavent les rues et brisent les fenêtres du bel hôtel de ville[87]. À Mouy, Boran, Saint-Leu-d'Esserent et autres localités riveraines de l'Oise, on suit. Pontoise est envahie le 29 au petit jour par des bandes de plusieurs centaines d'individus qui tournoient dans la cité jusqu'au soir[88]. L'agitation se propage vers l'ouest en direction de la Normandie, jusqu'à Tosny, Gisors, Port-Mort, Les Andelys[89]. Plus près de Paris, six heures de désordres « affreux » à Meulan le 1er mai, pillages à Vernon le 2 mai et à Argenteuil. À Saint-Germain-en-Laye, les marchands sont les uns dévalisés, les autres forcés de céder farine et grain à bas prix. Le marché de Senlis est mis à sac le 2 mai et les producteurs venus vendre contraints de se réfugier dans les auberges[90]. À Crépy-en-Valois, le 3 mai, maisons bourgeoises et communautés religieuses reçoivent d'indésirables visiteurs, et adieu les réserves ! Les autorités avouent leur impuissance : on a dû « laisser agir le peuple comme il a voulu [...]. Tandis que nous sommes chez les uns on court chez les autres... »[91]. D'autres bandes vont de ferme en ferme, exigeant le grain à 12 ou 15 livres le setier, tandis qu'il se vend à 26, 27 et jusqu'à 35 et 36 livres sur les marchés. En cas de refus,

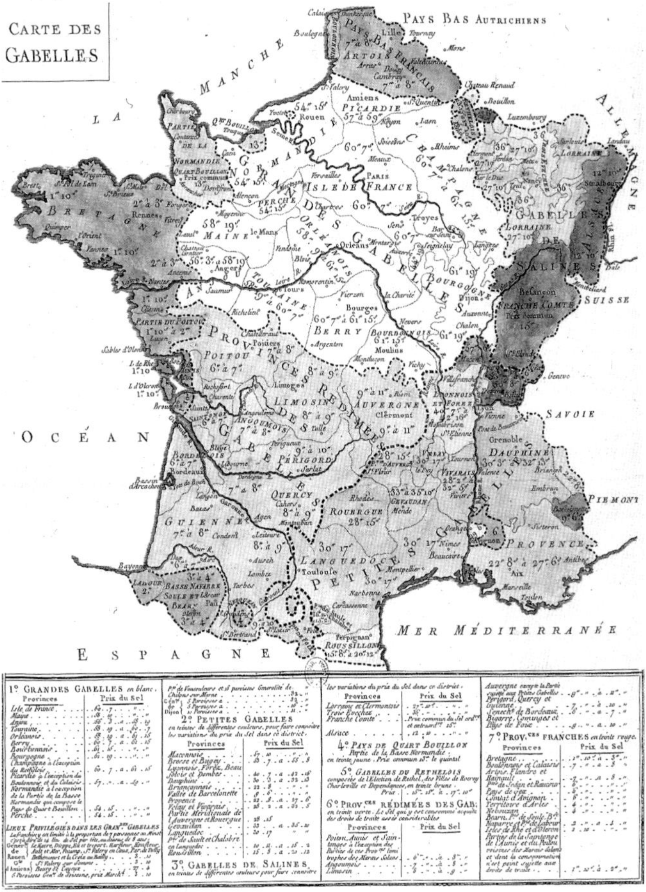

La France des gabelles. (Bibliothèque nationale de France, Paris. Ph. © BNF.)

La France, quant aux Traites, se partage en trois grandes Divisions :

1.° Cinq Grosses Fermes, EN BLANC.

2.° Provinces réputées Étrangères, EN TEINTE JAUNE.

3.° Provinces à l'instar de l'Étranger effectif, EN TEINTE VERTE.

Les gros points *noirs*, qui partagent les trois Divisions, & ceux qui sont dans le district des Provinces réputées Étrangères, indiquent les lignes de démarcation où sont perçus des droits de Traites.

La France des traites. (Bibliothèque nationale de France, Paris. Ph. © BNF.)

L' Abolition de la servitude sur les domaines du roi de France.

C'est ici la rébellion inversée ! La *mainmorte* servile, remarquable anachronisme, objet d'un débat très vif, avait pratiquement disparu au cours du XVIIIe siècle, mais elle restait encore un instrument aux mains des seigneurs dans certaines régions, notamment en Franche-Comté et en Bourgogne (cf. p. 320-324). Ce tableau, du peintre Léonard Defrance, évoque la joie populaire à l'annonce de l'édit du 8 août 1779 qui abolit le servage sur les domaines propres de la couronne. À droite, on se presse pour lire le texte de l'édit. Dans le fond, orchestre et ronde paysanne autour d'un buste de Louis XVI. Au centre, la jeunesse décore les instruments aratoires. Deux autres jeunes gens préparent un foyer pour brûler l'emblème de la servitude. (IRPA, Bruxelles. Ph. © IRPA-KIK, Bruxelles.)

Paris, août 1788 : manifestation contre les ministres Brienne et Lamoignon, place Dauphine et sur le Pont-Neuf (cf. p. 734-735).

(Bibliothèque nationale de France, Paris.)

ils défoncent les greniers et ils y mettent le feu comme à Dammartin-en-Goëlle[92]. Les désordres gagnent vers le nord, jusqu'à Montdidier et Roye en Picardie[93].

De proche en proche, l'émeute environne les deux capitales, Versailles et Paris. Le mardi 2 mai, la cité royale est envahie par une « foule prodigieuse » de paysans des environs, rejoints par les petites gens des bas quartiers. C'est moins l'ampleur de l'événement que sa forte charge symbolique qui frappe ici, et l'audace des séditieux qui, en vue du château, crèvent les sacs entreposés au Poids-le-Roy, vidant au passage quelques boulangeries. L'agitation se calme quand on annonce la livre de pain à 2 sous. La décision, prise à un échelon subalterne, est immédiatement désavouée par le roi[94]. Le lendemain, des ruraux en bandes envahissent Paris aux petites heures. Ils entrent de tous côtés par les portes de la Conférence (ouest), Saint-Martin (nord) et Vaugirard (sud), soutenus par la « populace » des mendiants, gagne-deniers, porteurs d'eau, compagnons et garçons de boutique. Ils se mettent à piller boulangeries et marchés des faubourgs Saint-Laurent, Saint-Antoine et Saint-Marcel. Notons la présence de femmes et d'enfants, mais pas en position première. La frange supérieure du populaire ne descend pas dans la rue : on se met aux fenêtres, on regarde passer. Les forces de l'ordre ne réagissent pas ou très peu. Faubourg Saint-Laurent, des hommes narguent le guet en brandissant des pavés, mais pas de tirs en réponse. Ailleurs, les mousquetaires, « pour calmer les esprits », acceptent de relâcher une femme arrêtée. Mais, le lendemain, l'état de siège est décrété, « patrouilles incessantes », sentinelles aux portes des boulangeries, des dizaines de suspects sont arrêtés dans les cabarets des Porcherons et de la Courtille. L'agitation retombe d'un coup. La ville, inerte et muette, assiste à l'exécution de deux « mutins », pendus en place de Grève le 11 mai en vertu d'un jugement prévôtal[95].

À l'est de la capitale, entre Seine et Marne, la même situation de pénurie provoque des effets en tout point comparables dans la plaine de Brie et jusqu'aux limites de la Champagne. Des incidents sérieux avaient déjà éclaté fin mars sur le marché de Méry-sur-Seine où les femmes avaient imposé un prix maximum et empêché une expédition de grains[96]. Un mois plus tard, la fièvre prend dans les bourgs riverains de la Marne et de l'Ourcq. Les 4, 5 et 6 mai, vers Torcy, Lagny, Lizy, on s'attroupe auprès des halles et on se répand dans les campagnes : ferme après ferme, les hommes pillent, se font ouvrir les greniers et enlèvent les grains sans toujours les voler, car il leur arrive de payer au prix qu'ils veulent. Le procureur fiscal de Lizy-sur-Ourcq dit les événements et sa consternation : « L'on arrête les voitures de grains et de farine sur les chemins, les bateaux qui en sont chargés sur les rivières. [...] Personne n'ose plus hasarder ses grains ; les boulangers en manqueront, la partie du peuple restée tranquille manquera de pain ; et si l'on n'y met ordre bientôt tout le royaume sera en combustion »[97]. De grands désordres éclatent le 6 à Meaux où le marché est envahi par « cinq à six mille » individus ; la halle, les moulins et les greniers des particuliers sont « totalement pillés »[98]. À Château-Thierry, en amont sur la Marne, la « populace » impose la baisse. Plus au sud, les campagnes autour de Brie-Comte-Robert entrent dans la danse le 5 mai. Le 6, à Nemours, des « troupes de femmes encouragées par les hommes » se jettent sur les sacs, le grain est enlevé ou payé à vil prix. À Melun, les laboureurs sont contraints de baisser le prix à 12 livres le setier dès l'ouverture du marché[99]. Du 4 au 10 mai, tout le pays briard est pris de convulsions.

Ces violences en écharpe, qui ont ceinturé Paris, offrent un caractère commun : il s'agit de mouvements brefs, toujours provoqués par une pure exigence de survie. Les initiatives contestataires visent les biens, plus que les personnes, avec alternance de taxation et de pillage. Elles n'ont pas entraîné mort d'hommes, ni n'ont dégénéré en subversion cohérente et organisée. Pas de programme au-delà de la revendication alimentaire immédiate. Une mise en cause des riches et des « affameurs », comme toujours, mais on s'arrête là, sans incriminer les structures institutionnelles. Ajoutons qu'il n'émerge parmi les émeutiers aucun leader de taille, dont le renom aurait dépassé le bourg ou la paroisse.

Les actions sont suivies d'une reprise en main sévère mais dosée, associant le pardon et la rigueur. L'amnistie est promise à tous ceux qui retourneront dans leur village et restitueront, en nature ou en valeur, la marchandise dérobée. En sont exclus les « chefs et instigateurs » qui répondront devant la justice. Les procès s'ouvrent dans un climat de crainte, la troupe quadrille le pays. La maréchaussée recueille les dépositions de 447 « victimes », marchands et fermiers pour la plupart. Je reprends ici les chiffres de Cynthia Bouton qui a étudié le détail des procédures : 548 personnes ont été arrêtées, dont 93 femmes, et 62 de ces prévenus figurent dans les arrêts des tribunaux (48 hommes et 14 femmes). Pour les hommes, deux condamnations à la potence, converties par grâce royale en galères pour l'un et bannissement pour l'autre, cinq peines de galères à vie et six autres à temps, un arrêt de bannissement et quelques peines de prison. Les sentences sont plus légères pour les femmes : sept d'entre elles sont condamnées à des peines allant d'un mois à trois ans en maison de force[100]. Quant au reste, des amendes en nombre et surtout des arrêts de « plus ample informé ».

La soudaineté et la violence des troubles ont provoqué chez les contemporains une stupeur palpable dans le *Journal* du libraire Hardy : « On ne croyait pas que depuis l'existence de la monarchie française on eût encore vu un événement tel que celui dont on avait le malheur d'être témoin »[101]. L'abbé de Véri exprime le même sentiment d'étrangeté : « Il est impossible de trouver dans aucun monument historique un exemple d'émeute populaire comme l'ont été celles qui ont eu lieu dans différents endroits et nommément à Paris et à Versailles. [...] Les détails de cette insurrection (pour me servir du terme anglais) ne seront pas crus vraisemblables. À peine puis-je y ajouter foi moi-même, tant ils sont opposés aux insurrections populaires. [...] Une troupe de gens sortis d'on ne sait où, qui se sont réunis on ne sait par quel instinct, paraît avoir suivi une marche combinée de lieux en lieux, et dans les jours de marché, comme l'aurait fait un corps de troupe réglée... » Véri évoque plus loin l'offensive sur Versailles et Paris de ceux qu'il qualifie d'*insurgents*, vocable réservé en ces temps-là aux révoltés d'Amérique[102]. Ces jugements surprennent, car ils marquent le divorce entre le populaire, ancré dans la tradition du manque, et les élites qui vivent dans un autre univers matériel et mental, acquises à la modernité, convaincues des bienfaits universels du libéralisme. L'effarement des contemporains vient sans doute aussi de ce que les désordres aient pu survenir dans un espace si proche du pouvoir. Nous nous interrogerons plus loin sur l'esprit du mouvement, sa charge de tradition et sa capacité de rupture.

7. ULTIMES SURSAUTS : 1776-1789

La tension retombe avec la très bonne récolte de l'été 1775. L'embellie est sans lendemain, car l'hiver suivant ramène les glaces et les battues aux loups. Après quoi un mauvais printemps, froid, chômage agricole, misère. Rien ne s'arrange en 1777 où la pluie, la grêle, les ouragans, les inondations font des dégâts affreux. L'année 1778 y ajoute la sécheresse et, après tous ces malheurs climatiques, c'est le retour des violences. On signale un peu partout des attaques contre les convois de grains, à Jargeau sur la Loire, à Nouzilly en Touraine, à Selles-sur-Nahon dans le Berry, mais les affaires les plus graves touchent le Midi. Les habitants de Saint-Pons et Montesquieu-Volvestre en Languedoc « se soulèvent » au mois de mai contre les négociants venus acheter pour fournir les marchés du haut pays[103]. Toulouse — alors perturbée par une grave crise municipale — est le théâtre de troubles multiformes auxquels la cherté sert de déclencheur[104]. La colère éclate quand les capitouls, déjà contestés, décident une augmentation du prix du pain, qui passe de 16 à 18 sols. Dans la soirée du 9 juin 1778, une foule disparate envahit la place du Capitole à l'heure où les gens de bien font la promenade quotidienne. Le guet charge sans faire le tri et dégage les lieux à coups de fusil. C'est une « affreuse boucherie », selon un contemporain, il y a des morts, sept ou huit, et des blessés. À terre, on ramassera quantité de cannes, perruques et chapeaux, signe évident que du beau monde a été pris dans la bousculade. La ville est atterrée, la noblesse en fureur. L'intendant, arrivé de Montpellier en toute hâte, blâme l'action du guet et démet les capitouls en fonction. Un arrêt du Conseil réorganise aussitôt le système municipal. La masse des démunis et des mendiants est prise en charge par l'archevêché qui distribue des bons de pain, jusqu'à 18 000 par jour et encore 12 000 à la fin du mois. La justice se montre très discrète contre les fauteurs de troubles : elle ne retient que deux pauvres bougres, un artisan et une femme, qui écopent le premier trois ans de bannissement et la seconde cinq ans en maison de force. Sanctions bien légères pour une affaire aussi tragique.

Les années suivantes, la traînée des rébellions traverse le royaume de part en part. 14 mouvements relevés en 1782, 18 en 1784. Du routinier mais aussi du spectaculaire. Ainsi quand les habitants de Châtillon-sur-Loire envahissent le tribunal pour exiger le train des mesures classiques, taxation, visite des greniers, interdiction des « enlèvements »[105]. À Laval, la foule malmène les voituriers bretons venus acheter des grains : détestation ancienne, comme il est de tradition entre voisins ; en la circonstance, une rumeur accuse les Bretons de vouloir « favoriser les Anglais » ! Un meunier-trafiquant est blessé à mort, mais les officiels n'osent pas sévir « de crainte d'être brûlés dans leurs maisons »[106]. L'émeute de Tullins en Dauphiné dégénère en bataille rangée, le 16 février 1783. La « populace » prétend empêcher le départ d'un convoi de blé noir (sarrasin) sur l'Isère, combat inégal, pierres et bâtons contre fusils. Le tocsin en a rassemblé plus de deux cents, qui poussent « des cris effroyables » et attaquent gendarmes et grenadiers. Bilan : un mort dans chaque camp, des blessés. Douze individus sont décrétés, et pour l'exemple le parlement de Grenoble envoie aux galères perpétuelles l'un des accusés contumaces. Deux morts la même année à Saint-Bonnet-le-Froid, dans les monts du Velay : un marchand blatier et son escorte ont tiré sur les paysans qui avaient arrêté leur convoi, blessé les chevaux et brisé les roues des charrettes[107]. En Normandie, l'émeute de Saint-Lô tranche sur les formes habituelles. Les acteurs principaux sont ici des *quenailles* — enfants ou adolescents, en dialecte local — qui réussissent à bloquer un transport en partance pour Carentan, le 8 juillet 1784. Le peuple accourt et tous ensemble, attroupés par centaines, ils jettent à la rivière l'une des voitures et mènent un « tapage affreux » chez les expéditeurs, un cabaretier-épicier dont ils brisent les fenêtres, et une meunière qu'ils poursuivent jusque chez elle : « Elle s'est cachée sous un lit, rapporte le subdélégué, ils l'en ont arrachée et l'ont fouettée. » L'intendant de Caen reste perplexe devant ce tumulte : les jeunes deviendraient dangereux, écrit-il, « si les hommes et les femmes venaient à les soutenir »[108].

Avec la séquence 1788-1789, tout va changer de rythme et de qualité. Le problème est de savoir pourquoi et comment une suite répétitive d'émeutes peut s'être transmuée en bouleversement politique. C'est un fait bien établi que l'année 1789 s'inscrit dans une conjoncture climatique mauvaise qui a entraîné une grave pénurie céréalière. Automne bourbeux en 1787, semailles détrempées, grosses pluies encore et inondations au printemps 1788, été orageux (grêle dévastatrice du 13 juillet entre Loire et Seine) suivi d'une grande sécheresse. Puis des gels extrêmes, prolongés jusqu'au printemps 1789. Bref, un enchaînement de calamités ! Les villes, déjà touchées par le ralentissement de l'activité manufacturière, voient affluer les miséreux en cohortes. La crise n'épargne que de rares provinces excentrées et lointaines, Alsace, Savoie, Roussillon, Corse. Ailleurs, les prix s'emballent et l'ancien dispositif protectionniste est remis en place par les autorités locales, avec interdiction de vendre ou d'acheter en dehors des halles ou des marchés[109].

On peut lire les 58 émeutes de 1788 et les 231 de 1789 — avec arrêt pour nous à la fin avril, *terminus ad quem* de l'enquête — comme de classiques troubles de subsistances, puisant au réservoir des attitudes déjà explorées. On peut aussi en faire le moment du « trop » à partir d'où le seuil du tolérable est franchi, et qui recompose à rebours des cohérences entre éléments calamiteux disparates. Il se prépare de l'inédit, tandis que l'histoire longue continue, ponctuée des éclats d'une violence ressassée.

En 1788, 16 rébellions dans la région Limousin-Marche qui ne veut pas laisser partir ses grains. Du côté de Jarnages, Felletin, Ahun ou Aubusson, les routes sont devenues dangereuses pour les charrois[110]. Agitation encore plus vive en Bretagne (26 rébellions) jusqu'à ce qu'un arrêt du Conseil interdise l'exportation maritime[111]. En août 1788, la « rumeur » s'est emparée de la ville de Lamballe, le tocsin retentit, la foule envahit le tribunal avant de se regrouper en un cortège de quatre ou cinq cents personnes qui marchent au son du tambour jusqu'au port voisin de Dahouet et y vident les entrepôts[112]. En septembre, à Morlaix, scènes de pillage, la populace fouille et dévalise tous les endroits supposés abriter des stocks, le couvent des jacobins, les bâtiments d'un riche fermier aux portes de la ville ; plus de cinq cents femmes obligent un gros marchand, le sieur Mahé, à réduire de moitié le prix de ses grains. À Saint-Brieuc, qui frémit, les autorités doivent garantir qu'on ne laissera plus embarquer les blés : cette promesse seule, écrit le maire, a empêché des courtiers de grains d'être assassinés et d'autres « d'être conduits à la potence en brouette ». Le 3 octobre, le subdélégué de Pont-Croix, près d'Audierne, est chassé à coups de pierres alors qu'il surveille un départ vers Libourne et Bordeaux ; après quoi le peuple vient « en signe de victoire danser au son des musettes » devant chez lui. Les cloches sonnent à Port-Launay, près de Châteaulin : le tambour et les cornes marines appellent les habitants à la rescousse pour empêcher le chargement d'un navire[113]. Les troubles ont gagné l'intérieur. Rennes réagit à l'annonce du renchérissement du pain, 2 deniers de plus la livre ; aussitôt des furieux, encouragés par « les criailleries de quelques femmes », se rendent à la halle où ils brisent les étals des boulangers, déchirent leurs livres et commettent « tous les désordres possibles » ; quand la police veut les enfermer dans le bâtiment, ils démontent les portes qu'ils fracassent sur le pavé[114].

Durant les quatre premiers mois de l'année 1789, les désordres atteignent leur apogée : 11 émeutes frumentaires en janvier, 16 en février, 99 en mars, 105 en avril. La répartition entre villes (53 % des cas), bourgs (26,8 %) et campagnes (20,2 %) rejoint les quantums séculaires avec des indices d'intensité comparables, une affaire sur cinq se situant au degré maximal. La Provence 52 rébellions, le Centre-Loire 23, la Normandie 19, l'Île-de-France 19, le Bas-Languedoc 15, le Limousin-Marche 14… Quelques cas concrets montrent, sous le rituel des formes, un tournant dans la violence : les élites politiques et marchandes sont ouvertement mises en cause désormais. À Caen, le menu peuple a célébré à sa façon l'Épiphanie en s'attaquant aux boulangers qui ont supprimé cette année-là, sur ordre du lieutenant de police, leur distribution traditionnelle du gâteau des Rois. Les boutiques sont dévalisées, on envahit l'hôtel du lieutenant de police, ses meubles sont brisés et passés par les fenêtres[115]. À Nantes, où la grande majorité des habitants n'a plus ni pain ni travail ni bois de chauffage, un échevin, le gros négociant Geslin, est entraîné le 7 janvier, à son corps défendant, dans des perquisitions qui tournent mal. Accusé de protéger les spéculateurs, il est reconduit sans douceur à l'hôtel de ville. Il y arrive au milieu des « clameurs les plus indécentes », les habits déchirés, les cheveux en désordre, le visage en sang. Le conseil se hâte de publier la baisse des prix et des distributions gratuites, outre diverses mesures d'embauche sur les chantiers publics[116]. Grand émoi les 11 et 12 mars 1789 à Reims. Les petites gens de la ville et ceux des environs, artisans, ouvriers et paysans mêlés, exigent la taxation. Selon la police, le peuple agit « en maître », il tient la rue et pénètre en force dans les boutiques, les auberges, les couvents, troublant même l'assemblée électorale du tiers état qui siège alors dans l'hôtel de ville. Le calme ne revient que le lendemain soir avec un train de mesures apaisantes, et aussi l'arrivée d'une compagnie de dragons. Les gens de bien ont eu peur. Une assemblée extraordinaire réunit les autorités civiles et religieuses et les premiers notables de la ville. Elle accepte les demandes des mutins et interdit les « enlèvements ». Suspension aussi de la taxe de *stellage*, perçue sur les marchés au profit de l'archevêque — lequel proteste immédiatement au nom d'une tradition fondée sur les titres les plus irréfutables… Necker en personne lui répondra que son bon droit est certes entier, mais que, dans certaines circonstances, il vaut mieux faire preuve de « sentiments charitables et patriotiques »[117]. Une sédition « effrayante » éclate à Nancy le 23 mars, et la présence d'une forte garnison n'empêche ni les cortèges houleux, ni le saccage de magasins de farine, ni l'attaque de plusieurs maisons de commerçants, juifs pour la plupart, tels les négociants Cerf-Berr, Berr-Isaac-Berr, Mayer-Marx et Wolf[118]. À Amiens, du 28 au 30 avril, les femmes parcourent les rues, pillent les boulangers et forcent les portes d'un couvent[119]. En Béarn, province longtemps préservée grâce aux échanges avec l'Espagne, plusieurs émeutes d'importance éclatent au printemps. La « populace » de Navarrenx tient la rue pendant trois jours. Criant « famine », elle impose aux jurats la taxation, les visites domiciliaires, les réquisitions. Les émeutiers donnent la chasse aux « monopoleurs » et prétendent délivrer les prisonniers détenus pour dettes. Le fermier des dîmes, pris à partie, est promené à travers la ville dans une honteuse chevauchée de l'âne[120].

Aucune région n'échappe alors aux turbulences qui gagnent les environs de la capitale. Voyez l'aventure du bateau qui descend le canal de Picardie en direction de Paris, lourdement chargé, 922 balles de grains. Le tocsin sonne dans les villages riverains, des centaines de femmes et d'hommes courent le long des berges avec des sacs vides. Premier coup de main à Jussy le 2 mars : la moitié de la cargaison disparaît ; nouvelle attaque et délestage intégral trois jours plus tard à Fargnier, malgré la présence d'un détachement d'artillerie et de plusieurs brigades de la maréchaussée. « Une population nombreuse ameutée », un « monde prodigieux » : un cabaretier témoin de la scène rapporte qu'il a vu « plusieurs particuliers [...] forcer les baïonnettes des canonniers »[121]. Les flambées repartent en Normandie à la fin avril. À Caen, le duc de Beuvron commandant de la province, a fait planter des gibets en pleine ville : la foule s'en gausse, elle y accroche des chats avec des pots remplis de farine détrempée et un écriteau insolent pour les gens de police : « Bouillie pour les chats »[122]. À Paris, l'énorme émeute du faubourg Saint-Antoine contre le manufacturier Réveillon les 27 et 28 avril 1789, mouvement insurrectionnel de salariés, est d'abord motivée par la pénurie et le prix élevé du pain. Dès le lendemain 29 avril, sur la place du Faubourg, exécution publique d'un jeune gagne-denier et d'un artisan plus âgé ; celui-ci arbore sur la charrette qui le mène au supplice un air extraordinaire « de résolution et d'effronterie », sans écouter un seul instant le prêtre qui lui parle d'« éternité »[123].

Les troubles qui soulèvent la Provence prennent une coloration encore plus nette sur fond de passions électorales et de mouvements antiseigneuriaux. Dans les villes, les ordres et les corporations ont été convoqués pour rédiger leurs doléances et choisir des députés. Un débat intense oppose possédants-fiefs et haut clergé aux porte-parole du tiers état qui attaquent les immunités fiscales. L'inquiétude alimentaire participe au grand remuement des idées et des individus. Entre autres thèmes, on retrouve en bonne place la question aiguë des impôts de consommation — le fameux *piquet* sur la farine, les huiles ou le raisin, les *rêves* sur les vins et autres denrées — qui divise les municipalités depuis le début du siècle au moins.

Déjà amorcée à l'automne 1788, la crise frumentaire explose à la fin de l'hiver[124]. Ce sont des émeutes en rafales contre les « monopoleurs » ou réputés tels, comme l'évêque de Sisteron maltraité par la foule à Manosque le 14 mars 1789[125]. Excès en tous genres les jours suivants à Pertuis, Orange, Hyères, Saint-Maximin, Brignoles, Riez, Saint-Chamas… Tout le pays au sud de la Du-

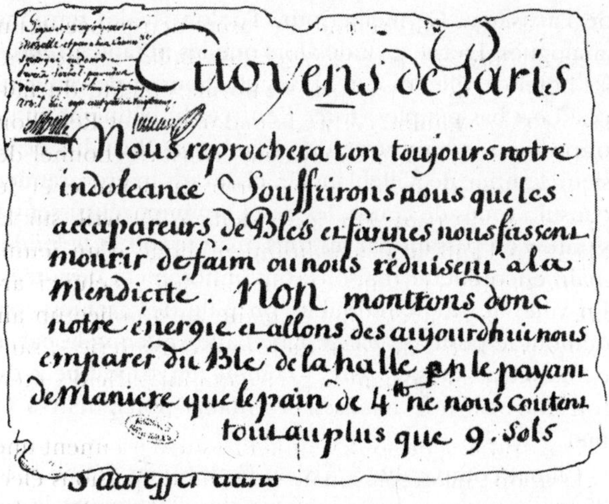
Citoyens de Paris
Nous reprochera ton toujours notre indoleance Souffrirons nous que les accapareurs de Blés et farines nous fassent mourir de faim ou nous réduisent à la Mendicité. Non montons donc notre énergie et allons dès aujourdhui nous emparer du Blé de la halle en le payant de Maniere que le pain de 4 lb ne nous coutent tout au plus que 9. sols

Illustration 9. Placard d'appel à l'émeute en temps de disette (Paris, avril 1789)

rance semble pris de folie, et les troubles atteignent les trois grandes villes, Marseille, Toulon et Aix. Le 23 mars, l'hôtel de ville de Marseille est envahi par plus de deux mille personnes. Des bandes font irruption chez le maire et son assesseur qui ont pris la fuite, les maisons de l'intendant et du subdélégué sont saccagées, celle du fermier des impôts de la ville soumise à un pillage en règle. Émeute aussitôt suivie d'effets : le conseil ordonne une baisse du prix du pain et de la viande et il supprime les taxes communales sur les denrées — mesure favorable aux petites gens. En compensation, il décide d'accroître les taxes sur le luxe, l'industrie et la propriété. Élément nouveau : on dépasse les problèmes de l'annone et de la fiscalité, le conseil de ville s'ouvre aux représentants des corporations et de l'artisanat. Ce même jour, Toulon vit des tensions analogues. La rue gronde alors que les notables, réunis à l'hôtel de ville, discutent des élections et des doléances. Le « bas peuple » force l'entrée du bâtiment et attrape deux administrateurs, l'*archivaire* Beaudin et le sieur Lantier de Villeblanche, ci-devant maire premier consul ; roués de coups, les deux hommes réussissent à s'enfuir en passant par les toits, mais le soir et le lendemain encore leurs maisons sont entièrement dévastées. En ville, la fureur redouble, on pille des greniers, on démolit le poste du *piquet.* Une bande attaque le palais de l'évêque et s'empare « comme en triomphe » de son carrosse que femmes et enfants précipitent à la mer.

Climat comparable à Aix où le tiers état délibère, le 25 mars, toujours pour le choix des électeurs et la rédaction des cahiers. Massée devant l'hôtel de ville où siègent « bourgeois et citoyens », la foule réclame la baisse des denrées et la suppression du *piquet.* Quand le premier consul sort pour parlementer, il est accueilli par des insultes. Bagarre confuse, pierres qui volent, vitres brisées. Deux soldats tombent mortellement atteints, leurs camarades ripostent à coups de fusil, ils font beaucoup de blessés. Malgré l'annonce immédiate d'une baisse des prix, l'agitation se poursuit avec pillage des magasins à grains. Le calme revient le lendemain grâce à l'intervention de l'armée soutenue par les compagnies bourgeoises. Dans toute la Provence, l'alerte a été chaude pour les possédants affolés. Toulon ordonne un *Te Deum* d'actions de grâces sous la présidence de l'évêque. On met en scène une symbolique unitaire : le 31 mars, une procession solennelle parcourt les rues, tous états confondus ; marchent en tête un paysan « député par son ordre », avec un drapeau aux armes de France, et le fils du commandant de la place porteur d'une bannière décorée de la crosse, de l'épée et de la bêche, emblème des trois ordres réunis.

CHAPITRE VIII

Politique de la faim

> Le peuple, direz-vous, est une espèce d'animal très patient, mais qui au moindre bruit de cherté devient furieux : le seul mot de prohibition, de loi contre les marchands de blé, lui rend la raison et le calme… Après tout, on doit respecter la faiblesse de ce pauvre peuple qui est disposé à tout souffrir pour peu qu'on songe à lui donner du pain.
>
> CONDORCET, *Lettre d'un laboureur de Picardie à M. N***, Auteur Prohibitif,* à Paris, 1775.

J'aborderai ici d'autre manière la question des subsistances, en focalisant l'étude sur les sens et messages de tous ces désordres relatés en détail au chapitre VII, et d'abord sur les acteurs.

1. ACTEURS

Rustiques et citadins

La ville comme théâtre privilégié de l'émeute pour le pain, loin devant le bourg, le village ou la campagne, rien d'étonnant à cela puisqu'elle représente le lieu de toutes les concentrations, celle des consommateurs, celle des ressources et des réserves, celle des pouvoirs régulateurs.

Tableau VIII.1. Villes et campagnes émeutières

Villes	822	53,8 %
Bourgs	387	25,4 %
Villages et campagnes	309	20,2 %
Indéterminé	8	0,6 %
Ensemble	*1 526*	*100,0 %*

Pourtant, l'émeute du pain éclate une fois sur cinq en milieu pleinement rural. Quand les bons tenanciers, forts de leurs réserves, résistent à la pénurie et même y trouvent avantage, en revanche les micro-exploitants sont durement touchés. Contraints, les mauvaises années, de céder leur récolte sitôt après les moissons, c'est-à-dire à bas prix, pour acquitter dettes et impôts, ils doivent racheter blé ou seigle au plus haut cours à la fin de l'hiver et jusqu'à la soudure. Beaucoup cherchent alors un emploi de survie et se louent à la journée, basculant temporairement du côté du salariat. Autres ruraux livrés aux écarts du marché, les vignerons, qui achètent leur pain, et encore le peuple immense des paysans parcellaires et des manouvriers agricoles : tout un prolétariat rural, grossi l'été dans les pays de grands domaines par le flux des migrants venus à la louée pour les foins, les moissons ou les vendanges. Et enfin le monde des forestiers, fendeurs de bois, scieurs de long, charbonniers, sabotiers... En situation de crise, quand il n'y a plus rien à espérer sur place, ils se mettent en route pour la cité voisine, avec leurs sacs et leurs bâtons.

L'émeute urbaine draine elle aussi un fort contingent de rustiques. Ils « quittent les villages, écrit en 1709 l'évêque de Chalon-sur-Saône, tombent dans les villes dont on leur empêche l'entrée pour ne pas augmenter le nombre des pauvres et pour éviter les maladies contagieuses qu'ils y apportent avec leur misère »[1]. Mêlés aux mendiants, ils rencontrent sur les marchés la masse des clients ordinaires. Les voici prêts à soutenir de la voix et du geste le premier ou la première qui criera à la famine et exigera la taxation. En ville, le mouvement recouvre l'arc entier des gens de peu, tous ceux qui vivent au-dessous du seuil de la petite sécurité bourgeoise. Le gros des effectifs vient de ces couches au statut flou, entre mendicité et travail occasionnel. Aux côtés des porteurs d'eau, crocheteurs, gagne-deniers ou porteurs de chaises, la troupe des gueux et vagabonds abonnés à l'aumône. Ils sont rejoints en temps de pénurie par les petits revendeurs, les domestiques, les soldats casernés sur place ou en quartier d'hiver. Ainsi, les émeutes parisiennes sous Louis XIV font la place belle aux gardes-françaises et surtout à leurs femmes. À ceux-là, tout au long du siècle, se mêlent des gens de boutique, des compagnons mais aussi des maîtres de tous les métiers, en particulier dans les secteurs de l'habillement et de la toilette atteints les premiers par la mévente des articles de luxe en période de cherté alimentaire. Par ailleurs, chaque émeute donne évidemment à lire la physionomie spécifique des lieux. Dans les centres manufacturiers, les ouvriers et ouvrières sont les plus prompts à s'émouvoir, *purains* (ouvriers drapiers) de Rouen (1694), sauniers de Salins (1693), ouvriers en soie à Lyon (1699, 1709), *tissiers* de Laval (1699), travailleurs de l'arsenal à Brest (1704), verriers de Saint-Gobain (1738), fileurs de coton à Troyes (1740), drapiers du Carcassonnais (1766), tisserands à Reims (1789)...

Faut-il parler d'une prolétarisation des mouvements vers la fin du siècle, ainsi que le suggère Cynthia Bouton à propos de la guerre des Farines[2] ? Si les sans-le-sou et les travailleurs les plus modestes continuent à former le gros des troupes, on retrouve toujours à leurs côtés, jusqu'au bout, les membres de cette micro-élite villageoise restée sensible aux à-coups conjoncturels : petits paysans propriétaires étouffés par la dette, artisans et boutiquiers privés de clients à la suite des crises. Le phénomène émeutier s'est amplifié dans les dernières décennies sans que le stock recensé dans notre enquête donne à voir, semble-t-il, de clivages radicalement nouveaux.

L'affaire des femmes

Les femmes jouent dans ces moments un rôle primordial. Il y a là comme une vocation première, liée à la survie familiale. Si nous extrapolons à partir des fiches les plus précises sur ce point, soit un tiers du corpus, nous constatons qu'elles l'emportent en nombre sur les hommes dans 70 % des tumultes frumentaires observés :

Tableau VIII.2. Hommes et femmes dans les émeutes de subsistances

Participants	Émeutes rurales : villages et campagnes	En %	Émeutes urbaines : bourgs et villes	En %	Ensemble	En %
Seulement des femmes	20	52,3	109	75,4	*129*	70,5
Une majorité de femmes	25		138		*163*	
Seulement des hommes	27	47,7	52	24,6	*79*	29,5
Une majorité d'hommes	14		29		*43*	
Ensemble des cas déterminés	*86*	*100*	*328*	*100*	*414*	*100*

Le tableau signale qu'elles forment le gros des bataillons dans les troubles urbains (75 % des cas). Elles sont chez elles dans la rue et sur les marchés, elles ont le nombre et la disponibilité. Rapides à se mobiliser, elles ont reçu en héritage les modèles d'une conduite ritualisée qui transcende les époques. D'un bout à l'autre du pays et de la chronologie, le *tempo* de leurs agissements apparaît universel. Des cris d'abord, puis elles bousculent les étalages faciles à renverser, vident les hottées de grains, s'engouffrent dans les boutiques, barrent les passages. Voyez, sur le marché de Troyes en octobre 1693, comme elles se désespèrent de n'avoir rien pu acheter : « L'une d'entre elles s'arracha les cheveux, déchira ses habits »[3]... Pour que le désordre devienne tumulte, il suffit de pierres lancées, de cendres dans les yeux des marchands, de couteaux pour fendre les sacs. Certaines sont là avec des quenouilles, d'autres avec des accessoires plus inattendus comme cette mâchoire d'âne brandie par l'une d'elles dans une autre émeute survenue à Troyes en 1767[4] ! Robes et jupons, à défaut de sacs, leur servent à enlever le butin. Elles sont aussi capables d'arrêter les voitures ou bien de rompre les portes des dépôts. À Saint-Brieuc, en 1768, on les a vues ramasser du bois et des étoupes pour incendier les bateaux de blé en partance[5]. L'action directe s'accompagne parfois de démarches en quelque sorte politiques quand elles se rendent en cortège auprès des autorités, comme à Toulouse en 1709, pour protester contre la cherté. À Brest, en 1756, elles viennent à plus de trois cents « se jeter » aux pieds de l'intendant de marine en lui représentant qu'elles n'ont pu avoir au marché ni blé ni pain, personne ne voulant leur en donner à crédit[6]. À Sens, une trentaine de femmes vont « crier famine dans la cour de l'archevêché » en septembre 1766, et en troupe bien plus nombreuse (au moins cent cinquante) elles envahissent le présidial ; comme les magistrats ne se plient pas à leur volonté, elles les empêchent de sortir pendant près d'une heure en leur montrant le poing — « nous disant de leur rendre justice, sinon qu'elles allaient en sortant se jeter sur les sacs qui étaient dans les bateaux… ». Tout finira, dans cette affaire remarquable, par un pillage en règle sur les quais de l'Yonne : « Vous eussiez vu deux ou trois cents femmes sur les bateaux, les unes crevant les sacs, les autres se chargeant de blé dans leur tablier, d'autres prenant le restant des sacs, celle-ci en ramenait une douzaine d'autres pour partager avec elles le pillage qu'elles faisaient, disant nous ne craignons rien, que peut-on faire à des femmes ? » On ne rencontrait, dans tous les quartiers et faubourgs de la ville, poursuit notre témoin, « que femmes et enfants chargés de blé ; les hommes étaient sur le bord de l'eau qui servaient d'escorte et qui attendaient la brune [la nuit] pour les aider. En effet, à peine fut-elle venue, que les hommes succédèrent et accompagnèrent les femmes. On vit à la lueur des flambeaux [...] plusieurs petits bateaux chargés de blé passer la rivière, et des hommes armés qui ne parlaient que de tuer et d'assommer... »[7]. Dans l'affaire de Morlaix, en septembre 1788, ce sont encore des femmes qui pillent les greniers et empêchent un embarquement. « Les hommes, écrit le subdélégué, ne se sont pas mêlés de la querelle pendant le jour, mais la nuit ils se tenaient à quelque distance, armés de bâtons et de pierres, ce qui ne permettait pas de porter secours »[8]...

Qui sont-elles, ces révoltées ? Des travailleuses, petites boutiquières, vendeuses de rue ou harengères, celles-ci bien connues pour être fortes en gueule. Et aussi des femmes de soldats, avons-nous dit, d'artisans, de bateliers ou de marins, d'ouvriers des fabriques ou des arsenaux. Leurs enfants ne les lâchent pas, et beaucoup promènent une grossesse ostensible. Elles savent qu'il y a un préjugé en leur faveur, que les autorités séviront moins méchamment contre elles que contre leurs pères, frères ou maris. Ainsi après la sédition de Troyes en 1767, suivie de quatre-vingt-seize arrestations, le parlement de Paris casse les condamnations les plus lourdes, et il commue les peines prononcées au tribunal du bailliage contre neuf femmes : les cinq emprisonnements perpétuels en maison de force et les quatre bannissements sont ramenés à une simple exposition au carcan sur la place du marché, avec un écriteau par-devant et par-derrière : « Séditieuse pour les grains »[9].

Cette relative immunité explique le partage des rôles. À Nemours, où la foule attaque les greniers pendant la guerre des Farines, on entend la femme Baudoin, l'une des pillardes, repousser son mari en lui disant : « Retire-toi, ceci est l'affaire des femmes »[10]. Les hommes ne sont jamais loin, mais ils n'interviennent que si la révolte s'amplifie, et ils arrivent alors avec des pierres, triques, haches et parfois des fusils.

Dans les campagnes aussi, les émeutes à dominante féminine sont majoritaires, mais moins qu'en ville, à 52 % seulement. C'est que l'action sur le terrain rural suppose davantage la force et le recours à une stratégie de commando : il s'agit de bloquer les transports en affrontant des voituriers vigoureux et bien armés, d'arraisonner les barques, de charrier la cargaison, d'enfoncer de solides portails. La présence musclée des hommes est donc nécessaire, mais les femmes sont là qui les soutiennent et les poussent, parfois rudement, les traitant par exemple « de lâches et de poltrons » comme à Cerelles en Touraine, en 1778[11]. Elles ne craignent pas non plus l'affrontement physique, telles ces femmes de Saint-Paul-en-Jarez qui, en mars 1747, tentent d'arrêter un convoi de vingt-quatre chevaux : elles lancent des pierres aux voituriers qui se dégagent à coups de fouet, et elles les menacent de revenir, avec leurs hommes cette fois[12].

Leaders

Y a-t-il des meneurs, des meneuses ? Délicate question, que la justice avait bien de la peine à démêler. Les autorités s'acharnent à trouver des responsables, au moins pour l'exemple, mais le petit peuple est solidaire, la relation des faits souvent incertaine et brouillée.

La rumeur, toutefois, a besoin de héros, et à force de recoupements la justice arrive à désigner des coupables. Ces hommes, et parfois ces femmes, qui émergent de la foule anonyme, tirent leur ascendant d'un ensemble de supériorités : tantôt une énergie de violence contagieuse, tantôt la maîtrise de la rhétorique orale et écrite tranchant sur l'ignorance ambiante, tantôt une position reconnue de coq de village ou de quartier. Plus tard, vers la limite extrême de 1789, le leadership semble se fonder sur un engagement politique cohérent. Tout cela a pu se combiner, et il reste difficile de définir ce qui pousse chacun, pulsions organiques, intérêt personnel immédiat ou vocation à assumer un rôle collectif.

Quelques personnages surgissent parmi d'autres, reconnus « chefs » par leurs pairs comme par la justice, tel ce maçon de la ville du Dorat, dans la Marche, que l'on disait « colonel » des mutins en avril 1709. Toujours en 1709, à Montjean, à l'ouest d'Angers, le cabaretier Aurillant aurait prétendu, selon un témoin, « que pour empêcher d'emmener le blé il serait le premier et serait à la tête, qu'il aurait un bon fusil, qu'il tirait aussi bien qu'un autre et que d'un coup de sifflet il ferait bien venir quatre cents personnes de la varenne »[13]. À Auray, ceux qui organisent l'action en septembre 1765 sont « connus sous le nom de capitaines des volontaires »[14]. Pendant la guerre des Farines, des cabaretiers ont donné le ton ici et là, comme le nommé Dejames à Comblaville, près d'Ormoy, ou le maçon-cabaretier Jacques Delepine, de Villemomble, qui depuis la Bastille présentera lui-même sa défense dans une lettre adressée au lieutenant général de police. Il n'a *« que son métier et ses bras »*, sept enfants *« en basage »* et beaucoup de dettes, il est donc allé comme tout le monde aux portes des grosses fermes : « *Sa paroisoit sy légitime que vous même Monsiegneur vous y auriés été aussy sy vous aviez esté a ma place. [...] Je nait tenu aucune conversation avec personne je ne fait mal ny torre a personne ny fait aucun discour ny aucunne impolitesse a qui ce soit [...]. Je suis un homme connu trohumain pour faire tore a personne d'un liard* »[15]. À Châtillon-sur-Loire, voici le vigneron Brochet qui sera puni de cinq années de galères comme « chef d'attroupement et perturbateur du repos public » après la révolte de mai 1782[16]. Encore un cabaretier à la tête de la populace de Châteaulin, en décembre 1788, le nommé Jean Guenolest dit Finaut[17]. Au printemps 1789, à Reims, les deux hommes en vue lors des troubles du mois de mars sont un ouvrier tisseur, Jacques Morizet, et un maçon, François Charpentier. On les rencontre partout dans la ville, pilotant les perquisitions, grimpant sur les voitures de grains amenées au marché et jetant les sacs à terre, imposant les bas prix, insultant les officiers de police. Tous deux seront condamnés aux galères comme « chefs d'attroupements et émotions populaires ». La Révolution leur rendra la liberté et on retrouvera Morizet plus tard dans le complot babouviste[18].

Côté femmes, curieusement, peu de figures émergentes dans les archives. Les premiers rôles semblent avoir été confisqués par les hommes, et ce partage culturel se retrouve généralement dans les sentences, plus douces pour elles avons-nous dit. Pourtant, quelques bribes de discours féminins ont surnagé, porteurs d'énergie subversive. Entendez l'épouse d'un batteur de plâtre qui, au Petit-Andelys, en juin 1757, interpelle un boulanger de Rouen venu s'approvisionner en grains sous la protection de la maréchaussée : « Te voilà, toi, marchand d'allumettes ! Tu m'avais dit hier que tu n'achèterais pas de blé ! On devrait te piller [...]. Si toutes les femmes étaient comme moi, je te pillerais, je peignerais ta diable de perruque, je te jetterais à l'eau... »[19]. Dans sa *Guerre des Farines*, Cynthia Bouton a repéré une autre vedette : Madeleine Pochet, une journalière de Brie-Comte-Robert, dite la Princesse parce qu'elle se fait passer, au dire des témoins, « pour une personne considérable déguisée sous des habits en paysanne ». Un foulard rouge sur la tête, elle avait mené sa troupe de grenier en grenier, traitant les gros fermiers de « bougres de gueux » et leur prédisant de sombres lendemains ; et on la croit si bien qu'elle impose, de sa propre autorité, la baisse des prix. Un jugement prévôtal la condamne au carcan sur la place du marché, à trois reprises, avec l'écriteau « Femme séditieuse dans les marchés et les greniers »[20]. Plus singulier et dramatique, le destin d'une Henriette Ladit, surgie des grosses émeutes de Lyon en août 1770. Âgée de quarante ans, sans domicile fixe, cette marchande de complaintes et de chansons a tenu publiquement « les propos les plus séditieux ». Selon les termes de l'arrêt, elle aurait harangué les femmes rassemblées près de la place du Change en leur criant « qu'elle se mettrait à leur tête en qualité de capitaine et les mènerait chez les boulangers » ; elle reproche aux indécises d'être « des peureuses » et ajoute « que si l'on voulait l'en croire on ferait révolte ». Condamnée d'abord à cinq ans de bannissement par la juridiction locale, elle voit sa peine aggravée en appel, contrairement à ce qui se passait d'habitude pour ce type d'affaires : aux termes de la sentence du parlement de Paris, elle sera fustigée nue à « tous les carrefours » par l'exécuteur de haute justice et flétrie au fer chaud d'une fleur de lys sur l'épaule droite, avant d'être enfermée pour neuf ans en maison de force[21].

2. NOTABLES ENTRE DEUX FEUX

L'approvisionnement et le contrôle des marchés urbains dans l'espace occidental constituent de longue date une pièce maîtresse de la vie collective, garantie par la hiérarchie entière des pouvoirs, et la France monarchique s'inscrit dans cette tradition. Le commerce des grains, en particulier, a pris valeur symbolique, car il s'agit du pain de la vie. « Selon l'opinion universellement admise, écrit Steven Kaplan, le souverain est *d'office* le nourricier suprême »[22]. Le « droit royal de pourvoir aux besoins du peuple », dont parle Bossuet, est senti par les deux parties comme un engagement irrécusable[23]. Il justifie en écho « le droit du peuple d'avoir recours à son prince » et d'implorer l'assistance de tous ceux qui, sur place, incarnent l'autorité. En cas de dysfonctionnement, la pression populaire s'exerce avec d'autant plus de force qu'elle s'appuie sur un *habitus* ancestral.

Aussi « l'entière liberté de vendre à qui et partout où l'on veut »[24] déroute les uns et les autres. La politique libérale s'inscrit en complète contradiction avec les attentes populaires comme avec l'image que les responsables locaux gardent de leur rôle. D'autant que, comme il a été dit, il n'y a pas eu de doctrine définitivement triomphante s'agissant des grains, mais des ruptures temporaires, suivies de repentirs à plusieurs reprises. Et la réglementation reflète ces incertitudes, mixte confus de lois royales, d'arrêts parlementaires, d'ordonnances d'intendants et de statuts municipaux impossibles à harmoniser[25]. Quand les récoltes sont belles, le commerce se déploie librement — sous réserve des taxes perçues le long des frontières qui ceinturent et cisaillent l'espace fiscal. En temps de cherté, la circulation des grains de province à province dépend du bon vouloir des intendants, seuls habilités à délivrer des passeports ou autorisations de passage. Si la crise s'aggrave, l'exigence des droits est suspendue pour favoriser le trafic. Ainsi en 1694, puis de 1708 à 1710. Par la suite, le régime de liberté est supprimé puis rétabli souventes fois jusqu'à l'édit de 1763[26]. En fait, « la liberté n'était jamais complète, la défense jamais absolue », et les lois du royaume souvent contredites par des dispositions locales[27]. Sur place, les responsables de la police des grains exercent un pragmatisme de nécessité. Le mythe interventionniste conserve toute sa force, le populaire reste convaincu que les agents du pouvoir ont pour mission de pallier les malheurs de la conjoncture et l'égoïsme des hommes. Il y avait là une vision commune aux acteurs sociaux qui aide à comprendre l'attitude ambiguë, sinon complice, d'une fraction des couches aisées, mais aussi des administrateurs de tout rang.

L'approche statistique des comportements solidaires apparaît délicate et sujette à controverse. En effet, les correspondances et rapports officiels s'expriment souvent en termes allusifs dès qu'il s'agit d'une éventuelle responsabilité des élites ou semi-élites. Sur le total des 1 526 troubles recensés, 147 témoignages mentionnent l'intervention, ouverte ou couverte, d'hommes d'autorité ou de notables favorables aux émeutiers. L'analyse de ce petit stock fait apparaître 7 fois des seigneurs ou nobles, 43 fois des officiers de justice, 44 fois des membres des corps municipaux, 15 fois des roturiers fortunés, 20 fois des membres du clergé, 18 fois enfin des notables au statut indéterminé. Il n'y a pas là de quoi fonder des généralités, tout au plus donner une couleur.

Milords de paroisse

Retenons le cas des « principaux habitants » d'une quinzaine de paroisses champenoises, aux environs de Saint-Blin, qui en 1709 tentent d'empêcher des voiturages vers Chaumont : à la tête d'un millier d'émeutiers, un ancien bailli, un procureur fiscal et un sergent[28]. La même année, en Normandie, les « bourgeois » des villes d'Évreux, Vernon et Louviers s'unissent à la « populace » pour bloquer le départ des blés[29]. À Vannes, en 1746, un convoi de blé est intercepté par un groupe disparate où l'on reconnaît plusieurs notaires et huissiers qui disent agir au nom du « bien public »[30]. En janvier 1760, à Saint-Vallier, dans la Bourgogne charolaise, un personnage de bonne surface réputé bourgeois, M. Jaquet de La Saule, pousse les habitants à attaquer un charroi et un dépôt de grains. À Mervans, village de Bresse, ce sont les deux fils du « praticien » Lory, vedette locale, qui organisent en avril 1771 l'attaque d'un gros convoi de charrettes : le premier va sonner le tocsin et son frère part à cheval avertir les hameaux voisins[31]. En mai 1775, pendant la guerre des Farines, le fermier Crapart a reconnu des bourgeois de Villiers parmi les émeutiers qui attaquent ses granges dans la paroisse de Pontault-Combault : entre autres, un marchand et la femme d'un gros meunier, « mise en bourgeoise » avec casaquin et « pantoufles de maroquin »[32]. L'affaire de Jarnages, en septembre 1788, aurait commencé par « quelques bourgeois de la ville qui n'avaient point de blé et qui disaient aux séditieux de tuer la maréchaussée »[33]. S'il fallait conclure sur ces quelques cas de mixité sociale, disons quand même qu'ils font tache sur l'ensemble et que la masse des gens de bien avait peu de sympathie pour les débordements. Soit ils restaient dans une prudente réserve, soit ils se formaient en milices bourgeoises pour tenir à distance les hordes d'affamés sortis des faubourgs et des campagnes.

Les curés et « la loi de la charité »

Les membres du clergé pouvaient se réclamer du message évangélique pour justifier leur bienveillance à l'égard des meurt-de-faim. À eux, en principe, le rôle compassionnel. Les sermons dominicaux, souvent inspirés par le thème de « l'éminente dignité des pauvres », s'en prenaient au mauvais riche comme à la recherche abusive du profit. Il y avait là une rhétorique permanente dont l'application était immédiate aux passions et personnages du quotidien. L'auditoire reconnaissait au passage le désaveu des « accapareurs », « leveurs de blé » et autres trafiquants « cupides ». Le chanoine angevin Lehoreau, sous Louis XIV, ou l'abbé Réguis en Dauphiné, sous Louis XV, dénonçaient les « plus cruels ennemis » qui avaient pour règle « J'attends la disette pour vendre »[34]. L'ancien modèle de « l'économie morale » au nom du Christ vivait dans les esprits comme source permanente de ressentiment[35]. Plus encore que les mots des prônes, envolés pour la plupart, les correspondances de curés adressées à leurs évêques ou aux tribunaux pour défendre leurs ouailles sont peuplées d'images fortes et sensibles. Ainsi la lettre des prêtres du pays de Semine (duché de Savoie) en 1766 : « Il n'y a qu'à jeter les yeux sur les visages de la plupart pour voir les portraits naturels de la misère et de la mort. [...] Tristes époques, qui font horreur à la nature... »[36]. Ou bien la même année, après l'émeute du 22 septembre, la démarche des curés de Sens en faveur de pauvres gens détenus pour avoir crié au pain. Ils s'adressent au procureur général du parlement de Paris, avec l'appui d'une grande dame, Hélène de Courtenay-Bauffremont, qui ajoute de sa main : « Venez, je vous en conjure, Monsieur, au secours de ces malheureux qui n'ont eu que le tort de se conserver du blé qu'on leur enlevait pour enrichir des fripons »[37]. Mêmes échos dans cette missive du curé de Saint-Aignan-de-Couptrain (diocèse du Mans) en avril 1770 : « Les chemins sont remplis de processions de mendiants qui s'entretirent le pain de la bouche. [...] La loi de la charité et le cri de la nature n'est point écouté dans les maisons des riches... »[38]. Selon. le curé de Chaunay en Poitou, il fallait taxer le grain et forcer les riches à « ouvrir leur grenier et leur cœur »[39]. Le mauvais esprit du petit clergé, en harmonie avec quelques grandes voix d'Église, irritait en haut lieu. À preuve l'annotation ministérielle en marge d'un rapport d'intendant : « Il n'y a que trop de curés qui font les zélés pour leurs paroisses, quoique souvent ce soit eux qui causent tout le mal ! »[40].

Voilà pour le climat. Quant à la participation plus active, sans vouloir reprendre le détail des cas relevés, j'évoquerai une petite paroisse du Vivarais qui m'est familière : le curé de Saint-Julien-Labrousse, Révérend Verot, anime en personne la rébellion des habitants en octobre 1693. Il fait sonner le tocsin, rassemble une troupe de quatre-vingts paysans qui arrêtent un convoi de charrettes sur la route de Cluac. Il s'agit d'une réserve de grains qu'un seigneur du voisinage, M. de Maisonseule, prétend vendre au-dehors. Première victoire des villageois, contre-offensive efficace des gens du seigneur, nouveau raid conduit par le curé accompagné — circonstance aggravante en terre cévenole — par trois Nouveaux Convertis armés. Le grain est repris et emmené par le prêtre « où bon lui sembla », comme dit le procès-verbal[41]. Le curé d'Ezy-sur-Eure, en Normandie, appelle au refus en sonnant le tocsin ; il ne veut pas lire le laissez-passer des bateliers, c'est « une chanson », « il s'en moquait », et il encourage les habitants à piller les bateaux : *« Continuez enfants »*, leur dit-il[42].

Plus tard, la Bastille recevra une demi-douzaine de curés compromis dans les tumultes de la guerre des Farines. On leur reproche d'avoir marché aux côtés de la foule, d'avoir parlementé avec les fermiers, d'avoir fixé eux-mêmes le prix des blés taxés et présidé aux ventes, sinon aux voleries. Certains auraient tenu en chaire les discours les plus séditieux. Ils assurent, pour leur défense, n'avoir agi que par « curiosité », ou sous la menace, ou dans un souci de paix pour « calmer les esprits » et éviter de plus grands malheurs. Les excès, disent-ils, ont toujours été le fait d'étrangers, aucun de leurs paroissiens à eux n'a trempé dans les brigandages. Le curé de Gournay-sur-Marne, Pierre-Claude Dourdan, nie avoir jamais prononcé aucun prône incitant au désordre, mais il invoque au passage, dans sa défense, sa qualité de « citoyen » — « puisque nous naissons tels avant d'être élevés au sacerdoce ». Jean Debon, curé de La Queue-en-Brie, embastillé lui aussi, dénonce son principal accusateur, le gros fermier Charpentier qui veut se venger de lui parce qu'il l'a souvent critiqué en public — « Et vous connaissez, Monseigneur, la méchanceté du paysan ». Une quarantaine d'habitants de la paroisse de Panilleuse, près des Andelys, supplient l'archevêque de Rouen d'intervenir en faveur de leur prêtre, Révérend Cavelier, injustement arrêté pour ses propos à la suite d'un pillage à Vernon : ils se disent « touchés jusqu'aux larmes » du sort réservé à un prêtre « dont ils chérissent les mœurs, la conduite, la morale et l'humanité »[43]. De là à parler d'une chaîne de solidarités plébéiennes, d'un complot animé par « la monacaille et la prétraille »… Le pas est

Illustration 10. « Il doit avoir bien chaud qui a tous ses habitz sur soy »

franchi par la coterie anticléricale autour des économistes. Point de vue soutenu aussi par Voltaire dans sa *Diatribe à l'auteur des Éphémérides*, où il s'en prend aux « petits prêtres » et autres agents stipendiés pour affaiblir la politique de Turgot[44]. Ce faisant, il reste fidèle aux thèses ultralibérales du *Mondain* comme à sa propre logique d'homme riche.

Autorités municipales et magistrats

Nous touchons là le grand débat qui partage la société et confère à ces troubles leur visage particulier. On y voit des élites en désaccord sur le bien-fondé des mesures libérales. En effet, une partie de l'appareil institutionnel encourage en quelque sorte à la désobéissance en prenant la loi à contre-pied. Sans aller aussi loin que Steven Kaplan pour qui la taxation populaire des grains représente une forme de « collaboration » ou de « contrat » entre une fraction des édiles et les petites gens, je parlerai plutôt de convergences occasionnelles entre les objectifs des uns et des autres[45].

En réalité, lors des crises, les groupes dominants étaient plongés dans l'embarras et ils donnaient souvent une image de désunion. Les vieux principes d'autonomie urbaine et des siècles d'habitudes réglementaristes les orientaient vers le contrôle — ce qui pouvait passer pour un encouragement à la protestation. Ajoutons les disputes des corps constitués, les rivalités de clans et factions, les jalousies personnelles qui déchiraient les bourgeoisies, poussant à la surenchère démagogique. Mais, à l'inverse, les fonctions officielles de beaucoup d'entre eux comme le sens de leurs intérêts privés les rangeaient du côté de la loi.

Chaque fois que l'ordre se trouvait menacé, le pouvoir central mettait en cause la responsabilité des magistrats. Mais comment sanctionner une faiblesse si visiblement imposée par les circonstances ? Après la sédition survenue à Nantes en 1662, le maire se fait tancer pour n'avoir pas voulu laisser partir des blés destinés au Saumurois. Convoqué à la Cour, il ne s'y rend pas et préfère disparaître pour quelque temps[46]. L'intendant d'Orléans rapporte, en 1693, que les conseils de villes bloquent les cargaisons de blé dont elles organisent la vente à prix taxé. En 1694, les centaines de paysans qui courent le long des canaux de l'Orléanais pour arrêter les convois ont à leur tête le lieutenant de justice de Vitry-aux-Loges[47]. Cette même année, à Saumur, un juge-prévôt et un procureur du roi ordonnent eux-mêmes aux mariniers de « tenir planche » pendant vingt-quatre heures, c'est-à-dire de vendre à prix coûtant une partie de leur chargement à raison d'un demi-boisseau pour « chaque bouche », en excluant boulangers et marchands[48]. En Touraine, pendant la disette de 1698, ce sont les juges de police qui apposent les scellés sur les greniers afin d'empêcher les « sorties »[49].

De même, les autorités multiplient les blocages dans toutes les provinces en 1709. Difficile, pour cette année-là, de choisir dans la masse des affaires qui attestent l'initiative des responsables ou leur solidarité active. « Il n'y a pas un consul, écrit l'intendant de Provence, qui ne veuille fermer ses portes ou mettre un prix au blé », et tout cela « cause des émotions dont je ne suis pas peu embarrassé »[50]. Partout, des hommes d'influence, bon gré mal gré, cèdent aux rebelles ou se rangent à leurs côtés. L'intendant de Bourges est convaincu que le Berry entier refusera de livrer les blés exigés par Versailles : « Je suis même persuadé, écrit-il, que tous les principaux de la province mutineront le peuple et qu'aucun des officiers [magistrats] ne s'exposera à le vouloir contenir »[51]. Aux Ponts-de-Cé, le subdélégué et l'évêque d'Angers rejoignent la foule qui vient d'arrêter un convoi de bateaux : ils organisent le déchargement et surveillent la vente du grain, donnant ainsi l'impression d'approuver le principe de l'émeute[52]. De même, les échevins et notables de Dijon font distribuer le grain enlevé à des marchands aux portes de la ville[53]. À Château-Thierry, les magistrats du bailliage et les officiers de la ville surveillent le déchargement d'un convoi, vendu sur leur ordre, au son du tambour, à 3 livres 15 sols quoiqu'il valût plus de 6 livres la mesure au dernier marché[54]. Le sieur de Brugier, lieutenant de police de Saint-Flour, est dénoncé pour avoir été « l'âme » des troubles de septembre 1709, et il est mandé à Versailles pour rendre compte de sa conduite[55]. À Segré, le sénéchal fait défoncer plusieurs greniers et ordonne la vente à bas prix ; au grand prévôt d'Anjou qui lui demande « ce qu'il faisait à la tête de trois ou quatre cents malheureux qu'il attroupait et instruisait aux émotions », il réplique « qu'il serait avec joie le martyr du peuple » — « nous disant ces mots en latin, *expedit unum semel mori pro populo*... »[56].

Chaque grande crise ramène son cortège de faits analogues. Dans les années 1750 et 1760, encouragés par l'attitude des Cours souveraines, les magistrats locaux freinent l'application de la nouvelle politique libérale. Le lieutenant général du bailliage des Andelys, en 1757, s'oppose à un chargement en criant, à la normande : « Haro ! haro ! quoi ! quoi ! Le blé ne partira pas ! » À Cherbourg, en 1764, le pillage d'une grosse cargaison en partance pour l'Angleterre est imputé à la faiblesse des officiers municipaux qui, dit-on, partagent

« les préjugés du peuple »[57]. Le jour de la grosse émeute de Troyes contre la cherté, en juin 1767, le maire et sa police font ouvrir de force les boulangeries et envoient en prison les récalcitrants qui refusaient d'allumer les fours[58]. En 1769, le lieutenant général de police de la ville de Saumur reproche à l'intendant de détruire entièrement, « sous prétexte du beau nom de liberté du commerce », les bons vieux codes de police « faits pour tous les marchés du royaume »[59]. En 1770 encore, les municipalités de Tours, Bar-sur-Seine, Saint-Dizier ou Murat cèdent devant les taxateurs. Même connivence de fait à Lons-le-Saunier : « Il est triste, écrit le procureur général du parlement de Besançon, de voir que ces mouvements ont été excités par les officiers du bailliage qui, par des visites dans les greniers, [par] la taxe du prix du blé, et [par] des propos imprudents, ont entretenu des préjugés contre ce commerce et échauffé les esprits »[60]. La grosse émeute de Bourg-lès-Valence, en mai 1771, montre les ambiguïtés officielles en matière de répression : fermeté apparente, avec plusieurs arrestations et même un monitoire pour appeler à témoigner, tandis qu'en sous-main le mot d'ordre est de calmer le jeu. « Une fois tous les accusés élargis, vous laisserez cette affaire dans l'oubli », recommande le procureur général de Grenoble à son subordonné de Valence[61].

Par contre, à partir du printemps 1775, les interventions élitaires en faveur des mutins se raréfient. L'indulgence n'est plus de mise dans une époque où les crispations sociales jouent contre les alliances intergroupes. Ainsi, les épisodes de la guerre des Farines offrent peu d'exemples de solidarités verticales. Au tout début, quelques importants avaient paru soutenir le mouvement taxateur, tels le notaire Bally, lieutenant général par intérim à Beaumont-sur-Oise, et son confrère le maire Dubois. Ils sont embastillés pour quelques jours l'un et l'autre. À Villemomble, on avait vu le procureur fiscal Thomas Blaison marcher de ferme en ferme avec toute une troupe, mais c'était un bien mince personnage en dépit de son titre d'officier de justice[62]. Ailleurs, les hommes d'influence se tiennent dans une réserve plutôt hostile. Et, dans les années 1780, tout se passe comme si les notables s'abstenaient de prendre part à l'action, ils restent « boutonnés ». Sans être indifférents aux à-coups du marché, ils redoutent encore davantage les éventuels dérapages de la violence. D'autant que l'action collective peut entraîner le refus des taxes locales sur les denrées, avantageuses pour les bourgeoisies. Les intérêts divergent, les clivages s'accentuent.

3. MESSAGES

Dans ce long parcours détaillé sur treize décennies, j'ai croisé de nombreux fils — autant de pistes de signifiance. Il faut maintenant hasarder le saut dans l'interprétation plus globale en allant du simple au complexe, de l'immédiat au plus élaboré. Le cri primal marque le niveau élémentaire, et la contestation politique un aboutissement concerté. Dans l'entre-deux, la conscience d'une solidarité de groupe représente le ciment nécessaire à toute action d'envergure, parfois dépassée, parfois sans prolongement.

« *Qu'une mort à mourir…* »

L'appel des affamés n'exprime d'abord rien d'autre qu'une volonté de survie : prendre le pain et les grains où ils se trouvent en dépit des interdits, sans respect pour la propriété, sans crainte du châtiment. Au point extrême du dénuement, tous les barrages d'une société policée cèdent, le système des lois civiles révèle son caractère conventionnel et fragile. Les émeutiers d'Ancenis en 1694 proclament « qu'ils aiment mieux être pendus que mourir de faim », ceux de Saumur en 1699 qu'ils n'ont « qu'une mort à mourir », ceux de Dun-le-Roy en 1709 « qu'ils mouraient de faim, et qu'on les pendit pour plus tôt finir leur vie »[63]. À Paris, la même année, « l'on entend dans les marchés des cris de femmes qui disent qu'autant vaut qu'elles égorgent leurs enfants que de les voir mourir de faim »[64]. Une sorte de fatalisme inspire les rebelles, la mort est tellement présente au quotidien que toute menace répressive s'en trouve dévalorisée. Les émeutiers de Barfleur, en 1724, clamaient eux aussi « qu'ils se foutaient et se moquaient des ordres, et qu'ils n'avaient qu'une mort à mourir ». Le subdélégué de Saint-Lô rapporte en 1739 que les mutins « se moquaient de la punition et qu'il leur est indifférent de mourir d'une manière ou d'une autre ». Ceux de Brézolles assurent, en 1751, « que s'ils sont pendus ils ne mourront pas de faim ». À Amboise, en 1768, on entend des femmes dire que « mourir de langueur et de faim est plus cruel que d'être pendu »[65]. À La Ferté-Bernard, la foule repousse le tambour venu donner lecture de l'édit sur la liberté du commerce des grains ; elle crie « que contre la faim il n'y avait point de lois ni édits ». Mêmes paroles, inlassablement répétées au long du siècle : « Autant périr la corde au col que de mourir de faim » (Beaufort-en-Vallée, 1769), « Il faut risquer la vie pour la vie » (Casteljaloux, 1773), « Autant mourir de la corde que de faim » (Bergerac, 1773), « Que si on les pendait ils ne languiraient pas tant que de mourir de faim » (Brie-Comte-Robert, 1775), « Qu'ils se foutaient de mourir d'une façon ou d'une autre » (Jargeau, 1778), « Mourir pour mourir » (Caen, avril 1789)[66]...

L'exigence du pain — « *notre* pain quotidien » — est fondée sur la conviction du premier droit naturel, « le droit de vivre », préalable et supérieur à tout autre droit public ou privé. Une telle conviction donne sa cohérence à l'action collective et lui confère une légitimité suprême. Ceux qui clament leur misère ont le sentiment d'agir au nom de tous et dans l'intérêt de tous — par « tous », il faut entendre tous les démunis. En octobre 1759, à Mâcon, une femme interpelle ses voisines trop lentes à rejoindre le cortège : « Vous êtes bien tranquilles tandis que nous allons chercher votre vie. » Celles de Dijon s'adressent aux soldats en avril 1775 : « Soyez sages, nous travaillons pour vous comme pour nous. » À Sainte-Anne, près de Vendôme, les émeutiers s'adressent à un vigneron indécis : « Tu es un sacré gueux, un sacré coquin [...]. Nous travaillons pourtant autant pour toi que pour nous, tu n'es pas mieux relevé que nous » ; et une marchande d'oublies à la femme d'un serrurier : « Comment f[outre], tu ne sortiras pas ? Ne vois-tu pas que c'est pour toi autant que pour moi que je travaille ? » En de telles circonstances, les craintifs et les prudents se trouvaient blasonnés de mépris et s'entendaient dire, comme à Ribérac, « que ceux qui auraient le ventre plein allassent dormir »[67]. Parfois, la certitude d'agir pour le droit inspirait aux émeutiers une gestuelle héroïque incarnée par des individus sortis un instant de l'anonymat. Voyez, en mai 1775, à Gonesse, le batteur en grange, Pierre Cadet dit Porcher : il fait face à la troupe, il crie qu'on aura du blé « d'amitié ou de force », il ouvre sa chemise, montre aux cavaliers « sa poitrine nue » et les défie de le sabrer ou fusiller[68]. Les victimes de la répression deviennent sans retard figures emblématiques. Ainsi à Toulouse, en janvier 1748, le peuple afflue au pied des fourches patibulaires où le parlement a fait exposer les cadavres des émeutiers pendus à la suite de la grande affaire de novembre. L'un des deux corps s'était corrompu, mais l'autre, celui d'un jeune homme, s'était conservé en partie et le peuple y voyait une marque de sainteté. La nuit, de « grandes clartés » environnaient les potences. Un charretier passant tout auprès serait tombé à genoux, arrêté « par une main invisible » ; l'un des pendus « aurait alors levé le bras comme pour lui faire signe qu'il était libre, et à l'instant lui et ses bœufs auraient pu reprendre leur route ». On parle de miracle, hommes et femmes se disputent les reliques : « un polisson campé sur les fourches comme un opérateur sur ses tréteaux » fait payer 2 liards pour approcher du corps des pendus un chapelet ou un mouchoir, 2 sols pour « un petit morceau de chair ou de chemise, et augmentait le prix à proportion de la quantité » — tant et si bien que le parlement fait disparaître les cadavres pour mettre fin aux manifestations jugées indécentes[69]. Mais comment empêcher que les suppliciés pour le pain soient convoqués par la mémoire populaire comme témoins sacrés de l'écrasement des petits ?

« Tuer les riches... »

De là à traduire en termes d'affrontement social les antagonismes autour de la nourriture et à retrouver la fracture de la société en deux parties, le bas contre le haut, les pauvres contre les riches... L'argent et le profit sont vite diabolisés. Vision compréhensible et justifiable de la part des exclus, mais il est plus étonnant de constater qu'elle imprègne les mentalités depuis la tourbe jusqu'au sommet et qu'elle constitue, aux XVIIe et XVIIIe siècles, comme une rhétorique de fond. Le discrédit qui pèse sur le négoce céréalier, manifeste dans le discours religieux, se fait aussi sentir dans les correspondances officielles, les écrits judiciaires et jusque dans la copieuse littérature économiste. Un abondant vocabulaire dépréciatif — soupçon, tromperie, fraude, monopole, manœuvres, avidité, cupidité, accaparement, spéculation — est couramment associé au commerce du blé, à tous les niveaux. Dans les couches basses, il s'agit d'une pensée de toujours, qui rejoint la méfiance à l'encontre des gros et autres richards, « milords » et « coqs de paroisse ». L'agressivité vise particulièrement ceux qui ont réussi à décoller d'un statut originel encore proche. Dans les villes, la vindicte populaire vise d'abord en paroles et souventes fois en gestes les boulangers et les marchands avant de s'en prendre aux greniers des bourgeois ou des couvents. Pour les masses rurales, l'ennemi immédiat c'est le presque homologue devenu fermier ou agent seigneurial, gros meunier, cabaretier-trafiquant-prêteur... La méfiance jalouse des humbles puise à l'expérience ancestrale, réactivée sans cesse par l'inusable mémoire paysanne. Condorcet évoque, dans sa *Lettre d'un labou-*

reur de Picardie, les vendeurs d'almanachs qui entretiennent l'agressivité en chantant leurs complaintes de village en village. C'est tantôt le mauvais riche dévoré jusqu'aux os et transformé en squelette pour avoir affirmé, « en reniant Dieu, qu'il aimait mieux être mangé des rats que de vendre son blé à une pauvre femme » ; ou bien l'histoire du fermier qui aurait « osé dire qu'il deviendrait tambour si le blé ne montait pas à 60 francs le sac — et sur-le-champ voilà son ventre changé en peau tendue et ses bras en baguettes : les voisins accourent charitablement pour le tuer, mais comme de raison les balles s'aplatissent sur son ventre ». Ou encore le marchand de blé emporté par le diable. « Et pourquoi voudriez-vous que le peuple ne crût pas tout cela, et cent autres sottises qu'on lui inspire par la même voie, que la jeunesse apprend par cœur, et qui sont la seule éducation qu'elle reçoive après être sortie des écoles ?... »[70]. À chaque nouvel accès de cherté, la frustration, traduite en termes de dépendance matérielle et morale, débouche sur les appels à la revanche : on parle d'aller « tuer les riches »[71].

Je sais qu'il faut prendre avec quelque distance les propos relatés, tous transmis par des voies officielles ou émanant des gens de bien — les autres écrivant peu ou pas du tout. Pourtant, les craintes exprimées ne paraissent pas chimériques, elles répondent à des situations réelles attestées par des témoins fiables. Dans un rapport du prévôt des marchands de Lyon, au printemps de la terrible année 1709, nous lisons : « Ce sera une guerre intérieure dans le royaume, bien plus à craindre que celle que nous avons contre les ennemis de l'Etat »[72]. Les paroles de violence qui remontent des provinces au fil du temps s'articulent autour de thèmes redoutables, le partage, la pratique égalitaire, ou le massacre. À Laval, en 1725, les mutins se seraient publiquement vantés « qu'ils feraient voir un peu que les blés et autres effets et meubles des bourgeois et officiers et magistrats étaient communs et qu'il fallait les partager »[73]. La même année, des placards provocateurs apparaissent sur les murs de Paris. « Le peuple murmure beaucoup », écrit Mathieu Marais, on a mis partout des affiches « contre le ministère, et on menace de mettre le feu aux quatre coins »[74]. L'un de ces placards visait les prétendus « maltôtiers », réputés affameurs de la capitale : « Nous ne devons plus attendre ni secours ni justice que de nos mains et de nos bras, n'ayant plus d'autre ressource pour ne pas mourir de faim que le pillage des riches, et commencer par ces bougres-là, à qui il ne faut point faire de quartier. [...] Ne vaut-il pas mieux mourir par le fer ou le feu que par la faim comme des lâches ? [...] Et pourquoi ne ferons-nous pas comme ceux de Rouen et de Caen qui ont bien su faire diminuer le pain chez eux [...] N'ayons pas de peur des soldats aux gardes, ils nous aideront et ne tireront pas »[75]. À Maringues, en Auvergne, on fantasme autour des deux thèmes ; ils auraient dit : « Pillons et réduisons les riches au même état que nous sommes depuis cinq ans », mais aussi : « Tuons, massacrons »[76]. Quand le pain est trop cher, ces menaces sonnent aux oreilles des municipaux. En août 1772, les consuls de Cannes reçoivent un billet enragé : « Nous sommes environ trente-cinq ou trente-six, tous d'un commun accord, même prêts à vous exterminer et à vous ôter la vie, vous le premier et ensuite tous les autres, soit bourgeois, soit négociants, soit quelle condition qu'il soit »[77]. De même à Cénac, en Guyenne, où les émeutiers de 1773 menacent d'aller chez les bourgeois prendre leur argent et tout mettre « à feu et à sang ». Dans les campagnes des environs de Créon, bourg de gros négoce dans l'Entre-Deux-Mers, on ne parlait « de rien moins que de partage des terres »[78]. Les pauvres de Rauzan, toujours en Guyenne, clament que, « pour le coup, ils auront le dessus ». Tout nouvel épisode de violence ramène l'épouvantail de la subversion. Le premier consul de Moissac voit dans les événements de 1773 les approches d'une « guerre civile sanglante »[79]. La guerre des Farines suscite chez les nantis des réactions d'épouvante. Au printemps 1775, le château de Coyolles en Valois est la cible d'une bande qui tente à plusieurs reprises d'y mettre le feu, et la seigneuresse s'affole : *« Il ce proposent aussi,* écrit-elle, *de faire la récolte prochaine à leur profit, et il mont dit que je n'aurois pas besoin de moissoneurs. [...] C'est une gaire civille »*[80].

De bien grands mots, dira-t-on, pour des troubles somme toute vite retombés ! Ils traduisent pourtant des vérités faiblement entendues, un climat psychosocial qui révèle des formes suraiguës de conscience de groupe. Il y a là comme une contradiction ou un mystère. Au moment où émergent les valeurs élitaires de sociabilité, d'humanité et de bienfaisance[81] — avatars laïcisés de la morale chrétienne —, le quotidien est vécu en termes d'antagonismes et de refus pour tous ceux qui subsistent au jour le jour, sans assurance du lendemain.

Revenons sur la flambée émeutière du Sud-Ouest en 1773, et plus particulièrement sur les événements de Bergerac. À leur échelle, ils donnent à voir la mécanique de l'émeute, et comme un condensé du jeu alliance-opposition en cette fin de siècle. La misère submergeait le Périgord après deux années de cherté. Première alerte à la mi-mai : des lettres anonymes réclament la taxation. Second temps, un placard, affiché à la porte de l'hôtel de ville, menace les autorités et les marchands. Le 19 mai, des habitants arrêtent un transport de grain et obligent les consuls à le remiser sous protection. Le samedi 22 mai, jour de marché, la ville est envahie par des milliers de ruraux venus avec des sacs vides et des serpes. Le désordre commence tôt le matin, les blatiers sont promis au pire, on parle de les pendre, celui-ci fournira la corde, cet autre dit qu'il les tirera « par les pieds ». On crie : « Du blé, du blé, pour faire la paix avec le peuple, sinon le peuple est décidé à tout saccager et à tout brûler ! » Les émeutiers, qui viennent de molester un marchand, le sieur Gimet, invoquent l'exemple de Bordeaux où un soulèvement a éclaté quinze jours plus tôt : ils veulent le grain « comme il est à Bordeaux », c'est-à-dire « à 3 livres la *pognière* » (mesure). S'ouvre alors entre la foule et le lieutenant de la maréchaussée un dialogue qui mérite d'être repris *in extenso* : « Je [leur] ai représenté, lit-on dans le rapport de l'officier, que cela n'est pas juste, qu'il fallait dans ce monde ici qu'un chacun eût le sien, aussi bien les pauvres que les riches. À ces dernières paroles, tout le monde s'est mis à crier : [Gimet] nous a assez volés, il est juste qu'il nous restitue. Je leur ai représenté derechef qu'il n'était pas permis suivant la loi ni la religion de voler un voleur. À ces dernières paroles, une femme s'est avancée et a dit : en ce cas il faut faire à lui comme il nous a fait autrefois ; il nous a taxé le blé comme il voulait et aujourd'hui nous le taxerons comme nous voudrons. » Finalement, le grain est vendu au prix fixé par cette « femme inconnue ». Le lendemain dimanche, cortèges, pillages, affrontements avec la maréchaussée. Les paysans se dispersent en annonçant qu'ils reviendront une autre fois, mais non plus avec des bâtons, avec « des haches et des faux pour couper les jambes [des] chevaux ». Il faut une semaine pour rétablir le calme. Les gendarmes et les unités militaires appelées en renfort reçoivent le soutien très actif des milices urbaines. La municipalité et les notables ont lâché le populaire pour faire corps contre le désordre, il y a des priorités[82].

L'affaire, moins connue que les épisodes de la guerre des Farines, offre un champ d'analyse comparable par bien des aspects. Les nouvelles venues de l'extérieur ont encouragé le processus émeutier amorcé par des messages écrits. L'action et la parole des femmes ont marqué des temps forts. Enfin, la paysannerie et le petit peuple urbain ont fait alliance contre les élites, celles-ci de plus en plus réticentes et pour finir franchement hostiles.

Le pain, le roi

Reste la question de l'éventuelle charge politique de ces révélateurs. Le mythe royal, bâti autour du souverain dispensateur et arbitre, sortait-il endommagé des violences récurrentes, accentuées dans le dernier tiers du siècle ? Peut-on parler d'une mise en cause du système établi ou, plus pervers, d'une manipulation des petites gens à des fins politiciennes, comme on dirait aujourd'hui ?

Évacuons rapidement cette dernière hypothèse, qui renvoie à l'affrontement des clans rivaux au sommet de l'État et à leur incidence sur les comportements des masses citadines et rurales. Au plus haut niveau de l'appareil administratif, des groupes d'intérêt auraient organisé la cherté pour des raisons de profit spéculatif. Quelques personnages de premier plan ont été suspectés, comme le banquier Samuel Bernard ou les frères Paris et, à travers eux, des ministres sont éclaboussés, le duc de Bourbon et même le cardinal Fleury. Plus tard, d'autres cabales visent Machault, L'Averdy, Choiseul, nommément désignés par la rumeur comme responsables de la pénurie. Ces campagnes touchent jusqu'à la personne de Louis XV au moment dit du Pacte de famine, épouvantail agité en 1768[83]. On évoque la complicité du roi, sa participation à des opérations frauduleuses sur les grains, rumeurs que le parlement de Rouen ne craint pas d'évoquer dans une lettre rendue publique. De là à soupçonner les parlements et autres puissants adversaires des réformes d'avoir jeté dans la rue les masses affamées à grand renfort de propos calomnieux... De tels bruits sont repris par toute une littérature de salon et de rue qui cite des noms et propage les alarmes. Parties d'en haut, ces idées corrosives atteignent les couches intermédiaires et pénètrent jusqu'en bas. Libelles, chansons, épigrammes, bouts-rimés répandus dans la sphère des gens du monde sont relayés par le public petit-bourgeois des intellectuels, gens de loi et demi-savants, du salon au café, du café au cabaret et de là sur les places sous forme d'affiches et de on-dit[84]. Qu'il y ait eu là un adjuvant à la grogne ou à la colère des consommateurs, le fait est probable, car les foules étaient prêtes à se laisser caresser dans le sens du poil.

La mise en cause des milieux du pouvoir, à laquelle l'opinion populaire participait ou s'accoutumait, ne risquait-elle pas d'entraîner la désaffection à l'égard de la monarchie elle-même ? Point avancé par Kaplan en conclusion de son étude sur *Le Pain, le peuple et le Roi* : il voit le désenchantement grandir jusqu'à la rupture du lien sacré[85]. Convient-il d'adhérer à cet avis extrême après examen de nos 1 526 révoltes ? La réponse est à nuancer. Pour aller vite, ce sera un *oui* partiel et un *non* global. Il n'est pas contestable que la mort de Louis XV, en 1774, a donné le signal à un feu d'artifice de chansons et de poèmes retranscrits par les mouches de police, très cruels pour les ministres qualifiés de « vendus » et le roi de « marchand de blé ». Jusque-là, rien qui tranche vraiment avec les signaux enregistrés plus tôt, à chaque crise frumentaire. Déjà Saint-Simon, en 1709, évoquait « les discours hardis », les « plaintes vives et fort peu mesurées » contre le gouvernement et la personne même du souverain[86]. Mais les placards du printemps 1775 vont plus loin. Le libraire Hardy les a recopiés avec sa fidélité coutumière. Il ne s'agit pas moins que d'incendier Versailles et d'exterminer « le sang des Bourbons » : « Henri IV a été assassiné, Louis XV a été raté, Louis XVI sera massacré avant d'être sacré... »[87]. Du côté de Joigny circulent de véhéments appels anonymes, écrits en caractères dessinés, « faits à l'estampille » : *« Nous som vingt millions d'hom. qui meur de fin, hami soutenon nous pour la Revolte ! »*[88]. D'autres cris très subversifs ponctuent la durée de l'enquête, ressurgis à chaque grand épisode dramatique. Ce sont les gens de Chavanges en 1709, clamant qu'ils se moquaient « de tous les ordres » et que « le roi en personne » ne pourrait les obliger à restituer le blé qu'ils venaient de piller[89]. Ou encore ce brasseur de Rouen, le sieur Odieure, en grand crédit auprès du menu peuple : « Il voudrait que la Cour et la France fussent renversées comme un habit retourné »[90]. Après les mots, les gestes. À Poitiers, dans les années 1760, les édits fleurdelysés relatifs à la nouvelle police des grains sont arrachés des murs et déchirés, actes criminels devant la loi, attentatoires à la Majesté royale[91]. À Saillans, en Dauphiné, la déclaration du 25 mai 1763 sur la liberté du commerce des grains est décollée, plaquée sur le dos d'un mulet et promenée en cortège burlesque à travers le bourg[92]. À Melun, pendant la guerre des Farines, des furieux déclarent que, si le pain ne baisse pas, il y aura « quatre mille hommes dans Paris » qui mettront le feu et que le roi sera « foutu »[93]. Ailleurs, ils auraient crié qu'ils ne connaissaient pas le roi, qu'ils ne connaissaient « que Dieu et le pain »[94]. Voilà qui apporte de l'eau au moulin du radicalisme d'interprétation, si on me passe la métaphore meunière.

Et pourtant... Peut-on affirmer qu'un propos entendu ici ou une affiche placardée ailleurs traduisent un état d'esprit partagé ? Reflètent-ils autre chose que la passion haineuse de quelques-uns ? Les discours extrêmes, relevés en petit nombre, posent la question de leur origine, de leurs auteurs. Ils renvoient aux rumeurs du monde intermédiaire, rapportées par les différents canaux de transmission — mémorialistes, magistrats, indicateurs, etc. — plus souvent qu'à la parole authentique des petites gens qui nous intéresse ici. Il paraît difficile d'accorder le label « populaire » à tous les « affreux propos » et « horribles placards » reproduits dans les rapports de police ou les *Mémoires* du temps. La recherche en paternité de ces écrits anonymes apparaît douteuse, trop de médiations, et bien souvent une plume savante déguisée en contrefaçon de populaire par le style ou l'écriture...

Il convient donc de remettre en perspective le faisceau des indices, trop souvent parisiens d'ailleurs. Par intervalle, les consommateurs ont pu avoir été touchés par un sentiment d'abandon. Pourtant, l'action des mutins, dans la plupart des cas, ne semble pas dirigée contre l'institution royale ni le système de gouvernement. Souvent même, ils se réclament des « ordres du roi » pour imposer la taxation ou empêcher le départ d'un convoi. Leurs objectifs sont d'abord circonscrits à l'espace proche, à la satisfaction des besoins urgents. Ils réclament le blé à un prix accessible, l'approvisionnement du marché. Si politique il y a, il faut la chercher dans l'émergence d'une volonté collective qui va bien au-delà du problème des denrées. Il s'agit en effet d'établir de nouvelles règles au nom de la communauté et de ses droits. Une fraction active du petit peuple entend donner son avis sur le fonctionnement de la halle, le régime des octrois, les taxes sur les grains, l'usage des fours et des moulins. Ce faisant, l'action populaire s'ingère dans un espace jusque-là réservé, sinon confisqué par les détenteurs du pouvoir local. Loin de se réduire à leurs composantes, les crises rébellionnaires touchent aux us et coutumes comme à l'ensemble du système relationnel. Toujours archaïques dans leurs formes, elles apparaissent pourtant novatrices par le degré de participation des individus, leur capacité à appeler au changement, à se reconnaître et se compter. En cela hautement politiques.

CHAPITRE IX

Les conflits autour du travail

> Ils se cabalent et se mutinent : ces jours-ci, un garçon serrurier s'était mis à la tête de tous les autres, il leur ordonnait et leur défendait de servir tel ou tel maître, il prescrivait à quel prix ils mettraient leurs journées, de sorte que sur les plaintes qui me furent faites, MM. du Parlement condamnèrent ce garçon au carcan : tous les autres garçons serruriers s'attroupèrent devant la maison du maître qui avait découvert la cabale, et l'insultèrent ou le maltraitèrent même, et l'on en a arrêté deux ou trois dont on instruit le procès, mais tous les autres s'en sont allés.
>
> *Lettre de l'intendant Le Bret à propos de l'agitation ouvrière à Marseille,* 8 octobre 1724[1].

Par opposition aux mouvements précédents qui mettaient en branle des foules disparates, les conflits du travail marquent un déplacement dans l'étude. Avec eux, la notion de « populaire » semble recevoir un contenu plus précis, de nature catégorielle cette fois. À bien des égards, le monde du travail présente déjà, aux XVIIe et XVIIIe siècles, une physionomie proche de celle que connaîtra la modernité post-révolutionnaire. Avec sa hiérarchie de salariés et son éventail d'activités, de l'atelier à la manufacture ou à la grosse exploitation agricole, tout ici nous parle familièrement, les acteurs, les enjeux, les situations. Et ce vocabulaire spécifique semble imprégné d'une charge inusable. De quoi s'agit-il ? D'embauche, de chômage, de mise à pied, d'associations ouvrières, de grève, *congé* ou *livret*, et bien sûr de salaires. La vision d'un système relationnel bipolaire vertical — employeurs/salariés — reste valide dans la longue durée, de même que les modes de regroupements horizontaux, protecteurs et défensifs de part et d'autre. Les dénominations ont pu varier, mais elles recouvrent des réalités pérennes : les maîtres avaient leurs organes de concertation ou jurandes, les confréries et compagnonnages servaient aux ouvriers d'associations mutuelles de secours et d'entraide.

Tout comme les combats pour le pain, les luttes artisanales et ouvrières sous l'Ancien Régime ont trouvé leurs historiens. De la vie des métiers, de leurs structures de regroupement, nous connaissons bien les contours. Depuis le fameux *Classes ouvrières* d'Émile Levasseur jusqu'aux travaux récents de Steven L. Kaplan, Michael Sonenscher, Gérard Gayot et bien d'autres, un siècle et demi de recherches érudites a éclairé l'organisation corporative, la quête de l'emploi, le jeu des antagonismes entre maîtres et compagnons, artisans et fabricants, ouvriers du cru et ouvriers d'ailleurs. De belles études, également, ces dernières décennies sur les grandes entreprises manufacturières d'Ancien Régime, où nous suivons la genèse d'une classe ouvrière avec ses comportements relationnels spécifiques[2]. L'histoire de la main-d'œuvre rurale commence à livrer ses secrets, même s'il reste beaucoup à explorer dans ce domaine. Grâce à quoi nous avons recueilli de quoi dresser le tableau synoptique plausible — sinon complet — des conflits qui ont jalonné l'histoire du travail pour notre arc chronologique.

En dépit de l'insuffisance des sources, dispersées et de valeur inégale — lacunes, non-dits, allusions furtives à des mouvements entr'aperçus mais impossibles à cerner —, notre corpus de 462 affaires[3] aide à saisir cette dimension sociale-là. La collecte apparaît bien réduite, si l'on pense à la multitude des engagements réciproques et des échanges verbaux, pacifiques ou tensifs, qui tissaient quotidiennement les relations de travail dans tout le royaume. Tel quel, ce résultat constitue l'échantillon le plus large et le plus diversifié rassemblé à ce jour. L'éventail des cas renvoie d'ailleurs à toute la gamme des situations de conflit entre les groupes ou au sein des groupes eux-mêmes :

Tableau IX.1. Conflits de travail : motivations dominantes

Thèmes dominants	1661-1700	1701-1730	1731-1760	1761-1789	1661-1789
1. L'emploi	8	5	24	24	*61*
2. Les salaires	12	48	29	59	*148*
3. Liberté du travail, résistance aux entrepreneurs et manufacturiers	4	17	42	56	*119*
4. Conflits internes au monde du travail, rixes compagnonniques		4	23	47	*74*
5. Provocations diverses, bravades	4	5	7	15	*31*
6. Grèves agricoles	1	2	4	22	*29*
Ensemble	*29*	*81*	*129*	*223*	*462*

L'histogramme qui suit, dressé sur la base des chiffres cumulés, met en lumière l'intensification des violences à la charnière des deux siècles, ensuite la crue des années 1740 et 1750, enfin la poussée de la dernière décennie. Mouvement conforme à celui que nous avons pu observer dans les autres espaces de la contestation collective.

Figure 10. Émotions ouvrières : rythme décennal

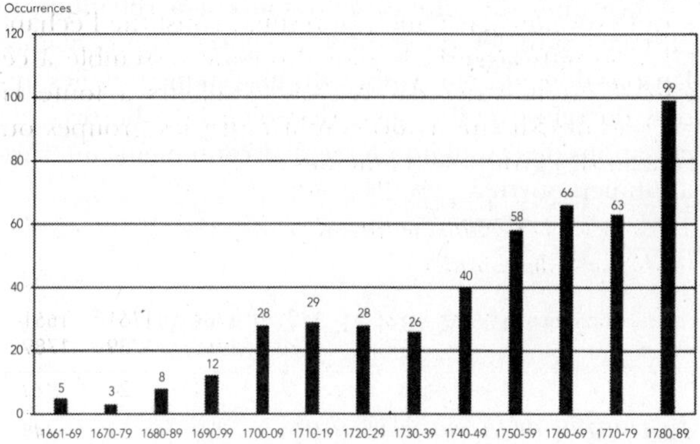

Les affaires rencontrées ne résultent pas forcément de l'unique facteur attendu : l'antagonisme entre les vendeurs d'une force de travail et les maîtres en quête de profit. La cherté des denrées, le facteur démographique, les guerres, l'invention technique et le *trend* industriel, ou encore les mutations monétaires et les interventions étatiques, tout cela constituait autant de variables qui influaient sur le marché de l'emploi. La compréhension profonde de chaque mouvement passerait par la connaissance exhaustive de ce contexte, mais là n'est pas mon propos. Il serait d'ailleurs présomptueux de prétendre établir une correspondance systématique entre le rythme des conflits ouvriers et la conjoncture d'ensemble, à supposer qu'on puisse en faire le tour. Je me bornerai donc à la saisie empirique des paroles, des faits et gestes quotidiens mis en œuvre dans ce type de violences. D'un événement à l'autre, constantes ou écarts aideront à tracer la sociographie des comportements, dans un domaine où apparaît une diversité presque infinie de situations. Sans oublier que l'imbrication des motifs rend souvent acrobatique le partage entre les différentes catégories contestataires. Partons donc du plus visible, du surgissement et des formes du refus, qu'il s'agisse de violences collectives, de cessations de travail ou même d'affrontements internes au milieu ouvrier.

1. LE MARCHÉ DU TRAVAIL

Le contrôle de la main-d'œuvre

En matière d'embauche et de licenciement, il n'y avait pas de règle ni d'usages uniformes, mais les coutumes variaient selon les métiers et les lieux. Pour la masse des manœuvres, gagne-deniers, ouvriers de chantiers et travailleurs agricoles, l'engagement se faisait selon les besoins et le bon vouloir des maîtres qui recrutaient eux-mêmes leur personnel journalier au « marché aux hommes », en un lieu déterminé de la ville ou du bourg. Telle place, telle rue, tel quai rassemblait chaque matin les demandeurs d'emploi. Il en allait autrement dans les professions spécialisées où les travailleurs, forts de leur solidarité et de leur compétence, prétendaient à un droit de regard, tant sur les salaires que sur le choix des candidats. Les maîtres résistaient en s'appuyant sur leurs jurandes (ou corporations) et sur les statuts du métier, garantis par les pouvoirs publics, qui interdisaient aux compagnons de « cabaler entr'eux pour se placer les uns les autres... ».

De même, les règlements interdisaient aux ouvriers de quitter l'ouvrage « sous quelque prétexte que ce soit », sauf préavis de licenciement ou de départ. Dès avant le XVIIe siècle, l'usage s'était répandu du certificat écrit ou *congé*, accordé par le maître et attestant la régularité de la sortie, pièce indispensable pour un nouveau placement. L'ancienne ordonnance de 1571, sous Charles IX, n'avait pas été abolie. Elle enjoignait aux maîtres de ne recevoir d'ouvrier que sur présentation du *congé* signé du précédent employeur. Dans les années 1680, les imprimeurs de Paris rappellent fermement l'obligation de ce billet aux compagnons qui ne veulent plus en entendre parler : « Les plus vils domestiques jouissent en France de la liberté ; ils sortent de chez leur maître quand il leur plaît ; tout est libre sous l'heureux empire de nos Rois ; il n'y a que les suppliants qu'on veuille enchaîner, pour ainsi dire, à leurs maîtres »[4]. En 1699 et 1704, des sentences de police interdisent respectivement aux épiciers et boulangers de recevoir aucun apprenti ou garçon de boutique sortant de chez leurs confrères sans le *congé*[5]. À Lyon, dès les années 1700, tout ouvrier cordonnier doit présenter *l'acquit*, ou certificat délivré par son dernier maître[6]. Les chapeliers parisiens adoptent expressément la règle en juillet 1721, de même que les maîtres imprimeurs dans les années 1720 et 1730, avec mise à jour chaque semaine devant leur chambre syndicale des embauches ou départs de compagnons[7]. Le billet de *congé*, signalé à Elbeuf dès 1698, est institué en 1729 à Louviers pour les « ouvriers du dedans », puis étendu en 1735 à ceux « du dehors ». À Sedan, le « certificat du maître » était d'usage courant en 1743[8]. À cette époque, il figure à Paris dans les statuts de la plupart des corporations (bonnetiers, tapissiers, serruriers, selliers…) pour devenir finalement obligatoire dans tout le royaume en vertu d'un arrêt du Conseil du 2 janvier 1749. Dans la foulée, ce texte essentiel interdisait toute forme d'ingérence compagnonnique et ouvrière dans le recrutement de la main-d'œuvre[9]. Dès lors, les bureaux des métiers ou chambres syndicales tendent à se transformer en offices de placement sous la responsabilité de maîtres clercs ou maîtres embaucheurs. Il ne suffit plus au compagnon en quête d'emploi de présenter le billet à un patron d'atelier, il doit aussi passer par le bureau et s'y faire enregistrer. En principe du moins, les deux opérations sont inséparables, et les maîtres doivent eux aussi consigner sur un registre le mouvement de leur main-d'œuvre. Le contrôle se renforce avec les lettres patentes de septembre 1781 dont le but, clairement affiché, est bien d'« entretenir la subordination parmi les ouvriers » en pays de manufactures et en tous lieux où existent des corps de métiers : interdiction de quitter l'ouvrage sans préavis, de *cabaler* pour les placements et de recueillir des fonds de *confrérie* ; obligation faite à chaque ouvrier de posséder « un livre ou cahier » avec tous ses billets de *congés* paraphés par les maîtres ou à défaut par les bureaux de police — préfiguration du fameux *livret* de 1801, qui devait tenir une si grande place dans l'histoire du travail au XIXe siècle[10]. Le glissement est indiscutable : on est passé d'une police de la fabrication et des marchés à « une police du travail et des travailleurs »[11].

Les cabales pour l'embauche

Ces contraintes marquent un durcissement progressif, lisible sur le tableau IX.1 (p. 438) à partir des années 1730. Les maîtres veulent garder le contrôle de l'emploi, tandis que les ouvriers demandent la reconnaissance des droits du travail. On peut imaginer qu'un monde de paroles accompagnait la négociation. D'ordinaire, les choses se passaient sans éclats, de gré à gré. En cas d'échec, le candidat malheureux pouvait compter sur l'appui du groupe qui protestait contre le refus d'embauche, d'abord par intervention directe, puis en adressant des requêtes aux pouvoirs divers, en faisant des démarches, voire des procès. Autant de préalables qui le plus souvent désamorçaient le conflit. Sinon, on pouvait aller jusqu'à la grève, accompagnée ou non de *l'interdit* (ou *damnation)* jeté par les ouvriers sur l'atelier d'un maître trop coriace, avec défense à tout compagnon d'aller y travailler sous peine d'amende. Rappelons que cette acception du mot de *grève* était alors inusitée, et qu'elle le restera jusqu'à la monarchie de Juillet. On ne parlait, aux XVIIe et XVIIIe, que de « débauche », « mutinerie », « rébellion », « suspension », « désertion », « abandon », « complot », « cabale », *« pause »* (Languedoc), *« cloque »* (Sedan), *« tric »* (Lyon et environs), *« bacchanale »* (Paris et ailleurs). Plus souvent encore, on désignait l'action : « cabaler », « quitter », « abandonner », « sortir des ateliers », « cesser », « suspendre l'ouvrage », « mettre à bas l'ouvrage », « se soulever », « déserter » les ateliers ou les fabriques…

Il s'agissait d'un dernier recours : les violences ou la grève représentaient des moments exceptionnels dans le tissu du dialogue social. Quand on en venait là, les affaires étaient soigneusement préparées. Ainsi, à Bordeaux, en mai 1675, les ouvriers cordonniers soutenus par leur *frairie* se rendent de boutique en boutique pour appeler à interrompre l'ouvrage afin de conserver leur « droit » de faire engager par les maîtres les « compagnons passants ». Le marché du travail est alors tendu dans la ville. Les maçons parcourent eux aussi les rues en bandes pour débaucher leurs camarades de chantiers, « en haine » des procès qui les opposent à leurs employeurs à propos du règlement des titres de maîtrise et des droits de *confrérie*[12]. À Paris, en 1699, la jurande des chapeliers dénonce les manœuvres des ouvriers regroupés en *confrérie* : « Il est inouï, écrivent-ils, que dans aucun autre corps d'arts et métiers des particuliers se soient avisés de s'attrouper et assembler pour réduire les maîtres dudit métier à la nécessité de recevoir parmi eux tels compagnons qu'il leur plaise »[13]. Autre affaire typique survenue dans la capitale l'année suivante, entre l'imprimeur Pierre-Augustin Lemercier et ses ouvriers. Au nombre d'une dizaine, ils veulent lui interdire de recevoir plus de deux apprentis et d'engager « d'autres personnes que de compagnons ». Ils ont quitté le travail et se sont installés au cabaret pendant trois jours, avec force « injures et invectives ». Procès, lourde amende pour eux, confirmée en appel[14]. D'ailleurs, les compagnons de la capitale ne cessent de batailler contre les maîtres. Il s'agit d'écarter les ouvriers réputés « étrangers », c'est-à-dire tous ceux qui n'avaient pas effectué leur temps d'apprentissage dans la ville. En 1724, un certain Thominet, compagnon typographe, « excite la révolte parmi ses camarades » contre les ouvriers de l'extérieur embauchés à bas prix, des Allemands pour la plupart[15].

Les rencontres pour boire, l'appartenance aux confréries ou aux compagnonnages, très actifs dans le placement des derniers arrivés, entretenaient bien évidemment l'esprit de querelle. Incidents à Mâcon où les maîtres cordonniers portent plainte contre une douzaine de garçons qui prétendent contrôler l'embauche en 1731[16]. On en arrête quelques-uns dans leur cabaret habituel, qui ne peuvent nier leur appartenance — en principe interdite — au compagnonnage. En 1732, embauche et licenciements sont au cœur des discordes dans le secteur remuant de la papeterie, du côté d'Ambert. Daniel-Charles Trudaine, alors intendant d'Auvergne, y interdit par ordonnance tout abandon d'ouvrage, « sous quelque prétexte que ce puisse être », et il enjoint aux *bailes* qui représentent les ouvriers d'empêcher la tenue des assemblées de compagnons sous peine d'être eux-mêmes poursuivis comme fauteurs de troubles. Le texte vise directement la *confrérie*, organe local de solidarité ouvrière, accusée de soutenir les travailleurs renvoyés par leurs maîtres ou qui les ont quittés. Les papeteries de Thiers sont atteintes à leur tour. Grèves et désordres, l'intendant fait arrêter le *baile* et supprime la fonction, les activités de la *frairie* sont strictement réglementées, ses « ornements » et symboles festifs confisqués et les fonds de secours confiés à l'évêque de Clermont. « Il est essentiel, écrit Trudaine en février 1733, d'étonner tous ces ouvriers, qui composent un peuple assez séditieux, par un exemple de sévérité. » L'année suivante, le 27 juillet, les compagnons arrêtent le travail pour protester à la fois contre la suppression du *baile* et de la messe de *frairie* qui se disait en l'église Saint-Jean. D'où nouvelle enquête, arrestation de l'un des meneurs et amende collective[17]. Troubles encore dans la papeterie en 1745 du côté de Castres, au moulin de Savages : les ouvriers « complotent » pour imposer à leur patron le respect de ce que celui-ci qualifie de « bizarres et imaginées règles » pour l'embauche et les salaires[18]. À Nantes, ce sont les portefaix qui revendiquent le monopole de décharge des navires et des gabares du fleuve et mettent en fuite à coups de pierres les débardeurs choisis par les maîtres. Aux environs d'Angers, les ouvriers des ardoisières contestent aux entrepreneurs le libre choix des apprentis, autorisé pourtant par un arrêt du Conseil d'octobre 1741, car ils veulent réserver les places à leurs enfants. Le subdélégué, dans un rapport de décembre 1743, relate un incident survenu cette année-là : les hommes des ardoisières, au nombre de deux ou trois cents, auraient par la force empêché les nouveaux de prendre le travail ; ils brisent leurs outils et les obligent à déguerpir[19].

Les ouvriers tondeurs de Sedan

Les fabriques de Sedan, ville drapière fort active, étaient parcourues de frémissements depuis les années 1700. Ce sont ici les compagnons tondeurs, ouvriers compétents et musclés, qui défendent leur pré carré et cherchent à monopoliser l'ouvrage en limitant le recrutement des apprentis. Au contraire, les fabricants souhaitent élargir leur réservoir de main-d'œuvre. La question de l'embauche se greffait sur un différend relatif à la définition des tâches incombant aux tondeurs, problème épineux qui entraîne en 1748 trois semaines d'arrêt de travail[20]. En juillet 1750, un arrêt du Conseil impose d'autres règles de recrutement et de rémunération. Désormais, les entrepreneurs pourront doubler l'effectif des apprentis, ils sont autorisés à faire appel à la main-d'œuvre étrangère et ils seront libres de limoger à leur gré. Les tondeurs se voient ainsi privés « de leur plus beau privilège, la maîtrise de la sécurité de leur emploi »[21]. Réaction presque immédiate : le 3 août 1750, des « coureurs de boutique » lancent un appel à la *cloque*, c'est-à-dire à la grève selon la terminologie locale[22]. Six cents ouvriers tondeurs quittent leur poste et contraignent les indécis, qualifiés de « sales », à suivre le mouvement. Des assemblées réunies « en différents lieux » désignent par tirage au sort les délégués qui feront « les remontrances » et parleront au nom des ateliers.

La draperie est alors paralysée. Les principaux fabricants croient pouvoir retourner la situation à leur profit. Ils envisagent *illico* l'appel à une main-d'œuvre immigrée, recrutée à Paris et surtout à Verviers, en misant sur la crise qui sévit alors dans la manufacture entre Meuse et Rhin pour trouver là-bas un personnel bien formé et plus docile. L'arrivée des compagnons étrangers sera le seul moyen « de contenir les ouvriers de la ville », commente Trudaine, l'ex-intendant d'Auvergne devenu membre du Conseil royal du commerce[23]. Sur place, le sieur Lecerf, inspecteur des manufactures, énonce quelques-uns des principes de la libre entreprise : « On remarque dans toutes sortes de professions et de métiers, écrit-il, que les ouvriers qui vont travailler partout sont plus parfaits et plus habiles que ceux qui restent dans la ville… les premiers prennent les meilleures façons… les autres ne quittent jamais la routine où ils ont été élevés. » Au début du mouvement, les fabricants catholiques soutiennent les grévistes contre le bloc rival de la manufacture protestante, les Louis Labauche, Abraham Poupart et autres huguenots accusés de piétiner, au nom du seul profit, les anciennes règles du travail, et de favoriser la venue d'un personnel extérieur, aux convictions religieuses incertaines : « La destruction du citoyen catholique, voilà leur grand point de vue. » Mais Versailles et le Conseil du commerce apportent leur aide à l'entreprise innovante. Le travail finit par reprendre le 16 septembre 1750, après quarante-cinq jours de *cloque.* Quatre cents grévistes rentrent sans joie à l'usine, deux cents autres restent sur le pavé ; à leur place, des étrangers, en provenance de Verviers. La ville a été investie par la troupe, c'est l'heure des poursuites et des arrestations. Les mutins — ceux qui « donnaient la loi aux autres » — sont soumis à une juridiction exceptionnelle présidée par M. de Creil, intendant de Champagne. Le procès commence en septembre, mais le calme et l'ordre sont revenus à Sedan, si bien que le tribunal rend un verdict plutôt débonnaire : bannissement du royaume à perpétuité pour un certain Rollin le Noir, trois années d'exil pour le Grand Rousseau et pour Antoine Grippon, les meneurs reconnus, des blâmes et des amendes, avec remise de peine dans la plupart des cas[24].

De ville en ville…

Ailleurs, si les incidents restent de moindre envergure, les litiges se mettent à fourmiller à partir des années 1730, autour de l'embauche et des fameux billets de *congé.* Conflits incessants à Bordeaux où le clivage maîtres-compagnons s'accentue vers 1745-1750. L'intendant de Guyenne, la jurade (corps de ville) et le parlement multiplient les textes répressifs contre la population ouvrière[25]. À Paris, la police et les tribunaux appuient sans état d'âme la stratégie d'encadrement des métiers. L'été 1746 a mis en vedette les compagnons serruriers : à l'origine des troubles, les nouveaux statuts qui rendent obligatoires le *congé* et l'enregistrement au bureau de la jurande. S'ensuit un mouvement semi-clandestin, semi-ouvert, dont les éléments figurent dans les archives de la police, qui a ses informateurs et relève avec exactitude la tenue des réunions dans les cabarets, les rendez-vous différés pour semer les « mouches », les assemblées de quartier, les chansons, les placards dénonciateurs affichés aux portes des maîtres et jusqu'au portail de l'église où la communauté des maîtres « fait sa confrérie ». Le dimanche 7 août 1746 au matin, les jurés du métier accompagnés d'un commissaire arrivent au cabaret du Grand Raisin, rue des Cordeliers, où ils surprennent une réunion très suspecte, près de trente ouvriers dans la salle du bas, dix autres dans une chambre au-dessus. L'inspection terminée, ils se font huer « à grands cris » par une centaine d'individus massés devant la porte. Une nouvelle assemblée de serruriers, beaucoup plus nombreuse, se tient aux Porcherons le 28 août et décide un arrêt de travail d'une semaine à partir du 10 septembre. Le dimanche 11, plus de deux cents compagnons réunis à l'enseigne de *Saint François*, au Petit-Charonne, impose le principe d'une collecte de 14 sols par tête pour former un trésor de guerre, avec menaces contre les récalcitrants. D'autres rassemblements ont lieu le même jour ou les jours suivants au Roule, aux Porcherons ou à la Glacière, près du Petit-Gentilly, et des *rouleurs* s'en vont de boutique en boutique pour « avertir les autres »[26]. L'affaire retombe sans qu'on sache très bien le pourquoi ni le comment. Ils ont eu peur de part et d'autre, quelques arrestations ont calmé l'ardeur, les maîtres se sont divisés ou montrés plus accommodants…

Mêmes enjeux pour les garçons selliers à l'automne 1751, et mêmes méthodes contre les ouvriers qui refuseraient d'être solidaires de l'action et de la collecte. Les meneurs envahissent les boutiques des maîtres les moins coulants, qui exigent les *congés* et l'enregistrement au bureau, et ils font « sortir de force » ceux qui sont au travail, avec menace de leur « casser bras et jambes ». Après plusieurs réunions secrètes du côté des Tuileries ou du Petit-Luxembourg, les mutins se retrouvent une bonne centaine le 28 octobre à Montmartre, chez un marchand de vin. On y discute de la tactique à suivre, des recours en justice, de *l'interdit* à jeter sur tel ou tel atelier. La combativité ouvrière est encouragée par les divisions au sein même du groupe des maîtres. Certains, les plus jeunes, les moins bien établis, acceptent mal d'être encadrés par leurs anciens, et ils se rangent parfois du côté des compagnons. Interrogé aux prisons du Grand-Châtelet, un garçon sellier déclare que des fils de maîtres et de jurés ont promis leur appui : « La plupart des maîtres ont dit aux compagnons que c'était une idée des jurés de vouloir exiger des certificats de sortie […], qu'il ne fallait pas se soumettre à ce qu'ils exigeaient et que si les compagnons avaient besoin d'argent pour se soulager les uns des *[sic]* autres ils étaient prêts à le donner »[27]. Du temps se passe, le mauvais esprit gagne, les garçons boulangers entrent dans la danse : ils veulent s'engager librement, par la seule entremise d'un des leurs ; ils veulent discuter du montant des gages sans passer par le clerc de la communauté ; ils veulent encore choisir leur gîte sans contrôle et sans être contraints de présenter aux logeurs les certificats délivrés par les maîtres. Une sentence de police leur interdit de se réunir dans les cabarets comme de s'attrouper à la halle ou à la porte du bureau les jours de placement. Mais la pression ne se relâche pas, un gros incident, le 25 septembre 1756, met aux prises une bande de vingt à trente garçons boulangers avec le clerc de la jurande qui se dégage à grand-peine en les menaçant de son pistolet[28].

À la mi-siècle, la résistance aux inscriptions et *congés* touche bon nombre de corporations parisiennes, perruquiers, peintres et doreurs, épiciers, etc. La tension monte en tous points du royaume, notamment dans les secteurs industriels de pointe comme le textile où elle s'exprime de manière inédite. Ici c'est la mécanisation qui provoque le chômage et le débauchage d'ouvriers. Les vieux métiers obsolètes sont remplacés par des machines performantes qui jettent la main-d'œuvre sur le pavé. Première action à inaugurer la série, à Mulhouse en 1756 : les ouvriers passementiers (ganses, galons, tresses et rubans) manifestent contre les fabricants Zetter et Piehl qui ont introduit des nouveautés dans les ateliers. La municipalité prend leur défense et interdit les métiers mécaniques. Beaucoup plus tard, en novembre et décembre 1788, les fileurs et cardeurs de coton de Falaise et Argentan, en Normandie, brisent les machines qu'on vient d'installer. On envoie sur place deux détachements de grenadiers, réplique qui n'enthousiasme guère le procureur du roi à Falaise : « Les fusils et les baïonnettes ne donnent ni travail ni pain, et l'un et l'autre manqueront infailliblement [...] si les mécaniques ne sont pas totalement proscrites et s'il n'est pas pourvu à un travail de remplacement... »[29].

Un peu partout, les désaccords, grèves perlées et recours en justice donnent le ton à la vie du travail, mais sous forme de frondes ponctuelles plutôt que d'actions d'ensemble. Les compagnons semblent pris de court par l'édit de Turgot de février 1776, annonçant la fin du régime corporatif et la liberté du travail. Cette initiative radicale a été perçue aussitôt comme un danger majeur par les bénéficiaires de l'ancien ordre sans provoquer d'adhésion manifeste chez les compagnons : quelques maigres cortèges dans les rues de Paris et des bagarres d'origine douteuse, presque rien dans les villes de province, au total pas de mouvement d'opinion capable de porter le ministre et son projet[30]. Comme on sait, cette amorce de libéralisme n'a pas eu de suite puisque le ministre est remercié en mai — effet foudroyant de l'offensive de tous les tenants de la société de corps, la Cour, les parlements et autres juridictions, les salons bien-pensants, la noblesse à peu près unanime. Dès le mois d'août, les jurandes sont remises sur pied, avec des assouplissements il est vrai : réduction de leur nombre, ouverture aux femmes de toutes les professions ou presque, diminution des droits d'accès aux métiers. Jusqu'en 1789, la puissance publique tâtonne et multiplie les règlements néocorporatistes, différents de ville à ville et de province à province, directives souvent mal reçues et médiocrement appliquées par suite de l'extrême diversité des situations et de la relative impuissance, sur place, de l'appareil monarchique[31]. La ligne de crête était étroite pour un État qui s'orientait tant bien que mal vers une réglementation plus libérale et mieux adaptée aux exigences du marché, tout en restant fidèle au principe d'une « police exacte » dans le monde du travail.

L'épisode, malgré sa brièveté, suffit à durcir les attitudes et le langage. Les mots des contestataires attestent la pénétration du vocabulaire et des thèmes « philosophiques » jusque dans les couches de la petite basoche, celle qui met en forme la revendication ouvrière en dénonçant la « tyrannie » des maîtres, leur acharnement à vouloir réduire les compagnons « en esclavage », le mépris de leur dignité d'hommes, l'oubli des « droits de la nature »[32]. À l'automne 1777, les compagnons typographes se déchaînent contre un nouveau règlement de discipline qui, selon Hardy, assimile « pour ainsi dire, leur sort futur à celui des nègres de l'Amérique en les rendant de vrais esclaves » ! Ils proclament haut et clair leur refus de se plier à des injonctions humiliantes, ils parlent même « de tuer le premier d'entre eux qui serait assez lâche pour se soumettre en allant se faire inscrire à la chambre syndicale et y demander un *cartouche* [certificat] »[33]. Face aux maîtres qui veulent à tout prix garder le contrôle de l'embauche, la solidarité ouvrière semble partout se renforcer. Contestation, insolence et désordres à Nantes où une trentaine de compagnons taillandiers refusent de se faire enregistrer en juin 1775 : ils se retirent dans un bois en attendant que les maîtres abandonnent leurs « prétentions ». Incidents à Lyon à la même époque, cabales des ouvriers serruriers à Villefranche en 1786, toujours pour l'embauche. Poursuites à Angers en avril 1789 contre les compagnons serruriers qui se donnent le droit de placer eux-mêmes les nouveaux à leur arrivée en ville[34]... En une ou deux générations, les esprits ont changé. Dans son *Tableau de Paris*, L.-S. Mercier se dit frappé par l'effronterie des jeunes compagnons : « Jadis, écrit-il, lorsque j'entrais dans une imprimerie, les garçons ôtaient leur chapeau. Aujourd'hui ils se contentent de vous regarder, ricanent ; et à peine êtes-vous sur le seuil, que vous les entendez parler de vous d'une manière plus leste que si vous étiez leur camarade. Tous les imprimeurs vous diront que les ouvriers font la loi [...]. Propos insolents, lettres injurieuses, ils se permettent tout »[35].

2. LES SALAIRES

Avec 148 occurrences[36], les désaccords relatifs aux salaires viennent en tête des conflits entre patrons et ouvriers, ce qui ne surprend guère. La grève, déjà rencontrée, constitue ici la réponse quasiment unique.

L'État mauvais payeur

Le refus ouvrier cristallisait autour d'exigences élémentaires, et d'abord recevoir à temps son salaire. Là-dessus, le plus mauvais patron semble avoir été l'État. Les ouvriers des arsenaux restaient parfois de longs mois à attendre la paye, sans que nous comprenions comment ces malheureux parvenaient à survivre. Au début du XVIIIe, des mouvements éclatent sur les différents chantiers de la marine. « Nous devons dans tous les ports des sommes considérables aux ouvriers, aux marchands, aux officiers et aux équipages, lisons-nous dans un rapport adressé à Versailles en octobre 1705. [...] Les ouvriers se mutinent et quittent le travail. » À Rochefort, les hommes ont abandonné la tâche « par escouades », et l'intendant Bégon « a été comme assiégé chez lui par deux ou trois cents de ces ouvriers ». À Port-Louis, où les arriérés de salaires vont de cinq à huit mois, le commissaire maritime « a pensé d'être assassiné ». Situation alarmante en 1709 à Brest, où les femmes des ouvriers vendent leurs meubles pour subsister, mourant de faim et de froid, « ne trouvant plus de crédit chez les boulangers, ni de hardes chez les marchands ». Poussées à bout, elles envahissent la demeure de l'intendant du port « avec des emportements qui ont été jusqu'à jeter des pierres à son secrétaire et dans sa maison »[37]. Troubles à l'arsenal de Rochefort en 1717 et 1719 : faute de paiement, calfats et charpentiers quittent l'ouvrage[38]. Tactique inusable. À Nantes, pendant la guerre de Sept Ans, les charpentiers de marine, payés avec beaucoup de retard, menacent d'abandonner le travail sur les chantiers où l'on construit des navires pour le compte du roi[39]. Grèves encore pour des raisons similaires dans les armureries de Charleville et Saint-Étienne[40]. À l'arsenal de Lorient, les ouvriers se soulèvent en 1771. Les autorités du port en expédient une soixantaine à Brest pour casser le mouvement et courent après celui « qui portait la parole dans les ateliers pour rendre la sédition générale »[41].

Fureurs ouvrières quand on prétend restreindre l'usage de se servir un peu en bois ou en tabac. Sur les chantiers navals de Toulon, la permission de prendre des copeaux est ramenée à un soir par semaine en 1722 : protestations, grèves[42]. À Rochefort, l'interdit portera sur les bûches un demi-siècle plus tard : aussitôt assemblées illicites, jets de pierres sur les sergents et « tapage inconcevable » à chaque sortie du travail[43]. À la grosse manufacture des tabacs de Dieppe, qui employait plus de mille ouvriers, on leur défend, en 1715, d'emporter les quelques feuilles ou carottes de tabac jusque-là accordées, complément qui leur permettait un petit trafic avantageux. Grève en réponse. La direction engage alors des enfants, mais les hommes barrent l'entrée et le calme ne revient qu'avec l'arrivée de la troupe. Nouvelles grèves pour le même motif en 1729. Les mutins, retranchés dans les bâtiments, lapident

« dru comme des mouches » les militaires qui donnent l'assaut, et ils menacent de tout incendier, « disant qu'ils se laisseraient plutôt périr par le feu que de se rendre » ; ils finissent par sortir, et tout rentre dans l'ordre une fois les meneurs arrêtés. Derniers affrontements en mars 1733, nouvel appel à la troupe. La garnison du château de Dieppe et une centaine de cavaliers campent devant la manufacture, sabre au clair, mais les grévistes ne reçoivent pas l'appui qu'ils espéraient des habitants, pourtant appelés en renfort à son de cloche[44].

Grèves de prospérité

Du côté de l'industrie privée, la revendication salariale portait avant tout sur le montant des salaires. Ici, deux types de situations absolument contradictoires pouvaient provoquer l'action : la bonne conjoncture économique ou le franc marasme.

Des grèves en conjoncture porteuse : le paradoxe n'est qu'apparent, même sous l'Ancien Régime. Quand les ateliers tournaient à plein, le moment semblait bien choisi pour arracher une augmentation. Maurice Garden note que les principaux conflits à Lyon au XVIIIe siècle — 1717, 1744, 1786 — s'inscrivent dans des périodes d'essor manufacturier[45]. Le phénomène s'observe ailleurs. À Paris, en 1723, l'afflux des commandes de drap pour la troupe, les hôpitaux et l'Hôtel des Invalides, incite les ouvriers couverturiers à se croiser les bras pour obtenir plus[46]. Conflits du même ordre à Clermont-Lodève en Languedoc, où les fabricants veulent imposer un nouveau tarif aux tondeurs de drap. « Par un complot entre eux », ces derniers bloquent la production en confisquant l'outillage, mis sous clé pour empêcher les jaunes de travailler au prix des patrons[47].

À Lodève, où l'on fabrique aussi du drap militaire, un groupe d'ouvriers-tisserands profite de ce que les marchands sont « extrêmement pressés » de livrer pour lancer un mouvement en décembre 1746. Tournées de débauchage dans les ateliers, assemblées générales et négociations difficiles, les fabricants finissent par lâcher une augmentation, mais « sans tirer à conséquence » pour l'avenir[48]. La tactique valait aussi pour les petites entreprises. Écoutons les lamentations de ce fabricant chapelier de Falaise en 1753, au retour de la grande foire régionale de Guibray : « Mes ouvriers, sachant que j'avais fait des achats importants de matière première, s'attroupèrent, après avoir cabalé entre eux, et quittèrent la boutique en demandant 2 sols par jour de plus du prix que je leur payais depuis longtemps »[49]. En 1756, le bon allant du négoce en direction du Levant incite les ouvriers de Saint-Chinian, Carcassonne, Saint-Pons et Clermont-Lodève à se coaliser, et ils tentent de se constituer en « syndicat » par-devant notaire pour obtenir une meilleure paye et le droit de se placer où ils veulent[50].

Les rivalités entre fabricants entraînaient des surenchères salariales qui dopaient l'esprit revendicatif. À Rouen, vers 1750, il suffit qu'un maître accorde une augmentation pour que les ateliers du voisinage réclament à leur tour[51]. À Beauvais, le sieur Escouvette, fabricant d'indiennes et d'étoffes « fleuries », se voit réclamer, au moment le plus délicat de la fabrication, des journées à 30 sols au lieu de 20 ; les ouvriers sont sortis de l'atelier et ils refusent d'y revenir malgré la cloche qui sonne le rappel ; les cuves chauffent, les couleurs risquent de tourner. Colère du patron qui impute cet « esprit de licence » aux manœuvres de ses concurrents[52]. Les industries de luxe connaissent d'ailleurs un tel envol dans la seconde mi-siècle que les salaires flambent dans le secteur. À l'automne 1762, quelques maîtres rubaniers parisiens, engagés dans « de grands ouvrages », augmentent la façon du galon d'or et d'argent pour attirer des compagnons chez eux, mais la nouvelle, sitôt connue, soulève les autres ateliers : concertations, refus de travailler aux anciens tarifs et autres actions illicites, des troubles qui « pourraient peut-être dégénérer en sédition ou émeute populaire », selon les chefs de la jurande[53]. L'unité patronale craque parfois au bénéfice des ouvriers. Notamment dans les ports où les bateaux n'attendent pas. Entendez en 1769 les plaintes des maîtres cordonniers de Marseille face à la « cabale » des compagnons. À qui la faute ? Aux quelques maîtres qui travaillent pour l'Amérique et le « commerce des Isles », en surpayant la main-d'œuvre pour aller plus vite[54]...

Le développement triomphal de l'industrie du papier, complètement transformée par la « révolution cylindrique », accroît également la combativité de la main-d'œuvre dans un domaine de forte demande et grosse concurrence. Les exigences des compagnons vont au-delà des conditions d'embauche déjà évoquées plus haut. Présents sur le terrain salarial, ils exigent aussi des maîtres le respect de l'ancien esprit relationnel au sein des ateliers. À la première occasion, on les voit donc quitter leurs patrons, avec ou sans congé, abandonnant leur place, sûrs d'en trouver sans peine une meilleure. En 1745, les ouvriers papetiers de Castres recommandent à leurs collègues du petit centre industriel de Burlats de ne pas venir se présenter chez eux, parce qu'ils ont jeté l'*interdit* sur leur patron, un nommé Dugrés, qui ne respecte pas les anciens usages : « Nous défendrons là-dessus qu'il y passe aucun compagnon dans son moulin ; [...] cela ne sera pas lui qui fera perdre les anciens *modes* »[55]. Aux environs de Paris, un fabricant très en vue, le célèbre Réveillon, part en guerre contre les menées d'un rival, le nommé Desjardins, papetier à La Motte, du côté de Senlis. Il l'accuse de débaucher les ouvriers de sa manufacture de Courtalin, près de Faremoutiers-en-Brie, par les « avantages » qu'il leur promet ; d'où des démêlés avec le personnel, des cessations de travail, bref le désordre. À la suite de l'affaire, le Conseil du roi impose, en février 1777, le respect le plus absolu du règlement de 1739 sur la papeterie dans le royaume, qui rappelait déjà l'obligation du *congé* et l'interdiction d'exercer des pressions sur les patrons ou sur les camarades. L'arrêt dénonce une « association générale » qui inciterait les ouvriers papetiers à interrompre et reprendre « à leur gré » le travail des fabriques et à se rendre ainsi « maîtres du succès ou de la ruine des entrepreneurs ». Défense aux ouvriers d'établir « aucune espèce de police entre eux » et « de s'immiscer directement ou indirectement dans les discussions qui pourraient survenir entre les maîtres desdites manufactures et les ouvriers qui y sont attachés ; de s'assembler à cet effet, de détourner lesdits ouvriers soit de vive voix, soit par écrit, du travail dont ils sont chargés, de les condamner à des amendes, le tout sous peine d'emprisonnement, même de plus grande peine s'il y échoit »[56].

Rien n'y fait, l'effervescence est contagieuse dans la profession, secouée de flambées revendicatives qui signent la prospérité et l'urgence. En Bretagne, les compagnons « font la loi [aux maîtres] sur le genre, la perfection, le prix et la durée du travail journalier »[57]. Les maîtres papetiers du Dauphiné se disent livrés à l'insolence « insoutenable » de leurs ouvriers qui les obligent à tout accepter avec des grèves de plusieurs semaines ou plusieurs mois[58]. Dans les années 1780, les compagnons de Rives mènent la vie dure aux frères Montgolfier. La grève éclate en février 1781 à la suite d'incidents survenus lors d'un repas d'entreprise, traditionnellement pris en commun avec les patrons. Les compagnons se concertent, ils arrêtent les artifices et laissent gâter dans les cuves pour plus de trois mille livres de « matières en fermentation » : c'est « le grand *tric* », chacun préfère quitter sans même réclamer son compte[59]. À La Sône, près de Saint-Marcellin, l'industriel Jubié voulait installer de nouvelles mécaniques et des cylindres hollandais, mais « l'insubordination de ses ouvriers, poussée à un point dont on a peine à se former une idée, l'a toujours arrêté »[60]. Encouragés et soutenus par leur « association », fort active dans tout le Sud-Est, les compagnons veulent non seulement contrôler l'embauche ainsi que l'apprentissage, mais aussi imposer « ce qu'ils appellent *modes* », c'est-à-dire le *becjaune* ou droit de bienvenue sur les nouveaux, l'*assetage* à table, taxe exigée des apprentis, et tout un système d'amendes à l'encontre des maîtres comme des compagnons. Jusqu'aux fameux repas d'entreprise dont ils contestent la qualité, exigeant de voir servi le coq d'Inde au Nouvel An, l'oreille de cochon à Mardi gras, le jambon et les « croûtes dorées » au Jeudi gras, les deux beignets le dimanche des Rameaux, la carpe le Vendredi saint… Les ouvriers passants qui cherchent du travail offrent aux anciens la *passade*, soit trois pots de vin, et l'on s'attable au cabaret : « Là chacun raconte à sa manière tous les désagréments qu'il a donnés au dernier maître qu'il a quitté, et celui qui en dit le plus a la rasade »[61].

Situation non moins houleuse à Annonay où les Johannot et toujours les Montgolfier s'arrachent les meilleurs spécialistes, rivalité qui ne fait que rendre les ouvriers « plus arrogants, plus coûteux et moins attachés à leurs maîtres ». La grève éclate en octobre 1781 dans les ateliers de Vidalon, aux portes de la ville, elle dure deux mois. Attroupements, menaces, injures, désertion des fabriques, agressions contre les apprentis choisis par les maîtres et les étrangers nouvellement recrutés. Par la suite, le registre du personnel traduit un climat de tensions ininterrompues. Barré, « renvoyé pour avoir fait du train à table », Pigeon, « chassé parce qu'il prenait en cachette à table pour emporter chez lui, et beaucoup », Claire Béraud, donné son congé à cette fille « parce qu'elle comptait plus d'ouvrage qu'elle ne faisait, fille mal embouchée, sans mœurs, sans pudeur et capable de corrompre les autres », etc. Il y a aussi les bons, qu'on essaie de retenir : Chautier « m'a demandé la résiliation de son contrat. Excellent ouvrier. Promis quand il reviendra 30 livres d'augmentation par an », Férigord, « bon ouvrier, à reprendre toutes les fois qu'il se présentera se corrigeant de son défaut qui est trop de vivacité »[62]. Même instabilité ailleurs, et mêmes exigences ouvrières. Ceux de Castres, soudés dans la fameuse « association », lancent en 1786 une grève d'autant plus scandaleuse pour les patrons que les salaires avaient été augmentés… dix ans auparavant. Les grévistes menacent les jaunes, abandonnent les cuves pleines et quittent les ateliers en se « jactant » d'avoir écrit aux compagnons des autres provinces de ne plus accepter les anciens tarifs[63]. L'année suivante, leurs voisins de Mazamet font grève à leur tour pendant plusieurs semaines. L'augmentation qu'ils réclament ne serait, disent-ils, qu'un « acte d'humanité dont la justice a déjà été reconnue dans la papeterie de Saint-Laurent ». Ils protestent aussi contre la décision des maîtres de ne plus nourrir les compagnons à leur table, ce qui les oblige à prendre logis ailleurs. Mais, de leur côté, les fabricants affirment qu'ils distribuent de « gros gages » et qu'ils ne peuvent pas faire plus sans mettre leur industrie en « état de perdition ». Le conflit s'apaise sur des concessions réciproques, mais le lien de commensalité est à jamais rompu[64]. Fin des mœurs patriarcales, on s'achemine vers l'ère industrielle qui dépersonnalise la relation pour la réduire au contrat[65]. La grève repart aux papeteries de Castres en mars 1789, plus soutenue encore du fait du climat politique général. L'intendant de Languedoc conseille la prudence : « Ne serait-il pas à craindre que les ouvriers de toute espèce se réunissent à ceux des papeteries pour causer des désordres qu'il serait difficile d'arrêter ? »[66].

Une autre industrie de pointe, l'indiennage, connaît des affrontements tout aussi vifs, notamment à Beauvais. Graveurs, coloristes et imprimeurs sur étoffes, forts de leur qualification, tiennent la dragée haute aux patrons en matière de salaire et d'embauche. Ils sont « toujours prêts à se soulever, lit-on dans un rapport de 1778, et très difficiles à contenir dans les bornes du devoir ». Au printemps de cette année-là, un conflit éclate dans la manufacture Renault-Mesnard où un certain Triolet, compagnon imprimeur sur étoffes, semble avoir joué un rôle de véritable délégué syndical : non content de pénétrer dans les ateliers et d'arrêter le travail, il porte plainte contre les entrepreneurs, il les fait déférer en justice par assignation d'huissier et organise des collectes pour envoyer des députés à Paris auprès du ministre. L'affaire fait du bruit, l'intendant Bertier en réfère à Necker : « Je n'ai pas besoin de vous détailler tout le tort qui peut résulter pour les manufactures de cette espèce de confédération que les ouvriers font entre eux » pour mieux se rendre les « maîtres absolus de ceux qui sont faits pour les commander »[67].

Grèves de marasme

Quand les affaires vont mal, maîtres et fabricants sont amenés soit à réduire les salaires — à la pièce ou à la journée —, soit à licencier. La condition ouvrière est aggravée lors des pics de cherté qui jettent sur le marché de l'emploi de nombreux chômeurs prêts à s'engager au moindre prix. Les patrons exploitent cette crainte pour imposer leurs tarifs. Mais quand la misère aboie, les compagnons se disent aussi qu'il n'y a plus grand-chose à perdre, et que c'est le moment de tenter un grand coup.

D'où des mouvements nombreux, même en temps de crise, et quelques-uns d'envergure. Ce sont, par exemple, les ouvriers de la manufacture textile de Darnétal en Normandie, qui se liguent contre leurs maîtres et arrêtent le travail pendant plusieurs semaines en juin et juillet 1696. En juillet 1709, ils désertent à nouveau les ateliers, en pleine folie des mercuriales, et exigent d'être payés sur l'heure, sinon ils se disent prêts à rejoindre les émeutiers pour le pain dans les rues de Rouen[68]. Ou encore Abbeville en 1716 : les tisseurs des établissements Van Robais prolongent la grève sur plusieurs mois en conjoncture de chômage. Ils se présentent en délégation devant le maire et devant les envoyés du Conseil du commerce venus de Paris pour arbitrage. Dialogue tendu, au cours duquel ils reprochent à leurs patrons de les laisser trop souvent sans travail. L'atmosphère est si mauvaise qu'il faut envoyer la troupe pour protéger le fameux château-logis patronal, au cœur de la manufacture. Un arrêt du Conseil, daté du 16 juin 1716, interdit toute forme d'attroupement dans la ville ou aux environs, tout rassemblement hors des boutiques, toute démarche tendant à faire vider les ateliers, toute forme d'irrespect à l'égard du sieur Van Robais et de ses contremaîtres[69]. L'année suivante, au tour des ouvriers *sayetteurs* (tisseurs de laine) et hautelissiers d'Amiens de se mettre en grève contre la baisse des salaires imposée par certains maîtres. Ils se rassemblent à l'extérieur de la ville sur le cours de la Hotoie, lieu habituel de la promenade. Une charge de cavalerie disperse le groupe et seize tisserands sont arrêtés, puis relâchés une semaine plus tard[70].

Les manipulations monétaires contemporaines des réformes de Law provoquent, dans les années 1719-1721, un mouvement alterné inflation-déflation qui rejaillit directement sur le niveau de vie populaire[71]. On s'attroupe à Lille en août 1720 et on casse les vitres de quelques Messieurs, sans doute des négociants, pour protester contre la baisse du revenu ouvrier et exiger des augmentations[72]. Majorés en phase inflationniste, les salaires sont comprimés en période de déflation, et la baisse provoque aussitôt une réponse ouvrière. À Paris, en juillet 1721, les compagnons chapeliers qui avaient obtenu, en 1719, 5 sols de plus pour le façonnage d'une pièce, boycottent les maîtres qui veulent le retour à l'ancien tarif des chapeaux[73]. En novembre 1723, les vidangeurs et cureurs de fosses s'attroupent, crocs en main, pour dénoncer le règlement de police qui réduit leur salaire, ramené de 60 sols par nuit à 50. « On peut voir le danger qu'il y a d'accoutumer le peuple à gagner beaucoup », commente benoîtement l'avocat Barbier. Après la nouvelle « diminution » des espèces ordonnée en 1724, les employeurs essaient de rogner sur les salaires, notamment dans la corporation des bonnetiers-fabricants de bas au métier qui emploie dans la capitale plusieurs milliers de compagnons et apprentis. Ceux-ci répliquent, en mars-avril, par des *cabales* et arrêts de travail, ils organisent des collectes de solidarité et mettent leur « trésor » à l'abri dans l'enclos du Temple, territoire de franchises[74]. « L'ouvrier s'est mutiné, écrit encore Barbier en usant du terme générique. Ils ont menacé de coups de bâton ceux d'entre eux qui prendraient l'ouvrage à moindre prix, et ils ont promis un écu par jour à ceux qui n'auraient point d'ouvrage et qui ne pourraient pas vivre sans cela. » De nombreux compagnons quittent leurs maîtres pour s'établir secrètement hors des limites du contrôle corporatif, de préférence au faubourg Saint-Antoine, véritable zone franche sous la protection de l'abbaye. Même refus chez les ouvriers typographes : ils « désertent » plutôt que d'accepter les baisses de salaire, et réunis dans l'enclos Saint-Jean-de-Latran, autre lieu préservé, ils y tiennent des assemblées générales de confrérie qui indignent les maîtres[75]. Les remous monétaires n'épargnent pas la province. À Crest, en Dauphiné, les compagnons papetiers abandonnent les fabriques en juin ou juillet 1724 : réponse aux maîtres qui veulent voir les journées « diminuées à proportion de la diminution arrivée sur les espèces »[76]. Au mois d'octobre, des troubles éclatent en Provence, des garçons serruriers donnent l'exemple[77]. En Auvergne, où le prix des journées commence à baisser, les ouvriers d'industrie, selon l'intendant, se montrent « les plus difficiles »[78].

Le rythme des conflits s'accélère vers la mi-siècle, après les années Fleury, qui avaient marqué une pause avec le retour de la monnaie stable. Les métiers recommencent à s'agiter à Paris, et au premier rang la masse des ouvriers du bois et du meuble. En août et septembre 1749, un groupe de compagnons menuisiers sort des ateliers au beau milieu de l'ouvrage pour réclamer de meilleurs gages, et ils entraînent les autres. Les modalités de l'action ne varient guère : débauchage des travailleurs à la boutique ou l'atelier, menaces contre les maîtres aux cris de *à la houe*, convocation d'assemblées dans les faubourgs — à La Chapelle, La Villeneuve-l'Évêque, La Courtille... —, solidarité avec les compagnons « en lutte ». On en arrête cinq, mais le lieutenant général de police les met hors de cour et de procès en infligeant au contraire une amende de 100 livres aux jurés de la profession, cas très rare où l'autorité de tutelle a pris le parti des salariés[79]. À Marseille, une assemblée de soixante ouvriers chapeliers entame, en mars 1750, une action en justice contre la jurande, qui vient de fixer la tâche à trois chapeaux par jour. Il s'agit, disent-ils, d'une atteinte aux statuts qui n'en imposaient que deux, et d'une mauvaise action qui va mettre « beaucoup d'ouvriers sur le pavé ». Ils reprennent le combat en 1774, cette fois pour réclamer une hausse du salaire, et toujours contre les maîtres qui voudraient « rendre leur état plus heureux en les obligeant de faire trois à quatre chapeaux par jour » ![80]. Les chapeliers bougent aussi à Rouen, à Paris, à Lyon et jusqu'à Bruxelles où parvient un appel à la solidarité fraternelle. Les nouvelles circulent, car nos compagnons savent écrire, et les avantages acquis quelque part sont aussitôt revendiqués ailleurs[81].

Les années 1780

La décennie 1780 voit surgir la singulière conjonction des mouvements dus à la prospérité dans les secteurs actifs déjà évoqués, et des troubles provoqués par la misère dans les secteurs déprimés. Les temps sont à l'impatience. L'émotivité ouvrière, sans constituer le facteur décisif de la période, contribue à lui donner sa couleur. L'enquête a exhumé pour ces années-là un lot de 23 affaires salariales de tout calibre, allant du conflit élémentaire au mouvement étendu, capable de déséquilibrer tout un milieu urbain. Arrêtons-nous sur quelques épisodes spectaculaires, remarquables par le nombre des participants, leur niveau de combativité et leur capacité à transmettre un message.

En province, la région de Saint-Chinian est touchée par les grèves à l'automne 1781. Elle subit le contrecoup de la crise que traverse la draperie languedocienne, atteinte de plein fouet par la concurrence anglaise et la fermeture des marchés du Levant, acheteurs traditionnels des fameux « londrins » et « demi-londrins » fabriqués ici[82]. Les commandes se raréfient, la « pause » devient presque générale dans ce grand bassin industriel qui employait plus de deux mille travailleurs. La misère est là, mais les ouvriers refusent la réduction des tarifs. Les fabricants, furieux et impuissants, décrivent le scénario déjà connu dans la lettre qu'ils adressent à l'intendant de la province : « On a vu, Monseigneur, ces soi-disant syndics et adhérents se rendre publiquement chez tous les tisserands de la ville et les forcer à suspendre leurs ouvrages et fermer leurs ateliers. Ceux des tisserands qui refusaient d'adhérer au complot […] étaient troublés dans leurs propres boutiques par des compagnons envoyés de la part desdits syndics qui couraient d'atelier en atelier, et tantôt enlevaient les outils nécessaires au tissage, tantôt armés de bâtons et de pierres tentaient de démonter les métiers et se portaient à l'extrémité de forcer et enfoncer les boutiques des ouvriers qui étaient à travailler, et qu'ils forçaient par de pareilles violences à quitter leurs ouvrages. » Des réunions de grévistes se tiennent dans l'église paroissiale pour réclamer 30 sols de plus par pièce de drap. Ce ne sont partout « qu'assemblées sans autorité légitime, voies de fait, actes de violence et esprit de sédition ». Quatre ou cinq leaders sont appréhendés et conduits à la citadelle de Montpellier, mais leur arrestation relance les troubles. Le curé de la ville, l'abbé Massip, leur délivre un certificat de bonne conduite et prend la défense des autres compagnons : « Il est facile aux puissants de criminaliser un petit [...]. Tout leur crime est de ne vouloir pas travailler à un prix avec lequel ils ne peuvent vivre, et d'engager en parole seulement quelques-uns de leurs confrères à les vouloir imiter... » Propos hautement subversifs aux yeux du subdélégué, très monté contre le prêtre qu'il accuse d'exciter les tisserands : il « gouverne à son gré leur confrérie, leurs marguilliers, leurs affaires », en un mot c'est « leur conseil et leur maître ». La grève s'achève à la mi-octobre à l'annonce de la libération des détenus, mais il apparaît aux autorités que la plupart des tisserands « persistent dans la confédération qu'ils ont faite »[83]. La suite du conflit nous échappe.

Ces troubles au fin fond du Languedoc n'ont guère eu d'écho hors de la région et n'ont pas marqué l'historiographie, à la différence des tumultes ouvriers dans les grandes villes. À Paris, où l'on construit beaucoup, le peuple des maçons s'enflamme au cours de l'été

1785 : une baisse des salaires de l'ordre de 10 % vient d'être homologuée par la Chambre royale des bâtiments. Tous les chantiers s'arrêtent, y compris les plus gros, Sainte-Geneviève, le Palais-Royal et le fameux Mur de la Ferme générale. Les hommes se rassemblent en nombre place Vendôme le 25 juillet au matin, et un cortège de sept à huit cents individus se rend chez le lieutenant général de police pour dénoncer les entrepreneurs qui « s'engraiss[ent], pour ainsi dire, du sang et de la propre substance de leurs ouvriers ». Un autre cortège de deux ou trois cents se dirige le même jour vers le château de Brunoy, résidence du comte de Provence, où l'on espère trouver le roi qui ce jour-là a rendu visite à son frère. Démarche « déplacée », selon le bonhomme Hardy, néanmoins efficace puisque la décision de la Chambre des bâtiments est cassée le soir même[84]. L'imprimerie, secteur toujours sensible, bouge à son tour à propos des salaires bien sûr, et encore des billets de *congé*. Grosse affaire, en 1785, chez le sieur Claude Simon, imprimeur de l'archevêque et du parlement, en bisbille avec un de ses compagnons typographes, le nommé Pierre Cadou. Après bien des péripéties et un licenciement jugé abusif, l'ouvrier engage contre son patron une action en justice. La caisse de secours joue à plein et l'aide à diffuser sa défense, un factum imprimé, rédigé sans doute par un avocat philosophe : « La classe des ouvriers imprimeurs n'est point composée d'individus méprisables et indignes de la considération publique ; et s'il ne me convient pas de faire l'éloge d'une classe à laquelle j'appartiens, du moins m'est-il permis de repousser l'opprobre auquel on voudrait la dévouer... », peut-on lire[85]. Au printemps suivant, la cherté soulève d'autres corporations, porteuses elles aussi d'une longue mémoire frondeuse.

maréchaux-ferrants arrêtent le travail durant plusieurs semaines, les charpentiers se mettent en grève pour protester contre un nouvel interdit au sujet des copeaux[86]. Aux Gobelins, il faut installer un corps de garde dans l'enceinte de la Manufacture pour mettre fin aux « tracasseries » qui opposent les ouvriers tapissiers à leurs directeurs[87]…

C'est tout le populaire parisien qui est travaillé de cet « esprit d'indépendance », dénoncé par les gens de bien. Le marquis de Bombelles évoque dans son *Journal,* à propos de la grève des garçons maréchaux et des garçons charpentiers, « l'avidité » du peuple et « l'esprit de révolte [qui] gagne toutes les conditions »[88]. À partir de là, la revendication proprement économique se fond dans un ensemble multiforme traversé d'autres exigences. Elle est comme attirée dans la sphère du politique. Témoin la grande émeute du faubourg Saint-Antoine en avril 1789, à la veille de la réunion des États généraux. À l'origine, on trouve les ouvriers de la fabrique dirigée par Jean-Baptiste Réveillon. Le fameux entrepreneur de papier peint de la rue de Montreuil aurait soutenu, devant l'assemblée électorale qui venait de se tenir dans l'église Sainte-Marguerite, au Faubourg, qu'un salaire de 15 ou 16 sols par jour était bien suffisant pour vivre[89]. Mis en fureur par ces propos, les ouvriers parcourent les rues le lundi 27 avril en rameutant une foule de compagnons d'autres métiers, et des pauvres venus de partout. Ils brandissent deux effigies au bout d'une potence, celle du sieur Réveillon et celle d'un autre patron réputé « bourgeois ennemi des pauvres », le fabricant de salpêtre Henriot installé lui aussi au Faubourg, rue Lenoir. Le cortège s'en va en place de Grève planter la potence symbolique, et la suite est bien connue. Le lendemain 28 avril, la foule se presse devant la manufacture et donne l'assaut à la demeure patronale, l'ancienne Folie-Titon. Parmi les cris entendus : *Liberté ! Vive Necker ! Vive le tiers état !* La troupe fait feu, il y a des morts par dizaines. Une trentaine d'individus sont arrêtés et mis en jugement. Dures sentences, trois pendaisons, dont deux immédiates et la dernière un mois plus tard. Aucun des trois cent cinquante employés de la fabrique Réveillon ne figure au nombre des victimes ou parmi les émeutiers détenus, signe que la référence aux salaires qui a servi de déclic au drame a vite été noyée dans une déferlante parisienne, une révolte de la misère et du pain cher, une insurrection conjuguée des ouvriers et des pauvres au nom du « tiers état ». La rébellion a changé de visage en passant du plan économique au plan politique ou moral.

La crise lyonnaise, par contre, apparaît plus spécifiquement salariale[90]. L'industrie première est ici la soie, organisée en structures hiérarchisées au sein de ce qu'on appelait la Grande Fabrique. Au sommet, les marchands-fabricants, dits aussi négociants, au nombre d'une centaine à cette époque. Véritables entrepreneurs, ils disposent des capitaux, fournissent les soies brutes et assurent la commercialisation des produits ouvrés. Ils font fabriquer par sept à huit mille maîtres-ouvriers, qu'on appellera les « canuts » au XIXe siècle. Ceux-ci, qui possèdent le savoir-faire et l'outillage — deux ou trois métiers chacun —, emploient à domicile des compagnons, apprentis et aides des deux sexes, et tous ces petits ateliers travaillent à façon pour les négociants. Parallèlement, une catégorie intermédiaire regroupe quelques centaines de marchands-ouvriers qui produisent eux-mêmes et commercialisent directement. Dans l'ordre institutionnel, l'ensemble de la Fabrique est représentée par deux corps distincts : la communauté, qui a pour mission de veiller au respect des règles de fabrication et à la police du travail, et d'autre part la confrérie, dont le rôle est d'assurer la bonne coexistence entre les différentes catégories. Les deux organismes, dotés d'une marge relative d'autonomie, fonctionnent sous le contrôle du consulat, c'est-à-dire la municipalité lyonnaise, et de l'État, représenté sur place par l'intendant et les inspecteurs des manufactures. Ces quelques phrases très concises pour présenter au lecteur une constellation industrielle originale et complexe.

Comme toutes les communautés de métier, la Fabrique et ses organes représentatifs sont tiraillés. Les affrontements les plus violents, qui touchent à la structure même de la profession plutôt qu'aux salaires, remontent à la mi-siècle, et il en sera question un peu plus loin[91]. Dans les années 1770 et 1780, le problème majeur est celui du *tarif.* Les marchands-fabricants, en effet, prétendent fixer à leur convenance le prix des façons selon les fluctuations du marché, fidèles en cela aux purs principes de l'économie libérale. Au contraire, maîtres-ouvriers et compagnons se battent pour le respect d'un tarif conventionnel et mettent en question le principe de la prétendue « liberté nécessaire au commerce » : « C'est un abus monstrueux de cette liberté, écrivent-ils, que d'exposer des milliers d'ouvriers ou à périr de faim, ou à s'expatrier de désespoir ; les marchands ont abusé si cruellement de cette liberté qu'ils méritent de la perdre »[92]. Le prix du travail est resté le même alors que celui des vivres et des loyers a doublé depuis une trentaine d'années. Le conflit cristallise, en 1786, sur une augmentation de 2 sous par aune pour la façon de certaines étoffes. Devant le refus des fabricants, les maîtres-ouvriers et leur main-d'œuvre cessent le travail, et c'est « la guerre des 2 sous ». Le lundi 7 août au matin, ils se rassemblent dans les cabarets aux portes de la ville, du côté des Brotteaux et des Charpennes où l'on boit pour moins cher. Les garçons chapeliers et les maçons, en conflit avec leurs maîtres pour des revendications analogues, sont réunis de leur côté aux Travaux Perrache. La tension monte dans la ville déjà irritée par la remise en vigueur d'une taxe saisonnière sur la vente des vins, dite le *banvin d'août*, au bénéfice de l'archevêque. Il s'agit d'un impôt seigneurial suranné dont l'exigence inattendue, confirmée en justice, incite les cabaretiers et traiteurs à fermer boutique. Le 8 août, des milliers d'ouvriers, tous métiers confondus, envahissent les quartiers du centre ; ils se pressent devant le palais épiscopal et l'hôtel du prévôt des marchands. Les pierres volent, les vitres éclatent ; le guet tente de s'interposer, les cavaliers de la maréchaussée chargent au sabre et tirent sur la foule qui reflue vers l'hôtel de ville, place des Terreaux. On relève huit blessés, dont l'un devait mourir à l'hôpital, un garçon cordonnier. Dans la soirée, des bandes se font ouvrir de force les prisons, croyant y trouver des camarades enfermés. Effrayés, ces Messieurs de la Ville cèdent partiellement aux exigences populaires en homologuant le tarif réclamé. Mais la toute-puissante Fabrique ne l'entend pas ainsi, elle exerce une forte pression sur les consuls et les représentants du roi. Des troupes font mouvement depuis Valence et Tournon, le corps municipal se ressaisit et annule les augmentations promises. Trois des émeutiers, deux chapeliers et un ouvrier en soie, sont condamnés à mort par sentence du présidial et pendus aussitôt dans la soirée du samedi 12 août, place des

Terreaux. Selon un contemporain anonyme, quand les femmes de la populace virent qu'on les pendait « tout de bon », elles pleurèrent de rage, clamant que leurs camarades étaient des lâches et qu'ils auraient dû « se faire hacher » plutôt que de les abandonner, mais « que les dragons ne seraient pas ici éternellement... »[93].

Les hausses imposées à la Ville par les émeutiers du mois d'août sont annulées en Conseil d'État, et les troubles continuent à fermenter. Les compagnons chapeliers « désertent » à nouveau les ateliers en septembre 1786 pour obtenir une augmentation de la journée et échapper au salaire à la pièce. Le prévôt des marchands en fait arrêter quelques-uns, dont le secrétaire de leur « association », un ancien praticien frotté de droit, maintenant ouvrier, le nommé Philippe, qui tenait leur correspondance et s'occupait des procès[94]. Dans la soierie, les désaccords ont changé de face. Entre le groupe des commanditaires et le peuple des sous-traitants, la relation est par nature ambiguë et contradictoire, puisque faite à la fois d'une divergence et d'une communauté d'intérêts. De même entre les maîtres-ouvriers sous-traitants et leur propre main-d'œuvre, dont ils partagent le sort tout en la rétribuant au plus juste. Les maîtres-ouvriers étaient donc par leur état écartelés entre les deux pôles, fluctuant selon les situations, sans conscience sociale nette. Mais, avec la crise des années 1780, la catégorie a basculé. Elle est passée désormais du côté des petits contre les puissants : elle se voit, elle se dit exploitée et dépendante[95]. En témoigne la masse des correspondances, mémoires, billets ou chansons porteurs d'un discours violemment engagé. Voyez les appels lancés au consulat pour dénoncer la liberté des tarifs réclamée par la Fabrique : faut-il que les travailleurs soient « condamnés à manquer de beaucoup de choses dans le temps de la plus grande activité et continuellement menacés de manquer de tout quand les temps de langueur arrivent ? »[96]. D'autres textes expriment encore plus nettement la conscience aiguë d'un phénomène de prolétarisation : « Quand on ne considérerait les ouvriers en soie que comme des instruments mécaniques nécessaires à la fabrication des étoffes, […] ou […] comme des animaux domestiques que l'on n'entretient et ne conserve que pour les bénéfices que leur travail procure, toujours faudrait-il leur accorder la subsistance… »[97] À quoi les négociants répondent tout carrément : « La plus grande grâce qu'on doive faire aux ouvriers, c'est de les gouverner avec fermeté et justice. […] Nous dépendons d'eux parce que nous ne pouvons rien faire sans eux. Mais ils doivent dépendre de nous parce que nous les faisons travailler, et ne pas prétendre nous assujettir par des lois tyranniques »[98].

Suit un hiver d'inquiétude. Des billets manuscrits circulent dans les ateliers, comme celui-ci, attrapé par la police en novembre 1786 dans une maison de la rue Peyrollerie : « Nous estimons que si la voie de la représentation ne suffit pas pour obtenir un tarif, il faut d'un esprit ferme et d'un accord sincère, chacun à part soi, faire monter les prix des façons d'un tiers entier des prix précédents. » Un nouveau règlement de la soierie porte la colère à son comble du côté des ouvriers, car il confirme le libéralisme salarial si favorable aux marchands et autorise en même temps l'entrée dans le métier des filles et des « forains », à égalité avec les ouvriers et compagnons de Lyon. L'affreux chômage qui se fait sentir dans les années 1787-1788 durcit encore les positions. La rupture entre les deux pôles apparaît éclatante avec les élections aux États généraux en février 1789. L'assemblée de la Grande Fabrique, réunie dans la cathédrale Saint-Jean pour choisir les grands électeurs, écarte tous les candidats négociants et ne désigne que des maîtres-ouvriers, seuls représentants du monde de la soie à l'assemblée du tiers état de la ville ! Parmi les élus, un certain Denis Monnet, un maître-ouvrier qui avait passé plus de deux mois en prison au lendemain des émeutes d'août 1786 comme auteur des billets « séditieux » dont je viens de parler. Figure typique de l'intermédiaire culturel — tout comme Philippe pour la chapellerie —, cet ancien clerc de procureur revenu au métier de la soie incarne parfaitement l'esprit de révolte du semi-prolétariat lyonnais. Interrogé au lendemain de son arrestation, il avait eu l'audace de répondre à son juge : « Dans tous les temps et dans tous les pays il a été permis de dire : je n'entends travailler pour vous qu'autant que vous me payerez. C'est le *do ut des.* Cette faculté est de droit commun. Elle est dans la nature »[99]...

3. POUR OU CONTRE LA LIBERTÉ D'ENTREPRENDRE

La résistance des clandestins

L'encadrement réglementariste, là où il existait, était tempéré par des correctifs naturels, à savoir la fraude ou le travail illicite. Ils étaient nombreux ces gens dépourvus de lettres de maîtrise — faute d'apprentissage régulier, faute d'argent, faute d'appuis — qui s'affairaient à quelque ouvrage dans les recoins, les mansardes, à l'abri des regards, avec la complicité du voisinage.

Ces clandestins, dits ouvriers en chambre, *chambrelans*, ou encore « faux ouvriers », « ouvriers sans qualité », étaient évidemment passibles de sanctions[100]. Leur nombre est impossible à évaluer, mais les incidents et procédures les font sortir de l'ombre, en foule, hommes et femmes. Les organes professionnels leur donnaient la chasse, de même qu'aux petits marchands de rue avec leurs étals ou éventaires de fortune. Procès-verbaux, amendes, saisies des marchandises ou de l'outillage : la police et la justice prêtaient la main à ce nettoyage. Le plus souvent, les raids, très rapides, se passaient sans histoires, mais ils pouvaient aussi tourner en troubles de quartier consignés comme tumultes ou rébellions.

Nos relevés signalent une cinquantaine d'affaires de ce type, échelonnées sur toute la durée couverte par l'enquête. Pour plus de la moitié, elles concernent Paris. À cela des raisons historiques qui renvoient au statut particulier des corporations de la capitale, devenues comme un pouvoir intermédiaire dans la vie municipale. Dans le reste du royaume, les situations étaient diverses. Les campagnes échappaient à la réglementation. D'une ville à l'autre, des inégalités : ici la liberté du travail, là le contrôle des syndics des métiers, appliqué sans trop de rigueur. Ajoutons que les archives parisiennes ont été sans doute mieux conservées et exploitées que bien d'autres et que la trace des affaires y apparaît plus nettement.

Que racontent les papiers de police ? Le plus souvent ils décrivent une intervention en force conduite par la jurande contre les clandestins, et en retour les actions de résistance collective — quelque chose de très comparable au phénomène de rescousse décrit plus haut, à propos des troubles contrebandiers par exemple. Donc, un beau matin, les gens du quartier voient arriver une petite troupe de personnages bien repérables : deux ou trois jurés du métier, un commissaire et un huissier, ces deux derniers en robe et perruque, quelques gardes avec eux si l'affaire s'annonce délicate. Le groupe pénètre dans la maison suspecte ; des voix s'élèvent, des cris, les portes s'ouvrent dans les étages, galopades dans l'escalier, la foule se masse dans la rue. Quand ils ressortent avec leur prisonnier et les articles saisis, ils trouvent devant eux une cohue hérissée de bûches et de bâtons ; les insultes fusent, les pierres volent. Il suffit d'une dizaine de participants pour que le « bruit » soit qualifié de rébellion au procès-verbal, mais le quartier a vite fait de se mobiliser et peut aligner une centaine d'individus vociférants ou même davantage.

Scénario proche quand l'autorité veut sévir contre d'autres illégaux, les petits revendeurs ambulants dits « sans qualité ». Du début à la fin, tout se passe dans la rue où il y a toujours des oisifs, des badauds, des passants en attente de distractions. Le moindre accrochage fait boule de neige, puissance de l'effet d'entraînement. « Plus de cinq cents personnes de différents sexes » sont impliquées dans la « batterie » de la rue Transnonain en février 1751, quand les maîtres pelletiers-fourreurs veulent arrêter un colporteur de peaux de lapin. En juin 1769, du côté de la Bastille, un marchand de parasols et parapluies « soulève la populace » contre les jurés de la corporation des boursiers (fabricants de bourses à cheveux et autres petits articles de mode et d'usage) qui réussissent à l'emmener, malgré le secours d'une « grande multitude d'Auvergnats et porteurs d'eau » nombreux en ces parages. En septembre 1771, rue Neuve-des-Petits-Champs, les jurés ont beaucoup de mal à conduire chez le commissaire un autre vendeur de parasols qui ne cesse d'appeler au secours : « À moi les bourgeois ! Au voleur ! À moi la livrée ! » Vers le Carrousel, en décembre 1773, ils sont au moins quatre cents à crier *à la houe* pour empêcher l'arrestation d'un petit marchand. Grosse affaire en août 1775 rue Saint-Antoine, près l'auberge de la Cloche Percée : deux jurés chaudronniers, accompagnés de leur clerc et d'un huissier, veulent saisir des marchandises étalées sur le pavé, mais les gens affluent (« une troupe immense de peuple ») et la bagarre devient générale. La perruque du clerc saute, un des jurés a le visage en sang, le contrevenant a reçu des coups si violents « qu'ils lui ont presque fait sortir un œil de la tête »[101]. Autres « excès » en novembre 1778 rue Saint-André-des-Arts, quand les jurés de la draperie diligentent une descente de police au cabaret du Prophète Élie, où une vingtaine de marchands juifs, pour la plupart originaires du Comtat Venaissin et de Bordeaux, ont déployé sur les tables des rouleaux de toiles, bazins, indiennes, etc. À peine la saisie est-elle prononcée que « tous les particuliers juifs se sont élevés avec furie » contre les intervenants. Mêlée confuse, on renverse les tables dont les marbres se brisent, les vitres volent en éclats, l'huissier et un officier de police sont traînés par les cheveux d'une manière qui, selon le rapport, fait « frémir le sang de l'humanité ». On emmène deux ou trois de ces juifs, qui nieront toute participation à l'émeute ; les autres se sont enfuis en passant par la porte d'une boutique voisine, laissée ouverte pour eux, ce qui laisse supposer une certaine connivence des voisins comme de la clientèle[102]. En juillet 1783, les jurés des papetiers-relieurs effectuent une série de « visites » aux limites du faubourg Saint-Antoine, vers la rue du Pont-aux-Choux. Ils arrêtent des individus chargés de rouleaux de papier peint de fabrication clandestine. Un homme « excite la populace » contre les chefs de la jurande, des « coquins », des « voleurs », bons à « assommer » ! La marchandise saisie est reprise, jetée par-dessus les murs du boulevard et transportée de là chez un limonadier tout proche, en territoire de franchise. Les jurés et l'huissier à cheval s'y rendent aussitôt pour verbaliser, mais la boutique est entourée « de beaucoup de monde », des femmes, des enfants (« des polissons ») et des ouvriers armés de cannes et de bâtons[103]. La pratique du contrôle et le mouvement de foule en retour marquent cette fin de période. En 1786 encore, le 17 juin, les syndics limonadiers passent un mauvais moment avec les débardeurs du bois flotté sur le quai d'Orsay. Ce n'est pas après ceux-ci qu'ils en ont, ils veulent arrêter des revendeurs illégaux de liqueurs et d'eau-de-vie, hommes et femmes. Course-poursuite à travers les piles de bois, les contrôleurs sont mis à mal[104]. À propos de ce genre d'incidents, Hardy évoque, en novembre 1788, « l'esprit d'insubordination » qui s'est emparé des « citoyens de la dernière classe dans la capitale »[105].

Les enclos de Paris et le faubourg Saint-Antoine

La question de la liberté du travail était particulièrement sensible dans les lieux privilégiés. De grosses émeutes ont eu pour cadre les fameuses enclaves parisiennes et le faubourg Saint-Antoine, où le travail, avons-nous dit, échappait en principe au contrôle des jurandes. Sept espaces particuliers avaient résisté à la politique d'uniformisation administrative de la monarchie, désireuse d'en finir avec l'enchevêtrement des mouvances juridictionnelles dans la capitale[106]. Étaient concernés tantôt des ensembles réduits de maisons et de rues, tels le bailliage de Sainte-Geneviève, la justice du chapitre Notre-Dame, la rue de l'Oursine ou les enclos Saint-Jean-de-Latran et Saint-Denis de la Chartre, tantôt des îlots plus vastes comme l'abbaye de Saint-Germain-des-Prés ou encore les deux célèbres enclaves du Temple et de Saint-Martin-des-Champs[107]. Retranchés derrière un épais taillis de droits et d'exemptions, ces secteurs attiraient tous ceux qui voulaient fuir la réglementation corporative ou se refaire une virginité commerciale. Quant au faubourg Saint-Antoine, largement étendu à l'est de la ville, son statut apparaît original. Sur le plan judiciaire, il relevait directement de la justice royale du Châtelet. Sur le plan économique, il bénéficiait de privilèges considérables, détaillés dans les lettres patentes de février 1657, qui permettaient à quiconque de s'y établir sans avoir fait ses preuves de maîtrise, et d'y ouvrir librement une boutique ou un atelier, avec défense aux jurés des arts et métiers de la ville « de les troubler et inquiéter en quelque sorte et manière que ce soit »[108].

Le maintien de ces zones privilégiées au cœur ou aux limites de l'ensemble urbain avait obéi à des logiques différentes selon les époques. Dès les temps colbertiens, retenons l'hypothèse d'un ballon d'essai, d'une amorce volontariste de libre concurrence dans un dispositif par ailleurs verrouillé, une manière d'ébranler sans les casser les monopoles corporatifs[109]. Précédemment, au lendemain de la Fronde, on avait voulu encourager les institutions religieuses dans leur vocation charitable, en les aidant à développer sur leurs territoires des foyers actifs pour donner du travail à une population errante et misérable. La suppression intégrale de leurs privilèges, souhaitée au XVIIIe par la grande administration des bureaux, posait problème. Sur le plan des principes, il était difficile à la monarchie d'annuler les prérogatives de corps religieux puissants et populaires, et de les priver des loyers et taxes qui leur procuraient d'importants revenus. L'opération aurait bousculé trop d'intérêts de caste et nui finalement à l'image royale.

L'air de liberté qui règne en ces lieux explique en tout cas l'affluence des ouvriers et marchands avides d'échapper au malthusianisme corporatif. Les enclos, qui bénéficient d'un statut équivoque, sous l'appellation, officiellement reconnue, de « lieux prétendus privilégiés », sont en réalité des foyers de non-conformité économique et de négoce de marchandises prohibées, telles les indiennes ou toiles peintes. Le Faubourg, surtout, prend à contre-pied les bons principes qui doivent régir la vie ordinaire des métiers : hiérarchie, dépendance et contrôle. On y rencontre en foule des « petits ouvriers travaillant sans maîtrise », des travailleurs indépendants de diverses branches (le meuble, la serrurerie, le textile, le cuir…), mais aussi des petits patrons, quelques-uns passés maîtres, entourés de compagnons et d'une nuée de gagne-deniers à tout faire. L'initiative s'y donne libre cours depuis le dernier tiers du XVIIe siècle. Des entrepreneurs regroupent des activités complémentaires, d'autres développent un système de sous-traitance. La relative disponibilité des terrains et une main-d'œuvre abondante attirent aussi les manufacturiers modernes, qui viennent y installer leurs ateliers de glaces, miroiterie, papier, faïence. Fureur des jurandes qui voient là partout les prodromes d'un avenir catastrophique. Ces travailleurs discréditeraient la profession par leur incompétence et leur libertinage, ils favoriseraient la fraude, ils attireraient les compagnons indociles en exerçant sur eux la pire des influences. Bref, un « monde du travail parallèle, [...] perçu comme socialement illicite, politiquement séditieux, moralement corrompu et techniquement incapable »[110].

En réalité, nul espace parisien n'était totalement à l'abri du contrôle des jurandes. Celles-ci sont habilitées, par leurs statuts et règlements, à poursuivre partout les ouvriers « sans qualité », et elles font appel à la police s'il le faut. Sous réserve de démarches préalables auprès du lieutenant général, elles interviennent donc dans les enclaves et même au faubourg Saint-Antoine en dépit de sa réputation d'inviolabilité. Le pouvoir royal menace en 1684 — sans donner suite — de faire abattre les portes de l'enclos du Temple si les contrevenants continuent de s'y réfugier. En janvier 1703, le ministre Pontchartrain rappelle à d'Argenson que les officiers du roi doivent exercer sur « les ouvriers et autres », retirés dans l'enclos de Saint-Germain-des-Prés, la même autorité « que s'ils étaient logés au milieu de Paris » : il ne faut pas hésiter à y « envoyer les officiers, soit pour les captures, soit pour les visites »[111].

De fait, les interventions corporatives dans les lieux « dits privilégiés » sont loin d'être exceptionnelles. Elles se chiffrent par centaines, même s'il n'est pas possible de les quantifier de façon systématique[112]. Sur place, les autorités de tutelle s'opposent autant qu'elles le peuvent aux intrusions. C'est le cas dans le Faubourg en 1707, quand un arrêt du Conseil impose la réduction du nombre des métiers à fabriquer les bas, pour éviter la surproduction qui menaçait le secteur traditionnel du bas au tricot. Le 22 mars, les jurés-faiseurs de bas, en compagnie d'un commissaire du Châtelet, arrivent chez un artisan pour saisir un métier en surnombre. À leur sortie de la maison, ils trouvent une « grande foule d'hommes, de femmes et d'enfants ». La charrette où l'on avait hissé les instruments confisqués leur est enlevée pour être conduite « de force » dans la cour de l'abbaye Saint-Antoine, dont la porte se referme à leur nez. Quand ils peuvent enfin entrer, le métier a disparu. L'abbesse accueille leurs plaintes avec beaucoup de hauteur et les éconduit en prenant la défense de ses protégés. Il ne reste plus aux gens de la corporation qu'à quitter les lieux sous les railleries des habitants du quartier qui leur promettent les pires avanies s'ils s'avisent de revenir. La solidarité entre les ouvriers, la population et les « Dames » a joué à plein. Dans une lettre adressée au contrôleur général des finances, l'abbesse invoque les privilèges du « pauvre faubourg » ; elle minimise ce qu'elle qualifie de « petite bagarre » et s'élève contre une « persécution » qui « crie vengeance devant Dieu »[113] ! Dix ans plus tard, les ouvriers en bas réagissent de nouveau avec vigueur. Le 13 février 1717, une « nombreuse populace » armée de pierres et de bâtons bouscule les gens du métier venus avec un commissaire et un huissier opérer une confiscation d'outillage pour taxes professionnelles impayées. L'affaire, selon les jurés, mobilise « plus de quatre mille personnes qui ont battu les officiers de justice à coups de bâtons, de pierre et de mottes de glace jusqu'à en rendre quelques-uns comme morts sur place »[114].

En vérité, les incidents d'une telle ampleur restent plutôt rares. Le pouvoir royal semble hésiter, tout se passant comme s'il ne souhaitait pas faire disparaître ces « poches » de liberté. Présents lors des opérations de contrôle, les commissaires cherchent surtout à éviter les éclats. La coupure entre le *in* et le *off* n'est d'ailleurs pas absolue ! Certains maîtres reconnus, sortis de Paris, sont venus s'installer *sur* le privilège ; ils ne respectent pas les règles, ils engagent du personnel à leur guise, ils développent des activités de sous-traitance. Si bien que le bloc hostile des jurandes paraît se dissocier[115]. Les bureaux des métiers n'en continuent pas moins à dénoncer les irrégularités et à ordonner des « visites », mais il était si facile de tourner les interdits[116] ! Du côté du Faubourg, qui formait à lui seul, selon Sébastien Mercier, « une ville de second ordre », le combat libertaire était pour ainsi dire gagné.

Les enclaves au cœur de la ville entretiennent le même esprit de contestation, favorisé par le flou de leur situation juridique. En effet, le partage est mal établi entre la « police générale » qui relève du Châtelet et la « police particulière » qui appartient ici aux seigneurs haut-justiciers[117]. Invoquant leur droit d'intervention, les jurandes ne cessent de dénoncer les faux ouvriers, les receleurs, les fraudeurs de tout poil qui prolifèrent en ces lieux. La commanderie du Temple, étroitement surveillée au temps de Louis XIV[118], est devenue un refuge de l'illicite. « Là, écrit Mercier, l'exploit d'huissier devient nul ; l'arrêt qui ordonne la prise de corps expire sur le seuil de la porte. [...] La visite des jurés des communautés n'a plus lieu dans le Temple ; toutes les professions y sont libres »[119]. La tradition frondeuse s'inscrit au quotidien derrière les murs du prieuré bénédictin de Saint-Martin-des-Champs, non loin des Halles, et quelques épisodes marquent la mémoire du quartier. En août 1749, deux commissaires de police, accompagnés d'une centaine de gardes « en hautes armes », pénètrent dans l'enclos. Ils sont venus saisir, à la demande des jurés barbiers-perruquiers, présents sur les lieux, un énorme stock de cheveux et perruques détenu par des marchands « sans qualité ». La foule accourt, insultes, un spectateur est blessé. Après la sortie de la police et des six carrosses chargés de la marchandise saisie, la colère de l'enclos se tourne contre un maître perruquier, le nommé Maillard, soupçonné d'avoir provoqué l'intervention. Une « multitude innombrable de peuple » se rassemble devant sa maison avec des injures, du bruit, des pierres, des vitres brisées. Une enquête est ouverte, on arrête du monde, mais les jurés n'y retourneront pas de sitôt.

Autre grabuge signalé, beaucoup plus tardif, en 1772. Le lundi 4 mai, les jurés luthiers font une « descente » au prieuré de Saint-Martin avec un commissaire du Châtelet, un huissier et trois sections à pied et à cheval de la garde de Paris, pour confisquer cette fois une collection de violons entreposée dans la chambre d'un tailleur qui alerte aussitôt ses voisins aux cris de *À moi les privilégiés !* La foule se ramasse devant la porte, encore des pierres, un garçon chapelier jette sur un soldat « une chaudronnée de teinture toute bouillante », les officiers royaux et la garde se replient sous une pluie de pavés, tessons de bouteilles, plâtras, coups de bâtons, coups de crochets. Une dizaine de coupables, tous compagnons, sont arrêtés quelques jours plus tard après une enquête rapide. Condamnations sévères : neuf années de galères pour le nommé Nicolas Sellier, âgé de vingt-huit ans, tout à la fois garçon menuisier et soldat du régiment de Paris, neuf années de bannissement pour un garçon cordonnier âgé de trente-deux ans, trois années pour un chapelier de vingt et un ans, le fouet pour un garçon menuisier âgé de quinze ans. Trois accusés resteront en prison jusqu'à plus ample informé, et des décrets de prise de corps sont lancés contre une quinzaine d'autres individus résidents ou voisins de l'enclos, dont un sergent de milice, un garçon de billard « habillé d'une veste cannelle à bavaroise de peluche verte, portant cheveux noués », un inconnu « vêtu d'un habit gris, petit, ayant le visage maigre ». On recherche aussi le suisse de l'enclos qu'on a vu arracher les pavés pour les tendre aux émeutiers qui les brisaient avant de les lancer sur la garde. Un fripier a « animé tout le monde » pour la défense des franchises : « Mordieu, nous sommes bien fols de laisser entrer ces gens-là ici, nous avons un privilège, nous n'en jouissons pas et on nous fait payer bien cher les loyers... » Après l'affaire, un mouchard de police, marchand d'éventails installé dans l'enceinte, est pris à partie par les habitants qui lui promettent de le jeter dans les « commodités » ou de le pendre « à la corde du puits ». Une fois de plus, la solidarité a été complète, les moines eux-mêmes, avec le Père procureur et le prieur, ont voulu empêcher la saisie en proposant une caution[120].

Jusqu'à la fin de l'Ancien Régime, les enclaves continuent à frémir dès qu'il y a menace d'atteinte à leur statut. Le pouvoir édicte des mesures contradictoires, avance, se reprend, sans remise en question des zones de franchise. Après l'épisode Turgot, le bruit court que les exceptions seront liquidées et que le pouvoir des métiers, reconstitués en août 1776, s'exercera bientôt partout[121]. Finalement, le *statu quo* perdure. Il faut attendre la loi Le Chapelier de juin 1791 et la suppression des jurandes pour que la liberté du travail s'applique désormais à l'espace parisien dans son intégralité.

Ouvriers et grands marchands fabricants

Si l'ancien fait problème, les nouveautés apparaissent aussi grosses de risques pour le monde du travail. Moins soumise au contrôle que Paris, la province connaît, au XVIIIe siècle, des conflits qui opposent les artisans traditionnels aux jeunes tentatives d'un capitalisme en formation. Un milieu actif de négociants-fabricants se propose en effet de maîtriser le circuit entier de la marchandise, depuis la production jusqu'à la commercialisation.

S'agissant de salaires et d'embauche, les différends, on vient de le voir, se sont multipliés très tôt là où la loi du marché s'était imposée de bonne heure, chapellerie, draperie, soierie, industrie du papier. Ripostes de premier niveau ou de vie immédiate, pourrait-on dire. Parallèlement se jouait une autre partie plus complexe, au terme de laquelle l'ouvrier et le maître risquaient tous deux de perdre leur autonomie au bénéfice de l'entrepreneur. Le phénomène de concentration atteint d'abord le domaine du textile. Nombre de petits ateliers indépendants tombent sous la coupe du fabricant qui passe les commandes, procure la matière première, fournit l'outillage et assure enfin l'écoulement du produit en laissant aux travailleurs la marge la plus restreinte possible. Le voilà devenu l'interlocuteur unique et obligé, qui écarte la concurrence grâce à un système d'ententes. Installé en situation de monopole, il est maître de l'emploi comme des salaires et ne se soucie plus de respecter les règles de la profession. Les événements montrent que les gens de métier ont compris très tôt le sens du glissement en cours. À Lille, en 1666 déjà, les *sayetteurs* manifestent dans les rues et désertent les ateliers, contre les maîtres qui n'appliquent pas la limitation du nombre des métiers, et innovent en embauchant des ouvriers « non-francs » pour fabriquer les « bouracans façon de Valenciennes », à la nouvelle mode. Le Magistrat, c'est-à-dire le corps municipal, juge les meneurs, condamnés à être battus aux verges devant un public consterné : « Un chacun, écrit l'ouvrier Chavatte dans sa chronique, criait vengeance sur cette justice et plusieurs pleuraient de voir telle chose... »[122].

Les changements structurels s'accentuent dans le premier tiers du XVIIIe, et le cas de la soierie lyonnaise apparaît une fois de plus exemplaire[123]. Le dialogue entre maîtres-ouvriers et gros fabricants tourne à l'aigre au lendemain d'un arrêt du Conseil du roi daté du 8 mai 1731, qui interdit le cumul des fonctions de maître et de marchand. C'était vouer à l'extinction les petits producteurs indépendants qui avaient pourtant payé patente et prétendaient continuer à commercialiser leur fabrication. S'engage alors sur place une partie de bras de fer. Depuis Lyon, les deux camps délèguent à Paris auprès du Conseil du commerce ; ils argumentent à grand renfort de mémoires, de pétitions, et aussi de coûteux cadeaux. Les grands marchands ont pour eux la détermination, l'influence, les relations à l'extérieur et la fortune, mais la solidarité est très forte du côté de leurs adversaires, les gens des ateliers, soutenus par une fraction de la bonne société traditionnelle et par le clan cléricalo-paternaliste des chanoines-comtes de la ville. Les maîtres-ouvriers de tous niveaux, unis contre les gros soyeux, accusent ces derniers, en 1731, de rompre le pacte ancestral, et même de détourner à leur profit la caisse de la Fabrique : « Cette troupe d'ambitieux, écrivent-ils, acharnée contre un peuple aussi docile que les ouvriers de Lyon, ne cherche plus qu'à l'écraser et à leur demander journellement de l'argent, et pour en être mieux les maîtres absolus, leur ôte tous les moyens qu'ils pourraient avoir pour en gagner, et comme des sangliers ne cherchent qu'à s'assouvir du sang de leurs veines. » La contre-offensive « populaire » arrache un nouveau texte en 1737 : la Fabrique sera gouvernée à égalité par les maîtres-ouvriers et les marchands. Mais ceux-ci ne peuvent accepter la réforme proposée, qui, selon eux, éloignera « infailliblement les ouvriers de l'espèce de déférence qu'ils doivent avoir pour les marchands ». Ils préparent la riposte, négocient à Paris, et arrivent à leurs fins en obtenant le règlement du 19 juin 1744 qui rétablit leurs prérogatives aux dépens des autres catégories. Grâce à quoi ils exercent désormais un monopole de fait au sein de la Fabrique, « phénomène capital » dont Maurice Garden a mis en lumière l'importance pour toute l'histoire de la manufacture : « Ce n'est plus le fabricant qui est l'essentiel, mais le marchand »[124].

Les « petits » n'entendent pas se laisser faire. Réunis au cabaret ou dans les auberges des faubourgs, ils débondent leur rancœur et libèrent un flux de griefs et de doléances dont ils confient la rédaction à des hommes de loi. Dans les fabriques, à l'atelier, le travail s'arrête. Un rassemblement massif d'un millier d'ouvriers se tient au début du mois d'août 1744, malgré les interdits. Boutiques fermées, cortèges dans les rues, des incidents éclatent ici et là. Le mardi 5 août, des bandes de femmes et d'enfants viennent à la rencontre des groupes de grévistes ; au pont de la Guillotière, elles affrontent les troupes du guet qu'elles accablent d'injures et de pierres. L'administration prend peur, si bien que le prévôt des marchands fait relâcher les prisonniers arrêtés ce jour même, pour éviter que la foule ne donne l'assaut aux prisons. Mais le tumulte gagne. Le 6 août, huit à dix mille personnes campent sur les places et dans les rues centrales. Une sorte de contre-pouvoir ouvrier s'est établi entre Saône et Rhône : « Ils sont actuellement les maîtres, écrit l'intendant Pallu ; ils nous donnent la loi [...]. L'autorité qui nous est confiée nous devient inutile parce que nous ne sommes pas en état d'exécuter les ordres du roi... »[125]. Mélangés aux rebelles, une masse inquiétante de migrants : « Ce qu'il y a de malheureux, c'est qu'à l'occasion de cet attroupement que rien ne peut faire finir, un nombre prodigieux de coquins et de vagabonds dont cette ville est pleine s'y sont joints, et il n'y a rien dans le monde que des gens de cette trempe ne soient capables d'entreprendre »[126]. Un étrange phénomène de connivence joue d'ailleurs en faveur des ouvriers au sein même du négoce, jalousies de concurrents à la clé, tandis que certains corps religieux s'interposent en conciliateurs, tels les chanoines-comtes déjà évoqués, très disposés à contrer la Haute Fabrique et à jouer, selon Pallu, aux « libérateurs de la Patrie »[127]. D'autres corporations rejoignent le mouvement, compagnons chapeliers, faiseurs de bas de soie, teinturiers, charpentiers et crocheteurs qui présentent leurs demandes — avec succès — au consulat terrorisé. L'intendant Pallu craint aussi les bouchers, hommes « dont la révolte, dit-il, est toujours dangereuse », mais il note avec satisfaction, en date du 8 août, qu'il s'était trompé et qu'une cinquantaine d'entre eux ont monté la garde aux Terreaux pour protéger l'hôtel de ville[128].

Pour calmer le peuple de la soie, les autorités locales rapportent l'arrêté de 1744 et rétablissent en hâte le règlement de 1737, favorable aux travailleurs, et après nombre de navettes l'intendant finit par contresigner la nouvelle ordonnance du consulat. Les ouvriers reprennent donc le travail, mais leur victoire est éphémère car Versailles, quelques mois plus tard, impose le retour au règlement de juin 1744, entièrement à l'avantage des marchands comme on l'a dit. La ville est à présent occupée par les troupes. Le prévôt des marchands, La Tourrette de Fleurieu, accusé de faiblesse pendant les événements du mois d'août, doit céder sa place, tandis qu'on procède à une dizaine d'arrestations, suivies d'un châtiment tardif mais exemplaire : la potence pour un maître ouvrier en soie et un *affaneur* (gagne-deniers) tous deux réputés meneurs, les galères pour plusieurs autres. Sentences cruelles, qui confirment l'échec des « petits », exclus d'une représentation équitable au sein de la Grande Fabrique.

Sans atteindre la même intensité, les crises survenues dans la draperie et la soierie languedociennes reproduisent le schéma lyonnais : d'un côté des artisans qui défendent leur autonomie, de l'autre des fabricants qui cherchent à dominer toute la chaîne de production. Ainsi, en 1737, à Carcassonne, où des tisserands s'opposent à un marchand qui, contre les règles, fait aussi travailler dans sa boutique. Sûrs de leur bon droit puisqu'ils se font accompagner par des huissiers, ils envahissent l'atelier et paralysent (« clouent ») deux des métiers en proférant des « insultes sales »[129]. En 1739, les taffetassiers de Nîmes reprochent aux marchands-fabricants en étoffes de soie d'employer une main-d'œuvre féminine étrangère à leurs familles, contre les règles. Les ouvriers se rassemblent de façon « séditieuse », ils désignent des syndics pour agir en justice et faire « abattre » les métiers sur lesquels travaillent, assurent-ils, « plus de soixante pauvres filles ». Celles-ci se réunissent de leur côté, sans doute à l'instigation des marchands, pour affirmer « qu'il y a de l'injustice à les vouloir exclure de travailler [...] après qu'elles ont donné de leur temps pour leur apprentissage, dans lequel métier elles ont consumé leur temps et leur jeunesse ». Affaire délicate et mal résolue. En 1742, l'intendant Bernage rappelle par ordonnance l'interdiction d'employer aucune femme ou fille, sinon les filles, les épouses ou veuves de maîtres, mais il condamne aussi les protestataires à l'amende et aux frais de justice. Là-dessus, recours des condamnés auprès du Conseil du roi, nouveaux procès étirés sur une vingtaine d'années, lourds frais de justice et endettement pour tous[130]. Différends du même type à Clermont-Lodève entre les affineurs de draps et les marchands qui se lancent dans la finition. En mars 1746, les premiers vont débusquer les ouvriers surpris dans des boutiques de marchands, promettant à l'un de l'envoyer pour « une année au lit » à force de coups de bâton, à un autre de lui couper « bras et jambes », à un troisième « que quand il quitterait cette boutique, il ne trouverait pas de l'ouvrage ailleurs ». L'inspecteur des manufactures juge intolérable le climat qui règne dans la petite ville où n'existent, dit-il, ni police, ni règlements, ni subordination, et où « l'ouvrier insolent veut gouverner le maître ». La maréchaussée arrête quelques trublions, mais le curé-prieur intervient ainsi qu'une vingtaine d'habitants influents (et non marchands) qui signent une pétition pour leur remise en liberté. Il faudrait vraiment, commente l'inspecteur, « que M. le prieur de Clermont ne se mêle point des ouvriers ni de la fabrique »[131].

Toujours en Languedoc, les ouvriers à domicile, paysans-artisans, résistent aux manufacturiers qui se répartissent les secteurs géographiques de production, à seule fin d'y imposer leurs prix sans discussion possible. C'est ainsi que les fabricants de Saint-Pons lancent, en novembre 1753, une sorte d'expédition punitive contre les fileurs et cardeurs de La Caunette pour les empêcher de vendre à d'autres qu'eux-mêmes. Accompagnés d'un inspecteur des manufactures et d'une brigade de la maréchaussée, en tout vingt-sept personnes, ils débouchent en pleine nuit dans le village et commencent à enfoncer les portes des maisons en semant « l'épouvante ». Les habitants s'attendaient-ils à ce coup de force ? Toujours est-il qu'ils sortent de chez eux, les hommes armés de fusils et de haches, les femmes avec « des cendres dans leurs tabliers pour les jeter aux yeux »[132]. Les principaux fabricants de Saint-Pons, Saint-Chinian, Bédarieux ou Lodève ne renoncent pas pour autant à quadriller le territoire, et le climat reste tendu. À Saint-Chinian, des bagarres fréquentes opposent jeunes tisserands et fils de marchands. La procession du Saint-Sacrement vire au tumulte le 10 juin 1762, au point que le premier consul réclame une ou deux compagnies de soldats pour contenir « cette jeunesse d'artisans mal morigénés » qui pourraient « fomenter une *mutte* générale »[133]. La fronde secoue aussi le village de Labastide-Rouairoux, non loin de là. Le dimanche 29 août 1762, la colère éclate à l'église quand le vicaire entame la lecture d'un monitoire obtenu à la requête des marchands-fabricants de Saint-Pons. Les femmes brandissent des pierres et obligent le prêtre et les marchands présents à se réfugier au presbytère. L'évêque de Saint-Pons, dont dépend la paroisse de Labastide, se rend sur les lieux, mais « ses discours pathétiques et touchants n'ont pu ramener les esprits ». Les prêtres des environs sont à leur tour empêchés de fulminer le monitoire en question. Le dimanche 5 septembre, le curé de Soulié reçoit « une grêle de pierres dont l'une le frapp[e] à la gorge et une autre sur la poitrine ». Les églises profanées sont mises en interdit, mais les habitants n'en veulent tenir aucun compte et poursuivent les inhumations dans les cimetières comme si de rien n'était[134]. Aux efforts faits pour les raisonner, ils ont répondu « qu'ils ne craignaient rien et que le roi s'embarrassait fort peu de ces menaces et de ces émeutes ». Là-dessus, le subdélégué de Saint-Chinian propose de loger des garnisaires chez les plus coupables[135].

La volonté patronale de rationaliser à tout prix bouleverse les habitudes et entraîne des effets pervers. À preuve le conflit qui, en 1764, oppose à Nîmes les fabricants de bas aux serruriers qui contrôlaient jusqu'ici la fabrication et l'entretien des métiers à bas, machines compliquées et coûteuses. Les patrons préféreraient se passer de leurs services en s'adressant à la profession rivale des ouvriers monteurs, réputés plus compétents et sûrement plus dociles, mais les serruriers, qui ont un statut homologué, défendent avec vigueur leur privilège. Le 8 août 1764, attroupés au nombre d'une soixantaine avec des épées et « autres armes offensives », ils parcourent « comme des furieux » les ateliers des monteurs et provoquent toutes sortes de désordres, saccageant la maison d'un maître et entraînant de force un de ses ouvriers hors de la ville. Vive riposte de la Fabrique comme de l'autorité : les coupables sont poursuivis et les peines prononcées très lourdes, avec six condamnations aux galères à perpétuité[136].

Partout, les manufacturiers tentent d'imposer leur monopole à la piétaille récalcitrante. À Rouen, les grandes émeutes frumentaires du printemps 1752, déjà évoquées, ont eu pour point de départ une manifestation de fileuses de coton. Les femmes protestent contre une ordonnance de l'intendant qui les oblige à livrer leur production à la halle et aux seuls fabricants, et non à leur gré au plus offrant, comme jusque-là. Elles parcourent les rues, elles crient qu'on veut les empêcher de « vendre assez avantageusement pour vivre », qu'on leur ôte « le pain de la bouche », qu'on veut les faire « mourir de faim ». L'ordonnance est annulée, mais trop tard : l'émeute s'amplifie dans la ville avec menaces du feu, pillage des magasins à blé et des bateaux sur le port, attaques contre les greniers des couvents. Le calme une fois rétabli, la Fabrique confirme son emprise sur le petit monde de l'artisanat[137].

La concentration des entreprises, pionnière dans le domaine textile, touche également d'autres secteurs. Ainsi celui du transport, où les refus prennent parfois des formes violentes. Au cours de l'automne 1763, ce sont les habitants et bûcherons du Nivernais qui s'attaquent au personnel d'une société de convoyage des bois flottés en direction de la capitale : bagarres à Clamecy, cris lancés par des centaines d'individus — « Allons, suivons, allons à la guerre ! Mourir aujourd'hui ou mourir demain ! » —, échange de coups, mise en déroute de la maréchaussée. Pire encore, vers Rogny-les-Sept-Écluses, sur le canal de Briare, un entrepreneur est frappé à mort par des ouvriers qui prétendent « se rendre maîtres du tirage dudit flot »[138]. À Paris, bien plus tard, en janvier 1786, l'émeute des gagne-deniers contre une toute récente entreprise, la Régie des Paquets, illustre à sa façon la lutte des travailleurs indépendants contre la mainmise d'une société financière sur toute une branche d'activité, le transport des colis ou des meubles d'un point à l'autre de la capitale et

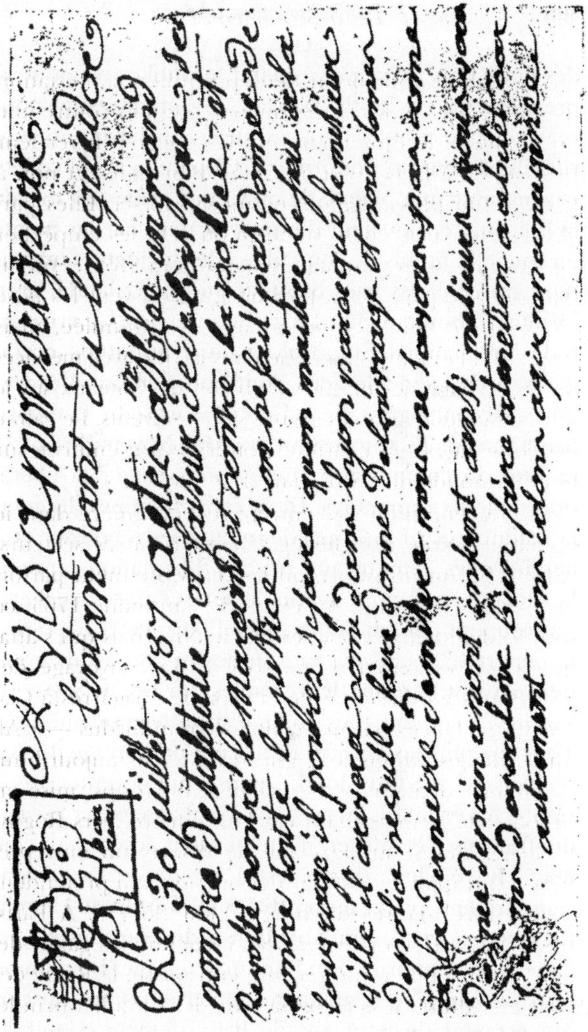

Illustration 11. Appel à l'émeute ouvrière (Nîmes, 1787)

des faubourgs[139]. Stupeur quand le public voit pour la première fois, le lundi 2 janvier, les employés du nouveau roulage circuler dans les rues : Savoyards en majorité, ils portent un uniforme vert à parements et collets rouges, avec une plaque de métal aux armes du roi sur la poitrine, et poussent devant eux des chariots peints en rouge et munis de sonnailles. Des incidents surviennent du côté des rues Saint-Jacques et Galande, avec insultes et bousculades. La garde intervient et procède à des arrestations. Surgit alors « une multitude prodigieuse » de gagne-deniers, dont bon nombre d'Auvergnats, accompagnés de miséreux sortis du faubourg Saint-Marcel. Ils se pressent rue des Noyers devant la maison du commissaire Dupuy pour exiger la libération de leurs camarades. Deux cents hommes du guet, la baïonnette au fusil, parviennent à les repousser et à conduire les détenus aux prisons. L'agitation reprend la semaine suivante : gagne-deniers et porteurs d'eau s'attroupent par centaines place Louis-XV (Concorde) le mercredi 11 janvier. Sans armes ni bâtons, ils prennent au trot la route de Versailles, traversent Sèvres et Viroflay, « courant tous comme si on les poursuivait ». Toujours plus nombreux, ils forcent un barrage de maréchaussée à Saint-Cloud, « sans vouloir entendre à rien ». À Versailles, les avenues sont barrées par les gardes-françaises et suisses, ils ne peuvent accéder au château : le roi, leur dit-on, est à la chasse. Ils doivent remettre leur placet à un officier et prendre le chemin du retour « en continuant de maudire la nouvelle régie ». Mais l'autorité veut faire un exemple. Deux miséreux ont été pincés, un gagne-denier et un brocanteur, qui écopent de neuf ans de bannissement. Conduits sous haute garde depuis le Châtelet jusqu'à la place Maubert, ils restent exposés plusieurs heures avec l'écriteau « Violent et rebelle à la garde » sur le dos et la poitrine. Toutes les précautions sont prises pour maintenir le calme, la place Maubert a été occupée dès 7 heures du matin, les rues adjacentes gardées par le guet à pied et à cheval. On les promène encore le lendemain place des Halles et le surlendemain place de Grève. Les Parisiens, note le libraire Hardy, prirent en pitié les « deux malheureux mis au carcan avec un si grand appareil », et certains lancèrent même des souscriptions en leur faveur. Perdu d'avance, ce mouvement de pauvres diables était peu redoutable pour le pouvoir — « une risible révolte », commente le marquis de Bombelles[140].

Inspecteurs mal aimés

Tout ce qui, de près ou de loin, touche au contrôle du travail provoque des fièvres, par accès, et les inspecteurs des manufactures en ont fait la pénible expérience. Institués en 1669 pour améliorer la qualité des produits, textiles notamment, et lutter contre la concurrence étrangère, ils avaient pour mission de quadriller la France et d'aller partout où battaient les métiers et tournaient les mécaniques. Ils vérifiaient la conformité des produits et surveillaient les « bureaux de visite » où les fabricants étaient tenus de présenter leurs rouleaux d'étoffe pour l'indispensable *marque*, c'est-à-dire l'apposition des plombs attestant l'origine et la qualité des pièces. Ils entraient aussi dans les « bureaux de contrôle » établis à la halle ou sur les champs de foire, où ces mêmes rouleaux étaient à nouveau examinés et plombés avant commercialisation. La bonne marche des manufactures à privilège, dites royales, relevait encore de leur compétence, et ils gardaient l'œil sur les jurandes et les gardes-jurés. Toutes leurs observations étaient consignées dans d'épais procès-verbaux envoyés aux services centraux de Versailles[141].

Leurs tournées, attendues avec méfiance, se passaient le plus souvent sans histoires car, de part et d'autre, on ne souhaitait pas d'affrontement, mais leurs critiques entraînaient la grogne. Les fabricants parlaient alors d'incompétence, d'« arbitraire », de « caprices ». Selon les négociants languedociens, ces gens-là « connaissent aussi peu les fabriques que s'ils n'en avaient jamais entendu parler en leur vie ». Reproches largement injustifiés, car le corps se recrutait au mérite[142]. Autre grief de taille : la taxe imposée à chaque secteur pour les rétribuer. Producteurs et marchands payaient de très mauvais gré, en « criant à l'égorgement fiscal ».

Les troubles survenus à Amiens de bonne heure dans le siècle mettent en cause les droits de marque et de contrôle, mais aussi le statut des inspecteurs. Les voilà devenus *officiers* par l'édit royal d'octobre 1704, et les professionnels craignent alors qu'ils ne se remboursent sur leur dos des frais d'acquisition de leur charge, en plus des taxes ordinaires. Fabricants et marchands se renvoient d'ailleurs la balle, chaque catégorie estimant que le droit de marque doit être acquitté par l'autre, désaccord qui, en novembre 1704, entraîne le blocage des transactions et un début de chômage. Mais les compagnons mis à pied entendent faire pression sur leurs maîtres comme sur le fisc. Ils font débrayer d'atelier en atelier ceux qui travaillent encore, en coupant les cordes qui actionnent les métiers. « Murmures », « bruit », « émotion », « désordre », « tumulte », « attroupement », « sédition », les mots de l'émeute peuplent les rapports envoyés à Versailles. Des cortèges de grévistes, au nombre de plusieurs centaines, sans doute encouragés par les fabricants, parcourent les rues et se dirigent vers la maison de l'inspecteur, qui se réfugie à la citadelle. Arrivé sur les lieux, le lieutenant du roi est accueilli par des jets de pierres, de briques et de boue : « Nos maîtres nous ont congédiés, crient les ouvriers, nous sommes sans travail, sans pain. Les marchands ne veulent pas acheter, ce n'est pas là le moyen de faire subsister nos familles »[143]. L'agitation retombe quand on apprend que le pouvoir accepte de revenir sur le statut des inspecteurs qui perdent leur qualité d'officiers, moyennant le rachat des charges par les villes et les communautés de marchands. La nouvelle, comprise comme une victoire des métiers, se répand très vite, enflée d'espoirs imaginaires. À la fin du mois, le bruit court à la halle de Rouen que le droit de marque a été supprimé. Le 28 novembre au matin, plus de trois cents ouvriers-paysans venus avec leurs toiles, dont beaucoup avaient commencé à payer, se jettent sur les commis, ils frappent leur directeur au visage et s'emparent des plombs[144]. À l'autre bout du royaume, en Béarn et Navarre, c'est la taxe imposée aux marchands pour la suppression des fameux offices d'inspecteurs qui provoque des troubles ! Envoi de garnisaires chez les rénitents à Pau, Oloron, La Bastide, Nay, saisie des marchandises, arrestations. À Mesplède, près d'Arthez, les collecteurs de la taxe, venus en juillet 1705 *pignorer* (saisir) avec un *bayle* et deux témoins, sont accueillis à coups de fléaux et de fourches par les habitants. Leur arrivée a réveillé une hantise particulièrement vivace dans le Sud-Ouest : on les accuse d'être de ces « gabeleurs qui port[ent] la gabelle dans le Pays »[145] !

Vaille que vaille, les inspecteurs redevenus fonctionnaires poursuivent leur mission, dans l'esprit du mercantilisme colbertien. Visites, contrôles et taxes reprennent leur train routinier, rompu parfois d'épisodes de refus, et chaque rébellion renvoie à un faisceau de particularités où s'entremêlent l'ancien et le nouveau. L'enquête présente une dizaine d'affaires sérieuses qui, au-delà de l'impôt, vise la fonction même. À Lyon, les maîtres perruquiers ont fermé boutique en mai 1706 pour protester contre le droit de marque sur leur marchandise. Réduites alors au chômage, plus de trois cents ouvrières employées à la « tresse des cheveux » descendent dans la rue et vont débiter « de mauvais discours » devant la maison du collecteur. « On ne peut douter, écrit l'intendant Trudaine, que ce ne soient les perruquiers qui excitent toutes ces femmes et filles à se donner ces mouvements en les menaçant qu'elles ne travailleront plus »[146]. Et toujours le textile : dans la généralité de Caen, du côté de Canisy, l'inspecteur Michelot des Saudrais a bien du mal à faire ses tournées. Une première fois, en septembre 1715, il tente de saisir pour malfaçons des fils et toiles de coutil. La foule lui arrache les pièces des mains avec force injures. Il doit abandonner le terrain et regagner Saint-Lô après avoir requis en vain l'appui du juge et des gens du château. Le voici de retour quelques jours plus tard, accompagné d'un garde, un seul car les autres ont refusé de marcher de crainte de « maltraitements ». Quand il arrive à Marigny, où se vendent des fils et filasses de qualité douteuse, les représentants du seigneur, ici le prince de Guéménée, l'invitent à ne pas troubler davantage le marché. On l'entoure, il est traité de « concussionnaire » et de « voleur », on harcèle son cheval, on couvre de boue son habit, sa perruque, et on lui fait une conduite jusqu'à l'auberge. L'homme est tenace, deux ans plus tard nous le retrouvons à Canisy en mission pour la marque des toiles : nouveaux désordres, assez graves pour motiver une procédure exceptionnelle par arrêt du Conseil[147].

Le film, riche en épisodes, éclaire une défense tenace, éloignée de la résignation. En Languedoc, les tisserands et cardeurs du village de Montpeyroux, vers Lodève, refusent toute « visite » en août 1722 : ils se barricadent chez eux et jettent par les fenêtres quantité de laines teintes ou mélangées qui auraient pu servir de pièces à conviction. Poursuivi à coups de pierres par une cinquantaine de fileuses, l'inspecteur doit se retirer avec l'huissier, l'exempt et l'archer de maréchaussée qui l'accompagnaient[148]. Réaction plus massive, en 1727, des habitants de Saint-Chély-d'Apcher en Gévaudan. En pleine foire, le 18 octobre, l'inspecteur se prépare à saisir plus de deux cents pièces de drap jugées défectueuses, mais la foule gronde, les hommes se regroupent, les femmes parlent d'aller sonner le tocsin et de se laisser tuer sur place. Pour les calmer, une compagnie d'infanterie sera logée quelque temps chez les tisserands[149]. Dans le Lyonnais, en 1735, le populaire s'en prend aux commis à la marque des toiles. Le 17 avril, ceux du bureau de Thizy sont « assaillis tumultueusement par un grand nombre d'ouvriers » qui refusent de dérouler les pièces apportées au marché et de les présenter « à plat » comme le veut le règlement. Les tisserands cassent la porte et frappent les préposés qu'ils menacent d'assassiner[150]. L'impatience à subir les contrôles, croissante dans la première mi-siècle, apparaît dans toutes les régions productrices, du Nord au Midi. Les mêmes conduites sont observées en Picardie, en Poitou, en Languedoc, où les comptes rendus montrent des fonctionnaires bousculés, insultés, empêchés de faire leur travail. Accrochage à Uzès quand l'inspecteur prétend saisir des pièces de drap non conformes dans les ateliers des frères Molines[151]. En 1751, l'application du règlement sur les toiles agite le Quercy : chassé une première fois de Sousceyrac, l'inspecteur Gardou se rend à Saint-Céré où l'accueil est encore plus tumultueux. Deux brigades de maréchaussée ne suffisent pas à contenir trois cents personnes en colère, Gardou est sérieusement blessé. Pour le tirer d'affaire, une unité de dragons ouvre le feu sur les émeutiers, qui laissent un homme sur le terrain ; un soldat est frappé à mort. Désordres graves, jugés en dernier ressort par l'intendant L'Escalopier, qui rend des sentences rigoureuses : sept peines de mort, dont une pendaison effective sur la place de Saint-Céré, les autres en effigie, treize autres condamnations par contumace, huit aux galères et cinq au bannissement, verdict d'une sévérité surprenante. Vers Castres et Saint-Pons en Languedoc, les cardeurs refusent la visite. Au hameau des Condamines, les contrôleurs se trouvent aux prises avec une émeute de femmes dont ils ne se dégagent que le pistolet et le sabre à la main. La maréchaussée ne fait pas son devoir, note le subdélégué, elle ne songe qu'à toucher sa solde et ne se donne aucun mouvement. En attendant, l'épidémie gagne[152].

Ce grippage du système coïncide avec la campagne menée par les théoriciens économistes contre le dirigisme de l'administration du commerce. Selon Gournay et Turgot, les inspecteurs appartiennent à l'« univers archaïque de la "barbarie gothique" ». Les hautes sphères et l'opinion publique se rejoignent ici dans un refus de plus en plus affirmé. Sur le terrain, les hommes du ministère se heurtent à un mur d'incompréhension. Ainsi Roland de La Platière, en mission dans les fabriques de Languedoc en mars 1764 : « Vous m'avez envoyé parmi un peuple de bêtes féroces, écrit-il à Trudaine. Jamais on n'a vu d'honnêtes gens autant opinionés *[sic]* par la canaille qu'ils le sont ici »[153]. Le préposé au contrôle des ratines à Albi se dit en butte à « la haine et l'inimitié du plus grand nombre des fabricants » ; il ne peut « sortir la nuit ni même regarder par la fenêtre crainte de quelque coup de pavé ou de quelque coup de fusil »[154]. Selon l'intendant Pajot de Marcheval, les industries du Dauphiné fonctionnent dans l'irrégularité depuis les années 1760. « L'esprit de liberté et d'indépendance » a tellement gagné dans cette province que « la plupart des habitants et des gardes-jurés » ne veulent plus reconnaître les inspecteurs. Les fabricants de Romans prédisent l'abrogation des lois du commerce et ne soumettent même plus leurs étoffes à la visite ; l'inspecteur Dubu, en tournée en 1771, note que « le mot de liberté est toujours mis en avant, et c'est un cri qui se fait entendre partout »[155].

Est-ce à dire que les entrepreneurs, souvent à l'origine des frondes, sont entièrement acquis aux thèses libérales ? Ils continuent à souhaiter la protection du marché français et la garantie minimale des « standards de qualité », en même temps qu'ils repoussent les normes impératives et tous ces contrôles tracassiers à lourde incidence fiscale. Les règles publiques, aux yeux des fabricants, devraient, selon eux, non pas gêner la production, mais assurer d'abord l'ordre social, trop souvent compromis par les grèves qui se multiplient en ce dernier tiers du siècle. Instabilité de la main-d'œuvre, exigences salariales, réseaux de solidarité, fraude et larcins dans les ateliers, le mauvais esprit a pris des proportions inquiétantes. À preuve, l'opinion de Dubu, déjà cité, dans son mémoire sur l'état industriel du Dauphiné en 1778 : « Il n'est pas jusqu'au plus simple ouvrier, le cardeur et la fileuse, qui ne murmure continuellement, il n'écoute plus la voix de celui qui le commande, et continuellement on lui entend dire je ne vous crains pas plus que vous ne craignez l'inspecteur »[156]. En 1778 toujours, à propos des ouvriers indienneurs de Beauvais — « cette classe indisciplinée » —, l'intendant Bertier observe que « les troubles ne se sont élevés et ne se renouvellent fréquemment que parce qu'il n'y a point de loi assez précise qui contienne les ouvriers dans leur devoir, et qui en même temps les garantisse de la tyrannie que les entrepreneurs pourraient exercer sur eux »[157]. Vision, au demeurant, équilibrée du rôle de chacun, mais qui traduit la tension des rapports dans le monde du travail. Des lois incertaines, une pensée libérale envahissante, un personnel de contrôle découragé, tout se passe comme si l'État se désengageait, abandonnant le champ industriel à l'initiative des acteurs.

Contre le monopole minier

Le choc de l'ancien et du nouveau atteint de plein fouet le domaine de l'exploitation minière. À partir des années 1740, la pénurie de combustible s'accentuant partout, des gens d'affaires entreprennent d'extraire et de commercialiser le « charbon de terre », avec des méthodes qui ébranlent les équilibres traditionnels. Pourvus de lettres patentes conformes à l'arrêt de 1744 qui subordonne l'exploitation minière à l'octroi de concessions royales, ils occupent les lieux, mettent en place l'outillage et les bâtiments d'exploitation. D'où des frictions avec le milieu local. On imagine la colère des petits ou grands propriétaires de l'endroit, obligés de renoncer à leurs propres activités d'extraction. À quoi s'ajoute la traditionnelle hostilité des autochtones à l'égard d'un personnel venu d'ailleurs, les dégâts causés aux chemins par les charrois, l'entassement des déblais, la modification de l'hydrologie… Bref, une atteinte à des « droits » anciens, accompagnée d'un bouleversement des usages comme du cadre de vie.

Le gros des incidents recensés renvoie aux sites miniers du Massif central. Une des affaires les plus anciennes, à notre connaissance, concerne les environs de Mende en 1746. Une rixe entre les paysans du lieu et les mineurs allemands employés à la mine de Bahours dégénère en attroupements, avec jets de pierres sur les ouvriers et insultes lancées contre les sieurs Hollzendorff et Blumenstein, chargés de mission par le contrôleur général des finances Machault. Celui-ci, depuis Versailles, exige l'arrestation des plus « mutins » afin que nul ne puisse, à l'avenir, « se prévaloir de l'impunité » s'il a maltraité des ouvriers étrangers et de surcroît manqué de déférence à l'égard de personnes mandatées par le Conseil[158]. En 1753, près de Montpellier, des paysans s'attaquent aux bâtiments des mines exploitées par un certain Gibrat à Saint-Jean-de-Cuculles et Saint-Clément : « Ils ont détruit mes ouvrages [et mon] magasin, et emporté tous les boisages servant à la mine, et causé la perte de plus de mille quintaux de charbon »[159]. La même année, le chevalier de Solages se plaint des agressions dont sont victimes ses mineurs flamands à Carmaux. Les habitants, dit-il, ne cessent de les provoquer, ils les attaquent dans leurs maisons, lancent des pierres et tirent des coups de feu dans les fenêtres. Les troubles sont attisés par « quelques personnes mal intentionnées » et des « fils de bourgeois », tout cela au son du tocsin pour « ameuter la populace ». Le subdélégué estime qu'à l'origine de ce climat détestable, il y a « la jalousie et l'idée où sont tous ces habitants qu'il devrait être permis à chaque particulier d'ouvrir les mines qui sont dans leurs fonds »[160].

En 1760, dans la région de Rive-de-Gier, la situation est en tous points comparable. Les ouvriers des mines de Gravenaud et Mouillon sont chassés par des « gens armés », qui arrachent le grand soufflet de la forge et dispersent les chevaux. Le concessionnaire réclame du secours, mais la maréchaussée refuse de marcher sans ordres spéciaux. Nouveaux incidents en septembre 1767 à l'arrivée d'un ingénieur en chef des ponts et chaussées venu visiter. On l'accueille avec des menaces, moqueries et jets de pierres malgré la présence de quatre brigades commandées par le prévôt général en personne. Les acteurs, cette fois encore, semblent actionnés par des propriétaires hostiles aux concessions[161].

L'affaire de la mine de Cransac en Rouergue tranche par sa violence, sa durée et son caractère contagieux[162]. D'un côté, le nommé Douin et son gendre le baron de Tullier ; parmi leurs associés, le marquis de Bournazel, seigneur de Cransac, et l'entrepreneur Tubeuf, industriel d'envergure nationale. En face, une population de paysans et de notables, parfois seigneurs locaux, qui exploitent et font exploiter pour leur compte, dans ce pays où le charbon constitue la ressource première. Forts des lettres patentes obtenues en février 1763 avec privilège exclusif, Douin, Tullier et consorts se lancent dans les travaux. Mais ils se heurtent aussitôt aux importants du lieu comme aux petites gens qui craignent pour leur emploi, car le monopole dresse contre les intrus une coalition disparate qui intente procès au nom du droit des propriétaires du sol. On crie à la spoliation, on accuse le consortium de bouleverser le pays au mépris de « toutes les lois anciennes et nouvelles ». La situation est si tendue que l'intendant ordonne l'envoi de troupes au printemps 1764. En août, le parlement de Toulouse, favorable aux habitants, s'oppose à la concession royale et interdit qu'elle prenne effet, sous peine de « poursuites extraordinaires ». Tubeuf interrompt alors l'exploitation, ses adversaires croient à la victoire. Trop tôt, les intrigues reprennent, sur place et à Versailles. Le Conseil du roi suspend l'exécution de la sentence du parlement (septembre 1764) et le travail de la société redémarre, sous la protection, cette fois, de deux compagnies de dragons casernées sur place. Un nouvel arrêt du Conseil, en juin 1765, casse définitivement le jugement de Toulouse en confirmant le privilège d'exploitation. Les industriels ont gagné, semble-t-il.

Mais les habitants de Cransac, d'Aubin et des communautés voisines refusent de s'avouer battus. Encouragés par leurs syndics, ils se remettent à creuser pour eux-mêmes et s'opposent à la saisie du charbon qu'ils ont illégalement recueilli. Au printemps 1769, l'affrontement débouche sur une sorte de jacquerie anti-industrielle dont Versailles a aussitôt connaissance : le 24 mars, jour du Vendredi saint, lit-on dans la correspondance qui rapporte les faits, « plus de cinq cents paysans armés de fusils, de pistolets, de faux et de bâtons ferrés fondent successivement sur toutes les carrières, mettent le feu à toutes les baraques et aux maisons des directeurs qu'ils ruinent de fond en comble, détruisent tous les ouvrages, comblent tous les puits, pillent et vendent tout ce qui se rencontre sous leurs mains, outils, ferrures, planches, charbon, meubles et effets, partagent entre eux ce qu'ils ne peuvent vendre, se saisissent des chevaux et des bateaux, courent dans tous les villages voisins sommer les habitants de leur déclarer où sont les directeurs qu'ils veulent, disent-ils, avoir vifs ou morts ». Le mouvement repart de plus belle le 29 mars, après l'arrestation de trois mutins. Plus de deux mille paysans accourus des environs passent à l'attaque, libèrent les prisonniers et mettent en déroute le prévôt général et sa cavalerie.

D'autres documents rendent compte de la suite. Les mines ont été dévastées et des bandes parcourent le pays en brandissant « l'effigie » de l'un des « directeurs de l'entreprise » — peut-être Tubeuf — dont on se croyait délivré, et chacun reprend ses habitudes : c'est le retour de fait à l'initiative individuelle, à la libre disposition pour les habitants de leur sous-sol[163]. En 1780, en 1782 et en 1785 encore, l'assemblée provinciale de Haute-Guyenne, consultée par Versailles, se montre peu favorable au renouvellement des privilèges d'extraction, car tous, au pays, se souviennent des troubles et de leurs « suites effrayantes ». En mission à Cransac-Aubin en 1783, l'ingénieur des mines Besson rencontre les plus grandes difficultés. Les châtelains et les notables l'accueillent avec méfiance. Une propriétaire, « qui parlait assez le français pour être bien comprise », lui assure « que ses gens étaient d'une prévention horrible, qu'ils y laisseraient plutôt la vie. — « Monsieur, si on veut me prendre mon bien et ma mine, que ce soit pour le pays et non pour les étrangers »... ». Dans les villages, femmes et enfants se mettent aux portes sur son passage et le suivent du regard. Les ouvriers, campés à l'entrée des installations, l'observent d'un œil farouche, tenant entre eux, dans leur patois, des propos menaçants où il est question de l'enterrer dans les galeries s'il insiste pour les visiter. « Je ne crois pas, note encore Besson, qu'on parvienne jamais, sans exciter les plus grands troubles, à établir des compagnies étrangères [...]. Les gens sensés et raisonnables dans ce pays conviennent tous de la nécessité d'une réforme, mais le peuple ! Il a été cruellement vexé et trompé, il doit avoir de la prévention et des craintes. » Notre ingénieur prend donc le chemin du retour, « très content de n'avoir pas essuyé quelque avanie, et surtout de n'avoir pas causé quelque rumeur ou quelque fermentation ». Ces gens-là, lit-on dans un rapport ultérieur, sont « des espèces de sauvages, [...] pour ainsi dire pas civilisés, [...] par conséquent toujours prêts à se révolter pour peu qu'ils soupçonnent qu'on veuille attaquer leurs propriétés et leurs droits ». L'événement dans son entier donne à voir une alliance régionale des ordres réunis de la base au sommet : l'assemblée de Haute-Guyenne a condamné un monopole qui amènerait « des millions *[sic]* de paysans à mourir de faim » ; l'évêque de Rodez parle d'une « résistance qui ne céderait qu'à des armées », au prix de « torrents de sang »...

La situation de conflit entre concessionnaires royaux et anciens exploitants devient classique sur les grands sites d'extraction comme Montcenis (Le Creusot) en 1770 et Alès en 1782. À Montcenis, les opposants ont tenu assemblée dans la salle même des audiences du bailliage pour donner mission à l'un d'entre eux d'agir en justice. Chicanes, procédures, première étape, les esprits se montent. Dans la nuit du 26 au 27 mai 1770, des inconnus brisent à coups de masse les « tours » — ou chevalets — élevées sur l'exploitation, avec tout l'outillage[164]. À Alès, en mai 1782, des quidams couchent en joue les mineurs de M. de Tubeuf — encore lui. Un ingénieur en tournée est mis en fuite à coups de fusil et assiégé dans la maison où il a trouvé refuge. Sur place, les autorités sont peu favorables aux sociétés extérieures. L'intendant hésite à employer la force, et le commandant en Languedoc, M. de Cambis, estime qu'il ne peut intervenir en raison des « privilèges » de la province. Quant à l'évêque d'Alès, il apporte carrément son appui aux exploitants locaux, parmi lesquels de grands personnages comme le maréchal de Castries et plusieurs autres. Les troubles continuent les années suivantes. En 1784, Tubeuf est attaqué en pleine nuit à Rochebelle où il séjourne, toutes les vitres de sa maison sont brisées[165]. Des incidents plus graves éclatent en mai 1785 à La Grand-Combe quand le même Tubeuf, accompagné d'huissiers et d'une escouade de soldats, tente de déloger les mineurs qui sont au travail dans des puits exploités contre ses privilèges : une grêle de pierres s'abat sur la troupe à l'entrée des galeries. L'un des « préposés » de M. de Castries, le nommé Faure, nargue les intervenants avec la plus grande insolence : « Monsieur de Tubeuf, vous avez cru être enfin arrivé à la terre promise, vous n'y entrerez pas ! » Cris et menaces de mort, nouvelles volées de pierres, des blessés de part et d'autre. Tubeuf, atteint au visage, dira plus tard avoir perdu un œil à la suite de cette blessure. Mais il persiste, diligente l'enquête, réclame des troupes et dénonce sans relâche les infractions. Sans disparaître, son entreprise restera jusqu'au bout contestée[166].

4. CONFLITS INTERNES

Il faut corriger l'image trop simple, trop XIXe siècle, d'un peuple des mines ou des ateliers dressé en permanence contre les maîtres ou contre les premiers grands investisseurs industriels. En réalité, l'archicatégorie artisanale et ouvrière se trouve fragmentée en groupes innombrables aux intérêts immédiats contradictoires, comme on l'a vu dans la plupart des affrontements.

Des rivalités opposent les ouvriers de l'endroit à ceux de l'extérieur, les compagnons aux apprentis qui sont de futurs concurrents, les apprentis d'ici à ceux qui ont été formés ailleurs, les artisans établis aux ouvriers plus jeunes pressés de s'installer, les maîtres « modernes » aux maîtres « anciens » à la tête des jurandes, elles-mêmes divisées par des conflits incessants qui forment véritablement la trame de la vie des métiers. Du côté ouvrier, les structures et les traditions du compagnonnage ne jouaient pas non plus comme facteur unifiant. Avouons-le : la matière est floue et d'accès difficile, et les 74 actions classées dans la catégorie « Conflits internes » (p. 438, tableau IX.1) ne traduisent qu'imparfaitement le rythme et la géographie des antagonismes horizontaux dans le monde du travail.

Gavots et dévorants

La « chevalerie errante » de l'artisanat (George Sand) est un *topos* obligé de l'histoire des « classes laborieuses » sous l'Ancien Régime. Les ouvriers du Tour de France relevaient de deux obédiences majeures, les *dévorants, dévoirants*, ou compagnons du Devoir, dits encore compagnons de Maître Jacques, et les *gavots*, ou enfants de Salomon. Peu de vrais mystères subsistent encore sur la structure, les règles et usages de ces organismes clandestins[167]. En quête d'emploi dans une ville inconnue, le compagnon se dirige vers l'auberge ou le cabaret d'accueil où la « mère » (parfois le « père ») le présente au « premier en ville », dit encore « premier compagnon » ou « ancien » ; puis le « rôleur » ou « rouleur » l'aidera à trouver du travail et un logis. En cas d'accident ou de maladie, ou bien s'il est un jour contraint à « battre la paille », c'est-à-dire au chômage, le groupe l'assistera. En échange, il apporte sa participation financière et personnelle en cotisant, en s'associant aux célébrations rituelles comme le « baptême » des néophytes, les banquets, la fête des Rois, les « conduites » en l'honneur de ceux qui « battent aux champs », autre manière de dire quitter la ville. Les archives attestent la vitalité de ces réseaux et leur pouvoir d'intégration à un corps de métier, leur rôle aussi dans la transmission des savoir-faire. Le système d'appartenance repose sur des codes et un langage qui construisent un univers technique, relationnel et moral. La silhouette du compagnon type émerge de la masse des procès-verbaux et des confessions individuelles : héros emblématique de l'utopie artisane, c'est un homme jeune, qui se fait lui-même, fier de son origine et de son « nom de campagne », fidèle au groupe et à ses codes, sensible au point d'honneur, ombrageux et irritable jusqu'à la provocation[168].

En dépit des interdits maintes fois renouvelés depuis l'édit de Villers-Cotterêts de 1539, les autorités ne faisaient pas systématiquement la chasse aux *devoirs*. Dans les villes et bourgs dépourvus de structures corporatives, le compagnonnage peut fonctionner comme un interlocuteur de fait. Les employeurs acceptent ou subissent le dialogue, et la police, de son côté, ferme les yeux tant que l'ordre public n'est pas menacé. Il en va autrement partout où les métiers jurés prétendent exercer le contrôle de l'emploi. Les maîtres, en effet, se défient de ces itinérants, bons ouvriers certes, mais réputés indociles. Mêlés aux travailleurs locaux, parfois en conflit avec eux, ils sont rarement étrangers aux rébellions déjà évoquées à propos de l'embauche, des salaires ou tout autre motif. Ils sont les premiers à lancer le *tric* qui interrompt le travail, signal émis par un roulement rapide de la langue dans la bouche entrouverte.

Si le conflit s'aggrave, ils vont jusqu'à jeter l'*interdit* sur telle ou telle boutique, ou même la *damnation* sur une ville entière, pour un temps plus ou moins long, parfois plusieurs années. Ils obligent alors les camarades de compagnonnage à sortir des ateliers, avec menaces d'amendes et de *fricassées*. Juillet 1752 : *damnation* lancée sur la ville de Bordeaux par les ouvriers menuisiers, et tournée des compagnons dans les boutiques pour diffuser le mot d'ordre. Novembre 1759, toujours à Bordeaux : *damnation* par les compagnons boulangers, et vive réaction de la jurade (conseil de ville) qui fait arrêter quatre-vingts garçons par les chevaliers du guet — la plupart seront relâchés tout de suite, mais quelques-uns restent en prison. Mai 1766 : au tour des serruriers de quitter la ville après avoir annoncé leur volonté de priver les maîtres de main-d'œuvre pendant une année. Juin 1766 : départ des selliers qui proclament à leur tour une *damnation* d'une durée de six ans ![169] Les menaces sont claires et les paroles vives, mais aussi les écrits. Voyez le billet d'interdit placardé à Laval en juin 1769, contre un patron qui accuse deux de ses ouvriers de l'avoir volé : *« Baraque defandie par troj joli geursons et fait defance a qui que soit de Bons geursons du tour de france d'antre che la flame marechella de lavalle et geurgotte a la soupé aux lar et enquapable de pouvoir avoir auquin joslli geurson marechaux et fait par nous les deux renoir et leouis tous bons geursons maréchaux à lavalle »*[170]. Message explicite, dans sa naïveté langagière ! Mise en garde aussi raide des compagnons de Nantes qui, en août 1772, menacent le juré des selliers-carrossiers de la ville : « Le *devoir* des compagnons a existé avant vous, il subsistera encore après, il y a assez longtemps que tu cherches à le détruire, c'est pourquoi nous avons juré ta perte ; assieds-toi là, nous allons te foutre dans l'eau par-dessus le port »[171].

La déploration est générale du côté des maîtres qui se disent réduits à un état « de dépendance et d'asservissement ». À Lyon, une sentence de police d'août 1778 fait défense à tous les ouvriers de « former, avoir, ni entretenir aucune association sous le nom de *Sans Gêne, Bons Enfans, Gavots, Droguins, du Devoir, Dévorants, Passés, Gorets* et autres, sous prétexte de se reconnaître, de se placer et de s'aider ». Interdiction de s'attrouper, « même sous prétexte de faire une conduite », et de s'assembler en nombre dans les cafés, auberges et cabarets ou dans les rues et autres lieux ouverts, « quais, ponts, jardins, prés, terres, vignes, promenades, lieux vagues », sous peine d'être arrêtés « et leur procès fait et parfait ». Les « pères » et « mères » qui les logent au mois ou à la nuit sont tenus à chaque fois d'en faire la déclaration sous quinzaine[172]. Les maîtres tentent d'organiser de ville à ville une résistance commune. Ainsi, en 1785, les syndics et gardes-jurés des serruriers de Toulouse s'adressent à ceux de Bordeaux : « Nous avons l'honneur de vous écrire cette seconde pour vous faire savoir que notre corps s'est décidé de mettre fin aux abus qui se glissent journellement chez MM. les compagnons... » Mais comment tout contrôler, en des temps porteurs de contestation, donc d'associativité ouvrière ? Les quelques tentatives de résistance patronale, observe Bernard Gallinato, « se perdent dans les sables, car la sédentarité des maîtres ne leur permet pas de lutter à armes égales avec les compagnons dont la mobilité favorise la mise en place d'un front commun »[173].

Grabuges compagnonniques, batteries

Pourtant, malgré sa solidarité réelle face aux maîtres, le compagnonnage offre l'image de féroces divisions internes. La vie urbaine d'Ancien Régime porte l'empreinte durable des affrontements entre *devoirs* rivaux. Le souvenir de ces rencontres, amplifié par les récits de cabaret ou de chantier, génère continûment des conduites agressives. L'alcool aidant, une moquerie, un simple regard jugé insolent, et voilà l'empoignade. On se poursuit dans les rues, on assiège les troquets où l'adversaire s'est replié, on bouscule le guet qui tente d'intervenir, on libère éventuellement les camarades arrêtés. Les jours de fête, le dimanche et encore le lundi sont propices à ces débordements[174]. À Dijon, en 1740 et 1741, des incidents graves dressent les uns contre les autres compagnons menuisiers ou serruriers, les uns *gavots*, les autres *dévorants*[175]. Bagarres entre compagnons tailleurs à Tours en 1744, les *arpaillants* contre les *garçons de la chambre.* En 1745, ce sont les menuisiers *dévorants* qui s'en prennent aux autres[176]. Depuis la mi-siècle, les désordres se multiplient d'après l'enquête, trois fois plus nombreux que durant toute la période antérieure, et souvent plus brutaux. Naguère, ils s'étrillaient la nuit, écrivent en octobre 1750 les officiers de la milice bourgeoise de Nantes, mais aujourd'hui « ils osent s'attrouper pendant le jour et se battre dans les rues armés de cannes et de bâtons »[177]. En 1753, une ordonnance du présidial de Mâcon interdit à tous les garçons ouvriers de s'assembler à plus de trois dans aucun cabaret, et en quelque nombre que ce soit passé les 8 heures, car les désordres sont trop fréquents dans cette ville étape. Castagne en décembre 1760, malgré la défense, et victoire des *gavots* qui défilent dans les rues derrière une pique surmontée du bonnet sanglant d'un adversaire blessé. Les années suivantes, retour des *dévorants* qui prennent leur revanche. Plusieurs d'entre eux, arrêtés en avril 1769, tiennent tête au magistrat qui leur rappelle l'interdiction des *devoirs* : l'un des prévenus répond qu'ils « n'ont pas coutume d'y renoncer », et un autre affirme que, si l'association est interdite, personne ne viendra plus travailler à Mâcon[178].

Bagarres aussi sur les grands chemins. Dans ses mémoires échevelés, le compagnon Ménétra relate d'homériques rencontres entre fraternités rivales. Une grande bataille à Angers en 1758 en aurait opposé sept cent cinquante d'un côté et cinq cents de l'autre, faisant sept tués et des dizaines de blessés, chiffres improbables, puisqu'on ne retrouve pas la moindre trace de l'affaire dans les archives de la ville[179]. L'affaire de Luynes en Touraine, à la Saint-Jean d'été 1771, est moins incertaine : quand les gendarmes viennent arrêter en pleine nuit quatre des agresseurs présumés qui dormaient chez le nommé Boulard, « huissier royal et cabaretier », celui-ci appelle au secours. Une douzaine d'individus arrivent aussitôt, menuisiers, cordonniers et tailleurs de pierre ; bâtons levés et couteaux ouverts, ils tranchent les cordes et libèrent les détenus[180]. À Toulouse, au lendemain d'un éclat sur la place Royale, les capitouls font défense à tous compagnons *dévorants* et *gavots* de paraître en ville avec des « cannes, bâtons, marteaux, épées ou autres armes », et de se réunir à plus de cinq sur les places ou promenades, sous peine de punition exemplaire[181]. « Haines mortelles » et batteries incessantes à Bordeaux sur tous les lieux de travail dans les années 1770, notamment autour des chantiers du nouveau théâtre et de l'archevêché[182]. Une vingtaine d'affaires sérieuses ont été relevées pour les années 1780. En juillet 1784, les garçons serruriers et couteliers de Valence s'attaquent aux cordonniers qui ne sont pas de leur *coterie ;* attroupés chaque soir du côté de la citadelle, ils se battent « à outrance » à coups de triques et bâtons ferrés[183]. Les consuls de Narbonne souhaiteraient, en 1787, l'installation dans leur ville d'une ou deux compagnies de troupes réglées pour réprimer « la licence indomptable d'une foule de compagnons du *devoir* »[184]. En mars 1788, les batteries se renouvellent constamment à Tours où les compagnons défilent dans les rues en chantant « la marche du Huron »[185] ! À Annonay aussi, *gavots* et *dévorants* s'affrontent en « batteries journalières », et l'esprit d'insubordination gagne « les jeunes gens du peuple »[186]...

Autres querelles

Hors compagnonnage, les affrontements qui opposent les ouvriers entre eux ne relèvent pas du même rituel ni de la même tradition ludique. Ils apparaissent plus directement liés à la défense d'intérêts vitaux, aux aléas du marché du travail. Ce sont les jalousies entre candidats à l'embauche, les rivalités professionnelles entre quartiers d'une même ville ou la mainmise de différents groupes provinciaux sur telle ou telle branche d'activité qui entretiennent l'intolérance. L'incident de routine peut dégénérer en troubles sérieux — les seuls dont nous ayons gardé la trace. À Paris, les Savoyards occupent le secteur du portage (gagne-deniers, porteurs d'eau) et du ramonage, la maçonnerie est tenue par les Limougeots, la chaudronnerie par les Auvergnats, et chaque ethnie défend son pré carré à coups de poing s'il le faut. À Nantes, les portefaix du quartier de la Fosse sont en bisbille permanente avec ceux de la Chézine et de Chantenay[187]. Les registres de la police des ports, à Marseille, à Bordeaux, fourmillent de récits de mêlées entre débardeurs. Voyez près de Saint-Nazaire, en juin 1726, cette dizaine de *gabariers* et *bargers* qui se battent à coups d'avirons pour décharger les marchandises d'un navire venant de Saint-Domingue[188]. Dans toutes les grandes villes, l'appartenance professionnelle comme l'origine locale et régionale divisent le peuple travailleur en groupes hostiles. Les querelles sont ordinaires à Paris sur la place de Grève où compagnons et manœuvres du bâtiment attendent chaque matin l'ouvrage : ils « se liguent les uns contre les autres de différentes provinces », lit-on dans une ordonnance de police datée de 1719, et ils s'affrontent à coups de pierres ou d'outils, renversant les étals, jetant le trouble dans tout le quartier. À Bordeaux, l'ethnicisme de la concurrence prend une forme originale : les nègres ramenés par les riches négociants, et que la bonne société emploie ostensiblement, déclenchent la jalousie des autres domestiques et laquais, au point qu'en 1789 ils réclameront leur expulsion[189] ! Les querelles et règlements de comptes échappent dans bien des cas à la connaissance exacte des autorités, car la solidarité du milieu a étouffé les plaintes. Le plus souvent, les acteurs ont disparu, les témoignages restent flous, les procès-verbaux incertains. Policiers et juges se découragent, ils bâclent l'enquête et le dossier est classé.

5. « BACCANALS » AUX CHAMPS

« Ils ne laisseront travailler personne »

Phénomènes urbains dans leur masse, les conflits du travail n'épargnent pas les campagnes. Les salaires et la compétition pour l'emploi constituent cette fois encore les deux principaux motifs d'actions tumultueuses, désignées sous le nom de *bacchanales,* ou plus exactement *baccanals,* car le terme se rencontre toujours au masculin dans les documents consultés[190]. Les rapports officiels signalent parfois un climat tendu au moment des récoltes, dans les pays de grande culture. Au début du siècle, les crises de subsistance et les accès de mortalité ont si terriblement atteint la main-d'œuvre que les salaires agricoles connaissent une passagère envolée. En août 1715, l'intendant du Berry observe qu'on ne trouve plus d'ouvriers « qu'à grands frais » pour la fauchaison et le *sciage* (moisson) ; les valets eux-mêmes réclament le double pour leurs gages, « avec des conditions ridicules, comme d'être nourris de pain blanc » ; tous disent « avec arrogance que les maîtres ont eu leur temps pendant la cherté du blé, et qu'à présent [...] ils veulent avoir le leur... »[191]. Même pénurie de moissonneurs et même flambée des gages en Poitou où l'intendant se propose de faire la chasse aux « fainéants » pour leur redonner « le goût du travail »[192]. En 1727, les magistrats de Péronne rappellent qu'il faut réserver le glanage aux pauvres incapables de travailler, en obligeant tous les autres à scier les blés « à salaires raisonnables »[193]. L'insolence des *aoûtiens* inspire partout des craintes. À preuve, l'ordonnance de l'intendant de la généralité de Paris qui, en 1737, condamne tout attroupement armé en période de moisson et laisse la fixation du prix des journées aux maîtres de la récolte : « Depuis plusieurs années, dans le temps des moissons, il se répand dans les campagnes de l'Île-de-France, des troupes de bandits et vagabonds, se disant moissonneurs, qui, sous prétexte de chercher de l'ouvrage, rôdent dans la campagne, armés de bâtons et autres instruments capables de nuire et même de causer la mort, et [ils] empêchent les moissonneurs occupés à faire les moissons d'y travailler, [...] les obligent d'abandonner leur travail en leur enlevant leurs faucilles et outils, en sorte que les années précédentes il est arrivé que plusieurs moissonneurs ont été grièvement blessés, même des fermiers ou laboureurs étant avec eux, [... ils] s'ingèrent de fixer eux-mêmes le prix du *soyage* et menacent les fermiers et laboureurs que s'ils ne donnent pas le prix qu'ils ont fixé, ils ne laisseront travailler personne... »[194].

L'enquête livre un contingent modeste mais évocateur de grèves rurales et d'affrontements[195]. Payés à la journée ou à l'unité de surface à récolter, tantôt en espèces, tantôt en nature ou les deux à la fois, les gages, sont presque toujours au cœur du conflit. En juillet 1724, les journaliers de Mirebeau, en terroir bourguignon, réclament une substantielle augmentation, soit 100 ou 120 sols et une pinte de vin pour moissonner une paire de *journaux*[196], au lieu des 40 ou 50 sols, outre le vin, dont ils se contentaient les années précédentes. Pareille exigence a de quoi surprendre, même en décennie de classes creuses, donc de main-d'œuvre raréfiée. Pour les fermiers, il ne pouvait s'agir que d'une « manœuvre », un « complot odieux », une « révolte masquée », une « vexation inouïe contraire au bien public et à la bonne police, [et] qui ruinerait les laboureurs... »[197]. La grogne peut surgir de difficultés inattendues rencontrées au cours du travail, s'il arrive par exemple que les épis soient clairsemés ou renversés par l'orage. En 1756, les équipes de Limousin venues moissonner en Hurepoix, à Sonchamp, quittent la tâche pour obtenir une augmentation car les blés, disent-ils, sont envahis par les herbes, et le rendement à la gerbe s'en ressent. Ils entraînent les autres et vont de ferme en ferme avec des bâtons pour faire arrêter l'ouvrage, insultant au passage ou même frappant quelques gros laboureurs. Affaire sans suite, car les propriétaires acceptent un accommodement pour en finir au plus vite et rentrer la récolte ; le subdélégué de Dourdan aurait souhaité une punition exemplaire pour « contenir à l'avenir ces sortes de gens »[198]. Le comportement des *soyeurs* de Sonchamp livre le modèle du conflit de récolte, suivi par exemple en juillet 1761 à Brie-Comte-Robert, où les *baccanaleurs* réclament 12 livres l'arpent au lieu des 8 qu'on leur offre. Ils parcourent les champs avec leurs bandes, volent les faucilles et les chapeaux des hommes au travail et cassent les bouteilles des récalcitrants. Quatre meneurs, arrêtés et jugés, seront exposés au carcan sous la pancarte « Moissonneur attroupé, exacteur et séditieux », et bannis pour cinq ans[199]. L'année suivante au Ségur, du côté de Monestiès en Languedoc, où l'on paye à la journée : une « coalition » de cinquante ou soixante moissonneurs bouscule et insulte le sieur de Bonnet de Latour qui refusait de donner 15 sols par jour[200]. Les corps de ville dans le Midi fixent eux-mêmes le prix des journées, notamment pour les vendanges, avec interdiction à quiconque d'accorder des augmentations de gré à gré. « Quoique la classe des paysans mérite certains égards, lit-on dans les délibérations municipales de Tarascon, il est bon de prévenir qu'ils ne fassent pas la loi... »[201].

Ceux d'ici et ceux d'ailleurs

L'enjeu salarial entraîne l'hostilité à l'encontre des migrants, accusés par les ouvriers du cru de travailler au rabais. Ainsi, en Bas-Vivarais, les habitants maltraitent les montagnards venus moissonner les grands champs de l'abbaye de Lavilledieu en juillet 1704. Ils les mettent en fuite, animés par un certain Pierrot Gelli qui parcourt les rues en brandissant sa faucille : « Morbleu, vous êtes des bêtes si vous vous louez à moins de 10 sols, car vous en gagneriez 12 »[202]. Le maire de Frontignan se plaint des ouvriers descendus des montagnes, en 1763 comme chaque année, pour le travail dans les vignes. Ils « se mutinent contre les habitants, ils forment des attroupements pour se révolter contre les règlements de police et veulent être maîtres du prix des journées ». Le dimanche 6 mars, ils sont deux ou trois cents à empêcher qu'on emprisonne un des meneurs, « faisant des huées et proférant mille imprécations ». La troupe arrive et en arrête quelques-uns. À Montpellier, cette année-là, les journaliers du quartier du Coureau et autres faubourgs, attroupés et masqués, poursuivent à travers champs les ouvriers venus du haut pays, des hommes infatigables qui acceptent de peiner depuis 4 heures du matin jusqu'après le soleil couché ; ils brisent leurs outils, volent leurs faux et leur ordonnent de ne plus reparaître « sous peine de la vie ». En juin 1778, la maréchaussée intervient à Mèze où les paysans, rassemblés en « nombre infini », crient à la révolte, disant qu'il fallait assommer les montagnards et « couper bras et jambes » à leurs employeurs, les bourgeois[203]. Tensions analogues dans les grands domaines des environs de Paris[204]. En août 1771, les « journaliers passants » se font rosser par les moissonneurs de Barbery pour avoir accepté de travailler aux conditions des maîtres. De même aux moissons de 1776 vers Baillet-en-France et Moisselles : les saisonniers venus de Picardie, trop conciliants en matière de salaires, sont mis à la raison par les ouvriers du pays ou des bourgades proches, Taverny, Saint-Leu, etc. Le mouvement s'étend et, le 9 août, dans le village voisin d'Attainville, la maréchaussée doit lancer ses chevaux contre « une troupe de plus de mille personnes sortant des fermes », qui réclament hautement 17 ou 18 livres de la coupe de blé au lieu des 16 qu'on leur offre[205].

Reste que, dans la plupart des cas, ce sont les « étrangers », forts de leur nombre et de leur quasi-anonymat, qui se montrent plus combatifs que les journaliers de l'endroit, trop dépendants de leurs employeurs ordinaires pour oser renâcler[206]. Voici Mitry, village de Brie, dans l'été 1769 : une centaine de saisonniers, pour la plupart francs-comtois ou lorrains, arrêtent le travail ; divisés en trois bandes, ils battent la campagne, brisent les faucilles de ceux qui moissonnent encore, leur volent la boisson, le pain et les vivres, et lapident quelques fermes en passant. À Trilbardou, du côté de Meaux, en 1776, les meneurs viennent de Champagne ou de Franche-Comté. Ils ont entraîné les journaliers dans une grève avec violences — un blessé grave —, si bien que la troupe intervient et qu'il y aura des arrestations suivies de procès. Pour finir, deux des mutins sont enchaînés quelques heures au pilori de Meaux, place du Marché, sous l'écriteau « Moissonneur faiseur de baccanal, séditieux et violent »[207].

On retrouve ces tensions partout où les travaux exigent un apport extérieur de main-d'œuvre. Prompts à l'action, les saisonniers sont soudés par une même origine régionale et souvent des liens de parenté. La vie commune, plusieurs semaines durant, dans les granges et les écuries où ils sont logés pêle-mêle, contribue à renforcer la cohérence des groupes, et plus encore le travail en équipes sous l'autorité d'un chef qui discute lui-même le salaire avec l'employeur. À quoi s'ajoute un tempérament de leader pour quelques-uns de ces migrants, qui n'ont pas froid aux yeux. Tel le nommé Mougenot qui, à Mitry, en août 1769, avait eu l'audace de parler fièrement au nom de tous : « Je ne viens pas ici pour moissonner, mais pour faire rendre justice aux moissonneurs. » Et encore, s'adressant au fils d'un gros fermier : « Petit j… f…, c'est vous autres qui êtes cause que les ouvriers ne gagnent pas leur vie. » Attitude qui, pour le brigadier de la maréchaussée, annonce « quelque chose au-dessus d'un manouvrier et d'un moissonneur » — et, de fait, Mougenot déclare au juge avoir servi une douzaine d'années au régiment de Royal-Piémont[208]. C'est encore un militaire qui semble avoir conduit la grève rurale de Fontenay-en-Parisis, près de Senlis, en 1782, François Toussaint, garde-française, âgé de vingt-huit ans, venu pour les moissons avec ses frères et amis depuis les carrières Saint-Denis, refuge pour les miséreux aux portes de Paris[209]. Combien d'autres suivaient des parcours comparables, aujourd'hui journaliers, demain soldats, un jour mendiants, une autre fois contrebandiers au hasard des circonstances, tous riches d'une solide expérience sociale, et n'ayant pas grand-chose à perdre.

*

Cette bigarrure d'affaires urbaines ou rurales, disparates par nature et inégales en gravité, ne se ramène pas à des schémas simples. C'est d'abord leur masse qui peut étonner, plus importante qu'on ne l'attendrait pour une économie si routinière par ses modes de production, si engluée dans la dépendance. Non moins significative, la chronologie : les années 1750 marquent un tournant indiscutable, avec la multiplication très sensible des conflits.

La seconde remarque porte sur le caractère ambigu des rébellions ou des grèves industrielles : elles naissent tantôt du refus par les ouvriers et compagnons des anciennes structures corporatives, tantôt de leur demande de maintien de ces mêmes cadres, jugés protecteurs face aux assauts du libéralisme. La composition sociale des mouvements n'apparaît pas moins complexe. À côté du salariat, permanent ou occasionnel, le monde intermédiaire des maîtres-artisans ou maîtres-ouvriers est tiraillé par des intérêts et des nécessités contradictoires : il se reconnaît parfois dans la revendication populaire, et parfois au contraire il rejoint le camp du profit et de l'exploitation salariale. Les alliances sont par conséquent variables et les lignes d'affrontement sinueuses.

Dans les formes, on aura observé que l'action débouche rarement sur une violence paroxystique. Quelques affrontements ont pu dégénérer et entraîner mort d'hommes, mais il s'agit plus souvent de cortèges dans les rues ou sur les chemins, d'ateliers désertés, de cris, d'insultes, de coups de pierres ou de bâtons. Du côté répressif, on observe de même une certaine modération. Rares sont les condamnations capitales ou les lourdes peines de galères. Dans ce type de conflits, les magistrats choisissent plutôt le bannissement, le fouet aux carrefours, l'exposition au carcan. Mais, souvent, les poursuites tournent court, ou bien les tribunaux prononcent des peines de principe, amendes légères ou simples admonestations.

Les rébellions ouvrières ouvrent pourtant une ère nouvelle dans l'histoire des relations sociales. « Les derniers des hommes » ont le droit d'agir « quand on blesse leurs droits », écrivaient déjà, dans les années 1680, les compagnons imprimeurs de Paris, « les maîtres ont leurs devoirs comme les compagnons, et par cette raison il y a une action mutuelle et réciproque des uns contre les autres »[210]. Se placer sur le marché de l'emploi, négocier son énergie et sa capacité créatrice, c'est s'ouvrir jour après jour à une compréhension enrichie du monde comme il va. Sur tous les lieux de travail s'effectue spontanément un apprentissage démocratique fondé sur la parole échangée, la solidarité ou le conflit, le tout dans les cadres associatifs préétablis ou inventés pour l'occasion. Il s'agit d'une tendance qui va se confirmant tout au long du siècle. Un folklore salarial se constitue rapidement, étoffé par les placards, chansons et récits ironiques où s'exprime la contre-culture des faubourgs et des autres espaces atteints par le processus d'industrialisation[211].

Bien entendu, les secteurs d'archaïsme restent prégnants, nourris de particularismes de toutes sortes, catégoriels, générationnels, claniques ou même ethniques. Les jalousies, la concurrence, les querelles internes, on le sait bien, forment l'essentiel de la vie des jurandes. Par ailleurs, aux yeux du plus grand nombre, l'artisan autonome représente toujours un modèle de réussite et de bonheur social. Le peuple ouvrier, incapable de se référer à un système de valeurs unifiées, est loin d'offrir cette capacité de résistance à la société globale en quoi le sociologue Gurvitch voyait l'un des critères de la différenciation des classes[212]. Émergent pourtant un dynamisme, une « insolence » dont les observateurs contemporains ont parfaitement saisi la montée. Lisons Louis-Sébastien Mercier qui, en cette fin de siècle, se dit frappé par l'esprit d'insubordination « visible dans le peuple depuis quelques années », surtout dans le monde des métiers : « Les apprentis et les garçons veulent se montrer indépendants ; ils manquent de respect au maître, ils font des corporations : ce mépris des règles anciennes est contre l'ordre… » Voyez, dit-il encore, ces compagnons perruquiers qui cueillent « à la volée », en coiffant leurs clients, des mots et des idées dont ils ne comprennent ni le sens ni l'étendue : de là « une révolte secrète contre leur maître dont ils deviennent les censeurs, les ennemis »[213]. Quant au libraire Hardy, au lendemain de l'édit d'abolition des jurandes, il décrit les ouvriers de la capitale comme des « frénétiques de nouvelle espèce », des hommes « ivres de leur future liberté »[214]. Le partage s'accentue. En 1784, le lauréat d'un concours de l'académie de Lyon recommande aux fabricants de maintenir l'*ouvrier* « dans un besoin continuel de travail, de ne jamais oublier que le bas prix de la main-d'œuvre est non seulement avantageux par lui-même, mais qu'il le devient encore en rendant l'ouvrier plus laborieux, plus réglé dans ses mœurs, et plus soumis à leurs volontés ». Un mémoire sur les manufactures de Saint-Étienne est encore plus explicite : « L'ouvrier […] mérite d'être protégé, exige d'être contenu. […] Il ne faut pas lui laisser apercevoir qu'il est nécessaire, qu'on a besoin de lui. L'ouvrier est une espèce d'animal rétif, qui souvent recule lorsqu'on veut qu'il avance… »[215]. L'emploi du singulier collectif redouble le sens de la formule. On voit déjà naître l'idée d'une classe dangereuse, redoutable en tout état de cause, et dont les explosions manifestent non des entraînements passagers et accidentels, mais une malignité fondamentale. Ce sont « les autres » qui, de l'extérieur, définissent alors les contours de cette catégorie plurielle et lui renvoient son image. De ce point de vue, s'esquisse de manière en quelque sorte objective l'unité virtuelle du groupe.

CHAPITRE X

Dignité, liberté

> On continue dans les campagnes à arrêter avec beaucoup de succès les pauvres mendiants et vagabonds, de sorte qu'on en voit beaucoup moins ; on pardonne à ceux qui sont domiciliés et on leur permet par des passeports de demander l'aumône pour gagner leurs villages. Si l'on continue à suivre ce projet, on parviendra à bannir la mendicité du royaume, sans cependant diminuer la pauvreté qui est extrême, mais les pauvres mourront de faim patiemment.
>
> Marquis d'ARGENSON, *Journal*, 26 mars 1750[1].

Les types de révolte traités jusqu'ici avaient plutôt pour moteur des atteintes matérielles objectives, s'agissant du salaire, de la nourriture, de l'encadrement seigneurial ou encore de l'impôt sous toutes ses formes, quel qu'en fût l'agent ou le bénéficiaire. Un schéma revendicatif clair, semble-t-il, axé sur l'argent ou le statut, sur la défense par le groupe d'intérêts familiaux ou individuels. En somme, une logique facile à démêler, en dépit d'interférences occasionnelles. Mais ce serait en vérité trop commode de trancher ainsi dans la complexité sociale et humaine. Les choix que nous avons opérés pour d'inévitables raisons de méthode sont bien entendu réducteurs, et le partage ne doit jamais faire perdre de vue la dimension passionnelle inhérente à tout conflit. Il faut compter avec l'omniprésence de la sensibilité, de l'amour-propre et de la peur qui amplifie toujours la revendication de base. Il faut compter aussi avec la mémoire longue, c'est-à-dire le réinvestissement possible, à travers les situations vécues, des combats passés, des hantises immémoriales gravées dans l'inconscient collectif, tout cet héritage d'opinions crédules, de gestes et de paroles qui organisent le monde.

Il y a ainsi une masse d'affaires à peine ou pas du tout évoquées jusqu'à ce point, qui ont leurs racines non dans l'intérêt immédiat, mais dans la sphère des affects. Il s'agit d'impressions provoquées par des scènes fortes, de sentiments moraux violés par l'imposition brutale de l'ordre, de frustrations individuelles débouchant sur une colère libératrice, parfois même de fantasmes gros de paniques vengeresses. On touche ici du doigt un phénomène primitif et irrépressible, antérieur à l'organisation sociale et à la loi : l'instinct même de refus, exacerbé par l'entité collective. Vitalisme libertaire qui a le plus souvent pour principe l'humiliation, l'image de soi atteinte et dégradée par le mépris des autres, par les souffrances du corps asservi et frappé, le sien mais aussi bien le corps d'autrui reconnu comme victime. Il y a alors distribution des rôles sur la scène publique, et les témoins du spectacle se muent à leur tour en acteurs à part entière.

1. RÉSISTER À LA CONTRAINTE (RÉELLE OU IMAGINAIRE)

Contre la police

Sans revenir sur les actes de rescousse abondamment décrits à propos de la contrebande et de la fiscalité, rappelons qu'à lui seul le spectacle de la contrainte pouvait déclencher de violents rejets. Bornons-nous, cette fois, aux actes de résistance collective dirigés contre les forces de police quand elles prétendent arrêter des individus pour de tout autres motifs. Au total, 494 affaires recensées sous cette rubrique[2], urbaines pour la plupart, villageoises ou rurales une fois sur trois seulement. Limitées d'ordinaire à des groupes restreints — de 20 à 50 —, il arrive pourtant qu'elles explosent en véritables tornades, avec des centaines, voire des milliers de participants des deux sexes et de tout âge. Les cas se multiplient à partir de 1700 pour se stabiliser par la suite, mais à niveau constamment élevé.

Tableau X.1. Rébellions contre la police ou la maréchaussée lors d'arrestations

Période	1661-1700	1701-1730	1731-1760	1761-1789	Ensemble
Nombre des rébellions	77	129	158	130	*494*
Degré d'intensité					
1	41	56	57	51	*205*
2	31	55	80	57	*223*
3	5	18	21	22	*66*

Ce type d'incidents renvoie au bas de l'échelle sociale. À Paris, c'est le spectacle classique du miséreux qui refuse d'avancer quand les archers l'entraînent jusqu'aux trois grandes maisons, la Pitié, Bicêtre et la Salpêtrière, qui dépendent de l'Hôpital général. Le mendiant ou la mendiante résiste, on le tire, il s'accroche aux portes, s'agrippe aux jambes des gardes ou des passants, refuse de grimper dans le fiacre où on veut le pousser. La foule s'agglutine, curieuse, finalement très disposée à soutenir la victime. Alors même que les jours ordinaires s'écoulent dans la rue sous le signe d'une tolérance réciproque et d'une coexistence acceptée, tout d'un coup la police apparaît comme l'instrument d'une insupportable tyrannie. Le gros des passants s'identifie au pauvre malmené, la colère monte et les insultes jaillissent, sans surprise — *misérable, jean-foutre, fripon, valet de bourreau*, etc. — « sorte d'inverse, symétrique des rituels de politesse », un préalable « qui permet d'éviter de se jeter sur l'adversaire sans un mot, sans prévenir »[3]. Après les cris, les coups de poing ou de manches d'outils, les bûches, les projectiles divers selon ce qui se trouve à portée. Avec l'aide du guet, vite sur place, les archers entraînent leur prisonnier jusque chez le commissaire, suivis par la foule qui les accompagne de huées (« À la houe ! », « À la soupe ! »). Le commissaire dresse alors un procès-verbal de rébellion et procède à l'interrogatoire sommaire du prévenu, avant d'ordonner son incarcération au Châtelet ou à For-l'Évêque. Sur l'ensemble des cas rébellionnaires, 63 renvoient à l'arrestation de mendiants et 20 de mendiantes. La « populace » — terme de police — parvient à favoriser la fuite d'une trentaine d'entre eux.

La sociologie des participants à la rescousse ne pose pas problème. Il s'agit souvent de laquais, cochers, suisses (portiers) des hôtels ou des couvents, personnel ancillaire qui prétend exercer une sorte de protectorat sur les gueux des alentours. Par leur présence respectueuse et plaintive, les pauvres en effet relèvent à leur manière le prestige des grandes maisons aristocratiques et des institutions religieuses auxquelles ils apportent, à la demande, une aide appréciée pour nombre de petits travaux : balayer les abords, nettoyer les cours, frotter les parquets, coltiner le bois ou les denrées, etc. Les gens de livrée, avec l'accord tacite de leurs maîtres, reprochent aux gardes de venir troubler ce clientélisme familier. Les mendiants comptent sur eux, et le cri de « À moi la livrée ! », alternant avec « À moi les bourgeois ! », donne le branle à l'émeute. Le cabaretier a lui aussi « ses » pauvres, nichés aux environs de l'enseigne, de même que le crocheteur, le porteur d'eau du coin de la rue, la revenderesse derrière son étal de plein air, qui patronnent plus démunis qu'eux. Dans certains quartiers de Paris, on voit dans ces cas-là des professions entières se dresser contre la police. Par exemple, les bouchers et tripiers de la place aux Veaux, avec leurs crocs redoutables, refoulent, en septembre 1724, les archers venus arrêter « leurs » pauvres[4]. Non moins dangereux, les tailleurs de pierre et les maçons perchés sur leurs échafaudages ; ils ont en main de quoi faire reculer la brigade, pierres, moellons, poignées de chaux vive. Autre soutien populaire, les soldats — gardes-françaises le plus souvent, très liés aux petites gens du quartier — aiment se poser en protecteurs : « Vous emmenez ma mère ! » ; ou bien « Vous n'emmènerez pas ma sœur ! » ; ou encore : « Mon frère ! quoi, vous avez arrêté mon frère ! » De même les écoliers sortis du collège ou de l'académie proche, déjà habiles à manier le bâton ou l'épée. Et bien sûr les femmes, reines de la rue, toujours présentes. Le haut s'associe au bas par les fenêtres ouvertes d'où pleuvent sur les archers bûches, pots et autres projectiles solides ou liquides, parfois nauséabonds…

Les enlèvements d'enfants

L'effervescence spéculative à l'époque de Law et dans les années qui ont suivi, marquée de banqueroutes à scandale, la fièvre d'enrichissement liée à l'entreprise coloniale, le luxe tapageur des parvenus, les maisons de jeu qui fleurissent, les filles à vendre, jeunes et belles, tout cela indigne. Le sentiment d'une menace diffuse s'est installé dans l'opinion populaire qui réagit à sa façon au climat politique et moral dégradé. Et les rumeurs et fantasmes ont vite fait d'habiller le réel. Quelques temps forts dans ces vagues d'émotions parisiennes — 1720, 1725, 1750 — liées à des événements ou des mesures de police circonscrits, mais qui déclenchent des terreurs paniques. En mars 1719, au plus beau de l'affaire Law, une déclaration royale impose dans la capitale l'arrestation de tous les vagabonds et gens sans aveu, afin d'expédier aux colonies les plus vigoureux pour le défrichement et la culture des terres[5]. Des cortèges de pauvres tirés des hôpitaux prennent le chemin des grands ports. Témoin, le chroniqueur Buvat qui, au mois d'août 1719, voit défiler dans les rues « cinq cents jeunes gens des deux sexes », les garçons enchaînés deux à deux, les filles dans des charrettes, sous la garde des archers. Nouvelle ordonnance en mars 1720, et nouveaux convois[6]…

De quoi ranimer des hantises plus lointaines autour de la déportation des pauvres et des vols d'enfants. Le 1er mai 1662 déjà, la panique avait transformé en tragédie une distribution d'aumône dans la ville d'Angers : le bruit s'était répandu dans la foule des pauvres, accourus de tous les environs pour recevoir le pain, « qu'on voulait arrêter tous les valides, tant mâles que femelles, pour les *enverser* en Terre Neuve ». Énorme confusion, fuite précipitée vers les portes, flux et reflux, « en sorte qu'il y eut plus de trente personnes étouffées et crevées »[7]. À Paris, en 1663, sur fond d'agitation dans les quartiers, le parlement avait rendu un arrêt interdisant d'enlever dans les rues, « par adresse et par violences », des filles et des garçons « sous prétexte de les envoyer en Amérique ». En 1675, de mystérieux billets imprimés ou manuscrits, lus et affichés dans plusieurs églises, parlent à nouveau d'enlèvements[8]. Resurgit par intervalles la crainte sans âge de l'ogre affamé de chair fraîche, plus ou moins confondu avec le diable des chrétiens et ce qu'on croit savoir des rituels de magie noire. En juin 1701, le bruit court qu'on égorge les enfants « pour de leur sang faire un bain pour une personne de grande considération »[9]. En 1717, la rumeur accuse un commissaire du Châtelet et ses exempts d'avoir fait disparaître un jeune marchand de chevaux avec toutes les montures qu'il conduisait. « Ni le jeune homme ni les chevaux n'avaient pu être retrouvés, malgré les perquisitions faites par la famille », note Buvat dans son *Journal*[10]... Et l'ordonnance de 1720 vient relancer les craintes. Le public murmure, parle de convois organisés dans des conditions atroces, de « friponneries » sans nom, d'agissements mystérieux. Au pont Notre-Dame, rue Saint-Antoine, rue du Roi-de-Sicile et Vieille-Rue-du-Temple, des incidents éclatent les 29 et 30 avril 1720. « Tout le peuple », relate Barbier, sort dans les rues avec des bûches et « autres instruments ». Insultés, les archers se sauvent dans les allées et les escaliers des maisons, ils sont poursuivis jusque sur les toits, tués dans les gouttières. L'un d'eux, conduit à l'Hôtel-Dieu avec d'autres pour y être pansé, est achevé par les malades. Dix morts au moins du côté des forces de l'ordre, et de nombreux blessés[11]. Une injure inédite — « Mississipien ! » — court derrière les ramasseurs de pauvres. Autre séquence émotive en 1724-1725, avec une vingtaine d'incidents, en réponse à la pratique policière du nettoyage[12]. Voyez, en octobre 1724, la bagarre engagée par plus de deux cents maçons et manœuvres, au travail sur un gros chantier de la rue du Bac. Des archers ne faisaient que passer, sans même conduire personne ; leur vue seule suffit à déchaîner la fureur des ouvriers : « Bougres de gueux de Mississipiens », leur crient-ils en les poursuivant jusqu'au couvent des jacobins qui leur offre un abri. En mai 1725, par contre, les religieux prémontrés font alliance avec la rue : au carrefour de la Croix-Rouge, le suisse du couvent et les moines aident la livrée du quartier à mettre en fuite les archers qui poursuivaient jusque dans l'église. Affaires brutales, parfois sanglantes, qui relancent périodiquement dans le public le thème de l'enlèvement[13].

1750 à Paris, à Tours, à Toulouse…

La peur revient après le calme relatif du ministère Fleury. La guerre de Succession d'Autriche et la colonisation imposent de nouvelles levées pour « servir le roi ». Période difficile, qui correspond aussi à l'une des pointes de cherté du siècle. Misère, chômage, pression fiscale, « cela ne se passera pas sans résistance, écrit le marquis d'Argenson. On crie beaucoup, on va crier bien davantage ». Et encore : « La misère augmente dans Paris ; on y fourmille de mendiants ; on ne saurait s'arrêter [... sans] que dix gueux ne viennent vous relancer de leurs clameurs. On dit que ce sont des habitants de la campagne qui, n'y pouvant plus tenir par les vexations qu'on y essuie, viennent se réfugier dans la ville de Paris, préférant la mendicité au labeur »[14]. Pour éviter les histoires, les instructions de police de 1750 conseillent de bien distinguer les petits filous, qu'il faut saisir, et les fils de bourgeois, qu'il suffit d'« intimider ». Les hommes du Châtelet se montrent efficaces, le « nettoyage » va grand train. En l'espace de six mois, de mai à novembre 1749, l'inspecteur Brucelles a emprisonné à lui seul quatre-vingts garçonnets et jeunes gens, et il a reçu pour sa peine 12 livres par tête. L'officier du guet Faillon aligne en quelques semaines quarante-cinq prises, son confrère Le Blanc quarante-six. Âge moyen, seize ans, en majorité des manœuvres ou gagne-deniers qui se disent décrotteurs, apprentis, pousseurs de brouettes, porteurs de charbon[15]...

Après un temps de frayeur et d'atonie, le petit peuple se réveille. Le 2 janvier 1750, la colère prend la rue de Bretagne où les garçons bouchers, soutenus par le voisinage, tombent sur les policiers qui entassaient des pauvres dans un carrosse. Selon un témoin, tout le monde courait sur le boulevard proche, tisserands, menuisiers, charpentiers et autres, en menaçant de « tuer ces gens-là ». Le 1er février, dans l'après-midi, un exempt de robe courte, qui traversait la rue Saint-Martin avec son escorte, est attaqué par « une cinquantaine de petits polissons », et, à la même heure, une autre escouade est prise à partie à Saint-Martin-des-Champs par « les enfants sortant du catéchisme ». Toutes sortes de signes attestent le climat de panique. Ainsi la requête adressée au Châtelet par un compagnon ébéniste de la rue de la Tonnellerie, près des Halles : « Déclare que depuis le dernier janvier de la présente année 1750 il a perdu Louis-Jean-Baptiste Sanctus son fils âgé actuellement de treize ans huit mois. Il supplie ces Messieurs de faire leur possible pour lui donner des nouvelles de cet enfant mort ou vif, étant prêt de répondre à tout ce qu'il plaira à Messieurs d'exiger de lui »[16]. Sous la date du 4 janvier 1750, le marquis d'Argenson mentionne dans son *Journal* les agissements mystérieux d'un « faux dévot » qui aurait disparu en emmenant avec lui « sept pauvres enfants qu'il prenait chez les pauvres, parmi les plus jolis enfants, pour les faire élever par des dames riches et charitables »[17]. Les bruits les plus fous se répandent. On débite dans le peuple, écrit Barbier, « que l'objet de ces enlèvements d'enfants était qu'il y avait un prince ladre [lépreux], pour la guérison duquel il fallait un bain ou des bains de sang humain, et que n'en ayant point de plus pur que celui des enfants, on en prenait pour les saigner des quatre membres... »[18]. Des affiches manuscrites, placardées sur les portes du quartier Saint-Paul, invitent les parents à ne pas laisser les enfants seuls sur le chemin de l'école. Le quartier Saint-Antoine s'organise spontanément en réseau d'autodéfense. « Mon père vint me chercher comme bien d'autres, écrit l'ouvrier Ménétra, avec sept forts garçons tonneliers qui portaient chacun un levier sur l'épaule »[19]. Un maître de la paroisse Saint-Gervais ne comptait plus alors dans sa classe qu'une douzaine d'élèves, « tout tremblants », au lieu des quatre-vingt quinze qu'il accueillait d'ordinaire[20]. Sur les quais et les chantiers, les ouvriers s'échauffent et affirment qu'ils se révolteront si on touche « aux leurs ».

Les mois d'avril et de mai sont ponctués d'éclats plus ou moins graves, une quinzaine, qui transforment la rue en théâtre d'insoumission. Les rapports de police sont parfois confus, si bien qu'il est difficile d'établir une topographie et un calendrier absolument précis des incidents. Le 1er mai, la « populace » et une cinquantaine de gardes-françaises tentent de libérer « plusieurs petits libertins et filous » emmenés par la garde alors qu'ils jouaient « à la roulette avec des balles » dans le faubourg Saint-Laurent. Le 16 mai, la journée commence par un énorme attroupement rue des Nonnains-d'Hyères, autour d'une voiture suspecte. On croit y trouver des enfants, il n'y en a point, mais les occupants, qui ont la mine de gens de police, détalent de tous côtés. Rattrapé, un archer est sérieusement blessé. Un praticien au Châtelet, le nommé Lequesne, suspecté de connivence avec les enleveurs, s'enfuit par la rue de Jouy et la rue Tiron où il tente d'entrer chez un pâtissier qui le repousse, puis chez un maître fournier, enfin chez une fruitière. La foule arrive et le met à mal à grands coups de pierres et de bâtons avant que le guet ne le délivre, à moitié mort. Un autre homme du Châtelet, l'exempt Hamard, se réfugie à L'Épée Royale, au coin de la rue des Mauvais-Garçons et du marché Saint-Jean-en-Grève. Mille à deux mille personnes font alors le siège du cabaret ; puis, vers le soir, la foule se lasse et se disperse. Le même jour, un gros homme vêtu de rouge, l'huissier Lagnier, attablé au Franc Pinot dans l'île Saint-Louis, est pris à partie par une vendeuse de pommes : « Encore un preneur d'enfants ! » Cela suffit pour alerter quelques centaines de riverains prêts à la violence. La garde charge, baïonnette au fusil, et accompagne l'huissier au logis du commissaire Rochebrune, rue Geoffroy-l'Asnier. Mais les émeutiers suivent en jetant des pierres, des planches, des tessons de bouteille. Depuis les fenêtres pleuvent des projectiles, plâtras et même une de ces marmites de fonte appelées « huguenotes ». La garde tire et atteint plusieurs manifestants, dont un garçon boucher, un garçon cabaretier et un charbonnier, le nommé Lebeau, qui plus tard sera pendu. Au total, plusieurs blessés ce jour-là, peut-être des morts. C'est une véritable psychose, on croit voir partout des « mouches » ; des promeneurs un peu trop bien mis, donc suspects, sont bousculés et frappés dans les rues voisines, perruques arrachées, épées volées[21].

À partir de là, l'émeute se rallume en d'autres points, vers la Madeleine le 21 mai 1750, dans les quartiers Saint-Denis et Poissonnière le 22. De simples passants sont méchamment pris à partie et conduits dans un triste état chez les commissaires du quartier dont on assiège aussitôt la demeure. Dans l'après-midi du vendredi 22, l'île de la Cité s'enrage à son tour : un soldat invalide qui conduisait un écolier (selon d'autres versions, une petite vielleuse) est pris lui aussi pour un voleur d'enfants. Il réussit à se réfugier rue de Harlay dans la maison d'un marchand, immédiatement cernée par une masse de cinq à six cents personnes, « dont le plus grand nombre était de jeunesse ». Deux escouades de la garde viennent l'y chercher vers les 6 heures pour le conduire par le quai des Orfèvres chez le commissaire Delafosse qui habite rue de la Calandre. La foule les bombarde de pierres, bûches et outils divers fournis par les orfèvres voisins, déchaînés dans cette affaire. Dans l'attroupement, des charbonniers, des gens qui ont « l'air d'ouvriers », et beaucoup de gamins. Au premier rang, un jeune brocanteur âgé de seize ans, le nommé Urbain ; il crie et il ordonne « comme un petit lion », selon les témoins. Tout le quartier est bloqué par les chaînes que les émeutiers tendent à travers les rues pour empêcher les charges de cavalerie. Voici les furieux en train de casser la porte du commissaire Delafosse à coups de pierres et de hache, puis d'y mettre le feu avec de la paille. Coups de fusil lâchés par le guet, un mort. Un groupe tente sans succès de piller quelques boutiques d'armuriers sur le pont Saint-Michel, et l'agitation atteint la rive gauche. Rue du Four, au carrefour de la Croix-Rouge, la boutique d'un traiteur-rôtisseur est mise au pillage. La garde, le guet, la troupe à cheval prennent position des deux côtés de la Seine. On peut s'attendre au pire.

Les événements du samedi 23 mai sont plus dramatiques encore. Rue Saint-Honoré, la foule a pris en chasse un certain Labbé, connu comme « mouche » de police. Dans la matinée, l'homme a été aperçu au marché des Quinze-Vingts, poursuivi, finalement attrapé et battu ; le guet parvient à le délivrer et à le conduire, très mal en point, chez le commissaire Delavergée dont la demeure est aussitôt assaillie. La porte vole en éclats, il faut composer avec les meneurs et leur livrer la victime. Une foule énorme s'est amassée, peut-être dix mille personnes, avec en mains toutes sortes d'armes. L'homme implore la pitié et demande un confesseur. Il atteint sous les coups les marches de l'église Saint-Roch où un courtaud à petite perruque, vêtu de brun, lui écrase la tête avec une planche hérissée de clous. Trois individus traînent le corps jusqu'à l'hôtel du lieutenant général de police, M. Berryer, qui s'est réfugié à temps au couvent des jacobins. On crie qu'il faut clouer le cadavre au portail, mais on manque de pointes et on l'abandonne sur place. Jusqu'au soir, un concours de peuple monte et redescend la rue pour contempler la dépouille étalée sur le seuil du magistrat le plus puissant de la capitale. Le lendemain soir, un dimanche, une bande de petites gens rassemblés rue du Bout-du-

Monde se livre à une sorte de sacrifice rituel pour fêter la victoire sur les agents du mal : ils assomment un chat payé 10 sols — incarnation diabolique de l'homme de police dans le bestiaire traditionnel — en chantant un *Libera nos* et un *De profundis.* Puis ils jettent cérémonieusement le cadavre dans un brasier après l'avoir aspergé de quelques gouttes d'eau « bénite » puisée au ruisseau. On chante, on danse autour du feu, et l'on répète qu'on en fera autant « pour toutes les mouches de Paris »[22].

Dès le 25 mai, alors que la contagion s'est étendue aux environs — Vincennes le 22, Saint-Cloud le 24 où l'on sonne le tocsin pour prendre en chasse les preneurs[23] —, la machine répressive se met en branle, sur l'ordre exprès du roi. Énorme enquête, deux cent trente-quatre témoignages, une trentaine de prétendus meneurs arrêtés ou décrétés. La sentence du 1er août expédie au gibet trois jeunes hommes, Urbain, le petit brocanteur du pont Saint-Michel, seize ans, le charbonnier Lebeau, vingt-quatre ans, dignitaire de sa corporation avec le grade de « plumet des porteurs de charbon », et un pauvre portefaix, Charvaz, vingt-quatre ans lui aussi[24]. Le public reste consterné devant une rigueur si sélective, alors que les principaux fauteurs de trouble, c'est-à-dire les ravisseurs et leurs séides, sont à peine mis en cause et aussitôt couverts par leurs supérieurs. « Voilà un grief très chaud contre la police », commente d'Argenson qui redoute avec lucidité la désaffection et le ressentiment du petit peuple parisien[25]. « Il est certain, note de son côté l'avocat Barbier, que ces exécutions ne déshonoreront point la famille de ceux qui ont été pendus. » Le 3 août, jour fixé pour l'exécution, en arrière de la place de Grève — et non sur la place même pour éviter les attroupements — le quartier de l'hôtel de ville est en état de siège. Des cris partent de la foule quand le premier condamné grimpe à l'échelle : « Grâce, grâce ! » Le bourreau hésite, mais la troupe pointe ses baïonnettes et repousse l'assistance en provoquant une énorme bousculade[26]. Quelques jours plus tard, les charbonniers font dire un *Requiem* en mémoire de leur camarade Lebeau. Le marquis d'Argenson en est frappé au point d'en parler dans son *Journal* : « Grand service aux Carmes de la place Maubert qu'ont fait les charbonniers pour celui de leur corps qui a été pendu en Grève... Ils ont fait une quête pour cela, le regardant comme un martyr de la patrie »[27].

Quelques jours après les événements de Paris, l'étrange rumeur resurgit à Saint-Pierre-des-Corps, puis à Tours où la foule poursuit des étrangers fort suspects, arrivés d'Orléans par la Loire. Un témoin a prétendu reconnaître quelques-uns de ceux qui, disait-il, avaient participé à des enlèvements survenus à Nantes avant le dernier carnaval. Sans rien vérifier, on se jette sur eux : « Êtes-vous de ces bougres qui venez enlever nos enfants ? », « Venez donc voir, voilà des *Mississipiens* qui enlèvent des enfants ! ». On les poursuit à coups de pierres, on fouille leurs embarcations, mais le lieutenant général de police calme le jeu après enquête, et tout se termine par des remontrances aux lanceurs de faux bruits[28]. Mêmes frayeurs en juin 1750 à Toulouse, où le peuple en veut à deux fabricants de mannequins de cire arrivés dans la ville. On les insulte, on leur jette des pierres. Pour éviter tout risque d'émeute, les capitouls et le parlement dénoncent encore les « faux bruits » et interdisent de s'assembler dans les rues[29]. Années troubles, où l'on parle de messes du diable, de calices remplis du sang d'enfants égorgés, d'entremetteuses qui feraient commerce de nouveau-nés.

Lyon en 1768 : les mystères du collège de la Trinité

En 1768, alors que les émeutes de subsistances se multiplient dans le royaume, la psychose de l'enlèvement reprend vigueur dans la France du Sud-Est. Folles rumeurs à Lyon où le populaire suspecte les autorités de poursuivre vagabonds et mendiants pour des raisons inavouables. On dit que les pauvres, jeunes et vieux, arrêtés de nuit comme de jour, sont conduits en cachette au collège de la Trinité tenu par les oratoriens, et on reparle d'enfants sacrifiés à la survie d'un mystérieux prince malade. Selon d'aucuns, les Pères hébergeraient un prince manchot, et « tous les soirs on arrête autour du collège des enfants, auxquels on coupe un bras pour l'essayer au prétendu prince » ! Tantôt le bruit court que de maléfiques opérateurs procèdent ici à la dissection de « corps vivants », dans des salles effectivement prêtées au collège de médecine et de chirurgie. D'autres racontent que des médecins cassent les bras et les jambes des malheureux prisonniers « pour apprendre aux étudiants à les raccommoder ». Et même qu'ils prennent « un plaisir cruel à tremper leurs mains dans le sang de leurs semblables, et à chercher dans le fond de leurs entrailles palpitantes de détestables connaissances »[30]...

Le dimanche 27 novembre dans l'après-midi, une foule inquiète s'agglutine autour de la Trinité. La rumeur s'enfle, un enfant, dit-on, vient encore d'être enlevé des bras de sa mère, on l'a emmené au collège, il va sûrement y être égorgé ! La garde arrive sur les lieux, sans pouvoir calmer le tumulte. Les voilà par centaines, par milliers, autour des bâtiments (plus de quinze mille selon un témoin, estimation des plus subjectives). L'une des portes est défoncée à la hache, un groupe de factieux pénètre dans les salles avec des barres de fer et des pavés, ils dévastent l'amphithéâtre, la salle d'anatomie, puis l'école de peinture à l'étage au-dessus. Cloisons abattues, armoires fracassées à la recherche d'indices criminels. La découverte d'un squelette et d'instruments de chirurgie renforce évidemment les préventions des mutins. Ils allument un grand feu sous le porche, puis un autre sur le quai du Rhône pour y jeter leur butin avec des fragments de meubles et de boiseries. Entre-temps, les autorités ont concentré toutes leurs forces disponibles, guet, arquebusiers, maréchaussée, garde bourgeoise. Après une bousculade meurtrière, les officiers donnent l'ordre de tirer pour dégager les bâtiments, et à la nuit tombée la sédition s'apaise. Ce bref accès de fureur a été d'une rare intensité. Six morts du côté des assaillants, et de nombreux blessés dont beaucoup ne survivront pas, ce qui porterait à vingt (dont six femmes) le bilan global des victimes. Une trentaine de mutins sont conduits aux prisons, pour la plupart hommes jeunes, âgés de moins de trente ans. Parmi eux, quatorze ouvriers et ouvrières en soie, des *affaneurs* (gagne-deniers), artisans, apprentis, domestiques. Le procès qui s'ouvre aussitôt aboutit à une seule condamnation à mort, celle du nommé Hubert Balmont, ouvrier en étoffes de soie, âgé de vingt ans, qui avait servi dans un régiment avant d'être réformé[31].

Le caractère populaire et spontané du mouvement ne fait guère de doute. Les juges interrogent les accusés sur l'éventualité d'une préméditation ou d'une incitation extérieure, sans atteindre aucune certitude. On pourrait peut-être voir dans cet épisode une retombée des conflits religieux qui secouaient alors la ville. D'un côté les jésuites appuyés sur le clergé ultramontain, de l'autre les oratoriens jansénisants qui leur avaient succédé à la tête du collège en 1763. Adversaires acharnés, ils se disputaient la clientèle du petit peuple comme celle des élites, et des campagnes calomnieuses échauffaient les esprits, peut-être à la source de ces fantasmes morbides[32]. De fait, après les troubles, on arrête un jésuite et l'on perquisitionne chez un de leurs partisans, ancien vicaire de l'église Saint-Nizier. Il faut un message personnel de l'archevêque de Lyon au prévôt des marchands pour écarter des rapports officiels toute allusion aux ecclésiastiques qui auraient été aperçus au milieu de la populace, l'incitant à mettre le feu[33]...

Au printemps qui suit, à Romans, dans le Dauphiné proche, on parle toujours de personnages douteux, des messieurs fort bien vêtus — redingotes, cheveux en bourse... — qui enlèvent les enfants de moins de quatorze ans « pour en faire des démonstrations anatomiques » et leur « tirer du sang ». Les citadins et même les campagnards y croient assez pour garder leurs écoliers à la maison. Cette « histoire imaginée », écrit le procureur général de Grenoble, « peut renouveler parmi le peuple la frayeur qui occasionna il y a quelques mois une émeute à Lyon »[34].

La violence de mouvements aussi frustes qu'infondés peut paraître archaïque, portée par un fonds séculaire de croyances magiques et d'imagerie naïve. Ces contes noirs illustrent les mêmes antagonismes fondamentaux que les contes de fées qui enchantent alors la bonne société : ils montrent les adultes qui dévorent les enfants, les puissants qui s'abreuvent du sang des faibles. L'émergence de fantasmes de ce type a pu être réactivée dans le petit peuple par les tentatives brutales et répétées de mise au pas des indigents.

Révoltes de mendiants

Dans les années 1760, la législation accentue l'action ségrégative entamée sous le règne de Louis XIV et poursuivie sous la Régence. La déclaration royale de 1764 et l'arrêt du Conseil d'octobre 1767 mettent en place des dépôts de mendicité et des ateliers de charité. Ils sont destinés à accueillir les mendiants sans domicile fixe et les vagabonds incapables de justifier d'un emploi au cours des six derniers mois. La maréchaussée et la justice prévôtale sont désormais en charge de toute cette population, définie de façon extensive[35]. Politique bien reçue par le public éclairé, qui l'appelait de ses vœux. Que les honnêtes gens aient souhaité une réponse ferme à la montée du flux des misérables, la chose apparaît compréhensible, et néanmoins paradoxale au moment où les valeurs philanthropiques gagnent une audience élargie[36]. Plus étonnante, la campagne de propagande qui a préparé l'opinion à la nouvelle politique d'encadrement. C'est la préoccupation du moment, le thème est à la mode. Ainsi le sujet mis au concours par l'académie des sciences, belles-lettres et arts de Châlons-sur-Marne en 1777 : « Les moyens de détruire la mendicité en France, en rendant les mendiants utiles à l'État sans les rendre malheureux »[37]. L'académie reçoit une avalanche de réponses venues de toute la France — plus de cent —, avec des projets ambivalents qui laissent d'abord paraître la grande peur des nantis. Par ailleurs, on ne compte plus les libelles, traités, opuscules qui proposent de *supprimer, détruire, extirper, abolir, empêcher, débarrasser, réprimer* la gueuserie. Pas d'ambiguïté du tout chez Guillaume-François Le Trosne, économiste en renom, qui parle d'un véritable combat, de « troupes ennemies répandues sur la surface du territoire, qui y vivent à discrétion, comme dans un pays conquis et qui y lèvent de véritables contributions sous le titre d'aumônes... » Ils inspirent partout la « terreur », avec leurs pilleries « ils vont faire des festins dans les bois ». C'est une « rébellion sourde et continuelle », une « guerre intestine et journalière ». Aussi propose-t-il d'indemniser tous ceux qui permettront d'arrêter ces voleurs, incendiaires, jeteurs de sorts et criminels en puissance : « On donne une récompense de 10 livres pour la tête d'un loup, un vagabond est infiniment plus dangereux pour la société »[38]. Il ne préconise évidemment pas l'anéantissement physique des pauvres mais leur enfermement à des fins productivistes. Il fallait convertir des oisifs dangereux et socialement inutiles en ouvriers laborieux et les agréger de force à la communauté civique.

Doté d'une armature légale et de ces fortes justifications, le pouvoir s'efforce donc de résoudre le problème par de nouveaux moyens. Les opérations spectaculaires de ramassage se multiplient par vagues dès la fin 1767, la sévérité alternant avec des phases de relâchement. Prisons, hôpitaux, dépôts et ateliers de charité reçoivent près de cent mille vagabonds ou mendiants dans les premières années[39]. On peut imaginer l'inquiétude du petit peuple, alors même que son existence est devenue si précaire en ces temps de disette et de cherté. L'affaire du collège de la Trinité à Lyon doit se lire dans ce contexte et d'autres encore, en moins grave il est vrai. Ainsi l'émeute de Périgueux en mai 1769. Une cinquantaine de miséreux s'étaient amassés ce jour-là sur la belle promenade publique, les allées de Tourny, dans l'attente de l'aumône distribuée à l'occasion des grandes funérailles. C'était le seigneur-abbé de Crevoiseret qu'on portait en terre. Au mépris des usages, la maréchaussée enveloppe les mendiants, elle les questionne un à un pour savoir s'ils ont un emploi, un domicile, si quelqu'un peut se porter caution pour eux. Elle en arrête successivement plusieurs groupes qui sont conduits aux prisons. Mais quelques-uns se rebellent, aussitôt secourus par « la lie du peuple », hommes et femmes armés de pierres et de bâtons. Ils se ramassent à deux mille, selon un rapport officiel, résolus à « se porter aux dernières extrémités », et ils parviennent à délivrer les prisonniers[40].

Pour la suite, seulement deux affaires de quelque importance. À Rochechouart, en janvier 1778, une centaine de personnes s'opposent à l'arrestation de trois pauvres qui allaient aux portes demander du pain. À Limoux, en janvier 1785, trois cents autres, hommes et femmes, empêchent les cavaliers d'emmener deux vagabonds qui refusaient de dire leur nom[41].

Les révoltes contre les arrestations réelles ou supposées n'ont pas disparu, on en relève encore dans les décennies prérévolutionnaires, mais aucune n'atteint plus l'ampleur des événements parisiens de 1720 et 1750 ou de l'affaire lyonnaise de 1768. Avançons des motifs pluriels à l'apaisement constaté dans ce champ d'émotivité. L'enrichissement progressif des couches moyennes, signalé par tous les indicateurs à partir de la mi-siècle[42], accroît les distances sociales en renvoyant du côté de l'ordre et des nantis la fraction du populaire qui a réussi un petit décollage. L'Église, les collèges et les petites écoles contribuent de leur côté à répandre le système des valeurs liées au travail. Dans un climat tendanciel de relative prospérité, ceux qui ont « quelque chose », maintenant plus nombreux, se sentent menacés par ceux qui n'ont « rien ». Leur inquiétude s'accroît lorsque de brusques tornades dépressionnaires gonflent la masse des miséreux. Du coup, la maréchaussée et la police perdent de leur aspect redoutable pour les petites gens, parvenus à un niveau modeste. On compte davantage qu'autrefois sur leur présence, on souhaite des brigades plus nombreuses et mieux réparties, on attend leur passage, on coopère même avec elles. « Tout le monde est bon lorsqu'il s'agit d'arrêter un vagabond », observe le physiocrate Le Trosne, déjà cité[43]. Les interventions de la force publique déclencheront encore de spectaculaires grabuges comme nous le verrons, mais ce sera plutôt les jours de fête, contre les interdits de toutes sortes qui empêchent le bon peuple de s'amuser. Le pauvre ne perd pas pour autant son aura de « victime » et l'on veut bien dénoncer, de manière générique et abstraite, l'inhumanité de sa condition. Toutefois, les solidarités semblent cassées par les égoïsmes défensifs, et le spectacle des misères n'entraîne sans doute plus les mêmes élans du cœur.

2. ÉCHAPPER À LA JUSTICE

Par contre, la cruauté des pratiques judiciaires soulève des oppositions de plus en plus ouvertes. L'engagement, la militance même pour les causes humanitaires sont assimilées à l'esprit philosophique tel qu'il s'exprimait dans l'opinion éclairée, mais les élites n'étaient pas seules à défendre des valeurs nouvelles dans ce domaine qui touche à la morale autant qu'aux institutions. Les milieux populaires à leur façon signifient le changement intervenu dans la définition du seuil du tolérable[44].

Moins en idées et en mots peut-être que dans la mise en acte quotidienne.

L'imaginaire comme le discours d'un public très large tournent autour des figures de l'intolérable, les corps torturés, les chaînes et les fers, la promiscuité des grabats, la nourriture infecte, la misère matérielle et morale dans les hôpitaux et les prisons[45]. Il peut paraître surprenant d'associer aux prisons les hôpitaux, mais couramment ceux-ci jouaient un rôle coercitif. Toute une population marginale y côtoyait malades, vieillards, infirmes ou orphelins : mendiants ramassés par la police, délinquants mineurs, « insensés », fils rebelles, filles « débauchées ». Sur ordre du roi, sans décision de justice, des individus indésirables ou jugés dangereux y étaient incarcérés dans des locaux, dits « de Force ». Évoquant Bicêtre, cet « ulcère terrible sur le corps politique, ulcère large, profond, sanieux, qu'on ne saurait envisager qu'en détournant les regards », Mercier interpelle rageusement ses contemporains : « Faut-il outrager l'humanité dans ceux mêmes qui en sont devenus le mépris et l'horreur ? »[46].

L'indignation extérieure se faisait l'écho de la grande plainte des enfermés. Les mutineries de prison ou d'hôpital sont à lire comme un discours contestataire autonome, même s'il ne passe pas par un langage construit. Comme elles n'ont laissé que de maigres preuves d'archives, il est impossible de les dénombrer au plus juste, et l'enquête ne propose là-dessus que des éléments très inférieurs à la réalité, à prendre comme des signes ou buttes témoins. Les « cavales » de quelques misérables associés pour leur fugue restent difficiles à déceler, tout juste signalées en marge des registres d'écrou ou des procédures, parfois sans indication de date ou de lieu. Pour les grosses actions collectives, nos relevés sont heureusement plus fiables, appuyés sur un détail d'informations parvenues jusqu'à nous.

Faire de la relégation un système de gouvernement des pauvres aurait exigé de grands moyens, en bâtiments comme en personnel, et un contrôle strict de la part de l'autorité judiciaire. Or les geôles étaient vétustes et mal agencées, surtout dans les bourgs et petites villes. La surveillance piteuse facilitait la fuite qui formait bien sûr l'obsession de la vie carcérale. Notre collecte, très minorante répétons-le, signale à 139 reprises des violences collectives autour de la détention ou de l'évasion. Il s'agit de 28 attaques de prisons ou autres lieux d'enfermement, menées depuis l'extérieur, de 91 mutineries de détenus ou évasions collectives accompagnées de violences sur les geôliers, et enfin de 20 rébellions de convois, le plus souvent forçats en route vers les bagnes.

Tableau X.2. Attaques de prisons, rébellions de détenus

	Jusqu'en 1700	1701-1750	1751-avril 1789	Ensemble
Attaques de prisons depuis l'extérieur	9	9	10	*28*
Révoltes de détenus (prisons, hôpitaux, dépôts de mendicité), tentatives violentes d'évasion collective	4	20	67	*91*
Rébellions de convois de détenus	8	10	2	*20*
Ensemble	*21*	*39*	*79*	*139*

Attaques de prisons

Les 28 attaques de prisons répondent à des situations parfois inattendues, avec des acteurs de tout acabit. Aux environs de l'année 1700, ce sont souvent des militaires qui mènent les assauts. On se souvient de la part qu'ils prenaient au trafic du sel et du tabac en leur temps de quartiers d'hiver, quand ils avaient des loisirs[47]. Janvier 1693 en Anjou : des soldats rompent les portes de la prison de Craon pour libérer trois de leurs camarades arrêtés pour faux-saunage. Autre attaque deux mois plus tard à Saint-Florent-le-Vieil, où plus de trente individus armés assaillent la prison, les uns « habillés en femmes et les autres en paysans, les visages barbouillés et masqués ». En décembre de la même année, les cavaliers de la garnison d'Auvers-le-Hamon donnent l'attaque aux prisons de Laval et blessent mortellement un lieutenant des gabelles. Intervenants de toute nature pour les exemples qui suivent. Juillet 1704 à Aigueperse, en Auvergne : une centaine d'hommes armés, « au nombre desquels il y a plusieurs gentilshommes », font irruption dans la bourgade et tirent de leurs cachots cinq faux-sauniers condamnés aux galères, libérant du même coup dix ou douze autres détenus. Ils auraient même fait rouler le tambour dans les rues en annonçant « que quiconque voudra s'enrôler dans le régiment des faux-sauniers aura 60 livres et un cheval pour récompense… »[48]. Les rôles s'inversent à Félines en Haut-Languedoc, quand les gardes du sel se lancent dans une « action très violente », en mai 1695, pour libérer un de leurs partisans, le *regrattier* du lieu, arrêté sur ordre de la justice locale. Les portes de la prison sont enfoncées, des coups de fusil éclatent, le geôlier est atteint à mort, mais les habitants se mobilisent par haine des gabelous et les assaillants se retirent. Autre cas de figure : l'incident de Vitry-le-François où plusieurs gendarmes, qui avaient enlevé de leur couvent des « filles repenties », sont libérés par leurs camarades en mars 1706[49].

Voilà donc une sorte de modèle, où se trouvent associés militaires indociles, nobles décavés et agents des gabelles passés à l'illicite. Pourtant, dans leur très grande majorité, les agresseurs appartiennent à l'infra-société urbaine et rurale surtout, celle des petits tenanciers, « travailleurs de terre », ouvriers, artisans, mendiants, fraudeurs d'occasion ou de vocation, toujours qualifiés de « brigands » pour la circonstance. Ainsi en Vivarais, région très peu sûre, où selon le syndic des états on tue un homme « aussi facilement que dans d'autres provinces on tue un lièvre ou une perdrix »[50]. Une nuit de décembre 1749, une troupe de paysans de la paroisse montagnarde de Beaumont surgit dans la petite ville voisine de Joyeuse ; ils réveillent les habitants en tirant au fusil et s'en vont au château défoncer les portes des prisons pour libérer un des leurs, incarcéré deux jours plus tôt. Non loin, à Largentière, en janvier 1757, une autre vingtaine de « brigands » parviennent à libérer un « scélérat » arrêté à la requête des « gens de bien ». L'homme a encore ses fers aux pieds, les assaillants l'emportent sur leurs épaules en attendant de pouvoir briser ses chaînes. Juillet 1758 : la maison d'arrêt de Saint-Chinian est attaquée par des quidams qui font sortir un nommé Brunet, détenu pour vol et tapage ; ce sont des compagnons drapiers qui l'ont tiré de là, plus ou moins soupçonnés comme lui de chapardage et de recel de laines volées : « Il est singulier, écrit un magistrat du parlement de Toulouse, que malgré tous les soins qu'on s'est donnés, il n'ait pas été possible d'avoir quelques preuves un peu plus fortes d'un fait qui s'est passé aussi publiquement. » Près du Creusot, à Montcenis, les charpentiers et pionniers travaillant les uns dans les mines, les autres au creusement du canal du Centre, s'attroupent « à force ouverte » et délivrent un camarade[51]. Notons que toutes ces entreprises s'inscrivent dans une série où le succès, deux fois sur trois, revient aux mutins. Preuve supplémentaire du peu d'efficacité de l'appareil répressif.

Mutineries de prisonniers

Alors que les coups de main de l'extérieur concernent plutôt les bourgs et bourgades, les prisons des grosses villes ont plus souvent connu des troubles internes. Les solides bâtisses, pas trop mal protégées contre les agressions du dehors, étaient surpeuplées et de ce fait travaillées de ferments rébellionnaires. Toujours l'idée fixe de liberté... De jour comme de nuit, les détenus guettent la moindre faille, la moindre étourderie à leur avantage. La « récréation » dans les cours favorise l'échange des renseignements et mots d'ordre. Scier les fers grâce aux limes introduites dans des miches de pain, fracturer les serrures, percer un mur, s'emparer des clés ou brûler une porte, allumer un feu de paillasses pour créer la confusion, enfin s'enfuir de quelque façon que ce soit, par les portes, par les latrines, par les toits en gagnant les maisons voisines quand la prison se trouve enchâssée dans un ensemble mitoyen, autant d'exploits amplifiés par la rumeur de la rue et les on-dit des grands chemins. Autre facteur de tension dans les années chères, le pain du prisonnier devenu immangeable, et cette atteinte au pacte implicite de nourriture achève d'enrager les esprits.

La révolte aux prisons du Châtelet à Paris, le 23 janvier 1676, marque le premier fait d'importance dans notre chronologie. Les motifs en demeurent obscurs. Ce jour-là, les détenus se précipitent tous ensemble sur les gardiens dans un « tumulte effroyable », brandissant des barreaux enlevés aux fenêtres et des pavés arrachés à la cour. Ils parviennent à forcer la salle d'entrée qui jouxte la morgue, mais les mousquetaires arrivés en renfort les repoussent dans leurs cellules à coups de fusil, faisant des blessés et un mort — un « petit garçon » qui, selon le rapport, « avait déjà eu deux fleurs de lys sur l'épaule et paraissait l'un des plus échauffés dans l'action ». L'affaire a échoué, mais elle fait sensation dans tout Paris, vite informé[52]. L'année suivante, ce sont les forçats enfermés à la Tournelle, une cinquantaine, qui provoquent un « très grand désordre » après s'être saisis des armes du corps de garde. Des blessés parmi eux, mais les choses tournent court[53]. Autre épisode réussi cette fois, l'évasion collective d'Alençon, le 11 août 1708 : les détenus refusent de regagner leurs cellules depuis la cour où ils se trouvent en cette fin de chaude journée. Ils enferment le concierge dans un des cachots avec sa fille et son gendre, et quatorze d'entre eux disparaissent après avoir brisé leurs chaînes. Septembre 1711 aux prisons de Bordeaux : dix-huit galériens s'emparent des carabines de leurs gardiens et se sauvent, mais cinq seront repris sur l'autre rive de la Garonne qu'ils ont traversée en bateau. Toujours en 1720, une émeute éclate à Paris, dans la prison de Saint-Martin-des-Champs ; les prisonniers, hommes et femmes, arrachent ses clés au geôlier et disparaissent « pour s'exempter du pèlerinage au

Missisipi, auquel ils avaient été condamnés », écrit le mémorialiste Buvat. Reims figure dans la chronique avec l'émeute d'octobre 1740. Elle est menée par un petit groupe bien connu des agents de la Ferme générale, les nommés Grandinant dit Brise-les-Bœufs, Argand dit Frappe-d'Abord et Dion dit le Curé-d'Après-Midi. Les abords de la prison sont en alerte, la foule crie de les « laisser aller », elle bouscule les gardes venus en renfort, un inconnu transporte sur ses épaules l'un des évadés, encore entravé, jusque dans une maison particulière où un serrurier écrase les fers à coups de marteau. D'autres fuyards ont dû profiter de semblables connivences, sans que l'enquête parvienne à éclairer ces complicités de voisinage[54].

La grande sédition de la prison de For-l'Évêque, à Paris encore, en décembre 1751, est causée par la mauvaise qualité de la nourriture. Les détenus du quartier dit de « la Paille » font grève de la faim pour protester contre le pain noir qu'on leur distribue, un pain infect, indigne, disent-ils, « d'entrer dans le corps humain ». La colère explose le dimanche 5 au soir. On entend la nommée Valadon clamer « qu'elle casserait la tête » aux femmes qui accepteraient la ration, et elle leur arrache les morceaux déjà distribués pour les rejeter dans le sac. Tous, hommes et femmes, refusent de regagner leurs dortoirs respectifs, l'excitation monte, ils envahissent les galeries, se mettent à danser autour des tables de la salle commune où le cantinier vient d'allumer les chandelles. Mais voici qu'arrivent les hommes du guet, baïonnette au fusil. À la vue des soldats, écrit le commissaire Sevest, « l'émotion s'est élevée à un tel point que les prisonniers ont mis habit bas, se sont emparés de bancs, bouteilles, cruches, pierres et pots, et ont voulu forcer la garde », ils ont réussi à prendre un fusil, si bien que la troupe a dû « faire feu, dont plusieurs ont été blessés, quelques-uns même tués ». Trois morts : un détenu d'une trentaine d'années, une femme de vingt ans et un garçon de quinze ans, blessé au ventre, et qu'on a tout juste le temps de confesser. « Spectacle affreux », selon l'avocat Barbier : « Cela est triste, mais apparemment qu'on n'a pu faire mieux. » De son côté, le marquis d'Argenson médite sombrement : « L'on dit qu'il y a eu pareille révolte à Bicêtre, et toujours pour le pain, ce qui fait un mauvais effet dans le peuple »[55].

À Lyon aussi, les prisons sont secouées de fièvres continues. Les plus remuantes sont les geôles royales, dites encore « de Roanne ». Les enfermés ne se contentent plus de limer ou de scier, ils creusent les parois pour atteindre les maisons mitoyennes, ils terrorisent les gardiens et se barricadent dans la bâtisse pour poursuivre plus à l'aise leur travail de sape. Le 9 juillet 1761, l'ordre d'intervenir est donné à toutes les forces municipales disponibles soutenues par la maréchaussée, avec à sa tête le prévôt général Bonnot de Mably, le père du philosophe. La troupe tire sur les mutins à travers les portes, il y a un mort et des blessés, mais de nouvelles violences ont lieu au mois d'août[56].

Les lenteurs de l'appareil judiciaire favorisent la rébellion. Ainsi, en mars 1765, à Villeneuve-de-Berg, chef-lieu judiciaire en Bas-Vivarais, les prisonniers attendent depuis dix mois qu'un juge vienne leur signifier les motifs de leur détention. Huit d'entre eux réussissent à s'échapper, quatorze autres rompent leurs fers comme des « furieux » et creusent de nouvelles ouvertures : selon un magistrat du siège, « ils feront bien autant de ravages que le monstre du Gévaudan » s'ils parviennent à s'enfuir de leurs prisons où personne n'ose plus entrer[57].

Les mutineries de détenus deviennent de plus en plus nombreuses dans le siècle. Toulouse en 1758, 1766 et 1771, Rennes en 1764, 1767 et 1772, Béziers en 1765, Le Puy en 1770 et 1782, Strasbourg en 1768, 1774 et 1781, Lyon à nouveau en 1761, 1771 et 1772, Amiens en 1772 et 1786, Reims en 1784 et 1786, Pau en 1788, Paris encore à plusieurs reprises, à la Conciergerie en juin 1764, au Palais de justice en novembre 1771 et novembre 1772, à For-l'Évêque en décembre 1774, au Grand-Châtelet en octobre 1778...

Convois de détenus

Phénomène assimilable, quoique plus rarement observé : les rébellions de convois et transferts de détenus. Plusieurs variantes : ou bien l'action est soutenue spontanément par les gens de l'endroit, ou bien il y a complot et le convoi est attaqué par un commando de complices, ou enfin la mutinerie part des rangs. Les déplacements en groupes concernaient les forçats envoyés aux galères, en route pour les bagnes de Marseille, Toulon, plus tard Brest, Rochefort et Lorient[58]. Les *chaînes* principales traversaient périodiquement le royaume à partir de Paris et des capitales de provinces, rejointes en chemin par des convois secondaires dits *cordons*. Les conducteurs exerçaient une surveillance très serrée, loin du laisser-aller des prisons, d'autant qu'ils étaient payés à la pièce une fois leur « marchandise » arrivée à bon port[59].

Essayons d'imaginer le spectacle pitoyable de ces cohortes d'individus de tout âge, cent ou deux cents hommes par convoi, le cou pris dans un collier d'où partait une courte chaîne terminée par un anneau enfilé lui-même sur la longue chaîne centrale, soit plus de dix kilos de ferraille à traîner pour chacun. Des journées exténuantes, car il leur fallait parcourir de vingt à vingt-cinq kilomètres, même par mauvais temps, mal nourris, brutalisés, harcelés par ceux qui les conduisaient. Ils ne pouvaient pas trop compter sur la solidarité du public : le passage des galériens suscitait l'inquiétude plutôt que la pitié. On redoutait autant leurs larcins que les exactions de leurs conducteurs, argousins et commissaires. Ceux-ci avaient le droit de réquisitionner sur place les denrées et fourrages nécessaires, les montures, les charrettes pour le transport des invalides ; ils payaient peu, ils payaient mal et songeaient surtout à escroquer[60]. On ne craignait pas moins les fuyards isolés, capables de tous les crimes pour survivre. Les coups de main libérateurs, extrêmement rares, étaient le fait de complices organisés en bandes, comme à Saint-Brès en Languedoc, entre Montpellier et Lunel, quand quatre-vingts cavaliers armés surgissent d'un bois pour arrêter le convoi, en 1662 ; de même, en mars 1681, aux environs de Nangis-en-Brie, où la chaîne de Paris est attaquée par une troupe de « cavaliers masqués ». Par contre, dans les pays de grand faux-saunage, le populaire était prêt à aider les convicts, qui espéraient aussi la rescousse de leurs camarades plus chanceux. À Laval, en juin 1662, les habitants empêchent le départ d'un convoi ; des rixes s'engagent avec les archers de la gabelle, le sang coule, les hommes sont délivrés provisoirement, mais il faudra plus tard les remettre aux gens du roi. À Roiffé, en Poitou, c'est une bonne trentaine de faux-sauniers portant bâtons, pistolets et baïonnettes qui attaquent le cordon en route pour Saumur où se faisait la jonction avec la chaîne de Bretagne[61].

Le plus souvent, malgré tout, la révolte partait des galériens eux-mêmes. Perdu pour perdu, autant risquer son va-tout ! Les récidivistes traçaient aux nouveaux un tableau si noir de la vie au bagne que les hommes trouvaient en eux la force du désespoir. La chaîne de Paris se révolte à Caumont près d'Avignon en mai 1695 : des tués et des blessés. Deux ans plus tard à Vienne, les forçats transportés sur le Rhône attaquent conducteur et gardes après avoir écrasé leurs fers avec des cailloux : cinq morts dans le combat, mais soixante-huit évasions. En mai 1700, aux portes de Metz, les argousins pointent leurs armes sur la chaîne en émeute : un mort et des blessés. En juin 1710, c'est un convoi parti de Grenoble qui se soulève aux Granges-lès-Valence, sur le Rhône, où ils attendaient les bateaux de la chaîne de Paris : vingt-trois hommes disparaissent dans la nature. En janvier 1717, les galériens embarqués à Perpignan pour rejoindre le bagne de Marseille parviennent à rompre leurs fers au large de Port-la-Nouvelle ; ils montent sur le pont, s'emparent d'une douzaine de fusils, jettent leurs gardes à la mer et gagnent le rivage ; trois seront repris, mais dix-huit autres filent sur les hauteurs où les gardes s'essoufflent à les poursuivre sans obtenir l'aide des habitants du bourg de Sigean tout proche[62]. L'une des révoltes les plus fameuses éclate en Provence en septembre 1744. Un convoi de deux cent dix forçats débarque le 29 septembre à Tarascon après la descente du Rhône, et ils se mettent en route pour Marseille. Arrivés à une demi-lieue de Saint-Rémy-de-Provence, ils refusent d'aller plus loin. Les uns se couchent par terre et tentent de briser leurs fers avec des pierres, tandis que les autres lapident les gardes. Ordre est donné de tirer, à blanc, puis à balles, il y a des blessés, la fureur redouble. Alerté, le consul de Saint-Rémy fait sonner le tocsin et rassemble une troupe d'une soixantaine de paysans qui arrivent avec des fusils et des fourches. Le calme revient, la cohorte repart. De son côté, le consul d'Orgon, où l'on a aussi sonné le tocsin, expédie au-devant du convoi une douzaine de fusiliers accompagnés d'une brigade d'employés des Fermes ; « vingt bourgeois armés de fusils » sont requis de monter la garde toute la nuit et de renforcer l'escorte le lendemain. La chaîne arrive le 3 octobre à Marseille sans autre accroc, et l'on entame le procès des coupables[63].

Dernière grande mutinerie de convoi en septembre 1774, relatée dans les *Affiches du Dauphiné :* il s'agit de bagnards tirés des prisons de Grenoble et embarqués sur l'Isère, en route vers le sud. À une lieue du départ, vers Saint-Robert, les trente hommes se lèvent tous à la fois « comme en sursaut » et parviennent à arracher du panneau où elle était rivée la grande chaîne qui les reliait les uns aux autres. Suit une bagarre avec les argousins, interrompue par l'arrivée d'un détachement de grenadiers. Vingt galériens sont encore sur le bateau et on les reconduit à Grenoble, mais dix ont pu s'échapper. La « moralité » de l'histoire, telle que la livre le rédacteur de la gazette, donne à voir la crainte du monde bien-pensant : « Des mesures si sages ont été prises, des ordres si prompts ont été donnés par les personnes chargées de veiller à la sûreté publique, que l'on présume que ces malheureux n'échapperont pas aux recherches que l'on fait : on en a même arrêté un ; mais on pense que quelques-uns d'eux se sont noyés dans l'Isère en s'efforçant de prendre terre. On désire fort qu'il ne reste aucune trace de cette bande, capable de causer bien des maux dans les lieux où elle passerait »[64].

Ces deux dernières affaires semblent marquer comme une rupture avec l'attitude de pitié ou de bienveillance souvent manifestée par le public plus haut dans la chronologie. Nous avons déjà avancé dans ce chapitre une interprétation de la raideur croissante à propos des rescousses aux mendiants. Élargissons-la à tous les marginaux.

Les hôpitaux

Les grandes institutions vouées à l'accueil charitable étaient exposées elles aussi à de violents accès de refus, malgré leur statut compassionnel. Leur enceinte, leur organisation, leurs règlements étaient vécus pour beaucoup sur le mode négatif, comme des entraves à la liberté de vivre et d'agir. Une douzaine de troubles concernent les hôpitaux qui, rappelons-le, abritaient des malades, des « insensés » et de vrais pauvres aussi bien que des petits délinquants, des prostituées et autres asociaux, les uns et les autres menés rudement. Peu nombreuses au total, ces affaires mettent Paris en vedette : 8 émeutes à Bicêtre, 3 à la Salpêtrière et 1 à l'Hôtel-Dieu.

Émeute pour le pain en septembre 1740 à Bicêtre, très gros centre d'enfermement, le plus mal famé[65]. La troupe intervient, les soldats finissent par charger « à grands coups de fusil, baïonnette et sabre ». Un mort au moins chez les militaires, « quinze ou vingt personnes tuées ou blessées » chez les mutins d'après le duc de Croÿ. Le marquis d'Argenson, lui, parle de quarante ou cinquante détenus restés sur le carreau et de nombreux fuyards qui « vont inonder Paris ». La rumeur de la rue fait état de châtiments exemplaires mais incertains : un pendu nous dit Barbier, sept selon le commissaire Narbonne[66]. Toujours à Bicêtre, en décembre de la même année, les cent cinquante détenus du dortoir des correctionnaires — des enfants et des jeunes gens de treize à dix-neuf ans — protestent contre la nourriture et les mauvais traitements. Le 28, jour des Saints-Innocents, quatre d'entre eux s'opposent aux gardes en refusant d'aller dormir en bas, dans les loges nauséabondes où l'on enfermait pour la nuit les plus mauvais sujets. Tous les autres les soutiennent en brandissant des couteaux et des barres de lit. Interrogé, l'un des enfants, le jeune Babelle, treize ans, raconte qu'ils « se disaient entre eux nous sommes des Enfants perdus, nous n'avons qu'une vie à perdre, il faut faire une révolte générale ». Un administrateur de la maison, le sieur Gonnet, accourt et tente de les calmer, mais les mutins exigent la promesse signée qu'il ne serait pas fait le moindre reproche au « plus petit d'entre eux ». Gonnet donne sa parole d'honneur et se retire. Le lendemain, après une nuit agitée, les correctionnaires clament qu'ils ne veulent pas travailler. Sitôt la prière dite, ils se répandent dans les ouvroirs de la carderie et de la filerie et chassent les surveillants. Portes barricadées, ils cassent les rouets et se fabriquent des armes en fixant des clous, des couteaux ou des ciseaux à l'extrémité de morceaux de bois. Après un simulacre d'incendie, ils arrachent les barreaux des fenêtres et sautent dans un jardin en contrebas, les plus grands jetant les plus petits, dont plusieurs se blessent en tombant. L'insurrection atteint alors son plus haut degré et risque de s'étendre aux bâtiments annexes, ceux de la Force et des lettres de cachet. Depuis les fenêtres, le premier maître de la Correction et la dame supérieure

« Va où tu peux, meurs où tu dois. » Gravure de Jacques Lagniet (BNF, Estampes).

Illustration 12. Une famille de pauvres conduits à l'Hôpital général (1657)

de l'hôpital crient aux rebelles de se calmer. La garde arrive, baïonnette au canon, et, comme les mutins refusent de lâcher leurs armes et de « mettre ventre à terre », une fusillade éclate, faisant un mort (le nommé Corbe, un des leaders) et quelques blessés. Ensuite de quoi les autres, « tremblant d'avoir un pareil sort », se laissent désarmer, couchés sur le sol. La longue procédure qui s'ouvre à la suite aboutit, en janvier 1742, à quatre condamnations aux galères pour trois ans, un enfermement de trois années à l'Hôpital général et, enfin, un « plus amplement informé » pour quelques autres qui devront rester en prison. Au total, des sentences relativement clémentes, encore atténuées un peu plus tard[67]. Faut-il attribuer cette douceur à la condition sociale plutôt relevée de certains jeunes détenus, souvent bouclés là par des familles lassées de leur inconduite ?

Quinze ans après, janvier 1756, au même endroit. Les pensionnaires se plaignent une fois de plus de la mauvaise nourriture. Après avoir défoncé une grille intérieure, ceux de la salle de Force s'emparent des armes de la garde et tuent une sentinelle. Nous ignorons le nombre des victimes du côté des mutins — quatorze, selon Mercier qui amplifie peut-être. Un des meneurs est pendu dans la cour principale de l'hôpital après avoir subi la question ordinaire et extraordinaire, deux autres sont envoyés aux galères et une trentaine de comparses — apprentis ou compagnons de divers métiers, gagne-deniers, garçons de cabaret, etc. — bénéficieront d'un « sursis au jugement » tout en restant détenus[68]. La série rébellionnnaire de Bicêtre se poursuit en 1758, décembre 1768 (deux à trois jours d'émeute), février 1771 (toujours pour le pain, plusieurs victimes selon Hardy), juillet 1772 encore (des tués et des blessés)[69].

Aucune des trois émeutes de la Salpêtrière (1749, 1750 et 1771) n'a atteint ce degré d'intensité. Établissement réservé aux femmes en priorité, la violence physique y était moindre. Il régnait d'ordinaire un climat plaintif et résigné, coupé de temps à autre d'énormes chahuts. Mercier apporte son témoignage, toujours aussi précis et évocateur. « Quand ces filles [des prostituées pour la plupart] ont à se plaindre de la nourriture ou de quelques mauvais traitements, alors elles forment entre elles une révolte : la conspiration vole de bouche en bouche ; or, savez-vous en quoi consiste cette révolte ? à pousser toutes, en même temps et au même signal, des cris et des hurlements épouvantables. Ces explosions de poitrine qui se manifestent par des accents aigus et prolongés, se répètent à différents intervalles dans le jour, dans la nuit, et d'une manière inattendue. Quand on entend cette clameur pour la première fois, on est véritablement saisi : ces cris se propagent à plus d'une lieue. Les menaces, les châtiments n'y font rien ; cette révolte du gosier se soutient, jusqu'à ce que le tort réel ou apparent soit réparé »[70]. Dans l'été 1750, toujours à la Salpêtrière, les enfermées de la maison de Force se barricadent dans leur cour dont elles escaladent les hauts murs grâce aux bancs, aux paniers et aux ballots de laine pris dans les ateliers ; elles les entassent jusqu'à une hauteur de trente pieds, sans réussir à se sauver plus loin. La police arrive et leur enjoint de descendre, ce qu'elles font mais en hurlant : « Les unes demandaient à être pendues, les autres qu'on les tue et autres discours de cette nature ; mais qu'elles voulaient absolument qu'il y eût une fin. » Cinq « des plus mutines » sont arrêtées avec « la » chef de rébellion, connue dans l'hôpital sous le nom de comtesse de Rochefort. On les emmène au cachot en traversant un autre quartier, le Grand Commun, où grondent cinq à six cents femmes qui débitent, selon le rapport, « des sottises généralement contre tout le monde »[71]. Plus dangereuse pour l'ordre public, la révolte survenue en 1754 à l'Hôtel-Dieu. Des prisonniers pour crimes capitaux, tombés gravement malades au

Châtelet et à la Conciergerie, sont transférés là pour y être soignés. Ils se retrouvent entassés à cent vingt dans la salle forte qui devait n'en recevoir que quatre ou cinq, et c'est l'explosion, une « conspiration affreuse » selon le marquis d'Argenson : des hommes armés de poignards et de pistolets, deux pauvres Sœurs « blessées à mort », un suisse égorgé, enfin le projet terrifiant d'embraser toute la ville. « Cela fait craindre de nouveaux soulèvements dans Paris, ajoute-t-il, vu les malheureuses circonstances où nous nous trouvons »[72].

Les dépôts de mendicité

L'euphorie qui avait accompagné l'ouverture des dépôts de mendicité dans une trentaine de villes, à partir de 1764, se heurte à la dure épreuve des faits[73]. Trop de pauvres entassés en des lieux inadéquats, budgets médiocres, encadrement insuffisant, tout concourt aux difficultés de l'entreprise et à sa mauvaise image dans le public. Continuons à citer Mercier, l'un des rares observateurs qui ait pris la peine d'enquêter sur le quotidien vu par en bas. Il dénonce ces « demeures fétides et ténébreuses » dont la seule existence offense « à la fois l'équité naturelle, les lois civiles, la saine politique, la religion et l'humanité »[74]. Non moins sévère, l'*Encyclopédie méthodique* voit dans les dépôts un « remède digne d'un peuple de brigands »[75].

Les nouveaux établissements créent sans doute autant de misère qu'ils en soulagent. Promiscuité, mauvais traitements, on retrouve ici tous les vices inhérents aux lieux de ségrégation, aggravés par les conflits liés au travail obligatoire. Là encore, le mécontentement latent a dégénéré par accès en violences extrêmes. Les six grosses émeutes recensées laissent apparaître un dysfonctionnement général dans le dernier tiers du XVIIIe siècle. La révolte du dépôt de Rouen, en mars 1775, provoque une intervention militaire, pas moins de deux compagnies de grenadiers et un détachement d'une centaine d'hommes. Retranchés dans l'atelier de filature, les rebelles ont brisé l'outillage et transformé en baïonnettes les broches métalliques des métiers. La troupe tire, d'abord à blanc pendant une quinzaine de minutes, puis à balles réelles, faisant un mort et plusieurs blessés[76]. Au dépôt de Saint-Denis près de Paris, on envoie un corps de grenadiers mater la rébellion de 1779, ce qui laisse à penser son importance, bien que nous n'en sachions pas davantage[77]. La même année, deux cents mendiants se soulèvent le 6 mars au dépôt de Montpellier. La feuille périodique locale, bien contrôlée par le pouvoir, reste muette, mais les *Affiches du Dauphiné*, imprimées à Grenoble, relatent les choses en termes précis : « Armés des bois de leurs lits, qu'ils avaient brisés, et des bâtons ou béquilles des infirmes, ils ravageaient toute la maison, cherchant une issue pour pouvoir s'évader. On fit entrer un corps de troupe considérable, contre lequel ils engagèrent le combat. Il n'y eut pas d'autre moyen pour les apaiser que de tirer sur eux. Il y eut de part et d'autre des morts et beaucoup de blessés. » Dans une lettre au garde des Sceaux, l'intendant de Languedoc mentionne l'intervention de la troupe (trois ou quatre compagnies de grenadiers) et les blessés, mais il minimise le bilan des pertes. Il y aura quelques peines de prison, quelques autres aux galères par jugement prévôtal[78]. En février 1782, le dépôt de Rennes se soulève à nouveau après « trois ou quatre révoltes sérieuses ». Cette fois, la troupe intervient, un mort. Belle occasion pour la Commission des états de Bretagne de critiquer la création royale : « C'est un moyen nul et trop inhumain contre la mendicité forcée par l'indigence. C'est un moyen illégal contre le vagabondage, insuffisant pour les coupables de crimes »[79]. Grand trouble l'année suivante au dépôt de Caen, établi dans la maison de force dite de Beaulieu. Au moment où la ration est distribuée, le mécontentement éclate, les pensionnaires se mutinent et désarment le caporal de service. Ils pénètrent ensuite dans la salle des gardes, raflent les armes, puis abattent le guichetier à coups de sabre et finissent par briser à la hache les serrures de la grande porte. Trente-six détenus s'évadent — âge moyen vingt-six ans —, quinze seront repris, et l'un d'eux, atteint par un coup de fusil, mourra de ses blessures. Le présidial condamne à la pendaison deux fuyards contumaces, sentence exécutée en effigie à la potence plantée dans la cour du dépôt. Et encore quatre condamnations à l'enfermement perpétuel en maison de force, avec exposition au carcan[80]. La dernière sédition d'envergure touche le dépôt d'Orléans en mai 1786, suivie de l'envoi aux galères de treize mutins, des jeunes gens pour la plupart[81].

Émotions d'échafauds

Surveiller, enfermer, mais aussi punir de façon exemplaire les coupables désignés par les juges : anthropologues et historiens d'aujourd'hui ont beaucoup et bien dit sur la théâtralisation du châtiment compris comme « le but et la fin de la procédure ». Il convient de solenniser au vu de tous ce moment essentiel afin que tous soient impliqués et portent témoignage[82]. Le cérémonial tend à obtenir le consensus le plus large en commençant par la victime jusqu'au dernier des spectateurs qui contribue « à ce que justice soit faite » en avalisant par sa présence la sentence rendue en d'autres lieux. Des foules énormes se pressent à l'endroit du supplice, curieuses du dénouement à la fois inéluctable et ouvert à l'imprévu. De quelle manière le patient accomplira-t-il « le grand acte de mourir au milieu des tourments »[83] ? Quelle sera sa contenance ? Comment va-t-il répondre aux attentes collectives ? Par la soumission ou la révolte ? Le pouvoir, les magistrats, l'Église aiment les repentis qui finissent en prières pour la plus grande édification du public, comme s'il fallait un bouc émissaire pour endosser les péchés collectifs. Le désespéré touche d'autres cordes en criant la souffrance de son corps et la terreur de la fin. On sent, comme le suggère Foucault, qu'il vit déjà son enfer ; on le plaint aussi, en espérant pour lui le pardon divin pour prix de tant de peine. L'endurci étonne et scandalise avec ses blasphèmes, sa haine de la société, ses injures aux juges, au confesseur et au bourreau. Et que penser de celui qui, jusqu'au bout, se prétend victime d'un déni de justice, continuant à clamer son innocence ? Le public est là, il joue sa partie en cherchant à saisir l'état d'esprit de la victime et la tonalité de la mise à mort dans une longue attente collective généralement silencieuse, ponctuée de rares interjections, s'enflant d'une houle de soupirs jusqu'au *Salve Regina* entonné par la foule dans les derniers instants.

Pourtant, le résultat ne répond pas toujours aux visées de la « machinerie pénale ». Loin de souscrire au châtiment dans un esprit de soumission ou de vengeance sociale, ou encore de céder au sadisme véhiculé par le spectacle, l'assistance peut se retourner, et alors gare aux archers et au bourreau ! C'est une double délivrance pour le public qui a participé d'abord au rituel de l'ordre et qui se libère, dans un deuxième temps, de la culpabilité liée aux formes latentes de la collaboration répressive. Le plus bel exemple de ce type d'exécution renversée est longuement relaté par Michel Foucault dans *Surveiller et punir.* L'affaire se passe à Avignon en mai 1672. Une chronique rapporte qu'un certain Pierre du Fort, condamné pour assassinat, allait être pendu place du Palais devant un grand concours de peuple. L'homme s'entortille les jambes dans les échelons et semble opposer de la résistance, scène qui provoque l'émotion du public. L'indignation redouble quand les gens voient le bourreau s'agripper à ses épaules et peser sur lui en le poussant dans le vide, aidé par sa femme qui, sous la potence, tire le condamné par les pieds. Grondements, pierres qui volent, le bourreau tombe, « étouffé dans le ruisseau » et traîné « avec une grande émotion et furie de peuple » jusqu'au cimetière des cordeliers. Son valet ne s'en tire pas mieux, battu, défiguré, porté à l'hôpital où il meurt quelques jours après. Pendant ce temps, d'autres ont brisé la potence que « des enfants » vont jeter dans le Rhône. Quant au supplicié, qui n'est resté suspendu que le temps d'un *Miserere*, il a été décroché par des « inconnus » qui le raniment, le mettent à l'abri dans un cimetière puis une église, hors d'atteinte des juges. L'affaire finit pour lui de façon inespérée puisque l'archevêque lui accorde sa grâce en recommandant aux officiers « d'en prendre un soin tout particulier », et les Pénitents noirs de la Miséricorde qui l'ont assisté durant ces épreuves le soutiennent de leurs charités : « Nous y avons fait faire un habit neuf, deux paires de bas, des souliers, nous l'avons habillé de neuf des pieds à la tête. Nos confrères y ont donné qui des chemises, des cravates, des gants et une perruque »[84].

Cette belle histoire ne saurait être considérée comme l'archétype de la trentaine d'« émotions d'échafauds » retrouvées dans l'enquête. Il y a des variantes, touchant les acteurs ou le moment. Avant même le terme fatal, le peuple assemblé pouvait marquer son refus de participer, même indirectement, au dispositif de mise à mort. À Moulins-Engilbert, en 1710, une demi-heure avant la pendaison d'une pauvre femme sur la place publique, les Pères du couvent de Picpus, situé à côté, viennent reprendre leur échelle que le bourreau avait prise sans leur accord pour dresser le gibet : en présence de toute la ville, ils la brisent à coups de hache et repartent « en riant », comme ils étaient venus[85]. À Besançon, en juillet 1743, les charpentiers ne veulent pas installer les portants, il s'ensuit du grabuge et il faut les y contraindre par voie de justice[86]. Les juges de Castelnaudary, en septembre 1757, ont grand-peine à obtenir les chevaux, la charrette et le voiturier qui doivent emmener un condamné au dernier supplice[87]. À Clermont-Ferrand, où l'usage voulait qu'on se saisît de la première charrette rencontrée au marché pour conduire le criminel au gibet, les villageois des environs évitent de pénétrer en ville avec leur attelage les jours d'exécution à partir des années 1770[88]. D'ailleurs, ne fût-ce qu'effleurer la potence passait pour porter malheur. Après une triple pendaison de voleurs, en mai 1775, les maçons de Sainte-Menehould refusent de « déplanter » le gibet ; ils parlent d'éventrer les « gueux » et « bougres de jean-foutres » d'archers et huissiers venus les requérir et disent que « ceux qui obéissaient n'avaient point d'âme »[89].

Parfois, les troubles surgissent à l'instant extrême, comme un trop-plein d'émotion débondé. Si un accident vient bousculer le rituel, c'est à n'en pas douter la

Providence qui parle. La personne du bourreau ou de ses aides déclenche les fureurs pour peu qu'ils s'y prennent mal, avec trop de lenteur, de maladresse ou même de férocité. Comme à Pau en 1668, vers la mi-carême, quand l'échelle du gibet se brise : le condamné tombe à terre, on apporte une autre échelle, mais alors la corde se rompt. C'en est trop pour la foule qui se jette sur l'exécuteur et délivre le malheureux, miraculeusement préservé par le scapulaire qu'il avait sur lui, dit la rumeur[90]. Craon en Anjou, 1676 : une pauvre fille condamnée pour infanticide a subi avant de mourir un supplice interminable. Ses parents et amis, soutenus par un gros millier de personnes, attaquent le bourreau et ses valets obligés de chercher refuge dans les prisons. À Carcassonne, en 1718, la potence mal plantée s'abat avec son pendu que le bourreau achève à terre, d'une manière si cruelle que l'assistance est indignée. Des artisans en tablier, des paysans venus au marché et « une foule épouvantable de public » lui tombent dessus avec une « fureur sans mesure » ; ils le prennent en chasse dans la rue des Carmes et le pourchassent de boutique en boutique jusqu'à ce qu'un Père jésuite l'entraîne dans une auberge, l'oreille gauche fendue, la tête à moitié enfoncée. « Tumulte considérable » en août 1751 place de Grève, au cœur de Paris : la corde s'est cassée à deux reprises et le bourreau a fini par étrangler l'homme de ses propres mains avant de le pendre une troisième fois, « quoique mort ». La foule gronde, et les archers ont dû faire volte-face baïonnette au fusil en direction du public[91]. Scène comparable à Cahors en 1779, lors de l'exécution de deux assassins qui avaient aussi profané la croix. La corde casse, l'un des deux tombe à terre avec l'exécuteur qui tente alors de l'étrangler ; la foule prend ce dernier à coups de pierres et le met en fuite ainsi que les cavaliers de la maréchaussée présents sur les lieux. Quant au condamné, il a été « enlevé » et on ignore la suite[92].

Le patient peut jusqu'au bout espérer la grâce dont l'attente implicite pèse sur le déroulement. Il suffit que le mot soit lancé pour que la foule s'émeuve. Ainsi à Paris en mai 1696, lors de l'exécution du nommé Cordier : les capucins venus pour l'enterrer se fraient un passage en criant « Garde ! garde ! », mais on comprend « Grâce ! grâce ! », et à l'instant même retentit un gémissement que l'on croit poussé par l'homme encore suspendu à la corde. Est-il mort, est-il vivant, sera-t-il sauvé ? Un grand tumulte éclate alors. D'après les « nouvelles à la main » qui relatent l'affaire, il y aurait eu plusieurs tués. Histoire bien plus tardive à Rouen sur la place du Vieux-Marché, en août 1771, semblable quiproquo. Cette fois, c'est un voiturier qui avait crié « Gare ! » au moment où l'on allait pendre un bourgeois — pour avoir tué un homme à coups de couteau dans un café. Là aussi la foule entend « Grâce ! », mais comme l'exécution allait son train, elle manifeste sa fureur[93].

La grâce, qui suspendait le cours du temps et substituait le pardon à la vengeance, introduisait une péripétie extrême dans le drame. Le préjugé collectif entretenait d'ailleurs des certitudes totalement infondées sur le succès infaillible de la demande quand elle était faite dans certaines situations. On ne pouvait refuser de gracier le criminel, croyait-on dans quelques provinces, si une fille le réclamait pour époux au pied du gibet. Rappelons l'incident qui autrefois avait ému toute la ville de Chambéry, en juillet 1644 : une jeune femme s'était jetée sur le condamné, elle l'avait embrassé en le demandant pour mari. Les pénitents encagoulés qui assistaient le patient, selon l'usage, avaient joué jusqu'au bout leur rôle salvateur : profitant de la bousculade, ils avaient coupé la corde et repoussé le bourreau, l'homme s'était enfui sous les yeux de la foule complice[94]. Il faut sans doute voir dans cet épisode l'illustration d'une très ancienne croyance en la vertu rédemptrice de l'amour, mais il est vrai que nous n'avons pas retrouvé de situation comparable dans la chronologie de l'enquête.

Parfois encore, la victime apparaissait trop gravement punie ou d'une façon trop cruelle pour un crime pitoyable. Ainsi de ces filles ou femmes jugées pour avoir supprimé leur « fruit ». Voyez Château-Gontier en août 1719, au départ une banale affaire d'infanticide. La pauvre femme, soumise à la question ordinaire et extraordinaire, les jambes broyées par les « brodequins » de bois, avait fini par avouer ce qu'on voulait : oui c'était bien son enfant, oui elle l'avait baptisé au nom du Père, du Fils et du Saint-Esprit — « avec de l'eau qu'elle avait dans un petit pot blanc et du sel » —, oui elle s'était couchée tout auprès de lui, oui elle l'avait « trouvé étouffé » ; quant au mari, non, il n'avait rien su, ignorant même qu'elle fût grosse car elle lui avait interdit de poser la main sur son ventre, de jour comme de nuit… L'exécution se passe mal, la foule prend pitié de tant de misère et tourne sa colère contre le bourreau et son aide, obligés de se réfugier sous la halle[95].

Sortons du registre de la compassion pour passer à la solidarité quand il s'agit de servantes et valets accusés d'actes criminels dans la maison des maîtres, voleries le plus souvent[96]. Même de peu de conséquence, la faute était considérée comme majeure et à réprimer avec la dernière sévérité, pour l'exemple bien sûr. Mais le peuple des gens de service sympathisait avec les camarades en fâcheuse posture, et les retombées étaient dangereuses. Les laquais surtout ne supportaient pas de voir un des leurs exposé au pilori dressé devant la maison de l'employeur. À Paris, le 2 avril 1718, toute la livrée s'insurge et chasse les archers quand ils tentent d'enchaîner au carcan un cocher condamné aux galères. L'affaire se passe dans le quartier huppé et bien fourni en domestiques de la place des Victoires. Les furieux enfoncent la porte du maître, pénètrent dans la cour, sortent le carrosse et y mettent le feu avec des bottes de paille, en pleine rue. Retour du guet, fusillade, un garçon tapissier tombe mort, plusieurs blessés. L'émeute se reproduit selon le même scénario trois ans plus tard, en mars 1721, rue des Grands-Augustins : c'est encore un cocher condamné pour vol, que l'exécuteur s'apprête à fustiger avant de le marquer au fer rouge. Depuis la fenêtre, l'épouse du patron, un loueur de voitures, aurait crié « de fouetter fort » ! « Cela anima si fort la populace qui était amassée, écrit l'avocat Barbier, que, quand l'exécution fut faite, ils entrèrent dans la maison, cassèrent les vitres, tirèrent de dessous les remises deux carrosses jusque dans la rue Saint-André[-des-Arts], y mirent le feu, et les traînèrent dans les rues. Ils étaient au nombre de quatre mille. La nuit et le lendemain il y eut du guet au coin de la rue, crainte de récidive. »

En novembre de la même année 1721, gros afflux de monde rue Sainte-Anne où le carcan est dressé devant une demeure bourgeoise. On doit y exposer avant son départ aux galères un valet qui aurait dit « des sottises à sa maîtresse », et rien de plus selon la rumeur. Le maître inquiet, qui se trouve être capitaine aux Gardes suisses, avait fait entrer chez lui de bon matin, par précaution, presque toute sa compagnie. Dans la rue, une foule houleuse, que Barbier évalue à « cinq à six mille âmes ». Ils brisent le poteau du carcan, les pierres volent vers les fenêtres, les gardes tirent, il y a des morts, quatre ou cinq peut-être, et des blessés. Le prisonnier est reconduit en toute hâte au Châtelet, mais quatre jours plus tard il est ramené rue Sainte-Anne où il subit le châtiment dans le quartier quasiment en état de siège. « On n'ose plus mettre au carcan, écrit toujours Barbier ; voilà la troisième fois que pareille sédition arrive, qui, quelquefois, pourrait avoir des suites très fâcheuses. [Pourtant...] on a bien fait de laisser force à la justice, car les laquais ne sont déjà que trop insolents. » L'affaire du quai des Augustins apparaît encore plus frondeuse, en avril 1726. Après la pendaison d'un serviteur accusé d'avoir voulu soutirer de l'argent à son maître (sans avoir « ni tué, ni volé », d'après les on-dit), la valetaille grossie d'une foule en colère lapide la maison ; et de là ils s'en vont casser des vitres chez le chancelier d'Aguesseau[97]. Partout, les domestiques sont capables de mobiliser des cohortes solidaires, promptes à réagir. Situation commune dans le royaume et même au-delà. Dans le duché de Savoie, où les domestiques trouvent à s'employer auprès d'une gentilhommerie abondante, ils passent pour fins, dangereux, liés par quelque coalition malfaisante. La petite capitale de Chambéry se trouve sens dessus dessous en décembre 1734 quand toute la livrée arrache aux archers le serviteur d'une dame considérable, la princesse Victoire de Savoie : l'homme devait subir le fouet avant d'être banni, son crime était d'avoir caressé du bâton le dos d'un jeune noble de la ville, et du coup l'affaire « intéressait pour ainsi dire toute la noblesse ». L'avocat général du sénat traduit alors le sentiment général en écrivant qu'il fallait s'attendre au pire de la part du service, car « l'affection que produit cette société de personnes les [fait] réputer pour frères »[98].

Il faut souligner le poids de la domesticité qui représente dans les villes et les gros bourgs une masse, sans former pourtant de groupe homogène vu le disparate du recrutement et des fonctions. Couche intermédiaire entre le haut et le bas — d'où leur importance —, ils vivent au contact des maîtres, sous l'influence de leurs façons de faire, de dire, de penser. Relation mimétique, rapport amour-haine où les rancœurs dues à la différence sociale mijotent dans le bouillon de la vie partagée. Les maîtres n'existeraient pas sans les serviteurs, ils ont besoin d'eux, leur font partager leur plus stricte intimité, mais dans la défiance ou le soupçon permanents. La condition de dépendance est encadrée par une foule d'interdits légaux qui confirment leur statut de mineurs sur le plan juridique[99]. Les ordonnances, déclarations et édits sur ce thème se succèdent au fil du siècle, particulièrement abondants dans les années de crise, de 1710 à 1725 et 1770-1780[100]. Outre les abus d'autorité et les signes de mépris, les serviteurs en effet se voient imposer des règles vestimentaires, comme par exemple l'obligation pour les laquais d'endosser constamment la livrée ; ils n'ont pas droit à l'épée ni à aucune arme, ils se voient même refuser la canne pour mieux les distinguer des bourgeois, et dans nombre de villes ils sont exclus des spectacles et des jeux d'argent. S'ils ont jusque-là supporté les vexations de ce type en tentant de les contourner avec les moyens des faibles, les sévérités de la justice les trouvent de plus en plus raidis contre des brimades ressenties comme inacceptables. Les émeutes de laquais autour des lieux où souffraient leurs camarades offerts en spectacle ont pu donner le signal d'une sorte de prise de conscience collective. L'opinion éclairée leur devient un peu plus favorable. Là-dessus Voltaire, Diderot, Turgot ou Beaumarchais avancent la thèse de l'égale dignité des personnes et des sentiments. Dans le même esprit, l'auteur d'un *Discours sur la nécessité et les moyens de supprimer les peines capitales* estime qu'un maître capable de dénoncer son domestique devrait avoir une « âme de bronze, pour soutenir la vue d'un gibet planté sous ses fenêtres et les cris d'un malheureux dont [il] a reçu les services »[101]. De fait, le recours aux peines violentes pour de simples larcins devient moins fréquent pour les gens de service, et avec le temps leurs rébellions au pied des potences ou devant la maison des accusateurs tendent à s'effacer de nos séries. Quelques émeutes de ce type surviennent encore dans la seconde moitié du siècle, à Paris dans la rue de Buci en juin 1761 et à Vendôme en mars 1759, mais ce seront probablement les dernières. Dans cette dernière ville, après l'exécution d'une servante d'auberge, condamnée pour avoir volé quelques effets à son maître — cinq aunes de drap, un rideau d'indienne, un tablier, une cornette, une paire de bas —, la foule se rend devant la maison de l'aubergiste, elle casse les vitres et tente d'enfoncer la porte avec des menaces de mort contre l'employeur et toute sa famille. Le tapage se prolonge deux journées entières, et il faut faire appel à un détachement de cavalerie pour dégager la rue[102].

On pourrait m'objecter que ces réactions, pour significatives qu'elles soient, restent des isolats dans l'interminable déroulement du panorama répressif. De fait, la grande majorité des châtiments se déroulaient dans l'ordre et la résignation. Pourtant, les épisodes que j'ai choisi de relater, les mots et les gestes du refus vont dans le sens d'une mise en cause inédite de l'inacceptable, et sont le reflet d'exigences nouvelles répandues dans les couches basses de la société.

Quant à la place faite au bourreau, elle serait à elle seule révélatrice du changement dans les mœurs. Personnage au statut ambigu, sacré-maudit, jouissant de privilèges mais environné d'horreur, il est rejeté du côté de l'exclusion. Les témoignages concordent, qui montrent l'inconfort grandissant de sa position. On l'insulte quand on le croise, on refuse de manger à ses côtés à l'auberge, on le moleste quand on peut. Celui de Nevers est poursuivi en justice en 1716 pour avoir traité publiquement d'« amis » trois archers de la maréchaussée qui dénoncent cette familiarité comme « une injure sanglante »[103]. Le bourreau de Grenoble, en 1725, intervient auprès du parlement, « disant qu'en cette qualité [de bourreau] il se trouve tout seul sans aucun commerce avec qui que ce soit et par conséquent sans secours en cas de maladie ou autres incommodités, ce qui le détermine à se marier pour avoir une compagne… » Que les juges acceptent donc de libérer une certaine détenue « afin que le suppliant puisse se marier et habiter avec elle ». La requête est approuvée par le procureur général : la prisonnière en question avait été condamnée à mort pour avoir caché sa grossesse et tué le nouveau-né. Elle accepte le mariage. Elle sera graciée et se présentera devant le curé de la paroisse Saint-Louis pour la bénédiction nuptiale[104]. À Chambéry, vers la mi-siècle, époque où le gibet ne chôme pas — nous sommes dans les années Mandrin —, les autorités doivent faire murer les ouvertures de la maison de l'exécuteur afin de « mettre l'habitant d'icelle à l'abri des insultes des passants »[105]. Le bourreau d'Avignon est conduit en prison quelque temps en 1761, « pour calmer l'irritation populaire » provoquée par l'interminable mise à mort de trois gredins qu'il n'expédiait pas assez vite[106]. Entendons aussi les plaintes de ce charpentier de Paris, commis aux échafauds : on tient contre lui « des propos capables d'ameuter la populace en lui faisant sentir que c'était une bassesse de sa part que de planter des potences » et il accuse nommément quelques cochers, mais ceux-ci nient les insultes tout en reconnaissant l'avoir traité de *charlot*, comme tout un chacun[107]. L'exécuteur de Château-Gontier justifie une demande d'augmentation de gages en insistant sur sa misère sociale : « Le sort l'a fait naître d'un état que le préjugé a mis au nombre de ceux qui doivent être rejetés de la société civile. [...] Il est couvert chaque jour pour lui et ses gens d'injures les plus atroces, de menaces et même quelquefois de mauvais traitements. » De plus, la ville veut l'obliger à fournir lui-même les échafauds et à planter les potences, et pour achever de l'humilier on prétend lui faire chasser les cochons qui encombrent les rues[108]... En Basse-Maurienne en 1782, des ouvriers maçons expulsent de l'auberge d'Argentine le bourreau et son aide qui s'étaient arrêtés au village pour y passer la nuit, disant qu'ils ne voulaient pas « que les sbires fussent à leur table »[109]...

3. SERVIR LE ROI ?

L'ambivalence des sentiments qui environnaient les œuvres de justice vaut également pour la chose militaire. L'armée était le second pilier de l'État, mais le service pesait lourd dans le paysage quotidien. Il faut prendre *service* au sens large : d'abord, les levées de soldats, massives puisque la France a participé à neuf guerres, soit au total cinquante-sept années de belligérance entre 1661 et 1789 ; ensuite, les taxes liées au recrutement, qui s'ajoutaient à la fiscalité ordinaire ; enfin, la gêne, les frais, les dégâts entraînés par la présence ou le passage des troupes. Tout cela entretenait une mauvaise humeur qui, à l'occasion, pouvait dégénérer. Non que l'institution fût contestée en tant que telle au niveau populaire : l'armée représentait la soumission due au roi et l'immense déférence liée à sa personne ; elle signifiait aussi protection, défense du territoire, sauvegarde du droit des gens. Par ailleurs, le commerce trouvait à y gagner, et là-dessus la somme des intérêts, grands ou petits, n'était pas négligeable — fournitures aux armées, montures, grains et fourrages, charrois, animation des cabarets. Ajoutons la fascination des armes, la séduction de l'uniforme, les défilés des jours de fête, les feux de joie et les *Te Deum* des victoires qui mettaient les soldats en vedette et en faisaient par intervalles les héros du jour. Combien de jeunes hommes voyaient dans l'engagement la chance unique d'échapper à l'horizon villageois, sa médiocrité, ses routines ! La guerre est tant de choses, la découverte des autres, la chance de voir le monde, des plaisirs innocents ou cruels… Avec l'espoir de revenir un jour au pays pour y jouir d'un statut de préférence, de quelque gratification, d'une place enviée dans la maréchaussée, la surveillance des bois ou le service du seigneur. De quoi faire l'avantageux et figurer à petit niveau parmi les notables du lieu, doré du prestige d'avoir participé aux temps forts de l'Histoire.

Reste que la vie militaire ne s'écoulait pas comme une succession d'instants euphoriques. Le tableau qui suit livre d'un seul regard l'ensemble des actions collectives liées aux refus de servir et aux actes d'indiscipline, classés en quatre rubriques :

Tableau X.3. Rébellions liées au fonctionnement de l'appareil militaire[110]

	1661-1700	1701-1730	1731-1760	1761-1789	1661-1789
1. Opposition au recrutement de volontaires ou à l'arrestation de déserteurs	15	67	24	25	*131*
2. Opposition au recrutement de la milice et des gardes-côtes	8	39	37	58	*142*
3. Hostilité aux contraintes de logement ou de garnison et au passage de militaires	30	23	22	16	*91*
4. Rébellions de la troupe (hors des affaires de fraude, contrebande et émeutes festives)	10	18	6	5	*39*
Ensemble	*63*	*147*	*89*	*104*	*403*

Refus d'engagement, solidarité avec les déserteurs

Tensions déjà lors des levées de « volontaires ». La scène, inscrite dans le folklore national, montre à l'œuvre le sergent recruteur chargé de « faire des hommes ». Le voilà paradant sur la place en brillant uniforme le jour du marché ou de la louée, au village comme en ville ou plus souvent encore dans les faubourgs, « lieux de prédilection du racolage »[111]. Affiches enluminées placardées aux bons endroits, roulements de tambour, harangues et promesses : il s'agit d'accrocher quelque jeune badaud de bonne taille (cinq pieds un pouce au moins pour l'infanterie, cinq pieds trois pouces pour la cavalerie et les dragons)[112], et d'engager avec lui le dialogue. On parle prime, solde, uniformes, le recruteur propose de l'argent sonnant et entraîne son homme au cabaret pour achever de le saouler de paroles, de rasades et autres « caresses » jusqu'à l'indispensable signature — souvent une simple croix — sur un formulaire imprimé. Le futur soldat reçoit la cocarde et le premier acompte, il ne reste plus qu'à s'entendre sur le temps du départ et l'argent de la route.

L'accord, pour être régulier, exclut la contrainte, et l'enrôlé volontaire doit se trouver libre de tout engagement antérieur et apte au service. Mais ces principes sont couramment violés, si bien que le jeune peut se retrouver pris sans l'avoir voulu ou sans être en mesure de partir. En ce cas, il proteste, affirme qu'il n'a rien promis : il a seulement bu à la santé du roi, on lui a glissé contre sa volonté une pistole dans la poche, il a signé sans savoir… Il veut s'enfuir, appelle au secours. Des cris, du mouvement : voisins, parents, amis l'entourent, tandis que les recruteurs tentent de l'entraîner jusqu'à leur logis, tantôt l'auberge proche, tantôt le presbytère ou la demeure d'un notable, ou bien le château d'un gentilhomme de l'endroit qui les a accueillis par solidarité d'armes. La foule les poursuit et harcèle la maison : jets de pierres, vitres cassées, portes enfoncées, tout se termine au meilleur des cas par la fuite des officiers et soldats qui abandonnent la recrue, au pire par des coups mortels. Les troubles peuvent naître aussi sur le parcours des files d'engagés, à la sortie des villes comme en pleine campagne pour peu qu'il y ait là du monde, artisans, paysans, bergers ou bûcherons prêts à défendre les « malgré eux ». Tout s'aggrave en période de guerre, car les levées se font massives. Les régiments s'adressent alors à de véritables entrepreneurs ou « embaucheurs » qui agissent avec moins de scrupules encore, allant jusqu'à l'enlèvement pur et simple des garçons rencontrés dans les rues ou sur les grands chemins. « Ils prennent par force indifféremment toutes sortes de personnes, marchands, paysans, rouliers, et enfin tous ceux qui leur plaisent, ils les lient par les pieds et les mains, et les mettent quatre ou cinq sur un cheval comme l'on ferait des fagots pour les vendre au marché »[113]. Il s'agit de véritables rafles, à Paris notamment, où les nouveaux sont conduits enchaînés en des lieux secrets (les « fours »), avant de partir en convoi, par groupes de plusieurs dizaines, sous bonne garde.

La chronologie présente 131 rébellions où la foule intervient pour secourir les enrôlés ou les déserteurs menacés d'arrestation[114]. Ces affaires sont généralement de petit calibre (en général moins de 50 individus), mais près d'une fois sur quatre elles mettent en mouvement des effectifs plus nombreux. La phase la plus critique correspond à l'articulation des deux siècles, entre 1695 et 1713, quand le royaume est aux prises avec l'Europe entière ou presque. Il s'agit de violences émotives ordinaires, avec l'attirail des pierres, bâtons et outils du côté des habitants, suivies de répliques à la baïonnette, au sabre ou au fusil de la part des militaires. Les blessés, nombreux, sont signalés en termes trop vagues pour être comptabilisés. Plus précis en ce qui concerne les affrontements mortels, les documents attestent une quinzaine de tués, six ou sept parmi les protestataires, neuf chez les recruteurs. Quant au calendrier émotif, il s'étale tout au long de l'année avec une crue sensible à la fin de l'hiver et au début du printemps, de février à avril, quand il devient urgent de compléter les régiments pour les nouvelles campagnes.

Si, une fois de plus, les scénarios se ressemblent, chaque cas comporte sa part d'originalité liée aux circonstances, aux temps, aux lieux, aux modes d'intervention, à la réceptivité du groupe. Quelques-unes de ces histoires méritent d'être exhumées pour leur pouvoir d'évocation. Parmi les plus considérables, l'affaire de la rue des Vieux-Augustins à Paris, en avril 1705 : plus de douze cents personnes se rassemblent devant une auberge où sont retenus quatre Savoyards, dont l'un n'est qu'un « enfant », qui auraient été attirés là par un recruteur déguisé en abbé sous prétexte d'y transporter un ballot de livres. Manifestation réussie puisque les quatre seront remis en liberté[115]. Le grabuge de Saint-Jean-de-Bournay, en Dauphiné, étonne par son ampleur. C'est jour de foire, le 2 juin 1705. Deux cents, quatre cents, peut-être deux mille personnes — les témoignages varient — poursuivent un officier recruteur qui hantait la région depuis des semaines et voulait finir sa tournée en beauté. Tout le bourg est en l'air, gens d'ici et d'ailleurs, paysans, artisans, hommes et femmes de divers états, notables compris. Irritation d'autant plus vive qu'elle se double d'une querelle de clocher : les enrôleurs seraient originaires de Châtonnay, bourgade proche, restée suspecte de protestantisme. Les insultes fusent contre ces *« heugenots » (sic)*, ces « bougres de *camizards* » : « Il faudrait assommer ces gens-là qui nous prennent ici comme des cochons ! » Poursuivis et frappés, les militaires n'ont d'autre ressource que de s'enfermer avec leurs hommes à l'auberge de la Fleur de Lys, mais la foule les rejoint ; elle donne l'attaque, casse l'enseigne, enfonce les portes et libère les recrues. Le capitaine parvient à s'enfuir sous un déguisement, cinq de ses hommes sont grièvement blessés[116]. En juillet 1705, un embaucheur est attaqué près de Saint-Étienne-de-Lugdarès, en Vivarais, par une cinquantaine d'hommes et de femmes armés qui assiègent la ferme où il s'est caché. Les émeutiers, là encore, délivrent les recrues et se dispersent en « sautant et dansant au son de la flûte ». Rigny-le-Ferron en Champagne, le 24 juin 1708, à la Saint-Jean : l'officier recruteur est sérieusement malmené par une foule en colère ; « leur demandant pardon, qu'ils lui sauvassent la vie, leur donnant son argent... », il parvient à se réfugier à la commanderie toute proche qui est aussitôt mise à sac, le toit décoiffé et le colombier abattu. Près d'Ancy-le-Franc le 1er février 1711, un dimanche, cent ou cent cinquante paysans d'Étivey, « tant grands que petits », poursuivent les recruteurs qui doivent relâcher leurs hommes. En mars de la même année, les gens de Jalogny, près de Cluny, opèrent à coups de fourches et de « longs bois », ils délient deux recrues et laissent « pour morts » l'officier et le soldat qui les conduisaient[117]. Graves troubles à Lyon en juin 1711, quand un cortège d'enrôlés marchant sous bonne garde est attaqué vers la Guillotière par des gens qui les suivent de rue en rue jusqu'à l'hôtel de ville. Les officiers finissent par tirer dans le tas, faisant deux morts, un artisan et une femme, mais entretemps leurs recrues ont pris le large[118]. La poursuite des déserteurs jusqu'au-delà des frontières, en territoire étranger, irrite fort les autochtones. En novembre 1726, les habitants de Rumilly, sur terre de Savoie, protestent contre l'arrestation par un sergent français de deux fuyards du régiment de Beaujolais. La foule entoure l'auberge du Petit Paris où ils sont enfermés, les pierres volent, les cris fusent : « Ces prisonniers sont à nous, ils ne sont pas à vous ! » La cabaretière elle-même aurait pris « en inclination » les deux hommes ligotés : elle a trois enfants, dit-elle en pleurant — et « s'ils étaient à la guerre je voudrais bien qu'on en fît autant pour les sauver ». La nuit venue, des inconnus défoncent un mur de l'auberge avec une poutre et favorisent l'évasion[119].

Il n'est pas rare que les notables prennent le parti des habitants en la circonstance. Ainsi, en mars 1706, l'archiprêtre du bourg de Caixon, au pays de Bigorre : il se met à la tête de cent ou cent vingt de ses paroissiens à pied et à cheval, tous bien armés, en route vers Liac pour reprendre des jeunes de leur village enfermés dans une maison particulière ; sept d'entre eux réussissent à s'enfuir[120]. Parfois, ce sont les autorités municipales qui interviennent. En 1707, les consuls de Manosque se présentent en personne, coiffés du chaperon, pour réclamer un petit berger enrôlé de force, et le jeune homme se sauve à la faveur de l'agitation. De même à Tarascon, en avril 1708, l'un des consuls prend part au tumulte, prélude à l'évasion de toute la bande des nouveaux engagés[121]. En Bretagne, dans la petite ville de Quintin où le duc de Lorges fait la pluie et le beau temps, ses agents n'admettent pas qu'on vienne lever des hommes et ils poussent à la résistance ; deux nobliaux, connus pour leur acharnement à « faire » des soldats et débusquer les déserteurs, sont la cible d'une vengeance collective au carnaval de 1711 ; traités de « vendeurs de chrétiens », ils sont frappés, pris en chasse, assiégés dans leur auberge par « une troupe de jeunesse » qui les contraint à vider les lieux[122].

Par la suite, les recruteurs agissent avec plus de prudence, mais l'inquiétude demeure, ravivée à chaque nouvelle guerre. Au cours de l'hiver 1744-1745, des racoleurs poursuivent jusque dans les églises de Paris les individus qu'ils affirment avoir engagés. Le lieutenant général de police tente de mettre fin à ces pratiques, « mais le mal, dit-il, gagne au lieu de diminuer »[123]. Partout on se méfie, on protège ses jeunes. Dans le Midi, grosse émeute à Marsillargues le 26 décembre 1746, jour de la fête, quand un officier prétend « battre la caisse pour tâcher de faire quelques hommes » : il est pris à partie et renversé, les soldats de l'escorte sont jetés à terre et leurs sabres brisés. Des cavaliers arrivés en renfort depuis leur cantonnement de Lunel subissent le même sort, et l'un d'eux mourra de ses blessures. En décembre 1747, un recruteur est roué de coups sur le foiral de Champagnac-le-Vieux, en Auvergne ; l'émeute est « très considérable », lui-même s'en tire par « miracle » mais l'un de ses hommes est tué. Revenons en Languedoc pour la chaude affaire d'Aubais, au carnaval de 1751. Venus du village voisin de Congeniès, des recruteurs en troupe déclenchent la colère. « On ne voyait, écrit un témoin, que sabres, épées et barres qui combattaient dans une grande mêlée de tout sexe. On n'a jamais vu une émeute populaire si vive ni si dangereuse […] ni vu une bataille dans ce village si tragique, la peur de l'horreur de laquelle *[sic]* en a jeté beaucoup dans le lit et surtout la plupart des femmes »[124]. Un désordre comparable éclate à Fanjeaux en 1765, en plein carnaval cette fois encore, mais sur fond de rivalités entre notables et bisbilles entre paysans et bourgeois. Les affiches pour annoncer l'enrôlement ont déjà été placardées. Il se trouve que le recruteur, un nobliau du pays, M. de Barsa, appartient aussi à la Société des Messieurs, organisme festif dont les prétentions irritent les gens du commun. Deux clans vont s'affronter, on se dispute de part et d'autre les musiciens et les danseuses, on se moque du recruteur et de ses joueurs de flûte encocardés. Une bande conduite par le nommé Falcon, bâtier de son état et déserteur de la milice, se lance dans une contredanse avant de fondre sur le groupe de M. de Barsa qui tire un couteau de chasse et blesse deux campagnards. Le lendemain, jour des Cendres, les paysans envahissent les rues avec des menaces horribles contre « cette canaille de bourgeois », en criant qu'il fallait « que tout passe par la mort ou par le feu ! » Pour rétablir l'ordre, les magistrats et les consuls en chaperon ordonnent des sommations avec sonneries de trompettes ; le calme revient, après cet enchaînement complexe, où le refus du recrutement s'affirme dans un milieu de susceptibilités à vif[125].

Les troubles provoqués par les violences du racolage s'espacent dans la seconde mi-siècle, car l'État est intervenu. « Le gouvernement a détruit ce brigandage, écrit Mercier, quelques racoleurs ont été mis au carcan »[126]. Le gros des affaires relevées entre 1760 et 1789 — une vingtaine — concerne désormais la désertion. En octobre 1775, deux cavaliers de la maréchaussée qui poursuivent un fugitif du côté de Xertigny, en Lorraine, demandent au maître d'école et au domestique du curé de leur prêter main-forte, mais ils s'entendent répondre : « Arrêtez-le vous, c'est votre métier et pas le nôtre », et d'autres personnes sur la route encouragent l'homme traqué : « Passe par ici, passe par là... » En terre de Gascogne, des fuyards sèment leurs poursuivants dans le bourg d'Encausse où la population prend fait et cause pour eux, le 15 août 1781. À Lyon, encore, au soir du 9 octobre 1787 dans le quartier des Terreaux, les habitants mettent en fuite la brigade qui avait pris en chasse un déserteur[127]...

Échapper à la milice et au système des classes

Dans le cours de la vie ordinaire, l'obligation du service existait bel et bien depuis le dernier tiers du XVIIe siècle. Le système des classes pour la marine, institué par Colbert dès 1669, et l'organisation de la milice à partir de 1688, concernaient une bonne partie de la population masculine. Les intendants et leurs subdélégués avaient la haute main sur le recrutement des milices de terre, en relation étroite avec les communautés qui devaient accepter le tirage au sort et équiper les recrues à leurs frais. Le risque d'être désigné pesait sur la masse de ceux qui ne bénéficiaient pas d'exemptions pour cause d'inaptitudes physiques ou de situation familiale ; certains emplois et fonctions assuraient la dispense, de même que l'appartenance à la noblesse et au clergé bien sûr. Chaque année, par tirage ou désignation d'office, une vingtaine de milliers d'hommes, célibataires seulement pour la milice de terre, mariés aussi bien que célibataires pour la marine, étaient ainsi contraints d'endosser l'uniforme au service du roi. Dispositif compliqué et sans cesse remanié, mais appliqué avec persévérance malgré les plaintes qui montaient des provinces[128].

Les collectivités à tous niveaux exprimaient leurs réticences, et de leur côté les individus cherchaient des échappatoires : automutilation de la main, doigts coupés, ulcération volontaire de la peau par application de plantes urticantes, appel à des protecteurs bien placés, mariages hâtifs, absence le jour du tirage, fuite de ceux qui avaient tiré au chapeau le *billet noir* — un chapeau garni d'autant de billets qu'il y avait de présents : tous étaient blancs sauf un ou deux, parfois davantage, de couleur noire ou bien marqués du mot « milicien ». Certaines paroisses, les plus importantes, faisaient tirer sur place ; pour les autres, l'opération se tenait dans un lieu de regroupement. Disons que, généralement, les choses se passaient sans trop d'éclats, dans un climat de mauvaise humeur il est vrai — mais est-ce là un élément mesurable ? Fidèles à notre projet, nous n'avons retenu que les manifestations collectives de caractère violent, en sachant bien qu'elles n'exprimaient que la pointe du phénomène global d'insoumission.

Ici le nombre des rébellions (142) est proche de celui des incidents de racolage (cf. tableau X.3, p. 586). Il ne s'agit pas de séditions massives, prolongées et couvrant un large espace, mais d'épisodes brefs, étroitement localisés et sans lendemain. Une seule exception : la révolte bien connue des marins du Labourd en janvier et février 1671. Dans ce territoire d'un extrême Sud-Ouest encore si mal intégré au royaume, entre Bayonne et Saint-Jean-de-Luz, les habitants avaient « une peur invincible » de l'enrôlement sur les vaisseaux du roi[129]. Le mouvement, parti de Ciboure à l'annonce d'une levée de matelots, se répand aux environs et gagne la bourgade d'Urrugne les 16 et 17 février. Au son du tocsin, la communauté en armes affronte le comte de Guiche, lieutenant général en Béarn et Navarre, venu sur place pour exécution des ordres du roi. Une vingtaine de paroisses se soulèvent à leur tour, on refuse les ordres de départ, on évoque à nouveau la Gabelle dont la menace hante en permanence les esprits. « J'y danse sans cesse sur la corde, écrit Guiche, ce sont des chevaux échappés qu'on ne peut plus mener par les rênes. » Des menaces, des coups, mais pas d'effusion de sang. Les hommes du roi usent d'adresse, ils font alterner les annonces terrifiantes et les promesses d'amnistie. Ils amènent à soumission les paroisses réfractaires, moyennant un allègement des levées. La leçon va porter au plus haut niveau. Le pouvoir se montrera désormais très prudent dans ce pays ombrageux où l'enrôlement des marins et soldats était interprété comme « la fin des libertés locales ». Les nouveaux incidents de 1688 et 1689, toujours à propos de levées de matelots à Saint-Jean-de-Luz et Hendaye, incitaient les gens du roi à se méfier de « Messieurs les Basques »[130]...

Sans atteindre ce degré d'intensité, les affaires observées ailleurs délivrent aussi des sens multiples. On en veut, bien sûr, au service imposé par l'État, mais, à partir de là, c'est la communauté qui se déchire parfois en luttes intergroupes, greffées sur d'autres contentieux. Distinguons les deux types d'émotions, celles qui éclatent au moment du tirage, avec pour cible le dispositif d'ordre public, et celles qui interviennent un peu plus tard, lors de la prise en chasse des refusants ou du transfert des miliciens vers leurs quartiers.

Les premières présentent une physionomie en gros sans surprise. Les intendants et leurs subdélégués ont fixé le contingent pour chaque paroisse ou groupe de paroisses. La date du tirage a été annoncée au prône et le lieu du rendez-vous fixé. On voyait ce jour-là dans la campagne des cortèges d'hommes âgés de seize à quarante ans, marchant de bon matin sous la conduite de leurs syndics ou consuls vers le lieu d'enrôlement. En ville, les compagnons des divers métiers devaient se présenter à heures précises, à tour de rôle ; le rassemblement avait lieu en plein air par beau temps, devant un bâtiment public, l'hôtel de ville, l'auditoire de justice, l'hôtel du subdélégué ou encore, faute de mieux, dans une grange d'auberge ou la cour d'un château. La maréchaussée était souvent présente pour veiller au bon ordre, de même que le subdélégué ou le commissaire aux armées. L'appel avait lieu paroisse par paroisse quand celles-ci étaient regroupées, et dans les villes quartier par quartier et métier par métier. Arrivait enfin pour chacun le moment de passer sous la toise et de plonger la main dans le chapeau pour en retirer le fameux billet.

Sur place, à l'inquiétude des individus s'ajoutaient nombre de craintes et de griefs. Les paroisses comparent entre elles les effectifs qui leur sont imposés. N'y a-t-il pas eu du favoritisme dans l'établissement des listes ? Au nom de quoi a-t-on exempté les membres de telle ou telle profession ? le fils de tel ou tel magistrat, de tel ou tel notable ? Les présents se comptent entre eux, furieux contre ceux dont l'absence aggrave le risque de sortir le mauvais billet, car quel que soit le nombre des « tirants », le contingent des appelés ne variera pas. Les têtes s'échauffent au fil des heures, on a eu le temps de faire la tournée des cabarets grâce à l'argent recueilli de maison en maison la veille du départ, une sorte de tournée des conscrits. On se brocarde de village à village, de paysan à bourgeois, on nargue la maréchaussée. Il suffit de peu de chose pour que l'incident éclate. À Méréville, en Gâtinais, en mai 1726, quatre-vingts garçons armés de bâtons déclarent qu'ils sont prêts à marcher « tous ensemble où Sa Majesté l'ordonnerait », mais qu'ils ne veulent point tirer pour la milice ; les pierres volent de tous côtés sur le subdélégué d'Étampes et ses assistants, il y a des blessés de part et d'autre. En mars 1732, les garçons de Billy-sur-Ourcq refusent de tirer pour le remplacement de deux miliciens en fuite, et ils « excèdent » de coups de bâton le subdélégué, son secrétaire et les gens de la maréchaussée. En mai 1757, à Castelfranc, au cœur du Quercy, la jeunesse proteste contre l'inscription de laboureurs, vignerons et artisans sur les listes du tirage pour les vaisseaux du roi, listes où ne devaient figurer que les pêcheurs et les mariniers. Des bandes insultent le commissaire aux classes et empêchent le départ des requis. Toute cette province, écrit alors l'intendant La Galaizière, est animée d'un « esprit de fermentation et de révolte », un « esprit d'indépendance et de haine contre toute sorte d'autorité » et qui pourrait « gagner en un instant ceux du Rouergue ». Même son de cloche en Languedoc selon le commandant en chef de la province, le maréchal de Thomond, à propos des troubles survenus à Florensac et Vias en juillet 1758, toujours pour le tirage des gens de mer : il y a eu « grand bruit », tout cela est du plus mauvais effet « dans une province où les peuples sont naturellement portés aux partis extrêmes ». Réaction musclée : on envoie des troupes, les principaux coupables sont enfermés à la citadelle de Montpellier. Les subdélégués redoutent ces rendez-vous de milice. En août 1769, celui de Brioude semble encore tout ému quand il rend compte de l'échec du tirage au village de Saint-Jean-de-Nay : « Pour exprimer le danger que nous avons couru et donner à cet exposé tout le feu de l'action, il faudrait des talents que je n'ai pas. Je me bornerai à vous dire que nous touchions au moment de perdre la vie ou de ne la sauver qu'en faisant carnage... »[131].

Les levées urbaines fournissent elles aussi des prétextes à tapages. Haut dans la chronologie, voici l'incident de Nevers en 1705, le jour de la Fête-Dieu, une ville encore toute remuée par le récent départ des miliciens. En cette journée de grande affluence paysanne, la foule

l'Election de la milice de la Paroisse d'Authon de l'Election de Dourdans, par M. Boucher subdélégué de M. de Bouville Son Intendant d'Orléans.

Illustration 13. Le tirage pour la milice

venue pour la procession s'attaque aux militaires qui prétendent faire de nouvelles recrues. Le « lieutenant de maire » est pris à partie pour avoir présidé au choix des engagés, on le poursuit de rue en rue, sa maison est dévastée et lui-même échappe de peu à la mort[132]. Attardons-nous sur les troubles de l'année 1766, ponctuée par des actions d'envergure en série. Tirage houleux à Dijon le 20 mars : les textes parlent d' « émeute » et même de « révolte », il y a eu des pierres lancées contre l'hôtel de ville, des tentatives pour enfoncer les portes des prisons, des coups de feu. L'un des tapageurs, un portefaix, aurait déclaré « que si les garçons voulaient s'entendre il n'y aurait point de milice et qu'il n'y avait pour cela qu'à jeter par les fenêtres ceux qui voulaient les faire tuer »[133]. Gros désordre aussi à Auch le 31 mars 1766. Un « monde infini » se presse devant l'hôtel de ville et se bouscule dans les escaliers. Le sénéchal, préposé à la toise, décrit une ambiance survoltée : « Lorsqu'on en renvoyait un qui n'avait pas la taille requise ou qui avait quelque exemption valable, on le faisait sortir de la salle, et [...] passant par le vestibule pour sortir de l'hôtel de ville, les autres jeunes gens qui étaient dans le vestibule et qui étaient déclarés propres pour le sort faisaient semblant de l'embrasser pour le féliciter et le marquaient avec un peu de noir en le prenant par le menton, ce qui occasionnait au dehors des grandes risées quand on le voyait » ! Le lendemain 1er avril — le tirage s'étale ici sur deux journées —, des protestations s'élèvent contre l'exemption accordée aux marchands. Un compagnon cordonnier déclare qu'il ne tirerait « qu'autant que les marchands tireraient », ce qui lui vaut d'être aussitôt déclaré « milicien de droit » selon la règle appliquée aux mutins, et conduit aux prisons ; alors les autres crient qu'ils veulent « tous être aussi miliciens et le suivre en prison », et il est relâché. Pendant ce temps, la confusion règne à l'hôtel de ville où deux cavaliers de la maréchaussée sont désarmés et blessés[134]. Les choses se passent encore plus mal le 17 avril à Aubenas en Vivarais, où l'on a convoqué la jeunesse paysanne des environs. Des incidents surviennent à la porte de l'hôtel de ville quand le consul du village de Genestelle, venu avec ses garçons, se voit interdire l'accès par un cavalier qui lui arrache son chapeau « de même que son bonnet ». La maréchaussée est prise à partie dans les rues, des coups de feu éclatent, un jeune homme tombe mort. Les jours suivants, on parle dans tout le pays de refuser la milice. Seule l'arrivée des troupes ramène le calme. Le 16 juin, on recommence le tirage sous bonne garde. Cette fois, l'intendant de Languedoc est là en personne, et sa présence « en a beaucoup imposé »[135].

À Lyon, ce sont les corps de métiers qui provoquent des incidents en cascade le lundi 23 juin 1766, veille de la Saint-Jean. Les cordonniers, convoqués dans la matinée, patientent sur la place Louis-le-Grand (aujourd'hui Bellecour). Il y en a huit à neuf cents rassemblés dès le matin, mais les officiels ont pris du retard et c'est bientôt l'engorgement. Plus de deux mille maçons, tailleurs de pierre et plâtriers, convoqués à la suite, attendent leur tour. Tout se passe d'abord dans la bonne humeur, ils se répandent dans les cabarets, ils dansent au son des hautbois, fifres et tambours, mais l'heure tourne et ils commencent à s'énerver dans la chaleur, d'autant qu'après avoir déjà bien bu la veille dans les bouchons des faubourgs ils boivent encore « pour se désennuyer et s'étourdir ». Le tumulte monte dans l'après-midi, des bagarres éclatent entre maçons et cordonniers, on se bouscule devant l'hôtel de l'intendance où certains prétendent entrer de gré ou de force. Entendez la relation plaintive du brigadier Comte, de faction à la porte : « Quatre de ces ouvriers se sont élancés sur moi pour me saisir, et m'ont déchiré la garniture de ma chemise qui est en mousseline brodée et languetée »... Un de ses collègues est attrapé par les cheveux, frappé « d'une multitude de coups », désarmé et jeté à terre tout ensanglanté, un troisième se sauve de cour en cour, escaladant les murs pour se soustraire à la « fureur » des poursuivants. Les soldats du guet sont eux aussi « cruellement maltraités » et menacés d'être jetés au Rhône. Très inquiet, l'intendant Baillon annonce d'abord le report du tirage au surlendemain, mais la colère redouble. Il négocie alors avec les maîtres-gardes de la communauté des maçons qui acceptent de fournir des hommes « à prix d'argent », grâce à une collecte interne qui leur permettra de recruter des volontaires. Moyennant quoi le tirage est annulé et tout semble rentrer dans l'ordre. Pourtant, les esprits tardent à se rasseoir : deux manifestants arrêtés par la police sont restés en prison et d'autres revendications sont apparues, faisant dévier le mouvement de son but initial. Les compagnons venus tirer réclament qu'on leur paye la journée perdue. Le surlendemain, quelques centaines d'ouvriers, réunis « dans les *brotaux* de La Pardieu », décident de marcher sur Lyon pour libérer leurs deux camarades. Ils font la tournée des chantiers et se retrouvent en nombre dans les cabarets, sur les quais ou vers la porte Saint-Clair. Après avoir traversé le Rhône, ils arrivent au cœur de la ville derrière un tambour battant aux champs. Un sergent du guet déclarera les avoir vus danser place du Plâtre « autour d'un pain » — sans doute un symbole de protestation contre la vie chère. La police les suit à la trace grâce à des mouchards infiltrés dans les groupes ; elle en arrête une bonne dizaine, le reste prend peur et les choses retombent[136].

La traque des refusants donne lieu à des troubles analogues dans leurs formes, mais encore plus dommageables pour le tissu social[137]. Même quand il n'y a pas effusion de sang, ces péripéties sont assimilables aux émeutes et rébellions dans la mesure où elles mettent en cause, à l'échelon le plus local, l'ordre public et l'autorité de l'État. Nous avons retrouvé une trentaine d'affaires de ce type, qui opposent communautés et gendarmes aux fugitifs rattrapés. Soit ils n'étaient pas venus au tirage, soit ils avaient disparu après avoir tiré le mauvais billet, soit enfin ils avaient suscité des rescousses pour se défendre. À Pardailhan, près de Saint-Pons, en avril 1727, une bande de jeunes gens assassinent le consul communal qui voulait faire arrêter un réfractaire. En Rouergue, en janvier 1743, les gendarmes qui conduisaient cinq déserteurs rencontrent, près de Lacroix-Barrez, une troupe fort nombreuse de « femmes ou hommes déguisés en femmes ». Ils tirent alors dans la foule pour forcer le passage, faisant un mort et au moins deux blessés. Toujours en Rouergue, les habitants de Grand-Vabre arrivent au nombre de quatre-vingts dans le bourg de Conques : armés d'outils et de fusils, ils bousculent les consuls et délivrent un déserteur de leur paroisse en « criant qu'ils voulaient avoir le milicien mort ou vif, et qu'ils l'auraient à quelque prix que ce fût... » Affaire à rebondissement la même année 1743, en Auvergne cette fois : un milicien fuyard a été rattrapé par les paysans de Chassignolles qui partent pour Brioude avec leur prisonnier. Mais celui-ci leur est enlevé au passage par les habitants de la paroisse d'Agnat où le jeune homme était connu pour y être resté longtemps bouvier : comme le cortège avait fait halte à l'auberge pour se reposer, « plusieurs femmes du village allant les unes après les autres à la porte du cabaret pour voir ce milicien attaché, il y eut quelques paroles qui occasionnèrent une querelle, [...] des pierres jetées, enfin le garçon se sauva et le syndic a reçu des coups... »[138] Effervescence à Nyons, dans la Drôme actuelle, en mars 1752, quand un groupe de jeunes gens attrapent en pleine rue un « fugitif » qui ne s'était pas présenté au tirage. Ils veulent le conduire au siège de la maréchaussée, mais ils sont assaillis par les camarades du fuyard auquel un Père récollet donne asile dans son couvent[139].

Il arrive que l'opposition à la milice interfère avec les contentieux de mémoire longue, comme dans le Dauphiné et les Cévennes où le partage religieux catholiques-protestants continue de hérisser le quotidien. En décembre 1746, le lendemain de Noël, une bande de deux cents personnes masquées et armées part de Chalançon en Diois pour libérer un jeune du village : il s'agit d'un milicien en fuite, protestant, qui a été arrêté dans la paroisse voisine de Volvent ; ils arrivent devant la maison où il est enfermé, brisent la porte à coups de hache et le font sortir. Quelques mots tirés de la Bible, tracés à la craie rouge sur une paroi de grange, signent l'inspiration du raid : « Je l'ai délivré Israël... »[140]. Les autorités s'inquiètent, elles craignent toujours une reprise de la subversion huguenote dans ce pays de prédicants. Un détachement militaire de quatre cents hommes fait mouvement sur Chalançon et désarme le village, les maisons sont fouillées une à une et les suspects conduits à la tour de Crest. Dans le même contexte religieux, des incidents éclatent en 1756 à Saint-Hippolyte-du-Fort, petite ville cévenole très majoritairement réformée, aux environs d'Alès. L'usage est ici que les catholiques ne « tirent » pas : seuls les protestants célibataires doivent le service ainsi que les hommes mariés au « désert », car leur « prétendu mariage » n'est pas reconnu. Le 7 février, jour du tirage pour le canton, une trentaine de jeunes gens de Saint-Hippolyte se rendent chez le premier consul et réclament un régime équitable. Ils affirment qu'ils tueront le premier qui viendra tirer, et profèrent des menaces contre le subdélégué, le maire et les consuls. La situation est très tendue sur la place d'armes où le tirage a lieu en présence des troupes. Quand arrive le tour des garçons de Saint-Hippolyte, tard dans la soirée et aux flambeaux, presque tous les miliciables protestants sont absents — ils auraient dû être près de cent soixante, au dire des catholiques. Ne se présentent que ceux qui, « par défaut d'âge ou de taille, ou par d'autres raisons légitimes d'exemption, ne couraient aucun risque d'être reçus militaires ». Le subdélégué fait sonner trois fois la trompette et déclare tous les absents « miliciens perpétuels » ! Les mots de « rébellion », « séditieux » et « mutins » figurent dans la correspondance relative à l'événement alors même qu'il n'y a de violences que verbales. Là-dessus, la ville entière s'entremet, des bourgeois vont parlementer avec les garçons réfugiés dans les bois. Ceux-ci finissent par se soumettre, mais sept d'entre eux, qualifiés de meneurs, sont arrêtés et déclarés miliciens — parmi eux, trois faiseurs de bas, un tondeur, un serrurier, du très petit monde[141].

Le système a beau s'être transformé et allégé à partir des années 1770, il reste très impopulaire. Quant à la milice de mer, elle a gardé jusqu'au bout son mode de recrutement, aggravé au point qu'elle n'épargnait personne, sinon « les infirmes et les vieillards »[142]. La rénitence constante sur le terrain entraînait une désaffection politique enregistrée par les observateurs. Encore une fois, les mouvements venus d'en bas trouvaient un relais dans les écrits des théoriciens contestataires. Des esprits aussi aiguisés que Saint-Simon, Turgot, Necker constataient le mal et ses dangers. Très tôt, Saint-Simon parle à ce propos du « désespoir » des populations : « Ils criaient et pleuraient qu'on les menait périr. » Pour Turgot, qui résume à peu près toutes les situations concrètes que je viens d'évoquer, le tirage pour la milice était « le signal [...] d'une espèce de guerre civile entre les paysans, dont les uns se réfugiaient dans les bois, où les autres allaient les poursuivre à main armée... » Necker parle, en 1785, d'une « effrayante loterie ». Sur ce thème, Louis-Sébastien Mercier anime une scène allégorique qui mêle le réel et l'imaginaire, bien dans le goût de temps. « Que penserait le Spartiate, s'il revenait au monde, en voyant [un miliciable], le visage pâle, saisir d'une main tremblante le billet fatal qui l'envoie à la guerre ? Ne dirait-on pas qu'il tire au supplice ? Il aimera mieux sacrifier le peu d'argent qui lui reste, ce dernier gage de sa subsistance, que de s'exposer à porter les armes pour sa patrie. Considérez la joie emportée de ceux qui sont dispensés de la servir [...]. Le délégué semble un exécuteur des vengeances publiques, tant il est craint, redouté, odieux. Sont-ce là les hommes qui vont combattre pour l'État ? s'écrierait le Spartiate. — Tu m'étonnes, fier républicain, mais le mot de patrie n'a aucun sens pour eux ! Tu devais te sacrifier, toi ; et leur premier devoir est de se conserver. Leur cabane étroite, voilà leur empire »[143].

L'hostilité à la présence militaire : passage et logement des gens de guerre

La coexistence entre civils et militaires, partout visible, faisait partie des mœurs. On peut même parler d'interpénétration : des uniformes au village, dans la rue, à l'église, au spectacle, dans les cercles de sociabilité à tous niveaux. L'état de guerre installé durablement pour la période augmentait le poids de cette présence, d'autant que l'État ne prenait qu'incomplètement en charge les besoins des troupes. Certes, le XVIIIe siècle n'offrait plus la physionomie d'antan, quand les campagnes militaires tournaient à un banditisme d'après-bataille dont témoigne Jacques Callot par exemple[144]. La démilitarisation de la société, amorcée dans les années 1700, n'en laisse pas moins subsister des modes de fonctionnement contraignants pour la population. La mise en place de casernes et l'aménagement des haltes pour les troupes de passage ne se réalisent qu'avec lenteur, d'où la persistance d'usages mal supportés. La coopération des municipalités est inscrite dans les règles de l'*étape* pour les fourrages, les denrées et l'hébergement, outre les charrois et montures[145]. Les maires, échevins et consuls doivent distribuer les billets de logement chez l'habitant, qui est tenu de fournir au soldat l'« ustensile », c'est-à-dire le lit et sa garniture, le pot avec une cuillère, une place au coin du feu et la chandelle. Le défraiement journalier, variable au cours du siècle, est fixé en Languedoc, dans les années 1680, à 5 sols par soldat, 10 sols par officier d'infanterie et 15 sols par cavalier[146]. La communauté et les particuliers seront remboursés de leurs frais… plus tard. En attendant, les gens renâclent, trouvant que c'est peu payé, et dans quel délai !

Les sources indiquent, non sans zones d'ombre, environ 91 rébellions en rapport avec la présence militaire. Nombre sans doute très inférieur à la réalité. Partout des plaintes contre la brutalité des officiers. Les militaires, de leur côté, accusent les habitants de leur donner « ce qu'ils ont de plus mauvais »[147]. Combien d'incidents ont dû s'évanouir, soit qu'ils aient été réglés sur place par accommodement, soit que nul n'ait osé protester, soit que les archives aient disparu. Pour quelques cas — une quinzaine —, les motifs restent incertains : querelles, brutalités, désaccords, rien de bien clair. Ainsi, nous ignorons l'origine du « désordre » survenu à Grasse en mai 1663 : M. d'Oppède, premier président du parlement d'Aix, observe « que les gens de guerre ont eu tout le tort, et qu'ils ont été les premiers agresseurs »[148]. Pourquoi les gens de Champlecy, dans le Charolais, ont-ils attaqué un convoi de recrues à coups de fusils, fourches et bâtons, tuant l'un des soldats, surnommé la Liberté, et en blessant plusieurs autres ? Nous n'en savons pas plus. À Changy, non loin de Roanne, une troupe de cavaliers, des nouvelles recrues, se prend de querelle (pour quelle raison ?) avec les domestiques du seigneur ; les documents disent que l'affaire a mal tourné, plus de deux cents personnes dans la mêlée avec toutes sortes d'armes et il y a mort d'homme. Même chose quant aux motifs des troubles de Pradelles, en avril 1750 dans le Vivarais : un des dragons a été « bien blessé » et leur capitaine désarmé — accroc « grave » selon le commandant de la place qui parle de l' « esprit de mutinerie » de cette bourgade où l'on ne peut compter ni sur le maire ni sur les consuls[149]...

Par bonheur, l'incertitude n'est pas la règle. La plupart des émotions peuvent être répertoriées en catégories précises comme vol, réquisitions brutales, logement, rixes de cabaret ou encore froissements de susceptibilités entre civils et militaires. Ainsi à Liesse, en Picardie, la communauté refuse de fournir les trois charrettes que l'armée demande en 1675 ; le maire tente de s'entremettre, mais il est insulté par les habitants : « Vous êtes cinq ou six qui mangez la ville et la voulez gouverner à notre perte. » En 1712, à Chambry, près de Laon, un militaire a volé une cravate dans une maison — c'était, dira-t-il plus tard, « pour envelopper une blessure qu'il avait à la main » ; les gens du logis l'attrapent et le jettent à la rue, d'autres arrivent avec fourches et bâtons, le curé s'en mêle et cogne lui aussi, mais il encaisse des coups et mourra de ses blessures. À Versigny, non loin de là, une affaire de vol de poules se transforme en empoignade générale, avec mort d'homme cette fois encore. Dans ces deux derniers cas, la prévôté engage des poursuites, mais les militaires meurtriers bénéficieront de lettres de rémission. À Longèves, village poitevin, les réquisitions provoquent un « accident fâcheux » : quatre soldats chargés d'emmener des chariots pour voiturer les fourrages se heurtent à « une foule de paysans armés de fourches et de fléaux » — bilan, trois militaires et trois paysans blessés, dont l'un mortellement. En 1727, à Saint-Loup-Nantouard, en Franche-Comté, la colère publique vise un négociant qui accaparait les fourrages, car l'on craint que les stocks n'attirent au pays deux compagnies de cavalerie pour leurs quartiers d'hiver. On parle de le jeter à l'eau, d'incendier ses granges... »[150]. Il y a aussi du moins sérieux et même du cocasse, comme l'histoire de Saint-Georges-de-Reneins, en Beaujolais. Une troupe de dragons du roi, en marche vers Mâcon au printemps 1696, fait halte dans une prairie. Les voilà installés, ceinturons défaits, bien à leur aise. Un bœuf passe, qui mange les gants traînant dans l'herbe ! Rage des soldats qui insultent les gardiens du troupeau. Là-dessus une vingtaine de paysans rappliquent, parlant tous leur patois, grosse bagarre, les dragons sont rossés et leurs beaux habits volés[151] !

Le logement des officiers et de leurs hommes faisait toujours problème. Voici le village breton de Kernilis, au pays de Léon, qui refuse obstinément d'héberger les troupes de milice en décembre 1666. Ils sonnent le tocsin, prennent les armes, et le curé-recteur donne l'exemple en tirant sur les soldats du haut de sa fenêtre[152]. À la même époque, des incidents éclatent à Manosque comme à Forcalquier. La foule proteste contre les exemptions dont jouissent certains et insulte les consuls en train de distribuer les billets de logement[153]. Ce type d'éclats se retrouve encore en quelques endroits après 1700. Les officiers et soldats logés par le service de l'étape dans le bourg picard de Crécy-sur-Serre commettent tant d' « extravagances » que le maire appelle aux armes les habitants qui arrivent avec des fourches et des piques. En 1734, à Bessenay, dans les monts du Lyonnais, les soldats sont poursuivis par une cinquantaine de personnes solidaires d'un propriétaire furieux d'avoir à nourrir ceux qu'on a logés chez lui : « Foutez-moi le camp, je ne vous dois rien, ni feu, ni chandelle, ni pain, ni sel, mais seulement le lit, et encore c'est de ma bonne volonté ! »[154].

Il arrive aussi que le mécontentement parte des militaires, mal satisfaits de la qualité de l'accueil, et le manifestant haut et fort. En novembre 1711, des cavaliers arrivés à Louviers protestent contre la mesquinerie du logement. L'un d'eux se retrouve en prison pour avoir insulté un officier, mais les autres vont le délivrer, munis de haches pour briser les portes. S'ensuit une fusillade sous la halle ; deux des soldats, blessés dans la bagarre, seront plus tard condamnés à mort par un conseil de guerre. Autre affaire en juillet 1722 : une centaine d'invalides partis de Paris font les séditieux aux haltes, tout le long du chemin, notamment à Mâcon où la distribution des logis s'opère avec « retardement ». Les hommes perdent patience, ils tentent de forcer la garde en injuriant « messieurs de ville », et ils déclarent à leurs officiers « qu'ils ne les reconnaissaient pas, étant tous égaux », les envoyant promener en « des termes que la bienséance ne permet pas de répéter ». Grande confusion à Beaugency en mars 1739, à l'arrivée de cinquante recrues des troupes de la marine. Très mécontents du logis imposé, les hommes parlent d'aller mettre le feu et tailler ces « bougres d'habitants en pièces, [et] qu'ils ne se souciaient pas de ce qui en pouvait arriver, même d'être pendus ». L'un des soldats accourt à l'hôtel de ville en prétendant que le pain fourni n'a pas le poids, et il fait tant de bruit qu'on l'enferme. Son officier vient le réclamer pour éviter « la sédition », et de fait les autres menacent d'attaquer la prison. L'homme est alors libéré sur ordre de l'échevinage mais comme les violences continuent, les autorités civiles convoquent la bourgeoisie au son du tocsin, et finalement les excités passeront la nuit au corps de garde[155]. Ces troubles se sont raréfiés dans la seconde moitié du siècle, grâce à l'amélioration du dispositif des casernes et étapes.

En revanche, les querelles d'après-boire, brutalités, frictions de point d'honneur, occupent une place constante dans les faits divers au jour le jour. Les chevauchements de compétence entre municipalités, tribunaux et commandants de place favorisent partout ce genre de heurts. Notre série est émaillée de rixes ou « batteries » qui mettent villes et bourgs sens dessus dessous : Niort en 1668, Grenoble en 1694, Béziers en 1727, Nîmes en 1729[156]... La fièvre qui secoue Montpezat en Vivarais, à l'automne 1756, relève d'une maladie commune à tous les séjours garnisaires[157]. Ici, habitants et consuls reprochent aux officiers leurs prétentions et abus de pouvoir, comme faire la police sur les marchés et molester les civils. Les accrocs se multiplient, aggravés par un problème de langue, car l'unité logée à Montpezat appartient à un régiment de milice de Lorraine, et une partie des soldats ne parlent qu'allemand. Tout achève de se gâter un beau dimanche, quand les officiers de la garnison trouvent leur banc d'église brisé. Le second consul Bernard, soupçonné du forfait, est arrêté l'après-midi à la sortie des vêpres — allongées ce jour-là d'un *Te Deum* pour la prise de Minorque, événement militaire qui ouvre la guerre de Sept Ans ! Une foule nombreuse se porte au secours du sieur Bernard ; il se réfugie dans l'église où quatre fusiliers viennent le saisir « au milieu de ses prières ». La population s'entremet à nouveau, et le lieutenant fait mettre baïonnette au fusil. Voici les faits relatés par le corps consulaire : « Il [l'officier] n'a épargné personne ; hommes, femmes et enfants, tout a été victime de sa fureur, à tel point qu'il y a plusieurs personnes dangereusement blessées qui pour sauver leur vie, celle de leurs femmes et de leurs enfants, se sont mises en devoir d'arrêter ces violences. » La garde tire sans toucher personne, la bataille devient générale, plusieurs soldats sont atteints ainsi que deux officiers. Le consul, finalement délivré par les siens, se réfugie dans la montagne. S'ensuit une longue procédure avec débat de compétence entre deux tribunaux, le bailliage de Villeneuve-de-Berg et la sénéchaussée de Nîmes. Ne résistons pas au plaisir de citer dans son orthographe originale une lettre en forme de plaidoyer adressée au commandant du Languedoc par le lieutenant compromis dans cette affaire, M. de Vautrin. On vient de lui communiquer, écrit-il, une lettre de « *lansient mere de Monpezat par la quel il luit mande que nos sennemit ce flate d'avoir Ramporté la Victore Et cevante de Leur Baut fait a qui Conque veux Lantandre ; La grace que Jaurest a vous Demander cezst Dordonner que Les Sinformation ce faces pour reprimer leurs caquezt [...] Depuis quatorze sant et plus que jay lhonneur de servire le Roy Je me suit trouvez en plusieur aucasiont visavit ces s'enemit ou J'ay etes Blesce. May jamais Blesure ne ma etes ausit sansible ; Dautant plus que je me trouvent Dans le cas de mantresentire Le reste de mes Jours* »[158].

Distance surprenante entre les causes, souvent minimes ou médiocres, et les effets, paroxystiques à l'échelle du lieu. C'est qu'il faut investir cet hiatus de tout un contenu préalable de rancœurs et de haines prêtes à exploser. Ainsi à Sète, en 1781, les incidents de la Saint-Pierre, lors des fêtes municipales en l'honneur des nouveaux consuls. Au départ, le matin, une affaire de cabaret qui dégénère en disputes entre soldats et habitants. Des bourgeois ont reçu des coups de sabre ou de baïonnette, une fois de plus les pierres ont volé et il y a des blessés des deux côtés. Ensuite, des militaires se moquent bruyamment du cortège officiel qui défile de la maison de ville à l'église puis jusqu'à la résidence du major de la place pour la présentation des élus. Ils trouvent plaisantes la fanfare, les livrées et les robes consulaires. Les uns contrefont la démarche empesée des édiles et de leur suite, d'autres « crient dans leurs mains » en imitant la trompette, avec des huées et des risées de dédain — « de quoi exciter le mépris » et « introduire l'anarchie dans la société », selon les termes du procès-verbal dressé aussitôt par les consuls et par le maire Tudesq : « Les divers détachements de force qui se sont succédé ici s'y sont toujours comportés comme en pays ennemi. » Les militaires, eux, accusent le sieur Tudesq, « ennemi juré de l'autorité légitime et du bon ordre par l'esprit de mutinerie, d'indiscipline et d'effronterie répandu parmi le peuple de cette ville depuis qu'il est en place » ; bien qu'il ne dispose d'aucune autorité légale en matière de « grande police », disent-ils encore, « il ne se croit pas au-dessous du lord maire de Londres » ! Le major de la place minimise la faute de ses hommes : « Quant à l'émeute qu'ils [les Sétois] prétendent, si toutes les fois que quelques soldats ont des discussions avec des mutins [...] cela doit s'appeler émeute, il en arrive bien souvent dans les places du royaume »[159].

Voilà de quoi corroborer les travaux récents sur l'armée d'Ancien Régime et son image dégradée dans la considération publique au cours du siècle, en dépit de l'ouverture d'une fraction des élites militaires et de la fortune du thème du soldat-citoyen[160]. On peut comparer la situation en France avec ce qui se passe à la même époque dans le petit royaume voisin de Savoie-Piémont. Joseph de Maistre, alors magistrat à Chambéry, s'en prend à la « justice bottée » et encore à la « bâtonocratie » piémontaise, celle des « petits commandants de place » et jeunes officiers arrogants qui prétendent exercer la police locale[161]. Partout, les *civils* — catégorie qui commence à se penser et à se dire en tant que telle — deviennent chatouilleux sur tout ce qui touche aux règles de la vie municipale placée désormais sous le signe du droit des gens ou droit naturel. La critique contre le métier des armes s'amplifie, les réformateurs mettent en cause la prolifération d'un corps jugé improductif sur le plan économique, antisocial dans son mode de vie retranché, et nocif dans ses comportements. Débat d'idées bien en prise sur le réel, répercuté par les médias du temps, tandis que, sur le terrain, la population et ses leaders d'opinion expriment en actes le divorce croissant entre le civil et le militaire.

Soldats mutinés

Les émeutes qui mettent en cause les soldats ne concernaient pas jusqu'à présent la chose militaire proprement dite. On les avait vus abondamment mêlés au trafic de contrebande, mais à titre personnel en quelque sorte, en dehors du service. Tout irrégulière qu'était leur conduite, ils ne la vivaient pas comme un manquement capital à leur condition, comptant sur la tolérance molle de leurs supérieurs, toujours informés, parfois complices. Les bagarres festives les mettront à nouveau en vedette, regroupés en nombre dans des activités elles aussi hors consignes. Par contre, le refus d'obéissance dans le cadre de leurs obligations, c'est-à-dire l'indiscipline caractérisée, ne se rencontre que rarement : sur les 309 rébellions incluant entre autres des soldats, 39 mutineries seulement, dont le nombre décroît d'ailleurs dans la chronologie ; on n'en compte pas plus de 12 entre 1722 et 1789.

Les motifs touchent d'abord aux mauvaises conditions matérielles de la vie aux armées. À quinze reprises, des troubles s'élèvent autour de la solde, ou encore des salaires versés aux hommes pour divers travaux occasionnels. Également en cause, la qualité du pain distribué, ou sa cherté s'il est vendu par les munitionnaires. Il n'est d'ailleurs pas facile de trier en rubriques distinctes les séditions successives, car il y a souvent convergence des griefs. « Désordres » et « sédition » au Havre en 1671, quand les troupiers employés à la construction de la citadelle s'en prennent aux paysans dont la présence sur le chantier a fait baisser de 5 sols le prix des journées[162]. Pour les vivres et le pain, des protestations de formes diverses, souvent infra-émeutières mais parfois explosives. Ce sont les marchés mis au pillage par les soldats en uniforme qui attrapent les miches, dévalisent la halle et les boucheries. En 1696, les cavaliers de plusieurs régiments français, encouragés par leurs officiers, s'abattent sur les magasins de l'étape à Saint-Jean-de-Maurienne : ils se servent de tout, pain, vin, viande, avoine et blé, non sans « maltraiter » les commis à coups d'épée[163]. À Calais, en 1709, les soldats de la garnison s'attroupent et font émeute pour réclamer leur dû. Ils se rendent à trois ou quatre cents chez le trésorier de l'extraordinaire des guerres en tenant des propos « séditieux ». Deux d'entre eux sont arrêtés aussitôt et passés par les armes devant leurs camarades, pour l'exemple. « Tumulte » et « sédition » à Dunkerque en mars 1710 : les suisses réclament eux aussi leur solde et se plaignent du mauvais pain ; sortis de la caserne baïonnette au fusil, ils sont dispersés après un bref affrontement avec les unités restées fidèles. L'un des meneurs sera pendu haut et court[164]. « Émeute » à Belle-Isle vers la fin de l'été 1710. Toute la garnison — environ six cents hommes — refuse le pain, « disant hautement qu'ils [...] passeraient leur épée au travers du corps de ceux qui auraient la faiblesse d'en prendre » : « Ma lettre serait trop longue, écrit alors le gouverneur à son chef, le maréchal de Chateaurenault, si je vous informais en détail des discours insolents et séditieux qu'ils tiennent publiquement. » La troupe est immédiatement envoyée à Vannes et remplacée par un autre régiment. Les soldats de la marine basés à Noirmoutier ont plus de chance puisque leur commandant prend leur défense quand ils se soulèvent en août 1713 : ils n'ont, dit-il, ni habits, ni souliers, pas d'argent pour « leur petit nécessaire » et le pain qu'on leur envoie ne tient pas la semaine, moisi et pourri au bout de six jours[165]. En 1715, l'agitation pour les vivres est si vive sur les frontières qu'on en parle à Versailles. Saint-Simon met en cause l'intégrité du secrétaire d'État à la Guerre « qui pouvait avoir ses raisons personnelles de favoriser les munitionnaires » et d'obliger les troupes à prendre le pain de munition « à plus haut prix qu'aux marchés ». Peu à peu, écrit-il encore, « il se fit une traînée d'intelligence de sédition dans les garnisons, depuis Strasbourg jusqu'aux places maritimes des Flandres, qui éclata tout à coup, et où quelques officiers furent tués en voulant imposer à leurs soldats »[166]. La fin de règne de Louis XIV se place d'ailleurs sous le signe d'un manque de trésorerie qui entraîne des troubles aux armées. À Besançon, en août 1715, deux cents hommes formés en « bataillons carrés » manifestent devant la maison du lieutenant du roi pour leurs arriérés de solde avant de parcourir les rues en plusieurs bandes, délivrant au passage des prisonniers enfermés dans les prisons de la ville ; on ne leur en tiendra pas rigueur puisque, un mois plus tard, toute la garnison réunie au Champ-de-Mars entend, genou en terre, lecture d'une grâce royale[167]. Par contre, en janvier 1717, au Havre, plusieurs centaines d'hommes, soldats et invalides mêlés, font tumulte pour refuser le bois de chauffage qu'on veut leur donner à la place de la prime habituelle d'un sol par jour. Versailles exige une punition exemplaire : cinquante invalides sont immédiatement chassés et le reste de la garnison est déplacé à

Amiens, où un conseil de guerre prononce deux peines capitales et trois condamnations aux galères ; quatre autres mutins, conduits à Paris pour y être jugés, sont « exposés » pendant trois jours de suite sur le cheval de bois dans la cour de l'hôtel des Invalides. La même année, « soulèvement » à Strasbourg à propos d'une retenue de solde, et répression cruelle : trois ou peut-être quatre pendaisons, et un homme passé par les armes[168]. Sous la Régence, en octobre 1722, encore une rébellion pour le pain dans le grand camp militaire établi aux portes de Reims à l'occasion du couronnement de Louis XV : les gardes-françaises trouvent qu'on le leur vend trop cher et ils se mutinent. Quand les officiers tentent de les contenir, l'un d'eux est abattu par ses hommes, le corps percé d'une trentaine de coups de fusil tirés à bout portant[169].

Réponse immédiate ou action concertée, la naissance de ces mouvements reste mystérieuse et obéit sans doute aux deux logiques. Les punis étaient-ils qualifiés de meneurs parce qu'il fallait trouver des responsables ? Les habitants du Quesnoy en Hainaut découvrent un matin de novembre 1707 des placards affichés en plusieurs endroits, avec des menaces de pillage si les soldes n'étaient pas payées. Et à Sarrelouis, alors française, en juillet 1709, des billets collés aux portes des églises promettent pour le même motif la mise à sac de toute la ville, en commençant par les maisons du gouverneur, du commissaire aux vivres et du trésorier : « *Il y a longtemps que lon nous amuse et que l'on nous fait mourir de fain toute la garnison ets dans le dernier desespoire. de navoir rien pour vivre Nous en avertison Monsieur le gouverneur ou autrement dans trois jours nous al'on pillé toute la ville sy nous avons point de soulagement cest nostre derniere resolutiont nous sommes dans la derniere Misere nous ne pouvons plus tenir bon* »[170]. De telles initiatives ne relèvent pas de la pure spontanéité. Il a fallu beaucoup de palabres, une décision collective, une mise en forme, en somme une amorce de démarche politique.

À la racine des colères, le ventre sans doute, le manger et le boire. Mais ces manques-là rejoignent des frustrations plus profondes qui touchent à la reconnaissance de soi, la dignité, le droit à l'existence. Tout classement laisse subsister des zones d'ombre, comme je l'ai dit, et une part d'arbitraire. Sous quelle rubrique répertorier des révoltes aux origines inconnues et au terme parfois tragique ? Pourquoi les carabiniers en quartier d'hiver près de Paris, à Dammarie-les-Lys, ont-ils mis à mort un de leurs capitaines en 1694[171] ? Quelle somme d'exaspérations a-t-elle conduit l'équipage de *La Fortune*, amarrée à Toulon, à se rebeller, « ne voulant plus ressortir pour aller à la mer » — ensuite de quoi l'un des hommes est pendu, un autre envoyé aux galères ? Ou encore au Havre, en 1704, les matelots de *La Dauphine* et de *L'Étoile*, deux navires armés pour la course, refusent d'appareiller : quelle vie à bord, et quels chefs, ceux des navires et ceux de l'Amirauté, capables de négocier sur les demandes des hommes (leur accordant « tout ce qu'ils demandaient ») pour expédier ensuite les « plus mutins » au bagne de Brest[172]... Halo d'imprécision autour d'une révolte de la milice de Champagne en 1733, du côté de Charleville. Les gazetiers de police en ont recueilli la rumeur dans les cafés parisiens et parlent de châtiment : décimation, potence, galères ; bruit fondé ou non ? Restons dans le doute provisoire. L'affaire de Bergues, plus tardive, mars 1760, est un peu mieux connue. Au départ, un acte de désobéissance, en pleine guerre de Sept Ans : les miliciens du bataillon de Gisors ont refusé de nettoyer les remparts de la ville, encombrés d'« immondices ». Châtiment terrible en retour, quarante-trois d'entre eux sont condamnés à mort par un conseil de guerre. La suite laisse pantois : on va tirer au sort ceux qui seront effectivement exécutés (mais combien ?), et lettres de grâce pour les chanceux[173]...

Et comment interpréter les réactions collectives aux châtiments corporels ? Touchent-elles à l'exigence première de survie ou au refus de l'humiliation publique, donc à la dignité ? Les affaires recueillies là-dessus laissent passer un message, mais elles sont en trop petit nombre pour signifier un courant d'opinion. Voici une colonne en marche sur les routes d'Artois, en janvier 1702. Trois cents soldats du régiment de Condé se dirigent vers Bapaume. Deux hommes aux mains liées marchent dans le groupe de tête : ils s'étaient rebellés à Lille un peu plus tôt, lors de la distribution du pain. Une rumeur monte des rangs, les soldats crient « qu'ils ne voulaient pas souffrir qu'on attachât leurs camarades ». Les officiers tentent de rétablir l'ordre à coups de canne mais les hommes les écartent, les mettent en joue, rossent le sergent et vont couper les cordes des détenus. À l'arrivée à Bapaume, le capitaine fait jeter au cachot quatre des « plus mutins » pour en faire pendre un, désigné par le sort. Le magistrat du lieu s'y oppose en prétendant qu'il n'a pas d'exécuteur sous la main, et aussi que le roi l'interdisait[174]. Le sursaut des gardes-côtes de Bernières-sur-Mer n'est-il pas à interpréter lui aussi comme exigence de dignité chez les humbles. Le 14 juillet 1709, jour de la revue, les hommes requis passent plusieurs heures à l'exercice. Ces paysans sont fatigués, ils pensent avec déplaisir aux travaux de moisson qu'ils ont dû abandonner. La colère éclate quand un lieutenant donne un coup de fouet à l'un d'eux qui se tenait hors des rangs. Réplique immédiate : l'homme élève son arme, il lance un appel (« À moi, garçons ! ») et la compagnie entière se débande, tous brandissant des pierres, agitant baïonnettes et fusils, criant qu'ils ne veulent plus servir et « qu'ils n'auraient jamais pis qu'ils ont, quoi qu'il arrive à l'État », et encore « qu'on ne doit pas compter sur eux ». Pour finir, le capitaine leur fixe un autre rendez-vous après la récolte, mais il les entend dire au moment de la dispersion qu'en cas de poursuites ils lui casseraient la tête et brûleraient sa maison, et « qu'ils avaient de bonnes balles pour recevoir les huissiers »[175].

Ces quelques exemples montrent la distance entre les hommes du rang et leurs chefs, et encore un penchant à fraterniser avec le populaire, comme nous avons pu le voir souvent dans les cas de rescousse. Mais rien n'autorise à lire les mutineries dans une lumière de contestation croissante et généralisée. Au contraire, leur nombre s'est réduit, la discipline militaire s'est renforcée et intériorisée depuis les années Choiseul, comme le montrent les études d'André Corvisier et Jean Chagniot. Je conclurai sur les aspects contradictoires de la vie militaire : la grogne, les tensions internes et les manquements individuels, innombrables, n'empêchent pas le système de se perfectionner techniquement, dans le temps où les antagonismes entre les ordres s'aiguisent et où l'esprit de caste gèle les promotions de la petite roture au sein des armées.

4. L'INDOCILITÉ DES PEUPLES

Les classiques motifs de colère, explorés tout au long de l'enquête et longuement traités jusque-là, sont loin de couvrir tout le champ du refus. Il y a des résistances qui touchent à l'être moral, assis sur un système de valeurs ancrées dans la mémoire collective et intégrées par les individus. Chaque fois que la communauté rurale ou citadine a le sentiment que les termes du contrat implicite qui fonde les obligations réciproques des assujettis et des différents pouvoirs, ne sont plus respectés ou sont outrepassés, cette atteinte est ressentie comme une agression qui appelle réponse. On pourra m'objecter que, dans tous les types de rébellions étudiés, le concret se mêlait souvent ou toujours à un élément moral comme le droit à la survie ou l'affirmation de l'honneur de soi ; et encore, qu'il y a quelque artifice à vouloir de force catégoriser des situations qui présentent au déchiffrage toute la complexité de la vie. Reste pourtant un reliquat de comportements qui, sans visée matérielle, ou en plus d'une visée matérielle précise, renvoient d'abord à une sorte de libertarisme, un rejet de la tyrannie sur les consciences ou les corps. Le mot *républicain*, sous la plume des responsables de l'ordre, exprimait cet acharnement du populaire à revendiquer ce qu'il estimait son droit. Le terme avait des connotations très péjoratives, et il revenait souvent chez les administrateurs et officiers qui avaient à rendre compte de faits d'insubordination déclarée ou larvée. J'en ai pu cueillir ainsi au hasard plus de 50 occurrences dans des contextes négatifs et révélateurs, associées à *mutinerie, cabale, tapage, licence, indocilité, indépendance, hardiesse, insolence, libertinage, blasphème*[176], etc. Il y aurait là un champ sémantique à explorer…

« Tous sont avec des fusils… »

Pour des raisons de sécurité et d'ordre public, le port des armes se trouvait strictement réglementé depuis les années 1660. Seuls les « gentilshommes, gens vivant noblement, officiers des justices royales, gens de guerre et compagnies d'arquebusiers autorisées par lettres patentes » jouissaient de ce droit, confirmé par l'ordonnance du 14 juillet 1716. En principe du moins, car des dispositions ultérieures ou des particularités régionales venaient compliquer le système où chaque pouvoir avait son mot à dire : commandants de provinces, intendants, parlements, autorités de police urbaine. Pouvaient donc porter les armes de larges catégories dans les élites, les nobles, les officiers royaux, les magistrats de tout rang ainsi que leurs subalternes ; le personnel des justices seigneuriales et les employés des Fermes étaient également autorisés, pour d'évidentes raisons défensives. Sous certaines conditions, le privilège s'appliquait encore aux couches émergentes de la roture, avocats, bons rentiers, marchands. Ils avaient permission de voyager avec une paire de pistolets dans leurs fontes ou armés d'un poignard. Restait exclue l'immense majorité des masses rurales et citadines, frustrées dans leur être.

Posséder une arme et d'abord un fusil répondait en effet à un désir profond du populaire. Le fusil c'était la sécurité, le moyen de faire face à des menaces permanentes, les loups et autres « bêtes fauves » dans les régions écartées, les adversaires immédiats, les bandits, malfaiteurs de tout poil, errants et mendiants « insolents » si nombreux dans le royaume où le quadrillage policier était plus que lâche. Vers la mi-siècle, pas plus de deux cent cinquante cavaliers de la maréchaussée dans l'immense Languedoc, une cinquantaine en Touraine, et sur l'étendue du royaume trois mille deux cents ou trois mille trois cents hommes au total, un pour huit mille sujets ![177] Le fusil permettait aussi la chasse, thème traité dans le chapitre sur la seigneurie[178]. Inutile d'y revenir, sinon pour évoquer la dimension ludique et symbolique de l'arme. Chasser représentait le loisir par excellence, l'activité modèle de la vie rentière, le lieu de la sociabilité masculine comme substitut de la guerre et sublimation des pulsions agressives. Les municipalités dans les bourgs comme dans les villes organisaient des concours de tir ; y remporter la victoire conférait une gloire qui, pour un homme modeste, auréolait sa vie. Le titre de *roi de l'oyseau* assurait la renommée du champion, comme de nos jours pour les champions sportifs. Le fusil enfin, emblème viril, symbolisant le pouvoir absolu de son possesseur, sa puissance à nuire ainsi qu'à se défendre. Sans parler d'un plaisir enfantin prolongé à l'âge adulte, celui de faire peur et de faire du bruit. Pas de fête civile ou religieuse, pas de procession au village, pas de mariage un peu relevé sans salves et pétarades.

Si bien que les armes sont partout, et les interdits constamment bravés. Pour un individu interpellé, combien d'autres circulant en toute impunité le fusil à l'épaule, le couteau de chasse ou la baïonnette à la ceinture ! Les contrevenants, pour leur défense, invoquent la tradition et l'usage. Les habitants des zones frontières, au Nord et à l'Est, n'ont jamais manqué de ressources : d'une part ils étaient tenus d'assurer en armes le service de guet, d'autre part le contact incessant avec soldats et déserteurs donnait mille occasions de se procurer ce qu'on voulait. Grande distribution officielle de fusils aux paysans d'Alsace en août 1743, pour barrer la route aux *pandours* et hussards impériaux — comme on s'en doute, ils ne furent pas tous restitués[179]. Armés aussi, les Normands et Bretons gardes-côtes qui conservent légalement leur pétoire. Les infractions sont constantes en Languedoc où l'on alléguait un droit de chasse « indéfini » et « d'ancien usage » propre à la province — idée reprise par l'auteur de la *Nouvelle maison rustique* — en dépit des interdits répétés[180]. Les pêcheurs des étangs, de Narbonne à Aigues-Mortes, prétendent que la chasse aux oiseaux aquatiques n'est qu'un prolongement du droit de pêche. Les gens des Corbières comme ceux de Pézenas ont coutume en temps de fête de s'assembler avec des pistolets et des épées, et le reste du temps ils chassent sans vergogne : « Les artisans, les travailleurs de terre, tous sont avec des fusils. » À Beaucaire, on invoque la tradition municipale, ceux de Lunel se disent tous seigneurs — donc autorisés — puisque le roi leur avait naguère inféodé la baronnie urbaine[181]. Dans les Cévennes, les catholiques paradent avec des armes, privilège qui leur est reconnu pour en imposer aux religionnaires. Dans le tout proche comtat d'Avignon, terre de grande licence, la liberté absolue de chasser a répandu l'usage des armes à feu[182]. Quant au Vivarais, c'était devenu un véritable arsenal : « Il n'y a pas de maison où on ne trouve de fusil et de pistolet », écrit le commandant de la province en 1744 ; et encore, selon le procureur fiscal des Boutières en 1767 : « Nous voyons ici des enfants de douze à treize ans avec un fusil à l'épaule et des pistolets et couteaux à la poche, ce qui occasionne presque tous les dimanches beaucoup de tapage »[183]. Le cas du Roussillon est un peu particulier puisque le traité des Pyrénées de 1659 avait garanti à tous les habitants sans exclusive le droit de porter les armes. Celles-ci étaient d'ailleurs assimilées aux outils de travail par les coutumes de Perpignan, c'est-à-dire non sujettes à la saisie, et il n'y avait guère de paysan ou de citadin un peu aisé qui n'en possédât une. Dans la seconde moitié du XVIIIe, le comte de Mailly, lieutenant général, désapprouve le projet de désarmer les habitants de Banyuls, foyer d'une active contrebande : « Ce serait ôter à la province un privilège dont elle est très jalouse et agir aussi contre la sûreté du Roussillon et de l'État, vu que la province est disposée pour se garder elle-même »[184]. Du coup, les autres terroirs pyrénéens jouissent de la même tolérance, des Quatre Vallées à la côte atlantique. « Il serait difficile, écrit en 1679 l'intendant de Riz, d'empêcher les Basques de porter les armes. Il y a trop longtemps qu'ils sont en possession d'en porter... »[185].

Quel appareil militaire ou policier n'aurait-il pas fallu mettre sur pied de guerre pour confisquer toute cette panoplie irrégulièrement détenue ! Aussi agissait-on modestement et sans grande efficacité, au coup par coup. Sur les chemins, la maréchaussée se contente d'appréhender le voyageur ou le chasseur incapables de présenter une justification. Un incident peut toujours éclater quand l'homme s'oppose à la saisie. Impossible de chiffrer le nombre de ces interventions ponctuelles : il n'en reste que des traces éparses, inutilisables statistiquement, mais intéressantes en tant que témoignages d'ambiance sur la naissance et les phases d'un accès de fureur collective. Voici, en février 1766, à l'entrée de Moux, dans les Corbières, le nommé Espardeilla qui marche avec une arme. Deux cavaliers le contrôlent, il leur oppose sa qualité de garde-chasse mais il n'a pas sur lui sa « commission », et il ne porte pas non plus la bandoulière à plaque de cuivre fleurdelisée attestant son emploi ; cris et insultes « en termes affreux » lancées contre les deux cavaliers. Arrivent en renfort un « grand nombre » d'habitants « frappant çà et là » comme des sauvages. L'un des deux gendarmes reçoit des coups sournois qui lui ont « *hoté* tout usage de la nature », l'autre est frappé d'un coup de culasse « très considérable » sur le bas-ventre, avec des jurements si « atroces », écrivent les deux hommes dans leur procès-verbal, « que nous ne saurions [les] mettre par écrit ». Les pauvres estropiés se traînent jusqu'à l'auberge du village. L'aubergiste se trouve être premier consul de Moux. Ils lui demandent d'intervenir et d'« en imposer à cette populace mutinée ». Ce qu'il fait mollement en refusant de donner des noms et d'arrêter qui que ce soit. Irruption de la foule menaçante, l'un des gendarmes reçoit un soufflet envoyé par la femme d'Espardeilla qui parle de lui « crever le ventre » à coups de pied. L'homme se laisse faire : il dira plus tard qu'il s'était modéré, car il l'avait crue *« en sainte*[186]... »

Avec le temps, le « mal » ne fait qu'empirer. Sur fond de délits prouvés et de dénonciations plus ou moins anonymes, les autorités régionales adoptent la politique du coup par coup : on décide de désarmer tel ou tel village ou petite ville à la réputation suspecte, travail confié à la maréchaussée et parfois à la troupe. La possession d'une arme, et non plus seulement son port à l'extérieur de la maison, est confirmée comme fait délictueux pour ceux qui n'y ont pas droit. Inutile de dire la fureur de l'individu qui voit le soldat ressortir de chez lui en emportant le fusil qui faisait sa fierté, accroché dans la cuisine au-dessus de la cheminée. Partout du mauvais vouloir et toutes sortes d'astuces pour contourner les ordres, comme de remettre par exemple des vieilleries hors d'usage. Les incidents recueillis ne relèvent pas vraiment de la révolte, ils la frôlent parfois. Ainsi à Bazancourt en Champagne, où les gendarmes sont venus rafler les armes en janvier 1755 ; ils sollicitent en vain le concours du syndic et doivent finalement décamper sous la menace d'une rébellion collective. Dans la montagne vivaroise, le bourg du Béage est désarmé de nuit, le 2 septembre 1759 : la troupe, divisée en huit pelotons, fouille toutes les demeures et confisque onze fusils, trois pistolets, deux dagues et une vieille épée, maigre récolte pour un pays de « fripons »[187]. En 1758, la troupe fait mouvement vers Saint-Chinian, petite capitale manufacturière du Languedoc peuplée de malandrins au dire des « honnêtes gens » : le 15 août au petit jour, grenadiers et cavaliers du régiment de Schomberg investissent la place et ordonnent d'apporter toutes les armes à l'hôtel de ville. Même opération en octobre à Saint-Pons, autre cité ouvrière indocile : on n'y découvre qu'une douzaine de fusils[188]. Le 25 octobre 1763, le désarmement de Saint-Marcel-en-Vivarais ne réussit pas mieux malgré l'intervention en force de deux compagnies de grenadiers appuyant la maréchaussée, tout cela pour trois vieux fusils de chasse, un autre à deux coups, quatre pistolets, une mauvaise baïonnette et quelques armes blanches de médiocre valeur. Le marquis de Bernis, seigneur du pays, n'y trouve pas le compte : il y aurait, d'après lui, plus de trois cents fusils à Saint-Marcel[189] ! Et le reste à l'avenant, les armes se cachent dès qu'arrivent les gendarmes et le peuple s'agite. « Grande rumeur parmi les républicains » à Saint-Gervais, dans le diocèse de Castres, en avril 1768, pour une poignée de fusils et quelques pétoires que leurs détenteurs disent avoir achetées naguère « au vieux fer chez les cloutiers ». À Touzac, dans les Charentes, les villageois accueillent les gendarmes à coups de pierres. À Milhaud, près de Nîmes, les hommes du régiment d'Artois ne trouvent rien, alors qu'ils s'attendaient à deux cents fusils au moins, selon les on-dit. De même, en octobre 1785, la perquisition tourne court à Sainte-Croix-Volvestre, bourgade tumultueuse déjà évoquée à propos de troubles seigneuriaux[190]. Mais, dans tout le royaume, les autorités ne renoncent pas à désarmer, sous la pression sans doute des privilégiés, furieux et inquiets de la dissémination des armes. Les procès-verbaux, multipliés autour des années 1787-1788, attestent le double mouvement, volonté d'encadrer, refus d'obéissance. Les saisies continuent donc, plus efficaces cette fois, et l'arsenal confisqué aux environs de Montpellier, par exemple, donne à voir les dimensions du problème : vingt-neuf fusils à Saint-Martin-de-Londres, trente-deux à Celle-neuve, soixante-trois à Montpeyroux, dix-neuf à Villeveyrac[191], etc. Autant de chocs pour les individus dépossédés, condamnés en outre à quelques livres d'amende, autant de murmures dans l'entourage. Et ainsi, de proche en proche, la grogne collective s'enfle d'un motif supplémentaire.

Plus de monitoires !

Il y avait une irritabilité permanente, tant des individus que des groupes, dans cette société où la violence constituait une réponse immédiate entre proches de famille, de travail ou de voisinage. Mais, à l'égard de plus haut que soi, la solidarité l'emportait souvent sur les petites lâchetés ou les intérêts divergents dès qu'on avait la conscience d'une atteinte à l'image du moi collectif. Un obscur sentiment de fraternité tendait alors à cimenter les réactions communes. Ce qui arrivait quand le pouvoir civil faisait appel à l'Église pour associer les paroissiens à la répression. Sous l'affreuse menace de l'excommunication, les fidèles étaient appelés à donner aux juges tous les renseignements dont ils auraient eu connaissance touchant les graves affaires criminelles.

J'ai rapidement évoqué les *monitoires* à propos de diverses émotions contrebandières et autres[192]. Voici en quoi consistait la procédure. À la requête d'un magistrat, l'évêque ou son official décerne des lettres monitoriales pour aider à clarifier une enquête en cours. Trois dimanches consécutifs, les curés ou recteurs sont tenus de lire en chaire cet appel à témoins, et ils doivent ensuite communiquer à la justice les confidences qu'ils auront recueillies. Si besoin est, l'official signe un *réaggrave*, commandement encore plus catégorique, qui étend les effets extérieurs de l'excommunication. Monitoire et réaggrave sont publiés avec le même cérémonial, au prône de la grand-messe, cloches sonnantes, un cierge allumé. À l'extinction de la flamme, l'excommunication est fulminée contre les témoins qui resteraient muets, suivie de l'énonciation des peines encourues : réprobation, exécration générale et enfin damnation éternelle[193]... La fréquence du recours au monitoire varie beaucoup d'une province à l'autre. Sur les 528 affaires criminelles relevées dans le fonds du présidial de Rennes, 73 comportent des monitoires, soit près de 14 % des cas. De même, la cour judiciaire de Saumur, chargée des affaires de contrebande, en use largement. Par contre, la proportion tombe à 0,3 %

dans les archives du parlement des Flandres, soit 5 procédures sur 1 571[194].

On imagine le climat créé par ces appels, l'angoisse des fidèles, la crainte des faux témoignages et calomnies, les consignes de silence transmises en secret avec menaces de représailles contre ceux qui s'aviseraient de parler. Les curés eux-mêmes traînent les pieds, certains refusent de coopérer et doivent être remplacés pour la circonstance. Ou bien ils ne rapportent que des bribes d'aveux : tel paroissien a cru entendre « des bruits », celui-ci a aperçu des gens qui parlaient en patois inconnu, un autre a vu des étrangers, « des Limousins », des hommes en armes, il y a eu des cris, des coups de feu la nuit — autant d'informations difficiles à utiliser. Contraint d'obéir à son évêque, le curé de Grazay, près de Mayenne, exprime ses réserves sur l'efficacité de la chose : « Je ne suis point assez curieux, écrivait-il, pour interroger les personnes qui viennent à révélation. Je me contente de leur demander si elles ont connaissance de quelque chose porté au monitoire. Si elles me répondent par un oui, j'écris leurs noms, demeure et qualités. L'expérience nous prouve assez qu'un témoin qui m'aura dit d'une façon, devant le juge dira autrement. Les gens de la campagne qui pour l'ordinaire ne savent point signer nous exposeraient souvent à tomber dans de très vilains cas »[195]. En règle générale, les prêtres ne souhaitaient pas se transformer en auxiliaires des tribunaux. Au lendemain de l'affaire de Luzeret où un employé des Fermes a été massacré, en 1771, le curé de cette paroisse berrichonne envoie quelques indications vagues obtenues après monitoire, mais il espère qu'on en restera là : « C'est un embarras que je n'ai pris que pour épargner à mes paroissiens [d']être cités en justice, et peut-être [de] voyager pour cela, aussi bien que les frais qui en auraient été une suite et qu'on peut employer plus utilement, surtout dans le temps où nous sommes »[196]. En 1789, le clergé s'en prendra souvent, dans ses Cahiers, à « l'abus des monitoires » si souvent prononcés à la requête des juges laïcs et « surtout ceux des seigneurs ». Et il demandera que l'usage en soit limité à l'avenir aux crimes d'État ou aux vols sacrilèges[197].

Les prêtres ne sont pas seuls à renâcler, le climat général est à la résistance. On peut s'interroger sur le refus de voir la justice temporelle embrigader la religion. Les gens avaient-ils le sentiment d'une intolérable confusion des compétences ? Était-ce la terreur superstitieuse qui l'emportait ? Beaucoup de témoignages attestent la croyance répandue en la force maléfique du monitoire, capable d'entraîner des catastrophes naturelles telles que grêles, orages et tempêtes, troupeaux et récoltes ruinés, perte des « biens de la terre ». Le sentiment était aussi celui d'une injustice : fallait-il faire supporter à toute une paroisse la faute éventuelle de quelques-uns ? Se surajoutait à ces inquiétudes un refus instinctif de la délation, jugée détestable en soi et dangereuse à terme pour la cohésion du groupe.

Nous avons relevé une bonne vingtaine de ces émeutes au pied des autels. Le schéma répond à un nombre réduit de figures qui s'enchaînaient, non sans malice : le desservant empêché d'accéder à la chaire par une bousculade au moment de l'annonce, les chandeliers brisés, les fenêtres obscurcies par des chapeaux pour empêcher la lecture, du tapage pour couvrir la voix du prêtre, les trépignements, les cris des femmes, très actives à cette occasion. Un dimanche de mai 1702 à Mesbrecourt-Richecourt, dans le Vermandois, elles s'élancent « comme des furies » sur l'officiant, déchirent

MONITOIRE.

***OFFICIALIS** Principalis Valentinenſis, omnibus Parochis nobis ſubditis, eorumvè Vicariis : **SALUTEM IN DOMINO**.*

VU le Jugement du Sieur Lieutenant Criminel en la Sénéchauſſée & Siége Préſidial de Valence, rendu le quatre du préſent mois de Juin, à la Requête du Procureur du Roi au même Siége, plaignant à Dieu & à Notre Mere Sainte-Egliſe, contre les auteurs, participes ou adhérants de l'Émeute arrivée ſur le Quai Saint-Antoine, au Bourg Saint-Pierre lès-Valence, les Dimanche & Lundi, douze & treize du mois de Mai dernier, & des Excès qui ont été commis leſdits jours à l'occaſion d'un embarquement de grains qu'a fait ſur ledit Quai Saint-Antoine, le ſieur GILLES, Négociant de Taraſcon. VOUS mandons d'admonêter par trois Dimanches conſécutifs, ès Prônes de vos Egliſes.

I. TOUS ceux ou celles qui ont vu maltraiter, excéder ledit ſieur GILLES à coups de pierres & même de bâtons, le Dimanche au ſoir douze Mai dernier, & l'ont forcé de s'enfuir & d'abandonner le batteau qu'il faiſoit charger ſur le Port.

II. TOUS ceux ou celles qui, le lendemain au ſoir, l'ont vu de nouveau inſulter & accompagner avec tumulte, menaces ſéditieuſes & cris exceſſifs, depuis le Quai Saint-Antoine juſques dans la Maiſon du Séminaire, où ce particulier fut obligé de ſe réfugier.

III. CEUX ou celles qui ont vu ceux ou celles qui ſe ſont emportés en injures graves contre les perſonnes prépoſées pour contenir le peuple, & pour établir le bon ordre.

IV. CEUX ou celles qui ont vu maltraiter & excéder les Conducteurs des Charrettes chargées de bleds deſtinés au ſuſdit embarquement, & les ont obligés de s'enfuir & d'abandonner leurs Voitures.

V. CEUX ou celles qui, dans ce déſordre, ont vu ceux ou celles qui ſe ſont emparés de force, tant deſdites Charrettes, que du Batteau attaché ſur le Port, & ont volé & emporté furtivement plus de vingt ſeptiers bled ou ſeigle, avec nombre de ſacs.

VI. CEUX ou celles qui ont vu maltraiter & excéder à coups de pierres les Propriétaires des Magaſins pour l'entrepôt des grains du ſieur Gilles, ſitués audit Bourg ſur le Quai ; la populace ayant fait ſes efforts pour ſe rendre maîtreſſe deſdits grains.

VII. CEUX ou celles qui ont vu & connoiſſent ceux qui s'oppoſerent au départ dudit batteau, enleverent les rames & amaſſerent & jetterent des pierres pour empêcher ledit départ.

VIII. ET enfin ceux ou celles qui ſavent & connoiſſent les Auteurs & Complices de l'Émeute, des Excès & Faits ci-deſſus, circonſtances & dépendances, d'en venir à révélation dans trois jours après la publication des préſentes ; ſinon, Nous uſerons contr'eux des Cenſures eccléſiaſtiques, & ſelon la forme de droit : Nous nous ſervirons de la peine d'Excommunication. *DATUM ſub Sigillo Curiæ noſtræ, anno Domini milleſimo ſeptingenteſimo ſeptuageſimo primo, die verò quinta menſis Junii.*

CHANTEMERLE, *Officialis Ppalis.*

Ex Mandato,
MESANGERE.

collationné par nous

nous soussigné certifions avoir publié le présent monitoire pendant trois dimanches consécutifs, la première fois le 30e juin

Illustration 14. Monitoire à la suite d'une émeute sur les blés (Valence, 1771)

son étole, lui arrachent le cierge et l'empêchent de lire le monitoire décerné ici à la requête d'un gros fermier. Dans la paroisse normande de Courseulles, en février 1704, le curé est malmené ainsi que le sergent et ses recors venus l'assister, des femmes éteignent la chandelle et prennent aux cheveux le bedeau chargé de la rallumer. À Malzy, non loin de Guise en Picardie, un grand tumulte s'élève dans le chœur de l'église le dimanche 30 septembre 1708 quand le prêtre s'apprête à lire la sentence obtenue par un marchand agressé un peu plus tôt sur un grand chemin[198]. Grand tumulte dans l'une des églises de Vienne, le 26 mai 1743. Le monitoire concerne l'assassinat à coups de couteau d'un notaire collecteur d'impôts, homme violent réputé pour faire à tous et à chacun des procès « à faire trembler ». Ce dimanche-là, rapporte le curé, « environ trois cents femmes se sont assemblées, [elles] ont pris la croix, les deux chandeliers, ont éteint les cierges, m'ont arraché des mains mon bréviaire et déchiré mon surplis ». Parmi les émeutières, des épouses de vignerons, de bateliers et portefaix, et l'une d'elles, la Pignerolle, s'est emparée du monitoire « avec des yeux étincelants et furieux »[199].

Fulmination orageuse, puis bagarre générale dans l'église de Tourtoirac, en Périgord, le dimanche 5 août 1753 : les femmes jettent des poignées de sable, de cendres et de chaux dans les yeux des cavaliers de la maréchaussée venus pour le bon ordre ; la chaire est fracassée, les bancs brisés, le prêtre se sauve sans avoir pu faire sa lecture et les cavaliers s'enfuient eux aussi, « voyant une si grande émeute et le *sonnement* des cloches en forme de *toquecin* »[200]. Même histoire à Saillans en août 1754, suite à l'agression contre un notaire, le sieur Aubert. Quand le vicaire monte en chaire, les fidèles, femmes en majorité, lui crient qu'il « devrait avoir vergogne de publier pareille sottise » et que tout cela finirait par « attirer la malédiction de Dieu sur le pays » ; les pénitents, dans leur tribune, chantent à pleine gorge le *Salve Regina* pour couvrir sa voix et chacun se hâte de quitter l'église pour n'avoir pas à l'entendre[201]. Arrêté pour avoir fait du tapage pendant la lecture d'un monitoire en juillet 1766, un cordonnier de Carcassonne détaille la chose au juge qui l'interroge : il dormait pendant le service, il aurait été réveillé en sursaut par des cris qu'il aurait pris pour le tonnerre. Autour de lui, il y avait gros tumulte, des hurlements, des coups de sifflet. Croyant toujours à son tonnerre, il avait alors « grondé » contre le curé et le monitoire qui attirait « quelque fléau du Ciel sur la récolte pendante ». Mais il nie avoir crié ce qu'on lui reproche : *Que fico Mousu le Rictou, a quo non comben pas al tems que en* — « Que faites-vous Monsieur le Recteur, cela ne convient pas dans le moment présent ». Ce qui lui vaut quand même une amende à payer, plus un acte de contrition publique, plus quatre cierges à fournir au curé, pesant une livre chacun[202] !

Voici encore une grosse affaire à Dompnac, en mars 1781. Ce village vivarois est en conflit ouvert avec son curé, le sieur Marconès, qui obtient des lettres monitoriales contre tous ses ennemis. Le jour de la publication, un homme « déguisé en fille » attrape la sentence qu'un autre prêtre commis par l'évêché s'apprêtait à lire, et il la déchire devant toute la paroisse ; à la suite de quoi le curé Marconès est pris à coups de pierres à la sortie de l'église. Toute la région s'est d'ailleurs donné le mot, puisque la sentence ne peut non plus être publiée dans les villages voisins de Sablières et Loubaresse où d'autres « téméraires » clament qu'ils refusent d'être excommuniés et que « toutes leurs récoltes et les fruits de la terre périraient » si on donnait lecture du fameux monitoire[203].

La grande question des Eaux et Forêts

Avec les Eaux et Forêts, nous touchons à une matière aux connotations morales très fortes, qui s'inscrit directement dans la thématique libertaire. L'ordre de la Nature contre celui de la Société structurée : les bois représentent, dans la mentalité collective, l'espace originel mythique, l'*Urwald*, immensité dont les ressources matérielles et spirituelles sont considérées comme le capital humain offert à tous. Fagoter, faire la feuille, traquer le lièvre ou l'oiseau, cueillir des baies, mener paître son troupeau dans les taillis, autant d'usages immémoriaux donc intouchables, et toute tentative de les réglementer provoque des réactions. La coexistence des hommes et de la forêt a été abordée lors de l'étude du contentieux seigneurial dont ils forment un volet. Nous nous situons à présent dans une nouvelle perspective en examinant sous un autre angle relationnel la gestion par l'État du patrimoine sylvicole, définie par la grande ordonnance colbertienne d'août 1669.

Ce développement rapide laissera sans doute une foule de points en suspens. Et pourtant, impossible de passer sous silence un problème clé de la vie au jour le jour. Les éléments statistiques recueillis par l'enquête sont bien loin de recouvrir la totalité des frictions récurrentes entre usagers des bois et personnel de contrôle. Les traces en ont été inégalement conservées, il y a déficit d'information pour des provinces entières et la prudence empêche de généraliser les résultats ponctuels obtenus pour quelques fonds d'archives. Par ailleurs, il s'agit d'un immense sujet, à l'intersection de nombreux champs d'étude — l'économique, le politique, le juridique, les pratiques sociales et les mentalités —, et je ne prétends pas le traiter dans toutes ses dimensions. Ma recherche se borne à l'aspect « violence » et à ses éventuelles variations au cours des deux siècles. La belle étude d'ensemble présentée par Andrée Corvol donne une place à l'élément relationnel qui nous intéresse. Analysant le « nouvel ordre des bois » codifié par Colbert, elle en mesure l'impact sur les modes de vie communautaires[204]. Les motifs de tensions, les rythmes rébellionnaires qu'elle a pu observer corroborent nos propres résultats, fragmentaires mais étalés sur la longue durée et exhumés avec un bonheur inégal à l'échelle du pays.

De longue date, l'administration royale avait affirmé sa tutelle sur les espaces sylvicoles. Elle ne se contentait plus de gérer les seules forêts du Domaine : des ordonnances successives, depuis le XVIe siècle, faisaient que nul n'était en principe complètement maître de ses bois. La conservation de la futaie et l'exploitation du matériau — bois d'œuvre et combustible — obéissaient à une volonté écologique de sauvegarde. Ainsi l'obligation du *quart de réserve*, applicable anciennement aux biens possédés par l'Église et les communautés religieuses, avait été étendue aux biens communaux laïcs comme aux tenures des particuliers. L'ordonnance de 1669 — « merveille d'ordre et de clarté », selon Roland Mousnier — unifie les règles et renforce les contraintes selon un dispositif retouché jusqu'à la fin du XVIIIe par d'incessantes *réformations* complémentaires. Mais cet encadrement, si bien pensé et profitable aux générations à venir, sur le terrain mécontente les populations parce qu'il bouscule les habitudes et qu'il a pour premier effet de restreindre l'usage. Les premières inquiétudes apparaissent dès l'arpentage et le bornage effectués sous le contrôle des officiers des Eaux et Forêts. La mise en place des bornes, acte inaugural, fermait des zones entières aux entreprises des riverains et usagers. De même, les lignes de broussailles aménagées sur le périmètre, les fossés creusés à l'entour des bois : destinés à drainer les eaux ou briser l'impétuosité des vents, ils rendaient l'accès plus difficile aux charrois et au bétail. Mal vue aussi l'obligation de cantonner, c'est-à-dire de séparer les aires de coupe (ou *ventes)* des quarts de réserve désormais signalés par un rang d'arbres de lisière. Enfin, les petites activités ou ressources de survie, si fort ancrées dans l'économie villageoise, sont assorties de distinguos et d'interdits. Le ramassage du bois mort est autorisé sous condition, ainsi que le pacage et la glandée, soumis à un calendrier restrictif. Certains troupeaux sont exclus en tout temps, comme les chèvres, brebis et moutons dont la « dent venimeuse » est réputée mortelle pour les jeunes plants.

« Les paysans, écrit Andrée Corvol, n'acceptent pas aisément d'être chassés du paradis de l'Arbre[205] ». Le programme colbertien, si justement axé sur le long terme, heurte les habitudes de jouissance immédiate. Aussi, la population dans sa majorité se montre farouchement rebelle au « culte de la futaie érigé en religion d'État ». Ici, on renverse les bornages, on défonce les haies, on comble les fossés pour retrouver les cheminements d'autrefois, on met à mal les sous-bois par des défrichements illicites, on pille le bois vert. Ailleurs, les tonneliers, charrons ou sabotiers opèrent des coupes sauvages sur arbres vifs, les chaufourniers et charbonniers multiplient leurs fourneaux. Un peu partout, les chasseurs poursuivent le gibier au fusil ou au bâton, tandis que les bergers, souvent des enfants, poussent les troupeaux dans les clairières et au-delà, sans se soucier des dates d'interdit, sans respecter non plus l'effectif des bêtes autorisées pour chaque propriétaire selon son chiffre d'imposition. C'est une usurpation permanente, un grignotage incessant que la loi punit sans pouvoir l'empêcher.

Les gardes, hardis face au délinquant isolé, hésitent à affronter les groupes, parfois tout un village arrivé sur le terrain avec ses troupeaux, ses charrettes ou ses bûcherons, hommes vigoureux armés de haches et insolemment sûrs de leurs droits ataviques. Même le fauteur solitaire n'accepte pas volontiers de donner son nom, d'abandonner ses outils ou son bétail. Les procès-verbaux sont donc souvent incomplets, les gardes se contentent de noter le lieu, la date, le type de transgression, l'identité réelle ou supposée du ou des contrevenants. D'autres indices les conduisent jusqu'aux hameaux proches, il n'y a qu'à suivre les ornières creusées par les charrois, le fumier des troupeaux, les branchages tombés en chemin ; ils perquisitionnent alors chez les voleurs présumés pour retrouver les billes de bois, poutres ou fagots fraîchement coupés, de quoi établir des assignations. Les affaires aboutissent devant le maître des Eaux et Forêts qui a pouvoir d'engager des poursuites selon les procédures habituelles et de fixer les sanctions, généralement des amendes, individuelles ou collectives, dont le montant est plutôt revu à la baisse par les juridictions d'appel. Les collectivités s'acquittent tôt ou tard, mais les individus renâclent — 20 livres pour un cheval ou un bovin, 3 livres pour tout ovin, sommes doublées en cas de récidive et quadruplées la troisième fois. Pour le bois, la sanction est proportionnelle au diamètre de l'arbre abattu ou à l'importance de l'enlèvement : 80 livres par charroi de merrain et 15 livres pour le bois de chauffage, 4 livres pour une charge de cheval, 1 livre pour un simple fagot[206]... Et c'est alors la ronde des huissiers, et les saisies, génératrices d'incidents violents, comme on sait.

Soixante-dix mouvements émeutiers parvenus jusqu'à nous, c'est peu dans un contexte où les infractions se comptaient par milliers[207]. Procès-verbaux à la pelle, un océan de procédures, mais le nombre des débordements réellement violents apparaît limité. Comme chaque fois que le stock est réduit, l'approche statistique perd de son sens. Essayons une lecture plus sensible pour retrouver la vérité concrète des conduites, de quoi faire du sens à partir d'une série hybride.

La forêt comblait des besoins vitaux, exacerbés par à-coups en temps de pénurie. On ne s'étonnera donc pas de la coïncidence de ce type de rébellions avec les émeutes de marché. Ainsi, à Orléans, en janvier 1695, au plus froid d'un grand hiver et en temps de cherté, alors que les rivières sont prises par le gel, les mariniers et portefaix au chômage se rendent en troupe dans la forêt proche pour y ramasser du bois. Les officiers des Eaux et Forêts en arrêtent plusieurs et les conduisent en ville où l'émeute éclate. Trois ou quatre cents mariniers qui attendaient l'escorte leur tombent dessus, ils ont même des fusils ; les gardes répliquent, des blessés de part et d'autre, deux ou trois morts parmi les mutins[208]. En plein hiver 1708, les habitants de Rixheim, près de Mulhouse, prétendent jouir sans entraves de la forêt de Harth ; un garde a été tué et l'administration est décidée cette fois à sévir. Un jour de décembre, six officiers sont sur place pour guetter les contrevenants. Mais, selon l'intendant Le Peletier de La Houssaye, ceux-ci entendent « disposer de tous les bois de cette forêt comme des leurs propres [...] tant pour leur usage que pour en faire commerce ». Voilà les gardes assaillis par une trentaine d'individus tenant « leurs cognées haut », criant toutes sortes d'injures, « qu'il fallait à présent les assommer impitoyablement comme [...] une bête féroce ». Violences collectives caractérisées, sans aucun doute, mais les documents restent muets sur les suites[209]. Dans un contexte climatique comparable, une nuée de saccageurs s'abat, en février 1740, sur le bois des Célestins, aux portes de Versailles : parmi eux des vrais pauvres et des journaliers sans ouvrage, mais aussi des soldats, des gens de la livrée du roi et même des bourgeois venus voir le spectacle et acheter à bas prix. Au total, quatre ou cinq mille personnes qui dévastent la forêt sur une cinquantaine d'hectares : près de six cents chênes abattus parmi les plus vieux, un millier de baliveaux, une centaine de stères de petit bois, le tout voituré sans mystère jusqu'à la ville et aux bourgs proches. Après plusieurs jours, ordre est donné aux gardes-françaises et gardes suisses d'intervenir, tambour battant ; on arrête des fagoteurs et on tente de récupérer le bois volé[210].

De façon constante, hors crises pourrait-on dire, les habitants veulent conserver à tout prix le contrôle du patrimoine sylvicole. Ainsi en Franche-Comté, où la tradition communale restée très forte s'applique d'abord à la jouissance des bois. En juin 1723, une escouade des Eaux et Forêts fait une tournée dans les futaies de la Joux, à l'est de Champagnole, pour débusquer les contrevenants qu'ils savaient sur place. Voici le détail des faits, tels qu'ils sont relatés par les gardes dans leur procès-verbal écrit au mode « conditionnel affirmatif », selon la syntaxe ordinaire des rapports de police : postés du côté d'Onglières, ils « auraient entendu plusieurs chariots jusqu'au nombre de douze, [... ils] se seraient saisis des trois derniers et auraient arrêté les chevaux dont ils étaient attelés, [mais] qu'à l'instant ceux qui les conduisaient crièrent au secours et qu'aussitôt serait survenu un grand nombre de paysans à eux inconnus armés chacun d'une hache, criant *Tue, tue, tuons ces bougres-là,* qui firent rébellion aux gardes, enlevant une partie des chevaux dont ils étaient saisis, et les attaquèrent de telle manière qu'ils furent obligés de mettre la baïonnette au bout de leur mousqueton pour parer aux coups de hache qu'ils leur portaient », si bien que l'un des mutins « serait mort » de ses blessures[211].

Cette sorte d'affaires se renouvelle en Franche-Comté jusqu'à la fin du siècle. La forêt domaniale de Chaux, la seconde de France par son étendue — entre Dôle et Besançon —, est comme accaparée par les ouvriers du bois, scieurs, fendeurs ou sabotiers qui l'exploitent à leur guise sans respecter le partage en futaies et taillis ordonné par l'administration. Les délits se multiplient après 1740, en dépit de l'accroissement des effectifs de surveillance. Entre-temps, le prix du bois d'œuvre ou de chauffage ne cesse de monter, ce qui encourage les infractions. De leur côté, les maîtres de forge monopolisent les adjudications au détriment des artisans et autres usagers. Des incidents éclatent qui tournent à la révolte, et c'est la fameuse « guerre des Demoiselles » de 1765 : des bandes de paysans et de bûcherons au visage noirci à la suie ou bien déguisés en femmes attaquent les gardes aux environs de Salans et de Rians. Ils les chassent hors des bois et s'en vont piller et brûler leurs maisons, puis ils poursuivent jusqu'à l'entrée de Dôle les agents des Eaux et Forêts avec leurs renforts de maréchaussée. Le parlement de Besançon décide de frapper un grand coup et promet la mort à tout fauteur de révolte forestière par l'arrêt du 11 mars — intimidation de peu d'effet puisque l'huissier venu pour l'affichage sous escorte militaire est agressé par les hommes d'Our et autres villages riverains qui le reçoivent à coups de fusil. On envoie sur place un détachement de cavalerie avec deux compagnies de grenadiers logés chez l'habitant, et les rebelles finissent par quitter cette forêt qu'ils occupaient depuis deux mois[212].

De la même façon, les montagnards du Dauphiné défendent bec et ongles leurs modes de vie. Ne revenons pas sur les affaires de triage seigneurial qui ont bouleversé le pays de Taulignan dans les années 1730, sinon pour dire l'intervention partisane de la maîtrise de Die en faveur du seigneur — et les habitants s'en souviendront. Le plus important alors avait été l'union des villageois et consuls qui avaient affirmé que les bois étaient consubstantiels à leur être : notre terroir, lisons-nous dans une requête, « n'était anciennement qu'une forêt, c'est pourquoi on lui a donné le nom de Taulignan qui dérive du mot latin *totum lignum* », étymologie douteuse, mais lourde de symboles[213]... Les affaires d'après la mi-siècle renvoient toutes aux situations d'antan considérées comme des acquis intouchables. C'est le cas en 1768 vers La Tour-du-Pin, à Bossieu, où l'on envoie les femmes pour « chasser à coups de pierres les officiers de la maîtrise et ceux qui les accompagneraient ». Les montagnards de Saint-Martin-en-Vercors, antiques usagers de forêts parmi les plus belles de la province, veulent continuer à y faire tourner librement leurs « moulins à scies ». Accrochages en mai 1768 : « Tous les habitants, hommes et femmes, grands et petits, s'assemblèrent par pelotons, et insultèrent au maître particulier [de la maîtrise des Eaux et Forêts de Die] et à sa suite ; ils étaient armés, les uns de pierres et cailloux, les autres de bâtons, d'autres de fourches et autres instruments, poussant tous des huées horribles, criant à droite et à gauche "Il faut les tuer, ni plus ni moins nous serons toujours exposés à voir faire des procédures contre nous" ; ajoutant qu'ils voulaient tirer parti de leurs bois, qu'ils ne reconnaissaient aucune justice, qu'ils se la feraient eux-mêmes en assommant tous ceux qui se présenteraient dans le dessein d'y faire des vérifications. » Révolte insolente et « sans exemple », selon le parlement de Grenoble[214].

Ici comme ailleurs la population fait face à un ennemi multiple. Il y a les agents de l'administration, il y a les seigneurs laïcs ou d'Église, il y a aussi, de plus en plus présents dans le siècle, les lobbies des marchands de bois qui passent contrat avec les maîtrises et s'emparent des plus belles coupes. Il convient de relire dans cet esprit les épisodes tumultueux relatés plus haut sous la rubrique des conflits salariaux à propos des bûcherons du Nivernais. Les gens de Clamecy les avaient soutenus contre les entrepreneurs de flottage qui prétendaient, au détriment de tous, monopoliser l'abattage et le convoiement. Sans motivation autre que la défense des droits, quelques affaires violentes avaient opposé les deux clans, entrepreneurs et usagers[215]. Dans les communaux d'Auxonne, en janvier 1752, une trentaine de fagoteurs sont menacés par les gardes des Eaux et Forêts qui accompagnaient un marchand ; les pilleurs, plus nombreux, désarment les adversaires, brisent les fusils, blessent le marchand qui implore leur pitié (« Au nom de Dieu, ne me tuez pas, laissez-moi la vie »). Lourdes peines contre les individus et contre les communautés, notamment celle de Rainans, condamnée à payer 6 500 livres[216]. Tardivement, en mars 1787, à Saint-Nazaire-en-Royans, la foule empêche qu'on embarque sur l'Isère un lot de bois saisi par les gardes et vendu à des négociants. Une centaine d'hommes, femmes et enfants, plus ou moins déguisés, arrivent avec haches et tridents ; ils bousculent les voituriers, coupent les cordes, déchargent les grumes[217].

Quant au bétail lâché dans les bois sous la garde paresseuse de vieux, d'enfants ou de femmes, il avait provoqué de longue date des incidents sans nombre avec les agents du seigneur, on en avait l'habitude. La fièvre monte dès l'instant où les Eaux et Forêts se mêlent à leur tour d'interdire aux troupeaux l'accès des secteurs protégés[218]. En mai 1724, dans la forêt de Bonnevaux, à l'est de Vienne, les gens de Châtonnay s'attaquent à la maréchaussée qui leur a saisi quelques bêtes. L'un des cavaliers est désarmé par les mutins qui déchirent ses habits et le ligotent pour le promener de hameau en hameau : on le frappe au passage, on l'insulte, on se moque de lui, certains disant « qu'il fallait lui faire regorger [comme] aux autres cavaliers les chèvres qu'ils avaient mangées ». La publication des ordonnances de réformation, en 1727, est très mal accueillie au Pont-de-Beauvoisin ; le jeudi de l'Ascension, les femmes se jettent sur le sergent qui s'apprêtait à en donner lecture à la porte de l'église, en présence de deux hommes de la maréchaussée : elles crient « qu'on ne les empêcherait pas d'aller dans leurs bois, qu'elles tueraient plutôt tous ceux qui voudraient les en empêcher », et encore « qu'elles se moquaient des ordres du roi », puis elles s'en vont faire du tapage sous les fenêtres du châtelain, ici officier de la police locale. Scène comparable en 1729 dans le village de Septème, un dimanche de mars, après la première messe. Réunis sur le cimetière au nombre de plus de trois cents, les habitants refusent d'entendre le secrétaire qui allait lire l'ordonnance de mise en réserve d'une partie des communaux ; les femmes, au premier rang comme d'habitude, déchirent le document et menacent d'assommer les consuls et les gros de la paroisse, en commençant par le secrétaire, traité de « bougre de gueux, mangeur et *ruineur* de communauté ». L'une d'elles, interrogée plus tard, dira qu'elles étaient sûres de conserver l'usage de la forêt, « la liberté de prendre du bois pour se chauffer et d'y mener [les] bestiaux », du moment que le papier était détruit. Y.-M. Bercé a souvent mis l'accent dans ses études paysannes sur le fétichisme du support écrit, considéré non comme un relais, mais comme la cause, l'en-soi maléfique. En 1741, le lieutenant des Eaux et Forêts de Saint-Marcellin constate que les forêts domaniales du Bas-Dauphiné sont non seulement gâtées par les troupeaux, mais essartées et incendiées comme à plaisir ; aucun garde, écrit-il, n'ose plus approcher : les mutins s'interpellent en lançant leur fameux *harlant* « qui dans leur langage signifie de *(sic)* tuer et assommer », et alors tous « se ramassent » avec leurs pioches, serpes et grand *liviers*[219]. Ailleurs, ils ne sont pas en reste. Dans le Rouergue, au mois de février 1762, quatre-vingts habitants encerclent la troupe venue confisquer des bêtes surprises à pâturer dans la forêt de Caussé, près de Villeneuve. Les gardes doivent tirer en l'air pour se dégager. Deux ans plus tard à Rancon, village de la Marche, ils sont une centaine à brandir pelles et bâtons contre le maître des Eaux et Forêts et ses gens qui veulent confisquer un troupeau ; une fois de plus, les femmes se déchaînent, hurlant qu'on n'emmènerait pas leurs vaches, « qu'elles aimeraient mieux que le diable les mangeât, et qu'on les tuerait plutôt » que de les laisser prendre[220].

Le paiement des amendes génère d'autres troubles. Quand arrivent collecteurs et huissiers, tous se mobilisent à commencer par les échevins, consuls ou syndics, personnellement tenus pour responsables des sommes à payer en cas de délit réputé collectif. À Déservillers, en août 1710, le collecteur de la maîtrise de Besançon, accompagné de deux archers, vient réclamer l'amende due, soit 25 livres. À défaut, ils se saisissent des deux échevins pour les conduire aux prisons de Besançon. Foule ameutée et menaçante, les officiels rebroussent chemin. À Villers-sous-Montrond, près d'Ornans, c'est 2 000 livres que les gens de la maîtrise viennent exiger en juillet 1719 : autre tactique de défense paysanne, ils ne trouvent au village que des femmes injurieuses, tandis que les hommes, réfugiés dans les bois voisins, poussent des hurlements, allument des feux et tirent des coups de fusil. Quelques variantes au scénario en Bas-Languedoc : à Gincla, en mars 1718, il y a convergence de griefs cristallisés sur le malheureux collecteur de la maîtrise de Quillan. À l'origine immédiate, l'amende réclamée à quatorze habitants du bourg, mais les autres se sentent solidaires. Une bande, armée de barres de fer et de madriers, enfonce la porte de l'auberge où sont descendus les percepteurs ; les paysans déchirent leurs bandoulières fleurdelisées et les battent comme plâtre en promettant le même sort à tous les officiers des Eaux et Forêts qui se présenteraient au pays[221].

L'accroissement des petits délits sur le terrain tient d'abord à la poussée démographique sensible depuis les années 1730. Davantage de monde dans les campagnes, il faut plus d'espaces de pâture ou de culture, plus de bois pour se chauffer, pour construire ou réparer. D'où la poursuite des déboisements, de l'essartage, des défrichements illégaux, à comparer en tous points avec les déforestations tropicales de nos jours. De leur côté, marchands de bois et transporteurs intensifiaient la demande avec le développement des villes, du grand commerce et des chantiers navals. Face à cette coalition d'intérêts parfois rivaux, l'administration semble avoir finalement baissé les bras. A. Corvol parle de l'« abâtardissement des structures répressives » discréditées par les tribunaux d'appel qui, le plus souvent, atténuent les sentences initiales. Les gardes eux-mêmes, menacés dans leur vie, montrent peu de zèle à enquêter : « Moins de perquisitions, peu ou pas de saisies, et une prudence louable en matière de guet. » Si bien que le corps des Eaux et Forêts s'ankylose progressivement et que « la condamnation se fait symbole »[222]. D'autant que les masses rurales, favorables au *statu quo*, trouvent souvent des alliés chez les gros sylviculteurs qui ne souhaitent pas la disparition d'usages anciens dont ils profitent en tant que propriétaires ou exploitants. Ils en tirent aussi avantage comme responsables des justices locales dès qu'il s'agit d'arbitrer les litiges ou d'interpréter la coutume. La mise en place d'une juridiction spécifique des Eaux et Forêts avait restreint leurs pouvoirs, à leur grand déplaisir. Enfin, l'amputation des revenus paysans, confortés par l'appoint des bois, inquiète tous ces notables propriétaires qui craignent pour leurs rentes et fermages. D'où leur mollesse à appuyer la politique royale : « Mutisme souvent, inertie presque toujours »[223].

Malgré la décrue des grands tumultes sylvicoles dans la seconde mi-siècle, l'impression finale reste celle d'un échec de l'administration qui, en dehors des secteurs limités du Domaine, n'a donc pas réussi à imposer ses règles. Il a été beaucoup question de la symbiose du populaire et de la forêt d'un point de vue économique. Mais l'enjeu est aussi d'ordre mythique, ce qui ne lui enlève rien de sa force, bien au contraire. Il s'agit, pour les paysans, de préserver la matrice libertaire, la sylve, lieu natif du « sauvage » *(silvaticus)*, les grands bois plus étendus et plus antiques qu'aucun acte de chartrier, cet « avant-nous » qui « règne dans l'antécédent », pour reprendre l'approche de Gaston Bachelard. De tradition immémoriale, les marginaux y ont trouvé refuge — brigands, contrebandiers, déserteurs — et avec eux les hommes de l'arbre et du feu, bûcherons, fendeurs, forgerons, verriers, charbonniers, tous un peu sacrés et maudits. Tous ceux-là, à la lisière du monde établi, font aussi partie du populaire qui n'exclut tout à fait ni leurs personnes ni leurs valeurs. Sous le Consulat encore, sous l'Empire et la Restauration, les rapports officiels disent la crainte des pouvoirs publics devant ce foyer d'énergie corrosive. Permanence, sinon pérennité…

Les pèlerins de Munster

Nous restons dans les bois en évoquant une aventure alsacienne pleine de péripéties et d'imprévu. Situation très compliquée au départ. Les biens forestiers relevaient du Conseil souverain de Colmar pour le contentieux et de l'Intendance pour la police, les maîtrises des Eaux et Forêts ne contrôlant pour leur part que le Domaine de la Couronne[224]. Sur les versants vosgiens, un antagonisme quasi permanent opposait les habitants du bassin de la Fecht à la riche abbaye bénédictine de Munster ainsi qu'au *Magistrat*, corps municipal de la ville. Les moines prétendaient régir tout l'espace forestier, ce que contestaient les populations des vallées qui jouissaient de longue date d'un droit de *bourgeoisie* et des privilèges afférents. De son côté, le Magistrat munstérien revendiquait un large pouvoir de contrôle et multipliait les interdictions et règlements relatifs aux forêts communales, d'où le mécontentement des moines et l'irritation des usagers, paysans, artisans, journaliers de la ville et des campagnes. Les antagonismes religieux ajoutaient leurs ferments de discorde et le contentieux, tantôt larvé, tantôt ouvert, s'enflait depuis des siècles sans qu'aucune solution l'eût emporté. Au début du XVIIIe, de nouveaux désordres causés par la mauvaise gestion des finances communales offrent aux *bourgeois* — majoritairement des ruraux — l'occasion d'attaquer durement le Magistrat. Brèche ouverte, où vont s'engouffrer les contestataires des vallées qui défendent leurs droits contre les puissants de la ville, religieux et laïcs. Lors d'une assemblée réunie au bord du lac de Forlet, en 1717, ils prononcent sur la Bible un serment d'assistance mutuelle qui sent furieusement son protestant. Le Magistrat, à dominante catholique, en profite pour dénoncer ces montagnards « républicains »[225]...

Tout repart de plus belle en 1744 quand la Ville autorise un banquier-négociant de Strasbourg, le sieur Kückh, déjà en charge de la forêt abbatiale de Herrenwald, à exploiter les bois communaux de Finsterwand. Voilà plus de cent bûcherons à l'œuvre, venus de la Forêt-Noire et du Tyrol. Les gens du pays s'inquiètent et, le 13 septembre 1745, ils organisent une réponse d'envergure à Munster même. Citadins et paysans, forts de leur titre de *bourgeois,* se rassemblent par centaines dans les rues. Un notaire royal est arrivé de Colmar et enregistre l'acte par lequel ils affirment leur rejet de la convention passée avec le sieur Kückh. Puis ils désignent treize députés pour « soutenir leurs anciens droits communaux, leurs forêts et bois », et sont quatre cent neuf à signer le procès-verbal des délibérations. Du côté de l'hôtel de ville, on parle à nouveau de « mutineries », on évoque les dangers de cet « esprit de républicains » et la menace d'un « soulèvement général » qui porterait « partout le signal de la rébellion ».

À partir de là et sur près de quarante ans, les bois restent un objet de conflit permanent, contre Kückh d'abord, puis contre ses semblables et successeurs, contre le Magistrat, contre l'État représenté par les intendants qui tentent d'appliquer en Alsace la doctrine royale en matière de sauvegarde des forêts. On aimerait pouvoir définir avec plus de netteté la sociologie des opposants. Ruraux pour la plupart, paysans, journaliers et artisans, il se trouve parmi eux des meneurs, sans doute encouragés par les gens de loi qui mettent en forme leurs requêtes et orientent la stratégie. Beaucoup d'assemblées de jour et de nuit, des discours, des mémoires, des collectes d'argent, des pétitions qui circulent de maison en maison. Après des années de mauvais vouloir et de désordres sur le terrain, les protestataires décident d'en appeler au roi. En 1769, soixante « bourgeois », paysans et petits notables mêlés, partent en délégation et prennent à pied le chemin de la capitale — attroupement considéré comme subversif[226]. Les députés n'atteindront pas leur but, ils sont arrêtés et emprisonnés pendant six semaines avant de pouvoir rentrer chez eux. Changement de tactique : ils envoient alors trois délégués à Innsbruck pour consulter les archives d'Empire et y trouver les documents probatoires qui leur font défaut. Nouvel échec : les pièces auraient été restituées aux autorités françaises[227]...

Cependant, l'agitation continue, les assemblées reprennent. Les habitants invoquent leurs droits, issus des anciennes « constitutions impériales », ils multiplient les critiques à l'encontre du Magistrat comme du prévôt royal qui représente le souverain. Ils font appel des ordonnances rendues par l'intendant de la province et s'adressent, pour ce faire, à la plus haute juridiction, le Conseil du roi. Une grande campagne s'organise à nouveau, et voici encore des pétitions signées de plus de mille noms et des collectes pour financer les démarches. En octobre 1771, l'intendant d'Alsace confie une mission d'enquête à un notaire de Colmar, Me Albert, qui interroge séparément 1 233 habitants de la ville de Munster et des vallées : 339 individus lui déclarent n'avoir jamais pris part à la contestation et ne vouloir s'en mêler d'aucune manière ; 556 autres avouent avoir été entraînés, mais ils désirent maintenant renoncer ; 67 déclarent ne persister « que parce qu'ils s'y croyaient obligés, ayant donné leur signature » ; enfin, 271 restent fermes et assurent qu'ils souhaitent poursuivre l'action, malgré les risques[228]. Ces tentatives d'intimidation n'ont pas d'effet. Les opposants font courir le bruit que les arrêts du Conseil — qui ne leur sont pas favorables — n'émaneraient pas véritablement de l'autorité royale ! Une nouvelle députation se met en route pour Versailles au début de l'été 1777. Sous la date du 15 juillet, Métra relate dans sa *Correspondance* l'entrée incongrue de la troupe de forestiers : « La semaine dernière, soixante paysans arrivés d'Alsace se sont jetés aux pieds du roi, au moment qu'il partait pour Saint-Hubert. Ils lui ont présenté un mémoire que S.M. a reçu avec bonté, en ordonnant qu'on le portât chez M. de Saint-Germain [secrétaire d'État à la Guerre, chargé de la province d'Alsace], pour lui en rendre compte. Ce qui me paraît plaisant dans cette scène, dont j'ai été le témoin, c'est que le mémoire était écrit en allemand et que pas un des suppliants ne savait s'exprimer en français, de sorte que d'abord le roi ni ses courtisans ne savaient ce que voulaient ces gens. Enfin, un des gardes du corps s'offrit pour être leur interprète, et le roi leur promit satisfaction. Les plaintes regardent M. de Blair, intendant d'Alsace. M. de Saint-Germain a fait arrêter quelques heures après, comme séditieux, tous ceux de ces paysans qu'on a pu trouver ici, mais ils seront élargis aujourd'hui. On ne sait point encore ici le fond de l'affaire, mais on dit que ces paysans étaient suivis par deux cents autres qui, ayant appris la détention de leurs camarades, ont suspendu leur marche »[229].

Le dénouement reflète les contradictions du pouvoir : il convient certes que le roi se montre conforme à son image paternelle, mais la monarchie doit avant tout réprimer la désobéissance. Au début de l'année 1778, un régiment s'installe sur place pour calmer les esprits. Le 20 février, un arrêt du Conseil, rédigé en termes d'une extrême sévérité, charge l'intendant de juger et châtier les coupables[230]. Procédure expéditive : la sentence, rendue un mois plus tard, punit les meneurs des « révoltes et séditions », accusés, entre autres griefs, d'avoir exhibé dans les campagnes un faux arrêt écrit sur parchemin, document supposé favorable aux habitants pour mieux les inciter à l'insubordination. Le principal instigateur, Joseph Schreiber, d'Éguisheim, est condamné aux galères perpétuelles, aux trois lettres GAL marquées au fer rouge sur l'épaule dextre, avec exposition au carcan dans les villages de Muhlbach, Sondernach, et dans la ville de Munster ; un second accusé est banni à vie ; un troisième, nommé Brueder, est lui aussi reconnu grandement coupable, mais il a la chance d'être bien apparenté, et pour « éviter tout déshonneur à une famille honnête » il sera seulement enfermé à vie en maison de force[231]. La sentence, imprimée « dans les deux langues », doit être lue, publiée et affichée dans toute la province.

Rien n'y fait, ils sont irréductibles. Troisième vague de troubles en 1779, sous la même forme — assemblées, pétitions, collectes — et cette fois encore départ d'une délégation pour Versailles, toujours à pied bien entendu. L'ensemble du groupe, une centaine d'hommes, est bloqué aux environs de Provins et renvoyé en Alsace sous la conduite de la maréchaussée, mais huit de ces « prétendus députés » sont arrêtés et mis en prison. Plus tard, ils seront conduits à Rochefort pour y être embarqués sur les vaisseaux du roi, « sans solde et à la ration ordinaire », service forcé des plus rudes, à peine préférable aux galères. Dans une lettre au ministre de la Marine, le prince de Montbarrey, successeur de M. de Saint-Germain à la Guerre, recommande de les maintenir sous contrôle « au moins pendant un an » : « Il faut regarder ceux-ci comme des otages [...], et pour cette raison je vous prierai de ne les faire mettre en liberté au retour de la campagne [navale] qu'après que je vous aurai marqué si les différentes communautés de cette Vallée se sont comportées de manière à mériter cette indulgence. » Un an plus tard, l'intendant d'Alsace se dit peu favorable à leur élargissement : leur retour, écrit-il en décembre 1780, « produirait un effet absolument contraire à nos vues » dans une contrée où les habitants ont une si « malheureuse propension à la révolte » du fait « de leur ignorance, de leurs mœurs sauvages et surtout du souvenir vague de leur ancienne indépendance » ; la vallée jouit à présent d'une assez grande tranquillité, mais « on ne peut guère espérer la maintenir qu'en s'armant de sévérité et en prolongeant la détention de ceux qui ont été punis »[232].

La référence au « souvenir vague de leur ancienne indépendance » est des plus intéressantes. Elle ramène l'affaire sur son véritable terrain, la longue durée. L'intendant, qui connaît sa province, sait que pour imposer l'ordre monarchique français il faut casser une autre tradition politique, celle des communautés fidèles au principe de représentation et de pétition *(gravamina)* en vigueur dans les États princiers de l'Allemagne méridionale[233]. Pour les forestiers du val de Munster, 1789 sera vécu comme l'aboutissement de leurs luttes antérieures, sur le mode de la revanche. Crispés sur leur histoire, ils veulent effacer les signes de leur soumission forcée. Ils n'ont de cesse qu'on ne retrouve et détruise les fameux *zettel-billets* où les habitants avaient dû reconnaître leurs torts ; menaces et violences contre les hommes du Magistrat, contre le monastère. En 1789, le 25 juillet, toute la paysannerie de la vallée fête la prise de la Bastille à sa manière : plus de quinze cents personnes — hommes, femmes, enfants et vieillards — réclament les anciens titres, forcent la maison du « prêteur royal », molestent le bourgmestre adjoint et le secrétaire de la ville. Puis, tous ensemble, ils se répandent dans la forêt abbatiale de Schwarzenbourg, où un siècle de revendications trouve son épilogue dans un beau fracas d'arbres abattus et de bornes renversées[234].

Les Masques armés du Bas-Vivarais

Insérer à cet endroit l'épisode connu sous le nom de révolte des Masques armés revient à marquer le caractère original du mouvement vivarois et les écarts évidents qu'il offre avec les actions précédentes. Inscrit dans une chronologie serrée, mené par des commandos auxquels le masque assure l'anonymat, plus proche du justicialisme primitif et du banditisme social, il tranche absolument sur les conduites démocratiques fondées en droit et usages dont se réclament les gens de Munster. Pourtant, il y a comme un principe commun à ces comportements rebelles : l'affirmation que les limites du tolérable ont été franchies. Or la prise de conscience du seuil, la décision de rupture du pacte civil d'obéissance et le passage à l'acte renvoient bien sûr dans tous les cas à des intérêts immédiats lésés, mais surtout à des faits mentaux : atteinte à la dignité, à l'image de soi du groupe.

Sur les événements eux-mêmes, l'enquête n'a rien à ajouter aux informations déjà recueillies et mises en forme dans de bonnes monographies récentes. Il est intéressant néanmoins de réintroduire la séquence dans la durée séculaire. Il faut remonter aux années 1670, c'est-à-dire jusqu'à la révolte de Roure, déjà évoquée, pour voir surgir en Vivarais les manifestations d'une solide rancune paysanne contre les gens de loi et autres profiteurs de l'endettement rural, collecteurs, marchands prêteurs, notaires, aubergistes usuriers[235]. Les années 1730 sont à leur tour ponctuées d'épisodes violents, signalés plus haut à propos des rébellions antifiscales. En septembre 1735, l'ire populaire s'était portée contre la demeure du maire de Joyeuse qui logeait un « contrôleur des actes » — nous dirions employé de l'enregistrement[236]. En pleine nuit, une troupe de « paysans » armés, le visage barbouillé de suie, avait envahi le bourg aux cris de « Il faut l'avoir, ce contrôleur ! ». L'homme, son épouse et le maire-consul qui les hébergeait s'étaient enfuis de justesse. L'affaire avait paru assez sérieuse pour justifier l'envoi immédiat d'un bataillon de deux cents hommes et l'ouverture d'une information judiciaire. L'enquête révèle au grand jour que les commis du « contrôle », d'accord avec les notaires et les huissiers, multipliaient les taxations abusives depuis vingt ans en réclamant aux débiteurs des frais très lourds pour des actes anciennement passés. Entre autres irrégularités, ils taxaient bien au-delà des barèmes, jusqu'à six ou même dix fois plus, ils « oubliaient » de délivrer des quittances ou d'y mentionner les sommes reçues. Et surtout ils actionnaient sans trêve les huissiers pour procéder aux saisies[237]. Dans une lettre datée du 10 septembre 1735, le comte de Vogüé, grand personnage de la province, disait son embarras : le comportement des « commis aux actes », écrivait-il, est inexcusable, et la haine que leur vouent les gens du pays très compréhensible ; aussi bien convient-il d'être prudent dans la répression, car, poussés à bout et « se voyant perdus, ils [les paysans] peuvent s'assembler dans des lieux écartés, exciter les huguenots à se joindre à eux, et former un commencement de révolte ». Même son de cloche chez le syndic des états du Vivarais, M. de Rochemure, parlant de « la rapacité des commis qui minent ce pays » où ils exercent « une oppression qui n'a jamais de fin »[238]. Les poursuites contre les assaillants de Joyeuse sont donc mollement conduites au départ ; elles reprennent en 1736 et 1737, mais les langues restent nouées, tout acte de dénonciation est très mal vu dans le public à la fois par solidarité et par crainte de représailles. La procédure traîne jusqu'au verdict du 28 août 1738, prononcé à Montpellier par l'intendant de Languedoc : l'un des soi-disant meneurs est condamné à la roue, cinq à la potence, un autre aux galères et un dernier au bannissement — mais tous sont contumaces, il faut se contenter d'une exécution en effigie sur la place de la Recluse à Joyeuse. Au total, une procédure si mal ficelée que les responsabilités exactes n'ont pu être clairement établies. Sans aucun doute, les principaux acteurs se situent dans le milieu des ménagers (petits propriétaires cultivateurs) et des travailleurs sans terre (journaliers) ; quelques notables de l'endroit les ont évidemment aidés, mais pas de preuve formelle. Le mauvais esprit s'est installé dans la région, troublée par les règlements de comptes ou les actes de pur brigandage.

L'affaire des Masques se déroule sur le même théâtre un demi-siècle plus tard, en février 1783, avec des analogies évidentes dans les motivations, les conduites et les forces antagonistes[239]. Toujours en ligne de mire, le clan des « gens d'affaires », notaires, procureurs ou praticiens, juges subalternes, feudistes, collecteurs. Ajoutons que la récolte de l'année 1782 n'a pas été bonne, le blé est cher, les marchands de grains en profitent. L'endettement paysan s'alourdit dans cette région dont l'économie est « en voie de monétarisation renforcée » par suite des progrès de la sériciculture et de l'industrie de la soie. L'agitation explose le 30 janvier 1783, sans autre déclencheur connu que les vexations accumulées. Sur les 9 heures du matin, trente-trois individus masqués entrent dans la petite ville des Vans avec des fusils et des haches. Ils prennent d'abord position dans les rues, puis ils forcent la porte d'un procureur, le sieur Monteil, accusé d'avoir fait une fortune scandaleuse au détriment des petites gens — 150 000 livres en quinze ans, selon la rumeur ! Ils exigent sur-le-champ une somme de 2 000 livres, mais il dit ne pas l'avoir chez lui ; ils entassent alors tous ses papiers dans un drap pour aller les brûler le long des remparts ; puis la bande tire encore quelques coups de fusil contre une autre maison de procureur avant de s'évanouir dans la nature.

Dès lors, l'agitation s'amplifie. Du 1er au 20 février 1783, des groupes d'hommes armés et masqués, parfois déguisés en femmes, sont vus à l'œuvre dans une trentaine de villages entre Joyeuse au nord et Saint-Ambroix au sud. Ils se disent membres de la « Légion honnête du Vivarais » ou encore de la « bande anglaise », et ils répètent à qui veut les entendre « que les procureurs les ont ruinés par des procès » et qu'ils sont eux-mêmes les « procureurs des pauvres ». Peu ou pas de violences physiques, mais de fortes menaces et des scènes d'humiliation accompagnées de pillages, vols d'habits, extorsion d'argent et de denrées, destruction et brûlement de papiers notariés et autres. Les gens de bien s'alarment, la municipalité de Joyeuse, où l'affaire de 1735 est restée en mémoire, prend des dispositions de salut public et mobilise sa bourgeoisie ; on mure les brèches des remparts, on barre les portes avec « des poutres, des tonneaux remplis de sable et tous autres matériaux propres à cette fermeture ». Dans le même temps, les autorités en alerte font marcher des compagnies depuis Nîmes, Alès, Uzès et Tournon. Cette imposante présence militaire fait échouer un nouveau coup de main sur Les Vans, menacée le 14 février par une bonne centaine de « brigands » qui avaient projeté d'enlever cinq procureurs de la ville « qu'ils voulaient morts ou vifs »[240]. La description du meneur apparaît très précise, un homme « revêtu d'une redingote couleur gris-blanc, ayant un jabot à sa chemise, de grandes culottes longues, étoffe rayée, les cheveux en catogan, portant sur le bas du visage une espèce de crêpe » avec au chapeau des « rubans de différentes couleurs », mais son nom est resté inconnu.

D'abord stupéfaites, les autorités réagissent ensuite

avec vigueur. L'armée, la maréchaussée et les magistrats parcourent le pays pour recueillir des témoignages et arrêter les coupables. En quelques semaines, cent cinquante-sept individus sont repérés et une soixantaine font l'objet de poursuites sous le chef « d'attroupements illicites avec armes, déguisements, vols, incendies, pillages et autres excès ». On en arrête moins de cinquante, et, le 6 août 1783, la sénéchaussée de Villeneuve-de-Berg rend en forme de jugement prévôtal — sans appel possible — une sentence d'une extrême sévérité : six condamnations à la roue, neuf à la potence et une vingtaine aux galères, dont deux à perpétuité et trois pour neuf années, mais il y a de nombreux contumaces. Trois hommes seront effectivement exécutés aux Vans le 25 octobre (il y aura deux roués et un pendu) devant une foule énorme venue de partout. Les pièces du procès permettent de préciser la composition sociale du mouvement : micro-propriétaires exploitants ou « travailleurs de terre », petits artisans, déserteurs, contrebandiers, vagabonds ; un maître d'école a rédigé pour eux des menaces en français et latin de cuisine. Il s'agit pour l'essentiel d'une rébellion d'endettés contre des créanciers avides, proches et connus. Ils sont soutenus, comme toujours, par quelques petits notables qui avaient eux aussi des comptes à régler, tel le procureur fiscal de Malbosc, un certain Labillerie (l'un des trois hommes condamnés à mort et exécuté sur la roue). Par ailleurs, des nobliaux de village ont été soupçonnés de « démarches indiscrètes » en faveur des séditieux, dont le sieur de Malbosc et son beau-frère, le seigneur d'Auzon, mais ces derniers ont finalement échappé aux poursuites. Les griefs personnels débouchent non sur du politique et la remise en cause de l'ordre établi, mais sur l'exigence de revanche sociale exprimée naguère par les acteurs de la révolte de Roure lorsqu'ils annonçaient la victoire des « pots de terre contre les pots de fer » tout en criant « Vive le roi, fi des élus ! »[241]

En même temps qu'on réprime, on s'occupe en haut lieu de mettre fin à la corruption et aux abus générateurs des troubles. Le parlement de Toulouse, sur injonction royale, envoie une commission d'enquête en Vivarais, Gévaudan et Cévennes. Il en résulte un procès-verbal fleuve de 357 pages, et une série d'ordonnances qui se lisent comme un réquisitoire d'une extrême sévérité contre les justices subalternes, les procureurs, notaires et consorts[242]. Ces documents, rédigés par des magistrats supérieurs, vont plus loin dans leurs critiques que ne le feront les Doléances de 1789 ! En bref, ils dénoncent une justice exercée par des ânes, titulaires de diplômes de complaisance, coalisés contre le peuple pour sa ruine et leur profit maximum. Organisés en réseaux familiaux, ils ont mis le pays en coupe réglée : les mêmes, ou leurs proches, tiennent la gestion seigneuriale, la police villageoise, les offices de notaires, les tribunaux inférieurs. Si bien que la plus petite dette, convertie en procès, enrichit tous les degrés de la pyramide qu'ils ont réussi à construire. Mécanisme impitoyablement démonté par la commission : « Tels sont les échelons par lesquels ces sangsues publiques montent rapidement à cette fortune qui avilit cette profession honorable, qui humilie leurs voisins et qui excite la haine et la révolte des victimes de leur rapacité. C'est l'appât de cette odieuse fortune qui a multiplié le nombre prodigieux et incroyable de ces oppresseurs publics qui se sont répandus dans les villes et les campagnes desdits pays »[243]. Tout serait à citer dans cette philippique qui a valeur de réhabilitation tardive pour les pauvres condamnés. De même, le syndic des états du Vivarais, l'influent Lachadenède, n'a pas de mots trop durs pour stigmatiser les « manipulateurs » du droit et du fisc qui profitent des archaïsmes d'un arsenal législatif fourbu : « Un essaim d'hommes du peuple, sans mission et sans aveu, malheureusement formés à l'écriture par le pédagogue du village et à quelques formules par le notaire du lieu, des hommes sans talents, sans connaissances et sans éducation, s'ingèrent à tout âge, dans toute occasion et de toute manière dans la connaissance des affaires. Ils accumulent les fonctions les plus incompatibles, sans crainte et sans scrupule, parce qu'ils en ignorent les devoirs et qu'ils en connaissent les profits… » Et encore : « Faut-il s'étonner, après cela, que la cupidité et la fraude infectent l'administration de la justice, que les lois soient dans le mépris et dans l'oubli, que le faux soit assez commun, […] que les procès s'éternisent et se multiplient ? »[244]. Propos si accablants qu'ils conduisent à s'interroger : pourquoi et comment les responsables au sommet ont-ils laissé perdurer une situation qu'ils s'accordent à juger inique et scandaleuse ? Par négligence, par crainte d'inciter les justiciables à mettre en cause la justice à tous niveaux ? Leur réveil tardif, et sur ordre, s'explique par des motifs qui ont peu à voir avec l'équité ou la philanthropie. Sur le plan personnel, on peut y lire la jalousie des installés envers une « tourbe » de moins que rien dont les « fortunes rapides confondent chaque jour les ordres de l'État ». Par ailleurs, ils veulent à tout prix s'exonérer de leurs responsabilités indéniables dans la situation même qu'ils dénoncent, précaution à double ressort : vis-à-vis du monarque et de ses bureaux, qui leur demandent des comptes, comme vis-à-vis du populaire qui attend qu'on punisse les vrais coupables, toute cette basoche corrompue.

Si bien que les entreprises des Masques armés vont plus loin que le cycle habituel émeutes/répression. Elles ont insufflé un air nouveau en donnant aux petits des espoirs de succès, et par ce biais elles s'apparentent au politique. S'ensuit une timide amorce de réformes institutionnelles, mais peu cohérentes, trop tardives, impossibles à appliquer localement sans bouleverser tout le reste. Du point de vue qui nous intéresse ici, la révolte va s'inscrire sans tarder dans une mythologie libertaire. L'auteur d'un mémoire adressé à la commission d'enquête présente les Masques dans un rôle quasiment héroïque : « Ces infortunés ont dit : il n'y a plus de justice, des hommes qui se sont dits ses défenseurs l'ont enchaînée [...]. Nos cris se perdent dans les airs [...]. Eh bien, soyons nous-mêmes nos vengeurs »[245]. L'esprit du mouvement, lui-même héritier de la mémoire longue, perdurera à travers les changements de régime au nom des valeurs collectives plus fortes que tous les légalismes, fussent-ils démocratiques. Témoin le destin mouvementé et tragique du notaire Barrot, seigneur de Planchamp, du côté de Villefort. Fils et petit-fils d'avocats, l'homme était riche d'appuis et de parentèles bien placées. Sur plaintes du public, il avait été cassé de son emploi pour fraudes diverses après l'enquête de la commission de 1784, puis réintégré grâce à son entregent. Mais voici qu'en avril 1789, dans la nuit du Mercredi saint, vingt-cinq « scélérats » masqués, armés de fusils et bâtons, envahissent sa maison, cassent les meubles et brûlent les papiers. Quant au propriétaire, ils l'abandonnent apparemment sans vie après l'avoir lardé de coups de couteau sur « les cuisses et le gras des jambes » et lui avoir chauffé les pieds avec des brandons de paille. Sa femme et sa fille ont été épargnées. La maréchaussée, actionnée par son fils, greffier à Villefort, part sur la trace des agresseurs. Elle en arrête huit, mais, au moment de leur transfert au présidial de Nîmes, « plus de deux cents personnes » fondent sur l'escorte qu'ils obligent à lâcher les prisonniers[246]. Toutefois, Barrot n'était pas mort, il s'est remis et reprend du service. Passent la Constituante, la Législative, la Terreur, Thermidor, le Directoire : en avril 1799, on apprend que ce bon républicain vient d'être assassiné[247]. Rien n'est jamais oublié dans les campagnes.

5. « ADESSO LA CORSICA... »

Finir sur une évocation de la Corse à propos de la rébellion française peut sembler paradoxal puisque l'île, comme on sait, est restée terre étrangère jusqu'en 1768. Mais n'en pas parler irait contre le programme de l'enquête qui porte sur la totalité de l'espace français tel qu'il est défini aujourd'hui. Les rébellions de l'île semblent presque toujours avoir eu pour moteur le refus de l'impôt, et il aurait pu sembler logique de les intégrer aux chapitres antifiscaux. Il faut pourtant y regarder de plus près, et se convaincre que la rénitence à payer plonge ses racines dans un autre terreau que les intérêts immédiats et qu'elle est bien l'expression d'un irrédentisme vivace. Cette analyse fait suite naturellement à l'évocation des régions à forte personnalité, où la composante particulariste imprégnait les mouvements contestataires. À chaque fois, j'ai pris soin, tout au long du livre, de marquer dans les différents types rébellionnaires l'importance du facteur d'individualité régionale. Cela vaut surtout pour les pays dotés d'un parler vernaculaire autre que la langue d'oïl, les provinces occitanes, le Pays basque, la Bretagne, les Flandres. Et si l'Alsace ne figure pas dans ce répertoire c'est qu'elle seule jouissait dans le cadre monarchique d'un statut particulier qui préservait son originalité. En Corse plus qu'ailleurs, les ruptures historiques répétées propres à ce coin de Méditerranée ainsi que le repli insulaire ont donné une exceptionnelle vigueur à l'esprit libertaire, composante essentielle de la dignité du groupe.

Le vieillard de Bustanico

Notre propos n'est pas de refaire l'histoire de l'île au XVIIIe siècle, ni d'entrer dans le détail de mouvements de résistance tissés de motivations complexes. Contentons-nous de rappeler que les deux pouvoirs qui s'y sont succédé dans la période qui nous intéresse, la république de Gênes puis la France, ont tenté d'y lever des taxes avec un égal insuccès, et que l'exigence fiscale a provoqué des réactions émotives à couleur fortement « patriotique ». Les Génois en font d'abord les frais, et leurs collecteurs sont au centre d'épisodes dont le rituel apparaît comparable à tous les incidents relatés plus haut, avec toutefois un autre souffle, une dimension supplémentaire. Une succession de mauvaises récoltes sème l'alarme dans les *pièves* (cantons) du nord-est de l'île. Tout commence un jour de décembre 1729, quand un lieutenant arrive à Bustanico, dans la vallée du Tavignano. Il vient pour exiger la taille et s'apprête à saisir les meubles des insolvables. L'histoire raconte qu'un vieillard se voit refuser une pièce de monnaie jugée trop usée. Il lance des imprécations contre le fisc et des appels à l'aide, s'accroche à sa paillasse et à son escabeau. Ce geste légendaire va donner le signal de la révolte dans toute la Castagniccia, la Casinca et autres vallées du Deçà-les-Monts[248]. L'affaire de Poggio, le 27 janvier 1730, offre elle aussi ce mélange de déjà-vu et de traits spécifiques : sonneries de cloches à l'arrivée du collecteur, cris et sifflets « dans un rituel de charivari », irruption d'un renfort de soldats, une cinquantaine, assaillis par la population. On désarme la troupe, dont le commandant est retenu puis libéré sous les risées des villageois, tandis que la *campana a martello*, le *cornu marinu* et les feux allumés sur les sommets mobilisent villages et hameaux des pièves d'alentour[249].

Dans l'île, la violence éclate aussi pour des motifs internes. Elle a pris très tôt des allures de guerre des pauvres et de jacquerie rurale. La question agraire, les rivalités communautaires à propos du sol, l'animosité des ruraux contre les villes, autant de motifs d'actions émeutières conduites par des chefs de rencontre, déserteurs des troupes génoises, bannis ou « brigands ». « Les croqueurs de châtaignes de l'intérieur, écrit E. Le Roy Ladurie, s'en prennent aux élites maritimes et littorales »[250]. Les 19 et 20 février 1730, une troupe de cinq mille villageois descendent sur Bastia, pillent les boutiques et les entrepôts, dévastent les jardins et les vignes[251]. Ajaccio, Sartène sont menacées, le tribunal de Rogliano est attaqué, on harcèle les patriciens génois possesseurs de domaines dans la plaine orientale. Par la suite, nombre d'importants rallient le camp de la contestation pour essayer de contenir la colère des insurgés, tandis que d'autres notables prennent le parti de la puissance dominante, soutenus eux aussi par leur parentèle et leurs « clients ». Les antagonismes de classe sont ainsi recoupés par des partages transversaux qui opposent les groupes et les clans, et l'on retrouve ici le schéma classique des luttes « verticales » dressant les factions aristocratiques et nobiliaires les unes contre les autres comme dans la France ou l'Angleterre des XVIe et XVIIe siècles. Les uns, serviteurs fidèles de la Sérénissime, prennent leurs distances face au déchaînement des violences, à *la sfrenata licenza del volgo ;* ils parlent au nom de l'ordre, du respect des pouvoirs et des propriétés, surtout dans les terres de l'ouest, le Delà-des-Monts. Certains sont plus critiques, mais néanmoins disposés aux compromis avec l'occupant sur la base d'un nouveau code civil et pénal, d'une modification du régime fiscal, d'une ouverture des emplois aux autochtones. D'autres enfin, surtout à l'est dans le Deçà, plus proches de l'action populaire, parlent de liberté, de justice, de dignité et d'action collective contre l'oppresseur. Déjà des lettres circulaires passent de main en main, des cris fusent, « Viva Sampiero ! », « Mort aux Génois ! », déjà apparaît l'emblème du Maure au front ceint d'un bandeau blanc avec l'inscription fameuse : *Adesso la Corsica a aperto gli occhi*[252]...

Plusieurs phases de révolte, coupées d'accalmies et de trêves, entre 1729 et 1768. La première insurrection s'apaise un temps, en 1733, quand Gênes accorde des concessions en matière de redevances et de justice, mais l'agitation reprend bientôt sous la conduite de personnages en vue, notables et leaders régionaux. Le débat fiscal est dépassé, c'est d'un régime représentatif qu'il est question, d'une véritable autonomie et bientôt de l'indépendance du *Regno corsico.* La revendication s'exprime avec d'autant plus de force que les *prepotenti* et *migliori,* qui jouent le rôle de chefs militaires, rencontrent des appuis extérieurs, car bien d'autres puissances que Gênes ou la France s'intéressent à l'île, l'Angleterre, l'Espagne, le Piémont, Rome, la Toscane, l'Empire d'Autriche... Ainsi s'ouvre un large champ de connivences et d'interventions plus ou moins directes, avec envoi d'émissaires, d'armes et d'argent. En 1736, l'étrange épisode du royaume corse de Théodore de Neuhoff s'inscrit dans ce contexte de manigances internationales[253]. Plus tard, de 1755 à 1768, l'île va vivre la difficile mais passionnante expérience d'un État corse indépendant, avec Pascal Paoli qui affirme contre l'occupant la souveraineté d'une « nation » qui se donne les moyens de se gouverner, des organes politiques, administratifs, judiciaires et même universitaires. La France met un terme à cette parenthèse historique de première grandeur : les milices patriotiques insulaires sont écrasées à la sanglante bataille de Ponte-Novo, sur le Golo, le 8 mai 1769[254]. Jusqu'à la Révolution, la Corse restera durement soumise à la loi du vainqueur, mais les troubles sans cesse renaissants attestent la vigueur de l'irrédentisme populaire. Les actions, baptisées brigandage, prennent pour cible les postes français. Banditisme endémique, embuscades et attentats se renouvellent sans cesse contre les troupes occupantes ; il est difficile de les dater et localiser avec précision. Les rebelles contrôlent de larges espaces où ils font payer l'impôt, notamment dans les villages du Vicolais. En juin 1774, une nouvelle révolte éclate dans le Niolo, au cœur même de l'île. À Calacuccia, la prévôté militaire fait pendre onze meneurs aux châtaigniers du couvent de Caccia qui avait accueilli les insurgés[255]. Scènes de terreur, dont le souvenir marquera durablement les mémoires. Tel ce condamné porté sans connaissance sur les épaules de son confesseur au lieu d'exécution : son fils, en 1789, demandera réparation à l'Assemblée nationale de Paris, pour « se laver de l'ignominie d'être regardé comme le fils d'un rebelle et d'un pendu »[256]. Ou encore ces femmes que décrit un officier français, allant « baiser les pieds des hommes qui avaient été exécutés, en poussant de grands cris, et les regardant comme des martyrs de la liberté... »[257]. La mise en place d'un nouvel impôt direct appelé « subvention », levé en nature à partir de 1778, ne suscite pas de réaction violente, mais des plaintes qui s'exprimeront ouvertement lors de la rédaction des Cahiers de doléances. Les exigences du Domaine royal, qui prétend lever des taxes, heurtent les paysans qui s'opposent à la collecte de l'*erbatico* et du *terratico*[258]. Les bénéficiaires de concessions royales, Français associés à la conquête et notables ralliés, sont les uns et les autres exposés aux manœuvres de harcèlement conduites par les communautés et les individus qui crient à la spoliation[259]. De même, ici et là, des villageois tentent par la force de s'opposer aux géomètres du Plan Terrier chargés de la cadastration, car ils appréhendent l'amputation de leurs droits ancestraux[260].

Rancœurs stratifiées

Ce n'est pas seulement la quantité ni la durée des affaires qui distinguent cette chaîne de péripéties des autres révoltes que nous avons pu rencontrer ailleurs en France ; ni non plus leur violence ou le nombre des insurgés, toujours aussi difficile à estimer, de quelques dizaines pour les simples accrochages à plusieurs milliers dans les affrontements les plus graves. La spécificité corse réside plutôt dans la complexité des alliances, les retournements, l'intervention de plus en plus fréquente des *principali* des villages, appuyés sur leurs clans de familles et d'obligés[261]. Il faut souligner aussi le rôle du clergé, des franciscains surtout qui accueillent les *consulte* des rebelles dans leurs couvents de montagne. À l'hostilité contre les agents du fisc se mêlent les jalousies locales, les rivalités de villages pour les terrains de parcours, l'attachement à la compascuité traditionnelle, l'opposition invétérée entre cultivateurs sédentaires et bergers itinérants. D'où tout un écheveau d'intrigues et de haines. En mai 1775 — un cas parmi d'autres —, les gens d'Asco se jettent sur leurs voisins de Moltifao qui ont saisi leurs bêtes trouvées à pâturer sur une terre au statut indécis. La rencontre est sanglante, mais l'enquête tourne court, car les deux communautés font valoir « que s'il y avait eu une rixe entre eux, il y avait des morts et des blessés de part et d'autre, et que tout le monde était content »[262]... En fait, c'est la société corse entière qui semble traversée de micro-antagonismes, les petits contre les gros, les paysans contre les marchands, contre les prêteurs, contre les gens de loi et les collecteurs d'impôts établis dans les bourgs et nécessairement associés à l'appareil du pouvoir, campagnes contre villes[263]. Cet amas de rancœurs stratifiées a sans aucun doute modelé les comportements et peut expliquer la problématique affirmation de l'autorité de l'État, comme la difficile insertion, plus tard, dans l'entité française.

Mais, tout au long du siècle, les luttes internes sont transcendées par le sentiment d'une revendication juste, au nom du peuple dominé contre le dominant, au nom du refus de la « servitude ». Nous nous trouvons là dans l'ordre de l'affect, sinon de l'irrationnel, loin de l'argent exigé par l'État et loin des biens mesurables. La guerre de l'impôt a servi de révélateur à une conscience identitaire perturbée, oscillant entre le repli sur soi et la grande ambition de créer un modèle émancipateur à l'échelle européenne[264].

CHAPITRE XI

Jeunesse, jeunesse...

> Quel siècle que le nôtre ! dans quel temps sommes-nous nés... Ce sont des enfants qui conduisent les hommes ; des polissons, des clercs, des apprentis orfèvres, horlogers, usurpent le nom de la Nation, et la couvrent de leur indécence, de leur taquinerie !
>
> Restif de La Bretonne, *Les Nuits de Paris*[1].

Saisir la turbulence des jeunes générations sous le seul angle de la violence collective peut paraître réducteur. En limitant ainsi le propos, j'ai conscience de ne pas rendre la plénitude du sujet, car, sur ce qui provoque le bouillonnement juvénile comme sur ce qu'il révèle, les réponses mettent en jeu la société globale avec ses traditions, ses pratiques intrafamiliales, ses comportements de groupes, bref une immense matière ethnographique et sociologique abondamment traitée à la suite d'Arnold Van Gennep[2]. Bien évidemment, la rébellion des jeunes constitue d'abord une donnée d'ordre vital, et la contestation de l'autorité qu'elle développe renvoie à des exigences libertaires permanentes, intemporelles. Constatons toutefois qu'il y a des moments où certaines conduites, jusque-là inoffensives et tolérées, entraînent des ruptures d'équilibre aux effets subversifs, ce qui rend sa validité à la lecture historienne.

Impossible de ne pas rappeler les données de base venues bouleverser le fonctionnement social antérieur en modifiant la physionomie des relations intergénérationnelles. En premier lieu, la poussée démographique. Après les coupes sombres qui ont peuplé les cimetières dans les décennies 1660, 1690 et 1700, le XVIIIe connaît des temps meilleurs. C'est la fin des famines et des épidémies dévastatrices à l'échelle du royaume. Des à-coups subsistent, parfois graves mais ponctuels, localisés, et sans effet durable sur l'accroissement continu de la population. Rappelons que l'Hexagone, qui comptait 20 millions d'habitants sous Louis XIV, en nourrit 26 millions à la veille de la Révolution, soit un bon quart de plus. Les années 1730 marquent un décollage irréversible. Le « Croissez et multipliez » entraîne des maisonnées foisonnantes, avec tous les problèmes d'intégration et d'adaptation que cela posait dans le cadre familial et collectif. Autre conséquence, l'augmentation du nombre des cadets souvent maintenus en situation de dépendance économique, ou contraints à des modes de vie non désirés. À quoi vient s'ajouter un facteur décisif, le mouvement migratoire de la jeunesse rurale en quête d'emploi. À la faveur du nouvel élan commercial et industriel, les villes accueillent le surplus des campagnes chargées d'enfants. D'où un afflux de main-d'œuvre des deux sexes, ouvriers et ouvrières, valets et servantes, gagne-deniers, travailleurs occasionnels. Sur le plan scolaire, le niveau général d'instruction s'élève peu à peu, avec pour effet d'infléchir la balance dans la jeune classe d'âge. Apparaissent sur le marché une pléthore de petits lettrés frottés de latin et de juridisme, habiles à manier la plume comme la parole. Une génération de semi-intellectuels se retrouve ainsi battant la semelle à Paris comme dans tous les centres urbains, enchaînant les menus emplois. Ils sont clercs de notaire ou de procureur, ils font les écrivains publics, les maîtres d'école, les précepteurs, ils courent les leçons particulières avec un amer sentiment d'injustice et de mérite méconnu[3]. Par ailleurs, dans les campagnes comme dans les bourgs, la vie quotidienne se déraidit. L'argent circule plus facilement et fait souffler un petit air de liberté avec des idées de loisirs, des appétits, des exigences qui font tourner les jeunes têtes. Il y a là réunis les éléments d'une crise de société grosse de violence potentielle, sans même parler des verrouillages constitutifs de l'Ancien Régime, toujours crispé sur la naissance et le privilège.

Des rébellions individuelles, l'enquête bien sûr ne parle pas, puisqu'elles n'ont pas débordé du cadre domestique. Les crises qu'elles ont provoquées ont laissé des traces dans les correspondances et journaux intimes ; elles constituent l'élément premier d'inspiration de la littérature romanesque et théâtrale du siècle, à lire comme tableau de mœurs. Ces témoignages concernent le monde des élites, pour l'essentiel. Non moins éclairantes mais encore peu exploitées, les relations sur les mouvements de groupes apportent des matériaux originaux et raccordables aux autres paramètres d'une étude de l'opinion populaire. Abondance de sources administratives ou judiciaires, ecclésiastiques aussi, à prendre avec les précautions habituelles : les rapports répondent aux stéréotypes régnants, tant du côté des gardiens de l'ordre que des jeunes fauteurs de troubles. Derrière les discours ou les silences convenus, il faut essayer de restituer des nœuds de motivations dont la logique ne s'impose pas toujours d'évidence, nourrie qu'elle était de mémoire et de rituel.

1. TEMPS, RYTHMES, MOBILES

Revenons donc au comptage des actes rébellionnaires consignés dans nos séries, préalable obligé vers l'interprétation. Malgré les réserves d'usage quant à l'exhaustivité documentaire, examinons le contingent des 634 affaires qui relèvent de la contestation de la jeunesse, soit à peu près 7 % du stock émeutier global[4]. L'intérêt réside d'abord dans le glissement chronologique. On lit en effet une montée sensible des incidents dès les années 1740 et un véritable envol à partir de 1770, en un temps où, par ailleurs, se multiplient les textes répressifs contre les réjouissances coutumières[5].

Tableau XI.1. Désordres à dominante juvénile : chronologie

1661-1670	5	1711-1720	15	1761-1770	86
1671-1680	9	1721-1730	23	1771-1780	148
1681-1690	8	1731-1740	28	1781-avr. 1789	160
1691-1700	9	1741-1750	53	*Ensemble*	*634*
1701-1710	12	1751-1760	78		

L'examen de l'ensemble sous l'angle des mobiles (tableau XI.2, p. 675) permet de distinguer plusieurs familles de troubles : les plus innocents, ceux qui relèvent de la pure turbulence comme l'agitation nocturne ; les plus ritualisés comme les bagarres entre bandes voisines ou encore les suites de charivaris ; et pour finir les plus subversifs, le « non » à toute répression. À la marge, les tumultes d'écoliers, difficilement catégorisables parce qu'ils touchent à tous ces genres à la fois. La typologie risque, il est vrai, de figer la vie et de durcir une réalité souvent faite d'un enchaînement d'éclats hétérogènes qui finissaient par créer l'événement, mais tel est le prix à payer pour tirer du sens en constituant des séries comparables. Plus encore que les autres, l'espace émotif juvénile offre un théâtre kaléidoscopique, où l'image se décompose/se recompose selon la position du témoin. Le disparate tient au rôle ambivalent de la jeunesse, à sa double insertion dans la chaîne vivante : dépositaire et continuatrice des traditions du groupe, mais aussi contestataire parce que porteuse d'avenir.

Tableau XI.2. Désordres émeutiers à dominante juvénile : typologie

Origine des désordres	1661-1700	1701-1730	1731-1760	1761-1789	1661-1789
Barrières, conduites de l'âne, charivaris	2	8	14	35	*59*
Affrontements juvéniles de paroisse à paroisse	10	6	11	34	*61*
Heurts avec la maréchaussée ou d'autres forces répressives	2	7	63	211	*283*
Conflits avec les autorités locales	9	12	25	36	*82*
Tumultes d'écoliers ou d'étudiants	3	9	15	13	*40*
Agitation nocturne	1	3	4	13	*21*
Divers	4	5	27	52	*88*
Ensemble	*31*	*50*	*159*	*394*	*634*

Le calendrier mensuel (tableau XI.3, p. 676) signale une première phase tumultueuse à la fin de l'hiver, au temps du carnaval, mais il faut attendre les chaleurs pour que se déchaîne l'effervescence. Les quatre mois d'été, de juin à septembre, concentrent plus de la moitié des cas, avec les deux sommets de juin et d'août qui totalisent à chaque fois 106 émotions. Le creux relatif de juillet répond aux gros travaux des champs.

En pointe, la Saint-Jean d'été le 24 juin (21 émotions recensées), la Saint-Pierre le 29 juin (14 cas) et l'Assomption de la Vierge le 15 août (19 cas). Quant au calendrier journalier, le dimanche est le plus favorable aux débordements, comme on pouvait s'y attendre :

Tableau XI.3. Calendrier mensuel et journalier des troubles à dominante juvénile[6]

Janvier	20		
Février	53		
Mars	33	Lundi	83
Avril	36	Mardi	67
Mai	51	Mercredi	39
Juin	106	Jeudi	59
Juillet	51	Vendredi	44
Août	106	Samedi	48
Septembre	79	Dimanche	200
Octobre	35		
Novembre	24		
Décembre	29		

Il peut sembler paradoxal de saisir l'attroupement joyeux sous l'angle des tensions, alors qu'il s'agit avant tout d'un moment de complicité, une sorte de trêve sacrée où le corps social pratiquait le compromis en entretenant la rassurante image de sa bonne entente. Les fêtes, inscrites pour la plupart dans un cycle d'inspiration païenne intégré au calendrier chrétien, étaient d'abord vécues sur le mode de la connivence. Même si le bruit, le mouvement et l'inattendu toujours espérés accompagnaient ce type de rencontres, tout se passait sans éclats marqués, dans la très grande majorité des cas. Reste qu'en ces jours la tentation était grande, pour tous ceux que l'âge condamnait en temps ordinaire « au silence et à l'obéissance », de marquer leur territoire et fronder les valeurs dominantes.

2. MAÎTRES CHEZ NOUS

Les corps de jeunesse

L'organisation festive était prise en main par la « jeunesse » réunie dans des structures associatives qui variaient selon les lieux et les époques. Les groupes fonctionnaient tantôt de façon à peu près autonome, tantôt sous le contrôle plus ou moins direct de l'autorité seigneuriale, municipale ou religieuse. Les appellations étaient multiples : *reynages* ou *royaumes* en Limousin, Auvergne, Lyonnais ou Dauphiné, *bachelleries* du Centre-Ouest, *abbayes* ou *confréries de jeunesse* en Provence et Languedoc, *chevaliers tireurs* et *basoche* ou *badoche* en Savoie, ailleurs *corps de jeunesse, enfants de ville, garçons, garçons de paroisse, jeunes gens*.... Elles recouvraient une réalité tout à fait comparable. À leur tête, les *chefs de la jeunesse, rois, rois-bacheliers, rois de l'oyseau* ou de *l'arquebuse, capitaines, enseignes, abbés* ou *abas*, etc., qui président aux *fêtes patronales* dites aussi *votives, vogues* ou *votes,* ou encore *bachelettes, fêtes baladoires, fréries, reynages, romérages, apports, pardons, ducasses [i.e.* dédicace], *kermesses, abattues de l'oyseau* ou simplement *assemblées de paroisse* (voir figure 11). Les réjouissances commençaient par des cérémonies en l'honneur des saints patrons, suivies de danses et musiques, et de concours sportifs avec remise de prix. D'autres festivités traditionnelles relèvent aussi des corps de jeunesse comme les cortèges burlesques de carnaval à la suite du roi de *Caramentran,* la plantation du « mai » ou les feux de la Saint-Jean. Enfin, ils ont un rôle reconnu dans le contrôle sexuel, sous des formes qui associent le grotesque et la violence chaque fois qu'il y a transgression ouverte des normes dans le partage masculin/féminin ou jeunes/vieux : ce sont les *conduites de l'âne,* les *paillades* et les *charivaris* restés vivaces au-delà du XVIIIe, malgré des interdictions répétées. Hors rituel, les bandes se retrouvent pour des facéties parfois malfaisantes, la nuit de préférence, troublant la paix des bons bourgeois, et ces tapages deviennent la hantise des autorités.

Laisser faire ou interdire ? Les pouvoirs civils et religieux ne cessent de balancer entre des principes très sévères et une pratique beaucoup plus tolérante. À lire la masse des ordonnances royales, arrêts des tribunaux, statuts de police, mandements épiscopaux ou homélies des prêtres, on tirerait le sentiment d'une constance répressive, que démentent les faits. La condamnation du divertissement constitue un lieu commun du discours d'Église avant même toute contamination janséniste. Mais le caractère répétitif de la chose introduit des doutes sur son efficacité. Entendez l'abbé Réguis, curé du diocèse de Gap, qui s'évertue à tancer ses ouailles :

Figure 11. Les fêtes locales au XVIII*e siècle. Dénominations régionales.*

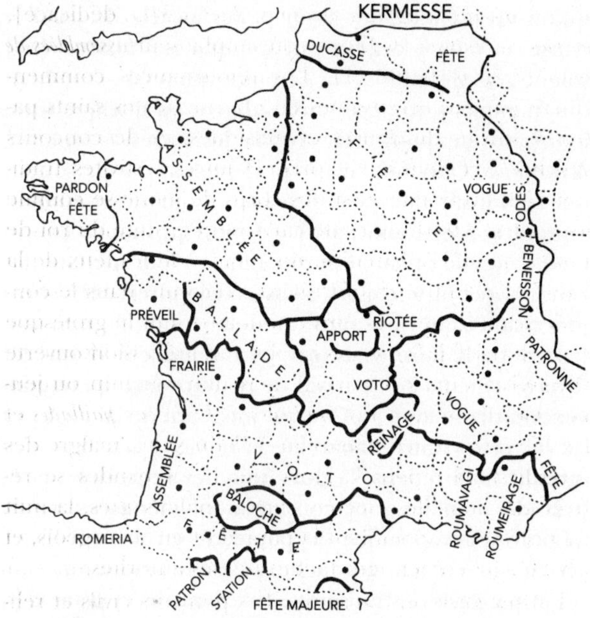

D'après Daniel Fabre, in G. Levi et J.-C. Schmitt, *Histoire des jeunes en Occident*, t. II : *L'Époque contemporaine*, Le Seuil, 1966, p. 52.

« Que des hommes, et des hommes qui font profession de croire en J.-C., se livrent tout à coup, dans une certaine saison de l'année, aux divertissements et à la joie, comme s'ils avaient subitement perdu la tête ; que le laboureur quitte sa charrue, l'artisan sa boutique, le marchand son négoce comme si c'était un grand jour de fête ; qu'on les voie courir dans les rues, comme des insensés, le jour et la nuit, déguisés celui-ci d'une façon, celui-là d'une autre, suivis d'une populace qui crie après eux comme des animaux d'une nouvelle espèce ; qu'on ne se quitte que pour passer au jeu, du jeu à la danse, et puis à la table encore, que les cabarets [...] soient remplis le jour et la nuit ; que ceux-là mêmes qui manquent du nécessaire oublient en quelque sorte leur pauvreté, pour crier comme les autres, *le carnaval, le carnaval.* Que tout cela se pratique par des personnes qui viendront mercredi prochain [jour des Cendres] entendre, à genoux, l'arrêt de mort prononcé contre eux, et que le prêtre leur répétera, en leur mettant des cendres sur la tête [...], vous conviendrez, mes chers paroissiens, qu'il y a dans une telle conduite, non seulement de la folie, mais une sorte d'impiété, et que les divertissements de carnaval ne peuvent être qu'une invention diabolique »[7]. Combat incessant de la norme et de la vertu contre l'anarchie et le vice : aux yeux des moralistes chrétiens, la pure joie des rencontres et la paix des familles sont constamment menacées par la négativité démoniaque du populaire en proie à l'ivrognerie, au jeu, à la débauche, aux mascarades indécentes et parodies des puissants, aux bagarres et pétarades. Il est vrai que laisser les jeunes s'ébattre en groupe comporte en permanence le risque de transgression. Comment éviter les débordements lors de ces tourbillons jubilatoires qui rythmaient la vie des campagnes et des villes ?

Sur le front du mariage

La première mission des corps de jeunesse est de veiller aux intérêts matrimoniaux du groupe d'âge, rôle qui leur revient de tradition et qu'ils n'entendent pas laisser échapper, alors même que les anciens restent maîtres des appariements. Depuis toujours, le choix de l'épouse dans les sociétés patriarcales obéit à un code de règles très strictes, car les femmes font partie de l'échange sur lequel repose l'équilibre économique et culturel des communautés. Les incidents exhumés par l'enquête livrent la part agressive et violente du phénomène de contrôle qui refuse de tomber en désuétude. Si les célibataires de vingt à trente ans jouent les premiers rôles, les chefs de famille les rejoignent ainsi que « la petite jeunesse » — gamins et adolescents —, et plus largement le menu peuple du bourg ou du quartier. Les ethno-sociologues insistent sur le caractère masculin des manifestations, mais les rapports attestent la présence fréquente des femmes, au moins en position seconde.

Les cas retenus sont à déchiffrer selon plusieurs niveaux. On peut les considérer comme porteurs d'une brutalité première, celle qui s'en prend aux personnes et débouche sur les atteintes physiques ou la destruction des biens. Ils expriment aussi une violence plus socialisée : le bas contre le haut, jeunes pauvres contre vieux riches. On peut y lire encore une forte charge culturelle. C'est l'inusable survivance du rire carnavalesque contre les nouveaux codes de la bienséance[8] ; l'antique culture populaire n'en finit pas de se perpétuer, elle résiste aux refoulements comme aux interdits et continue de mettre en scène la scatologie, l'obscénité du corps et de ses organes, la merde et la pourriture. Donc plusieurs plans d'agressivité, de dérision et de célébration, souvent mêlés.

Dans les classes populaires, le choix du conjoint s'effectuait à l'intérieur d'un territoire limité, dans un milieu de familiarité et d'interconnaissance. Le bourg ou le village pratiquaient largement l'endogamie comme le montrent tant d'études récentes sur le sujet : « Il est exceptionnel que soit dépassé un rayon de 10 km », constate François Lebrun dans sa *Vie conjugale sous l'Ancien Régime*[9]. Les garçons du lieu considèrent « leurs » filles comme chasse gardée, et ils voient de travers les rivaux venus d'ailleurs. Mais le rituel a fixé des substituts à l'agressivité, qui prend alors un tour semi-ludique, telle l'édification d'une *barrière* sur le chemin de l'église : bottes de paille, fagots, barriques, voire un simple ruban. Pour franchir l'obstacle, le promis « étranger » doit payer tribut aux jeunes gens du village, et ainsi tout rentre dans l'ordre ; par contre, s'il se montre pingre, ou pire s'il refuse de payer, la noce risque d'être méchamment chahutée.

Les jeunes ont encore leur mot à dire dans le contrôle des mœurs conjugales : ils veillent au respect des rôles attribués à chacun des deux sexes. Quand le mari se laisse « battre » et que la femme « porte la culotte », le groupe considère que c'est une rupture de l'ordre qui mérite sanction. Tantôt en effigie tantôt en personne, le mari trop débonnaire est promené à travers le bourg ou la ville, juché à l'envers sur un baudet, sous les moqueries du public, cérémonie appelée *conduite de l'âne*, et encore *asouade* en Guyenne et *paillade* en Languedoc. Les victimes de ces rituels expiatoires généralement se résignent ou feignent d'en rire, mais il y a aussi des rancœurs, des comptes réglés et des dérapages, surtout quand les cortèges prennent pour cible des notables, peu enclins à se laisser chansonner par les vauriens du pays. Ces mascarades bouffonnes semblent sorties de la haute Antiquité ; elles ont nourri sans rupture le fonds médiéval et renaissant des gaudrioles rustiques. Coutume restée vivace en tous lieux jusqu'à la fin de l'Ancien Régime et au-delà, le plus souvent dans un climat de bonne humeur, mais il arrive que la rigolade tourne à l'affrontement. Rien de gravissime, juste de quoi intéresser les gendarmes et les juges, plus chatouilleux sur la bienséance à mesure qu'on avance dans le siècle. En 1771, les garçons de Livron, dans la Drôme actuelle, s'en prennent à un nommé Jean-Louis Richard qui se laisse maltraiter par sa femme. *Coquards* de paille à leurs chapeaux, ils installent ledit Richard sur un âne pour lui faire traverser le bourg au milieu des huées, derrière un homme qui bat la caisse ; le patient humilié finit par perdre connaissance et il faut l'emporter dans une maison particulière où le châtelain vient le protéger[10]. Ces amusements grotesques provoquent l'irritation des gens de bien et des magistrats. À Pont-Sainte-Maxence, petite ville picarde, en février 1777, la victime choisie est un chapelier, le nommé Hachette, que sa femme a eu l'audace un beau soir de venir ramasser au cabaret où il buvait avec des amis. Là encore, atteinte à l'honneur masculin ! Les garçons s'attroupent devant sa boutique pour brûler au son du tambour un mannequin de paille à son image. Gros encombrement, car les voituriers sont nombreux sur cette grande route de Paris aux Flandres, ils ne peuvent plus passer et ils font du bruit. Un brigadier tente d'éteindre le feu, mais il est chassé et insulté par le meneur, un certain Véry, marinier sur l'Oise, qui aurait dit, selon le procès-verbal, que « la maréchaussée n'était faite que pour torcher son derrière, faisant en même temps les simagrées analogues aux discours injurieux qu'il tenait »[11]. Sur l'affaire du Mesnil-Amelot, au nord-est de Paris, en février 1776, tous les détails donnent à penser qu'il s'agit encore d'un mari battu. Une foule de jeunes hommes de petite condition — compagnons de métier, valets, batteurs en grange, bergers —, accompagnés de quelques fils de famille et suivis de quantité d'enfants, promènent dans un tombereau un « homme de paille » vêtu d'une redingote à l'anglaise, avec culotte et bas noirs, qui ressemble fort à un notable du pays, le chirurgien Dumay. Requise par le procureur fiscal, la maréchaussée s'empare du mannequin, mais, dans la soirée, un nouveau cortège parcourt les rues avec un autre « fantôme », hâtivement confectionné. On lui fait son procès et on le brûle « avec l'appareil ordinaire de la justice » en chantant « des libelles » jusque devant la porte des autorités, sans que les forces de l'ordre puissent empêcher ces insolences[12].

Même hostilité du populaire à l'encontre des remariages : soit ils mettent en danger le patrimoine des enfants du premier lit, soit ils déclenchent les frustrations des célibataires en rompant l'équilibre des âges. Les grisons ou les veuves mûres qui ont choisi de jeunes épouses et époux s'exposent à des manifestations bruyantes de type carnavalesque, les *charivaris.* Au cours de la nuit de noces, les garçons du village ou du quartier viennent agiter des cloches de vache sous les fenêtres des époux, ils brandissent des cornes, frappent sur des tambours, cognent sur des poêlons, chaudrons et autres « instruments de cuisine » en poussant des cris injurieux et obscènes. Pour les faire taire, les nouveaux mariés doivent s'acquitter d'un droit en argent sonnant ou en bonnes bouteilles, de quoi boire et danser. En somme, une sorte d'amende honorable pour avoir enfreint la règle, en reconnaissance de l'autorité coutumière[13].

Bien installé dans les conduites de tradition, le charivari offre à la jeunesse l'occasion de se défouler sans grand risque, car le statut légal de cette forme symbolique de violence était « essentiellement équivoque »[14]. Comme pour le carnaval ou *lapaillade*, il s'agissait d'une coutume tolérée et non d'un délit. Ce qui était condamné, ce n'était pas le cortège en lui-même ni ses festivités, mais bien les excès auxquels il pouvait donner lieu. Quelques interdits anciennement lancés étaient restés tout platoniques, comme l'arrêt du parlement de Toulouse daté d'avril 1681, qui portait « défenses de faire aucunes Assemblées appelées *Charivary*, à peine de 1 000 livres d'amende », ou encore l'ordonnance affichée à Nice en novembre 1721 contre l'usage d'exiger de l'argent des veufs et veuves qui se remariaient et des filles qui se marieraient « à l'étranger », c'est-à-dire hors de leur paroisse[15].

Pourtant, vers la mi-siècle, le monde élitaire et les gouvernants se sentent incommodés par la licence ancestrale. Les textes deviennent plus répressifs, et les archives offrent une pléthore de procédures liées à ce type de troubles — soit que leur nombre ait effectivement augmenté, soit que la police et les tribunaux aient fait preuve d'une moindre tolérance, sans que nous puissions trancher entre les deux hypothèses : jeunesse réellement plus turbulente, ou intransigeance face à toutes les formes d'irrespect social ? Ces traditions, inséparables du folklore rural, se maintiennent aussi en milieu citadin dans les faubourgs et les quartiers où les normes et les rites de la vie communautaire du village ont été comme reconstitués. Ainsi, à Caen, les autorités sont débordées : « Acteurs et victimes, nous dit Jean-Claude Perrot, émanent tous des milieux populaires en procès d'acculturation à la ville »[16]. Les incidents se multiplient à Toulouse, et la troupe en arrive à tirer sur une bande de charivarisseurs en 1739, faisant onze ou douze blessés[17]. Le dimanche 4 février 1742, le charivari de Nuits, en Bourgogne, a franchement basculé du côté de la farce grossière. Cortège haut en couleurs, timbaliers dans les rues, personnages déguisés singeant les nouveaux époux et leurs familles de bons notables. Le lendemain lundi, nouvelle mascarade orageuse, apothéose le mardi qui se trouve être le jour du Mardi gras et des épousailles controversées : les masques se mettent en chaîne « à l'instar des forçats des galères » et reprennent leurs simagrées, le tapage redouble au point que les chevaux du cortège nuptial qui s'apprêtait à quitter la ville s'affolent et brisent leurs harnais. La voiture verse et la justice se fâche, il y aura de lourdes amendes. Quelle idée aussi de se remarier en temps de carnaval[18]... En 1745, encore à Mardi gras, un autre charivari tumultueux, « le plus extraordinaire du monde » selon un témoin, se déroule dans la Vaunage languedocienne, d'abord à Aubais, village de l'épousée, ensuite à Sommières où habite le futur, un vieux veuf, de vingt ans plus âgé qu'elle. On n'épargne rien pour retarder la conclusion d'un mariage aussi mal assorti : démontage du char, barrières, jets de boue, accompagnement burlesque de sonnailles, injures. À l'arrivée à Sommières, les soldats de la garnison tentent de rétablir l'ordre en tirant sur les trublions, mais ils seront punis et emprisonnés. Pour finir, on ligote le futur, on l'installe en tête de la cavalcade et on le fait entrer « en cette posture dans la ville pour y être exposé à la risée et aux huées du peuple »[19]. Voyez encore comment la jeunesse de Grasse, en avril 1754, perturbe les noces d'un maître boulanger dont l'offrande a paru insuffisante : une nuit et trois jours de vacarme, plus de deux cents personnes dans les rues et un tapage « diabolique » jusque dans la cathédrale d'où les consuls doivent faire sortir les braillards[20]. À Sucy-en-Brie, le

13 février 1757 — suivons toujours la chronologie —, la maréchaussée, requise par le curé, veut empêcher un charivari dirigé contre « de vieilles gens qui se mariaient ». Bousculade, échange de coups, un cavalier est si méchamment atteint qu'il faut le confesser et le transporter à l'auberge où il restera trois jours au lit. Ensuite de quoi le curé n'ose plus monter en chaire. Quant aux villageois, ils se disent prêts à sonner le tocsin si l'on vient arrêter quelqu'un de chez eux[21].

À partir de là, les archives attestent la multiplication des désordres. Entre 1760 et 1789, trente-cinq charivaris tumultueux recensés, soit plus de la moitié du contingent global. Grande affaire à Toulouse en 1781, dans l'île de Tounis. Les nouveaux époux, sommés d'adhérer à la « confrérie des cornards », doivent passer sous des arcs de triomphe ornés de cornes pour se rendre à l'église de la Dalbade, et des chansons indécentes les accompagnent jusqu'à l'instant même de la bénédiction ; quand deux capitouls viennent faire démonter les arcs, la foule les hue et les insulte[22]. Paris n'échappe pas à ces mœurs de village. Le quartier de Saint-Martin-des-Champs, qui fonctionne comme une sorte d'isolat, reste fidèle à la sanction grotesque appliquée aux unions dépareillées. En mai 1783, une veuve de l'enclos, la marchande Boudin, déjà mère de deux enfants, se remarie avec le nommé Chanteloud, artisan tabletier et soldat aux Gardes françaises. Ils ont droit au tintamarre habituel, poêlons et chaudrons frappés en cadence, « chansons les plus obscènes » ponctuées d'insultes (« garce », « putain », « vérolée », « raccrocheuse »), cornes de bœuf ou de bélier accrochées à la porte « par plusieurs polissons qui montaient sur les épaules les uns des autres ». Il y a là plus de trois cents personnes qui se bousculent, braillent et dansent au son du violon. Les suisses de l'enclos veulent arrêter le tapage, sans succès, et il faut faire appel à la garde de ville pour disperser « la multitude ». Violences légères au demeurant, et puisqu'il s'agit d'un lieu à privilèges les juges du bailliage ne mettront que de faibles amendes[23]. Autre affaire parisienne en 1784, dans l'île de la Cité cette fois. Notre fidèle Hardy rapporte les incidents : il s'agit du remariage d'une marchande fruitière de soixante ans avec un orfèvre plus jeune qu'elle d'une bonne décennie. Elle lui a fait donation de tous ses biens à la grande fureur des enfants du premier lit. S'ensuivent trois jours d'extravagances commises par « l'impétueuse jeunesse de la place Dauphine et du quai des Orfèvres », basochiens et apprentis mêlés. Les hommes du guet, arrivés baïonnette au fusil, sont reçus par une pluie de cailloux et de projectiles. La garde à cheval intervient et arrête quelques excités, dont une femme[24].

Défilés nocturnes, fenêtres lapidées, bruit et sonnailles, les conduites n'ont guère varié et continuent de puiser dans l'arsenal grotesque, la fange, le déchet, le cadavre. Ce sont aussi des histoires de chiens crevés traînés aux portes, de charognes déposées devant la maison des mal-mariés et qu'il faut laisser pourrir là sans que personne puisse les faire enlever, pas plus les gendarmes que les victimes, ou encore des ossements entassés, des murs « plâtrés » d'immondices. Le curé de Laudun, en Languedoc rhodanien, dit sa colère devant la persécution qui accable un pauvre ménage de sa paroisse en novembre 1788. Jusque-là, il s'était tu de peur d'« irriter une jeunesse déréglée à qui on laisse tout faire », mais cette fois c'en est trop, et il expose ses griefs au commandant de la province : avec leur *abba* et leur *abbadon*, les jeunes ont d'abord traîné devant la maison des nouveaux époux, mal accordés à leurs yeux, une carcasse de mule « qui infectait tout le voisinage », puis une charogne de bourrique et enfin une autre mule morte qui barre la rue et empêche d'accéder à la chapelle des Pénitents. Pour faire bonne mesure, il ajoute les autres vices qui corrompent le pays, le jeu de billard ou de brelan, les liqueurs, le vin et le café pris « jusques à minuit et plus tard », « les jeunes garçons [qui] volent leurs parents pour fournir à ces désordres ». Bref, « la religion se perd avec les mœurs »[25].

Terminons sur un incident tardif dans notre chronologie, l'un des plus riches de sens multiples, où se recoupent divers plans d'agressivité et de résistance. Les choses se passent dans la bourgade savoyarde de Samoëns, en janvier 1786. Un homme du pays, le sieur Renand, parti maçon comme tant d'autres, revient dans « sa patrie » après s'être enrichi dans le bâtiment. Il entend désormais y faire le bourgeois et il ramène avec lui une femme jeune et jolie qu'il a épousée en secondes noces, de bonne naissance aussi puisqu'elle est nièce d'un chanoine de Moûtiers. Au lieu du respect et de l'admiration qu'il escomptait, le couple est accueilli par un charivari en règle : sonnailles, violon, chansons malicieuses, jets de pierres et bagarres[26]. À son insu, le parvenu a fauté par trois fois : en allant « chasser » dans une classe d'âge qui n'était pas la sienne, en prétendant grâce à sa fortune se marier au-dessus de sa condition initiale, enfin en attaquant le cortège charivaresque à coups de cailloux, au lieu de garder profil bas et d'amadouer par des cadeaux le groupe des jeunes hommes. Chargé de hargne sociale et de jalousie entre générations, l'incident révèle une fracture qui va s'aggravant : d'un côté les notables désireux de rompre avec la culture communautaire et de se démarquer de leurs origines, de l'autre le populaire défendant sa cohésion, ses principes, ses coutumes.

Bravades et castagne

Le groupe compte donc sur sa jeunesse pour assurer le contrôle interne, mais aussi pour se faire respecter par « les autres ». Le terme « les autres » comprend du plus proche au plus lointain : il s'applique déjà à la rue voisine, au faubourg, au village d'à côté, et il désigne aussi une bande rivale. Il inclut pêle-mêle tout ce qui passe à l'horizon ou qui n'est pas né-natif du lieu[27]. À l'inverse, le « nous » représente le critère, la notion positive par excellence, l'être doté de ce que les autres ne sont pas et qu'ils n'ont pas. Vérité de toujours et mentalité plus répandue encore dans l'espace rural, peu ouvert au changement, attaché aux mœurs ancestrales. La ville aussi, faite d'une juxtaposition de quartiers et de métiers, fonctionne comme autant de petits villages. Faubourgs et paroisses y cultivent leurs différences sur un fond d'amour-propre agressif. Les célébrations et jours de fête permettent de déployer une image ostentatoire, ce qui ne va pas sans rivalités de groupes. Ainsi, à Saint-Dizier en Champagne, les compagnies de parade des deux faubourgs de La Noue et de Gigny se disputent avec « impétuosité » la préséance dans les cérémonies organisées pour la convalescence du roi en octobre 1726 : jets de pierres, coups d'épée, coups de feu, et pour finir plusieurs blessés dont un conseiller de ville, grièvement atteint[28]. À Laval, les jeunes du faubourg Saint-Martin sont en conflit permanent avec ceux du Pont-de-Maine, de l'autre côté de la rivière[29]. Immémoriales jalousies de quartiers au carnaval de Romans, à l'occasion des jeux sportifs où s'affrontent les « équipes » locales qui ont choisi les emblèmes du mouton, du coq et de la perdrix[30]. En Provence, les deux petites cités jumelles de Solliès-Ville et Solliès-Pont organisent des processions concurrentes, qui parfois tournent mal comme en juillet 1673 lors du *romérage* de sainte Christine[31]. À Chambéry, les trois faubourgs Maché, Montmélian et Reclus sont toujours prêts à en découdre sous les signes respectifs de la ronce, du laurier et du « laurier bâtard »[32]. À Paris même, la compétition entre paroisses les jours de procession entraîne parfois des bagarres à coups de lanternes, de bannières et de crucifix[33]… Quant aux bourgs de campagne, ils vivent sur le mode de l'antagonisme, quels que soient les enjeux matériels ou moraux : l'identité est en quelque sorte fondée sur les anciens litiges perpétués jusqu'à l'oubli des causes initiales, et d'autant plus impardonnables. Parce qu'on a plaidé jadis, on plaidera encore à propos de tout et rien, les chemins, les troupeaux errants, les limites de communaux ou d'alpages, le patronage d'une chapelle votive. Le moteur des conduites réside moins dans l'intérêt immédiat que dans le ressentiment, le souci du point d'honneur. L'esprit de localité « se nourrit, dialectiquement, du mépris du voisin »[34]. Quelle meilleure occasion que les fêtes pour lancer ses vérités à l'adversaire de toujours ?

Les grandes peignées des jours de vogue ou de foire tournent au happening, mais advenu d'une fois sur l'autre quasiment à l'identique. On s'est mis en route à la pointe du jour, le plus souvent à pied, avec au chapeau ou au gilet des cocardes et rubans de couleur. Tout au long du chemin, la troupe s'enfle de l'apport des hameaux. Les haltes au cabaret aident à se tenir en joie. On évoque les actions homériques des temps passés et l'on se dit prêt à soutenir une fois de plus le renom du village contre les rivaux de toujours. Sur place, la jeunesse du bourg se prépare elle aussi à montrer qui elle est face à ces cohortes de paysans endimanchés. « Jamais il n'y a eu aucun *reynage* sans danses, querelles ni débats, ni même ivrognerie », écrit en 1674 le curé de Brignon, en pays de Velay[35]. En écho, un siècle plus tard, ces propos de l'intendant d'Auvergne : « Il y a peu de foires où il n'y ait des querelles et souvent des meurtres, il est même des occasions où il serait aussi imprudent que dangereux de la part d'une brigade de se présenter pour arrêter le cours de la férocité d'une troupe de paysans acharnés contre une autre troupe »[36]. À côté des chefs quasi institutionnels, nombre de leaders d'occasion, une génération spontanée de fortes têtes ! Au premier rang des « carillonneurs », les miliciens de l'endroit désignés par le sort, pas encore partis ou déjà de retour. On les dit « paysans à l'armée » mais ils font volontiers les « soldats au village », toujours prêts à donner le signal de l'action.

L'empoignade entre bandes rivales obéit au rituel de la bravade-bataille. Les premiers arrivés se toisent dans les rues ou au cabaret, simple appréciation des forces en présence. Fifres, tambours ou hautbois sonnent dès avant la grand-messe malgré les interdits, et aussi la musette, instrument à vent populaire et criard, réputé si « pernicieux » qu'en Bourgogne les règlements de police en ont proscrit l'usage les jours *d'apport*[37]. La tension monte l'après-midi, on se concerte entre bandes alliées. Vient la phase de la provocation avec regards appuyés, rires insultants, quolibets, « chansons déshonnêtes et injurieuses aux habitants du lieu ». Les premiers incidents éclatent, futiles en apparence, un violon enlevé à un bal concurrent, une cavalière qu'on se dispute. La bagarre n'est pas loin, les insultes fusent avec « cet extrémisme rhétorique qui entraîne à la violence ultime et met les acteurs en situation de dépasser leurs intentions pour ne pas se dédire »[38] : « bougres », « viédazes » [vit d'âne], « coquins », « voleurs de bois », « on vous fera voir du pays », « dix comme vous ne me font pas peur », « aux pierres, aux pierres », « hardi », « touche, touche », et autres outrages en langue vernaculaire que les rapports s'abstiennent malheureusement de retranscrire en termes exacts. Aux limites de la Bretagne, l'injure suprême est « bougre de Normand », en Normandie « bougre de Picard », « canaille de Flandres » ou « grande cavale de Flandres »[39]. Les noms des villages sont lancés en cris de ralliement : « Bergementes avancez, c'est ici qu'il faut se voir ! », « C'est ici où il faut toucher ! », clament les jeunes de L'Abergement en Bourgogne le 27 juillet 1738 contre ceux de la paroisse de Simandre qui les attaquent à coups de bâtons le jour de *l'apport*. « À moi Bully ! », hurlent les jeunes dudit village, réputé belliqueux, le jour de la fête de Quiévrecourt en Normandie le 29 juillet 1759[40]. Cheveux retroussés sous le chapeau, regards méchamment croisés, poings tendus, bâtons en l'air. 61 conflits interparoissiaux à dominante juvénile figurent sur le tableau XI-2 (p. 675). Chiffre relativement faible, mais la plupart des 365 affaires classées dans la catégorie « conflits avec les autorités locales » (82) ou la maréchaussée (283) renvoient, au départ, à des incidents de ce type.

Dans la gamme des rejets, si le voisin incommode, l'étranger a vocation de cristalliser les sentiments hostiles. L'agressivité se tourne souvent contre les gens de passage ou les nouveaux arrivés : journaliers, aoûtiens des moissons, charbonniers, scieurs de long, hommes des chantiers du roi, compagnons du Tour ou main-d'œuvre importée dans les mines ou les fabriques.

Illustration 15. Le joueur de musette, instrument réputé « pernicieux » les jours d'apport

Exemple typique, l'animosité permanente des habitants de Saint-Gobain contre le personnel de la verrerie, des gens qui vivent entre eux, parlent un patois incompréhensible à ceux du pays et ne sortent qu'aux jours de fête pour se battre avec les autochtones et casser leurs violons[41]. Le curé soutient ses ouailles et menace publiquement les étrangers « de leur faire casser bras et jambes au sortir de leur travail », et ceux-ci en réponse menacent de tout quitter, au grand déplaisir de leur patron[42]. Violente émeute à la « grande assemblée baladoire » de Courgenard, dans le Maine, où une trentaine d'employés des ponts et chaussées jouent les perturbateurs et provoquent la brigade de La Ferté-Bernard qui réplique en ouvrant le feu : bilan, trois cavaliers blessés à coups de bâtons carrés et ferrés, et un homme tué par balle chez les ouvriers[43]. Les deux cents Suisses, Allemands ou Lorrains embauchés dans la nouvelle tréfilerie de Monts, à trois lieues de Tours, n'ont pas meilleure presse : dans les années 1770, on les accuse de perturber les fêtes et de vouloir y « faire la police à leur mode »[44]. Relations tendues encore à Peisey, dans les grandes Alpes savoyardes, entre les paysans et les mineurs « étrangers », des Piémontais pour la plupart, qui dérangent les processions et transforment les vogues en champs de bataille[45].

3. JEUNESSE FRONDEUSE

La foule des incidents ramassés transmet d'autres informations, moins axées sur le localisme et les permanences, plus en phase avec l'actualité du temps, en un mot plus politiques. Ces garçons, forts de leur nombre et qui font les farauds sous les couleurs de leur paroisse, ne se contentent pas d'affirmer des valeurs conservatoires. Sur fond de bagarres rituelles entre égaux, un motif libertaire court à travers la trame tumultueuse. Il y a, de la part des jeunes, une fronde bien ciblée contre tout ce qui représente l'autorité en uniforme ou en chaperon municipal, contre les soutanes et les galons dorés. Rejet de la coercition morale, celle qui empêche de vivre à sa guise ou de s'amuser, refus au degré primaire de ce qui représente sur place la contrainte des institutions, de l'État, de l'Église, de la seigneurie si présente et pesante encore.

Indésirables en uniformes

L'hostilité aux militaires lors des fêtes se lit sur plusieurs registres. Ils sont perçus à la fois comme étrangers et comme rivaux dérangeants, qui viennent rafler les filles au nez des garçons et perturber les danses. Leurs sabres, leurs uniformes semblent les autoriser à toutes les arrogances. Ainsi, à Saint-Léonard-de-Noblat, en Limousin, les dragons imaginent de faire battre le tambour pour couvrir le hautbois du bal. Fureur des jeunes, bagarre, un soldat lâche un coup de pistolet et blesse un civil. La foule attrape alors trois des dragons, dont le tambour, et leur fait passer un vilain quart d'heure. Les choses arrivent jusqu'au Conseil du roi en décembre 1664, qui met de l'humour dans son arrêt : les soldats fautifs seront bel et bien emprisonnés, mais à Paris et aux frais des habitants[46] ! Il y a des affaires plus méchantes, comme celle de Villasavary, en Languedoc, où une querelle de bal dégénère en véritable affrontement : par une chaude soirée de juillet 1717, un officier « étranger », en visite chez une famille noble de ses amis, se joint à la fête du pays. Il veut danser, mais réclame un menuet, danse distinguée, et se saisit de la flûte. La jeunesse proteste, il y a échange de coups, on sonne le tocsin, des blessés, le militaire est tué. Ses hôtes, qui ont pris peur, s'enfuient, déguisés en paysans[47]. Il est d'autres présences dérangeantes, de celles qui déclenchent toujours la méfiance. Tels les sergents recruteurs, lorsqu'ils comptent sur l'euphorie cabaretière pour « faire » quelques hommes. Les voici au travail, comme à la foire de Saignes, en Auvergne, avec succès. Mais plus de cinq cents paysans arrivent, assomment à coups de bâtons les soldats qui conduisent les enrôlés et laissent l'officier « considérablement outragé »[48]. Voilà encore les huissiers et sergents de justice qui profitent de l'affluence pour délivrer des lettres de saisie et décrets de prise de corps. Sans parler des agents de la Ferme, venus guetter les fraudeurs toujours nombreux dans ces grands rassemblements. En juillet 1707, le jour de *l'apport* à Charensat, sur les limites du Bourbonnais, les gabelous ont réussi à pincer un faux-saunier. Initiative malheureuse : la foule s'amasse autour d'eux, une femme coupe les cordes du détenu, les intrus doivent s'enfuir sous une pluie de pierres après avoir perdu deux chevaux. Informé, l'intendant de Moulins désavoue l'intervention des gardes : « On prétend que les employés ne doivent arrêter personne les jours de fête à cause des émotions qu'ils causent, ainsi que vous le voyez par cet exemple »[49]. Et encore à Neuvy-le-Roi, en Touraine, lors des festivités du tir à l'arquebuse en 1708. La brigade ambulante s'avise d'extraire de leur prison deux faux-sauniers pour les transférer à Tours : énorme tapage, danse des bâtons, jets de pierres contre les gardes ; les deux fils du syndic mènent le vacarme, le vicaire de la paroisse fait sonner le tocsin sur les employés qui se réfugient chez le receveur du grenier à sel, où ils attendront trois grands jours de pouvoir sortir[50].

Le siècle foisonne d'épisodes de ce genre. Retenons encore les graves désordres survenus en mai 1785 à Soustons, dans les Landes. Le 1er du mois tombe cette année-là un dimanche, et la jeunesse a planté un arbre sur la place, le Mai traditionnel. Tout est prêt, beaucoup de monde au village, cinq ou six cents personnes, mille peut-être, mais la joie vire à la colère au sortir des vêpres dès qu'on aperçoit devant l'église une quinzaine d'employés en uniforme qui guettent les revendeurs de faux-tabac. Le tocsin sonne, la foule gronde et repousse à grands cris les gardes dans leur auberge (« Voleurs, gueux, maltôtiers ! »). Des pierres qui volent, des baïonnettes pointées, et bientôt des coups de feu. C'est la tragédie, sept morts dans la population, de nombreux blessés. Après une longue procédure, quatorze gardes, tous contumaces, seront pendus en effigie. L'exécution symbolique a lieu, mais les condamnés bénéficieront sans tarder de lettres royales de grâce[51]. On peut voir ici l'entrelacement des thèmes subversifs, l'élan païen et libertaire de la fête de l'arbre, le refus des interdits et le désir de la jouissance sans contrôle symbolisée par le tabac. D'un côté le populaire, le corps et ses plaisirs, de l'autre la répression, la loi armée.

Quant à la maréchaussée, commise au maintien de l'ordre, sa présence devient souvent facteur de troubles. Les habitants craignent que les « habits bleus » ne profitent du concours de peuple pour mettre la main sur des déserteurs, des miliciens fuyards, des condamnés en justice. Imaginons la brigade, trois à cinq hommes, arrivés le matin même. Ils ont mis pied à terre dans la cour de l'auberge. Après s'être restaurés, ils remontent à cheval et se dirigent à l'oreille vers les lieux où retentissent déjà tambours, musettes et clameurs de grabuge. La foule s'écarte à leur passage, puis elle se rapproche jusqu'à les côtoyer. Oubliant leurs rixes, les tapageurs opèrent un mouvement de flux et reflux autour des cavaliers serrés de si près qu'ils n'arrivent plus à faire avancer leurs chevaux. Les cris montent, les bâtons se dressent. Les « bleus » tirent alors le sabre et tentent d'arrêter les présumés meneurs. Mais devenus eux-mêmes gibier, ils s'échappent péniblement vers l'auberge ou tout autre endroit un peu sûr, le presbytère, une maison de notable, celle du syndic, le logis seigneurial, un couvent. La danse est repartie de plus belle, tambours et violons résonnent à cœur joie, les bandes passent et repassent dans la rue devant la demeure où ils sont assiégés et couverts d'injures classiques : « foutus gueux », « bougres de jean-foutre », « gros talons », « foutus archers », « meurt-de-faim », « valets » ou « cousins germains de bourreau », voire, avec jeu de mots scatologique, « cavaliers de merde échauffée » — pour *maréchaussée*... Ils quitteront le pays à la nuit tombante, profitant de la lassitude des mutins et de quelques complicités chez les notables. Voilà pour l'ambiance et les images.

À chaque incident sa couleur. En juillet 1737, à Locronan, ce sont des pèlerins venus pour la grande procession festive de la Trocménie qui mettent en fuite les gendarmes, dont le recteur de la paroisse avait souhaité la présence. « Émotion populaire qui sera malheureusement bientôt imitée par les autres paroisses » si elle reste impunie, note le brigadier dans son procès-verbal[52]. Action déplorable, en 1754, à Saint-Sulpice-de-Faleyrens, en Guyenne, où deux cavaliers veulent s'interposer dans un jeu de balle qui dégénérait en pugilat : aussitôt, les adversaires se tournent contre eux et les frappent si fort que l'un d'eux mourra de ses blessures[53]. En 1762, un dimanche de septembre, le jour de la fête votive à Lavaurette, les cavaliers de la brigade de Caylus, en Quercy, veulent faire taire le tambour et le hautbois qui dérangent la messe, mais les danseurs de répondre « d'un air altier qu'ils n'avaient point d'ordre à prendre de nous, et qu'ils voulaient continuer leur danse » ; le climat se gâte, la foule augmente, les gendarmes sont bousculés, bâtonnés, lapidés, enfermés dans un cercle qu'ils doivent ouvrir à coups de fusil, laissant sur le carreau un mort et des blessés. Parmi les rebelles, des paysans et des tailleurs de pierre venus de l'extérieur, et aussi des gens de l'endroit comme le chapelier Azant, réputé forte tête, ou le sieur Berthelot qui ose répondre au brigadier que « ces sortes d'assemblées sont pour faire des bâtards, et [que] souvent le roi est mieux servi par les bâtards que par les légitimes »[54] !

Les archives de la Table de marbre au palais de justice de Paris, instance chargée de punir les rébellions envers la maréchaussée, débordent de ce type d'affaires, qui concernent toutes les provinces du royaume[55]. En août 1767, plus de quatre cents personnes tombent sur les cavaliers venus « pour le bon ordre » à la fête de L'île-d'Elle, en Poitou[56]. L'épisode de Belmont-sur-Loire, en juin 1773 montre l'attaque de la cure où la brigade a trouvé refuge. C'est jour de foire, la foule afflue, au moins deux cents personnes réclament le départ des cavaliers et la libération d'un homme arrêté dans une bagarre : « Pourquoi nous ferme-t-on la porte de la cure ? Elle est à nous, nous l'avons fait bâtir depuis deux ans ! La cure [...] ne doit pas servir de prison ! » Les portes cèdent, l'homme est libéré avec ses chaînes — « lesquelles, lit-on dans le procès-verbal, furent rapportées dans le moment par une fille, qu'elle jeta aux pieds des cavaliers en disant "Tenez, voilà vos chaînes" »[57]. Insultes et sérieuse bousculade à Chaniers en Saintonge, le 22 mai 1777, jour de *frérie*, quand la brigade de Saintes prétend interrompre — pour quelle raison ? — la partie de balle qui se jouait devant cinq ou six cents ruraux venus des alentours. Cris dans la foule, menaces contre l'exempt : « Tu es encore trop jeune, mon pauvre ami, pour nous en imposer », « Nous sommes les maîtres de faire de notre argent ce qu'il nous plaira, comme de jouer, de boire et de t'envoyer faire f... », « Nous payons bien aussi toutes les impositions au roi » ; et encore : « Souviens-toi que les paysans se peignent dur et longtemps... »[58]. Grand désordre en 1778, un 1er mai, à la foire de Campel en Bretagne, au sud-ouest de Rennes : la « multitude » — au moins deux cents personnes, femmes en tête — se précipite sur les gendarmes, leur enlève le déserteur qu'ils ont attrapé et les refoule dans le cimetière ou ils roulent dans la boue avec leurs chevaux[59]. À Précy-sur-Oise, en juillet de la même année, les cavaliers sont mis en fuite le soir du tir à l'arc, après avoir brisé à coups de canne les violons du bal ; ils sont poursuivis par des centaines d'individus sur « l'espace de trois bonnes portées de fusil »[60]. Vers Nancy, à la fête patronale de Rozelieures, trois gendarmes provoquent une grosse émeute lorsqu'ils arrêtent un soldat *semestrier* sans « congé ». Cris et fureur, pluie de pierres, on leur vole un fourreau de sabre, aussitôt découpé « en forme de ruban » pour les narguer, et ils doivent relâcher leur homme — « voyant tous ces gens pour ainsi dire martyrs qui s'écriaient qu'ils perdraient plutôt la vie que de laisser emmener le soldat », lit-on dans le procès-verbal que le maire a d'ailleurs refusé de contresigner[61]. Tapage considérable à La Bastide-l'Évêque en Rouergue, le 24 juin 1780, quand la brigade de Rieupeyroux confisque le pistolet brandi par un *martinaire*, c'est-à-dire un ouvrier agricole, présent à la louée de la Saint-Jean d'été. La foule oblige les cavaliers à se réfugier chez un notaire dont elle assiège la maison. Seule l'entremise de notables leur permet de repartir, mais ils devront rembourser le pistolet[62]. En vérité, peu de rassemblements sans pétoires et détonations. On a vu plus haut à quel point le trafic et l'usage des armes à feu s'étaient répandus au XVIIIe. Les troubles de fêtes sont là pour confirmer, si besoin était. La brigade de Montpezat, pays farouche en Vivarais, en fait une fois de plus l'expérience le jour du *reynage* de Niegles-Pont-de-Labeaume, en septembre 1786 : fusils de tous côtés, le sang coule, des blessés de part et d'autre, les gendarmes se replient de cabaret en cabaret, canardés par les jeunes perchés sur les toits — « nous défiant à l'avenir de nous trouver sur leurs pas [...] sous peine d'être égorgés, nous criant à haute voix qu'ils se f... de la maréchaussée et de ceux qui la commandaient », menaces ponctuées de coups de feu. « Affaire très grave », selon le vicomte de Cambis, commandant en Languedoc, et qui mériterait bien qu'on lui donnât « toute la suite dont elle est susceptible », si l'on parvenait seulement à saisir les coupables[63]...

Curés et musettes

Depuis la fin du XVIIe, l'opinion bien-pensante a pris ses distances avec ces kermesses polissonnes à l'avant-goût de rébellion. Les défenseurs de la bonne morale souhaitent limiter les rassemblements qui tournent au dévergondage, hérités souvent du folklore païen, et gros de risques potentiels pour la communauté. Réprimer et contraindre pour extirper le vice originel : le peuple est un enfant qu'il faut mortifier et sortir de sa gangue grossière.

En première ligne du combat pour la vertu, les humbles desservants de paroisse, souvent influencés par la doctrine janséniste, variante sévère de la Contre-Réforme triomphante. En mai 1671, les jeunes gens de Chânes, en Mâconnais, ne pardonnent pas à leur curé d'avoir prononcé en chaire l'interdiction des fêtes baladoires : il est moqué, bousculé en pleine église et menacé jusque dans son presbytère[64]. « Mutinerie » à Mirefleurs, village d'Auvergne, quand le prêtre veut confisquer le tambour du bal, au jour du saint patron : le premier consul lui donne à savoir « qu'ils continueraient à danser en dépit de lui » (1671)[65]. Dans les années 1700, fêtes et dimanches s'assombrissent en Haute-Provence sous la crosse du nouvel évêque, le grand janséniste Soanen qui souhaite en finir avec les désordres profanes. Il s'en prend à la jeunesse de Castellane qui a coutume de célébrer les journées du Saint-Sacrement, de la Saint-Jean et de la Saint-Éloi à grand renfort de tambours, fifres et décharges de mousqueterie. Le dimanche 22 juin 1710, jour de l'octave du Saint-Sacrement, l'évêque interpelle les « mutins » du haut de sa chaire. Ceux-ci « n'en deviennent que plus insolents », des coups de feu éclatent, la procession n'arrive pas à sortir de l'église[66]. À Robion, dans le même diocèse, les habitants proclament en août 1726 que ni le curé ni l'évêque ne les empêcheront jamais de danser le dimanche : ils farandolent pendant les vêpres avec une hardiesse qui scandalise le procureur du roi : « Dans les divers tours et retours auprès de l'église, un des danseurs y entra en dansant, et prenant l'aspersoir d'eau bénite, en aspergea avec bouffonnerie tous les danseurs, comme faisaient autrefois les païens dans leurs fêtes bacchanales »[67]. À la Saint-Jean de 1730, les « chevaliers de l'oiseau » de Toulon-sur-Arroux, bourgade mâconnaise, font scandale dans l'église où ils s'introduisent avec leurs drapeaux, tambours et hautbois. Ils sonnent toutes les cloches et se répandent en paroles « sales et injurieuses » contre l'archiprêtre et le vicaire qui tentent vainement de les refouler[68]. En 1740, dans le diocèse de Lodève, le curé-prieur de Montpeyroux est en querelle avec ses paroissiens. Cet ancien secrétaire de Mgr de Souillac, prélat rigoriste, refuse les sacrements aux amateurs de danses et autres ébats impies. Pour se venger, les villageois, soutenus par leur seigneur, organisent un vrai spectacle de rue en promenant, le jour des Cendres, une bourrique sur laquelle ils ont juché une figure de paille ensoutanée, qu'ils appellent « le prieur ». Ils demandent au personnage s'il prêchera encore, ils le frappent sur sa réponse positive et finissent par le jeter aux flammes — « sur cette raison que, sans cela, il ne pourrait jamais s'empêcher de prêcher ». Les villageois seront punis, ils devront faire amende honorable trois dimanches consécutifs, acquitter une lourde somme et offrir à l'église une belle croix d'argent, en repentir[69]... Dans l'Albigeois, le curé de Buzet, lui aussi offusqué par les mascarades, décide que les trois dernières journées du carnaval seront désormais consacrées à « l'oraison des quarante heures » avec exposition du Saint-Sacrement. Mais les fidèles refusent d'anticiper le carême. Le dimanche 20 février 1746, ils se lancent dans une danse endiablée autour de l'église et devant la cure, syndics en tête, avec fifres et tambours jusqu'à la nuit ; le « carillon » reprend le lendemain et encore le surlendemain, jour du Mardi gras. Pas de sang versé mais un tambour crevé, de fortes empoignades, un coup de feu, des injures « atroces ». Sommés de s'expliquer, les consuls font parvenir au subdélégué d'Albi une lettre qu'on a écrite pour eux, car ils sont illettrés, mais qui reflète à coup sûr l'opinion du village : ils n'ont fait que leur devoir en ne suivant pas les caprices, « l'animosité de personnes qui par leur rang sont au-dessus du peuple et croient pouvoir l'opprimer »[70].

Le jansénisme plus ou moins « rentré » d'une fraction du bas-clergé n'explique pas tout. Un peu partout, le droit au plaisir est tenu en bride par le zèle des curés. Il n'y aurait là rien de très surprenant, s'il ne s'agissait d'une rupture avec les anciennes mœurs. Les gens d'Église refusent désormais de s'intéresser ou de se compromettre dans l'organisation des divertissements, et ces refus entraînent de vives réactions populaires. Ici ils ne veulent plus contribuer, comme à Ardes en Auvergne, où les jeunes gens doivent se passer de leur offrande traditionnelle de 17 livres 10 sols qui permettait de préparer dignement le carnaval. Premières escarmouches, d'abord légères, aggravées quand le prieur interdit l'usage du « pré de la danse » le jour du saint patron, en 1734 : des centaines de personnes envahissent ledit pré et piétinent par malice le chanvre et le foin des bons Pères[71]. Mêmes causes, mais effets plus spectaculaires à Annecy-le-Vieux en août 1773. Le curé obtient l'intervention de la troupe, toujours pour interdire le « pré de la danse », proche de l'église, aux garçons et filles venus y gambader selon la coutume des temps de fête. Grosse colère du public, une dizaine de blessés dans la foule qui réussit à tirer ses « mutins » des mains des cavaliers, malmenés à leur tour. Enquête et arrestations ; le curé est défendu par son évêque qui craint la contagion des abus festifs, mais il sera convoqué à Chambéry par le commandant du duché, et réprimandé sur ordre royal[72]. Cet exemple savoyard, analogue à ceux de France, signale un phénomène en passe de gagner l'Europe : la société civile, entraînée par sa jeunesse, tente de secouer le magistère moral de l'Église. Il y a laïcisation des esprits, rampante ou agissante. Défi ouvert, c'est « la taverne contre le tabernacle », pour reprendre la formule connue du sociologue Gabriel Le Bras : le cabaret, installé sur la place, fait concurrence à la messe ou aux vêpres, et l'officiant du dimanche, pour être entendu, doit couvrir les jurements des buveurs. À l'intérieur de l'église même, il arrive que le service soit troublé par des polissonneries de plus en plus fréquentes. Entendez le malheureux prieur de Saint-Pons, en août 1776 : il n'arrive plus à maintenir le bon ordre, « une jeunesse effrénée » s'installe à la tribune où elle prend « toute sorte de licence » : « Ils y parlent, y badinent, y promènent, y font mille singeries pour faire rire les autres, jettent de petites pierres et autres choses sur ceux qui sont dans l'église et tournés vers l'autel »[73].

S'agit-il pour autant d'une lame de fond ? L'exhibition systématique des affaires litigieuses produit un effet de loupe, comme on sait, propre à dramatiser le quotidien. Ces cas sont à replacer dans le contexte festif, malicieux et sonore mais ordinairement vécu de manière irénique et bon enfant : les curés y tenaient plus souvent le rôle de médiateurs que de boutefeux. Constatons toutefois que les incidents là-dessus croissent en nombre et qu'ils se greffent sur d'autres contentieux où l'Église a aussi sa part, avec au premier plan la grande question des dîmes déjà évoquée, de plus en plus sensible dans le siècle.

Seigneurs et danseurs

Le patronage du seigneur accompagne de tradition immémoriale les réjouissances communes. Façon de marquer sa bienveillance paternelle en même temps que sa prééminence de droit. Les pratiques variaient d'un lieu à l'autre et il y aurait là matière à une intéressante géographie comparative. Selon la prégnance du fief, les codes de police des finages sont plus ou moins contraignants en la matière, très détaillés en Bretagne, plus lâches dans le Centre-Ouest, imprécis ailleurs. Mais partout il était entendu que la haute justice donnait au seigneur et à ses représentants la surveillance des assemblées, avec le pouvoir de permettre ou non les danses et les jeux. Dans les provinces de l'Ouest par exemple, les courses à cheval, les quintaines navales ou terrestres, les jeux de bague devaient se tenir en vue du château, à la fois pour le divertissement seigneurial et pour le contrôle de ces activités violentes et parfois brutales[74]. Dans le Nord et l'Est, le jeu de quilles payait redevance au seigneur qui l'affermait d'ordinaire à quelque cabaretier. En tous lieux, la coutume voulait que la jeunesse se rendît chez le seigneur, l'informât de ses projets et attendît son autorisation. L'accord allait généralement de soi, le seigneur y avait tout intérêt : des redevances pour les agents de sa terre, des droits pour lui et toujours un surplus d'honneur. Là-dessus, le XVIIIe, loin de changer les usages, le confirme dans ce rôle avantageux, en un temps où les élites de tout niveau se prennent d'engouement pour les divertissements champêtres[75].

Mais un refus du château était toujours possible pour diverses raisons d'ordre public ou de convenance personnelle, et l'esprit de fronde se donnait alors libre cours. À Pouzolles, près de Béziers, la demoiselle seigneuresse invoque à la fois les ordonnances royales, le calendrier religieux et la « misère des temps » pour interdire aux jeunes les danses et la musique aux fêtes de la Pentecôte de 1752. Le village n'est pas d'accord et, le dimanche 21 mai, paysans et bergers, montés sur leurs mules, parcourent les rues avec hautbois, fifres et tambours, malgré le maire et les consuls — leur « disant qu'ils se moquaient des ordres, qu'on n'avait rien à craindre, et qu'ils étaient leurs capitaines ». Les danses se prolongent jusqu'au soir, ponctuées de mousquetailles. La cavalcade repart le lendemain, précédée par les moutons et les bergers déguisés en « pastourelles ». Tours et détours, cris provocateurs : « Voici la procession des pénitents qui passe, mettez-vous à genoux [...], on veut nous empêcher de danser, ils n'y réussiront pas plus que l'autre année qu'on l'avait défendu, et Mademoiselle en eut la *moque.* » Un valet, un certain Jacques Delaine, porte en croupe un mannequin de paille « portant bas et chaussures et coiffé en demoiselle », à la grande joie du public : « Voilà Mademoiselle de Pouzolles, elle est bien jolie... » Des anciens conduisent le cortège, mais la plupart des participants ont moins de trente-cinq ans, d'après l'enquête du tribunal de Béziers qui condamne les habitants à faire « satisfaction publique » à la seigneuresse ; et, pour les plus compromis, des peines de bannissement temporaire[76].

L'affaire de Montagny-près-Louhans, en Bourgogne, moins riche de détails pittoresques, montre également une communauté désireuse de défendre ses usages. Le 4 août 1754, jour de *l'apport,* le procureur de la justice seigneuriale a ordonné aux gendarmes de saisir la musette d'un inconnu qui faisait danser les paysans devant le troquet du dénommé Treffaut. Le cabaretier s pose avec fureur, il reprend la musette et, avec l'aide effective de toute la population, il refuse de se laisser emmener aux prisons de Louhans[77]. À Poussan, en Bas-Languedoc, le Lundi gras de l'année 1762, le seigneur du lieu intervient en personne sur la place où se tient le bal : les « mutins » arrachent des mains de son valet la « caisse » qu'il a enlevée au tambourinaire ; confusion, bagarre, des arrestations qui tournent à l'émeute quand les jeunes, un peu plus tard, attaquent la prison. La populace « ne connaît point de maître » et il faut la contenir, surtout aux jours de fête, écrit M. de Poussan qui demande aux autorités d'assurer la protection « des seigneurs dans leurs terres »[78].

Il arrive que l'interdiction de danser fasse suite à un deuil survenu dans la famille seigneuriale. Et le bon peuple ne supporte plus très bien que la noblesse du lieu associe ses vassaux aux événements de sa vie privée. La notion de *maisonnée* ou *clientèle* heurte la dignité des manants qui veulent établir désormais une distinction nette entre le service dû, dont on continue tant bien que mal à s'acquitter, et tout l'héritage d'allégeance personnelle qu'on veut secouer. En décembre 1753, à Maurens, bourgade du Lauragais, le sieur de Puibusque ne veut pas de bal à la fête du pays, à cause de la mort récente de son fils. Mais on danse quand même, car les garçons ont obtenu l'autorisation de l'autre co-seigneur. Indigné, M. de Puibusque se précipite sur la place avec son épouse et ses gens, qui brisent hautbois et tambours. Colère du public, la troupe seigneuriale bat en retraite sous les pierres qui volent de partout. Il y aura plus tard une vingtaine d'arrestations et les suspects seront désarmés[79]. Situation très comparable dans l'été 1765 à La Caunette, près de Saint-Chinian, toujours en Languedoc : les jeunes gens enrubannés dansent à perdre haleine jour et nuit, les 14, 15 et 16 août, malgré l'interdit du baron qui venait de perdre son épouse. Rien n'y fait, ni les défenses des consuls, ni les sermons du curé[80]. On farandole à cœur joie. Au carnaval de Vallabrègues en 1773, le décès récent de la comtesse d'Aramon, dame qui avait comblé ses « vassaux » de bienfaits, n'empêche pas ceux-ci de tournoyer gaiement, à la colère des héritiers[81]. À Saint-Saturnin-d'Apt, en janvier 1774, le seigneur vient de mourir, mais les habitants entendent bien célébrer la Saint-Vincent comme d'habitude. La litre funèbre blasonnée est peinte de frais, l'église encore tendue de noir, les prières des morts n'ont pas toutes été dites qu'ils font déjà « battre la caisse » pour appeler aux réjouissances. Ils déclarent « qu'ils ne connaissaient d'autres ordres que ceux des messieurs de la chambre ou chambrette » — messieurs qui payaient les festivités et prenaient tout sous leur bonnet. De quelle *chambre* s'agit-il ? Maurice Agulhon évoque, dans sa *République au village*, cette forme associative typiquement provençale qui regroupait les petits notables et fonctionnait comme un « cercle de bas étage ». À Saint-Saturnin, la chambrette apporte donc son soutien à la confrérie de saint Vincent, les *chambrilliers* escortent le tambour et ils dansent le soir avec les autres autour du feu de joie allumé devant l'église où reposent les cendres du seigneur[82]. Rien ne prouve que les habitants aient cherché à offenser la mémoire du défunt, mais leur attitude manifeste la volonté de s'émanciper et de rejeter l'intrusion seigneuriale dans le domaine réservé des jeux et des ris.

Quand les maîtres du château continuent à revendiquer de droit immémorial la « première danse » pour eux-mêmes, ou pire, pour leurs représentants, il arrive que le public regimbe avec insolence. À Quercamps, en Artois, le dimanche 28 septembre 1755, jour de la *dédicace* (ducasse), deux agents du fief, le bailli et le greffier, provoquent une mini-émeute en réclamant l'un et l'autre, ès qualités, le privilège d'ouvrir le bal[83]. L'histoire de Moliens en Picardie donne à voir les clivages et tensions du microcosme villageois tels que la seconde mi-siècle les a rigidifiés. Le jour de la Pentecôte 1768, le psychodrame collectif qui se termine en bagarre met en scène le clan seigneurial, les différentes couches de roture et le groupe de jeunesse lui-même partagé. L'agent du seigneur a accordé l'honneur de la première danse au fils Thuillier, un jeune paysan cossu, réputé « ennemi de tous les habitants qui ont gagné des procès contre lui ». De grand matin, celui-ci affiche à la porte de l'église deux placards de sa main pour annoncer « qu'il était le plus notable de la paroisse » et que « la danse du seigneur » lui appartenait. « Ces écriteaux furent lus de toute la paroisse et excitèrent de l'émotion dans l'esprit des garçons, chacun se crut autorisé de disputer un droit qui jusque-là et de tous temps n'avait jamais fait de contestation », selon l'une des pièces du dossier. L'heure venue, le jeune Thuillier prétend ouvrir le bal en compagnie de la dame Brutel, sa cousine, épouse d'un bon marchand. Le tapage éclate aussitôt. Deux cavaliers de la maréchaussée, présents pour le bon ordre, dégainent leurs sabres et frappent de tous côtés. Le milicien Louis Carle, vingt-deux ans, cocarde au chapeau, leur crie qu'il ne les craint pas car il est lui aussi « au service du roi », et quand le notaire Robiquet, homme d'affaires du seigneur, lui demande son nom, il déclare s'appeler « Jean va te faire f... ». Poursuivis à coups de pierres, les gendarmes se replient dans la ferme des Thuillier et ils ne quitteront le village que dans la soirée, sous les huées de la population. Bref, une affaire « extraordinaire » et « préméditée », selon les termes du rapport de police. Carle sera arrêté chez son père huit jours plus tard, en pleine nuit, par une troupe d'archers qui enfoncent les portes et brisent les meubles. Long procès en perspective, qui met en cause tout le village, et dont nous ignorons l'issue[84].

4. FERMENTATIONS

En dehors du cadre festif, il y avait place pour d'autres manifestations de classe d'âge, plus ou moins spontanées, plus ou moins ritualisées. De tradition, les écoliers organisent des chahuts ; de tradition, les bandes attendent qu'il fasse sombre pour jouer aux oiseaux de nuit, histoire de se distraire un peu en effrayant le bourgeois. Mais il semble que les conduites frondeuses se soient alors multipliées, aussi bien au-dehors, dans la rue, qu'à l'intérieur, dans l'enceinte éducative. Là-dessus, abondance d'archives, tantôt du genre propos d'ambiance, tantôt relations de troubles caractérisés. Sans faire masse, le nombre des incidents assez sérieux pour figurer dans les procédures ou correspondances s'accroît sensiblement autour des années 1760. Une quarantaine d'affaires concernent les « écoliers » et une trentaine les désordres nocturnes. L'effectif peut paraître modeste, mais les détails révèlent, au-delà du circonstanciel ou de l'anecdotique, une irritabilité et une violence de moins en moins contenues.

Écoliers en colère

Les troubles de rue, quel qu'en soit le déclencheur, ont vocation d'attirer la gent étudiante et scolaire de tout âge, mue par un solide instinct de contestation qui peut alors se libérer, loin de la férule des maîtres, dans la chaleur de l'anonymat populaire. Tout ce qui fait bouger les quartiers les mobilise, de préférence contre l'uniforme. Ils aiment les rescousses, détestent les saisies, ont horreur que la police intervienne dans leurs démêlés. À Caen, en 1743, une bande d'étudiants flanqués de jeunes abbés, plus quelques balafrés « d'assez basse mine », et même un soldat portant cocarde, délivrent le fils d'un maître d'armes que la maréchaussée conduisait aux prisons. Ils y vont à coups de bûches, de pierres et de bâtons, blessant sérieusement les gendarmes. La justice s'émeut, l'évêque s'en mêle et fait lancer en chaire un monitoire contre les coupables. Quatorze décrets de prise de corps, deux arrestations effectives et des peines de bannissement contre cinq des « écoliers », éloignés pour cinq ans de la « ville, prévôté et vicomte de Caen »[85]. Les étudiants de Toulouse, réputés les plus tapageurs du royaume, ont toujours l'épée au côté et s'arrogent d'insupportables libertés[86]. Les capitouls leur interdisent le port d'armes à la suite d'un incident de rescousse : le guet était venu soutenir un huissier aux prises avec un marchand endetté ; quelques étudiants présents avaient attroupé la foule et tiré l'épée, coupant le nez d'un garde et faisant évader le débiteur[87]. À Paris, un rien suffit à mettre en branle la jeunesse du « pays latin ». Jolie affaire en novembre 1749 sur le quai Malaquais, quand les élèves du collège des Quatre Nations, tout proche, volent au secours des charbonniers des quais de Seine en bagarre avec les archers de l'Hôpital général chargés du ramassage des mendiants. Rien n'est plus drôle que de les bombarder d'ordures, chiper leurs épées, ou leurs chapeaux qu'on se lance comme au jeu de ballon avant de les flanquer dans l'égout, et autres facéties de gamins ravis d'asticoter de vieux archers poussifs. Rue Mazarine, en janvier 1756, les écoliers récidivent, encouragés par le petit peuple des boutiques, et voilà une miniémeute. Une fruitière s'égosille : « Tuez-moi ces bougres-là ! » ; « À moi j'en tiens un ! », hurle un jeune homme qualifié de « précepteur » dans les rapports, tandis que les jeunes, qui ont blessé plusieurs archers à coups de pierres et de pièces de bois, lancent contre eux le cri de guerre des riverains du fleuve : « À la soupe, à la soupe ! » De même rue Saint-Victor, en août 1766, grosse mêlée de populace à l'initiative de quelques collégiens internes, toujours des Quatre Nations. Il s'agit encore de défendre un mendiant contre les deux brigadiers qui l'emmènent à la Pitié. Les femmes du quartier arrivent en nombre, hurlantes, armées de manches à balai. Les archers ont réussi pourtant à attraper un élève, le jeune Tinseau de Gennes, âgé de dix-sept ans, prénommé Charles-Marie-Léon-Thérèse et originaire de Besançon. Gros tumulte devant la porte du commissaire Désormeaux, place Maubert, où la foule s'est transportée. Finalement, le sous-principal du collège obtient la libération de son écolier[88]. Il faut dire que les autorités ne se montraient pas trop méchantes avec ces jeunes gens de bonne famille. Quand un élève de seconde au collège d'Harcourt, fils d'un libraire parisien, est arrêté et conduit chez un commissaire pour avoir participé à une révolte « assez considérable » en juillet 1780, suite à une dispute de jeu de ballon sur la promenade des Champs-Élysées, la police ne le retiendra pas plus de quelques jours : le garçon, en effet, est protégé par des personnes d'influence, la duchesse de Duras elle-même, et l'on craint une nouvelle rébellion des écoliers qui veulent « tirer vengeance de l'outrage qui leur a été fait ». Il sera libéré une semaine plus tard, vers minuit pour éviter les éclats, mais la nouvelle s'est répandue si vite que ses camarades, avertis, le reconduisent chez lui, « comme en triomphe »[89].

Autres cibles privilégiées pour les grimauds de collège, les malheureux employés du fisc. Notons que les jeunes en ce cas n'innovent pas, ils calquent leur conduite sur celle des aînés. À Nantes, les commis chargés de percevoir la taxe des *devoirs* sont attaqués à deux reprises au moins — 1715, 1725 — par les élèves des oratoriens[90]. Les gens de l'enregistrement de Vannes se disent exposés à la « haine invétérée » des écoliers qui, « en toutes occasions », s'assemblent contre eux sur les places publiques avec sabres, pistolets, haches ou bâtons, et pour les plus petits les « poches remplies de pierres ». Le 17 août 1730, une bande de plus de deux cents garçons les assiège dans leur auberge jusqu'à 10 heures du soir. Ces jeunes gens préparent leurs coups par voie d'affiches, ils communiquent entre eux en latin et narguent les commis en les regardant « sous le nez » ! D'ailleurs, « les abbés même sont complices de pareilles séditions et par leur exemple font émouvoir tout un collège... »[91]. « Tuerie épouvantable d'étudiants à Bordeaux », note le marquis d'Argenson dans son *Journal* en mai 1739 : un rien d'amplification rhétorique, comme souvent chez l'ancien ministre atrabilaire. Il y a quand même eu deux morts parmi les jeunes, un étudiant et un apprenti cordonnier « qui passait ». À l'origine de l'affaire, un préposé aux octrois et un écolier porteur d'une poularde dans son panier. Payera, payera pas ? Le ton monte, les camarades arrivent, s'ensuit une énorme bagarre. Les étudiants attaquent le corps de garde, les hommes se défendent, tirant d'abord à poudre, puis à balle, d'où les deux morts. Consternation dans la ville où l'opinion n'aime guère ceux qu'on appelle les *pillegigots*[92]. À Rennes, en mai 1745, ce sont les élèves des jésuites qui, au sortir du collège, provoquent une émeute contre les employés venus perquisitionner dans une maison où l'on vendait de l'eau-de-vie, rue Saint-Thomas : « Excités par la populace qui leur fournit des pierres et des bâtons », les jeunes reprennent la marchandise saisie, libèrent les fraudeurs et poursuivent les commis qui se réfugient dans un cabaret voisin. Trois jours plus tard, une autre bande d'écoliers prend en chasse deux employés près du couvent des catherinettes : « Voici deux f... maltôtiers. Il faut que nous les assommions et qu'ils se sentent aussi également *[sic]* que leurs chiens de confrères qui ont été depuis peu bien étrillés de la force de nos bras, et agir pareillement envers tous les maltôtiers que nous rencontrerons »[93]. En 1749, à Amiens, coup de main contre un bureau fiscal, celui des tabacs cette fois, après qu'un collégien eut été arrêté pour en avoir transporté en fraude. Ils sont de cinq à six cents dans la rue, élèves des jésuites pour la plupart, à lancer des insultes, puis des pierres. Certains ont des armes à feu, il y aura une dizaine d'arrestations. Et depuis il semble que la chasse aux collecteurs de taxes soit devenue le passe-temps favori des écoliers dans la cité picarde. Le 13 janvier 1758, trois commis des aides passant devant le collège se font copieusement insulter et traiter de « rats de cave » par quelques élèves. Furieux, ils entrent dans l'établissement pour se plaindre, mais le flot des étudiants les jette dehors et les poursuit à travers la ville jusqu'à leur bureau. Ensuite de quoi, le soir tombé, les bandes se relaient pour les provoquer et leur interdire la rue[94].

Comme pour les jurandes et compagnonnages, on peut parler d'un véritable esprit de corps chez les étudiants, avec ses codes et sa susceptibilité. Tous les frémissements du dehors se répercutent dans le milieu, traversé aussi par les conflits locaux où beaucoup d'entre eux se trouvent familialement impliqués. Un peu de charisme suffisait pour entraîner le groupe, toujours prêt à en découdre[95]. En 1716 à Vannes, où ils ne se contentent pas de caillasser les gabelous, on les trouve rangés derrière le substitut qui les protège, tandis que le sénéchal les poursuit et en a fourré quelques-uns en prison. Sitôt sortis, les soi-disant « mutins » s'en vont avec deux ou trois cents de leurs camarades donner la sérénade au substitut, puis ils se rendent chez le sénéchal qu'ils insultent « jusque dans sa maison » en maltraitant ses gens, au point qu'un des porteurs de chaise de madame la sénéchale « en a pensé mourir »[96]... À Bordeaux, ils en veulent aux jurats pour leur avoir ôté un privilège qu'ils estiment dû : de tradition, les étudiants en droit et en philosophie recevaient gratis des billets de théâtre. Mais le principal du collège de Guyenne, hostile aux divertissements, a fait supprimer cette faveur par le conseil de ville en 1725. Furieux, les étudiants tirent l'épée, ils multiplient les bravades et décident d'entrer en force à la Comédie avec gesticulations et discours, façon Rome antique. Aux soldats du guet, leur « prieur » déclare vouloir « mourir à leur tête, qu'il ne pouvait mourir qu'une fois et préférait mourir de cette mort que de toute autre ». Les soldats font feu, un étudiant est tué, le jeune Bonniol. Arrestations, enquête, l'affaire monte au Conseil du roi qui la confie à l'intendant Boucher. Celui-ci, dans un esprit d'apaisement, met les parties hors de cour, mais les étudiants, privés à l'avenir de billets gratuits, devront témoigner au maire et jurats tout « l'honneur et le respect » qui leur sont dus et ils ne pourront plus porter l'épée en ville sous peine de « punition exemplaire »[97]. Les autorités de Toulouse sont elles aussi chahutées par les étudiants de la ville, toujours à propos de théâtre, au printemps 1740. Cette fois, ce sont les programmes qui leur déplaisent ! Tandis qu'on représente sur scène *La vie est un songe*, ils réclament à grands cris de la danse, une *matelotte* ou quelque chose de gai. Un capitoul descend au parterre pour les calmer, sans succès ; là-dessus, le guet intervient, un étudiant est roué de coups et tout se gâte, grand branle-bas pendant deux jours. Carillon, affiches, ils manifestent à plus de mille le 31 mars sur le pré des Sept-Deniers. Les capitouls, accompagnés du guet, les exhortent à rendre leurs épées et à se disperser : ils sont pris à coups de pierres et M. de Saint-Sernin est blessé au visage. La suite répond au parfait schéma des mouvements scolaires. Quatre d'entre eux sont arrêtés. Aussitôt, les autres décrètent la grève des cours jusqu'à la libération de leurs camarades, assemblée générale place du Capitole, attaque du guet, nouvelles arrestations. Le parlement s'en mêle et rend un arrêt très sévère dénonçant cet « attentat, révolte, attroupement criminel », mais les affiches, imprimées le soir même, sont arrachées sitôt apposées. Pour finir, quelques peines de bannissement qui seront bientôt cassées, et les poursuites s'arrêteront là[98].

Sur le climat scolaire proprement dit, à l'intérieur des établissements, nous ne savons que peu de chose.

Les historiens se sont d'abord intéressés aux collèges et universités d'Ancien Régime d'un point de vue institutionnel ou pédagogique. De belles études récentes ont fait la lumière sur l'implantation des maisons d'éducation, leur développement dans le siècle, la sociologie du recrutement des élèves et des maîtres, les cursus et l'organisation des études, l'innovation pédagogique et les examens[99]. Là-dessus, en effet, les documents donnent une information relativement abondante et précise. Mais la vie quotidienne du monde estudiantin, avec ses routines et ses tensions, reste moins bien connue, comme si la loi du silence avait empêché toute parole spontanée de filtrer hors des murs. Tant de confidences, de sympathies, d'ardeurs, de rancunes portées par des générations adolescentes donc bavardes, et que nous n'entendons plus, abolies pour nous dans un secret définitif… Par-delà les tumultes observés, le mutisme des archives laisse imaginer le reste : les jalousies, l'humiliation des enfants pauvres, la rage des régents mis à pied pour avoir gourmandé trop sévèrement les fils de grands notables, tout ce qui ne se dira jamais.

L'histoire disciplinaire interne des collèges est réputée calme, sinon sereine. Souci de discrétion, osmose culturelle qui soude le collège et la notabilité urbaine dominante, savoir-faire des maîtres, adhésion des élèves à un système d'émulation et de coresponsabilité contrôlée, autant de facteurs propres à réduire les tiraillements. Et pourtant, des accès de fièvres par intervalle secouaient ces forteresses, surgis aussi bien de causes anecdotiques et futiles que d'un sentiment de frustration et d'honneur blessé. De surcroît, les élèves pouvaient-ils ignorer la violence des polémiques qui, à l'extérieur, partageaient l'opinion urbaine, notamment en ce qui concernait la gestion des collèges et leurs revenus ? Étaient-ils épargnés par les désaccords théologiques entre réformés et catholiques au XVIIe, plus tard entre molinistes et augustiniens ? N'étaient-ils pas entraînés dans les querelles qui opposaient souvent les maîtres entre eux ? Il faut l'avouer : les indices recueillis là-dessus ne représentent qu'une petite cueillette, un simple effleurage de surface, tandis que la profondeur garde son opacité.

Ainsi des troubles survenus à Die en novembre 1669 dans la maison de l'académie réformée, c'est-à-dire au collège. « Les écoliers, lit-on dans le registre du consistoire, sont entrés dans le collège avec une échelle, ont brûlé le bois des classes, [...] et refusé de laisser entrer le recteur malgré ses sommations. » L'affaire s'inscrit dans le climat de répression aggravée qui s'abat alors sur le protestantisme dauphinois, sans que nous puissions établir de liaison plus nette[100]. À Chambéry, c'est une antipathie régionaliste qui transforme en mini-champ de bataille le collège des jésuites en mars 1684 : deux « ligues » s'affrontent à coups de couteaux, d'épées et de fusils, d'un côté les garçons originaires des deux provinces méridionales du duché, Tarentaise et Maurienne, de l'autre les nés-natifs du Chablais, Genevois et Faucigny. Plus mystérieux, le soulèvement des élèves contre les maîtres six ans plus tard, en février 1690, au même endroit[101]. Bâtiments en état de siège, vitres cassées, portes brisées à la hache : « Il n'y a d'insolence qu'ils n'aient faite, écrit à Turin le commandant du duché. J'avais baillé ordre pour faire arrêter les mutins, mais y ayant envoyé les officiers de justice ils n'osèrent jamais aborder, y ayant plus de deux cents écoliers qui attendaient pour empêcher qu'on les prît, de manière que les jésuites furent obligés de relâcher ces insolents par les menaces que faisaient les autres de mettre le feu à leur maison. » La fronde au collège des jésuites de Mauriac, telle que Marmontel la relate dans ses souvenirs — non sans pathos —, renvoie à une exigence de dignité. Juillet 1738, le jeune homme est alors élève en classe de rhétorique (seconde), niveau à partir duquel on échappait aux châtiments corporels, mais pour une peccadille collective, une horloge déréglée, le voici condamné au fouet. Échappant des mains du frappeur, il court vers ses camarades rhétoriciens : « C'est mon honneur et c'est le vôtre que je vous recommande et que je vous donne à garder » ; et encore : « Je mourrais libre plutôt que de vivre déshonoré ». Il suggère une grève des cours jusqu'aux vacances d'été, proposition approuvée dans l'enthousiasme : « Oui, clôture ! vacance ! me répondit par acclamation la plus grande pluralité, et jurons tous, avant de sortir de la classe, jurons sur cet autel (car il y en avait un) de n'y plus remettre les pieds »[102]. Même cause, mêmes effets chez les rhétoriciens du collège de Bavay en Hainaut : un garçon de dix-sept ans, porte-parole de ses condisciples révoltés par les punitions humiliantes, blesse légèrement le supérieur d'un « coup de canif », et il est pour ce crime condamné aux galères à perpétuité — par contumace heureusement, car il a franchi la frontière[103]. À Paris, ce sont les étudiants irlandais du collège des Lombards qui s'insurgent contre un statut jugé vexatoire. Au point que le lieutenant général de police, M. de Marville, se déplace en personne le 1er septembre 1746 pour signifier aux pensionnaires d'avoir à « porter respect et obéissance aux proviseurs ». En réplique, les jeunes gens lui donnent lecture d'un catalogue de griefs qu'il estime de nature à exciter « le trouble et la rébellion contre les supérieurs ». Énorme chahut dans les étages la nuit suivante : « Les mutins se sont attroupés et ont été aux portes des proviseurs pour les enfoncer, leur ont dit mille injures grossières, ont cassé à coups de pierres les vitres de leurs chambres, et les ont menacés de s'en défaire, et qu'ils n'exécuteraient point ce qui leur était ordonné. » Marville ordonne alors au guet de patrouiller autour du collège pour arrêter les « chefs de meute » et « contenir ces sortes de gens qui n'entendent pas raison »[104].

D'autres bouffées de violence retrouvées çà et là sont mal raccordables aux événements extérieurs, comme s'il s'agissait d'un libertarisme *sui generis* dont peu d'éclats parvenaient jusqu'au public. Les *Nouvelles ecclésiastiques*, toujours bien informées et crédibles sur les faits, signalent le tumulte de Clamecy en juin 1764 : les élèves de l'école royale, régentée à la dure, ont pendu en effigie au milieu de la cour leur proviseur dont ils contestent les méthodes autoritaires, sans qu'on en sache plus[105]. Et que dire des débordements au collège d'Amiens ? En février 1769, les élèves de philosophie ont l'audace d'annoncer par voie d'affiche qu'ils se donnent un jour de congé supplémentaire au lendemain du Mardi gras. L'administration ordonne la suspension des cours de physique et de logique jusqu'à ce que les coupables se dénoncent, et, comme les noms ne viennent pas, elle fait prolonger les classes de quinze jours pour rattraper le temps perdu[106] ! Esprit de contestation, largement répandu même parmi les meilleurs élèves. À preuve, le vent de fronde qui vient souffler parmi les candidats au concours général en juillet 1784 à Paris. L'élite des rhétoriciens de la capitale, réunie dans la vieille chapelle des Jacobins, rue Saint-Jacques, pour l'épreuve dite d'amplification, refuse le sujet proposé. Il s'agit d'un « Éloge de Rollin et de l'Université ». Les candidats jugent le thème « trop sec et trop peu susceptible des fleurs de l'éloquence ». Tapage épouvantable, ils sonnent les cloches, brisent l'orgue et les vitraux, « ainsi que plusieurs effigies de pierre qui se trouvaient encore dans ladite église », et ils décident enfin de se réunir « le lendemain aux Champs-Élysées pour y aviser au parti qu'il y aurait à prendre ». Ces têtes chaudes, bien dans l'esprit de l'époque, souhaitent que l'argent destiné au prix soit « consacré à quelque œuvre de bienfaisance » ! Impossible de saisir les responsables, la loi du silence les protège. Hardy, qui rapporte l'anecdote, prétend qu'ils avaient menacé ceux qui trahiraient le secret « de les tuer à coups de canif ». Il ajoute une raison à cette conduite inouïe : outre que le sujet ne leur plaisait pas, les candidats auraient manifesté contre la fraude dont auraient bénéficié les élèves du collège Mazarin, informés de l'énoncé huit jours auparavant. Le jour de la distribution solennelle des prix, la garde est doublée en Sorbonne pour éviter que le recteur ne soit insulté par « une jeunesse emportée et turbulente »[107]. Plus terre à terre, en mars 1787, le mouvement des élèves boursiers du collège Louis-le-Grand : ils protestent contre l'insuffisance et la mauvaise qualité de la nourriture. Ils ont accueilli tumultueusement les administrateurs venus les morigéner vers la fin du carnaval, et l'un de ces messieurs, en remontant dans sa voiture, a failli être tué par une bouteille lancée sur lui depuis une fenêtre. Ensuite de quoi une chanson circule au Quartier latin, dénonçant le mépris dans lequel les autorités tiennent les pauvres boursiers, ces « gueux nés dans la fange », ces « misérables » qu'on nourrit « par pitié » et qui ne cessent de se plaindre[108]. La raillerie est amère, et la revendication très parente du monologue d'un Figaro ou des libelles vengeurs des « Rousseau du ruisseau »…

Quant à l'expulsion des jésuites en 1762, événement majeur de l'histoire scolaire au XVIIIe, on peut s'étonner qu'elle n'ait pas été suivie de plus de violence de la part des étudiants. Pas de résistance, rien qu'une stupeur désolée. Seule connue, l'affaire de Lyon, qui fait tache sur ce fond d'atonie. En avril 1762, les régents laïcs qui assurent la transition au collège de la Trinité, sur les quais du Rhône, sont empêchés de donner leurs cours par une foule en sympathie avec les maîtres limogés, écoliers et jeunes ouvriers ensemble[109]. Le terrain restera sensible, comme le prouvent les incidents de 1768 évoqués plus haut, survenus au même lieu autour du fantasme des enlèvements d'enfants[110]. Ailleurs, sans brutalités manifestes ni mises en cause explicites, le départ des bons Pères entraîne la défaveur ou le déclin de leurs anciens établissements. À Caen, où le pensionnat du fameux collège du Mont est tombé dans « le plus grand discrédit » selon les contemporains, les écoliers se livrent « à des excès de toute espèce que la prudence ne permet pas de dévoiler ». D'autres maisons ex-jésuites périclitent dans ces décennies 1760 et 1770, comme Pau ou La Flèche… Désordres aussi à Douai, où le collège a été partiellement réquisitionné pour les grains de l'armée ; les portes restent ouvertes et les cours sont traversés journellement par « nombre de gens du bas peuple qui se déshabillent et se présentent nus pour porter et traîner des brouettes » — spectacle, lit-on dans une requête, capable d'« altérer l'innocence d'une jeunesse tendre et d'autant plus précieuse à la religion et à l'État »[111].

Les messages de la rue

Hors des espaces institutionnels, c'est la rue qui accueille les jeunes et leur offre un théâtre constamment renouvelé en spectacles, contacts divers et occasions de sociabilité. Sur ce lieu naturel d'échange et de vie populaire, les historiens ont beaucoup écrit, et avec talent, en ces dernières années où la curiosité s'est déplacée vers le spontané et l'informel[112].

Dans le mouvement perpétuel des gens et des marchandises, des corps maniant l'outil, des langues prêtes à lancer l'appel du métier, le cri, l'injure ou la grosse plaisanterie, au milieu des empoignades et des frôlements complices, de l'argent qui change de mains, y a-t-il une sphère d'intervention réservée à la jeune classe d'âge, entre douze et vingt-cinq ans ? Disons qu'une bonne partie de son éducation se faisait là. La rue permet au jeune citadin, qu'il soit venu de la campagne ou sorti du faubourg, de gagner sa liberté d'adolescent, à l'abri du contrôle de la famille ou du voisinage. Quelle meilleure scène de jour et de nuit pour découvrir comment va le monde, la variété des liens sociaux, les modes et façons de faire inédites, les plaisirs tentateurs de l'oisiveté et du gaspillage, la volupté offerte à qui peut payer ? Même les lieux anodins prennent un goût d'aventure dès qu'on pousse la porte du cabaret ou du tripot avec trois sous en poche pour se mêler à la partie de cartes ou de dés. Il y en a toujours une en train dans les buvettes qui se multiplient, c'est bien connu, au long du XVIIIe siècle. On en comptait déjà vers 1700 près de 80 000 dans le royaume, au dire de Vauban[113]. Le phénomène ne fait que croître à mesure que la population des campagnes vient enfler villes et bourgs, que les déplacements gagnent en facilité et que la petite aisance, ou mieux le petit luxe, atteint une frange du populaire. La boisson, le tabac — à priser, à chiquer ou à pétuner —, le jeu surtout, minent sournoisement l'ordre du quotidien en proposant des contre-exemples, des valeurs inversées. Les cartes à jeu d'argent, tentation brûlante, sont devenues une folie, à Paris bien sûr, dans les autres métropoles aussi et jusqu'au fin fond des provinces. À Chambéry, le « mal » a fait des progrès fulgurants, confondant les âges et les milieux : « Le petit et le grand jouent, et même les écoliers »[114]. À Grenoble, les « académistes » offrent des cartes à tout venant pour le *pharaon*, le *brutal* ou le *lansquenet*. En janvier 1770, la police qui fait la tournée des tripots tombe en pleine nuit, chez un certain Bailly, sur « plus de cent jeunes gens de tous les états, et beaucoup de tables où l'on jouait : le nombre des joueurs et ceux qui regardaient était si considérable qu'il ne fut pas possible au commissaire de compter les tables de jeu »[115]. Une vraie « fureur » dans « toutes les classes de citoyens », déplore le subdélégué de Lodève en 1788 : jusqu'aux artisans et manouvriers qui « y perdent le fruit de leur travail », et la jeunesse n'est pas épargnée[116].

Ce climat de risque et de gain facile favorise l'insolence vis-à-vis des honnêtes gens et de leur morale. De l'insolence à la subversion, le pas est vite franchi, d'autant que la rue transmet en permanence une foule de messages provocants que les individus de la jeune classe absorbent comme des éponges. Témoins aux premières loges, acteurs à l'occasion dès qu'il s'agit de narguer les gens du fisc et du guet, liés par une connivence d'âge sinon de statut, ils ouvrent grand leurs yeux et leurs oreilles. Poser la question de savoir ce qu'ils perçoivent revient à s'interroger sur l'état de l'opinion publique à son niveau inférieur. Comment s'exprime cette « opinion d'en-bas », celle qui ne passe ni par les salons, ni par les sociétés de pensée, ni par les livres ou les gazettes, mais par la rumeur. Elle a pour véhicule l'expressivité physique et une parole fortement affective dont Arlette Farge a récemment étudié l'ubiquité et la résonance, postulant elle aussi l'existence croissante de cet objet historique, à mi-chemin entre politique et société[117]. Une *vox populi* dont le volume s'amplifie sans conteste depuis les années de la Régence, et qui charrie des nouvelles en vrac, la paix, la guerre, le pain cher, la maladie du roi, les impôts, la disgrâce d'un ministre — et que sera son successeur ? —, un attentat à Versailles, une exécution capitale, les hauts faits de contrebande, un mariage princier, le prochain spectacle de foire, des obsèques, le passage de la comète, les dernières prédictions… Un composé de faits et de fantasmes racinés dans un inconscient archaïque, mais naturalisés au goût du jour. À quoi se surimpose la voix des murs recouverts d'avis de justice et d'annonces diverses. Les colporteurs passent, qui crient et vendent les arrêts des parlements sur les affaires d'actualité. Les orateurs de café débitent des commentaires que les « mouches » saisissent au vol pour truffer leurs rapports de « on dit que », « on raconte que », « on débite que », « le bruit est grand que » et autres vagues formules réunies dans la rubrique policière des « mauvais discours »[118]. Dans les bourgs et les campagnes, la relation inépuisable des événements locaux s'entremêle de nouvelles plus lointaines introduites par les itinérants ou ces autres « médiateurs culturels » que sont les curés, les cabaretiers, les maîtres d'école, les greffiers de paroisse[119]. Circule ainsi un mixte de notions confuses, d'informations vraies, d'idées subversives, de terreurs récurrentes, de jalousies sociales et de bons tours et gaudrioles : un pêle-mêle qui finit par souder un groupe d'âge et former une conscience de génération. Des formes élémentaires de solidarité, au hasard des rencontres, tendent à se substituer, au cours du siècle, au système ancien des bachelleries et autres abbayes de jeunesse. Les deux peuvent encore coexister, sans se recouvrir toutefois, mais le changement joue contre les anciennes structures du village ou du quartier, contre les hiérarchies traditionnelles.

Coureurs de nuit

Si se retrouver entre soi ne comporte rien de délictueux, le phénomène de bande débouche vite sur la collusion maligne et la petite violence, des remous, difficiles à caractériser en termes de police ou de justice, qui entrent à peine dans le champ de l'enquête. Considérons-les plutôt sous l'angle de la nouveauté, ou encore d'une mutation de la dangerosité urbaine. Jusque-là, l'ombre favorisait surtout les mauvais coups individuels, crimes ou voleries, malandrins planqués à l'affût du passant détroussable : « La bourse ou la vie »... D'où l'obligation légale de porter une lumière si l'on avait à faire dehors après la tombée du jour. Les autorités s'efforcent de rendre les rues plus sûres, et dès 1697 un édit royal prescrit « qu'il soit incessamment procédé à l'établissement des lanternes dans les principales villes du royaume conformément à la ville de Paris »[120]. Conquête de longue haleine, qui s'étale sur tout le siècle et répond à ce que Daniel Roche appelle « l'obsession de l'ordre et de la transparence »[121]. Les véritables malfaiteurs n'ont pas disparu, mais le plus gros des troubles de nuit devient imputable aux grappes de mauvais sujets battant le pavé à l'heure où dorment les braves gens.

Les années 1730 marquent en effet un tournant qualitatif dans la délinquance nocturne, repérable à travers les plaintes, les ordonnances municipales ou les procès-verbaux de police. Outre les cris — insultes, menaces, chansons obscènes —, ce sont les biens qu'ils mettent à mal, et voilà les portes défoncées, les jets de pierres dans les carreaux, les bancs mis sens dessus dessous, les enseignes des boutiques décrochées ou brûlées, les jardins saccagés au passage pour le pur plaisir de détruire, ou encore les pétards, les sonneries de cloches, parfois les pistolades. Tout se passe comme si la crise des institutions municipales, attestée dans nombre de villes et de bourgades à partir du second tiers du siècle, favorisait ce bouillonnement anarchique aux allures délinquantes. Les archives policières de Laval font allusion pour la première fois, en 1737, aux troupes de « libertins » qui insultent et « excèdent de coups » les bourgeois sortis la nuit pour leurs affaires[122]. 1739 : à Largentière, en Vivarais, une ordonnance vise tous ceux qui « s'assemblent pendant la nuit, armés de pistolets dont ils se servent pour tirer et faire carillon »[123]. 1741 : la police de Grenoble menace les fauteurs de désordres qui, toutes les nuits, « troublent le repos et la tranquillité des habitants »[124]. Les vauriens des bourgs ne sont pas en reste : en 1745, les habitants de Loupian, en Languedoc, disent ne plus supporter ces jeunes — et moins jeunes — qui peuplent les cabarets à des heures indues et traînent ensuite dans les rues, braillant « des chansons infâmes », cassant les sièges mis devant les portes pour la causette, ou encombrant la chaussée d'objets divers « dans le dessein que quelqu'un se casse les jambes... »[125]. Le curé de Lauraguel, près de Limoux, proteste : les voyous du cru le chansonnent dans le noir et menacent de le tuer[126]. À la même époque, le subdélégué de Toulouse se plaint de la tranquillité perdue dans nombre de petits bourgs du diocèse où les « bouchons » ont proliféré, ouverts jusqu'à minuit et au-delà, malgré le règlement[127]. Désordres nocturnes au Puy-en-Velay en 1749 : la municipalité incrimine les écoliers plus quelques bourgeois « mal disciplinés » et des militaires congédiés au lendemain de la paix d'Aix-la-Chapelle[128]. À Caen, selon Jean-Claude Perrot, les interpellations de toute nature croissent de manière « vertigineuse » à partir de 1750, et parmi les prévenus un bon contingent de ces coureurs de nuit[129]. La jeunesse de Pau s'en donne à cœur joie elle aussi avec des carillons, déguisements, « paroles sales », port d'arme. Au point qu'en 1760 les jurats leur imposent le couvre-feu passé 22 heures, limite avancée à 21 heures en 1763, et assortie de l'interdiction « de marcher deux à deux »[130] ! Les « honnêtes gens » de Pamiers, en 1765, demandent qu'on mette à la raison les « mauvais garnements » qui, de nuit, enfoncent portes et fenêtres et insultent « indistinctement » les passants rencontrés[131]. Partout, la situation continue à se détériorer dans la seconde mi-siècle. Qu'il nous suffise, pour évoquer le climat ambiant, de citer le procureur général du parlement de Grenoble. Dans une réprimande adressée en 1771 au châtelain de police de Bourgoin, il lui impute la dégradation du climat dans la ville : « Courir les rues pendant la nuit, troubler le repos des citoyens par des cris indécents, embarrasser la voie publique par des pierres et des poutres, arracher des volets, ébranler des portes, dresser contre ces portes des planches qui puissent tomber sur ceux qui les ouvriront, tels sont, Monsieur, les désordres [...]

que vous avez autorisés en les laissant commettre sous vos yeux… »[132]. Sur les diableries des jeunes gens en goguette, personne n'a mieux dit que Balzac, décrivant dans *La Rabouilleuse* les mœurs d'Issoudun sous la Restauration : les méfaits nocturnes de ses « Chevaliers de la Désœuvrance » ne font que perpétuer les rituels de dérision qui marquaient comme le baptême du feu pour des garçons indociles, sous la houlette d'un militaire en rupture de ban[133].

Reste que les méfaits de la communauté délinquante tournent rarement à l'action proprement « rébellionnaire ». D'ailleurs, dans ce genre d'histoires, les preuves sont toujours flottantes, les témoignages incertains, les coupables volatils. Finalement, l'équipe de l'enquête n'a retenu qu'un lot réduit de cas indiscutables, une vingtaine tout au plus. Le reste s'est perdu dans les sables du laisser-faire ou de l'oubli ou n'a laissé que peu de traces. Les incidents exhumés montrent l'affrontement direct entre jeunes et forces de l'ordre, et il arrive que la police ait le dessous. En apparence spontanés et nés de l'occasion, les désordres renvoient à un fond de folklore abâtardi, sans qu'il soit facile de faire le partage entre répétition et invention. Ainsi à Pau, dont je viens de parler, les débordements sont encouragés par le port des masques, traditionnel à l'époque des bals. Échauffourée en 1754 entre les valets de ville et une douzaine de jeunes gens masqués sortant d'un cabaret avec tambourins et violons, et aussi gros bâtons. Beaucoup de bruit, mais les malheureux sergents, pris sous une grêle de pierres, ne peuvent attraper personne[134]. Légère variante à Saint-Claude, en décembre 1769 : la population se plaint d'être incommodée par des carillons « toutes les nuits », et la municipalité décide d'y mettre fin. Le jeudi 21, vers 11 heures du soir, quatre cavaliers de la maréchaussée attrapent une bande qui parcourait les rues derrière un fifre et un violon, poussant des « chansons odieuses », cognant dans les portes avec « de grands hurlements » ; simple manifestation de bravade ou écho atténué des anciennes saturnales de saison ? La rencontre est violente, coups de bâton, de couteau et de sabre, on court avec des lumières, un cavalier tout ensanglanté a perdu son chapeau, une redingote — signe de petite distinction — est restée entre les mains de la police, des blessés de part et d'autre. Pas d'arrestations : une fois de plus, l'enquête traîne et s'enlise[135]. En septembre 1774, les carillons de Maisse, dans le Gâtinais, tournent à la bataille rangée. Ici encore désordres continuels, cris et tapage dans le noir, coups de feu à tout bout de champ. Le 12 septembre après la foire, vers la minuit, une forte brigade de cavaliers enveloppe la bande des garçons rassemblés sous l'orme de la place. Tirant le sabre, ils donnent ordre de dispersion « de par le Roy ». Les répliques fusent alors sur le ton héroïque : « Tuons ces B… là, tenons bon, à moy, mettons genoux en terre, c'est ici qu'il faut vaincre ou mourir ! » Les gendarmes, effrayés, se replient chez le procureur fiscal dont les jeunes assiègent la maison en poussant une « chanson très deshonnête dans les termes des parties de l'homme et de la femme ». Ils cassent les portes, brisent les contrevents et mènent le siège jusqu'à 4 heures du matin. Parmi les coupables reconnus par le procureur, un huissier de la Monnaie, les deux fils d'un boucher, trois charretiers, un charpentier, un domestique[136]… Là non plus l'enquête n'ira pas loin, comme si l'on craignait de reconnaître les coupables. Et certains, les curés notamment, accusent les autorités de baisser les bras.

Entrée en politique…

On sait que la déploration sur le thème du respect qui se perd nourrissait déjà les lieux communs pédagogiques au temps des Grecs et des Romains. Mais les diatribes se font si nombreuses et éclatantes dans les dernières décennies du XVIIIe qu'on peut estimer qu'elles dépassent le cadre rhétorique pour dévoiler une réalité bien présente. Dans leurs écrits, policiers, prêtres, éducateurs et moralistes n'usent que d'expressions négatives dès qu'il s'agit de la jeunesse. Elle est dite « emportée », « turbulente », « indécente », « déréglée », « bouillante », « furieuse », « enhardie par l'impunité », « fougueuse », « indomptée »… Il est question de « jeunes gens montés sur le plus grand ton d'insolence », et aussi d'un « esprit de fermentation », « d'indépendance » et de « révolte »[137]. Ces derniers termes sont intéressants. Ils incitent à penser autrement le phénomène ordinaire de la turbulence juvénile, en le sortant de la permanence pour le mettre en situation et le réintroduire dans le mouvement historique global. On peut se demander si le fourmillement d'actes anodins décrits ici n'a pas de relation avec la grande revendication libertaire qui traverse le champ moral. Les sursauts de la jeunesse n'ont-ils de valeur qu'en soi, indépendamment de la contestation généralisée à tous les domaines de la vie publique : fiscalité, subsistances, salaires, seigneurie, privilèges, liberté de conscience ? La réponse ne semble pas faire de doute. Cette famille de troubles contribue à déstabiliser tout l'édifice, et son accroissement dans le siècle révèle un malaise de même nature que les autres mises en cause de l'autorité. La marge est étroite qui sépare la petite agitation frondeuse de la mise en cause consciente et organisée, et ces exercices d'irrespect constituent comme les gammes de l'impatience, prête à prendre corps selon la tournure des événements. Que s'offre le politique, et voilà nos chahuteurs prompts à s'engouffrer dans la brèche aux côtés de groupes plus larges, variables selon les circonstances, auxquels ils apportent un soutien dynamique.

Les émeutes survenues dans les capitales régionales en 1787 donnent de la force à notre hypothèse. Massive présence juvénile dans les manifestations de Grenoble, Nantes, Rennes, Angers : derrière la basoche, les étudiants des universités et collèges, les apprentis, garçons de boutique et autres « polissons »... À Bordeaux, en mai 1788, les fameux coureurs de nuit se mobilisent à « plus de cinq cents », toujours pour casser, mais de façon sélective, en lançant des pierres dans les fenêtres de ceux qui n'ont pas illuminé en l'honneur du parlement[138]. À Paris, tous les témoignages insistent sur le rôle actif des quinze-trente ans dans les troubles de rue. Ainsi sur la place Dauphine et aux alentours, les 1er et 2 octobre 1787, quand la foule brûle deux mannequins, l'un à l'image du ministre Calonne qui vient d'être limogé par le roi, l'autre représentant la duchesse de Polignac, gouvernante des Enfants de France, très impopulaire pour sa « mauvaise » influence sur la reine. En août et septembre 1788, lors du renvoi de Brienne et Lamoignon, la jeunesse des environs du Palais se déchaîne et se livre à une « joie effrénée » selon Hardy, soutenue par la « populace » sortie des faubourgs. Les 26, 27 et 29 août, toujours place Dauphine, on brûle les effigies des deux ministres. Le mannequin de Brienne en costume de prélat est d'abord porté devant la statue de Henri IV où on lui fait demander pardon « à Dieu, au Roi et à la Justice ainsi qu'à la Nation », avant de le suspendre et de le brûler[139]. Restif de La Bretonne, présent sur les lieux, a aperçu des « enfants de douze à quinze ans, des apprentis orfèvres et horlogers, des Savoyards, des Auvergnats et des charbonniers »[140]. Les plus turbulents, précise Restif, venus des provinces du Sud-Est, ont fait l'apprentissage de la subversion sur les coches d'eau de l'Yonne et de la Seine : « À la vérité, les mauvais sujets natifs se joignent à eux. Mais c'est toujours un demi-parisien qui commence. » Et d'ajouter : « Quel siècle que le nôtre ! dans quel temps sommes-nous nés... Ce sont des enfants qui conduisent les hommes ; des polissons, des clercs, des apprentis orfèvres, horlogers, usurpent le nom de la Nation, et la couvrent de leur indécence, de leur taquinerie !... » La majorité des jeunes gens arrêtés par la police sont en effet des provinciaux, et la moyenne d'âge tourne autour de vingt-quatre ans[141]. Grimm, qui raconte les événements dans sa *Correspondance littéraire*, décrit un moment fort où la jeunesse tient un rôle symbolique[142]. Le 27 août 1788 à minuit, sur la place de Grève emplie de monde, un homme de très haute taille a perché un enfant sur ses épaules et réclame le silence. « Alors le jeune garçon, déployant un grand placard, lut à haute et intelligible voix : *Arrêt de la cour du public qui juge et condamne le nommé Lamoignon à faire amende honorable, à avoir les poings coupés et à être traîné dans le ruisseau.* Ce qui fut exécuté le plus gravement du monde. »

Mais c'est à Rennes que les groupes de jeunesse et leurs leaders ont donné une forme nettement politique à leur revendication, lors de la célèbre journée des Bricoles, le 26 janvier 1789. Au premier rang, le corps des étudiants de l'école de droit, avec son prévôt — Jean-Victor Moreau, fils d'un magistrat de Morlaix, qui s'illustrera sous la République. Il fait alors son droit, contraint et forcé par la volonté paternelle, car ses désirs le portent déjà vers l'armée, et 89 le délivrera des interdits familiaux. L'année précédente, en mai 1788, après les édits antiparlementaires de Lamoignon, les étudiants de Rennes avaient adressé aux prévôts des autres universités du royaume un véritable appel à la désobéissance civile. Le 2 juin 1788, on les trouvait en tête d'une grosse manifestation de rue. Depuis, avec l'annonce des États généraux, le débat s'était déplacé, et portait sur le mode de représentation des trois ordres. Or le parlement, à Rennes comme ailleurs, refuse à la fois le doublement du tiers et le vote par tête, soutenu par la majorité de la noblesse réunie en janvier 1789 au couvent des Cordeliers pour les états provinciaux. Chateaubriand y était, bien qu'il eût à peine vingt ans, et il en parle dans ses *Mémoires*. D'un côté les étudiants, avec les libéraux. De l'autre les nobles qui chauffent leur propre jeunesse et essaient de rallier le petit peuple des apprentis, domestiques et « porteurs de chaises », reconnaissables à la *bricole* — ou sangle — qu'ils avaient à l'épaule. Le 26 janvier, prenant prétexte du prix du pain, les bandes sous influence conservatrice suscitent une émeute contre les autorités municipales, ralliées aux vues réformistes. Accrochages, ce jour-là, entre la valetaille et les étudiants, et le lendemain nouvelles bagarres qui, cette fois, tournent au drame : trois morts, une soixantaine de blessés. Les jours qui suivent, l'école de droit s'érige en état-major, envoie des émissaires et des appels dans toute la Bretagne et au-delà, jusqu'en Normandie et en Anjou. Ils participeront à la poussée revendicative générale du printemps 1789 et, plus tard encore, au mouvement fédératif de l'année 1790[143].

Ce serait pourtant gauchir les analyses de ce chapitre que de les faire converger vers l'entrée en politique du groupe des jeunes. Celle-ci renvoie à une nouvelle donne qui concerne la société globale, et la jeunesse s'y trouve naturellement associée en tant que réservoir d'énergies, d'inventivité et de forces vives. Par ailleurs, les usages civiques, on l'a vu, la mettaient en position de jouer un rôle local important dans le domaine des mœurs et de la vie festive, ce qui donnait aux associations de type bachelleries comme aux organes représentatifs du milieu « écolier » une reconnaissance municipale qu'ils étaient tentés de déborder.

*

Un versant d'historiens de l'Ancien Régime ont lu les XVIIe-XVIIIe siècles comme une défaite de l'ancienne culture « d'en bas », refoulée par les exigences de rationalité à l'œuvre dans le champ politique mais aussi culturel[144]. Pour ma part, j'insisterais au contraire sur le phénomène de survie d'un être inusable. L'émotivité juvénile traduit à sa façon la fidélité aux valeurs communautaristes et libertaires qui continuent à résonner sous des formes abâtardies dans les carnavals, charivaris, chahuts, etc. Rien ici ne me semble évoquer l'épuisement d'une verve progressivement étouffée par la parole normative des magistrats, du clergé, des moralistes. Loin de déboucher sur un univers de bienséance conformiste, les tentatives de contraindre les corps, de soumettre les âmes ont reçu des réponses biaisées. Il y a eu, sur fond de résistance vivace, une adaptation continuée du répertoire folklorique aux nouvelles attentes de la vie collective.

CHAPITRE XII

L'espace du sacré

> Une mutation religieuse des profondeurs où l'univers mental d'une religion de salut commun se transforme en un ordre d'accomplissement d'une multitude de saluts individuels.
>
> Alphonse DUPRONT[1].

Une étude des fonctionnements et dysfonctionnements sociaux qui ne donnerait pas sa place au spirituel apparaîtrait incomplète et boiteuse. L'« homme moderne », à tous les niveaux, continue de s'inscrire dans un univers dont les structures, collectives ou individuelles, renvoient toujours à la religion, sa prégnance, ses avatars. Au cœur de l'édifice politique « national » comme de l'identité des groupes, la définition religieuse engage l'être entier dans sa vision du monde aussi bien que dans sa relation à lui-même, aux pouvoirs, aux autres, aux siens.

Matière essentielle, qu'il ne saurait être question de traiter dans son épaisseur, même sous le seul angle du conflit. Je me borne à un projet minimal qui, à partir des signes émergents, vise à reconstituer le champ rébellionnaire avec ses figures distinctives. Mon propos n'est pas de donner un statut particulier aux affrontements de type religieux, mais de rester fidèle à la méthode générale du livre en les réintroduisant dans le tissu relationnel, pour interroger leurs motivations et leurs formes, et les confronter aux autres images du refus.

Le lecteur pourra juger réductrice la grille de lecture qui privilégie l'événement et le quantifiable dans un domaine où le cheminement des idées et le choc de la controverse marquent le terrain autant, sinon plus, que la violence en actes. Celle-ci, pourtant, représente l'incarnation nécessaire à toute saisie sur le vif de l'opinion en un lieu et à un moment donnés ; de même, le repérage chronologique des faits permet de mesurer temps forts et variations. La collecte des affaires, au niveau premier, comporte évidemment le risque de ramener du disparate. D'où l'importance d'une typologie assez sélective pour faire un tri opératoire, mais assez rassembleuse pour retracer les lignes de résistance du siècle long. D'un côté, une poussière d'incidents autour d'une bagarre de procession, d'une chapelle, d'une tombe, d'un clocher… De l'autre, les grands conflits liés aux « hérésies », Réforme et jansénisme. Ces affrontements majeurs, assimilables parfois à une guerre déclarée, on les connaît bien parce qu'ils ont mis en question l'unité de l'État et de l'Église, l'équilibre des pouvoirs, le traitement politique des oppositions entre tolérance et violence répressive. Il était indispensable d'intégrer ce pan de l'enquête à l'étude globale des résistances dont il représente une pièce maîtresse. Par ailleurs, l'étude des broutilles ramenées dans nos filets nous aide à briser l'image d'un catholicisme installé dans sa pérennité familière. L'immobile apparaît alors traversé d'à-coups, de crises, de mises en question minimes mais signifiantes, où la spiritualité pèse moins lourd que la charge affective. La fidélité aux anciens lieux et aux anciens cultes, la sympathie ou l'hostilité aux desservants missionnés par la hiérarchie, le désir pour les communautés de rester maîtresses de leur vie paroissiale, et toujours l'irritation autour de la dîme, autant de passions constitutives de la personnalité des terroirs, autant de motifs possibles de discorde et d'éclats.

Les colonnes 1 et 2 du tableau qui suit parlent d'elles-mêmes. J'ai inscrit dans la colonne 3, sous la rubrique « Résistance des coutumes locales », les faits rébellionnaires nés de l'attachement du milieu à ses façons de faire, de dire et de penser. Les colonnes 4 et 5 recouvrent les contentieux, spirituels au départ, devenus axes politiques fondamentaux. Y figurent aussi bien les réponses des minorités protestantes et jansénistes aux mesures répressives que les actions qui ont pris ces minorités pour cibles[2].

Tableau XII. 1. Rébellions et violences collectives autour du religieux

	1 Antagonismes entre curés et paroissiens	2 Affaires de dîmes	3 Résistance des coutumes locales	4 Protestantisme et rébellions	5 Jansénisme et rébellions
1661-1680	5	5	3	18	-
1681-1700	4	6	6	32	-
1701-1720	3	11	7	87	6
1721-1740	5	9	5	-	13
1741-1760	6	4	10	14	19
1761-avr. 1789	4	10	19	7	1
1661-avr. 1789	*27*	*45*	*50*	*158*	*39*

1. RÉSISTANCES PAROISSIALES

Chaque communauté paroissiale a le sentiment de former une « collectivité close de fidèles », une petite république avec ses règles, ses usages, son code de protections, sa manière de gouverner et d'être gouvernée. Partout se nouent autour de la fonction curiale des rapports d'une extrême complexité. Si aimé, si bienfaisant soit-il, le prêtre n'est jamais tout à fait libre. Il doit se concilier les puissances et moindres puissances locales, le seigneur, les notables, le marguillier, le maître d'école, les conseillers des œuvres pies, le vicaire en exercice (et qui briguait le poste), les desservants de telle ou telle chapelle, les recteurs des confréries et toutes sortes d'« avocats de paroisse », connus pour leurs chicanes… Il doit aussi compter avec son troupeau d'ouailles, ancrées dans des pratiques immémoriales, et toujours chatouilleuses dès qu'il s'agit de dîmes et de casuel.

Choisir son curé

La plupart des curés savent éviter les conflits. Pourtant, quelques-uns semblent se plaire à les faire surgir ou les envenimer. Plus de la moitié des affaires consignées sous la rubrique 1 du tableau renvoient à l'antagonisme entre les titulaires de la paroisse et la masse des fidèles. Il ne suffit pas en effet d'être choisi par l'évêque pour réussir son arrivée. Les nouveaux venus sont toujours en situation délicate, et parfois victimes de l'hostilité du groupe paroissial. Prenez l'affaire de La Garde-Adhémar, village vigie qui domine la plaine de Montélimar. Ici, le 3 avril 1662, les habitants refusent le nouveau curé, le Révérend Gratte, en qui ils voient un usurpateur, car ils avaient leur propre candidat, le vicaire déjà en place. À peine débarqué, Gratte est reçu par des insultes et obligé de se réfugier au château avec le notaire qui l'accompagnait. L'agitation repart dans la soirée à l'heure de la prière dans l'église : les émeutiers sonnent le tocsin, renversent les lampes, éteignent les cierges. « Sans aucun égard pour le caractère de l'exposant, lit-on dans la plainte déposée par le prêtre, ils se jetèrent en furie sur lui, lui donnant quantité de coups de pied et de poing sur la tête, lui arrachant les chausses, lui portèrent plusieurs coups de chandelier dans le ventre, lui déchirèrent son collet en deux pièces et son haut-de-chausse en plusieurs endroits, lui enlevèrent son chapeau, [...] le saisirent encore par les cheveux. » L'évêché de Saint-Paul-Trois-Châteaux, dont relève la paroisse, répond très fort : interdit jeté sur l'église, les chapelles, le cimetière du lieu, monitoire pour découvrir les coupables et excommunication générale ! La justice met en cause la communauté tout entière, ses deux consuls sont emprisonnés du 16 mai à la fin du mois. Ensuite de quoi le parlement de Grenoble calme le jeu et fait lever l'interdit. La suite nous échappe, mais les esprits furent sans doute longs à se rasseoir dans cette paroisse où, depuis toujours, les trois pouvoirs — curé, seigneur et communauté — vivaient mal ensemble[3]. Une affaire comparable éclate en mai 1672, avec tocsin, tambour et jets de pierre, dans la bourgade d'Annot en Haute-Provence, quand le desservant de la cure, natif de l'endroit, refuse d'admettre le nouveau vicaire, qu'il traite de « crocheteur de bénéfice ». La foule se met avec lui pour repousser l'intrus en criant qu'elle ne veut « point de vicaire qui ne soit un enfant du lieu ». En tête, des notables de considération, deux notaires, un apothicaire, un marchand[4]. Même réaction collective dans un quartier manufacturier de Rouen, Saint-Maclou, le 13 juin 1676 : à la mort de leur curé, les femmes de la paroisse, « toutes misérables », se rassemblent au nombre de cent cinquante pour exiger de l'archevêque qu'il désigne à ce poste le vicaire de l'église, aimé pour ses charités. Sur son refus, elles s'ameutent encore le lendemain et la police doit les disperser, mais l'affaire traîne plusieurs semaines et, en septembre, l'intendant fait arrêter l'une d'elles qui lui portait un mémoire sur le sujet. De même, les incidents d'Ollioules, en février 1682, opposent les habitants au vicaire désigné par l'abbé du Luc, qui a ici le « droit de présentation » : on reproche à son candidat de n'être pas originaire du pays, mais le curé du lieu, le sieur Aubert, n'est sans doute pas étranger aux « émotions, insultes et mauvais traitements » subis par le nouveau venu. Troubles assez sérieux pour que le roi demande à l'intendant de Provence de diligenter l'enquête sur place, avec ordre de poursuivre la procédure criminelle entamée par la sénéchaussée[5]. Les accrochages de ce type se rencontrent çà et là sur tout le territoire, jusqu'aux portes de la capitale. En 1686, quand le curé de Saint-Germain-en-Laye, Révérend Gagnyé, est sommé de présenter sa démission à la suite d'un contentieux embrouillé, les habitants se rassemblent au son du tocsin et se rendent à Versailles en très gros cortège, au nombre de six à sept cents, pour réclamer son maintien. À leur tête, le vicaire de la paroisse, du nom de La Vertu, et quelques autres prêtres. Il en résulte beaucoup de bruit, « des discours un peu forts », quelques emprisonnements, et pour le curé rebelle l'exil à Rouen[6].

Conduites très humaines, reproduites quasiment à l'identique au siècle suivant, sans préférence de région.

Les choses sérieuses démarrent après que les langues ont beaucoup tourné. En 1719, ceux de Saint-Ours, en Savoie, ont décidé de barrer la route au nouveau venu. On le traite d'« excommunié », on le caillasse, si bien que le cortège des arrivants est obligé d'entrer dans l'église par le toit d'une chapelle[7]. En 1740, des pierres encore et des désordres à Ville-sur-Jarnioux, dans le Lyonnais, où les habitants prennent le parti du vicaire contre le curé[8]. Les gens de Taussac, en pays rouergat, aiment bien le vicaire Raulhac et voudraient le voir succéder au curé en exercice, qui est malade et n'en a plus pour longtemps. L'évêque en nomme un autre, et voici les fureurs allumées. Le 27 juin 1741, à l'arrivée de l'indésirable, un groupe d'une quarantaine d'individus, dont des jeunes gens travestis en filles et masqués, l'attendent sur le cimetière pour lui interdire l'entrée de l'église avec jets de pierres et cris de mort. Le nouveau curé et ses assistants se réfugient au château, mais, comme leur situation devient intenable, la maréchaussée les escorte pour leur faire quitter les lieux[9]. Action analogue en 1755, pour une situation légèrement différente, dans la bourgade de Pieusse en Languedoc. Le curé souhaitait résigner son bénéfice en faveur d'un prêtre de sa parenté, mais il doit y renoncer à la suite d'une grosse émeute au son du tocsin — avec des « circonstances si affreuses, écrit le subdélégué, que je ne peux les mettre sur le papier ». Trente à quarante personnes se relaient nuit et jour autour du presbytère jusqu'à désignation d'un autre titulaire[10]. À Mercœur, en Limousin, les femmes sont en avant, emmenées par la servante de l'ancien curé ; agitant l'arsenal ordinaire de l'émeute — pierres, bâtons, outils —, elles se retrouvent une centaine à hurler « qu'elles ne voulaient d'autre curé que leur vicaire actuel »[11].

Dans nombre de cas, il semble que le populaire n'ait servi que de masse de manœuvre, une fois le branle donné par quelques notables ou par des gens d'Église agissant en coulisse. De proche en proche, tous sont entraînés, et le différend devient affaire publique. À Pézenas, en 1751, la population s'insurge en nombre (les témoins parlent de quatre cents personnes qui envahissent l'église, et même de douze cents !) pour obliger le chapitre — très divisé — à nommer à la cure le sieur Floret, qui est de l'endroit, et non le sieur Gors, un « étranger », un « homme musqué », un « joueur de flûte et de violon » ! Grand tapage, cris, coups de feu dans l'église, on force la grille du chœur, la sacristie est envahie, les chanoines se sauvent. Une femme accuse le « parti des étrangers », une autre parle de « faire tomber l'église », mais, ajoute-t-elle, « quand cela arriverait, c'est nous qui l'avons bâtie… » Le chapitre finit par s'incliner et nomme Floret[12]. À Saint-Gengoux-le-Royal, bourgade mâconnaise, le curé désigné par l'évêque en 1759 se heurte à « la plupart des habitants de l'un et l'autre sexe », encouragés par les prêtres de l'endroit en guerre, là encore, contre « les étrangers ». Grand tapage dans l'église le 28 juillet, jour de l'installation. Les fidèles éteignent les cierges et parodient un cérémonial funèbre en chantant le *Miserere* au lieu du *Veni Creator*. Dans la soirée, des femmes avec des enfants apostrophent l'official du diocèse venu pour la cérémonie, elles lui lancent des ordures par la fenêtre du logis où il prend son souper et le poursuivent jusqu'à sa voiture[13]. La même année, à Abondance, sur les hauteurs du Chablais savoyard, les moines feuillants de l'abbaye animent les montagnards contre le curé choisi par l'évêque, car ils prétendent que le poste doit revenir à l'un des leurs. Et quand Révérend Tappaz, l'homme de l'évêché, veut pénétrer dans l'église le dimanche 19 août, il trouve la porte fermée et reçoit une pluie de pierres dont il est blessé, de même que le notaire qui l'escortait. S'ensuit une procédure criminelle, des emprisonnements et « ajournements personnels ». L'autorité royale, qui soutient l'évêque, profite de la circonstance pour obtenir de Rome la suppression de l'abbaye rebelle[14].

D'autres éclats, signalés pour leur violence, ont perturbé durablement la vie des bourgs sans qu'on puisse en éclairer les motifs véritables. Conflits de clans, antipathies personnelles, vengeances ? Ainsi à Fumay, dans les Ardennes, où le curé La Ramée, qui officiait sur le cimetière lors d'un enterrement, est pris à partie par la foule en juin 1722 ; encore revêtu de ses habits sacerdotaux, il s'enfuit sous des « injures atroces » et court s'enfermer dans l'église, d'où on l'empêche de sortir six heures durant. L'année suivante, une nuit de janvier, des gens « inconnus et sans aveu » enfoncent sa porte à coups de hache, ils font irruption dans la cure, enferment à la cave sa servante et sa nièce et le hissent lui-même sur un cheval sans selle pour le conduire jusqu'en Flandre impériale où il est libéré après quinze heures de marche. Il reprend malgré tout ses fonctions, mais ses ennemis ne désarment pas. Au point que le duc d'Orléans, seigneur de Fumay, présente une requête au Conseil du roi qui charge l'intendant du Hainaut de faire le ménage[15].

La dîme au plus juste

Ce qui vient compliquer les affaires ecclésiales, c'est l'intrication du spirituel et du temporel. Le respect, la déférence naturellement accordés aux prêtres réguliers et séculiers, étaient ternis par des problèmes de gros sous au quotidien. Au cœur du contentieux villageois, les fameuses dîmes, dues à l'Église sur les récoltes et fruits de la terre. Sur ce droit spécifique, son histoire, ses modalités, tout a été dit par les spécialistes du monde rural[16]. Le poids en était variable selon les régions, les paroisses, les terroirs et encore les champs à l'intérieur d'une même dîmerie. En principe de l'ordre du dixième — d'où son nom, une gerbe sur dix —, perçue sur le terrain par les agents du bénéficiaire, parfois par le curé lui-même —, son taux fluctuait jusqu'au vingtième et s'appliquait au produit brut de la récolte, céréales, légumineuses, fruits, vendange. Le bétail aussi y était soumis, de façon inégale mais plus légère. Acquittée d'ordinaire en nature, la dîme pouvait aussi être « abonnée », c'est-à-dire remplacée par une taxe annuelle fixe, payable en argent ou en produits, formule plus commode et qui tend à se répandre tout en restant minoritaire. La réalité révèle un système extraordinairement complexe où du nouveau vient se greffer en permanence sur l'ancien, si bien que les exceptions finissent par l'emporter sur la règle. Dîmes « grosses », « menues », « solites », « insolites », « doubles dîmes », « novales », « prémices », autant de distinctions qui compliquaient le statut légal de la redevance. Toutes les récoltes n'étaient d'ailleurs pas décimables, les cultures nouvellement introduites étaient réputées exemptées, et de surcroît, depuis 1766, une règle d'exonération de quinze ans jouait en faveur des terres récemment défrichées[17]. Sans parler des chevauchements de dîmeries, de la coexistence fréquente de plusieurs décimateurs sur un même terroir et de la diversité dans les modes de perception, tantôt « en économie » sous le contrôle direct des bénéficiaires, tantôt affermée à des entrepreneurs de collecte qui pouvaient la sous-affermer à leur tour.

Cahin-caha, la collecte se faisait quand même, en dépit d'une rénitence continue qui s'exprimait davantage par la tricherie ou les recours en justice que par des actes de violence de groupe. Ceux-ci restent peu nombreux, une quarantaine dans les limites de l'enquête, pas de quoi accrocher là-dessus une statistique du refus, ni suivre une évolution. Il y aurait beaucoup plus à tirer d'un dénombrement général des procédures pour fait de dîme (des milliers ou dizaines de milliers), objectif hors d'atteinte à ce jour et sans doute pour longtemps.

Le petit contingent d'émeutes sur lequel nous travaillons — 45 — est à mettre du côté de l'impressif : il dit beaucoup à sa manière et contribue à rendre au paysage rural ses couleurs authentiques. Quelques exemples suffiront. Ils racontent les difficultés d'un face-à-face permanent, le porte-à-faux d'un système relationnel tiraillé entre la routine postulée par l'impôt et la nécessité du changement. L'agressivité paysanne s'exprime avec d'autant plus de force que le bénéficiaire est étranger à la paroisse, qu'il s'agisse de l'évêque, d'un chapitre, d'un couvent ou de tout autre corps religieux. Ainsi, en Savoie, le curé des Marches est en conflit avec ses paroissiens dans les années 1660 pour le règlement des *novales* sur les terres nouvellement défrichées dans le quartier des Abymes. Procès en cours devant le sénat, mais, une nuit de janvier 1665, les communiers entourent la cure, brisent les portes, vident coffres et tonneaux[18]. Troubles aussi pour les *novales*, en juillet 1682, dans la paroisse de Massingy qui relève de la puissante abbaye de Talloires, et où un curé congruiste encourage lui-même ses paroissiens à la résistance[19]. En Dauphiné, les habitants de Donzère s'allient au curé du village des Granges, paroisse proche, pour contester les dîmes et droits fonciers prétendus par l'évêque de Viviers sur ces terroirs d'outre-Rhône : « séditions » réitérées à la charnière du siècle, avec armes et tocsin[20]. Sur les confins Flandres-Artois en 1702, les gens de Billy-Berclau, Illies et villages proches, protestent avec vigueur contre la nouvelle dîme des colzas réclamée par l'abbaye de Saint-Vaast, ici largement pourvue de droits et biens. Ils lacèrent les affiches annonçant le prélèvement, et des bandes masquées et armées jettent « l'épouvante »[21].

La pression s'accentue d'une décennie à l'autre. Les paysans s'efforcent de faire reconnaître le statut d'exemption illimitée des terres qu'ils viennent de défricher. Ils revendiquent le même avantage pour les cultures nouvellement introduites, telles que sarrazins, plantes fourragères, plus tard maïs et pommes de terre. En Bourgogne, nous dit Saint-Jacob, « une lutte sournoise et permanente accompagne la perception du droit »[22]. Les inépuisables archives judiciaires de Savoie ont gardé la trace des violences survenues en 1716 dans la paroisse de Chindrieux. Selon une tactique bien connue, les fidèles obscurcissent l'église le jour de la Fête-Dieu en appliquant des chapeaux sur les fenêtres pour empêcher la lecture d'un monitoire relatif aux *prémices.* Ils font ensuite sonner les trois cloches *à l'effroy* pour couvrir la voix du prêtre[23]. À Châlons-du-Maine, en 1730, la population accable de pierres et d'insultes (« Gueux, enrichi, voleur ») le fermier du prieuré venu mesurer et enlever le grain de la dîme[24]. En 1733, ceux de Kerpert, en Bretagne, menacent d'incendier l'abbaye de Coëtmalouen à propos d'un ancien désaccord décimal[25]. Tout se détraque en 1736 dans le

Vivarais, du côté de Valgorge, avec le refus de la dîme des châtaignes exigée ici par la cathédrale de Viviers. S'ensuit une cascade de procès gagnés à grand prix par les chanoines devant le parlement de Toulouse en 1748, mais les gens ne payent pas mieux pour autant. Nouveaux incidents en 1752 et 1753, rassemblements houleux de moissonneurs, coups de fusil sur la demeure du fermier du chapitre et menaces du feu contre tous ceux qui lui prêteraient aide et assistance. « Ces habitants, lit-on dans un courrier adressé au commandant de la province, ne redoutent ni huissiers, ni cavaliers de la maréchaussée, aussi ni les uns les autres n'osent s'y présenter... »[26].

Pareille résistance entraîne une multitude de plaintes devant les tribunaux qui y perdent leur latin[27]. Les abus, fraudes et manœuvres des débiteurs entament régulièrement le produit des dîmes, et « ce ne sera bientôt plus qu'une aumône ou offrande payable à volonté, lit-on dans un factum. Voilà du moins l'idée que bien des gens tâchent de s'en former et de répandre »[28]. Lorsque Calonne expose aux notables, réunis à Versailles en 1787, sa grande idée de subvention territoriale qui devait porter sur toutes les terres sans exception, mais payable en nature à l'instar de la dîme, le duc de La Rochefoucauld, avec d'autres, répond qu'il s'agit là d'un projet d'autant plus irréaliste que le modèle décimal apparaît fourbu, inadapté, croulant : d'innombrables procès pour dîmes, assure-t-il, sont en attente « dans tous les tribunaux du royaume » et le clergé lui-même se dispose à « abandonner » une partie de ses droits « depuis que le Diable n'en protège plus la perception... »[29]. Partout, les communautés recourent en justice pour obtenir des allègements. Dans les années 1780, 193 paroisses de Savoie sur 640 ont des procès pour dîmes, 122 dans le diocèse de Comminges, 400 dans l'archidiocèse d'Auch où les recours se multiplient, au dire des curés, « comme une espèce de torrent ». De même en Bourgogne, en Franche-Comté et dans le Dauphiné où des centaines de litiges sont en instance à la veille de la Révolution[30].

Les prêtres eux-mêmes se divisent sur la question. Les congruistes, souvent en mauvais termes avec les décimateurs, premiers bénéficiaires du prélèvement, n'insistent pas toujours pour que les habitants fassent leur devoir. Par ailleurs, beaucoup de desservants voudraient dépassionner l'enjeu et ôter aux polémiques leur caractère personnel. Ils se lassent d'apparaître comme des prédateurs, rôle contraire à leur dignité comme à leur mission. La mise en cause continue de la dîme leur donne à réfléchir, de même que les interminables procédures dont ils héritent à peine installés. Aussi l'idée fait-elle son chemin d'une formule plus politique, d'un statut clérical à l'abri des à-coups, une sorte de médiation institutionnelle capable d'assurer le quotidien des prêtres tout en préservant leur image. Il y avait l'exemple de l'Autriche qui, sous l'impulsion du « despote éclairé » Joseph II, avait réussi à désamorcer bon nombre de conflits en fonctionnarisant le clergé.

Les protections de toujours

Du côté des fidèles aussi on réclame des formules jugées plus heureuses pour les deux parties. Bref, on souhaite des relations apaisées avec les représentants de l'ordre spirituel, tenus pour aussi indispensables que l'air respiré ou le pain quotidien. C'est qu'ils font partie d'un univers quasi intangible qui englobe les valeurs symboliques de la communauté et ses repères ancestraux. Tout se passe comme si les mentalités obéissaient à une logique duelle : prêtes à adhérer à l'innovation dans le domaine des échanges et du concret socio-économique, mais hérissées dès qu'il s'agit de changer un usage touchant aux croyances et aux pratiques de la foi, avec des sursauts défensifs pour préserver la tradition. Les couples d'opposés qui ordonnent une vision du monde, la vie/la mort, là-haut/ici-bas, s'expriment à travers des réalités familières à conserver comme des invariants. Il y a les lieux du sacré où s'effectuent le passage de mémoire et la rencontre avec les morts, il y a le temps des fêtes qui découpent le calendrier en unités signifiantes, il y a les images et les rites apotropaïques, tout ce qui détourne le mauvais sort et rétablit la santé pour les hommes, les bêtes et les éléments. Alors même qu'on se veut plus libre de ses faits et gestes, toucher aux protections et saints patronages apparaît comme un sacrilège qui brise la chaîne des fidélités et provoque le malheur.

Il peut paraître contradictoire de poser une opinion populaire encline à la contestation sociale et par ailleurs spirituellement arc-boutée sur un système de croyances et de pratiques passéistes. Cette ambiguïté, pourtant, fondait l'être individuel et collectif, et il s'agit sans doute d'une structure mentale permanente. Aussi, les communautés renâclent quand la hiérarchie religieuse prétend purifier le culte en liquidant d'antiques « superstitions ». Depuis la fin du XVIe siècle, l'influence de la Réforme, puis des courants issus de la Contre-Réforme, se fait sentir à travers les mandements épiscopaux, dans le sens d'une plus grande exigence spirituelle, au détriment des pratiques d'un christianisme familier. S'y ajoute, au XVIIIe, l'imprégnation « philosophique » qui touche le clergé comme les autres milieux cultivés avec ses thèmes déistes, son ironie à l'égard des miracles, reliques, processions et autres formes de dévotion naïve.

L'Église, sensible à l'air du temps, incline à faire le tri pour sauver l'essentiel en purgeant le culte de la masse des « vieilleries » qui sentent trop fort le paganisme et l'idolâtrie. Les fidèles, eux, ne l'entendent pas ainsi. D'où quelques spectaculaires incidents, dont je pense qu'ils ne représentent qu'une infime partie du désaccord. Car les prêtres cherchaient à minimiser, sinon étouffer, les éclats de leurs paroissiens. Dès 1682, le curé de Sennely, en Sologne, pour obéir à son évêque, tente d'enlever du chœur de l'église l'image de saint Antoine tenue ici en grand respect, mais jugée en haut lieu « ridicule » avec son éternel cochon. « Lorsque je me mis en devoir d'ensevelir la statue de saint Antoine, écrit le brave curé, je trouvai toute la paroisse soulevée, jusque-là que quelques femmes dirent insolemment que Monseigneur l'évêque n'aimait pas les saints parce qu'il était d'une race d'huguenots, injure que je repoussai comme je devais. Il me fut impossible d'exécuter cet ordre, au lieu de quoi j'accordai une surséance à ces séditieux et cachai leur saint Antoine sous l'autel de saint Fiacre, où l'on l'a laissé dans un entier oubli... »[31]. Il ne s'agissait que d'une émotion rentrée comme en tant d'autres lieux où des prêtres modernistes s'essayaient à l'*aggiornamento.* Situation analogue un demi-siècle plus tard, en 1745, dans le village perché d'Allons, en Provence. L'évêque de Senez, Mgr de Vocance, demande en 1745 d'enlever le buste de saint Domnin, premier évêque de Digne et patron de l'église locale. D'où une agitation considérable dont rendent compte les *Nouvelles ecclésiastiques*, très hostiles au successeur du fameux prélat janséniste Soanen qui, lui, tenait la relique « en grande vénération ». Bousculade, l'évêque, venu sur place, est molesté, décoiffé, on lui arrache les glands de sa mitre ; quant à son secrétaire, il se retrouve « égratigné », son surplis déchiré et « mis en banderole ». Monseigneur, furieux, s'acharne contre saint Domnin et menace de faire loger dans le village deux ou trois compagnies de grenadiers. Les habitants feignent alors de s'incliner, mais ils cachent l'effigie « dans le trou d'une grande pierre », elle-même enterrée « dans un lieu remarquable », avec l'idée de la remettre en honneur « dans un temps plus opportun »[32].

Les gens de Bapaume, en Artois, se mobilisent pour sauver une chapelle de faubourg, dédiée à sainte Marguerite et qui avait longtemps servi pour les lépreux. Lors de la suppression des ladreries dans l'ensemble de la France à la fin du XVIIe siècle, les biens de ce bénéfice avaient été réunis à une fondation pour les pauvres, mais le prestige du lieu était resté intact en dépit du délabrement des murs. Branle-bas général en octobre 1748, quand le conseil de ville et le curé, soutenus par l'évêque d'Arras et l'intendant, ordonnent d'abattre l'édifice plutôt que de le restaurer. Une troupe d'hommes et femmes marchant au tambour fait barrage aux officiels venus présider à la démolition. Pour les punir, l'intendant envoie trois compagnies de maréchaussée qui arrivent en pleine nuit et coffrent les suspects. Les opposants, loin de se résigner, intentent un recours. Le Conseil du roi fait alors informer contre les auteurs de la démolition, avant d'annuler la procédure par un nouvel arrêt qui renvoie l'affaire devant l'intendant ; des suites, nulle trace[33]. Il en faut moins parfois pour allumer les colères, par exemple le transfert d'un autel, le déplacement des vases sacrés d'une chapelle à l'autre à l'intérieur de la même église, comme à Vigeois en Limousin. Des incidents y surgissent l'été 1777 lorsque les habitants refusent d'entendre la messe célébrée au grand autel, dit aussi « des moines », parce que le service s'était toujours fait sur le côté, au petit autel de paroisse. La nouveauté déplaît, les dimanches tumultueux s'enchaînent, et, le 3 août, à l'issue des vêpres, alors qu'on chantait le *Magnificat*, des cris éclatent dans la foule : « Ha ! on va donner la bénédiction au grand autel, sortons tous ! » La nef se vide, les cloches sonnent en alarme, trois cents personnes sont rassemblées sur le parvis, hommes et femmes, armés de pierres et de bâtons. Le curé et son vicaire, qui subodoraient les troubles, avaient demandé l'aide de plusieurs prêtres du voisinage et le renfort de la maréchaussée, présente à la messe. Au bruit de l'émeute, les gendarmes n'osent plus sortir de l'église, ils redoutent « la rage et le dessein prémédité de cet attroupement qui voulait fondre sur [eux] » ; les voilà claquemurés jusqu'au soir avant de reprendre leurs chevaux à l'auberge pour traverser une haie de cris et menaces, sous la protection de « quelques gens notables ». Parmi ceux-là, l'avocat Gautier, qui fait valoir aux paysans les risques encourus, et les procès ruineux s'ils s'entêtent. Un des meneurs lui répond qu'il était, pour sa part, « né sans bien et que quand il mourrait de même, cela lui était indifférent »[34]...

Fêtes anciennes, processions

Le remaniement du calendrier festif provoque d'autres traumatismes. Les évêques avaient à cœur de réduire le nombre des jours chômés, ce qu'ils font à plusieurs reprises depuis la fin du XVIIe siècle, mais sans se concerter, chacun d'eux agissant à sa guise dans son diocèse.

Ces initiatives, inspirées par l'esprit de la Contre-Réforme, visaient à restaurer les valeurs du travail et de la bonne morale, les fêtes donnant lieu, comme on sait, à toutes sortes d'« abus », et favorisant les déviances cultuelles. Dans les paroisses, la suppression de réjouissances coutumières et le fréquent report au dimanche de la fête du saint patron soulèvent des bouffées de mauvaise humeur allant parfois jusqu'au tumulte. Le mécontentement s'exprime surtout dans la seconde moitié du XVIIIe, époque où les évêques multiplient les ordonnances à ce sujet. Le repérage émeutier signale entre autres l'affaire de Marnay, le 15 mai 1765. Dans ce village de Bourgogne, les habitants prétextaient un ancien usage pour passer la veille de l'Ascension dans l'église, y manger et boire à volonté, sonner les cloches à leur fantaisie, en excluant le curé de leur rituel — des saturnales printanières en quelque sorte. Cette fois, le curé proteste et appelle les gendarmes pour faire dégager les lieux, mais l'intervention tourne mal, les femmes comme les hommes injurient les cavaliers et leur jettent des pierres en criant « que les cloches étaient à eux et qu'ils se moquaient des défenses »[35]. Autres remous protestataires à Saint-Cirgues d'Auvergne en 1782. L'évêque de Saint-Flour prétend supprimer la fête de sainte Juliette, très anciennement vénérée sur place, et quelque deux cents personnes se heurtent à la maréchaussée venue de Langeac[36]. L'année suivante, en Picardie, ce sont les habitants de Chaulnes, près de Péronne, qui se fâchent : leur curé, sans doute sur ordre, a décidé de transférer au dimanche suivant la fête du 23 mai en l'honneur de saint Didier. Dès le 22 mai, malgré l'interdiction, les cloches sonnent à grand branle — à partir de « dix heures cinquante-deux minutes du matin », nous dit le curé qui a reconstitué avec une minutie rageuse la chronologie du scandale. À l'entrée de l'église, « une multitude de mutins » l'accablent de « mauvais propos » ; il demande de l'aide, aucun notaire ou officier local n'accepte de dresser procès-verbal ni même d'intervenir. Dans la soirée, les « séditieux » tirent à nouveau la grosse cloche « à minuit moins le quart », puis les trois petites, de dix minutes en dix minutes « jusqu'à quatre heures trente » du matin. L'agitation reprend au petit jour ; un brouhaha s'élève, « semblable à celui d'une foire », quand il veut pénétrer dans l'église pour la messe basse. Incidents cocasses, suivis d'une grosse procédure. Parmi les mutins, un couvreur de tuiles, un faiseur de bas, un manouvrier, des notables aussi tels l'huissier Guillot, et beaucoup de femmes et de filles comme « la » Marie Mansart qui a arraché la clé de l'église des mains du magister (ou maître d'école). Si l'on ne réduit pas ces gens-là à la raison, écrit le curé, tous les villages voisins en profiteront pour célébrer à leur mode le « jour naturel de leur patron »[37] !

Le catholicisme réformateur s'en prend aussi aux « excès » des rites processionnaires qui attirent régulièrement les foules paysannes et urbaines. Les paroissiens tiennent à ces démonstrations de plein air qui miment si bien les grandes émotions de la vie collective, mais là encore beaucoup de prêtres et d'évêques veulent faire le ménage. Ils se disent fatigués de ces gesticulations et lointains pèlerinages qui offrent à leurs ouailles trop d'occasions de plaisirs et débordements. Dans les temps difficiles, quand le climat se gâte, quand l'épidémie menace, ils hésitent aussi à se prêter à des rituels conjuratoires si manifestement païens : processions pour la pluie, pour le soleil, contre les hannetons, contre la peste, etc. De surcroît, ces pieuses parades risquent d'échapper à leur contrôle, car elles sont prises en main par les confréries locales, et elles encouragent la dévotion aux chapelles secondaires au détriment de l'église paroissiale.

L'Église essaie donc de réfréner ces cohortes défilantes. En juillet 1696, l'évêque de Tulle refuse d'ordonner une procession pour le beau temps ; fâcherie du petit peuple de la ville qui tente, un dimanche au soir, de forcer son palais, sans succès, et ses domestiques sont maltraités dans la rue[38]. Tumulte en août 1755 dans l'église de Caux, près de Carcassonne, lorsque le vicaire invoque un mandement de l'évêque pour s'opposer à une procession contre les orages. La nef se vide au milieu des cris injurieux : « Il faut leur tirer un coup de fusil ! L'évêque est demi-huguenot ! Il ne faut plus venir à l'église ni se confesser !... »[39]. À plusieurs reprises — en 1758, 1766, 1770, années mauvaises —, le conseil de ville de Chambéry, par souci de popularité, soutient les paroissiens contre l'official du diocèse, Révérend Alex, qui refusait de faire promener à travers les rues le crucifix de Sainte-Claire-en-Ville, réputé miraculeux[40]. En juin 1783, à Paris, la procession de la paroisse Saint-Merri tourne mal quand le curé ordonne de rebrousser chemin à cause de la pluie qui commence à tomber. « Il s'élève à l'instant de tels murmures, lit-on dans le Journal de Hardy, et la rumeur populaire est poussée si loin, que nonobstant la garde préposée pour maintenir le bon ordre, ledit sieur curé se voit forcé de sortir, de continuer sa procession, et de recevoir ainsi scandaleusement la loi du menu peuple qui criait hautement que le clergé n'était pas fort à plaindre, puisqu'il avait une année entière pour se sécher »[41]. Sans aller jusqu'à la rébellion, ce désordre témoigne de l'attachement du petit peuple à des formes très anciennes de religiosité. Ainsi la procession au tombeau de sainte Geneviève reste étonnamment vivace jusqu'à la Révolution et même au-delà. Au mois d'août 1789 encore, la rue Saint-Jacques donne passage à de grandes foules, des femmes surtout, bannières paroissiales en tête, avec symphonies et pains à bénir. Plusieurs journées de suite, les immenses cortèges vont spontanément implorer la protection de la patronne de la capitale en ces temps de troubles où l'ancien et le nouveau cheminent côte à côte[42].

Sépultures

Tout cela, qui peut sembler vétilles, s'inscrit dans un contexte de changements perturbateurs pour les fidèles. Ils tiennent bien sûr à leurs habitudes, mais aussi au monde enchanté que le rationalisme ambiant entame à petit bruit. Au premier rang des remises en cause traumatisantes, il faut mettre la question des sépultures et des cimetières. Les historiens ont déjà suffisamment éclairé la philosophie et les étapes de ce renversement de perspectives lié aux Lumières. Au nom de considérations hygiénistes, on découvre qu'il convient d'écarter les morts de l'espace des vivants. D'où l'interdiction d'ensevelir désormais dans les églises, et le transfert des cimetières en dehors des zones urbaines, réforme amorcée ici et là à l'échelle du royaume dans les années 1760.

Les sommités médicales approuvent, les élites applaudissent, les responsables légifèrent et entreprennent le déplacement des tombeaux. L'opération, techniquement complexe, se révèle dispendieuse et surtout impopulaire. Mettre fin à la proximité physique avec les disparus portait atteinte à une vision profondément ancrée et très cohérente qui faisait de l'église le foyer rayonnant d'une sacralité répandue sur ses alentours. La terre arrosée par les eaux de pluie de la toiture de l'édifice, le *stillicidium*, avait des vertus particulières, absentes en tout autre lieu. D'autre part, le corps générationnel était senti comme un tout : la proximité des membres invisibles perpétuait souvenir et mémoire et continuait d'inspirer les conduites des vivants. En reléguant les morts, on interrompait le dialogue. Sans parler des innombrables problèmes matériels entraînés par les nouvelles mesures. Le déferlement des écritures publiques atteste la difficulté : choix d'autres espaces de sépulture, coût des opérations, consécration des nouveaux lieux, transfert des ossements, parcours et rituel à réinventer pour les cortèges[43]...

Les troubles que nous avons pu recenser se limitent à une quinzaine d'émeutes, parfois violentes. L'affaire de Toulon, bien antérieure, puisque survenue en février 1665, aide à prendre la mesure des réactions du groupe quand on touchait à ses morts, quelles qu'en fussent les raisons. Dans la ville menacée alors par l'épidémie déjà dans les faubourgs, les consuls imposent d'enterrer à l'écart les cadavres des pestiférés. La populace s'ameute, plus de six cents femmes s'opposent à l'enlèvement d'un corps — s'agissait-il vraiment d'un pesteux ? — et parviennent à le faire inhumer dans la cathédrale, selon la coutume[44]. Dans ses motifs et dans ses formes, cette « sédition », dénoncée comme telle par les autorités provinciales, préfigure les désordres qui agitent les paroisses de Bretagne à la jointure XVIIe-XVIIIe. C'est toujours l'atteinte à la coutume qui déclenche les fureurs, ici les arrêts du parlement de Rennes interdisant qu'on continue à ensevelir dans les églises, à l'exception des bienfaiteurs reconnus. En septembre 1689, lors d'une tournée pastorale, l'évêque de Vannes est couvert d'insultes par les paroissiens de Sulniac qu'il invitait à se conformer au nouveau règlement. Il a beau mettre en avant la « décence » du culte, leur promettre qu'ils n'auront pas à payer, rien ne peut les calmer, et un certain Simon dit Chrétien, cabaretier de son état, tient des propos arrogants consignés dans la plainte de l'évêque. « Élevant la voix extraordinairement, [il] nous a dit en ces termes : "Vous voulez établir une maltôte sur nous, mais nous ne la souffrirons pas et nous vous ôterons vos dîmes", [...] sur quoi [...] l'ayant interpellé de nous dire son nom nous a répondu aussi en ces termes : "Je m'appelle Chrétien, je ne vous crains pas", [... et] au même moment tous les paroissiens présents au nombre de plus de deux cents se sont criés contre nous tumultueusement : [...] "Voilà encore de belles visites, nous avons bien à faire de vos visites"... » Les gens de la suite épiscopale sont frappés, traînés dans le cimetière par les cheveux, l'évêque a tout juste le temps de se réfugier au presbytère dont les portes et les fenêtres sont attaquées à coups de pierres « comme pour les forcer »[45]. Des incidents du même type surviennent cette année-là à Questembert, terroir tout proche. Le parlement de Rennes renouvelle solennellement les interdits, mais la résistance continue. En 1721, ceux d'Elven procèdent « de force et de violence » à des inhumations dans l'église en insultant recteur et prêtre[46]. À Glénac, près de Redon, une femme « écumante de rage » soulève la paroisse, un jour de mai 1725, pour empêcher que le corps d'une défunte, sa propre sœur, ne soit déposé au nouveau cimetière, dans une fosse déjà ouverte. Curé et recteur sont contraints d'abandonner le cadavre que les mutins enfouissent aussitôt dans l'église, sous le dallage. L'affaire a tant d'éclat que les gens des Fougerêts, paroisse voisine, s'opposent à l'achèvement du pavé de leur église, refait à neuf, et veulent qu'on y laisse un endroit découvert pour continuer les inhumations[47].

Mêmes causes, mêmes effets, un peu plus tard en Auvergne. En juin 1746, une émeute est signalée près de Brioude à Lavaudieu, un jour d'enterrement. L'ancien cimetière a été désaffecté sur ordre de l'évêque de Saint-Flour, mais les habitants prétendent y faire la cérémonie. Subdélégué et maréchaussée sont venus sur place. Voici que la cloche sonne l'alerte et qu'ils se trouvent entourés par « une quantité prodigieuse d'hommes, femmes et enfants », criant que les obsèques auront lieu comme autrefois, « quelque ordre qu'il y eût ». Les officiels préfèrent se mettre à l'abri — « et les avons laissés les maîtres, nous étant retirés dans l'abbaye des dames de ce lieu ». Alors les paroissiennes s'emparent de la défunte et la transportent à l'église, puis jusqu'à une fosse déjà ouverte dans l'ancien cimetière où l'une d'elles jette sur le cadavre deux ou trois poignées de terre. Il s'ensuivra des arrestations. Le subdélégué aurait souhaité des sanctions sévères contre les mutins qui « s'étaient vantés de faire brûler la maison du curé et celle de l'abbesse » ; l'intendant calme le jeu, invoquant les moissons pour faire libérer la dizaine de paysans arrêtés[48].

La fameuse déclaration royale du 10 mars 1776 — prescrivant partout l'éloignement des cimetières — ne réussit pas à persuader le pays profond. Il n'est pas sûr que le dernier quart du siècle ait été marqué à tous niveaux par une laïcisation des esprits, un refoulement du sacré, une séparation d'avec les morts. L'examen des archives fait apparaître une vérité plus nuancée. Dans les faits, nombre de paroisses ont joué l'inertie ou usé de méthodes dilatoires. Les plaintes et recours qui peuplent les dossiers Joly de Fleury, procureur général au parlement de Paris, attestent l'attachement aux lieux de sépulture traditionnels, et la résistance judiciaire l'emporte largement sur les actions directes. Celles-ci, peu nombreuses, sont parfois spectaculaires. En Anjou, les gens d'Érigné s'opposent à plusieurs reprises au transfert de la croix stationnale depuis l'ancien cimetière jusqu'au nouveau en novembre 1777. Ils agressent les ouvriers qui ont besoin de la protection de la maréchaussée pour finir le travail ; mais les habitants procèdent alors à un « enlèvement nocturne et furtif des bras de la croix, qu'on n'a pu retrouver ». Dans la foulée, ils choisissent pour syndic l'un des mutins, un tonnelier, pourtant sous le coup d'un décret de prise de corps. L'élection, bien sûr, est immédiatement cassée, mais les « cabaleurs » récidivent et confirment leur choix, annulé une seconde fois par les magistrats. L'affaire est commentée sur le grand ton par M. de Gibot, marquis d'Érigné, déjà en conflit avec les paroissiens à propos d'un récent triage de communaux : *« Ce sont des geans d'un caractère extrêmement dur, habitant les bors de Loire et qui [...] ne connaisse de loix que celle qu'ils veullent en imposer a leurs seigneur et a leurs curés »*[49]. De même, longs mois de troubles ouverts dans une paroisse de Picardie, Le Hamel, près de Corbie. Le 28 juillet 1778, plus de deux cents hommes et femmes, brandissant faucilles, bâtons et cailloux, agressent l'archidiacre venu pour la bénédiction du nouveau cimetière. Ils le chassent de l'église ainsi que les gendarmes présents, menacent de sonner le tocsin sur eux, criant « qu'ils périraient plutôt et que cent cavaliers de la maréchaussée ne seraient pas en état de les faire [soumettre] ». En réplique, l'interdit est jeté sur l'église et le cimetière « jusqu'à ce que la profanation commise dans le lieu saint ait été solennellement réparée ». Les villageois s'en prennent alors à la seigneuresse, accusée de vouloir annexer à son domaine le terrain de l'ancien cimetière : « Ils gémissent sous le fléau cruel d'un interdit local. Leurs enfants ne peuvent être baptisés qu'à une lieue de leur paroisse, au péril de leur vie. Les morts s'enterrent indignement au loin. Leur curé vendu à la Dame du lieu les traite de damnés »[50]. En 1779, le nouveau cimetière de Caylus, dans le Quercy, est démoli par un « peuple mutiné et révolté » qui accueille à coups de fusil la maréchaussée venue rétablir l'ordre. Une quarantaine de personnes sont impliquées dans l'affaire et vingt-quatre décrétées de prise de corps[51].

Pas d'acte de violence collective relevé dans les grandes villes, sinon à La Rochelle en 1778. Ici c'est un curé, celui de Notre-Dame, qui encourage les paroissiens à résister. Dans ses harangues, il les fournit en arguments : le cimetière projeté sera d'accès difficile, hors des remparts ; les cortèges auront peine à s'y rendre et ils devront suivre un parcours déshonorant entre la voirie (décharge publique) et les fourches patibulaires ; enfin, il serait paradoxal, dans une ville farcie de protestants qui ne croient pas à la piété envers les défunts, de laisser les uns continuer à inhumer à leur mode, dans l'enceinte même de la ville, et d'obliger les autres, les catholiques, à expulser leurs morts hors les murs. Ainsi chauffée, une foule menaçante, près de deux mille, attend le procureur du roi et les experts venus inspecter les lieux avant transfert, les 8 et 9 novembre 1778. Sabre au clair et baïonnette au fusil, la garde et les grenadiers chargent les manifestants qui se barricadent dans l'église. Nous ignorons la suite de l'affaire, mais le déplacement, longuement retardé, ne sera effectif qu'après la Révolution[52].

Quelques émotions éclatent enfin au moment même du transport des cadavres vers les nécropoles autorisées. On n'était pas habitué à ces charrois funèbres à travers les villes. À Paris, tout se passe dans le calme, mais Sébastien Mercier évoque l'espèce d'horreur sacrée qui saisit les habitants au spectacle de l'exhumation des débris du cimetière des Saints-Innocents[53]. Un médecin réputé, le sieur Thouret, décrit les longues suites de chariots chargés d'ossements, « s'acheminant au déclin du jour vers le nouvel emplacement préparé hors les murs pour y déposer ces tristes restes » au lieu-dit La Tombe-Issoire ou à Montrouge[54]. À Lille, le 16 août 1779, plusieurs paroisses s'agitent lorsque l'autorité veut déplacer vers les nouveaux cimetières les corps récemment ensevelis aux lieux coutumiers. Un des incidents met en scène les fidèles lançant des pierres sur le corbillard pourtant encadré par quatre soldats ; un manifestant est arrêté par un fusilier, celui-ci à son tour désarmé par la foule qui lui brise son arme. Au retour du cimetière, le char vide est attaqué à nouveau, fracassé et jeté à l'eau. L'agressivité se tourne naturellement contre le véhicule, symbole de la rupture physique entre le mort et les vivants qui, jusque-là, portaient le cercueil « à l'épaule » vers sa tombe proche, dans ou autour de l'église, en présence de la famille et de la communauté. De même à Cambrai, en avril 1786. La cérémonie, célébrée à Saint-Nicolas, tourne à l'émeute quand il s'agit de transporter le mort jusqu'au nouveau cimetière : malgré la présence des magistrats de la ville venus avec des forces de police, le tumulte éclate, on grimpe sur les autels en criant « Ils ne l'auront pas ». Les moines de l'abbaye du Saint-Sépulcre — dont dépend l'église — se mettent du côté du populaire ; et ce sont des hommes du quartier qui, comme avant, portent le mort à bras jusqu'à son tombeau. Prudemment, les autorités préfèrent gracier les coupables et suspendre l'obligation du transport en char, en autorisant les parents à suivre le convoi[55]. L'opinion accepte mal la dissociation du temps sacré, la cérémonie des funérailles, et du temps laïc, l'ensevelissement.

N'est-ce pas sortir de la vérité statistique que de valoriser des cas somme toute peu nombreux à l'échelle du royaume ? Ce qu'ils livrent de charge symbolique, de fidélité au communautarisme ancestral, fait pourtant leur richesse. Les impératifs matériels finiront par imposer la séparation, mais cette question complexe, qui touche à l'urbanisme et à la police des villes tout autant qu'à la religion ou aux mœurs, ne trouvera pas de solution d'équilibre avant un tardif XIXe siècle.

Groupes tabous

De fait, le cimetière proche aidait à ancrer l'image du groupe paroissial dans son épaisseur temporelle et son marquage territorial. Aïeux, parents, alliés ou accointés y restaient aussi voisins que dans leur vie terrestre. Solidarité quasi clanique, qui se traduisait dans un mouvement inverse par l'exclusion des autres hors de l'espace sacré, parfois même hors de la vie collective.

Quels étaient ces *autres*, dont la compagnie, morts ou vifs, était jugée indésirable ? Ne parlons pas des « mendiants d'habitude », allant et quêtant avec besace ou panier, figures familières que les maisonnées prennent sous leur protection ; ni des pèlerins de toujours qui s'arrêtent au passage pour l'aumône et le gîte ; pas davantage des saisonniers loués pour les moissons et vendanges, ni des soldats démobilisés errant en bande. Tous ceux-là, on les accepte, tant bien que mal. On supporte même les nomades installés pour quelques jours aux frontières du terroir, bohémiens ou autres « égyptiens », vendeurs de corbeilles et voleurs de poules. On préférerait les voir ailleurs et l'on prend des mesures pour les faire déguerpir, mais il n'apparaît pas que leur présence ait nulle part provoqué de troubles majeurs assimilables aux « émotions ». En revanche, d'autres groupes humains, anciennement établis, sont dits et sentis différents par nature, traînant une réputation d'impureté, de souillure. Enfermés dans un statut de mépris, il arrive qu'ils soient victimes d'une hostilité ouverte débouchant sur des violences collectives dès qu'on les soupçonne d'avoir transgressé les limites de la coexistence tolérée. Le tabou renvoie à des peurs, des dégoûts archaïques visant des catégories professionnelles, religieuses ou ethniques. Très rares — à peine une dizaine de cas —, ces émeutes spécifiques illustrent une forme de préjugé ambiant, de racisme social sécrété par des milieux homogènes clos sur leur identité.

Les troubles, étroitement localisés, prennent pour cible des minorités en discrédit établies plutôt en ville ou sur des zones frontalières. Ainsi des juifs, rejetés hors du salut par une longue tradition d'antijudaïsme d'Église. Toutefois, cette réprobation morale diffuse s'accompagne rarement d'explosions hostiles pour la période étudiée. Relativement peu nombreux — quarante ou cinquante mille individus installés dans le Sud-Ouest, à Paris, en Lorraine, en Alsace ou dans le Comtat Venaissin —, ils vivent en communautés sous la protection du roi en France ou du pape en Avignon. Libres de pratiquer leur religion, ils restent exclus du droit civil et soumis, dans leur quotidien, à une série de mesures ségrégatives à la fois vexatoires et protectrices : port d'un vêtement distinctif, regroupement dans des quartiers réservés, interdictions professionnelles, etc. Situation inférieure, sans aucun doute, mais vécue sur le mode du *statu quo.* Pas plus de deux ou trois actes agressifs signalés, rien d'assimilable à des pogroms organisés, et à chaque fois les pouvoirs locaux interviennent pour rasseoir les esprits. À Metz, au début du siècle, la découverte d'un enfant noyé dans la Moselle provoque un attroupement de plusieurs centaines de personnes devant la maison d'un juif, et la communauté, prise de peur, demande la protection des autorités[56]. En janvier 1752, le marquis d'Argenson signale dans son *Journal* une « révolte » survenue dans cette même ville « contre les juifs » au sujet, écrit-il, « d'une femme accusée d'impiété et de sacrilèges de la sainte eucharistie » ; on aurait voulu les massacrer et piller la synagogue, mais la garnison aurait empêché « la furie de cette populace » — aucune trace de l'incident par ailleurs, rien ne prouve que la rumeur ait dit vrai[57]. Un affaire plus crédible, et qui aurait pu très mal tourner, éclate en mars 1754 à Bordeaux où les jurats doivent intervenir pour calmer plus de deux cents étudiants et clercs de procureurs qui s'en prennent aux juifs de la rue Bouhaut, brisant à coups de pierres les vitres et les portes des maisons[58].

Plus nombreux et mieux connus, les incidents qui dressent les populations rurales contre certains groupes professionnels marqués d'infamie, tels les *caquins* de Basse-Bretagne et les *cagots* du Sud-Ouest, héritiers du discrédit qui frappait au Moyen Âge les malheureux lépreux et leurs descendants. En Bretagne, une ordonnance ducale de 1475 avait interdit à ceux qu'on appelait les *caquins* ou *cacous* toute activité autre que celle de cordier, métier réputé ignominieux. Bien après la disparition de la lèpre, des générations de cordiers vivaient toujours aux marges des communautés dans des hameaux à eux (maladreries, *caquineries, magdeleines, kerclan...)* où ils formaient une sorte de micro-société endogamique exclue des honneurs, charges et privilèges des autres habitants. C'était un monde à part, avec sa chapelle et son cimetière. Les curés enregistraient leurs naissances sur les pages spéciales réservées aux enfants illégitimes. Ils étaient admis à l'église aux grands offices religieux, mais dans un espace réservé, au bas de la nef, sous les cloches. Ils ne pouvaient pas non plus prendre le pain bénit comme les autres, le recevant dans la main ou au fond d'un chapeau, et ils se le distribuaient entre eux. Leurs baptêmes et leurs mariages étaient tolérés dans l'église paroissiale, mais, par crainte d'une proximité maléfique, on leur refusait le droit d'y être enterrés non plus que dans le cimetière commun, en dépit des efforts du clergé et de la justice pour combattre cette exclusion.

Archaïsme perdurable, dont l'enquête a saisi au vol une trace haute en 1647, quand la populace fait sortir du cimetière de Saint-Brieuc le cadavre d'un cordier, « comme étant de la race des *caquins* »[59]. Dans notre chronologie, la paroisse de Pluvigner, au nord d'Auray, se signale en 1687-1688 pour des affaires similaires[60]. Une première fois, en mai 1687, les habitants, armés de pierres, s'opposent à l'inhumation dans l'église paroissiale d'une femme de cordier. Le sénéchal, accouru en robe de palais pour les ramener à la raison, affronte deux ou trois cents furieux criant « que quand le roi y serait, on empêcherait bien qu'on enterrât les cordiers dans l'église ». Les femmes sont les plus ardentes ; il veut saisir l'une d'elles, elle réussit à s'échapper et c'est lui qui doit prendre la fuite sous les coups. Pendant trois jours, le cadavre reste sans sépulture, profané par des enfants et des inconnus, à demi dévoré par les chiens ou les porcs jusqu'à ce que les *caquins* se résignent à l'ensevelir dans leur chapelle. Quant au recteur, étranger au pays comme aux préjugés de ses paroissiens, il a été prévenu que s'il s'avisait « de vouloir enterrer quelque habitant du village de la Magdeleine en son église, il serait le premier tué et jeté dans un fossé comme un chien ». Récidive en janvier 1688. Un cortège funèbre — encore un cordier — conduit par le courageux recteur ne peut pénétrer dans l'église, les femmes s'emparent du cadavre et le traînent sur le chemin. Le sénéchal et ses hommes sont accueillis par des insultes en dialecte breton : « Voici des juges d'Auray qui ne sont que des juges de *caquins ;* il faut leur casser la tête. » Le groupe pénètre malgré tout dans l'église dont on ferme la porte et l'inhumation a lieu, mais les habitants les attendent à la sortie. Véritable scène d'émeute : quatre cents personnes prennent sous les pierres le recteur et les magistrats qui, « éclopés pour la plupart », atteignent l'auberge pour reprendre leurs chevaux, mais il leur faut encore tirer des coups de pistolet en l'air pour s'ouvrir un passage dans la foule. Dès le lendemain, le pauvre *caquin* sera déterré et jeté sur le chemin de la Magdeleine. Cette fois, la justice intervient avec fermeté : elle impose l'inhumation définitive dans l'église et entame des poursuites avec monitoires. Il y a des arrestations et condamnations : deux au bannissement et quatre à la potence, dont deux par contumace. Il est fait appel de la sentence, mais les archives n'en disent pas davantage.

Dans le Pays basque et le Béarn, en Armagnac et en Gascogne, nous retrouvons ces communautés prétendûment issues de lépreux. On les nomme ici *cagots*, et ils sont plutôt spécialisés dans les métiers du bois. Écartés de la vie municipale comme des confréries et autres associations pieuses ou festives, ils accèdent à l'église par une porte réservée et ont leur bénitier distinct. En 1706, les *cagots* de Condom portent plainte contre les habitants du hameau de Lialores qui ont empêché par force et violence l'enterrement dans le cimetière commun de la fille d'un maître charpentier nommé Arboucan. Tout repart en février 1710, à la mort d'Arboucan lui-même : une foule d'hommes et de femmes s'assemblent « tumultuairement » pour s'opposer au creusement de la fosse, et le corps reste un temps sans sépulture dans la sacristie. De même à Biarritz, où les cagots occupent dans l'église un espace assigné. Le tapage s'élève — « Alerte ! Alerte ! » — le dimanche 29 août 1723 quand un sergent royal vient lire aux fidèles une sentence du parlement de Bordeaux interdisant cette relégation. Les femmes, ou peut-être les hommes déguisés, se déchaînent contre l'orateur. L'assemblée s'est munie de projectiles pour l'aveugler, chaux vive, sel, cendres et même, selon les rapports, de l'huile de baleine ! On essaie de lui arracher son papier, et il doit se retirer avec les archers qui l'accompagnaient sans avoir reçu d'aide ni des prêtres ni des jurats. Le parlement ordonne une enquête et réitère ses défenses par un nouvel arrêt qui porte, *manu proprio*, la signature de Montesquieu… En guise d'excuse, les jurats allèguent qu'il leur sera difficile de faire exécuter une décision si contraire aux croyances et usages du pays : « Nous prévoyons des choses extraordinaires et capables de mettre le feu dans notre paroisse : nous sommes menacés par toutes nos femmes, qui sont en très grand nombre, que les galeries de notre église seront abattues, le sol dépavé, les ornements arrachés de notre sacristie et notre cure sans dîme et sans offrande, nous craignons même avec raison que ces violences s'étendent dans d'autres paroisses de Labourd... »[61]. Ici, comme en Bretagne, il faudra toute l'insistance des autorités judiciaires et du haut clergé — l'évêque de Bayonne prendra la défense des *cagots* — pour en finir avec les pratiques de rejet. Mais, au XIXe siècle encore, le discrédit populaire continuera à peser sur ces lignages d'intouchables.

2. LES RÉFORMÉS FACE À L'INTOLÉRANCE

Le même temps associe les conflits ponctuels et les grands affrontements historiques. À la suite des guerres de Religion, malgré l'échec, dans les années 1620, des tentatives militaires de Rohan et autres éperviers du parti huguenot, le rameau calviniste a continué à bourgeonner. En 1629, l'édit de grâce d'Alès confirme le principe de la coexistence confessionnelle tout en réduisant les garanties que l'édit de Nantes avait accordées aux protestants. S'ouvre en fait une ère de tracasseries diverses et de lent grignotage des faibles avantages acquis.

Passé la Fronde, Louis XIV décide de parfaire l'ouvrage et de liquider un dualisme inconciliable avec sa conception du catholicisme étatique. Tous les moyens lui sont bons pour accélérer l'unification religieuse du pays où les protestants représentent encore près de

Illustration 16. La démolition du temple de Charenton (novembre 1685)

Figure 12. Mesures dirigées contre les protestants (1631-1689)

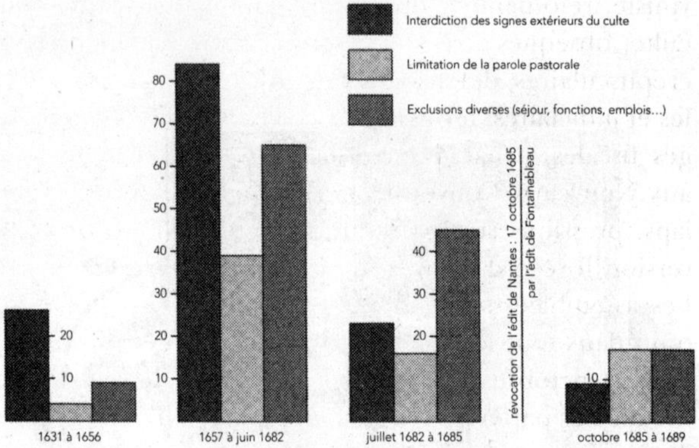

D'après J. Garrisson, *L'Édit de Nantes et sa révocation*, Le Seuil, 1985, p. 279.

huit cent mille individus. Les interdits se succèdent sous forme d'arrêts du Conseil, déclarations, édits, arrêts parlementaires, ordonnances des intendants et autres oukases publiés en rafales depuis la mi-siècle, avec des pointes marquées en 1663 et dans les années 1680 (cf. figure 12). Sous le prétexte d'appliquer l'édit « à la rigueur », on dénonce « les innovations et contraventions » faites aux textes par « ceux de la RPR » (religion prétendue réformée). Des centaines de lieux de culte sont déclarés irréguliers, la parole pastorale est étouffée et une série de mesures transforment les réformés en sujets de seconde zone. Politique apparemment unanime, impulsée du sommet, fourbie par les assemblées du clergé et relayée par les parlements à seule fin de permettre au Roi-Soleil d'apparaître comme le champion universel de la catholicité la plus pure :

interdiction des synodes nationaux (depuis 1659) et des colloques, abolition des signes d'appartenance calviniste, refoulement des manifestations extérieures du culte, obsèques fixées aux seules heures matinales ou crépusculaires, défense d'exercer les charges municipales et judiciaires, fermeture d'écoles, amendes, surcharges fiscales, achat des consciences, faveurs accordées aux Nouveaux Convertis, lourdes peines contre les relaps, pressions sur les mourants, enlèvements et conversion forcée d'enfants, dragonnades, harcèlement... Les assemblées sont interdites, l'encerclement va bon train dans tout le royaume, 587 temples détruits entre 1657 et octobre 1685[62]. Quelques phases plus clémentes, dictées par la politique extérieure ou par les efforts des « accommodeurs de religion », ne modifient pas fondamentalement l'axe de la politique répressive. La grande huguenoterie se montre timorée et prête à plier. Des « stars » se laissent séduire, comme Turenne, et vont jusqu'à l'abjuration — choix parfois sincère, le plus souvent dicté par la prudence et les ambitions de carrière. Par ailleurs, les troupes prennent position dans les régions sensibles, les garnisaires s'installent, et le recours à la force publique, inauguré par Marillac en Poitou, gonfle de façon spectaculaire les tableaux de conversions. Si bien que les intendants adressent à Versailles des rapports triomphaux. Et Louis XIV paraphe sans frémir, le 17 octobre 1685, l'édit de Fontainebleau qui proclame l'unité spirituelle du royaume. Il peut dès lors prétendre avoir terrassé l'hérétique et se dire plus catholique que l'empereur d'Autriche, réputé sauveur de la chrétienté depuis la victoire du Kahlenberg sur les Turcs, plus catholique même que le pape et les ultramontains auxquels il vient de s'opposer durement à propos de la régale et de la nomination des évêques…

Préludes à la Révocation

La vérité officielle s'arrête aux apparences. Elle fait bon marché des mouvements de profondeur. Tout un courant historien, jusqu'à une époque récente, a présenté ce quart de siècle comme un temps de prostration huguenote ou d'impuissance plaintive. Le sursaut aurait attendu l'aube du XVIIIe siècle, avec la révolte des Camisards. Pourtant, une recherche attentive avait déjà fait surgir non de quoi bouleverser l'image, mais de quoi la corriger sérieusement. Notre enquête contribue à renforcer la thèse que l'histoire du refus protestant ne se déclinerait pas sur le seul mode de l'héroïsme tardif[63]. Elle révèle une réalité plus complexe, qui combine les différentes stratégies de survie mises en œuvre par les persécutés. Adaptant au cas huguenot la problématique des conflits proposée par A.-O. Hirschman, je dirai qu'il y avait quatre façons possibles de réagir sous l'orage : le dialogue, la « défection », la fuite, l'affrontement[64]. Le dialogue correspond à l'attitude des réformés qui épuisent les ressources de l'arsenal légal, recourent aux tribunaux, voire au Conseil du roi. Les églises, les synodes tentent des démarches directes, le député général de « ceux de la RPR » transmet leurs requêtes au souverain — combat perdu d'avance. Seconde voie, la « défection », c'est-à-dire la conversion, presque toujours imposée, débouchant sur l'aventure amère des Nouveaux Convertis, phénomène flou, non chiffrable, majoritaire sans doute, sans que rien permette de faire le tri entre ceux qui ont adhéré sincèrement et ceux qui n'ont accepté que « des lèvres », en restant fidèles dans leur for intérieur à la croyance première. Troisième issue, la fuite, c'est-à-dire l'exil à l'étranger : cet événement historique de première importance a concerné des dizaines de milliers d'individus dès avant la Révocation. Il a joué un puissant rôle d'adjuvant dans ce que Paul Hazard a appelé « la crise de la conscience européenne », étape décisive pour le devenir politique et culturel de l'Occident. Tout cela pour mémoire, car, dans la panoplie des comportements défensifs, ne sera retenu ici que l'affrontement, c'est-à-dire l'opposition rébellionnaire collective.

Sur ce point, l'enquête apporte une matière convaincante dans la mesure où elle amène à rassembler des éléments soit inédits, soit localement connus pour eux-mêmes, mais qui, mis en gerbe, prennent une autre signification. De 1661 à la Révocation, une trentaine d'épisodes d'importance diverse témoignent de la présence pugnace du groupe, du moins dans ses couches basses. Les protestants y figurent comme protagonistes, sans qu'on puisse toujours démêler s'ils ont le rôle d'agresseurs ou d'agressés dans les incidents. Le recours à la violence constitue parfois une réplique à des provocations directes, et l'on songe aux accès de férocité du petit peuple catholique chauffé à blanc par des prédicateurs démagogues. Il peut aussi marquer l'étape ultime du refus latent, qui franchit alors les limites de l'intimité pour éclater au grand jour, en réponse à une somme de forcements de conscience et de brimades répressives.

La résistance, spontanée ou concertée, cristallise autour de deux pôles qui touchent à l'identité collective et aux pratiques interdites. Surgies à propos des conversions d'agonisants, du dispositif funèbre et de l'emplacement des sépultures, les violences autour des morts manifestent un pur instinct de survie du groupe. Quant aux troubles autour des anciens lieux de culte et du rite d'assemblée, ils renvoient sans doute à une stratégie commune, c'est-à-dire une volonté organisée.

Émotion à Bordeaux en 1662, quand les émeutiers catholiques brisent la porte du cimetière huguenot pour profaner les tombes[65]. En pays gardois, ce sont des protestants qui, en 1663, à Clarensac, enterrent de force un des leurs dans le cimetière paroissial ; le curé invoque l'ordonnance de l'évêque de Nîmes pour les en empêcher, mais il est gravement molesté. S'ensuivent un procès et des sentences exemplaires avec quatorze peines capitales — contumaces sans doute, puisque les condamnés sont absous l'année suivante et obligés, en compensation, de faire rebâtir l'église du lieu[66]. Ceux de Millau méprisent ostensiblement les édits royaux relatifs aux obsèques : à plus de douze cents, avec des épées, des pierres et des bâtons, ils suivent en plein jour le convoi d'une vieille mendiante « de la religion » en février 1663 ; quatre capucins, postés à l'entrée du cimetière pour constater le délit, sont pris à partie, bâtonnés et pourchassés jusqu'à leur couvent. Là aussi il y aura beaucoup d'arrestations et de lourdes peines. « Ceux mêmes qui ont été exécutés sont morts après avoir abjuré l'hérésie entre mes mains », écrit à Colbert le convertisseur Charpy de Sainte-Croix. Le pasteur Arbussi est banni du royaume à perpétuité, la communauté réformée se voit infliger une amende de 14 000 livres et les protestants de l'endroit sont exclus à jamais de toute charge municipale[67].

L'acharnement de l'Église à s'approprier les âmes au moment suprême avait de quoi scandaliser les consciences. Dès 1665, un arrêt royal obligeait les familles protestantes à laisser venir un prêtre au chevet des agonisants. Malgré les risques, quelques-uns refusent de se laisser voler leurs morts et entraînent leur entourage à l'éclat public. À Lagorce, en Guyenne, dans la juridiction de Coutras, ils sont sept, religieux et magistrats, à investir la maison d'un notable protestant à l'agonie pour obtenir sa conversion, mais une foule se rassemble, artisans et notables mêlés, le pasteur est présent, des cris retentissent — « Ni prêtres, ni moines ! », « Les prêtres sont des sorciers et des magiciens ! », « Au loup, au loup de *[sic]* curé ! » — et, pour finir, les manifestants pénètrent dans la demeure et chassent les intrus (avril 1672)[68]. À l'inverse, quand les protestants sont minoritaires, la rue appartient à la « populace » catholique qui espionne les allées et venues du dernier moment. À Paris, le célèbre pasteur Claude est assiégé par la foule dans la maison d'une mourante qu'il est venu assister rue des Marais, au faubourg Saint-Germain (1680)[69]. Troubles à Caen en janvier 1681 près de la demeure où agonise l'épouse d'un marchand : la famille tente d'écarter le clergé, mais au-dehors la foule vilipende les huguenots, le tumulte se prolonge « jusqu'après minuit » et, pour finir, les catholiques restent maîtres du corps de la défunte[70]. En septembre 1682, à Paris encore, au faubourg Saint-Marcel, la foule se rassemble, entre sept et huit cents, autour de la maison où un mourant refuse de se confesser entre les mains du vicaire de Saint-Médard : « Ils firent toutes les violences qu'on peut imaginer, lit-on dans le rapport de police, frappèrent à coups de pierres, bâtons et règles contre les portes qu'ils rompirent à quelques endroits, cassèrent toutes les vitres et s'efforcèrent d'entrer dans la maison, s'écriant : "Ce sont des huguenots et parpaillots qu'il faut assommer, même mettre le feu." » L'arrivée d'un commissaire disperse l'attroupement, le malade persiste dans son refus et meurt le lendemain[71]... Les affaires consignées sont relativement rares, considérons-les comme les buttes témoins d'une sédimentation douloureuse. Pour quelques crises survenues, combien de rébellions muettes, combien de deuils amèrement vécus dans le secret des maisons ?

La fermeture ou la destruction de centaines de lieux de culte n'a pas entraîné non plus de révoltes généralisées, même dans les régions de protestantisme majoritaire. Consignes de prudence ? Crainte devant un appareil coercitif impressionnant ? Rappelons que le temple protestant ne représente pas un espace consacré, au contraire de l'église catholique : sa réalité matérielle a tout au plus une valeur symbolique. Deux cas seulement de protestation collective tumultueuse et immédiate, l'un en Dauphiné, l'autre en Poitou. À Sainte-Croix près de Die, en novembre 1664, les fidèles, enfermés dans leur temple, refusent d'ouvrir les portes en criant qu'ils « périraient plutôt » ; les démolisseurs doivent quitter les lieux sans achever l'ouvrage pour éviter « une plus grande sédition et quelque malheur »[72]. L'autre affaire à Exoudun, près La Mothe-Saint-Héray dans le Poitou protestant : des milliers de paysans affluent pour défendre le temple en décembre 1666, à l'appel de la châtelaine. Pour cette fois ils gagnent, mais la destruction interviendra en janvier, tandis que la dame sera emprisonnée avec sa fille[73]. Cependant, les cohortes catholiques se signalent à de nombreuses reprises par leur agressivité. Manipulées par des religieux selon le modèle des émeutes ligardes, elles organisent la démolition en règle des édifices restés debout. Avril 1675 : la fameuse révolte du Papier timbré dégénère à Rennes en troubles antiréformés. Au premier rang, les élèves des jésuites et autres « personnes zélées ». Ils incendient le grand temple de Cleusné et bouleversent les tombes. Les autorités poursuivent mollement les auteurs des excès, mais obligent la ville à rebâtir le temple à ses dépens[74]. Émeutes encore en 1681 à Grenoble, Saintes, Houdan, La Ferté-Vidame, Blois ou Alençon[75]. Des groupes fanatiques pénètrent dans les édifices, brisant portes et fenêtres, déchirant les bibles et molestant les fidèles rassemblés pour le culte. Ces bouffées de violence précèdent de peu l'ordre de fermeture, comme si les troubles avaient été provoqués pour hâter les choses. À Angers, l'opération tourne au carnaval en septembre 1685, quand la jeunesse catholique prend la place des ouvriers pour abattre le temple au milieu des cris et des chants[76]. De même à Rouen, peu avant la Révocation : un gros mouvement de rues parti du collège des jésuites entraîne la masse des élèves suivie de la « lie du peuple » contre le « prêche » de Quevilly, pillé et ruiné en quelques heures[77]. Sans tarder, le parlement de Normandie prend un arrêt de démolition qui vise aussi le temple de Caen, resté debout et encore en service. S'il faut en croire Élie Benoist, chroniqueur du martyrologe huguenot, le tumulte de Caen, intervenu aussitôt, prend des allures de sombre kermesse au bruit des instruments de musique. La populace déchaînée déterre les cadavres dans le cimetière proche du temple et on a vu des profanateurs « jouer à la boule » avec les crânes[78]...

Les interdits n'empêchent pas les fidèles de se retrouver. Les synodes pastoraux, placés devant des choix difficiles, disposent d'une marge très étroite. Ils ont opté pour une parfaite loyauté monarchique sans renoncer à la mission première, maintenir vivante la foi menacée et les structures collégiales. Émissaires et mots d'ordre circulent : la similitude des messages et des formes d'action sous-entend des contacts, une concertation, une ébauche de réplique organisée entre les églises et de province à province. En 1672, le synode de Nérac, en Basse-Guyenne, recommande à chaque pasteur de « prêcher sur les masures », c'est-à-dire sur l'emplacement des temples détruits — « et que s'il venait à être pris le plus ancien irait à sa place, et ainsi consécutivement ». Suggestion reprise à Nîmes en 1678 par l'avocat Claude Brousson : que les fidèles célèbrent le culte « sur les ruines », mais sans armes, pour manifester leur détermination et tenter de peser sur la politique royale par la seule résistance pacifique[79]. Dans les années 1680, quand il apparaît que le pouvoir veut en finir à tout prix, une « infrastructure de révolte » se met en place. Le 7 mai 1683 se tient à Toulouse une entrevue secrète avec une quinzaine de pasteurs venus de Saintonge, du Poitou, du Haut et du Bas-Languedoc, des Cévennes et du Dauphiné. Le texte, adopté à l'initiative de Brousson, affirme une fois de plus la fidélité au roi et la foi en Dieu, mais il comporte un manifeste clandestin qui appelle les églises à tenir partout des assemblées le 27 juin suivant — date remise au 18 juillet —, en tous lieux, dans les temples encore debout, sur les ruines des édifices démolis, et sinon dans les prés, les jardins, les maisons. Par ailleurs, les fidèles sont invités à observer partout un jeûne public le dimanche 4 juillet. Ce programme d'action non violente, d'une grande modernité dans ses mots d'ordre, exprime « l'immense désir éprouvé par beaucoup de huguenots : celui de se trouver ensemble, de prier, de chanter, d'écouter le prêche […] tout en montrant que les religionnaires existent encore en France, prêts à mourir pour leur croyance »[80].

1683, l'été chaud des huguenots

C'était compter sans les ruses de l'Histoire, l'irruption imprévue de facteurs passionnels et politiques venus perturber le projet primitif et transformer un mouvement pacifique en révolte violente. Les uns, c'est sûr, rêvaient d'en découdre : après des décennies de brimades et de patience, enfin un appel à agir lancé en commun par des hommes respectés, de quoi reprendre courage et confiance, de quoi aussi oublier les risques réels de débordement ! Les autres, du côté catholique et royal, n'attendaient qu'un semblant de sursaut pour écraser les derniers restes d'opposition.

L'été 1683 marque donc un temps fort de la résistance huguenote avec une succession rapide d'épisodes de plus en plus dramatiques. À Nîmes, dès les 10 et 11 mai, les religionnaires osent descendre dans la rue avec épées et pistolets pour défendre leur temple, menacé selon la rumeur ; parmi eux, des femmes « toutes échevelées » criant « que c'était trop souffrir, qu'il fallait massacrer et tuer les papistes ». Les autorités s'inquiètent, l'intendant d'Aguesseau dénonce les « mauvaises dispositions », l'« insolence », l'« emportement » des émeutiers[81]. Sans tarder, selon le calendrier fixé par le comité de Toulouse, des assemblées se tiennent en Dauphiné et Vivarais, « au Désert » ou sur les ruines des temples. Veillée d'armes les 29 et 30 juillet 1683 à Chalencon, où une centaine de représentants des églises du Vivarais et du Velay, dont Isaac Homel, pasteur de Soyons, adoptent un manifeste où ils disent au roi leur volonté de se maintenir « jusqu'au dernier soupir de leur vie dans la précieuse liberté de conscience » accordée par l'édit de Nantes. « Dans l'impuissance où les Suppliants se trouvent, Sire, d'accorder la volonté de Dieu avec ce que l'on exige d'eux, ils se voient contraints par leur conscience de s'exposer à toutes sortes de maux, pour continuer à donner gloire à la souveraine M. [Majesté] de Dieu, qui veut être servi selon sa Parole... »[82]. Détermination absolue, inouïe dans le système totalitaire de la monarchie, inconcevable pour le pouvoir. Il n'en faut pas plus pour déclencher l'appareil répressif. D'Aguesseau arrive à Tournon et organise une intervention militaire de grande ampleur. Près de quatre mille hommes d'infanterie et cavalerie seront rassemblés sous le commandement de Saint-Ruth, branle-bas qui nécessite des approvisionnements considérables (vingt mille rations de pain, trois mille sestiers d'avoine pour les chevaux) et des bateaux pour le passage du Rhône[83]. Entre-temps, les groupes protestants ont renforcé la défense. Le 26 septembre 1683 au matin, les troupes royales montent en direction de Chalencon en passant par Charmes et le *serre* de Muans. L'accrochage, au hameau de L'Herbasse, est meurtrier pour le camp huguenot, « une déroute » et même une « boucherie » selon d'Aguesseau, quarante ou cinquante morts, neuf prisonniers pendus après avoir refusé d'abjurer[84]. Une rencontre non moins sanglante s'était déroulée un mois plus tôt de l'autre côté du Rhône. Le dimanche 29 août, trois escadrons de dragons avaient pillé le village de Bourdeaux, près de Crest, et taillé en pièces un fort contingent de deux ou trois cents hommes détachés du « Camp de l'Éternel », vaste assemblée de religionnaires venus écouter le prêche du pasteur Lautier dans la forêt de Saou. Là encore, on compte les morts par dizaines et les blessés sont pendus « à la tête du camp ». À Montélimar, un fils d'avocat du nom de Charnier est roué vif, « bénissant Dieu de ce qu'il lui donnait l'occasion de le glorifier »[85]. Cette fois, le pouvoir ne se contente pas de réprimer localement. La réponse s'abattra sur tous les grands espaces de la Réforme, dans l'Ouest et le Midi. Les fameuses dragonnades auront pour mission de liquider les foyers de résistance, du Béarn au Poitou en passant par l'Aunis et la Saintonge, de la Guyenne au pays de Gex à travers le Languedoc, les Cévennes, la Provence et le Dauphiné. Leur arrivée partout provoque d'immenses paniques. Saccages, cruauté, sévices de toutes sortes, ils n'ont pas besoin de tuer pour arracher des conversions en masse : par milliers, les religionnaires défilent et viennent signer les listes. Cette grande violence d'État, abondamment traitée par les historiens, s'inscrit dans un long processus réducteur couronné par l'acte politique de Révocation. Les temps semblent mûrs désormais pour faire triompher le principe « Un seul roi, une seule foi »[86].

« De misérables prédicants... »

L'édit signé à Fontainebleau en octobre 1685 achève de plonger la masse des persécutés dans le désarroi. Les uns se rallient sans retour à la religion d'État par conviction, lassitude ou intérêt — mais leur nombre est impossible à évaluer. Un très fort contingent, près de deux cent mille selon les meilleures approximations, choisit l'exil lointain. Les départs, clandestins puisque l'émigration était interdite, se sont échelonnés jusqu'en 1720 le long des itinéraires déjà suivis par les émigrés du premier Refuge, vers la Hollande, l'Angleterre, Genève, la Suisse ou les États de l'Allemagne protestante. Mais les plus nombreux demeurent sur place et pratiquent l'exil intérieur. Tout en se pliant par force au rituel du catholicisme romain sous l'étroite surveillance des curés de paroisse, ils continuent chez eux, dans le secret des maisons, à lire la Bible, dire les prières et chanter les psaumes en français. Ces Nouveaux Convertis, irréductibles au fond du cœur, forment pour le protestantisme la réserve qui va assurer sa continuité.

Quant aux pasteurs, pour la plupart ils sont sortis de France pour se conformer à l'édit qui les expulsait sous quinzaine, leur laissant le choix entre un reclassement professionnel s'ils se convertissaient et la mort s'ils désobéissaient. Mais le lien communautaire, par-delà le groupe familial, ne s'est pas défait. Les assemblées clandestines continuent à se tenir malgré le danger, selon la stratégie préconisée par Brousson en 1683. À défaut de pasteurs, ce sont les « prédicants » qui assurent la transmission de la Parole. Gens de petite condition, on les remarque peu. Tantôt maîtres d'école, tantôt laboureurs, ménagers, brassiers, bergers ou artisans, ils se glissent de hameau en hameau pour entretenir la flamme et donner les rendez-vous. Les assemblées du Désert, convoquées dans la solitude biblique des forêts et ravins, deviennent alors la « figure cardinale de la résistance » et attirent des centaines, parfois des milliers de participants[87]. Ils viennent à pied, de loin, par des chemins difficiles. Des guetteurs surveillent les accès, prêts à signaler l'arrivée des dragons. Dans une atmosphère d'angoisse et de sombre enthousiasme, la foule peine à démêler le message contrôlé de l'Évangile traditionnel, transmis par les « prédicants », et la parole délirante des « inspirés » ou « prophètes ». L'esprit de persécution, la clandestinité, l'épuisement aussi, l'absence de référents théologiques, autant de facteurs qui ont favorisé les explosions mystiques dans des groupes désespérés qui s'identifient au peuple d'Israël en pleine affliction. Des centaines d'hommes, des femmes en nombre et même des enfants, ont prêté leur corps, leur voix aux terreurs et aux fantasmes collectifs[88]. Visions d'apocalypse, accusatrices et nourries de culpabilité, appels « sans passé ni avenir », comme un « travail de sépulture » qui serait la négation à la fois du temps présent et du temps de l'histoire pour reprendre les mots de Daniel Vidal. Les risques sont immenses, encore aggravés par la déclaration royale de juillet 1686 qui prévoit la peine de mort pour les ministres restés dans le royaume ou revenus, comme pour tous ceux qui « seront surpris faisant des assemblées ou quelque exercice de religion autre que la catholique ».

Les sources ne permettent pas d'établir le calendrier des réunions clandestines, une multitude, qui ont tissé l'histoire des « églises sous la croix », c'est-à-dire du temps de la persécution. Comment les dénombrer, quand on ne dispose la plupart du temps que de relations incertaines ? Les témoins ont des souvenirs flous, les officiels transmettent le plus souvent des on-dit. Émergent de cette masse une douzaine de rencontres situées et datées, qui ont fait événement dans le laps des dix-sept années qui séparent la Révocation des débuts de l'insurrection camisarde (juillet 1702). Voyez l'affaire du Vigan où deux officiers de dragons trouvent la mort en octobre 1686 à l'issue d'une assemblée. Ordre immédiat de quadriller les villages, on arrête les suspects, sept détenus sont pendus et un gentilhomme a « le col coupé » pour s'être trouvé présent. « Dans tout autre pays, écrit l'intendant Basville, accouru en hâte, il y aurait lieu d'espérer que cette punition rendrait les peuples sages, mais ceux-là sont si fols et si légers que je crains qu'ils ne s'en souviennent pas longtemps », guidés qu'ils sont par « de misérables prédicants cardeurs ou paysans qui n'ont pas de sens commun... »[89]. Même violence au mois de février 1688 en terre de Poitou, où l'intendant Foucault ordonne aux dragons de charger une foule de quinze cents fidèles réunis à Prailles, au sud de Saint-Maixent. Des morts et des blessés du côté des rebelles — sept ou huit selon l'intendant, mais plus de cent d'après Jurieu — et beaucoup de prisonniers. Le lendemain, un jugement expéditif prononce trois condamnations à la potence et une quarantaine aux galères, quelques femmes sont fouettées, les plus jeunes des détenus seront conduits à l'armée ou dans des séminaires, et enfin on rase le logis du Grand Ry auprès duquel s'était tenue l'assemblée. Depuis Versailles, Louvois exprime son contentement et donne l'ordre aux dragons de tuer « la plus grande partie de religionnaires qu'ils pourront joindre, sans épargner les femmes afin que cela les puisse intimider... »[90]. Accrochage non moins tragique en février 1689 dans les Boutières vivaroises, où quatre compagnies de soldats se ruent sur un millier de « fanatiques » rassemblés avec leurs prophètes du côté du *serre* de la Palle. Fléchier, évêque de Nîmes, évoque dans une lettre cette « multitude de fous » prêts au sacrifice : « Ils s'ébranlèrent, écrit-il, se divisèrent en plusieurs pelotons, s'embrassèrent les uns les autres, et s'entresoufflèrent à la bouche pour se donner le Saint-Esprit, puis ils vinrent hardiment au-devant des troupes dans la pensée qu'ils étaient invulnérables ou que du moins ils ressusciteraient peu de jours après. Mais ils furent investis et c'est l'opinion commune qu'il y en eut quatre cents de tués ou de blessés »[91]. Dans l'évêché d'Uzès, en août 1699, à Boucoiran, deux cents Nouveaux Convertis attaquent en pleine nuit le logis où se trouve enfermé un prédicant capturé la veille. Ils enfoncent les portes, tuent l'un des gardes et libèrent l'homme. La répression est immédiate avec des dizaines d'arrestations, une condamnation à la roue et quatre à la potence[92]. Une émeute du même type éclate en juin 1701 à Vallérargues où les habitants libèrent deux jeunes gens, arrêtés pour avoir prophétisé. Ils défoncent ensuite les portes de l'église, rompent le tabernacle avec des haches et des marteaux et renversent l'autel. Les jours suivants, le village est occupé par des milices catholiques, l'un des prophètes est repris et meurt sur la roue, un autre est condamné à la potence[93].

La Geste camisarde

Persécutions, révolte, représailles, vengeance, enchaînement fatal. Tout oriente les irréductibles vers une forme de guerre sainte. Le signal est donné en juillet 1702 par Abraham Mazel et Esprit Séguier qui appellent à libérer les « frères » emprisonnés au Pont-de-Montvert par ordre de l'abbé du Cheyla. Convertisseur redouté, le personnage régentait la vie religieuse des Cévennes avec le titre d'archiprêtre et d'inspecteur des missions, agissant comme une sorte de subdélégué ecclésiastique de l'intendant Basville. L'assassinat de l'abbé, le 24 juillet, provoque une terrible action répressive et débouche sur vingt-six mois d'opérations militaires.

Une longue, coûteuse, sanglante guérilla, où la férocité apparaît égale des deux côtés. La chronique en a été minutieusement retracée au jour le jour par Henri Bosc dans son imposante *Guerre des Cévennes*, et il n'est pas question ici de redoubler le récit d'événements établis et bien connus. Reconnaissons que la méthode statistique s'applique mal à cette succession d'engagements dont chacun porte la marque de l'action rébellionnaire, mais qui convergent en un vaste mouvement puissamment original dans sa nature, ses formes et sa durée. Les forces royales ont perdu leurs repères, l'ennemi reste insaisissable. Les Camisards — nommés ainsi à cause de la *camisa*, chemise blanche passée sur leurs vêtements pour se reconnaître entre eux dans les attaques de nuit[94] — forment des bandes à géométrie variable selon la saison et l'urgence des travaux agricoles, aussitôt fondues dans le paysage et le milieu local, dirigées par des hommes inconnus jusque-là. De quoi déconcerter les stratèges de métier. « Point de chefs, ni même de gentilhomme un peu qualifié dans leur parti », écrivait l'intendant d'Aguesseau, mais ils ont des munitions et des fusils : tout le monde en possède en ces pays où les gens « se passent plutôt de manger que de porter des armes »[95]. Cette dimension collective et populaire est confirmée par Basville qui, en décembre 1702, adresse à Chamillart, ministre de la Guerre, un rapport d'une grande perspicacité sur les apparences et les ressorts du soulèvement. « Il faut considérer que c'est une espèce de révolte qui n'a point d'exemple [...]. C'est maintenant tout le pays qui est révolté sans le paraître ouvertement. Il n'y a pas peut-être deux cents de ces scélérats qui soient toujours ensemble, mais lorsqu'ils sont *[sic]* des détachements de quinze ou vingt d'entre eux en quelque endroit qu'ils aillent, ils y trouvent une quantité suffisante de jeunes gens qui se joignent à eux et qui exécutent ce qu'ils ont résolu soit pour tuer des anciens catholiques, soit pour brûler des églises. Ces jeunes gens se retirent ensuite chez eux et ces bandits, demeurant en petit nombre, se cachent aisément à la faveur des bois et des montagnes et encore plus par les retraites qu'ils trouvent de toutes parts. Le gros des Nouveaux Convertis qui souhaitent de voir rétablir leurs temples voit avec plaisir tous ces événements, et quoique les plus raisonnables d'entre eux ne puissent approuver toutes les cruautés que les fanatiques commettent, ils les regardent comme des moyens qui peuvent conduire les affaires à leur fin. [...] Rien n'a pu arrêter ni diminuer le mal, ni la mort des chefs tués avec plus de deux cent cinquante de ces gens-là. [...] Ils ne pensent qu'à faire des représailles, ce qui marque un esprit de révolte venu à l'excès... »[96].

Donc des bandes conduites par de jeunes « prophètes », pour la plupart de modeste origine, petits paysans à la fois cultivateurs et artisans, tels Abraham Mazel cardeur de laine, Esprit Séguier, Pierre Claris un maçon, Jean Cavalier apprenti boulanger et ancien goujat de berger, Salomon Couderc, Castanet cardeur, Pierre Laporte dit Rolland, fils d'un cardeur de laine et lui-même ancien soldat... Leur tactique, difficile à parer, consiste en raids contre les postes militaires, les villages ou les bourgs catholiques et même les petites villes où stationnent les garnisons. Enchaînement continu, occupation temporaire de Sauve en décembre 1702, de Vagnas et Genolhac en février 1703, Saumane en mars, Sommières et Lussan en octobre, Vauvert en février 1704[97]. Autant de coups de main, autant d'opérations meurtrières suivies de replis rapides. La guerre aurait pu durer plus longtemps si les rebelles ne s'étaient pas exposés à la bataille rangée en plaine et si Versailles n'avait pas décidé de renforcer les moyens militaires. Face aux insurgés, les troupes régulières ont fini par rassembler jusqu'à soixante mille hommes, fusiliers, grenadiers, dragons, régiments de marine, commandés par de grands noms, Broglie et Montrevel au début des combats, Villars et Berwick par la suite. Ils s'appuient sur des auxiliaires, milices armées par les bourgs catholiques, « cadets de la Croix » ou « camisards blancs », et aussi sur des compagnies de soldats pyrénéens venus de Catalogne, les *miquelets*, catholiques enragés, habitués aux combats en montagne. En février 1704, une partie des « fanatiques » du Vivarais opèrent une manœuvre de diversion pour attirer les troupes royales dans les montagnes des Boutières, mais leur groupe est détruit le 23 février au hameau de Franchassis[98]. Les affrontements décisifs ont lieu dans le bas pays, aux environs de Nîmes et d'Alès. Dernière affaire réussie pour la rébellion cévenole, Martignargues en mars 1704, où les troupes de marine laissent plus de deux cents morts sur le terrain, dont dix-neuf officiers. Les royaux se ressaisissent et, le 16 avril, douze cents Camisards commandés par Jean Cavalier sont encerclés aux environs de Nages par les forces régulières qui les taillent en pièces — au moins quatre cents morts du côté des rebelles, une trentaine chez leurs adversaires. Nouvelle rencontre trois jours plus tard à Euzet, près d'Alès, tout aussi désastreuse pour les Camisards[99]. Cavalier s'enfuit et finit par se rendre au maréchal de Villars qui le traite en chef de guerre, lui fait des promesses et des offres de paix avantageuses[100]. Quelques ultimes embuscades entre mai et juillet, au Plan-de-Fontmort, à Saint-Florent et au Pont-de-Montvert, mais les hommes ne croient plus à la victoire[101]. Ils disparaissent dans l'ombre d'où ils étaient sortis, l'insurrection semble éteinte.

Pourtant, cinq ans plus tard, en mai-juin 1709, le Vivarais frémit à nouveau. D'anciens chefs camisards en exil sont rentrés secrètement en France pour relancer la révolte. Un manifeste « fait au Désert » circule, qui demande la liberté religieuse, l'élargissement de tous les prisonniers et galériens, le retour des exilés, avec, en sourdine, à peine voilée, la menace d'une grève fiscale — « ne prétendant rien payer à l'avenir que les deniers qui seraient légitimement dus »[102]. L'auteur du texte, Abraham Mazel, a pris la tête d'une centaine d'insoumis et tente de soulever les Boutières. Au lendemain du terrible hiver, dans un contexte de misère généralisée, les autorités redoutent le pire, c'est-à-dire des émeutes pour le pain et contre l'impôt où les catholiques rejoindraient les réformés. Aussi emploie-t-on sans tarder les grands moyens pour empêcher la rébellion de s'étendre. Le 8 juillet, deux bataillons du régiment de Quercy accrochent les insurgés regroupés sur la montagne de Leyrisse, aux environs de Vernoux. « Ils tuèrent tout ce qu'ils purent joindre », laissant sur le terrain plus de quatre-vingts morts, sans compter les blessés, relate l'intendant Basville aussitôt présent sur les lieux[103]. Les prisonniers sont expédiés à Privas et jugés sans délai : la pendaison ou les galères. Les dragons ont pris en chasse les derniers groupes de fuyards, anéantis le 19 juillet au *serre* de Fontréal ; au moins cinquante morts et une douzaine de prisonniers, pendus sur place[104]. Abraham Mazel a pu s'enfuir, mais il sera tué l'année suivante les armes à la main. C'est bien la fin, cette fois, de l'épopée cévenole.

Jugée « sans pareille » par les responsables et les témoins du temps, cette guerre civile garde aujourd'hui encore son caractère d'objet inclassable. Bien qu'elle soit animée et dirigée par des croquants, elle ne se lit pas comme un conflit de société du bas contre le haut. Pas davantage comme un conflit économique, quels qu'aient été la force du ressentiment fiscal ou l'aiguillon de la misère. Politique, le mouvement ne se revendique pas non plus pour tel, dans la mesure où les rebelles n'ont cessé d'affirmer leur fidélité au roi et aux institutions monarchiques. Peut-on y reconnaître un dernier avatar des guerres de Religion ? La référence permanente aux Écritures, les psaumes chantés dans les combats, le charisme de chefs prophètes, tout cela, joint à la destruction des symboles visibles du catholicisme, confirme à l'évidence le caractère axial de l'engagement religieux. Mais le but visé par les rebelles n'est pas d'extirper la religion de l'adversaire ni de le convertir. Il s'agit simplement d'obtenir la reconnaissance de ce que l'on est, le droit à le rester. Plutôt qu'à une guerre de religion, le combat des Camisards s'apparente à la lutte pour la tolérance : ils ne réclament rien d'autre qu'une liberté jugée plus tard fondamentale, la liberté de conscience, message de rupture que les contemporains n'étaient pas prêts à recevoir sous cette forme.

Résister

À partir de là s'ouvre une difficile période de survie où les historiens distinguent deux grandes phases, le Désert héroïque jusqu'aux années 1760, suivi du Second Désert. À la mort de Louis XIV, les réformés espéraient un desserrement de l'étau répressif. De fait, la sévérité se relâche pendant quelques années, sans qu'on puisse parler de tournant politique, pour reprendre vigueur à la fin de la Régence. La déclaration royale de mai 1724, véritable code de la persécution, renouvelle toutes les mesures antérieures contre « ceux qui ont ci-devant professé la RPR » : défense de faire aucun exercice de la religion « autre que la catholique », baptême obligatoire des enfants, présence d'un prêtre auprès des mourants, interdiction de s'assembler à peine des galères pour les hommes, d'enfermement pour les femmes et de mort pour les prédicants, etc. Dans ces conditions, les chefs spirituels, depuis le Refuge ou sur place, sont pris entre des exigences contradictoires : recentrer la théologie du Désert, devenue échevelée, sans étouffer les élans individuels et communautaires, encourager les fidèles à se manifester en tant que groupe sans les précipiter dans les rigueurs de la répression. La marge est étroite et les discussions doctrinales très vives, mais le courant animé par Antoine Court, réfugié à Lausanne, finit par imposer sa ligne[105]. Il faut rétablir les structures ecclésiales rompues, remettre en place les conseils d'anciens et les consistoires, convoquer des synodes provinciaux, bref organiser une vie communautaire clandestine. Mais il faut aussi se donner le courage d'exister en public, et c'est la reprise des grandes assemblées, convoquées désormais en plein jour, démonstrations pacifiques à double visée, resserrer le lien collectif, prouver au pouvoir que le protestantisme ne peut pas mourir. Ce travail de terrain, terriblement périlleux, est assuré par des pasteurs itinérants grâce à l'aide financière des communautés du Refuge. Formés au-dehors ou dans des espèces de petits séminaires ambulants, ils sont protégés, littéralement portés par l'entraide et la demande spirituelle des populations.

Les assemblées du Désert constituent, du seul fait de leur tenue, des actes rébellionnaires aux yeux de la loi, sans même qu'elles aient donné lieu à des affrontements. Elles sont convoquées dans la plus grande discrétion, on s'en doute, avec des consignes de non-violence répétées. « Pour une assemblée qui est découverte, écrit Antoine Court en 1719, il s'en fait cent à l'insu de nos ennemis »[106]. Pas d'armes, pas de provocations, recommandent sans cesse les leaders du dedans comme du dehors. Il y a eu pourtant quelques dérapages spectaculaires, en particulier dans le Poitou où la pratique des assemblées refleurit dans les années 1719-1720. Bagarre à Melle, du côté de Niort, le dimanche 19 février 1719 : mille à deux mille protestants, réunis sur l'emplacement de l'ancien temple, écoutent le prédicant Berthelot. Au son du tambour, les bourgeois catholiques en armes font irruption, accompagnés de magistrats, mais la foule les repousse à coups de bâton[107]. Affaire plus grave au mois d'avril à Mougon, non loin de là. Quatre compagnies de dragons veulent disperser une assemblée réunie « sur les ruines ». Ils brûlent la chaire et arrêtent vingt-quatre participants. À leur départ du bourg, ils sont assaillis à coups de pierres, de bâton et de pistolet, il y a des blessés de part et d'autre[108]. Les autorités mettent tout en œuvre pour retrouver Berthelot, déjà condamné et brûlé en effigie. On cerne sa maison à Sepvret le 5 juin, et, à défaut du prédicant, la maréchaussée emmène sa femme et sa fille, mais les hommes du village attaquent le convoi et les libèrent. Lui-même, capturé un peu plus tard, le 10 août, aura la même chance : les habitants, attroupés au son du tocsin, s'arment de fusils, de fourches et de faux et le tirent d'entre les mains des cavaliers. Les suites de la rescousse seront sévères, une vingtaine d'hommes jetés en prison, six condamnations à mort (dont deux exécutions effectives) et des peines de galères[109].

Mais ce qui vaut pour le Poitou n'est pas généralisable à l'échelle du pays : trop de variables dans ce face-à-face où la religion interfère avec d'autres plans, la volonté politique des administrateurs locaux, la couleur sociale dominante dans les différentes communautés protestantes, la vigueur des agressivités et des résistances. Si bien qu'il n'y a pas de situation uniforme ni de chronologie d'ensemble. Les intendants et les commandants militaires n'appliquent pas tous les mêmes mesures ni dans le même esprit. Certains répugnent à recourir aux dispositions rigoureuses de la déclaration de 1724. En Dauphiné, par exemple, l'intendant Fontanieu sait bien que les religionnaires tiennent des assemblées, mais il est favorable au parti de la douceur et il préfère « fermer les yeux »[110]. À Montauban, son collègue Pajot observe que ceux de la RPR vivent en honnêtes gens et sans scandale et il estime lui aussi qu'il vaut mieux « fermer quelquefois les yeux » — d'ailleurs, ajoute-t-il, tout nouveau départ des religionnaires serait pour l'État un mal « presque irréparable »[111]. D'autres font preuve d'intransigeance, et l'Église catholique, de son côté, tente en permanence d'infléchir la politique officielle dans le sens de la rigueur. Dans telle ou telle région, les phases répressives succèdent ainsi aux périodes de calme, avec pour premières cibles les pasteurs autour desquels s'organise la vie secrète des communautés.

Traque, espionnage, trahison, moyens classiques et efficaces. La police obtient des résultats, mais les arrestations entraînent des troubles. Parmi les plus violents et les moins connus, l'affaire de Vernoux-en-Vivarais en décembre 1745. Un pasteur du Désert, Mathieu Majal dit Desubas, a été arrêté près de Saint-Agrève à la suite d'une dénonciation. La nouvelle s'en répand aussitôt dans ces campagnes peuplées de protestants, et il y aura plusieurs tentatives de rescousse le long du chemin suivi par l'escorte chargée de le conduire jusque dans la vallée du Rhône, et de là à Montpellier. Le dimanche 12 décembre, première embuscade infructueuse aux environs de Cluac, les soldats abattent six de leurs agresseurs. La troupe, arrivée à Vernoux, y fait étape. Les hommes, après avoir mis leur prisonnier en lieu sûr, vont écouter la messe. Pendant ce temps, les religionnaires, réunis aux environs pour une grande assemblée au nombre de deux ou trois mille, décident d'aller libérer Desubas. Ils s'arment de faux, fourches et bâtons, pénètrent dans le bourg et tentent de parlementer avec la garnison et le commandant de l'escorte. Hésitations, incertitude, des coups de feu, et c'est le massacre. Les attroupés ont devant eux les militaires, tandis que la milice catholique de Vernoux les a pris à revers et leur fait tirer dessus depuis les fenêtres. Une cinquantaine de morts au moins, près de cinq cents blessés dont beaucoup ne survivront pas, mais aucune perte signalée du côté catholique. Le pays gronde, l'église de Boffres, à une lieue de là, est pillée et profanée, l'insurrection semble proche et les autorités s'alarment[112]. « Les prêtres de ce canton, écrit l'évêque de Viviers, n'osent plus rester dans leurs maisons et la plupart se sont retirés dans les bourgs voisins »[113]. Depuis Versailles, le ministre de la Guerre juge que « ce commencement de rébellion mérite une sérieuse attention », et il demande à M. de Marcieu, commandant militaire en Dauphiné, de se tenir en alerte pour empêcher que sa province ne se laisse gagner par « un si mauvais exemple »[114]. Plus au sud, de brusques flambées d'intolérance jaillissent au pied du Luberon du côté de Cabrières, Mérindol et Lourmarin où les assemblées ont repris depuis le début de l'année 1749. L'épisode de Cadenet en avril dépasse, s'il est possible, les fureurs ordinaires. Un protestant nommé La Montagne avait été enseveli de nuit, aux champs, après que le curé eut refusé de l'enterrer au cimetière commun.

Des catholiques munis de pelles viennent exhumer le corps, ils lui attachent une corde au cou et le traînent ainsi dans les rues du bourg au son du tambourin et du flageolet. Grand concours de populace, stations aux carrefours, le mort est frappé à coups de bâton, un coup pour chacune des assemblées auxquelles il aurait pris part, on lui crie : « Ah ! pauvre Montagne, tu n'iras plus au prêche de Lourmarin ! » Puis le cadavre est mis en pièces ; les lambeaux, brandis au bout de perches, sont offerts en dérision « à quiconque voudrait acheter de la chair d'huguenot »[115] ! Malgré « l'indécence » de l'affaire, reconnue par les magistrats, personne n'est puni ; on se contente d'envoyer deux compagnies du régiment de Quercy qui restent sur place de novembre 1749 jusqu'au mois de juin 1750.

Passé la mi-siècle, les actions qui éclatent ailleurs dans l'Ouest ou le Midi, sans atteindre cette intensité, témoignent de la détermination intacte des religionnaires, au moins dans les zones rurales et villageoises où ils se sentent en nombre. Elles partent de motifs multiples : une assemblée dispersée par les troupes, un prédicant saisi, des jeunes gens de la RPR indûment soumis au tirage au sort pour la milice, des filles arrachées à leurs familles pour être enfermées au couvent, et toujours les rescousses. Ainsi, au mois de septembre 1761, à Caussade en Quercy, quand le pasteur François Rochette est arrêté au retour d'une assemblée. Le lendemain, jour de foire, les protestants des environs affluent dans le bourg et tentent vainement de libérer le détenu. Le parlement de Toulouse prononce, en février 1762, la peine de mort contre Rochette et contre les trois frères Grenier, des gentilshommes verriers qui avaient participé à la rescousse. Pour les autres, peines de galères et de bannissement[116].

Trois semaines après ces exécutions, le même parlement de Toulouse se distingue en confirmant la culpabilité de Jean Calas, condamné au supplice de la roue en mars 1762. Cette fois, le procès et ses suites dépassent les limites régionales grâce à l'engagement personnel de Voltaire et à la retentissante campagne qu'il mène en faveur de la famille Calas. Affaire inséparable à ses yeux du grand combat d'idées contre l'arbitraire et pour la tolérance. Ce n'est pas comme huguenots qu'il les défend, mais en tant que victimes d'une justice inique et en tant qu'individus brimés dans leurs convictions religieuses. Il réussit la gageure d'ameuter les « philosophes » pour sauver des « fanatiques » et contribue à retourner l'opinion publique comme le pouvoir. On s'achemine vers la reconnaissance du fait protestant, en dépit de la résistance du parti dévot. Peu à peu, les grilles s'ouvrent. Marie Durand, la prisonnière de la tour de Constance, est libérée en avril 1768 après trente-sept ans et huit mois de détention, et les deux derniers « forçats pour la Foi », condamnés à vie par le parlement de Grenoble en 1745, sont remis en liberté en 1775[117]. Désormais, les grandes assemblées se tiennent ouvertement dans le Midi et ailleurs, notamment dans l'Ouest où le culte est célébré presque sans contrainte dans des maisons privées ou des oratoires. Enfin, l'édit de tolérance de novembre 1787, sans faire la moindre allusion à la religion réformée, réintroduit les protestants dans le monde légitime en accordant aux « non-catholiques » un état civil régulier et le droit au mariage[118]. Demi-succès sans doute pour ceux qui attendaient une liberté religieuse pleine et entière et contestaient le principe même de religion d'État. Tel quel, l'édit est accueilli avec satisfaction par la masse des protestants et l'ensemble de l'opinion éclairée. Il fait sortir la huguenoterie de sa marginalité et frappe de nullité un siècle de législation royale axée sur l'oppression, la mort civile et le rejet.

Toutes les composantes du monde religionnaire ont joué leur partie dans cette victoire, mais les historiens s'accordent à reconnaître que la foi réformée a d'abord été sauvée par « l'entêtement des laïcs ». La paysannerie, surtout, a montré que l'enseignement des Écritures était chose vivante qui donnait à chacun le courage et la capacité de faire vivre le culte à travers sa personne. « Partout, écrivent Daniel Ligou et Philippe Joutard, ce sont les milieux ruraux, protégés par leur obscurité même, par leur stagnation économique aussi sans doute, qui ont reconstitué les Églises »[119]. En Cévennes, dans le Vivarais, ailleurs, la complainte anonyme fait écho aux rébellions et en transmet la mémoire. Plainte communautaire *(complainte)*, elle est chargée d'un message subversif qui fait de la désobéissance vertu et transfigure en héros les condamnés de justice.

3. LES TROUBLES AUTOUR DU JANSÉNISME

L'esprit de libre examen, la désobéissance et le refus sont également lovés au cœur du jansénisme, cette « formidable école de commerce personnel avec Dieu, d'émancipation à l'égard de l'autorité, d'autonomie de la conscience individuelle »[120]. Par-delà une conception de la grâce et du salut, le courant augustinien, véritable archipel d'inquiétudes au sein même du catholicisme triomphant, induit une vision transformée de la relation de l'individu aux puissances tutélaires, l'Église et l'État. Immense matière là encore, que je ne fais qu'effleurer. Seule m'intéressent ici la réception d'un message de rupture, contestataire par définition, et sa capacité à mettre en action les couches basses de la société. Or l'information quantitative proprement rébellionnaire que nous avons recueillie est sans rapport avec l'ampleur des mises en question, et il faut dépasser le simple repérage émeutier pour relever les autres signes visibles d'une violence contenue.

Port-Royal et les Amis de la Vérité

La grande affaire de l'Église de France a pris naissance et vigueur au sein des milieux émergents. Les controverses du XVIIe ont cristallisé d'abord autour de personnages marquants — Jansen, Saint-Cyran, Arnaud, Nicole, Pascal — et, de proche en proche autour de clans familiaux et professionnels appartenant aux groupes élitaires, clergé, magistrature, hautes sphères aristocratiques des « belles amies » de Port-Royal. D'autres foyers de vie spirituelle, oratoriens, mauristes, sont touchés à leur tour par la quête de Vérité qui s'exprime en ouvrages polémiques et érudits, mais aussi en œuvres d'art porteuses d'un fort message : la grâce dans l'éveil de la foi, le retour aux sources, le dépouillement intérieur et esthétique.

Débat d'idées au départ, qui a trouvé rapidement des prolongements politiques[121]. Il est resté socialement circonscrit, sans relais connu au niveau bas durant plusieurs décennies, et cette impénétrabilité pose problème. Comment comprendre le silence de la masse des fidèles confrontés à des divergences devenues publiques ? Depuis l'emprisonnement de Saint-Cyran en 1637 jusqu'à l'anéantissement, en 1709, du monastère de Port-Royal des Champs, y compris son église et son cimetière dont les ossements sont jetés à la fosse commune, est-il possible que le populaire n'ait pas donné de la voix, soit pour accompagner et approuver l'action du pouvoir, soit pour soutenir au contraire les individus et institutions opprimés ? Or aucune des si nombreuses études sur l'histoire du jansénisme ne fait apparaître là-dessus le moindre frémissement de rue. Ni en août 1664 quand douze sœurs de Port-Royal de Paris sont « déportées » *manu militari* dans différents couvents (sept ou huit carrosses, vingt exempts suivis de deux cents archers !) pour avoir refusé de signer le Formulaire, ni en mai 1679 quand Mgr de Harlay se rend lui-même au monastère des Champs pour expulser confesseurs et postulantes et interdire d'en recevoir d'autres, ni non plus en octobre 1709 quand d'Argenson, avec ses sbires, gardes et cavaliers, procède à la dispersion des dernières religieuses. Faut-il incriminer les lacunes d'archives ? Faut-il conclure à l'indifférence du grand public d'alors pour des débats théologiques ardus, sans portée immédiate visible ? Ou peut-être y avait-il alors d'autres thèmes religieux mobilisateurs, notamment l'éradication programmée du protestantisme, inscrite dans le quotidien de ces mêmes années. Cet antagonisme-là, fruit d'un long héritage demeuré très vivant, touchait davantage à la vie des quartiers. Il visait des personnes et des lieux connus, qu'on pouvait surveiller, agresser ou défendre. Le jansénisme au contraire, pour ce qu'on en savait, restait sans doute une réalité abstraite, socialement lointaine, comme un raffinement d'esprit, un luxe d'âme bon pour les hautes sphères.

Une affaire publique

La situation change au siècle suivant avec le branle-bas déclenché par la bulle *Unigenitus* en 1713. Monarchie et catholicisme romain semblent tomber d'accord pour la mise au pas de l'adversaire commun. Mais la mort de Louis XIV introduit un peu de souplesse, le pays s'ouvre à une respiration nouvelle et le mouvement janséniste reprend espoir. Il a aussi élargi son influence aux niveaux inférieurs dans les structures d'Église, avec une coloration démocratique qu'il n'avait pas jusque-là. Dans tout le pays, une humeur de fronde agite curés et desservants qui revendiquent les droits du bas clergé, « successeur des soixante-douze Disciples », en face des évêques, « successeurs des douze Apôtres », dont la grande majorité s'était ralliée sans réserve à la bulle et aux positions romaines[122]. Paris apparaît alors comme le centre du conflit qui déborde rapidement du cadre de la théologie et de l'obéissance hiérarchique pour toucher à une vision globale des rapports de l'Église et de l'État. Dans cette bataille d'idées, où les grands corps sont partie prenante, l'opinion est entraînée à la fois par le haut et par le bas. En 1727, trente curés adressent à leur archevêque, Mgr de Noailles, un appel contresigné par plus de cinq cents prêtres pour réclamer la tenue d'un synode diocésain où le second ordre du clergé pourrait se prononcer sur la bulle. Le Conseil du roi « supprime » aussitôt la pétition ; l'arrêt de nullité est affiché sur les murs et la rue entend les colporteurs crier « arrêt pour faire le procès à trente curés de Paris »[123] ! De son côté, le parlement dénonce l'abandon des principes gallicans qu'il a toujours défendus avec ardeur. Il part en guerre contre l'ingérence romaine dans les affaires françaises, favorisée par les intrigues du clan jésuite, et ce faisant il donne à la protestation des curés une ampleur qu'on pourrait dire médiatique. Les refus de signer le Formulaire d'acceptation de la bulle se multiplient. Les magistrats identifient le bon droit à la cause de ceux qui en « appellent » de la décision du pape à un concile général. Ils soutiennent donc les *Appelants* et prennent la défense des curés suspendus par leurs évêques pour avoir refusé le diktat romain, érigé en loi du royaume.

À leur suite, les avocats prennent le relais en 1727 : ils sont une vingtaine à pétitionner en faveur des Appelants et de Soanen, l'évêque janséniste de Senez qui vient d'être exilé à La Chaise-Dieu par lettre de cachet[124]. Trois ans plus tard, ils se retrouvent quarante, avocats parisiens connus, à publier un mémoire favorable aux curés d'Orléans en désaccord avec leur évêque, et ils en profitent pour faire l'éloge des parlements présentés comme « le sénat de la nation ». Leur texte, imprimé à 3 000 exemplaires, est largement diffusé malgré l'interdiction immédiate du Conseil du roi qui défend à quiconque d'en prendre connaissance[125]. En août 1731, une dizaine d'entre eux reçoivent l'ordre de partir en exil dans de lointaines provinces. Tout le groupe avocassier manifeste sa solidarité active, collecte d'argent, rassemblement en foule à leur domicile au moment du départ pour les encourager, grève prolongée du barreau parisien, bruits de grève aussi en province chez les confrères de Rennes et Rouen, rapportés par Barbier[126]. L'événement représente plus que la résistance d'un clan professionnel : c'est la constitution d'un noyau efficace d'agitateurs d'opinion, intermédiaires sociaux par excellence, qui ont le public pour témoin et la rue pour caisse de résonance. La crise continue à s'amplifier, ponctuée de mandements épiscopaux, arrêts du Conseil, appels « comme d'abus », remontrances des magistrats contre les menées ultramontaines. Les chambres de justice restent en grève pendant trois mois, de mai à juillet 1732. Dans la durée, le message janséniste est divulgué grâce aux *Nouvelles ecclésiastiques*, feuille clandestine dont la police n'est jamais parvenue à arrêter la diffusion depuis 1728, ce qui suppose un fameux réseau de connivences.

Paris en convulsions

L'opinion populaire, jusque-là faiblement impliquée, réagit à ce grand remuement de paroles et d'idées[127]. Les curés jansénistes ont eu le temps d'asseoir leur influence. On savait la pureté de leurs mœurs, leur action charitable auprès des pauvres, des malades, des prisonniers, leur rôle dans les petites écoles[128]. Les prônes du dimanche, sans doute le meilleur canal de propagande de l'époque, contribuent au rayonnement de la cause. De l'autre côté, les jésuites et tout le courant clérical appuyé sur la hiérarchie ne restent pas inertes, ils mobilisent leurs écoliers et le menu peuple qu'ils cherchent à dresser contre les « novateurs ». Les propos s'entrecroisent, les gens déchiffrent ou se font lire les arrêts de justice, les mandements épiscopaux et autres papiers officiels affichés sur les murs ou criés aux carrefours. Et l'information circule, mêlant comme toujours le vrai et le faux, copiée, recopiée, commentée dans les cafés et jusqu'aux tavernes[129]. On peut déceler l'émergence des voix venues d'en bas à travers les fragments de propos séditieux relevés par les informateurs à l'affût. Elles disent souvent l'hostilité au haut clergé. L'attitude de Mgr de Noailles provoque une explosion de colère en octobre 1728, quand il abandonne la cause des Appelants et publie son ralliement à la bulle : « Tout Paris est en combustion », lit-on dans les gazetins de police. « On dit qu'il a même fallu des archers pour contenir les porteuses d'eau à la fontaine des Innocents, qui ont couvert de boue trois mandements placardés à la porte des églises »[130]. Même hargne en 1729 contre Mgr de Vintimille, successeur de Noailles : « Ce qui est certain, dit un rapport du 26 octobre, est que l'on n'entend autre chose que des discours tenus par tous les moins lettrés contre la Constitution [*i.e.* la bulle *Unigenitus*], les porteuses d'eau et les crocheteuses de dessus les portes déclament hautement contre et parlent dans des termes peu convenables de la Cour de Rome »[131] ; le 3 novembre encore : « Les forts de la halle du port au blé et mesdames les harangères menacent de mettre le feu à l'archevêché à cause de la Constitution » ; et le 13 : « Le bruit public est que les charbonniers de dessus le port de la Grève se sont assemblés et ont été à l'archevêché, qu'ils ont fait dire à M. l'Archevêque que si on tentait de chagriner leur curé, on aurait affaire à eux »[132]. L'un des chefs du parti bulliste, l'évêque Languet de Gergy, ironisait sur « les *plumassiers*, les *frères cordonniers* et autres personnes de même espèce qui étaient, disait-il, les héros de la cause des Appelants »[133]. Mépris social, mais surtout dépit de voir l'adversaire gagner un secteur d'opinion jusque-là docile. Les bastions ultramontains de la capitale essaient bien de chauffer quelques champions de quartier, mais sans grand succès. Un seul incident retrouvé, qui a pour héros un savetier de la paroisse Saint-Sulpice : le nommé Nutelet, féru de controverse, s'en va troubler la prédication du curé jansénisant de Saint-Benoît, rue Saint-Jacques, le 3 mars 1729 ; clameurs, tapage, il crie que l'on n'enseigne plus ici « que l'hérésie » et il appelle les fidèles à sortir tous ensemble avec lui « de cette Babylone »[134]. Réaction isolée, le vent a tourné, les opposants tiennent le public.

Dans les années 1730, le phénomène connu sous le nom des « convulsionnaires de Saint-Médard » traduit chez les petites gens une manière de vivre ses engagements et sa croyance qui introduit une rupture violente dans les pratiques ordinaires. En cela, il mérite d'être signalé dans un panorama des refus, sans constituer pourtant une suite d'événements rébellionnaires. De même que le prophétisme camisard, avec son délire verbal et gestuel, avait surgi dans le protestantisme persécuté, de même les jansénistes, frappés d'interdit, se servent de leur corps pour dire la croyance vraie. L'exaltation monte à la nouvelle de guérisons miraculeuses survenues au cimetière Saint-Médard, sur la tombe du diacre Paris, un homme du « parti », qui s'était voué aux pauvres du faubourg Saint-Marceau. Il était mort le 1er mai 1727 en réputation de sainteté. Depuis, des foules de Parisiens de toute condition affluent au cimetière et s'y enfièvrent tellement que plusieurs personnes sont prises de délire mystique. « Au tombeau, écrit Mathieu Marais, tout est en convulsions et tremblements et hurlements, depuis l'enfance jusqu'à la vieillesse »[135]. Les colporteurs vendent l'image du bienheureux diacre, « on débite en reliques le marronnier qui ombrage la terre du cimetière, on met le sol en sachet pour en faire des remèdes, ou loue des chaises comme à l'opéra »[136]. Le cardinal Fleury intervient, il fait fermer le cimetière en janvier 1732 et met ainsi un terme à l'agitation publique. Les miracles continuent à domicile, dans des hôtels particuliers, des appartements, des caves, des greniers ou même des prisons, et c'est toute l'histoire obscure des convulsionnaires, une société de petites gens, largement féminine, relevée de quelques nobles, robins, ecclésiastiques parfois. Une fraction du jansénisme doctrinaire condamne ces « extravagances ». Ni la police, ni les enfermements à la Bastille n'arrêtent la contagion. Lors de séances spectaculaires d'ordre privé, tel ou telle parmi les présents exige que les « frères » lui portent des coups violents ou « secours », afin de mimer la présence du mal et d'offrir sa douleur. Dira-t-on, avec Catherine Maire, qu'on est au cœur d'un conflit dont l'enjeu théologique « a perdu son véritable sens », les convulsionnaires n'ayant d'autre projet « que d'être les médiateurs entre le Roi et le Ciel » en revivant les persécutions de l'Église primitive et des martyrs ? Faut-il lire dans l'œuvre convulsive, avec Daniel Vidal, l'expression délirante des tensions qui travaillent plus largement le corps social[137] ? Quelle que soit la pente interprétative, notons que ces déchaînements s'éteignent peu à peu, avec par endroits de tardives résurgences.

Le problème central de l'adhésion à la bulle reste posé. En mai 1732, le mandement de Mgr de Vintimille interdisant la lecture des *Nouvelles ecclésiastiques* sous peine d'excommunication provoque des troubles dans quelques paroisses de la capitale. À Saint-Jacques-du-Haut-Pas, « tout le monde s'est levé et a *[sic]* sorti de l'église avec un fracas effroyable [...]. Il est sorti dans ce moment plus de deux mille âmes. Il y avait des femmes qui pleuraient et qui disaient qu'il était bien indigne de publier des choses comme celles-là »[138]. L'habitude se prend de pèleriner à Port-Royal des Champs pour recueillir « des os, de la terre, de l'herbe même, qui ont causé des convulsions », et la maréchaussée veille sur place pour disperser les cortèges[139]. Monarchiste congénital mais port-royaliste de cœur, Saint-Simon évoque en termes accablés, dans les années 1740, cette Constitution, la bulle *Unigenitus*, « si fatale à l'Église et à l'État, si honteuse à Rome, si funeste à la religion, [...] sous l'oppression de laquelle tout le Royaume tremble et gémit, et qui, après plus de trente ans de la persécution la plus effrénée, en éprouve en tout genre et en toutes professions un poids qui s'étend à tout, et qui s'appesantit toujours... »[140]. La crise rebondit en 1749 quand le nouvel archevêque de Paris, Christophe de Beaumont, interdit aux prêtres d'administrer les malades qui ne donneraient pas le nom de leur confesseur ou ne présenteraient pas le « billet de confession » signifiant l'adhésion à la bulle. Les refus de sacrements se multiplient, notamment dans la paroisse janséniste Saint-Étienne-du-Mont que le curé Bouettin s'efforce de reprendre en main. Le parlement prend parti contre l'archevêque, et c'est une nouvelle guerre de pouvoirs avec remontrances, grèves des tribunaux, démissions collectives de magistrats, à quoi répondent des lettres de cachet et des ordres d'exil. L'opinion fait un triomphe à l'arrêt du 18 avril 1752 par lequel le parlement condamne le refus des sacrements. Libraires et colporteurs s'empressent de le diffuser à des milliers d'exemplaires à Paris et en province. Les *Nouvelles* exultent : « À l'instant, la capitale retentit d'un cri universel d'allégresse. Les presses des imprimeurs et l'avidité des colporteurs suffisent à peine à l'empressement du public. Le plus simple artisan quitte son travail pour acheter et pour lire le nouvel arrêt, et toutes les bouches s'ouvrent pour applaudir à un règlement si judicieux »[141]. Et quand les magistrats reviennent de leur exil à Pontoise en septembre 1754, après la déclaration royale qui ordonne le « silence absolu » sur les affaires de jansénisme, ils sont accueillis en vainqueurs au Palais par la foule qui a envahi les escaliers, les cours et les salles[142]. Hardy signale encore des refus de sacrements dans la capitale en 1766, 1772 et 1775 ; de même la *Gazette de Leyde* en 1775, les *Nouvelles ecclésiastiques* en 1773 et 1777, le *Journal historique et littéraire* en 1776. Simples faits divers désormais, tout juste mentionnés, non suivis d'émotions collectives[143]. Dans ces décennies de fin de siècle, d'autres inquiétudes font bouger le peuple parisien.

L'inquiétude en province

On aurait pu s'attendre que le malaise gagnât le royaume entier, partout soumis aux mêmes pressions et agité par les mêmes controverses. Très présents en province, les milieux de magistrature avec leurs clientèles campaient sur les positions gallicanes de leurs collègues parisiens. Les relais pour acheminer et distribuer les écrits, en dépit des censeurs, fonctionnaient de manière étonnante, et les « mauvais livres » — Pascal, Arnauld, Nicole, Quesnel, Duguet et consorts — figurent en nombre dans les inventaires de bibliothèques chez les notables et les curés. Pourtant, les foyers d'opposition ouverte restent circonscrits, limités à quelques zones géographiquement repérables.

Là où il y a eu trouble, la responsabilité en incombe à des leaders religieux intransigeants, tantôt jansénistes, tantôt ultramontains. Toutefois, à la différence de Paris, l'opinion des fidèles provinciaux et de leurs curés est restée majoritairement dans la ligne du conformisme. La plupart des prélats essaient d'amortir le conflit, mais tous n'ont pas cette prudence. Du côté des partisans de Rome, les évêques d'Orléans, Soissons et Amiens passent à l'offensive en provoquant des résistances qui font parler. Mgr Sabatier brandit sa crosse à Amiens en jetant l'interdit sur tous les prêtres de la paroisse Saint-Rémy, et l'on manque de peu la sédition[144]. À Soissons, Mgr Languet de Gergy, déjà cité, menace d'excommunication les Appelants ; il fait publier son mandement dans toutes les églises du diocèse en janvier 1719. Le curé de la paroisse Saint-Léger ose manifester son désaccord, il ordonne des chants puis des sonneries de cloches pour couvrir la voix du grand vicaire venu en donner lecture. « Ce fut un tumulte indescriptible, rapporte l'évêque : les enfants frappaient de leurs sabots sur les bancs, les religieux chantaient de toutes leurs forces, des hommes et des femmes ameutés augmentèrent encore le vacarme. » Circulent alors dans la région des écrits hostiles à Languet de Gergy, dont l'un, signé d'un soi-disant Jacques, « paysan de Picardie », relate toute l'affaire en termes burlesques[145]. Évêque musclé aussi à Orléans où la solidarité janséniste mobilise les sympathisants et au-delà. Le 8 avril 1728, une foule de trois à quatre mille personnes se masse dans le quartier et dans la cour de l'hôtel-Dieu à la nouvelle de l'arrestation de trois religieuses, transférées aux ursulines de Saint-Charles sur ordre de Mgr Fleuriau. Leur faute ? Elles avaient refusé de recevoir la bulle et de signer le Formulaire. « Le bruit de leur enlèvement s'étant répandu dans les salles des pauvres, rapportent les *Nouvelles ecclésiastiques*, on entendit aussitôt retentir de toutes parts des cris lamentables qui ne discontinuèrent point de la nuit. » Nouvelles clameurs cinq jours plus tard, « tant de la part des pauvres que de la part du peuple », quand l'évêque retourne à l'hôtel-Dieu pour « prêcher » les dernières opposantes[146].

Du côté janséniste, les quatre premiers évêques appelants en 1717 (Boulogne, Montpellier, Mirepoix, Senez) ont été rejoints par une trentaine de confrères dont les diocèses sont également travaillés de ferments augustiniens. Après le départ en exil de Mgr Soanen en 1727, pas d'incidents notables dans le diocèse de Senez, non plus qu'à Mirepoix. À Montpellier, par contre, l'évêque Colbert de Croissy, antibulliste déclaré, doit faire face à la fronde d'une partie de son clergé qui actionne contre lui les fidèles. La vigueur de la polémique se greffe sur l'antagonisme protestants-catholiques qui continue à diviser la ville et sa région, si bien que les divergences qui menacent l'unité du catholicisme sont mal reçues par l'opinion. La Révocation n'est pas oubliée ; le mot d'ordre des jésuites, très influents sur place grâce à leur collège et aux congrégations qu'ils encadrent dans tous les milieux, jusqu'aux artisans, est donc de taire les dissensions et de serrer les rangs. Sérieux accrochages en décembre 1713 quand l'évêque assigne devant son officialité le curé et le vicaire de Notre-Dame-des-Tables, connus pour leur hostilité au jansénisme : « attroupements de la populace », pierres lancées sur les témoins pour les empêcher d'aller déposer et divers autres « excès »[147]. Nouveaux incidents en mai 1717. Un prêtre est venu donner lecture en chaire du mandement épiscopal hostile à la bulle : « Il n'eut pas plus tôt ouvert la bouche que tout l'auditoire se leva, on battit des mains ; tous les ecclésiastiques de cette église se retirèrent à la sacristie et le peuple sortit. » Même hostilité à Frontignan contre le prêtre chargé de mission par l'évêque. Ils veulent le jeter en bas de la chaire et le maire intervient pour le mettre à l'abri[148]. En février 1731 encore, à Vendargues, un religieux de la Merci doit interrompre son sermon pour avoir évoqué, citant saint Paul, l'impuissance de l'homme sans la grâce du Christ, vocabulaire qui sent fort l'esprit de la « secte ». Des clameurs s'élèvent, la cloche couvre sa voix, on veut le lapider[149]. Mgr Colbert restera en place jusqu'en 1738, sans réussir à pacifier son diocèse.

Autre foyer de troubles dans le nord du royaume, le diocèse de Boulogne tenu par Mgr de Langle, lui aussi grand Appelant et bête noire du parti « constitutionnaire ». On retrouve ici un réseau puissant d'ordres religieux traditionnels qui manœuvrent les fidèles contre les jansénistes. Un proche de l'évêque, le curé de Saint-Pol-sur-Ternoise, est empêché de dire sa messe en août 1720. Cinq cents femmes le tirent de l'église sous les huées, au son des poêles et des bassines[150]. De même, à Quernes, près de Saint-Omer, les habitants agressent le prêtre qui a refusé de signer le Formulaire ; ils l'obligent à s'enfuir, la soutane en lambeaux. L'évêque se rend sur place le 21 août pour calmer les esprits, mais il est accueilli par « toutes les femmes et filles au nombre de cent » ; armées de pierres, bâtons et fourches, elles lui barrent l'accès de l'église en le traitant de « gueux, parpaillot, hérétique, damné et janséniste », et il est à son tour chassé du village. La foule déchaînée le poursuit sur plus d'une lieue, défonçant sa litière à coups de cailloux et blessant des membres de sa suite. Invités à demander pardon pour « un crime dont nos jours ne fournissent point d'exemple », les paroissiens font répondre qu'ils ne se laisseront pas émouvoir par de « fausses paroles ». Le scandale est si grand que le régent ordonne l'envoi de cinquante cavaliers du régiment de Mailly, logés à discrétion. Le village s'incline alors et députe à Boulogne auprès de l'évêque deux des siens, qui mettent en cause les capucins et les jésuites de la ville d'Aire et rejettent la faute sur les femmes[151]... Dans le diocèse d'Arras, un groupe de curés jansénisants avait pétitionné pour retenir l'évêque de se rallier inconditionnellement à la bulle. Parmi eux, le curé de Vitry-en-Artois, mais ses paroissiens ne sont pas d'accord. Le 23 juin 1721, tandis qu'il chantait vêpres, ils se jettent sur lui, déchirent son surplis et l'entraînent dans la campagne en le couvrant d'injures. Les magistrats du conseil d'Artois s'apprêtaient à condamner ses agresseurs, mais c'est lui qui se retrouve expédié à l'abbaye de Saint-Michel-de-l'Herme, près de Luçon, par lettre de cachet royale[152].

Les incidents signalés ailleurs relèvent plutôt de l'infrarébellionnaire. Considérons-les pourtant comme les révélateurs d'une véritable guerre d'opinion qui traverse le corps social et scinde parfois les groupes urbains en clans hostiles. La théologie, ici et là, sert de prétexte aux comportements frondeurs comme chahuts dans les églises, cortèges larmoyants sur les pas des jansénistes exilés, obsèques tumultueuses, frémissements de rues et insolences d'écoliers. Ainsi à Chambéry, vers 1720, quand jésuites et dominicains s'affrontent publiquement autour de propositions relatives à la grâce. « Peu de gens sont assez savants pour juger de la doctrine », observe le premier président du sénat, mais tous sont capables de choisir un parti, « bon ou mauvais »[153]. En ces mêmes années, remous à Grenoble où les jésuites dressent les curés de la ville contre Mgr de Montmartin, réputé janséniste. On le chansonne dans les rues, on affiche aux portes de son palais des estampes qui le représentent en âne mitré installé sur un char tiré par quatre diables, et les élèves du collège jettent des cailloux contre son carrosse[154]. Enterrement mouvementé à Lyon en mars 1729. Un antibulliste fervent est mort, l'oratorien Céleron, que l'archevêque Villeroy avait interdit de ministère ; les fidèles se jettent sur le cadavre et déchirent les vêtements pour en faire des reliques : « On lui arracha une partie de ses cheveux blancs, on entama l'une de ses mains et peu s'en fallut qu'on ne lui coupât une oreille »[155]... À partir de 1730, la question du billet de confession entraîne des désordres, à Paris comme on l'a vu, et aussi dans les provinces. Une bagarre est mentionnée à Nantes en 1735 à l'enterrement d'une demoiselle Fessard, janséniste, décédée sans avoir reçu les sacrements. Ses frères ne peuvent obtenir une messe des morts et on se dispute dans l'église autour du corps, les uns disant qu'il fallait le jeter « dans un marais ou à la voirie », les autres « priant et gémissant », « quelques-uns même blessés à coups de pierre et d'ardoise »[156]. Tumulte à Douai en janvier 1737, à la mort d'un chanoine, un certain Rivette, à qui le curé a refusé l'extrême-onction : la foule attaque la maison du défunt à coups de pierres et un détachement de grenadiers doit venir enlever le cadavre qu'on enterre en terre profane[157]. L'affaire est évoquée avec « grand éclat » par le parlement de Paris où le conseiller-clerc Pucelle, magistrat opposant, cite d'autres faits semblables dans le royaume. Étrange cortège funèbre à Saumur le 1er mars 1738 à 6 heures du soir, derrière la dépouille d'une pauvre fille morte elle aussi privée des sacrements. Près de cinq cents personnes hostiles à la défunte se mêlent au convoi, et au lieu de cantiques on n'entend que « malédictions » et « jurements » contre le diacre Paris, contre Quesnel et les Pères de l'Oratoire ; au cimetière, tout est expédié, on jette un peu de terre sur le corps et le curé se retire en déclarant que c'est bien assez pour « la vache à Colas ». C'est ainsi, précisent les *Nouvelles*, « qu'on s'exprime en ce pays-ci parmi la lie du peuple, en parlant des Religionnaires »[158]. Les longues agonies favorisent la montée des passions avec les allées et venues des confesseurs, les démarches auprès des autorités, les recours en justice. Décembre 1738, à Rennes, le curé refuse les sacrements à la fille d'un procureur au parlement, par ailleurs nièce d'un prêtre janséniste. Aux derniers moments, la rue déverse des propos injurieux sur cette famille Cassard, « race de sorciers et de huguenots » ; et, le jour des obsèques, les élèves des jésuites sont là pour lancer des pierres et crier « à la voirie » en présence d'une foule de « neuf ou dix mille âmes »[159]. À Dax, en février 1741, les proches du chanoine Casenave, lui aussi mort sans sacrements, gardent chez eux pendant un mois le cadavre du défunt dans l'espoir d'obtenir un cérémonial régulier. Peine perdue, les obsèques ont enfin lieu un soir à 11 heures, sans lumière, sans chant, sans prières, « par un sentier dérobé et plein d'ordures », au milieu des sifflements et des huées d'un « peuple mutiné »[160]. Des événements analogues sont signalés à Montpellier en 1741, 1748 et 1755, à Roncq près de Tourcoing en 1742, à Langres en 1747 et 1751, à Tours en 1753 : toujours obsèques nocturnes, imprécations, propos infamants[161]... L'inquiétude demeure, jusqu'à la fin du siècle, relancée par le néo-richérisme des curés bas-normands, lorrains ou dauphinois dressés contre le « despotisme » des évêques[162]. Le jansénisme, au dire du publiciste François Métra en 1780, « est encore en France un feu caché sous la cendre ; soufflez-le, il s'enflammera aussitôt... »[163].

Quels qu'aient été les choix, l'intérêt et l'étrangeté du phénomène résident dans le fait que des milieux très divers, jusqu'aux basses couches, se sont sentis concernés par une rébellion qui a finalement travaillé la société entière et laissé sa marque dans le temps long. Si, comme l'écrit Daniel Roche, « tant de gens humbles [ont] pu être mis en mouvement pour la défense de principes obscurs, condamnés par des propositions obscures, et [ont] suivi ceux qui en appelaient au roi, aux évêques, au concile », il y avait sans doute là des enjeux devenus pour nous peu visibles[164]. Ce que nous révèle cette gerbe d'incidents dramatiques, nourris de passion et de refus, corrobore sans aucun doute les meilleures analyses récentes qui ont traité du jansénisme idéologique[165]. L'affrontement, par-delà ses visées immédiates, a eu une portée symbolique capitale : il s'agissait ni plus ni moins de la mise en cause du principe d'autorité, et cette forme de contestation à travers le religieux ne pouvait manquer de gagner d'autres terrains. Au même titre que la résistance protestante, l'adhésion au jansénisme, dans toutes ses contradictions, favorisait l'émergence de l'esprit d'examen, donc des droits de l'individu, et c'est à ce titre que nous pouvons le considérer comme élément important d'une propédeutique contestataire.

*

Prétendre associer dans un même examen toutes les figures du dialogue conflictuel autour du sacré semble relever de la gageure. Quelle logique interprétative permet-elle d'unifier des comportements si disparates dans leurs ressorts comme dans leur expression ? À niveau modeste, les sursauts du microcosme villageois traduisent un communautarisme élémentaire, soudé sur des comportements en majorité conservatoires, pour garder la coutume, les saints familiers, la procession, le cimetière, mais aussi pour fermer le groupe sur une identité exclusive ou encore remettre en question l'échange dîmaire. Changement d'horizons et d'envergure quand il s'agit de ruptures majeures dont la secousse a ébranlé la cohésion du royaume avec des conséquences politiques décisives. Réforme et jansénisme apparaissent sous la forme de systèmes entièrement structurés, avec une armature idéologique, des figures de proue, des réseaux militants, des canaux de transmission, enfin des relais populaires — autrement dit, des mouvements complets, socialement transversaux, capables d'expliciter et de transmettre une culture de contestation ouverte sur du neuf. Les apparences offrent peu d'analogies entre l'émotivité ponctuelle autour du clocher et la continuité d'un engagement vital qui déborde le cadre du sacré et engage le politique. Et pourtant, la contestation, spontanée ou concertée, immédiate ou élaborée, naît toujours d'un terreau identique : le groupe solidaire dans sa force de refus, bloc d'énergie existentielle, irréductible aux impératifs de l'Église, de l'État et des puissants. Au ras du sol, la rébellion éclaire les hantises de ses acteurs les plus obscurs et nous aide à découvrir quelle image de dignité mobilisait leur espérance.

Conclusion

> JACQUES. — Un Jacques ! Un Jacques, Monsieur, est un homme comme un autre.
>
> LE MAÎTRE. — Jacques, tu te trompes, un Jacques n'est point un homme comme un autre.
>
> JACQUES. — C'est quelquefois mieux qu'un autre.
>
> LE MAÎTRE. — Jacques, vous vous oubliez. Reprenez l'histoire de vos amours, et souvenez-vous que vous n'êtes et que vous ne serez jamais qu'un Jacques.
>
> DIDEROT, *Jacques le fataliste et son maître*[1].

Au terme de cet examen raisonné, sous le double signe du nombre et du détail, il me faut encore justifier un manque, ou plutôt un choix qui s'est imposé chemin faisant. Quand nous avons établi la typologie de l'enquête, le champ initial renvoyait à l'antagonisme privilégié jusque-là par les lectures historiennes traditionnelles, le conflit gouvernants-gouvernés dans ses aspects le plus directement politiques. Le questionnaire d'enquête portait justement en point premier le rejet des réformes royales touchant la monnaie, l'impôt et l'appareil judiciaire. Les efforts répétés de modernisation de l'État ont entraîné en effet des mouvements d'opinion bien connus, qui ont été évidemment pris en compte dans la collecte et évoqués au cours du livre. Pourquoi donc ne les avoir pas ensuite réunis en catégorie distincte dans l'analyse thématique d'ensemble ? Le nombre n'en est pas tout à fait négligeable et leurs formes répondent à plusieurs des critères retenus pour les autres types : il s'agit bien de troubles émeutiers, de violences urbaines qui ont mobilisé parfois des centaines, parfois des milliers d'acteurs, avec un éventail ouvert jusqu'aux basses couches. Que ce soit les manifestations parisiennes du mois de juillet 1720 contre le papier-monnaie et son inventeur, le financier-ministre John Law, ou encore les cortèges et feux de joie pour soutenir les parlements et humilier leurs adversaires, Maupeou et Terray en septembre 1774, Brienne et Lamoignon en août 1788, sans oublier la journée de Rennes du 2 juin de la même année ou la non moins fameuse journée des Tuiles grenobloise le 7 juin, pourquoi n'avoir pas fait un sort dans le panorama rébellionnaire à des événements si chargés de messages explicites ?

La réponse s'énonce rapidement, mais n'a pu être formulée qu'au bout du parcours : le caractère « populaire » de ces épisodes conflictuels, dans leur initiative comme leur déroulement, apparaît des plus discutables. Il y a là un délicat partage social à opérer. La masse des figurants a bien tenu son rôle sur un théâtre urbain qui était le sien, mais la pièce avait manifestement été écrite et mise en scène par d'autres qui ont tiré tout le bénéfice de l'action. En 1720, les parlementaires, les rentiers, les gens de finance avaient juré la perte de Law pour ses audaces anticipatrices ; ils étaient derrière les foules qui s'écrasaient rue Quincampoix et rue Vivienne et défilaient en tumulte jusqu'au Palais-Royal. Tout au long du siècle, les parlements opposés aux ministres réformateurs avaient eux aussi leur clique et ils se sont efforcés d'associer la rue à leur combat, réussissant à entraîner un large public au-delà de leur clientèle ordinaire de gens de loi et plumitifs : tout un menu peuple de boutiquiers, artisans, fournisseurs, paysans, métayers ou valets, de quoi faire illusion. Mais on sait que les choses ne tardent pas à prendre leur véritable visage, à la fin de l'été 1788, quand se pose clairement la question des modalités de l'élection aux États généraux.

Qu'on ne voie pas là une dérobade ou une contradiction, puisque j'ai affirmé un peu plus haut, parlant de la fronde des grands corps, qu'ils avaient su gagner de larges secteurs bien au-delà de leur clientèle naturelle, notamment la jeunesse, toujours prête à occuper la rue[2]. La démagogie antiréformiste autour de l'impôt ou des institutions prenait pour prétexte l'intérêt général, argument d'une efficacité éprouvée, et j'ai dit que l'exemple rébellionnaire, venant du haut de la société, risquait en effet de légitimer les refus d'en bas. Pourtant, sans nier l'incidence des actions élitaires et leur caractère parfois propédeutique, je les considère comme extérieures tant à la culture qu'à la spontanéité des foules citadines et paysannes. La conscience émotive s'est développée en dehors d'elles, ce qui ne signifie pas qu'elles n'aient pas joué un rôle d'adjuvant ou de force convergente.

*

À quelle pureté sociologique et culturelle renvoie donc la notion de *populaire*, axiale dans cette étude ? Catégorie floue, aux contours imprécis, mais Marc Bloch écrivait déjà qu'une société « n'est pas une figure de géométrie ». Je m'en tiens là-dessus à l'opinion commune qui a fondé notre travail, confortée par la vérité empirique qui émerge des affrontements concrets. Le gigantesque amoncellement d'affaires qui forme la matière du livre fait entendre un arrière-fond sonore de murmures, de grondements, de cris éclatés en paroles, surgis d'un être collectif réputé muet ou incapable de produire des messages cohérents et autonomes. Que le groupe des intervenants ne soit pas toujours homogène, qu'on y trouve des maîtres aux côtés des compagnons, des ruraux mêlés aux citadins, des femmes au milieu des hommes, des jeunes comme des vieux, que des meneurs « étrangers » figurent parfois dans la mêlée et même des notables, cette diversité et ces ambiguïtés n'altèrent pas l'évidence première, à savoir que ces mouvements, dans la quasi-totalité des cas, sont portés par des situations, des énergies, des images venues d'en bas. Le problème n'est pas de juger du caractère authentique ou illusoire des inquiétudes, mais de reconnaître dans quel terreau ces accès furieux prenaient naissance. Les revendications primales sortaient du sein de masses anonymes. Des groupes, des individus retrouvant noms et visages osaient défendre leurs avoirs et leur être, osaient crier leur droit à l'existence pour le pain, le travail, la terre, mais aussi pour la liberté de croire à leur façon ou même celle de se réjouir à leur guise. On les disait inertes depuis la fin des grandes révoltes d'antan, comme saisis par une sorte d'engourdissement, enfermés dans un « long silence ». Il suffisait pourtant d'écouter pour appréhender les réalités profondes qui, selon Jacques Berque, n'existent « nulle part ailleurs que dans le comportement, le vécu, la subjectivité, l'accident, l'événement, à condition que nous sachions les interpréter »[3].

Est-ce faire la part trop belle à la convulsion dans le jeu des forces sociales ? Je ne crois pas avoir surévalué les déviances et les ruptures, au sein de l'Ancien Régime français qu'il ne saurait être question d'assimiler à un interminable carnaval contestataire. Le quotidien n'y était pas fait que de violences constamment réprimées ou explosives. En dépit de ses faiblesses, l'État présentait une façade remarquable, le pays s'enrichissait, les complémentarités sociales fonctionnaient vaille que vaille et, d'une crise à l'autre, les petits parvenaient à se tailler une part de bonheur. Il est d'ailleurs reconnu aujourd'hui que les conditions de la vie matérielle se sont améliorées au XVIIIe siècle, qu'il y a eu comme une démocratisation du bien-être : meilleurs logements, nourriture diversifiée, élargissement de l'espace du bien-vêtu. De même, l'instruction a un peu avancé dans les campagnes et les faubourgs grâce à la multiplication des petites écoles. Mais, tandis que l'aisance profitait à la frange du populaire capable de se hisser en deux générations aux marches inférieures de l'escalier promotionnel, la situation des autres tendait à se dégrader. L'errance, la mendicité gagnaient du terrain, les plus récentes études d'histoire sociale s'accordent là-dessus. La marginalisation guettait en permanence « les salariés non qualifiés, l'armée des hommes de peine voués à d'innombrables tâches peu gratifiantes »[4]. Les contemporains constataient cet écart et y décelaient une menace de grave subversion à court terme. « Les émeutes dont nous venons d'être les témoins n'étaient rien, écrit l'abbé Mably au lendemain de la guerre des Farines. [...] Les mutins, il est vrai, ont à peine fini leur pillage qu'ils ont montré de la crainte et du repentir. [...] Mais soyez sûrs qu'une seconde fois ils seront moins timides et par conséquent plus entreprenants. S'ils ne voient plus d'autre ressource, si le désespoir les irrite, ils brûleront les fermes et les châteaux, et le gouvernement, qui n'aura pas prévenu les désordres, ne pourra peut-être pas y remédier »[5]. Et encore Louis-Sébastien Mercier : « La distance qui sépare le riche du reste des citoyens s'accroît chaque jour, la pauvreté devient plus insupportable, et [...] la haine s'envenime »[6].

Au lieu de l'osmose grandissante que postulerait le renforcement incontestable des couches intermédiaires, on observe une crispation sur des images qui tendent à se figer. Ceux d'en haut témoignent aux autres une sorte d'indifférence teintée de mépris, fondée sur la certitude que les rôles sont définis et distribués à jamais. Si bien que l'opacité semble devenue à peu près totale du noble au paysan, du citadin aisé aux petites gens de la rue. Les tumultes, au lieu de fonctionner en signal d'alarme, restent mis au compte des pulsions et fantasmes d'un peuple crédule, séduit par des leaders mal intentionnés, sortis du néant. La « populace » rassemblée et révoltée, c'est donc l'irruption d'un intarissable désordre sur fond de malice sociale et parfois de cruauté. « J'avoue, écrit Restif de La Bretonne en 1788, que j'ai tremblé toutes les fois que j'ai vu la portion basse de ce peuple en émotion ! et j'ai tremblé, parce que je sais quelle est sa haine contre tout ce qui est aisé, haine éternelle, violente, qui ne demande qu'à s'exercer... »[7]. Les plus hauts responsables politiques rejoignent d'ailleurs les pamphlétaires lorsque Turgot parle d'un « état de guerre habituel de toutes les parties de la société les unes contre les autres », ou quand Necker évoque « la distance immense qui existe entre le peuple et les autres classes de la société »[8]. Mais de là à reconnaître aux gens du commun un jugement droit et une parole autorisée… On ne pouvait imaginer en haut lieu que le peuple tenu au respect de la loi méritât d'avoir une existence politique. Il appartenait au roi seul d'arbitrer le présent et prévoir le futur. Au printemps 1787, les notables réunis à Versailles voient dans les projets novateurs de Calonne un inconcevable « appel au peuple », susceptible de provoquer la rupture « de la chaîne invisible qui lie tous les citoyens à l'obéissance et contient le peuple par l'exemple et l'influence des Grands »[9]. Les hantises s'avivent à la veille de la Révolution. À Paris, les commissaires de police insistent sur l'urgence de contenir « une multitude impatiente du frein le plus légitime et toujours prête à le rompre »[10]. Envoyez-nous des troupes, écrit le corps municipal de Sète au lendemain de l'émeute survenue ici le 15 avril 1789, car la fureur populaire se déchaîne et « la race future qui se prépare […] s'annonce déjà comme devant être plus dangereuse encore que la présente »[11]. Vision de guerre sociale dans un contexte effervescent, Caliban est parmi nous !

Notre enquête montre la dégradation continue du climat relationnel dès le second tiers du XVIIIe siècle, tous types d'actions confondus. Voilà une réalité qui relance autant de questions qu'elle apporte de réponses, car les conclusions partielles avancées dans chacun des chapitres conduisent à présenter comme éclatée en fragments la simultanéité confuse des moments de l'Histoire. Les pans du réel ne sont pas raccordables en un objet unique, mais certaines périodes présentent des convergences, signifiantes assurément. Nous avons tenté de réaliser l'indispensable rejointage dont Fernand Braudel sentait la nécessité. À propos d'un type rébellionnaire particulier, l'émeute de subsistances, il traçait tout un programme guère éloigné du nôtre : « Il faudrait, pour reconstituer la trame complète de ces événements, ajouter à ces faits visibles les délinquances, les activités omniprésentes des faux-sauniers [...], les brigandages ruraux, les grèves des artisans qui se multiplient avec le XVIIIe siècle finissant. Et surtout, replacer dans ce tableau les fleuves, les océans de la mendicité. D'ailleurs, il faudra bien que nous revenions, à un moment ou à un autre, sur cet immense drame de la société que l'Ancien Régime léguera à la France du XIXe siècle »[12].

L'un des problèmes est de décrypter ce qui n'était pas souvent constitué en discours, et par là même peut apparaître comme un enchaînement de mots sans suite et gestes inachevés, pour tout dire comme des actes sans idées. Or la répétition des faits et la poussée des comportements contestataires s'expliquent mal si on n'y reconnaît pas l'émergence d'une prise de conscience qui englobe le social et préfigure le politique. Même les refus les plus physiques, les moins conceptualisés, renvoient déjà au sentiment d'un droit indépendant de la loi. La revendication d'un prix maximum, le pillage du convoi de blé, l'attaque du grenier, le mendiant tiré des mains de la police, le fraudeur arraché aux gabelous, le débiteur aux huissiers, l'engagé aux recruteurs, autant de sursauts immédiats, mais chargés de références morales qui relèvent d'une culture propre. Culture vivante, à la fois transmise et recréée en permanence, enrichie par les propos de carrefour, les récits de veillées, les complaintes propagées dans les foires, la gravure et la chanson.

Mais ces violences spontanées, réponses défensives nées des circonstances, n'étaient guère porteuses dans l'immédiat de capacités innovantes. D'autres types de conflits traduisent par contre des exigences longuement concertées, un projet collectif, la recherche de médiations et d'alliances. Dans les affaires d'impôts, de taille, de dîmes ou de droits seigneuriaux, comme dans les débats relatifs à l'embauche ou aux salaires, les désaccords, on l'a vu, étaient discutés sur place avant d'être éventuellement portés devant les instances administratives ou judiciaires, à l'initiative de l'une ou l'autre des parties. Les requérants s'adressaient aux tribunaux à grand renfort d'écritures basochiennes. La démarche pouvait s'accompagner de cortèges, de pétitions, de délégations auprès des autorités administratives et même, exceptionnellement, de députations collectives à Versailles. Semblables initiatives inscrivaient le présent des groupes dans une stratégie de longue haleine, une cohérence maîtrisable et souvent maîtrisée. Les débats ouverts dans les assemblées de paroisse ou les réunions de compagnons, la recherche des arguments et des preuves, les correspondances, le dialogue avec les gens de loi, l'appel aux souvenirs des anciens, enfin l'exemple d'autres communautés ou de groupes engagés dans des combats similaires et dont on admirait la « bravoure », autant de signes et d'actes inscrits dans une pédagogie du devenir qui jouait contre la charge paralysante des faits hérités.

Quand le dialogue judiciaire s'enlisait et que, sur place, la pression devenait trop forte, il suffisait d'un incident pour transmuter les colères individuelles en indignation collective. À partir d'un état de choses calamiteux, le conflit développait sa dynamique propre et s'ouvrait alors sur d'autres perspectives. L'exploration de ces blocs de refus biséculaires révèle à la fois du sens et de l'efficace. L'insistante vision tocquevillienne d'idées critiques venues d'en haut, sorties des cénacles de la pensée, et qui, par étapes, auraient atteint le bas de l'échelle au point d'« enflammer jusqu'à l'imagination des femmes et des paysans »[13], un tel schéma résiste mal à l'examen des faits. C'est à ras de terre que s'élaboraient les aspirations réformistes du plus grand nombre, et toutes les espérances libertaires que la convocation des États généraux allait permettre de formuler en mots et en doctrines. Dans un passé encore proche, s'interrogeant sur le problème des origines intellectuelles de 1789, Daniel Mornet mettait en doute la genèse purement philosophique de l'événement révolutionnaire, et son avertissement mérite d'être entendu : « Rien ne prouve, écrivait-il, [...] que l'opinion moyenne n'a pas devancé ou dépassé l'opinion des gens de lettres. C'est une grave erreur en histoire littéraire et en histoire tout court que de déterminer l'opinion générale par celle des gens qui font métier d'écrire : il faut prouver la concordance de ces opinions et non pas la supposer »[14]. Autrement dit, il convient aussi dc prendre en compte les dures sommations du réel. Les thèmes des Lumières, liberté, justice, équité, tolérance, droit naturel, figurent bien dans les Cahiers de doléances, associés à « quelques pulsions eschatologiques de règne neuf, d'avènement des temps », mais ce n'étaient là, nous dit Alphonse Dupront, que la contexture d'une « énergétique prérévolutionnaire » qui résidait dans « la passion incubante des masses »[15]. Il est aujourd'hui admis que la formation intellectuelle des rédacteurs des fameux Cahiers — petits notables, tabellions, gens de loi, vicaires et curés, ceux-ci plus ou moins imprégnés de gallicanisme ou de jansénisme — devait au moins autant à leur pratique sociale et leur environnement qu'aux théories des philosophes et économistes. Ils avaient fait leur apprentissage politique sur le terrain et ils connaissaient parfaitement les inadéquations des anciennes structures. Aussi bien entraient-ils sans effort dans les vues des populations consultées dont les griefs recoupaient leurs propres ressentiments.

*

Paroles d'en bas, vivaces et fécondes… Nous les avons déchiffrées au fil des jours, syllabe après syllabe, à travers les rumeurs, les cris, les actes qui ne cessent d'affaiblir le principe d'autorité. La rébellion qui les porte se nourrit des besoins, des passions comme des rêves de l'âme collective, dans le fracas du trivial et de l'extrême. Elle a un rythme, elle est le temps, elle est production inépuisable de formes qui se répètent, s'engendrent et se métamorphosent pour s'inscrire dans le devenir d'une société tout à la fois rajeunie, inventive et bloquée. Le pouvoir reste sourd à ces appels, ou ne leur accorde qu'une oreille distraite. Il légifère d'abondance sans oser entamer le socle du privilège. Les ministres les plus audacieux sont contraints de renoncer, ils cèdent, et l'État reste accablé par la démesure de son endettement. Le cadastre est un échec, la réforme municipale amorcée dans les années 1760 n'offre pas de réponse acceptable à des aspirations multiformes si clairement exprimées, depuis si longtemps et dans tant de champs divers de la vie relationnelle. Par la suite, d'autres projets novateurs se sont anéantis à leur tour dans les contradictions du régime. Refoulées mais non pas abolies, les attentes du commun peuple s'érigent peu à peu en doctrines partagées par des couches élargies, elles orientent l'avenir même quand elles semblent aller à contre-courant. C'est dire la force éducative du conflit, miroir d'une conscience sociale éclatée en images de groupes mais unifiée par la même exigence de reconnaissance de soi, d'honneur et de dignité. C'est redire aussi le caractère éclairant des durées longues. L'attitude rébellionnaire traverse les épisodes et les séquences, inclut le XVIIIe finissant et le XIXe prolongé pour constituer un mode qui a fait du heurt et de la rupture le principe du changement dans l'espace français.

ANNEXES

GRILLE DE DÉPOUILLEMENT

Fiche N° [ ] *

1. TYPE FONDAMENTAL [ ]

TYPE SECONDAIRE [ ]
(éventuellement)

2. DATE

Année	*Mois*	*Quantième*	*Jour*

3. HEURE

de 0 à 24 [ ]

Matin (6-12)	
Après-midi (12-18)	
Soir (18-22)	
Nuit (22-6)	
Indéterminé	

* *Ne rien écrire dans ce cadre.*

4. LIEU *(en lettres capitales)*

Ville	
Bourg (500-2 000)	
Village, ch. l. de paroisse	
Hameau, lieu-dit	

Subdélégation / élection	
Province	
Département actuel	
Canton actuel	

5. POSITION GÉOGRAPHIQUE

Altitude + 500 m	
Altitude – 500 m	

*Moins de 30 km d'une frontière**	
*Plus de 30 km d'une frontière**	

6. PRÉSENCE LOCALE D'UNE POPULATION PROTESTANTE *(ou de Nouveaux Convertis)*

Oui	
Non	
?	

7. DURÉE DES TROUBLES

Moins d'une heure	
De une à deux heures	
Environ une demi-journée	
Une journée	
Plus d'une journée	
Indéterminé	

* *Frontière extérieure (terrestre ou maritime) ou frontière intérieure.*

8. PARTICIPANTS : NOMBRE

Nombre précis	
Fourchette	
Indéterminé	

9. PARTICIPANTS : SEXE

Hommes et femmes	
Uniquement hommes	
Mixte maj. hommes	
Uniquement femmes	

Mixte maj. femmes	
Femmes et enfants	
Hommes, femmes, enfants	
Uniquement enfants	
Indéterminé	

10. PARTICIPANTS : ÂGE

Majorité jeunes gens ou enfants	
Majorité adultes	

11. PARTICIPANTS : CATÉGORIES SOCIALES

Paysans(nes)	
Maraîchers	
Vignerons	
Ouvriers agricoles	
Bûcherons	
Artisans, Maîtres artisans	
Compagnons artisans	
Ouvriers industrie	
Domestiques	

Soldats	
Marins	
Détenus	
Mendiants	
Bohémiens	
Migrants	
Marginaux	
Notables	
Autres ou indéterminé	

12. INTERVENTION DE NOTABLES, D'INDIVIDUS EN VUE AUX CÔTÉS DES ÉMEUTIERS

Seigneur		*Représentant du pouvoir municipal*	
Noble, gentilhomme terrien		*Roturier fortuné*	
« Officier » civil, magistrat		*Cabaretier*	
Gens de loi, avocats, basochiens		*Personnage occulte évoqué par les émeutiers*	
Curé, vicaire, religieux		*Autres*	

13. FORMES DE L'AFFRONTEMENT

Tocsin		*Travestissements*	
Masques		*Instruments de musique*	

14. FORMES DE L'AFFRONTEMENT : ARMES

Pierres		*Couteaux*	
Bâtons, barres		*Armes à feu*	
Outils		*Autres armes*	
		Sans armes	

15. FORMES DE L'AFFRONTEMENT : INSULTES

*Insultes à référence sexuelle**	
*Insultes à référence sociale***	
*Insultes à double référence****	
Menaces de sang	

* *Du type : jean-foutre, bougre, viedaze, vérolé(e), putain, etc.*
** *Du type : gueux, canaille, voleur, larron, coquin, fripon, traîne-boulet, homme de corde, valet de bourreau, etc.*
*** *Du type : foutu gueux, foutu fripon, etc.*

16. EXPRESSION ÉLABORÉE DE L'EXIGENCE CONTESTATAIRE
(cris, discours, manifestes, affiches, chansons, etc. Transcription intégrale)

17. FORMES DE L'AFFRONTEMENT :
VIOLENCES SUR LES PERSONNES

À l'encontre des émeutiers :			*Nombre*
Individu	*Blessé*		
	Tué		
	Capturé		
	Libéré		
	Capturé puis libéré		
	Arrêté à une date ultérieure		

À l'encontre de leurs adversaires :			*Nombre*
Individu	*Décoiffé*		
	Vêtements déchirés		
	Désarmé		
	Séquestré		
	Mis en fuite		
	Blessé		
	Tué		
	Action sur le cadavre		
	Coups divers		

18. FORMES DE L'AFFRONTEMENT :
VIOLENCES SUR LES BIENS

Documents brûlés		*Bris de clôture ou comblement de fossé*	
Documents volés		*Pillage de bois en forêt*	
Documents déchirés		*Destruction de récolte*	
Placard arraché		*Attaque contre le bétail*	
Immeuble lapidé		*Marchandise détournée et vendue au marché*	
Immeuble envahi		*Marchandise pillée*	
Immeuble pillé		*Marchandise détruite*	
Immeuble démoli		*Marchandise brûlée*	
Immeuble incendié		*Marchandise taxée*	

19. VIOLENCES SUR LES BIENS :
CARACTÈRE DU BÂTIMENT ATTAQUÉ

Siège d'une autorité publique	
Bâtiment seigneurial ou nobiliaire	
Bâtiment ecclésiastique	
Demeure d'un « officier » local	
Demeure d'un notable et/ou marchand	
Divers ou non spécifié	

20. SUITES JUDICIAIRES : INSTANCE DE JUGEMENT

Simple juridiction seigneuriale ou royale	
Bailliage, sénéchaussée, présidial	
Parlement et autres cours souveraines	
Prévôté, maréchaussée	
Indéterminé ou autre	

21. SUITES JUDICIAIRES : PEINES

Roue	
Pendaison	
Galères perpétuelles	
Galères à temps	
Bannissement	
Carcan et/ou fouet	
Amende	
Admonestation	
Indéterminé	
Détention	

22. QUALIFICATION DU MOUVEMENT PAR LES CONTEMPORAINS *(dans les correspondances administratives, procès-verbaux, procédures, sentences, mémoires et autres documents exploités. Transcrire ici le ou les termes utilisés : murmure, émotion, carillon, tumulte, émeute, révolte, etc.)*

23. SOURCES, RÉFÉRENCES PRÉCISES

AUTRES INFORMATIONS (*joindre éventuellement une feuille du même format*)

CHERCHEUR : *M.*

TYPOLOGIE ET CODAGE

Entre parenthèses : nombre de cas observés. Ensemble : **8 528**. — Les actions sont ici classées sur la base de leur « type fondamental ». Au fil des chapitres, certains chiffres peuvent être légèrement différents par suite de la prise en compte du « type secondaire » propre à telle ou telle affaire inscrite sous un « type fondamental » différent.

1. Rejet des initiatives réformatrices de l'État (53)

101. Protestation contre les réformes d'ordre judiciaire, fiscal, financier ou monétaire (53)

2. Résistance à la fiscalité ou parafiscalité étatique (3 336)

201. Troubles liés à la répartition des impôts directs (33)
202. Troubles liés à la perception des impôts indirects (180)
203. Hantise d'une surcharge fiscale imaginaire (27)
204. Affrontement lié à la contrebande du sel et/ou du tabac (2 171)
205. Affrontement lié à la perception des droits d'aides (denrées et surtout boissons) et assimilés (590)
206. Affrontement lié à la perception des droits de traites et assimilés (293)

207. Refus d'effectuer les corvées royales sur les routes et autres travaux d'utilité publique (13)
208. Divers (29)

3. Résistance à l'appareil judiciaire, militaire ou policier de l'État (1 212)

301. Opposition à une saisie judiciaire ou à une expulsion (140)
302. Opposition à une opération de désarmement (13)
303. Révolte à l'occasion d'un transfert de détenu(s) ou d'une arrestation (354)
304. Révolte à l'occasion d'une exécution publique (32)
305. Révolte de prison ou d'hôpital, attaque de prison, évasion collective (139)
306. Opposition au recrutement des soldats de milice et gardes-côtes (134)
307. Opposition à l'enrôlement des recrues (125)
308. Hostilité aux troupes régulières (garnison, logement, passage) (72)
309. Hostilité à la maréchaussée ou aux formations de police urbaine (42)
310. Mutinerie militaire (39)
311. Divers (64)
312. Opposition à l'action du personnel des Eaux et Forêts (58)

4. Actes d'hostilité à l'égard de la seigneurie et de ses agents (439)

401. Refus d'acquitter les droits seigneuriaux (76)
402. Opposition aux rénovations de terriers (41)
403. Défense des droits collectifs (communaux, droits d'usage…) contre le seigneur (150)
404. Rejet des symboles de l'autorité seigneuriale (armoiries, piloris, banc seigneurial, etc.) (17)
405. Opposition au monopole seigneurial de chasse ou pêche (61)

406. Opposition à la police seigneuriale en matière de danses, charivaris, fêtes, etc. (10)
407. Actes hostiles aux agents de la seigneurie (29)
408. Refus de l'intervention seigneuriale dans la gestion municipale (4)
409. Divers (51)

5. Actes d'hostilité à l'égard de la noblesse et du privilège nobiliaire (12)

501. Contestation d'ordre fiscal, honorifique, etc. (12)

6. Actes d'hostilité à l'égard de l'Église (103)

601. Affaires de dîmes (36)
602. Protestation liée aux distributions d'aumônes (7)
603. Action à caractère antiseigneurial (en type secondaire avec 401-409) (11)
604. Divers (49)

7. Mise en cause de notables (160)

701. Défense des droits collectifs contre les empiètements de particuliers (84)
702. Divers (76)

8. Mise en question de l'autorité municipale (148)

801. Critique du fonctionnement de l'institution municipale (12)
802. Contestation d'ordre fiscal (octroi et autres taxes) (59)
803. Gestion des biens communaux (20)
804. Hostilité à l'égard des autorités municipales (32)
805. Hostilité à l'égard de la police municipale (19)
806. Divers (6)

9. Subsistances (1 497)

901. Protestation contre le prix excessif ou la rareté des denrées (546)
902. Protestation contre l'accaparement des grains (117)
903. Protestation contre l'exportation des grains (707)
904. Divers (127)

10. Religion, croyances (264)

1001. Affirmation collective de l'identité protestante (151)
1002. Affirmation collective de l'identité janséniste (38)
1003. Conflit au sujet de la nomination d'un curé ou d'un vicaire (24)
1004. Attachement à des croyances et pratiques religieuses locales (29)
1005. Manifestation d'intolérance collective dirigée contre des groupes ou des individus rejetés ou craints : minorités religieuses (protestants, jansénistes, juifs), « sorciers », bohémiens, professions décriées (13)
1006. Divers (9)

11. Conflits du travail (441)

1101. Défense des privilèges corporatifs contre les marchands fabricants (63)
1102. Opposition entre ouvriers *chambrelans* et maîtres jurés ou syndics des corporations (49)
1103. Protestation contre les conditions de travail (2)
1104. Revendication salariale (51)
1105. Affrontement entre la main-d'œuvre locale et la main-d'œuvre extérieure (13)
1106. Grève dans le secteur industriel (même non accompagnée de violences) (90)
1007. Affrontement collectif de compagnons, rixes (71)
1008. Conflits en matière d'embauche (45)
1009. Grève dans le secteur agricole (même non accompagnée de violences) (25)

1110. Grève dans le secteur commercial (même non accompagnée de violences) (6)
1111. Divers, bravades (26)

12. Particularisme régional (94)

1201. Expression violente d'un particularisme régional (à combiner, en « type secondaire », selon le cas, avec 101, 201 *sq.*, 301 *sq.)* (94)

13. Divers (769)

1301. Manifestation spécifique de classe d'âge, charivari dégénérant en affrontement (178)
1302. Assemblée, fête baladoire, foire dégénérant en affrontement (364)
1303. Rivalité de quartier ou de paroisse (64)
1304. Tumulte ou révolte d'écoliers ou d'étudiants (33)
1305. Agitation de salle de spectacle dégénérant en tumulte (34)
1306. Rivalité seigneuriale dégénérant en affrontement collectif (5)
1307. Causes variées (91)

APPENDICES

ABRÉVIATIONS USUELLES

AD	Archives départementales (suivi du code départemental)
Aff.	Affaire
AN	Archives nationales
APP	Archives de la Préfecture de police, Paris
Arch. comm.	Archives communales
Arch. Guerre	Service historique de l'armée de terre, Vincennes
Bibl. mun.	Bibliothèque municipale
BNF	Bibliothèque nationale de France
BNF Mss.	Bibliothèque nationale de France, département des manuscrits
ct	canton (suivi du code cantonal INSEE)
f°	folio, folios
p.	page(s) [ouvrages] ou pièce(s) [archives]
par.	paroisse
v°	verso

NB : Dans la plupart des cas, l'orthographe et la ponctuation des citations ont été modernisées. — Rappelons au lecteur que l'unité monétaire (monnaie de compte) était la livre tournois de 20 sols, soit en gros le salaire journalier de l'ouvrier qualifié.

TABLE DES TABLEAUX, FIGURES ET ILLUSTRATIONS

Tableaux

Figures

Illustrations

BIBLIOGRAPHIE

NB : On trouvera dans les sections I et II de la bibliographie les travaux qui renvoient à l'ensemble de l'espace français et, dans la section III, les ouvrages et articles relatifs aux régions et provinces. Tout titre sans origine géographique a été publié à Paris.

I. Sources imprimées. Ouvrages anciens

ARGENSON, René-Louis de Voyer, marquis d', *Journal et mémoires du marquis d'Argenson,* publiés par E.-J.-B. RATHERY, 9 vol. (Veuve J. RENOUARD, 1859-1867).

BALLEROY, marquise de, *Les Correspondants de la marquise de Balleroy, d'après les documents inédits de la Bibliothèque Mazarine,* publiés par le comte Édouard de Barthélemy, 2 vol. (Hachette, 1883).

BARBIER, Edmond-J.-F., *Chronique de la Régence et du règne de Louis XV (1718-1763) ou « Journal » de Barbier,* 8 vol. (Charpentier, 1857).

BENOIST, Élie, *Histoire de l'édit de Nantes...,* 3 parties en 5 vol. (Delft, A. Beman, 1693-1695).

BOISGUILBERT, Pierre Le Pesant de, *Le Détail de la France sous le règne présent, augmenté en cette nouvelle édition de plusieurs mémoires et traités sur la même matière,* 2 vol. (1707).

BOISLISLE, Arthur Michel de, *Correspondance des contrôleurs gé-*

néraux des finances avec les intendants des provinces, I-III (Imprimerie nationale, 1874, 1883, 1897).

Bombelles, marquis de, *Journal*, t. I : *1780-1784*, t. II : *1784-1789*, texte établi par J. Grassion et F. Durif (Genève, Droz, 1977 et 1982).

Boncerf, abbé Pierre-François, *Les Inconvéniens des droits féodaux* (Londres, « et se trouve à Paris, chez Valade », 1776).

Boutaric, F. de, *Traité des droits seigneuriaux et des matières féodales* (Toulouse, Hénault et Forest, 1745).

Buterne, *Dictionnaire de législation, de jurisprudence et de finances sur toutes les fermes-unies de France*, t. I seul publié (Avignon, L. Chambeau, 1763).

Buvat, Jean, *Journal de la Régence (1715-1723)*, 2 vol. (Pion, 1865).

Clément, Pierre, *Lettres, instructions et mémoires de Colbert*, 10 vol. (Imprimerie impériale, 1861-1882).

Croÿ, Emmanuel, maréchal duc de, *Journal inédit du duc de Croÿ (1718-1784)*, 4 vol. (Flammarion, 1906-1907).

Dangeau, *Journal du marquis de Dangeau*, publié par E. Soulié et L. Dussieux, 19 vol. (Firmin-Didot, 1854-1860).

Delamare, Nicolas, *Traité de la police, où l'on trouvera l'histoire de son établissement...*, 4 vol. (Brunet et Hérissant, 1722-1738).

Depping, Georges-Bernard, *Correspondance administrative sous le règne de Louis XIV*, 4 vol. (Imprimerie impériale, 1850-1855).

Des Essarts, Nicolas-Toussaint Le Moyne dit, *Dictionnaire universel de police*, 8 vol. (Moutard, 1786-1789).

Diderot, Denis, *et al.*, *Encyclopédie, ou Dictionnaire raisonné des sciences, des arts et des métiers*, édition utilisée : Pellet, Genève-Neuchâtel, 1777-1779.

Encyclopédie méthodique, ou par ordre des matières, par une société de gens de lettres, de savans et d'artistes (Panckoucke) : *Agriculture*, 7 vol. (1787), *Finances*, 3 vol. (1784-1787), *Jurisprudence*, 10 vol. (1782-1791), *Arts et métiers mécaniques*, 8 vol. (t. V, 1788).

Expilly, abbé Jean-Joseph, *Dictionnaire géographique, historique et politique des Gaules et de la France*, 6 vol. (Amsterdam-Paris, Desaint, etc., 1762-1770).

Ferrière, Claude-Joseph de, *Dictionnaire de droit et de pratique contenant l'explication des termes de Droit, d'Ordonnances, de Coûtumes et de Pratique*, 2 vol. (Brunet père, 1740).

Flammermont, Jules, *Remontrances du parlement de Paris au XVIIIe siècle*, 3 vol. (Imprimerie nationale, 1888-1898).

Fréminville, Edme de La Poix de, *Dictionnaire ou traité de la Police générale des villes, bourgs, paroisses et seigneuries de la Campagne* (Gissey, 1758).

Furetière, Antoine, *Dictionnaire universel, contenant généralement tous les mots français tant vieux que modernes et les termes de toutes les sciences et des arts...* (La Haye-Rotterdam, A. et R. Leers, 1690, rééd. Paris, éd. SNL Le Robert, 3 vol., 1978).

Guyot, *Dictionnaire des postes, contenant le nom de toutes les villes, bourgs, paroisses, abbayes [...]. Les provinces où ils sont situés, et le nom du plus prochain Bureau des Postes...* (Veuve Delatour, 1754).

Guyot, Pierre-Jean-Jacques-Guillaume, *Répertoire universel et raisonné de la jurisprudence civile, criminelle, canonique et bénéficiale*, 17 vol. (Visse, 1784-1785).

Isambert, François André, *Recueil général des anciennes lois françaises depuis l'an 420 jusqu'à la révolution de 1789*, 29 vol. (Belin-Le Prieur et Verdière, 1821-1833).

Jousse, Daniel, *Nouveau commentaire sur l'ordonnance criminelle du mois d'août 1670* (Debure, 1763).

— *Traité de la justice criminelle de France*, I-IV (Debure, 1771).

Le Trosne, Guillaume François, *Mémoire sur les vagabonds et sur les mendiants* (Soissons, P.G. Simon, 1764).

Luynes, duc de, *Mémoires du duc de Luynes sur la Cour de Louis XV (1735-1758)*, 17 vol. (Firmin-Didot, 1860-1865).

Marais, Mathieu, *Journal et mémoires de Mathieu Marais, avocat au parlement de Paris sous la Régence et le règne de Louis XV (1715-1737)*, 4 vol. (Firmin-Didot, 1863-68).

Marville, F. de, *Lettres de M. de Marville, lieutenant général de police, au ministre Maurepas (1742-1747)*, publiées par A.-M. de Boislisle, 3 vol. (H. Champion, 1896-1905).

Ménétra, Jacques-Louis, *Journal de ma vie. Jacques-Louis Ménétra, compagnon vitrier au XVIIIe siècle*, présenté par Daniel Roche (Montalba, 1982).

MERCIER, Louis-Sébastien, *Tableau de Paris* (2 vol., rééd. Mercure de France, 1994).

MÉTRA, François, *Correspondance...* (cf. *infra*, « Périodiques »).

MOREAU DE BEAUMONT, J.-L., *Mémoires concernant les impositions et droits en Europe*, 5 vol. (I-IV : Imprimerie royale, 1768-69 ; V : Desaint, 1789).

MUYART DE VOUGLANS, Pierre-François, *Les Loix criminelles de France dans leur ordre naturel* (Merigot le Jeune, 1780).

NECKER, Jacques, *De l'administration des finances de la France*, 3 vol., 1784 (s.l., éd. 1785).

— *Compte rendu au Roi, par M. Necker, Directeur général des Finances* (1781).

PIDANSAT DE MAIROBERT, Mathieu-François, Mouffle d'Angerville, *Journal historique de la révolution opérée dans la constitution de la monarchie française, par M. de Maupeou... — Journal historique du rétablissement de la magistrature...*, 7 vol. (Londres, 1774-1776).

RAVAISSON, François, *Archives de la Bastille. Documents inédits recueillis et publiés par F.R.*, 19 vol. (Durand et Pedone-Lauriel, 1866-1904).

Relation d'une partie des troubles de la France pendant les années 1789 et 1790, suivie de réflexions sur le moyen d'en arrêter le progrès (1790 : BNF, 8° Lb[39]4467).

RENAULDON, Joseph, *Traité historique et pratique des droits seigneuriaux* (Despilly, 1765).

RESTIF DE LA BRETONNE, *Les Nuits de Paris* (1788-1794, rééd. Union générale d'éditions, coll. « 10/18 », 1963).

SAINT-SIMON, Louis de Rouvroy, duc de, *Mémoires*, édités par Yves Coirault, 8 vol. (Gallimard, coll. « Pléiade », 1983-1988).

SERPILLON, François, *Code criminel, ou Commentaire sur l'ordonnance de 1670*, 4 t. en 2 vol. (Lyon, les Frères Perisse, 1767).

SMEDLEY-WEILL, Anette, *Correspondance des intendants avec le contrôleur général des finances (1677-1689). Naissance d'une administration*, 3 vol. (Archives nationales, 1989-1991).

SOURCHES, Louis-François de Bouchet, marquis de, *Mémoires* [1687-1712] *du marquis de Sourches sous le règne de Louis XV [...] publiés [...] par le comte de Cosnac*, 14 vol. (Hachette, 1882-1912).

THIERS, abbé Jean-Baptiste, *Superstitions anciennes et modernes, préjugés vulgaires...*, 2 vol. (Amsterdam, J.F. Bernard, 1733-1736).

VAUBAN, *Projet d'une Dixme royale* (1707, rééd. Coornaert, Félix Alcan, 1933).

VÉRI, abbé Joseph-Alphonse de, *Journal*, publié par le baron Jehan de Witte, 2 vol. (Tallandier, 1928-1930).

PÉRIODIQUES PARCOURUS

Affiches, annonces et avis divers du Dauphiné, puis *Affiches de Dauphiné...* (Grenoble, 1774-1792).

Correspondance littéraire, philosophique et critique par Grimm... (Éd. Tourneux, 1881, Klaus reprint, 1968).

Correspondance secrète, politique et littéraire ou Mémoires pour servir à l'histoire des Cours, des Sociétés..., 18 vol. [Louis-François Métra] (Londres, 1787-1790).

Le Courrier de l'Europe. Gazette franco-anglaise (Londres, 1776-1792).

Gazette de La Haye, 1786.

Journal historique et littéraire (Luxembourg, puis Liège, Maëstricht, 1773-1788).

Nouvelles ecclésiastiques, ou Mémoires pour servir à l'histoire de la Constitution Unigenitus... (s.l., 1728-1789).

Nouvelles extraordinaires de divers endroits. Gazette de Leyde (Leyde, 1760-1798).

II. Vues d'ensemble. Instruments de travail

ADAMS, Thomas McStay, *Bureaucrats and Beggars. French Social Policy in the Age of the Enlightenment* (Oxford University Press, 1990).

ADO, Anatoli, *Paysans en Révolution. Terre, pouvoir et jacquerie (1789-1794)* (Moscou, 1971 ; Paris, Société des études robespierristes, 1996).

AFANASSIEV, Georges A., *Le Commerce des céréales en France au XVIIIe siècle* (A. Picard et fils, 1894).

ALIMENTO, Antonella, *Riforme fiscali e crisi politiche nella Francia di Luigi XV. Dalla « taille tarifée » al catasto generale* (Florence, Leo S. Olschki, 1995).

Antoine, Michel, *Louis XV* (Fayard, 1989).

Bayard, Françoise, et Guignet, Philippe, *L'Économie française aux XVIe, XVIIe et XVIIIe siècles* (Ophrys, 1991).

Beaulieu, Eugène-Pierre, *Les Gabelles sous Louis XIV* (Paris-Nancy, 1903, rééd. Genève, Slatkine-Megariotis, 1974).

Beik, William, « The culture of protest in seventeenth century French towns », *Social History*, University of Hull, 1990-1, p. 1-23.

Bercé, Yves-Marie, *Histoire des Croquants. Étude des soulèvements populaires au XVIIe siècle dans le Sud-Ouest de la France*, 2 vol. (Genève-Paris, Droz, 1974, rééd. Le Seuil, 1986).

— *Croquants et Nu-Pieds. Les soulèvements paysans en France du XVIe au XIXe siècle* (Gallimard / Julliard, coll. « Archives », 1974).

— *Fête et révolte. Des mentalités populaires du XVIe au XVIIIe siècle* (Hachette, 1976).

— « La mobilité sociale argument de révolte », *XVIIe Siècle*, 1979-1, p. 61-71.

— « Les femmes dans les révoltes populaires », *Bulletin de l'Association des historiens modernistes des universités*, n° 9, 1984, p. 57-63.

Berchtold, Jacques, et Porret, Michel, *La Peur au XVIIIe siècle. Discours, représentations, pratiques* (Genève, Droz, 1994).

Bernard, Léon, « French society and popular uprisings under Louis XIV », *French Historical Studies*, 1964, III, n° 2, p. 454-474.

Bianchi, Serge, Biard, Michel, *et al.*, *La Terre et les paysans en France et en Grande-Bretagne du début du XVIIe à la fin du XVIIIe siècle* (Armand Colin, 1999).

Biloghi, Dominique, *Logistique et Ancien Régime : de l'étape royale à l'étape languedocienne* (Montpellier, Publications de l'Université Paul-Valéry, 1998).

Blickle, Peter, *et al.*, *Résistance, représentation et communauté* (PUF, 1998).

Bloch, Camille, *L'Assistance et l'État en France à la veille de la Révolution (généralités de Paris, Rouen, Alençon, Orléans, Châlons, Soissons, Amiens), 1764-1790* (A. Picard et fils, 1908).

Bluche, François (dir.), *Dictionnaire du Grand Siècle* (Fayard, 1990).

BOISLISLE, Arthur Michel de, « Le Grand Hiver et la disette de 1709 », *Revue des questions historiques,* 1903-1, p. 442-509, et 1903-2, p. 486-542.
BONDOIS, Paul-M., « La misère sous Louis XIV. La disette de 1662 », *Revue d'histoire économique et sociale,* 1924, 1, p. 53-118.
BONNET, Jean-Claude, « Les problèmes alimentaires dans la presse de 1778 », in *L'Année 1768 à travers la presse traitée par ordinateur* (Éd. du CNRS, 1981, p. 101-148).
BOURQUIN, Marie-Hélène, et HEPP, Emmanuel, *Aspects de la contrebande au XVIIIe siècle* (PUF, 1969).
BRAUDEL, Fernand, « Misère et banditisme », *Annales ESC,* 1947-2, p. 129-142.
— *L'Identité de la France* (1986, rééd. Flammarion, 2000).
BRESSAN, Thierry, *Le Procès de la condition mainmortable en France et dans les États voisins (1661-1798),* thèse d'État, Université Paris VII, dactyl. (Paris, 1996).
— *Serfs et mainmortables en France au XVIIIe siècle* (L'Harmattan, 2007).
BRIGGS, Robin, *Communities of Beliefs. Cultural and Social Tension in Early Social France* (Oxford, Clarendon Press, 1989).
BRUSTON, André, et MAFFESOLI, Michel, *Violence et transgression* (Anthropos, 1979).
BURGUIÈRE, André, et REVEL, Jacques (dir.), *Histoire de la France,* t. II : *L'État et les pouvoirs* (Le Seuil, 1989).
— *Histoire de la France,* t. III : *L'État et les conflits* (Le Seuil, 1990).
CABANTOUS, Alain, *La Vergue et les fers. Mutins et déserteurs dans la marine de l'ancienne France* (Tallandier, 1984).
CARREYRE, Jean, *Le Jansénisme durant la Régence,* 3 vol. (Louvain, Bureau de la Revue d'histoire ecclésiastique, 1929-1933).
CHARTIER, Roger, « Les élites et les gueux. Quelques représentations (XVIe-XVIIe siècles) », *Revue d'histoire moderne et contemporaine,* 1974-4, p. 376-388.
— *Les Origines culturelles de la Révolution française* (Le Seuil, 1990).
CHASSAGNE, Serge, *Le Coton et ses patrons : France (1760-1780)* (Éd. de l'EHESS, 1991).
CLÉMENT, Pierre, *La Police sous Louis XIV* (Didier, 1866).

COLLARD-PLANCHE, Nicole, *Fraudes et violences dans la France de Louis XIV. La lutte contre la fiscalité indirecte (1685-1715)*, thèse de 3e cycle, Université Paris VII, dactyl. (Paris, 1991).

COMPÈRE, Marie-Madeleine, et JULIA, Dominique, *Les Collèges français (XVIe-XVIIIe siècles). Répertoire*, t. I : *France du Midi*, t. II : *France du Nord et de l'Ouest* (Éd. du CNRS, 1984 et 1988).

CONDORCET, *Lettre d'un habitant de Picardie à M. N***, Auteur Prohibitif* (s.l., 1775).

COORNAERT, Émile, *Les Compagnonnages en France, du Moyen Âge à nos jours* (Éditions ouvrières, 1966).

— *Les Corporations en France avant 1789* (Éditions ouvrières, 1968).

CORBIN, Alain, *Les Cloches de la terre* (Albin Michel, 1994).

CORVOL, Andrée, « Les délinquances forestières en Basse-Bourgogne depuis la réformation de 1711-1718 », *Revue historique*, 1978-2, p. 345-388.

— « L'affouage au XVIIIe siècle : intégration et exclusion dans les communautés d'Ancien Régime », *Annales ESC*, mai-juin 1981, p. 390-407.

— *L'Homme et l'arbre sous l'Ancien Régime* (Economica, 1984).

— *et al.*, *Violence et environnement (XVIe-XXe siècle)* (Cahier d'études du Groupe d'histoire des forêts françaises, 1991).

— « Le désordre en forêt : faux-semblant et vraie répression (XVIIIe-XIXe siècles) », in Garnot (voir *infra*), *Ordre moral...*, 1994, p. 437-454.

COTTRET, Monique, *Jansénismes et Lumières. Pour un autre XVIIIe siècle* (Albin Michel, 1998).

DAVIS, Natalie Z., *Les Cultures du peuple. Rituels, savoirs et résistances au XVIe siècle* (Aubier-Montaigne, 1979).

DELUMEAU, Jean, *La Peur en Occident (XIVe-XVIIIe siècles). Une cité assiégée* (Fayard, 1978).

DEYON, Solange, « La destruction des temples », in *La Révocation de l'édit de Nantes et le protestantisme français en 1685* (n° spécial du Bulletin de la Société de l'histoire du protestantisme français, 1986, p. 239-259).

DUPRONT, Alphonse, « Formes de la culture de masses : de la doléance politique au pèlerinage panique (XVIIIe-XXe siècle) », in *Niveaux de culture et groupes sociaux*, p. 149-170 (Mouton, 1967).

DUPUY, Roger, *La politique du peuple. Racines, permanences et ambiguïtés du populisme* (Albin Michel, 2002).

DURAND, Yves, *Les Fermiers généraux au XVIIIe siècle* (PUF, 1971).

EGRET, Jean, *Louis XV et l'opposition parlementaire* (Armand Colin, 1970).

FARGE, Arlette, *Dire et mal dire. L'opinion publique au XVIIIe siècle* (Le Seuil, 1992).

FAURE, Edgar, *La Disgrâce de Turgot* (Gallimard, 1961).

— *La Banqueroute de Law* (Gallimard, 1978).

FOUCAULT, Michel, *Surveiller et punir. Naissance de la prison* (1975, rééd. Gallimard, coll. « Tel », 2001).

FUNCK-BRENTANO, Frantz, *Mandrin, capitaine général des contrebandiers de France* (Hachette, 1908).

— *Mandrin et les contrebandiers. Mémoires inédits* (Fayard, s.d. [1910]).

GAMBRELLE, Fabienne, TREBITSCH, Michel, *et al.*, *Révolte et société,* Actes du IVe colloque « Histoire au présent », 2 vol. (Publications de la Sorbonne, 1989).

GARNOT, Benoît (dir.), *Histoire et criminalité de l'Antiquité au XXe siècle. Nouvelles approches* (Publications de l'Université de Bourgogne, 1992).

— (dir.), *Ordre moral et délinquance de l'Antiquité au XXe siècle* (Publications de l'Université de Bourgogne, 1994).

GARRISSON, Janine, *L'Édit de Nantes et sa révocation. Histoire d'une intolérance* (Hachette, 1985).

GAUVARD, Claude, *« De grace especial ». Crime, État et société en France à la fin du Moyen Âge* (Publications de la Sorbonne, 1991).

GIRARD, Georges, *Le Service militaire en France à la fin du règne de Louis XIV. Racolage et milice (1701-1715)* (Plon-Nourrit, 1922).

GODART (Justin), *Le Compagnonnage à Lyon* (Lyon, A. Rey, 1903).

GOUBERT, Pierre, *Louis XIV et vingt millions de Français* (Fayard, 1991).

— et ROCHE, Daniel, *Les Français et l'Ancien Régime,* t. I : *La Société et l'État ;* t. II : *Culture et société* (Armand Colin, 1984).

GOULEMOT, Jean-Marie, *Le Règne de l'histoire : discours historiques et révolutions, XVIIe-XVIIIe siècles* (Albin Michel, 1996).

GUEROUT, Jean, « La taille dans la région parisienne au *XVIIIe siècle », Mémoires Paris et Île-de-France,* t. 13 (1962), 1963.

GUTTON, Jean-Pierre, *La Société et les pauvres en Europe (XVIe-XVIIIe siècles)* (PUF, 1974).

HAYEM, Julien, « La répression des grèves au XVIIIe siècle », *Mémoires et documents pour servir à l'histoire du commerce et de l'industrie en France,* Paris, 1911, p. 93-126.

HIRSCHMAN, Albert O., *Défection et prise de parole. Théorie et applications* (Fayard, 1995).

HOBSBAWM, Eric J., *Les Primitifs de la révolte dans l'Europe moderne* (Fayard, 1966).

— *Les Bandits* (Maspero, 1972, rééd. La Découverte et Syros, 1999).

HOCQUET, Jean-Claude, *Le Sel et le pouvoir. De l'an mil à la Révolution française* (Albin Michel, 1984).

HUFTON, Olwen H., *The Poor of Eigtheenth-Century France, 1750-1789* (Oxford, Clarendon Press, 1974).

— « Le paysan et la loi en France au XVIIIe siècle », *Annales ESC,* 1983-3, p. 679-701.

JOANNIC-SETA, Frédérique, *Le Bagne de Brest. Naissance d'une institution carcérale au siècle des Lumières* (Presses universitaires de Rennes, 2000).

JOUANNA, Arlette, *Le Devoir de révolte. La noblesse française et la gestation de l'État moderne, 1559-1661* (Fayard, 1989).

KAPLAN, Steven L., *Le Complot de famine. L'histoire d'une rumeur au XVIIIe siècle* (Armand Colin, « Cahiers des Annales », 1982).

— « Réflexions sur la police du monde du travail (1700-1815) », *Revue historique,* 1979-1, p. 17-77.

— *Le Pain, le peuple et le Roi. La bataille du libéralisme sous Louis XV* (Perrin, 1986).

— *La Fin des corporations* (Fayard, 2001).

KRUMENACKER, Yves, « Violence ou non-violence : les protestants français sous Louis XIV », in Gambrelle *et al.*, t. II, p. 106-113.

LABROUSSE, Ernest, *La Crise de l'économie française à la fin de l'Ancien Régime et au début de la Révolution* (PUF, 1944).

LACHIVER, Marcel, *Les Années de misère. La famine au temps du Grand Roi* (Fayard, 1991).

LE ROY LADURIE, Emmanuel, « Révoltes et contestations rurales en France de 1675 à 1789 », *Annales ESC*, 1974-1, p. 6-22.

— *Histoire de la France rurale*, t. II : *L'Âge classique des paysans (1340-1789)* (Le Seuil, 1975).

— *L'Ancien Régime de Louis XIII à Louis XV (1610-1770). Histoire de France Hachette* (1991).

— *Histoire de France des régions. La périphérie française, des origines à nos jours* (Le Seuil, 2001).

MACKENZIE, William James Millar, *Pouvoir, violence, décision* (PUF, 1979).

MAIRE, Catherine, *De la cause de Dieu à la cause de la Nation. Le jansénisme au XVIIIe siècle* (Gallimard, 1998).

MANDROU, Robert, « Vingt ans après, ou une direction de recherches fécondes : les révoltes populaires en France au XVIIe siècle », *Revue historique*, 1969-3, p. 29-40.

— *et al.*, *Histoire des protestants en France* (Toulouse, Privat, 1977).

— *Les Marginaux et les exclus dans l'histoire*, Cahiers Jussieu, n° 5 (Paris, 1979).

MARION, Marcel, *Machault d'Arnouville. Étude sur l'histoire du contrôle général des finances de 1749 à 1754* (Hachette, 1891).

— *Les Impôts directs sous l'Ancien Régime, principalement au XVIIIe siècle* (Édouard Cornély, 1910).

— « Un essai de politique sociale en 1724 », *Revue du XVIIIe siècle*, 1913, p. 28-42.

— *Histoire financière de la France depuis 1715*, t. I : *1715-1789* (A. Rousseau, 1914).

— *Dictionnaire des institutions de la France aux XVIIe et XVIIIe siècles* (A. Picard, 1923).

MARTIN SAINT-LÉON, Étienne, *Le Compagnonnage, son histoire, ses coutumes, ses règlements et ses rites* (Armand Colin, 1901).

MATTHEWS, George T., *The Royal General Farms in Eighteenth Century in France* (New York, Columbia University Press, 1958).

MINARD, Philippe, *Typographes des Lumières, suivi des Anecdotes typographiques de Nicolas Contat, 1762* (Seyssel, Champ Vallon, 1989).

— *La Fortune du colbertisme. État et industrie dans la France des Lumières* (Fayard, 1998).

MORINEAU, Michel, *Les Faux-semblants d'un démarrage économique. Agriculture et démographie en France au XVIIIe siècle* (Armand Colin, 1971).

— « Budgets de l'État et gestion des finances royales en France au XVIIIe siècle », *Revue historique,* 1980-4, 164, p. 289-336.

MORNET, Daniel, *Les Origines intellectuelles de la Révolution française* (Armand Colin, 1933, rééd. 1967).

MOUSNIER, Roland, « Recherches sur les soulèvements populaires en France de 1483 à 1787 », *Centre de recherches sur la civilisation de l'Europe moderne,* 24 p., s.d. [1961].

— « Les mouvements populaires en France au XVIIe siècle », *Revue des travaux de l'Académie des sciences morales et politiques,* 4e série, 1962-2, p. 28-43.

— *Lettres et mémoires adressés au chancelier Séguier,* 2 vol. (PUF, 1964).

— *Fureurs paysannes. Les paysans dans les révoltes du XVIIe siècle (France, Russie, Chine)* (Calmann-Lévy, 1967).

— *Les Institutions de la France sous la monarchie absolue (1598-1789),* 2 vol. (PUF, 1974).

MUCHEMBLED, Robert, *Culture populaire et culture des élites dans la France moderne (XVe-XVIIIe siècles)* (Flammarion, 1978).

NICOLAS, Jean (éd.), *Mouvements populaires et conscience sociale (XVIe-XIXe siècles),* Colloque 1984 (Université Paris VII-CNRS, 1985).

— « Une jeunesse montée sur le plus grand ton d'insolence », in R. Chagny (éd.), *Aux origines provinciales de la Révolution,* Colloque de Vizille, 1988, p. 137-156 (Presses universitaires de Grenoble, 1990).

— « Génération 1789 », *L'Histoire,* juin 1989, p. 26-34.

— « Émeutes de théâtre en France au XVIIIe siècle », in *L'Histoire grande ouverte. Hommage à E. Le Roy Ladurie,* p. 419-430 (Fayard, 1997).

OZOUF, Mona, *La Fête révolutionnaire (1789-1799)* (Gallimard, 1976).

PAULTRE, Christian, *De la répression de la mendicité et du vagabondage en France sous l'Ancien Régime* (L. Larose et L. Tenin, 1906, rééd. Slatkine, Genève, 1975).

PESSIN, Alain, *Le Mythe du peuple et la société française du XIXe siècle* (PUF, 1992).

PILLORGET, René et Suzanne, *France baroque, France classique (1598-1715)*, 2 vol. (Robert Laffont, coll. « Bouquins », 1996).

PORCHNEV, Boris, *Les Soulèvements populaires en France de 1623 à 1648* (SEVPEN, 1963).

PRÉCLIN, Edmond, *Les Jansénistes du XVIIIe siècle et la constitution civile du clergé : le développement du richérisme, sa propagation dans le bas clergé (1713-1791)* (J. Gamber, 1929).

REVEL, Jacques, « L'histoire au ras du sol », in Giorgio Levi, *Le Pouvoir au village. Histoire d'un exorciste dans le Piémont du XVIIe siècle* (Gallimard, 1989).

ROBIN, Régine, *La Société française en 1789 : Semur-en-Auxois* (Plon, 1970).

ROCHE, Daniel, *La France des Lumières* (Fayard, 1993).

— *Histoire des choses banales. Naissance de la consommation dans les sociétés traditionnelles (XVIIe-XIXe siècle)* (Fayard, 1997).

RONZEAUD, Pierre, *Peuple et représentation sous le règne de Louis XIV. Les représentations du peuple dans la littérature politique en France sous le règne de Louis XIV* (Aix-en-Provence, Publications de l'Université de Provence, 1988).

ROTHKRUG, Lionel, *Opposition to Louis XIV. The Political and Social Origins of the French Enlightenment* (Princeton University Press, 1965).

ROUFF, Marcel, *Les Mines de charbon en France au XVIIIe siècle (1744-1791). Étude d'histoire économique et sociale* (F. Rieder, 1922).

ROUX, Pierre, *Les Fermes d'impôt sous l'Ancien Régime* (Rousseau, 1916).

SABATTIER, Jacqueline, *Figaro et son maître. Les domestiques au XVIIIe siècle* (Perrin, 1984).

SALVADORI, Philippe, *Chasseurs d'Ancien Régime. Recherche sur une culture du privilège (France, XVIe-XVIIIe siècle)*, thèse, EHESS, dactyl. (1993).

— *La Chasse sous l'Ancien Régime* (Fayard, 1996).

SAUZET, Marc, « Essai historique sur la législation industrielle de la France », *Revue d'économie politique*, 6, 1892, p. 353-402 et 1184-1220.

SCHWARTZ, Robert M., *Policing the Poors in Eighteenth-Century France* (University of North Carolina Press, 1988).

SMEDLEY-WEILL, Anette, *Les Intendants de Louis XV* (Fayard, 1995).

SONENSCHER, Michael, *The Hatters of Eighteenth-Century France* (University of California Press, 1987).

— *Work and Wages : Natural Law, Politics and the Eighteenth-Century French Trades* (Cambridge University Press, 1989).

TACKETT, Timothy, *De par la volonté du peuple. Comment les députés de 1789 sont devenus révolutionnaires* (Albin Michel, 1997).

THIBAUT-PAYEN, Jacqueline, *Les Morts, l'Église et l'État dans le ressort du parlement de Paris aux XVIIe et XVIIIe siècles* (Fernand Lanore, 1977).

THOMPSON, Edward P., « The moral economy of the English crowd in the 18th century », *Past and Present*, février 1971, 50, p. 76-136.

— In Gauthier, Florence, *et al.*, *La Guerre du blé au XVIIIe siècle. La critique populaire contre le libéralisme économique au XVIIIe siècle* (Montreuil, Éd. de la Passion, 1988).

TILLY, Charles, *La France conteste, de 1600 à nos jours* (Fayard, 1986).

TILLY, Louise-A., « La révolte frumentaire, forme de conflit politique en France », *Annales ESC*, 1972-3, p. 731-757.

TOCQUEVILLE, Alexis de, *L'Ancien Régime et la Révolution*, (1856, rééd. Gallimard, coll. « Idées », 1967).

TOUZERY, Mireille, *L'Invention de l'impôt sur le revenu. La taille tarifée (1715-1789)* (Comité pour l'histoire économique et financière de la France, 1994).

TRUANT, Cynthia M., *The Rites of Labor : The Brotherhoods of Compagnonnage in Old and New Regime France* (Ithaca, Cornell University, 1994).

VAN GENNEP, Arnold, *Manuel de folklore français contemporain*, 9 vol. (Picard, 1937-1958).

VAN KLEY, Dale K., *Les origines religieuses de la Révolution française, 1560-1789* (Seuil, 2002).

VEYNE, Paul, *Le Quotidien et l'intéressant* (Les Belles Lettres, 1995).

VIGIÉ, Marc, *Les Galériens du roi (1661-1715)* (Fayard, 1985).

— et VIGIÉ, Muriel, *L'Herbe à Nicot. Amateurs de tabac, fermiers généraux et contrebandiers dans la France d'Ancien Régime* (Fayard, 1989).

VILLAIN, Jean, *Contestations fiscales sous l'Ancien Régime dans les pays d'élections de taille personnelle* (Jouve, 1943).

VOVELLE, Michel (éd.), *Les Intermédiaires culturels. Actes du colloque du Centre méridional d'histoire sociale, des mentalités et des cultures* (Aix-en-Provence, Publications de l'Université de Provence, 1981).

WEULERSSE, Georges, *Le Mouvement physiocratique en France (de 1756 à 1770)*, 2 vol. (Félix Alcan, 1910).

— *La Physiocratie à la fin du règne de Louis XV (1770-1774)* (PUF, 1959).

— *La Physiocratie sous les ministères de Turgot et de Necker (1774-1781)* (PUF, 1950).

— *La Physiocratie à l'aube de la Révolution (1781-1792)* (Éd. de l'EHESS, 1985).

ZYSBERG, André, *Les Galériens. Vies et destins de 60 000 forçats sur les galères de France (1680-1748)* (Le Seuil, 1987).

III. Travaux d'histoire régionale

(par régions, classées de 1 à 26 : cf. tableau et carte, p. 44 et 48.)

1. PARIS, ÎLE-DE-FRANCE

BERNET, Jacques, « Les grèves de moissonneurs ou "bacchanals" dans les campagnes d'Île-de-France et de Picardie au XVIIIe siècle », *Histoire et sociétés rurales*, 1999-1, p. 153-186.

BOUTON, Cynthia A., *The Flour War. Gender, Class and Community in Late Ancien Régime French Society* (Pennsylvania State University Press, 1993).

BRIGGS, Eric R., « La crise des idées à Paris entre 1727 et 1732, ou "le brigandage d'Embrun" et la défense des droits individuels contre le ministère et la monarchie », in R. Mortier et H. Hasquin, *Études sur le XVIIIe siècle*, Université de Bruxelles, 1976, p. 21-38.

— « Le rôle des sentiments religieux dans la formation de l'esprit philosophique et antigouvernemental en 1772 », *Lias,* VI (1977) 2, p. 207-259.

CHAGNIOT, Jean, « La criminalité militaire à Paris au XVIIIe siècle », *Annales de Bretagne et des pays de l'Ouest,* 1981-3, p. 327-345.

— *Paris et l'armée au XVIIIe siècle. Étude politique et sociale* (Economica, 1985).

— *Paris au XVIIIe siècle. Nouvelle histoire de Paris* (Hachette, 1988).

CHASSIN, Charles-Louis, *Les Élections et les cahiers de Paris en 1789,* t. III (Jouaust et Sigaux, 1889).

CLERCQ, V. de., « L'incendie des barrières de Paris en 1789 et le procès des incendiaires », *Bulletin de la Société de l'histoire de Paris et de l'Île-de-France,* 1938, p. 31-47.

DETHAN, Georges, *Paris au temps de Louis XIV. Nouvelle histoire de Paris* (Hachette, 1990).

DINET, Henri, « La Grande Peur en Hurepoix », *Mémoires Paris et Île-de-France,* 1967-1968 (1970), p. 99-204.

— « Les peurs du Beauvaisis et du Valois, en juillet 1789 », *Mémoires Paris et Île-de-France,* 1972-1973 (1975), p. 199-392.

DUPÂQUIER, Jacques *et al., Mercuriales du Pays-de-France et du Vexin français (1640-1792)* (SEVPEN, 1968).

— « La "guerre des Farines" à Pontoise (29 avril 1775) », *Mémoires de la Société d'histoire et d'archéologie de Pontoise, du Val-d'Oise et du Vexin,* 1996, p. 303-324.

FARGE, Arlette, et ZYSBERG, André, « Les théâtres de la violence à Paris au XVIIIe siècle », *Annales ESC,* 1979-5, p. 984-1015.

— *La Vie fragile. Violence, pouvoirs et solidarités à Paris au XVIIIe siècle* (Hachette, 1986).

— et REVEL, Jacques, *Logiques de la foule. L'affaire des enlèvements d'enfants (Paris, 1750)* (Hachette, 1988).

FAROUK, Ahmed, *Plaintes et sentences dans le bailliage de Versailles (1690-1790),* thèse de 3e cycle, Université Paris IV, dactyl. (1982).

HERLAUT, A.-Philippe, « La disette de pain à Paris en 1709 », *Mémoires Paris et Île-de-France,* t. 45, 1918, p. 6-100.

— « Les enlèvements d'enfants à Paris en 1720 et 1750 », *Revue historique,* 1922-1, p. 43-61 et 201-223.

IKNI, Guy-Robert, *Crise agraire et révolution paysanne. Le mouvement populaire dans les campagnes de l'Oise, de la décennie physiocratique à l'an II*, thèse, Université Paris I, dactyl. (1993).

KAPLAN, Steven Laurence, « Notes sur les commissaires de police de Paris au XVIIIe siècle », *Revue d'histoire moderne et contemporaine*, 1981-4, p. 669-686.

— « The Paris bread riot of 1725 », *French Historical Studies*, 1985, p. 23-56.

— « Les corporations, les "faux ouvriers" et le faubourg Saint-Antoine au XVIIIe siècle », *Annales ESC*, 1988-2, p. 353-378.

— « La lutte pour le contrôle du marché du travail à Paris au XVIIIe siècle », *Revue d'histoire moderne et contemporaine*, 1989-3, p. 361-412.

— *Le Meilleur Pain du monde. Les boulangers de Paris au XVIIIe siècle* (Fayard, 1996).

KAPLOW, Jeffry, *Les Noms des rois. Les pauvres de Paris à la veille de la Révolution* (Maspero, 1974).

LACHIVER, Marcel, *Histoire de Meulan et de sa région par les textes* (Meulan, l'auteur, 1965).

— *Histoire de Mantes et du Mantois* (Meulan, l'auteur, 1971).

— « La fraude et les fraudeurs : à propos du commerce du vin dans la partie occidentale de l'Île-de-France au XVIIIe siècle », *Revue d'histoire moderne et contemporaine*, 1974-3, p. 419-444.

LEMERCIER, Pierre, *Les Justices seigneuriales de la région parisienne de 1580 à 1789* (Domat-Montchristien-Loviton et Cie, 1933).

LEMOINE, Claire, *Cortèges et pouvoirs à Paris aux XVIIe et XVIIIe siècles*, thèse, Université Paris VII, dactyl. (1993).

LEMOINE, Jean, *Sous Louis le Bien-Aimé. Correspondance amoureuse et militaire d'un officier pendant la guerre de Sept Ans (1757-1765)* (Calmann-Lévy, 1905).

LJUBLINSKI, Vladimir S., *La Guerre des Farines. Contribution à l'histoire de la lutte des classes en France, à la veille de la Révolution* (Presses universitaires de Grenoble, 1979).

MAIRE, Catherine, *Les Convulsionnaires de Saint-Médard. Miracles, convulsions et prophéties à Paris au XVIIIe siècle* (Gallimard / Julliard, coll. « Archives », 1985).

MICHEL, Marie-José, *Jansénisme et Paris (1640-1730)* (Klincksieck, 2000).

MORICEAU, Jean-Marc, « Les “Baccanals” ou grèves de moissonneurs en Pays-de-France (seconde moitié du XVIIIe siècle », in Nicolas (voir *supra :* « II. Vues d'ensemble »), *Mouvements...*, 1985, p. 421-434.

— *Les Fermiers d'Île-de-France (XVIe-XVIIIe siècle)* (Fayard, 1994).

NARBONNE, Pierre, *Journal des règnes de Louis XIV et Louis XV, de l'année 1701 à l'année 1744, par Pierre Narbonne, premier commissaire de police de la ville de Versailles*, publié par J.-A. Le Roi (Versailles, Bernard, 1866).

NICOLAS, Jean, « La rumeur de Paris : rapts d'enfants en 1750 », *L'Histoire*, décembre 1981, p. 48-57.

PILLORGET, Suzanne, *Claude-Henri Feydeau de Marville, lieutenant général de police de Paris (1740-1747). Suivi d'un choix de lettres inédites* (Pedone, 1978).

ROCHE, Daniel, *Le Peuple de Paris* (Aubier-Montaigne, 1981).

ROMON, Christian, *Mendiants et vagabonds à Paris d'après les archives des commissaires du Châtelet (1700-1714)*, thèse de 3e cycle, EHESS, dactyl. (1981).

— « Mendiants et policiers à Paris au XVIIIe siècle », *Histoire, économie et société*, 1982-2, p. 259-295.

— « L'affaire des “enlèvements d'enfants” dans les archives du Châtelet (1749-1750) », *Revue historique*, 1983-1, p. 55-95.

ROUFF, Marcel, « Une grève de gagne-deniers en 1786 à Paris », *Revue historique*, 1910-4, p. 332-347.

RUDÉ, George, « La taxation populaire de mai 1775 à Paris et dans la région parisienne », *Annales historiques de la Révolution française*, 1956-2, p. 139-179.

— *La Foule dans la Révolution française* (Maspero, 1982).

THILLAY, Alain, « Le faubourg Saint-Antoine et la liberté du travail sous l'Ancien Régime », *Histoire, économie et société*, 1992-2, p. 217-236.

— « La liberté du travail au faubourg Saint-Antoine à l'épreuve des saisies des jurandes parisiennes (1642-1778) », *Revue d'histoire moderne et contemporaine*, 1997-4, p. 634-649.

TURCOT, Laurent, et ARVEILLER, Jacques, « Jeunesse et police : la "révolte des écoliers", 1780 », Paris et Île-de-France, Mémoires, t. 58, 2007, p. 347-373.

VIDAL, Daniel, *Miracles et convulsions jansénistes au XVIIIe siècle. Le mal et sa connaissance* (PUF, 1987).

2. PICARDIE, BOULONNAIS

COMBIER, Amédée, *Les Justices seigneuriales du Vermandois*, 1re et 2e partie (Amiens-Abbeville, Cabinet historique de l'Artois et de la Picardie, 1885 et 1895).

DEYON, Pierre, *Amiens, capitale provinciale. Étude sur la société urbaine au XVIIe siècle* (Mouton, 1967).

DUBUC, Pierre, *L'Intendance de Soissons sous Louis XIV* (A. Fontemoing, 1902).

ENGRAND, Charles, « Mendier sa vie au XVIIIe siècle : de la résignation à la révolte (Amiens, 1764-1789) », *Revue du Nord*, 1984-2-3, p. 515-529.

GAUTHIER, Florence, et Ikni, Guy-Robert, « Le mouvement paysan en Picardie : meneurs, pratiques, maturation et signification historique d'un programme (1775-1794) », in Nicolas (voir *supra* : « II. Vues d'ensemble »), *Mouvements...*, 1985, p. 435-448.

HÉLIOT, Pierre, « La guerre dite de Lustucru et les privilèges du Boulonnais », *Revue du Nord*, novembre 1935, p. 265-318.

IKNI, Guy-Robert, *Crise agraire et révolution paysanne. Le mouvement populaire dans les campagnes de l'Oise, de la décennie physiocratique à l'an II*, thèse, Université Paris I, dactyl. (1993).

RUDÉ, George, « La taxation populaire de mai 1775 en Picardie, en Normandie et dans le Beauvaisis », *Annales historiques de la Révolution française*, 1961-3, p. 305-326.

RUHLMANN, Georges, *Les Corporations, les manufactures et le travail à Abbeville au XVIIIe siècle* (Sirey, 1948).

SALLMANN, Jean-Michel, « Les biens communaux et la réaction seigneuriale en Artois », *Revue du Nord*, 1976-2, p. 209-223.

3. FLANDRES, ARTOIS, HAINAUT

CLINQUART, Jean, *Les Services extérieurs de la Ferme générale à la fin de l'Ancien Régime. L'exemple de la direction des fermes de*

Hainaut (Comité pour l'histoire économique et financière de la France, 1996).

DAUTRICOURT, Pierre, *La Criminalité et la répression au parlement de Flandres au XVIIIe siècle (1721-1790)* (Lille, P. Sautai, 1912).

DEPOTTER, J., *Le Pays de Lallœu. Histoire, mœurs et institutions* (Lille-Arras, 1910, rééd. Éd. des Beffrois, 1983).

LEFEBVRE, Georges, *Documents relatifs à l'histoire des subsistances dans le district de Bergues pendant la Révolution (1788-an V)*, 2 vol. (Lille, Robbe et Marquant, 1914 et 1921).

— *Les Paysans du Nord pendant la Révolution française* (Lille, Marquant, 1924).

LEFÈVRE, Pierre, *Le Commerce des grains et la question du pain à Lille, de 1713 à 1789* (Lille, Robbe, 1925).

LORGNIER, Jacques, *La Maréchaussée. Une institution de police et de justice en Flandres (1679-1790)*, thèse de droit, Université Lille III, dactyl., 2 vol. (Lille, 1980).

— et MARTINAGE, Renée, « La répression des séditions et émotions populaires de 1789 par la maréchaussée de Flandres », *Collection des travaux de la Faculté des sciences juridiques, politiques et sociales de Lille, Mélanges Jacques Teneur*, Lille, 1977, II, p. 543-571.

— et MARTINAGE, Renée, « L'activité judiciaire de la maréchaussée de Flandres (1679-1790) », *Revue du Nord*, 1979-3, p. 593-608.

LOTTIN, Alain, « Les morts chassés de la cité. Lumières et préjugés : les "émeutes" à Lille (1779) et à Cambrai (1786), lors du transfert des cimetières », *Revue du Nord*, 1978-1, p. 73-117.

— *Chavatte, ouvrier lillois. Un contemporain de Louis XIV* (Flammarion, 1979).

MAHIEU, Léon, *Jansénisme et antijansénisme dans les diocèses d'Arras et de Cambrai, avec une introduction générale sur le jansénisme dans les diocèses du Nord de la France* (Lille, E. Raoust, 1944).

— *Jansénisme et antijansénisme dans les diocèses de Boulogne-sur-Mer et de Tournai, spécialement dans la région lilloise* (Mémoires et travaux de la Faculté catholique de Lille, 1948).

MUCHEMBLED, Robert, *Le Temps des supplices. De l'obéissance sous les rois absolus (XVe-XVIe siècles)* (Armand Colin, 1992).

PLAYOUST-CHAUSSIS, Arlette, *La Vie religieuse dans le diocèse de Boulogne au XVIIIe siècle (1725-1790)* (Publications du Centre régional d'études historiques de l'Université de Lille, 1976).

ROUSSELOT, Francis, *Contrebande et contrebandiers dans le Nord de la France aux XVIIIe et XIXe siècles*, thèse de 3e cycle, Université Lille III, dactyl. (Lille, 1977).

SAMSON, R., *Marginaux, délinquants et séditieux dans le Beauvaisis (1765-1790)*, 2 vol. (Éd. du CDDP, Beauvais, 1983).

SANGNIER, Georges, *La Crise du blé à Arras à la fin du XVIIIe siècle (1788-1796)* (Fontenay-le-Comte, P. et O. Lussaud, 1943).

— *Le Brigandage dans le Pas-de-Calais de 1789 à 1815* (Blangermont, l'auteur, 1962).

4. NORMANDIE, PERCHE

CHALINE, Olivier, *L'Aristocratie parlementaire normande au XVIIIe siècle : un système de représentations. Godart de Belbeuf ou le parfait magistrat*, thèse, EHESS, dactyl. (1992).

DARTIGUENAVE, Paul, *Vagabonds et mendiants en Normandie entre assistance et répression [...] du XVIIe au XXe siècle* (Condé-sur-Noireau, C. Corlet, 1997).

DESMAREST, Charles, *Le Commerce des grains dans la généralité de Rouen à la fin de l'Ancien Régime* (Jouve et Cie, 1926).

ESMONIN, Edmond, *La Taille en Normandie au temps de Colbert (1661-1683)* (Hachette, 1913).

FLOQUET, Amable-Pierre, *Histoire du parlement de Normandie*, 7 vol. (Rouen, E. Frères, 1840-1842).

FOISIL, Madeleine, *La Révolte des Nu-Pieds et les révoltes normandes de 1639* (PUF, 1970).

FOLLAIN, Antoine, « Les communautés rurales en Normandie sous l'Ancien Régime. Identité communautaire, institutions du gouvernement local et solidarités », *Revue d'histoire moderne et contemporaine*, 1998-4, p. 691-721.

GOGER, Jean-Marcel, « De l'émotion à la révolte, le cas de Rouen à la fin du règne de Louis XIV », in *Révolte et société* (voir *supra* : « II. Vues d'ensemble »), Gambrelle, 1989, II, p. 53-60.

GRISSOLANGE, Bérénice, « Le peuple de Caen et les marchands-amidonniers : un mouvement exemplaire ? », Table ronde Paris VII, 24 octobre 1986, dactyl., 12 p. (inédit).

HIPPEAU, Célestin, *Le Gouvernement de Normandie au XVIIe et au XVIIIe siècle, d'après la correspondance des marquis de Beuvron et des ducs d'Harcourt*, 9 vol. (Caen, Goussiaume de Laporte, 1863-1869).

LANTIER, Maurice, « La crise des subsistances en 1784, à Saint-Lô », *Annales de Normandie*, 1975-1, p. 13-31.

LEMARCHAND, Guy, « Les troubles de subsistances dans la généralité de Rouen (seconde moitié du XVIIIe siècle) », *Annales historiques de la Révolution française*, 1963-4, p. 401-427.

— « Crise économique et atmosphère sociale en milieu urbain sous Louis XIV », *Revue d'histoire moderne et contemporaine*, 1967-3, p. 244-265.

— « Une préface à la Révolution en Haute-Normandie. Les troubles populaires au XVIIIe siècle », in *Révolution et mouvements populaires en Normandie*, Amis du Vieux Havre, 1990, p. 291-298.

— *La Fin du féodalisme dans le pays de Caux* (CTHS, 1989).

LE MARCHANT, Jacques, « Remarques de Jacques Le Marchant, conseiller garde scel au bailliage et siège présidial de Caen, 1674-1738 », publié par G. Vanel, *Bulletin de la Société des antiquaires de Normandie*, 1906, p. 267-431, t. 26, 1908, p. 3-216.

LE PARQUIER, E., *Ouvriers et patrons dans la deuxième moitié du XVIIIe siècle* (Rouen, Impr. A. Lainé, 1933).

MOURLOT, F., *La Fin de l'Ancien Régime et les débuts de la Révolution dans la généralité de Caen (1787-1790)* (Société d'histoire de la Révolution française, 1913).

MUSSET, Jacqueline, « L'administration face à deux émeutes portuaires dans l'élection de Valognes à la fin de l'Ancien Régime », *Annales de Normandie*, 1977, p. 356-357.

— *L'Intendance de Caen sous l'intendant Esmangard (1775-1783)* (Caen, Travaux de la Société d'histoire du droit et des institutions des pays de l'Ouest de la France, IV, 1985).

PÉRIAUX, Nicétas, *Histoire sommaire et chronologique de la ville de Rouen [...] jusqu'à la fin du XVIIIe siècle* (Rouen, Lanctin-Météríe, 1874).

PERROT, Jean-Claude, *Genèse d'une ville moderne. Caen au XVIIIe siècle*, 2 vol. (Mouton, 1975).

PIEL, Jean, *La Taille proportionnelle dans les généralités de Caen et d'Alençon* (Caen, Caron, 1937).

VANEL, Gabriel, *Une grande ville aux XVIIe et XVIIIe siècles. La vie publique à Caen. Mœurs et coutumes*, 3 vol. (Caen, L. Jouan, 1910-1913).

5. BRETAGNE

BERTIN-MOUROT, Éliane, *La Maréchaussée en Bretagne au XVIIIe siècle (1720-1789)*, thèse de droit, Université de Rennes, dactyl. (Rennes, 1969).

CHATELLIER, A. du, *Histoire de la Révolution en Bretagne* (Huelgoat, Morvran, 1977).

CROIX, Alain, « L'histoire d'un trait de mentalité : les caquins en Bretagne », *Annales de Bretagne et des pays de l'Ouest*, 1979-4, p. 553-564.

DELOURMEL, Louis, *Recherches d'histoire locale. Les anciennes prisons de Rennes* (Rennes, Impr. Simon, 1898).

DUPUY, Antoine, « La Bretagne au XVIIIe siècle. Les prisons », *Mémoires de la Société archéologique du département d'Ille-et-Vilaine*, XVI, 1883, p. 1-54.

— *Études sur l'administration municipale en Bretagne au XVIIIe siècle* (Picard, 1891).

DUVAL, Michel, « Criminalité et répression dans les foires et marchés en Bretagne au XVIIIe siècle », *Actes du 107e Congrès national des sociétés savantes (1982)*, 1984, Section d'histoire moderne et contemporaine, I, p. 137-154.

GARLAN, Yvon, et Nières, Claude, *Les Révoltes bretonnes de 1675. Papier timbré et Bonnets rouges* (Éditions sociales, 1975).

GAUTIER, Jean, « La contrebande du sel en Bretagne », *Mémoires de la Société d'histoire et d'archéologie de Bretagne*, 37, 1957, p. 105-182.

JARNOUX, Philippe, « "Une espèce de petite république". Les privilèges d'une paroisse bretonne : La Grave, XIIIe-XVIIIe siècle »,

La vie politique des petites villes françaises. Actes du 2e colloque de Mamers, novembre 1994, 2002.

LEMAÎTRE, Alain-Jacques, « Disettes, chimères et traditions au XVIIIe siècle ; aux sources des émotions populaires », *Mémoires de la Société d'histoire et d'archéologie de Bretagne,* 66, 1989, p. 185-192.

LEMOINE, Jean, « Documents inédits relatifs à la révolte du Papier timbré en Basse-Bretagne en 1675 », *Bulletin de la Société archéologique du Finistère,* 23, 1896, p. 125-168.

— *La Révolte dite du Papier timbré ou des Bonnets rouges en Bretagne en 1675. Étude et documents* (H. Champion, 1898).

LETACONNOUX, J., *Les Subsistances et le commerce des grains en Bretagne au XVIIIe siècle. Essai de monographie économique* (Rennes, Oberthur, 1909).

MEYER, Jean, et DUPUY, Roger, « Bonnets rouges et blancs bonnets », *Annales de Bretagne et des pays de l'Ouest,* 1975-4, p. 404-426.

MOUSNIER, Roland, « La révolte dite du Papier timbré en Basse-Bretagne en 1675 », *Actes du 92e Congrès national des sociétés savantes (1967),* 1970, Section d'histoire moderne, I, p. 326-357.

MURACCIOLE, Marie-Madeleine, « Quelques aperçus sur la criminalité en Haute-Bretagne dans la deuxième moitié du XVIIIe siècle », *Annales de Bretagne et des pays de l'Ouest,* 1981-3, p. 305-326.

NASSIET, Michel, « Émotions populaires et prix des grains en Bretagne au XVIIIe siècle », *Mémoires de la Société d'histoire et d'archéologie de Bretagne,* t. 66, 1989, p. 165-184.

— *Noblesse et pauvreté. La petite noblesse en Bretagne (XVe-XVIIIe siècle)* (Rennes, Société d'histoire et d'archéologie de Bretagne, 1993).

POCQUET DU HAUT-JUSSÉ, Barthélemy-Ambroise-Marie, *Les Origines de la Révolution en Bretagne,* 2 vol. (E. Perrin, 1885).

QUENIART, Jean, *Le Grand Chapelletout. Violence, normes et comportements dans la Bretagne rurale au XVIIIe siècle* (Rennes, Apogée, 1993).

ROSENZWEIG, L., « Les Cacous de Bretagne », *Bulletin de la Société polymathique du Morbihan,* 1871, p. 140-165.

TANGUY, Jean, « Les révoltes paysannes de 1675 et la conjoncture en Basse-Bretagne », *Annales de Bretagne et des pays de l'Ouest*, 1975-4, p. 427-442.

TIGIER, Hervé, *La Bretagne de bon aloi. Répertoire des arrêts sur remontrance du parlement de Bretagne, 1554-1789, conservés aux Archives d'Ille-et-Vilaine*, dactyl. (Rennes, 1987).

WAQUET, H., « Une émeute à Kernilis en 1666 », *Bulletin de la Société archéologique du Finistère*, 1927, p. 97-102.

6. MAINE, ANJOU

ANTOINE, Annie, *Fiefs et villages du Bas-Maine au XVIIIe siècle* (Mayenne, Éditions régionales de l'Ouest, 1994).

BOUTON, André, *Le Maine. Histoire économique et sociale. XVIIe et XVIIIe siècles* (Mayenne, Éd. A. Bouton, 1973).

— *Le Maine. Histoire économique et sociale (XIXe siècle). La marche vers la lumière et la révolution...* (Mayenne, Éd. A. Bouton, 1974).

CALLERY, Alphonse, « La fraude des gabelles sous l'Ancien Régime d'après les mémoires inédits de M. de Châteaubrun (1730-1786) », *Bulletin historique et archéologique de la Mayenne*, 1915, p. 219-251.

CHAMBOIS, E., « Emeute populaire à Laval relative à la cherté des grains », *La Province du Maine*, 1902, p. 226-234.

COURANT, Léon, « Crises agraires en Anjou à la fin du Grand Siècle », *L'Anjou historique*, 1954, p. 15-33.

DUCHEMIN, Victor, *Les Premiers Troubles de la Révolution dans la Mayenne* (Mamers, Fleury et Dangin, 1888).

DURAND, Yves, « La contrebande du sel au XVIIIe siècle aux frontières de la Bretagne, du Maine et de l'Anjou », *Histoire sociale / Social History*, Université d'Ottawa, 1974, p. 227-269.

FROGER, Bruno, « Les émotions populaires dans le Bas-Maine et le Haut-Anjou (1661-1789) », *La Mayenne, Archéologie, Histoire*, n° 8, 1985, p. 93-120.

HUVET, Micheline, *Gabelous et faux sauniers en France à la fin de l'Ancien Régime. Essai statistique et sociologique sur le faux saunage dans le ressort de la Commission de Saumur (1764-1789)*, thèse de 3e cycle, Université de Haute-Bretagne, dactyl. (Rennes, 1975).

— « La répression du faux saunage dans la France de l'Ouest et du Centre à la fin de l'Ancien Régime (1764-1789) », *Annales de Bretagne et des pays de l'Ouest,* 1977-3, p. 424-443.

LEBRUN, François, « Les soulèvements populaires à Angers aux XVIIe-XVIIIe siècles », *Actes du 90e Congrès national des sociétés savantes (1965),* 1966, Section d'histoire moderne, I, p. 119-140.

— *Les Hommes et la mort en Anjou aux XVIIe et XVIIIe siècles* (Mouton, 1971).

LEDRU, A., « Une émeute dans le Maine en 1675 », *Revue historique et archéologique du Maine,* 1884, p. 55.

LEFIZELIER, Jules, *La Gabelle dans le Maine et l'Anjou (1515-1789)* (Laval, Impr. L. Moreau, 1869).

LEHOREAU, René, *Cérémonial de l'Église d'Angers (1692-1721),* présenté par F. Lebrun (Klincksieck, 1967).

MAILLARD, Jacques, *Le Pouvoir municipal à Angers de 1657 à 1789,* 2 vol. (Presses de l'Université d'Angers, 1984).

PERSON, Françoise de, *Bateliers, contrebandiers du sel (XVIIe-XVIIIe siècle)* (Rennes, Ouest-France, 1999).

PITOU, Frédérique, *Laval au XVIIIe siècle. Marchands, artisans, ouvriers dans une ville textile* (Laval, Société d'archéologie et d'histoire de la Mayenne, 1995).

— « Jeunesse et désordre social : les "coureurs de nuit" à Laval au XVIIIe siècle », *Revue d'histoire moderne et contemporaine,* 2000-1, p. 69-92.

PLESSIX, René, « Les espaces de la contestation dans le Maine aux XVIIe et XVIIIe siècles », *Actes du 114e Congrès national des sociétés savantes (1989),* 1990, Section d'histoire moderne et contemporaine, p. 125-137.

7. POITOU, AUNIS, SAINTONGE, ANGOUMOIS

BOISSONNADE, Prosper, « Essai sur l'organisation du travail en Poitou », *Bulletin et mémoires de la Société des antiquaires de l'Ouest,* 2e série, XXI-XXII, 2 vol. (Poitiers, 1898-1900).

BOUDU (Daniel), « Croquants de Saint-Maurice. 26 avril 1694 [Gençay] », *Cahiers du centre culturel « La Marchoise » et du Centre d'archéologie et d'ethnographie poitevin,* n° 3, 1980.

CLOPEAU, Jean-François, *Société rurale et fiscalité en Poitou au XVIIIe siècle. Le paysan et la taille dans l'élection de Saint-Maixent*, thèse de 3e cycle, Université Paris VII, dactyl. (Paris, 1987).

DELAGE, Gabriel, « Attroupements et enlèvements de grains, de farine et de marrons en Angoumois pendant l'hiver 1708-1709 », *Bulletin et mémoires de la Société archéologique et historique de la Charente*, 1984-2, p. 153-167.

DESAIVRE, Léo, *La Dîme royale à Niort et à La Rochelle en 1718. Notes et documents sur un essai de réforme de l'impôt* (Niort, L. Clouzot, 1880).

— *L'Élection de Niort au XVIIIe siècle. Notes et documents* (Saint-Maixent, C. Reversé, 1886).

KRUMENACKER, Yves, *Les Protestants du Poitou au XVIIIe siècle (1681-1789)* (H. Champion, 1998).

MERLE, Louis, « La crise des subsistances à Niort à la veille de la Révolution (1785-1786) », *Bulletin de la Société des antiquaires de l'Ouest*, I, 4e série, 1950, p. 179-212.

PELLEGRIN, Nicole, *Les Bachelleries. Organisations et fêtes rituelles dans le Centre-Ouest (XVe-XVIIIe siècles)* (Poitiers, Mémoires de la Société des antiquaires de l'Ouest, 1982).

PERET, Jacques, *Seigneurs et seigneuries en Gâtine poitevine. Le duché de la Meilleraye (XVIIe-XVIIIe siècles)* (Poitiers, Mémoires de la Société des antiquaires de l'Ouest, 1976).

8. GUYENNE, GASCOGNE, PÉRIGORD, QUERCY

Archives historiques du département de la Gironde, t. 41 (Bordeaux, 1906).

ASTOUL, Guy, « La contestation des dîmes en Quercy à la veille de la Révolution », *Histoire et sociétés rurales*, 1997, p. 147-161.

AUBIN, Gérard, *La Seigneurie en Bordelais d'après la pratique notariale (1715-1789)* (Publications de l'Université de Rouen, 1989).

BEAUROY, Jacques, *Vin et société à Bergerac du Moyen Âge aux temps modernes* (Stanford University, Californie, 1976).

BERNADAU, Pierre, *Annales politiques, littéraires et statistiques de Bordeaux* (Bordeaux, Moreau, an IX-1803).

Bert, Paul, *Histoire de la révocation de l'édit de Nantes à Bordeaux et dans le Bordelais (1653-1715)* (Bordeaux, Mounastre-Picamilh, 1908).

Bordes, Maurice, « Une révolte paysanne en Gascogne au milieu du XVIIIe siècle », *Bulletin de la Société archéologique du Gers*, 1948, p. 34-40.

Branet, Alphonse, « Un épisode de l'histoire d'Auch. L'affaire Daignan d'Orbessan (1662) », *Bulletin de la Société archéologique du Gers*, 1908, p. 201-213.

Brives-Cazes, Émile, *Épisodes du système prohibitif en Guyenne (1725-1762)* (Bordeaux, Gounouilhou, 1881).

Butel, Paul, et Poussou, Jean-Pierre, *La Vie quotidienne à Bordeaux au XVIIIe siècle* (Hachette, 1980).

Cameron, Iain A., *Crime and Repression in the Auvergne and Guyenne, 1720-1790* (Cambridge University Press, 1981).

Cangardel, F., « Les Tard-Avisés ou une révolte de paysans dans le Quercy en 1707 », *Bulletin de la Société des études littéraires, scientifiques et artistiques du Lot*, XII, 1887, p. 5-52 ; XXIII, 1898, p. 136-145.

Caraman, P., « La disette des grains et les émeutes populaires en 1773 dans la généralité de Bordeaux », *Revue historique de Bordeaux et du département de la Gironde*, 1910, p. 297-319.

Cauna, baron de, « Relation véritable des choses les plus mémorables passées en la Basse-Guyenne.... », par Henri de Laborde-Péboué de Doazit, *Armorial des Landes*, III, 1869, p. 455-484.

Cavignac, Jean, « Le compagnonnage dans les luttes ouvrières au XVIIIe siècle, l'exemple de Bordeaux », *Bibliothèque de l'École des chartes*, t. 126, 1968, p. 377-411.

— « Fête et révolte, une émeute contre la maréchaussée à Saint-Sulpice-de-Faleyrens », *Revue historique et archéologique du Libournais et de la Dordogne*, 1977-4, p. 145-150.

Cavignac, L., « Un épisode de la crise des subsistances en 1773 : l'émeute de Casteljaloux », *Actes du Congrès de la Fédération historique du Sud-Ouest*, 1971 (Nérac, 1973).

Charrier, G., *Les Jurades de la ville de Bergerac, 1352-1793*, 13 vol. (Bergerac, 1892-1904).

COMMUNAY, A., « Audijos. La gabelle en Gascogne. Documents inédits publiés pour la Société historique de Gascogne », *Archives historiques de la Gascogne*, t. 24, 1893.

CUBERO, José, *Une révolte antifiscale au XVIIe siècle. Audijos soulève la Gascogne (1664-1675)* (Imago, 2001).

FIGEAC, Michel, *Destins de la noblesse bordelaise (1770-1830)* (Bordeaux, Recherches et travaux d'histoire sur le Sud-Ouest de la France, 1996).

GALLINATO, Bernard, *Les Corporations à Bordeaux à la fin de l'Ancien Régime. Vie et mort d'un mode d'organisation du travail* (Presses universitaires de Bordeaux, 1992).

LAFARGUE, Charles, « La sanglante journée du 1er mai 1785, à Soustons, et ses suites judiciaires », *Bulletin de la Société de Borda*, 1967, p. 57-72 et 181-192.

LATOUR, Philippe de, « Un mouvement prérévolutionnaire : les refus de dîmes en Comminges et Gascogne », *Annales du Midi*, 1989-1, p. 7-25.

LOIRETTE, Francis, « Une émeute paysanne au début du gouvernement personnel de Louis XIV : la sédition de Benauge (décembre 1661-janvier 1662) », *Annales du Midi*, 1966-4, p. 515-536.

— « La révolte des marins du Labourd contre le système des classes (janvier-avril 1671) », *Actes du Congrès de la fédération historique du Sud-Ouest, 1968*, Bayonne, 1971, p. 31-52.

— « La sédition de Bordeaux de 1675 », *Actes du 102e Congrès national des sociétés savantes (1977)*, 1978, Section d'histoire moderne, II, p. 237-260.

— *L'État et la région. L'Aquitaine au XVIIe siècle. Centralisation monarchique, politique régionale et tensions sociales* (Presses universitaires de Bordeaux, 1998).

MARBOUTIN, J., « Deux séditions à Laugnac », *Revue de l'Agenais*, 1903, p. 44-55.

MARION, Marcel, *L'Impôt sur le revenu au XVIIIe siècle, principalement en Guyenne* (Toulouse, Privat, 1901).

POUSSOU, Jean-Pierre, « L'agitation étudiante à Bordeaux sous l'Ancien Régime, spécialement au XVIIIe siècle », *Revue historique de Bordeaux*, 1970, p. 79-92.

RIVES, Jean, *Dîme et société dans l'archevêché d'Auch au XVIIIe siècle* (Commission d'histoire économique et sociale de la Révolution française, 1976).

RUFF, Julius R., *Crime, Justice and Public Order in Old Regime France. The Sénéchaussées of Libourne and Bazas, 1696-1789* (Croom Helm, London, Sydney, Dover NH, 1984).

VALETTE, Jean, *La Continuation de la chronique de Tarde (1623-1709)* (Bergerac, 1957).

ZINK, Anne, *Pays et paysans gascons sous l'Ancien Régime*, thèse d'État, Université Paris I, dactyl., 9 vol. (1986).

— *Clochers et troupeaux. Les communautés rurales des Landes et du Sud-Ouest avant la Révolution* (Presses universitaires de Bordeaux, 1997).

9. BÉARN, NAVARRE, LABOURD

DESPLAT, Christian, « Fiscalité et sédition en Labourd et à Bayonne au XVIIIe siècle », *Bulletin de la Société des sciences, lettres et arts de Bayonne*, 1976, p. 137-153.

— « Brigands et brigandages dans le ressort du parlement de Navarre au XVIIIe siècle », *Revue de Pau et du Béarn*, 8, 1980, p. 31-57.

— *Charivaris en Gascogne. La « morale des peuples » du XVIe au XXe siècle* (Berger-Levrault, 1982).

— *Pau et le Béarn au XVIIIe siècle*, 2 vol. (Pau, J & D Éditions, 1992).

DUSSAUP, Maurice, « Le Labourd à la fin du XVIIIe siècle », *Bulletin de la Société des sciences, lettres et arts de Bayonne*, 1917, 3-4, p. 61-82 ; 1919, 1-2, p. 21-64.

FAY, Henri-Marcel, *Histoire de la lèpre en France*, t. I : *Lépreux et cagots du Sud-Ouest. Notes historiques, médicales, philologiques suivies de documents* (H. Champion, 1910).

GOYHENECHE, Eugène, *Le Pays basque : Soule, Labourd, Basse-Navarre* (Pau, Société nouvelle d'éditions régionales, 1979).

GUERREAU, Alain, et GUY, Yves, *Les Cagots du Béarn* (Minerve, 1988).

POEYDAVANT, abbé, *Histoire des troubles survenus en Béarn dans le XVIe et la moitié du XVIIe siècle, par feu l'abbé Poeydavant*, 3 vol. (Pau, Tonnet, 1819-1821).

10. HAUT-LANGUEDOC, ROUERGUE, BAS-QUERCY

ASTOUL, Guy, « La contestation des dîmes en Quercy à la veille de la Révolution », *Histoire et sociétés rurales*, 1997-2, p. 147-161.

AUGUSTIN, Jean-Marie, « Les capitouls, juges des causes criminelles et de police à la fin de l'Ancien Régime (1780-1790) », *Annales du Midi*, 1972-3, p. 183-211.

BASTIER, Jean, *La Féodalité au siècle des Lumières dans la région de Toulouse* (Bibliothèque nationale, 1975).

BORZEIX, Daniel, *et al.*, *Révoltes populaires en Occitanie. Moyen Âge et Ancien Régime* (Treignac, Les Monédières, 1982).

BOURDERON, Henri, « Recherches sur les mouvements populaires dans la généralité de Languedoc au XVIIIe siècle », *Actes du 78e Congrès national des sociétés savantes (1953)*, 1954, Section d'histoire moderne, p. 103-118.

— « La lutte contre la vie chère dans la généralité de Languedoc au XVIIIe siècle », *Annales du Midi*, 1954-1, p. 155-170.

CASTAN, Nicole, « Révoltes populaires en Languedoc au XVIIIe siècle », *Actes du 96e Congrès national des sociétés savantes (1971)*, 1976, Section d'histoire moderne et contemporaine, II, p. 223-236.

— *Crime et justice en Languedoc (1750-1790)*, thèse, Université Toulouse-Le Mirail, dactyl. (Toulouse, 1978).

— *Justice et répression en Languedoc à l'époque des Lumières* (Flammarion, 1980).

— *Les Criminels de Languedoc. Les exigences d'ordre et les voies du ressentiment dans une société prérévolutionnaire (1750-1790)* (Publications de l'Université Toulouse-Le Mirail, 1980).

— « Délinquance traditionnelle et répression civique à la fin de l'Ancien Régime dans les pays de langue d'oc », in *L'Impossible Prison. Recherches sur le système pénitentiaire au XIXe siècle réunies par Michelle Perrot* (Le Seuil, 1980).

— et CASTAN, Yves, *Vivre ensemble. Ordre et désordre en Languedoc (XVIIe-XVIIIe siècles)* (Gallimard / Julliard, coll. « Archives », 1981).

CASTAN, Yves, « Attitudes et motivations dans les conflits entre seigneurs et communautés devant le parlement de

Toulouse au XVIIIe siècle », *Annales de la Faculté des lettres*, Nice, n° 9-10, 1969, p. 233-239.

— *Honnêteté et relations sociales en Languedoc, 1715-1780* (Pion, 1974).

CASTERAN, P. de, « Lettres de M. de Froidour », *Revue de Gascogne*, 38, 1897 ; 39, 1898.

DUMAS, F., « Une émeute d'étudiants à Toulouse en 1740 », *Revue des Pyrénées*, 1907, p. 23-43.

FLOUTARD, Gilbert, « La crise de 1709-1713 à Albi », *Annales du Midi*, 1972-1, p. 117-150.

FOURNIER, Georges, *Démocratie et vie municipale en Languedoc : du milieu du XVIIIe siècle au début du XIXe siècle*, I-II (Toulouse, Association des amis des archives de la Haute-Garonne, 1994).

FRUHAUF, Christian, « Les délits forestiers en pays de Sault au XVIIIe siècle », *Annales du Midi*, 1983-4, p. 391-428.

LAFFONT, Jean-Luc, *Policer la ville. Toulouse, capitale provinciale au siècle des Lumières*, thèse, Université Toulouse-Le Mirail, dactyl. (Toulouse, 1997).

LAMOUZÈLE, Edmond, *Toulouse au XVIIIe siècle d'après les « Heures perdues » de Pierre Barthès* (Toulouse, J. Marquette, 1914).

NICOD, Jean-Claude, « Les “séditieux” en Languedoc à la fin du XVIIIe siècle », *Recueil des mémoires et travaux publiés par la Société d'histoire du droit*, VIII, Montpellier, 1971, p. 145-165.

PÉLAQUIER, Élie, « Les mouvements anti-fiscaux en Languedoc d'après les archives de la Cour des comptes, aides et finances de Montpellier (1660-1789) », *Annales du Midi*, 1999-1, p. 5-29.

RICALENS, Henry, *Moissac du début du règne de Louis XIII à la fin de l'Ancien Régime* (Presses de l'Institut d'études politiques de Toulouse, 1994).

RICHEPREY, J.F. Henry de, *Journal des voyages de H. de Richeprey et de Calmès de La Bessières (1780 et 1781)* (Rodez, Impr. Carrère, 1922).

TAILLEFER, abbé, « Les Tard-Avisés ou une révolte de paysans dans le Quercy », *Bulletin trimestriel de la Société des études littéraires, scientifiques et artistiques du Lot*, 1887, p. 6-52.

TOUJAS, R., « Une rébellion fiscale des habitants d'Ax-les-Thermes en 1667 », *Bulletin de la Société ariégeoise des sciences, lettres et arts*, 1970-1, p. 27-33.

VIALA, Louis, *La Question des grains et de leur commerce à Toulouse au XVIIIe siècle (de 1715 à 1789)* (Toulouse, Privat, 1909).

11. BAS-LANGUEDOC

ALLÈGRE, Léon, « Annales historiques de Bagnols depuis 1788 jusqu'à 1805 », *Mémoires de l'Académie de Nîmes*, 1900, p. 151-298.

ALLEN, Edward A., « Popular resistance to ecclesiastical taxation : dîme controversies in lower Languedoc and their social consequences, 1750-1789 », in Warren Spencer, *The Consortium on Revolutionary Europe, 1750-1850*, Athens, Georgia, 1985, p. 200-228.

APPOLIS, Émile, *Un pays languedocien au milieu du XVIIIe siècle. Le diocèse civil de Lodève. Étude administrative et économique* (Albi, Imprimerie coopérative du Sud-Ouest, 1951).

— *Le Jansénisme dans le diocèse civil de Lodève au XVIIIe siècle* (Albi, Imprimerie coopérative du Sud-Ouest, 1952).

BERTRAND, Jean-Louis, « À Joyeuse et environs, révolte fiscale ou brigandage ? », *Mémoires Ardèche Temps présent*, 1995, p. 11-14.

BOSC, Henri, *La Guerre des Cévennes (1702-1708)*, I-V (Montpellier, Les Presses du Languedoc, 1985-1990).

BOULLE, Maurice et Élise (éd.), « Les grandes heures du bailliage et de la sénéchaussée du Bas-Vivarais (1284-1789) », *Revue de la Société des enfants et amis de Villeneuve-de-Berg*, 1984.

BOULLE, Maurice, *Révoltes et espoirs en Vivarais (1780-1789)* (Privas, Fédération des œuvres laïques de l'Ardèche, 1988).

CAMUS, P., « Les rébellions contre le fisc en Haute-Boutière à la fin de l'Ancien Régime », *Revue du Vivarais*, 1937-1, p. 193-215.

DUPORT, Anne-Marie, « Les mouvements populaires dans les diocèses civils de Nîmes, Uzès et Alès de 1740 à 1789 », *Annales du Midi*, 1999-1, p. 31-45.

DUTIL, Léon, « L'industrie de la soie à Nîmes jusqu'en 1789 », *Revue d'histoire moderne et contemporaine*, 1908-2, p. 318-343.

FONTANE, Yvan, « L'émotion de Joyeuse : 4-5 septembre 1735 », *Revue du Vivarais*, 1980, p. 197-203.

ISSARTEL, Jean-Louis, « Sus au marquis ! Contestation anti-seigneuriale à Saint-Marcel-de-Pierre-Bernis », *Mémoires Ardèche Temps présent*, 1999, p. 14-16.

JONES, Colin, *Charity and Bienfaisance : The Treatment of the Poor in the Montpellier Region, 1740-1815* (Cambridge University Press, 1982).

JOUTARD, Philippe, *La Légende des Camisards. Une sensibilité au passé* (Gallimard, 1977).

LABOISSIÈRE, Joseph-Louis de, *Fidèle relation de la révolte de Roure*, dans les *Commentaires du soldat du Vivarais...* (1811, rééd. Privas, 1908).

LASCOMBE, A., « Procès-verbal de la rébellion de Vorey », *Mémoires et procès-verbaux de la Société des amis des sciences, de l'industrie et des arts de Haute-Loire*, 1883-1885, p. 281-289.

LÉONARD, Émile-Georges, *Mon village sous Louis XV d'après les Mémoires d'un paysan* (PUF, 1941, rééd. 1984).

LE ROY LADURIE, Emmanuel, *Les Paysans de Languedoc*, 2 vol. (SEVPEN, 1966).

MOSNIER, Henry, « Procès-verbal de la sédition de Pradelles », *Mémoires et procès-verbaux de la Société des amis des sciences, de l'industrie et des arts de Haute-Loire*, 1881-1882, p. 205-206.

MOURS, Samuel, *Le Protestantisme en Vivarais et en Velay, des origines à nos jours* (Valence, Imprimeries réunies, 1949).

PAYSAN, G., *Les Camisards du Vivarais* (Largentière, Impr. Humbert et fils, 1981).

PÉLAQUIER, Élie, *De la maison du père à la maison commune. Saint-Victor-de-la-Coste, en Languedoc rhodanien (1661-1799)* (Montpellier, Publications de l'Université Paul-Valéry, 1996).

REYNAUD, Marie-Hélène, *Les Moulins à papier d'Annonay à l'ère pré-industrielle. Les Montgolfier et Vidalon* (Annonay, Éd. du Vivarais, 1981).

REYNIER, Élie, « Privas et la révolte de Roure (1670) », *Revue du Vivarais*, t. 29, 1922, p. 169-174 et 201-205.

— *Histoire de Privas*, t. II (Aubenas, Impr. Habauzit, 1943).

SABATIER, Gérard, *Le Vicomte assailli. Économie rurale et affrontements sociaux en Languedoc des montagnes (Velay, Vivarais, Gévaudan) aux XVIIe et XVIIIe siècles* (Saint-Vidal, Centre d'études de la vallée de la Borne, 1988).

SAUZET, Robert, *Contre-Réforme et Réforme catholique en Bas-Languedoc au XVIIe siècle : le diocèse de Nîmes de 1598 à 1694*, 2 vol. (Lille, Université Lille III, 1978).

SCHNETZLER, Jacques, « L'affaire des Masques armés de 1783 en Haut-Uzège et Bas-Vivarais », *Revue du Vivarais*, 1991-4, p. 269-321.

SONENSCHER, Michaël, « La révolte des Masques armés de 1783 en Vivarais », *Vivarais-Languedoc*, 44e Congrès de la Fédération historique du Languedoc méditerranéen et du Roussillon, Privas, 1971, p. 247-263 (Montpellier, 1972).

THOMSON, J.K.J., *Clermont-de-Lodève, 1633-1789* (Cambridge University Press, 1981).

VIDAL, Daniel, *Le Malheur et son prophète. Inspirés et sectaires en Languedoc calviniste (1685-1725)* (Payot, 1983).

VIGNAL, Robert, *De la peste à la Révolution. Tarascon au XVIIIe siècle* (Montpellier, Presses du Languedoc-Marc Chaleil, 1989).

VISSAC, Raoul de, *Chronique vivaroise. Anthoine du Roure et la révolte de 1670* (E. Lechevalier, 1895).

12. ROUSSILLON

AYATS, Alain, *Les Guerres de Josep de La Trinxeria (1637-1694). La guerre du sel et les autres* (Perpignan, Trabucaire, 1997).

BRUNET, Michel, *Le Roussillon face à la Révolution française* (Perpignan, Trabucaire, 1989).

— *Le Roussillon. Une société contre l'État (1780-1820)* (Perpignan, Trabucaire, 1990).

— *Les Pouvoirs au village. Aspects de la vie quotidienne dans le Roussillon du XVIIIe siècle* (Canet, Trabucaire, 1998).

DEFOURNEAUX, Marcelin, « La contrebande du tabac en Roussillon dans la seconde moitié du XVIIIe siècle », *Annales du Midi*, 1970-2, p. 171-179.

MARCET-JUNCOSA, Alice, « Une révolte antifiscale et nationale : les Angelets du Vallespir, 1663-1672 », *Actes du*

102e Congrès national des sociétés savantes (1977), 1978, Section d'histoire moderne et contemporaine, I, p. 35-48.

— « La résistance catalane au lendemain de l'annexion de 1659 », in Nicolas (voir *supra* : « II. Vues d'ensemble »), *Mouvements...*, 1985, p. 307-318.

POEYDAVANT, Pierre, *Le Roussillon à la fin de l'Ancien Régime. Mémoire rédigé en 1778 par Pierre Poeydavant, subdélégué général de l'Intendance* (Perpignan, Société agricole, scientifique et littéraire, 1987).

SALA, Raymond, *Dieu, le roi, les hommes. Perpignan et le Roussillon (1580-1830)* (Canet, Llibres del trabucaire, 1996).

13. PROVENCE, COMTAT VENAISSIN, NICE

AGULHON, Maurice, *Pénitents et francs-maçons de l'ancienne Provence* (Fayard, 1968, rééd. 1984).

— *La Vie sociale en Provence intérieure au lendemain de la Révolution* (Société des études robespierristes, 1970).

— *La République au village* (Pion, 1970).

BAEHREL, René, *Une croissance. La Basse-Provence rurale de la fin du XVIe siècle à 1789* (SEVPEN, 1961).

BARRUOL, Agnès, et SOTTOCASA, Valérie, « Contestation et vie sociale en Basse-Provence au XVIIIe siècle », *Provence historique*, 1986-3, p. 277-307.

— « Délinquance ou contestation ? Contrebandiers et agents des Fermes à Marseille (1750-1789) », *Provence historique*, 1987-3, p. 397-409.

COSTAMAGNA, Henri, *Recherches sur les institutions communales dans le comté de Nice au XVIIIe siècle (1699-1792)*, thèse, Université de Nice, dactyl. (Nice, 1971).

CUBELLS, Monique, « L'émeute du 25 mars 1789 à Aix-en-Provence », in Nicolas (voir *supra* : « II. Vues d'ensemble »), *Mouvements...*, 1985, p. 401-408.

— « Les mouvements populaires du printemps 1789 en Provence », *Provence historique*, 1986-3, p. 309-323.

— « Marseille au printemps de 1789 : une ville en dissidence », *Annales du Midi*, 1986-1, p. 67-91.

— *Les Horizons de la liberté. Naissance de la Révolution en Provence (1787-1789)* (Aix-en-Provence, Édisud, 1987).

DUHAMEL, Léon, *Les Exécutions capitales à Avignon au XVIIIe siècle* (Avignon, Impr. Seguin frères, 1890).

EMMANUELLI, François-Xavier, « Introduction à l'histoire du XVIIIe siècle communal en Provence », *Annales du Midi*, 1975-1, p. 157-200.

FRUCHIER, C., « Troubles survenus à Mézel en 1785 à la suite d'une imposition établie par le Conseil de la communauté sur les grains et farines (impôt dit du Piquet) », *Bulletin de la Société scientifique et littéraire des Basses-Alpes*, 1934, p. 1-29.

JEANCARD, Robert, *Les Fermes communales de Cannes (XVIe-XVIIIe siècles)* (Cannes, Équipe des historiens de Cannes, 1955).

LAMBERT, Gustave, *Histoire de Toulon*, 4 vol. (Toulon, Imprimerie du Var, 1886-1892).

LAPIED, Martine, « Les mouvements populaires à Avignon et dans le Comtat Venaissin au XVIIIe siècle », *Provence historique*, 1986-3, p. 325-338.

LETRAIT, Jean-Jacques, « Le régime du travail des ouvriers agricoles en Provence dans la première moitié du XVIIIe siècle », *Actes du 83e Congrès national des sociétés savantes (1958)*, 1959, p. 457-570.

MARZAUX, Serge, « La révolte des femmes en 1709 à Vaison : crime, punition, pardon », *Actes du 107e Congrès national des sociétés savantes (1982)*, 1984, Section d'histoire moderne et contemporaine, II, p. 305-311.

MOULINAS, René, « Problèmes d'une enclave dans la France d'Ancien Régime : culture, commerce et contrebande du tabac dans le Comtat Venaissin et à Avignon au début du XVIIIe siècle », *Provence historique*, 1967-1, p. 1-31.

PILLORGET, René, « Essai d'une typologie des mouvements insurrectionnels ruraux survenus en Provence de 1596 à 1715 », *Actes du 92e Congrès national des sociétés savantes (1967)*, 1970, Section d'histoire moderne, I, p. 359-382.

— « Une émeute de gens de mer (Martigues, 16 août 1670) », *Actes du 93e Congrès national des sociétés savantes (1968)*, 1971, Section d'histoire moderne, II, p. 313-324.

— *Les Mouvements insurrectionnels de Provence entre 1596 et 1715* (Pedone, 1975).

PILLORGET, Suzanne, « Une manifestation populaire à Entrevaux [Basses-Alpes] (2 août 1717) », *Provence historique*, 1967-3, p. 239-256.

— « Une crise de colère des paysans d'Arles : les émeutes frumentaires des 2 et 3 janvier 1752 », *Actes du 92e Congrès national des sociétés savantes (1967)*, 1970, Section d'histoire moderne, I, p. 383-391.

VALRAN, Gaston, *Misère et charité en Provence au XVIIIe siècle. Essai d'histoire sociale* (A. Rousseau, 1899).

VOVELLE, Michel, « Les troubles sociaux en Provence (1750-1792) », *Actes du 93e Congrès national des sociétés savantes (1968)*, 1971, II, p. 325-372.

— *Les Métamorphoses de la fête en Provence de 1750 à 1820* (Aubier-Flammarion, 1976).

— « Récit fidèle de la révolte d'Arles, arrivée le 2 janvier 1752 », in Nicolas (voir *supra* : « II. Vues d'ensemble »), *Mouvements*..., 1985, p. 490-500.

14. DAUPHINÉ

BONNIN, Bernard, *La Terre et les paysans en Dauphiné au XVIIe siècle (1580-1730)*, thèse d'État, Université Lyon II, dactyl. (Grenoble, 1979).

EGRET, Jean, *Le Parlement de Dauphiné et les affaires publiques dans la seconde moitié du XVIIIe siècle*, 2 vol. (Grenoble, Allier, 1942).

ESMONIN, Edmond, « Contrebande et contrebandiers en Dauphiné au XVIIIe siècle », *Cahiers d'histoire*, 1964-2, p. 199-207.

— « La véritable figure de Mandrin, ou : comment naît une légende ? », in Edmond Esmonin, *Études sur la France des XVIIe et XVIIIe siècles* (PUF, 1964, p. 417-428).

— « La révision des feux du Dauphiné en 1697-1706 », in Edmond Esmonin, *Études sur la France des XVIIe et XVIIIe siècles* (PUF, 1964, p. 397-416).

FAVIER, René, « Les suites d'un Carnaval : pouvoir municipal confisqué, pouvoir municipal contesté à Romans au XVIIIe siècle », La vie politique des petites villes françaises, Actes du 2e colloque de Mamers, novembre 1994, 2002.

FOREST, Michel, *Chroniques d'un bourgeois de Valence au temps de Mandrin* (Valence, 1879, rééd. Presses universitaires de Grenoble, 1980).

LE ROY LADURIE, Emmanuel, *Le Carnaval de Romans. De la Chandeleur au mercredi des Cendres (1579-1580)* (Gallimard, 1979).

NICOLAS, Jean, « Le paysan et son seigneur en Dauphiné à la veille de la Révolution », in *La France de l'Ancien Régime. Études réunies en l'honneur de Pierre Goubert,* II, p. 497-507 (Toulouse, Privat, 1984).

— « À propos de la liberté du marché des blés. À Grenoble en 1775 : "Une sorte de révolution..." », *Ville et Révolution française,* Actes du Colloque de Lyon, 1993, dir. Bruno Benoît, p. 19-28 (Lyon, 1994).

ROUX, Xavier, *Les Papetiers du Dauphiné avant et après la Révolution* (Grenoble, Impr. Vallier et Chabert, 1887).

15. SAVOIE

BRUCHET, Max, *L'Abolition des droits seigneuriaux en Savoie (1761-1793)* (Collection de documents inédits sur l'histoire économique de la Révolution française, Impr. Hérisson, Annecy, 1908).

NICOLAS, Jean, « Le problème des dîmes en Savoie à la veille de la Révolution », *Actes du 89e Congrès national des sociétés savantes (1964),* 1964, Section d'histoire moderne et contemporaine, I, p. 271-307.

— « Éphémérides du refus. Pour une enquête sur les émotions populaires au XVIIIe siècle. Le cas de la Savoie », *Annales historiques de la Révolution française,* 1973-4, p. 593-607 ; 1974-1, p. 111-153.

— *La Savoie au XVIIIe siècle. Noblesse et bourgeoisie,* I-II (Maloine, 1977-78).

— et NICOLAS, Renée, *La Vie quotidienne en Savoie aux XVIIe et XVIIIe siècles* (Hachette, 1979).

— « Pouvoir et contestation en Savoie au XVIIIe siècle. Aux sources d'une culture populaire », *Culture et pouvoir dans les États de Savoie du XVIIe siècle à la Révolution,* p. 231-252 (Genève, Slatkine, 1985).

PERILLAT, Michèle, et LOVIE, Jacques, « Contrebande et contrebandiers en Savoie au XVIIIe siècle », *L'Information historique,* 1969-4, p. 172-178.

PICCARD, Louis-Étienne, « Émeute populaire à La Clusaz », *Revue savoisienne,* 1896, p. 228-231.

16. FRANCHE-COMTÉ

ESTIGNARD, Alexandre, *Le Parlement de Franche-Comté de son installation à Besançon à sa suppression (1674-1790)*, 2 vol. (Paris-Besançon, A. Picard, 1892).

FERRER, André, *La Contrebande et sa répression en Franche-Comté au XVIIIe siècle*, thèse, Université de Besançon, dactyl. (1993).

GRESSET, Maurice, « Les émeutes populaires en Franche-Comté de 1483 à 1787 », communication à la Société d'émulation du Doubs, dactyl., 1964, 25 p.

— *Gens de justice à Besançon (1674-1789)*, 2 vol. (Bibliothèque nationale, 1978).

— « Les "loups des bois" en Franche-Comté après la seconde conquête, 1674-1679 », *Actes du 107e Congrès national des sociétés savantes (1982)*, 1984, Section d'histoire moderne et contemporaine, I, p. 189-206.

— « La Franche-Comté dans la guerre de Hollande au lendemain de la seconde conquête », *Revue historique des armées*, 1978-2, p. 33-49.

MERLIN, Colette, *Ceux des villages. La société rurale de la « Petite Montagne » jurassienne à la veille de la Révolution* (diff. Les Belles Lettres, 1994).

ROBERT, Pierre, « Les dernières résistances de la Franche-Comté après la conquête de 1674 », *Mémoires de la Société d'émulation du Doubs*, 1939, p. XV-XVI.

VION-DELPHIN, François, « La révolte des Demoiselles (1765) », *Nouvelle revue franc-comtoise*, XIII, n° 52, fasc. 4, p. 189-190.

17. ALSACE

BOEHLER, Jean-Michel, *La Paysannerie de la plaine d'Alsace (1648-1789)*, 3 vol. (Presses universitaires de Strasbourg, 1994).

BRAUENER, Gabriel, « La crise de subsistances 1770-1771 à Colmar », *Annales de la Société historique et littéraire de Colmar*, 1972, p. 67-82.

HARTMANN, Éric, *La Révolution française en Alsace et en Lorraine* (Perrin, 1990).

LESER, Gérard, *Repères pour une histoire du val et de la ville de Munster* (Colmar, Crédit mutuel, 1988).

— « La révolte de Munster », *Saisons d'Alsace*, n° 104, 1989, p. 223-230.

— « Les échos de la Révolution dans la communauté du val et de la ville de Munster (Haut-Rhin) », *Annuaire de la Société d'histoire du val et de la ville de Munster*, 1989, t. 43, p. 11-25 ; 1990, t. 44, p. 57-80.

LIVET, Georges, « La situation de la province d'Alsace à la veille de la Révolution d'après le mémoire de Chrétien-Frédéric Pfeffel, jurisconsulte du roi », *Revue d'Alsace*, 1989-1990, p. 9-21.

OBERLÉ, Raymond, « Les symptomatiques troubles populaires à Mulhouse au milieu du XVIIIe siècle », *Revue d'Alsace*, 1989-1990, p. 275-284.

SCHMITT, Jean-Marie, *Aux origines de la révolution industrielle en Alsace. Investissements et relations sociales dans la vallée de Saint-Amarin au XVIIIe siècle*, thèse de 3e cycle, Université de Strasbourg, dactyl. (Strasbourg, 1979).

— « Guebwiller, la fin d'un monde », *Saisons d'Alsace*, 1989, p. 231-240.

SCHUBNEL, Antoine, « La forêt et les communautés d'habitants du val et de la ville de Munster », *Annuaire de la Société d'histoire du val et de la ville de Munster*, 1983, p. 25-57 ; 1984, p. 33-76 ; 1985, p. 21-66.

SPIES, A., « La disette des grains à Sélestat en 1770-71 et en 1788-89 », *Revue d'Alsace*, 1937, p. 189-228.

— « Une émeute à Sélestat, 1764-1765 », *Annuaire de la Société des amis de la bibliothèque de Sélestat*, 1959, p. 89-120.

STEEGMANN, Robert, *Les Cahiers de doléances de la Basse-Alsace. Textes et documents* (Strasbourg, Oberlin, 1990).

TYL, Yves, *Les Cahiers de doléances de Haute-Alsace*, 2 vol. (Colmar, Archives départementales du Haut-Rhin, 1974-1975).

WERNER, L.G., « Une révolte bourgeoise à Mulhouse en 1773 », *Bulletin de la Société industrielle de Mulhouse*, février 1937, p. 113-124.

18. LORRAINE

ALLEMAND-GAY, Marie-Thérèse, et COUDERT, Jean, *Un magistrat lorrain au XVIIIe siècle. Le premier président de Cœurderoy (1783-1800) et son diaire* (Paris-Montréal, L'Harmattan, 1997).

GROSDEMANGE, Ghislaine, « Population et milice dans la subdélégation de Lunéville de 1737 à 1789 », *Annales de l'Est*, 1952-2, p. 121-148.

LE MOIGNE, F.-Y., « La crise frumentaire de 1770-1771 à Metz, Nancy et Strasbourg », *Bulletin de la Société d'histoire moderne*, 1972-3, p. 3-5.

« Les hommes. La terre » (collectif), *Annales de l'Est*, 1991-1.

PFISTER, Christian, « Le magasin de blé à Nancy et la révolte de 1771 », *Revue historique de la Lorraine*, 1906, p. 77-92.

19. CHAMPAGNE

BOULANGER, Pierre, « La crise de l'économie et de la société champenoises dans les dernières années de l'Ancien Régime », *Mémoires de la Société d'agriculture, commerce, sciences et arts de la Marne*, 1985, p. 97-158.

— « Une émeute frumentaire à Châlons-sur-Marne en 1768 », *Mémoires de la Société d'agriculture, commerce, sciences et arts de la Marne*, 1988, p. 245-256.

CHAUDRON, Émile, *La Grande Peur en Champagne méridionale (26, 27, 28 juillet 1789)* (Éd. La Vie universitaire, 1923).

CLAUSE, Georges, « La contrebande du sel en Argonne à la fin de l'Ancien Régime », in *Le Sel et son histoire*, colloque de l'Université Nancy II (1979), Nancy, 1981, p. 363-388.

— « La gabelle et la contrebande du sel dans les pays champenois limitrophes de la Lorraine à la fin du XVIIIe siècle », *Mémoires de la Société d'agriculture, commerce, science et arts de la Marne*, 1988, p. 211-234.

DINET, Henri, « L'année 1789 en Champagne », *Annales historiques de la Révolution française*, 1983-4, p. 570-595.

GARNIER, A., « Histoire de la maréchaussée de Langres de 1720 à 1789 », *Mémoires de la Société pour l'histoire du droit et des institutions des anciens pays bourguignons, comtois et romands*, 1951-1952, p. 211-275 ; 1952, p. 35-129.

— « Histoire de la maréchaussée de Langres au XVIIIe siècle. Deuxième partie : La maréchaussée de Langres et les débuts de la Révolution », *Cahiers haut-marnais*, 3e trimestre 1950, p. 52-90.

GAYOT, Gérard, *Les Draps de Sedan (1646-1870)* (Éd. de l'EHESS, 1998).

KENLER, Lucien, « Les grèves à Sedan en 1712, 1713 et 1729 », *Revue d'Ardenne et d'Argonne*, 1902, p. 40-42 ; 1903, p. 41-44.

LAURENT, Gustave, *Reims et la région rémoise à la veille de la Révolution. La convocation des États généraux de 1789* (Reims, Matot-Braine, 1930).

OLEJNICZAK, William John, *The Royal Campaign in France Against Beggary and Vagrancy During the Eigtheenth Century as Implemented in Généralité of Champagne*, dactyl. (Duke University, Ann Arbor Michigan University Microfilms, 1983)

RICOMMARD, Julien, *La Lieutenance générale de police à Troyes au XVIIIe siècle* (Hachette, 1934).

VONGLIS, Bernard, *Le Commerce des céréales à Reims au XVIIIe siècle* (Publications de l'Université de Reims, 1980).

20. TOURAINE, ORLÉANAIS, BLÉSOIS, BERRY

BLOCH, Camille, *Le Commerce des grains dans la généralité d'Orléans (1768) d'après la correspondance inédite de l'intendant Cypierre* (Orléans, Herluison, 1898).

BOISSON, Didier, *Les Protestants de l'ancien colloque du Berry de la révocation de l'édit de Nantes à la fin de l'Ancien Régime (1679-1789)* (H. Champion, 2000).

BOUCHARD, Gérard, *Le Village immobile. Sennely en Sologne au XVIIIe siècle* (Pion, 1972).

DUMAS, François, *La Généralité de Tours au XVIIIe siècle. Administration de l'intendant du Cluzel (1766-1783)* (Tours, L. Pericat, 1894).

DYONET, Nicole, « La maréchaussée et la population mobile dans l'Orléanais au XVIIIe siècle », in Marie-Claude Blanc-Chaléard *et al., Police et migrants, France (1667-1939)*, Presses universitaires de Rennes, 2001, p. 51-62.

HUET, Émile, « Le manuscrit du prieur de Sennely », *Mémoires de la Société archéologique et historique de l'Orléanais*, 1908, t. 32.

JENNY, Jean, « Le prix du blé à Bourges en 1766 : un tumulte populaire », *Mémoires de l'Union des sociétés savantes de Bourges*, 1959-1960, p. 49-122.

MAILLARD, Brigitte, « Une émeute de subsistances à Tours au XVIIIe siècle », *Annales de Bretagne et des pays de l'Ouest,* 1985-1, p. 27-44.

— *Les Campagnes de Touraine au XVIIIe siècle. Structures agraires et économie rurale* (Presses universitaires de Rennes, 1998).

— « La rumeur de Tours (1750) », *Annales de Bretagne et des pays de l'Ouest,* 1996-1, p. 83-92.

RIBAULT, Jean-Yves, « Les fêtes baladoires dans la région de Thaumiers au XVIIIe siècle », *Cahiers d'archéologie et d'histoire du Berry,* juillet 1967, p. 20-28.

21. LIMOUSIN, MARCHE

DELANNOY, Henri, « Une émeute à Guéret en 1705 », *Mémoires de la Société des sciences naturelles et archéologiques de la Creuse,* 1897, p. 75-122.

DUVAL, Louis, *Cahiers de la Marche et assemblée du département de Guéret (1788-1789)* (Dumoulin, 1873).

— *Archives révolutionnaires du département de la Creuse (1789-1794)* (Guéret, Archives départementales, 1875).

FAGE, René, *Les États de la vicomté de Turenne,* 2 vol. (A. Picard, 1894).

METRICH, Jacques, « L'émeute de Chéniers : un exemple de résistance à la fiscalité au XVIIe siècle », *Mémoires de la Société des sciences naturelles et archéologiques de la Creuse,* 1985, p. 310-328.

— « Une "émotion" antifiscale à La Souterraine en 1689 », *Études creusoises, Mémoires de la Société des sciences naturelles et archéologiques de la Creuse, VIII, Glanes [...] offertes à A. Carriat et A. Louradour,* Guéret, 1987, p. 45-48.

— « Émeutes et émotions populaires en Haute-Marche de 1589 à 1792 », *Mémoires de la Société des sciences naturelles et archéologiques de la Creuse,* 1993, p. 62-76 ; 1994, p. 289-302 ; 1995, p. 486-496.

PERATHON, Cyprien, « Établissement d'un contrôle du sel à Aubusson (13 mars 1668) », *Mémoires de la Société des sciences naturelles et archéologiques de la Creuse,* 2e série, t. VI, 1887-1890, p. 125-135.

22. AUVERGNE

FELGÈRES, Charles, « Contrebandiers et faux-sauniers en Haute-Auvergne aux XVIIe et XVIIIe siècles », *Revue de la Haute-Auvergne*, 1927-1928, p. 187-209, 251-272.

— *Scènes et tableaux de l'histoire d'Auvergne* (Aurillac, Éd. USHA, 1930).

FOUILLERON, Joël, « Les jésuites chassés de la cité. Violences pour un retour : Mauriac, 6-7 septembre 1762 », *Revue d'histoire moderne et contemporaine*, 2001-1, p. 50-70.

HUFTON, O.H., « Le paysan et la loi en France au XVIIIe siècle », *Annales ESC*, 1983-3, p. 679-701.

JUILLARD, Marcel, « Violence et rébellion en Haute-Auvergne au XVIIIe siècle », *Revue de la Haute-Auvergne*, 1929-1930, p. 215-248 ; 1931, p. 52-86 et 168-185.

PERRONIN, Charles, « À propos des conflits dans le monde rural en Combrailles au XVIIIe siècle », *Revue d'Auvergne*, 1981, p. 177-185.

POITRINEAU, Abel, *La Vie rurale en Basse-Auvergne au XVIIIe siècle* (PUF, 1965).

— « Le détonateur économico-fiscal et la charge des rancœurs catégorielles profondes, lors des explosions de la colère populaire en Auvergne, au XVIIIe siècle », in Nicolas (voir *supra* : « II. Vues d'ensemble »), *Mouvements...*, 1985, p. 361-368.

SARRAUSTE DE MENTHIÈRE, L.-A., *La Taille tarifée en Auvergne (1733-1770)* (Aurillac, Impr. J. Brousse, 1928).

SEMONSOUS, J., « Le faux saunage en Combraille sous l'Ancien Régime », *Revue d'Auvergne*, 1957, p. 73-99.

VITROLLES, Henri, « La gabelle en Haute-Auvergne », *Revue de la Haute-Auvergne*, 1971, p. 325-339.

23. LYONNAIS, FOREZ, BEAUJOLAIS

BAYARD, Françoise, « Unité ou pluralité des lieux : la place Bellecour dans la révolte lyonnaise des 17 et 18 mai 1693 », *Actes du 114e Congrès national des sociétés savantes (1989)*, 1990, Section d'histoire moderne et contemporaine, « Les Espaces révolutionnaires », p. 71-79.

BEYSSAC, Jean, « La sédition ouvrière de 1786 », *Revue d'histoire de Lyon*, 1907, p. 427-458.

DONTENWILL, Serge, *Du terroir au pays et à la région. Les espaces sociaux en Roannais à l'époque préindustrielle* (Publications de l'Université de Saint-Étienne, 1997).

GALLEY, Jean-Baptiste, *L'Élection de Saint-Étienne à la fin de l'Ancien Régime* (H. Champion, 1903).

GARDEN, Maurice, *Lyon et les Lyonnais au XVIIIe siècle* (Les Belles Lettres, 1970).

— « Boucheries et bouchers à Lyon au XVIIIe siècle », *Actes du 92e Congrès national des sociétés savantes (1967)*, 1970, Section d'histoire moderne et contemporaine, II, p. 47-80.

GODART (Justin), *L'Ouvrier en soie. Monographie du tisseur lyonnais. Étude historique, économique et sociale* (Lyon, E. Nicolas, 1899).

— *Le Compagnonnage à Lyon* (Lyon, A. Rey, 1903).

GUÉNEAU, Louis, « La cabale des bouchers de Lyon en 1714 », *Mémoires et documents pour servir à l'histoire du commerce et de l'industrie en France*, Paris, 1922, p. 243-268.

GUTTON, Jean-Pierre, *La Société et les pauvres. L'exemple de la généralité du Lyon (1534-1789)* (Les Belles Lettres, 1971).

— *L'État et la mendicité dans la première moitié du XVIIIe siècle. Auvergne, Beaujolais, Forez, Lyonnais* (Lyon, Centre d'études foréziennes, 1973).

HOURS, Henri, « Émeutes et émotions populaires dans les campagnes du Lyonnais au XVIIIe siècle », *Cahiers d'histoire*, 1964-2, p. 137-153.

— « Les fayettes de Saint-Just-d'Avray. Puissance et limites de la solidarité dans une communauté rurale en 1774 », *Bulletin de l'Académie de Villefranche en Beaujolais*, 1970, p. 83-90.

MALLEY, T., « Une émeute à Lyon et le dévouement d'un archevêque. Mai-juin 1693 », *Revue d'histoire de l'Église de France*, 1910, p. 38-411.

PERRIN, Édouard, « Le blé captif. Une sédition en Forez au XVIIIe siècle », *Revue du Vivarais*, 1919, p. 97-101 et 148-157.

TRÉNARD, Louis, « La crise sociale lyonnaise à la veille de la Révolution », *Revue d'histoire moderne et contemporaine*, 1955-1, p. 5-45.

24. BOURGOGNE

BART, Jean, *La Liberté ou la terre. La mainmorte en Bourgogne au siècle des Lumières* (Dijon, Faculté de droit et de science politique, 1984).

— « Encore un mot sur les curés de campagne... », in R. Chagny, *Aux origines provinciales de la Révolution*, Colloque de Vizille, 1988, p. 157-168 (Grenoble, 1990).

— « Les problèmes paysans en Bourgogne à la veille de la Révolution », in *La Révolution à travers un département (Yonne)*, dir. L. Hamon (1988), p. 261-273 (Éd. de la MSH, 1990).

— *La Révolution française en Bourgogne* (Clermont-Ferrand, La Française d'édition, 1996).

BLIN, Léon, « Notes sur une disette en Bourgogne (1770-1771) », *Actes du 93e Congrès national des sociétés savantes (1968)*, 1971, Section d'histoire moderne et contemporaine, I, p. 245-266.

BROSSELIN, Arlette, *La Forêt bourguignonne (1660-1789)* (Dijon, Presses universitaires de Bourgogne, 1987).

CORVOL, Andrée, « Les délinquances forestières en Basse-Bourgogne depuis la réformation de 1711-1718 », *Revue historique*, 1978-2, p. 345-388.

— « L'affouage au XVIIIe siècle : intégration et exclusion dans les communautés d'Ancien Régime (l'affouage en Bourgogne) », *Annales ESC*, 1981-3, p. 390-407.

DEMAIZIÈRES, E., « Un incident populaire à Mâcon le 18 mars 1789, pendant l'assemblée des trois ordres du bailliage dans cette ville, réunis pour le choix des députations aux États généraux », *Annales de l'Académie de Mâcon*, 1906, p. 107-136.

DUMAY, Gabriel, *Une émeute à Dijon en 1775, suivie d'une Ode à Mgr d'Apchon, pièces inédites publiées par G.D.* (Dijon, Darantière, 1886).

DURR, René, « Persistance et âpreté de l'esprit de privilège : les "échoites" de mainmorte dans la seigneurie de L'Isle-sur-Serein à la fin de l'Ancien Régime », *Bulletin de la Société des sciences historiques et naturelles de l'Yonne*, 1979, p. 107-126.

— « Les défenses antiseigneuriales et le réformisme de Turgot (1763-1776) », *Bulletin de la Société des sciences historiques et naturelles de l'Yonne*, 1984, p. 35-62.

GIROD, P.-E., « Les subsistances en Bourgogne et particulièrement à Dijon à la fin du XVIIIe siècle (1774-1789) », *Revue bourguignonne de l'enseignement supérieur,* 1906, Dijon, p. I-XXIII et 1-145.

HAUSER, Henri, *Les Compagnonnages d'arts et métiers à Dijon aux XVIIe et XVIIIe siècles* (Dijon, Damidot frères, 1907).

MARTIN, Albert, *Les Milices provinciales en Bourgogne (29 novembre 1688-4 mars 1791)* (Dijon, Impr. Bernigaud-Privat, 1929).

QUINN, Mary Ann, « Pratiques et théories de la coutume. Allodialité et conflits de droit dans la seigneurie de L'Isle-sous-Montréal au XVIIIe siècle », *Études rurales,* 1986-2, p. 71-104.

ROOT, Hilton L., *Peasants and King in Burgundy. Agrarian Foundation of French Absolutism* (Berkeley, University of California Press, 1987).

ROUPNEL, Gaston, *La Ville et la campagne au XVIIe siècle. Étude sur les populations du pays dijonnais* (E. Leroux, 1922, rééd. Armand Colin, 1955).

SAINT-JACOB, Pierre de, *Les Paysans de la Bourgogne du Nord au dernier siècle de l'Ancien Régime* (Les Belles Lettres, 1960).

— « La rénovation des terriers à la fin de l'Ancien Régime en Bourgogne », *Mémoires de la Société pour l'histoire du droit des pays bourguignons, comtois et romands,* 1950-1951, p. 302-307.

25. BOURBONNAIS, NIVERNAIS

BOUTHIER, Alain, « Un épisode de révolte frumentaire à Cosne-sur-Loire (Nièvre) en 1693 », *Actes du 114e Congrès national des sociétés savantes (1989),* 1990, Section d'histoire moderne et contemporaine, « Les Espaces révolutionnaires », p. 81-104.

GUÉNEAU, Louis, *L'Organisation du travail (industrie et commerce) à Nevers aux XVIIe et XVIIIe siècles (1660-1790)* (Hachette, 1919).

LEGUAI, A., « Les "émotions" et séditions populaires dans la généralité de Moulins au XVIIe et au XVIIIe siècle », *Revue d'histoire économique et sociale,* 1965-1, p. 45-65.

MARÉCHAL, Michel, « La crise de 1693-1694 dans la généralité de Moulins », *Revue d'histoire moderne et contemporaine,* 1984-4, p. 537-570.

PAULY, Émile, *Grenier à sel de Montluçon et faux-saunage en Combraille* (Moulins, Impr. Crepin-Leblond, 1946).

THUILLIER, Guy, « Communaux et troubles ruraux à Saulzet », *Annales historiques de la Révolution française*, 1969-1, p. 53-76.

26. CORSE

CASANOVA, Antoine, et ROVERE, Ange, *Peuple corse, révolutions et nation française* (Éditions sociales, 1979).

— *La Révolution française en Corse* (Toulouse, Privat, 1989).

DEFRANCESCHI, Jean, *Recherches sur la nature et la répartition de la propriété foncière en Corse de la fin de l'Ancien Régime jusqu'au milieu du XIXe siècle* (Ajaccio, Éd. Cyrnos et Méditerranée, 1986).

LAMOTTE, Pierre, « Propos sur le soulèvement des Corses contre Gênes », *Corse historique, archéologique, littéraire et scientifique*, 1962-1-2, p. 5-22.

POMPONI, Francis, « Émeutes populaires en Corse : aux origines de l'insurrection contre la domination génoise (décembre 1729-juillet 1731) », *Annales du Midi*, 1972-1, p. 151-181.

— *Histoire de la Corse* (Hachette, 1979).

ROSSI, Ambrogio, *Osservazione storiche sopra la Corsica, dell'Abbate Ambrogio Rossi*, publié par l'abbé Letteron, 13 vol. (Bastia, Ollagnier, *Bulletin de la Société des sciences historiques et naturelles de la Corse*, 1895-1909).

ROSTINI, *Mémoires*, texte revu par P. et L. Lucciana, 2 vol. (Bastia, Ollagnier, 1882).

ROUX, Christine, *Les « Makis » de la résistance corse (1772-1778)* (France-Empire, 1984).

ROVERE, Ange, « Pacification, résistance et mouvements populaires en Corse : 1770-1774 », *Études corses*, n° 10, 1978, p. 69-116.

VERGÉ-FRANCESCHI, Michel, *Histoire de Corse. Le pays de la grandeur*, 2 vol. (Éd. du Félin, 1996).

VILLAT, Louis, *La Corse de 1768 à 1789*, 2 vol. (Besançon, Millot frères, 1924-1925).

YVIA-CROCE, Hyacinthe, *Quarante ans de gloire et de misère : la révolution corse (1729-1769)* (Ajaccio, Albiana, 1996).

MÉMOIRES DE MAÎTRISE,
CLASSEMENT RÉGIONAL (DACTYLOGRAMMES)

Paris, Île-de-France

AVENEL, Alban, *Itinéraires périlleux de la jeunesse populaire parisienne durant les dernières décennies de l'Ancien Régime (1750-1789)*, Université Paris VII, 1992, 227 p.

COLIN, Cécile, *Le Métier de commissaire. Pierre Regnard le Jeune et le quartier de police Saint-Eustache (1712-1751)*, Université Paris VII, 1990, 344 p.

COLLARD, Nicole, *Le Désordre des campagnes. Les différents aspects de la population flottante et les exigences d'ordre en Brie et Gâtinais à la fin du siècle des Lumières. La lieutenance de maréchaussée de Melun*, Université Paris VII, 1983, 177 p.

HOLSHAMMER, Nicole, *L'Orage du 13 juillet 1788 : l'événement et ses conséquences*, Université Paris VII, 1986, 146 p.

JAOUEN, Philippe, *Les Mouvements populaires à Paris de 1715 aux environs de 1730*, Université Paris VII, 1993, 143 p.

KERLEROUX, Pauline, *Effervescences juvéniles à la fin de l'Ancien Régime*, Université Paris VII, 1987, 96 p.

KRUMNOW, Pascale, *Les Rébellions populaires contre les employés de la Ferme générale à Paris de 1775 à 1789*, Université Paris VII, 1976, 132 p.

LEVINE, Anne, *La Crise de 1709 et les redevances en nature. L'État, les redevables et les rentiers*, Université Paris VII, 1991, 154 p.

MARGUERITTE, Pascal, *Chevreuse, un village en révolution. Structures, relations et mentalités sociales à la veille et au début de la Révolution (1784-1790)*, Université Paris VII, 1983, 201 p.

MOREL, Martine, *Les Émeutes de subsistances sous le règne de Louis XV, d'après le fonds Joly de Fleury*, Université Paris VII, 1985, 175 p.

PERULLI, Marie-Odile, *Un enclos privilégié à Paris au XVIIIe siècle : Saint-Martin-des-Champs, d'après les archives du bailliage*, Université Paris VII, 1988, 152 p.

PRISCA-JOUHAUD, Liliane, *Pauvreté et contestation dans l'élection de Dourdan. Seconde moitié du XVIIIe siècle*, Université Paris VII, 189 p.

Normandie

GOGER, Jean-Marcel, *Émeutes urbaines à Rouen et dans les environs de 1690 à 1715*, Université Paris X, 1975, 415 p.

GOUPIL, Stéphane, *Les Révoltes populaires antifiscales sous Louis XIV d'après les archives de la cour des aides de Rouen*, Université de Rouen, 1989, 134 p.

Bretagne

CORRE, Bruno, *La Criminalité dans la cour royale de Brest et Saint-Renan (1682-1716)*, Université de Brest, 1982, 174 p.

COULANGE, Isabelle, *Les Rébellions, émeutes et séditions populaires en Bretagne de 1700 à 1740*, Université de Rennes, 1987, 163 p.

KLEIBER, Sylvie, *Les Gens de la rivière. Nantes (XVIIIe siècle)*, Université Paris VII, 1987, 44 p.

LE BUREL, Henri, *La Criminalité dans la sénéchaussée de Concarneau à la fin de l'Ancien Régime (1765-1789)*, Université de Brest, 1981.

MÉTIVIER, Marie-Caroline, *La Délinquance et la criminalité de 1700 à 1789 dans la sénéchaussée de Carhaix*, Université de Brest, 1989, dactyl., 137 p.

MURACCIOLE, Marie-Madeleine, *La Criminalité de 1758 à 1790 d'après les fonds du présidial de Rennes* (étude par sondage), Université de Rennes, 1969, 358 p.

Maine-Anjou

FROGER, Bruno, *Les Émotions populaires en Mayenne de 1661 à 1789-1790*, Université du Maine, 1984, 226 p.

Poitou, Aunis, Saintonge, Angoumois

POSTEL, Nicole, *Les Soulèvements populaires en Aunis, Saintonge et Angoumois*, Université de la Sorbonne, 1966, 216 p.

SAVOIE, Philippe, *Contrebande et contrebandiers dans l'Ouest et le Centre de la France au XVIIIe siècle : les archives de la Commission de Saumur*, Université Paris VII, 1975, 233 p.

Guyenne, Sud-Ouest

LAPARRA, Valérie, *Les Troubles collectifs de l'ordre public de 1750 à 1800 : régions de Figeac et de Saint-Céré*, Université Toulouse-Le Mirail, 1994, 132 p.

Languedoc

BAUMGARTNER, Philippe, *Émeutes et troubles collectifs de l'ordre public à Toulouse (1750-1800)*, Université Toulouse-Le Mirail, 1995.

BOURDERON, Roger, *Recherches sur les mouvements populaires dans la généralité de Languedoc au XVIIIe siècle*, Université de la Sorbonne, 1953, 273 p.

CUSSAC, Gilles, *Émeutes et troubles collectifs de l'ordre public dans l'Albigeois (districts d'Albi et de Gaillac), 1750-1795*, Université Toulouse-Le Mirail, 1995, 150 p.

VALLO, Michel, *Prêtres et fidèles en Languedoc au XVIIIe siècle*, Université Paris VII, 1984, dactyl., 120 p.

Roussillon

ANGELATS, David, *Justice, délinquance et société au Conseil souverain de Roussillon (1770-1790)*, Université de Perpignan, 1996, 206 p.

Provence

BARRUOL, Agnès, *Les Mouvements populaires en Basse-Provence (1750-1789)*, Université Aix-Marseille I, 1984, 247 p.

BRIANÇON, Pascale, *Les Mouvements populaires en Haute-Provence*, Université Aix-Marseille I, 1993, 167 p.

LOGOS, Marie-Claude, *Recherches sur les mouvements populaires dans la généralité d'Aix (1750-1788)*, Université Aix-Marseille I, 1968, 107 p.

SOTTOCASA, Valérie, *Émotions et désordres populaires en Basse-Provence (1715-1750)*, Université Aix-Marseille I, s.d. [vers 1985], 310 p.

Dauphiné

BAL, Danielle, *Une communauté du Dauphiné aux XVIIe et XVIIIe siècles : Suze-la-Rousse. Esquisse démographique. Étude économique et sociale*, Université de Grenoble, 1972, 234 p.

PIOLAT, Martine, et SAHEL, Geneviève, *Le Grésivaudan (1780-1789). Sociabilité et criminalité*, Université de Grenoble, 1979, 265 p.

Franche-Comté

DAULL, Pascal, *Les Émeutes populaires en Franche-Comté (1668-1789)*, Université de Franche-Comté, 1988, 143 p.

Champagne

Charpantier, Jean, *La Question des subsistances et l'accaparement à Reims et dans sa région au début de la période révolutionnaire*, Université de Grenoble, 1969, 146 p.

Schapira, Nicolas, *Contrebande et contrebandiers dans le Nord et l'Est de la France (1740-1789). Les archives de la Commission de Reims*, Université Paris I, 1991, 151 p.

Touraine, Centre

Aubert, Christophe, *L'Institution militaire municipale et le problème du maintien de l'ordre à Lyon au XVIIIe siècle (1697-1790)*, Université Lyon II, 1989, 458 p.

Guyau, Gérard, *1789-début 1793. Le mouvement populaire dans le district de Nogent-le-Rotrou (Eure-et-Loir)*, Université Paris VII, 1984, 220 p.

Bourgogne

Barlet-Akar, Noëlle, *Montée des tensions et émotions populaires en Mâconnais entre 1760 et 1789*, Université Paris VII, 1987, 144 p.

NOTES

INTRODUCTION

1. *Les Présocratiques,* Gallimard, coll. « Pléiade », 1988, p. 147.

2. La France dans ses limites actuelles, y compris les provinces, territoires ou villes tardivement rattachés.

3. Pessin, *Le Mythe…*, 1992, p. 116.

4. Jacques Revel, « L'histoire au ras du sol », in G. Levi, *Le Pouvoir au village,* Gallimard, 1989, p. XXXI.

5. Paul Veyne, *Le Quotidien…*, 1995, p. 183.

6. Tous travaux cités dans la bibliographie.

7. Hill, in M. Postan et C. Hill, *Histoire économique et sociale de la Grande-Bretagne,* t. I : *Des origines au XVIIIe siècle,* Paris, 1977 ; G. Rudé, *Ideology and Popular Protest,* Londres, 1995 ; E.P. Thompson, *The Making of the English Working Class,* Londres, 1968 ; id., « The Moral… », 1971.

8. *Les Primitifs…*, 1966 ; id., *Les Bandits…*, 1972.

9. *La Grande Peur de 1789* [1932], suivi de *Les Foules révolutionnaires* [1934], rééd. Paris, 1988.

10. *Résistance…*, 1997.

11. Bercé, *Histoire…*, 1974, p. 681.

LES ARCHIVES DU DÉSORDRE

1. Sur la terminologie et la typologie émeutières, voir R. Pillorget, « Essai... », 1970, et *Les Mouvements...*, 1975, p. 142-153.

2. AN, Y 14659, 13 mars 1739.

3. AN, Y 9528, 14 mars 1771.

4. *Dictionnaire...*, 1690, rééd. 1978, I, art. « Bruit ».

5. Remontrances du 27 juillet 1725, in Floquet, *Histoire...*, 1842, VI, p. 403.

6. BNF Mss., Joly de Fleury, 1148, f° 76, lettre du 17 avril 1770.

7. AN, H 437, lettre de M. Damilly, 26 septembre 1765.

8. Lebrun, « Les soulèvements... », 1966, p. 138, n. 82.

9. BNF Mss., Joly de Fleury, 2547, f° 222, s.d. [v. 1769]. Buterne, *Dictionnaire de législation...*, 1763, I, p. CCCX.

10. AN, G^7 1234, lettre du 27 juin 1709.

11. *Dictionnaire...*, *op. cit.*, I, p. cccx.

12. Muyart de Vouglans, *Les Loix...*, 1780, p. 149 : les assemblées illicites « tendent à favoriser les conspirations ». Des Essarts, *Dictionnaire...*, I, 1786, p. 463, art. « Assemblées ». *Encyclopédie méthodique...*, *Jurisprudence*, IV, p. 242 (art. « Émeute »).

13. *Dictionnaire...*, 1690, rééd. 1978, I, art. « Assemblée ».

14. Isambert, *Recueil...*, XVIII, p. 373-374 (ordonnance criminelle de 1670, titre Ier, art. 10, 11 et 12). *Encyclopédie méthodique...*, *Jurisprudence*, I, 1783, p. 548. Jousse, *Nouveau commentaire...*, 1763, p. 48 et 55. Serpillon, *Code criminel*, 1767, I, p. 92. — L'ordonnance criminelle de 1670 stipulait toutefois que les prévôts ne pouvaient connaître que des excès commis « hors des villes de leur résidence ».

15. Jousse, *Nouveau commentaire...*, 1763, p. 34-35.

16. APP, Collection Lamoignon, 27, f° 94.

17. J. Maillard, *Le Pouvoir municipal à Angers...*, 1984, II, p. 76, sentence de police du 22 août 1743. Barlet-Akar, Mém. de maîtr., *Montée...*, 1987, p. 53. — De même, en Angleterre, l'attroupement était défini comme « un trouble séditieux de

la paix du fait de trois personnes ou plus... », cf. *Halsbury's Laws of England,* cité par Mackenzie, *Pouvoir...*, 1979, p. 149.

18. Déclarations royales du 18 juillet 1724 et du 20 octobre 1750, cf. Serpillon, *Code criminel...*, 1767, I, p. 92.

19. Muyart de Vouglans, *op. cit.*, 1780, p. 149. Serpillon, *op. cit.*, I, p. 92.

20. *Op. cit., Jurisprudence,* I, p. 509.

21. Ordonnance criminelle de 1670, titre 1er, art. 11 à 16, in Isambert, XVIII, p. 373-374.

22. *Dictionnaire...*, 1690, rééd. 1978, I, art. « Bourrasque ».

23. *Encyclopédie méthodique..., Jurisprudence,* IV, p. 242 (art. « Émeute & Émotion populaire ») ; *ibid.*, X, p. 747 (art. « Sédition »).

24. BNF Mss., Mélanges Colbert, 171 *bis,* 500, lettre du 13 juin 1675.

25. AN, G^7 1650, pièce 301, lettre du 7 juillet 1709.

26. Guéneau, « La cabale... », 1922, p. 262.

27. Clément, *Lettres... Colbert,* IV, p. 121, lettre du 10 juillet 1676.

28. AN, Marine B^2 265, lettre du 28 mars 1720.

29. *Journal de Narbonne,* 1866, p. 123.

30. Guéneau, art. cité, p. 249.

31. APP, AB 408, f° 169 v°-170.

32. *Tableau...*, éd. 1994, I, p. 1273.

33. AN, G^7 512, 132, lettre de M. de La Houssaye, intendant de Soissons, 9 juin 1697.

34. Farge, *La Vie...*, 1986, p. 311.

35. BNF Mss., Joly de Fleury, 1103, f° 48.

36. E. de Marcieu, *Deux lieutenants-généraux des armées du Roy commandant en Dauphiné au XVIIIe siècle,* Grenoble, 1928-1929, III, p. 66 (aff. du 5 février 1785, ct 3807).

37. Goulemot, *Le Règne...*, 1996.

38. Les termes du vocabulaire émeutier ont été relevés chaque fois qu'ils apparaissent dans les textes originaux. Le mot *rébellion* vient largement en tête, suivi d'assez loin par *attroupement, émotion, sédition,* etc. :

Troubles qualifiés de	Nombre	Troubles qualifiés de	Nombre
Rébellion	2 066	Excès	510
Attroupement	1 017	Révolte	410
Émotion	777	Assemblée	161
Sédition	776	Soulèvement	115
Tumulte	509		

NB : Plusieurs de ces termes ont parfois été appliqués à une seule et même affaire, qualifiée tout à la fois, par exemple, de sédition, émotion et rébellion.

39. N. Castan, *Justice*..., 1980, p. 13-51.

40. Georges Ballandier, « Violence et anthropologie », in Bruston et Maffesoli, *Violence*..., 1979, p. 19.

41. Toutes les grèves industrielles ou agricoles ont été relevées, même lorsqu'elles ne se sont pas accompagnées de violences physiques, seule exception à la règle que nous nous sommes fixée pour les autres types.

42. Bercé, *Histoire*..., 1974, p. 674.

43. Goubert et Roche, *Les Français*..., 1984, I, p. 271.

44. Dans les cas incertains, nous nous sommes fiés aux indications d'appartenance provinciale figurant dans le *Dictionnaire des postes* de Guyot, 1754.

45. Les chiffres de population à la base du calcul figurent sur le tableau II.4, p. 94. Pour chacune des 26 régions, j'ai utilisé les dénombrements départementaux inscrits sur les tableaux accompagnant le décret de levée en masse de février 1793 (AN, AE II, 1992). Le document est tardif, j'en conviens. J'ai donc croisé ces données avec d'autres sources plus hautes dans le siècle (en particulier AN, D VI, 64, p. 107, Population des généralités du royaume, 1788). Il me semble que les résultats obtenus, sans atteindre l'excellence, offrent *grosso modo* une base acceptable pour le calcul indiciaire de la fréquence des rébellions.

46. Louis XIV, *Mémoires pour l'instruction du dauphin*, Paris, Imprimerie nationale, 1992, p. 48.

47. Lachiver, *Les Années*..., 1991, *passim ;* Bosc, *La Guerre*..., 1985-1990.

48. Pour localiser les sites « tumultueux » dans l'espace rural, j'utilise indifféremment les mots de *village* (concentration d'habitat), *communauté* (structure administrative à vocation économique et fiscale) ou *paroisse* (regroupement religieux). On sait que les trois entités coïncidaient presque toujours dans la France d'Ancien Régime.

UN MONDE DE PASSEURS

1. AN, Z[1a] 1082, p. 385. Aff. de Lapalisse, 11 octobre 1736 (ct 0315).

2. Bercé, *Histoire...*, 1974.

3. Il s'agit de 3 143 affaires relatives à la fiscalité indirecte, enregistrées d'une part sous les types fondamentaux ou secondaires 204, 205 et 206 (contre la fiscalité et la parafiscalité étatiques contrôlées pour l'essentiel par les Fermes), soit 3 073 cas, et d'autre part sous le type fondamental ou secondaire 802 (contre les octrois et taxes municipales), soit 70 cas. Voir la typologie à l'annexe 2, p. 843-847.

4. Bayard et Guignet, *L'Économie...*, 1991, p. 77-79.

5. Morineau, « Budgets... », 1980, p. 314 et 322 n.

6. Marion, *Machault...*, 1891, p. 48.

7. Jean Clinquart, *Les Services extérieurs de la Ferme générale à la fin de l'Ancien Régime. L'exemple de la division des fermes du Hainaut*, Paris, 1995, Comité pour l'histoire économique et financière de la France, p. 15.

8. Sur les enclaves et terres franches en Flandre et en Hainaut, voir Rousselot, *Contrebande...*, 1977, p. 64-69. Les traités d'échanges de 1769 et 1779 clarifièrent la situation en fixant le tracé linéaire de la frontière actuelle.

9. Buterne, *Dictionnaire...*, 1763, p. VII.

10. AN, G[7] 264. Aff. du Cateau-Cambrésis, 21 janvier 1710 (ct 5917).

11. Vigié, *L'Herbe...*, 1989, p. 128 *sq.*

12. L'article 12 de l'arrêt du Conseil du 29 février 1720 autorisait les employés de la Ferme à effectuer des contrôles dans une zone de trois lieues au-delà même des frontières des pays de Grandes Gabelles.

13. Marion, *Dictionnaire...*, 1923, p. 78, 141-142 et 201. — Il s'agissait notamment des droits de *contrôle des actes*, d'*insinuation* et du *centième denier* qui portaient sur les documents notariés ainsi que sur les exploits d'huissiers et autres actes publics.

14. Vues d'ensemble sur la fiscalité indirecte et les Fermes générales dans Moreau de Beaumont (III-IV, 1769) et dans les travaux de Roux (1916), Marion (1919), Matthews (1958), Durand (1971), Hocquet (1984), Vigié (1989), tous cités dans la bibliographie.

15. Soit les codes fondamentaux ou secondaires 802 de l'enquête.

16. Moreau de Beaumont, *Mémoires...*, V, 1789, p. 340.

17. Déclaration du 5 juillet 1704 analysée par Moreau de Beaumont, *ibid.*, III, 1769, p. 145-148. La peine de flétrissure (G ou GAL) est redéfinie dans les déclarations du 4 mars 1724 et du 15 février 1744.

18. *Encyclopédie méthodique...*, *Jurisprudence*, III, art. « Contrebande », p. 291-294. — Dans un mémoire qu'il adresse à Versailles, Fontanieu, intendant du Dauphiné, observe que la déclaration de 1729 ne dit rien des peines à infliger aux contrebandiers qui circuleraient à moins de cinq mais avec des armes, ni non plus en ce qui concerne les contrebandiers non armés et attroupés à plus de cinq... (BNF Mss., *ms fr.* 8476, f° 84 *sq.*).

19. Moreau de Beaumont, *Mémoires...*, IV, 1769, p. 652-653 ; V, 1789, p. 340-341.

20. Déclaration du 2 septembre 1776 citée dans Guyot, *Répertoire universel...*, 1784-1785, IV, p. 642-643, art. « Contrebande ».

21. Marion, *Dictionnaire...*, 1923, p. 121.

22. Clinquart, *op. cit.*, p. 23.

23. Beaulieu, 1903, éd. 1974, p. 180-181.

24. Arsenal, Bastille, 10719, arrêt du Conseil d'État, 6 février 1725, impr. ; *ibid.*, 10725, arrêt du Conseil du roi et lettres patentes, 18 septembre 1728. Clinquart, *Les Services...*, 1996, p. 23 n. En Flandre, Artois ou Hainaut, le statut spécial de ces pays récemment annexés rendait encore plus vifs les conflits de compétence entre les intendants et les juges ordinaires, *ibid.*, p. 25.

25. Deux autres Commissions du Conseil, aux ressorts plus réduits, furent instituées à Besançon en 1725 (supprimée en 1770) et à Caen en 1766.

26. Tout comme dans le langage administratif et judiciaire du temps, les termes *fraudeur* et *contrebandier* sont ici utilisés indifféremment pour désigner ceux qui font du commerce en transgressant les lois, sans tenir compte de la distinction formelle entre la violation des prohibitions de certaines marchandises à l'entrée ou à la sortie (contrebande), et la volonté d'échapper aux taxes à l'intérieur du royaume (fraude).

27. AN, Z^{1a} 993. Aff. du 13 février 1757 (ct 8034).

28. AN, Z^{1a} 1009. Aff. du 31 décembre 1767 (ct 0216).

29. AN, G^7 1216, p. 196.

30. AN, G^7 1217, lettre du sieur Pointeau, janvier 1693.

31. AN, G^7 1231, lettre du fermier général Hénault de Cantobre, Amiens, 26 mai 1708. Aff. de Naours-Ponthieu, 18 mai 1708 (ct 8020).

32. AN, G^7 1232. Aff. du 7 décembre 1708.

33. Boislisle, *Correspondance...*, III, 1897, p. 259, lettre de M. Berthelot de Saint-Laurent, 28 décembre 1709.

34. AN, G^7 1233, extrait d'une lettre du directeur des Fermes à Abbeville, 20 février 1709.

35. AN, G^7 1233, lettres du 20 février et du 30 mars 1709. — Sur la fraude des régiments passant de Flandre ou d'Artois en Picardie dans leurs quartiers d'hiver, Charles Engrand, *Vision administrative et réalités : une province au temps de Louis XIV*, thèse d'État, Lille III, 1995, p. 419-428.

36. AN, Z^{1a} 975. Aff. du 14 février 1744.

37. AN, G^7 1237, lettre de l'inspecteur des gabelles Auteuil, Beauvais, 21 mars 1710 (ct 6099).

38. AN, G^7 380, p. 321.

39. AN, G^7 1241.

40. Arch. Guerre, A^1 2102, p. 45, lettre de M. d'Angervilliers, 19 mars 1708.

41. AN, G^7 1217, lettre de M. de Courchamp, Ernée, 30 décembre 1692.

42. Boislisle, I, 1874, p. 386. — Ce mode archaïque de recrutement « féodal » fut abandonné à partir de 1697.

43. AN, G^7 1217, lettre de M. de Courchamp, Vitré, 23 décembre 1693.

44. AN, G^7 1248, procès-verbaux des 25-27 mars 1714 et lettre de M. de Bellair, inspecteur des brigades, 28 mars 1714.

45. AN, G^7 1217, lettre de M. Le Chat de Boiscorbon, Laval, 4 janvier 1693.

46. AN, G^7 1242, lettre de M. Dejaucen (?), Nantes, 5 décembre 1710.

47. AN, Z^{1a} 1090 (ct 5310).

48. AN, Z^{1a} 1104 (ct 3597).

49. Boislisle, I, 1874, p. 431-432, lettre de M. Foucault, intendant à Caen, 10 septembre et 24 novembre 1707.

50. AN, G^7 1240, extrait d'une lettre de Roujault, intendant du Poitou, 14 janvier 1711 ; *ibid.*, lettre du fermier général De Ruau Pallu, Bourges, 11 janvier 1711.

51. AN, G^7 1236, Mémoire des fermiers généraux, Paris, 18 décembre 1709.

52. Boislisle, II, 1883, p. 421, lettre de M. de Grandmaison-Grymaudet, 6 juillet 1707. BNF Mss., *ms fr.* 6687 (Hardy), p. 118, 18 octobre 1788. Chagniot, *Paris et l'armée*..., 1985, p. 596-597.

53. AN, Z^{1a} 993. Aff. du 24 septembre 1755, Neuvillette en Picardie (ct 0225).

54. AN, Z^{1a} 1081 (ct 5399).

55. AN, Z^{1a} 997. Aff. du 11 août 1759 (ct 5204). — Sur Bourbonne-les-Bains, foyer de contrebande, voir Ferrer, « La contrebande... », 1993, p. 53.

56. AN, Z^{1a} 1004. Aff. du 22 février 1764 (ct 8034).

57. AN, Z^{1a} 1234. Aff. du 1er janvier 1777 (ct 6301).

58. AN, Z^{1a} 1042.

59. AN, Z^{1a} 1218 et 1240. Aff. du 18 juin 1780, Saint-Berthevin (ct 5398). Voir aussi Callery, « La fraude... », 1915, p. 245-247. AN, Z^{1a} 1240 (ct 5398).

60. AN, Z^{1a} 1205. Aff. du 14 septembre 1783 (ct 4926).

61. AN, Z^{1a} 1227. Aff. du 8 décembre 1788 (ct 5310).

62. Chagniot, *Paris*..., 1985, p. 419-456 et 596-597.

63. Huvet, *Gabelous*..., 1975, p. 204.

64. Collard-Planche, *Fraudes*..., 1991, p. 124.

65. Sala, *Dieu...*, 1996, p. 186.

66. BNF Mss., *ms fr.* 8476, f° 65-82, Mémoire sur la contrebande, publié par Esmonin, « Contrebande... », 1964 (Esmonin propose la date de 1730 pour ce mémoire non daté, qui semble plutôt avoir été rédigé en 1732).

67. Boislisle, II, 1883, p. 96, lettre du fermier général Legendre, 10 décembre 1701.

68. BNF Mss., *ms fr.* 8476.

69. Arsenal, Bastille 11077, interrogatoire de Landouzy et procès-verbal de mise à la question, 4 mars et 8 avril 1729.

70. BNF Mss., *ms fr.* 8476.

71. Arch. Guerre, A[1] 3406, pièce 181, lettre du 1er mai 1755.

72. Defourneaux, « La contrebande... », 1970. Sala, *Dieu...*, 1996, p. 184 et 188.

73. Arch. Guerre, A[1], 2102, p. 45, lettre du 19 mars 1708.

74. La bibliographie de la révolte de Roure est considérable. Voir notamment Le Roy Ladurie, *Les Paysans...*, 1966, p. 607-611 ; Boulle, « Les grandes heures... », 1984, p. 119-149 ; Sabatier, « De la révolte de Roure (1670) aux Masques Armés (1783)... », in Nicolas, *Mouvements...*, 1985, p. 121-147.

75. Bibliographie non moins abondante. Voir Garlan et Nières, *Les Révoltes...*, 1975, p. 208-212. Le contenu antiseigneurial du *torrében* breton de 1675 sera évoqué *infra*, p. 254-257.

76. Goubert, *Louis XIV...*, 1991, p. 222-242 et 295-301 ; Lachiver, *Les Années...*, 1991.

77. AN, AD III 3, p. 264, arrêt de la cour des aides, 2 juin 1718. Dangeau, *Journal...*, XVII, p. 309 ; Buvat, *Journal...*, I, p. 319-320. Aff. du 13 mai 1718.

78. AD 34, B 9156. Aff. du 15 août 1755, Laval-L'Habitarelle (ct 3012). — L'*équivalent* est un impôt sur la viande et les boissons, perçu en Languedoc.

79. AD 74, C 96, f° 149 v°, lettre adressée le 6 novembre 1780 au général des Gabelles, après l'affaire d'Abondance, 30-31 octobre 1780 (ct 7401).

80. Dussaup, « Le Labourd... », 1917 et 1919 ; Desplat, « Fiscalité... », 1976, p. 143-148. Aff. d'Hasparren (ct 6412).

81. AN, Z1g 212. Aff. du 8 décembre 1786.

82. AN, Z1g 212. Aff. du 23 août 1787.

83. Le tableau rend compte de toutes les actions dont la date est connue au mois ou au jour près, soit respectivement 3 120 et 2 955 cas sur 3 143.

84. Sur ce calcul indiciaire, voir *supra* [chap. I, n. 45].

85. Arch. d'État, Turin, P.S., L.P., L 120, p. 101, lettre du gouverneur Picon, 17 mars 1739.

86. Funck-Brentano, *Mandrin...*, 1908, p. 397 *sq.*

87. *Histoire...*, 1974, II, p. 582-584.

88. Quelques affaires graves n'ont pu être clarifiées. Ainsi, nous ne savons rien des circonstances (date exacte, lieu, formes de la violence) de l'« assassinat du Sr Floriet, contrôleur général des Fermes à Bayeux », crime dont il est question dans un arrêt du Conseil (12 août 1732) qui commet l'intendant de Caen pour en juger les « auteurs, complices, participes et adhérents », AN, E 2127, f° 348-349.

89. *Mémoires...*, V, 1789, p. 392.

90. Metrich, « Émeutes... », 1994, p. 293.

91. BNF Mss., Mélanges Colbert, 171, f° 172, lettre de M. Lombard, Bordeaux, 27 mars 1675. Aff. du 26 mars 1675.

92. Arsenal, Bastille, 11077, interrogatoire de Landouzy, dit le Dragon. Aff. du 25 mars 1726 (ct 0236).

93. Arch. d'État, Turin, P.S., L.P., P 33, copie d'une lettre de l'intendant du Dauphiné à l'intendant général de Savoie, 8 juillet 1732 ; BNF Mss., *ms fr.* 8476, f° 3-3 v°, Mémoire pour arrêter la contrebande du tabac venant de Franche-Comté, signé Fontanieu, 6 juillet 1732 ; AD 26, B 1304, arrêt du 2 octobre 1733.

94. AN, Z[1a] 969. Aff. du 16 septembre 1739, Iré-le-Sec (ct 5514).

95. AN, Z[1a] 1146. Aff. du 5 octobre 1756, La Cornuaille (ct 4918).

96. Funck-Brentano, *Mandrin...*, 1908, p. 305-309. Aff. du 20 décembre 1754, Brion-Gueunand (ct 7130).

97. AN, Z[1a] 1116 (ct 4925).

98. AN, Z[1a] 1145. Aff. du 3 juin 1771 (ct 4445).

99. AN, Z[1a], 186 ; BNF Mss., *ms fr.* 6682, p. 265 (Journal de Hardy). Aff. du 25 août 1776 (ct 9296).

100. AN, Z[1a] 1215 (ct 4997).

101. AN, Z^{1a} 1236. Aff. du 8 janvier 1783, Sainte-Jamme-sur-Sarthe (ct 7201).

102. AN, Z^{1a} 1168 et 1280 (ct 4919).

103. AN, Z^{1a} 1163 ; *ibid.*, Z^{1a} 1284, sentence du 13 mars 1780 (ct 7902).

104. AN, Z^{1a} 986. Aff. des 23-24 mars 1749 (énorme procédure) ; *ibid.*, Z^{1a} 993, sentence impr., Reims, 16 mai 1752 (ct 5102).

105. AD 26, B 1304, arrêt n° 252 du 15 septembre 1750 (ct 2609).

106. AN, Z^{1a} 1077. Aff. du 22 décembre 1756 (ct 8019).

107. Le Roy Ladurie, *Histoire...*, 1973, p. 547-553 : « De la violence à la filouterie... » Voir aussi Garnot, *Histoire et criminalité...*, 1992, p. 26.

ACTEURS ET COMPLICES

1. AN, Z^{1a} 1095. Cf. *infra*, p. 125.

2. *Histoire...*, 1974, p. 587.

3. BNF Mss., Mélanges Colbert, 120 *bis*, f° 830, lettre des trésoriers généraux de France à Bourges, 19 mai 1664 ; f° 975, lettre de l'intendant Pomereu, Moulins, 25 mai 1664 ; f° 664, lettre du même, Bourges, 18 juin 1664 ; 122, f° 210, lettre du même, Bourges, 5 juillet 1664. Depping, *Correspondance...*, I, 1850, p. 723, 725, II, 1852, p. 53, 55.

4. BNF Mss., Mélanges Colbert, 153, f° 30 et 356, lettres de l'intendant Dugué, 12 et 19 juin 1669. Malley, « Une émeute... », 1910, p. 393, n. 1.

5. AN, G^7 85, p. 260-261, requêtes adressées par Pantaléon Cottet au procureur général du roi, 30 juin et 4 juillet 1688.

6. Limoges : AN, G^7 348 (1 et 2) ; Arch. comm. Limoges, Reg. consul. de la ville, IV, p. 172, et V, p. 435. Bercé, *Histoire...*, 1974, p. 591, 602, 621-622 et 863. Aff. des 28 avril et 5-8 mai 1705 (le droit du « sol par livre du prix des voitures » avait été institué par un édit de février 1705). — Guéret : AN, G^7 409. Delannoy, « Une émeute... », 1897 ; Bercé, *Histoire...*, 1974, p. 584-586 et 621-622. Aff. du 1er juin 1705.

7. AN, G^7 189, p. 374, 388, 402 et 407. Aff. du 14 mai 1710. AN, G^7 190, p. 114-115, brûlements des barrières, septembre 1710.

8. AD 35, B 6796, Présidial. AN, G^7 197. Aff. du 4 février 1715. — Les rébellions se succèdent. En mai 1728, à Nantes toujours, trois cents personnes, soutenues par des soldats, s'opposent aux commis des *devoirs* venus au faubourg de Marchix pour un contrôle chez une lingère soupçonnée de vendre clandestinement du vin ; les commis estiment d'ailleurs ne plus pouvoir aller dans ce faubourg, « attendu les rébellions et attroupements continuels qui s'y commettent, sans risquer leur vie », AD 35, B 6799, Présidial. Aff. du 27 mai 1728.

9. AN, E 2007, f° 101-102 et 176-177, arrêts des 11 et 21 juillet 1719. Aff. des 1er-2 juillet 1719 (ct 3599).

10. AN, E 2057, f° 431-432, arrêt du 23 mai 1724 ; G^7 444, pièce 9, procès-verbal. Arsenal, Bastille 10721, p. 59 et 140 ; Bastille 11125, dossier Coster.

11. AN, Z^{1a} 983. Aff. du 21 février 1749.

12. AN, Z^{1a} 982 et 1076. Aff. du 5 mars 1749 (ct 0214).

13. AN, Z^{1a} 1004.

14. AD 34, C 9374. Aff. du 1er avril 1770, des 3-5 juillet 1770 et du 5 mars 1771 (ct 0729).

15. Albert : Z^{1a} 1052 et 1054. Aff. du 24 novembre 1782 (ct 8006). — Cahors : N. Castan, *Justice...*, 1980, p. 76-77. Christine Constant-Le Sturm, *Journal [...] de Celarié*, 1992, p. 62-63. Aff. du 19 septembre 1783.

16. Guéret : Z^{1a} 1218. Aff. du 3 novembre 1785 (2398). — Chaumont : Z^{1a} 1070. Aff. du 16 décembre 1787 (5285). — Reims : Z^{1a} 1071. Aff. du 18 avril 1788 (5199).

17. AN, Z^{1g} 216. Aff. du 7 octobre 1788.

18. AN, Z^{1a} 1206. Aff. du 29 août 1784 (ct 0399).

19. BNF Mss., Mélanges Colbert, 127, f° 305 et 538, lettres de l'intendant Bouchu, Dijon, 25 janvier et 4 février 1665. Aff. de janvier 1665 (ct 8921).

20. S. Pillorget, « Une manifestation... », 1967. Aff. du 17 mai 1705 (ct 0409).

21. AN, E 2004, f° 19-20, arrêt du Conseil du 5 janvier 1719.

22. AN, E 2094, f° 155-156, arrêt du Conseil du 29 mai 1728. Jean Merley *et al.*, *Histoire de Saint-Étienne*, Toulouse, Privat, 1990, p. 89-90.

23. AN, E 2116, f° 115-116, arrêt du Conseil du 25 septembre 1731 ; E 2130, f° 278-279, arrêt du Conseil du 25 avril 1733.

24. AD 13, 20 B 3401 ; AN, H^1 1274, p. 114 ; AN, H^1 1308, p. 169, 179, 182 et 185. Briançon, Mém. de maîtr., *Les Mouvements...*, 1993, p. 71-72, 106 et 154.

25. AN, H^1 1274, p. 114 ; H^1 1308, p. 169, 179, 182 et 185. Aff. du 17 juillet 1785 (ct 0415). Fruchier, « Les troubles... », 1934 ; Briançon, *op. cit.*, p. 73-75.

26. Sète : AN, B^3 797, f° 173. Aff. du 15 avril 1789. — Agde : AN, H^1 1453, n° 199 et H^1 1455, p. 29. Aff. des 15-17 avril 1789.

27. De Clercq, « L'incendie... », 1938.

28. AN, G^7 476, p. 169 et 202. R. Pillorget, *Les Mouvements...*, 1975, p. 955 ; Joseph Piégay, *Les Mulets du sel. Une rébellion paysanne dans le pays du Verdon en 1710*, Mane, Alpes de Lumière, 1998 (version très romancée de l'affaire, à partir d'archives effectivement consultées). Aff. du 8 septembre 1710 (ct 8319).

29. AN, Z^{1a} 1083 (ct 8520).

30. AN, Z^{1a} 1102. Aff. du 22 juin 1755 (ct 8515).

31. AN, Z^{1a} 1239. Aff. du 21 juin 1750 (ct 6114).

32. AN, Z^{1a} 987 (ct 8034).

33. AN, Z^{1a} 1000. Aff. du 16 juillet 1760 (ct 8041).

34. AN, Z^{1a} 1000 et 1077 (ct 0203).

35. AD 73, B 05674. Aff. du 3 mars 1771 (ct 7311).

36. AN, Z^{1a} 1030 (ct 5212).

37. Andrée Corvol, *L'Homme aux Bois. Histoire des relations de l'homme et de la forêt, XVII-XXe siècle*, Paris, 1987, p. 179 *sq.*

38. Guéneau, *L'Organisation...*, 1919, p. 170.

39. Saint-Jacob, *Les Paysans...*, 1960, p. 200.

40. AN, G^7 1232. Aff. du 2 septembre 1708 (ct 7103).

41. AN, Z^{1a} 1113. Aff. du 11 avril 1758, *Lurcy-Levis* (ct 0316).

42. AN, G^7 1246, lettre du sieur Destureaux, 15 mars 1713 (à propos de l'aff. du 12 mars 1713, Ceron, ct 7128).

43. AN, G^7 408, lettre du 14 mai 1704.

44. AN, G^7 1223, lettre de M. de Radiollet, 14 juin 1704.

45. AN, G^7 1243, référence à l'arrêt du 9 octobre 1705 dans une requête signée par M. Ysembert, chargé de la régie des Fermes, mars 1712.

46. Boislisle, 1897, III, n° 1231, p. 429-30, lettre du 29 février 1712.

47. Collard-Planche, *Fraudes*..., 1991, p. 81. — Sur le faux-saunage en Combrailles, Pauly, *Grenier*..., 1946.

48. La Selle-Craonnoise : AN, Z^{1a} 1104. Aff. du 4 mai 1756 (ct 5309). — Brains-sur-les-Marches : AD 53, B 3638. Aff. du 16 mars 1762 (ct 5325).

49. AN, Z^{1a} 1109. Aff. du 19 avril 1757 (ct 4997).

50. AN, Z^{1a} 1240. Aff. du 6 mai 1765 (ct 5325).

51. AD 53, B 8638. AN, AD III 10, p. 109, arrêt de la cour des aides, 21 avril 1763.

52. AN, Z^{1a} 1171. Aff. de novembre 1773, Beaufort-en-Vallée (ct 4905).

53. AD 44, B 5180. Aff. du 16 mai 1775, Chémeré (ct 4405).

54. Marcet-Juncosa, « Une révolte... », 1978, p. 39.

55. AN, G^7 1217. Aff. du 24 mars 1698 (ct 8631).

56. AN, G^7 1216, arrêt du Conseil du roi, 20 décembre 1691.

57. Collard-Planche, *Fraudes*..., 1991, p. 83 (AN, G^7 125, lettre de la maréchaussée d'Argenton, 27 octobre 1691).

58. AN, G^7 513 et 515 (ct 0214).

59. AN, G^7 1240. Aff. du 26 janvier 1711 (ct 0214).

60. AD 44, B 6801. Aff. du 12 juin 1739 (ct 4499).

61. AN, Z^{1a} 1095. Aff. du 14 novembre 1750 (ct 0319). Procès-verbal cité *supra*, en épigraphe du chapitre.

62. AN, Z^{1a} 1126. Aff. du 3 avril 1767 (ct 3606).

63. AN, Z^{1a} 1237. Aff. du 14 avril 1767 (ct 3602).

64. AN, Z^{1a} 1242 et 1243 (ct 5802).

65. AN, Z^{1a} 1140. Aff. du 31 mai 1772 (ct 5319). — Sur les forges de Port-Brillet au XVIIIe, François Dornic, *Le Fer contre la forêt*, éd. Ouest-France, 1984, *passim*.

66. AN, Z^{1a} 1176. Aff. du 2 mars 1775, paroisse de Saint-Marcel (ct 3603). — Autre combat avec les gardes aux portes de la verrerie de Bournoiseau le 29 mai 1776, *ibid.*

67. AN, Z^{1a} 1241. Aff. du 17 août 1767 (ct 4998).

68. AN, G^7 156. Aff. du 12 septembre au 9 octobre 1680.

69. Aff. du 20 septembre 1780 et jours suivants, AD 26, C 784 ; Arch. comm. Romans, BB 48 ; Favier, « Les suites... », 2002.

70. AN, H^1 718 et AD 09, B 141. Aff. du 3 avril 1784 (ct 0920).

71. V, éd. 1778, p. 348.

72. Le Puy : aff. du 4 avril 1665, AD 34, B 9286. — Poitiers : mars 1676, Boissonnade, « Essai... », 1900, II, p. 453-454 ; R. Favreau, J. Peret *et al.*, *Histoire de Poitiers*, Toulouse, Privat, 1985, p. 220.

73. AN, G^7 104. Aff. des 29 juin et 18 août 1692. Collard-Planche, *Fraudes...*, 1991, p. 76.

74. Collard, *ibid.*, p. 75.

75. Arch. Guerre, A^1 1901, p. 105-110. Aff. du 1er août 1705 (ct 7621).

76. AN, G^7 409, lettre de l'intendant Mansart de Sagonne, 1er juillet 1708. Aff. du 30 juin 1708.

77. AN, G^7 75. Goupil, Mém. de maîtr., *Les Révoltes...*, 1989, p. 21-22, 37-38, 46, 80. Aff. du 30 janvier 1710.

78. Guéneau, « La cabale... », 1922 ; Garden, « Boucheries... », 1967 ; Aubert, Mém. de maîtr., *L'Institution...*, 1989, p. 283 *sq.*

79. AD 34, B 9072 et 9073. Aff. du 24 août 1737.

80. AD 33, 2 B 173. Aff. du 28 octobre 1747.

81. AN, Z^{1g} 191, 16 janvier 1752 (l'incident n'a toutefois pas dégénéré en rébellion et n'a pas été retenu comme tel).

82. Languedoc : aff. de Villeneuve-de-Berg, 1770 et 1771, cf. *supra*, p. 110. — Angers : Arch. comm. Angers, BB 132, f° 84 v°, mai 1787.

83. Goupil, Mém. de maîtr., *Les Révoltes...*, 1989, p. 19 (ct 2724).

84. Leguai, « Les "émotions" », 1965, p. 56.

85. AN, E 2043, f° 134, arrêt du 23 février 1723. Aff. du 20 janvier 1723 (ct 1726).

86. AN, E 2043, f° 188-189, arrêt du 5 juillet 1729 (ct 6330).

87. AN, Z^{1a} 1237. Aff. du 22 décembre 1736 (ct 8626).

88. AN, Z^{1a} 1163, 1230 et 1282. Aff. du 28 novembre 1773, sentence du 28 décembre 1774 (ct 3606).

89. AN, Z^{1a} 1215, 1217 et 1287. Aff. du 22 octobre 1784 (ct 4911).

90. AN, Z^{1a} 1221. Aff. du 28 août 1786 (ct 0326).

91. AN, Z^{1g} 202, interrogatoires de Lepec, 19 avril et 3 juillet 1776.

92. AN, Ms, Mélanges Colbert, 171 *bis*, f° 454, lettre de M. de Sève, 9 juin 1675.

93. Guéneau, *L'Organisation...*, 1919, p. 444. Sur la violence naturelle des tireurs de radeaux et gabares dans l'espace fluvial, cf. A.-M. Cocula-Vaillières, *Un fleuve et des hommes : les gens de la Dordogne au* XVIIIe *siècle*, Paris, 1981, p. 374-406.

94. AN, Z^{1a} 1231-1233 : très nombreux procès-verbaux d'interception de bandes enfantines aux limites de l'Anjou et de la Bretagne, dans les années 1778-1779.

UNIS CONTRE LES FERMES

1. Cf. *infra*, p. 144.

2. Archivio di Stato, Turin, Seconda sezione, R. finanzze, capo 57, n° 603, mémoire adressé à l'intendant Riccardi, 30 avril 1718.

3. AD 73, C 431, mémoire du chevalier Dutour, 15 septembre 1780.

4. Roux, *Les Fermes...*, 1916, p. 530-531.

5. Le curé d'Aubusson était le frère du maire, lui-même favorable à la gabelle, et l'oncle du président-juge du dépôt du sel.

6. AN, AD III, 3, p. 198, arrêt de la cour des aides de Rouen, 20 août 1710. Aff. du 31 mars 1707 (ct 2731).

7. AN, Z^{1a} 1086. Aff. de La Pouèze, 18 février 1746 (ct 4916), lettre de R^d Maugars, curé de La Pouèze, 19 février 1746.

8. Nicolas, *La Savoie...*, 1978, II, p. 1111.

9. AN, G^7 1293. Détail intéressant : la culture de la pomme de terre, plante exotique et rare, était donc déjà connue et peut-être pratiquée en Normandie à cette date (11 août 1712).

10. AN, AD III 3, p. 259, arrêt du 9 février 1718.

11. AN, G^7 1291.

12. AD 26, B 1304, arrêt n° 213 du 21 avril 1744.

13. AN, Z^{1a} 989. Aff. du 4 mars 1753 (ct 8018).

14. AD 33, C 1352. Aff. du 8 mars 1731 (ct 3206).

15. AD 44, B 6787. Aff. du 11 octobre 1673.

16. AN, G^{7} 1152. Aff. du 14 février 1706.

17. AN, Z^{1g} 186. Aff. du 31 mai 1747.

18. Funck-Brentano, *Mandrin...*, 1910, p. 153.

19. AD 26, C 979.

20. AN, Z^{1a} 1218, lettre du curé de Sainte-Croix, 4 août 1786 (après l'affaire de Chénérailles du 17 décembre 1785, ct 2311).

21. AD 34, C 1253 (important dossier), lettre de Corbert, « supérieur de l'Oratoire et curé », 10 septembre 1735. Aff. des 4-5 septembre 1735 (ct 0709). Voir aussi AD 07, C 696. Bertrand, « À Joyeuse... », 1995. — Sur l'hostilité générale, dans tous les milieux, à l'encontre des agents du contrôle des actes, ces « contrôleurs ambulants qui viennent, donnant des assignations à tort et à travers, qui ruinent les campagnes », cf. la lettre adressée en octobre 1788 par le baron de Ventérol, gentilhomme dauphinois, au marquis de Viennois, citée par Egret, *Le Parlement...*, 1942, I, p. 221.

22. AN, G^{7} 1237 et 1248. Beaulieu, *Les Gabelles...*, 1903, p. 177-178. — Le prêtre vindicatif était le sieur Sabarin, curé de Saint-Uruge, frère d'un lieutenant recruteur qui organisait à Salornay la revente de sel de contrebande.

23. AN, E 2053, f° 84-85, arrêt du 2 mai 1724. Aff. du 10 octobre 1723 (ct 8630).

24. AN, Z^{1a} 970. Aff. du 5 avril 1741 (ct 6218).

25. AN, Z^{1a} 971. Aff. du 16 avril 1741 (ct 6244).

26. AN, Z^{1a} 1087. Aff. du 5 mars 1747 (ct 7210).

27. AN, Z^{1a} 1239. Aff. du 21 juin 1750 (ct 6114). Cf. *supra*, p. 117, et exergue de ce chapitre.

28. AN, Z^{1a} 1224 (ct 0313), lettre du 30 juillet 1787, adressée au président de la Commission de Saumur. Mention manuscrite portée en tête de la lettre : « Répondu le 18 août de concilier au plus tôt cette affaire. »

29. Sala, *Dieu...*, 1996, p. 59-60. Alain Ayats (*Les Guerres...*, 1997, p. 317 et n. 414) tend néanmoins à relativiser le rôle du clergé en Roussillon dans la « guerre du sel » des années 1660.

30. Nobles et seigneurs de villages échappaient aux poursuites des Commissions répressives et ne pouvaient être jugés que par les tribunaux ordinaires. Cf. AN, Z^{1a} 1024, aff. de Douriez, 8 octobre 1774 (ct 6218) : référence aux lettres patentes du 21 novembre 1765 stipulant que les gentilshommes ne pouvaient être jugés par la Commission de Reims. De même, pour la Commission de Saumur, Z^{1a} 1225, aff. du 28 mars 1788, Le Plessis-Macé (ct 4998) : le procès de M. de Grané de La Roche, seigneur de Malvoisine, est renvoyé « devant les juges qui en doivent connaître », attendu sa qualité de gentilhomme. — Sur les comportements nobiliaires au XVIIe siècle en regard de la fiscalité indirecte, Bercé, *Histoire...*, 1974, I, p. 139-151.

31. AN, G^7 1291. Aff. du 28 août 1708, Chantilly (ct 6036).

32. Découverte à l'hôtel de Monaco, avenue de Saint-Cloud à Versailles, le 5 octobre 1763, d'un énorme stock d'indiennes (46 670 aunes !), le tout sans plombs ou avec de faux plombs. Les commis enlèvent ce dépôt sous les insultes de la livrée, et « au risque d'une rébellion qui commençait à éclater », AN, Z^{1g} 188. — Voir les attendus de l'arrêt du Conseil du 7 juin 1772, donnant au lieutenant général de police de Paris à connaître de tous les délits en matière de contrebande du tabac qui pourraient se commettre à Versailles : « ... Sa Majesté étant informée que la plus grande partie des tabacs de contrebande venant de l'étranger ou des provinces du royaume où le commerce du tabac est toléré sont entreposés dans la ville de Versailles d'où ils sont introduits à Paris avec d'autant plus de facilité que la plupart des cochers, suisses et autres domestiques sont intéressés à cette introduction... », AN, Y 9512.

33. AN, Z^{1a} 968 et 985, procès des marchands Jacques et François Pachot et de François Bailly, années 1740-1750 (mine d'informations).

34. AN, Z^{1a} 186. Aff. du 17 décembre 1753.

35. AN, G^7 1726, n° 161, lettre au contrôleur général Desmaretz. Aff. du 7 mai 1710.

36. *Histoire...*, 1974, II, p. 599.

37. BNF Mss., Mélanges Colbert, 131 et 131 *bis*, correspondance de l'intendant Pellot, *passim*. En particulier lettre du 22 août 1665, datée de Mont-de-Marsan (vol. 131).

38. Débats sur les droits d'*entrée* aux états de Bretagne réunis à Saint-Brieuc (novembre 1709-janvier 1710), AN, G^7 188-189, en particulier G^7 189, p. 184. Comportement des Nantais en

1710-1711 : lettre du sieur Ballet, fermier des Entrées, s.d., AN, G^7 189, p. 388 ; lettres de l'intendant Ferrand : G^7 189, p. 387 ; G^7 190, p. 5, 8, 16, 21, 22, 26, 38, 114 et 168 ; lettres du comte de Lannion : G^7 190, en particulier p. 6, 23, 26, 31, 40, 87, 192, 216, 218, 252 et 278 ; G^7 192, p. 137, 225, 239. Aff. du 14 mai 1710 et jours suivants.

39. AN, G^7 192, p. 225, lettre du comte de Lannion, 24 novembre 1711. Aff. du 23 novembre 1711.

40. AN, E 2043, f° 134, arrêt du 23 février 1723. Aff. du 20 janvier 1723, survenue du côté de Soubise, à Saint-Nazaire-sur-Charente (ct 1726).

41. Collard-Planche, *Fraudes...*, 1991, p. 133. Aff. du 1er juillet 1712 (ct 2929). — Sur les activités contrebandières de la noblesse bretonne (tabac acheté dans les îles anglo-normandes, faux-saunage), dans un « climat de complicité générale », cf. Jean Meyer, *La Noblesse bretonne au XVIIIe siècle*, 1966, I, p. 148-150.

42. *Journal et mémoires...*, VIII, p. 353-354.

43. Funck-Brentano, *Mandrin...*, 1910, p. 154 (« Journal de la conduite du sieur Marsin », 1755).

44. Arch. Guerre, A^1 3406, lettre au ministre de la Guerre de Passerat de La Chapelle, Châtillon-en-Michaille, 26 mai 1755. — Sur les relations entre Mandrin et Piolenc de Thourry, président au parlement de Grenoble, dans le château duquel, à Rochefort en Novalaise, le célèbre contrebandier fut arrêté la nuit du 10 au 11 mai 1755, cf. Egret, 1942, I, p. 70. Un autre noble dauphinois, M. de Saint-Albin de Vaulserre, gendre du commandant de la province, M. de Marcieu, aurait lui aussi trempé dans les affaires de contrebande, Funck-Brentano, *Mandrin...*, 1910, p. 167-168.

45. AN, G^7 1216, p. 144 et 146, lettre du sieur Martin, commandant de brigade, Castres, 11 août 1691, et extrait de lettre de M. de La Brunelliere, directeur des gabelles à Toulouse, 15 août 1691.

46. AN, Z^{1a} 1091. Aff. du 20 décembre 1743 (ct 3709).

47. AN, Z^{1a} 1092. Aff. du 12 mars 1749 (ct 4997).

48. AN, Z^{1a} 965. Aff. du dimanche 7 août 1740 (ct 8028).

49. AN, Z^{1a} 1024. Aff. du 8 octobre 1774 (ct 6218). En suite de quoi les jeunes Lameth et leurs gens mettent le feu à quatre autres postes du guet, mais ils échappent à la juridiction des Fermes (Commission de Reims) en leur qualité

de gentilshommes, et l'affaire est renvoyée aux juges ordinaires.

50. AN, Z[1a] 1242. Aff. du 17 août 1782 (ct 7905).

51. AN, Z[1a] 1209 et 1211. Aff. du 3 mars 1785 (ct 8505).

52. AN, Z[1a] 1231. Aff. du 9 mai 1778 (ct 4921).

53. AN, Z[1a] 1203. Aff. du 5 avril 1784 (ct 4934). La lettre du marquis est datée du 24 décembre 1784.

54. AN, Z[1a] 1218. Aff. du 16 juin 1786 (ct 2309).

55. Nassiet, 1993, p. 348-349.

56. AN, G[7] 195. Aff. du 1er juillet 1713 (ct 2929). Cité par Collard-Planche, *Fraudes...*, 1991, p. 133.

57. AN, G[7] 1230, lettre de Fortin, directeur des gabelles à Alençon, 17 septembre 1707, et procès-verbal ; G[7] 74, p. 655 *sq.*, lettres de M. de Bouville, intendant d'Alençon, septembre 1708 : de Launay est condamné à neuf années de citadelle ; Bouville aurait souhaité qu'il fût dégradé de noblesse et châtié plus sévèrement.

58. AN, G[7] 106, p. 2, lettre du 8 janvier 1705. Aff. d'Espinasse, 4 janvier 1705 (ct 6342).

59. AN, G[7] 106, p. 7, lettre du 5 janvier 1705.

60. Arch. Guerre, A[1] 2186, p. 143, lettre de l'intendant de Bonville, Caen, 16 mars 1709.

61. AN, G[7] 1242. Aff. du 13 septembre 1711 (ct 8038).

62. Nicolas, *La Savoie...*, 1977, I, p. 92.

63. AN, Z[1a] 1087. Aff. du 8 août 1747 (ct 4931).

64. AN, Z[1a] 1083. Aff. du 23 août 1744 (ct 8520).

65. AN, Z[1a] 1217. Aff. du 6 août 1783 (ct 2309).

66. AN, G[7] 156, rébellions des 12 septembre, 9 et 31 octobre 1680, Mâcon et environs. Témoignage de messire François Gabriel de Busseul, comte de La Bastie et de Saint-Servin. Cf. *supra*, p. 127-129.

67. Bercé, *Histoire...*, 1974, p. 600 et 697.

68. AN, G[7] 85. Aff. du 23 juin 1688. Voir *supra*, p. 107.

69. Egret, *Louis XV...*, 1970, p. 117 *sq.* ; id., *Le Parlement de Dauphiné...*, 1942, I, p. 226-7.

70. AN, Z[1a] 1050, 1051, 1058, 1075. Aff. de Merrey, 10 juin 1782 (ct 5209). Un contrebandier a trouvé la mort dans cette

affaire qui déclenche un conflit de juridiction et une énorme procédure (centaines de pièces, 83 témoignages).

71. AN, G^7 398^1 et 1242. Aff. du 31 juillet 1711.

72. AN, G^7 1223, lettre du Sr Pallu, Moulins, 16 novembre 1704.

73. AN, G^7 1228 (1706).

74. AN, G^7 106, p. 12, lettre du procureur général Dauphin, 12 janvier 1705. Aff. d'Espinasse, 4 janvier 1705 (ct 6342).

75. AN, Z^{1a} 1127. Aff. du 23 août 1766, Le Louroux-Hodement (ct 0312).

76. AN, Z^{1a} 1212, 1287. Aff. de Chênehutte-les-Tuffeaux, 15 août 1785 (ct 4915).

77. AN, Z^{1a} 1224. Aff. du 7 janvier 1787 (ct 0301). Les quatre employés seront libérés sur ordre de l'assesseur de la Commission de Saumur.

78. AD 71, C 525. Aff. de Montmelard, 24 mai 1788 (ct 7129).

79. AN, G^7 1292. Aff. du 7 septembre 1711 (ct 2136).

80. AD 33, 9 B 109, dossier 3. Aff. de Pauillac, 14 juillet 1700 (ct 3333). AD 33, 9 B 113, dossier 4. Aff. de Guîtres, 21 février 1718 (ct 3326). AN, Z^{1a} 1217 et 1242. Aff. de Legé, 22 janvier 1782 (ct 4415).

81. AN, G^7 1291. Aff. du 7 mars 1708 (ct 4514).

82. AN, E 2010, f° 319-320, arrêt du 23 juin 1719. Aff. du 11 mai 1719 (ct 5524).

83. AD 33, C1352. Aff. du 3 août 1731 (ct 3206).

84. AN, Z^{1a} 1127. Aff. d'Ingrandes, 25 mars 1767 (ct 4926). — En 1765, les juges de Saumur enquêtaient déjà sur Me Coüé, notaire à Montrelais, Me Coutard, procureur à Saumur, et Me Maugard, huissier à Jalais (celui-ci en même temps aubergiste à l'enseigne de *La Croix Verte*) : les trois hommes étaient alors soupçonnés de couvrir les fraudeurs (AN, Z^{1a} 1126).

85. AD 44, B 5174. Aff. du 19 mars 1772 (ct 3515).

86. AD 80, C 2440. Aff. du 19 août 1778 (ct 8022).

87. Beaulieu, *Les Gabelles...*, 1903, p. 155, ordonnance du 15 juillet 1706.

88. AN, G^7 310, p. 140, lettre de Basville à Chamillart, 10 février 1706. Non sans succès cette année-là, au moins dans

quelques paroisses du Haut-Languedoc : l'expédient, écrit Basville, « a très bien réussi [...]. Cela les rend attentifs toute l'année, non seulement à ne pas les souffrir, mais à courre après dès qu'ils en savent dans le pays ».

89. AN, E 343^{A}, f° 310-314, arrêt du Conseil du 17 mars 1661. Arch. Guerre, A^{1} 169, f° 195. Charles Felgères, *Scènes et tableaux de l'histoire d'Auvergne,* Aurillac, 1930, p. 402-403 (note). Aff. du 3 janvier 1661.

90. *Supra,* p. 155.

91. BNF Mss., Mélanges Colbert, 130 *bis,* lettre du 2 juillet 1665, et 131 *bis,* f° 730, lettre du 29 août 1665.

92. Ayats, *Les Guerres...*, 1997, *passim* et p. 262-280.

93. R. Favreau, R. Perret *et al., Histoire de Poitiers,* Toulouse, Privat, 1985, p. 220 (et renseignements complémentaires aimablement communiqués par M. R. Perret).

94. AN, G^{7} 348 (2), lettre de l'intendant Rouillé, Limoges, 15 mai 1705, et Mémoire sur l'émotion et sédition arrivée en la ville de Limoges, 19 mai 1705. *Supra,* p. 107.

95. Delannoy, « Une émeute... », 1897, p. 87-88.

96. AN, G^{7} 454, p. 56, 59, 68, 69, 70, 83. Aff. du 26 février 1707 (ct 8617). — Bercé, *Histoire...*, 1974, p. 862.

97. AN, G^{7} 231. Aff. du 25 août 1706.

98. AD 44, B 6793, Présidial. Aff. du 26 avril 1706.

99. AN, G^{7} 190, p. 16, lettre du 10 juillet 1710.

100. AN, G^{7} 527 et 1291. Aff. du 5 juin 1707 (ct 5310).

101. AN, G^{7} 408. Aff. du 3 avril 1704 (ct 2302). Collard-Planche, *Fraudes...*, 1991, p. 130-131. — La ville d'Aubusson, dans la Marche, jouissait du statut fiscal des provinces rédimées et le sel s'y vendait à bas prix, mais, pour limiter la contrebande vers les provinces de sel cher, les Gabelles y avaient établi un *dépôt,* comme sur toute la bordure intérieure des pays de Grandes Gabelles : les habitants devaient donc se fournir au dépôt, où ils ne pouvaient acheter plus de quatorze livres de sel par an et par personne. Il faut noter que le maire, en 1704, était d'autant plus favorable à cette disposition que son propre fils était « président-juge » du dépôt...

102. AD 34, B 9072 et 9074. Aff. des 20-22 avril 1737.

103. AN, Z^{1a} 976 et 1076. Aff. du 22 janvier 1744 (ct 0819).

104. Felgères, *Scènes...*, 1930, p. 442, lettre du 4 juin 1762.

105. AN, Z^{1a} 1082. Aff. du 11 octobre 1736 (ct 0315).

106. AN, Z^{1a} 1027. Aff. du 8 avril 1776 (ct 8021).

107. Arsenal, Bastille, 11125, procès-verbal du 10 mai 1731.

108. AN, Z^{1a} 965. Aff. du 13 juillet 1740 (ct 0203).

109. AN, Z^{1a} 968. Aff. du 18 octobre 1740 (ct 5943).

110. AD 34, B 9081. Aff. du 31 mars 1756 (ct 3039).

111. AD 34, C 1955. Aff. de Saint-Martin-Lalande, 11 avril 1726 (ct 1199), lettre du contrôleur général Dodun.

112. AN, Z^{1a} 977. Aff. du 29 novembre 1743 (ct 0804).

113. AN, Z^{1a} 975, sentence imprimée datée du 17 mars 1745 (ct 5734).

114. AN, Z^{1a} 968. Aff. du 28 mars 1751 (0205).

115. AN, Z^{1a} 1001. Aff. du 18 mars 1761 (ct 8034).

116. AD 34, C 5273. Aff. du 18 décembre 1752 (ct 4327).

117. AN, G^7 411-414 et 1246. Aff. du 12 mars 1713 (ct 7128).

118. AN, Z^{1a} 1171. Aff. du 29 juillet 1776 (ct 4932).

119. Arch. Guerre, A^1 3406, p. 175, lettre du capitaine de Rome, datée de Voiron, 30 avril 1755 (Bourdeaux et Taulignan, dans la Drôme actuelle).

120. Marcet-Juncosa, « Une révolte... », 1978, p. 39.

121. Depotter, *Le Pays...*, 1910, p. 119 (sur l'antifiscalisme des « gens de L'Allœu », *infra*, p. 183-187).

122. AN, Z^{1a} 1083. Aff. du 23 juin 1750 (ct 7902).

123. Montoillot : AN, G^7 1231. Aff. du 30 mai 1708 (ct 2135). — Lisse : AD 51, C 2447 et 2463. Aff. du 15 septembre 1719 (ct 5198). — Legé : AN, Z^{1a} 1242. Aff. du 14 octobre 1753 (ct 4415). — Saint-Flour : Felgères, « Contrebandiers... », 1928, p. 265-266. Aff. de novembre 1754. — Signy-le-Petit : AN, Z^{1a} 1002. Aff. du 25 août 1763 (ct 0829). — Punchy : AN, Z^{1a} 1004. Aff. du 11 janvier 1765 (ct 8037). — Pugnac : AD 33, 9 B 130, dossier 10. Aff. du 30 mai 1772 (ct 3315). — Vernoux-en-Gâtine : AN, Z^{1a} 1217. Aff. du 27 février 1778 (ct 7929). — Loge-Fougereuse : AN, Z^{1a} 1209 et 1211. Aff. du 3 mars 1785 (ct 8505). — Saint-Chartier : AN, Z^{1a} 1218. Aff. du 26 août 1781 (ct 3609).

124. *Les Cloches de la terre...*, 1994, p. 188.

125. AN, G^7 348^1, lettre de M. Delestang, directeur général des Fermes, Tulle, 14 décembre 1701. Aff. de septembre 1701 (ct 1927).

126. AN, G^7 408. Aff. du 3 avril 1704.

127. AN, G^7 219, p. 48. Aff. du 4 avril 1714 (ct 1432).

128. AN, Z^{1a} 964. Aff. du 4 novembre 1739 (ct 5204). L'incident, fort obscur, ne semble pas de nature rébellionnaire et nous ne l'avons donc pas enregistré comme tel dans notre corpus.

129. AN, Z^{1a} 474, f° 38 v°. Aff. du 3 juin 1754 (ct 8727).

130. *Supra*, p. 125. Aff. du 6 mars 1769 (ct 5802).

131. AN, Z^{1c} 1174. Aff. du 7 novembre 1772 (ct 3707).

132. Archivio di Stato, Turin, P^a S^e, Lettere di particolari, lettre du gouverneur de Sinzan, 25 septembre 1754.

133. Sur les monitoires et leur impact dans l'opinion, *infra*, p. 629-636.

134. Le 15 juin 1712, l'assemblée générale de la ville de Sedan se prononce en faveur d'une réduction du nombre des marchands de sel dans les limites de la ville et de ses dépendances, avec interdiction de vente à tout autre qu'aux habitants de la principauté, AN, G^7 1247. En dépit de ces dispositions, adoptées dans un esprit conservatoire pour se concilier les bonnes grâces de Versailles, la contrebande, qui se donnait libre cours, exercée par nombre de marchands et revendeurs, assurait directement ou indirectement la prospérité de ce territoire frontalier. Sur les privilèges d'une ville proche, Charleville, en matière d'introduction du sel en franchise, AN, G^7 1224.

135. AN, Z^{1a} 1016.

136. AN, Z^{1a} 1027. Aff. du 5 mai 1776 (ct 0834).

137. AN, Z^{1a} 1030, Lettres patentes du Roy qui confirment les Privilèges des Habitans de la ville de Sedan et ceux des villages dépendans..., Versailles, décembre 1776 ; enregistrées par le parlement de Metz le 18 février 1778 et par la cour des aides le 4 mars 1777.

138. Toute l'information relative aux affaires de Sedan en 1776 et 1777 est extraite des très belles liasses AN, Z^{1a} 1030 et 1031.

139. *Cocarde.*

140. C'est l'huissier royal Lefebvre, de Sedan, qui répond le 22 juin à l'interpellation du capitaine général des Fermes au nom des manifestants ; il l'invite à s'adresser au « sieur Jean Robert, maire de Douzy, y demeurant, chargé de pouvoir de

toutes les communautés » (AN, Z[1a] 1030 et 1031, procès-verbal du 22 juin 1777).

141. AN, Z[1a] 1032. Aff. du 5 juillet 1778 (ct 0825).

142. AN, Z[1a] 1030.

143. Sur la technicité gestionnaire de la Ferme générale et ses progrès au XVIIIe, cf. P. Savoie, *Pratiques et mentalités administratives sous l'Ancien Régime : les tournées d'inspection des fermiers généraux,* thèse de 3e cycle, Université Paris I, 1982.

144. Dans les fameuses remontrances de la cour des aides du 6 mai 1775, le président de Malesherbes évoque l'urgence de « venir au secours d'un peuple opprimé par cette monstrueuse régie... », Pierre Grosclaude, *Malesherbes témoin et interprète de son temps,* Paris, 1961, I, p. 313.

IL NOUS FAUT PAYER LA TAILLE...

1. AN, G[7] 348[2].

2. Sur les impôts directs et les projets de réforme fiscale sous l'Ancien Régime, voir Marion, *Les Impôts...*, 1910, et *Histoire financière...*, 1914 ; Esmonin, *La Taille...*, 1913 ; Guerout, *La Taille...*, 1963 ; Touzery, *L'Invention...*, 1994.

3. Ainsi, en Dauphiné, dans les années 1658, 1693, 1694, 1695. Cf. Esmonin, « La révision... », 1964, p. 409.

4. Affaires survenues en juin 1661 à Espès-Undurein, Vidos-Abense-de-Bas, Chéraute et Moncayolle (ct 6420) : AD 33, 1 B 28, f° 168. Bercé, *Histoire...*, 1974, p. 654-655 ; Goyheneche, *Le Pays...*, 1979, p. 275-281.

5. Sédition de Bénauge, Loirette, « Une émeute... », 1966, p. 515-536 ; BNF Mss., Mélanges Colbert, 107, f° 811 *sq.* ; 107 *bis,* f° 831, 818 ; 113, f° 692.

6. Aff. de Flagnac en Rouergue, 28 décembre 1661 (ct 1210), BNF Mss., Mélanges Colbert, 107 *bis,* f° 890 et 894 ; Loirette, « Une émeute... », 1966, p. 526 et n. 54. — Sur la révolte quercynoise de 1637, Bercé, *Histoire...*, 1974, I, p. 435-438.

7. Aff. de Massat, juin 1662 et septembre 1663 (ct 0909), BNF Mss., Mélanges Colbert, 109, f° 624, lettre de Lefebvre de La Barre ; 117, f° 105, 288, 324, 469 ; 118, f° 171 et 350 ; 118 *bis,* f° 901, lettres de l'intendant Pellot.

8. Aff. d'Ax-les-Thermes, 3 janvier 1667, Toujas, « Une révolte... », 1970-1971.

9. Aff. d'Orbessan et Auch, 30 septembre et 3 octobre 1662, BNF Mss., Mélanges Colbert, 113, f° 327, lettre de l'intendant Pellot, 13 décembre 1662. Ravaisson, *Archives...*, III, p. 381-403 ; Branet, « Un épisode... », 1908 ; Bercé, *Histoire...*, 1974, I, p. 182-183.

10. Aff. de Saint-Jean-de-Liversy, 24 octobre 1661 (ct 1798), BNF Mss., Mélanges Colbert, 104, f° 558.

11. Clément, *La Police...*, 1866, p. 284-289 ; Héliot, « La guerre... », 1935. BNF Mss., Mélanges Colbert, 109, 109 *bis* et 110, *passim.*

12. Août 1662, Moulins, BNF Mss., Mélanges Colbert, 110, f° 636.

13. Bercé, *Histoire...*, 1974, II, p. 567...

14. AD 34, B 3628 à 3630.

15. *La Taille en Normandie...*, 1913, p. 499.

16. Depotter, *Le Pays...*, 1910. Philippe Sueur, *Le Conseil provincial d'Artois (1640-1790)*, 1978-1982, 2 vol., p. 422 n., 499, 522-523. Arch. Guerre, A[1] 1940, 1941, 1942, 2017, 2021, 2087. Les quatre villages du pays de L'Allœu étaient Laventie, Fleurbaix, Sailly-sur-la-Lys et La Gorgue.

17. Aff. de Laventie, 2 août 1706 (ct 6230).

18. Arch. Guerre, A[1] 1942, p. 61, 62, 190 et 192. Aff. des 7 et 9 août 1706 (ct 5968).

19. Arch. Guerre, A[1] 1942, pièce 261, lettre de l'intendant Dugué, 11 novembre 1706. « Il n'y a que deux lieues d'Armentières à Fleurbaix, qui est un village du pays de Lalleu, ceci paraît d'une grande conséquence. »

20. Arch. Guerre, A[1] 2017, pièce 89, lettre au comte de Gacé, Versailles, 21 janvier 1707.

21. *Mémoires*, éd. Coirault, « Pléiade », VI, p. 503.

22. Aff. de Sailly-sur-la-Lys, 13-14 février 1718, et de Laventie, 1er août 1731 (ct 6230) ; Depotter, *Le Pays...*, 1910, p. 112 *sq.* Sur le rattachement du pays de L'Allœu aux états d'Artois par lettres patentes du 15 novembre 1717, cf. Saint-Simon, *Mémoires*, éd. Coirault, VI, p. 497-503, 946-947, 983-992 et 1281 n.

23. Cité par Marion, *Dictionnaire...*, 1923, p. 531.

24. Il s'agit des syndics, consuls, jurats ou échevins, appellations variables selon les lieux. — On sait que, d'un point de vue territorial, la *communauté d'habitants*, cellule administrative et fiscale de base, s'identifiait le plus souvent à la *paroisse* qui formait la communauté des âmes, elle-même souvent dotée d'organes gestionnaires propres. Selon l'usage de l'époque, nous utilisons indifféremment les mots *paroisse* et *communauté*. De même pour localiser un lieu déterminé.

25. *Mémoires*, « Pléiade », III, 1984, p. 1020-1021.

26. Marion, *Machault*..., 1891, p. 159.

27. *Ibid.*, p. 81.

28. Villain, *Contestations*..., 1943, p. 261.

29. Marion, *op. cit.*, p. 61 (remontrances de 1757).

30. *Ibid.*, p. 35 (remontrances de 1763).

31. Egret, *Le Parlement*..., 1942, I, p. 96 (remontrances de 1763). Sur la dénonciation continue par les Cours souveraines des initiatives réformatrices de l'État en matière fiscale, cf. Alimento, *Riforme*..., 1995.

32. Saint-Jacob, 1960, p. 335 (remontrances de 1760).

33. Touzery, *L'Invention*..., 1994, p. 403-451 (remontrances des 5-9 juillet 1768).

34. AN, Z[1a] 189, 9 avril 1771.

35. Villain, *Contestations*..., 1943, p. 276 (remontrances de la cour des aides de Paris, 6 mai 1775).

36. Egret, *Le Parlement*..., 1942, I, p. 118.

37. Ne pas oublier l'extrême complexité de l'appareil fiscal sous la monarchie, l'infinie variété des situations locales, la fréquence du « particulier » et de l'« exceptionnel », cf. Marion, *Les Impôts*..., 1910, p. 120-121. Nombre de régions avaient en la matière leurs usages propres, qui marquaient un écart sensible par rapport à la règle. Sur les pratiques fiscales au sein des communautés d'habitants dans le Sud-Ouest, cf. Zink, *Clochers*..., 1997.

38. Marion, *Les Impôts*..., 1910, p. 194.

39. BNF Mss., *ms fr.* 8471, f° 27.

40. Marion, *Les Impôts*..., 1910, p. 230.

41. Saint-Jacob, *Les Paysans*..., 1960, p. 202.

42. AN, G^7 348^2, lettre du 27 août 1705.

43. *Les Paysans*..., p. 130.

44. Clopeau, *Société rurale...*, 1987, p. 241.

45. Boislisle, *Correspondance...*, II, p. 475, lettre de l'intendant Turgot, 8 février 1713.

46. La contrainte solidaire pour charges fiscales impayées fut abolie à l'initiative de Turgot par la déclaration du 3 janvier 1775, « excepté dans les cas de rébellion » (*Recueil général des anciennes lois françaises*, XXIII, 1826, p. 127-130), mais on continua de l'appliquer normalement dans certaines provinces comme la Bourgogne après cette date (cf. Saint-Jacob, *Les Paysans...*, 1960, p. 458).

47. BNF Mss., Mélanges Colbert, 120 *bis*, f° 770, lettre du président Brulart, Dijon, 14 mai 1664.

48. AD 34, B 2540. Aff. du 31 mai 1667 (ct 0727).

49. AD 34, B 9495. Aff. du 13 juillet 1670 (ct 3004).

50. AD 53, C 10003. Aff. des 3 et 6 juin 1701 (ct 5322).

51. AN, Z[1a], 878, assemblées et nominations du 29 septembre 1715 (l'affaire n'a pas dégénéré en émeute et n'a pas été consignée comme telle dans nos relevés).

52. AD 63, C 7171. Aff. du 5 novembre 1719 (ct 6340).

53. AD 42, B 803. Aff. du 25 décembre 1722 (ct 4212).

54. AD 63, C 1526. Aff. de janvier 1734 (ct 4397).

55. AD 34, B 4002. Aff. du 29 novembre 1680 (ct 0715).

56. Arch. Guerre, A[1] 2526, f°120, 122, 125, 396. Aff. de janvier 1717 (ct 1922).

57. AD 34, B 5131. Aff. des 24 et 31 mai 1662 (ct 1106).

58. Esmonin, *La Taille...*, 1913, p. 365-366. Aff. d'octobre 1665 (ct 6123).

59. AD 34, B 4690. Aff. du 28 août 1673 (ct 3124).

60. BNF Mss., Mélanges Colbert, 103, f° 506 v°, lettre du 1er octobre 1661.

61. AN, G[7] 341, p. 204, lettre des *pauvres abitens du bourg et de la paroisse de Dollus en Lille dollleron de lellection de Marenne*, adressée à Desmarets, contrôleur général des finances, août 1709.

62. AN, AD III 3, p. 125, Affiche *De par le Roy*, 13 octobre 1713.

63. AD 63, C 1526 (ct 6349).

64. *Projet d'une Dixme...*, 1707, éd. 1933, p. 27.

65. Sur les formalités et l'exécution des saisies, Ferrière, *Dictionnaire...*, II, p. 620 *sq.* ; Esmonin, *La Taille...*, 1913, p. 460-467.

66. AN, G[7] 133, Ordonnance imprimée de l'intendant de Bordeaux, 1er juillet 1681. AN, G[7] 239, lettre de l'intendant de Grenoble, 23 mars 1679. — Rappelons à nouveau que la livre de 20 sols correspondait, au XVIIIe siècle, au prix d'une bonne journée de travail d'un ouvrier spécialisé non nourri. Un ouvrier agricole percevait en général beaucoup moins.

67. BNF Mss., Mélanges Colbert, 104, f° 478 et 501, lettres de Colbert de Terron, intendant de la marine au pays d'Aunis, 16 mai et 13 juin 1661. Aff. de mai 1661 (ct 1737).

68. Pélaquier, « Les mouvements... », 1999.

69. AD 07, C 1078, p. 38, ordonnance du 18 mars 1661. Aff. de mars 1661 (ct 4309).

70. AD 34, B 4722-4724. Aff. des 25 juin 1662, 5 novembre 1664, 10 septembre 1666, 1er-2 octobre 1668 (ct 0718).

71. AD 34, B 6845. Aff. du 16 novembre 1679 (ct 1119).

72. AD 34, B 9700. Aff. du 24 novembre 1687 (ct 3429).

73. AD 34, B 9500. Aff. du 18 novembre 1687 (ct 3410).

74. AN, G[7] 104, p. 362, lettre de l'intendant Maupeou d'Ableiges, 17 mars 1694. Aff. de mars 1694 (ct 6350).

75. AN, E 1901, f° 157, arrêt du Conseil du 7 août 1696. Aff. du 3 juin 1696 (ct 2325).

76. AN, E 1897, arrêt du Conseil du 10 septembre 1696. Aff. du 27 juin 1696 (ct 4310).

77. Origny : AN, G[7] 1651, p. 183, lettre du comte d'Ongnyes, grand bailli d'Île-de-France, 10 juillet 1709. Aff. de juillet 1709 (ct 0217). — Montflours : AD 53, C 10003. Aff. du 21 mars 1710 (ct 5302).

78. AD 34, B 9751. Aff. du 1er août 1662 (ct 1120).

79. AD 34, B 6838. Aff. du 22 décembre 1665 (ct 1117).

80. AD 34, B 4643. Aff. du 28 juillet 1666 (ct 3415).

81. AN, G[7] 239, lettre de l'intendant d'Herbigny, Grenoble, 23 mars 1679. AN, G[7] 347, *Mémoire de ce qui se passe dans l'élection d'Angoulême...* (1697).

82. AN, G[7] 240, lettre de l'intendant Le Bret, 2 mai 1685.

83. Smedley-Weill, *Correspondance...*, 1991, III, p. 352, lettre du 12 juillet 1684.

84. AN, G[7] 409, lettre de M. Talliere, président de l'élection de Moulins, 11 mars 1707.

85. BNF Mss., Mélanges Colbert, 104, f° 558. Aff. du 24 octobre 1661 (ct 1798).

86. BNF Mss., Mélanges Colbert, 115, f° 549. Aff. d'avril 1663 (ct 1222).

87. BNF Mss., Mélanges Colbert, 118 *bis,* f° 589, 119 *bis,* f° 988. Aff. de novembre 1663 (ct 1504).

88. Fresse : novembre 1674 (ct 7016), Arch. Guerre, A[1] 378, p. 209. — Breuches : 1676 (ct 7014), Robert, « Les dernières... », 1939.

89. Arch. Guerre, A[1] 1907, pièces 311, 312 et 314. Aff. du 15 novembre 1705 (ct 4315).

90. Arch. Guerre, A[1] 1942, p. 61, 62, 190 et 192. Aff. de Lederzeele et paroisses voisines, 7-9 août 1706 (ct 5968).

91. AN, G[7] 454. Aff. du 21 juillet 1709 (ct 7919).

92. AD 34, C 6593. Aff. du 20 juillet 1755 (ct 8101).

93. *Projet...*, éd. 1933, p. 185.

94. Marion, *Les Impôts...*, 1910.

95. Boislisle, *Correspondance...*, III, p. 417-418 (années 1711-1713).

96. Sanvensa (ct 1220) : aff. d'août 1705, AN, G[7] 393 (aff. de Teulières). — Naintré (ct 8697) : aff. du 9 juillet 1706, AN, G[7] 453, p. 280. — Selles-Saint-Denis (ct 4110) : aff. d'avril 1708, AN, G[7] 420, p. 332. — Versilhac (ct 4329) : aff. de mai 1709, Sabatier, *Le Vicomte...*, 1988, p. 77.

97. AN, G[7] 128-130, lettre de l'intendant Foullé de Martangis, 10 décembre 1714. Aff. du 9 décembre 1714.

98. Aff. de Laniscat, au nord-ouest de Pontivy (ct 2215), juin 1718, AN, G[7] 201 et 202. Voir B. Pocquet, *Histoire de Bretagne,* VI, 1914, p. 62 ; H. Fréville, *L'Intendance de Bretagne,* 1953, I, p. 258. — Interrogé à Nantes par les magistrats de la Chambre royale en janvier et février 1720, Pontcallec déclare que les gentilshommes bretons, dans leurs assemblées secrètes, évoquaient souvent les villages de Laniscat, Cléguérec et Bothaa, paroisses « qui depuis dix ans ne payaient ni capitation ni dixième et voulaient se défendre en cas que l'on voulût les forcer de payer ». L'épisode Pontcallec, conspiration féodo-nobiliaire nourrie d'irrédentisme breton, n'entre évidemment pas en tant que tel dans le cadre de cet ouvrage consacré aux

rébellions populaires. Il faut pourtant noter que les nobles associés à la défense des « libertés » de la province ont constamment tenté — sans grand succès — de rallier à leur cause les paysans de leurs terres en usant à cet effet de tous les arguments susceptibles de les entraîner : poids de la fiscalité royale, notamment capitation et dixième, abus des « gens d'affaires », menace de la gabelle, lourdeur du système des « classes » (service dans la marine royale), défense de la religion catholique contre un pouvoir alors orienté vers les puissances protestantes, risque de déportation « au Mississipi » des contrebandiers arrêtés, etc.

99. *Supra*, p. 187-191.

100. AN, G^7 119, p. 74, 79, 87, 155 ; G^7 120, p. 32, 34, 35 (ct 6438).

101. AN, G^7 219, p. 17, 18 et 22, lettres de l'intendant Guynet et copie d'un arrêt du Conseil daté du 20 janvier 1714. La date (fin 1713 ?) et la localisation exacte des paroisses concernées par ces troubles ne sont pas précisées.

102. Marion, *Les Impôts...*, 1910, p. 78-81.

103. AN, E 2066, f° 394-399, arrêt du 23 octobre 1725 (ct 6496, 4021, 4023 et 4025).

104. AN, E 2077, f° 145-147, arrêt du 23 mars 1726. Aff. du 14 novembre 1725 (ct 3317).

105. AN, E 2065, f° 225-228, arrêt du 20 novembre 1725. Aff. du 29 octobre 1725 (ct 8909).

106. AN, H^1 444 (copie de lettre non signée, envoyée par le ministre à l'intendant de Bretagne, avril 1726).

107. AN, E 2074, f° 301-302, arrêt du 8 mars 1726. Aff. du 4 février 1726 (ct 5624).

108. Marion, *Machault...*, 1891.

109. AN, G^7 1130-1131, p. 170 et 175. — Enthousiasme de l'évêque d'Évreux pour la taille proportionnelle : « Il est incompréhensible le bien que cela a produit dans notre ville, on n'y voit plus que paix et tranquillité... », etc., *ibid.*, p. 177, lettre du 25 septembre 1719. — Diderot, *Encyclopédie...*, art. « Taille proportionnelle ».

110. Marion, *Les Impôts...*, 1910, p. 27-31.

111. AN, G^7 1130-1131, p. 204-205, 211-214.

112. Pérignac : AN, E 1999, f° 209-210, arrêt du 18 juillet 1718. Aff. du 15 mai 1718 (ct 1720). Desaivre, *La Dîme...*, 1880, p. 36.

113. AN, G^{7} 1130-1131, p. 215, plainte des adjudicataires de la dîme royale à Cognac, 30 juillet 1719.

114. Le Thou (ct 1701) : AN, E 2003, f° 124-125, arrêt du 14 mars 1719 ; AN, G^{7} 1130-1131, p. 199, lettre du comte de Chamilly, 14 février 1719 ; Desaivre, *La Dîme...*, 1880, p. 47. Aff. du 12 février 1719. — Luxé (ct 1618) : AN, E 2003, f° 160-163, arrêt du 18 avril 1719. Aff. du 19 mars 1719.

115. Touzery, *L'Invention...*, 1994, p. 158.

116. Sur la confection du compoix, l'arpentage et l'allivrement des terres dans une communauté languedocienne au XVIIe siècle, Pélaquier, *De la maison...*, 1996, p. 107-113. Sur les parcellaires dauphinois, Bonnin, *La Terre...*, 1979, p. 478 *sq.* Sur la cadastration en Savoie, Nicolas, *La Savoie...*, 1977-1978, I, p. 121 *sq.*

117. Boehler, *La Paysannerie...*, 1994, p. 18-19.

118. Voir là-dessus le remarquable travail de Mireille Touzery, *op. cit.*, p. 252 *sq.*

119. Henry de Richeprey, *Rapport* [sur les règles à employer pour le renouvellement des cadastres communaux et la meilleure répartition de la taille] *lu à l'assemblée de l'administration provinciale de Haute-Guyenne...*, s.l.n.d. [1785].

120. AN, 144 AP 112, dossier n° 2, Journal de la route et du travail de M. Harvoin, 1763-1764. — Vauban, en 1707, avait déjà exprimé sa perplexité devant l'état déplorable des cadastres dauphinois (*Projet...*, éd. 1933, p. 36-37) ; en 1728, constat non moins négatif de l'intendant Fontanieu qui parle d'un « désordre effrayant » : « C'est, ajoute-t-il, ce qu'il faut avoir vu pour le croire » (BNF Mss. fr. 8471, Mémoire de la tournée faite [...] pour le département des tailles, f° 26 v°).

121. Nicolas, *La Savoie...*, 1977-1978, I, p. 125 *sq.*

122. Montgilbert : 1728 (ct 7301), Nicolas, *ibid.*, I, p. 130 n. — Minzier : aff. du 20 mai 1742 (ct 7421). — Savigny : aff. du 25 mars 1753 (ct 7421). — Viry, Compesières, Collonges : aff. de juin 1756 (ct 7421), Nicolas, *ibid.*, II, p. 1094.

123. Le haut personnel gouvernemental s'est montré jusqu'au bout majoritairement hostile au projet de cadastration générale, comme en témoigne cet extrait de la *Correspondance secrète* de Métra (II, p. 138-139, sous la date du 1er septembre

1775) : « Le Roi entrant au dernier Conseil d'État dit aux Ministres d'un air satisfait, que M. Turgot venait de lui faire part d'un projet qui lui avait fait le plus grand plaisir, qu'il s'agissait d'un cadastre de tout son royaume et d'établir une imposition égale entre tous ses sujets. Tous les Ministres gardèrent le plus profond silence ; S.M. étonnée voulant savoir la cause qui fermait toutes les bouches, un d'entre eux, qu'on dit être M. de Muy, prit la parole et dit : "Sire, l'étonnement que Votre Majesté voit dans son Conseil est fondé ; M. Turgot ne doit pas ignorer qu'il y a plus de 200 ans qu'on a eu le projet de travailler à un cadastre général, mais qu'on a toujours reconnu l'impossibilité de le mettre à exécution ; les plus habiles Ministres de Louis XIII, de Louis XIV et de Louis XV y ont pensé, mais ils ont été forcés de renoncer à leur projet. Outre les sommes immenses qu'une pareille opération coûterait à l'État, elle le bouleverserait en même temps, sans apporter un remède aussi prompt que réel au soulagement des peuples, tel est mon avis que je soumets à la décision des Ministres ici présents." Chacun a opiné de même ; et le Roi s'est réservé *in petto* sa façon de penser... »

124. Richeprey, *Journal...*, 1922, p. 87. Aff. du 8 novembre 1780 (ct 1224).

125. Joseph Lambert, *Instructions courtes et familières sur les Évangiles des dimanches et des principales fêtes de l'année, en faveur des Pauvres et principalement des Gens de la campagne*, Paris, 1721, p. 503-504. Cité in Touzery, *L'Invention...*, 1994, p. 400.

LA SEIGNEURIE CONTESTÉE

1. AD 73, B 01131. Aff. de Marcellaz (ct 7418), 3 septembre 1696 (cf. *infra*, p. 282).

2. Bourgogne : Roupnel, *La Ville...*, 1955, p. 276-278 ; Saint-Jacob, *Les Paysans...*, 1960, *passim.* — Provence : Baehrel, *Une croissance...*, 1961, p. 331-332 et 750. — Picardie : Deyon, « Quelques remarques sur l'évolution du régime seigneurial en Picardie », *Revue d'histoire moderne et contempaine*, 1964-1, p. 274-276. — Maine : Antoine, *Fiefs...*, 1994, p. 253-254. — Guyenne : Aubin, *La Seigneurie...*, 1989, *passim.* — Armagnac : Gangneux, « Les rentes seigneuriales et domaniales dans les commanderies de l'ordre de Malte de la Langue de

Provence », *Études rurales*, octobre-décembre 1970, p. 96-97. — Alsace : Boehler, *La Paysannerie...*, 1994, II, p. 1212-1224 et 1314-1319. — Savoie : Nicolas, *La Savoie...*, 1977-1978, *passim*.

3. Voir Le Roy Ladurie, *Histoire...*, 1975, p. 575 ; Moriceau, *Les Fermiers...*, 1994, p. 121 *sq.* et 704 *sq.* Point de vue partagé par Figeac, *Destins de la noblesse bordelaise...*, 1996, p. 120-121, et par Aubin, *La Seigneurie...*, 1989, *passim* et p. 447 : « En un demi-siècle environ, la seigneurie bordelaise connaît un véritable bain de jouvence. »

4. Y. Castan, « Attitudes... », 1969. Selon Nicole Castan, « dans le cadre du parlement de Toulouse, le féodal représente 23,3 % du contentieux foncier », *Les Criminels...*, 1980, p. 86.

5. Sur les dîmes, *infra*, chap. XII, p. 746-751.

6. *Terrier :* recueil de reconnaissances seigneuriales passées par les tenanciers ou *censitaires.* Cf. *infra*, p. 276 *sq.*

7. Soit 439 actions relevées en type fondamental et 73 actions relevées en type secondaire.

8. Bercé, *Histoire...*, 1974, I, p. 202.

9. AN, G^7 514, procès-verbaux, lettres des religieux, placets des habitants. Aff. du 11 avril 1707 (ct 0202).

10. AD 34, C 6877. Aff. du 20 février 1753, Lablachère (ct 0709). — De même, vive réaction paysanne, en Rouergue, contre les interdits forestiers de l'abbaye cistercienne de Beaulieu : attroupements, injures, menaces contre les moines, cris contre le garde : « Ils voulaient lui manger les foies, mettre le feu dans l'abbaye et brûler les religieux », AD 82, B 132 et 137. Aff. des 19 novembre et 18 décembre 1745 survenues à Ginals (ct. 8220).

11. AD 73, B 04323. Aff. du 28 octobre 1722 (ct 7496).

12. AD 02, B 493 (ct 0216).

13. AN, U 1023, « Précis pour Messire Debeze... ». Aff. du 17 juin 1769 (ct 5824).

14. AD 71, B 1319, n° 6. Aff. du 1er août 1780, Milly-Lamartine (ct 7199).

15. AN, D XXIX 39, *Mémoire à nosseigneurs des États généraux*, impr., 8 p. (s.d., reçu le 2 octobre 1789). Le 30 avril 1789, les « scélérats » de Cournonterral font feu sur les gardes de M. de Portalès ; tir nourri, l'un d'eux a la cuisse percée d'une balle.

16. L'ordonnance de 1669 autorisait le seigneur à demander le « triage » des biens collectifs relevant du fief pourvu que le

surplus de terrain suffise aux besoins et usages de la communauté.

17. Boehler, *La Paysannerie...*, 1994, II, p. 1314. À la mi-siècle, dix-sept communautés du comté de Ferrette, en Haute-Alsace, s'opposent en justice aux mesures de triage et cantonnement ordonnées par la duchesse Mazarin (entre 1748 et 1764).

18. AN, E 2080, f° 275-276, arrêt du 2 août 1727. Aff. du Gemozac, Virollet, Madion et Saint-Germain-du-Seudre, début 1727 (ct 1709).

19. AN, E 2139, f° 605-606, arrêt du 28 décembre 1734. AD 26, E dépôt 93, Taulignan, CC 41, lettre de Mme de Viriville aux consuls de T., 16 janvier 1727 ; id., FF 18, Supplique des consuls et de la communauté de T. à l'intendant du Dauphiné, 1er novembre 1727 ; id., DD 3, copie d'une lettre de l'intendant Fontanieu, 14 février 1729 ; id., BB 7, délibérations municipales, séances de février-mai 1735 ; id., FF 21, Consultation au sujet du procès entre le seigneur et la communauté de T., 1735 ; id., FF 21, délibération du conseil municipal de T., 3 décembre 1792 et 27 avril 1793, et mémoire adressé par le citoyen Flotte au département de la Drôme ; de même AD 26, C 5-34, Réponse de la communauté de T. au questionnaire des états du Dauphiné, 30 mars 1789. — Un jugement arbitral du 11 germinal an II attribue aux habitants l'entière propriété de la forêt, mais sous la Restauration une nouvelle transaction en restitue une fraction aux héritiers Senozan-Viriville (A. Lacroix, *L'Arrondissement de Montélimar. Géographie, histoire, statistique*, VII, 1893, p. 157). — Aff. des 27 et 30 octobre 1734 (ct 2612).

20. AN, H[1] 60, 3e dossier. Aff. de Hénin-Liétard, Courrières, Hénin-Beaumont. Sallmann, « Les biens... », 1976, p. 221 ; Bercé, *Croquants...*, 1974, p. 92-93 (ct 6248).

21. Lefebvre, *Les Paysans...*, 1924, p. 135-136 et 155-156.

22. V. Dubarat, *Les Variétés béarnaises de l'abbé Bonnecaze*, Pau, 1906, p. 7-46 ; Desplat, *Pau...*, II, p. 863-864. Aff. du 25 octobre 1663 (ct 6497).

23. AD 69, 7 B 8. Aff. du 11 mai 1723 (ct 6927).

24. Nicolas, « Éphémérides... », 1974, p. 120-121 et n. Aff. du 19 mai 1732, La Motte-Servolex (ct 7399).

25. AD 63, C 1528. Aff. du 18 octobre 1737, Menet (ct 1515).

26. AD 59, VIII B 524 (2e série). Aff. du 2 avril 1740 (ct 5947).

27. Nicolas, « Éphémérides... », 1974, p. 124-125 et n. Aff. de Yenne et Bas-Saumont, 3 mai 1755 (ct 7329).

28. AD 21, B II 46-38, arrêts définitifs criminels, 12 août 1777. Aff. du 3 août 1776 et jours suivants, Beaupont (ct 0111).

29. Lesage, « À travers le passé du Calvados », IV (Bibl. mun. Caen, fonds normand). Aff. du 10 juin 1784, Percy-en-Auge (ct 1424).

30. AN, Z 1C, 444. Aff. du 12 juillet 1773, Les Rosiers (ct 4999).

31. AD 37, bailliage de Chinon, procédures criminelles, 1776. Aff. du 12 mai 1776 (ct 3711).

32. AD 38, 10 B 1650 (13) ; Piolat-Sahel, Mém. de maîtr., *Le Grésivaudan...*, 1979, p. 149. Aff. du 2 mai 1784 (ct 3829).

33. AN, H^1 616, pièces diverses. Aff. des 28 juin 1785 et 11 juillet 1786 (ct 4435) ; AD 44, B 8742, V-VII, et B 8744, III, Présidial, affaires criminelles (dossier réuni par Sylvie Kleiber) ; BNF Mss., 6685, Journal de Hardy, p. 143 et 157 ; *Gazette de Leyde*, 22 juillet et 24 août 1785 ; Métra, *Correspondance*, XVIII, p. 267-268. — Des actions rébellionnnaires du même type sur terres afféagées se sont déroulées en mai 1782 au sud de Redon, dans la paroisse de Saint-Gildas-des-Bois (ct 4436), AD 44, B 8740, II, Présidial, affaires criminelles. — Autres rébellions ou débuts d'émeutes pour afféagements signalés aux environs de Redon, dès les années 1760. Aff. de Mussain (ct 3528) 1765, cf. Queniart, *Le Grand...*, 1993, p. 41.

34. AD 71, B 1847-1. Aff. du 6 juin 1787 (ct 7112).

35. AN, G^7 496 et 503-505. Aff. du 16 novembre 1723, Le Trait (ct 7616).

36. Weulersse, *Le Mouvement...*, 1910, II, p. 185.

37. Thuillier, « Communaux... », 1969. Aff. du 16 décembre 1764 (ct 0311). — Affrontement et rébellion du même type à Étroussat, autre village du Bourbonnais, le 22 mai 1763 (ct 0303), *ibid.*, p. 63 et n. De même en Bourgogne, dans le village de Larrey (ct 2118), le 29 mai 1742 : « assemblée illicite », « émeute », « sédition populaire », AD 21, B II 46-29.

38. AD 53, B 11000. Froger, Mém. de maîtr., *Les Émotions...*, 1984. Aff. du 22 octobre 1769 (ct 5302).

39. AD 04, 1 B 768 (sénéchaussée de Digne). Briançon, Mém. de maîtr., *Les Mouvements...*, 1993, p. 41-42. Aff. du 29 juin 1770 (ct 0414).

40. AD 78, 4 B 402. Aff. du 8 septembre 1774 (ct 9107).

41. Lemarchand, « Les troubles... », 1963, p. 415. Aff. du 11 août 1775.

42. Aubin, *La Seigneurie...*, 1989, p. 417 et n.

43. *Supra*, p. 912, note 75.

44. Lemoine, « Documents... », 1896, p. 125-127 ; Mousnier, *Fureurs...*, 1967, p. 138-156 ; Garlan-Nières, *Les Révoltes...*, 1975, p. 29. Aff. du 9 juin 1668 (ct 2907). Excellente cartographie des révoltes bretonnes de 1675 dans Meyer et Dupuy, « Bonnets rouges... », 1975.

45. Clément, *La Police...*, 1866, p. 310 ; Bercé, *Croquants...*, 1974, p. 54. Aff. du 11 juillet 1675.

46. BNF Mss., Mélanges Colbert, 171 *bis*, f° 379, 435, 478, 534 et 565, lettres du duc de Chaulnes, 2, 9, 12, 15, 16, 26 et 30 juin 1675 ; 172, f° 80 et 145, lettres du même, 13 et 20 juillet 1675 ; f° 167, lettre de l'évêque de Saint-Malo, 23 juillet 1675 ; f° 34, lettre de M. de Lavardin, 5 juillet 1675.

47. BNF Mss., Mélanges Colbert, 172, f° 149, abbaye de Notre-Dame de Langonnet, dans l'actuel canton de Gourin (ct 5609).

48. Clément, *La Police...*, 1866, p. 307 ; BNF Mss., Mélanges Colbert, 172, f° 62, lettre du duc de Chaulnes, 9 juillet 1675. — Sur l'authenticité discutée, mais très probable, du « Code », cf. Mousnier, *Fureurs...*, 1967, p. 141 et 144 ; id., « La révolte... », 1970, p. 344-345. — Sans entrer dans le détail des motivations enchevêtrées du *torrében* breton, il nous suffit ici d'en marquer la dominante indiscutablement antiseigneuriale.

49. BNF Mss., Mélanges Colbert, 171 *bis*, f° 644 v°, lettre du 21 juin 1675.

50. Le comté de Nassau-Sarrewerden — une dizaine de milliers d'habitants au milieu du XVIIIe siècle — correspond aux actuels cantons de Drulingen et de Sarre-Union, dans le Bas-Rhin (ct 6706 et 6720). Voir, sur cette révolte, l'excellente analyse de T. Bressan, *Le Procès...*, 1996, p. 1338-1347.

51. *Supra*, p. 183-187.

52. Blickle, *Résistance...*, 1998.

53. AD 73, B 02007. Aff. du 29 février 1672 (ct 7301).

54. AD 11, B 393. Aff. du 1er août 1680 (ct 1111).

55. AN, G7 231. Aff. du 22 octobre 1705 (ct 0822).

56. AD 73, B 01063. Aff. du 7 novembre 1676 (ct 7315).

57. AD 73, B 0802. Aff. du 13 mars 1698 (ct 7320).

58. AD 11, B 476, plainte de M. de Cazalet, baron de la Caunette. Aff. du 12 août 1719 (ct 3427) — simple refus, et non pas rébellion.

59. AD 26, E 506. La Rochebaudin, aff. du 24 août 1708 (ct 2610). — Sur le conflit entre Saint-Nazaire-le-Désert et le marquis de Montaneguier, AD 26, E 506/73.

60. AD 22, B 299. Quéniart, *Le Grand...*, 1993, p. 43. Aff. du 8 novembre 1733 (ct 2246).

61. AD 63, C 1527, lettre de M. de Virieu-Faverges (père du très jeune bénéficiaire du prieuré de Bort, alors âgé de neuf ans) au premier président de la cour des aides de Clermont, 10 avril 1737 ; procès-verbaux, témoignages, etc. ; Juillard, « Violence... », 1929-1930, p. 237-243 ; Hufton, « Le paysan... », 1983, p. 687-689. Aff. des 5 février et 21 mars 1735 (ct 1504).

62. AD 63, C 1528, lettres des 26 avril et 19 mai 1737. Aff. du 8 avril 1737 (ct 4312).

63. AD 63, C 1530, lettre du 15 juillet 1741. Aff. de juillet 1741, Saint-Privat-d'Allier (ct 4312). Cette paroisse du Velay relevait alors de la généralité de Clermont.

64. AD 04, E 180/7 (arch. comm. d'Angles) et B 1205 (sénéch. de Castellane). Briançon, Mém. de maîtr., *Les Mouvements...*, 1993, p. 45-48. Aff. du 29 juillet 1731 (ct 0422).

65. AD 34, C 6882, p. 53, lettre du comte de Brison, 30 novembre 1764. Aff. de novembre 1764 à Dompnac (ct 0725).

66. Aff. de la seigneurie de L'Isle-sous-Montréal (ct 8918) : AN, 80 AP 63, extr. des minutes du bailliage de L'Isle, août-septembre 1763.

67. Lascombe, « Procès-verbal... », 1883-1885 ; Sabatier, *Le Vicomte...*, 1988, p. 152. Aff. du 14 juin 1709 (ct 4328).

68. AD 21, 11 H 603, fonds de l'abbaye de Cîteaux. Saint-Jacob, *Les Paysans...*, 1960, p. 464, n. 10. Aff. du 6 août 1767 (ct 2135).

69. AD 38, B 2213, f° 535, arrêt du parlement de Grenoble, 13 novembre 1781 ; Bibl. mun. Grenoble, Q4, 5, f° 26-27 et 33 v°, lettres du procureur général, 30 mars, 22 avril et 25 juillet

1782 ; AD 26, C 5, réponse de la communauté de Suze-la-Rousse, 25 mars 1789. Bal, Mém. de maîtr., *Une commmunauté...*, 1972, p. 155-157. Aff. du 5 novembre 1781 (ct 2625).

70. Affaire évoquée dans une requête des consuls et habitants de Balbins et Sardieu, 16 février 1700 : AN, G^7 246, p. 155.

71. Arch. Guerre, A^1 3340, f° 173 ; id., 3341, f° 224.

72. Egret, *Le Parlement...*, 1942, II, p. 69-71 ; AD 38, B 1928, arrêt du 15 mars 1783, et B 2217, arrêt du 22 août 1786 ; Bibl. mun. Grenoble, Q^4, 5, f° 83-88 et 133 ; Q^4, 6, f° 6, 63 v°, 83 v° et 86 v°, lettres du procureur général de Reynaud. Aff. de Doissin-Montrevel (ct 3843) et Montagnieu-Torchefelon (ct 3833).

73. AD 34, C 6679, p. 2 et 3. Aff. du 22 mars 1745. AD 34, C 6882, p. 64-65, 67-68, 70. Aff. d'octobre 1764-janvier 1765 (ct 4824).

74. AD 07, 25 B 18. Aff. du 13 janvier 1769 (ct 0723).

75. Arch. mun. Grenoble, FF18, Abrégé du mémoire de la ville de Grenoble concernant le droit de *leyde* de M. de Pons (s.d., fin 1775). Sur l'affaire de la leyde de Grenoble (incidents des 7 octobre 1775 et 18 octobre 1777), Nicolas, « À propos... », 1994.

76. AD 66, 2 B 1897. Brunet, *Les Pouvoirs...*, 1998, p. 185-211 (« La saga de Mosset »). Aff. du 16 décembre 1737 (ct 6610).

77. Boutaric, *Traité...*, 1745, p. 171 *sq.* Renauldon, *Traité...*, 1765, p. 568 et 584. Sur la rénovation des terriers et le travail des feudistes, cf. Lefebvre, *Les Paysans...*, 1924, p. 150 ; Saint-Jacob, « La rénovation... », 1950-1951 ; id., *Les Paysans...*, 1960, p. 432-434 et 598-600 ; Bastier, *La Féodalité...*, 1975, p. 242-257 ; Nicolas, *La Savoie...*, 1977, p. 319, 511-513 et 518-521 ; Aubin, *La Seigneurie...*, 1989, p. 421-434.

78. Aubin, *op. cit.*, p. 422.

79. Arch. du château de Menthon (74), lettre du curé de Chavanes, 2 février 1705.

80. AD 34, C 6583. Aff. de mai 1730 (ct 3417).

81. AD 34, C 6879, p. 219 (ct 4312). Nicole Castan, *Crime...*, 1978, p. 157 n.

82. AD 34, C 6870, p. 92, lettre du marquis de Lafare, 28 février 1784.

83. Nicolas, *La Savoie...*, I, 1977, p. 520.

84. AD 73, B 01131. Aff. de Marcellaz (ct 7418).

85. Aff. du 30 mars 1703 (Etercy, ct 7418) et 22 avril 1703 (Poisy, ct 7499). — Le Pontet : aff. du 22 septembre 1719 (ct 7322). Nicolas, *La Savoie*..., 1977, I, p. 522-528 ; condamnation du prêtre et des autres émeutiers du Pontet : AD 73, B 4305, arrêt du sénat de Savoie, 17 juin 1722.

86. Nicolas, *ibid.*, p. 529.

87. Sur la cadastration en Savoie, *supra*, p. 222. Sur le rachat des droits, Bruchet, *L'Abolition*..., 1908 ; Nicolas, *La Savoie*..., 1978, II, p. 637 *sq.*

88. AN, E 2130, f° 341-342, arrêt du Conseil du 16 mai 1733. Aff. des 20 septembre et 7 octobre 1730 (ct 0999).

89. AD 07, 11 B 11. Aff. du 28 mai 1732 (ct 0799).

90. AD 21, B II 46-26 ; Bibl. mun., Dijon, fonds Carnot, recueil de factums, II-33, p. 405-518, et IV-19, p. 325-338. Aff. des 10 février 1732, 5 et 16 janvier 1733 (ct 0120). Informations recueillies par Catherine Joffrain et Antoine Balluet.

91. Marcel Delafosse, *Petite histoire de l'île de Ré*, La Rochelle, 1965, p. 58-59. AD 37, not. Decomps, La Rochelle. 1735.

92. Bordes, « Une révolte... », 1948 (ct 6533).

93. Piccard, « Émeute... », 1896 ; AD 73, B 04115 ; AD 74, 1C IV 69/12, lettre du curé Revilliod, 3 juin 1755. Aff. du 30 mai 1755 (ct 7426). Sur les curés de campagne, placés « au cœur des affrontements sociaux » au XVIIIe, Bart, « Encore un mot... », 1990.

94. AD 34, C 6802 ; C 6845, p. 122. Aff. des 1er-2 février 1762 (ct 3430).

95. Hours, « Les fayettes... », 1970. Aff. du 20 juin 1774 (ct 6901).

96. AD 34, C 6834, p. 41, 45, 47, 53, 55 et 127 ; C 6835, p. 63, 72, 81, 116 ; AN, Z1c 462 et 473. N. Castan, *Les Criminels*..., 1981, p. 104. Aff. des 23 septembre 1784 et 21 septembre 1785 (ct 0914).

97. Salvadori, *La Chasse*..., 1996, p. 30-36.

98. Nicolas, *La Savoie*..., 1977, I, p. 456.

99. Cambrésis : Salvadori, *La Chasse*..., 1996, p. 23. — Roussillon : Ayats, *Les Guerres*..., 1997, p. 28-31. — Bas-Languedoc : AD 34, C 6656 (correspondance 1742-1743), 6818 (correspondance 1768), etc. — Comtat : J.-L. Yssartel,

Bourg-Saint-Andéol sous la Révolution, thèse Université Paris I, 1991, p. 209.

100. BNF Mss., *ms fr.* 13699, f° 125 v° et 143 v° (nouvelles à la main, 1743). Boehler, *La Paysannerie…*, 1994, I, p. 242.

101. AD 34, C 684/52-55 (année 1761).

102. Isambert, *Recueil…*, XXI, p. 363, arrêt du Conseil du 4 septembre 1731.

103. André Corvisier, *L'Armée française de la fin du XVIIe siècle au ministère de Choiseul. Le soldat*, Paris, 1964, I, p. 68.

104. Ainsi les *Affiches du Dauphiné*, n° 19, p. 82 (12 septembre 1783).

105. Salvadori, *La Chasse…*, 1996, p. 283.

106. *Ibid.*, p. 342 et 356.

107. AD 73, B 01726. Aff. du 19 novembre 1697 (ct 7414).

108. AD 21, C 2964. Aff. du 3 novembre 1737 (ct 8998). Informations recueillies par Catherine Joffrain.

109. AD 34, C 6786, p. 96. Salvadori, *La Chasse…*, 1996, p. 317. Aff. du 26 août 1749, Beaulieu (ct 3407).

110. AN, Z 1 Q 69. Aff. du 5 octobre 1749 (ct 9290).

111. Luynes, *Mémoires…*, XIII, p. 186 et 247. Aff. de février 1754 ; l'action se situe entre Meulan et Mantes.

112. BNF Mss., *ms fr.* 6682 (Hardy), p. 417. Métra, *Correspondance…*, V, p. 279-280 ; *Gazette de Leyde*, XCIV, 25 novembre 1777. Aff. du 6 novembre 1777, Marcilly-le-Hayer (ct 1013).

113. Versailles : Métra, *Correspondance…*, XII (1788), p. 74. — Doué-la-Fontaine : *Gazette de La Haye*, 10 mai 1786 (ct 4913).

114. L'Isle-Adam : BNF Mss., *ms fr.* 6687 (Hardy), p. 214. — Conflans-Sainte-Honorine, Cergy, Pontoise, Pierrelaye, Herblay, etc. : AN, H 1453, n° 125-129.

115. Ikni, *Crise agraire…*, 1993, III, p. 121, n. 253.

116. AN, Y 18761 ; Chassin, *Les Élections…*, IV, 1889, p. 93. Aff. du 22 mars 1789.

117. AN, AD III 17, p. 176, arrêt du parlement de Paris, 25 mai 1787.

118. *Cahiers de doléances de la sénéchaussée de Nîmes pour les États généraux de 1789*, publ. par E. Bligny-Bondurand, Nîmes, 1908, I, p. 381.

119. Charles-Emmanuel de Ville, *Estat en abregé de la justice ecclésiastique et seculière du pays de Savoie*, Chambéry, 1674, p. 67-68.

120. *Traité...*, 1745, p. 83.

121. AD 74, 1 G 251, lettre de M. de Grenaud, marquis de Rougemont, à l'évêque d'Annecy, 23 juin 1704. Le conflit n'a pourtant pas dégénéré en rébellion ouverte (ct 0109).

122. AN, E 2091, f° 186-187, arrêt du Conseil du 3 juillet 1728 ; E 2108, f° 229-230, arrêt du Conseil du 25 novembre 1730. Aff. du 3 juin 1727 (ct 4325).

123. AD 25, B 303, f° 45-46. Daull, Mém. de maîtr., *Émeutes...*, 1988, p. 25. Aff. du 29 mai 1730 (ct 2508).

124. AD 34, C 126. Aff. du 18 septembre 1768 (ct 0902). — Troubles persistants dans cette paroisse où règne encore, en 1786, un « désordre unique » : « les manants », au dire des consuls, « font un parti tumultueux » contre le seigneur, le curé et contre les consuls eux-mêmes, AD 34, C 6835, p. 82.

125. AD 71, B 1316, p. 22-34. Barlet-Akar, Mém. de maîtr., *Montée...*, 1987, p. 113-115. Aff. du 4 mai 1771 (ct 7125).

126. AD 81, B 705. Cussac, Mém. de maîtr., *Émeutes...*, 1995, p. 26-28. Aff. du 3 décembre 1775 (ct 8133).

127. AN, Z[1c] 470 ; AD 24, C 3729. Ruff, *Crime...*, 1984, p. 158. Aff. des 22 décembre 1787 et 5 janvier 1788 (ct 2425).

128. J.-B. Gaultier, *La Vie et les œuvres de Messire Jean Soanen, évêque de Senez*, Cologne-Paris, 1750, I, p. 9.

129. Notre-Dame-de-Bellecombe : Nicolas, *La Savoie...*, 1977, I, p. 514-515. Aff. du 16 septembre 1706 (ct 7328).

130. AD 39, 7 B 355, f° 195-196. Aff. du 6 août 1750 (ct 3901).

131. Thônes en 1683, Saint-Nicolas-la-Chapelle en 1705, Taninges en 1726. Cf. Nicolas, *La Savoie...*, I, p. 514.

132. AD 69, 3 B (ct 6905).

133. AD 11, B 604, Plainte de Joseph Airolles, seigneur du marquisat de Cavanac, coseigneur de Villefloure, 15 mars 1776 (ct 1127).

134. AD 34, C 6881. Issartel, « Sus au marquis... », 1999. Conflit des années 1757-1763 et aff. de la nuit du 14 au 15 août 1763 (ct 0704). — Évocation des soucis féodocratiques de la famille vivaroise des Bernis, immergée dans ses chartriers

et procès afférents, dans J.-P. Desprat, *Le Cardinal de Bernis*, Paris, 2000, p. 126-127.

135. AD 34, C 6779, lettre du marquis de Bruyères, 7 juin 1768.

136. *Encyclopédie méthodique…, Jurisprudence*, IV, 1784, p. 286.

137. Ferrière, *Dictionnaire…*, 1740, I, p. 619.

138. BNF Mss., Mélanges Colbert, 102, f° 370, lettre de M. Deparadis, 27 mars 1661, aff. du dimanche 13 mars 1661.

139. Jouqueviel et paroisses proches : AD 34, B 2603. Aff. de 1663, 1665, 13 mars et juin 1666 (ct 8123). Dossier rassemblé par Élie Pélaquier.

140. AD 34, C 6697, p. 60, lettre de M. de Sérignan, 12 février 1747 ; *ibid.*, p. 63-64.

141. AD 11, B 2600. Aff. du 9 mai (attroupement « d'environ cinq à six cents personnes ») et du 4 juin 1769 (ct 3138).

142. Costamagna, *Recherches…*, 1971, p. 105-123. « Révolte » de la commune de Roquebillière le 10 octobre 1700 (ct 0619), *ibid.*, p. 111.

143. Nicolas, *La Savoie…*, 1978, p. 638 : le mouvement était incontestablement contagieux. Voyez le commentaire du comte de Duingt, Paul-François de Sales, second écuyer du duc de Chablais, dans une lettre datée de Turin le 9 juillet 1754 : « L'exemple de ceux de Samoëns qui se sont rachetés l'année passée et ont démarquisé leur seigneur ayant éveillé la même envie dans ceux de Taninges, ils ont fait offrir aux finances 20 000 livres pour se racheter aussi à teneur de l'édit de rédemption… »

144. AD 34, C 6849 (incidents multiples dans les années 1744-1745, « séditions » et esprit de « révolte » selon le seigneur, mais non pas rébellion caractérisée) (ct 3120).

145. AD 34, C 6726, p. 29-30, 32, 34, 37-38 (octobre 1759-mars 1760), Serviès-en-Val (ct 1118). Esprit de « révolte », sans rébellion caractérisée.

146. AD 34, C 2002. Aff. du 29 janvier 1772.

147. Bretagne : cf. Couëron, *supra*, p. 246. — Roussillon : AD 66, 1 C 1017, 1 C 2133.

148. Zink, *Clochers…*, 1997, p. 229 (année 1788).

149. La Côte-Saint-André : Bibl. mun. Grenoble, Q^4 3, f° 88 v°-89, 112, 129 et 139 v°. — Upaix : Q^4 3, f° 82, 89 v°, 104 v°, 106 v°, 118 v° et 131 v° (lettres datées de juin 1771).

150. Aff. du 11 novembre 1773 ; autre rébellion le 27 juillet 1774 (ct 2699).

151. AN, Q^1 186 ; AN, BB^{18} 278-279 ; APP, AB 418, p. 71 ; Bibl. mun. Grenoble, Q^4 4, f° 81 v° et 85 v° ; AD 26, B 2271 et B 7823, Nicollet, *Pour la commune...*, impr. 1851 ; C 5, réponse de la communauté de Saou, 1er mai 1789 ; L 44, f° 49, 93, 116 v°, L 1768, jugement du 14 messidor an V, L 1769, sentences des 27 brumaire et 27 prairial an VI, L 1842, dossier 354, L 1847, dossier 400, L 1850, aff. n° 417 et 418, L 1854, dossier 458, L 1855, dossier 464, L 1994, interrogatoire de Jean Aubert. Voir aussi Paul Silvestre, *La Forêt de Saou des origines à nos jours*, Crest, 1986, p. 55-78.

152. *La Vie...*, 1965, p. 645.

153. Nombreuses annonces de ce type dans les *Affiches du Dauphiné*.

154. AN, G^7 408, lettre de l'intendant Le Vayer, Moulins, 18 avril 1698. Aff. de mai 1697 (ct 0324).

155. Pélaquier, *De la maison...*, 1996, I, p. 505-507.

156. AD 34, C 6865, p. 40, lettre de Roussel, subdélégué à Bagnols, 11 octobre 1775.

157. AD 34, C 6678, p. 62-63 et 49. Aff. du 8 octobre 1786 (ct 8123).

158. AD 05, fonds Z Guillemin, 6007 (7), *Requête à nosseigneurs du parlement de Dauphiné pour les habitants de l'Argentière...*, factum établi par l'avocat Farconet, s.d. [1786], 101 p. ; *ibid.*, Supplique du seigneur de L'Argentière, s.d. [1786], copie figurant dans le dossier « Instituteurs, centenaire de la Révolution » ; Bibl. mun. Grenoble, Q^4 5, f° 125-132 v°, 142 v°, correspondance du procureur général du parlement de Grenoble ; Q^4 6, f° 7 ; *Affiches du Dauphiné*, n° 19, 9 septembre 1785, p. 80. — Les griefs à l'encontre du seigneur figurent en 1789 dans la réponse de la communauté de L'Argentière au questionnaire de la commission intermédiaire des états du Dauphiné, cf. P. Guillaume, *Documents inédits relatifs à L'Argentière (XIIIe et XVIIIe siècles)*, s.l., 1884. Informations complémentaires aimablement communiquées par M. Jean Han, de L'Argentière. Voir aussi Nicolas, « Le paysan... », 1984, p. 503-505.

159. *Supra*, p. 267.

160. AN : il s'agit du fonds privé Bertier de Sauvigny, notamment les dossiers 80 AP 9, 14, 15, 24, 56, 57, 63, 64, 65, 67, 70, 153. J'exprime ma gratitude à M. le comte Alexis

Bertier qui a bien voulu m'autoriser à consulter ces documents. Sur cette même question, Dinet, « Les peurs... », 1975, p. 210-213 ; Durr, « Les défenses... », 1984 ; Quinn, « Pratiques... », 1986. Vues de synthèse dans Bressan, *Le Procès...*, 1996, p. 616-620, 743-745, 788-791 et 826-831. Aff. du 28 août 1734 (Massangis), 12 novembre 1741 (Coutarnoux), 1744 (L'Isle), 5 août 1754 (L'Isle), etc.

161. Bressan, *Le Procès...*, 1996, p. 790.

162. AN, 80 AP 14, minute d'une lettre de Bertier à son secrétaire Mareschal, datée de Sauvigny le 11 septembre 1773.

163. AN, 80 AP 14, copie d'un mémoire adressé par Bertier à Necker, septembre 1778.

164. AN, 80 AP 15, lettre du 24 juin 1779.

165. Sur cette délégation à Paris, AN, 80 AP 9 et 15.

166. Jean Egret, *Necker, ministre de Louis XVI*, Paris, 1975, p. 142-146. Cf. hors-texte 3.

167. Touzery, *L'Invention...*, 1994, p. 271 *sq.*

168. AN, 80 AP 24, copie d'une lettre de Me Joseph Clerc, notaire à L'Isle, 4 septembre 1790. — Signalons, vers 1770, les actions des mainmortables d'une douzaine de paroisses de la région d'Indevillers, près de Maîche, en Franche-Comté, dirigées contre le comte de Montjoie-Vaufrey. Celui-ci produit contre eux, en 1773, un gros factum imprimé pour dénoncer leur comportement séditieux, leur « esprit de révolte et d'entêtement ». Affaire tranchée par le tribunal de Colmar en trois arrêts successifs de 1775 à 1779, mais non résolue dans l'esprit des habitants. Voir Bressan, *Le Procès...*, 1996, p. 745-747.

169. Sur l'identification des régions d'enquête, voir la figure 1, p. 48 ; sur les chiffres de population, cf. *supra*, p. 912, note 45.

170. Boutaric, *Traité...*, 1745, p. 174. Sur la présomption d'allodialité dans les pays de droit écrit, E. Chenon, *Étude sur l'histoire des alleux en France, avec une carte des pays allodiaux*, Paris, 1888, et F. Olivier-Martin, *Histoire du droit français des origines à la Révolution*, Paris, 1948, rééd. 1992, p. 256-257, 300-301 et 642-643.

171. BNF Mss., Joly de Fleury, 2547, f° 104 *sq.* (au sujet des prétentions alleutières de plusieurs communautés de l'Agenais).

172. Métra, *Correspondance...*, II, p. 420, et III, p. 23. Incidents cités par Lavisse, *Histoire de France*, IX-1, 1911, p. 45, et repris par Edgar Faure, *La Disgrâce de Turgot*, 1961, p. 444 n. (les deux rébellions sont peu contestables, mais nous n'avons découvert aucune trace d'archives indiquant la date et l'exacte localisation des faits ; elles ne figurent donc pas dans notre ensemble de données statistiques).

173. Flammermont, *Remontrances...*, III, 1898, p. 356-368.

JOURS SANS PAIN

1. Base des deux histogrammes : 1 491 affaires datées au mois près pour la fréquence mensuelle, 1 139 datées au jour près pour la fréquence hebdomadaire.

2. Sur les chiffres portés à la colonne population, cf. *supra*, p. 912, note 45.

3. Grâce à Marseille, porte ouverte sur le grand commerce de Méditerranée.

4. Loirette, *L'État...*, 1998, p. 167 *sq.*

5. Boislisle, *Correspondance...*, 1874-1897 ; Lachiver, *Les Années...*, 1991 ; Le Roy Ladurie, *L'Ancien Régime...*, 1991, p. 186.

6. AD 76, 1 B, Registre secret 1693-1695 ; AN, G^7 1632, p. 295 *sq.* ; Floquet, *Histoire...*, VI, p. 188 ; Périaux, *Histoire...*, 1874, p. 507. Aff. des 16-20 avril 1693.

7. AN, G^7 1632, p. 59 (ct 2806).

8. AN, G^7 1632, p. 62 et 64. Aff. du 16 mai 1693 (ct 2819).

9. AN, G^7 1632, p. 306 et 309. Aff. des 28-29 mai 1693 (ct 2819).

10. AN, G^7 1631, p. 40-45 et 217-218. Aff. des 17-19 mai 1693.

11. Cosne : AN, G^7 1635, p. 31-32 et 36. Aff. du 16 août 1693 (ct 5831). — Maintenon : AN, G^7 1632, p. 67 et 112. Aff. du 21 août 1693 (ct 2818). — Mâcon : AN, G^7 1631, p. 131. Aff. du 29 août 1693.

12. AD 71, B 689. Aff. du 4 mars 1694 (ct 7103).

13. AN, G^7 1635, p. 98 et 107. Aff. du 6 février 1694 (ct 4505).

14. Mâcon : AN, G[7] 1633, p. 88. Aff. de mars 1694. — Blois : AN, G[7] 1635, p. 43 et 49. Aff. d'avril 1694.

15. AD 76, 1 B, Registre secret ; AN, G[7] 1635, p. 235-237 et 246. Aff. des 17 et 23 avril 1694.

16. AN, G[7] 302, p. 117-121, 127, 129, 136 et 152. C. Tilly, *La France...*, 1986, p. 221. Aff. des 1er-2 et 4 mai 1694.

17. Étienne Toisonnier, *Journal (1683-1713)*, publié par Marc Saché, Angers, 1930, p. 43 ; Courant, « Crises... », 1954, p. 21 ; Lebrun, « Les soulèvements... », 1966, p. 135 ; id., *Les Hommes...*, 1971, p. 137 et n. 51 ; Lehoreau, *Cérémonial...*, 1967, p. 71 et 113. Aff. du 21 mai 1694, Bouillé-Ménard (ct 4924).

18. AN, G[7] 302, p. 140-141, 144, 152 et 158. Lachiver, *Les Années...*, 1991, p. 150. Aff. du 1er juin 1694.

19. AN, G[7] 1635, p. 239. Aff. du 11 juin 1694.

20. AN, G[7] 347, lettre de l'intendant Bernage, Limoges, 31 octobre 1698 ; AN, G[7] 408, lettre de l'intendant Le Vayer, Moulins, 26 avril 1699.

21. AN, G[7] 215, p. 225, 228 et 230. Lachiver, *Les Années...*, 1991, p. 230. Aff. du 31 juillet 1698.

22. AN, G[7] 524, p. 64, lettre de l'intendant Miromesnil, Tours, 29 novembre 1698.

23. AN, G[7] 524, p. 114, 116 et 118 (ct 3731).

24. Paul Bois (dir.), *Histoire de Nantes*, Toulouse, Privat, 1977, p. 209.

25. AN, G[7] 451. Aff. de juin 1699 (auj. Dange-Saint-Romain, ct 8607).

26. Aff. de Saint-Jean-de-Luz et Hendaye, 12 et 14 juin 1699 : AN, G[7] 138, p. 332.

27. Aubert, Mém. de maîtr., *L'Institution...*, 1989, p. 200.

28. Boislisle, « Le grand hiver... », 1903 ; Lachiver, *Les Années...*, 1991, p. 268 *sq.*

29. Mémoire de M. Desmarets au roi, 26 août 1709, in Boislisle, *Correspondance...*, III, 1897, p. 603.

30. AN, G[7] 1644, p. 104.

31. AN, G[7] 1645, p. 379 ; AN, G[7] 1647, p. 388. Léo Desaivre, « Journal d'Emmanuel Augier de La Terraudière (1707-1712) », *Mémoires de la Société historique et scientifique des Deux-Sèvres*, 1906, p. 175.

32. AN, G^7 1640 ; AN, G^7 1645, p. 379-380 et 382 ; AN, G^7 1647, p. 391 (ct 1713).

33. Lebrun, « Les subsistances… », 1966, p. 136 ; Lehoreau, *Cérémonial…*, 1967, p. 191.

34. AN, G^7 1646, p. 371 et 373 (sédition à Orléans le 4 avril 1709).

35. AN, G^7 1645, p. 33, 36, 150, 280, 289. Gutton, *La Société…*, 1971, p. 88. Aff. des 23-25 mars 1709.

36. AN, G^7 248, p. 382 ; AN, G^7 1643, p. 177 et 191 ; AD 38, B 2169, arrêt du parlement de Grenoble, 10 avril 1709 (condamnation à la potence d'un porteur de chaise).

37. AN, G^7 1651 ; Arch. Guerre, A^1 2187, p. 92-93 et 96.

38. Bercé, *Croquants…*, 1974, p. 89 ; AN, G^7 1647, p. 401, 405, 421, 422 et 454 ; Arch. Guerre, A^1 2187, p. 130, et A^1 2188, p. 8. — Aujourd'hui Coulonges-sur-l'Autize (ct 7911).

39. AN, Marine B^3 174, f° 184-185 et 188 ; AN, G^7 1648, p. 83, 85-86, 88-89, 91, 253, 255-257, 311, 313, 321 ; AN, KK 1003, p. 27 ; Arch. Guerre, A^1 2188, p. 218, 222, 240 ; Arch. comm. Marseille, BB 261 ; AD 34, C 6577, p. 4. Dangeau, *Journal…*, XII, p. 432 ; R. Pillorget, *Les Mouvements…*, 1975, p. 975.

40. Arch. Guerre, A^1 2133.

41. AN, G^7 1642, p. 445.

42. AN, G^7 1644, p. 409.

43. AN, G^7 1651, p. 276-277, 420-421, 426 ; Arch. comm. Tours, BB 71, reg. 61, f° 386. E. Giraudet, *Histoire de Tours*, Tours, 1873, II, p. 192-193 ; B. Maillard, *Les Campagnes…*, 1998, p. 350-351.

44. Arch. Guerre, A^1 2133, p. 243.

45. Aff. de Biac, c^{ne} de Cantoin (ct 1233), mai 1709 : AN, G^7 1646, p. 177 ; Arch. Guerre, A^1 2184, p. 209 et 212 (ct 1233).

46. Les ouvriers de la draperie. « L'on doit tout craindre de la furie des *purains*, qui est une nation brutale et sanguinaire qui occupe une partie de la ville de Rouen, laquelle est plus à redouter que tout le reste du peuple de ladite ville » (lettre du sieur de Beauregard, Rouen, 27 juillet 1693, AN, G^7 1632, p. 342).

47. AN, G^7 1650, p. 10, 17, 90-91, 95, 107, 284-288, 300, 304, 322, 375, 377 *bis* ; AN, Marine B^2 216, f° 181 et 356 ; B^3, 168, f° 146 v° ; Arch. Guerre, A^1 2186, p. 29. Saint-Simon, *Mémoires…*,

IV, p. 190, VI, p. 406 ; Dangeau, *Journal...*, XII, p. 461, n. 1 ; Sourches, *Mémoires...*, XII, p. 5-7 ; Floquet, *Histoire...*, 1840-1842, VI, p. 189-190 ; Périaux, *Histoire...*, 1874, p. 519 ; Lemarchand, « Crise... », 1967, p. 253 ; Goger, « De l'émotion... », 1989, p. 58. — Caen : AN, G^7 1642, p. 245, 249, 336.

48. AN, G^7 104, p. 1-2, 6-10, 12, 19, 20-22, 24-27, 29, 31-39, 41-42 ; G^7 109, p. 44, 76 ; G^7 110, p. 76-77 ; G^7 532-8 ; G^7 536-3 ; G^7 1640, p. 25, 27, 30, 32, 34, 36-37, 41, 62, 65, 67, 68, 83, 90 ; G^7 1747, p. 212 et 406 ; Arch. Guerre, A^1 2187, p. 166. Poitrineau, « Le détonateur... », 1985, p. 367.

49. Cité par Clément, *La Police...*, 1866, p. 354.

50. AN, G^7 1647, p. 145 ; AN, G^7 1654, p. 92 ; AN, G^7 1655, p. 526. Dangeau, *Journal*, XII, p. 398-399. Aff. du 28 avril 1709.

51. Le port de la Grenouillère (au niveau de l'actuel Musée d'Orsay) était consacré au commerce du bois.

52. Dangeau, *Journal...*, XII, p. 408 et n. ; Sourches, *Mémoires...*, XI, p. 328-329 ; Clément, *La Police...*, 1866, p. 463-465.

53. Dethan, *Paris...*, 1990, p. 159-161.

54. AN, G^7 1647, p. 194, 218-220, 224, 377, 398 ; AN, G^7 1654, p. 377 et 398. Dangeau, *Journal...*, XIII, p. 16-17 ; Sourches, *Mémoires...*, XII, p. 35, p. 328-329 ; Saint-Simon, *Mémoires...*, III, p. 579-583 ; Clément, *La Police...*, 1866, p. 356-357 ; Dethan, *Paris...*, 1990, p. 159-161.

55. AN, G^7 1647, p. 289.

56. AN, G^7 319, p. 310-312, 314 et 316. Depping, *Correspondance...*, 1850, I, p. 951-952 ; C. Tilly, *La France...*, 1986, p. 261. Aff. du 16 juin 1713.

57. Vanel, *Une grande ville...*, 1910, I, p. 160-162 ; Grissolange, « Le peuple de Caen... », 1986. Aff. des 20 et 24 juillet 1713.

58. Fécamp : Arch. Guerre, A^1 2342 (aff. d'avril 1711). — Cherbourg : AN, Marine B^3 206, f° 7. Aff. du 17 février 1712. — Dieppe : AN, G^7 503-505, p. 80-85 ; E 2019, f° 231-232, arrêt du 30 juillet 1720. Aff. du 24 juillet 1720. — Barfleur : AN, B^3 299, f° 168, 172, 189 ; E 2056, f° 437-438, arrêt du 3 mars 1724. Aff. du 24 février 1724.

59. AD 53, B 35 et 1007 ; AD 37, C 96 ; AN, E 2065, f° 246-247, arrêt du 2 décembre 1725. Froger, Mém. de maîtr., *Les Émotions...*, 1984. Aff. des 27-28 octobre 1725.

60. Caen : Floquet, *Histoire...*, VI, 1842, p. 403 ; Narbonne, *Journal...*, 1866, p. 136 ; Le Marchant, « Remarques... », 1908, p. 130-135 ; Vanel, *Une grande ville...*, 1910, I, p. 167-180. Aff. des 25-26 juin 1725. — Rouen : Narbonne, *Journal...*, 1866, p. 136 ; Périaux, *Histoire...*, 1874, p. 536. Aff. du 30 juin 1725.

61. Barbier, *Chronique...*, I, 1857, p. 399-400 (l'auteur inscrit l'événement sous la date erronée du 14 juillet) ; Marais, *Journal...*, 1863-1868, III, p. 210-211. Analyse très précise des faits par S.L. Kaplan, « The Paris... », 1985 ; voir aussi Jaouen, Mém. de maîtr., *Les Mouvements...*, 1993, p. 72-73. — Sur le déroulement des violences, AN, Y 12571, procès-verbal et témoignages ; AN, AD III 4, p. 221, sentence du 16 juillet 1725.

62. *Mémoires...*, éd. 1825, p. 330. — La disette de l'année 1740 a été étudiée par M. Bricourt, M. Lachiver et J. Queruel, « La crise des années 1740 dans le ressort du parlement de Paris », *Annales de démographie historique*, 1974, p. 281-333.

63. Luynes, *Mémoires...*, III, p. 243 ; Narbonne, *Journal...*, 1866, p. 459-467 ; Farouk, *Plaintes...*, 1982 (date de l'affaire erronée).

64. Barbier, *Chronique...*, 1857, III, p. 219-220 ; d'Argenson, *Journal...*, 1859-1867, III, p. 171-172 ; Croÿ, *Journal...*, 1906-1907, I, p. 26.

65. *Infra*, p. 565-568.

66. AD 69, 7 B. Aff. de Saint-Paul-en-Jarez (ct 4233), La Tour-en-Jarez (ct 4228) et Saint-Romain-en-Jarez (ct 4215), les 6 et 28 mars 1747.

67. Affaire jugée par l'intendant (53 inculpés) ; suite à l'intervention des curés d'Albi, puis des consuls et de l'archevêque, les accusés sont graciés, mais ils doivent payer 1 300 livres de dépens. Cf. AD 34, C 1296, 2887, 2890 et 6673 (p. 19, 21 et 24). R. Bourderon, Mém. de maîtr., *Recherches...*, 1953, p. 105-109.

68. AD 34, C 2875, 2888-2890, 6850 ; C suppl. 3103. AD 33, C 1378. Lamouzèle, *Toulouse...*, 1914, p. 102-110 ; R. Bourderon, *op. cit.*, p. 109-114. Aff. du 30 novembre 1747. Cf. *infra*, p. 425.

69. Arles : Valran, *Misère...*, 1899, p. 28-32 ; S. Pillorget, « Une crise... », 1970 ; Vovelle, « Récit... », 1985. BNF Mss., Joly de Fleury, 1129, f° 7-8. Aff. des 2-3 janvier 1752. — Rouen : d'Argenson, *Journal...*, 1859-1867, VII, p. 206-218, 227 et 230 ; Barbier, *Chronique...*, 1857, V, p. 212-213 ; Floquet,

Histoire..., 1840-1842, VI, p. 410-418 ; Périaux, *Histoire...*, 1874, p. 555-556 ; Lemarchand, « Les troubles... », 1963, p. 408. BNF Mss. fr. 13712, f° 49 et 51. Aff. des 20-22 avril 1752 et jours suivants.

70. D'Argenson, *op. cit.*, VII, p. 216-217 (l'allusion au « roi des Romains » renvoie à l'élection impériale et au contentieux franco-autrichien).

71. Bertin est contrôleur général des finances de 1759 à 1763, L'Averdy de 1763 à 1768.

72. Sur l'exécution partielle des mesures libérales, Weulersse, *Le Mouvement...*, 1910, II, p. 212 *sq.*

73. Sur le retour des mesures réglementaristes en 1770-1771, Kaplan, *Le Pain...*, 1986, p. 331 *sq.*

74. Sens : BNF Mss., Joly de Fleury, 1134, f° 129 *sq.* Aff. du 22 septembre 1766. — Amiens : BNF Mss., Joly de Fleury, 1135, f° 3-4. Aff. du 15 septembre 1766.

75. Troyes : BNF Mss., Joly de Fleury, 1136, f° 174-197 ; id., 1142, f° 138 *sq.* ; Ricommard, *Le Lieutenant...*, 1934, p. 241-248. Aff. du 1er juin 1767. — Rouen : BNF Mss., *ms fr.* 6680, f° 58 v° ; Floquet, *Histoire...*, 1840-1842, VI, p. 423 ; Périaux, *Histoire...*, 1874, p. 574 ; Desmarest, *Le Commerce...*, 1927, p. 144-146 ; Lemarchand, « Les troubles... », 1963, p. 406 et 422-423. Aff. des 22-24 mars 1768. — Poitiers : Bibl. mun. Poitiers, *ms* 926, « Journal d'Antoine Jérôme Cartier... ». Aff. des 5-7 juillet 1768. — Châlons-sur-Marne : BNF Mss., Joly de Fleury, 1140, f° 79-99 ; Boulanger, « Une émeute... », 1988. Aff. du 24 juillet 1768.

76. Tours : AD 37, C 96 ; BNF Mss., Joly de Fleury, 1152, f° 130-139. Aff. des 5-6 mai 1770. — Dijon : Arch. mun. Dijon, I M 9 ; AN, F12, 153. Aff. du 9 mai 1770.

77. BNF Mss., Joly de Fleury, 1150, f° 194-201 ; AN, F12, 155 ; AN, X^{2B} 1045 ; APP, AB 422, p. 373. Aff. des 11-13 août 1770.

78. Pfister, « Le magasin... », 1906, p. 84 *sq.* ; Le Moigne, « La crise... », 1972, p. 3-5. Aff. des 20-22 mai 1771.

79. AD 34, C 2914 ; Arch. PPP, AB 387, p. 124 ; *Gazette de Leyde*, 25 et 28 mai 1773, et *Suppl.* des 4 et 6 juin 1773 ; R. Bourderon, Mém. de maîtr., *Recherches...*, 1953, p. 129-139. Aff. des 16-21 avril 1773.

80. Bordeaux : Bibl. mun. Bordeaux, corresp. Duplessy ; AD 33, C 1438 ; Caraman, « La disette... », 1910. Aff. du 8 mai

1773. — Villeneuve-sur-Lot : AD 33, C 642. Aff. du 21 mai 1773. — Bergerac : AD 33, C 1437. Charrier, *Les Jurades...*, XII, p. 382 *sq.* ; Beauroy, *Vin...*, 1976, p. 155 *sq.* et 275 *sq.* Aff. des 22-23 mai 1773. — Montauban : D. Ligou, *Montauban à la fin de l'Ancien Régime...*, 1958, p. 178. Aff. des 27-29 mai 1773. — Carcassonne : AD 11, B 833 ; AD 34, C 2915 et 6730. Aff. des 11-13 août 1773.

81. AD 37, B, Maréchaussée, procéd. crim. ; Arch. mun. Tours, BB 35, 1774 ; APP, AB 387, p. 153-154 ; BNF Mss., *ms fr.* 6681 (Hardy), p. 303 ; Pidansat, *Journal historique...*, V, p. 91 et 95 ; P. Chevalier, *Histoire de Tours*, 1985, p. 210. Aff. des 20-22 février 1774.

82. Parmi les travaux les plus récents, Ljublinski, *La Guerre...*, 1979, et la pénétrante étude de C. Bouton (*The Floor...*, 1993) ; l'auteur, qui a scrupuleusement pris en compte tous les « incidents », même mineurs, propose un tableau de 313 occurrences (*ibid.*, p. 147-154), mais selon nos critères 123 épisodes conflictuels présentent un caractère réellement séditieux.

83. « La taxation... », 1956, p. 169-173. Argumentaire repris par E. Faure, *La Disgrâce...*, 1961, p. 292 *sq.*

84. Dumay, « Une émeute... », 1886 ; Girod, *Les Subsistances...*, 1906, p. 43 *sq.* ; Bart, *La Révolution...*, 1996, p. 72. Le conseiller Filsjean se portera candidat à l'élection des corps administratifs du département de la Côte-d'Or en avril 1790, mais ses adversaires se montreront impitoyables : chassé de la salle de réunion du canton de Vitteaux, il sera poursuivi, lynché et finalement massacré comme traître à la Nation (Bart, *ibid.*, p. 156).

85. Beaumont-sur-Oise : BNF Mss., Joly de Fleury, 1159, f° 11 *sq.* ; Arsenal, Bastille, 12447 ; Croÿ, *Journal...*, III, p. 144-145. Aff. du 27 avril 1775 (ct 9503). — Pont-Sainte-Maxence : BNF, Joly de Fleury, 1159, f° 245 ; Croÿ, *Journal...*, III, p. 157. Aff. du 28 avril 1775 (ct 6030). — Méru : BNF, Joly de Fleury, 1159, f° 13 ; Croÿ, *Journal*, III, p. 154. Aff. du 28 avril 1775 (ct 6023). — Noailles : BNF, Joly de Fleury, 1159, f° 13 ; Bibl. mun. Beauvais, fonds Bucquet-aux-Cousteaux, LXXXII, p. 791. Aff. du 1er mai 1775 (ct 6028).

86. Croÿ, *Journal...*, III, p. 154. Aff. du 28 avril 1775 (ct 9516).

87. Bibl. mun. Beauvais, fonds Bucquet-aux-Cousteaux, LXXXII, p. 793 et 807 ; Samson, « Marginaux... », 1983-2, p. 39 ; selon la *Gazette de Leyde* du 19 mai 1775, « les fenêtres du bel hôtel de ville de Beauvais ont été brisées et la ville est presque entièrement dépavée », information reprise par le *Journal historique et littéraire*, juin 1775, p. 918. Aff. du 29 avril 1775.

88. BNF, Joly de Fleury, 1159, f° 205-221 ; Croÿ, *Journal...*, III, p. 159. Aff. du 29 avril 1775.

89. Tosny : Arsenal, Bastille, 12447 (ct 2719). — Gisors : AD 76, 16 J 47. Aff. du 1er mai 1775. — Port-Mort et Les Andelys : AD 27, 2B 60. Aff. du 4 mai 1775 (ct 2702).

90. Meulan : BNF Mss., Joly de Fleury, 1159, f° 179-182. M. Lachiver, *Histoire de Meulan*, 1965, p. 221-222 ; id., *Documents d'histoire régionale*, 1971, p. 25. Aff. du 1er mai 1775. — Vernon : AD 27, 1 B 301*, maréchaussée d'Évreux ; AD 76, C 107-110 ; AD 76, 16 J, fonds Godard de Belbeuf, correspondance avec les bailliages. Desmarest, *Le Commerce...*, 1926, p. 199. Aff. du 2 mai 1775 (ct 2797). — Argenteuil : BNF Mss., Joly de Fleury, 1159, f° 3-6. Aff. du 2 mai 1775 (ct 9599). — Saint-Germain-en-Laye : BNF Mss., Joly de Fleury, 1159, f° 237-243 ; Croÿ, *Journal...*, III, p. 155. Aff. du 1er mai 1775. — Senlis : BNF Mss., Joly de Fleury, 1159, f° 245 *sq.* Aff. du 2 mai 1775.

91. BNF Mss., Joly de Fleury, 1159, f° 65 et 192. Aff. du 3 mai 1775 (ct 6012).

92. BNF Mss., *ms fr.* 6682 (Hardy), p. 61. Aff. du 3 mai 1775 (ct 7709).

93. Montdidier : AD 80, C 88 et 974 ; BNF Mss., Joly de Fleury, 1159, f° 189 et 229 ; Croÿ, *Journal...*, III, p. 158. Aff. du 6 mai 1775 (ct 8027). — Roye : BNF Mss., Joly de Fleury, f° 227-234 ; Croÿ, *Journal...*, III, p. 158 et 161. Aff. du 8 mai 1775 (ct 8038).

94. BNF Mss., Joly de Fleury, 1159, f° 269 *sq.* ; *ms fr.* 6682 (Hardy), p. 68 ; Croÿ, *Journal...*, III, p. 150 et 156 ; Véri, *Journal...*, 1928, I, p. 286.

95. BNF Mss., *ms fr.* 6682 (Hardy), p. 58-60 ; AN, AD III 13, p. 139, jugement prévôtal du 11 mai 1775. Croÿ, *Journal...*, III, p. 156 ; Faure, *La Disgrâce...*, 1961, p. 258 *sq.* — Les deux condamnés, un perruquier de vingt-huit ans et un compagnon gazier de seize ans, n'étaient coupables que de pilleries. Tous

deux « criaient le long du chemin en allant au supplice qu'ils étaient innocents ». Morts pour l'exemple (Hardy, *ibid.*, p. 66). Sur la répression de l'émeute, voir aussi Chagniot, *Paris...*, 1985, p. 173-175 et 182-184.

96. BNF Mss., Joly de Fleury, 1159, f° 168-172. Aff. du 22 mars 1775 (ct 1014).

97. Lizy-sur-Ourcq : BNF Mss., Joly de Fleury, 1159, f° 106-107. Aff. du 5 mai 1775 (ct 7715).

98. BNF Mss., Joly de Fleury, 1159, f° 131, 135 *sq.* et 165-166.

99. Château-Thierry : BNF Mss., Joly de Fleury, 1159, f° 39. Aff. du 9 mai 1775. — Brie-Comte-Robert : AD 77, B 3957, maréchaussée de Melun ; BNF Mss., Joly de Fleury, 1159, f° 21-27. Aff. du 5 et du 8 mai 1775 (ct 7702). — Nemours : AD 77, B 3957, maréchaussée de Melun ; BNF Mss., Joly de Fleury, 1159, f° 196-197. Aff. du 6 mai 1775 (ct 7724). — Melun : BNF Mss., Joly de Fleury, 1159, f° 167.

100. Bouton, *The Flour...*, 1993, p. 100, 102 et 114.

101. BNF Mss., *ms fr.* 6682, p. 64.

102. *Journal...*, I, 1928, p. 286 et 288-289. — On retrouve le terme *insurgens* sous la plume du libraire Hardy à propos de l'émeute Réveillon des 27-28 avril 1789 à Paris. Cf. BNF Mss., *ms fr.* 6687 (Hardy), p. 302 : « Plusieurs *insurgens* constitués prisonniers » ; p. 303, exécution des « *insurgens* séditieux ».

103. Jargeau : BNF Mss., Joly de Fleury, 1161, f° 64 *sq.* et 69. Aff. du 7 mars 1778 (ct 4515). — Nouzilly : AD 37, B, bailliage-présidial de Tours, procédures criminelles 1778-1783 ; AN, AD III 14, p. 146. Aff. du 24 mars 1778 (ct 3706). — Selles-sur-Nahon : AD 36, 2 B 466. Aff. du 28 mars 1778 (ct 3610). — Montesquieu-Volvestre : AD 34, C 6834, p. 150 et 152-153. Aff. du 30 mai 1778 (ct 3120). — Saint-Pons : AD 34, C 6847, p. 126 et 128. Aff. du 27 mai 1778 (ct 3433).

104. AD 34, C 6856 ; *Courrier de l'Europe,* 21 août 1778 (lettre de Toulouse, datée du 1er juillet 1778). Lamouzèle, *Toulouse...*, 1914, p. 397-401 ; Bonnet, « Les problèmes... », 1981, p. 170-171 ; Baumgartner, Mém. de maîtr., *Émeutes...*, 1995, p. 63-75. Aff. des 8-10 juin 1778.

105. BNF Mss., Joly de Fleury, 543, f° 261 ; AN, AD III 16, p. 199. Aff. des 29-30 mai 1782 (ct 4509).

106. BNF Mss., Joly de Fleury, 543, f° 303 et 306. Aff. du 26 octobre 1782.

107. Tullins : Bibl. mun. Grenoble, Q 4 (5), f° 40 et 91 ; Q 6, f° 42 v°-43, 44 v°, 47 v°. Aff. des 12 et 15-16 février 1783 (ct 3835). — Saint-Bonnet-le-Froid : AD 07, 12 B 7, dossier 12 ; AD 34, C 6886, p. 70. Aff. du 1er mai 1783 (ct 4315).

108. Lantier, « La crise... », 1975. Aff. des 8 et 10 juillet 1784.

109. Arrêt du Conseil du 23 novembre 1788. Cf. Weulersse, *La Physiocratie à l'aube...*, 1985, p. 300. La liberté intérieure du commerce céréalier (déclaration de juin 1787) n'est pas officiellement remise en question, et les intendants s'y réfèrent jusqu'au bout pour s'opposer aux excès locaux du réglementarisme.

110. Jarnages : AN, Z1C 471. Duval, *Archives...*, 1875, p. 45-46 n. ; Metrich, « Émeutes... », 1993, p. 64-65. Aff. des 18 et 30 septembre 1788 (ct 2320). — Felletin : Duval, *Cahiers...*, 1873, p. 125-128. Aff. d'octobre 1788 (ct 2316). — Ahun : AD 23, B 750. Aff. du 12 octobre 1788 (ct 2301). — Aubusson : Duval, *ibid.*, p. 109-110. Aff. de décembre 1788.

111. Arrêt du 7 septembre 1788. Cf. Weulersse, *op. cit.*, p. 300.

112. Lamballe : AN, Ba 44[1], liasse 94 *bis* ; AN, BB 30, 87 ; AD 35, C 1714-1715. Aff. des 5-7 août 1788 (ct 2218).

113. Morlaix : AD 35, C 1714-1715. Letaconnoux, *Les Subsistances...*, 1909, p. 331-332. Aff. des 19-20 septembre 1788. — Saint-Brieuc : Letaconnoux, *ibid.*, p. 332-333. Sept. 1788. — Pont-Croix : Letaconnoux, *ibid.* Aff. du 3 octobre 1788. — Port-Launay : AN, H 1453, n° 185 *bis* ; AD 35, C 1714. Aff. du 30 décembre 1788 (ct 2908).

114. AD 35, C 1714. Pocquet, *Les Origines...*, 1885, II, p. 8-9. Aff. des 1er-2 septembre 1788.

115. Mourlot, *La Fin...*, 1913, p. 176 et n. 305. Aff. du 5 janvier 1789.

116. Arch. comm. Nantes, BB 112, FF 289 ; AD 35, C 1716 ; AN, H[1] 419, p. 77, et H[1] 1453, nos 175-175 *bis* ; AN, BB 30, 87. Aff. des 7-8 janvier 1789.

117. AN, BB 30, p. 81, 85-86 ; H1 1420, p. 101. Laurent, *Reims...*, 1930, p. XCIX ; Charpantier, Mém. de maîtr., *La Question...*, 1969, p. 93 et 97 ; Vonglis, *Le Commerce...*, 1980, p. 227.

118. AN, BB 30, 87, p. 47-49, 52 et 54-55. Aff. des 23-24 mars 1789.

119. AN, H 1453, n° 1 *bis*. Engrand, « Mendier... », 1984, p. 526. Aff. des 28-30 avril 1789.

120. Desplat, *Pau*..., 1992, I, p. 275-276. Aff. des 10-12 mars 1789.

121. AD 02, B 1315. Aff. des 2-6 mars 1789, commune de Tergnier (ct 0242).

122. Mourlot, *La Fin*..., 1913, p. 311. Aff. des 23-25 avril 1789.

123. BNF Mss., *ms fr.* 6687 (Hardy), p. 303. Chassin, *Les Élections*..., III, p. 50 *sq.* Un troisième condamné, l'écrivain public Mary, fut pendu place de la Porte-du-Faubourg trois semaines plus tard, en présence de cinq camarades attachés au carcan en face de la potence. Sur le caractère plus alimentaire que salarial de l'émeute Réveillon, Rudé, *La Foule*..., 1982, p. 59. Sur l'émeute elle-même, *infra*, p. 470-471.

124. Pour la séquence provençale, Cubells, *Les Horizons*..., 1987, *passim* ; id., « L'émeute... », in Nicolas, *Mouvements*..., 1985, et « Marseille... », 1986 ; Lambert, *Histoire de Toulon*, IV, 1892, p. 394-410. AN H^{1} 1274 et 1453 n° 7 ; Marine, B^{3} 797, f° 10-21.

125. L'évêque de Sisteron est « grièvement blessé » dans cette affaire, survenue à Manosque le 14 mars 1789 : AN, H^{1} 1274, p. 63-71, 82, 123, 134.

POLITIQUE DE LA FAIM

1. AN, G^{7} 1641, p. 239, lettre du 12 avril 1709 ; p. 240, lettre du même, 22 avril 1709 : « Hier en cette ville on n'y en porta en tout que huit boisseaux pour quatre mille paysans qui y étaient et criaient à la famine. »

2. *The Flour*..., 1993, p. 213 *sq.*

3. AN, G^{7} 1630, f° 184-185.

4. AN, X^{2} 1131, plumitif du parlement, 29 mars 1768. Aff. des 1er-2 juin 1767.

5. BNF Mss., Journal de Hardy, *ms fr.* 6680, f° 65.

6. Toulouse : AN, G^{7} 1644, p. 409. Aff. du 22 avril 1709. — Brest : AN, Marine, B^{3} 527, f° 278, 10 septembre 1768.

7. BNF Mss., Joly de Fleury, 1134, f° 129 *sq.* Aff. du 22 septembre 1766.

8. AD 35, C 1714-1715, lettre du 22 septembre 1788. Letaconnoux, *Les Subsistances*..., 1909, p. 331 et 336. Aff. des 19-20 septembre 1788.

9. BNF Mss., Joly de Fleury, 1142, f° 138 *sq.* ; APP, AB 422, p. 58 ; AN, X^2 B 1039. Chaudron, *La Grande Peur*..., 1923, p. 62 et n. ; Ricommard, *La Lieutenance*..., 1934, p. 241-248.

10. AD 77, B 3957. Aff. du 6 mai 1775.

11. AN, AD III 14, p. 146. Aff. du 24 mars 1778 (ct 3706).

12. AD 69, 7 B. Aff. du 6 mars 1747 (ct 4233).

13. Le Dorat : AN, G^7 1645, p. 16. Aff. du 7 avril 1709 (ct 8708). — Montjean-sur-Loire : AN, G^7 1651, p. 339. Aff. du 14 juillet 1709 (ct 4925).

14. AD 35, C 1670. Aff. du 2 septembre 1765 (ct 5602).

15. Arsenal, Bastille, 12447, f° 227 (Dejames), 74, 166 et 216 (Delepine).

16. Châtillon : BNF Mss., Joly de Fleury, 543, p. 261 ; AN, AD III 16, p. 199. Aff. des 26-29 mai 1782 (ct 4509).

17. AN, H 1453, n° 185 *bis* ; AD 35, C 1714 et 1716. Aff. de Port-Launay-Châteaulin, 30 décembre 1788. — Dans notre corpus subsistances, le cabaretier figure à 19 reprises au rang des acteurs les plus actifs.

18. AN, BB 30, 87, p. 81 et 85-86. Laurent, *Reims*..., 1930, p. XCIV-CII ; Vonglis, *Le Commerce*..., 1980, p. 227-230. Aff. des 11-12 mars 1789.

19. AN, Z^{1c} 431. Aff. du 14 juin 1757.

20. *The Flour*..., 1993, p. 90. AD 76, B 3957, et Arsenal, Bastille, 12447, f° 453, jugement prévôtal du siège de la maréchaussée de Melun.

21. AN, F^{12} 155 ; AN, X^{2B} 1045 ; BNF Mss., Joly de Fleury, 1150, f° 195 ; APP, AB 422. Aff. des 11-13 août 1770.

22. *Le Pain*..., 1986, p. 22.

23. *Supra*, exergue du chapitre VII, p. 335.

24. Condorcet, *Lettre*..., 1775, p. 10.

25. Kaplan, *Le Pain*... 1986, p. 58.

26. Afanassiev, *Le Commerce*..., 1894, p. 96-109.

27. Letaconnoux, *Les Subsistances*..., 1909, p. 41.

28. AN, G^7 234 et 1642, p. 459. Aff. du 4 mai 1709 (ct 5224).

29. AN, G^7 1647, p. 161. Aff. de juillet 1709.

30. AN, Z^{1c} 343. Aff. d'avril ou mai 1746.

31. Saint-Vallier : AD 21, B II 46/34. Aff. du 7 janvier 1760 à Saint-Romain-sous-Gourdon (ct 7136). — Mervans : AD 21, 32 F 689 (fonds Voguë). Aff. du 16 avril 1771 (ct 7142).

32. BNF Mss., Joly de Fleury, 1159, f° 203. Aff. du 5 mai 1775 (ct 7733).

33. AN, Z^{1c} 471. Aff. du 30 septembre 1788 (ct 2320).

34. Lehoreau, *Cérémonial…*, 1967, p. 211. Abbé Réguis, *La Voix du pasteur. Discours familiers d'un curé à ses paroissiens…*, Paris, 1773, II, p. 147.

35. Thompson, « The moral… », 1971, p. 132. L.A. Tilly, « La révolte… », 1973.

36. Nicolas, *La Savoie…*, 1978, t. II, p. 573.

37. BNF Mss., Joly de Fleury, 1132.

38. BNF Mss., Joly de Fleury, 1150, f° 105.

39. BNF Mss., Joly de Fleury, 543, f° 171.

40. AN, G^7 399 : scolie ministérielle figurant sur une lettre de l'intendant Laugeois (Montauban), 27 avril 1714, à propos de l'attitude du curé de Marciac (ct 3214).

41. AD 07, 11 B 5. Aff. du 12 octobre 1693 (ct 0706).

42. AN, G^7 1632, p. 306 et 309. Aff. du 29 mai 1693 (ct 2732).

43. Arsenal, Bastille, 12447, f° 124, 136 *sq.*, 186, 200, 286, 290, 298, 349-350. Faure, *La Disgrâce…*, 1961, p. 293 n. 1 et 298-300.

44. Voltaire, 1775, éd. Garnier, Paris, 1879, XXIX, p. 368-369. Ljublinski, *La Guerre…*, 1979, p. 53 *sq.*

45. Kaplan, *Le Pain…*, 1986, p. 142-143.

46. Paul Bois (dir.), *Histoire de Nantes*, Toulouse, Privat, 1977, p. 209.

47. AN, G^7 1632, lettre de l'intendant de Creil, 12 novembre 1693 ; AN, G^7 1635, p. 46. Aff. de Vitry-aux-Loges, 23 avril 1694 (ct 4506).

48. AN, G^7 1635, p. 53. Aff. du 25 avril 1694.

49. AN, G^7 524, p. 64.

50. AN, G^7 1648, lettres des 8 et 18 mars 1709.

51. AN G^7 1640, p. 142, lettre du 21 octobre 1709.

52. AN, G^7 1651, p. 241. Aff. du 14 mars 1709.

53. Arch. mun., Dijon, I, 119, 4 avril 1709. Aff. du 30 mars 1709.

54. AN, G^7 1650, p. 505. Aff. du 17 avril 1709.

55. AN, G^7 1640, p. 32, 44, 76-77. Aff. du 15 septembre 1709.

56. Traduction un peu libre, en langage de grand prévôt : « Qu'il serait ravi d'être le martyr du peuple. » AN, G^7 1651, p. 295. Aff. du 14 mai 1709.

57. Les Andelys : AN, Z^{1e} 431 ; AD 76, C 104. Aff. du 14 juin 1757. — Cherbourg : AN, F^{12}, 155 ; Musset, *L'Intendance...*, 1985, p. 280. Aff. du 5 décembre 1764.

58. Cf *supra*, p. 405 et 406, et note 9, p. 965.

59. BNF Mss., Joly de Fleury, 1147, f° 105.

60. AN, F^{12}, 155, lettre du 9 septembre 1770. Aff. des 18-19 août 1770.

61. AD 26, B 599 ; Bibl. mun. de Grenoble, Q^4 (4), f° 70 v° et 75. Egret, *Le Parlement...*, 1942, I, p. 189. Aff. des 12-13 mai 1771 (voir le fac-similé du monitoire, illustration 14, p. 633).

62. Arsenal, Bastille, 12447, f° 58 *sq.*, 112, 234, 384 et 408.

63. Ancenis : Boislisle, *Correspondance...*, I, p. 362. — Saumur : AN, G^7 524, p. 237-238. — Dun-le-Roy : AN, G^7 1652, p. 17 (auj. Dun-sur-Auron).

64. AN, G^7 1647, p. 197.

65. Barfleur : AN, B^3 299, f° 189. Aff. du 24 février 1724. — Saint-Lô : AD 14, C 2673. Aff. du 9 mai 1739. — Brézolles : BNF Mss., Joly de Fleury, 1129, f° 20-28. Aff. du 11 septembre 1751 (ct 2805). — Amboise : AD 37, C 94. Aff. du 6 juin 1768.

66. La Ferté-Bernard : BNF Mss., Joly de Fleury, 1141, f° 70-76. Aff. du 3 mai 1768 (ct 7210). — Beaufort-en-Vallée : BNF Mss., Joly de Fleury, 1144, f° 7-11. Aff. du 2 août 1769 (ct 4905). — Casteljaloux : AD 33, C 1438 et 1 B (liasse 6532). Aff. du 18 mai 1773 (ct 4707). — Brie-Comte-Robert : BNF Mss., Joly de Fleury, 1159, f° 21-27. Aff. du 5 mai 1775 (ct 7702). — Jargeau : BNF Mss., Joly de Fleury, 1161, f° 64 *sq.* Aff. du 7 mars 1778 (ct 4515). — Caen : AN, H^1 1455, p. 54. Aff. du 23 avril 1789.

67. Mâcon : AD 71, B 1697, p. 51. Aff. du 29 octobre 1759. — Dijon : Dumay, « Une émeute... », 1886. Aff. du 18 avril

1775. — Sainte-Anne : AD 41, BV 189. Aff. du 8 mars 1789 (ct 4198). — Ribérac : AD 33, C 493, p. 13-19. Aff. des 24-28 mai 1773 (ct 2428).

68. BNF Mss., 6682, Journal de Hardy, p. 108. Aff. du 1er mai 1775.

69. AD 34, C 3013. Lamouzèle, *Toulouse*..., 1914, p. 110 ; R. Bourderon, Mém. de maîtr., *Recherches*..., 1953, p. 113-114. Cf. *supra*, p. 377.

70. Condorcet, *Lettre*..., 1775, p. 19-20.

71. AN, G7 1651, p. 193, lettre signée « N.L.R. Avocat », Château-Thierry, 26 juillet 1709 : « Le peuple criait, menaçait. Tout dans ce bas rang semblait ne respirer que sédition. Ils ne parlaient pas moins que de piller et même de tuer les riches, et tel dans leur idée passait pour riche qui n'était au fond pas plus accommodé qu'eux. »

72. AN, G7 1645, p. 162, lettre du prévôt des marchands Ravat, 9 avril 1709.

73. AD 37, C 96 ; AD 53, B 35 et 1007. Aff. des 27-28 octobre 1725.

74. *Journal*..., III, p. 211.

75. BNF Mss., Joly de Fleury, 1117, f° 224.

76. AD 63, C 7225. Aff. du 24 septembre 1751 (ct 6324).

77. Jeancard, *Les Fermes*..., 1955, p. 122. Aff. du 17 août 1772.

78. Pierre Bernadau, *Annales politiques, littéraires et statistiques de Bordeaux*, Bordeaux, 1803, p. 218. Aff. du 12 mai 1773 (ct 3323).

79. Cénac : AD 33, C 1437. Aff. du 13 mai 1773 (ct 3323). — Rauzan : AD 33, C 1438 ; Ruff, *Crime*..., 1984, p. 152. Aff. du 15 mai 1773 (ct 3337). — Moissac : Ricalens, *Moissac*..., 1994, p. 221. Aff. des 12-14 mai 1773.

80. BNF Mss., Joly de Fleury, 1150, f° 255. Lettre de Mme des Fosses, dame de Coyolles, 6 mai 1775.

81. Catherine Duprat, *Le Temps des philosophes*, Paris, 1993.

82. AD 33, C 1437 ; AD 24, B 648. Charrier, *Les Jurades*..., XII, p. 392 *sq.* ; Beauroy, *Vin*..., 1976, p. 155 *sq.* et 275 *sq.* ; Cameron, *Crime*..., 1981, p. 63-69. Aff. des 22-23 mai 1773.

83. Kaplan, *Le Complot*..., 1982 ; Antoine, *Louis XV*, 1989, p. 609.

84. Sur la diffusion à Paris des « murmures » et « mauvais discours » dans les milieux populaires et leur crédibilité, Farge, *Dire…*, 1992, p. 93 *sq.*, et *Le Goût de l'archive*, Paris, 1989, p. 125.

85. 1986, p. 258 : «… une fraction de la population retire sa confiance au gouvernement. Son désenchantement est si profond qu'elle se laisse facilement convaincre que le gouvernement et peut-être le roi lui-même se sont tournés contre la nation. »

86. *Mémoires*, « Pléiade », III, 1984, p. 580.

87. BNF Mss., 6682, p. 64.

88. BNF Mss., Joly de Fleury, 1159, f° 78 v°.

89. AN, G^7 1642, p. 451 et 453. Aff. du 7 mai 1709 (ct 1008).

90. AN, G^7 1291. Aff. du 3 juillet 1709.

91. AD 86, Reg. du chapitre Saint-Pierre-de-Chauvigny, notes de l'abbé de Beaulieu, curé-prieur. Aff. des 5-7 juillet 1768.

92. AD 26, B 589, p. 24 à 33, sentence de la sénéchaussée et présidial de Valence, 7 mai 1765. Aff. du 22 janvier 1764.

93. AD 77, B 3957. Aff. du 6 mai 1775.

94. Ikni, *Crise agraire…*, 1993, II, p. 215 et n. 223 (déposition d'une fille de laboureur, 6 septembre 1775).

LES CONFLITS AUTOUR DU TRAVAIL

1. Cité par Marion, « Un essai… », 1913, p. 39.

2. É. Levasseur, *Histoire des classes ouvrières et de l'industrie en France depuis la conquête de Jules César jusqu'à la Révolution*, 2 vol., Paris, 1859 ; Kaplan, « Réflexions… », 1979, « La lutte… », 1989, *La Fin…*, 2001 ; Sonenscher, *The Hatters…*, 1987, *Work…*, 1989 ; Gallinato, *Les Corporations…*, 1992 ; Gayot, *Les Draps…*, 1998.

3. L'ensemble des 470 affaires consignées dans l'enquête sous la rubrique « conflits du travail » (soit 441 cas en type « fondamental » et 29 cas en type « secondaire ») comprend 8 grèves commerciales plus ou moins tumultueuses (boulangers, bouchers, cabaretiers) qui relèvent en réalité de l'antifiscalisme. Je les ai écartées de la présente analyse, qui s'appuie donc sur

un ensemble de 462 occurrences. Notons, à propos des grèves, que nous faisons ici une exception au principe de l'enquête axée sur les faits d'insubordination marqués par des actes de violence collective : nous avons retenu en effet tous les cas de cessation concertée du travail, même en l'absence de violences sur les personnes ou sur les biens.

4. BNF Mss., *ms fr.* 22064, f° 151-152.

5. Épiciers : APP, fonds Lamoignon, 20, f° 367, sentence du 6 février 1699. — Boulangers : APP, fonds Lamoignon, 22, f° 88, sentence du 12 décembre 1704.

6. Garden, *Lyon*..., 1970, p. 562.

7. Chapeliers : AN, Y 14932, sentence de police du 4 juillet 1721. Sonenscher, *The Hatters*..., 1987, p. 84. — Imprimeurs : APP, fonds Lamoignon, 28, f° 270 (arrêt du Conseil du 9 octobre 1724) ; 30, f° 377 (arrêt du 27 août 1731).

8. Elbeuf et Sedan : Gayot, *Les Draps*..., 1998, p. 225. — Louviers : Jean-Michel Chaplain, *La Chambre des tisseurs. Louviers : cité drapière, 1680-1840*, Seyssel, 1984, p. 41.

9. Transcription des lettres patentes de janvier 1749 dans Sauzet, « Essai... », 1892, p. 389-391. Sur le recours des employeurs au billet de congé vers la mi-siècle et sur les hésitations de l'administration du Commerce qui répugne à une application trop systématique de la règle, Minard, *La Fortune*..., 1998, p. 296-300.

10. Isambert, *Recueil*..., XXVII, p. 78-80, lettres patentes du 12 septembre 1781.

11. Minard, *op. cit.*, p. 298. Sur le discrédit du *livret* et la résistance ouvrière à l'enregistrement obligatoire dans les années 1780, Kaplan, *La Fin*..., 2001, p. 299-303.

12. *Archives historiques du département de la Gironde*, 1906, p. 190-194.

13. BNF Mss., *ms fr.* 21793, f° 176, cité par Sonenscher, *The Hatters*..., 1987, p. 82, n. 5.

14. Fréminville, *Dictionnaire*..., 1771, p. 239-241.

15. Frantz Funck-Brentano, « La question ouvrière sous l'Ancien Régime, d'après les dossiers des prisonniers des lettres de cachet », s.l.n.d., p. 2 et 7 (BNF, 8° LI^7 140).

16. AD 71, B 1697, p. 44. Aff. du 16 octobre 1731.

17. Ambert : AN, F^{12} 79, p. 397, 794, 825 et 889. Aff. du 13 juillet 1732. — Thiers : AN, E 2130, f° 198-199 ; AN, F^{12} 80,

p. 242 et 450 ; AD 63, C 496. Aff. d'août 1732, 14 décembre 1732 et 27 juillet 1734.

18. AD 34, C 2574. « Complot » de janvier 1745. Commune de Burlats (ct 8198).

19. Nantes : AD 44, B 4781, Amirauté. Aff. du 1er décembre 1735. — Angers : AD 49, C 17. Aff. de 1743 (pas d'autre précision).

20. Le contentieux portait en 1748 sur le *portage* des pièces de drap depuis les séchoirs jusqu'aux tables de tondage et de là au bureau de visite. Rémunérés à la pièce, les tondeurs refusaient cette corvée. Les patrons acceptent finalement de les payer pour cette tâche supplémentaire.

21. Gayot, *Les Draps...*, 1998, p. 244.

22. *Cloque, glocke* ou *klock*, soit « cloche » en bas allemand, prononcé *cloque* par les ouvriers de Sedan. Il s'agit sans doute, écrit G. Gayot, du « signal d'alerte des tondeurs allemands ou hollandais », terme introduit par des ouvriers migrateurs aux frontières de l'Empire et des Pays-Bas autrichiens. *Ibid.*, p. 218.

23. *Ibid.*, p. 253.

24. Sauf en ce qui concerne Antoine Grippon (trois ans de bannissement, 200 livres d'amende), un homme qui, aux yeux de Gérard Gayot, incarnait alors à Sedan la ténacité et l'honneur d'une classe ouvrière embryonnaire, *ibid.*, p. 276.

25. Gallinato, *Les Corporations...*, 1992, p. 250.

26. AN, Y 14391, commissaire Dubuisson ; Y 13751, interrogatoire, par le commissaire Delavergée, des quatorze compagnons serruriers détenus aux prisons du Grand-Châtelet.

27. AN, Y 9523B. Kaplan, « La lutte... », 1989, p. 383-384 et 402. Aff. du 28 octobre 1751.

28. AN, Y 9499 et Y 12604. Cabales de juillet-août 1756 et aff. du 25 septembre. Kaplan, « La lutte... », 1989, p. 366.

29. Mulhouse : G. Livet et R. Oberlé, *Histoire de Mulhouse des origines à nos jours*, Strasbourg, 1977, p. 153. — Falaise (1er décembre) et Argentan (nuit du 3 décembre) : AN, H1 1420, lettre de Bertrand de L'Hodiesnieres, procureur du roi, 5 décembre 1788. Chaline, *L'Aristocratie...*, 1992, p. 1009-1010.

30. Des désordres sont signalés à Paris en mars 1776, notamment dans le faubourg Saint-Honoré : « L'indépendance des compagnons de divers métiers, écrit Hardy, se manifestait

journellement en attendant la promulgation du règlement annoncé et promis ; on se croyait à tous les instants forcés de réprimer et de punir leurs écarts par la prison », BNF Mss., *ms fr.* 6682, p. 191. Sous la date du 14 mars 1776, le marquis d'Albertas fait état, dans son Journal, de l'insolence accentuée des garçons bouchers et des compagnons boulangers à l'encontre de leurs maîtres : « La première sensation de l'Écrit portant la suppression des jurandes, ajoute-t-il, a été terrible. [...] Tous les marchands de Paris sont consternés », BNF Mss., *ms fr.* n.a., 4390, V, p. 2440.

31. Sur la portée et l'impact des édits de février et d'août 1776 et sur le néo-corporatisme des années 1776-1789, voir Faure, *La Disgrâce...*, 1961, et surtout Kaplan, *La Fin...*, 2001, p. 76 *sq.*

32. Steven L. Kaplan souligne la récurrence du vocabulaire « accusatif » dans les plaintes et libelles relatifs aux rapports maîtres-ouvriers. Cf. « Le contrôle... », 1989.

33. BNF Mss., *ms fr.* 6682, p. 407, 411, 421, 429-431. Minard, *Typographes...*, 1989, p. 169. — De même, abondance et diversité des formulations imprécatoires dans le dialogue qui oppose en 1786 les garçons épiciers aux gardes de la corporation à propos de leur enregistrement : Kaplan, *La Fin...*, 2001, p. 309-312.

34. Nantes : arch. comm. Nantes, FF 257, police. Aff. du 30 juin 1775. — Lyon : Garden, *Lyon...*, 1970, p. 563. — Villefranche : AD 69, 3 B. Aff. du 30 juin 1786. — Angers : arch. comm. Angers, FF 8, audience du 30 avril 1789.

35. *Tableau...*, éd. 1994, II, p. 1551.

36. Soit les 51 cas qui renvoient au type fondamental 1104 (salaires) et 97 cas extraits des types 1103 (conditions du travail, embauche) et surtout 1106 (grèves). Cf. typologie, annexe 2, p. 550.

37. Rochefort et Port-Louis : AN, B^2 Marine, 182. Aff. de juillet 1705. — Brest : AN, B^2 Marine, 214, f° 635. Aff. de février 1709.

38. Arch. maritimes de Rochefort, dépêches de la cour, 1 A 8 (aff. d'avril 1717) et 1 A 4 (décembre 1717) ; 1 E 93 (aff. d'août 1719).

39. AD 44, Marine 163. Aff. du 17 septembre 1761.

40. François Bonnefoy, *Les Armes à feu portatives en France du début du règne de Louis XIV à la veille de la Révolution, 1660-1789*,

Paris, 1991, p. 656. Grèves en octobre 1758 (6 semaines) et octobre 1759 à Charleville ; à Saint-Étienne en juillet 1759 et mai 1761.

41. AN, B^2 Marine 398, f° 248-249 et 257 ; B^3 Marine 593, f° 119, 121, 149 v°, 202. Aff. d'avril-juillet 1771.

42. AN, B^3 Marine 281, f° 381. Aff. du 6 février 1722. — En 1789, les ouvriers de l'arsenal de Toulon exigent encore (entre autres griefs) le droit d'emporter des bois et copeaux « tous les jours à midi, tandis qu'on ne devait en sortir que trois jours par semaine », AN, B^3 Marine 797, p. 59, lettre de M. Vidal d'Audiffret, 24 décembre 1789.

43. AN, B^3 Marine 687, f° 42. Aff. des 12 et 16 février 1780.

44. Aff. de juin 1715 : AN, G^7 1294, requête du fermier des tabacs, juillet 1715. Aff. de décembre 1729 et mars 1733 : Arch. comm. Dieppe, « Histoire abrégée et chronologique... », par F.A. Lebreton, 1763, *ms* n° 18, p. 248. Coornaert, *Les Corporations...*, 1968, p. 163, n. 1 ; André Boudier, *Dieppe et sa région à travers les âges*, 1952 ; id., « L'industrie et la manufacture des tabacs à Dieppe des origines à nos jours », *Bulletin des Amys du Vieux Dieppe*, 1957, p. 20-32. — Des obscurités subsistent néanmoins dans la chronologie et le déroulement exact des émeutes dieppoises de 1729 et 1733 (note bibliographique et informations communiquées par M. F. Lefebvre, de Rouen, que je remercie vivement).

45. Garden, *Lyon...*, 1970, p. 584.

46. APP, fonds Lamoignon, 27, f° 749 (mars 1723).

47. Thomson, *Clermont...*, 1982, p. 349 ; Appolis, *Le Diocèse...*, 1951, p. 550. Aff. du 27 avril 1730.

48. AD 34, C 2409. Aff. du 24 décembre 1746.

49. Lesage, « À travers le passé du Calvados », III (Bibl. mun. Caen, fonds normand).

50. AD 34, C 2497. Aff. du 29 avril 1756.

51. Michel de Boüard, *Documents pour l'histoire de la Normandie*, Toulouse, Privat, 1972, p. 267-268. Action de juin 1757.

52. Arch. comm. Beauvais, coll. Bucquet-aux-Cousteaux, LXXII, p. 136, 186, 188, 192, 194, 200 et 212 *sq.* Aff. du 9 juillet 1753.

53. AN Y 9525 et 9645, f° 33 v° ; APP, fonds Lamoignon, 41, f° 402-426. Kaplan, « Réflexions... », 1979, p. 41.

54. A. Barruol, Mém. de maîtr., *Les Mouvements*..., 1984, p. 166.

55. Rémy Cazals, *L'Industrie mazamétaine au 18e siècle*, Mazamet, 1978, p. 65-66. Aff. de janvier 1745.

56. AN, E 2532, f° 404-408, arrêt du 26 février 1777. BNF, Lb38 1618, Exposé justificatif pour le sieur Réveillon, s.d. [1789]. J. Flammermont, « Mémoire sur les grèves et les coalitions ouvrières à la fin de l'Ancien Régime », *Bulletin des sciences économiques et sociales du Comité des travaux historiques et scientifiques*, 1894, Paris, 1895, p. 6-7. — Grèves de novembre 1776 à Courtalin-Pommeuse (ct 7707).

57. AN, F12 1474, Observations sur l'état des papeteries de la province de Bretagne, s.d. (années 1770).

58. AN, F12 1474, Mémoires pour les Papeteries, s.d. (v. 1771). AN, F12 748 B, Dauphiné. Inspection des manufactures. Mémoire, s.l.n.d. (Rapport de l'inspecteur Dubu de La Pionnière, v. 1778).

59. Roux, *Les Papetiers*..., 1887, p. 18-20 ; Jean Anglade, *Les Montgolfier*, Paris, 1990, p. 76-77. — Mutineries dans les manufactures voisines : incendie suspect, à la même époque, dans un atelier Montgolfier à Voiron.

60. AN, F12 1474, Mémoire de tournée de l'inspecteur Goy fils, 1785.

61. AN, F12 748 B, Mémoire Dubu cité *supra*, n. 58.

62. AD 34, C 2678. Reynaud, *Les Moulins à papier*..., 1981, p. 168-171 et 177-180. — En 1782, une grève survenue dans une autre papeterie, celle de Divonne (pays de Gex), est suivie d'une rébellion contre les huissiers venus arrêter deux des ouvriers décrétés, APP, AB 416, f° 195 et 207.

63. AD 34, C 2680. Grève de mai 1786.

64. AD 34, C 2680. Grève de décembre 1787.

65. De même dans l'indiennage, cf. Chassagne, *Le Coton*..., 1991, p. 176.

66. AD 34, C 2681.

67. AN, F12 676 A, Mémoires sur les manufactures de Beauvais, pièces diverses, lettre de l'intendant Bertier, 16 juin 1778, minute de lettre de Necker. Minard, *La Fortune*..., 1998, p. 299. Grèves d'avril-mai 1778.

68. 1696 : C. Hippeau, *Le Gouvernement de Normandie*..., Caen, 1865, IX, p. 126 ; P. Jubert, « La juridiction et

l'inspection des manufactures de Rouen de 1670 à 1699 », *Bulletin de la Société libre d'émulation de la Seine-Inférieure*, 1930-1931, p. 226-282 et 227-298. 1709 : AN, G^7 1650. Aff. du 3 juillet 1709.

69. AN, F^{12}, 1353 et 116 ; BNF Mss., FF 11371 ; AD 80, C 149, Industrie (1714-1716). Hayem, « La répression... », 1911, p 97 ; Coornaert, *Les Corporations...*, 1968, p. 163 n. 1 ; Ruhlmann, *Les Corporations...*, 1948, p. 78-81. Grève de mai-septembre 1716.

70. BNF Mss., FF 11371, f° 177 et 179 ; Arch. comm. Amiens, FF 1131 et 947. Aff. du 27 janvier 1717.

71. 28 fixations à tendance inflationniste (« augmentation » des espèces) pour l'or et 35 pour l'argent de septembre 1719 à décembre 1720. Ensuite, plusieurs « diminutions » des espèces (déflation), notamment en 1724, jusqu'à l'arrêt définitif du 15 janvier 1726 qui stabilise la valeur des monnaies. Cf. Marion, « Un essai... », 1913, p. 31-32 et 38-39 ; id., *Dictionnaire...*, 1923, p. 384...

72. Lefebvre, *Le Commerce...*, 1925, p. 157. Aff. des 4-5 août 1720.

73. AN, Y 14932. Jaouen, Mém. de maîtr., *Les Mouvements...*, 1993, p. 52-53 et annexe 2. Grèves de juillet 1721.

74. APP, fonds Lamoignon, 28, f° 43. Barbier, *Chronique...*, I, p. 350-351 ; Funck-Brentano, « La question ouvrière... », p. 8 *sq.* Coornaert, *Les Compagnonnages...*, 1966, p. 273-274 et 295-299.

75. Minard, *Typographes...*, 1989, p. 162-163.

76. AN, $F^{12}71^3$, p. 55.

77. Marion, « Un essai... », 1913, p. 32 et 39.

78. AN, G^7 109, p. 282, lettres du 9 octobre et 10 novembre 1724.

79. AN, Y 9523 b.

80. Sonenscher, *The Hatters...*, 1987, p. 93-94 et n. 30 ; *ibid.*, p. 119-120. — Nouvelle grève à Marseille, en juin 1785, des compagnons chapeliers qui jettent l'embargo sur la fabrique du manufacturier Rancurel, *ibid.*, p. 152.

81. *Ibid.*, p. 101 et 104. L'auteur cite une belle lettre, adressée en février 1762 par les ouvriers chapeliers de Paris à ceux de Bruxelles pour solliciter une aide financière en faveur de leurs « frères » de Lyon, engagés dans des procès

dispendieux par-devant le parlement de Paris : « Nous sommes obligés de vous donner avis au sujet du procès que les compagnons de Lyon ont avec leurs maîtres. Comme nous voyons que c'est une mauvaise volonté de leur part de ne pas se conformer à un arrêt si justement rendu que nos Messieurs du Parlement [ont] jugé à propos, ils [les maîtres] regimbent contre et l'ont interjeté. Comme nous voyons que c'est pour soutenir le prix et que nous avons déjà fait pour plus de six cents livres de frais, et [qu']ils nous requièrent pour leur aider dans le reste de la procédure, nous avons jugé à propos de vous le faire savoir pour que vous leur aidiez de ce qu'il se pourra à votre pouvoir. C'est pour solliciter vos frères que des maîtres veulent restreindre, en [ne] leur payant pas le salaire qu'il leur est dû » (Arch. gén. du Royaume, Bruxelles, Corps de métiers, 465).

82. Sur le « déclin durable » de la draperie languedocienne dans les années 1780, Louis Dermigny in P. Wolf, *Histoire du Languedoc*, Toulouse, Privat, 1967, p. 406.

83. AD 34, C 6847, p. 3, 5, 6, 15, 17 et 19. Grèves de septembre-octobre 1781.

84. BNF Mss., *ms fr.* 6685, p. 149. Grève et cortèges du 25 juillet 1785.

85. Minard, *Typographes...*, 1989, p. 164-169 ; Kaplan, *La Fin...*, 2001, p. 313-316.

86. Bombelles, *Journal...*, II, p. 124. — Sur les copeaux en complément de salaire pour les charpentiers, *supra*, p. 455.

87. Haïm Burstin, *Le Faubourg Saint-Marcel à l'époque révolutionnaire. Structure économique et condition sociale*, Paris, 1983, p. 226-227.

88. *Journal*, II, 1982, p. 124. BNF Mss., *ms fr.* 6685 (Hardy), p. 315.

89. Chassin, *Les Élections...*, III, 1889, p. 50 *sq.* — Sur Réveillon « patron de combat » à Courtalin en 1777, *supra*, p. 459.

90. Beyssac, « La sédition... », 1907 ; Trénard, « La crise... », 1955 ; Garden, *Lyon...*, 1970, p. 590 ; Aubert, Mém. de maîtr., *L'Institution...*, 1989, p. 351-370. Voir aussi *Supplément de la Gazette de La Haye*, 25 et 28 août 1786. BNF Mss., *ms fr.* 6685 (Hardy), p. 413, 424-427. AN, F^{12} 1441.

91. Cf. *infra*, p. 488 *sq.*

92. AN, F^{12} 1441, Mémoire des maîtres fabricants à façon... », 1780. Un « Supplément » au mémoire des maîtres ouvriers, présenté peu après, n'est pas moins explicite : « Mais quelle que soit la faveur du commerce, doit-on lui donner ou lui laisser une liberté aussi meurtrière qu'elle est contraire au droit de la nature, la liberté en un mot d'écraser ceux qui l'alimentent et le soutiennent ? »

93. Aubert, *op. cit.*, p. 366.

94. AN, F^{12} 1441, lettre du prévôt des marchands Tolozan, 26 septembre 1786.

95. Jean Jaurès, *Histoire socialiste de la Révolution française*, t. I, *La Constituante*, éd. Paris, 1969, p. 156-165. Pages superbes sur « l'âme compliquée et obscurément ardente de la grande cité à la veille de la Révolution » : les griefs et doléances des maîtres-ouvriers, écrit Jaurès, s'échappaient « en plaintes passionnées et en réformes instinctives sans se fixer en formules réformatrices ».

96. *Mémoire des maîtres-ouvriers adressé au Consulat en 1779.* Cf. Godart, *L'Ouvrier...*, 1899, p. 260.

97. *Tableau dressé en 1786 du produit de la main-d'œuvre des maîtres ouvriers fabricants en étoffes de soie.* Cf. Trénard, « La crise... », 1955, p. 25.

98. AN, F^{12} 1441, Mémoire anonyme, très favorable aux marchands fabricants, adressé au Contrôle général le 6 novembre 1685.

99. Cf. la présentation, par Fernand Rude, des *Doléances des maîtres-ouvriers. Fabricants en étoffes d'or, d'argent et de soie de la ville de Lyon...*, 1789, éd. Lyon, 1976, texte attribué à Denis Monnet. Sur la carrière ultérieure de Monnet dans les rangs du jacobinisme lyonnais, *ibid.*, p. 21 *sq.* Voir aussi Garden, *Lyon...*, 1970, p. 591-592.

100. Farge, *La Vie...*, 1986, p. 153-160.

101. Rue Transnonain : AN, Y 9533. Aff. du 10 février 1751. — Place de la Bastille : Y 9534. Aff. du 30 juin 1769. — Rue Neuve-des-Petits-Champs : Y 9535. Aff. du 12 septembre 1771. — Carrousel : Y 9528. Aff. du 23 décembre 1773. — Rue Saint-Antoine : Y 9535. Aff. du 18 août 1775.

102. AN, Y 9535. Aff. du 26 novembre 1778. Tous les termes du vocabulaire répressif figurent dans le procès-verbal de l'affaire : « excès », « désordre », « rébellion », « émotion », « émeute »...

103. AN, Y 15860. Aff. du 19 juillet 1783.

104. AN, Y 15214.

105. BNF Mss., *ms fr.* 6687, p. 138.

106. En 1539, sous François Ier, des lettres patentes énonçaient clairement la volonté royale d'en finir avec la pluralité, dans Paris, des justices et des polices seigneuriales, une situation qui « ne pouvait produire dans un corps politique que désordres, confusion, contestations, questions, débats, impunité des crimes et délits, toutes choses contraires au droit naturel et à la société civile », Delamare, *Traité...*, I, p. 159.

107. Autres lieux secondaires d'exemption, à des titres divers : l'hôtel de Soissons et ses jardins, jusqu'à sa démolition dans les années 1748-1749 pour la construction de la nouvelle halle aux blés ; l'enclos de l'Arsenal, la cour de l'hôpital de La Trinité, le Palais-Royal vers la fin du siècle, etc.

108. Lemercier, *Les Justices...*, 1933 ; Raymonde Monnier, « Les structures de l'artisanat au faubourg Saint-Antoine sous la Révolution », *Bulletin de la Société de l'histoire de Paris et de l'Île-de-France,* 1979 (1980), p. 114-117 ; Kaplan, « Les corporations... », 1988 ; id., *La Fin...*, 2001.

109. Hypothèse soutenue par J.-L. Bourgeon, « Colbert et les corporations : l'exemple de Paris », in Roland Mousnier, *Un nouveau Colbert,* Paris, 1985 : « La dualité a été voulue : au cœur de la capitale, vouée au système corporatif, on a bel et bien cherché à opposer un contrepoids ouvrier » (p. 247). De même Thillay, « Le faubourg... », 1992, et « La liberté... », 1997. Dans le *Tableau de Paris,* Mercier justifie en ces termes la survie des enclaves : « Il est bon qu'il y ait dans une grande ville un asile ouvert aux victimes de cette foule de circonstances qui agitent si diversement la vie humaine ; il est bon que les petites tyrannies des corps qui immolent tout à leurs intérêts particuliers disparaissent, pour laisser à l'homme ou à l'art la liberté trop souvent ailleurs gênée ou fatiguée » (éd. 1994, II, p. 123-124).

110. Kaplan, « Les corporations... », 1988, p. 354.

111. Depping, *Correspondance...*, I, 1850, p. 922-925, et II, 1851, p. 251.

112. Thillay, « La liberté... », 1997, p. 639. L'auteur a relevé 119 affaires de saisies dans le Faubourg entre 1669 et 1769. — Fréquentes opérations à l'encontre d'artisans ou de

marchands établis dans l'enclos de Saint-Martin-des-Champs : 123 demandes entre 1770 et 1790, d'après les archives du bailliage. Cf. Perulli, Mém. de maîtr., *Un enclos...*, 1988, p. 123.

113. AN, G^7 1725, p. 157 et 158.

114. AN, E 1991, f° 653-660 ; F^{12} 781c. Kaplan, « Les corporations... », 1988, p. 367.

115. Kaplan, *ibid.*, p. 363, 368 et 371-372 ; Thillay, « La liberté... », 1997, p. 640.

116. Violences le 10 mai 1733 à la porte Saint-Antoine à l'occasion d'une saisie de souliers, AN, E 2129, f° 17 ; de même, « réactions violentes » contre les jurés le 15 juin 1751 (cloutiers) et le 1er mars 1752 (également cloutiers). Cf. Thillay, « La liberté... », 1997, p. 648 et n. 77.

117. Lemercier, *Les Justices...*, 1933, p. 160.

118. Depping, *Correspondance...*, II, 1851, p. 251.

119. *Tableau...*, éd. 1994, II, p. 122. Voir aussi Expilly, *Dictionnaire...*, V, 1768, p. 519.

120. AN, Y 9527, 9645, 11260, 11261, 13680, 14447 et 14467. BNF Mss., *ms fr.* 6680 (Hardy), p. 62-63. APP, AB 422, p. 463. Perulli, Mém. de maîtr., *Un enclos...*, 1988, p. 120 et 128-129.

121. BNF Mss., *ms fr.* 6682 (Hardy), p. 301.

122. Lottin, *Chavatte...*, 1974, p. 109. BNF Mss., n.a. fr., 24089, f° 189-190. Aff. des 20-21 juillet 1666.

123. J.-B. Monfalcon, *Histoire de la ville de Lyon*, 1851, II, p. 715-820 ; Godard, *L'Ouvrier...*, 1899, p. 277-299 ; Garden, *Lyon...*, 1970, p. 573-574 et 586-589.

124. Garden, *op. cit.*, p. 577. — Pour l'année 1744, extraordinaire dossier de correspondance aux AN, dans le dossier F^{12} 1440 : lettres de l'intendant Pallu au contrôleur général des finances et à son beau-frère Rouillé à Versailles, lettres du prévôt des marchands La Tourrette de Fleurieu, etc.

125. Garden, *op. cit.*, p. 587, lettre de l'intendant Pallu, 7 août 1744.

126. Gutton, *La Société...*, 1971, p. 96, lettre de Pallu, 8 août 1744.

127. AN, F^{12} 1440, lettre de Pallu, 14 août 1744.

128. AN, F^{12} 1440, autre lettre du même, 8 août 1744.

129. AD 34, C 2428. Aff. du 19-20 juillet 1737.

130. AD 34, C 2281 à 2283 et 2540. Assemblée et « cabale » du 11 septembre 1739. L'affaire se prolonge au moins jusqu'en 1759. Démarches et procès entraînent 1 600 livres de dettes pour les marchands et de 8 000 à 10 000 livres pour les syndiqués ouvriers...

131. AD 34, C 2424. Thomson, *Clermont*..., 1982, p. 349-350. Aff. des 24 mars et 7 avril 1746.

132. AD 34, C 2425. Aff. du 22 novembre 1753.

133. AD 34, C 6845, p. 141.

134. Le cimetière attenant à l'église est considéré comme partie de l'espace sacré.

135. Labastide (ct 8128) et Le Soulié (ct 3434) : AD 34, C 6845, p. 137-138 et 141.

136. AD 34, C 2646 et 6816.

137. *Supra*, p. 377, et Floquet, *Histoire*..., 1840-1842, VI, p. 410 *sq.*

138. Clamecy : AD 58, 5 B 29, Subdélégation du prévôt des marchands de Paris. Aff. des 24 octobre et 20 novembre 1763. — Rogny-les-Sept-Écluses (ct 8906) : AN, AD III, 11, p. 100. Aff. de février 1764 (sentence du parlement du 6 décembre 1764 : un tireur de bois pendu place de Grève). À rapprocher de l'action émeutière conduite par une centaine de mariniers, haleurs et compagnons de rivière le 16 janvier 1778 au Bié de Rivotte, sur le canal de Briare : BNF Mss., *ms fr.* 6683 (Hardy), p. 19, arrêt du parlement du 12 mars 1778 (un envoi aux galères, deux bannissements). — Sur les conflits liés au flottage et à l'emprise du commerce parisien dans les régions forestières, Corvol, « Les délinquances... », 1978, p. 375-388 ; id., *L'Homme et l'arbre*..., 1984, p. 287 *sq.*

139. BNF Mss., *ms fr.* 6685 (Hardy), p. 259-260, 262-271, 273-275. Bombelles, *Journal*, II, éd. 1982, p. 103-104 ; Rouff, « Une grève... », 1910 ; Roche, *Le Peuple*..., 1981, p. 73. — Notons qu'en août 1720 le Bureau de la Ville de Paris avait écarté un projet de société du même type, avec privilège exclusif de vingt ans. Certes, déclaraient alors les échevins, les charretiers et leurs garçons commettent des abus en tout genre (lenteur, « vexations », insultes, prix excessifs), mais le monopole sollicité dérangerait « au moins un millier de familles, chaque famille composée du mari, de la femme et de beaucoup d'enfants qui vivent tous de ce travail journalier, duquel ils sont les maîtres avec liberté et sans aucune dépendance ». Par

ailleurs, l'entreprise candidate ne semblait « pas sûre », c'est-à-dire solide. Deux considérations qui avaient fait abandonner une affaire « déjà souvent proposée » (AN, G^7 443, p. 334 *sq.).*

140. *Journal*, II, 1982, p. 104.

141. Sur les inspecteurs des manufactures, voir l'ouvrage essentiel de Philippe Minard, *La Fortune...*, 1998, *passim.*

142. Minard, *La Fortune...*, 1998, p. 116.

143. Les offices d'inspecteurs des manufactures, institués en octobre 1704, sont supprimés par la déclaration royale du 30 décembre 1704 qui les déclare rachetables par les villes et par les marchands-fabricants pour une somme globale de 1 200 000 livres. Pour financer ce remboursement, on impose dans plusieurs généralités un droit supplémentaire sur chaque pièce contrôlée. Cf. AN, G^7 74, p. 71, 114, 138, 174. Minard, *La Fortune...*, 1998, p. 25.

144. AN, G^7 1688, p. 145.

145. AN, G^7 116, p. 316 ; G^7 117, p. 60 ; G^7 118, p. 49. Aff. du 31 juillet 1705 (ct 6403).

146. AN, G^7 360. Aff. du 5 juin 1706.

147. AN, G^7 219, p. 238-239 ; AN, E 1992, arrêt du Conseil du 16 octobre 1717. Aff. des 20 septembre 1715 et 10 août 1717 à Canisy (ct 5008) et du 25 septembre 1715 à Marigny (ct 5021).

148. Apollis, *Un pays...*, 1951, p. 539. Aff. du 11 août 1722 (ct 3414).

149. AD 34, C 2386. Aff. des 17-18 octobre 1727 (ct 4820).

150. AN, E 2148, f° 178-179, arrêt du Conseil du 12 juillet 1737. Aff. du 20 avril 1735 (ct 6930). Autre affaire du même type survenue à Saint-Chély le 17 octobre 1743, AD 34, C 2358.

151. AD 34, C 1309. Aff. des 16-17 décembre 1750 (c'est la Fabrique nîmoise qui a suscité l'intervention de l'inspecteur contre ce concurrent).

152. AD 34, C 1308. Aff. du 20 novembre 1751 (ct 3433).

153. Minard, *La Fortune...*, 1998, p. 271-272.

154. AD 34, C 2572. Aff. des 16 janvier et 5 mars 1761.

155. Minard, *op. cit.*, p. 273.

156. AN, F^{12} 748 B, Rapport de Dubu de La Pionnière, 1778.

157. Minard, *op. cit.*, p. 299. Sur le combat des ouvriers indienneurs à Beauvais, cf. *supra*, p. 462.

158. AD 34, C 2708. Aff. de décembre 1746.

159. AD 34, C 2730. Dans cette même région, en octobre 1767, l'affaire de la mine de Nières à Saint-Gervais-sur-Mare : menaces contre les mineurs du concessionnaire, l'architecte Giral, de Montpellier, attroupements, voies de fait, AD 34, C 2724 (ct 3431).

160. AD 34, 2721. Rouff, *Les Mines*..., 1916, p. 146. Aff. des 21 août et 12 septembre 1753.

161. AN, F[14] 7722 et F[14bis] 7626. Rouff, *Les Mines*..., 1916, p. 136-137. Aff. d'avril 1760, puis 18 septembre et 5 octobre 1767.

162. AN, F[14bis] 7626. Rouff, *op. cit.*, 1916, p. 144-145. Aff. des 30 octobre 1766, 17 novembre 1767 et 24-29 mars 1769.

163. Les compagnies minières ne reprendront ici leur activité que sous la Restauration, à l'initiative du duc Decazes, ministre de Louis XVIII.

164. AN, F[14] 7866. Rouff, *op. cit.*, p. 145-146.

165. Rouff, *op. cit.*, p. 149 *sq.* et 153-155. Aff. des 1er-6 mai 1782, janvier et septembre 1784.

166. *Ibid.*, p. 155-158. Aff. du 21 mai 1785.

167. Martin-Saint-Léon, *Le Compagnonnage*..., 1901 ; Coornaert, *Le Compagnonnage*..., 1966 ; Cavignac, « Le compagnonnage... L'exemple de Bordeaux », 1968 ; Gallinato, *Les Corporations*..., 1992, p. 241 *sq.*

168. Cf. le *Journal de ma vie* du compagnon vitrier Ménétra, archétype du Parisien libertaire au XVIIIe siècle (éd. Daniel Roche, 1982).

169. Gallinato, *op. cit.*, p. 257 et 264.

170. Pitou, *Laval*..., 1995, p. 486.

171. AD 44, B 6807, Présidial. Aff. du 31 août 1772.

172. BNF Mss., Joly de Fleury, 2414, f° 41, sentence du 1er août 1778.

173. Gallinato, *op. cit.*, p. 259-260.

174. Le jour exact de la rixe nous est fourni à 64 reprises. Il s'agit d'abord du dimanche (20 cas) et ensuite du lundi (16 cas). Le lundi, jour libertaire, était un « second dimanche ».

175. AD 21, B II 360/222, 360/223 et 360/224. Aff. des 29 mai et 20 novembre 1740, et 24 septembre 1741.

176. AD 37, B, audiences du lieutenant de police, 1744-1745. Aff. du 27 mai 1744 et 22 août 1745.

177. AD 44, 1Bf, 1592. Aff. du 27 octobre 1750.

178. Ordonnance du 1er juin 1753 : AD 71, B 1313, p. 128-136. Truant, *The Rites*..., 1994, p. 187-188. Aff. du 27 décembre 1760 et 17-18 avril 1769.

179. *Journal*..., 1982, p. 57-58.

180. AN, Z1c 442. Aff. des 24-25 juin 1771.

181. J.-M. Augustin, « Les capitouls... », 1972, p. 204 (ordonnance du 3 janvier 1781 : AD 31, 101 B 346).

182. Gallinato, *op. cit.*, p. 254.

183. AD 26, B 634, p. 21, et B 638, p. 31. Aff. du 12 juillet 1784.

184. AD 34, C 6807, lettre du 12 octobre 1787.

185. AD 37, B, audiences du lieutenant de police, 1785-1788. Aff. des 24-25 mars 1788.

186. AD 34, C 6888, p. 85, lettres du consul d'Annonay, 18 août 1788, et de M. Saralier, 11 septembre 1788.

187. AD 44, FF 210, police. Aff. du 12 mai 1739.

188. AD 44, B 4940, amirauté, aff. criminelles. Aff. du 17 juin 1726.

189. Gallinato, *op. cit.*, p. 252 et n. 99.

190. Le mot *baccanal* (ou *bacchanal)* figure par ailleurs au sens de contestation confuse, de grabuge, dans maints procès-verbaux de bagarres et rébellions urbaines.

191. Boislisle, *Correspondance*..., III, p. 596.

192. AN, G7 456-457, lettre du 23 juin 1720.

193. BNF Mss., Joly de Fleury, 2425, f° 222, sentence du bailliage, 3 juillet 1727.

194. AN, AD III 6, p. 63, ordonnance du 17 juillet 1737 (*soyage*, ou sciage des blés). Autres textes et documents judiciaires relatifs aux *baccanals* de moissons dans le Bassin parisien, cités par Bernet, « Les grèves... », 1999.

195. 29 affaires, survenues pour la plupart dans les dernières décennies du siècle. Cf. tableau IX. 1, *supra*, p. 438.

196. Soit un *journal* (unité de surface) de froment et un *journal* de *carémages* ou blés de printemps.

197. AD 21, B II 39/2, f° 247. Saint-Jacob, *Les Paysans...*, 1960, p. 231. Aff. de juillet 1724 (ct 2120).

198. Arch. mun. Dourdan, musée du château, correspondance du subdélégué, p. 689. Aff. du 24 août 1756 (ct 9107).

199. AN, X[2] B 1026, sentence du parlement de Paris sur appel d'une sentence du présidial de Brie-Comte-Robert, 28 août 1761. Aff. du 22 juillet 1761.

200. AD 81, B 528. Cussac, Mém. de maîtr., *Émeutes...*, 1995, p. 123. Aff. du 28 juin 1762 (Le Ségur, ct 8120).

201. Vignal, *De la peste...*, 1989, p. 166.

202. AD 07, 19 B 88. Aff. du 6 juillet 1704 (ct 0729).

203. Frontignan : AD 34, C 6790, lettres du 9 et 28 mars 1763. — Montpellier : AD 34, C 2875. Aff. de juin 1763. — Mèze : AD 34, C 6666, p. 237 et 243 ; C. Tilly, *La France...*, 1986, p. 271. Aff. du 2 juin 1778 (ct 3420).

204. Selon Jean-Marc Moriceau, bon connaisseur des anciennes grèves rurales, les campagnes d'Île-de-France sont, au XVIIIe, « le théâtre d'une violente lutte de classes », cf. « Les "baccanals"... », 1985, p. 424.

205. Barbery : BNF Mss., Joly de Fleury, 1111, f° 135 (ct 6034). — Baillet-en-France (ct 9526), Attainville et Moisselles (ct 9508) : Samson, *Marginaux...*, 1983, II, p. 11-13.

206. En août 1782, le procureur fiscal de Rambouillet suggère d'obliger les moissonneurs, qui en général, dit-il, sont des étrangers au pays, à déclarer aux fermiers leurs noms, surnoms et domiciles. La proposition est rejetée par le procureur général du parlement de Paris, car « les ouvriers ne manqueraient pas de refuser de dire leurs noms et demeures », et les maîtres manqueraient alors de la main-d'œuvre nécessaire (BNF Mss., Joly de Fleury, 2425, f° 210).

207. Mitry : Monceau, art. cit., 1985, p. 423. APP, AB 423, p. 543, sentence du bailliage de Meaux, 26 avril 1777, et arrêt confirmatif du parlement, 22 janvier 1778. Aff. du 3 au 5 août 1769 (ct 7706). — Trilbardou : AD 77, B, prévôté de Trilbardou ; AN, AD III 14, p. 112, arrêt du parlement du 22 janvier 1778 sur appel d'une sentence du bailliage de Meaux ; BNF Mss., *ms fr.* 6682 (Hardy), p. 458. Aff. du 5 août 1776 (ct 7798).

208. Moriceau, « Les Baccanals... », 1985, p. 424-425 et 428-429.

209. AN, Z[1c] 455. Aff. du 7 août 1782 (ct 9515).

210. BNF Mss., *ms fr.* 22064, f°119 v°. Kaplan, « Le contrôle... », 1989, p. 404.

211. APP, fonds Lamoignon, 33, p. 157, Sentence de police du 17 juillet 1739. Rouff, « Une grève... », 1910, p. 332 (au sujet de la « farce du Cruchon », parodie inventée à Paris « devant la boutique d'un maître détesté ») ; cf. aussi Robert Darnton, *Le Grand Massacre des chats,* Paris, 1986, p. 90-117 ; Minard, *Typographes...*, 1989, p. 173-174 et 211 *sq.*

212. G. Gurvitch *et al., Traité de sociologie,* Paris, éd. 1967-1968, I, p. 181.

213. *Tableau...*, éd. 1994, II, p. 1550 et 1552.

214. BNF Mss., *ms fr.* 6682, p. 191.

215. Mémoire cité par Galley, *L'Élection...*, 1903, p. 292-293 et 389-390.

DIGNITÉ, LIBERTÉ

1. Tome VI, p. 181.

2. Consignées sous les types fondamentaux et secondaires 301 (140 cas) et 303 (354 cas) de la typologie.

3. Pierre Pachet, « Un sursaut de l'être », p. 37, dans *La Colère, instrument des puissants, arme des faibles,* Éd. Autrement, 1997.

4. AN, Y 9515. Aff. du 12 septembre 1724.

5. Paultre, *De la répression...*, 1906, p. 320.

6. Buvat, *Journal...*, I, p. 422. — Et sous la date du 27 février 1720 : « ... on fit partir six cents jeunes gens des deux sexes tirés des hôpitaux de Paris, et on leur fit prendre le chemin de Rouen pour y être embarqués jusqu'à La Rochelle, et de là transportés au Mississipi... », *ibid.*, II, p. 40. E.-M. Benabou, dans son livre sur *La Prostitution et la police des mœurs au XVIIIe siècle,* Paris, 1987, p. 88, juge excessifs les chiffres avancés par Buvat.

7. C. Port, *Inventaire analytique des archives anciennes de la ville d'Angers,* Paris-Angers, 1861, p. 484.

8. En 1663 : BNF Mss., Joly de Fleury, 1102, f 117. En 1675 : BNF Mss., *ms fr.* 21730, f° 214-215 ; BNF Mss., Mélanges Colbert, 172 *bis,* f° 481.

9. AN, G^7 431.

10. *Journal...*, I, p. 288.

11. AN, E 2012, f° 119-120, arrêt du 30 avril 1720. Dangeau, *Journal...*, XVIII, p. 274 et 277 ; Barbier, *Chronique...*, IV, p. 436 ; Buvat, *Journal...*, II, p. 87 et 92-93 ; Balleroy, *Les Correspondants...*, 1883, II, p. 159 ; Herlaut, « Les enlèvements... », 1922.

12. Déclaration du Roy, concernant les mendiants et les vagabonds, 18 juillet 1724, citée in Gutton, *L'État...*, 1973, p. 225 *sq.*

13. AN, Y 9515 : Rue du Bac, aff. du 2 octobre 1724. — Rue de la Croix-Rouge, aff. du 13 mai 1725. — On relève d'autres incidents, comme l'empoignade de la rue des Lions, le 14 février 1725 où un suisse de bonne maison est mortellement blessé par la brigade.

14. *Journal...*, V, p. 489 et VI, p. 43.

15. Sur les émeutes parisiennes de 1750, Herlaut, « Les enlèvements... », 1922 ; Nicolas, « La rumeur... », 1981 ; Romon, « L'affaire... », 1983 ; Farge et Revel, *Logiques...*, 1988.

16. BNF Mss., Joly de Fleury, 1101, f° 171.

17. *Journal...*, VI, p. 117.

18. *Chronique*, p. 423.

19. Ménétra, *Journal...*, éd. D. Roche, 1982, p. 34.

20. AN, X^{2B} 1367, 5e témoin.

21. Tout le détail de ces journées d'émeutes figure dans le procès des accusés, AN, X^{2B} 1366-1367.

22. AN, X^{2B} 1367, 21e témoin ; BNF Mss., Joly de Fleury, 1101, f.° 215.

23. Vincennes : Arsenal, Bastille, 10136, p. 505. — Saint-Cloud : BNF Mss., Joly de Fleury, 1101, f° 175.

24. BNF Mss., Joly de Fleury, 1101, f° 336.

25. *Journal...*, VI, p. 244.

26. Barbier, IV, p. 455-456 ; d'Argenson, *Journal...*, VI, p. 240-243.

27. VI, p. 259.

28. AD 37, B (non classé), audiences du lieutenant de police de Tours, 1750. J.-A. Tournerie, « Les Missisipiens », in

Criminels et vagabonds au siècle des Lumières, Paris, 1997, p. 13-38. Aff. des 29 et 31 mai 1750.

29. Lamouzèle, *Toulouse...*, 1914, p. 124 ; Baumgartner, Mém. de maîtr., *Émeutes...*, 1995, p. 45-46. La rumeur de Toulouse est évoquée par Barbier dans sa *Chronique*, IV, p. 422 : « On dit qu'à Toulon [lire : Toulouse], on a presque assommé des hommes qui vendaient des poupées, comptant que c'est un prétexte pour prendre des enfants... »

30. Morel de Voleine, « Petite chronique lyonnaise [...] du XVIIIe siècle... », *Revue du Lyonnais*, 2e série, II, 1851, p. 274-276 ; Garden, *Lyon...*, 1970, p. 585-586 ; Aubert, Mém. de maîtr., *L'Institution...*, 1989, p. 311-333. Voir aussi Delumeau, *La Peur...*, 1978, p. 173.

31. L'ouvrier Balmont fut pendu « dans la plus grande tranquillité » le 15 janvier 1769. Un autre accusé, le nommé Charrière, compagnon marbrier, fut seulement banni à perpétuité du ressort du présidial de Lyon. Cf. Aubert, *op. cit.*, p. 333.

32. Sur la virulence du conflit oratoriens-jésuites à Lyon, Louis Trénard, *Lyon, de l'Encyclopédie au préromantisme*, Paris, 1958, p. 93-94. Recrudescence de l'antagonisme en 1768, d'après les *Nouvelles ecclésiastiques* du 8 novembre 1768 (année 1768, p. 178-180, mais aucune allusion à l'affaire du collège).

33. Garden, *op. cit.*, p. 507 n. 56 ; Aubert, *op. cit.*, p. 432. — L'archevêque de Lyon, Mgr de Montazet, invite immédiatement les curés de la ville à combattre, dans leurs prônes dominicaux, « les préjugés qui ont occasionné les émeutes populaires ». Voir le *Discours prononcé par un de MM. les curés de la ville de Lyon* [le P. de Géry], *le Dimanche 4 décembre 1768. À l'occasion de l'émeute populaire arrivée dans cette Ville le Dimanche précédent*, Lyon, 1768 (BNF, 8° Lk^7 4378).

34. Bibl. mun. Grenoble, Q^1 (4), f.° 271-272, lettre du 11 mai 1769.

35. Paultre, *De la répression...*, 1906, p. 381 *sq.* ; Dyonet, « La maréchaussée... », 1999.

36. Bloch, *L'Assistance...*, 1908, p. 142 *sq.*

37. Paultre, *op. cit.*, 1906, p. 556 ; Olejniczak, *The Royal...*, 1983, p. 106.

38. *Mémoire...*, 1764, p. 4, 6, 9, 10 et 61.

39. Bloch, *L'Assistance...*, 1908, p. 164 n. 4. Les nombres relevés par Paultre, *op. cit.*, p. 602-605, sont du même ordre de

grandeur, soit 111 836 individus entrés aux dépôts de 1768 à 1777. Selon Necker, *De l'administration...*, 1784, III, p. 113, 50 000 mendiants auraient été arrêtés dès la première année.

40. AN, Z^{1c} 439. Aff. du 20 mai 1769.

41. Rochechouart : AN, Z^{1c} 449. Aff. du 14 janvier 1778. — Limoux : AN, Z^{1c} 461. Aff. du 24 janvier 1785 (ct 1120).

42. Goubert-Roche, *Les Français...*, 1984, II, p. 319 *sq.*

43. *Mémoire..., op. cit.*, p. 60. Une coopération qui, au vu des documents étudiés, se manifeste à maintes reprises. Ainsi dans le ressort de la lieutenance de Melun, d'après les recherches de Nicole Collard, Mém. de maîtr., *Le Désordre...*, 1983, p. 115.

44. N. Castan, « Délinquance... », 1980, p. 147.

45. Bloch, *L'Assistance...*, 1908, chap. II. — Rappelons que la prison, lieu d'enfermement provisoire, ne constituait pas en principe un espace pénal sous l'Ancien Régime. Les prévenus et accusés y séjournaient jusqu'à leur procès, et les galériens y attendaient le départ ou le passage de la « chaîne », mais la durée de relégation pouvait se prolonger de très longs mois ou même des années. Une autre catégorie de prisonniers étaient enfermés sans décision de justice en certains lieux de détention, par lettres de cachet.

46. *Tableau...*, éd. 1994, II, p. 243 et 248.

47. *Supra*, p. 69 *sq.*

48. Craon : AN, G^7 1217. Aff. du 4 janvier 1693 (ct 5309). — Saint-Florent-le-Vieil : AN, G^7 521. Aff. du 13 mars 1693 (ct 4925). — Laval : AN, G^7 521. Aff. du 11 décembre 1693. — Aigueperse : AN, G^7 106. Aff. du 14 juillet 1704 (ct 6301).

49. Félines : AN, G^7 302, p. 318. Aff. du 3 mai 1695 (ct 1123). — Vitry-le-François : Dangeau, *Journal*, IX, p. 54 (ct 5198).

50. Selon le syndic des états, M. de Lachadenède, en 1766. Cf. Boulle, « Les grandes heures... », 1984, p. 192.

51. Joyeuse : AD 34, C 6876, p. 7, 90 et 120. Aff. du 29 décembre 1749 (ct 0709). — Largentière : AD 34, C 6879. Aff. du 13 janvier 1757. — Saint-Chinian : AD 34, C 6844, p. 153-154. Aff. de juillet 1758 (ct 3430). — Montcenis : AD 21, B II, 46/42 ; APP, AD 46, f° 251 et 277. Aff. du 5 février 1787 (ct 7132).

52. BNF Mss., Mélanges Colbert, 173, f° 122.

53. Clément, *La Police*..., 1866, p. 431-432. Aff. du 7 septembre 1677.

54. Alençon : AN, G^7 74, p. 637. Aff. du 11 août 1708. — Bordeaux : AN, G^7 144. Aff. du 20 septembre 1711. — Paris, Saint-Martin-des-Champs : Buvat, *Journal*..., 1865, II, p. 1. Aff. du 2 janvier 1720. — Reims : AN, Z^{1a} 964-965, 978 et 1076. Aff. du 23 octobre 1740.

55. AN, X^{2B} 1307 et AD III, 8, p. 46. Barbier, *Chronique*..., V, p. 136 ; Argenson, *Journal*, VII, p. 46-47 ; Kaplan, *Le Meilleur*..., 1995, p. 41-49. Aff. des 5-6 décembre 1751.

56. AD 69, 1 C 12. Aubert, Mém. de maîtr., *L'Institution*..., 1989, p. 245-247.

57. AD 34, C 6882, lettre du subdélégué M. de Serre, le 7 mars 1765.

58. Sur la réunion du corps des galères à la marine en 1748 et l'ouverture des bagnes atlantiques, cf. Joannic-Seta, *Le Bagne*..., 2000.

59. Zysberg, *Les Galériens*..., 1987, p. 10-39 ; Joannic-Seta, *op. cit.*, p. 42-67.

60. Le passage de la *chaîne* provoque en 1662 des mouvements hostiles à Châteaudun, avec sonnerie de tocsin et prise en chasse des forçats par la milice bourgeoise qui leur tue dix-sept hommes. Aff. du 13 août 1662. Cf. Bercé, *Croquants*..., 1974, p. 77-78.

61. Saint-Brès : Barrière-Flavy, « Les prisons de la Conciergerie du Palais à Toulouse aux XVIIe et XVIIIe siècles », *Revue historique de Toulouse*, X, 1923-3 (ct 3407). — Nangis : Zysberg, *Les Galériens*..., 1987, p. 36 (ct 7723). — Laval : BNF Mss., Mélanges Colbert, 109, f° 408. Gautier, « La contrebande... », 1957, p. 128. — Roiffé (au lieu-dit La Croix-de-Chaume) : AN, E 2108, f° 242-243. Aff. du 3 septembre 1730 (ct 8627).

62. Caumont-sur-Durance : AN, Marine, B^6 27, f° 81 v° et 224 (ct 8411). — Metz : AN, B^6 33, f° 228 v° et B^6 94, f° 264 et 273. — Granges-lès-Valence (Guilherand) : AN, Marine, B^6 46, f° 158 et 165-166 (ct 0719). — Port-la-Nouvelle : AN, Marine, B^3 246, f° 393. Aff. du 26 janvier 1717 (ct 1130).

63. AN, Marine, B^6 128, f° 403-404 et 445. Zysberg, *op. cit.*, p. 37-39. — Onze forçats seront déférés à un conseil de guerre à la mi-février 1745 : six condamnés à la potence, un seul

exécuté par tirage au sort, François Chrétien, dit « le Matelot ».

64. *Affiches du Dauphiné*, n° 22, 30 septembre 1774, p. 103. Aff. du 25 septembre 1774.

65. Sur la disette et la cherté en 1740, *supra*, chap. VII, p. 374-375.

66. BNF Mss., Joly de Fleury, 1121, f° 49-56. Croÿ, *Journal...*, I, p. 26 ; Barbier, *Chronique...*, III, p. 219 ; Narbonne, *Journal...*, p. 469. Aff. du 22 septembre 1740.

67. AN, X^{2B} 988 et 1305, X^{IA} 8468, X^{2A} 726, 731 et 735 ; BNF Mss., Joly de Fleury, 209, f° 304-305, 321 v° et 324.

68. Mercier, *Tableau...*, éd. 1994, II, p. 251. AN, AD III, 8, p. 191, arrêt du parlement du 20 janvier 1756. (Selon une note de la main du procureur Gueullette, qui a rassemblé cette collection d'arrêts, le supplicié était Louis Robillard, un ancien postillon de Mme de Pompadour, condamné une première fois à la potence pour avoir décousu des galons d'or d'un meuble et gracié sur intervention de la marquise, avec conversion de peine en détention à vie à l'hôpital de Bicêtre.)

69. 1758 : APP, AB 399, f° 84. — 13 décembre 1768 : BNF Mss., Joly de Fleury, 440, f° 88-94 ; *Gazette de Leyde*, Suppl. du n° 103 du 23 décembre 1768. — 1er février 1771 : BNF Mss., *ms fr.* 6680 (Hardy), f° 209. — Juillet 1772 : BNF Mss., *ms fr.* 6681 (Hardy), p. 83.

70. *Tableau...*, éd. 1994, II, p. 1094.

71. Arsenal, Bastille, 10136, p. 514 et 518, rapports du commissaire Roussel et de l'inspecteur Poussot. Aff. du 14 août 1750. — Le conflit qui, depuis 1749, opposait la Mère supérieure de l'Hôpital général, Mme de Moysans, aux religieuses responsables des quartiers les plus sensibles de la Salpêtrière, tel celui de la Force, favorisait « l'esprit de désordre ». Les religieuses reprochaient à la Mère (créature de l'archevêque de Paris, Mgr de Beaumont) d'encourager la fronde des détenues : selon la Sœur responsable de la Force, « ... la Supérieure de temps à autre vient voir ces sortes de femmes, les applaudit dans les plaintes qu'elles portent contre les magistrats et leur promet de les faire sortir... » (rapport Poussot). Il s'agit là d'un prolongement de l'antagonisme entre les parlementaires jansénisants, qui intervenaient dans les affaires de l'Hôpital, et le clan ultramontain et

antijanséniste qu'animait le prélat (*ibid.*, et *Nouvelles ecclésiastiques, Suite des NE du 20 mars 1750*, p. 45).

72. *Journal...*, VIII, p. 257 et 302. Aff. de mars 1754.

73. *Supra*, p. 549.

74. *Tableau...*, I, p. 731-732.

75. Cité par Bloch, *op. cit.*, p. 177.

76. T. McStays Adams, *Bureaucrats...*, 1990, p. 122. Aff. du 13 mars 1775.

77. Arsenal, Bastille, 12674. Adams, *op. cit.*, p. 245.

78. *Affiches [...] du Dauphiné*, n° 47, 19 mars 1779, p. 187. AD 34, C 562, p. 172-173 et 176 (information aimablement transmise par Henri Michel) ; APP, AB 38, p. 58 et 69, jugements prévôtaux des 29 novembre 1779 et 6 mars 1780.

79. AN, Hl 556. Adams T. McStay, *Bureaucrats...*, 1990, p. 168. Aff. du 12 février 1782.

80. Dartiguenave, *Vagabonds...*, 1997, p. 43-44. Aff. du 14 juillet 1783.

81. APP, AB 388, p. 404-406, jugement prévôtal du 23 mai 1786.

82. Foucault, *Surveiller...*, cf. chap. II, « L'éclat des supplices ».

83. Mercier, *Tableau...*, éd. 1994, I, p. 709. — Sur le « système sacrificiel » des mises à mort légales, cf. Michel Bée, « Le spectacle de l'exécution dans la France d'Ancien Régime », *Annales ESC*, 1983-4, p. 843-862 ; Peter Spierenburg, *The Spectacle of Suffering : Executions and the Evolution of Repression*, Cambridge University Press, 1984.

84. Foucault, *Surveiller...*, rééd. 2000, p. 76-77 ; Duhamel, *Les Exécutions...*, 1890, p. 4-6. Aff. du 28 mai 1672. — Affaire très comparable dans cette même ville, le 19 décembre 1695, mais cette fois le bourreau sauve sa peau et le patient est finalement étranglé, cf. Duhamel, *ibid.*, p. 7.

85. AN, G^7 410, lettre de l'intendant Turgot, 24 avril 1710. Incident significatif sans être rébellionnaire à proprement parler, et que nous n'avons pas enregistré comme tel dans notre corpus.

86. F.-N.-E. Droz, *Recueil des édits et déclarations [...] publiés et régistrés au parlement de Besançon*, 1771-1778, III, p. 890-892. Aff. du 30 juillet 1743.

87. AD 11, B 2560. Cet incident n'a pas été comptabilisé dans nos séries émeutières.

88. AN, X[2B] 1498, juin 1771. Il ne s'agit pas là non plus d'une rébellion au sens propre.

89. AN, Z[IC] 446. Aff. du 31 mai 1775 (ct 5123).

90. Cauna, *Relation...* [Laborde-Péboué de Doazit], 1869, p. 568-569.

91. Craon : AD 53, B 2697. Aff. du 18 mai 1676 (ct 5309). — Carcassonne : AD 11, B 830. Aff. du 27 août 1718. — Paris : AN, AD III 8, p. 14. Aff. du 4 août 1751.

92. APP, AB 388, p. 30-31. Aff. de mai 1779.

93. Paris : F. Funck-Brentano, *Figaro et ses devanciers*, 1909, p. 33. — Rouen : Périaux, *Histoire...*, 1874. 29 août 1771.

94. Nicolas, *La Vie...*, 1979, p. 213-214. Aff. du 9 juillet 1644. — Même croyance en Auvergne : cf. E. Fléchier, *Mémoire sur les Grands Jours d'Auvergne*, éd. 1862, p. 228-229.

95. AD 53, B 2743. Aff. du 30 août 1719.

96. Gutton, *Domestiques...*, 1981 ; Sabattier, *Figaro...*, 1984.

97. Paris, place des Victoires, aff. du 2 avril 1718 : Dangeau, *Journal...*, XVII, p. 281 ; rue des Grands-Augustins, aff. du 12 mars 1721 : Barbier, *Chronique...*, I, p. 120 ; rue Sainte-Anne, aff. du 15 novembre 1721 : Barbier, *ibid.*, p. 170-171 ; quai des Augustins, aff. du 12 avril 1726 : AN, AD III 5, p. 3, et Barbier, *ibid.*, I, p. 419-420.

98. Nicolas, *La Savoie...*, 1977-1978, 1, p. 484 et n. Aff. du 4 décembre 1734.

99. Gutton, *op. cit.*, p. 146.

100. Sabattier, *op. cit.*, p. 40.

101. Cité par M. Porret, « Effrayer le crime... », in Berchtold et Porret, *La Peur...*, 1994, p. 63.

102. Paris, rue de Buci : AN, AD III 9, p ; 229 ; AN, Y 9662. Aff. du 15 juin 1761. — Vendôme : AD 41, B.V. 158 (cote provisoire). Aff. des 5-6 mars 1759.

103. Guéneau, *L'Organisation...*, 1919, p. 422 n. 2.

104. AD 36, B 2183, f° 3.

105. Nicolas, *op. cit.*, II, p. 1111.

106. Duhamel, *Les Exécutions...*, 1890, p. 25.

107. AN, Y 14467 (à propos de l'exécution capitale du 7 mars 1772, place de Grève).

108. AN, X[2B] 1494. Supplique adressée au Conseil supérieur de Blois, 1er mars 1774.

109. AD 73, B, correspondance de l'avocat fiscal général, lettre du châtelain d'Argentine, 22 mai 1782.

110. Les chiffres renvoient aux données récapitulatives de la p. 844 (types fondamentaux 306, 307, 308 et 310), complétées par un certain nombre de rébellions signalées comme telles en type secondaire.

111. Sur le système de recrutement et le racolage, Corvisier, *L'Armée...*, 1964, I, p. 147-195.

112. Soit respectivement 1,65 m et 1,70 m.

113. AN, G[7] 418, p. 66, copie d'une lettre du contrôleur des aides de Clamecy, 28 novembre 1689.

114. Inscrits sous les codes 307 de la typologie, en type fondamental (125 cas) ou secondaire (6 cas).

115. Girard, *Le Service...*, 1922, p. 116. Aff. du 29 avril 1705.

116. Arch. Guerre, A[1] 1971, p. 61-61 (ct 3828). Girard, *op. cit.*, p. 121-124.

117. Saint-Étienne-de-Lugdarès : Arch. Guerre, A[1] 1907, p. 16. Aff. du 1er juillet 1705 (ct 0716). — Rigny-le-Ferron : AD 89, 1 B suppl., n° 19. Aff. du 24 juin 1708 (ct 1001). — Étivey : AD 21, BII, 335, II (1711) (ct 8921). — Jalogny : AD 71, B 1802, p. 85. Aff. du 13 mars 1711 (ct 7112).

118. Aubert, Mém. de maîtr., *L'Institution...*, 1989, p. 256-258. Aff. du 4 juin 1711.

119. AD 73, B 03222. Aff. du 19 novembre 1726 (ct 7418).

120. Girard, *op. cit.* Arch. Guerre, A[1] 1986, p. 45. Aff. du 2 mars 1706 (ct 6518).

121. Manosque : Arch. Guerre, A[1] 2044, p. 161. Aff. du 18 février 1707. — Tarascon : Arch. Guerre, A[1] 2102, p. 137-138. Aff. du 8 avril 1708.

122. Arch. Guerre, A[1] 2347, p. 86-87, 89, 91, 93, 112 ; A[1] 2419, p. 176. AN, G[7] 191, p. 274. Aff. du 6 février 1711 (ct 2241).

123. Bibl. hist. de la Ville de Paris, *ms* 720, f° 224 v°-225, lettre de M. de Marville à Maurepas, 22 décembre 1744 (aff. du 22 décembre 1744). Marville, *Lettres...*, II, 1903, p. 9, lettre du 21 janvier 1745. Sur le racolage à Paris au XVIIIe, Chagniot, *Paris et l'armée...*, 1984, p. 277-285.

124. Marsillargues : AD 34, C 6810 et 6785 (ct 3417). — Champagnac-le-Vieux : AD 63, C 1534. Aff. du 1er décembre 1747 (ct 4302). — Aubais : Léonard, *Mon village...*, 1941, p. 226-227. Aff. du 21 février 1751 (ct 3032).

125. AD 34, C 6840. Aff. des 18-20 février 1765 (ct 1116).

126. *Tableau...*, éd. 1994, II, p. 968.

127. Xertigny : AN, Z^IC 447. Aff. du 5 octobre 1775 (ct 8829). — Encausse : AN, Z^IC 454 (ct 3205). — Lyon : AN, Z^IC 469.

128. Sur les procédures du tirage au sort, l'inscription maritime et les exemptions, voir Girard, *Le Service...*, 1922, *passim*, et Corvisier, *op. cit.*, p. 197 *sq*.

129. Région déjà secouée par les révoltes antifiscales du pays de Soule (1661) et de Chalosse (révolte d'Audijos en 1663-1666). Cf. *supra*, p. 146 et 181.

130. Loirette, « La révolte... », 1968 (et grilles d'enquête remplies par ce chercheur). — Ciboure : Depping, *Correspondance...*, I, 1850, p. 825-832. Aff. de janvier 1671. — Urrugne : Depping, *ibid.*, et BNF Mss., Mélanges Colbert, 156, f° 150-158 et 359-363 (ct 6445). — Saint-Jean-de-Luz : AN, Marine, B² 66, f° 29-30. Aff. de juin 1688 ; AN, Marine, B³ 62. Aff. du 8 juillet 1690. — Hendaye : AN, Marine, B³ 58, f° 395. Aff. du 18 février 1689.

131. Méréville : AN, E 2078, f 254-255. Aff. du 13 mai 1726 (ct 9117). — Billy-sur-Ourcq : AN, E 2132, f° 177-178. Aff. du 18 mars 1732 (ct 0224). — Castelfranc : AN, Marine, B³ 537, f 213. Aff. du 20 mai 1757 (ct 4619). — Florensac : AD 34, C 1919, 6572, 6893. Aff. du 10 juillet 1758 (ct 3411). — Vias : AD 34, C 6893. Aff. du 12 juillet 1758 (ct 3401). — Saint-Jean-de-Nay : AD 63, C 5273. Aff. du 10 août 1769 (ct 4312).

132. AN, G⁷ 409. Aff. du 11 juin 1705.

133. AD 21, B II 360/227.

134. AN, Z^IC 436.

135. AN, Z^IC 436 et AD 34, C 6883.

136. AN, Z^IC 437.

137. Corvisier, *op. cit.*, p. 224 ; M.-C. Kiener et J.-C. Peyronnet, *Quand Turgot régnait en Limousin. Un tremplin pour le pouvoir*, Paris, 1979, p. 148-150.

138. Pardailhan : AN, E 2085, f 247-248. Aff. du 20 avril 1727 (ct 3433). — Lacroix-Barrez : AD 12, 14 J 73, fonds Cassan de

Floyrac. Aff. du 19 janvier 1743 (ct 1219). — Conques : AD 12, 14 J 75. Aff. du 22 janvier 1743 (ct 1208). — Agnat : AD 63, C 1531. Aff. de février 1743 (ct 4302).

139. Arch. comm. Saint-Étienne-de-Saint-Geoirs, jugement de l'intendant de La Porte. Aff. du 26 mars 1752 (ct 2618).

140. Arch. Guerre, A^{I} 3232, f° 30 et 64 ; A^{I} 3233, f° 40 (ct 2617).

141. AD 34, C 6596 (ct 3028).

142. Procès-verbal de l'Assemblée provinciale de Rouen, août 1787, in Célestin Hippeau, *Le Gouvernement de Normandie au* XVIIe *et au* XVIIIe *siècle*..., Caen, V, 1865, p. 277.

143. Saint-Simon, *Mémoires*..., « Pléiade », II, p. 644 ; Turgot, cité par Marion, *Dictionnaire*..., 1923, p. 378 ; Necker, *De l'administration*..., 1785, I, p. 23 ; Mercier, *Tableau*..., éd. 1994, I, p. 266.

144. R. Descimon et A. Guery, in Burguière et Revel, *L'État*..., 1989, p. 295.

145. Corvisier, *L'Armée*..., 1964, I, p. 94 *sq.* et II, p. 848 *sq.* ; Bilogh, *Logistique*..., 1998. — Le service des *étapes*, progressivement mis en place au XVIIe, fut supprimé en 1718 et rétabli dix ans plus tard.

146. Pélaquier, *De la maison*..., I, p. 477.

147. Ainsi en Roussillon, cf. Sala, *Dieu*..., 1996, p. 162-172.

148. BNF Mss., Mélanges Colbert, 115 *bis*, f° 1048, lettre du 19 mai 1663. R. Pillorget, *Les Mouvements*..., 1975, p. 921.

149. Champlecy : AD 71, B 687, p. 87. Aff. du 5 avril 1679 (ct7109). — Changy : AD 43, B 794. Aff. du 11 avril 1706 (ct 4212). — Pradelles : AD 34, C 6876, p. 96. Aff. du 24 avril 1750 (ct 4318).

150. Liesse : Dubuc, *L'Intendance de Soissons*..., 1902, p. 136 ; Amédée Combier, *Notice [...] Liesse*, Paris, 1873, p. 34-35. Aff. de 1675 (ct 0230). — Chambry : AD 02, Bailliage du Vermandois, 34. Aff. du 28 mars 1712 (ct 0297). — Versigny : AD 02, Bailliage du Vermandois, 34. Aff. du 17 mai 1712 (ct 0214). — Longèves : Arch. Guerre, A^{1} 2416, f° 149. Aff. du 17 décembre 1712 (ct 8507). — Saint-Loup-Nantouard : AD 70, B 3884, f° 74 v°. Aff. du 6 juillet 1727 (ct 7009).

151. AD 69, 3 B 522. Aff. du 22 mars 1696 (ct 6905).

152. Wacquet, « Une émeute... », 1927. Aff. du 11 novembre 1666 (ct 2924).

153. Manosque : R. Pillorget, *Les Mouvements...*, 1975, p. 898-899. Aff. du 14 mai 1667. — Forcalquier : *ibid.* ; L. de Berluc-Pérussis, « Les grandes heures de l'histoire de Forcalquier », *Bulletin de la Société scientifique et littéraire des Basses-Alpes*, t. 26, n° 172, juillet-décembre 1930, p. 124. Aff. du 18 novembre 1667.

154. Crécy-sur-Serre : Arch. Guerre, A[1] 2415, p. 27-28 ; AN, G[7] 537-540. Aff. du 11 août 1712 (ct 0213). — Bessenay : AD 69, 7B. Aff. du 13 janvier 1734 (ct 6903).

155. Louviers : AD 76, F 376 (« Histoire de Louviers » de F. Legendre, *ms.*, p. 288-291). Aff. du 1er novembre 1711. — Mâcon : Arch. Guerre, Yi, Contrôle des Invalides, reg. 22, n° 36734 et 36951. — Beaugency : AN, Marine, B[3] 394, f° 18. Aff. du 16 mars 1739 (ct 4502).

156. Niort : P.-A.-D. Piet-Lataudrie, « Papier mémorial de la famille Bastard, 1585-1721 », *Mémoires de la Société de statistique, des sciences, lettres et arts du département des Deux-Sèvres*, 3e série, t. 4, 1887, p. 48 *sq.* Aff. d'octobre 1668. — Grenoble : Arch. Guerre, Mémoires et Reconnaissances, 1787, p. 65. Aff. du 28 juin 1694. — Béziers : AD 34, C 1191 ; AN, E 2085, f° 610-611611. Aff. du 2 novembre 1727. — Nîmes : AD 34, C1194. Aff. du 2 octobre 1729.

157. AD 34, C 6878 et 6879. Aff. du 12 septembre 1756 (ct 0712).

158. AD 34, C 6878 et 6879, lettre datée du 19 octobre 1756, écrite de Valence où M. de Vautrin a rejoint son régiment. Lecture phonétique conseillée !

159. AD 34, C 6667, p. 117, 119-120, 122, 127, 130-131 ; C 6668. Aff. du 29 juin 1781.

160. Corvisier, *L'Armée...*, 1964, I, p. 132 *sq.* : « Le recul des armes dans la considération publique » ; Chagniot, *Paris et l'armée...*, 1985, p. 611 *sq.* : « Le militaire réhabilité ».

161. Nicolas, *La Savoie...*, 1978, II, p. 1122.

162. AN, Marine, B[3] 10, f° 185 v°, 190, 192, 194 v°, 197, 199. Aff. de juin 1671.

163. AN, G[7] 243, p. 259. Aff. du 17 mai 1696.

164. Calais : Arch. Guerre, A[1] 2183, p. 112, et A[1] 2182, p. 22. Aff. du 19 avril 1709. — Dunkerque : AN, Marine, B[3] 177, f° 79. Sourches, *Mémoires...*, XII, p. 322. Aff. de mars 1710.

165. Belle-Isle : AN, Marine, B[3] 189, f° 180. Aff. des 30 septembre-1er octobre 1710. — Noirmoutier : Arch. comm. Nantes, EE 4, affaires militaires. Aff. du 10 août 1713.

166. Saint-Simon, *Mémoires,* « Pléiade », V, p. 227. Dangeau, *Journal...*, XVI, p. 4 et 9-10.

167. *Chroniques de l'Académie de Besançon,* VII, p. 349, IX, p. 281. Aff. du 27 août 1715.

168. Le Havre : Arch. Guerre, A[1] 2526, f° 48-49, 58, 64, 66, 68, 133, 263, 330 ; Arch. Guerre, Yi, Contrôle des Invalides, reg. 13, n° 1076. Aff. du 28 janvier 1717. — Strasbourg : Arch. Guerre, A[1] 2526, f° 279, 329, 331 et 335. Corvisier, *L'Armée...*, 1964, II, p. 883. Aff. des 26-27 février 1717.

169. Barbier, *Journal...*, I, p. 243.

170. Le Quesnoy : Arch. Guerre, A[1] 2023, p. 177. — Sarrelouis : Arch. Guerre, A[1] 2135, p. 502.

171. Dangeau, *Journal...*, V, p. 104 et 106. Aff. de novembre 1694.

172. Toulon : AN, Marine, B[3] 99 f° 36, 38, 70, 93. Aff. du 6 janvier 1697. — Le Havre : AN, Marine, B[3] 123, f° 276, 279, 284 et 307. Aff. du 10 février 1704. — Notons ici que notre corpus n'a pas intégré les mutineries maritimes survenues en dehors des ports français. Voir sur ce thème Cabantous, *La Vergue...*, 1984, *passim.*

173. Charleville : Arsenal, Bastille, 10164, f° 42-42 v° et 60. Chagniot, *Paris...*, 1985, p. 531. Aff. de juillet (?) 1733. Bergues : Arch. Guerre, A[3] 42, f° 26 v°-27, 28 v°, 34-34 v°, 37 v°. J. Chagniot, in Corvisier, *Histoire militaire de la France,* 1992, II, p. 45-46. Aff. du 31 mars 1760. — Nous avons évidemment écarté les faux bruits de mutineries, tel ce « soulèvement inouï » du régiment de La Fère à Rocroi, dont parle le marquis d'Argenson dans son *Journal* (VI, p. 154) : en mars 1750, suite à un refus d'exécution, les soldats auraient tiré sur leurs officiers et tué cinq d'entre eux. Une lettre du ministre de la Guerre, datée du 7 mars 1750, atteste la « fausseté » de l'information, Arch. Guerre, A[1] 3341, f° 164. Cf. Corvisier, *L'Armée...*, 1964, p. 883 n. 11.

174. Arch. Guerre, A[1] 1549, p. 20. Girard, *Le Service...*, 1922, p. 308. Aff. du 17 janvier 1702.

175. Arch. Guerre, Al 2186, p. 35 (ct 1414).

176. Ainsi, par exemple, le blasonnage *républicain* d'un village tumultueux, Cassaniouze, en Auvergne. Un brigadier,

en avril 1755 : « C'est une espèce de république qui ne craint ni juge ni justice, et qui ont dit *(sic)* publiquement que quand il viendrait six brigades de maréchaussée dans leur paroisse pour arrêter quelques-uns de leurs concitoyens, ils les auraient bientôt détruits » (AN, Z[1C] 351, 23 avril 1755). — Sur la dualité du terme *républicain* à cette époque, Jean Deprun, « Deux images du républicain dans quelques dictionnaires français, de 1691 à 1788 », in *L'Esprit républicain*, colloque d'Orléans, septembre 1970 (Paris, 1972), p. 130-131.

177. Jones, *Charity...*, 1982, p. 143 ; B. Maillard, *Les Campagnes...*, 1998, p. 26-27.

178. *Supra*, chap. VI, p. 291-300.

179. BNF Mss., *ms fr.* 13699, f° 125 v°, 143 v°, 155-155 v°.

180. Liger, *La Nouvelle Maison rustique*, éd. 1790, II, p. 652.

181. Pézenas : AD 34, C 6656 et 6660. — Beaucaire : AD 34, C 6818.

182. Jean-Louis Issartel, *Bourg-Saint-Andéol sous la Révolution*, thèse Université Paris I, 1991, dactyl. p. 209.

183. AD 34, C 6875 et 6884.

184. Poeydavant, 1987, p. 32-36 ; Defourneaux, « La contrebande... », 1970, p. 173 et 179 ; Sala, *Dieu...*, 1996, p. 184 ; Ayats, *Les Guerres...*, 1997, p. 28-31 et 184.

185. AN, G[7] 131, p. 127.

186. AD 34, C 6802. Aff. du 2 février 1766 (ct 1106).

187. Bazancourt : AN, Z[1C] 473. Aff. du 18 janvier 1755 (ct 5105). — Le Béage : AD 34, C 6879, p. 184 et 189 (ct 0712).

188. Saint-Chinian : AD 34, C 6844, p. 41 et 94. — Saint-Pons : AD 34, C 6844, p. 79.

189. AD 34, C 6881 (ct 0704).

190. Saint-Gervais-sur-Mare : AD 34, C 6746, p. 102 (ct 3431). — Touzac : AN, Z [1C] 457. Aff. du 30 avril 1783 (ct 1612). — Milhaud : AD 34, C 6822, p. 28. Juin 1783. — Sainte-Croix-Volvestre : *supra*, p. 289-290.

191. AD 34, C 6653 et 6768. Salvadori, *Chasseurs...*, 1993, p. 443.

192. *Supra*, p. 169. Cf. fac-similé de monitoire, illustration 14, p. 633.

193. Ferrière, *Dictionnaire...*, 1740, II, art. « Monitoire ». *Dictionnaire de droit canonique*, Paris, 1957, VI, p. 939-940.

194. Bretagne : Muracciole, Mém. de maîtr., *La Criminalité...*, 1969, p. 269 *sq.* — Flandres : Dautricourt, *La Criminalité...*, 1912, p. 225-226 et tables des p. 126 *sq.*

195. AN, Z^{1a} 1132. Aff. de Saint-Fraimbault-de-Prières, 8 octobre 1767 (ct 5399), lettre du curé de Grazay, 19 mars 1768.

196. AN, Z^{1a} 1146. Aff. du 5 octobre 1771 (ct 3619).

197. Duval, *Cahiers...*, 1873, p. 45 ; Larguier *et al.*, *Cahiers de doléances audois,* Carcassonne, 1789, p. 284, 320 et 338.

198. Mesbrecourt-Richecourt : Combier, *Études...*, 1874, p. 476. Aff. du 14 mai 1702 (ct 0213). — Courseulles : Bibl. mun. Caen, Fonds normand, Lesage, « À travers le passé du Calvados », III. Aff. des 24 février et 2 mars 1704 (ct 1413). — Malzy : AD 02, B 476 (ct 0216).

199. AD 69, 7 B 30.

200. AN, Z^{1c} 350, 351 et 430 (ct 2413).

201. AD 26, B 1230. Aff. du 18 août 1754 (ct 2622).

202. AD 11, B 374. Aff. du 6 juillet 1766. — De même, protestations tumultueuses contre les monitoires dans le Saint-Ponais industriel en 1762, cf. *supra,* p. 494-495.

203. AD 07, 25 B 24. Aff. des 11 (Dompnac, ct 0725) et 18 mars 1781 (Sablières, ct 0709).

204. *L'Homme...*, 1984, et autres travaux (cf. bibliographie).

205. *L'Homme...*, 1984, p. 431.

206. Corvol, « Les délinquances... », 1978, p. 346.

207. Soit 58 affaires relevées en type fondamental et 12 en type secondaire.

208. AN, G^7 418 (1694, p. 2, et 1695, p. 1). Aff. du 5 janvier 1695.

209. AN, G^7 81. Aff. du 19 décembre 1708 (ct 6809).

210. Narbonne, *Journal...*, 1866, p. 434-438 ; Luynes, *Mémoires,* III, p. 145. Aff. des 5-10 février 1740.

211. AD 39, A 240. Aff. du 14 juin 1723 (ct 3920). Information recueillie par Pascal Daull.

212. AD 39, C 128. Vion-Delphin, « La révolte... », 1974. Aff. de février-mars 1765 (ct 3912).

213. *Supra,* p. 238-240.

214. Bossieu : Bibl. mun. Grenoble, Q4 (1), f° 43 v° et 47. Aff. d'avril 1768 (ct 3833). — Saint-Martin-en-Vercors : AD 26, B 569, p. 29. Aff. du 4 mai 1768 (ct 2605).

215. *Supra*, p. 496.

216. AD 21, B2/46/32. Aff. d'Auxonne-Rainans, 31 janvier 1752.

217. AD 26, 17 B 128. Aff. du 5 mars 1787 (ct 2624).

218. *Supra*, p. 231-237.

219. Châtonnay : AN, E 2055, f° 222-225. Aff. du 14 mai 1724 (ct 3828). — Le Pont-de-Beauvoisin : AD 38, C 948. Aff. du 22 mai 1727 (ct 3821). — Septème : AD 38, II C 948. Aff. du 22 mai 1729 (ct 3899). — Saint-Marcellin : AN, Q 1 404, procès-verbal du 13 mars 1741.

220. Villeneuve : AD 12, B 154. Aff. du 23 février 1762, paroisse de Septfonds (ct 1243). — Rancon : AD 87, B 2441. Aff. du 22 mars 1764 (ct 8707).

221. Deservillers : AD 25, B 17097. Aff. du 5 août 1710 (ct 2501). — Villers-sous-Montrond : AD 25, B 17099. Aff. du 4 juillet 1719 (ct 2518). — Gincla : AD 34, C 1255. Aff. du 10 mars 1718 (ct 1103).

222. Corvol, *L'Homme...*, 1984, p. 491, 420 et 445.

223. *Ibid.*, p. 438.

224. Boehler, *La Paysannerie...*, 1994, I, p. 667 et 669.

225. Schubnel, « La forêt... », 1983, 1984, 1985. Leser, « Repères... », 1988 ; « La révolte... », 1989.

226. Action collective qui présente des analogies avec la délégation des Flamands de L'Allœu en 1706, voir *supra*, p. 183-187.

227. Leser, « La révolte... », 1989, p. 224. AD 67, 32 J 2 (27), sentence du 9 novembre 1767.

228. Consultation citée dans l'arrêt du Conseil du 29 juillet 1774 : AN, E 2509, f° 74-79.

229. Métra, V, p. 33-34. De son côté Hardy signale dans son *Journal*, le 20 juillet 1777, l'arrivée des « paysans alsaciens soi disant venus en Cour et arrêtés chemin faisant », BNF Mss., *ms fr.* 6682, p. 381. Autre relation de l'événement dans le *Journal historique et littéraire* du 15 août 1777 : « Ces jours-ci il arriva ici une centaine de paysans qui demandèrent d'être admis dans le château : mais leur grand nombre leur fit refuser l'entrée. Mgr le duc de Chartres [Philippe d'Orléans, le futur Philippe-

Égalité] survenu dans le moment, les ayant interrogés sur l'objet de leur venue, l'un d'eux lui répondit "qu'ils étaient d'Alsace, que cette province avait beaucoup à se plaindre de ses administrateurs, ils avaient cru ne pouvoir obtenir un redressement plus prompt et plus complet qu'en venant eux-mêmes se jeter aux pieds du trône". Le prince les exhorta à se tenir tranquilles, et leur promit d'en informer le roi : il le fit. » Cf., sur la même affaire, le *Courrier d'Avignon* du 3 mars 1778.

230. AN, E 2548, f° 122-123.

231. AD 67, 32 J 2 (68), Jugement du 21 mars 1778 (les deux frères du condamné Brueder étaient l'un avocat-secrétaire-interprète au Conseil souverain d'Alsace, et l'autre ancien officier au régiment de Royal-Bavière).

232. AD 67, 32 J 2 (72), ordonnance de l'intendant de la Galizière, 24 décembre 1779. AN, Marine, B^3 687, f° 64 ; 694, f° 15 ; 708, f° 44 ; 714, f° 56-57 ; 729, f° 107 et 128.

233. Blickle, *Résistance*..., 1997, p. 175.

234. Leser, « Les échos... », 1989, p. 15, et 1990, p. 63.

235. Sur la révolte de Roure, *supra*, p. 86 et 89.

236. Aff. du 4 septembre 1735 (ct 0709). AD 34, C 1253 ; AD 07, fonds Mazon, 67. Cf. Fontane, « L'émotion... », 1980 ; Bertrand, « À Joyeuse... », 1995 (voir aussi *supra*, p. 142).

237. AD 34, C 1253, lettre du curé de Joyeuse, R^d^ Corbert, 10 septembre 1735. AD 07, C 696, p. 3, mémoire de M. Delaforest, juge de Joyeuse ; p. 14, mémoire du curé de Saint-Jean-de-Pourcharesse.

238. AD 34, C 1231, lettre du comte de Vogüé à M. de Teulière ; lettre de M. de Rochemure, 12 septembre 1735.

239. AD 34, C 6869-6870, 6872-6873, 6888 ; AD 07, fonds Mazon, F 67. Sonenscher, « La révolte... », 1972 ; Sabatier, « De la révolte... », in Nicolas, *Mouvements*..., 1985 ; Boulle, « Les grandes heures... », 1984, p. 198-202 ; id., *Révoltes*..., 1989, p. 5-27 ; Schnetzler, « L'affaire... », 1991.

240. AD 07, fonds Mazon, F 67, lettre de M. de Lachadenède, 15 février 1783 ; AD 07, témoignages divers. Relation précise de cette journée dans Schnetzler, art. cit., p. 283-285.

241. Boulle, « Les grandes heures... », 1984, p. 128.

242. AN, H^1 1103, 135-137, 182 ; AD 07, C 1084, p. 2 et 3, *Ordonnances de Nosseigneurs les conseillers du parlement de Toulouse, commissaires députés par le Roi, dans le Gévaudan, le*

Vivarais et les Cévennes..., impr., janvier 1784. La commission, désignée en juillet 1783, est restée sur le terrain de la mi-septembre 1783 à la mi-février 1784. Elle effectua une nouvelle mission sur les lieux en 1785.

243. AD 07, C 1084, p. 7, *Ordonnance [...] concernant les devoirs et les fonctions des procureurs postulants et des notaires...*

244. AD 07, C 1084, p. 10.

245. AD 07, C 1084, p. 70, « Coup d'œil d'un avocat sur les causes qui ont si fort multiplié les procureurs dans le Vivarais... »

246. AN, H^1 1050, p. 293 et H^1 1453, n° 194. N. Castan, *Crime*..., 1978, p. 163 n. 137. Aff. de la nuit du 8 au 9 avril 1789, commune de Pied-de-Borne (ct 4824).

247. Schnetzler, « L'affaire... », 1991, p. 312 n.

248. Aff. du 30 décembre 1729 (ct 2 B 54). Rostini, *Mémoires*..., 1882, I, p. 32-33 ; Yvia-Croce, *Quarante ans*..., 1996, p. 20.

249. Poggio (ct 2 B 39). Rostini, *Mémoires*..., 1882, I, p. 36 ; Pomponi, « Émeutes... », 1972, p. 155-156. Michel Vergé-Franceschi qualifie le mouvement de « gigantesque émeute antifiscale », *Histoire*..., 1996, II, p. 296.

250. *Histoire de France des régions*..., 2001, p. 183.

251. Rostini, *Mémoires,* 1882, I, p. 38 ; Pomponi, « Émeutes... », 1972, p. 156-157.

252. Pomponi, *Histoire*..., 1979, p. 235.

253. Sébastien Costa, *Mémoires, 1732-1736*, éd. par R. Luciani, Aix-en-Provence, 1972.

254. Yvia-Croce, *Quarante ans*..., 1996, p. 204-206 (ct 2 B 25).

255. Aff. de juin 1774 (ct 2 B 1) : AD 2 B, 5 J 1 ; AD 2 A, 13 B 13. Roux, *Les « Makis »* ..., 1984, p. 114-119.

256. AN, D XXIX 22, Mémoire adressé par Francesco Maria Geronimi à Bailly, président de l'Assemblée nationale (novembre 1789).

257. Roux, *Les « Makis »* ..., 1984, p. 119.

258. Ainsi à Renno (ct 2 A 61) en février 1772 (tocsin, menaces, violences). AD 2 A, 1 C 77-79 ; AD 2 B, 5 J 1.

259. Ainsi à Biguglia (ct 2 B 08) le 4 avril 1777, AN, K 1227^2 ; et à Calenzana (ct 2 B 11) le 2 mai 1777, arch. comm. de Calenzana. Données recueillies par Ange Rovere. Sur l'oppo-

sition des insulaires aux concessions domaniales (dévastations, destruction des récoltes) à la fin du XVIIIe et au début de la Révolution, cf. Casanova-Rovere, *Peuple corse...*, 1979, p. 176-178 ; Defranceschi, *Recherches...*, 1982, II, p. 285 *sq.*

260. En particulier lors de la délimitation du domaine royal en faveur de la colonie grecque de Cargese Paomia (2 A 35) en octobre 1773 : AD 2 A, 1 C 77-79 ; de même à Vescovato (2 B 59) le 1er novembre 1773, à l'initiative des habitants de Biguglia : AD 2 B, 5 J 1 (recherches d'Ange Rovere) ; Roux, *Les « Makis »* ..., 1984, p. 82-83. Sur la réalisation du Terrier à partir de 1773, Villat, *La Corse...*, II, p. 145 *sq.*

261. Remarquable analyse de l'ancienne société corse dans Pomponi, *Histoire...*, 1979, chap. VII, « La Corse des villages », p. 190 *sq.* De même, Casanova-Rovere, *Peuple corse...*, 1979, p. 168-173. Sur le rôle spécifique des élites, Vergé-Franceschi, *Histoire...*, II, *passim.*

262. AN, BB 30, 96, conseil supérieur de Corse, lettre du procureur général Coster, 6 février 1790. Aff. du 10 mai 1775 (ct 2 B 25).

263. Sur la structure clanique des bandes rebelles, Casanova-Rovere, *Peuple corse...*, 1979, p. 129-148.

264. Voir le *Projet de constitution pour la Corse* écrit par Rousseau à la demande de Mathieu Buttafoco, officier corse au service français.

JEUNESSE, JEUNESSE...

1. Éd. 1963, Paris (10-18), p. 193.

2. Abondance des travaux d'ethno-histoire sur le thème de la fête depuis les années 1970, notamment Bercé, *Fête et révolte...*, 1976 ; Ozouf, *La Fête...*, 1976 ; Pellegrin, *Les Bachelleries...*, 1976 ; Vovelle, *Les Métamorphoses...*, 1976 ; Muchembled, *Culture...*, 1978.

3. Mercier, *Tableau...*, éd. 1994, I, p. 1146-1150 (art. « Latinistes »).

4. Affaires enregistrées sous les codes 1301, 1302 et 1304 de notre typologie, soit 575 en type fondamental et 59 en type secondaire (cf. p. 847).

5. Plus d'une cinquantaine d'arrêts relatifs aux excès festifs ont été prononcés dans le seul ressort du parlement de Paris entre 1778 et 1786. Cf. Bercé, *Fête...*, 1976, p. 171. De même, inflation réglementaire à ce sujet en Guyenne et Béarn, Desplat, *Charivaris...*, 1982, p. 103 et 126 *sq.* ; id., *Pau...*, 1992, p. 756-757 et 765 ; dans le Centre-Ouest, Pellegrin, *Les Bachelleries...*, 1982, p. 304 *sq.* En Bretagne, le tir au *papegaut* est interdit par un arrêt du Conseil du 7 mai 1770, Dupuy, *Études...*, 1891, p. 80-81. Le parlement de Rouen, par son arrêt du 17 juin 1785, prohibe sur tout le territoire normand les fêtes baladoires — « ces divertissements publics où les passions s'éveillent et s'animent sans mesure », Chaline, *L'Aristocratie...*, 1992, p. 583, etc.

6. Le tableau rend compte de toutes les affaires dont la date est connue au mois ou au jour près, soit respectivement 623 et 540 cas sur 634.

7. Abbé Réguis, *La Voix du pasteur. Discours familiers d'un curé à ses paroissiens...*, 1766, I, p. 274-276.

8. Cf. Mikhaïl Bakhtine, *L'Œuvre de François Rabelais et la culture populaire au Moyen Âge et sous la Renaissance*, Paris, 1970.

9. Paris, 1965, p. 27.

10. AD 26, B 599, p. 89, paillade du 9 décembre 1771.

11. AN, Z^{lc} 448. Aff. du 13 février 1777 (ct 6030).

12. AN, Z^{lc} 446. Aff. des 18-20 février 1776 (ct 7709).

13. R. Bonnain-Moerdyck, D. Moerdyck, « Le charivari, discours bourgeois et coutumes populaires », *Annales ESC*, mai-juin 1977, p. 384.

14. Agulhon, *Pénitents...*, 1984, p. 62

15. F. Toselli, « Journal niçois des événements survenus à Nice de l'an 1675 à l'an 1723 », *Nice historique*, 1912, p. 463 ; P. Ariès et G. Duby, *Histoire de la vie privée*, t. III : *De la Renaissance aux Lumières*, 1986, p. 572.

16. *Genèse...*, 1975, p. 835.

17. Lamouzèle, *Toulouse...*, 1914, p. 48-49.

18. AD 21, B II 46-29. Aff. du 4 février 1742 (ct 2124).

19. Daniel Fabre, in Ariès et Duby, *op. cit.*, p. 547-550.

20. Michelle Pollet, « Quelques aspects insolites de la fête à Grasse au XVIIIe siècle », colloque sur « le Carnaval », Nice, 1985 (texte inédit). Aff. du 9 avril 1754.

21. AN, Z[1c] 474. Aff. du 13 février 1757 (ct 9402).

22. Augustin, « Les capitouls... », 1972, p. 205. — Jean-Luc Laffont constate une multiplication des charivaris à Toulouse dans la dernière décennie de l'Ancien Régime, *Policer...*, 1997, p. 1082.

23. AN, Z[2] 3741. Aff. du 13 mai 1783.

24. AN, Z[1c] 462 ; BNF Mss., *ms fr.* 6684 (Hardy), p. 486. Aff. des 4-6 août 1784.

25. AD 34, C 6873, lettre du curé Conrasier au vicomte de Cambis, 1er décembre 1788 (ct 3023).

26. AD 74, B, correspondance de l'avocat fiscal général, Faucigny, 1786.

27. Voir N. Castan, *Justice...*, 1980, p. 61 *sq.* : « La défense du territoire ».

28. AN, E 2086, f° 55-58. Aff. du 6 octobre 1726.

29. Pitou, *Laval...*, 1995, p. 498.

30. Le Roy Ladurie, *Le Carnaval...*, 1979, p. 198 *sq.*

31. R. Pillorget, *Les Mouvements...*, 1975, p. 917.

32. Nicolas, *La Vie...*, 1979, p. 207.

33. Barbier, *Chronique...*, V, p. 40-41 (avril 1751). BNF Mss., *ms fr.* 6680 (Hardy), f° 173 (juillet 1773).

34. P. Boutry, *Prêtres et paroisses au pays du curé d'Ars*, Paris, 1986, p. 29.

35. Cité par A. Mazon, cf. *Vivarais et Velay. Deux livres de notes journalières au XVIIIe siècle*, Annonay, 1890, p. 15.

36. AD 63, C 6188, lettre de l'intendant de Montyon, 23 janvier 1768.

37. AN, Z[1c] 430, aff. du 4 août 1754 à Montagny-près-Louhans (ct 7123). De même à Villeneuve-sur-Allier, en Bourbonnais, interdiction de jouer de la musette en place publique ou dans les auberges, AN, Z[1c] 465, aff. du 15 août 1786.

38. Salvadori, *La Chasse...*, 1996, p. 311-312.

39. Muracciole, Mém. de maîtr., *La Criminalité...*, 1969, p. 106.

40. L'Abergement : AD 21, B II 46-28 (ct 7116). — Quiévrecourt : AN, Z[1c] 356 et 432 (ct 7638).

41. Aff. de juin 1695 : M. Hamon et D. Perrin, *Au cœur du XVIIIe siècle industriel : condition ouvrière et tradition villageoise à*

Saint-Gobain, Paris, 1993, p. 231. Aff. du 11 mai 1749 : AD 02, B 1300.

42. AD 02, B 1294, plainte des associés de la manufacture, juillet 1730.

43. AN, Z^{1c} 337 et 338. Aff. du 28 août 1740 (ct 7225).

44. AN, F 12, 1321 ; Z ^{1c} 450. Germain-L. Martin, *La Grande Industrie en France sous le règne de Louis XV*, Paris, 1900, p. 329. Aff. du 24 juin 1779 (ct 3714).

45. AD 73, B 48 et 52, correspondance de l'avocat fiscal général, lettres des magistrats de Tarentaise et du curé de Peisey, années 1773-1776.

46. AN, E 1725, f° 319, arrêt du 5 décembre 1664. Aff. du 19 novembre 1664 (ct 8726).

47. AD 11, B 2568. Aff. du 26 juillet 1717 (ct 1116).

48. AD 63, C 1528. Aff. de juillet 1735 (ct 1517). — Sur les aléas du recrutement militaire les jours de fête, cf. *supra*, p. 586 *sq*.

49. AN, G^7 409 et 1231. Boislisle, *Correspondance...*, 1883, p. 432-433. Aff. du 10 juillet 1707 (ct 6342).

50. AN, G^7 1232 et 1651. Gautier, « La contrebande... », 1957, p. 140. Aff. du 8 octobre 1708 (ct 3717).

51. AD 33, 2 B 178, cour des aides. Lafargue, « La sanglante... », 1967 ; Bercé, *Croquants...*, 1974, p. 103. Aff. du 1er mai 1785 (ct 4025).

52. AD 29, B 865. Armand Corre et Paul Aubry, *Documents de criminologie rétrospective (Bretagne, XVIIe-XVIIIe siècles)*, Paris, 1895, p. 109. Aff. du 14 juillet 1737 (ct 2908).

53. AD 33, 11 B 4-3 et 1 B non classé, liasse 5614 (fiche F. Loirette). AN, Z^{1c} 474, f° 69 v°, et Z^{1c} 350, sentence du 30 septembre 1754. Cavignac, « Fête... », 1977. Aff. du 1er septembre 1754 (ct 3330).

54. AD 46, C 132 ; AN, Z^{1c} 435. Aff. du 19 septembre 1762 (ct 8205).

55. Soit l'ensemble de la série Z^{1c} des Archives nationales : fonds de la Connétablie et Maréchaussée de France siégeant à la Table de marbre au parlement de Paris. La compétence de cette cour s'étendait au royaume entier. Elle avait à juger « tous les excès commis ou subis par les gendarmes, gens de guerre, prévôts, lieutenants et archers des maréchaux ». Ses arrêts étaient susceptibles d'appel auprès du parlement de

Paris. Cf. *Les Archives nationales, État général des fonds,* t. I : *L'Ancien Régime,* Paris, 1978, p. 722 *sq.* Sur les interventions intempestives et souvent provocatrices de la maréchaussée dans les fêtes et foires, Mercier, *Tableau...*, éd. 1994, II, p. 667-669.

56. AN, Zlc 438. Aff. du 9 août 1767 (ct 8502).

57. AD 42, B 855 ; AN, Z[lc] 444. Aff. du 7 juin 1773 (ct 4201).

58. Comprendre : se flanquent des peignées. AN, Z[lc] 448 (ct 1799).

59. AN, Z[lc] 449 (ct 3521).

60. AN, Z[lc] 449. Aff. du 5 juillet 1778 (ct 6039).

61. AN, Z[lc] 451. Aff. du 15 novembre 1779 (ct 5405).

62. AN, Z[lc] 453 (ct 1226).

63. AD 34, C 6888, p. 219 ; AN, Z[lc] 465. Aff. du 8 septembre 1786 (ct 0723).

64. AD 71, B 1280. Aff. du 24 mai 1671 (ct 7108).

65. AD 63, n.c. 350. Aff. du 24 août 1671 (ct 6349).

66. J.-B. Gaultier, *La Vie et les œuvres de messire Jean Soanen, évêque de Senez,* Cologne-Paris, 1750, I, p. 18-19.

67. AD 04, B 1200. Briançon, Mém. de maîtr., *Les Mouvements...*, 1993, p. 64, 138, 160, 162. Aff. du 18 août 1726 (ct 0406).

68. AD 21, B^2 46-25. Aff. du 25 juin 1730 (ct 7148).

69. Appolis, *Le Jansénisme...*, 1962, p. 50-51.

70. AD 34, C 6673, p. 62-63 et 74 ; C 6849 (ct 3119).

71. AD 63, C 7561, p. 11, et C 7572, p. 6-10, 15, 22-23. Aff. du 26 juin 1734 (ct 6303).

72. AD 73, C 16 ; AD 74, 7 G 19 ; Archivio di Stato, Turin, P[a] S[e], *Lettere di particolari,* B 18, lettre de l'avocat fiscal général de Bavoz, 11 août 1773, et T 22, lettre du gouverneur de La Tour, 10 novembre 1773 ; *Lett. vescovi,* lettre de Mgr Biord, 19 novembre 1773. Aff. du 8 août 1773.

73. AD 34, C 6665, p. 6, lettre du 18 août 1776.

74. Pellegrin, *Les Bachelleries...*, 1983, p. 158.

75. *Ibid.*, p. 295.

76. AD 34, B 9973. Aff. des 21-22 mai 1752 (ct 3429). Recherches de E. Pélaquier.

77. AN, Z[lc] 430 (ct 7123).

78. AD 34, C 6790. Aff. du 22 février 1762 (ct 3420).

79. AD 34, C 6838 (ct 3125).

80. AD 11, B 562 (ct 3427).

81. AD 34, C 6864, p. 136 et 138, et C 6865, p. 125-126 (ct 3009).

82. AD 04, B 2195 (ct 8401). Briançon, Mém. de maîtr., *Les Mouvements*..., 1993, p. 43-45 et 119. Aff. du 22 janvier 1774 et jours suivants. — Sur les chambrées provençales, Agulhon, *La République*..., 1970, p. 219 et 243 *sq*.

83. AN, Z^{lc} 474, f° 15 v°. *Inventaire sommaire des archives départementales antérieures à 1789. Pas-de-Calais, Série C,* I, 1882, p. 348-349. Aff. du 28 septembre 1755 (ct 6234).

84. AN, Z^{lc} 438. Aff. du 23 mai 1768 (ct 6015).

85. AN, Z^{lc} 341. Aff. du 29 avril 1743.

86. E. Le Roy Ladurie, *Le Voyage de Thomas Platter, 1595-1599,* Paris, 2000, p. 536-539. Verneilh-Puiraseau, *Mes souvenirs de 75 ans,* Limoges, 1836, p. 38 : « Le goût des armes, commun partout à la jeunesse, était à Toulouse une sorte de passion. » — Sur la méfiance constante, en ce temps-là, de la population de Toulouse et du pouvoir municipal à l'égard des étudiants, considérés comme des « étrangers » et d'incorrigibles perturbateurs du repos public, cf. Laffont, *Policer*..., 1997, p. 1041-1045.

87. AD 34, C 6854. Aff. de mai 1764.

88. Quai Malaquais : AN, Y 9515. Aff. du 5 novembre 1749. — Rue Mazarine : AN, Y 9515. Aff. du 15 janvier 1756. — Rue Saint-Victor : AN, Y 11689. Aff. du 5 août 1766.

89. BNF Mss., *ms fr.* 6683 (Hardy), p. 324. Métra, *Correspondance*..., t. 10, p. 93. Aff. du 28 juillet 1780.

90. AD 44, B 6756, Présidial ; AN, G^{7} 197. Aff. du 4 février 1715. AD 44, B 6798, Présidial. Aff. du 11 mai 1725.

91. AD 56, B 1219. Dupuy, *Études*..., 1891, p. 45.

92. Bernadau, *Annales*..., 1803, p. 132-133 ; Marion, *Histoire*..., I, 1914, p. 154-155 ; d'Argenson, *Journal*..., II, p. 153 et 160. Aff. du 27 avril 1739.

93. AN, H^{1} 585. Aff. du 8 mai 1745.

94. AN, Z^{la} 983. Aff. du 21 février 1749. AD 80, C 2440 (1758).

95. Sur la violence collégienne XIXe siècle surtout), cf. Jean-Claude Caron, « Les jeunes à l'école », in G. Levi et J.-C. Schmitt, *Histoire des jeunes en Occident*, Paris, 1996, II, p. 143-207.

96. Arsenal, Bastille, 10686. Aff. de mars 1716.

97. AD 33, C 3291 ; AN, E 2063, f° 256-258, et E 2064, f° 254-255. Poussou, « L'agitation... », 1970. Aff. du 23 avril 1725 et jours suivants.

98. Dumas, « Une émeute d'étudiants à Toulouse... », 1907. Aff. des 31 mars-1er avril 1740. — Les émeutes de salles de spectacle figurent en tant que telles dans la typologie. Nous en avons relevé 34 au cours de notre période, avec une intensification marquée à partir des années 1760. Malgré leur intérêt, elles n'ont pas été retenues dans le cadre de la présente étude centrée sur les mouvements populaires. Le théâtre, en effet, est d'abord à ranger du côté du divertissement élitaire. Cf. Nicolas, « Émeutes de théâtre... », 1997.

99. Marie-Madeleine Compère et Dominique Julia, *Les Collèges français, 16e-18e siècles*, Paris, 1984-1988, 2 vol. parus ; D. Julia, Jacques Revel *et al.*, *Les Universités européennes du XVIe au XVIIIe siècle. Histoire sociale des populations étudiantes*, t. II : *France*, Paris, 1989.

100. Eugène Arnaud, *Histoire de l'Académie protestante de Die en Dauphiné au XVIIe siècle*, Paris, 1872, p. 69-70. Annette Masseport, in Pierre Bolle, *Le Protestantisme en Dauphiné au XVIIIe siècle*, Poët-Laval, 1983, p. 199, n. 4. Aff. du 22 janvier 1669. — Des incidents du même type, sans doute moins graves, avaient éclaté dans le collège le 20 novembre 1662 : cf. AD 26, D 53.

101. AD 73, B 06656. Aff. du 15 mars 1684 ; AD 73, B 04340 ; Archivio di Stato, Turin, P^a S^e, Lettere di particolari, L 21, lettre de M. de Lescheraines. Aff. du 10 février 1690.

102. *Mémoires*, éd. Paris, 1999, p. 46-49.

103. Compère et Julia, *Les Collèges*, II, 1988, p. 90. Aff. de 1758 (ct 5908).

104. Bibl. hist. de la Ville de Paris, *ms* 721, f° 95.

105. *Nouvelles ecclésiastiques*, année 1767 (n° du 30 janvier), p. 23. Aff. de juin 1764.

106. AD 80, Collège d'Amiens, D 5, f° 50 v°-52. Aff. du 11 février 1769.

107. BNF Mss., *ms fr.* 6684 (Hardy), p. 471-473 et 485. Aff. du 6 juillet 1784.

108. BNF Mss., *ms fr.* 6686 (Hardy), p. 36-37. Aff. du 31 mars 1787.

109. BNF Mss., Joly de Fleury, 1613, f° 45-57. Compère et Julia, *Les Collèges...*, I, 1984, p. 387. Aff. du 2 avril 1762. — Des troubles éclatent à Mauriac en septembre de la même année 1762, lors de la mise à l'encan du mobilier des Pères, mais on ne signale pas d'écoliers parmi les mutins. Les gens de Mauriac, boutiquiers, cabaretiers ou artisans — et notables en sous-main —, mettent en fuite les « étrangers » venus pour les enchères. Cette action tumultueuse témoigne de l'attachement de la population aux jésuites et à leur collège, l'un des plus anciens du royaume. « L'éphémère violence des révoltés de Mauriac, écrit Joël Fouilleron, milite pour un avenir de réaction. » Cf. « Les jésuites chassés de la cité... », 2001. Aff. des 6-7 septembre 1762.

110. *Supra*, p. 546-547.

111. Compère et Julia, *Les Collèges...*, I, 1984, p. 520-521 (Pau) ; II, 1988, p. 168 (Caen), 265 (Douai) et 385-386 (La Flèche).

112. Farge, *Vivre dans la rue...*, 1979.

113. In Boislisle, *Correspondance...*, I, 1874, p. 563.

114. Nicolas, *La Savoie...*, 1979, II, p. 981.

115. *Inventaire sommaire des archives communales*, 3e partie, Grenoble, 1906, p, 364-365.

116. AD 34, C 6768.

117. Farge, *Dire...*, 1992.

118. Arsenal, Bastille, Gazetins de police, *passim.* BNF Mss., Joly de Fleury, 2077 et *passim.*

119. Vovelle, *Les Intermédiaires...*, 1981.

120. Cf. Laffont, *Policer...* [Toulouse], 1997, p. 1018.

121. *Histoire des choses...*, 1997, p. 134.

122. Pitou, *Laval...*, 1995, p. 494.

123. AD 07, FF 5, ordonnance du commandant en Vivarais.

124. Arch. comm., Grenoble, FF 44, ordonnance des 28 juin et 23 août 1741.

125. AD 34, C 6657, p. 95.

126. AD 34, C 6851 (1754).

127. AD 34, C 6850 (1748).

128. AD 34, C 6827 (1749).

129. Perrot, *Genèse...*, 1975, p. 840.

130. Desplat, *Pau...*, 1992, II, p. 742-745.

131. AD 66, 1 C 1269.

132. Arch. comm., Grenoble, Q^4, t. 3, f° 48 v°-49.

133. *La Comédie humaine*, « Pléiade », III, 1952, p. 942 : « Ennuyés au logis, ces jeunes gens ne trouvèrent aucun élément de distraction en ville ; et comme, suivant un mot du pays, il faut que jeunesse jette sa gourme, ils firent leurs farces aux dépens de la ville même. [...] Il se développa chez eux, par le choc des idées, cette somme de malignité que comporte la jeunesse et qui s'observe jusque dans les animaux. »

134. Desplat, *Pau...*, 1992, p. 744. — Désordres et excès nocturnes fréquents dans les années 1780 dans tout le ressort du parlement de Pau. Cf. en particulier AD 64, B 5439.

135. AN, Z^{1c} 440.

136. AN, Z^{1c} 446.

137. Nicolas, « Une jeunesse... », 1990.

138. Vergniaud, *Recherches historiques sur les Girondins...*, éd. Vatel, 1873, I, p. 126. Aff. du 13 mai 1788.

139. BNF Mss., *ms fr.* 6687 (Hardy), p. 60-61.

140. *Les Nuits...*, rééd. 1963, p. 182 et 196.

141. BNF Mss., Joly de Fleury, 1103. Nicolas, « Une jeunesse... », 1990, p. 155.

142. Reprint, 1968, XV, p. 312.

143. B. Pocquet, *Histoire de Bretagne*, VI, 1914, p. 380-381 ; Chatellier, *Histoire...*, I, p. 30-31. BNF Mss., *ms fr.* 6686 (Hardy), p. 471-472, 480 ; 6687, p. 218, 221-222, 224 ; AN, BB 30, 87, p. 111 et 118 ; AN, H^1 419. — Prolongements de l'action estudiantine à Brest : Yves Le Gallo (dir.), *Histoire de Brest*, Toulouse, Privat, 1976, p. 146-147.

144. C'est notamment la vision de Robert Muchembled dans une série d'essais qui ont fait date, en particulier, *Culture populaire et culture des élites dans la France moderne...*, 1978.

L'ESPACE DU SACRÉ

1. *La France et les Français*, « Pléiade », 1972, p. 567.

2. Le tableau rend compte des affaires enregistrées en type fondamental ou secondaire sous les codes 1001 à 1005 (religion, croyances) et 601 (refus violent de la dîme) de la typologie d'enquête, soit au total 319 cas bien déterminés. On a laissé de côté les 17 « divers » recensés sous le code 1006 (9 en type fondamental et 8 en type secondaire), affaires trop floues dans leurs motivations et leur déroulement pour être correctement analysées.

3. Arch. comm. La Garde-Adhémar, GG 18. Claude Chidaine, *Revue drômoise*, décembre 1980, p. 225 (ct 2619).

4. R. Pillorget, *Les Mouvements...*, 1975, p. 919. Aff. du 17 mai 1672 (ct 0402).

5. AN, E 1816, f° 119, arrêt du 8 juin 1682. Aff. du 1er février 1682 (ct 8318).

6. Dangeau, *Journal...*, I, p. 274 ; Sourches, *Mémoires...*, I, p. 349-352. Aff. du 2 janvier 1686.

7. AD 73, B 04431. Aff. du 15 juin 1719 (ct 7304).

8. AD 69, 7 B. Aff. du 17 septembre 1740 (ct 6906).

9. AD 46, C 119 (ct 1219).

10. AD 34, C 6752. Aff. de juin 1755 (ct 1120).

11. Poulbrière (abbé), « Une émeute de femmes à Mercœur en 1787 », *Bulletin de la Société des lettres, sciences et arts de la Corrèze*, 1886, p. 368-372. Aff. du 4 janvier 1787 (ct 1916).

12. AD 34, C 1308. Aff. du 5 avril 1751.

13. AD 71, B 1309, f° 120 *sq*. Aff. du 28 juillet 1759. Aujourd'hui Saint-Gengoux-le-National (ct 7141).

14. AD 74, SA 179, n° 1, p. 4 ; SA 215 ; arch. Acad. Salésienne, Mémoires Biord, I, p. 203 *sq*.

15. AN, E 2101, f.° 115-118. Aff. du 25 juin 1722 et du 10 janvier 1723.

16. Nombreux travaux récents sur la dîme et sa perception. L'ouvrage ancien d'Henri Marion, *La Dîme ecclésiastique au XVIIIe siècle et sa suppression*, Paris, 1922, conserve toute son utilité.

17. Weulersse, *Le Mouvement...*, 1910, II, p. 186.

18. AD 73, B 06354. Aff. du 29 janvier 1665 (ct 7318).

19. AD 73, B 05929. Aff. du 14 juillet 1682 (ct 7418).

20. AN, G^7 305, p. 194, lettre de l'évêque de Viviers, 7 novembre 1701. Aff. d'octobre 1701 (ct 2619).

21. *Inventaire sommaire des arch. dép. antérieures à 1790. Pas-de-Calais*, série H, III, 1911, p. 218-221 ; Muchembled, *Le Temps...*, 1992, p. 207-208 (ct 6217 et 5907).

22. Saint-Jacob, *Les Paysans...*, 1960, p. 395.

23. AD 73, B 06771. Aff. du 14 juin 1716 (ct 7323). — Les *prémices* sont une redevance en nature perçue par le clergé, assez mal définie, les « premiers fruits » d'une terre ou d'un troupeau.

24. AD 53, B 1019. Aff. du 4 septembre 1730 (ct 5302).

25. AD 22, B 299. Quéniart, *Le Grand...*, 1993, p. 43. Aff. du 8 novembre 1733 (ct 2246).

26. AD 34, C 6878, lettre du Sr Depret, Valgorge, 12 juin 1755 (ct 0725).

27. Nicolas, « Le problème des dîmes en Savoie... », 1964 ; Rives, *Dîme et société [...] Auch...*, 1976 ; Latour, « Les refus de dîmes en Comminges... », 1989.

28. AD 74, fonds Marlioz, liasse 129.

29. Pierre Renouvin, *L'Assemblée des notables de 1787. La conférence du 2 mars*, Paris, 1920, p. 25-26 et 29.

30. Savoie : Nicolas, « Le problème... », 1964, p. 285. — Comminges : Latour, « Un mouvement... », 1989, p. 19. — Auch : Rives, *Dîme...*, 1976, p. 110 et 147. — Bourgogne : Saint-Jacob, *Les Paysans...*, 1960, p. 464. — Franche-Comté : Merlin, *Ceux...*, 1994, p. 133-140. — Dauphiné : Egret, *Le Parlement...*, 1942, II, p. 52.

31. Huet, « Le manuscrit... », 1908, p. XL ; Bouchard, *Le Village...*, 1972, p. 299-300.

32. *Nouvelles ecclésiastiques*, table 1728-1760, II, art. Vocance, p. 1040, et année 1746, p. 20 et 128. Aff. d'octobre 1745 (ct 0422).

33. Abbé Bédu, *Histoire de la ville de Bapaume depuis son origine jusqu'à nos jours*, Arras, 1865, p. 145.

34. AN, Z^{1c} 448 (ct 1929).

35. AN, Z^{1c} 435 (ct 7147).

36. AD 63, C 6204 (ct 4311).

37. BNF Mss., Joly de Fleury, 1395, f° 22-56 (ct 8015).

38. AN, G^7 347. Aff. du 8 juillet 1696.

39. AD 34, C 6725. Aff. du 18 août 1755 (ct 1102).

40. Nicolas, *La Savoie…*, 1978, p. 990.

41. BNF Mss., *ms fr.* 6684, p. 322-323. Aff. du 19 juin 1783.

42. BNF Mss., *ms fr.* 6687, p. 428-429. Lemoine, *Cortèges…*, Paris, 1993, p. 624-654.

43. Thibaut-Payen, *Les Morts…*, Paris, 1977, p. 411-427.

44. BNF Mss., Mélanges Colbert, 127, f° 484, et 128, f° 133. R. Pillorget, *Les Mouvements…*, 1975, p. 958-960.

45. AD 35, 1 Bf 1441. Aff. du 21 septembre 1689 (ct 5606).

46. AD 35, 1 Bf 1443. Tigier, *La Bretagne…*, 1987, n° 3080. Aff. de mars (?) 1721 (ct 5606).

47. AD 35, 1 Bf 1444. Tigier, *La Bretagne…*, 1987, n° 3175. Aff. du 21 mai 1725 (ct 5608).

48. AD 63, C 1533. Aff. du 26 juin 1746 (ct 4305).

49. BNF Mss., Joly de Fleury, 1184, f° 92-108… Lebrun, *Les Hommes…*, 1971, p. 486 ; Thibaut-Payen, *op. cit.*, p. 418-419. Aff. de novembre 1777 (ct 4923).

50. BNF, Joly de Fleury, 1182, f° 176-236. Thibaut-Payen, *op. cit.*, p. 419-421 (ct 8018).

51. AD 46, C 137 (ct 8206).

52. BNF Mss., Joly de Fleury, 1194, f° 364-483 (énorme dossier). Thibaut-Payen, *op. cit.*, p. 422-425.

53. *Tableau…*, éd. 1994, II, p. 732-735.

54. Rapport de Thouret devant la Société royale de médecine, cité par M. Foisil, « Les attitudes devant la mort au XVIIIe siècle : sépultures et suppressions de sépultures dans le cimetière parisien des Saints-Innocents », *Revue historique*, avril-juin 1974, p. 329. Transfert opéré entre décembre 1785 et 1787.

55. Lottin, « Les morts… », 1978. Aff. du 16 août 1779 (Lille) et du 28 avril 1786 (Cambrai).

56. Pierre-André Meyer, *La Communauté juive de Metz au XVIe siècle. Histoire et démographie*, Presses universitaires de Nancy, 1993, p. 81.

57. *Journal…*, VII, p. 87. L'affaire, trop incertaine, n'a pas été prise en compte au titre des rébellions.

58. Georges Cirot, « Recherches sur les Juifs espagnols et portugais à Bordeaux, III », *Bulletin hispanique*, Bordeaux, 1907-1, p. 61-62. Affaire signalée sous la date des 4-5 et 7 mars 1754 ; Butel et Poussou, *La Vie...*, 1991, p. 296, mentionnent les mêmes incidents, qu'ils inscrivent sous la date des 3 et 4 janvier 1755. — Signalons aussi le tumulte de Cavaillon en 1713, consécutif à la découverte d'un adolescent « tué et exsangue », dont l'immolation est imputée aux juifs ; le rabbin Gad Bédarride évoque, dans sa relation, la populace fouillant les maisons du quartier juif pour y trouver quelque trace de sang « ou même un soupçon de rouge » ; « grand est notre berger, poursuit-il, qui nous a sauvés des lions et des loups », Simon Schwarzfuchs, *Les Juifs de France*, Paris, 1975, p. 140.

59. Croix, « Les caquins... », 1979, p. 556.

60. Rosenzweig, « Les cacous... », 1871 ; Croix, art. cit. (ct 5625).

61. Fay, *Histoire...*, 1910, p. 390 et 400-401 ; Guerreau et Guy, *Les Cagots...*, 1988, p. 113-114 ; Geneviève Jolly, « Les *cagots* des Pyrénées : une ségrégation attestée, une hostilité mal connue », *Le Monde alpin et rhodanien*, 2000-1-3, p. 197-223. La déclaration royale d'affranchissement des cagots, promulguée en 1683, se heurtait à l'opposition tenace des populations locales.

62. Garrisson, *L'Édit...*, 1985, p. 199 ; Deyon, « La destruction... », 1986.

63. *Ibid., passim ;* Solange Deyon, *Du loyalisme au refus : les protestants français et leur député général entre la Fronde et la Révocation*, Lille, 1976.

64. *Défection...*, 1995.

65. Bert, *Histoire...*, 1908, p. 35. Aff. de septembre 1662.

66. Sauzet, *Contre-Réforme...*, 1978, II, p. 573. Aff. de juillet 1663 (ct 3030).

67. BNF Mss., Mélanges Colbert, 116, f° 280 et 416. J. Rouquette, *Histoire de l'église Notre-Dame-de-l'Espinasse de Millau*, Villefranche, 1866, p. 236-246 ; Paul Le Blanc, « Journal de Jean Beaudoin sur les Grands-Jours de Languedoc (1666-1667) », *Annales de la Société d'agriculture, sciences, arts et commerce du Puy*, XXX, 1869, p. 66-67. Aff. du 19 février 1663.

68. AD 33, C 3428. Bert, *Histoire...*, 1908, p. 41-42. Aff. du 18 avril 1672 (ct 3326).

69. Benoist, *Histoire…*, III, 2e partie, p. 423-424. Aff. de novembre (?) 1680.

70. *Ibid.*, p. 425. Aff. du 26 janvier 1681.

71. Clément, *La Police…*, 1866, p. 270-271.

72. AN, E 1723, 207. Ordonnance royale du 1er décembre 1664.

73. Benoist, *op. cit.*, IV, p. 92 ; Pierre Dez, *Histoire des protestants et des Églises réformées du Poitou*, La Rochelle, 1936, p. 338.

74. Benoist, *op. cit.*, III, 2e partie, p. 284-285 ; Clément, *La Police…*, 1866, p. 302. Aff. du 25 avril 1675.

75. Benoist, *op. cit.*, III, 3e partie, p. 459 (Grenoble, février 1681) ; 2e partie, p. 459 (Saintes, mars ; Houdan, 30 mars ; La Ferté-Vidame, 10 avril), p. 462 (Blois, 27 juillet), p. 465 (Alençon, 10 août).

76. Cf. François Lebrun, in Deyon, *La Révocation…*, 1986, p. 258.

77. Floquet, *Histoire…*, 1840-1842, p. 113 ; Périaux, *Histoire…*, 1874, p. 500. Aff. du 23 février 1685.

78. Benoist, *op. cit.*, III, 3e partie, p. 775. Aff. du 25 juin 1685.

79. Garrisson, *op. cit.*, p. 169.

80. *Ibid.*, p. 208.

81. AN, G^7 296, p. 295.

82. AN, TT 276 B, n° 24, Mémoire des habitants du Vivarais concernant l'exercice de la religion protestante, 1683. Mours, *Le Protestantisme…*, 1949, p. 248 *sq.* ; G. Paysan, *Les Camisards du Vivarais*, Largentière, 1981, p. 42-44 (ct 0728).

83. AN, G^7 296, p. 327 ; AN, TT 276 B, n° 16 (mémoire d'Aguesseau, daté du Puy, 17 juillet 1683).

84. Benoist, *op. cit.*, III, 3e partie, p. 654 ; Mours, *Le Protestantisme…*, 1949, p. 253 ; Paysan, *op. cit.*, p. 47-48 (ct 0728).

85. AN, G^7 240, Mémoire du Sr Vermanton ; AN, lettre de l'intendant Le Bret, 20 janvier 1684. Jules Chevalier, *Essai historique sur l'église et la ville de Die*, Valence, 1909, III, p. 499 ; Paysan, *Les Camisards…*, *op. cit.*, p. 45-46 (Bourdeaux : ct 2601).

86. Le Roy Ladurie, *L'Ancien Régime, 1610-1770*, 1991, p. 165.

87. Vidal, *Le Malheur…*, 1983, p. 314 n.

88. Daniel Vidal a recensé plus d'un millier de « prophètes » dans les diocèses de Mende, Alès, Uzès, Nîmes et Montpellier, *ibid.*, p. 302 *sq.* Voir aussi Bosc, *La Guerre...*, I, p. 35-154.

89. AN, G^7 297, lettre du 15 octobre 1686 (ct 3039).

90. Krumenacker, *Les Protestants...*, 1998, p. 150 ; Foucault, *Mémoires*, 1862, p. 218-219 et 539. Aff. du 22 février 1688 (ct 7906).

91. Cité par Paysan, *Les Camisards...*, 1981, p. 80. — Autre relation très voisine dans AN, TT 276 B, Récit des excès des hérétiques et fanatiques du Vivarais, 1689, attribué à l'abbé Guillaume de Monge. Aff. du 19 février 1689 (ct 0706).

92. AN, G^7 304, p. 196, lettre de Basville, 19 décembre 1699. Bosc, *La Guerre...*, I, p. 28 (ct 3014).

93. B^ne^ de Charnisay, in *Bulletin de la Société de l'histoire du protestantisme français*, 1909, p. 433-440. Aff. du 2 juin 1701 (ct 3015)...

94. Autre étymologie proposée : l'occitan *camisada*, qui signifierait directement « assaut nocturne ».

95. AN, TT 276B, n° 21. Mémoire du 2 septembre 1683.

96. Cité par Bosc, *La Guerre...*, I, p. 354.

97. Sauve : 27 décembre 1702 (ct 3031). — Vagnas : 10 février 1703 (ct 0726). — Genolhac : 14 février 1703 (ct 3011). — Saumane : 29 mars 1703 (ct 3025). — Sommières : 2 octobre 1703 (ct 3032). — Lussan : 26 octobre 1703 (ct 3015). — Vauvert : 7 février 1704 (ct 3037). — Bosc, *La Guerre...*, I-III, *passim.*

98. *Ibid.*, III, p. 106 *sq.* (par. de Pranles, ct 0713).

99. Martignargues : aff. du 14 mars 1704 (ct 3038). — Nages : aff. du 16 avril 1704 (ct 3032). — Euzet : aff. du 19 avril 1704 (ct 3038).

100. Cavalier sera désavoué par ses compagnons et passera finalement en Angleterre où il mourra en 1740.

101. Plan-de-Fontmort : par. de Barre, aff. du 13 mai 1704 (ct 4802). — Saint-Florent-sur-Auzonnet : aff. de juillet 1704 (ct 3024). — Pont-de-Montvert : aff. du 19 juillet 1704. — Bosc, *La Guerre...*, III et IV, *passim.*

102. *Ibid.*, V, p. 911.

103. AN, G^{7} 312, p. 11, 13 et 21, lettres de Basville, juillet 1709. Bosc, *La Guerre...*, V, p. 944-949 (par. de Champis, ct 0719).

104. AN, G^{7} 312, p. 23. Mours, *Le Protestantisme...*, 1949, p. 318 ; Bosc, *La Guerre...*, V, p. 950-952 (par. de Saint-Jean-Chambre, ct 0728).

105. Sur Antoine Court et la formation des pasteurs du Désert, Joutard, *La Légende...*, 1977, p. 137 *sq.* ; Claude Lasserre, *Le Séminaire de Lausanne (1726-1812), instrument de restauration du protestantisme français*, Lausanne, 1997.

106. *Mémoires pour servir à l'histoire et à la vie d'Antoine Court*, présentés par Patrick Cabanel, Paris, 1995, p. 136.

107. Krumenacker, *Les Protestants...*, 1998, p. 299-300. Aff. des 12 et 19 février 1719 (ct 7916).

108. *Ibid.*, p. 301. Pierre Blanc, *Jean Berthelot (1675-1730 ?) et la résistance huguenote en Haut-Poitou de 1710 à 1721*, thèse, Faculté de théologie protestante, Paris, 1948, p. 85-87. Aff. du 2 avril 1719 (ct 7906).

109. Blanc, *op. cit.*, p. 98 et 100-104 ; Krumenacker, *op. cit.*, p. 303. Berthelot s'enfuit en Normandie et de là en Angleterre où il serait mort en 1730.

110. AN, G^{7} 252, p. 148, lettre du 29 octobre 1724.

111. AN, G^{7} 400, lettre du 5 novembre 1724.

112. BNF Mss., Coll. Languedoc (Bénédictins), XXVI, vol. 96, f° 163. Arch. Guerre, A^{1} 3128, lettre du S.E. à la Guerre à M. de La Devèze, commandant en Languedoc, Versailles, 4 janvier 1746. A. Mazon, « Le conflit de Vernoux en 1745 », *Bulletin de la Société d'archéologie et de statistique de la Drôme*, XXVII, 1893, p. 216-239. Forest, *Chroniques...*, 1980, p. 31. — Toutes les sources s'accordent sur le nombre élevé des victimes. Aucune inscription de décès ne figure sur le registre paroissial de Vernoux entre le 11 et le 21 décembre 1745, mais il faut noter que les trois feuillets correspondant à cette lacune ont été arrachées (p. 34 à 39, arch. comm. Vernoux)... — Le pasteur Desubas est pendu à Montpellier le 1er février 1746. Autre condamnation tardive pour la même affaire, celle de Jean Dejours, de la paroisse de Bruzac, arrêté en février 1748 et pendu à Montpellier le 10 juin 1748 (AN, AD III 7, p. 171).

113. AD 34, C 6876, p. 49, lettre du 19 décembre 1745.

114. Arch. Guerre, A^{1} 3128, f° 54, lettre du 9 janvier 1746.

115. E. Arnaud, *Histoire des protestants de Provence*, Paris, 1884, I, 514-515. — Épisode confirmé par un document des archives de la Marine daté de 1750, relatif aux condamnations de protestants pour fait de religion, AN, B^6 128, f° 511. Aff. du 10 avril 1749 (ct 8408).

116. AN, AD III 10, p. 15, arrêt du parlement de Toulouse, 18 février 1762 ; AD 34, C 6864, copie d'une lettre de M. Bonnel, homme d'affaires du comte de Bioulé, 15 septembre 1761. Ant. de Cathala-Coture, *Histoire politique, ecclésiastique et littéraire du Querci*, Montauban, 1785, III, p. 128-134. Aff. des 14-15 septembre 1761 (ct 8205).

117. Mandrou *et al.*, *Histoire des protestants...*, 1977, p. 230. — En juin 1774 encore, un tribunal de bailliage, celui de Bar-le-Duc, condamne trois cordonniers de Condé-en-Barrois à neuf années de galères pour « s'être assemblés plusieurs fois pour faire les exercices de la Religion Prétendue Réformée dans laquelle ils persévèrent » ; un mois plus tard, le Conseil supérieur de Châlons-sur-Marne, jugeant en appel, casse la sentence et remet immédiatement les trois hommes en liberté après les avoir « admonestés » (AN, X^2 B 1247, arrêt du 9 juillet 1774).

118. Sur l'édit de 1787, voir le numéro spécial du *Bulletin de la Société de l'histoire du protestantisme français*, avril-juin 1988.

119. In Mandrou *et al.*, *Histoire des protestants...*, 1977, p. 222 et 252. De même Boisson, *Les Protestants [...] du Berry*, 2000, p. 530-540.

120. Mona Ozouf, in Furet-Ozouf, *Dictionnaire critique de la Révolution française*, Paris, 1988, p. 53 (art. « Déchristianisation »).

121. Bibliographie immense, dont je n'évoque ici, pour le XVIIe siècle, que les ouvrages d'A. Gazier, E. Préclin, J. Orcibal, R. Taveneaux ; sans oublier les *Mémoires* de Saint-Simon et le *Port-Royal* de Sainte-Beuve.

122. Michel, *Jansénisme et Paris*, 2000, p. 199-203.

123. Marais, *Journal...*, III, p. 250.

124. Barbier, *Journal...*, II, p. 19.

125. *Ibid.*, II, p. 130-131.

126. *Ibid.*, II, p. 186.

127. Cottret, *Jansénismes...*, 1998, p. 291-295 ; Michel, *Jansénisme...*, 2000, p. 440-442.

128. M. Cottret, « Le jansénisme et l'éducation au XVIIIe siècle : l'exemple des frères Tabourins », *Bulletin de la Société des amis de Port-Royal,* 1981, p. 48-63.

129. Farge, *Dire...*, 1992, p. 43 *sq.*

130. Briggs, « La crise... », 1976, p. 24.

131. Farge, *op. cit.*, p. 73.

132. Briggs, art. cit., p. 26.

133. Cité et commenté par les *Nouvelles ecclésiastiques,* 1753, p. 109 : « Badinerie qui montre combien les Constitutionnaires se connaissent peu en noblesse chrétienne et en grandeurs évangéliques. »

134. *Nouvelles ecclésiastiques,* n° du 26 mars 1729 ; Barbier, *Journal...*, II, p. 71. Aff. du 3 mars 1729 (Nutelet ou Nivelet).

135. Marais, *Journal...*, IV, p. 303.

136. Roche, *La France...*, 1993, p. 336.

137. Maire, *Les Convulsionnaires...*, 1985, p. 55-56 ; Vidal, *Miracles...*, 1987, *passim* et p. 337, 399.

138. Barbier, *Journal...*, II, p. 266.

139. *Nouvelles ecclésiastiques,* 1733, p. 78.

140. *Mémoires,* « Pléiade », IV, 1985, p. 41.

141. *Nouvelles ecclésiastiques,* 1753, p. 2.

142. Luynes, *Mémoires...*, XIII, p. 334 et 340 ; Barbier, *Journal...*, VI, p. 53.

143. Hardy, BNF Mss., *ms fr.* 6680 (11 avril 1766), 6681 p. 46 et 59 (10 avril et 14 mai 1772), 6682, p. 51-53 (8 avril 1775) ; *Gazette de Leyde,* 27 octobre 1775 ; *Nouvelles ecclésiastiques,* 1775, p. 8 (pour l'année 1773), 1777, p. 37 ; *Journal historique et littéraire,* juin 1776, p. 923.

144. Pierre Deyon, *Amiens capitale provinciale,* Paris-La Haye, 1967, p. 423.

145. Carreyre, *Le Jansénisme...*, 1929-1933, II*, p. 134-138. Relation des faits dans une lettre de Languet au cardinal de Rohan le 10 janvier 1719. Aff. du 6 janvier 1719.

146. *Nouvelles ecclésiastiques,* n° du 20 avril et du 4 mai 1728.

147. AN, G^{7} 320, p. 259.

148. Carreyre, *op. cit.*, I, p. 164-165, et III, p. 36 ; Dangeau, *Journal...*, XVII, p. 84.

149. *Nouvelles ecclésiastiques*, tables 1728-1760, II, p. 349, et année 1731, p. 55.

150. Playoust-Chaussis, *La Vie...*, 1976, p. 100-102 ; Buvat, *Journal...*, II, p. 157 (ct 6243).

151. Mahieu, *Jansénisme [...] dans les diocèses de Boulogne...*, 1948, p. 17-19 ; Playoust-Chaussis, *op. cit.*, p. 103 ; Marais, *Journal...*, I, p. 421-422, 458 et 499 (ct 6238).

152. Mahieu, *Jansénisme [...] dans les diocèses d'Arras...*, 1944, p. 59 (ct 6246).

153. Arch. di Stato, Turin, p° s^e^, lett. partie, G 15, lettres du président Gaud, 3 et 7 mars 1720.

154. *Nouvelles ecclésiastiques*, 1750, p. 110. Auguste Prudhomme, *Histoire de Grenoble*, Grenoble, 1888, p. 531-533.

155. J. Godart, *Le Jansénisme à Lyon. Benoît Fourgon (1687-1773)*, Paris, 1934, p. 114.

156. *Nouvelles ecclésiastiques*, 1735, p. 177.

157. Mahieu, *Jansénisme [...] dans les diocèses d'Arras...*, 1944, p. 78-79.

158. *Nouvelles ecclésiastiques*, 1738, p. 41-43.

159. *Ibid.*, 1739, p. 5-13.

160. *Ibid.*, 1741, p. 73-76.

161. *Ibid.*, années 1741 à 1753, *passim.*

162. B. Plongeron, *La Vie quotidienne du clergé français au XVe siècle*, Paris, 1974, p. 41 *sq.*

163. *Correspondance secrète...*, X, p. 10, 17 juin 1780.

164. Roche, *La France...*, 1993, p. 337.

165. René Taveneaux, *Jansénisme et Réforme catholique*, Nancy, 1992 ; Cottret, *Jansénismes...*, 1998 ; Van Kley, *Les origines religieuses...*, éd. fr. 2002.

CONCLUSION

1. *Œuvres*, « Pléiade », 1951, p. 612.

2. *Supra*, p. 193 et 734-736.

3. *Aujourd'hui l'histoire*, Paris, 1974, p. 112. Nous rejoignons ici les conclusions de Roger Dupuy sur la dynamique des actions populaires à l'époque moderne : *La politique...*, 2002.

4. Roche, *La France...*, 1993, p. 504.

5. « Du commerce des grains », in Mably, *Collection [...] des œuvres...*, an III, t. XIII, p. 278.

6. *Tableau...*, éd. 1994, I, p. 51.

7. *Les Nuits...*, éd. 1963, p. 196.

8. Turgot, *Œuvres*, éd. Gustave Schelle, III, 1919, p. 523 ; Necker, *De l'administration...*, II, 1784, p. 116.

9. R. Lacour-Gayet, *Calonne, financier, réformateur, contre-révolutionnaire*, Paris, 1963, p. 234.

10. Cité par Kaplan, *Le Meilleur...*, 1996, p. 490.

11. AD 34, C 2925.

12. *L'Identité de la France*, 2000, p. 787.

13. *L'Ancien Régime...*, éd. 1967, p. 231.

14. *Les Origines...*, éd. 1967, p. 51.

15. « Formes de la culture de masses... », 1967.

INDEX DES NOMS*

* Établi par l'auteur.

INDEX DES LIEUX*

(entre crochets : code départemental pour les lieux de moindre importance)

* Établi par l'auteur.

CRÉDITS ICONOGRAPHIQUES

Illustrations in texte

ARCHIVES NATIONALES : illustrations 1 (G^7 1248), 5 (G^7 512), 8 (AD III 4, 21), 9 (Y 9535).

BIBLIOTHÈQUE NATIONALE DE FRANCE, CABINET DES ESTAMPES : illustrations 2, 3, 4, 10, 12, 13, 15, 16.

BIBLIOTHÈQUE DE L'ARSENAL : illustrations 6, 7 (Bastille, 10905).

ARCHIVES DÉPARTEMENTALES DE LA DRÔME : illustration 14 (B 599). ARCHIVES DÉPARTEMENTALES DU GARD : illustration 11 (C 178).

ANNEXES

APPENDICES

DANS LA COLLECTION FOLIO/HISTOIRE

1 Georges Duby : *Le dimanche de Bouvines (27 juillet 1214).*
2 Jean-Denis Bredin : *Joseph Caillaux.*
3 François Furet : *Penser la Révolution française.*
4 Michel Winock : *La République se meurt (Chronique 1956-1958).*
5 Alexis de Tocqueville : *L'ancien régime et la Révolution.*
6 Philippe Erlanger : *Le Régent.*
7 Paul Morand : *Fouquet ou le Soleil offusqué.*
8 Claude Dulong : *Anne d'Autriche (Mère de Louis XIV).*
9 Emmanuel Le Roy Ladurie : *Montaillou, village occitan de 1294 à 1324.*
10 Emmanuel Le Roy Ladurie : *Le Carnaval de Romans (De la Chandeleur au mercredi des Cendres, 1579-1580).*
11 Georges Duby : *Guillaume le Maréchal (ou Le meilleur chevalier du monde).*
12 Alexis de Tocqueville : *De la démocratie en Amérique, tome I.*
13 Alexis de Tocqueville : *De la démocratie en Amérique, tome II.*
14 Zoé Oldenbourg : *Catherine de Russie.*
15 Lucien Bianco : *Les origines de la révolution chinoise (1915-1949).*
16 Collectif : *Faire l'histoire, I : Nouveaux problèmes.*
17 Collectif : *Faire l'histoire, II : Nouvelles approches.*
18 Collectif : *Faire l'histoire, III : Nouveaux objets.*
19 Marc Ferro : *L'histoire sous surveillance (Science et conscience de l'histoire).*
20 Jacques Le Goff : *Histoire et mémoire.*
21 Philippe Erlanger : *Henri III.*
22 Mona Ozouf : *La Fête révolutionnaires (1789-1799).*
23 Zoé Oldenbourg : *Le bûcher de Montségur (16 mars 1244).*

24 Jacques Godechot : *La prise de la Bastille (14 juillet 1789).*
25 Le Débat : *Les idées en France, 1945-1988 (Une chronologie).*
26 Robert Folz : *Le couronnement impérial de Charlemagne (25 décembre 800).*
27 Marc Bloch : *L'étrange défaite.*
28 Michel Vovelle : *Mourir autrefois.*
29 Marc Ferro : *La Grande Guerre (1914-1918).*
30 Georges Corm : *Le Proche-Orient éclaté (1956-1991).*
31 Jacques Le Goff : *La naissance du Purgatoire.*
32 Hannah Arendt : *Eichmann à Jérusalem.*
33 Jean Heffer : *La Grande Dépression (Les États-Unis en crise 1929-1933).*
34 Yves-Marie Bercé : *Croquants et nu-pieds (Les soulèvements paysans en France du* xve *au* xixe *siècle).*
35 Arnaldo Momigliano : *Sagesses barbares.*
36 Robert Muchembled : *La sorcière au village.*
37 Gérard Gayot : *La franc-maçonnerie française.*
38 Raul Hilberg : *La destruction des Juifs d'Europe, I.*
39 Raul Hilberg : *La destruction des Juifs d'Europe, II.*
40 Jean Kershaw : *Qu'est-ce que le nazisme ?*
41 Jean Mairon : *Ravachol et les anarchistes.*
42 Maurice Agulhon : *Les Quarante-huitards.*
43 Arlette Farge : *Vivre dans la rue à Paris au* xviiie *siècle.*
44 Norman Cohn : *Histoire d'un mythe (La « conspiration » juive et les protocoles des sages de Sion).*
45 Roland Mousnier : *L'assassinat d'Henri IV.*
46 Michael Pollack : *Vienne 1900 (Une identité blessée).*
47 Nathan Wachtel : *La vision des vaincus (Les Indiens du Pérou devant la Conquête espagnole 1530-1570).*
48 Michel Vovelle : *Idéologies et mentalités.*
49 Jean Bottéro : *Naissance de Dieu (La Bible et l'historien).*
50 Jacques Ozouf : *Nous les maîtres d'école (Autobiographies d'instituteurs de la Belle Époque).*
51 Léon Blum : *Souvenirs sur l'Affaire.*
52 Georges Duby : *L'An Mil.*

53 Jean-Louis Flandrin : *Les amours paysannes (XVIe-XIXe siècle).*
54 Bernard Lewis : *Le retour de l'Islam.*
55 Marc Ferro : *Cinéma et Histoire.*
56 Colette Beaune : *Naissance de la nation France.*
57 Présenté par Michel Foucault : *Moi, Pierre Rivière, ayant égorgé ma mère, ma sœur et mon frère...*
58 Zeev Sternhell, Mario Sznajder, Maia Ashéri : *Naissance de l'idéologie fasciste.*
59 José Cabanis : *Le Sacre de Napoléon.*
60 Philippe Joutard : *Les Camisards.*
61 John Kenneth Galbraith : *L'argent.*
62 Marc Fumaroli : *Trois institutions littéraires.*
63 Sous la direction de Jean-François Sirinelli : *Les droites française (De la Révolution à nos jours).*
64 Jean Baechler : *Le capitalisme 1. Les origines.*
65 Jean Baechler : *Le capitalisme 2. L'économie capitaliste.*
66 Gérard Monnier : *L'art et ses institutions en France (De la Révolution à nos jours).*
67 Pascal Ory : *La France allemande (1933-1945).*
68 Geneviève Fraisse : *Muse de la Raison (Démocratie et exclusion des femmes en France).*
69 Georges et Andrée Duby : *Les procès de Jeanne d'Arc.*
70 Henri Mendras : *Les sociétés paysannes.*
71 Éric Conan et Henry Rousso : *Vichy, un passé qui ne passe pas.*
72 Jean-François Sirinelli : *Intellectuels et passions françaises.*
73 Jean-Pierre Vernant : *L'individu, la mort, l'amour.*
74 Lucien Febvre : *Amour sacré, amour profane.*
75 Michel Borwicz : *Écrits des condamnés à mort sous l'occupation nazie (1939-1945).*
76 Alphonse Dupront : *Qu'est-ce que les Lumières ?*
77 Patrick Verley : *La Révolution industrielle.*
78 Paul Bairoch : *Victoires et déboires, I (Histoire économique et sociale du monde du XVIe siècle à nos jours).*
79 Paul Bairoch : *Victoires et déboires, II (Histoire éco-*

nomique et sociale du monde du XVIe siècle à nos jours).

80 Paul Bairoch : *Victoires et déboires, III (Histoire économique et sociale du monde du XVIe siècle à nos jours).*

81 Jean Bottéro : *Mésopotamie (L'écriture, la raison et les dieux).*

82 Jean Bottéro : *La plus vieille religion (En Mésopotamie).*

83 Ian Kershaw : *Qu'est-ce que le nazisme ? (Problèmes et perspectives d'interprétations).*

84 Georges Duby : *Dames du XIIe siècle — 1. Héloïse, Aliénor, Iseut et quelques autres.*

85 Zeev Sternhell : *La droite révolutionnaire 1885-1914 (Les origines françaises du fascisme).*

86 Bino Olivi : *L'Europe difficile (Histoire politique de la Communauté européenne).*

87 Élisabeth Laffont : *Les livres de sagesses des pharaons.*

88 Collectif : *Le monde de la Bible.*

89 Georges Duby : *Dames du XIIe siècle — 2. Le souvenir des aïeules.*

90 Geneviève Fraisse : *Les femmes et leur histoire.*

91 Collectif : *1789 La Commémoration.*

92 François Furet : *La Révolution en débat.*

94 Alexis de Tocqueville : *Souvenirs.*

95 Jean-Marie Donegani et Marc Sadoun : *La Ve République (Naissance et mort).*

96 Georges Duby : *Dames du XIIe siècle — 3. Ève et les prêtres.*

97 Krzysztof Pomian : *Sur l'histoire.*

98 Collectif : *Aux origines du christianisme.*

99 Éric Hobsbawn : *Nations et nationalisme depuis 1780 (Programme, mythe, réalité).*

100 Pierre Rosanvallon : *Le sacre du citoyen (Histoire du suffrage universel en France).*

101 François Hartog : *Le miroir d'Hérodote (Essai sur la représentation de l'autre).*

102 Henry Rousso : *Vichy. L'événement, la mémoire, l'histoire.*

104 Ian Kershaw : *Hitler (Essai sur le charisme en politique).*

105 Jean-Louis Crémieux-Brilhac : *La France Libre I (De l'appel du 18 juin à la libération).*

106 Jean-Louis Crémieux-Brilhac : *La France Libre II (De l'appel du 18 juin à la libération).*

107 Henri Wesseling : *Le partage de l'Afrique 1880-1914.*

108 Karl Marx : *Les Luttes de classes en France* suivi de La Constitution de la République française adoptée le 4 novembre 1848, suivi de *Le 18 Brumaire de Louis Bonaparte* et de « *Karl Marx devant le bonapartisme* » *par Maximilien Rubel.*

109 Sous la direction de Jean Poirier : *Histoire des mœurs, I vol. 1. Les coordonnées de l'homme et la culture matérielle.*

110 Sous la direction de Jean Poirier : *Histoire des mœurs, I vol. 2. Les coordonnées de l'homme et la culture matérielle.*

111 Sous la direction de Jean Poirier : *Histoire des mœurs, II vol. 1. Modes et modèles.*

112 Sous la direction de Jean Poirier : *Histoire des mœurs, II vol. 2. Modes et modèles.*

113 Sous la direction de Jean Poirier : *Histoire des mœurs, III vol. 1. Thèmes et systèmes culturels.*

114 Sous la direction de Jean Poirier : *Histoire des mœurs, III vol. 2. Thèmes et systèmes culturels.*

115 Michel de Certeau : *L'écriture de l'histoire.*

116 Michel de Certeau : *Histoire et psychanalyse entre science et fiction* précédé d'« *Un chemin non tracé* » par Luce Giard.

117 Michel de Certeau, Dominique Julia et Jacques Revel : *Une politique de la langue (La Révolution française et les patois : l'enquête de Grégoire).*

118 Pierre Rosanvallon : *Le peuple introuvable (Histoire de la représentation démocratique en France).*

119 Pierre Bouretz : *La République et l'universel.*

120 Sous la direction de Charles Malamoud et Jean-Pierre Vernant : *Corps des dieux.*

121 Marie-Françoise Baslez : *Bible et Histoire (Judaïsme, hellénisme, christianisme).*
122 Pierre Bordeuil et Françoise Briquel-Chatonnet : *Le temps de la Bible.*
123 Pierre Birnbaum : *La France imaginée (Déclin des rêves unitaires ?).*
124 Collectif : *Les premiers temps de l'Église (De saint Paul à saint Augustin).*
125 Stéphane Audouin-Rouzeau et Annette Becker : *14-18, retrouver la guerre.*
126 Pierre Rosanvallon : *La démocratie inachevée (Histoire de la souveraineté du peuple en France).*
127 Israel Firkelstein et Neil Asher Silberman : *La Bible dévoilée (Les nouvelles révélations de l'archéologie).*
128 Emilio Gentile : *Qu'est-ce que le fascisme ? (Histoire et interprétation).*
129 Christian Delage et Vincent Guigneno : *L'historien et le film.*
130 Dominique Colas : *Citoyenneté et nationalité.*
131 Antoine-Louis de Saint-Just : *Œuvres complètes.*
132 Zeev Sternhell : *Aux origines d'Israël (Entre nationalisme et socialisme).*
133 Raul Hilberg : *Exécuteurs, victimes, témoins (La catastrophe juive 1933-1945).*
134 Patrick Weil : *Qu'est-ce qu'un français ? (Histoire de la nationalité française depuis la Révolution).*
135 Patrick Weil : *La France et ses étrangers (L'aventure d'une politique de l'immigration de 1938 à nos jours).*
136 Gérard Noiriel : *Sur la « crise » de l'histoire.*
137 Gérard Noiriel : *État, nation et immigration (Vers une histoire du pouvoir).*
138 Sous la direction de David El Kenz : *Le massacre, objet d'histoire.*
139 Michel de Certeau : *La possession de Loudun.*
140 Robert Gauthier : *« Dreyfusards ! » (Souvenirs de Mathieu Dreyfus et autres inédits).*
141 Alain Dewerpe : *Charonne 8 février 1962 (Anthropologie historique d'un massacre d'État).*

142 Raul Hilberg : *La destruction des Juifs d'Europe, tome I.*
143 Raul Hilberg : *La destruction des Juifs d'Europe, tome II.*
144 Raul Hilberg : *La destruction des Juifs d'Europe, tome III.*
145 Léon Poliakov : *Auschwitz.*
146 Javier Teixidor : *Le Judéo-christianisme.*
147 Lucien Bianco : *Les origines de la révolution chinoise 1915-1949.*
148 Olivier Pétré-Grenouilleau : *Les traites négrières (Essai d'histoire globale).*
149 Marcel Detienne : *Les jardins d'Adonis (La mythologie des parfums et des aromates en Grèce).*
150 Marcel Detienne : *Les dieux d'Orphée.*
151 Jules Michelet : *Histoire de la Révolution française I vol. 1.*
152 Jules Michelet : *Histoire de la Révolution française I vol. 2.*
153 Jules Michelet : *Histoire de la Révolution française II vol. 1.*
154 Jules Michelet : *Histoire de la Révolution française II vol. 2.*
155 Georges Corn : *Le Proche-Orient éclaté 1956-2007.*
156 Bino Olivi et Alessandro Giacone : *L'Europe difficile (Histoire politique de la construction européenne),* nouvelle édition refondue, mise à jour et augmentée.
157 François Hartog : *Évidence de l'histoire (Ce que voient les historiens).*
158 C. Delacroix, F. Dosse et P. Garcia : *Les courants historiques en France* (*XIXe-XXe siècle*).
159 Israel Finkelstein et Neil Asher Silberman : *Les rois sacrés de la Bible* (*À la recherche de David et Salomon*).
160 Anne Applebaum : *Goulag* (*Une histoire*).
161 Jérôme Baschet : *L'iconographie médiévale.*
162 Bronislaw Baczko : *Politiques de la Révolution française.*

Composition Nord Compo
Impression Maury-Imprimeur
45330 Malesherbes
le 27 octobre 2008.
Dépôt légal : octobre 2008.
Numéro d'imprimeur : 142168.

ISBN 978-2-07-035971-4. / Imprimé en France.

161561